HUGO VON HOFMANNSTHAL   SÄMTLICHE WERKE

HUGO VON HOFMANNSTHAL
SÄMTLICHE WERKE
KRITISCHE AUSGABE

VERANSTALTET VOM
FREIEN DEUTSCHEN HOCHSTIFT
HERAUSGEGEBEN VON
RUDOLF HIRSCH, CLEMENS KÖTTELWESCH,
HEINZ RÖLLEKE, ERNST ZINN

S. FISCHER VERLAG

HUGO VON HOFMANNSTHAL

SÄMTLICHE WERKE

III

DRAMEN 1

HERAUSGEGEBEN VON
GÖTZ EBERHARD HÜBNER · KLAUS-GERHARD POTT
CHRISTOPH MICHEL

S. FISCHER VERLAG

Freies Deutsches Hochstift – Frankfurter Goethe-Museum
Frankfurt am Main, Großer Hirschgraben

Redaktion:
Ingeborg Beyer-Ahlert · Ernst Dietrich Eckhardt

Die Ausgabe wird von der
Deutschen Forschungsgemeinschaft gefördert.
Die Erben Hugo von Hofmannsthals,
die Houghton Library der Harvard University, Cambridge, USA
und die Stiftung Volkswagenwerk
stellten Handschriften zur Verfügung.

© S. Fischer Verlag GmbH, Frankfurt am Main 1982
Gesamtherstellung: S. Fischer Verlag GmbH
Einrichtung für den Druck:
Horst Ellerhusen · Alexander Gutfreund
Printed in Germany 1982
ISBN 3 10 731503 6

GESTERN

DRAMATISCHE STUDIE

Der KARDINAL von Ostia
ANDREA
ARLETTE
FANTASIO, der Dichter
FORTUNIO, der Maler
SER VESPASIANO
MOSCA, der Parasit
CORBACCIO, der Schauspieler
MARSILIO, ein fremder Mann
Zwei Diener des Andrea

In Andreas Haus zu Imola.
Zur Zeit der großen Maler.

Gartensaal im Hause Andreas. Reiche Architektur der sinkenden Renaissance, die Wände mit Stukkaturen und Grotesken geziert. Links und rechts je ein hohes Fenster und je eine kleine Tür mit Vorhängen, darauf Darstellungen aus der Aeneis. Mitteltür ebenso, dahinter eine Terrasse, die rückwärts mit vergoldeten Efeugittern abgeschlossen ist, links und rechts Stufen zum Garten hat. In der linken Ecke von Wand zu Wand eine dunkelrote Hängematte an silbernen Ringen. An den Pfeilern geschnitzte Truhen zum Sitzen. In der Mitte eine Majolikaherme des Aretino. Am Pfeiler rechts eine tragbare kleine Orgel mit freien Blasebälgen; sie steht auf einer schwarzen Ebenholztruhe, die in lichtem eingelegtem Holz harfenspielende Tritonen und syrinxblasende Faune zeigt. Darüber hängen an der Wand eine dreisaitige Geige, in einen Satyrkopf auslaufend und ein langes Monochord, mit Elfenbein eingelegt. Von der Decke hängen Ampeln in den strengeren Formen der Frührenaissance. – Morgendämmerung, Fenster und Türen verhängt.

Erste Szene

ARLETTE *durch die kleine Tür rechts; sie läuft in die Mitte des Zimmers, lauscht*
Madonna! Ja! Die Gartentür . . und Schritte!
Nach rechts zurückrufend
Er ist's, geh! Geh! Und bück dich! Durch die Mitte!
dann schiebt sie schnell den Vorhang zu, läuft nach der Hängematte und legt sich hinein. Sie streckt noch einmal den Kopf empor und stellt sich dann schlafend.

ANDREA *durch die Mitteltür, pfeifend; er legt den Degen ab, dann bemerkt er Arlette, geht hin und küßt sie auf die Stirn.*

ARLETTE *scheinbar aufschreckend*
Andrea!

ANDREA
  Ach, hab ich dich aufgeweckt?
Das wollt' ich nicht!

ARLETTE   Du hast mich so erschreckt!

ANDREA
Was hast du denn?

ARLETTE schnell   Du bist schon lange hier?

ANDREA
Ich komme eben. Aber .. sage mir ...

ARLETTE spricht schnell und erregt und sieht verstohlen nach der Tür rechts
Nein, nein .. nichts .. weißt du, ich bin eingeschlafen ..
Ja .. in der Nacht .. da lief ich in den Garten ..
Ich hatte Angst .. ich wollte dich erwarten ..
Allmählich ruhiger
Ich weiß nicht .. Ein unsinniges Gefühl ..
Mich ängstigte mein großes, stilles Zimmer,
Es war so atmend lau und duftig schwül,
Am Gartengitter spielte weißer Schimmer,
Und da .. ich weiß nicht .. trat ich hier herein,
Sie richtet sich auf und lehnt sich an ihn
Mir war, als wär' ich weniger allein ..
Pause.
Du kommst sehr früh?

ANDREA   Es ist ja fast schon licht,
Doch komm, wir könnten jetzt hinübergehen
Zu dir, zu uns ...
Er will sie sanft mitziehen.

ARLETTE ängstlich
            Andrea! Nicht ..
Mein Zimmer hat ...

ANDREA   Was hat es denn, du Kind?

ARLETTE schmeichelnd
Bleib da! Im Garten rauscht so süß die Nacht,
Man hört's nur hier!

ANDREA   Das ist der Morgenwind,
Das ist des Tages Rauschen, der erwacht!

ARLETTE
Komm in den Garten, in das feuchte Grau!

Ich sehne mich nach Tau, nach frischem Tau!
Wie damals, weißt du noch, wie wir uns trafen
Im Park von Trevi, taubesprengt, verschlafen?

ANDREA
Den Tau des Sommers trinkt die Sonne schnell!
Er schiebt einen Vorhang weg
Es ist schon licht, Arlette!

ARLETTE *ganz aufgestanden*
                            Laß! So grell!
Es schmerzt. O laß die kühle, halbe Nacht,
Ich fühl, daß heut das Licht mich häßlich macht.

ANDREA
Du bist sehr blaß.

ARLETTE   Du weißt, ich hab gewacht.

ANDREA *gereizt*
Wer hieß dich wachen?

ARLETTE   Mußt du mich noch quälen,
Daß du mich quältest! Nein, du sollst erzählen,
Und bin ich schon die Nacht allein geblieben,
Will ich doch wissen, was dich fortgetrieben.

ANDREA
Du weißt ja, Kind, daß ich bei Palla war.

ARLETTE
Und dort?

ANDREA   Wie immer die gewohnte Schar:
Fantasio, Pietro, Grumio, Strozzi auch,
Kurz alle, nur Lorenzo hat gefehlt.

ARLETTE *lauernd*
Warum denn der?

ANDREA   Er hat den Grund verhehlt,
Man fragt doch nicht .. vielleicht ein Stelldichein.

ARLETTE
So weißt du?

ANDREA   Nein.

ARLETTE   Doch glaubst du etwa?

ANDREA   Nein.
Was fragst du denn?

ARLETTE *ablenkend*   Und was habt ihr gemacht?

ANDREA
Geprahlt, gespielt, getrunken und gelacht..
Was man mit Männern tut, wenn man nicht streitet,
Die meisten haben mich bis her begleitet,
Sie kommen heut recht früh...

ARLETTE   Gesteh's, dir sind
Doch Frauen lieber.

ANDREA   Bis auf eines, Kind.
Die lieben mich, weil ich der Klügste bin.

ARLETTE
Sie lieben dich, weil sie dich brauchen können!

ANDREA
Und wenn's so ist! Ich frage nicht nach Gründen!
Nur aus sich selber strömt, was wir empfinden,
Und nur Empfindung findet rück die Pforte:
Ohnmächtig sind die Taten, leer die Worte!
Ergründen macht Empfinden unerträglich,
Und jedes wahre Fühlen ist unsäglich..
Nicht was ich denke, glaube, höre, sehe,
Dein Zauber bindet mich und deine Nähe..
Und wenn du mich betrögest und mein Lieben,
Du wärst für mich dieselbe doch geblieben!

ARLETTE
Nimm dich in acht, der Glaube ist gefährlich!

ANDREA
O nein, nur schön und kühn, berauschend, ehrlich,
Er spült uns fort, was unsern Geist umklammert,
Als Rücksicht hemmt und als Gewissen jammert,
Mit tausend unverdienten Strafen droht,

Wenn wir nicht lügen, wo Empfinden tot;
Er lehret uns als weises Recht erkennen,
Was wir gewöhnlich tuen und nicht nennen . .

Leiser

5 Es ist ja Leben stummes Weiterwandern
Von Millionen, die noch nicht verstehn,
Und, wenn sich jemals zwei ins Auge sehn,
So sieht ein jeder sich nur in dem andern.

ARLETTE

10 Und was sind jene, die wir Freunde nennen?

ANDREA

Die, drin wir klarer unser Selbst erkennen.
. . Es gärt in mir ein ungestümes Wollen,
Nach einem Ritt, nach einem wilden, tollen . .
15 So werde ich nach meinem Pferde rufen:
Es keucht, die Funken sprühen von den Hufen,
Was kümmert's mich, die Laune ist gestillt!
Ein andermal durch meine Seele quillt
Ein unbestimmtes, schmelzendes Verlangen
20 Nach Tönen, die mich bebend leis umfangen . .
So werd ich aus der Geige strömen lassen
Ihr Weinen, ihres Sehnens dunkle Fluten,
Ekstatisch tiefstes Stöhnen, heißes Girren,
Der Geigenseele rätselhaftes Bluten . .

25 Er hält einen Augenblick inne

Ein andermal werd ich den Degen fassen,
Weil's mich verlangt nach einer Klinge Schwirren:
Das Roß, das Geigenspiel, die Degenklinge,
Lebendig nur durch unsrer Laune Leben,
30 Des Lebens wert, solang sie uns es geben,
Sie sind im Grunde tote, leere Dinge!
Die Freunde so, ihr Leben ist ein Schein,
Ich lebe, der sie brauche, ich allein!
In jedem schläft ein Funken, der mir frommt,
35 Der früher, später doch zutage kommt:
Vielleicht ein Scherz, der meine Laune streichelt,
Ein Wort vielleicht, das mir im Traume schmeichelt,

Ein neuer Rausch vielleicht, ein neu Genießen,
Vielleicht auch Qualen, die mir viel erschließen,
Vielleicht ein feiger, weicher Sklavensinn,
Der mich erheitert, wenn ich grausam bin,
Vielleicht . . was weiß ich noch . . ich kann sie brauchen,
Weil sie für mich nach tausend Perlen tauchen,
Weil eine Angst nur ist in meiner Seele:
Daß ich das Höchste, Tiefste doch verfehle!
Leise
Dem Tode neid ich alles, was er wirbt,
Es ist vielleicht mein Schicksal, das da stirbt,
Das andere, das Große, Ungelebte,
Das nicht der Zufall schnöd zusammenklebte.
Darum, Arlette, bangt mir im Genusse,
Ich zage, wenn der volle Becher schäumt,
Ein Zweifel schreit in mir bei jedem Kusse:
Hast du das Beste nicht, wie leicht, versäumt?!

ARLETTE mit geschlossenen Augen
Ich habe nie von Besserem geträumt.

ANDREA
Es ahnt das Herz ja nicht, was es entbehrt,
Und was ihm zugefallen, hält es wert.
Ich aber will kein Dämmern, ich will Wachen,
Ich will mein Leben fühlen, dichten, machen!
Erst wenn zum Kranz sich jede Blume flicht,
Wenn jede Lust die rechte Frucht sich bricht,
Ein jedes Fühlen mit harmonisch spricht,
Dann ist das Leben Leben, früher nicht!
Pause.

Arlette, steh auf . . Die Stunde ist nicht weit.

ARLETTE
Ach ja, sie kommen wieder . . Welches Kleid?
Das grüne, das dir gestern so gefiel,
Das weiche, mit dem matten Faltenspiel?

ANDREA
Das blasse, grüne, mit den Wasserrosen?

ARLETTE
Und mit dem Gürtel, mit dem breiten, losen ...

ANDREA
Was fällt dir ein, das hat mir nie gefallen.

ARLETTE
O ja, erst gestern sagtest du's vor allen ...

ANDREA
Mußt du mit gestern stets das Heute stören?
Muß ich die Fessel immer klirren hören,
Die ewig dir am Fuß beengend hängt,
Wenn ich für mich sie tausendmal gesprengt!
Weil gestern blasse Dämmerung um uns hing,
Zum grünen Nil die Seele träumen ging,
Weil unbestimmte Lichter um uns flogen,
Am Himmel bleiche Wolken sehnend zogen ..
Ein Abgrund trennt uns davon, sieben Stunden,
Für immer ist dies Gestern hingeschwunden!
Heut ist ein Tag Correggios, reif erglühend,
In ganzen Farben, lachend, prangend, blühend,
Heut ist ein Tag der üppigen Magnolien,
Der schwellenden, der reifen Zentifolien;
Heut nimm dein gelbes Kleid, das schwere, reiche,
Und dunkelrote Rosen, heiße, weiche ..
Verlerntest du am Gestern nur zu halten,
Auf dieses Toten hohlen Ruf zu lauschen:
Laß dir des Heute wechselnde Gewalten,
Genuß und Qualen, durch die Seele rauschen,
Vergiß das Unverständliche, das war:
Das Gestern lügt, und nur das Heut ist wahr!
Laß dich von jedem Augenblicke treiben,
Das ist der Weg, dir selber treu zu bleiben.
Der Stimmung folg, die deiner niemals harrt,
Gib dich ihr hin, so wirst du dich bewahren,
Von ausgelebten drohen dir Gefahren:
Und Lüge wird die Wahrheit, die erstarrt!
Jetzt geh, mein Kind. Nimm auch die goldnen Reifen,
Die mit den Gemmen. Und die neuen Spangen,
Wir haben frühe Gäste zu empfangen.

Zweite Szene

Andrea, dann Diener, darauf Marsilio.

DIENER
Es ist ein fremder Mann am Gartentor,
Er will allein dem Herren –

ANDREA   Laß ihn vor.

MARSILIO durch die Mitteltür, dunkel gekleidet; er tritt langsam auf Andrea zu, der ihn forschend ansieht
Ich sehe, Herr, ich bin dir unbekannt.
Von Padua hat man mich hergesandt.

ANDREA
Der Stimme Klang . . Marsilio! Mein Gefährte!

MARSILIO
Marsilio, den der Gnade Strahl verklärte.
Nach einer Pause
Andrea, hast du ganz der Zeit vergessen,
Da wir so viel, so Großes uns vermessen . . . ?

ANDREA
Es war so schön, die Lust am Sichverlieren
In unergründlichen, verbotenen Revieren . . .

MARSILIO
Wir schworen uns, ein neu Geschlecht zu gründen.

ANDREA lächelnd
Ich bin gescheitert an den alten Sünden.

MARSILIO
Erloschen find ich jeden kleinsten Funken?

ANDREA
Der kleine ist in größeren versunken . .
Halblaut
Du Stück lebendiger Vergangenheit,
Wie unverständlich, unerreichbar weit!
Wie schwebst du schattenhaft und fremd vorbei,
Du abgestreiftes, enges Kleid: Partei!

MARSILIO trocken
Wer nicht für mich ist, der ist wider mich.
So spricht der Herr .. Ich gehe.

ANDREA befehlend   Bleib und sprich!
Milder
Von meiner Tür ist keiner noch gegangen,
Der nicht Verständnis wenigstens empfangen.

MARSILIO
Was einst in unsern jungen Herzen war,
Heut ist's der Glaube einer frommen Schar:
Von Padua entzündet, soll auf Erden
Das Licht Savonarolas wieder werden,
Der reinigenden Reue heller Brand
Hinfahren durch dies angefaulte Land.
Mit feuchten Geißeln, blutbesprengten Haaren
Durchziehn Perugia schon die Büßerscharen.
Es zucken feige die zerfleischten Glieder,
Des Geistes Sieg verkünden ihre Lieder.
Auf ihren Stirnen, den verklärten, bleichen,
Flammt durch den Qualm der Nacht das Kreuzeszeichen,
Es geht vor unsrer Schar ein Gotteswehen,
Der heil'gen Wut kann keiner widerstehen.

ANDREA halblaut
Das ist der Tausch, den damals ich geahnt.

MARSILIO
Nach Forli ist der Weg uns schon gebahnt.

ANDREA
Und hier soll ich euch helfen, Bahn zu brechen?

MARSILIO
Ich fordre keine Tat und kein Versprechen.
Von selbst erwacht der Wille zum Zerstören,
Die Gnade, die das eigene Elend zeigt;
Nur schützen sollst du mich, daß sie mich hören,
Ich weiß, dein Haus ist mächtig, weitverzweigt.

ANDREA
Ich will dich schützen, ohne mein Geschlecht,
Das jedem Neuen blöde widersteht,
Das selbstgesetzten Zwangs, sein eigner Knecht,
Verdammt und ächtet, was es nicht versteht!
Ich will dich schützen: hier in meinem Haus,
Von Licht umfunkelt, zwischen Spiel und Schmaus,
Hier sollen sie das Kreuz, die Geißel finden,
Den Totenkopf, in blumigen Gewinden!
Ein Grabesschauer soll den Saal durchfluten,
Und wenn du weckst die heiligtollen Gluten,
Und wenn sie einen Scheiterhaufen schichten
Aus Bildern, Blumen, Teppichen, Gedichten,
Und taumelnd schlingen einen Büßerreigen . .
Die Stirnen in den Staub des Bodens neigen,
Zu Füßen dir die blassen, schönen Frauen! . .
Ich will dich schützen . . denn das möcht' ich schauen.
Jetzt geh, mein Freund, vertraue dich der Rast.
In Imola kränkt niemand meinen Gast.

Dritte Szene

Andrea, dann Diener, darauf Kardinal und Fortunio.

ANDREA Marsilio nachblickend
Es gibt noch Stürme, die mich nie durchbebt!
Noch Ungefühltes kann das Leben schenken . .
Nur an das eine möcht' ich niemals denken:
Wie schal dies sein wird, wenn ich's ausgelebt!

DIENER
Des Kardinals von Ostia Eminenz
Und Herr Fortunio treten in den Garten.

ANDREA
Sag der Madonna, daß wir sie erwarten.

Der Kardinal und Fortunio, der Maler, treten durch die Mitteltür ein; der Kardinal
ist kurzatmig und setzt sich gleich nieder, die beiden andern stehen.

KARDINAL
Fortunio erzählte mir gerade,
Daß ich recht viel versäumt bei Palla, schade.

ANDREA zerstreut
Bei Palla, gestern abend, ja .. ja, ja ...

FORTUNIO
Du selbst warst froh, wie ich dich selten sah,
Dein Wort hat uns berauscht und nicht der Wein!

ANDREA
Das hätte mir geschmeichelt vor sechs Stunden,
Jetzt langweilt's mich .. Die Stimmung ist verschwunden!
Und sie zu zwingen kann ich nicht ertragen!
Die kalte Asche ...

FORTUNIO der erstaunt die rechte Seitenwand mustert
                    Du, ich darf wohl fragen,
Sag, wo ist denn das alte Bild von mir ..
Der Schwan der Leda hing doch früher hier? ..
Daß jetzt ein Palma die Lünette schmückt,
Den die Umgebung noch dazu erdrückt? ..
Er flog wohl fort auf Nimmerwiedersehen,
Mein armer Schwan, vor deiner Laune Wehen?

ANDREA erst ungeduldig, dann mit steigender Wärme
Versteh mich recht: du selber sollst entscheiden!
Ziemt's nicht, das Oftgesuchte oft zu meiden?
Hat nicht die Laune Wechsel, nicht die Kraft?
Erwacht und stirbt nicht jede Leidenschaft?
Wer lehrte uns, den Namen ›Seele‹ geben
Dem Beieinandersein von tausend Leben?
Was macht das Alte gut und schlecht das Neue?
Wer darf verlangen, wer versprechen Treue?
Ist nicht gemengt in unserm Lebenssaft
So Menschentum wie Tier, kentaurenhaft?
Mir ist vor keinem meiner Triebe bange:
Ich lausche nur, was jeglicher verlange!
Da will der eine in Askese beben,
Mit keuschen Engeln Giottos sich umgeben,
Der andere will des Lebens reife Garben,

Des Meisters von Cadore heiße Farben,
Des dritten tolle Laune wird verlangen
Nach giorgioneskem Graun, Dämonenbangen;
Der nächste Tag wird Amoretten wollen,
Mit runden Gliedern, Händchen, rosig vollen,
Und übermorgen brauch ich mystisch Sehnen
Mit halben Farben, blassen Mädchen, Tränen..
Ich will der freien Triebe freies Spiel,
Beengt von keinem, auch nicht – deinem Stil!

FORTUNIO
Was sprichst du viel, so Einfaches zu sagen:
Du trägst die Stimmung nicht, du läßt dich tragen!

ANDREA
Ist nicht dies ›Tragenlassen‹ auch ein Handeln?
Ist es nicht weise, willig sich zu wandeln,
Wenn wir uns unaufhaltsam wandeln müssen?
Mit neuen Sinnen neue Lust zu spüren,
Wenn ihren Reiz die alten doch verlieren,
Vom Gestern sich mit freier Kraft zu reißen,
Statt Treue, was nur Schwäche ist, zu heißen!

Vierte Szene

Ser Vespasiano, Mosca, Corbaccio; Vespasiano, eine Kondottierefigur, Degen und Dolch, Corbaccio in schreienden Farben gekleidet, Mosca ganz weiß; die geschlitzten Ärmel lichtgelb ausgeschlagen, weißen barettartigen Hut mit weißen Federn, gelb gefüttert und mit einem Spiegel im Innern; gelbe Handschuhe im Gürtel; kurzen Degen, weiße Schnabelschuhe. Die Sprechenden (Andrea, Mosca, Vespasiano) stehen links, Corbaccio begrüßt bald den Kardinal, der in der Mitte unter der Büste des Aretino sitzt, bleibt vor ihm stehen und scheint ihn zu unterhalten; Fortunio besieht aufmerksam die Orgel.

MOSCA
Weißt du, Andrea, wo wir eben waren?
Im Stall. Die sind nicht teuer, meiner Treu!
Ein Prachtgespann! Ich habe selbst gefahren!

ANDREA
Daß du das nicht verstehst, ist mir nicht neu..

Du kennst das Sprichwort: Wenn der Narr erst lobt . .
Nein, nein, ich habe selber sie erprobt . .
Sehr ruhig zu Vespasiano
Ser Vespasiano, wenn es Euch beliebt,
Beim Pferdekauf mich nächstens zu betrügen,
Erspart die Mühe, Herr, mich anzulügen,
Das ist so schal, alltäglich und gemein.

VESPASIANO
Messer! Ich weiß nicht . . .

ANDREA mit leiser Ironie   Bitte, steckt nur ein!
Ich weiß, man sagt das nicht . . man tut es nur.
Ich kenne dieses edlen Stahles Pflicht,
Er löscht im Blute jedes Argwohns Spur,
Doch unter uns, da braucht's dergleichen nicht.
Der Kardinal und Corbaccio hören aufmerksam zu, auch Fortunio ist hinzugetreten, Mosca lehnt an der Matte und sieht manchmal in seinen Spiegel.
Ungeduldig
Könnt Ihr denn nie auf meinen Ton Euch stimmen,
Müßt Ihr denn ewig mit dem Pöbel schwimmen,
Der einer Schande tiefres Maß nicht kennt,
Als wenn den Hinz der Kunze ›Schurke‹ nennt?
Verbindlich lächelnd
Ich liebe Schurken, ich kann sie verstehen,
Und niemand mag ich lieber um mich sehen.
So gern mein Aug den wilden Panther späht,
Weil niemals sich der nächste Sprung verrät,
So haß ich die, die ihre Triebe zähmen
Und sich gemeiner Ehrlichkeit bequemen.
Es ist manchmal so gut, Verrat zu üben!
So reizend, grundlos, sinnlos zu betrüben!
Der grade Weg liegt manches Mal so fern!
Wir lügen alle und ich selbst – wie gern!
O goldne Lügen, werdend ohne Grund,
Ein Trieb der Kunst, im unbewußten Mund!
O weise Lügen, mühevoll gewebt,
Wo eins das andre färbt und hält und hebt!
Wie süß, die Lüge wissend zu genießen,
Bis Lüg und Wahrheit sanft zusammenfließen,

Und dann zu wissen, wie uns jeder Zug
Im Wirbel näher treibt dem Selbstbetrug!
Das alles üben alle wir alltäglich
Und vieles mehr, unschätzbar und unsäglich!
Eintönig ist das Gute, schal und bleich,
Allein die Sünde ist unendlich reich!
Und es ist nichts verächtlicher auf Erden,
Als dumm betrügen, dumm betrogen werden!

Er spricht die letzten Worte mit Beziehung auf Vespasiano; Corbaccio und der Kardinal sehen einander verstohlen an und lachen. Andrea sieht sich einen Augenblick fragend um.

Fünfte Szene

FANTASIO der Dichter, kommt durch die Mitteltür und ruft Andrea zu
Andrea! Freund! Das war nicht wohlgetan.

MOSCA
Was denn?

FORTUNIO wie oben
    Dann steht es nicht in deiner Macht,
Und keiner mehr belebt die toten Mauern!

KARDINAL
Was hat er denn?

FORTUNIO   So wißt ihr es denn nicht?

ANDREA ungeduldig unterbrechend
Ich will euch deuten, was der Dichter spricht!
Den Architekten hab ich fortgeschickt,
Den Seristori.

KARDINAL   Ja warum?

CORBACCIO   Seit wann?

ANDREA
Ich konnte nicht mehr reden mit dem Mann.

FANTASIO
Ich glaub vielmehr, er nicht mit dir!

ANDREA   Gleichviel!
Ich bin ihm dankbar. Er hat mich gelehrt,
Wie sehr man frevelt, wenn man Totes nährt,
Und der Gewohnheit Trieb mißnennet ›Ziel‹.
Mein Architekt, weil wir uns nicht verstanden,
Hat mich gelöst aus meiner Pläne Banden ...

FORTUNIO
So baust du nicht?

ANDREA   Jetzt nicht. Ein andermal.
Jetzt nicht! Weil alles, was da wird und ragt,
In Marmorformen reift – mir nichts mehr sagt!
Weil meine Schöpferkraft am Schaffen stirbt
Und die Erfüllung stets den Wunsch verdirbt.

Von einem zum andern gehend

Gib mir die Weihe, Oheim Kardinal,
Die mich erst schützt vor dieser Höllenqual!
Entzünde, Dichter, wieder in der Brust
Wie damals Kraft, Tyrannenkraft und Lust!
Laß mich verkörpert sehen, Histrione,
Mein Selbst von damals, mit dem wahren Tone!
Laß du mich, Maler, Formen, Farben schauen,
Die damals mich erfüllt: dann will ich bauen!

Pause.

Ihr könnt es nicht: dann gibt's auch keine Pflicht,
Die dieses Heut an jenes Damals flicht.
Dann sollen in den Teich, den spiegelnd blauen,
Ruinen, totgeboren, niederschauen.
Ich sehe schon das irre Mondenlicht,
Wie's durch geborstne Säulen zitternd bricht.
Ich sehe schon die schaumgekrönten Wogen
Sich sprühend brechen an zersprengten Bogen.
Und langsam webt die Zeit um diese Mauern
Ein blasses, königliches, wahres Trauern:
Dann wird, was heute quält wie ein Mißlingen,
Uns schmerzlich reiche, leise Träume bringen.

FANTASIO
Du rufst ihn nicht zurück? Der Bau verfällt?

ANDREA
Mein Bau verfällt.
Pause.
                Doch eins blieb unbestellt.
Ihr sollt mir raten. Denn ich taste kläglich,
Wenn mich die Dinge zwingen zum Entscheiden:
Mich zu entschließen, ist mir unerträglich,
Und jedes Wählen ist ein wahllos Leiden.
Und heute – o sie wissen mich zu quälen! –
Soll wieder ich die Uferstelle wählen,
Wo ich den Landungssteg und die Terrasse
Für unser Boot – ihr wißt ja – bauen lasse!
Mit dem Tone des Ekels leiernd
Ich gehe also mit den Baugesellen,
Durchwandre langsam alle Uferstellen:
Da lockt mich eine Bucht, die, sanftgeneigt,
Tiefdunkel, schläfrig plätschert, dichtumzweigt;
Allmählich behaglicher, ausmalend
Die nächste ist von Felsen überhangen,
Erfüllt von reizvoll rätselhaftem Bangen;
Die nächste wieder schwankt hernieder mächtig
Und öffnet sich zur Lichtung weit und prächtig;
Die hat ein Echo, Wasserrosen jene,
Die dritte eine blumig weiche Lehne ...
Ungeduldig abbrechend
Ich kann nicht wählen, denn ich kann nicht meiden;
Nun stockt das Werk: So helft mir schnell entscheiden!
Er geht dem Ausgang zu. Alle drängen sich, abgehend, um ihn. Nur der Kardinal
bleibt sitzen. Das Folgende wird schnell, manches gleichzeitig gesprochen.

MOSCA
Wir brauchen eine sanfte, runde Bucht,
Nicht starre Felsen, rauher Klippen Wucht.

FANTASIO
Ich möchte liegen, wo die Binsen rauschen,
Und auf des Wassers stillen Atem lauschen.

VESPASIANO
Am besten liegt sich's hinterm Felsenwall,
Daran sich heulend bricht der Wogenprall.

CORBACCIO
Herr, ich weiß, welche Bucht wir nehmen sollen ...

ANDREA halblaut
O, wie ich sie beneide um ihr Wollen!

FORTUNIO
So gehn wir endlich. Eminenz, und Ihr?

KARDINAL
Geht nur und wählt, ich schone meine Beine,
Ihr kommt ja wieder. Schön. Ich bleibe hier.
Zu Andrea
Ich bleibe hier und warte auf die Kleine.

Alle ab außer dem Kardinal.

Sechste Szene

Kardinal. Arlette.

Arlette, umgekleidet, durch die Tür rechts; im Spiel mit dem Kardinal ist ihre Koketterie deutlicher als gewöhnlich.

ARLETTE scheinbar suchend
Andrea! Ach – Ihr seid es, hoher Herr,
Nur Ihr?

KARDINAL
            Ist das zu wenig, kleine Sünde?

ARLETTE
Allein .. Andrea ...

KARDINAL   Und wer ist der Gast,
Für den wetteifern Glut und Duft und Glast,
Für den die Steine und die Rosen prangen,
Die schönen Rosen da .. und neuen Spangen?
Lauernd
Wer ist der liebe Gast?
Er zieht sie zu sich.

ARLETTE   Was Ihr nur denkt!
Andrea hat sie gestern mir geschenkt.
Und für ihn schmück ich mich doch auch allein.
Ich bin ihm treu. Ihr wißt's.

Er kneift die Augen zu und schüttelt den Kopf.

                    Was heißt das?
Heftig
                                Nein,
Ich bin ihm treu!

KARDINAL leise, gemütlich
        Du lügst, Arlette.

ARLETTE   Es sind
Zwei Jahre jetzt, daß ich ...

KARDINAL wie oben   Bist gestern, Kind –

Andrea kommt langsam, verstimmt über die Terrasse, durch die Mitteltür ins
Zimmer.

ARLETTE gefaßt
Ihr wißt?

KARDINAL dummpfiffig
        Lorenzo hat –

ARLETTE bemerkt Andrea
        So schweigt!

KARDINAL   Vertrauen ...

ARLETTE
Ich fleh Euch an.

KARDINAL lachend
        Ei, auf mich kannst du bauen!

Siebente Szene

Die Vorigen. Andrea kommt langsam auf sie zugegangen.

ANDREA Gereiztheit in der Stimme
Ich störe doch wohl nicht.

ARLETTE schüchtern   Du kommst allein?

ANDREA
Ja, wie du siehst.

ARLETTE   Du kommst mich holen?

ANDREA   Nein.

KARDINAL
Die andern?

ANDREA   Sind zum Teich hinabgegangen.
Nach einer Pause
Wie mich's zuweilen ekelt vor der Schar!
Nimmt keiner doch des Augenblicks Verlangen,
Den Geist des Augenblickes keiner wahr!
Am Fenster
Es liegt die Flut wie tot .. wie zähes Blei ..
Die Sonne drückt .. aschgraue Wolken lauern ..
Der Teich hat Flecken und die Binsen schauern ..
Den Sturm verkündet geller Möwenschrei:
Ich sehe schon des Sturms fahlweiße Schwinge ..
Mit dem Tone der tiefsten Verachtung
Sie fühlen's nicht und reden andre Dinge! ..

Pause.

Nur einen gibt's, der das wie ich versteht!
Mein bester Freund, solang uns Sturm umweht!
In ihm ist, wie in mir, des Sturmes Seele:
Ich möchte nicht, daß er mir heute fehle.
Wo bleibt Lorenzo?
Zum Kardinal
                   Hast du ihn gesehn?

KARDINAL mit behaglicher Ironie
So hast du einen Freund für Sturmeswehn,

Für Regen den und den für Sonnenschein,
Fürs Zimmer den und den zur Jagd im Frei'n?

ANDREA
Und warum nicht? Was ist daran zu staunen?
Ist nicht die ganze ewige Natur
Nur ein Symbol für unsrer Seelen Launen?
Was suchen wir in ihr als unsre Spur?
Und wird uns alles nicht zum Gleichnisbronnen,
Uns auszudrücken, unsre Qual und Wonnen?
Den Degen in die Hand nehmend
Du hier, mein Degen, bist mein heller Zorn!
Auf die Orgel zeigend
Und hier steht meiner Träume reicher Born!
Ser Vespasiano ist mein Hang zum Streit,
Und Mosca .. Mosca meine Eitelkeit!

KARDINAL
Und was bin ich, darf man das auch wohl fragen?

ANDREA
Du, Oheim Kardinal, bist mein Behagen!
Du machst, daß mir's an meiner Tafel mundet:
Du zeigst mir, wie die Birne reif-gerundet;
Durch deine Augen seh ich Trüffel winken;
Du lehrst mir trinkend denken, denkend trinken!
Lorenzo ruf ich, wenn die Degen klirren,
Wenn Sturm die Segel bauscht, die Taue schwirren.
O denkst du noch an jene Nacht, Arlette:
Wir flogen mit dem Sturme um die Wette ..
Kein Lichtstrahl .. nur der Blitze zuckend Licht
Zeigt' mir die Klippen, weißen Schaum, den Mast.

ARLETTE mit zurückgeworfenen Armen und halbgeschlossenen Augen, stehend
Ich schloß die Augen .. aber fest und warm,
An deiner Brust .. hielt mich dein Arm umfaßt.

ANDREA schnell
Das war nicht mein, das war Lorenzos Arm!
Ich saß am Steuer.

ARLETTE *in der Erinnerung versunken, ohne recht auf ihn zu hören, nickend*
           Mir war wie im Traum.
Ich dachte nicht. Versunken Zeit und Raum,
Vor mir noch seh ich jenen, fern und bleich . .
Verschwommen alles . . der das Steuer hielt,
Lorenzo . . fremd erschien mir sein Gesicht . .
Ich kannt' ihn kaum . . Mir war nicht kalt . . nicht bang,
Ich fühlte nur den Arm, der mich umschlang . .
Dann schlief ich ein . . .

ANDREA *sehr laut*   Das war Lorenzo nicht!
Mißtrauisch auf sie zugehend
Ich saß am Steuer.
Sehr leise
           Ich . . ich war wohl bleich . .
Ich, ich war dir so fern . . so fremd . . so gleich . .
Und als ich uns gerettet in den Hafen,
Warst in Lorenzos Arm du eingeschlafen.
Ganz nahe
Weißt du das nicht?! Hast du das nie gewußt?!
Er faßt sie am Arm und sieht sie forschend an. Dann wendet er sich plötzlich von ihr ab und geht mit starken Schritten zur Türe.

Achte Szene

Corbaccio, später Fantasio, die Vorigen.

Corbaccio eilig durch die Mitteltür. Er wendet sich an Arlette und den Kardinal, die links sitzen.

CORBACCIO *lebhaft*
Madonna, hört, Andrea! Kardinal!
Ein Schauspiel habt ihr, sondergleichen, versäumt:
Mit lebhaftem Gebärdenspiel, später mit allen Mitteln der schauspielerischen Erzählung
Wie's niemals so komödienhaft sich träumt!
Wir gehn hinab, da drängt sich vor dem Tor
Ein Haufe Volks in aufgeregtem Chor,
Ein Mann inmitten, der zu lehren scheint:
Die Menge ächzt, die Menge stöhnt und weint,

Dazu ein Kreischen, Frauen singen Psalm,
Der Prediger ragt hager aus dem Qualm ...

KARDINAL
Ein Ketzer, ein rebellischer Vagant!

CORBACCIO
Ein Ketzer, hoher Herr, ein Flagellant.
Da löst sich einer aus dem Knäul, kniet nieder,
Und er beginnt mit heisrer Fistelstimme
Sich einen Hund, ein räudig Tier zu nennen
Und seine Sünden kreischend zu bekennen.
Ein andrer naht, ein fetter, alter Mann,
Hebt keuchend, ohne Laut, zu beten an,
Schleppt sich von dem zu jenem auf den Knien ..
Ein dritter wirft sich stöhnend neben ihn,
So daß uns, ob gemein und widerlich,
Ein Schauer vor dem Schauspiel doch beschlich.

Andrea, auf- und abgehend und zerstreut zuhörend, sieht Arlette ab und zu forschend an.

CORBACCIO
Dann kam ein Weib, das wie gefoltert schrie,
Der Schande sich, des Ehebruches zieh ..
Es schlug der Taumel immer höh're Wogen,
Eins wird vom andern sinnlos mitgezogen,
Und immer mehre wurden, die bekannten,
Und ihre heimlich tiefste Sünde nannten:
Verzerrte, tolle, plumpe Ungestalten,
Ein Bacchanal dämonischer Gewalten!

ANDREA *zu Fantasio, der langsam durch die Mitte gekommen*
Du hast's gesehen und du staunst wie er?

Das Folgende spricht Fantasio zu Andrea, beide stehen in der Mitte, Andrea ist sichtlich mit Arlette beschäftigt. Corbaccio tritt links zu Arlette und dem Kardinal, scheint seine Erzählung fortzusetzen: man sieht ihn beichtende und betende Bauern nachahmen.

FANTASIO
Gedanken weckt's in mir, erkenntnisschwer.
Mir ist, als hätt' ich Heiliges erlebt.
Grad wie wenn Worte, die wir täglich sprechen,

In unsre Seele plötzlich leuchtend brechen,
Wenn sich von ihnen das Gemeine hebt
Und uns ihr Sinn lebendig, ganz erwacht!
Er fühlt, daß Andrea ihm kaum zuhört, und hält inne.

ANDREA
Sprich fort.

FANTASIO   Um uns ist immer halbe Nacht.
Wir wandeln stets auf Perlen, staubbedeckt,
Bis ihren Glanz des Zufalls Strahl erweckt.
Die meisten sind durchs Leben hingegangen,
Ein blutleer Volk von Gegenwartsverächtern,
Gespenstisch wandelnd zwischen den Geschlechtern
Durch aller Farben glühend starkes Prangen,
Durch aller Stürme heilig großes Grauen,
In taubem Hören und in blindem Schauen,
In einem Leben ohne Sinn verloren:
Und selten nahet, was sie Gnade nennen,
Das heilige, das wirkliche Erkennen,
Das wir erstreben als die höchste Gunst
Des großen Wissens und der großen Kunst.
Denn ihnen ist die Heiligkeit und Reinheit
Das gleiche Heil, das uns die Lebenseinheit.

MOSCA *zur Tür hineinrufend*
O kommt, Madonna, schnell, sie ziehn vorbei
Am Gartengitter, eilig kommt und seht.

KARDINAL *auf Corbaccio gestützt*
So komm, Arlette!

ANDREA *auf einen fragenden Blick Arlettes*
    Geht, ich folge, geht!

Neunte Szene

Andrea, Fantasio.
Arlette, Kardinal, Mosca, Corbaccio und die Übrigen, auf der Terrasse sichtbar.

ANDREA *da Fantasio sich zum Garten wendet, stockend*
Fantasio, bleib, mein Freund: du sollst mir sagen,
Getreu, was ich versuchen will zu fragen.
Du sagst, du hast's in deiner Kunst erlebt,
Langsam, suchend
Daß manchmal Worte, die wir täglich sprechen,
In unsre Seele plötzlich leuchtend brechen,
Daß sich von ihnen das Gemeine hebt
Und daß ihr Sinn lebendig, ganz erwacht?

FANTASIO
Das ist. Doch steht es nicht in unsrer Macht.

ANDREA *wie oben*
Das mein ich nicht. Doch kann es nicht geschehen,
Daß wir auf einmal neu das Alte sehen?
Und kann's nicht sein, daß, wie ein altklug Kind,
Wir sehend doch nicht sehen, was wir sind,
Mit anempfundener Enttäuschung prahlen
Und spät, erst spät mit wahren Leiden zahlen!

FANTASIO
Auch dies, denn was wir so Erfahrung nennen,
Ist meist, was wir an anderen erkennen.

ANDREA
So darf man sich dem Zufall anvertrau'n,
Dem blitzesgleichen, plötzlichen Durchschau'n?

FANTASIO
Wir sollen uns dem Zufall überlassen,
Weil wir ja doch die Gründe nie erfassen!
Und weil ja Zufall, was uns nützt und nährt, ist,
Und Zufall, Zufall all, was uns gewährt ist!

ANDREA *halblaut*
O Blitz, der sie mir jetzt wie damals zeigte
Im Boot .. im Sturm .. gelehnt an seine Brust,

Und jetzt die Stirn .. die wissende, geneigte ..
Was ist bewußt, und was ist unbewußt?
Sein selbst bewußt ist nur der Augenblick,
Und vorwärts reicht kein Wissen, noch zurück!
Und jeder ist des Augenblickes Knecht,
Und nur das Jetzt, das Heut, das Hier hat Recht!
Das gilt für mich .. nicht minder gilt's für sie,
Und seltsam, daran, glaub ich, dacht' ich nie ..
Pause.
Kannst du denn nicht erraten, was mich quält?

FANTASIO schonend, aber wissend
Ein Glaubenwollen, wo der Glaube fehlt:
Dich fesselt noch ein trügerisches Grauen.
Wir wollen nicht das Abgestorbne schauen:
Was hold vertraut uns lieblich lang umgab,
Ob nicht mehr unser, neiden wir's dem Grab.

ANDREA
Was hold vertraut uns lieblich lang umgab ..
Das ist Gewohnheit, und so ist's auch Lüge,
Die lieblich fälscht die hold vertrauten Züge.
Dies ist die Formel, für was ich empfinde:
Ein Aug, entblößt von weich gewohnter Binde,
Dem grell die Wirklichkeit entgegenblinkt,
Das Heute kahl, das Gestern ungeschminkt!
Ein hüllenloses Sein, den Schmerzen offen,
Vom Licht gequält, von jedem Laut getroffen!
O kämen bald, erquickend im Gedränge,
Die starken Stimmungen der Übergänge!
Nervös schmerzlich
Wir sollten dann den andern nicht mehr sehn,
Nicht fühlen müssen, daß er ruhig lebt ..
Wenn in uns selbst Gefühle sterben gehn
Und unsre Seele zart und schmerzlich bebt ..
Wir können dann die Stimme nicht mehr hören,
Ein Lächeln kann uns qualvoll tief verstören.
Und nur das Ende, nur das schnelle Ende
Erstickt die Qualen einer solchen Wende!

ARLETTE in der Tür, dann ganz eintretend
Wenn du zu uns nicht, so komm ich herein.

ANDREA
Fantasio, verzeih, laß uns allein.
Er winkt Arlette, sich zu setzen.

Zehnte Szene

Andrea, Arlette.

Er geht langsam auf und ab. Endlich bleibt er vor ihr stehen. Er spricht leise, mit zurückgedrängter Heftigkeit.

ANDREA
Ich weiß, Arlette, daß du mich betrügst,
Betrügst wie eine Dirne, feig, unsäglich.
Beinahe lächerlich und fast doch kläglich!
Pause.
Was hier geschah, alltäglich und gemein,
Dem will ich ja sein reiz- und farblos Sein,
Sein unbegreiflich Schales gerne gönnen..
Verstehen nur, verstehen möcht' ich's können.
Pause.
Gemacht verächtlich
Du bist nicht schuld daran, wenn ich jetzt leide,
Nicht schuld an diesem ganzen blöden Wahn..
Es ist kein Grund, daß ich dich zürnend meide..
Du konntest, du hast mir nicht weh getan!
Nach einer Pause mit steigender Heftigkeit
Verbergen brauchst du's nicht und nicht beklagen,
Nur sagen sollst du mir.. ganz.. alles sagen:
Nur eines, fürcht ich, werd ich nie verstehen:
Warum du den, warum gerade den...

ARLETTE
So hör doch auf, ich will ja alles sagen.

ANDREA zurücktretend
Schweig noch! Mich dünkt, ich werd es nicht ertragen.

Mich dünkt, ich darf dich jetzt nicht reden hören.
In mir ist's klar. Das darf man nicht verstören.
Ich müßte nach dir schlagen, müßte schrei'n,
Verführt vom Blut, verblendet . . nein, nein! nein!
Das wäre Fälschung, Lüge, Selbstbetrug
An meinem Fühlen, kalt und klar und klug.

Pause.

Boshaft und schmerzlich

Doch hat mein Denken erst sich vollgesogen
Mit diesem Wissen, wie du mich betrogen,
Dann wird sich mir dein Wesen neu erschließen,
Verschönt, zu süßem, schmerzlichem Genießen.
Und was mich heute quält wie dumpfe Pein,
Wird eine Wonne der Erinnrung sein.
Die tausend Stunden, da ich nichts empfand,
Wenn mich dein Arm betrügerisch umwand,
Ich werde sie durchbebt zu haben wähnen,
Verklärt durch wissende, durch Mitleidstränen.
Jetzt sprich: denn es durchweht mich ein Erkennen,
Wie grenzenlose Weiten Menschen trennen!
Wie furchtbar einsam unsre Seelen denken:
Sprich; was du sagen kannst, kann mich nicht kränken.
Sag, wann's zum erstenmal und wie es kam,
Ob du dich ihm verschenktest, er dich nahm.

ARLETTE

Zum erstenmal? Es gibt kein zweites Mal.
Nur gestern . . .

ANDREA *fast schreiend*
   Gestern?!

ARLETTE *macht sich los* Laß mich!

ANDREA   Sprich!

ARLETTE   Ich weiß
Ja selbst nicht. Hör doch auf, mich so zu quälen
Und schick mich fort von dir.

ANDREA   Du sollst erzählen!

ARLETTE
Was hat dich jetzt von neuem so verstört ..
Ich fürchte mich.

ANDREA *halblaut*
          O wie mich das empört.
Dies Gestern! dessen Atem ich noch fühle
Mit seines Abends feuchter, weicher Schwüle.
Sehr heftig, über sie gebeugt
Da war's. Da! wie ich fort war. Da, sag ja!
In blauem Dufte lag der Garten da ..
Die Fliederdolden leuchteten und bebten ..
Der Brunnen rauschte und die Falter schwebten ...

ARLETTE *suchend*
So war's, allein .. der Garten .. und das Haus,
Das war so anders .. sah so anders aus.

ANDREA
Am Himmel war ein Drängen und ein Ziehn,
Des Abends Atem wühlte im Jasmin,
Und ließ verträumte Blüten niederwehn.

ARLETTE
Das alles war's. Doch kann ich's nicht verstehn.
Es scheint so fremd, so unbegreiflich weit.
Ja, was du sagst, das war, doch nicht allein.
Es muß ja mehr, viel mehr gewesen sein.
Ein Etwas, das ich heute nimmer finde,
Ein Zauber, den ich heute nicht ergründe.
Je mehr du fragst, es wird nur trüb und trüber,
Ein Abgrund scheint von gestern mich zu trennen,
Und fremd steh ich mir selber gegenüber .. –
Das Gesicht bedeckend
Und, was ich nicht versteh, heiß mich nicht nennen!
Vergib, vergiß dies Gestern, laß mich bleiben,
Laß Nächte drübergleiten, Tage treiben ...

ANDREA *ruhig ernst*
Dies Gestern ist so eins mit deinem Sein,
Du kannst es nicht verwischen, nicht vergessen:
Es i s t, so lang wir wissen, daß es w a r.

In meine Arme müßt' ich's täglich pressen,
Im Dufte saug ich's ein aus deinem Haar!
Und heute – gestern ist ein leeres Wort.
Was einmal war, das lebt auch ewig fort.
Pause.
Mit erkünstelter Ruhe
Wir werden ruhig auseinander gehn
Und ruhig etwa auch uns wiedersehn.
Und daß du mich betrogen und mein Lieben,
Davon ist kaum ein Schmerz zurückgeblieben . .
Doch eines werd ich niemals dir verzeihn:
Daß du zerstört den warmen, lichten Schein,
Der für mich lag auf der entschwundnen Zeit.
Ausbrechend
Und daß du die dem Ekel hast geweiht!
Er winkt ihr, zu gehen. Sie geht langsam durch die Türe rechts ab. Er blickt ihr lange nach. Seine Stimme bebt und kämpft mit aufquellenden Tränen.

Ich kann so gut verstehen die ungetreuen Frauen . .
So gut, mir ist, als könnt' ich in ihre Seelen schauen.
Ich seh in ihren Augen die Lust, sich aufzugeben,
Im Niegenossenen, Verbotenen zu beben . .
Die Lust am Spiel, die Lust, sich selber einzusetzen,
Die Lust am Sieg und Rausch, am Trügen und Verletzen . .
Ich seh ihr Lächeln und
stockend
                      die törichten, die Tränen,
Das rätselhafte Suchen, das ruhelose Sehnen . .
Ich fühle, wie sie's drängt zu törichten Entschlüssen,
Wie sie die Augen schließen und wie sie quälen müssen,
Wie sie ein jedes Gestern für jedes Heut begraben,
Und wie sie nicht verstehen, wenn sie getötet haben.
Tränen ersticken seine Stimme.
Der Vorhang fällt.

DER TOD DES TIZIAN

BRUCHSTÜCK
1892

DRAMATIS PERSONAE

DER PROLOG, ein Page
FILIPPO POMPONIO VECELLIO, genannt Tizianello,
des Meisters Sohn
GIOCONDO
DESIDERIO
GIANINO er ist 16 Jahre alt und sehr schön
BATISTA
ANTONIO
PARIS
LAVINIA, eine Tochter des Meisters
CASSANDRA
LISA

Spielt im Jahre 1576, da Tizian neunundneunzigjährig starb.
Die Szene ist auf der Terrasse von Tizians Villa, nahe bei Venedig.

PROLOG

Der Prolog, ein Page, tritt zwischen dem Vorhang hervor, grüßt artig, setzt sich auf die Rampe und läßt die Beine (er trägt rosa Seidenstrümpfe und mattgelbe Schuhe) ins Orchester hängen.
5 Das Stück, ihr klugen Herrn und hübschen Damen,
Das sie heut abend vor euch spielen wollen,
Hab ich gelesen.
Mein Freund, der Dichter, hat mir's selbst gegeben.

Ich stieg einmal die große Treppe nieder
10 In unserm Schloß, da hängen alte Bilder
Mit schönen Wappen, klingenden Devisen,
Bei denen mir so viel Gedanken kommen
Und eine Trunkenheit von fremden Dingen,
Daß mir zuweilen ist, als müßt ich weinen . . .

15 Da blieb ich stehn bei des Infanten Bild –
Er ist sehr jung und blaß und früh verstorben . . .
Ich seh ihm ähnlich – sagen sie – und drum
Lieb ich ihn auch und bleib dort immer stehn
Und ziehe meinen Dolch und seh ihn an
20 Und lächle trüb: denn so ist er gemalt:
Traurig und lächelnd und mit einem Dolch . . .
Und wenn es ringsum still und dämmrig ist,
So träum ich dann, ich wäre der Infant,
Der längst verstorbne traurige Infant . . .

25 Da schreckt mich auf ein leises, leichtes Gehen,
Und aus dem Erker tritt mein Freund, der Dichter.
Und küßt mich seltsam lächelnd auf die Stirn
Und sagt, und beinah ernst ist seine Stimme:
»Schauspieler deiner selbstgeschaffnen Träume,

Ich weiß, mein Freund, daß sie dich Lügner nennen
Und dich verachten, die dich nicht verstehn,
Doch ich versteh dich, o mein Zwillingsbruder.«
Und seltsam lächelnd ging er leise fort,
Und später hat er mir sein Stück geschenkt.

Mir hat's gefallen, zwar ist's nicht so hübsch
Wie Lieder, die das Volk im Sommer singt,
Wie hübsche Frauen, wie ein Kind, das lacht,
Und wie Jasmin in einer Delfter Vase . . .
Doch mir gefällt's, weil's ähnlich ist wie ich:
Vom jungen Ahnen hat es seine Farben
Und hat den Schmelz der ungelebten Dinge;
Altkluger Weisheit voll und frühen Zweifels,
Mit einer großen Sehnsucht doch, die fragt.

Wie man zuweilen beim Vorübergehen
Von einem Köpfchen das Profil erhascht, –
Sie lehnt kokett verborgen in der Sänfte,
Man kennt sie nicht, man hat sie kaum gesehen
(Wer weiß, man hätte sie vielleicht geliebt,
Wer weiß, man kennt sie nicht und liebt sie noch) –
Inzwischen malt man sich in hellen Träumen
Die Sänfte aus, die hübsche weiße Sänfte,
Und drinnen duftig zwischen rosa Seide
Das blonde Köpfchen, kaum im Flug gesehn,
Vielleicht ganz falsch, was tut's . . . die Seele will's . . .
So, dünkt mich, ist das Leben hier gemalt
Mit unerfahrnen Farben des Verlangens
Und stillem Durst, der sich in Träumen wiegt.

Spätsommermittag. Auf Polstern und Teppichen lagern auf den Stufen, die rings zur Rampe führen, Desiderio, Antonio, Batista und Paris. Alle schweigen, der Wind bewegt leise den Vorhang der Tür. Tizianello und Gianino kommen nach einer Weile aus der Tür rechts. Desiderio, Antonio, Batista und Paris treten ihnen besorgt und fragend entgegen und drängen sich an sie. Nach einer kleinen Pause:

PARIS
Nicht gut?

GIANINO *mit erstickter Stimme*
    Sehr schlecht.
zu Tizianello, der in Tränen ausbricht
    Mein armer lieber Pippo!

BATISTA
Er schläft?

GIANINO   Nein, er ist wach und phantasiert
Und hat die Staffelei begehrt.

ANTONIO   Allein
Man darf sie ihm nicht geben, nicht wahr, nein?

GIANINO
Ja, sagt der Arzt, wir sollen ihn nicht quälen
Und geben, was er will, in seine Hände.

TIZIANELLO *ausbrechend*
Heut oder morgen ist's ja doch zu Ende.

GIANINO
Er darf uns länger, sagt er, nicht verhehlen ...

PARIS
Nein, sterben, sterben kann der Meister nicht!
Da lügt der Arzt, er weiß nicht, was er spricht.

DESIDERIO
Der Tizian sterben, der das Leben schafft!
Wer hätte dann zum Leben Recht und Kraft?

BATISTA
Doch weiß er selbst nicht, wie es um ihn steht?

TIZIANELLO
Im Fieber malt er an dem neuen Bild,
In atemloser Hast, unheimlich wild;
Die Mädchen sind bei ihm und müssen stehn,
Uns aber hieß er aus dem Zimmer gehn.

ANTONIO
Kann er denn malen? Hat er denn die Kraft?

TIZIANELLO
Mit einer rätselhaften Leidenschaft,
Die ich beim Malen nie an ihm gekannt,
Von einem martervollen Zwang gebannt –

Ein Page kommt aus der Tür rechts, hinter ihm Diener, alle erschrecken.

TIZIANELLO, GIANINO, PARIS
Was ist?

PAGE   Nichts, nichts, der Meister hat befohlen,
Daß wir vom Gartensaal die Bilder holen.

TIZIANELLO
Was will er denn?

PAGE   Er sagt, er muß sie sehen . . .
»Die alten, die erbärmlichen, die bleichen,
Mit seinem neuen, das er malt, vergleichen . . .
Sehr schwere Dinge seien ihm jetzt klar,
Es komme ihm ein unerhört Verstehen,
Daß er bis jetzt ein matter Stümper war . . .«
Soll man ihm folgen?

TIZIANELLO   Gehet, gehet, eilt!
Ihn martert jeder Pulsschlag, den ihr weilt.

Die Diener sind indessen über die Bühne gegangen, an der Treppe holt sie der Page ein. Tizianello geht auf den Fußspitzen, leise den Vorhang aufhebend, hinein, die andern gehen unruhig auf und nieder.

ANTONIO halblaut
Wie fürchterlich, dies Letzte, wie unsäglich . . .
Der Göttliche, der Meister, lallend, kläglich . . .

GIANINO
Er sprach schon früher, was ich nicht verstand,
Gebietend ausgestreckt die blasse Hand . . .
Dann sah er uns mit großen Augen an
Und schrie laut auf: »Es lebt der große Pan.«
Und vieles mehr, mir war's, als ob er strebte,
Das schwindende Vermögen zu gestalten,
Mit überstarken Formeln festzuhalten,
Sich selber zu beweisen, daß er lebte,
Mit starkem Wort, indes die Stimme bebte.

TIZIANELLO *zurückkommend*
Jetzt ist er wieder ruhig, und es strahlt
Aus seiner Blässe, und er malt und malt.
In seinen Augen ist ein guter Schimmer.
Und mit den Mädchen plaudert er wie immer.

ANTONIO
So legen wir uns auf die Stufen nieder.
Und hoffen bis zum nächsten Schlimmern wieder.

Sie lagern sich auf den Stufen. Tizianello spielt mit Gianinos Haar, die Augen halb geschlossen.

BATISTA *halb für sich*
Das Schlimmre ... dann das Schlimmste endlich ... nein.
Das Schlimmste kommt, wenn gar nichts Schlimmres mehr,
Das tote, taube, dürre Weitersein ...
Heut ist es noch, als ob's undenkbar wär ...
Und wird doch morgen sein.

Pause.

GIANINO   Ich bin so müd.

PARIS
Das macht die Luft, die schwüle, und der Süd.

TIZIANELLO *lächelnd*
Der Arme hat die ganze Nacht gewacht!

GIANINO *auf den Arm gestützt*
Ja, du ... die erste, die ich ganz durchwacht.
Doch woher weißt denn du's?

TIZIANELLO   Ich fühlt es ja,
Erst war dein stilles Atmen meinem nah,
Dann standst du auf und saßest auf den Stufen ...

GIANINO
Mir war, als ginge durch die blaue Nacht,
Die atmende, ein rätselhaftes Rufen.
Und nirgends war ein Schlaf in der Natur.
Mit Atemholen tief und feuchten Lippen,
So lag sie horchend in das große Dunkel
Und lauschte auf geheimer Dinge Spur.

Und sickernd, rieselnd kam das Sterngefunkel
Hernieder auf die weiche wache Flur.
Und alle Früchte, schweren Blutes, schwollen
Im gelben Mond und seinem Glanz, dem vollen,
Und alle Brunnen glänzten seinem Ziehn.
Und es erwachten schwere Harmonien.
Und wo die Wolkenschatten hastig glitten,
War wie ein Laut von weichen nackten Tritten ...
Leis stand ich auf – ich war an dich geschmiegt –

er steht erzählend auf, zu Tizianello geneigt

Da schwebte durch die Nacht ein süßes Tönen,
Als hörte man die Flöte leise stöhnen,
Die in der Hand aus Marmor sinnend wiegt
Der Faun, der da im schwarzen Lorbeer steht
Gleich nebenan, beim Nachtviolenbeet.
Ich sah ihn stehen still und marmorn leuchten;
Und um ihn her im silbrig blauen Feuchten,
Wo sich die offenen Granaten wiegen,
Da sah ich deutlich viele Bienen fliegen,
Und viele saugen, auf das Rot gesunken,
Von nächt'gem Duft und reifem Safte trunken.
Und wie des Dunkels leiser Atemzug
Den Duft des Gartens um die Stirn mir trug,
Da schien es mir wie das Vorüberschweifen
Von einem weichen, wogenden Gewand
Und die Berührung einer warmen Hand.
In weißen, seidig weißen Mondesstreifen
War liebestoller Mücken dichter Tanz,
Und auf dem Teiche lag ein weicher Glanz
Und plätscherte und blinkte auf und nieder.
Ich weiß es heut nicht, ob's die Schwäne waren,
Ob badender Najaden weiße Glieder,
Und wie ein süßer Duft von Frauenhaaren
Vermischte sich dem Duft der Aloe ...
Und was da war, ist in mir in eins verflossen:
In eine überstarke schwere Pracht,
Die Sinne stumm und Worte sinnlos macht.

ANTONIO
Beneidenswerter, der das noch erlebt
Und solche Dinge in das Dunkel webt!

GIANINO
5 Ich war in halbem Traum bis dort gegangen,
Wo man die Stadt sieht, wie sie drunten ruht,
Sich flüsternd schmiegt in das Kleid von Prangen,
Das Mond um ihren Schlaf gemacht und Flut.
Ihr Lispeln weht manchmal der Nachtwind her,
10 So geisterhaft, verlöschend leisen Klang,
Beklemmend seltsam und verlockend bang.
Ich hört es oft, doch niemals dacht ich mehr ...
Da aber hab ich plötzlich viel gefühlt:
Ich ahnt in ihrem steinern stillen Schweigen
15 Vom blauen Strom der Nacht emporgespült
Des roten Bluts bacchantisch wilden Reigen,
Um ihre Dächer sah ich Phosphor glimmen,
Den Widerschein geheimer Dinge schwimmen.
Und schwindelnd überkam's mich auf einmal:
20 Wohl schlief die Stadt: es wacht der Rausch, die Qual,
Der Haß, der Geist, das Blut: das Leben wacht.
Das Leben, das lebendige, allmächtge –
Man kann es haben und doch sein vergessen! ...

Er hält einen Augenblick inne

25 Und alles das hat mich so müd gemacht:
Es war soviel in dieser einen Nacht.

DESIDERIO *an der Rampe, zu Gianino*
Siehst du die Stadt, wie jetzt sie drunten ruht?
Gehüllt in Duft und goldne Abendglut
30 Und rosig helles Gelb und helles Grau,
Zu ihren Füssen schwarzer Schatten Blau,
In Schönheit lockend, feuchtverklärter Reinheit?
Allein in diesem Duft, dem ahnungsvollen,
Da wohnt die Häßlichkeit und die Gemeinheit,
35 Und bei den Tieren wohnen dort die Tollen;
Und was die Ferne weise dir verhüllt,
Ist ekelhaft und trüb und schal erfüllt
Von Wesen, die die Schönheit nicht erkennen

Und ihre Welt mit unsern Worten nennen ...
Denn unsre Wonne oder unsre Pein
Hat mit der ihren nur das Wort gemein ...
Und liegen wir in tiefem Schlaf befangen,
So gleicht der unsre ihrem Schlafe nicht:
Da schlafen Purpurblüten, goldne Schlangen,
Da schläft ein Berg, in dem Titanen hämmern –
Sie aber schlafen, wie die Austern dämmern.

ANTONIO halb aufgerichtet
Darum umgeben Gitter, hohe, schlanke,
Den Garten, den der Meister ließ erbauen,
Darum durch üppig blumendes Geranke
Soll man das Außen ahnen mehr als schauen.

PARIS ebenso
Das ist die Lehre der verschlungnen Gänge.

BATISTA ebenso
Das ist die große Kunst des Hintergrundes
Und das Geheimnis zweifelhafter Lichter.

TIZIANELLO mit geschlossenen Augen
Das macht so schön die halbverwehten Klänge,
So schön die dunklen Worte toter Dichter
Und alle Dinge, denen wir entsagen.

PARIS
Das ist der Zauber auf versunknen Tagen
Und ist der Quell des grenzenlosen Schönen,
Denn wir ersticken, wo wir uns gewöhnen.

Alle verstummen. Pause. Tizianello weint leise vor sich hin.

GIANINO schmeichelnd
Du darfst dich nicht so trostlos drein versenken,
Nicht unaufhörlich an das Eine denken.

TIZIANELLO traurig lächelnd
Als ob der Schmerz denn etwas andres wär
Als dieses ewige Dran-denken-müssen,
Bis es am Ende farblos wird und leer ...
So laß mich nur in den Gedanken wühlen,
Denn von den Leiden und von den Genüssen

Hab längst ich abgestreift das bunte Kleid,
Das um sie webt die Unbefangenheit,
Und einfach hab ich schon verlernt zu fühlen.

Pause.

GIANINO
Wo nur Giocondo bleibt?

TIZIANELLO   Lang vor dem Morgen
– Ihr schlieft noch – schlich er leise durch die Pforte,
Auf blasser Stirn den Kuß der Liebessorgen
Und auf den Lippen eifersüchtge Worte ...

Pagen tragen zwei Bilder über die Bühne (die Venus mit den Blumen und das große Bacchanal); die Schüler erheben sich und stehen, solange die Bilder vorübergetragen werden, mit gesenktem Kopf, das Barett in der Hand. Nach einer Pause (alle stehen):

DESIDERIO
Wer lebt nach ihm, ein Künstler und Lebendger,
Im Geiste herrlich und der Dinge Bändger
Und in der Einfalt weise wie das Kind?

ANTONIO
Wer ist, der seiner Weihe freudig traut?

BATISTA
Wer ist, dem nicht vor seinem Wissen graut?

PARIS
Wer will uns sagen, ob wir Künstler sind?

GIANINO
Er hat den regungslosen Wald belebt:
Und wo die braunen Weiher murmelnd liegen
Und Efeuranken sich an Buchen schmiegen,
Da hat er Götter in das Nichts gewebt:
Den Satyr, der die Syrinx tönend hebt,
Bis alle Dinge in Verlangen schwellen
Und Hirten sich den Hirtinnen gesellen ...

BATISTA
Er hat den Wolken, die vorüberschweben,
Den wesenlosen, einen Sinn gegeben:

Der blassen weißen schleierhaftes Dehnen
Gedeutet in ein blasses süßes Sehnen;
Der mächtgen goldumrandet schwarzes Wallen
Und runde graue, die sich lachend ballen,
Und rosig silberne, die abends ziehn:
Sie haben Seele, haben Sinn durch ihn.
Er hat aus Klippen, nackten, fahlen, bleichen,
Aus grüner Wogen brandend weißem Schäumen,
Aus schwarzer Haine regungslosem Träumen
Und aus der Trauer blitzgetroffner Eichen
Ein Menschliches gemacht, das wir verstehen,
Und uns gelehrt, den Geist der Nacht zu sehen.

PARIS
Er hat uns aufgeweckt aus halber Nacht
Und unsre Seelen licht und reich gemacht
Und uns gewiesen, jedes Tages Fließen
Und Fluten als ein Schauspiel zu genießen,
Die Schönheit aller Formen zu verstehen
Und unserm eignen Leben zuzusehen.
Die Frauen und die Blumen und die Wellen
Und Seide, Gold und bunter Steine Strahl
Und hohe Brücken und das Frühlingstal
Mit blonden Nymphen an kristallnen Quellen,
Und was ein jeder nur zu träumen liebt
Und was uns wachend Herrliches umgibt:
Hat seine große Schönheit erst empfangen,
Seit es durch seine Seele durchgegangen.

ANTONIO
Was für die schlanke Schönheit Reigentanz,
Was Fackelschein für bunten Maskenkranz,
Was für die Seele, die im Schlafe liegt,
Musik, die wogend sie in Rhythmen wiegt,
Und was der Spiegel für die junge Frau
Und für die Blüten Sonne, licht und lau:
Ein Auge, ein harmonisch Element,
In dem die Schönheit erst sich selbst erkennt –
Das fand Natur in seines Wesens Strahl.
»Erweck uns, mach aus uns ein Bacchanal!«

Rief alles Lebende, das ihn ersehnte
Und seinem Blick sich stumm entgegendehnte.

Während Antonio spricht, sind die drei Mädchen leise aus der Tür getreten und zuhörend stehen geblieben; nur Tizianello, der zerstreut und teilnahmslos abseits rechts steht, scheint sie zu bemerken. Lavinia trägt das blonde Haar im Goldnetz und das reiche Kostüm einer venezianischen Patrizierin. Cassandra und Lisa, etwa neunzehn- und siebzehnjährig, tragen beide ein einfaches kaum stilisiertes Peplum aus weißem, anschmiegendem, flutendem Byssus; nackte Arme mit goldenen Schlangenreifen; Sandalen, Gürtel aus Goldstoff. Cassandra ist aschblond, graziös. Lisa hat eine gelbe Rosenknospe im schwarzen Haar. Irgendetwas an ihr erinnert ans Knabenhafte, wie irgendetwas an Gianino ans Mädchenhafte erinnert. Hinter ihnen tritt ein Page aus der Tür, der einen getriebenen silbernen Weinkrug und Becher trägt.

GIANINO
Daß uns die fernen Bäume lieblich sind,
Die träumerischen, dort im Abendwind ...

PARIS
Und daß wir Schönheit sehen in der Flucht
Der weißen Segel in der blauen Bucht ...

TIZIANELLO *zu den Mädchen, die er mit einer leichten Verbeugung begrüßt hat; alle andern drehen sich um*
Und daß wir eures Haares Duft und Schein
Und eurer Formen mattes Elfenbein
Und goldne Gürtel, die euch reich umwinden,
So wie Musik und wie ein Glück empfinden –
Das macht: Er lehrte uns die Dinge sehen ...
bitter
Und das wird man da drunten nie verstehen!

GIANINO *zu den Mädchen*
Ist er allein? Soll niemand zu ihm gehen?

LAVINIA
Bleibt alle hier. Er will jetzt niemand sehen.

DESIDERIO
Vom Schaffen beben ihm der Seele Saiten,
Und jeder Laut beleidigt die geweihten!

TIZIANELLO
O käm ihm jetzt der Tod, mit sanftem Neigen,
In dieser schönen Trunkenheit, im Schweigen!

PARIS
Allein das Bild? Vollendet er das Bild?

ANTONIO
Was wird es werden?

BATISTA   Kann man es erkennen?

LAVINIA
Wir werden ihnen unsre Haltung nennen.
Ich bin die Göttin Venus, diese war
So schön, daß ihre Schönheit trunken machte.

CASSANDRA
Mich malte er, wie ich verstohlen lachte,
Von vielen Küssen feucht das offne Haar.

LISA
Ich halte eine Puppe in den Händen,
Die ganz verhüllt ist und verschleiert ganz,
Und sehe sie mir scheu verlangend an:
Denn diese Puppe ist der große Pan,
Ein Gott,
Der das Geheimnis ist von allem Leben.
Den halt ich in den Armen wie ein Kind.
Doch ringsum fühl ich rätselhaftes Weben,
Und mich verwirrt der laue Abendwind.

LAVINIA
Mich spiegelt still und wonnevoll der Teich.

CASSANDRA
Mir küßt den Fuß der Rasen kühl und weich.

LISA
Schwergolden glüht die Sonne, die sich wendet:
Das ist das Bild und morgen ist's vollendet.

LAVINIA
Indes er so dem Leben Leben gab,

Sprach er mit Ruhe viel von seinem Grab.
Im bläulich bebenden schwarzgrünen Hain
Am weißen Strand will er begraben sein:
Wo dichtverschlungen viele Pflanzen stehen,
Gedankenlos im Werden und Vergehen,
Und alle Dinge auf sich selbst vergessen
Und wo am Meere, das sich träumend regt,
Der leise Puls des stummen Lebens schlägt.

PARIS
Er will im Unbewußten untersinken,
Und wir, wir sollen seine Seele trinken
In des lebendgen Lebens lichtem Wein,
Und wo wir Schönheit sehen, wird Er sein!

DESIDERIO
Er aber hat die Schönheit stets gesehen,
Und jeder Augenblick war ihm Erfüllung,
Indessen wir zu schaffen nicht verstehen
Und hilflos harren müssen der Enthüllung ...
Und unsre Gegenwart ist trüb und leer,
Kommt uns die Weihe nicht von außen her.
Ja, hätte der nicht seine Liebessorgen,
Die ihm mit Rot und Schwarz das Heute färben,
Und hätte jener nicht den Traum von morgen
Mit leuchtender Erwartung Glück zu werben
Und hätte jeder nicht ein heimlich Bangen
Vor irgendetwas und ein still Verlangen
Nach irgendetwas und Erregung viel
Mit innrer Lichter buntem Farbenspiel
Und irgendetwas, was zu kommen säumt,
Wovon die Seele ihm phantastisch träumt,
Und irgendetwas, das zu Ende geht,
Wovon ein Schmerz verklärend ihn durchweht,
So lebten wir in Dämmerung dahin
Und unser Leben hätte keinen Sinn ...

Die aber wie der Meister sind, die gehen,
Und Schönheit wird und Sinn, wohin sie sehen.
— — — — — — — — — — — — — — — — —

IDYLLE

NACH EINEM ANTIKEN VASENBILD: ZENTAUR MIT
VERWUNDETER FRAU AM RAND EINES FLUSSES

Der Schauplatz im Böcklinschen Stil. Eine offene Dorfschmiede. Dahinter das Haus, im Hintergrunde ein Fluß. Der Schmied an der Arbeit, sein Weib müßig an der Türe gelehnt, die von der Schmiede ins Haus führt. Auf dem Boden spielt ein blondes kleines Kind mit einer zahmen Krabbe. In einer Nische ein Wein-
5 schlauch, ein paar frische Feigen und Melonenschalen.

DER SCHMIED
Wohin verlieren dir die sinnenden Gedanken sich,
Indes du schweigend mir das Werk, feindselig fast,
Mit solchen Lippen, leise zuckenden, beschaust?

10 DIE FRAU
Im blütenweißen, kleinen Garten saß ich oft,
Den Blick aufs väterliche Handwerk hingewandt,
Das nette Werk des Töpfers: wie der Scheibe da,
Der surrenden im Kreis, die edle Form entstieg,
15 Im stillen Werden einer zarten Blume gleich,
Mit kühlem Glanz des Elfenbeins. Darauf erschuf
Der Vater Henkel, mit Akanthusblatt geziert,
Und ein Akanthus-, ein Olivenkranz wohl auch
Umlief als dunkelroter Schmuck des Kruges Rand.
20 Den schönen Körper dann belebte er mit Reigentanz
Der Horen, der vorüberschwebend lebenspendenden.
Er schuf, gestreckt auf königliche Ruhebank,
Der Phädra wundervollen Leib, von Sehnsucht matt,
Und drüber flatternd Eros, der mit süßer Qual die Glieder füllt.
25 Gewaltgen Krügen liebte er ein Bacchusfest
Zum Schmuck zu geben, wo der Purpurtraubensaft
Aufsprühte unter der Mänade nacktem Fuß
Und fliegend Haar und Thyrsusschwung die Luft erfüllt.
Auf Totenurnen war Persephoneias hohes Bild,

Die mit den seelenlosen, toten Augen schaut,
Und Blumen des Vergessens, Mohn, im heiligen Haar,
Das lebenfremde, asphodelische Gefilde tritt.
Des Redens wär kein Ende, zählt ich alle auf,
Die Göttlichen, an deren schönem Leben ich
– Zum zweiten Male lebend, was gebildet war –
An deren Gram und Haß und Liebeslust
Und wechselndem Erlebnis jeder Art
Ich also Anteil hatte, ich, ein Kind,
Die mir mit halbverstandener Gefühle Hauch
Anrührten meiner Seele tiefstes Saitenspiel,
Daß mir zuweilen war, als hätte ich im Schlaf
Die stetsverborgenen Mysterien durchirrt
Von Lust und Leid, Erkennende mit wachem Aug,
Davon, an dieses Sonnenlicht zurückgekehrt,
Mir mahnendes Gedenken andern Lebens bleibt
Und eine Fremde, Ausgeschloßne aus mir macht
In dieser nährenden, lebendgen Luft der Welt.

DER SCHMIED
Den Sinn des Seins verwirrte allzuvieler Müßiggang
Dem schön gesinnten, gern verträumten Kind, mich dünkt.
Und jene Ehrfurcht fehlte, die zu trennen weiß,
Was Göttern ziemt, was Menschen! Wie Semele dies,
Die töricht fordernde, vergehend erst begriff.
Des Gatten Handwerk lerne heilig halten du,
Das aus des mütterlichen Grundes Eingeweiden stammt
Und, sich die hundertarmig Ungebändigte,
Die Flamme, unterwerfend, klug und kraftvoll wirkt.

DIE FRAU
Die Flamme anzusehen, lockts mich immer neu,
Die wechselnde, mit heißem Hauch berauschende.

DER SCHMIED
Vielmehr erfreue Anblick dich des Werks!
Die Waffen sieh, der Pflugschar heilige Härte auch,
Und dieses Beil, das wilde Bäume uns zur Hütte fügt.
So schafft der Schmied, was alles andre schaffen soll.
Wo duftig aufgeworfne Scholle Samen trinkt

Und gelbes Korn der Sichel dann entgegenquillt,
Wo zwischen stillen Stämmen nach dem scheuen Wild
der Pfeil hinschwirrt und tödlich in den Nacken schlägt,
Wo harter Huf von Rossen staubaufwirbelnd dröhnt
Und rasche Räder rollen zwischen Stadt und Stadt,
Wo der gewaltig klirrende, der Männerstreit
Die hohe liederwerte Männlichkeit enthüllt:
Da wirk ich fort und halt umwunden so die Welt
Mit starken Spuren meines Tuens, weil es tüchtig ist.
Pause.

DIE FRAU
Zentauren seh ich einen nahen, Jüngling noch,
Ein schöner Gott mir scheinend, wenn auch halb ein Tier,
Und aus dem Hain, entlang dem Ufer, traben her.

DER ZENTAUR einen Speer in der Hand, den er dem Schmied hinhält.
Find ich dem stumpfgewordnen Speere Heilung hier
Und neue Spitze der geschwungnen Wucht? Verkünd!

DER SCHMIED
Ob deinesgleichen auch, dich selber sah ich nie.

DER ZENTAUR
Zum ersten Male lockte mir den Lauf
Nach eurem Dorf Bedürfnis, das du kennst.

DER SCHMIED   Ihm soll
In kurzem abgeholfen sein. Indes erzählst
Du, wenn du dir den Dank der Frau verdienen willst,
Von fremden Wundern, die du wohl gesehn, wovon
Hieher nicht Kunde dringt, wenn nicht ein Wandrer kommt.

DIE FRAU
Ich reiche dir zuerst den vollen Schlauch: er ist
Mit kühlem, säuerlichem Apfelwein gefüllt,
Denn andrer ist uns nicht. Das nächste Dürsten stillt
Wohl etwa weit von hier aus beßrer Schale dir
Mit heißerm Safte eine schönre Frau als ich.
    Sie hat den Wein aus dem Schlauch in eine irdene Trinkschale gegossen, die er
langsam schlürft.

DER ZENTAUR
Die allgemeinen Straßen zog ich nicht und mied
Der Hafenplätze vielvermengendes Gewühl,
Wo einer leicht von Schiffern bunte Mär erfährt.
Die öden Heiden wählte ich zum Tagesweg,
Flamingos nur und schwarze Stiere störend auf,
Und stampfte nachts das Heidekraut dahin im Duft,
Das kühle hyazinthne Dunkel über mir.
Zuweilen kam ich wandernd einem Hain vorbei,
Wo sich, zu flüchtig eigensinnger Lust gewillt,
Aus einem Schwarme von Najaden eine mir
Für eine Strecke Wegs gesellte, die ich dann
An einen jungen Satyr wiederum verlor,
Der syrinxblasend, lockend wo am Wege saß.

DIE FRAU
Unsäglich reizend dünkt dies Ungebundne mir.

DER SCHMIED
Die Waldgebornen kennen Scham und Treue nicht,
Die erst das Haus verlangen und bewahren lehrt.

DIE FRAU
Ward dir, dem Flötenspiel des Pan zu lauschen? Sag!

DER ZENTAUR
In einem stillen Kesseltal ward mirs beschert.
Da wogte mit dem schwülen Abendwind herab
Vom Rand der Felsen rätselhaftestes Getön,
So tief aufwühlend wie vereinter Drang
Von allem Tiefsten, was die Seele je durchbebt,
Als flög mein Ich im Wirbel fortgerissen mir
Durch tausendfach verschiedne Trunkenheit hindurch.

DER SCHMIED
Verbotenes laß lieber unberedet sein!

DIE FRAU
Laß immerhin, was regt die Seele schöner auf?

DER SCHMIED
Das Leben zeitigt selbst den höhern Herzensschlag,

Wie reife Frucht vom Zweige sich erfreulich löst.
Und nicht zu andern Schauern sind geboren wir,
Als uns das Schicksal über unsre Lebenswelle haucht.

DER ZENTAUR
So blieb die wunderbare Kunst dir unbekannt,
Die Götter üben: unter Menschen Mensch,
Zu andern Zeiten aufzugehn im Sturmeshauch,
Und ein Delphin zu plätschern wiederum im Naß
Und ätherkreisend einzusaugen Adlerlust?
Du kennst, mich dünkt, nur wenig von der Welt, mein Freund.

DER SCHMIED
Die ganze kenn ich, kennend meinen Kreis,
Maßloses nicht verlangend, noch begierig ich,
Die flüchtge Flut zu ballen in der hohlen Hand.
Den Bach, der deine Wiege schaukelte, erkennen lern,
Den Nachbarbaum, der dir die Früchte an der Sonne reift
Und dufterfüllten lauen Schatten niedergießt,
Das kühle grüne Gras, es trats dein Fuß als Kind.
Die alten Eltern tratens, leise frierende,
Und die Geliebte trats, da quollen duftend auf
Die Veilchen, schmiegend unter ihre Sohlen sich,
Das Haus begreif, in dem du lebst und sterben sollst.
Und dann, ein Wirkender, begreif dich selber ehrfurchtsvoll,
An diesen hast du mehr, als du erfassen kannst.

Den Wanderliebenden, ich halt ihn länger nicht, allein
Der letzten Glättung noch bedarfs, die Feile fehlt,
Ich finde sie und schaffe dir das letzte noch.
Er geht ins Haus.

DIE FRAU
Dich führt wohl nimmermehr der Weg hieher zurück.
Hinstampfend durch die hyazinthne Nacht, berauscht,
Vergissest meiner du am Wege, fürcht ich, bald,
Die deiner, fürcht ich, nicht so bald vergessen kann.

DER ZENTAUR
Du irrst: verdammt von dir zu scheiden, wärs,
Als schlügen sich die Gitter dröhnend hinter mir
Von aller Liebe dufterfülltem Garten zu.

Doch kommst du, wie ich meine, mir Gefährtin mit,
So trag ich solchen hohen Reiz als Beute fort,
Wie nie die hohe Aphrodite ausgegossen hat,
Die allbelebende, auf Meer und wilde Flur.

DIE FRAU
Wie könnt ich Gatten, Haus und Kind verlassen hier?

DER ZENTAUR
Was sorgst du lang um was du schnell vergessen hast?

DIE FRAU
Er kommt zurück, und schnell zerronnen ist der Traum!

DER ZENTAUR
Mit nichten, da doch Lust und Weg noch offen steht.
Mit festen Fingern greif mir ins Gelock und klammre dich,
Am Rücken ruhend, mir an Arm und Nacken an!

Sie schwingt sich auf seinen Rücken, und er stürmt hell schreiend zum Fluß hinunter, das Kind erschrickt und bricht in klägliches Weinen aus. Der Schmied tritt aus dem Haus. Eben stürzt sich der Zentaur in das aufrauschende Wasser des Flusses. Sein bronzener Oberkörper und die Gestalt der Frau zeichnen sich scharf auf der abendlich vergoldeten Wasserfläche ab. Der Schmied wird sie gewahr; in der Hand den Speer des Zentauren, läuft er ans Ufer hinab und schleudert, weit vorgebeugt, den Speer, der mit zitterndem Schaft einen Augenblick im Rücken der Frau stecken bleibt, bis diese mit einem gellenden Schrei die Locken des Zentauren fahren läßt und mit ausgebreiteten Armen rücklings ins Wasser stürzt. Der Zentaur fängt die Sterbende in seinen Armen auf und trägt sie hocherhoben, stromabwärts dem andern Ufer zuschwimmend.

DER TOR UND DER TOD

Der TOD
CLAUDIO, ein Edelmann
Sein KAMMERDIENER
CLAUDIOS MUTTER
Eine GELIEBTE DES CLAUDIO } TOTE
Ein JUGENDFREUND

Claudios Haus.

Kostüm der zwanziger Jahre
des vorigen Jahrhunderts.

Studierzimmer des Claudio, im Empiregeschmack. Im Hintergrund links und rechts große Fenster, in der Mitte eine Glastüre auf den Balkon hinaus, von dem eine hängende Holztreppe in den Garten führt. Links eine weiße Flügeltür, rechts eine gleiche nach dem Schlafzimmer, mit einem grünen Samtvorhang geschlossen.
5 Am Fenster links steht ein Schreibtisch, davor ein Lehnstuhl. An den Pfeilern Glaskasten mit Altertümern. An der Wand rechts eine gotische, dunkle, geschnitzte Truhe; darüber altertümliche Musikinstrumente. Ein fast schwarz gedunkeltes Bild eines italienischen Meisters. Der Grundton der Tapete licht, fast weiß, mit Stukkatur und Gold.

10 CLAUDIO allein. Er sitzt am Fenster. Abendsonne.
Die letzten Berge liegen nun im Glanz,
In feuchtem Schmelz durchsonnter Luft gewandet.
Es schwebt ein Alabasterwolkenkranz
Zuhöchst, mit grauen Schatten, goldumrandet:
15 So malen Meister von den frühen Tagen
Die Wolken, welche die Madonna tragen.
Am Abhang liegen blaue Wolkenschatten,
Der Bergesschatten füllt das weite Tal
Und dämpft zu grauem Grün den Glanz der Matten;
20 Der Gipfel glänzt im vollen letzten Strahl.
Wie nah sind meiner Sehnsucht die gerückt,
Die dort auf weiten Halden einsam wohnen
Und denen Güter, mit der Hand gepflückt,
Die gute Mattigkeit der Glieder lohnen.
25 Der wundervolle, wilde Morgenwind,
Der nackten Fußes läuft im Heidenduft,
Der weckt sie auf; die wilden Bienen sind
Um sie und Gottes helle, heiße Luft.
Es gab Natur sich ihnen zum Geschäfte,
30 In allen ihren Wünschen quillt Natur,

Im Wechselspiel der frisch und müden Kräfte
Wird ihnen jedes warmen Glückes Spur.
Jetzt rückt der goldne Ball, und er versinkt
In fernster Meere grünlichem Kristall;
Das letzte Licht durch ferne Bäume blinkt,
Jetzt atmet roter Rauch, ein Glutenwall
Den Strand erfüllend, wo die Städte liegen,
Die mit Najadenarmen, flutenttaucht,
In hohen Schiffen ihre Kinder wiegen,
Ein Volk, verwegen, listig und erlaucht.
Sie gleiten über ferne, wunderschwere,
Verschwiegne Flut, die nie ein Kiel geteilt,
Es regt die Brust der Zorn der wilden Meere,
Da wird sie jedem Wahn und Weh geheilt.
So seh ich Sinn und Segen fern gebreitet
Und starre voller Sehnsucht stets hinüber,
Doch wie mein Blick dem Nahen näher gleitet,
Wird alles öd, verletzender und trüber;
Es scheint mein ganzes so versäumtes Leben
Verlorne Lust und nie geweinte Tränen
Um diese Gassen, dieses Haus zu weben
Und ewig sinnlos Suchen, wirres Sehnen.

Am Fenster stehend

Jetzt zünden sie die Lichter an und haben
In engen Wänden eine dumpfe Welt
Mit allen Rausch- und Tränengaben
Und was noch sonst ein Herz gefangen hält.
Sie sind einander herzlich nah
Und härmen sich um einen, der entfernt;
Und wenn wohl einem Leid geschah,
So trösten sie .. ich habe Trösten nie gelernt.
Sie können sich mit einfachen Worten,
Was nötig zum Weinen und Lachen, sagen,
Müssen nicht an sieben vernagelte Pforten
Mit blutigen Fingern schlagen.

Was weiß denn ich vom Menschenleben?
Bin freilich scheinbar drin gestanden,
Aber ich hab es höchstens verstanden,

Konnte mich nie darein verweben.
Hab mich niemals daran verloren.
Wo andre nehmen, andre geben,
Blieb ich beiseit, im Innern stummgeboren.
Ich hab von allen lieben Lippen
Den wahren Trank des Lebens nie gesogen,
Bin nie von wahrem Schmerz durchschüttert,
Die Straße einsam, schluchzend, nie! gezogen.
Wenn ich von guten Gaben der Natur
Je eine Regung, einen Hauch erfuhr,
So nannte ihn mein überwacher Sinn
Unfähig des Vergessens, grell beim Namen.
Und wie dann tausende Vergleiche kamen,
War das Vertrauen, war das Glück dahin.
Und auch das Leid! zerfasert und zerfressen
Vom Denken, abgeblaßt und ausgelaugt!
Wie wollte ich an meine Brust es pressen,
Wie hätt' ich Wonne aus dem Schmerz gesaugt:
Sein Flügel streifte mich, ich wurde matt,
Und Unbehagen kam an Schmerzes Statt . .
Aufschreckend
Es dunkelt schon. Ich fall in Grübelei.
Ja, ja: Die Zeit hat Kinder mancherlei.
Doch ich bin müd und soll wohl schlafen gehen.
Der Diener bringt eine Lampe, geht dann wieder.
Jetzt läßt der Lampe Glanz mich wieder sehen
Die Rumpelkammer voller totem Tand,
Wodurch ich doch mich einzuschleichen wähnte,
Wenn ich den graden Weg auch nimmer fand
In jenes Leben, das ich so ersehnte.
Vor dem Kruzifix

Zu deinen wunden, elfenbeinern' Füßen,
Du Herr am Kreuz, sind etliche gelegen,
Die Flammen niederbetend, jene süßen,
Ins eigne Herz, die wundervoll bewegen,
Und wenn statt Gluten öde Kälte kam,
Vergingen sie in Reue, Angst und Scham.
Vor einem alten Bild

Gioconda, du, aus wundervollem Grund,
Herleuchtend mit dem Glanz durchseelter Glieder,
Dem rätselhaften, süßen, herben Mund,
Dem Prunk der träumeschweren Augenlider:
Gerad so viel verrietest du mir Leben, 5
Als fragend ich vermocht' dir einzuweben!

Sich abwendend, vor einer Truhe

Ihr Becher, ihr, an deren kühlem Rand
Wohl etlich Lippen selig hingen,
Ihr alten Lauten, ihr, bei deren Klingen 10
Sich manches Herz die tiefste Rührung fand,
Was gäb' ich, könnt' mich euer Bann erfassen,
Wie wollt' ich mich gefangen finden lassen!
Ihr hölzern, ehern Schilderwerk,
Verwirrend, formenquellend Bilderwerk, 15
Ihr Kröten, Engel, Greife, Faunen,
Phantast'sche Vögel, goldnes Fruchtgeschlinge,
Berauschende und ängstigende Dinge,
Ihr wart doch all einmal gefühlt,
Gezeugt von zuckenden, lebend'gen Launen, 20
Vom großen Meer emporgespült,
Und wie den Fisch das Netz, hat euch die Form gefangen!
Umsonst bin ich, umsonst euch nachgegangen,
Von eurem Reize allzu sehr gebunden:
Und wie ich eurer eigensinn'gen Seelen 25
Jedwede, wie die Masken, durchempfunden,
War mir verschleiert Leben, Herz und Welt,
Ihr hieltet mich, ein Flatterschwarm, umstellt,
Abweidend, unerbittliche Harpyen,
An frischen Quellen jedes frische Blühen .. 30
Ich hab mich so an Künstliches verloren,
Daß ich die Sonne sah aus toten Augen
Und nicht mehr hörte, als durch tote Ohren:
Stets schleppte ich den rätselhaften Fluch,
Nie ganz bewußt, nie völlig unbewußt, 35
Mit kleinem Leid und schaler Lust
Mein Leben zu erleben wie ein Buch,
Das man zur Hälft' noch nicht und halb nicht mehr begreift,

Und hinter dem der Sinn erst nach Lebend'gem schweift –
Und was mich quälte und was mich erfreute,
Mir war, als ob es nie sich selbst bedeute,
Nein, künft'gen Lebens vorgeliehnen Schein
Und hohles Bild von einem vollern Sein.
So hab ich mich in Leid und jeder Liebe
Verwirrt mit Schatten nur herumgeschlagen,
Verbraucht, doch nicht genossen alle Triebe,
In dumpfem Traum, es würde endlich tagen.
Ich wandte mich und sah das Leben an:
Darinnen Schnellsein nicht zum Laufen nützt
Und Tapfersein nicht hilft zum Streit; darin
Unheil nicht traurig macht und Glück nicht froh;
Auf Frag' ohn' Sinn folgt Antwort ohne Sinn;
Verworrner Traum entsteigt der dunklen Schwelle,
Und Glück ist alles, Stunde, Wind und Welle!
So schmerzlich klug und so enttäuschten Sinn
In müdem Hochmut liegend, in Entsagen
Tief eingesponnen leb ich ohne Klagen
In diesen Stuben, dieser Stadt dahin.
Die Leute haben sich entwöhnt zu fragen
Und finden, daß ich recht gewöhnlich bin.

Der Diener kommt und stellt einen Teller Kirschen auf den Tisch, dann will er die Balkontüre schließen.

CLAUDIO
Laß noch die Türen offen .. Was erschreckt dich?

DIENER
Euer Gnaden glauben mir's wohl nicht.
Halb für sich, mit Angst
Jetzt haben sie im Lusthaus sich versteckt.

CLAUDIO
Wer denn?

DIENER   Entschuldigen, ich weiß es nicht.
Ein ganzer Schwarm unheimliches Gesindel.

CLAUDIO
Bettler?

DIENER

      Ich weiß es nicht.

CLAUDIO   So sperr die Tür,
Die von der Gasse in den Garten, zu,
Und leg dich schlafen und laß mich in Ruh'.

DIENER

Das eben macht mir solches Grau'n. Ich hab
Die Gartentür verriegelt. Aber . . .

CLAUDIO   Nun?

DIENER

Jetzt sitzen sie im Garten. Auf der Bank,
Wo der sandsteinerne Apollo steht,
Ein paar im Schatten dort am Brunnenrand,
Und einer hat sich auf die Sphinx gesetzt.
Man sieht ihn nicht, der Taxus steht davor.

CLAUDIO

Sind's Männer?

DIENER   Einige. Allein auch Frauen.
Nicht bettelhaft, altmodisch nur von Tracht,
Wie Kupferstiche angezogen sind.
Mit einer solchen grauenvollen Art
Still dazusitzen und mit toten Augen
Auf einen wie in leere Luft zu schauen,
Das sind nicht Menschen. Euer Gnaden sei'n
Nicht ungehalten, nur um keinen Preis
Der Welt möcht' ich in ihre Nähe gehen.
So Gott will, sind sie morgen früh verschwunden;
Ich will – mit gnädiger Erlaubnis – jetzt
Die Tür vom Haus verriegeln und das Schloß
Einsprengen mit geweihtem Wasser. Denn
Ich habe solche Menschen nie gesehn,
Und solche Augen haben Menschen nicht.

CLAUDIO

Tu was du willst, und gute Nacht.

Er geht eine Weile nachdenklich auf und nieder. Hinter der Szene erklingt das sehnsüchtige und ergreifende Spiel einer Geige, zuerst ferner, allmählich näher, endlich warm und voll, als wenn es aus dem Nebenzimmer dränge.

Musik?

5 Und seltsam zu der Seele redende!
Hat mich des Menschen Unsinn auch verstört?
Mich dünkt, als hätt' ich solche Töne
Von Menschengeigen nie gehört . .

Er bleibt horchend gegen die rechte Seite gewandt

10 In tiefen, scheinbar lang ersehnten Schauern
Dringt's allgewaltig auf mich ein;
Es scheint unendliches Bedauern,
Unendlich Hoffen scheint's zu sein,
Als strömte von den alten, stillen Mauern
15 Mein Leben flutend und verklärt herein.
Wie der Geliebten, wie der Mutter Kommen,
Wie jedes Langverlornen Wiederkehr,
Regt es Gedanken auf, die warmen, frommen,
Und wirft mich in ein jugendliches Meer:
20 Ein Knabe stand ich so im Frühlingsglänzen
Und meinte aufzuschweben in das All,
Unendlich Sehnen über alle Grenzen
Durchwehte mich in ahnungsvollem Schwall!
Und Wanderzeiten kamen, rauschumfangen,
25 Da leuchtete manchmal die ganze Welt,
Und Rosen glühten, und die Glocken klangen,
Von fremdem Lichte jubelnd und erhellt:
Wie waren da lebendig alle Dinge
Dem liebenden Erfassen nah gerückt,
30 Wie fühlt' ich mich beseelt und tief entzückt,
Ein lebend Glied im großen Lebensringe!
Da ahnte ich, durch mein Herz auch geleitet,
Den Liebesstrom, der alle Herzen nährt,
Und ein Genügen hielt mein Ich geweitet,
35 Das heute kaum mir noch den Traum verklärt.
Tön fort, Musik, noch eine Weile so
Und rühr mein Innres also innig auf:
Leicht wähn ich dann mein Leben warm und froh,
Rücklebend so verzaubert seinen Lauf:

Denn alle süßen Flammen, Loh' an Loh'
Das Starre schmelzend, schlagen jetzt herauf!
Des allzualten, allzuwirren Wissens
Auf diesen Nacken vielgehäufte Last
Vergeht, von diesem Laut des Urgewissens,
Den kindisch-tiefen Tönen angefaßt.
Weither mit großem Glockenläuten
Ankündigt sich ein kaum geahntes Leben,
In Formen, die unendlich viel bedeuten,
Gewaltig-schlicht im Nehmen und im Geben.

Die Musik verstummt fast plötzlich.

Da, da verstummt, was mich so tief gerührt,
Worin ich Göttlich-Menschliches gespürt!
Der diese Wunderwelt unwissend hergesandt,
Er hebt wohl jetzt nach Kupfergeld die Kappe,
Ein abendlicher Bettelmusikant.

Am Fenster rechts

Hier unten steht er nicht. Wie sonderbar!
Wo denn? Ich will durchs andre Fenster schau'n ..

Wie er nach der Türe rechts geht, wird der Vorhang leise zurückgeschlagen, und in der Tür steht der Tod, den Fiedelbogen in der Hand, die Geige am Gürtel hängend. Er sieht Claudio, der entsetzt zurückfährt, ruhig an.

Wie packt mich sinnlos namenloses Grauen!
Wenn deiner Fiedel Klang so lieblich war,
Was bringt es solchen Krampf, dich anzuschauen?
Und schnürt die Kehle so und sträubt das Haar?
Geh weg! Du bist der Tod. Was willst du hier?
Ich fürchte mich. Geh weg! Ich kann nicht schrei'n.

sinkend

Der Halt, die Luft des Lebens schwindet mir!
Geh weg! Wer rief dich? Geh! Wer ließ dich ein?

DER TOD

Steh auf! Wirf dies ererbte Grau'n von dir!
Ich bin nicht schauerlich, bin kein Gerippe!
Aus des Dionysos, der Venus Sippe,
Ein großer Gott der Seele steht vor dir.
Wenn in der lauen Sommerabendfeier

Durch goldne Luft ein Blatt herabgeschwebt,
Hat dich mein Wehen angeschauert,
Das traumhaft um die reifen Dinge webt;
Wenn Überschwellen der Gefühle
Mit warmer Flut die Seele zitternd füllte,
Wenn sich im plötzlichen Durchzucken
Das Ungeheure als verwandt enthüllte,
Und du, hingebend dich im großen Reigen,
Die Welt empfingest als dein eigen:
In jeder wahrhaft großen Stunde,
Die schauern deine Erdenform gemacht,
Hab ich dich angerührt im Seelengrunde
Mit heiliger, geheimnisvoller Macht.

CLAUDIO
Genug. Ich grüße dich, wenngleich beklommen.

Kleine Pause.

Doch wozu bist du eigentlich gekommen?

DER TOD
Mein Kommen, Freund, hat stets nur einen Sinn!

CLAUDIO
Bei mir hat's eine Weile noch dahin!
Merk: eh' das Blatt zu Boden schwebt,
Hat es zur Neige seinen Saft gesogen!
Dazu fehlt viel: Ich habe nicht gelebt!

DER TOD
Bist doch, wie alle, deinen Weg gezogen!

CLAUDIO
Wie abgerißne Wiesenblumen
Ein dunkles Wasser mit sich reißt,
So glitten mir die jungen Tage,
Und ich hab nie gewußt, daß das schon Leben heißt.
Dann .. stand ich an den Lebensgittern,
Der Wunder bang, von Sehnsucht süß bedrängt,
Daß sie in majestätischen Gewittern
Auffliegen sollten, wundervoll gesprengt.

Es kam nicht so . . und einmal stand ich drinnen,
Der Weihe bar und konnte mich auf mich
Und alle tiefsten Wünsche nicht besinnen,
Von einem Bann befangen, der nicht wich.
Von Dämmerung verwirrt und wie verschüttet,
Verdrießlich und im Innersten zerrüttet,
Mit halbem Herzen, unterbundnen Sinnen
In jedem Ganzen rätselhaft gehemmt,
Fühlt' ich mich niemals recht durchglutet innen,
Von großen Wellen nie so recht geschwemmt,
Bin nie auf meinem Weg dem Gott begegnet,
Mit dem man ringt, bis daß er einen segnet.

DER TOD
Was allen, ward auch dir gegeben,
Ein Erdenleben, irdisch es zu leben.
Im Innern quillt euch allen treu ein Geist,
Der diesem Chaos toter Sachen
Beziehung einzuhauchen heißt,
Und euren Garten draus zu machen
Für Wirksamkeit, Beglückung und Verdruß.
Weh dir, wenn ich dir das erst sagen muß!
Man bindet und man wird gebunden,
Entfaltung wirken schwül und wilde Stunden;
In Schlaf geweint und müd geplagt
Noch wollend, schwer von Sehnsucht, halbverzagt
Tiefatmend und vom Drang des Lebens warm . .
Doch alle reif, fallt ihr in meinen Arm.

CLAUDIO
Ich aber bin nicht reif, drum laß mich hier.
Ich will nicht länger töricht jammern,
Ich will mich an die Erdenscholle klammern,
Die tiefste Lebenssehnsucht schreit in mir.
Die höchste Angst zerreißt den alten Bann;
Jetzt fühl ich – laß mich – daß ich leben kann!
Ich fühl's an diesem grenzenlosen Drängen:
Ich kann mein Herz an Erdendinge hängen.
O, du sollst sehn, nicht mehr wie stumme Tiere,
Nicht Puppen werden mir die andern sein!

Zum Herzen reden soll mir all das ihre,
Ich dränge mich in jede Lust und Pein.
Ich will die Treue lernen, die der Halt
Von allem Leben ist .. Ich füg mich so,
Daß Gut und Böse über mich Gewalt
Soll haben und mich machen wild und froh.
Dann werden sich die Schemen mir beleben!
Ich werde Menschen auf dem Wege finden,
Nicht länger stumm im Nehmen und im Geben,
Gebunden werden – ja! – und kräftig binden.

Da er die ungerührte Miene des Todes wahrnimmt, mit steigender Angst

Denn schau, glaub mir, das war nicht so bisher:
Du meinst, ich hätte doch geliebt, gehaßt ..
Nein, nie hab ich den Kern davon erfaßt.
Es war ein Tausch von Schein und Worten leer!
Da schau, ich kann dir zeigen: Briefe, sieh,

Er reißt eine Lade auf und entnimmt ihr Pakete geordneter alter Briefe.

Mit Schwüren voll und Liebeswort' und Klagen;
Meinst du, ich hätte je ge s p ü r t, was die –
Gespürt, was ich als Antwort schien zu sagen?!

Er wirft ihm die Pakete vor die Füße, daß die einzelnen Briefe herausfliegen.

Da hast du dieses ganze Liebesleben,
Daraus nur ich und ich nur widertönte,
Wie ich der Stimmung Auf- und Niederbeben
Mitbebend, jeden heil'gen Halt verhöhnte!
Da! da! und alles andre ist wie das:
Ohn' Sinn, ohn' Glück, ohn' Schmerz, ohn' Lieb, ohn' Haß!

DER TOD
Du Tor! Du schlimmer Tor, ich will dich lehren,
Das Leben, eh du's endest, einmal ehren.
Stell dich dorthin und schweig und sieh hierher
Und lern, daß alle andern diesen Schollen
Mit lieberfülltem Erdensinn entquollen,
Und nur du selber schellenlaut und leer.

Der Tod tut ein paar Geigenstriche, gleichsam rufend. Er steht an der Schlafzimmertüre, im Vordergrund rechts, Claudio an der Wand links, im Halbdunkel. Aus der Tür rechts tritt die Mutter. Sie ist nicht sehr alt. Sie trägt ein langes, schwarzes Samtkleid, eine schwarze Samthaube mit einer weißen Rüsche, die das

Gesicht umrahmt. In den feinen blassen Fingern ein weißes Spitzentaschentuch.
Sie tritt leise aus der Tür und geht lautlos im Zimmer umher.

DIE MUTTER
Wie viele süße Schmerzen saug ich ein
Mit dieser Luft. Wie von Lavendelkraut
Ein feiner toter Atem weht die Hälfte
Von meinem Erdendasein hier umher:
Ein Mutterleben, nun, ein Dritteil Schmerzen,
Eins Plage, Sorge eins. Was weiß ein Mann
Davon?
An der Truhe
      Die Kante da noch immer scharf?
Da schlug er sich einmal die Schläfe blutig;
Freilich, er war auch klein und heftig, wild
Im Laufen, nicht zu halten. Da, das Fenster!
Da stand ich oft und horchte in die Nacht
Hinaus auf seinen Schritt mit solcher Gier,
Wenn mich die Angst im Bett nicht länger litt,
Wenn er nicht kam und schlug doch zwei, und schlug
Dann drei und fing schon blaß zu dämmern an . .
Wie oft . . Doch hat er nie etwas gewußt –
Ich war ja auch bei Tag hübsch viel allein.
Die Hand, die gießt die Blumen, klopft den Staub
Vom Kissen, reibt die Messingklinken blank,
So läuft der Tag: allein der Kopf hat nichts
Zu tun: da geht im Kreis ein dumpfes Rad
Mit Ahnungen und traumbeklommenem
Geheimnisvollem Schmerzgefühle, das
Wohl mit der Mutterschaft unfaßlichem
Geheimen Heiligtum zusammenhängt
Und allem tiefsten Weben dieser Welt
Verwandt ist. Aber mir ist nicht gegönnt
Der süß beklemmend, schmerzlich nährenden,
Der Luft vergangnen Lebens mehr zu atmen.
Ich muß ja gehen, gehen . . .
Sie geht durch die Mitteltüre ab.

CLAUDIO   Mutter!

DER TOD   Schweig!
Du bringst sie nicht zurück.

CLAUDIO   Ah! Mutter, komm!
Laß mich dir einmal mit den Lippen hier,
Den zuckenden, die immer schmalgepreßt,
Hochmütig schwiegen, laß mich doch vor dir
So auf den Knien . . Ruf sie! Halt sie fest!
Sie wollte nicht! Hast du denn nicht gesehn?!
Was zwingst du sie, Entsetzlicher, zu gehn?

DER TOD
Laß mir, was mein. Dein war es.

CLAUDIO   Ah! und nie
Gefühlt! Dürr, alles dürr! Wann hab ich je
Gespürt, daß alle Wurzeln meines Seins
Nach ihr sich zuckend drängten, ihre Näh'
Wie einer Gottheit Nähe wundervoll
Durchschauert mich und quellend füllen soll
Mit Menschensehnsucht, Menschenlust – und -weh?!

Der Tod, um seine Klagen unbekümmert, spielt die Melodie eines alten Volksliedes. Langsam tritt ein junges Mädchen ein; sie trägt ein einfaches, großgeblümtes Kleid, Kreuzbandschuhe, um den Hals ein Stückchen Schleier, bloßer Kopf.

DAS JUNGE MÄDCHEN
Es war doch schön . . Denkst du nie mehr daran?
Freilich, du hast mir weh getan, so weh . .
Allein was hört denn nicht in Schmerzen auf?
Ich hab so wenig frohe Tag' gesehn,
Und die, die waren schön als wie ein Traum!
Die Blumen vor dem Fenster, meine Blumen,
Das kleine, wacklige Spinett, der Schrank,
In den ich deine Briefe legte und
Was du mir etwa schenktest . . alles das
– Lach mich nicht aus – das wurde alles schön
Und redete mit wachen, lieben Lippen!
Wenn nach dem schwülen Abend Regen kam
Und wir am Fenster standen – ah der Duft
Der nassen Bäume! – Alles das ist hin,
Gestorben, was daran lebendig war!

Und liegt in unsrer Liebe kleinem Grab.
Allein es war so schön, und du bist schuld,
Daß es so schön war. Und daß du mich dann
Fortwarfest, achtlos grausam, wie ein Kind,
Des Spielens müd, die Blumen fallen läßt . .
Mein Gott, ich hatte nichts, dich festzubinden.

Kleine Pause.

Wie dann dein Brief, der letzte, schlimme, kam,
Da wollt' ich sterben. Nicht um dich zu quälen,
Sag ich dir das. Ich wollte einen Brief
Zum Abschied an dich schreiben, ohne Klag',
Nicht heftig, ohne wilde Traurigkeit;
Nur so, daß du nach meiner Lieb' und mir
Noch einmal solltest Heimweh haben und
Ein wenig weinen, weil's dazu zu spät.
Ich hab dir nicht geschrieben. Nein. Wozu?
Was weiß denn ich, wieviel von deinem Herzen
In all dem war, was meinen armen Sinn
Mit Glanz und Fieber so erfüllte, daß
Ich wie im Traum am lichten Tage ging.
Aus Untreu' macht kein guter Wille Treu',
Und Tränen machen kein Erstorbnes wach.
Man stirbt auch nicht daran. Viel später erst,
Nach langem, ödem Elend durft' ich mich
Hinlegen, um zu sterben. Und ich bat,
In deiner Todesstund' bei dir zu sein.
Nicht grauenvoll, um dich zu quälen nicht,
Nur wie wenn einer einen Becher Wein
Austrinkt und flüchtig ihn der Duft gemahnt
An irgendwo vergeßne leise Lust.

Sie geht ab; Claudio birgt sein Gesicht in den Händen. Unmittelbar nach ihrem
Abgehen tritt ein Mann ein. Er hat beiläufig Claudios Alter. Er trägt einen un-
ordentlichen, bestaubten Reiseanzug. In seiner linken Brust steckt mit heraus-
ragendem Holzgriff ein Messer. Er bleibt in der Mitte der Bühne, Claudio zuge-
wendet, stehen.

DER MANN
Lebst du noch immer, Ewigspielender?
Liest immer noch Horaz und freuest dich

Am spöttisch-klugen, nie bewegten Sinn?
Mit feinen Worten bist du mir genaht,
Scheinbar gepackt von was auch mich bewegte ..
Ich hab dich, sagtest du, gemahnt an Dinge,
5 Die heimlich in dir schliefen, wie der Wind
Der Nacht von fernem Ziel zuweilen redet ..
O ja, ein feines Saitenspiel im Wind
Warst du, und der verliebte Wind dafür
Stets eines andern ausgenützter Atem,
10 Der meine oder sonst. Wir waren ja
Sehr lange Freunde. Freunde? Heißt: gemein
War zwischen uns Gespräch bei Tag und Nacht,
Verkehr mit gleichen Menschen, Tändelei
Mit einer gleichen Frau. Gemein: so wie
15 Gemeinsam zwischen Herr und Sklave ist
Haus, Sänfte, Hund, und Mittagstisch und Peitsche:
Dem ist das Haus zur Lust, ein Kerker dem;
Den trägt die Sänfte, jenem drückt die Schulter
Ihr Schnitzwerk wund; der läßt den Hund im Garten
20 Durch Reifen springen, jener wartet ihn! ..
Halbfertige Gefühle, meiner Seele
Schmerzlich geborne Perlen, nahmst du mir
Und warfst sie als dein Spielzeug in die Luft,
Du, schnellbefreundet, fertig schnell mit jedem,
25 Ich mit dem stummen Werben in der Seele
Und Zähne zugepreßt, du ohne Scheu
An allem tastend, während mir das Wort
Mißtrauisch und verschüchtert starb am Weg.
Da kam uns in den Weg ein Weib. Was mich
30 Ergriff, wie Krankheit über einen kommt,
Wo alle Sinne taumeln, überwach
Von allzuvielem Schau'n nach einem Ziel ..
Nach einem solchen Ziel, voll süßer Schwermut
Und wildem Glanz und Duft, aus tiefem Dunkel
35 Wie Wetterleuchten webend .. Alles das,
Du sahst es auch, es reizte dich! .. »Ja, weil
Ich selber ähnlich bin zu mancher Zeit,
So reizte mich des Mädchens müde Art
Und herbe Hoheit, so enttäuschten Sinns

Bei solcher Jugend.« Hast du mir's denn nicht
Dann später so erzählt? Es reizte dich!
Mir war es mehr als dieses Blut und Hirn!
Und sattgespielt warfst du die Puppe mir,
Mir zu, ihr ganzes Bild vom Überdruß
In dir entstellt, so fürchterlich verzerrt,
Des wundervollen Zaubers so entblößt,
Die Züge sinnlos, das lebend'ge Haar
Tot hängend, warfst mir eine Larve zu,
In schnödes Nichts mit widerlicher Kunst
Zersetzend rätselhaften süßen Reiz.
Für dieses haßte endlich ich dich so,
Wie dich mein dunkles Ahnen stets gehaßt,
Und wich dir aus.
               Dann trieb mich mein Geschick,
Das endlich mich Zerbrochnen segnete,
Mit einem Ziel und Willen in der Brust –
Die nicht in deiner gift'gen Nähe ganz
Für alle Triebe abgestorben war –
Ja, für ein Hohes trieb mich mein Geschick
In dieser Mörderklinge herben Tod,
Der mich in einen Straßengraben warf,
Darin ich liegend langsam moderte
Um Dinge, die du nicht begreifen kannst,
Und dreimal selig dennoch gegen dich,
Der keinem etwas war und keiner ihm.

Er geht ab.

CLAUDIO
Wohl keinem etwas, keiner etwas mir.

Sich langsam aufrichtend

Wie auf der Bühn' ein schlechter Komödiant
Aufs Stichwort kommt er, red't sein Teil und geht
Gleichgültig gegen alles andre, stumpf,
Vom Klang der eignen Stimme ungerührt
Und hohlen Tones andre rührend nicht:
So über diese Lebensbühne hin
Bin ich gegangen ohne Kraft und Wert.
Warum geschah mir das? Warum, du Tod,

Mußt du mich lehren erst das Leben sehen,
Nicht wie durch einen Schleier, wach und ganz,
Da etwas weckend, so vorübergehen?
Warum bemächtigt sich des Kindersinns
So hohe Ahnung von den Lebensdingen,
Daß dann die Dinge, wenn sie wirklich sind,
Nur schale Schauer des Erinnerns bringen?
Warum erklingt uns nicht dein Geigenspiel,
Aufwühlend die verborgne Geisterwelt,
Die unser Busen heimlich hält,
Verschüttet, dem Bewußtsein so verschwiegen,
Wie Blumen im Geröll verschüttet liegen?
Könnt' ich mit dir sein, wo man dich nur hört,
Nicht von verworrner Kleinlichkeit verstört!
Ich kann's! Gewähre, was du mir gedroht:
Da tot mein Leben war, sei du mein Leben, Tod!
Was zwingt mich, der ich beides nicht erkenne,
Daß ich dich Tod und jenes Leben nenne?
In eine Stunde kannst du Leben pressen,
Mehr als das ganze Leben konnte halten,
Das schattenhafte will ich ganz vergessen
Und weih mich deinen Wundern und Gewalten.
Er besinnt sich einen Augenblick.

Kann sein, dies ist nur sterbendes Besinnen,
Heraufgespült vom tödlich wachen Blut,
Doch hab ich nie mit allen Lebenssinnen
So viel ergriffen, und so nenn ich's gut!
Wenn ich jetzt ausgelöscht hinsterben soll,
Mein Hirn von dieser Stunde also voll,
Dann schwinde alles blasse Leben hin:
Erst, da ich sterbe, spür ich, daß ich bin.
Wenn einer träumt, so kann ein Übermaß
Geträumten Fühlens ihn erwachen machen,
So wach ich jetzt, im Fühlensübermaß
Vom Lebenstraum wohl auf im Todeswachen.
Er sinkt tot zu den Füßen des Todes nieder.

DER TOD *indem er kopfschüttelnd langsam abgeht*
Wie wundervoll sind diese Wesen,

Die, was nicht deutbar, dennoch deuten,
Was nie geschrieben wurde, lesen,
Verworrenes beherrschend binden
Und Wege noch im Ewig-Dunkeln finden.

Er verschwindet in der Mitteltür, seine Worte verklingen.

Im Zimmer bleibt es still. Draußen sieht man durchs Fenster den Tod geigenspielend vorübergehen, hinter ihm die Mutter, auch das Mädchen, dicht bei ihnen eine Claudio gleichende Gestalt.

WAS DIE BRAUT GETRÄUMT HAT

EIN GELEGENHEITSGEDICHT

PERSONEN

DIE BRAUT
ERSTES KIND IM TRAUM: Der Gott Amor
ZWEITES KIND: Die kleine Mitzi
DRITTES KIND: Ein Kind aus Günselsdorf

Mädchenzimmer. In der Mitte ein kleiner Tisch mit einer brennenden Lampe, daneben ein Fauteuil. Links ein Fenster mit weißem Vorhang, rechts ein Alkoven, im Hintergrund eine Thür.

Die Braut tritt in die Thür. Der Bräutigam, unsichtbar, begleitet sie bis an die Thür. Langsam entzieht sie ihm ihre Hand und tritt ein. Einen Augenblick steht sie, in sich versunken, dann läuft sie an das Fenster, schiebt den Vorhang auf und winkt »gute Nacht« hinunter. Schließt den Vorhang wieder, geht zur Lampe und sieht mit leuchtenden Augen den Verlobungsring an. Fängt an, ihre Armbänder abzulegen, langsam, halb in Träumerei verloren. Sie setzt sich in den Fauteuil, und allmählich fallen ihr die Augen zu. Sie schläft ein. – Pause. – Aus dem Vorhang des Alkovens schlüpft das erste Kind. Es ist der Gott Amor, mit goldenen Flügeln, den Köcher mit Pfeilen auf dem Rücken, den Bogen in der Hand. Er läuft auf die Schlafende zu, zupft sie am Kleid, berührt endlich ihre Hand.

DIE BRAUT aufgestört
Wer ist das?

DAS KIND auf seinen Bogen gestützt
Ich bin dein Herr,
Den du fürchtest und verehrst!

DIE BRAUT
Liebes Kind, du bist mein Gast,
Und mir ist vor allen Dingen
Unbescheidenheit verhaßt!
Heftig hass' ich solche Kleinen,
Die mit unverschämten Reden
Sich emporzubringen meinen,
Und durchschaue einen jeden!
Schwach und plump sind diese Netze,
Die ein billiges Geschwätze
Stellt der Neigung einer Frau,

Und wir kennen sie genau!
Ungeduldig manchesmal
Macht dies ewige Geprahl',
Denn ihr wißt nicht zu beginnen,
Und ihr wißt auch nicht zu enden.
Wenn ihr ahntet, gute Kinder,
Wie viel mehr an Kraft und Kunst
Wir Verschwiegenen verschwenden
An ein Lächeln, an ein Nicken,
An ein Zeichen unsrer Gunst,
Das wir so verstohlen schicken!
Welche tiefverstellte Müh'
Unsre leichten Worte zügelt
Und die zögernden beflügelt:
Nicht zu spät und nicht zu früh,
Scheinbar im Vorüberschweben
Doch sich völlig herzugeben, –
Ihr verstummtet ja vor Scham ...

AMOR
Mit Vergnügen muß ich sagen,
Dieses A-B-C aus meiner
Schule ist dir ganz geläufig,
Denn du sollst nur ja nicht meinen,
Daß von diesen Sätzen einen
Dir das sogenannte Leben
Hat als Lehre mitgegeben ...
Alles, alles ist von mir!

DIE BRAUT
Du bist derart ungezogen,
Daß es unterhaltend ist.
Aber willst du dich nicht setzen?
Dies ist zwar ein Mädchenzimmer,
Und der kleinen Lampe Schimmer
Will vor Staunen fast vergehn,
Einen jungen Herrn zu sehn ...
Doch ist alles wohl ein Traum,
Die Gedanken haben Leben,

Und der ganze kleine Raum
Scheint zu schwanken, scheint zu schweben.
Setz dich doch!

AMOR wirft einen Puff um, legt ihren Mantel, den sie früher abgelegt hat, darauf
und setzt sich.
            Nur auf das Meine!
Wie der Jäger auf die Beute.
Wie der Sieger auf den Thron
Aufgeschichteter Trophäen;
Anders soll mich keiner sehen!

DIE BRAUT lachend
Aber das ist doch mein Mantel!

AMOR
Dein und folglich wohl der meine!
Bist doch selber, Kleine, Schwache,
Meine Puppe, meine Sache,
Kannst dich mir ja nicht entziehn;
Von den Spitzen deiner Haare
Zu den Knöcheln deiner Füße
Lenk' ich dich mit tausend Fäden,
Und ich dichte deine Reden,
Alles kann ich aus dir machen.

DIE BRAUT lacht

AMOR steht auf, drohend
Kennst du deinen Herrn so schlecht?

DIE BRAUT lacht

AMOR ihr in die Augen
Willst du immer weiter lachen?!

Unter der Gewalt seiner Blicke steht sie wie mit gebrochenen Gliedern auf und
weicht ein paar Schritte vor ihm zurück.

DIE BRAUT
Sieh mich nicht so an, du bist
Mir zu stark! Mit deinen Blicken
Saugst du mir die Seele aus,
Und ich bin so fremd, so leer,
Um mich alles fremd und leer,

Und ein namenloses Sehnen
Zieht mir meinen armen Sinn
Irgendwo ... wohin? wohin?
Wohin willst du, daß ich gehe?
O, ich werd' den Weg nicht finden,
Schwer sind meine Augenlider,
Meine Kniee zieht es nieder,
Und es ist so weit, so weit
Über Seen, über Hügel!
Sind das wirklich deine Künste –
Diese fürchterliche Schwere ... ?
Aber hast du nicht die Flügel?!
Ja, du willst mich nur beschämen
Und dann alles von mir nehmen.

Amor macht eine Gebärde: »Sie soll knien.«

Knieen soll ich? Sieh, ich knie!
Sieh, ich falte meine Hände,
Aber mach ein Ende, ende!

Amor weicht während der nun folgenden Worte langsam von ihr zurück, immer die Augen auf ihr, und verschwindet mit einem Sprung auflachend im Kamin.

Ja, ich habe Furcht vor dir,
Und wenn ich es schon gestehe –
Ist dir nicht genug geschehen?
Komm, ich brauche deine Nähe,
Bleib bei mir, ich will dich sehen!
Zieh nicht deine Blicke wieder
Langsam so aus mir heraus
Wie den Dolch aus einer Wunde!
Kannst du lachen, wenn ich leide,
Kannst du sehen ...

Aufspringend.

               Er ist fort!
Und es kichert da und dort.
Welche tückischen Gewalten
Stecken hinter diesen Falten?
Schütteln diese Wände böse
Träume auf mich Arme nieder,
Weil ich mich von ihnen löse?

In den Vorhängen des Fensters erscheinen zwei Kinderhände.

DIE BRAUT *auf die Hände zugehend*
Hände! Bist du wieder da?
Und jetzt wirst du mich verwöhnen?
Ja? Mit deinen andern Spielen,
Mit den lieben, mit den schönen.
Wie zwei kleine Schmetterlinge
Hängen diese kleinen Dinge
An dem Vorhang, in den Falten,
Und ich will die beiden fangen,
Will dich haben, will dich halten.

Wie sie die Hände faßt, wickelt sich das zweite Kind halb aus dem Vorhang. Die Braut tritt mißtrauisch zurück.

Mitzi, du? Und doch nicht ganz!
Wie kommt diese hier herein?
Und in ihren Augen wieder
Dieser sonderbare Glanz,
Wie bei ihm ... Was soll das sein?
Wie sich alles das vermischt!

DAS KIND
Hab' ich endlich dich erwischt!

DIE BRAUT
Bist du denn die Mitzi?

DAS KIND   Freilich!
Was das Mädel fragt! Du bist
So verliebt, du wirst dich bald
Selber nicht im Spiegel kennen.

DIE BRAUT
Ja, was willst du denn bei mir?

DAS KIND
Ach, sie dürfen's ja nicht wissen!
Niemand weiß es, daß ich hier bin!
Aber ich hab' sehen müssen,
Keine Ruhe hat's mir lassen ...

DIE BRAUT
Was denn sehen?

DAS KIND   Wie du bist!
Wie das ist, wenn eine –

DIE BRAUT
                 Nun?

DAS KIND lacht
Eine neue, neue Braut!
Wie sie schläft und wie sie schaut,
Wie sie aussieht, was sie macht!
Nein, ich hab' mir's so gedacht,
So gedacht, daß es so ist:
Daß du gar nicht schlafen kannst,
Daß du auf und nieder gehst
Und mit so verträumten Augen
An dem lieben Ringe drehst!
Immer schicken sie mich schlafen,
Aber klüger war ich heute!
Was hat Nacht mit Schlaf zu thun?
Ruhen müssen alte Leute,
Kleine Kinder müssen ruhn –
Doch wenn ich erwachsen bin,
Laßt mich nur mit Ruhn in Ruh',
Grad so mach' ich's dann wie du!

Sie biegt bei den letzten Worten die Falten auseinander, tritt ins Fenster zurück und läßt den Vorhang wieder zufallen.

DIE BRAUT
Geh, was stehst du so im Fenster,
Halb im Vorhang wie Gespenster,
Komm doch her!

DIE STIMME DES KINDES
                 Wie dumm du bist!

DIE BRAUT tritt zum Fenster und hebt den Vorhang auf
Leer der Vorhang! Fort das Kind!
Nein, was das für Träume sind!

Sie bleibt nachdenklich stehen. – Pause. – Die Uhr auf dem Kamin schlägt drei. Die Braut dehnt sich wie im halben Erwachen und spricht leise vor sich.

Still! Was war das für ein Schlag?

Drei Uhr früh! Bald kommt der Tag!
Über leuchtende Gelände
Kommt er groß heraufgezogen:
Dann ist alles wieder wahr!
Sonne fällt auf meine Hände...
Wie so licht und wie so klar,
Tag um Tage, ohne Ende!

Sie geht ganz langsam nach vorn. Während ihrer letzten Worte ist das **dritte Kind** leise bei der Thür hereingeschlüpft und steht vor ihr. Es ist ein kleines Schulkind mit erfrorenen Händen, eine Schiefertafel unterm Arm, Schneeflocken auf der Pelzmütze.

DIE BRAUT
Geht dies Blendwerk immer weiter?
Wo die eine früher stand,
Steht aufs neue solch ein Kleines!
Doch jetzt bin ich schon gescheiter,
Und so leicht erschreckt mich keines.

DAS KIND AUS GÜNSELSDORF
Rath' einmal, woher ich komme!

DIE BRAUT
Du?

DAS KIND
    Aus Günselsdorf.

DIE BRAUT unglåubig
        Ach geh!

DAS KIND
Durch das Dunkel, durch den Schnee,
Über Dächer, über Bäume
Bin ich hier hereingeflogen.

DIE BRAUT setzt sich nieder
Fliegen kannst du? Bist geflogen?
Und von dort?

DAS KIND   Es ist nicht schwer.
Wo du meinst, dort komm' ich her.

DIE BRAUT
Glaub' ich dir?

DAS KIND   Vom großen Haus
Mit dem hohen, hohen Rauchfang
Und den vielen, vielen Spindeln.

DIE BRAUT
Kleine, Kleine, kannst du schwindeln!

DAS KIND
Ach, jetzt ist es gar nicht lustig,
Durch die kalte Luft zu fliegen:
Weggenommen ist der Himmel.
Bunte Wolken gibt es keine,
Man begegnet keinen Vögeln,
Keine Landschaft liegt im weiten!
Aber kommt der Frühling nur,
Wird die ganze bunte Welt
Wieder prächtig aufgestellt:
Bäume stehen, Büsche schwellen,
Und die Teiche und die Bäche
Haben Enten auf den Wellen;
Auf der großen grünen Fläche
Wachsen viele Blumen auf,
Käfer haben ihren Lauf,
Vögel nehmen ihren Flug,
Lustig ist es dann genug!

DIE BRAUT
Redest du von Welt und Leben
Wie von schönen Spielerein,
– Kindertage fühl' ich weben,
Ganz Vergessnes schwebt herein!
Unbegreiflich liebe Dinge
Schweben fern und schweben nah,
Und ich fühle ihre Schwinge
Anders als mir je geschah!
Kleine, Kleine, rede weiter,
Rede weiter, führ' mich weiter,
Führst mich nicht auf einer Stiegen?
Großen Stiege, hellen Leiter...
Hohen goldnen Himmelsleiter...?

Können wir ... nicht ... beide ... fliegen?
Die Augen fallen ihr zu.

DAS KIND
Himmelsschlüssel werden wachsen,
Und es blüht der viele Flieder
Um und um in eurem Garten!
Und da geht ihr auf und nieder
Und seid immer Mann und Frau,
Eßt aus einer Schüssel beide,
Trinkt aus einem Becher beide ...
Aber hörst du mich denn, du?
Hast ja beide Augen zu!

DIE BRAUT *immer mit geschlossenen Augen*
Freilich ... war das nicht das letzte:
»Wachsen goldne Himmelsschlüssel?« ...
Anders war es ... anders ... anders ...
»Trinken nur aus einem Becher,
Essen nur aus einer Schüssel ...«
Sie schläft ein.

DIE FRAU IM FENSTER

La demente: »Conosci la storia di Madonna Dianora?«
Il medico: »Vagamente. Non ricordo più«...
                Sogno d'un mattino di primavera

MESSER BRACCIO
MADONNA DIANORA
DIE AMME

Die Gartenseite eines ernsten lombardischen Palastes. Rechts die Wand des Hauses, welche einen stumpfen Winkel mit der den Hintergrund bildenden mäßig hohen Gartenmauer umschließt. Das Haus besteht bis zur anderthalbfachen Mannshöhe aus unbehauenen Quadern. Dann kommt ein kahler Streif, dann ein Marmorsims, der sich unter jedem Fenster zu einer Medaille mit dem halberhabenen Gesicht eines ruhigen Löwen erweitert. Man sieht zwei Fenster, jedes hat einen kleinen eckigen Balkon, dessen Steingeländer nach vorne Spalten hat, so daß man die Füße der Menschen sieht, die in diesen Erkern stehen. In beiden Fenstern ist ein Vorhang gegen das dahinterliegende Zimmer. Der Garten ist nur ein Rasenplatz mit ungeordneten Obstbäumen. Die Ecke zwischen Mauer und Haus ist mit dunklem Buchsgesträuch angefüllt. Die linke Seite der Bühne bildet eine dichte Weinlaube, von Kastanienbäumen getragen; man sieht nur ihren Eingang, sie verläuft schief nach links rückwärts. Auch gegen den Zuschauer hin ist der Garten verlaufend zu denken. Hinter der rückwärtigen Mauer befindet sich (für den Zuschauer auf der Galerie) ein schmaler Weg, dahinter die Mauer des Nachbargartens, der zu keinem Haus zu gehören scheint. Und im Nachbargarten und weiter rückwärts, so weit man sieht, nichts als die Wipfel unregelmäßig stehender Obstbäume, angefüllt mit Abendsonne.

MADONNA DIANORA *am rückwärtigen Fenster*
Ein Winzer ist's und noch der letzte nicht,
noch nicht der letzte, der vom Hügel steigt!
Da sind noch ihrer drei und da, und dort...
So hast du denn kein Ende, heller Tag?
Wie hab ich dir die Stunden aus den Händen
gewunden, aus den halbgeöffneten,
und sie zerbröckelt und die kleinen Stücke
hineingeworfen in ein treibend Wasser,
wie ich jetzt mit zerrissnen Blüten thu'.
Wie hab ich diesen Morgen fortgeschmeichelt!
Ein jedes Armband, jedes Ohrgehäng
nun eingehängt, nun wieder abgelegt,
und wiederum genommen, aber dann

doch wieder abgelegt und ganz vertauscht.
Und einen schweren Schwall von klarem Wasser
im Bade durch mein Haar und langsam dann,
ganz langsam ausgewunden und dann langsam
mit stillen steten Schritten auf und ab
den schmalen Mauerweg dort in der Sonne,
doch war's noch immer feucht: es ist so dicht.
Dann suchte ich im Laubengang nach Nestern
mit jungen Meisen, leiser als ein Lufthauch
bog ich die schwanken Reben auseinander
und saß im bebenden Gebüsch und fühlte
auf meinen Wangen, auf den Händen wandern,
unsäglich langsam wandern mit den Stunden
die kleinen Flecken von erwärmtem Licht,
und schloß die Augen halb und konnt' es fast
für Lippen nehmen, die so wanderten.
Doch kommen Stunden, wo all der Betrug
nichts fruchtet, wo ich nichts ertragen kann,
als in der Luft dem Rudern wilder Gänse
mit hartem Blick zu folgen oder mich
zu beugen auf ein wildes schnelles Wasser,
das meinen schwachen Schatten mit sich reißt.
Geduldig will ich sein, ich bin es ja:
Madonna! einen hohen steilen Berg
will ich hinaufgehn und bei jedem Schritt
mich niederknieen und den ganzen Berg
abmessen hier mit dieser Perlenschnur,
wenn dieser Tag nur schnell hinuntergeht!
Denn er ist gar zu lang, ich mess' ihn schon
mit tausendfachen kleinen Ketten ab;
nun red' ich wie im Fieber vor mich hin,
nur statt die Blätter wo am Baum zu zählen
und bin schon wieder viel zu früh zu End!...
Ja, da! Der Alte ruft den Hund herein!
So liegt sein kleiner Garten schon im Schatten:
er fürchtet sich und sperrt sich ein, allein!
Für ihn ist jetzt schon Nacht, doch freut's ihn nicht.
Nun gehen auch die Mädchen nach dem Brunnen:
von jeder kenn' ich jetzt schon ganz die Weise,

wie sie den Träger mit den leeren Eimern
abnimmt. – Die letzte ist die hübscheste...
Was thut der Mensch, ein fremder Mensch, am Kreuzweg?
Der geht wohl heut noch weit; er hebt den Fuß
5 auf einen Stein und nimmt die Tücher ab,
in die der Fuß gewickelt ist, ein Leben!
Ja, zieh Dir aus der Sohle nur den Dorn,
denn Du mußt eilen, eilen müssen alle;
hinunter muß der fieberhafte Tag,
10 und dieser Flammenschein von unsern Wangen.
O was uns stört und was uns lastet, fort!
Fort wirf den Dorn, ins Feld, wo in den Brunnen
das Wasser bebt und Büschel großer Blumen
der Nacht entgegenglühn; ich streif die Ringe
15 von meiner Hand, und die entblößten Finger
sind froh wie nackte Kinder, die des Abends
zum Bach hinunter dürfen, um zu baden. –
Nun gehen sie vom Brunnen, nur die letzte
verweilt sich noch... Wie schönes Haar sie hat;
20 allein was weiß sie, was sie daran hat!
Sie ist wohl eitel drauf, doch Eitelkeit
ist nur ein armes Spiel der leeren Jahre:
Einmal, wenn sie hinkommt, wo ich jetzt bin,
wird sie's liebhaben, wird es über sich
25 hinfallen fühlen, wie ein Saitenspiel
mit leisem Flüstern und dem Nachgefühl
geliebter Finger fiebernd angefüllt.
Sie löst ihr Haar auf und läßt es links und rechts nach vorne fallen.
Was wollt ihr hier bei mir? Hinab mit euch!
30 Ihr dürft entgegen! Wenn es dunkel ist
und seine Hand sich an der Leiter hält,
wird sie auf einmal statt der leeren Luft
und kühler fester Blätter hier vom Buchs
euch spüren, leiser als den leichten Regen,
35 der abends fällt aus dünnen goldnen Wolken.
Läßt das Haar über die Brüstung hinabfallen.
Seid ihr so lang und reicht doch nicht ein Drittel
des Weges, rührt mit euren Spitzen kaum
dem Löwen an die kalten Marmornüstern.

Sie lacht, hebt sich wieder.
Ah! eine Spinne. Nein, ich schleudre dich
nicht weg, ich leg die Hand nun wieder still
hier aufs Geländer und du findest weiter
den Weg, den du so eifrig laufen willst.
Wie sehr bin ich verwandelt, wie verzaubert!
Sonst hätt' ich nicht die Frucht berührt im Korb,
wär nur am Rand des Korbes dies gelaufen:
nun nimmst du deinen Weg auf meiner Hand
und mich in meiner Trunkenheit erfreut's.
Ich könnte gehn am schmalen Rand der Mauer
und würd' so wenig schwindlig als im Garten.
Fiel ich ins Wasser, mir wär wohl darin:
mit weichen kühlen Armen fing's mich auf
und zwischen schönen Lauben glitt' ich hin
mit halbem Licht und dunkelblauem Boden
und spielte mit den wunderlichen Tieren,
goldflossig und mit dumpfen guten Augen.
Ja, müßt ich meine Tage eingesperrt
in einem halbverfallenen Gemäuer
im dicken Wald verbringen, wär mir doch
die Seele nicht beengt, es kämen da
des Waldes Tiere, viele kleine Vögel
und kleine Wiesel rührten mit der Schnauze
und mit den Wimpern ihrer klugen Augen
die Zehen meiner nackten Füße an,
indessen ich im Moos die Beeren äße!
... Was raschelt dort? Der Igel ist's, der Igel
vom ersten Abend! Bist du wieder da,
trittst aus dem Dunkel, gehst auf deine Jagd?
Ja, Igel, käm nur auch mein Jäger bald!
Aufschauend.
Nun sind die Schatten fort, die Schatten alle:
die von den Pinien, die von den Mauern,
die von den kleinen Häusern dort am Hügel,
die großen von den Weingerüsten, der
vom Feigenbaum am Kreuzweg, alle fort,
wie aufgesogen von der stillen Erde!
Nun ist es wirklich Nacht, nun stellen sie

die Lampe auf den Tisch, nun drängen sich
im Pferch die Schafe fester aneinander,
und in den dunklen Ecken der Gerüste,
wo sich die dichten Weingewinde treffen,
5 da hocken Kobolde mit einem Leib
wie hübsche Kinder, doch boshaften Seelen,
und auf den Hügeln treten aus der Lichtung
vom Wald die guten Heiligen heraus
und schauen hin, wo ihre Kirchen stehen
10 und freu'n sich an den vielen Kapellen.
Nun süßes Spielzeug darfst du auch heraus,
feiner als Spinnweb, fester als ein Panzer!

Sie befestigt ein Ende der seidenen Strickleiter an einem Eisenhaken innen am Boden des Balkons.

15 Nun thu ich so als wär es höchste Zeit
und lasse dich hinab in meinen Brunnen,
mir einen schönen Eimer aufzuziehn!

Sie zieht die Strickleiter wieder herauf.

Nun ist es Nacht: und kann so lange noch,
20 so endlos lang noch dauern, bis er kommt!

Ringt die Finger.

Kann!

mit leuchtenden Augen

  Aber muß nicht! aber freilich kann . . .

25 *Sie macht in ihre Haare einen Knoten. Währenddem ist die Amme an das vordere Fenster getreten und gießt die roten Blumen, die dort stehen.*

DIANORA *sehr heftig erschreckend*
Wer ist da, wer? ach, Amme, Du bist es!
So spät hab ich Dich hier noch nie gesehen . . .
30 Ist denn etwas geschehen? . . .

AMME
    Nichts, gnädige Frau!
Siehst Du denn nicht, ich habe meine Blumen
vergessen zu begießen, und am Weg
35 vom Segen heim fällt's mir auf einmal ein
und da bin ich noch schnell heraufgegangen.

DIANORA
So gieß nur Deine Blumen. Aber, Amme,
wie sonderbar Du aussiehst! Deine Wangen
sind rot und Deine Augen glänzen so . . .

AMME giebt keine Antwort.

DIANORA
Sag, predigt immer noch der Bruder, der . . .

AMME kurz
Ja, gnädige Frau.

DIANORA
   Aus Spanien ist er, sag?

AMME giebt keine Antwort. Pause.

DIANORA verfolgt ihren eigenen Gedankengang
Sag, Amme, wie war ich als Kind?

AMME
Stolz, gnädige Frau, ein stolzes Kind, nichts als Stolz.

DIANORA sehr leise
Wie sonderbar, und Demut ist so süß . . .
. . . Wie?

AMME
   Ich habe nichts gesagt, gnädige Frau . . .

DIANORA
Ach so. Sag, mit wem hat er Ähnlichkeit, der spanische Geistliche?

AMME
Er ist anders als die andern Leute.

DIANORA
Nein, nur so im Aussehen . . . Mit meinem Mann, mit dem gnädigen
Herrn?

AMME
Nein, gnädige Frau.

DIANORA
Mit meinem Schwager?

AMME
Nein.

DIANORA
Mit Ser Antonio Melzi?

AMME
Nein.

DIANORA
Messer Galeazzo Suardi?

AMME
Nein.

DIANORA
Messer Palla degli Albizzi?

AMME
Mit diesem hat die Stimme ein wenig Ähnlichkeit. Ja, ich hab' gestern zu meinem Sohn gesagt, die Stimme erinnert ein bißchen an Messer Palla's Stimme.

DIANORA
Die Stimme ...

AMME
Aber die Augen erinnern ein wenig an Messer Guido Schio, den Neffen unseres gnädigen Herrn.

DIANORA schweigt.

AMME
Er ist mir gestern auf der Stiege begegnet. Er ist stehn geblieben.

DIANORA auffahrend
Messer Palla?

AMME
Nein, unser gnädiger Herr. Er befahl mir, ihm von der Wundsalbe zu machen, die aufgebraucht ist. Seine Wunde ist noch immer nicht ganz geheilt.

DIANORA
Ach ja, der Biß vom Pferd. Hat er sie Dir gezeigt?

AMME
Ja, am Rücken der Hand ist es zugeheilt, innen aber ist ein kleiner

dunkler Fleck, so sonderbar, wie ich ihn nie bei einer Wunde gesehen
habe . . .

DIANORA
Von welchem Pferd er das nur hat?

AMME
Von dem schönen großen Rotschimmel, gnädige Frau.

DIANORA
Ja, ja, ich entsinn' mich schon. Es war an dem Tag wo Francesco
Chieregati's Hochzeit war.
Sie fängt hell zu lachen an.

AMME sieht sie an.

DIANORA
Ich hab' an etwas anders denken müssen. Er erzählte es dann bei
Tisch, er trug die Hand in einem Tuch. Wie war es nur eigentlich?

AMME
Was, gnädige Frau?

DIANORA
Das mit dem Pferd.

AMME
Weißt Du es nicht, gnädige Frau?

DIANORA
Er erzählte es bei Tisch. Ich konnte es aber nicht hören. Messer Palla
degli Albizzi saß neben mir und war so lustig und alle lachten und ich
konnte es nicht gut hören, was mein Mann erzählte.

AMME
Wie der gnädige Herr in den Stand getreten ist, hat der Rotschimmel
die Ohren zurückgelegt, geknirscht und auf einmal nach der Hand
geschnappt.

DIANORA
Und dann?

AMME
Dann hat ihn der Herr mit der Faust hinter die Ohren geschlagen, daß
das große starke Pferd getaumelt hat wie ein junger Hund.

DIANORA schweigt, sieht verträumt vor sich hin.

AMME
O er ist stark, unser Herr. Er ist der stärkste Herr vom ganzen Adel ringsum und der klügste.

DIANORA
Nicht wahr? erst aufmerkend Wer?

AMME
Unser Herr.

DIANORA
Ach, unser Herr. Lächelt. Pause. – – Und seine Stimme ist so schön und deswegen hören ihm alle so gern zu, in der großen halbdunklen Kirche.

AMME
Wem, gnädige Frau?

DIANORA
Dem spanischen Ordensbruder, wem denn?

AMME
Nein, gnädige Frau, es ist nicht wegen der Stimme, daß man ihm zuhört.

DIANORA giebt schon wieder nicht Acht.

AMME
Gnädige Frau...
Gnädige Frau, ist das wahr, was sich die Leute erzählen, das von dem Gesandten?

DIANORA
Von welchem Gesandten?

AMME
Von dem Gesandten, den die Leute von Como an unsern Herrn geschickt haben.

DIANORA
Was erzählen denn die Leute?

AMME
Ein Schafhirt, sagen sie, hat's gesehen.

DIANORA
Was hat er denn gesehen?

AMME
Unser Herr war zornig über den Gesandten und hat den Brief nicht nehmen wollen, den ihm die von Como geschrieben haben. Dann hat er ihn doch genommen, den Brief, halb gelesen, und in Fetzen gerissen und die Fetzen dem Menschen, dem Gesandten, vor den Mund gehalten und verlangt, er solle sie verschlucken. Der ging aber rückwärts wie ein Krebs und machte gerade solche stiere Augen wie ein Krebs, und alle lachten, am meisten aber der Herr Silvio, dem gnädigen Herrn sein Bruder. Dann hat ihm der Herr sein Maultier aus dem Stall ziehen und vor's Thor stellen lassen und wie der zu langsam in den Sattel kam, nach den Hunden gepfiffen. Der Gesandte ist fort mit seinen zwei Knechten. Unser Herr ist mit sieben Leuten hinaus auf die Jagd, mit allen Hunden. Gegen Abend aber sollen sie einander begegnet sein, an der Brücke über die Adda, dort wo das Varesanische anfängt, unser Herr, der von der Jagd am Heimweg war und der Mensch aus Como. Und der Schafhirt kommt auch vorbei und treibt seine Heerde neben der Brücke in ein Maisfeld, nur daß sie ihm nicht von den Pferden zusammengetreten werden. Da hört er unsern Herrn rufen: »Da ist der, der nicht essen wollte, vielleicht will er trinken!« Und vier von unsern Leuten hängen sich an die zwei Knechte, zwei andre nehmen den Gesandten jeder bei einem Bein, heben ihn aus dem Sattel und schleudern ihn, der sich wehrt wie ein Wahnsinniger, übers Geländer. Einem hat er mit den Zähnen ein Stückel vom Ärmel mitsamt dem Fleisch darunter herausgerissen. Die Adda hat an der Stelle recht steile Ufer, sie war ganz dunkel und reißend von dem vielen Regen im Gebirg. Er ist nicht wieder herausgekommen, hat der Schafhirt gesagt.
Amme hält inne, sieht sie fragend an.

DIANORA finster
Ich weiß nicht.
Sie schüttelt wieder den sorgenvollen Ausdruck ab, ihr Gesicht nimmt wieder seinen verträumten, innerlich glücklichen Ausdruck an.
Sag mir etwas von dem, was er predigt, der Spanier.

AMME
Ich weiß nicht, wie ich's sagen sollte, gnädige Frau.

DIANORA
Nur etwas weniges. Predigt er denn von so vielerlei Dingen?

AMME
Nein, fast immer von demselben.

DIANORA
Von was?

AMME
Von der Ergebung in den Willen des Herrn.

DIANORA *sieht sie an, nickt.*

AMME
Gnädige Frau, Du mußt verstehen, das ist alles.

DIANORA
Wie, alles?

AMME *während des Redens mit den Blumen beschäftigt*
Er sagt, es liegt darin alles, das ganze Leben, es giebt sonst nichts. Er sagt, es ist alles unentrinnbar und das ist das große Glück, zu erkennen, daß alles unentrinnbar ist. Und das ist das Gute, ein anderes Gutes giebt es nicht. Die Sonne muß glühen, der Stein muß auf der stummen Erde liegen, aus jeder lebendigen Kreatur geht ihre Stimme heraus, sie kann nichts dafür, sie kann nichts dawider, sie muß.

DIANORA *denkt nach wie ein Kind.*
AMME *geht vom Fenster weg. Pause.*

DIANORA
Wie abgespiegelt in den stillsten Teich
liegt alles da, gefangen in sich selber.
Der Epheu rankt sich in den Dämmer hin
und hält die Mauer tausendfach umklommen,
hoch ragt ein Lebensbaum, zu seinen Füßen
steht still ein Wasser, spiegelt, was es sieht,
und aus dem Fenster über diesen Rand
von kühlen festen Steinen beug ich mich
und strecke meine Arme nach dem Boden.
Mir ist, als wär ich doppelt, könnte selber
mir zusehn, wissend, daß ich's selber bin –

Pause.

Ich glaube, so sind die Gedanken, die
ein Mensch in seiner Todesstunde denkt.
Sie schaudert, macht das Kreuz.
AMME ist schon früher wieder an ihr Fenster gekommen, hat eine Scheere in der
Hand, schneidet dürre Ästchen von den Blumenstöcken.
Nun aber bin ich fertig mit den Blumen
und eine gute Nacht, gnädige Frau.
DIANORA erschreckend
Wie? Amme, gute Nacht, leb wohl. Mich schwindelt.
AMME geht weg.
DIANORA sich aufrüttelnd
Amme!
AMME kommt wieder.
DIANORA
  Wenn der Bruder morgen predigt,
geh ich mit Dir.
AMME
   Ja, morgen, gnädige Frau,
wenn uns der liebe Gott das Leben schenkt.
DIANORA lacht.
Ja freilich. Gute Nacht.
Lange Pause.
  Nur seine Stimme
hat dieser fremde Mönch, da laufen ihm
die Leute zu und hängen sich an ihn,
wie Bienen an die dunklen Blütendolden,
und sagen: »Dieser Mensch ist nicht wie andre,
er macht uns schauern, seine Stimme löst
sich auf und sinkt in uns hinein, wir sind
wie Kinder, wenn wir seine Stimme hören.«
O hätt' ein Richter seine helle Stirn,
wer möchte dann nicht knien an den Stufen
und jeden Spruch ablesen von der Stirn!
Wie süß zu knien auf der letzten Stufe,
und sein Geschick in dieser Hand zu wissen!
in diesen königlichen guten Händen!
— — — — — — — — — — — —

Und seine Fröhlichkeit! wie wundervoll
zu sehn, wenn solche Menschen fröhlich sind!
- - - Er nahm mich bei der Hand und zog mich fort
und wie verzaubert war mein Blut, ich streckte
5 die linke Hand nach rückwärts und die andern
hängten sich dran, die ganze lange Kette
von Lachenden! Die Lauben flogen wir
hinab und einen tiefen steilen Gang,
kühl wie ein Brunnenschacht, ganz eingefaßt
10 von hundertjährigen Cypressen, dann
den hellen Abhang: bis an meine Knie'
berührten mich die wilden warmen Blumen,
wie wir hinliefen wie ein heller Windstoß,
und dann ließ er mich los und sprang allein
15 hinan die Stufen zwischen den Kaskaden:
Delphinen sprang er auf die platte Stirn,
an den im Rausch zurückgeworfnen Armen
der Faune hielt er sich, stieg den Tritonen
auf ihre nassen Schultern, immer höher,
20 der wildeste und schönste Gott von allen!
Und unter seinen Füßen flog das Wasser
hervor und schäumte durch die Luft herab,
und sprühte über mich und ich stand da
und mir verschlang der Lärm des wilden Wassers
25 die ganze Welt. Und unter seinen Füßen
kam es hervor und sprühte über mich!

Pause. Man hört Schritte in der Ferne.

Ss! Schritte! nein es ist noch viel zu früh
und doch! und doch!
30 Langes Warten
               sie kommen!

Pause
                  Kommen nicht.
O nein, sie kommen nicht. Und wie sie schlürfen.
35 Nun schlürfen sie den Weinberg dort hinab,
und taumeln. Dort sind Stufen. Ein Betrunkner!
Bleib auf der Landstraße, betrunkner Mensch!
Was willst Du zwischen unsern Gärten hier?

Heut ist kein Mond, wär Mond, wär ich nicht hier!
Die kleinen Sterne flimmern ruhelos
und zeigen keinen Weg für Deinesgleichen.
Geh heim, auf einen Trunknen wart ich auch
doch nicht von schlechtem Wein, und seine Schritte
sind leichter als der leichte Wind im Gras
und sichrer als der Tritt des jungen Löwen.
Pause.
Doch sind es martervolle Stunden! Nein!
nein, nein, nein, nein, so schön, so gut, so schön!
er kommt: o weit im Wege ist er schon!
der letzte Baum dort drunten sieht ihn schon,
vielmehr er könnt ihn sehen, wäre nicht
der lange Streifen schattenhafter Sträucher
dazwischen – und wenn's nicht so dunkel wär'.
Pause.
Er kommt! so sicher als ich jetzt die Leiter
an diesen Haken binde, kommt, so sicher
als leise raschelnd jetzt ich sie hinunter,
hinunter gleiten lasse, als sie jetzt
verstrickt ist im Gezweig, nun wieder frei,
so sicher als sie hängt und leise bebt,
wie ich hier hänge, bebender als sie ...

Sie bleibt lange so über die Brüstung gebeugt liegen. Auf einmal glaubt sie zu hören, wie hinter ihr der Vorhang zwischen ihrem Balkon und dem Zimmer zurückgeschlagen wird. Sie dreht den Kopf und sieht, wie ihr Mann in der Thüre steht. Sie springt auf, ihre Züge verzerren sich in der äußersten Todesangst. Messer Braccio steht lautlos in der Thür. Er hat ein einfaches dunkelgrünes Hausgewand an, ohne alle Waffen; niedrige Schuhe. Er ist sehr groß und stark. Sein Gesicht ist so, wie es auf den alten Bildnissen von großen Herren und Söldnerkapitänen nicht selten vorkommt. Er hat eine übermäßig große Stirn und kleine dunkle Augen, dichtes kurzgeringeltes schwarzes Haar und einen kleinen Bart rings um das Gesicht.

DIANORA will sprechen, kann nicht, sie bringt keinen Laut aus der Kehle.

MESSER BRACCIO winkt, sie soll die Leiter einziehen.

DIANORA thut es automatisch, rollt sie zusammen, läßt das Bündel wie bewußtlos vor ihren Füßen niederfallen.

BRACCIO sieht ihr ruhig zu; dann greift er mit der rechten Hand nach der linken Hüfte, auch mit der linken Hand, sieht hinunter, bemerkt, daß er keinen Dolch

hat. Macht eine ungeduldige Bewegung mit den Lippen, wirft einen Blick in den
Garten hinunter, einen Blick nach rückwärts. Hebt seine rechte Hand einen Augenblick und besieht das Innere. Geht mit starken ruhigen Schritten ins Zimmer
zurück.

DIANORA sieht ihm unaufhörlich nach; sie kann die Augen nicht von ihm abwenden. Wie der Vorhang hinter ihm zufällt, fährt sie sich mit den Fingern über die
Wangen, ins Haar. Dann faltet sie die Hände und spricht lautlos mit wildem
Durcheinanderwerfen der Lippen ein Gebet. Dann wirft sie die Arme nach rückwärts und umschließt mit den Fingern den Steinrand, eine Bewegung, in der etwas
von tödlicher Entschlossenheit und wie eine Ahnung von Triumph liegt.

BRACCIO tritt wieder aus der Thür, mit der Linken trägt er einen Sessel, stellt ihn
in die Thüröffnung und setzt sich seiner Frau gegenüber. Sein Gesicht ist unverändert. Von Zeit zu Zeit hebt er mechanisch die rechte Hand und sieht die kleine
Wunde auf der Innenfläche an.

BRACCIO Der Ton ist kalt, gewissermaßen wegwerfend. Er deutet mit dem Fuß
und den Augen nach der Leiter.
Wer?

DIANORA hebt die Achseln, läßt sie langsam wieder fallen.

BRACCIO
    Ich weiß es.

DIANORA hebt die Achseln, läßt sie langsam wieder fallen. Ihre Zähne sind auf-
einandergepreßt.

BRACCIO indem er die Bewegung mit der Hand macht, streift seine Frau nur mit
dem Blick, sieht dann wieder in den Garten
    Palla degli Albizzi.

DIANORA zwischen den Zähnen hervor
Wie häßlich auch der schönste Name wird,
wenn ihn ein Mund ausspricht, dem es nicht ziemt!

BRACCIO sieht sie an, als ob er reden wollte, schweigt aber wieder. Pause.

BRACCIO
Wie alt bist Du?

DIANORA schweigt.

BRACCIO
Fünfzehn und fünf. Du bist zwanzig Jahre alt.

DIANORA schweigt. Pause.

DIANORA fast schreiend
Meines Vaters Name war Bartholomeus Colleoni...

Du kannst mich ein Vaterunser und den englischen Gruß sprechen
lassen und mich dann töten, aber nicht so stehen lassen wie ein ange-
bundenes Tier!

BRACCIO *sieht sie an, wie verwundert, giebt keine Antwort, sieht seine Hand an.*

DIANORA *fährt langsam rückwärts mit den Händen an ihr Haar, schließt vorne
die Ellenbogen, starrt ihn an, läßt die Arme fallen, scheint seinen Plan zu verstehen. Ihre Stimme ist nun völlig verändert, wie eine zum Reißen gespannte Saite.*
Ich möchte eine Dienerin, die mir
stockend, die Stimme droht ihr abzureißen
vorher die Haare flicht, sie sind verwirrt.

BRACCIO
Du hilfst Dir öfter ohne Dienerin.

DIANORA *beißt die Lippen zusammen, schweigt, streicht die Haare an den Schläfen zurück; faltet die Hände.*
Ich habe keine Kinder. Meine Mutter
hab ich einmal gesehn, bevor sie starb:
der Vater führte mich und meine Schwester
hinein, es war ein strenges hochgewölbtes
Gemach, ich konnte nicht die Kranke sehn,
das Bette war zu hoch, nur eine Hand
hing mir entgegen und die küßte ich.
Vom Vater weiß ich, daß er einen Harnisch
von grünem Gold mit dunklen Spangen trug
und daß ihm zweie halfen, wenn er morgens
zu Pferde stieg, denn er war schon sehr alt.
Meine Schwester Medea hab ich wenig
gekannt. Sie war kein frohes Kind.
Ihr Haar war dünn und Stirn und Schläfen schienen
viel älter als ihr Mund und ihre Hände;
sie hatte immer Blumen in der Hand.

Sei diesen Seelen gnädig, wie der meinen,
und heiß sie freundlich mir entgegenkommen.
Ich kann nicht niederknie'n, es ist kein Raum.

BRACCIO *steht auf, schiebt seinen Stuhl ins Zimmer, ihr Platz zu machen, sie
beachtet ihn nicht.*

DIANORA
Noch eins; laß mich nachdenken: Bergamo,

wo ich geboren ward, das Haus zu Feltre,
wo die Oheime und die Vettern waren...
dann setzten sie mich auf ein schönes Pferd
mit einer reichen Decke, meine Vettern
und viele andre ritten neben mir
und so kam ich hierher, von wo ich jetzt
hingehen soll...
sie hat sich zurückgelehnt und sieht über sich die flimmernden Sterne auf dem
schwarzen Himmel; schaudert
        ich wollte etwas andres...
sucht
von Bergamo, wo sie mich gehen lehrten
bis hierher, wo ich stehe, hab ich mich
vielfach verschuldet, öfter als ich weiß
am öftesten durch Hoffart, und einmal,
das ich noch weiß, sei für die vielen andern,
die schwerer sind, gebeichtet und bereut:
als ich denkt nach
    drei Tage nach Sankt Magdalena
mit dem hier, meinem Mann, und vielen andern Herrn
nach Haus ritt von der Jagd, lag an der Brücke
ein alter Bettler mit gelähmten Füßen:
ich wußte, daß er alt und elend war,
auch war etwas in seinen müden Augen,
das meinem toten Vater ähnlich sah...
Trotzdem! nur weil der, welcher neben mir ritt,
die Hand am Zaum von meinem Pferde hatte,
wich ich nicht aus und ließ den scharfen Staub
von meines Pferdes Füßen ihn verschlucken,
ja, ritt so dicht an ihn, daß mit den Händen
er sein gelähmtes Bein wegheben mußte:
dessen entsinn ich mich und ich bereu es.

BRACCIO
Der neben Dir ritt, hielt Dein Pferd am Zaume?
sieht sie an

DIANORA *erwidert den Blick, versteht ihn, sehr hart*
Ja. Damals so wie öfter. Damals so
wie öfter. Und wie furchtbar selten doch!

wie dünn ist alles Glück! ein seichtes Wasser:
man muß sich niederknieen, daß es nur
bis an die Schultern reichen soll.

BRACCIO   Wer hat
von meinen Leuten, Deinen Dienerinnen
gewußt um diese Dinge?

DIANORA schweigt.

BRACCIO wegwerfende Handbewegung.

DIANORA   Falsch, sehr falsch
verstehst Du jetzt mein Schweigen. Was weiß ich,
wer darum wußte? Ich hab's nicht verhehlt.
Doch meinst Du, ich bin eine von den Frauen,
die hinter Kupplerinnen und Bedienten
ihr Glück versteckt, dann kennst Du mich sehr schlecht.
Merk auf, merk auf! Einmal darf eine Frau
so sein wie ich jetzt war, zwölf Wochen lang,
einmal darf sie so sein! Wenn sie vorher
des Schleiers nie bedurfte, ganz gedeckt
vom eignen Stolz so wie von einem Schild,
darf sie den Schleier einmal auch wegreißen
und Wangen haben, brennend wie die Sonne.
Die 's zweimal könnte, wäre fürchterlich;
mich trifft das nicht, Du weißt's, Du mußt es wissen!
Wer es erraten, fragst Du mich um das?
Dein Bruder muß es wissen. So wie Du,
Dein Bruder! so wie Du! Frag den, frag den!

Ihre Stimme hat jetzt etwas Sonderbares, fast kindlich Hohes.

Im Juli am Sankt Magdalenentag,
da war Francesco Chieregatis Hochzeit:
das garstige Ding an Deiner rechten Hand
ist von dem Tag, und ich weiß auch den Tag.
Wir aßen in den Lauben, die sie haben,
den schönen Lauben an dem schönen Teich:
da saß er neben mir und gegenüber saß
Dein Bruder. Wie sie nun die Früchte gaben
und Palla mir die schwere goldne Schüssel
voll schöner Pfirsiche hinhielt, daß ich

mir nehmen sollte, hingen meine Augen
an seinen Händen und ich sehnte mich
demütig ihm vor allen Leuten hier
die beiden Hände über'm Tisch zu küssen.
Dein Bruder aber, der lang nicht so dumm
wie tückisch ist, fing diesen Blick mit seinem
und muß erraten haben, was ich dachte,
und wurde blaß vor Zorn: da kam ein Hund
ein großes dunkles Windspiel hergegangen
und rieb den feinen Kopf an meiner Hand,
der linken, die hinunterhing: da stieß
Dein dummer Bruder mit gestrecktem Fuß
in Wut mit aller Kraft nach diesem Hund,
nur weil er nicht mit einem harten Dolch
nach mir und meinem Liebsten stoßen konnte.
Ich aber sah ihn an und lachte laut
und streichelte den Hund und mußte lachen.

Sie lacht ein übermäßig helles Lachen, das jeden Augenblick in Weinen oder Schreien übergehen könnte.

BRACCIO scheint zu horchen.

DIANORA horcht auch, ihr Gesicht hat den Ausdruck der entsetzlichsten Spannung. Bald kann sie es aber nicht ertragen und fängt wieder zu reden an, in einem fast deliranten Ton.

Wer mich nur gehen sah, der mußt' es wissen!
Ging ich nicht anders? saß ich nicht zu Pferd
wie eine Selige? ich konnte Dich
und Deinen Bruder und dies schwere Haus
ansehn und mir war leicht, als schwebte ich ...
die vielen Bäume kamen mir entgegen,
mit Sonne drin entgegen mir getanzt ...
Die Wege alle offen in der Luft
die schattenlosen Wege, überall
ein Weg zu ihm ... Erschrecken war so süß!
aus jedem dunklen Vorhang konnte er,
aus dem Gebüsch, Gebüsch ...

Die Sprache verwirrt sich ihr vor Grauen, weil sie sieht, daß Braccio den Vorhang hinter sich völlig zuzieht. Ihre Augen sind übermäßig offen, ihre Lippen bewegen sich unaufhörlich.

MESSER BRACCIO *in einem Ton, den der Schauspieler finden muß: weder laut, noch leise, weder stark noch schwach, aber undurchdringlich.*

Kam ich, Dein Mann, nun nicht zu dieser Zeit
in Dein Gemach, um eine Salbe mir
für meine wunde Hand zu holen – was,
mit Vorsatz, hättest Du sodann gethan?

DIANORA *sieht ihn wirr an, begreift die neuerliche Frage nicht, greift sich mit der rechten Hand an die Stirne, hält ihm mit der linken die Strickleiter hin, schüttelt sie vor seinen Augen, läßt sie ihm vor die Füße fallen (ein Ende bleibt angebunden), schreiend.*

Gethan? gewartet! so! gewartet, so!

Sie schwingt wie eine Trunkene ihre offenen Arme vor seinem Gesicht, wirft sich dann herum, mit dem Oberleib über die Brüstung, streckt die Arme gegen den Boden; ihr Haar fällt vornüber.

MESSER BRACCIO *hat mit einer hastigen Bewegung ein Stück seines Unterärmels abgerissen und um die rechte Hand gewunden. Mit der Sicherheit eines wilden Tieres auf der Jagd faßt er die Leiter, die daliegt wie ein dünner Strick, mit beiden Händen, macht eine Schlinge, wirft sie seiner Frau über den Kopf und zieht den Leib gegen sich nach oben.*

Indessen ist der Vorhang schnell gefallen.

EIN PROLOG

Es treten vor den noch herabgelassenen Vorhang der Dichter und sein Freund: Der Dichter trägt gleich den Personen seines Trauerspiels die florentinische Kleidung des fünfzehnten Jahrhunderts, völlig schwarz mit Degen und Dolch, in der Hand hält er den Hut aus schwarzem Tuch mit Pelz verbrämt; sein Freund ist sehr jung, hoch gewachsen und mit hellem Haar, er trägt die venetianische Kleidung der gleichen Zeit, als einzige Waffe einen kleinen vergoldeten Dolch rückwärts über der Hüfte, am Kopf eine kleine smaragdgrüne Haube mit einer weißen Straußenfeder; sie gehen langsam längs des Vorhanges, schließlich mag sich auch der Dichter auf einer kleinen im Proscenium vergessenen Bank niederlassen, sein Freund zuhörend vor ihm stehen bleiben. Ihr Abgang ist, ehe der Vorhang aufgeht, in die vorderste Coulisse.

DER DICHTER
Nein, im Bandello steht sie nicht, sie steht
wo anders, wenn Du einmal zu mir kommst,
zeig ich Dir, wo sie steht, die ganze kleine
Geschichte von Madonna Dianora.
Sie ist nicht lang, sie wird auch hier nicht lang:
geschrieben hab ich grad drei Tage dran,
drei Tage, dreimal vierundzwanzig Stunden.
Bin ich nicht wie ein Böttcher, der sich rühmt
wie schnell er fertig war mit seinem Faß?
Allein ich lieb' es, wenn sich einer freut,
weil er sein Handwerk kann; was heißt denn Kunst?
Auf ein Geheimes ist das ganze Dasein
gestellt und in geheimen Grotten steht
ein Tisch gedeckt, der einzige, an dem
nie ein Gemeiner saß: da sitzen alle
die Überwinder: neben Herakles
sitzt einer in der Kutte, der mit Händen
von Wachs und doch von Stahl in tausend Nächten

den Thron erschuf, in dessen Rückenlehne
aus buntem Holz die herrlichsten Geschichten
zu leben scheinen, wenn ein Licht drauf fällt.
Und neben diesem Zaub'rer wieder sitzt
ein längst verstorb'ner Bursch aus einem Dorf:
er war der schönste und der gütigste;
die Furche, die er zog mit seinem Pflug
war die geradeste, denn mit der Härte
des unbewußten königlichen Willens
lag seine Hand am Sterz des schweren Pfluges.
Und noch ein schwacher Schatten seiner Hoheit
lebt fort in allen Dörfern des Geländes:
wer König ist beim Reigenspiel der Kinder,
dem alle nachthun müssen was er thut
und folgen wenn er geht, den nennen sie,
und wissen nicht warum, mit seinem Namen
noch heute, und so lebt sein Schatten fort.
Und neben diesem sitzen große Könige
und Heeresfürsten, die mit einer Faust
den Völkern, die sich bäumten in die schaum-
bedeckten Zäume greifend und zu Boden
die wilden Nüstern zwingend in den Sattel
den eigenen goldumschienten Leib aufschwangen,
und and're, Städtegründer, die den Lauf
der Flüsse hemmend, von gethürmten Mauern
mit ihrer Gärten Wipfeln nach dem Lauf
der niedern Sterne langten, und mit Schilden
darauf die Sonne fiel hoch über Länder
und heilige Ströme hin, die Zeichen tauschten
mit ihren Wächtern in den Felsenburgen,
Verächter dessen, was unmöglich schien.
Und zwischen diesen Fürsten ist der Stuhl
gesetzt für einen, der dem großen Reigen
der Erdendinge, wandelnd zwischen Weiden
zum Tanz aufspielte abends mit der Flöte,
der Flügel trug von Sturm und dunkeln Flammen.
Und wieder ist ein Stuhl gesetzt für den,
der ging und alle Stimmen in der Luft
verstand und doch sich nicht verführen ließ

und Herrscher blieb im eigenen Gemüth
und als den Preis des hingegebnen Lebens
das schwerlose Gebild' aus Worten schuf,
unscheinbar wie ein Bündel feuchter Algen,
doch angefüllt mit allem Spiegelbild
des ungeheuern Daseins, und dahinter
ein Namenloses, das aus diesem Spiegel
hervor mit grenzenlosen Blicken schaut
wie eines Gottes Augen aus der Maske.
Für jeden steht ein Stuhl und eine Schüssel,
der stärker war als große dumpfe Kräfte:
ja von Ballspielern, weiß ich auch, ist einer,
der Zierlichste und Stärkste, aufgenommen,
dem keiner je den Ball zurückgeschlagen
auch nicht ein Riese, und er spielte lächelnd
als gält es Blumenköpfe abzuschlagen.
Doch habe ich einen Grund nicht zu vergessen,
daß ich dies kleine Ding in einem Fenster
in zweiundsiebzig Stunden Vers auf Vers
zu Ende trieb mit heißgewordenem Griffel.
In einem fahlen Lichte siehst Du Tage
wie diese drei in der Erinnerung liegen
dem Lichte gleich, in dem die Welt daliegt,
wenn Du vor Tag aufwachst, ein leichter Regen
aus schlaffen Wolken fällt und deine Augen
noch voller Nacht und Traum das offene Fenster
und diese Bäume ohne Licht und Schatten
zu seh'n befremdet und geängstigt sind
und doch sich lang nicht schließen können, so
wie wenn sie keine Lider hätten. Wenn Du
zum zweiten Mal im hellen Tag erwachend
aus allen Spiegeln grün und gold'nen Glanz
bewegter Blätter und den Lärm der Vögel
entgegennimmst, dann ist es sonderbar
sich jener bleichen Stunde zu entsinnen:
so waren diese zweiundsiebzig Stunden,
und wie der Taucher aus dem fahlen Licht
ans Wirkliche, so tauchte ich empor
und holte Athem und berührte mit

entzückten Fingern einen frischen Quell,
den Flaum auf jungen Pfirsichen, die Köpfe
von meinen Hunden, die sich um mich drängten.
Und da ich die Erinn'rung an die drei
dem Leben fremden Tage nun nicht liebte,
versank sie und die Wellen trugen mich
Du weißt wohin ... Es trugen wirklich mich
die Wellen hin, denn weißt Du's oder nicht:
sie können von der unteren Terrasse
mit Angeln fischen, aus den Zimmern selber,
und steigst Du aus den oberen Gemächern,
trägt Dich ein Hügel, Bergen angegliedert.
Dort gingen mir die schönen Tage hin
und nahmen einer aus des and'ren Händen
den leichten Weinkrug und den Ball zum Spielen.
Bis einer kam, der ließ die Arme sinken
und wollte nicht den Krug und nicht den Ball,
und schmiegte seinen Leib in ein Gemach,
die Wange lehnend an die kühlste Säule
und horchend wie das Wasser aus dem Becken
herunterfällt und über Epheu sprüht.
Denn es war heiß. Wir hatten ein Gespräch,
aus dem von dunkeln und von hellen Flammen
ein schwankes Licht auf viele Dinge fiel,
indeß der heiße Wind am Vorhang spielend
den grellen Tag bald herhielt bald versenkte.
Und unter diesem schattenhaften Treiben
las ich mein Stück, sie wollten's, ihnen vor,
und mit den bunten Schatten dieser Todten
belud ich noch die schwere schwüle Luft.
Und als ich fertig war und meine Blätter
zusammennahm, empfand ich gegen dies
wie einen dumpfen Zorn und sah es an,
wie der Ermüdete die Schlucht ansieht,
die ihm zuviel von seiner Kraft genommen
und nichts dafür gegeben: denn sie war
Gestein und Schatten von Gestein, sonst nichts,
darin er klomm, und wußte nichts vom Leben.
Dann gingen, nur ein Zufall, alle ander'n

aus diesem Zimmer, irgend was zu holen,
vielmehr hinunter nach dem See, ich weiß nicht,
genug ich blieb allein und lehnte mich
in meinem Stuhl zurück und unbequem,
5 allein den Nacken doch an kühlen Stein
gelehnt und grüne Blätter nah der Stirn,
schlief ich auf einmal ein und träumte gleich.
Dies war der Traum: ich lag ganz angekleidet
auf einem Bett in einer schlechten Hütte.
10 Es blitzte draußen und ein großer Sturm
war in den Bergen und auf einem Wasser.
Ein Degen und ein Dolch lag neben mir,
ich lag nicht lang, da schlug es an die Thür,
wie mit der Faust, ich öffnete, ein Mann
15 stand vor der Thür, ein alter Mann doch stark,
ganz ohne Bart mit kurzem grauem Haar;
ich kannte ihn und konnte mich nur nicht
besinnen, wo ich ihn geseh'n und wer
es war. Allein das kümmerte mich nicht.
20 Und auch die Landschaft,
die jeden Augenblick einen Blitz auswarf
mir völlig fremd und wild mit einem Bergsee,
beängstigte mich nicht. Der alte Mann
befahl mir, wie ein Bauer seinem Knecht:
25 Hol' Deinen Dolch und Degen und ich ging.
Und als ich wiederkam, da hatte er
im Arm, gewickelt in ein braunes Tuch,
den Leib von einer Frau, die fester schlief
als eine Todte und mir herrlich schien.
30 Nun ging der Mann mit seiner Last voran
und ich dicht hinter ihm herab zum See,
durch einen steilen Hohlweg voll Gerölle.
Bald kamen wir ans Wasser, stampfend hing
dort eine schwere Plätte in dem Dunkel,
35 ich wußte, solche Plätten haben sie
hier in der Gegend, die gebrochenen Steine
aus dem Gebirg herabzuführen, weil
der See sich dann als Fluß hinab ergießt.
Ich sah beim Blitz, woran die Plätte hing:

Zwei Knechte hielten mit entblößten Armen
mit aller Kraft die wilden nackten Wurzeln
der großen Ufertannen fest, die Plätte
ging auf und nieder, doch ich konnte hören
am Niederstampfen, daß sie furchtbar schwer war.
Der Alte stieg hinein, dann ich, er ließ
die Schlafende zu Boden gleiten, schob
das Tuch ihr unter'n Kopf, ergriff die Wurzeln
und schwang sich auf und stieß mit seinem Fuß
mit ungeheurer Kraft das Schiff ins Freie.
Die Knechte hingen schon mit ganzem Leib
am Steuerruder, dann bemerkte ich
das sonderbare Kleid der jungen Frau:
es war die braune Kapuzinerkutte,
nur um den Hals ein breiter weißer Kragen
von feinen Spitzen und ein schöner Gürtel
mit goldenen Schildern um den schmalen Leib.
Und augenblicklich wußte ich, das ist
die Tracht, wie sie sie noch in sieben Dörfern
jenseits des Waldes tragen müssen, wegen
des Pestgelübdes. Aber ihr Gesicht
war wundervoll gemischt mich zu ergreifen:
mit Lidern, die ich kenne, deren Anblick
in mir Erinnerungen löste, wie
ein Licht in einem Abgrund, aber Lippen
so fein gezogen, doch so süß geschwellt
wie ich sie nie gesehen und über alles
verlangend wär zu seh'n, auch nur zu sehen!
Ich konnte alles sehn, die Blitze kamen
so oft wie einer mit den Wimpern zuckt.
Mit dieser war ich nun allein, doch nicht
allein, drei Schritte hinter meinem Rücken
stand mit der Kette um die dicken Hörner,
mit wilden Augen, ungeheurem Nacken
ein Stier, die Kette hielt ein Knecht dreimal
um seinen Arm gewunden. Dieser Knecht
war klein und stämmig und mit rothem Haar.
Und weiter vorne wo die schwere Plätte
mit unbehauen Platten rothen Steins

beladen war, saß noch ein andrer Gast:
Erinnerst Du Dich des blödsinnigen
zerlumpten Hirten, der einmal beim Reiten
mit gellendem Geschnatter aus der Hecke
5 vorspringend uns die Pferde so erschreckte?
Der war's, nur noch viel größer und viel wilder
und von den Lippen floß ihm sowie jenem
die wirre Rede wie ein wüthend Wasser
in einer Sprache, deren Laute gurgelnd
10 einander selbst erwürgten. Und ich wußte, –
ich wußte wieder! – rhätisch redet der,
ist aus den Wäldern, wo sie rhätisch reden,
und immerfort verstand ich was er meinte.
Er gab mir Räthsel auf, er schrie: wo sind
15 die tausend Jungfern, mehr als tausend Jungfern
Weihwasser gaben sie einander, wo?
und sonderbar in diesem Augenblick
treibs uns am Ufer hin, dort hing ein Haus
mit fahlen Mauern hart am jähen Ufer,
20 von dessen steilem Schindeldach der Regen
herunterschoß, da wußte ich sogleich:
die Schindeln meinte er. Dann fing er an
und sprach, die Zaubersprüche, die sie haben
ihr Vieh zu schützen, doch ich hörte ihm
25 schon nicht mehr zu und konnt' ihn auch nicht sehen.
Die Blitze hatten aufgehört, der Sturm
war nicht so laut, doch nunmehr trieben wir
mit einer so entsetzlichen Gewalt,
daß nicht mehr Stampfen, nur das dumpfe Schleifen,
30 durchs Wasser hin zu hören war, und plötzlich
sah ich vor uns aus der pechschwarzen Nacht
ein graues riesiges Gebild, ich wußte
es waren Wolken, aber gleich dahinter
die Klippen, wußte, Wirbel sind zur Linken,
35 die Spitze aber rechts, hier wendet sichs,
weil sich der See verengt und in das Bette
des Flusses wild hinunterwill. Ich schrie:
Nach links! Die Knechte lachten, kam mir vor.
Ich warf den Dolch nach ihnen, pfeifend flog er

und schnitt dem einen hart am Ohr vorbei,
sie stemmten sich nach rechts, das Schiff ging links
und fing zu drehen an, da hub der Stier
zu stampfen an und schlug mit seinen Hufen
den Rand des Schiffes und er brüllte dröhnend
indeß der Hirt ein wunderliches Lied
anfing mit einem Abzählreim, so wie's
die Kinder machen, und der Reim ging aus
auf mich. Indessen weiter trieben wir
und es war heller, kam mir vor, wir trieben
in einem tiefen eingeriss'nen Thal,
ich fühlte, daß es nur der Anfang war . . .
Was jetzt kommt ging in einem, schneller als
ich es erzählen kann, ging alles dies
und tausend Dinge mehr noch durcheinander
und dauerte doch endlos lang, begann
an jeder Klippe, jeder Biegung neu;
ich wußte immerfort, das Gleiche war
ja schon einmal, das hab ich schon erlebt
und dennoch warfs der Abgrund immer neu
und immerfort verändert wieder aus.
Die Strömung riß uns hin, zuweilen kam
aus einem Seitenthal ein jäher Wind
und immer schneller lief es zwischen Felsen.
Mit welchen Sinnen ich den Weg errieth,
die Plätte in dem tiefen Streif zu halten
kaum breiter als sie selbst, das weiß ich nicht,
denn alle Sinne waren überwach
so überschwemmt vom Leben wie ich's nicht
Dir sagen kann . . .
Ich konnte mit geschlossenen Augen fühlen
den Weg im Wasser, den wir nehmen mußten.
Ich wußte welchen feuchten Pfad die Aale
hinglitten, wenn sie sich aus dem Getöse
zu flüchten eine still geschloßne Bucht
mit flachem Ufer suchen. Alle Schwärme
der schattenhaft hingleitenden Forellen
fühlt' ich hinan die klaren Bäche steigen
bis an die Falten des Gebirges, fühlen

konnt' ich ihr Gleiten über freigespültes
hier roth hier weißlich schimmerndes Gestein . . .
Die Lager wußte ich tiefer als die Wurzeln
der starken Eichen, wo im weichen Thon
ein Glimmerndes mit funkelnden Granaten
in tiefem Bette eingewühlt daliegt,
wie schöne Mäntel eingesunkener Schläfer.
Dem Wind wenn er mich anblies, fühlt ich an,
ob er hervorgeflogen aus dem Dickicht
der Lärchen war, ob von den leeren Halden
und weißen Brüchen nackter harter Steine.
Und unaufhörlich wenn bei mir im Schiff
der Stier mit vorgestreckten Nüstern brüllte,
so spürte ich, wie auf den fernen Triften
im dunkelsten Gebirg' die jungen Kühe
sich auf die Knie erhoben, völlig dann
auf ihre Füße sprangen und durchs Dunkel
hinliefen und die Luft der Nacht einsogen.
Indessen war der Fluß, auf dem wir fuhren,
breiter geworden und ein Tag brach an
von so ersticktem Halblicht wie der Tag
aussehen mag am Grund von tiefem Wasser,
Am Ufer waren Bauten: starke Mauern
in breiten Stufen, welche Bäume trugen.
Von diesem wußt' ich alles: jeden Stein
wie er gebrochen war und wie gefügt
und spürte, wie die andern auf ihm lagen
und wie Du Deine Hände spürst, wenn Du sie
ins Wasser hältst, so spürte ich die Schatten
der Tausende von Händen, die einmal
hier Steine schichteten und Mörtel trugen,
von Tausenden von Männern und von Frauen
die Hände, manche von ganz alten Männern,
von Kindern manche, spürte wie sie schwer
und müde wurden und wie eine sich
schlafsüchtig öffnete und ihre Kelle
zu Boden fallen ließ und dann erstarrte
im letzten Schlaf. Und unter meinen Füßen
die Fische und auf ihren feuchten Triften

die jungen Kühe, die den Boden stampften,
auf stundenweiten Triften, und der Wind,
von dem ich wußte wie er kam und ging
und neben mir der Narr mit wildem Mund!
Er schwieg nicht einen Augenblick: Ja ja,
schrie er einmal, die Frauen und die Pferde
die wissen nicht wo sich die Grube heben,
ein Mann der weiß sein Grab, der weiß sein Grab.
Dann kam viel vor vom Volk und Zorn des Volkes
und tausend andres und ich wußte alles,
und immerfort bei allen seinen Reden,
dem fremden wirren Zeug, war mir, als ob sich's
auf mich bezöge und mein Leben. Und
auch jene namenlosen andern Dinge
im Wasser an den Ufern, in der Luft
bezogen sich auf mich und diese Frau,
die mir zu Füßen schlief, und wie ihr Anblick
mir durch den Leib schnitt gleich sehnsücht'ger Luft,
so griffen unaufhörlich diese Reden
des Narren, ja die Fische, die sich schnellten,
die schattenhaften Hände, die dort bauten,
die Thiere, die verlangend brülltem, in mich
hinein und lösten dunkle Theile los
in meinem Innern und entbanden Schauer
völlig vergessener Tage, schwankende
Durchblicke, namenlose Möglichkeiten. –
Dich schwindelt schon und doch indem ich rede
fühl ich als rieselte es ab von mir
und wenig ist es, unaufhörlich gehts
verloren, ist fast nichts, was ich erzähle!
Wie wenn sich einer aus den stärksten Wellen
des wilden Bades tauchend, einen Zweig
umklammernd schnell ans Ufer hebt und steht
in Wind und Sonne, so ist es mit dem
verglichen, was ich träumte.
Wie lang dies dauerte, das weiß ich nicht;
nur unaufhörlich wars, wie aus dem Berge
ein Wasserfall. Wir legten dann einmal
an einem öden Ufer an und dort

so gegen Abend stieg der mit dem Stier
hinaus und trieb sein Thier hinein ins Land,
doch weiß ich nicht war dies am ersten Abend,
denn eine zweite Nacht kam jedenfalls
noch wunderbarer als die erste, denn
der Wind fing wieder an, doch zwischen Wolken,
seltsamen Wolken, hingen da und dort
die Sterne und durch dies Gewebe bebte
ein sanftes Blitzen von grüngold'nem Licht.
Auch der verrückte Hirte muß uns dann
verlassen haben, denn am Ende weiß ich
war er nicht da und auch die Knechte nicht,
das Schiff glitt lautlos hin, ich hatte leicht
die eine Hand am Steuerruder liegen,
so trieben wir noch einen solchen Tag
mit halbem fahlem Licht wie unter'm Wasser,
und immer bebten meine Pulse voll
mit allem Lebenden der ganzen Landschaft.
Dann kam ein Abend ... oder wars ein Morgen?
rings lag ein Nebel, doch ein lichter Nebel,
ein Morgen muß es doch gewesen sein,
da bog der Fluß sich um und eine Mulde
lag an dem einen Ufer und ein Gitter
von einem Garten lief bis an das Wasser
und ungewiß im Nebel wie der Eingang
zu einer Höhle that der runde Mund
von einem großen Laubengang sich auf.
Im Nebel gingen Menschen hin und her,
ein Diener lief herab und schrie: Er ist's!
Die andern kamen, Freunde, alle Freunde,
auch du auftauchend aus dem dichten Nebel
wie Schwimmer und dahinter liebe Bäume,
die Bäume meines Hauses und der Gang,
der offne Bogengang von meinem Haus,
und wie sich alle diese lieben Hände
vom Ufer auf den Rand der Plätte legten,
da dehnte sich die liebliche Gestalt,
die mir zu Füßen lag, so wie ein Kind
vor dem Erwachen; ja sie hatte sich

die letzte Nacht gewendet, daß sie jetzt
mit dem Gesicht auf beiden Händen lag.
Nun fühlte ich mit einem grenzenlosen
Entzücken wie der starre Schlaf sie ließ,
das Leben fühlte ich durch zarte Schultern
zum Nacken hin und in die Kehle fließen
und wie es nach den Hüften niederlief:
und wiederum war alles dies zugleich: –
dies Fühlen, das mir ihren jungen Leib
in mich hinein so legte, wie in eine
bewußte fühlende belebte Gruft,
und wundervolles anderes Bewußtsein
von Eurer Nähe, aller meiner Freunde.
Und wie mein alter Diener neben Dir
mit einer Stimme, die von Regung bebte,
dies flüsterte: Nach zweiundsiebzig Stunden
ist er zurück! da fühlte ich das Beben
in meiner eigenen Kehle und im Innern
empfand ich Dein Gefühl, mit dem Du's hörtest,
und bückte mich mit mehr als trunkenen Händen,
die Schultern der Erwachenden empor
zu ziehen, da werd ich selber an den Schultern
empor gezogen und – bin wach! um mich
die Freunde, denen ich das Stück gelesen,
Du nicht natürlich, und sie hielten mich,
denn ich war vorgesunken auf den Stuhl,
wie einer, der sich bückt was aufzuheben.
In meinen Augen war noch zuviel Traum,
in meinen Ohren hatt' ich noch das Wort
von meinem Diener: zweiundsiebzig Stunden,
und fragte nur: so seid ihr schon zurück?
Sie waren noch nicht fortgewesen, nur
im Nebenzimmer wieder umgekehrt
mich mitzunehmen. Nicht so viele Zeit
als einen Krug zu füllen unter'm Brunnen,
und diese Fahrt! Ich nahm es für ein Zeichen,
für eine dumpfe Wiederspiegelung
des andern traumerfüllten Einsamseins,
das wirklich zweiundsiebzig Stunden währte.

Zwar wirklich? haben wir ein Maß für wirklich?...
Du meinst, es war auch ein Bild im einzelnen?
ein großes Gleichnis? Nun kann sein, auch nicht!
gleichviel, bei solchem Treiben der Natur
ist eine tiefre Bildlichkeit im Spiel,
denn ihr ist alles Bild und alles Wesen.
Allein es war ein Wink: sie giebt das Leben
von tausend Tagen wenn sie will zurück,
indessen Du Dich bückst um eine Frucht.

Nun müssen wir wohl gehn, ich hör schon rückwärts,
wie sie zusammenstellen Haus und Garten
aus Holz und Leinwand, Schatten eines Traumes! –
Es wär mir beinah lieber, wenn nicht Menschen
dies spielen würden, sondern große Puppen,
von einem der's versteht gelenkt an Drähten.
Sie haben eine grenzenlose Anmuth
in ihren aufgelösten leichten Gliedern
und mehr als Menschen dürfen sie der Lust
und der Verzweiflung selber sich hingeben
und bleiben schön dabei. Da müßte freilich
ein dünner Schleier hängen vor der Bühne.
Auch anderes Licht. Doch komm, wir müssen gehen.

DAS KLEINE WELTTHEATER
ODER
DIE GLÜCKLICHEN

Die Bühne stellt den Längsschnitt einer Brücke dar, einer gewölbten Brücke, so
dass die Mitte höher liegt als links und rechts. Den Hintergrund bildet das stei-
nerne Geländer der Brücke, dahinter der Abendhimmel und in grösserer Ferne
die Wipfel einiger Bäume, die Uferlandschaft andeutend.
Der Gärtner trägt ein Gewand von weissem Linnen, eine blaue Schürze, blosse
Arme, Schuhe von Stroh.
Der junge Herr einen dunkelgrünen Jagdanzug mit hohen gelben Stulpstiefeln.
Das junge Mädchen ein halblanges Mullkleid, mit blossen Armen, einen Strohhut
in der Hand.
Der Dichter einen dunklen Mantel.
Alle im Geschmack der zwanziger Jahre des vorigen Jahrhunderts.

DER DICHTER
Ich blieb im Bade, bis der Widerschein
des offnen Fensters zwischen meinen Fingern
mir zeigte, dass der Glanz der tiefen Sonne
von seitwärts in die goldnen Bäume fällt,
und lange Schatten auf den Feldern liegen.
Nun schreit' ich auf und ab den schmalen Pfad,
von weitem einem Vogelsteller gleichend,
vielmehr dem Wächter, der auf hoher Klippe
von ungeheuren Schwärmen grosser Fische
den ungewissen Schatten sucht im Meer:
denn über Hügel, über Auen hin
späh ich nach ungewissen Schatten aus:
Dort, wo ein abgebrochnes Mauerstück
vom Park die Buchen dämmernd sehen lässt,
dort hebt sich's an! Kehr ich die Schultern hin
und wende mich, den hellen Fluss zu sehen:
ich weiss drum doch, es regt sich hinter mir.

Mit leichten Armen teilen sie das Laub:
Gestalten! und sie unterreden sich.
O wüsst' ich nur, wovon! ein Schicksal ist's
und irgendwie bin ich darein verwebt.
Mich dünkt, sie bücken sich, mich dünkt, die Riemen
der Schuhe flechten sie für langen Weg ...
Mir schlägt das Herz bei ihrem Vorbereiten!
Seh' ich nun aber jenseits an den Hängen
nicht Pilger mühsam wie Verzauberte
hinklimmen und mit jeder Hecke ringen?
und mit geheimnisvoll Ermüdeten
ist jener Kreuzweg, sind die kleinen Wege
durch die Weingärten angefüllt: sie lagern
und bergen in den Händen ihr Gesicht ...
Doch an den Uferwiesen, doch im Wasser!
Von Leibern gleicher Farbe wie das Erz
sind funkelnd alle Wellen aufgewühlt;
sie freuen sich im Bad, am Ufer liegen
die schweren Panzer, die sie abgeworfen,
und andre führen jetzt die nackten Pferde,
die hoch sich bäumen, in die tiefe Welle.
Warum bewegen sich so fürchterlich
die Weidenbüsche? andre Arme greifen
daraus hervor, mit jenen nackten Schultern
seh ich vermischt Gepanzerte, sie kämpfen,
von Badenden mit Kämpfenden vermengt
schwankt das Gebüsch: wie schön ist diese Schlacht!
Er wendet sich.
Den Fluss hinab! da liegt der stille Abend.
Kaum ein verworrenes Getöse schwimmt
herab mit Blut und golddurchwirkten Decken.
Nun auch ein Kopf: am Ufer hebt sich einer
und misst mit einem ungeheuren Blick
den Fluss zurück ... Warum ergreift's mich so,
den einen hier zu sehn? .. Nun lässt er sich
aufs neue gleiten, kein Verwundeter!
so selig ist er, wie ein wilder Faun,
der trunken aus dem Schiff des Bacchus sprang,
und mit den Augen auf dem Wasser schwimmt

er hin und fängt mit trunknen Blicken auf
die feuchten Schatten, durcheinanderkreisend,
halb sich entgegenhebend, Widerspiel
der hohen Wolken und des stillen Goldes,
5 das zwischen Kieseln liegt im Grund. Den Schwimmer
trifft nur der Schatten riesenhafter Eichen
von einer Felsenplatte überhängend:
er kann nicht sehn die Schöngekleideten,
die dort versammelt sind ... um was zu tun?
10 sie knieen nieder ... einen zu verehren?
vielmehr sie graben, alle bücken sich:
ist eine Krone dort? ist dort die Spur
von einem Mord verborgen? Doch der Schwimmer,
die Augen auf die Wellen, gleitet fort.
15 Will er hinab, bis wo die letzten Meere
wie stille leere Spiegel stehen? wird er,
sich mit der Linken an die nackte Wurzel
des letzten Baumes haltend, dort hinaus
mit unbeschreiblichem Erstaunen blicken?
20 Ich will nicht ihn allein, die andern will ich,
die auf den Hügeln wieder sehn, und schaudernd
im letzten Lichte spür ich hinter mir
schon wieder neue aus den Büschen treten.
Da bebt der Tag hinab, das Licht ist fort,
25 wie angeschlagne Saiten beb' ich selber.
Die Bühne wird dunkler.
Nun setz ich mich am Rand des Waldes hin,
wo kleine Weiher lange noch den Glanz
des Tages halten und mit feuchtem Funkeln
30 die offnen Augen dieser Landschaft scheinen:
wenn ich auf die hinsehe, wird es mir
gelingen, das zu fertigen, wofür
der Waldgott gern die neue Laute gäbe
aus einer Schildkrot, überspannt mit Sehnen:
35 ich meine jenes künstliche Gebild
aus Worten, die von Licht und Wasser triefen,
worein ich irgendwie den Widerschein
von jenen Abenteuern so verwebe,
dass dann die Knaben in den dumpfen Städten,

wenn sie es hören, schwere Blicke tauschen
und unter des geahnten Schicksals Bürde,
wie überladne Reben schwankend, flüstern:
»O wüsst ich mehr von diesen Abenteuern,
denn irgendwie bin ich darein verwebt
und weiss nicht, wo sich Traum und Leben spalten.«

Der Dichter geht ab, der Gärtner tritt auf. Er ist ein Greis mit schönen durchdringenden Augen. Er trägt eine Giesskanne und einen kleinen Korb aus Bast.

GÄRTNER
Ich trug den Stirnreif und Gewalt der Welt
und hatte hundert der erlauchten Namen,
nun ist ein Korb von Bast mein Eigentum,
ein Winzermesser und die Blumensamen.

Wenn ich aus meinem goldnen Haus ersah
das Blumengiessen abends und am Morgen,
sog ich den Duft von Erd und Wasser ein
und sprach: Hierin liegt grosser Trost verborgen.

Nun giess ich selber Wasser in den Mund
der Blumen, seh es in den Grund gesogen
und bin vom Schatten und gedämpften Licht
der ruhelosen Blätter überflogen,

wie früher von dem Ruhm und Glanz der Welt.
Der Boten Kommen, meiner Flotte Rauschen,
die goldnen Wächter, Feinde, die erblassten:
Befreiung war's, dies alles umzutauschen

für diese Beete, dieses reife Lasten
der Früchte halbverborgen an Spalieren
und schwere Rosen, drin die goldig braunen
von Duft betäubten Bienen sich verlieren.

Noch weiss ich eines: Hier und dort sind gleich
so völlig, wie zwei Pfirsichblüten sind,
in einem tiefen Sinn einander gleich:
denn manchesmal, wenn mir der schwache Wind

den Duft von vielen Sträuchern untermengt
herüberträgt, so hab ich einen Hauch
von meinem ganzen frühern Leben dran;
und noch ein grössres widerfährt mir auch:

dass an den Blumen ich erkennen kann
die wahren Wege aller Kreatur,
von Schwach und Stark, von Üppig oder Kühn
die wahre Art, wovon ich früher nur

5 in einem trüben Spiegel Spuren fand,
wenn ich umwölkt von Leben um mich blickte:
denn alle Mienen spiegelten wie Wasser
nur dies: ob meine zürnte oder nickte.

Nun aber webt vor meinen Füssen sich
10 mit vielen Köpfen, drin der Frühwind wühlt,
dies bunte Leben hin: den reinen Drang
des Lebens hab ich hier, nur so gekühlt,

wie grüne Kelche sich vom Boden heben,
so rein und frisch, wie nicht in jungen Knaben
15 zum Ton von Flöten fromm der Atem geht.
So wundervoll verwoben sind die Gaben

des Lebens hier: mir winkt aus jedem Beet
mehr als ein Mund wie Wunden oder Flammen
mit schattenhaft durchsichtiger Gebärde,
20 und Kindlichkeit und Majestät mitsammen.

Er tritt ab, der junge Herr tritt auf, langsam, sein Pferd am Zügel führend.

DER JUNGE HERR
Ich ritt schon aus, bevor der Tau getrocknet war.
Die andern wollten mich daheim zu ihrem Spiel,
25 mich aber freut es so, für mich allein zu sein.
Am frühen Tage bin ich schon nicht weit von hier
dem Greis begegnet, der mir viel zu denken gibt:
ein sonderbarer Bettler, dessen stummer Gruss
so war, wie ihn vielleicht ein Fürst besitzen mag
30 von einer Art, wie ich von keinem freilich las:
der schweigend seine Krone hinwürf' und vor Nacht
den Hof verliess' und nie mehr wiederkäm'.
Was aber könnte einen treiben, dies zu tun?
Ich weiss, ich bin zu jung und kann die vielerlei
35 Geschicke nicht verstehn; vielmehr sie kommen mir
wie Netze und Fussangeln vor, in die der Mensch

hineingerät und fallend sich verfängt; ich will
so vielen einmal helfen, als ich kann. Schon jetzt
halt' ich mein Pferd vor jedem an, der elend scheint,
und wenn sie wo im Felde mähen, bleib ich stehn
und frage sie nach ihrem Leben und ich weiss
schon vielerlei, was meinen Brüdern völlig fremd.
Zu Mittag sass ich ab im dämmernden Gebüsch,
von Brombeer und von wilden Rosen ganz umzäunt,
und neben meinem Pferde schlief ich ein. Da fing
ich gleich zu träumen an. Ich jagte, war der Traum:
zu Fuss und mit drei grossen Hunden trieb ich Wild,
gekleidet wie auf alten Bildern und bewaffnet
mit einer Armbrust, und vor mir der dichte Wald
war angefüllt mit Leben, überschwemmt mit Wild,
das lautlos vor mir floh. Nichts als das Streifen
der Felle an den Bäumen und das flinke Laufen
von tausenden von Klauen und von leichten Hufen
auf Moos und Wurzeln und die Wipfel droben dunkel
von stiller atemloser Flucht der Vögel. In getrennten
doch durcheinander hingemengten Schwärmen rauschten
Birkhähne schweren Flugs, das Rudern wilder Gänse,
und zwischen Ketten der verschreckten Haselhühner schwangen
die Reiher sich hindurch und neben ihnen, ängstlich
den Mord vergessend, hasteten die Falken hin.
Dies alles trieb ich vor mir her, wie Sturm ein schwarzes
Gewölk und drängte alles einer dunklen Schlucht
mit jähen Wänden zu. Ich war vom Übermass
der Freude über diese Jagd erfüllt und doch
im Innersten beklommen, und ich musste plötzlich
an meinen Vater denken und mir war, als säh ich
sein weisses Haar in einem Brunnen unter mir.
Da rührte sich mein Pferd im Schlaf und sprang auf einmal
zugleich auf die vier Füsse auf und schnaubte wild,
und so erwachte ich und fühlte noch den Traum
wie dunkle Spinnweb um die Stirn mir hängen. Aber dann
verliess ich diese dumpfe Kammer grüner Hecken und mein Pferd
ging neben mir, ich hatte ihm den leichten Zaum
herausgenommen und es riss sich kleine Blätter ab.
Da schwirrten Flügel dicht vor mir am Boden hin:

ich bückte mich, doch war kein Stein im tiefen Moos,
da warf ich mit dem Zaum der Richtung nach und traf:
zwei junge Hühner lagen dort und eine Wachtel, tot,
in einem Wurf erschlagen mit der Trense. Sonderbar
war mir die Beute und der Traum umschwirrte mich so stark,
dass ich den Brunnen suchte und mir beide Augen schnell
mit klarem Wasser wusch, und wie mir flüchtig da
aus feuchtem Dunkel mein Gesicht entgegenflog,
kam mir ein Taumel so, als würd ich innerlich
durch einen Abgrund hingerissen, und mir war,
da ich den Kopf erhob, als wär ich um ein Stück
gealtert in dem Augenblick. Zuweilen kommt,
wenn ich allein bin, solch ein Zeichen über mich:
und früher war ich innerlich bedrückt davon
und dachte, dass in meinem tiefsten Seelengrund
das Böse läg' und dies Vorboten wären, und
erwartete mit leiser Angst das Kommende.
Nun aber ist durch einen Gruss ein solches Glück
in mich hineingekommen, dass ich früh und spät
ein Lächeln durch die lichten Zweige schimmern seh
und statt die Brüder zu beneiden, fühl ich nun
ein namenloses stilles Glück allein zu sein:
denn alle Wege sind mir sehr geheimnisvoll
und doch wie zubereitet, wie für mich
von Händen in der Morgenfrühe hingebaut,
und überall erwarte ich den Pfad zu sehn,
der anfangs von ihr weg zu vieler Prüfung führt
und wunderbar verschlungen doch zu ihr zurück.

*Er geht mit seinem Pferde ab. Nun ist völlige Dämmerung. Der Fremde tritt auf;
nach seiner Kleidung könnte er ein geschickter Handwerker, etwa ein Goldschmied sein. Er bleibt auf der Brücke stehen und sieht ins Wasser.*

DER FREMDE
Dies hängt mir noch von Kindesträumen an:
ich muss von Brücken in die Tiefe spähen,
und wo die Fische gleiten über'n Grund,
mein' ich Geschmeide hingestreut zu sehen,

Geschmeide in den Kieselgrund verwühlt,
Geräte, drin sich feuchte Schatten fangen.

Wie Narben an dem Leib von Kindern wuchs
mit mir dies eingegrabene Verlangen!

Ich war zu klein und durfte nie hinab.
Nun wär ich stark genug, den Schatz zu heben,
doch dieses Wasser gleitet stark und schnell,
zeigt nicht empor sein stilles innres Leben.

Nur seine Oberfläche gibt sich her
gewaltig wie von strömendem Metalle.
Von innen treibt sich Form auf Form heraus
mit einer Riesenkraft in stetem Schwalle.

Aus Krügen schwingen Schultern sich heraus,
aus Riesenmuscheln kommt hervorgegossen
ein knabenhafter Leib, ihm drängt sich nach
ein Ungeheuer und ist schon zerflossen!

Lieblichen Wesen, Nymphen halb, halb Wellen,
wälzt eine dunkle riesige Gewalt
sich nach: mich dünkt, es ist der Leib der Nacht,
in sich geballt die dröhnende Gestalt:

nun wirft sie auseinander ihre Glieder
und für sich taumelt jedes dieser wilden.
Mich überkommt ein ungeheurer Rausch,
die Hände beben, solches nachzubilden,

nur ist es viel zu viel, und alles wahr:
eins muss empor, die anderen zerfliessen.
Gebildet hab ich erst, wenn ich's vermocht
vom grossen Schwall das eine abzuschliessen.

In einem Leibe muss es mir gelingen
das Unaussprechlich-reiche auszudrücken,
das selige In-sich-geschlossen-sein:
Ein-Wesen ist's, woran wir uns entzücken!

Sei's Jüngling oder Mädchen oder Kind,
das lasse ich die schmalen Schultern sagen,
die junge Kehle, wenn sie mir gelingt,
muss jenes atmend Unbewusste tragen,

womit die Jugend über Seelen siegt.
Und der ich jenes Atmen ganz verstehe,
wie selig ich, der trinkt wo keiner trank
am Quell des Lebens in geheimer Nähe,
wo willig kühle unberührte Wellen
mit tiefem Klang dem Mund entgegenschwellen!

Tritt ab. Das junge Mädchen tritt auf. Sie ist noch ein halbes Kind. Sie geht nur wenige Schritte, setzt sich dann auf den steinernen Brückenrand. Ihr weisses leichtes Kleid schimmert durch das Dunkel.

DAS MÄDCHEN
Die Nacht ist von Sternen und Wolken schwer,
käm jetzt nur irgend einer daher
und säng recht etwas Trauriges,
indes ich hier im Dunkeln säss!

DIE STIMME EINES BÄNKELSÄNGERS
aus einiger Entfernung
»Sie lag auf ihrem Sterbebett
und sprach: Mit mir ist's aus.
Mir ist zu Mut wie einem Kind,
das abends kommt nach Haus.

Das Ganze glitt so hin und hin
und ging als wie im Traum:
wie eines nach dem andern kam,
ich sterb und weiss es kaum!

Kein andrer war, wie der erste war:
da war ich noch ein Kind,
es blieb mir nichts davon als ein Bild,
so schwach, wie schwacher Wind.

Dem zweiten tat ich Schmerz und Leid
so viel an, als er mir.
Er ist verschollen: Müdigkeit,
nichts andres blieb bei mir.

Den dritten zu denken, bringt mir Scham.
Gott weiss, wie manches kommt!
nun lieg ich auf meinem Sterbebett:
wenn ich nur ein Ding zu denken hätt,
nur ein Ding, das mir frommt!«

DAS MÄDCHEN
sie ist aufgestanden und spricht im Abgehen
Die arme Frau, was die nur meint?
Das ganze Lied ist dumm, mir scheint.
Schlaftrunken bin ich. Mir scheint, dort fällt
ein Stern. Wie gross ist doch die Welt!
So viele Sachen sind darin.
Mir käm jetzt manches in den Sinn,
wenn ich nur nicht so schläfrig wär...
Mir kann doch alles noch geschehn!
Jetzt aber geh ich schon ins Haus,
ich ziehe mich im Dunkeln aus
und lass die Läden offen stehn!
Nun schläft der Vogel an der Wand,
ich leg den Kopf auf meine Hand
und hör dem lang noch singen zu.
Ich hör doch für mein Leben gern
so traurig singen, und von fern.

Geht ab. Es ist völlig Nacht geworden. Der Wahnsinnige tritt auf, jung, schön und sanft, vor ihm sein Diener mit einem Licht, hinter ihm der Arzt. Der Wahnsinnige lehnt sich mit unbeschreiblicher Anmut an den Brückenrand und freut sich am Anblick der Nacht.

DER DIENER
Schicksal ist das Schicksal meiner Herrschaft,
von dem eignen sei mir nicht die Rede!
Dieser ist der Letzte von den Reichen,
von den Mächtigen der Letzte, hilflos.
Aufgetürmten Schatz an Macht und Schönheit
zehrte er im Tanz wie eine Flamme.
Von den Händen flossen ihm die Schätze,
von den Lippen Trunkenheit des Siegers,
laufend auf des Lebens bunten Hügeln!
Wo beginn ich, sein Geschick zu sagen?
Trug er doch gekrönt von wildem Feuer
schon in knabenhafter Zeit die Stirne:
und der Vater, der die Flüsse nötigt,
auszuweichen den Citronengärten,
der die Berge aushöhlt, sich ein Lusthaus
hinzubau'n in ihre kühle Flanke,

nicht vermag er, seinen Sohn zu bändigen.
Dieser dünkt sich Prinz und braucht Gefolge:
mit den Pferden, mit den schönen Kleidern,
mit dem wundervollen tiefen Lächeln
lockt er alle Söhne edler Häuser,
alles läuft mit ihm; den Papageien,
den er fliegen lässt, ihn einzufangen,
laufen aus den Häusern, aus den Gärten
alle, jeder lässt sein Handwerk liegen
und der lahme Bettler seine Krücke.
Und so wirft er denn aus seinem Fenster
seines Vaters Gold mit beiden Händen:
wenn das Gold nicht reicht, die goldnen Schüsseln,
edle Steine, Waffen, Prunkgewebe,
was Ihr wollt! Wie eine von den Schwestern
liebesblind, mit Fieberhänden schöpfend,
von den aufgehäuften Hügeln Goldes
alles gibt, die Wege des Geliebten
mit endloser Huldigung zu schmücken
– fremd ist ihr die Scheu wie einer Göttin –;
wie die andre Fürstengüter hingibt,
sich mit wundervollen Einsamkeiten
zu umgeben, Park und Blütenlaube
einer starren Insel aufzulegen,
mitten in den öden Riesenbergen
eigensinnig solchen Prunk zu gründen:
er vereinigt in den süssen Lippen,
in der strengen, himmelhellen Stirne
beider Schönheit, – in der einen Seele
trägt er beides: ungeheure Sehnsucht,
sich für ein Geliebtes zu vergeuden –
wieder königliche Einsamkeit.
Beides kennend, überfliegt er beides,
wie er mit den Füssen viele Länder
mit dem Sinn die Freundschaft vieler Menschen
und unendliches Gespräch hindurch fliegt
und der vielen Frauen Liebesnetze
lächelnd kaum berührt und weiterrauscht.
Auf dem Wege blieben wie die Schalen,

leere Schalen von genoss'nen Früchten,
herrliche Gesichter schöner Frauen,
lockig, mit Geheimnissen beladen,
Purpurmäntel, die um seine Schultern
kühnerworb'ne Freunde ihm geschlagen.
Alles dieses liess er hinter sich!
Aber funkelnde Erfahrung legte
sich um seiner Augen inn're Kerne.
Wo er auftritt, bringen kluge Künstler
ihm herbei ihr lieblichstes Gebilde;
mit den Augen, den beseelten Fingern
rührt er's an und nimmt sich ein Geheimnis,
das der Künstler selbst nur dunkel ahnte,
nimmt es atmend mit auf seinem Wege.
— — — — — — — — — — — — — — — —

Manchesmal an seinem Wege schlafend
oder sitzend an den dunklen Brunnen
findet er die Söhne oder Töchter
jener fremden Länder; neben ihnen
ruht er aus und mit dem blossen Atmen,
mit dem Heben seiner langen Wimpern
sind sie schon bezaubert und er küsst sie
auf die Stirn und freut sich ihres Lebens.
Denn er sieht ihr sanftes, stilles Leben,
mit dem stillen Wehen grüner Wipfel
sieht er es in ihren grossen Augen.
Sie umklammern seine Handgelenke,
wenn er gehen will, und wie die Rehe
schauen sie voll Angst, warum er forteilt.
Doch er lächelt; und auf viele Fragen
hat er eine Antwort: mit den Augen,
die sich dunkler färben, nach der Ferne
winkend, sagt er mit dem strengen Lächeln:
»Wisst Ihr nicht? Dies alles ist nur Schale!
Hab' so viele Schalen fortgeworfen,
soll ich an der letzten haften bleiben?«
Und er treibt sein Pferd schon vorwärts wieder,
wie ihn selbst die rätselvolle Gottheit.
Seine Augen ruhen auf der Landschaft,

die noch nie ein solcher Blick getroffen:
zu den schönsten Hügeln, die mit Reben
an die dunklen, walderfüllten Berge
angebunden sind, zu schönen Bäumen,
5 hochgewipfelt seligen Platanen,
redet er: er will von ihnen Lächeln,
von den Felsen will sein starker Wille
eine atmend wärmere Verkündung,
alle stummen Wesen will er, flehend,
10 reden machen, in die trunkne Seele
ihren grossen Gang verschwiegnen Lebens,
wie der Knaben und der Mädchen Leben,
wie der Statuen Geheimnis haben!
Und er weint, weil sie ihm widerstehen.
15 Diese letzte Schale wegzureissen,
einen unerhörten Weg zu suchen
in den Kern des Lebens, dahin kommt er.
In das einsamste von den Kastellen,
nur ein Viereck von uralten Quadern,
20 rings ein tiefer Graben dunklen Wassers,
nistet er sich ein. Das ganze Leben
lässt er draussen, alle bunte Beute
eines grenzenlos erobernden
jungen Siegerlebens vor dem Tore!
25 Nur die zaubermächtigen Geräte
und die tief geheimnisvollen Bücher,
die Gebildetes in seine Teile
zu zerlegen lehren, bleiben da.
Unbegreiflich ungeheure Worte
30 fängt er an zu reden und den Abgrund
sich hinabzulassen, dessen obrer
äussrer Rand an einer kleinen Stelle
von des Paracelsus tiefsten Büchern
angeleuchtet wird mit schwacher Flamme.
35 Und es kommen wundervolle Tage:
in der kahlen Kammer, kaum der Nahrung,
die ein zahmer Vogel nimmt, bedürftig,
wirft sich seine Seele mit den Flügeln,
mit den Krallen kühner als ein Greife,

wilder als ein Greife, auf die neue
schattengleiche, körperlose Beute.
Mit dem ungeheueren Gemenge,
das er selbst im Innern trägt, beginnt er
nach dem ungeheueren Gemenge
äussern Daseins gleichnishaft zu haschen.
Tausend Flammen schlagen ihm entgegen
da und da! in Leben eingekapselt,
und vor ihm beginnt der brüderliche
dumpfe Reigen der verschlungnen Kräfte
in der tiefsten Nacht mit glühndem Munde
unter sich zu reden: Wunderliches,
aus dem Herzblut eines Kindes quellend,
findet Antwort in der Gegenrede
eines Riesenblocks von dunklem Porphyr!

— — — — — — — — — — — — — — — —

Welcher Wahnsinn treibt mich, diesen Wahnsinn
zu erneuern! Ja, dass ich es sage:
Wahnsinn war das wundervolle Fieber,
das im Leibe meines Herren brannte! ...
Nichts hat sich seit jenem Tag verändert,
mit den süssen hochgezognen Lippen
tauscht er unaufhörlich hohe Rede
mit dem Kern und Wesen aller Dinge.
Er ist sanft und einem Spiel zuliebe,
meint er, bleibt er noch in seinem Leibe,
den er lassen könnte, wenn er wollte –,
wie vom Rande einer leichten Barke
in den Strom hinab, und wenn er wollte,
in das Innre eines Ahornstammes,
in den Halm von einem Schilf zu steigen.
Nie von selber denkt er sich zu nähren
und er bleibt uns nicht an einem Orte:
Denn er will die vielen seiner Brüder
oft besuchen und zu Gast bei ihnen
sitzen, bei den Flüssen, bei den Bäumen,
bei den schönen Steinen, seinen Brüdern.
Also führen wir ihn durch die Landschaft
flusshinab und hügelan, wir beide,

dieser Arzt und ich, wie nicht ein Kind ist
sanft und hilflos, diesen, dem die Schönen
und die Mächtigen sich dienend bückten,
wenn er hinlief auf des Lebens Hügeln,
5 Trunkenheit des Siegers um die Stirne.

DER ARZT
Ich sehe einen solchen Lauf der Welt:
Das Übel tritt einher aus allen Klüften;
im Innern eines jeden Menschen hält
10 es Haus und schwingt sich nieder aus den Lüften:
Auf jeden lauert eigene Gefahr
und nicht die Bäume mit den starken Düften
und nicht die Luft der Berge, kühl und klar,
verscheuchen das, auch nicht der Rand der See.
15 Denn eingeboren ist ihr eignes Weh
den Menschen: ja, indem ich so es nenne,
verschleir' ich schon die volle Zwillingsnäh,
mit der's dem Sein verwachsen ist, und trenne,
was nur ein Ding: denn lebend sterben wir.
20 Für Leib und Seele, wie ich sie erkenne,
gilt dieses Wort, für Baum und Mensch und Tier.
Und hier ...

DER WAHNSINNIGE
indem er sich beim Schein der Fackel in einem silbernen Handspiegel be-
25 *trachtet*
Nicht mehr für lange hält dieser Schein,
es mehren sich schon die Stimmen,
die mich nach aussen rufen,
so wie die Nacht mit tausend Lippen
30 die Fackel hin und wider zerrt:
ein Wesen immer gelüstet es nach dem andern!
Düstern Wegen und funkelnden nachzugehen,
drängt's mich auseinander, Namen umschwirren mich
und mehr als Namen: sie könnten meine sein!
35 Ich bin schon kaum mehr hier!
Ich fühl' schon auf der eigenen Stirn die Spur
der eignen Sohle, von mir selber fort
mich schwingend wie ein Dieb aus einem Fenster.

Hierhin und dorthin darf ich, ich bin hergeschickt,
zu ordnen, meines ist ein Amt,
des Namen über alle Namen ist.
Es haben aber die Dichter schon
und die Erbauer der königlichen Paläste
etwas geahnt vom Ordnen der Dinge,
der ungeheuren dumpfen Kräfte
vielfachen Mund, umhangen von Geheimnis,
liessen sie in Chorgesängen erschallen, wiesen ihm
gemessene Räume an, mit Wucht zu lasten,
empor zu drängen, Meere abzuhalten,
selbst urgewaltig, wie die alten Meere.
Schicksal aber hat nur der einzelne:
er tritt hervor, die ungewissen Meere,
die Riesenberge mit grünem Haar von Bäumen,
dies alles hinter ihm, nur so wie ein Gewebe,
sein Schicksal trägt er in sich, er ist kühn,
verfängt sich in Fallstricke und schlägt hin
und vieles mehr, sein Schicksal ist zehntausendmal
das Schicksal von zehntausend hohen Bergen:
der wilden Tiere Dreistigkeit und Stolz,
sehnsüchtige Bäche, der Fall von hohen Bäumen,
dies alles ist darin verkocht zehntausendmal.

Hier tritt der Mond vor die Wolken und erleuchtet das Flussbett.

Was aber sind Paläste und die Gedichte:
traumhaftes Abbild des Wirklichen!
Das Wirkliche fängt kein Gewebe ein:
den **ganzen** Reigen anzuführen,
den wirklichen, begreift ihr dieses Amt?
Hier ist ein Weg, er trägt mich leichter als der Traum
Ich gleite bis ans Meer, gelagert sind die Mächte dort
und kreisen dröhnend, Wasserfälle spiegeln
den Schein ergossnen Feuers, jeder findet
den Weg und rührt die andern alle an –
mit trunknen Gliedern, ich, im Wirbel mitten,
reiss' alles hinter mir, doch alles bleibt
und alles schwebt, so wie es muss und darf!
Hinab, hinein, es verlangt sie alle nach mir!

Er will über das Geländer in den Fluss hinab. Die beiden halten ihn mit sanfter Gewalt. Er blickt, an sie gelehnt, und ruft heiter, mit leisem Spott:

Bacchus, Bacchus, auch dich fing einer ein
und band dich fest, doch nicht für lange!

DER WEISSE FÄCHER

EIN ZWISCHENSPIEL

PERSONEN

DER PROLOG
FORTUNIO
SEINE GROSSMUTTER
LIVIO
MIRANDA
DIE MULATTIN ⎫
CATALINA ⎭ ihre Dienerinnen
DER EPILOG

DER PROLOG
Merkt auf, Ihr guten Herrn und schönen Damen:
Nun kommt ein Spiel, das hat nicht größre Kraft
Als wie ein Federball. Sein ganzer Geist ist dies:
Daß Jugend gern mit großen Worten ficht
Und doch zu schwach ist, nur dem kleinen Finger
Der Wirklichkeit zu trotzen.
Und wie ein Federball, das Kinderspielzeug,
Den Vogel nachahmt, also ahmt dies Spiel
Dem Leben nach, meint nicht, ihm gleich zu sein,
Vielmehr für unerfahrne Augen nur
Erborgts ein Etwas sich von seinem Schein.

Vor dem Eingang eines Friedhofes, nahe der Hauptstadt einer westindischen Insel. Kostüm der zwanziger Jahre des vorigen Jahrhunderts. – Die linke Seite und den Hintergrund bildet die lebendige, mit Blüten bedeckte Hecke, die den Friedhof umzäunt. Sie hat an mehreren Stellen Eingänge. Dahinter sind kleine Hügel mit Fußwegen, hie und da Zypressen. Deutlich sieht man nur einen einzigen Grabhügel, links nahe dem Vordergrund. Auch er ist von einem Zelt blühender Kletterrosen verschleiert. – Fortunio und sein Freund treten von rechts auf.

LIVIO
Zuweilen muß ich staunen, wenn ich denk,
Daß du so jung, kaum älter wie ich selber,
Mich so viel Dinge lehren kannst. Mir ist,
Du mußt schon alles wissen, was es gibt.

FORTUNIO
Ich weiß sehr wenig. Aber einen Blick
Hab ich getan ins Tiefre. Irgendwie erkannt:
Dies Leben ist nichts als ein Schattenspiel:
Gleit mit den Augen leicht darüberhin,

Dann ists erträglich, aber klammre dich
Daran, und es zergeht dir in den Fingern.
Auf einem Wasser, welches fließt, der Schatten
Von Wolken ist ein minder nichtig Ding,
Als was wir Leben nennen. Ehr und Reichtum
Sind lustige Träume in der Morgenfrüh,
›Besitz‹ von allen Wörtern ohne Sinn
Das albernste, von einem Schullehrer
Ersonnen, welcher meinte, jedem Wort
Müßt eins entgegenstehn, wie Weiß dem Schwarz,
Und so gebildet, weil Besessenwerden
Ein wirklich Ding.

LIVIO
Du kennst das Leben gut und hast mich drüber
So viel gelehrt. So mußt du dich ins Leben
Doch wieder finden, nicht in einen Schmerz
Dein Selbst verwühlen und an dieses Grab
Dich zäher ranken, als die Winde tut.

FORTUNIO
Das aber will ich. Ich will besser sein
Als dieses Schattenspiel, darin die Rolle
Des Witwers auf mich fiel. Ob allzu jung,
Ich will sie spielen mit so großer Treue,
So bittrem Ernst ... Ein jeder kann sein Schicksal
So adeln als erniedern. Aufgeprägt
Ist keinem Ding sein Wert, es ist so viel,
Als du draus machst. An Dirnen oder Narren
Rinnt alles ab wie Wasser, innrer Wert
Wird darin, wie du etwas nimmst, bewährt.

LIVIO
Doch hast du mir gesagt, und nicht nur einmal:
Es ziemt uns nicht im Glück und nicht im Leid,
Die Hände in den Schoß zu legen. Tun
Und Denken, sagtest du, das sind die Wurzeln
Des Lebens, und es ziemt uns auszuruhn
Vom Tun im Denken, vom Denken dann im Tun.
Doch du verachtest nun die Anteilnahme

Am Menschlichen, und dies ist doch der Anfang
Und Weg zu allem Tun...

FORTUNIO

So tu ich nicht!
Veracht ich meine Diener? Bin ich nicht,
Seit dieses schwere Schicksal auf mich kam,
Vor allen Edelleuten dieser Insel
Ein guter Herr? Frag meine weißen Diener,
Die farbigen auf meinen Gütern frag!
Hab ich an dir nicht Freude, süßer Freund,
Mein zweites, liebes, wolkenloses Selbst?
So laß mir auch den Weg zu diesem Grab:
Er raubt mich ja nicht dir, er nimmt den Platz
Nur eben ein, den sonst der Frauendienst...

LIVIO

Dies aber ists. Dies kannst du aus dem Leben
Nicht so mit Willkür...

FORTUNIO

Lieber Freund, sei still!
Weißt du, was da sein muß, damit ein Mann...
Ich mein: weißt du das einzige Gewürz,
Das einzige, das niemals fehlen darf
In einem Liebestrank, das einzige Ding, woran
Der Zauber hängt...

LIVIO

Ich weiß nicht, was du meinst.

FORTUNIO

Geheimnis heißt das Ding. Sonst sei ein Weib
Schön oder häßlich, ob gemein, ob hoh,
Ob Kind, ob Messalina, dies ist gleich,
Doch ein Geheimnisvolles muß sie sein,
Sonst ist sie nichts. Und das sind sie mir alle:
Geheimnislos... schal über alle Worte.
Nicht ohne Bedeutung, aber ohne Absicht
Erlebte Dinge aus der Knabenzeit,
Kindische, halbvergeßne, die wie Trauben,

Am Weinstock übersehen, in mir hängen
Und dörren, sind nicht so geheimnislos,
Nicht ganz so ohne Reiz wie alles, was
Ich vor mir seh an solchen Möglichkeiten.
Sei still, ich bitte dich, es macht mich zornig.
Er steht vor dem Grab, nur durch die Hecke getrennt.
Hier liegt Geheimnis, hier liegt mein Geheimnis,
Und dächt ich mich zu Tod, ich schöpfts nicht aus!
Du hast sie doch gekannt und redest noch!

LIVIO

Sie war sehr schön. Sie war so wie ein Kind.

FORTUNIO

Sie war ein Kind, und wie bei einem Kind
Ein neugebornes Wunder jeder Schritt.
Wenn wir was reden, Livio, tauschen wir
Nur schale, abgegriffne Zeichen aus:
Von ihren Lippen kamen alle Worte
Wie neugeformt aus unberührtem Hauch,
Zum erstenmal beladen mit Bedeutung.
Mit unbefangnen Augen stand sie da
Und ehrte jedes Ding nach seinem Wert,
Gerechter als ein Spiegel; niemals dort
Mit Lächeln zahlend, wo das Lächeln nicht von selbst
Aus ihres Innern klarem Brunnen aufstieg;
Sich gebend wie die Blume unterm Wind,
Weil sie nichts andres weiß, und unberührt,
Ja unberührbar, keiner Scham bedürftig,
Weil Scham doch irgend eines Zwiespalts Kind
Und sie so völlig einig in sich selber.
Hätt ich ein Kind von ihr, vielleicht ertrüg ichs
Und käm einmal im Jahr an dieses Grab:
So – ist Erinnrung alles, was mir blieb.

Die Großmutter und ihr Diener treten von rückwärts auf, aus dem Friedhof heraus. Sie ist eine schöne alte Frau; sie trägt ein langes Kleid aus Goldstoff mit eingewebten schwarzen Blumen und geht mit einem Stock. Der Neger trägt ihr Sonnenschirm und Fächer nach.

GROSSMUTTER

Fortunio, wie gehts dir?

FORTUNIO
Großmutter, was machst du hier?

GROSSMUTTER
Eine schöne Frage! Unter der nächsten Zypresse ist deines Vaters, meines Sohnes Grab, und unter der zweitnächsten deines Großvaters, meines Mannes. In den Gräbern, auf deren Steinen du kaum mehr die Namen lesen kannst, liegen meine Freunde und Freundinnen. Ich hab hier mehr Gräber, die mich angehn, als du Zähne im Munde hast.

FORTUNIO
Ich habe nur eines, aber das ist mir genug.

GROSSMUTTER
Deine Frau war ein Kind. Sie spielt im Himmel Ball mit den unschuldigen Kindern von Bethlehem. Geh nach Hause.

FORTUNIO schweigt, schüttelt den Kopf.

GROSSMUTTER
Wer ist der junge Herr?

FORTUNIO
Mein Freund. Er heißt Livius und ist aus dem Hause Cisneros.

GROSSMUTTER
Ich habe Ihre Großmutter gekannt, Señor. Sie war drei Jahre jünger als ich und viel schöner. Ich war einmal sehr eifersüchtig auf sie ... Er hat hübsche Augen: wenn er zornig ist, müssen sie ganz dunkel werden: so waren die Augen seiner Großmutter auch ... Was sind das für Vögel, Señor?

LIVIO
Wo, gnädige Frau?

GROSSMUTTER
Dort auf den Weidenbüschen.

LIVIO
Ich glaube Lerchen, gnädige Frau.

GROSSMUTTER mit einem leisen, sehr anmutigen Spott
Nein, Señor, es sind Meisen, Lerchen sitzen nie auf Büschen. Lerchen sind entweder hoch in der Luft oder ganz am Boden zwischen den

Schollen. Lerchen sitzen nie auf Büschen. Ein Maulesel ist kein Jagdpferd und ein Kolibri kein Schmetterling. Ihre Augen sind hübsch, aber Sie haben sie umsonst im Kopf. Was sind das für junge Leute? Haben Sporen an den Füßen und schleichen hier herum und bleiben an den Grabsteinen hängen. Hier gehören solche Kleider her wie meines, das alle welken Blätter mitnimmt und die schmalen Wege reinfegt. Laßt die Toten ihre Toten begraben. Was steht ihr hier und dämpft eure hübschen jungen Stimmen und flüstert wie die Nonne am Gitter? Komm, Fortunio, gehen wir nach Haus. Ich will bei dir nachtmahlen.

FORTUNIO
Nein, Großmutter, ich möchte noch hierbleiben. Komm morgen zu Tisch zu mir.

GROSSMUTTER
Wie alt bist du, Fortunio?

FORTUNIO
Bald vierundzwanzig, Großmutter.

GROSSMUTTER
Du bist ein Kind, und diese übermäßige Trauer ist in dir so wenig an ihrem rechten Platz, als wenn einer eine Zypresse in einen kleinen irdenen Topf voll lockerer Gartenerde einsetzen wollte.

FORTUNIO
Wie stark man einen Verlust betrauert, richtet sich nicht nach dem Alter, sondern nach der Größe des Verlustes.

GROSSMUTTER
Ich war ein Jahr älter, wie du jetzt bist, als ich deines Großvaters Frau wurde. Du weißt, daß ich schon vorher mit einem anderen vermählt war. Die Leiche meines Mannes brachten sie mir eines Tages ins Haus, als ich mit dem Essen auf ihn wartete, und am gleichen Tag sah ich die Leichen meiner beiden Brüder.

LIVIO sieht sie an.

GROSSMUTTER
Es war im Mai 1775, Señor.

FORTUNIO
Ich habe kein Kind von ihr, nichts. Als sie den Sarg aufhoben, trugen sie alles weg.

GROSSMUTTER
Dein Großvater und ich, wir waren zehn Jahre verbannt. Als uns das Schiff wegtrug, standen wir mit großen trockenen Augen, solange wir die Küste sahen. Auf einmal sank der letzte Hügel in das goldfarbene Meer wie ein schwerer dunkler Sarg. Wir waren Bettler, ärmer als Bettler, denn wir hatten nicht einmal unsere Namen: und dort in dem Steinsarg war alles, unsere Eltern, unsere Kinder, unsere Häuser, unsere Namen ... Wir waren wie Schatten.

FORTUNIO
Sie war das schuldloseste kleine Wesen auf der Welt. Warum hat sie sterben müssen?

GROSSMUTTER
Ich habe junge Frauen aus den ersten Familien des Landes ihre Ehre an einen Elenden verkaufen sehen, um ihre Männer vor dem Galgen und ihre Kinder vor dem Verhungern zu retten. Du hast sehr wenig erlebt, Fortunio.

FORTUNIO schweigt.

GROSSMUTTER
Ich habe viel erlebt. Ich weiß, daß der Tod immer da ist. Immer geht er um uns herum, wenn man ihn auch nicht sieht; irgendwo steht er im Schatten und wartet und erdrückt einen kleinen Vogel oder bricht ein welkes Blatt vom Baum. Ich habe fürchterliche Dinge gesehen. Aber nach alledem hab ich das Leben lieb, immer lieber. Ich fühl es jetzt selbst dort, wo ich es früher nicht gefühlt habe, in den Steinen am Boden, in den großen schwerfälligen Rindern mit ihren guten Augen. Geh, geh, du wirst erst lernen es liebhaben.

FORTUNIO
Ich weiß nicht, Großmutter.

GROSSMUTTER *sich von ihm abwendend, zu ihrem Diener*
Domingo, gib das Vogelfutter. Nicht das, das mögen sie nicht, diese Kleinen. Die Körner gib her!

Sie füttert einen Schwarm kleiner Vögel. Pause.

GROSSMUTTER
Da!
Auf einmal flattern die Vögel weg.
Habt ihrs gehört?

LIVIO
Es war wie das Weinen eines ganz kleinen Kindes.

FORTUNIO
Es muß ein Vogel gewesen sein.

GROSSMUTTER
Ein Vogel! So hast du das noch nie in deinem Leben gehört? Ein junges Kaninchen wars, das von einem Wiesel gefangen wird. Was hast du mit deinen Bubenjahren angefangen, Fortunio, daß du das nicht kennst! Dir waren damals deiner Cousine Miranda kleine seidene Schuhe wichtiger als die Fährte von einem Hirsch am Waldrand, lieber, beim Ballspielen ihr Kleid anzurühren, als bei der Fuchshetze mit der Stirn an feuchten, raschelnden Zweigen hinzustreifen. So hast du dir damals das vorweg genommen, was für später gehört, und was du damals versäumt hast, holst du nie wieder nach. Was ist Jugend für ein eigensinniges Ding! Wie der Kuckuck, der aus allen Nestern das hinauswirft, was hineingehört, um seine eigenen Eier dafür hineinzulegen. Ihr jungen Leute habt etwas an euch, das einen leicht ungeduldig machen könnte. Wie ein Schauspieler seid ihr, der sich seine Rolle aus dem Stegreif selber dichtet und auf keine Stichwörter achtgibt. Später wird das anders. Alles, was du im Kopf hast, ist altkluges Zeug. Laß das sein, Fortunio. Willst du jetzt mitkommen?

FORTUNIO
Nein, ich möchte lieber hierbleiben.

GROSSMUTTER
So kommen Sie mit mir, Señor. Ich glaube, eine alte Frau ist noch weniger langweilig als dieser junge Herr. Ich werde Ihnen eine Geschichte erzählen. Was für eine wollen Sie, eine Liebesgeschichte oder eine Jagdgeschichte?

Livio gibt ihr den Arm; sie gehen fort, der Diener hinter ihnen.

LIVIO *im Abgehen*
Leb wohl, Fortunio.

FORTUNIO
Gute Nacht, Livio.

Sie verschwinden zwischen den Bäumen rechts.

FORTUNIO allein
Wer mich verwirren will, wie gut ers meint
Und ob ers selbst nicht weiß, der ist mein Feind.
Erinnerung ist alles, was mir blieb:
Wer mich verwirrt, verstört mir auch dies letzte.
Doch dieses Grabes Nähe ist sehr stark,
Und wie aus einem dunklen, tiefen Spiegel
Steigt die Vergangenheit herauf, so lieblich,
So jenseits aller Worte, unbegreiflich
Wie Rosen, unergründlich wie die Sterne!
Wenn dies Altklugheit ist, so will ich nie
Die wahre Klugheit lernen. Nein, ich will
Nichts andres lernen, als nur mir vorstellen,
Wie sie da saß ... und da ... am Weinberg wars
Das letztemal! Sie hatte offnes Haar ...
Sie sagte: ›Still‹ ... da sah ich eine Maus,
Die kam und unter einem gelben Weinblatt
Vergeßne Beeren stahl und mühsam trug.

Er geht durch die Hecke, setzt sich neben dem Grabe nieder, die Kletterrosen verdecken ihn, doch nicht völlig. Miranda und die Mulattin treten auf, von rechts. Miranda trägt ein weißes Mullkleid mit schwarzem Samt.

MIRANDA
Ich verbiete dir, zu mir von diesen Dingen zu sprechen, Sancha. Es mag Witwen geben, die solche Reden gerne hören, ich gehöre nicht zu ihnen.

MULATTIN
Ich kann auch schweigen, aber niemand wird mich hindern, im stillen davon überzeugt zu sein, daß ich recht habe und daß die übermäßige Einsamkeit schuld an dieser Traurigkeit, an diesen plötzlichen Anfällen von Beklemmung ist.

MIRANDA
Damit du dir auch nicht einmal einbildest, recht zu haben, obwohl mir das natürlich ganz gleichgültig ist, so will ich dir sagen, was schuld daran ist, daß ich so plötzlich habe anspannen lassen und in der großen Hitze hier hereingefahren bin, um das Grab meines Mannes zu besu-

chen. Ein Traum, den ich heute nacht geträumt habe, hat mich so
beängstigt. Mir träumte, ich stünde am Grab meines Mannes. Es war
ganz mit frischen Blumen bestreut, so wie ich dem Gärtner befohlen
habe, es täglich zu bestreuen. Die Blumen waren unbeschreiblich
schön, sie leuchteten wie lebendige Lippen und Augen. Auf einmal
beugte ich mich hinab und sah, daß unter den Blumen wirklich Lippen
und Augen hervorleuchteten. Es war das Gesicht meines seligen
Mannes, jugendlicher, als ich es je gekannt habe, funkelnd von Frische
und Leben, und kleiner, dünkt mich, als in der Wirklichkeit. Dann
fingen die Blumen zu welken an, ihre Ränder verdorrten, die Kelche
schrumpften zusammen, und auch das Gesicht schien zu welken,
schrumpfte zusammen, ich konnte es nicht mehr deutlich sehen. Es
war ganz bedeckt mit welken Blüten. Ich hatte meinen weißen Fächer
in der Hand und wehte die Blumen auseinander, um das Gesicht wieder zu sehen. Raschelnd flogen sie auseinander wie dürre Blätter, aber
das Gesicht war nun nicht da; der Grabhügel leer, kahl und staubtrocken. Und mir war, als ob ich ihn mit meinem Fächer trockengefächelt hätte, und darüber fing ich so zu weinen an, daß ich erwachte.

MULATTIN
Aber es war doch nichts so Schlimmes, gnädige Frau.

MIRANDA
Du kannst nicht wissen, warum mich das so entsetzlich berührt. Du
weißt nicht, womit das zusammenhängt.

MULATTIN
Aber ich weiß, wo solche Träume herkommen. Ich wundere mich,
daß die gnädige Frau nicht jede Nacht etwas Entsetzliches träumt.
Unser Haus ist der traurigste Aufenthalt, den man sich vorstellen
kann. Die Öde der Tage nur abgelöst von der Öde der Nächte. Der
totenstille Garten mit den wenigen starren Bäumen und den verwildernden Lauben. Die Teiche ohne Wasser, nahebei das leere Flußbett,
das im Mond blinkt wie die Wohnung des Todes. Draußen die schweigende blendende Glut und innen die grabdunkeln Zimmer. Und alle
kühlen heimlichen Kammern, die Terrassen, das Lusthaus, alles versperrt...

MIRANDA
Du weißt, daß ich es so haben will. Jetzt kannst du hier stehenbleiben
und mich erwarten.

MULATTIN
Ich möchte, wenn die gnädige Frau erlaubt, lieber der Catalina entgegengehen. Sie ist vom Land, sie kann den Weg leicht verfehlen.

MIRANDA
Gut. Wartet dann beide hier auf mich. Aber zuerst gib mir noch meinen Fächer.

MULATTIN gibt ihr, unter einem Schal hervor, einen weißen Fächer.

MIRANDA zornig
Der weiße! Hab ich dir nicht befohlen, einen anderen zu nehmen?

MULATTIN
Die gnädige Frau ist schon im Wagen gesessen, und alle anderen Fächer sind in der rückwärtigen Kleiderkammer eingesperrt.

MIRANDA gibt ihn zurück
So will ich lieber gar keinen.
Nimmt ihn wieder.
Nein, ich will ihn nur nehmen. Man muß solchen Träumereien gleich im Anfang widerstehen, sonst bekommen sie zu große Gewalt.
Die Mulattin geht ab.
Miranda will langsam den gewundenen Weg nach rückwärts gehen. Im gleichen Augenblick ist Fortunio aus der Hecke herausgetreten. Er geht mit gesenktem Kopf und sieht sie erst an, wie er dicht vor ihr steht.

FORTUNIO
Miranda!

MIRANDA
Wir haben uns lange nicht gesehen, Vetter. Aber es ist ganz natürlich, daß wir uns hier treffen. Du kommst vom Grab deiner Frau, und ich gehe zum Grab meines Mannes.

FORTUNIO
Ich erinnere mich an den Brief, den du mir nach dem Tod meiner Frau geschrieben hast. Ich weiß nicht, was für Worte du gebrauchtest, aber er hatte etwas Sanftes, Freundliches und zugleich etwas so Fernes.

MIRANDA
Ich erinnere mich kaum deiner, wie du beim Leichenbegängnis meines

Mannes in meinem Hause warst. Es waren so viele Verwandte da. Du standest eine lange Weile hinter mir, und ich hatte es nicht bemerkt; erst als du weggingst, wurde ich dich gewahr und auch nicht dich selber, sondern nur in dem marmornen Pfeiler neben mir den hellen Schatten deines Gesichts und den dunkeln deiner Kleidung, die sich lösten und fortglitten.

FORTUNIO
Das ist sonderbar: auch ich erinnere mich an den blassen Schatten deines Gesichts und an den dunkeln deines Kleides, der über den marmornen Pfeiler schwebte.

MIRANDA mit schwachem Lächeln
Das paßt zu uns: wir waren füreinander immer nur wie Schatten.

FORTUNIO
Warum sagst du das?

MIRANDA
Findest du nicht, daß es wahr ist?

FORTUNIO
Du meinst, in unserer Kinderzeit?

MIRANDA
Ja, ich meine in der früheren Zeit, bevor wir uns verheirateten.

FORTUNIO
Bevor du dich verheiratetest.

MIRANDA
Und du. Es war fast gleichzeitig. Gleichviel. Aber Schatten ist vielleicht nicht das richtige Wort. Es war nichts Düsteres dabei. Nur so etwas Unbestimmtes, etwas unsäglich Unbestimmtes, Schwebendes. Es war wie das Spielen von Wolken in der dämmernden Luft im Frühjahr.

FORTUNIO
Wolken, aus denen nachher kein Gott hervortrat.

MIRANDA
Und keine Göttin.
Pause.
Es ist töricht, auf vergangene Dinge zurückzukommen, nicht wahr?

FORTUNIO schweigt.

MIRANDA
Verzeih, es war sehr ungeschickt von mir und überflüssig. Du kannst versichert sein, daß ich in allen diesen Jahren an diese Dinge nicht gedacht habe.

FORTUNIO schweigt.

MIRANDA
Es scheint, daß wir uns nicht viel zu sagen haben. Und es wird spät. Leb wohl, Fortunio.
Will gehen.

FORTUNIO
Miranda, was war dein Mann für ein Mensch?

MIRANDA sieht ihn groß an.

FORTUNIO
Nein, sieh mich nicht so an. Ich wollte nichts sagen, was dich kränkt. Ich meine: ich habe ihn sehr wenig gekannt. Er muß eine große Gewalt über dich gehabt haben. Er hat dich sehr verändert.

MIRANDA
Ich weiß nicht, ob er es ist, der mich so verändert hat.

FORTUNIO
Es kann auch das Alleinsein schuld sein.

MIRANDA
Ja: er, sein Tod, das Alleinsein, alles zusammen. Aber gerade du kannst das kaum bemerken. Du mußt doch fast gar nichts von mir wissen, wie ich früher war. Es ist unmöglich, daß du etwas Wirkliches weißt.

FORTUNIO
Ich weiß nicht ...

MIRANDA
Es gibt Augenblicke, die einen um ein großes Stück weiterbringen, Augenblicke, in denen sich sehr viel zusammendrängt. Es sind die Augenblicke, in denen man sich und sein Schicksal als etwas unerbittlich Zusammengehöriges empfindet.

FORTUNIO
Du hast viele solche Augenblicke erlebt? ...

MIRANDA
Es waren einige in den Tagen, bevor mein Mann sterben mußte. Einmal, da wars gegen Abend. Ich saß bei seinem Bett und hatte eine Menge Bücher und wollte ihm vorlesen. Ich nahm zuerst die Schriften der heiligen Therese in die Hand, aber das Buch beängstigte mich: mir war, als stünde in jeder Zeile etwas vom Tod. Ich legte es weg und fing an, die Geschichte von Manon Lescaut vorzulesen. Während ich las, fühlte ich seine Augen auf mir und fühlte, daß er etwas sagen wollte. Ich hielt inne: er sah mich mit einem unbeschreiblich schüchternen Blick an und machte gegen das Buch hin eine Handbewegung, eine ganz kleine Handbewegung. Aber es lag alles darin, was er sagen wollte: Was kümmert mich dieser junge Mensch und seine Geliebte, ihre Soupers und ihre Betrügereien, ihre Tränen und ihre Verliebtheit, was kümmert das alles mich, da ich doch sterben muß! Ich legte das Buch weg. Es schien noch etwas in seinen Augen zu liegen, etwas, eine Bitte, eine Frage. Ich fühlte in diesem Augenblick, da dieser Blick auf mir ruhte, die entsetzliche Gewalt der Wirklichkeit. Ich kann es dir nicht anders sagen. Ich fühlte, daß ich ihn mit einem Zucken meiner Augenlider in einen Abgrund werfen konnte, wie der Ertrinkende versinken muß, wenn du ihm die Finger abschlägst, mit denen er sich an ein Boot klammert. Ich fühlte, daß wenn ich jetzt aufstünde, mein erster Schritt mich Tausende von Meilen von ihm wegtragen würde. Ich konnte diesen Blick nicht ertragen, mir war, als dauerte es schon Stunden, daß ich so dasäße.

FORTUNIO
Arme, du hast viel gelitten.

MIRANDA
Ich murmelte irgend etwas, ich weiß nicht was. Nur das weiß ich, daß es dann irgendwie so kam, daß er darauf antwortete: ›Laß, laß ... aber solange die Erde über meinem Grab nicht trocken ist, wirst du an keinen andern denken, nicht wahr ...‹, und während er das sagte, wechselte der Ausdruck in seinem Gesicht in einer fürchterlichen Weise, seine armen Augen nahmen etwas Kaltes, fast Feindseliges an, und er lächelte schwach, wie in Verachtung.

Sie sieht vor sich nieder. Beide schweigen.

FORTUNIO *nach einer Pause*
Und jetzt bist du völlig allein?

MIRANDA *schweigt, sieht ihn zerstreut an.*

FORTUNIO
Du mußt dich sehr verändert haben, daß du das erträgst.

MIRANDA *schweigt.*

FORTUNIO
Du warst das anschmiegendste kleine Wesen, das ich je gekannt habe. Du konntest nie allein sein. Selbst gegen deinen Vater warst du wie gegen einen Bräutigam.

MIRANDA *sehr kalt*
Mein Vater hat jetzt seine zweite Frau, er braucht mich nicht. Ich muß jetzt gehen, Fortunio, mein Wagen und meine Dienerinnen warten auf mich.

Sie geht.

FORTUNIO
Leb wohl.
Geht gegen rechts.
Wie sie schon ein paar Schritte aneinander vorüber sind, wendet Fortunio sich um.

FORTUNIO
Miranda!

MIRANDA *bleibt stehen. Sie stehen jetzt weiter auseinander als früher. Sie sieht ihn fragend an.*

FORTUNIO
Ich möchte dir etwas sagen, Miranda.

MIRANDA
Ich höre.

FORTUNIO
Höre mich an, Miranda. Ich weiß, du bist das hochmütigste Geschöpf unter der Sonne, und es ist schwer, dir einen Rat zu geben. Hör mich an: Wir würden uns alle sehr freuen, zu hören, daß du dein Leben änderst.

MIRANDA
Wer das? Unsere Verwandten? Um die kümmere ich mich nicht. Du?

FORTUNIO
Auch ich.

MIRANDA
Du lügst ... verzeih, ich meine, du übertreibst. Wann hättest du dich um mein Leben bekümmert ... so wenig als ich mich um das deine! ... Und was ist es, das dir an meinem Leben mißfällt?

FORTUNIO
Miranda, dein Leben sieht dem Leben einer büßenden Nonne ähnlicher als dem Leben einer großen Dame. Ich weiß, ich weiß, was du mir sagen willst, aber du hast nicht recht, bei Gott, du hast nicht recht, Miranda! Du machst dich schuldig, auf eine geheimnisvolle Weise schuldig.

MIRANDA
Gegen wen?

FORTUNIO
Es gibt Verschuldungen gegen das Leben, die der gemeine Sinn übersieht: aber sie rächen sich furchtbar.

MIRANDA
Was hat das alles mit mir zu tun, Vetter?

FORTUNIO
Sehr viel hat das mit dir zu tun, Miranda. Das Leben trägt ein ehernes Gesetz in sich, und jedes Ding hat seinen Preis: auf der Liebe stehen die Schmerzen der Liebe, auf dem Glück des Erreichens die unendlichen Müdigkeiten des Weges, auf der erhöhten Einsicht die geschwächte Kraft des Empfindens, auf der glühenden Empfindung die entsetzliche Verödung. Auf dem ganzen Dasein steht als Preis der Tod. – Dies alles aber unendlich feiner, unendlich wirklicher, als Worte sagen können. – Um das kann keiner herum; unaufhörlich zahlt jeder mit seinem Wesen, und so kann keiner Höheres, als ihm ziemt, um billigeren Preis erkaufen. Und das geht bis in den Tod: die marmornen Stirnen zerschlägt das Schicksal mit einer diamantenen Keule, die irdenen einzuschlagen nimmt es einen dürren Ast.

MIRANDA *lächelnd*
Du redest wie ein Buch, Fortunio.

FORTUNIO *einen Schritt näher zu ihr tretend*
Aber es gibt hochmütige, eigensinnige Seelen, die mehr für ein Ding bezahlen wollen, als das Leben verlangt. Die, wenn das Leben ihnen eine Wunde schlägt, schreien: ich will mir weh tun! und in die Wunde greifen und sie aufreißen wie einen blutenden Mund. Die in ihr Erlebtes sich verbeißen und verwühlen wie die Hunde in die Eingeweide des Hirsches. Und an diesen rächt sich das Dasein, so wie es sich immer rächt: Zahn um Zahn, Auge um Auge.

MIRANDA *sieht ihn an.*

FORTUNIO *indem er ihre Hand ergreift und gleich wieder fallen läßt*
Du hast keine Kinder, Miranda. Irgendwo wachsen die Blumen, die danach beben, von diesen Händen gepflückt zu werden. Das Echo in deinen Gärten wartet auf deine Stimme wie ein leerer Becher auf den Wein. Irgendwo steht ein Haus, über dessen Schwelle du treten sollst wie das Glück.

MIRANDA
Irgend auf einer Wiese laufen zwei Fohlen. Vielleicht wird eines davon einmal deinen Leichenwagen ziehn, eines den meinigen. Man kann denken, was man will.

FORTUNIO
Du bist ein Kind, Miranda. Diese übermäßige Traurigkeit hängt an dir wie eine ungeheure Liane an einem kleinen Baum. Du bist schöner, als du je warst.

Alles dies spricht er weder feurig, noch süß, sondern ruhig-eindringlich, wie vor einem schönen Bilde.

Es ist etwas um dich wie ein Schatten, etwas, das ich nie an einer Frau bemerkt habe. Der Mann, dem du gehören wirst, der mit seinen Armen dich umschlingen wird statt dieses häßlichen schwarzen Gürtels, der wird etwas Traumhaftes besitzen, etwas wie den Schmuck aus einer rosenfarbenen und einer schwarzen Perle, den die Könige des Meeres tragen. Es werden Stunden kommen, wo ihn sein Glück beängstigen wird wie ein innerliches übermäßiges Schwellen.

MIRANDA
Warum redest du so mit mir, Fortunio? Du meinst nichts von dem, was du redest. Es ist nichts an mir, es ist nichts um mich, als daß ich zwei Jahre geschwiegen habe. Welche Freude macht es dir, mich zu verwirren? Aber so bist du. Du warst immer so. Wenn ich fröhlich

gewesen wäre, hättest du dein Vergnügen gefunden, mich traurig zu machen. Es gibt eine Art, sich um einen Menschen zu bekümmern, die viel verletzender ist als die völlige Nichtachtung, und das ist die deinige! Du redest über einen Menschen wie über einen Baum oder einen Hund. Du nennst mich hochmütig, und es gibt auf der ganzen Welt keinen hochmütigeren Menschen als dich. Du bist nicht gut, Fortunio. Leb wohl!
Sie hat Tränen in den Augen, wendet sich schnell und geht weg in den Hintergrund, wo sie verschwindet.

FORTUNIO *allein*
Wie sehr geheimnisvoll, daß aus jenem verwöhnten eigensinnigen Kind diese Frau geworden ist. Und dieses ganze Abenteuer, es ist fast nichts, und doch verwirrt es mich. Man muß sich in acht nehmen, denn Fast-nichts, das ist der ganze Stoff des Daseins. Worte, gehobene Wimpern und gesenkte Wimpern, eine Begegnung am Kreuzweg, ein Gesicht, das einem andern ähnlich sieht, drei durcheinandergehende Erinnerungen, ein Duft von Sträuchern, den der Wind herüberträgt, ein Traum, den wir vergessen glaubten ... anderes gibt es nicht. Solch ein Schattenspiel ist unser Leben und Sterben.
Er kehrt auf seinen früheren Platz zurück, mit den Augen am Boden.
Hier stand sie zuerst. Hier schien sie mir ganz anders: biegsam und kühl wie junge Weiden am Morgen. Hier aber flog etwas über sie hin, wofür ich keinen Namen weiß. Es war wie der Schatten des Lebens, ein Schatten, der durch verschlungene Äste hindurchgedrungen ist, beladen mit dem Schein von vielen reifen Früchten. Wer sie besäße, dem käme zu jeder Stunde eine andere entgegen.
Die Mulattin und eine andere Dienerin treten von rechts auf.
Was tu ich hier? Was such ich hier im Sand, sieben Schritte von meiner Frau Grab, die Spuren einer andern!
Zornig
Wär ich vielleicht froh, wenn ich sie mit den meinen vermischt fände, wie auf der Tenne, wenn die Bauern tanzen! Vielleicht hier ... vielleicht da ... vielleicht auf meiner Frau Grab!
Er bemerkt die Dienerinnen, steht einen Augenblick verwirrt, geht rasch ab.

MULATTIN *sieht ihm nach*
Ein hübscher junger Herr!
DIE WEISSE *steht ein wenig weiter im Hintergrund.*

MULATTIN
Du, was machst du denn dort, du weinst ja!
Ja, sie weint. Catalina!

CATALINA
Laß mich, Sancha.

MULATTIN
Ein Brief vom Dorf?

CATALINA   Ich hab schon lange keinen.

MULATTIN
Was denn?

CATALINA   Du lachst mich doch nur aus.
Ich weiß nicht, dort muß wo ein Strauch von Geißblatt ...
Riechst du den Duft?

MULATTIN   Das wars?

CATALINA   Wir haben einen
Zu Haus, nicht einen, eine ganze Laube.

MULATTIN
Und dann?

CATALINA   Sonst nichts, mir fiel nur alles ein:
Jetzt ist es Abend, und der Vater spannt
Die Rinder aus: das weiße geht voran
Zum Brunnen, und das rote geht ihm nach.
Der lahme Verrueco kommt, sein Nachtmahl
Stellt ihm die Mutter vor die Tür.

MULATTIN   Das wars
Noch nicht, um was du weintest.

CATALINA
Von meinem Bruder reden sie, der jetzt
Soldat ist, auch von mir, und wie's mir geht.

MULATTIN
Das wars nicht, Catalina: bei der Laube
Von Geißblatt fiel dir ganz was andres ein,
Und um was andres weinst du jetzt, mein Kind.

CATALINA
Woher denn weißt dus?

MULATTIN   Das ist nicht so schwer.

CATALINA
Nun ja, sie schrieben mir – – –
Sie weint heftig, aber still in sich.

MULATTIN
Er läuft 'ner andern nach! O große Sorgen!
Meinst du vielleicht, du findest keinen andern?
Wie ich so alt wie du war, war ich auch
Verliebt wie eine Katze. Jeden Monat
In einen andern, aber jedesmal
Die ersten sieben Tage so verliebt,
Daß ich zu weinen anfing, wenn ich wo
Hochschreien hörte oder schrilles Pfeifen
Und Trommeln. Schön ists, so verliebt zu sein,
Und auch die dummen Stunden sind noch schön,
Wo man sich quält, dann aber bald was Neues!
Denn was hat Nacht mit Schlaf zu tun, was Jugend
Mit Treue?

CATALINA   Sancha, das verstehst du nicht.

MULATTIN
Sehr gut versteh ichs, besser wie du selber.
Pause.

CATALINA
Ich seh die gnädige Frau.

MULATTIN   Was tut sie denn?

CATALINA
Mich dünkt, sie betet. Nein, sie bückt sich nieder
Und rührt ein Grab mit beiden Händen an.
Nun steht sie auf und geht. Sie kommt hierher.

MIRANDA *tritt auf, verstört, in Gedanken verloren; sie geht ein paar Schritte sehr schnell, dann ganz langsam*
Feucht war sein Grab und schrie mit stummem Mund
Und schreckt mich mehr als zehn Lebendige,

Die flüsterten und mit den Fingern wiesen
Nach mir.
Sie schaudert.

CATALINA
Darf ich nicht einen Mantel aus dem Wagen
Für Euer Gnaden holen? Es wird kühl,
Und alles ist voll Tau.

MIRANDA *wie in halbem Traum*
                    Voll Tau ist alles!
Und es wird kühl! Die Eintagsfliegen sterben,
Und morgen sind so viele neue da,
Als heute starben. Aufeinander folgen
Die Tage, sind sich aber gar nicht gleich.
Sie fühlt mit den Händen an der Hecke.
Der viele Tau! Die Finger triefen mir,
Hier an der Hecke liegt er, hier am Boden,
Auf allen Gräbern ... überall ... wo nicht?
Und die uralten Gräber macht er feucht
Und die von gestern ... morgen aber kommt
Die Sonne, und vor ihr her läuft ein Wind
Und trocknet alles.
Sie weht mit dem Fächer gegen ihre linke Hand.
                    Trocken sind die Finger!
Welch eine Welt ist dies, wo böse Zeichen
So schnell zu bannen sind?
Ihr Ton verändert sich, etwas wie eine innere Trunkenheit kommt über sie.
Mir schwindelt so, als ob ich trunken wär!
Ist dies der eine Tropfen Möglichkeit,
Der eingeimpft in mein kraftloses Blut
Mirs so in Aufruhr bringt?
Wer bin denn ich, welch eine Welt ist dies,
In der so Kleines hat so viel Gewalt!
Kein Festes nirgends! Droben nur die Wolken,
Dazwischen, ewig wechselnd, weiche Buchten
Mit unruhvollen Sternen angefüllt ...
Und hier die Erde, angefüllt mit Rauschen
Der Flüsse, die nichts hält: des Lebens Kronen

Wie Kugeln rollend, bis ein Mutiger drauf
Mit beiden Füßen springt; Gelegenheit,
Das große Wort; wir selber nur der Raum,
Drin Tausende von Träumen buntes Spiel
So treiben wie im Springbrunn Myriaden
Von immer neuen, immer fremden Tropfen;
All unsre Einheit nur ein bunter Schein,
Ich selbst mit meinem eignen Selbst von früher,
Von einer Stunde früher grad so nah,
Vielmehr so fern verwandt, als mit dem Vogel,
Der dort hinflattert.
Sie schaudert.
     Weh, in dieser Welt
Allein zu sein ist übermaßen furchtbar.
Dies fühl ich, da ich meine Schwachheit nun
Erkenne: aber daß ich dieses fühle,
Ist meiner Schwachheit Wurzel. Unser Denken
Geht so im Kreis, und das macht uns sehr hilflos.

CATALINA zurückkommend
Euer Gnaden, es ist kalt, hier ist ein Mantel.

MIRANDA
Ein Mantel? Ja. Habt ihr nicht einen Herrn
Von hier fortgehen sehn? Wie sah er aus?

MULATTIN
O, wie ein Edelmann ...

MIRANDA   Nicht das, ich meine ...
Ich ...
Sehr schnell
  Ob er fröhlich aussah oder traurig.

MULATTIN
Er ging schnell fort, wie einer, den sein Denken
Verwirrt und quält.

MIRANDA
Doch nicht sehr traurig.

MULATTIN   Nein, vielmehr beschäftigt.

MIRANDA unbewußt, fast laut
So wird noch alles gut.
  Zu Catalina
                Du hast geweint?
Ihr Ton ist jetzt unendlich leicht und zart erregt, ein Plaudern und hie und da Lachen.
Du armes Kind, ist dirs zu öd und traurig
In meinem Haus, daß du vor Heimweh weinst?
Wir wollen doch von morgen an des Abends
In Garten wieder gehn, sie sollen uns
Die Blumen wieder in die Beete setzen:
Wir waren allzulange eingesperrt,
Drum sind wir schwach im Freien, so wie Kinder,
Die krank gewesen sind.
Nur schade . . .

MULATTIN   Was ist schade, gnädige Frau?

MIRANDA
Fast gar nichts, gute Sancha. Nur, daß Träume,
Vom Augenblick geboren, so durchs Leere
Hinstürmen können, Purpurfahnen schwingend,
Und daß die Wirklichkeit . . . Sag, wars auch Heimweh,
Um das sie weinte? . . . war es nicht ein Liebster?
Wie rot sie wird! O, sicher spricht er gut:
Nimm dich in acht vor Männern, die gut reden
Und denen wenig daran gelegen scheint,
Ob sie dich weinen machen oder lachen:
Dergleichen ist nur ein verstelltes Spiel,
Und wir sind dumm! Nein, laßt mich einmal lachen:
Glaubt mir, ich hab fast keinen Grund dazu,
Doch Lachen ist das lieblichste Geschenk
Der Götter: wie der Hauch des Himmels ists
Für einen, der in Purpurfinsternis
Begraben war und wieder aufwärts taucht.
Nun aber gehen wir, und laßt den Wagen
Aufschlagen, lau und schön ist ja die Nacht,
Mit vielen Sternen . . . nein, mich dünkt, so viele

Hab ich noch nie gesehn, sie tauchen nieder,
Als wollten sie zu uns, ich möchte wissen ...

Sie geht auf Catalina gelehnt ab, den Kopf zurückgebogen und zu den Sternen aufschauend. Die letzten Worte verklingen schon.

Vorhang.

DER EPILOG
Nun gehn sie hin ... was weiter noch geschieht,
Erratet Ihr wohl leicht, doch dieses Spiel
Will sich mit mehr an Inhalt nicht beladen,
Als was ein bunter Augenblick umschließt.
Nehmt's für ein solches Ding, wie mans auf Fächern
Gemalt sieht, nicht für mehr ... allein bedenkt:
Unheil hat in sich selber viel Gewalt,
Das schwere Schicksal wirft die schweren Schatten,
Doch was Euch Glück erscheint, indes Ihrs lebt,
Ist solch ein buntes Nichts, vom Traum gewebt.

DER KAISER UND DIE HEXE

DER KAISER PORPHYROGENITUS
DIE HEXE
TARQUINIUS, ein Kämmerer
EIN VERURTEILTER
EIN ARMER MENSCH
EIN URALTER BLINDER

Der oberste Kämmerer, der Großfalkonier, der Präfekt des Hauses und andere Hofleute. Ein Hauptmann. Soldaten.

Eine Lichtung inmitten der kaiserlichen Jagdwälder. Links eine Quelle. Rechts
dichter Wald, ein Abhang, eine Höhle, deren Eingang Schlingpflanzen verhängen.
Im Hintergrund das goldene Gitter des Fasanengeheges, dahinter ein Durchschlag, der hügelan führt.

DER KAISER tritt auf, einen grünen, goldgestickten Mantel um, den Jagdspieß in
der Hand, den goldenen Reif im Haar
Wohl, ich jage! ja, ich jage!
Dort der Eber, aufgewühlt
Schaukelt noch das Unterholz,
Hier der Speer! und hier der Jäger!
Er schaudert, läßt den Speer fallen.
Nein, ich bin das Wild, mich jagt es,
Hunde sind in meinem Rücken,
Ihre Zähne mir im Fleisch,
Mir im Hirn sind ihre Zähne.
Greift sich an den Kopf.
Hier ist einer, innen einer,
Unaufhörlich, eine Wunde,
Wund vom immer gleichen Bild
Ihrer offnen weißen Arme ...
Und daneben, hart daneben,
Das Gefühl von ihrem Lachen,
Nicht der Klang, nur das Gefühl
Wie ein lautlos warmes Rieseln ...
Blut? ... Mein Blut ist voll von ihr!
Alles: Hirn, Herz, Augen, Ohren!
In der Luft, an allen Bäumen
Klebt ihr Glanz, ich muß ihn atmen.
Ich will los! Die Ohren hab ich

Angefüllt mit Lärm der Hunde,
Meine Augen bohr ich fest
In das Wild, ich will nichts spüren
Als das Keuchen, als das Flüchten
Dieser Rehe, dieser Vögel,
Und ein totenhafter Schlaf
Soll mir nachts mit Blei versiegeln
Diese Welt ... doch innen, innen
Ist die Tür, die nichts verriegelt!
Keine Nacht mehr! Diese Nächte
Brechen, was die Tage schwuren.

Er rüttelt sich an der Brust.

Steh! es wird ja keine kommen,
Sieben sind hinab, vorbei ...
Sieben? Jetzt, nur jetzt nichts denken!
Alles schwindelnd, alles schwank,
Jagen und nur immer jagen,
Nur bis diese Sonne sank,
Diesen Taumel noch ertragen!
Trinken hier, doch nicht besinnen.

DIE HEXE *jung und schön, in einem durchsichtigen Gewand, mit offenem Haar, steht hinter ihm*
Nicht besinnen? nicht auf mich?
Nicht auf uns? nicht auf die Nächte?
Auf die Lippen nicht? die Arme?
Auf mein Lachen, auf mein Haar?
Nicht besinnen auf was war?
Und auf was, einmal verloren,
Keine Reue wiederbringt ...?

DER KAISER
Heute, heute ist ein Ende!
Ich will dirs entgegenschrein:
Sieben Jahre war ich dein,
War ein Kind, als es begann,
End es nun, da ich ein Mann!
Wußtest du nie, daß ichs wußte,
Welches Mittel mir gegeben,
Abzureißen meinem Leben

Die Umklammrung deiner Arme
Sichrer als mit einem Messer?
Verwirrt
Sieh mich nicht so an ... ich weiß nicht,
5 Du und ich ... wie kommt das her?
Alles dreht sich, alles leer!
Sich ermannend
Wußtest du nie, daß ichs wußte?
Immerhin ... ich will nicht denken,
10 Welch verschlungnen Weg dies ging,
Fürchterlich wie alles andre ...
Ich steh hier! dies ist das Innre
Eines Labyrinths, gleichviel
Wo ich kam, ich weiß den Weg,
15 Der hinaus ins Freie! Freie! ...
Er stockt einen Moment unter ihrem Blick, dann plötzlich sehr laut
Sieben Tage, wenn ich dich
Nicht berührt! Dies ist der letzte!
Diese Sonne dort im Wipfel,
20 Nur so wenig muß sie fallen,
Nur vom Wipfel bis zum Boden,
Und hinab in ihren Abgrund
Reißt sie dich, und ich bleib hier!
Sieben Tag und sieben Nächte
25 Hab ich deinen Leib nicht anders
Als im Traum berührt – der Traum
Und der Wahnsinn wacher Träume
Steht nicht in dem Pakt! – mit Händen
Und mit Lippen nicht den Leib,
30 Nicht die Spitzen deiner Haare
Hab ich angerührt in sieben
Tag ... und Nächten ... Traum ist nichts! ...
Wenn die Sonne sinkt, zerfällst du:
Kröte! Asche! Diese Augen
35 Werden Schlamm, Staub wird dein Haar,
Und ich bleibe, der ich war.

DIE HEXE *sanft*
Ist mein Haar dir so verhaßt,
Hast doch in das End davon
Mit den Lippen einen Knoten
Dreingeknüpft, wenn wir dort lagen,
Mund auf Mund und Leib auf Leib,
Und ein Atemholen beide
Hob und senkte, und der Wind
Über uns im Dunkel wühlte
In den Bäumen.

DER KAISER   Enden, enden
Will ich dieses Teufelsblendwerk!

DIE HEXE
Wenn du aufwachst in der Nacht
Und vor dir das große schwere
Dunkel ist, der tiefe Schacht,
Den kein Schrei durchläuft, aus dem
Keine Sehnsucht mich emporzieht,
Wenn du deine leeren Hände
Hinhältst, daß ich aus der Luft
Niederflieg an deine Brust,
Wenn du deine Hände bebend
Hinhältst, meine beiden Füße
Aufzufangen, meine nackten
Füße, schimmernder und weicher
Als der Hermelin, und nichts
Schwingt sich aus der Luft hernieder,
Und die beiden Hände beben
Leer und frierend? Nicht die goldne
Weltenkugel deines Reiches
Kann sie füllen, nicht die Welt
Füllt den Raum, den meine beiden
Nackten Füße schimmernd füllten!

DER KAISER
Welch ein Ding ist diese Welt!
Sterne, Länder, Menschen, Bäume:
Ein Blutstropfen schwemmt es fort!

DIE HEXE
Jeden Vorhang hebst du auf,
Windest dich in den Gebüschen,
Streckst die Arme in die Luft,
Und ich komme nie mehr! Stunden
Schleppen hin! die Tage leer,
Leer die Nächte! und den Dingen
Ihre Flamme ausgerissen,
Jede Zeit und jeder Ort
Tot, das Glühen alles fort ...

DER KAISER *die Hand vor den Augen*
Muß ich denn allein hier stehen!
Gottes Tod! ich bin der Kaiser,
Meine Kämmrer will ich haben,
Meine Wachen! Menschen, Menschen!

DIE HEXE
Brauchst du Wachen, dich zu schützen,
Armer Kaiser, vor dir selber?
Droh ich dir, rühr ich dich an?
Nein, ich gehe, und wer will,
Kommt mir nach und wird mich finden.
Armer Kaiser!
Sie biegt die Büsche auseinander und verschwindet.

DER KAISER Nicht dies Lachen!
Einmal hat sie so gelacht ...
Was dann kam, ich wills nicht denken!
Hexe, Hexe, Teufelsbuhle,
Steh! Ich will dich sehn, ich will nicht
Stehn wie damals vor dem Vorhang.
Gottes Tod, ich wills nicht denken!
Faune, ekelhafte Faune
Küssen sie! die weißen Hände
Toter, aus dem Grab gelockter
Heiden sind auf ihr, des Paris
Arme halten sie umwunden:
Ich ertrag es nicht, ich reiße
Sie hinweg!

TARQUINIUS aus dem Hintergrunde rechts auftretend
    Mein hoher Herr!

DER KAISER
Was? und was? wer schickt dich her?

TARQUINIUS
Herr, es war, als ob du riefest
Nach den Kämmrern, dem Gefolge.

DER KAISER nach einer langen Stille
Rief ich und du hörtest, gut.
Er horcht ins Gebüsch.
Hier ist alles still, nicht wahr?

TARQUINIUS
Herr, die Jagd zog dort hinunter,
Jenseits des Fasangeheges.

DER KAISER
Laß die Jagd! Du hörst hier nichts?
Nichts von Flüstern, nichts von Lachen?
Wie?
In Gedanken verloren, plötzlich
    Abblasen laß die Jagd!
Ich will meinen Hof um mich:
Meine Frau, die Kaiserin,
Soll hierher, mein Kind soll her,
Um mich her mein ganzer Hof,
Ringsum sollen Wachen stehen,
Und so will ich liegen, liegen,
Auf den Knien die heilige Fahne.
Zugedeckt, so will ich warten,
Bis die Sonne ... wohin gehst du?

TARQUINIUS
Herr, zu tun, was du befahlst,
Deinen Hof hierher zu rufen.

DER KAISER halblaut
Wenn sie kommt vor meinen Hof,
Sich zu mir hinschleicht und flüstert

Und die Scham hält mich, ich muß
Ihren Atem fühlen, dann
Wird es stärker sein als ich!
Bleib bei mir, es kommen andre.
Du bleib da. Ich will mit dir
Reden, bis die andern kommen.
Er geht auf und ab, bleibt schließlich dicht vor dem Kämmerer stehen.
Bist der jüngste von den Kämmrern?

TARQUINIUS *auf ein Knie gesunken*
Nicht zu jung, für dich zu sterben,
Wenn mein Blut dir dienen kann!

DER KAISER
Heißt?

TARQUINIUS
    Tarquinius Morandin.

DER KAISER *streng*
Niemands Blut kann niemand dienen,
Es sei denn sein eignes.

TARQUINIUS   Herr,
Zürn mir nicht, die Lippen brennen,
Einmal dies herauszusagen.

DER KAISER   Was?

TARQUINIUS *steht verwirrt.*

DER KAISER *gütig*
Nun was?

TARQUINIUS
    Gnädiger Herr,
Daß ich fühle, wie du gut bist,
So mit Hoheit und mit Güte
Wie ein Stern mit Licht beladen.

DER KAISER
Kämmerer, du bist ein Kind . . .
Wenn du nicht ein Schmeichler bist!
Junge Menschen sind nicht gut,
Und ob älter auch wie du,

Bin ich jung. Nimm dich in acht;
Ich weiß nichts von dir, weiß nicht,
Wie du lebst, nur Seele seh ich,
Die sich so aus deinen Augen
Lehnt, wie aus dem Kerkerfenster 5
Ein Gefangner nach der Sonne;
Nimm du dich in acht, das Leben
Hat die rätselhafte Kraft,
Irgendwie von einem Punkt aus
Diesen ganzen Glanz der Jugend 10
Zu zerstören, blinden Rost
Auszustreun auf diesen Spiegel
Gottes . . . wie das alles kommt?
Halb für sich
Anfangs ists in einem Punkt, 15
Doch dann schiebt sichs wie ein Schleier
Zwischen Herz und Aug und Welt,
Und das Dasein ist vergällt;
Bist du außen nicht wie innen,
Zwingst dich nicht, dir treu zu sein, 20
So kommt Gift in deine Sinnen,
Atmests aus und atmests ein,
Und von dem dir gleichen Leben
Bist du wie vom Grab umgeben,
Kannst den Klang der Wahrheit hören, 25
So wie Hornruf von weither,
Doch erwidern nimmermehr;
Was du sprichst, kann nur betören,
Was du siehst, ist Schattenspiel,
Magst dich stellen, wie du willst, 30
Findest an der Welt nicht viel,
Wandelst lebend als dein Grab,
Hexen deine Buhlerinnen . . .
Kehr dich nicht an meine Reden,
Wohl! wenn du sie nicht verstehst. 35
Denk nur eins: ich will dir Gutes!
Nimms, als käm es dir von einem,
Den du sterbend wo am Wege
Liegen fandest; nimms an dich,

Drücks an dich wie eine Lampe,
Wenn dich Finsternis umschlägt;
Merk dir: jeder Schritt im Leben
Ist ein tiefrer. Worte! Worte!
Merk dir nichts als dies, Tarquinius:
Wer nicht wahr ist, wirft sich weg!
... Doch vielleicht begreifst du dies
Erst, wenn es zu spät ist; merk
Dies allein: nicht eine einzige
Stunde kommt zweimal im Leben,
Nicht ein Wort, nicht eines Blickes
Ungreifbares Nichts ist je
Ungeschehn zu machen, was
Du getan hast, mußt du tragen,
So das Lächeln wie den Mord!
  Nach einer kleinen Pause
Und wenn du ein Wesen lieb hast,
Sag nie mehr, bei deiner Seele!
Als du spürst. Bei deiner Seele!
Tu nicht eines Halms Gewicht
Mit verstelltem Mund hinzu:
Dies ist solch ein Punkt, wo Rost
Ansetzt und dann weiterfrißt.
Dort am Durchschlag hör ich Stimmen:
Jäger sind es wohl, die kommen,
Aber hier ist alles still...
Oder nicht?... Nun geh nur, geh,
Tu, wie ich dir früher sagte.

TARQUINIUS
Hierher ruf ich das Gefolge.

DER KAISER
Ja! was noch?

TARQUINIUS   Du hast befohlen.
Geht.

DER KAISER
Irgendwo ist Klang der Wahrheit
Wie ein Hörnerruf von weitem,

Doch ich hab ihn nicht in mir;
Ja, im Mund wird mir zur Lüge,
Was noch wahr schien in Gedanken.
Schmach und Tod für meine Seele,
Daß sie in der Welt liegt wie ein
Basilisk, mit hundert Augen,
Die sich drehen, nach den Dingen
Äugend! daß ich Menschenschicksal
So gelassen ansehn kann
Wie das Steigen und Zerstäuben
Der Springbrunnen! daß ich meine
Eigne Stimme immer höre,
Fremd und deutlich wie das Schreien
Ferner Möwen! Tod! mein Blut
Ist verzaubert! Niemand, niemand
Kann mir helfen, und doch bin ich
Stark, mein Geist ist nicht gemein,
Neugeboren trug ich Purpur,
Diesen Reif, bevor die Schale
Meines Kopfs gehärtet war ...

Er reißt sich den Reif vom Kopf.

Und er schließt das Weltall ein:
Diese ganze Welt voll Hoheit
Und Verzweiflung, voll von Gräbern
Und von Äckern, Bergen, Meeren,
Alles schließt er ein ... was heißt das?
Was ist mir dies alles? welche
Kraft hab ich, die Welt zu tragen?
Bin ich mir nicht Last genug!

Er zerbricht den Reif, wirft die Stücke zu Boden und atmet wild.

DIE STIMME DER HEXE *aus dem Gebüsch.*

DER KAISER *horcht vorgebückt.*

DIE STIMME
Komm, umschling mich mit den Armen,
Wie du mich so oft umschlungen!
Fühlst du nicht, wie meine Schläfen
Klopfen, fühlst dus mit den Lippen?

DER KAISER *sich zurückwerfend, mit emporgereckten Armen*
Redet sie zu mir? zu einem
Andern? ich ertrag es nicht!
Hat sie alles noch mit andern,
Wie mit mir? Dies ist so furchtbar,
Daß es mich zum Wahnsinn treibt ...
Alles ist ein Knäuel, Umarmung
Und Verwesung einerlei,
Lallen von verliebten Lippen
Wie das Rascheln dürrer Blätter,
Alles könnte sein, auch nicht ...

Die Arme sinken ihm herunter, seine Augen sind starr zu Boden gerichtet. Er rafft sich auf und schreit

Menschen, Menschen, ich will Menschen!

DIE DREI SOLDATEN *mit dem Verurteilten treten von rückwärts auf. Der Kaiser läuft auf sie zu.*

DER KAISER
Ihr seht aus wie Menschen. Hierher
Tretet! hier!

EIN SOLDAT   Was will der Mensch?

ZWEITER
Still, das ist ein Herr vom Hof!
Tut, was er uns heißt.

DER KAISER
Diesen hier macht frei! die Ketten
Sind für mich! in mir ist einer,
Der will dort hinein, er darf nicht
Stärker werden! gebt die Ketten!
Allmählich beruhigter
Zwar mich dünkt, nun ist es still ...
Und die Sonne steht schon tief! ...
... Welch ein Mensch ist dies, wohin
Führt ihr ihn?

ERSTER   Zu seinem Tod.

DER KAISER
Warum muß er sterben?

DER SOLDAT   Herr,
Lydus ist es.

DER KAISER Lydus?

DER SOLDAT   Herr,
Wenig weißt du, was im Land,
Was sich im Gebirg ereignet,
Wenn du nichts von diesem weißt.
Dieser ist der Fürchterliche,
Der ein ganzes Land verbrannte,
Feuer warf in dreizehn Städte,
Sich Statthalter Gottes nannte
Und der Ungerechten Geißel,
Selbst ein ungerecht Begehren
Wie ein Rad von Blut und Feuer
Durch das Land des Friedens wälzend.

DER KAISER
Doch die Richter?

DER VERURTEILTE den Blick am Boden
            Einen Richter,
Der das Recht bog, wollt ich hängen,
So fing alles an.

DER KAISER   Der Kaiser?
Der doch Richter aller Richter?

DER SOLDAT
Herr, der Kaiser, der ist weit.

Eine kleine Stille.

DER HAUPTMANN kommt gelaufen
Hier ist nicht der Weg. Wir müssen
Weg von hier. Des Kaisers Jagd
Kommt bald hier vorbei.
Erkennend
            Der Kaiser!
Kniet nieder, sogleich auch die drei Soldaten.

DER KAISER zum Verurteilten
Stehst du, Mensch? die andern knien.

DER VERURTEILTE den Blick am Boden
Diese Spiele sind vorüber;
Morgen knie ich vor dem Block.

DER KAISER
Mensch, bei Gott, wie fing dies an?
Wie der erste Schritt davon?

DER VERURTEILTE hebt seinen Blick und richtet ihn fest auf den Kaiser.
Mensch, bei Gott, mit einem Unrecht.

DER KAISER
Das du tatest?

DER VERURTEILTE immer die Augen auf ihn geheftet
    Das ich litt!

DER KAISER
Und was weiter kam?

DER VERURTEILTE   Geschick.

DER KAISER
Und die Toten?

DER VERURTEILTE
    Gut gestorben.

DER KAISER
Und was morgen kommt?

DER VERURTEILTE   Das Ende,
Das höchst nötige gerechte
Ende.

DER KAISER
    Doch gerecht?

DER VERURTEILTE ruhig
    Jetzt wohl.

DER KAISER geht auf und ab. Endlich nimmt er seinen Mantel ab, hängt ihn dem Verurteilten um, winkt den Soldaten, aufzustehen.

TARQUINIUS zurückkommend, verneigt sich.

DER KAISER
Kämmrer, schließ dem Mann den Mantel
Und mach ihm die Hände frei!
Es geschieht.

DER VERURTEILTE blickt unverwandt, mit äußerster Aufmerksamkeit, beinahe mit
Strenge den Kaiser an.

DER KAISER *Tarquinius zu sich, nach rechts vorne, herwinkend*
Die Galeeren nach Dalmatien,
Die Seeräuber jagen sollen,
Warten, weil ich keinen Führer
Noch genannt. Ich nenne diesen,
Diesen Lydus. Wer sich selber
Furchtbar treu war, der ist jenseits
Der gemeinen Anfechtungen.
Als ich in der Wiege lag,
Trug ich Purpur, um mich her
Stellten sie im Kreise Männer,
Und auf wen mit unbewußtem
Finger ich nach Kinderart
Lallend deutete, der war
Über Heere, über Flotten,
Über Länder zum Gebieter
Ausgewählt. Ein großes Sinnbild!
Auf mein ungeheures Amt
Will ich Kaiser mich besinnen:
Meine Kammer ist die Welt,
Und die Tausende der Tausend
Sind im Kreis um mich gestellt,
Ihre Ämter zu empfangen.
Ämter! darin liegt noch mehr!
Kämmrer, führ den Admiral!
Lydus heißt er, Lydus, merk.
Sonst ist nichts vonnöten, geh.

Sie gehen ab, noch im Weggehen heftet der Mann seinen ernsten, beinahe strengen
Blick auf den Kaiser.

Doch ... wie eitel ist dies alles,
Und wie leicht, daran zu zweifeln,
Wie so leicht, es wegzuwerfen!

Dieses Hauchen lauer Luft
Saugt mir schon die Seele aus!
Kommt nicht irgend etwas näher?
Schwebt es nicht von oben her
5 Unbegreiflich sanft und stark?
Meinem Blut wird heiß und bang ...
Wie soll dies aus mir heraus?
Nur mit meinen Eingeweiden!
Denn ich bin darein verfangen
10 Wie der Fisch, der allzu gierig
Eine Angel tief verschlang.
Sklave! Hund! was steh ich hier?
Weiß, daß sie mich nehmen will,
Steh ihr selbst am Kreuzweg still!
15 Dies muß sein! Ich will mich selber
An den Haaren weiterschleppen
Bis zum Sinken dieser Sonne!
Jagen! Jagd ist alles! Schleichen
Auf den Zehen mit dem Spieß
20 Eigne Kraft in eines fremden
Lebens Leib so wie der Blitz
Hineinschleudern ... eine Taube!
Wie sie an den Zweigen hinstreift,
Trunken wie ein Abendfalter,
25 Kreise zieht um meinen Kopf!
Wo der Spieß? Doch hier der Dolch!
Hier und so!

Er wirft den Dolch nach der Taube. Die Hexe, angezogen wie ein Jägerbursch, taumelt hervor. Sie preßt die Hände auf die Brust und sinkt am Rand eines Ge-
30 *büsches rechts nieder.*

DIE HEXE   Weh! getroffen!

DER KAISER
Trug und Taumel! wessen Stimme?
Vogel wars! Die Taube flog!
35 *In der Nähe, aufschreiend*
Was für Augen, welche Lippen!
Kriecht auf den Knien der Hingesunkenen näher.

DIE HEXE *sanft wie ein Kind*
Lieber, schlägst du mir mit Eisen
Rote Wunden, blutig rote
Neue Lippen? Dort wo deine
Lippen lagen oft und oft!
Weißt du alles das nicht mehr?
So ist alles aus? Leb wohl,
Aber deiner nächsten Freundin,
Wenn ich tot bin, sei getreuer,
Und bevor du gehst und mich
Hier am Boden sterben lässest,
Deck mir noch mit meinen Haaren
Meine Augen zu, mir schwindelt!

DER KAISER *hebt die Hände, sie zu berühren. In diesem Augenblick überschüttet die dem Untergang nahe Sonne den ganzen Waldrand mit Licht und den rötlichen Schatten der Bäume. Der Kaiser schaudert zurück, richtet sich auf, geht langsam, die Augen auf ihr, von ihr weg; sie liegt wie tot.*

DER KAISER
Tot! was ist für diese Wesen
Tot? die Sonne ist nicht unten,
Dunkel flammt sie, scheint zu drohen.
Soll ich sie hier liegen sehen?
Sollen Ameisen und Spinnen
Über ihr Gesicht hinlaufen
Und ich sie nicht anrühm? ich,
Der mit zehnmal so viel Küssen
Ihren Leib bedeckt hab, als
Das Gewebe ihres Kleides
Fäden zählt, wie? soll ich sie
Liegen lassen, daß mein Hof,
Meine Diener ihr Gesicht
Mir betasten mit den Blicken?
Ich ertrüg es nicht, ich würfe
Mich auf sie, sie zuzudecken!
Dort! ein Mensch, der Stämme schleppt,
Abgeschälte schwere Stämme.
Hier ist eine schönre Last.

Er tritt in eine Lichtung und winkt.

Du, komm her! komm hierher! hier!
Zwar, womit den Menschen lohnen?
Auf den Gold- und Silberstücken
Ist mein Bild, doch hab ich keines!
Doch, der Reif, den ich zerbrach!
Wenn die Krone auch zerschlagen
Da und dort am Boden rollt,
Ist sie doch noch immer Gold.

Er bückt sich und hebt ein paar Stücke auf. Er betrachtet die Stücke, die er in der Hand hält.

Wohl, solange du geformt warst,
Warst du viel. Dein bloßes Blinken
Konnte ungeheure Heere
Lenken wie mit Zauberwinken.
Krone, brauchtest nur zu leuchten,
Nur zu funkeln, nur zu drohn . . .
Kaum die Dienste eines Knechtes
Zahlt dein Stoff, der Form entflohn.

Eine kleine Stille

Mitten drunter kann ich denken,
Ruhig denken, sonderbar.

DER ARME MENSCH *in Lumpen, ein junges, entschlossenes Gesicht und eine unscheinbare, gebückte Haltung*
Herr, was riefst du, daß ich tun soll?

DER KAISER *steht vor der Leiche abgewandt*
Diesen Toten . . .

DER MENSCH   Herr, ein Weib!

DER KAISER
Frag nicht, schaff sie fort!

DER MENSCH
Fort? Wohin?

DER KAISER   Gleichviel! ins Dickicht.
Wo sie keiner sieht, wo ich
Sie nicht sehe! später dann . . .
Hier ist Gold für deine Arbeit.

DER MENSCH steht starr
   Dies? dafür? für nichts als das?

DER KAISER
   Nicht genug? komm später wieder.

DER MENSCH
   Nicht genug? es wär genug,
   Mir mein Leben abzukaufen.
   Herr, wer bist du? um dies Gold
   Stoß ich dir am hellen Tag,
   Wen du willst von deinen Feinden,
   Während er bei Tisch sitzt, nieder ...
   Um dies Gold verkauft dir meine
   Schwester ihre beiden Töchter!
      Er richtet sich groß auf, mit ausgestreckten Armen.

DER KAISER
   Später dann, wenns dunkel ist,
   Kommst du wieder und begräbst sie,
   Gräbst im Dunkeln ihr ein Grab,
   Aber so, daß auch kein Wiesel
   Davon weiß und je es aufspürt.
   Hüte dich!

DER MENSCH
         Ich will es graben,
   Daß ich selber morgen früh
   Nicht den Ort zu sagen wüßte:
   Denn mit diesem Leib zugleich
   Werf ich in die dunkle Grube
   Meinen Vater, meine Mutter,
   Meine Jugend, ganz beschmutzt
   Mit Geruch von Bettelsuppen,
   Mit Fußtritten feiger Lumpen!

DER KAISER
   Geh nun, geh! Doch hüte dich,
   Daß du sie nicht anrührst, nicht
   Mehr als nötig, sie zu tragen.
   Ich erführ es, sei versichert,

Ich erführs, und hinter dir
Schickte ich dann zwei, die grüben
Schneller dir ein Grab im Sand,
Schneller noch und heimlicher,
Als du diese wirst begraben.

Er winkt ihm, Hand anzulegen, setzt sich selbst auf einen Baumstrunk und schlägt die Hände vors Gesicht.

DER MENSCH *schleppt den regungslosen Leib ins Gebüsch. Lange Stille.*

DER KAISER *aufstehend, umherschauend*
Ist sie fort, für immer fort?...
Und die Sonne doch noch da?...
Zwar nicht Tag, nicht schöner Tag,
Vielmehr Nacht mit einer Sonne.
Und ich tat es wirklich, tat es?
Unsre Taten sind die Kinder
Eines Rauchs, aus rotem Rauch
Springen sie hervor, ein Taumel
Knüpft, ein Taumel löst die Knoten.
Meine Seele hat nicht Kraft,
Sich zu freun an dieser Tat!
Diese Tat hat keinen Abgrund
Zwischen mich und sie getan,
Ihren Atem aus der Luft
Mir nicht weggenommen, nicht
Ihre Kraft aus meinem Blut!
Wenn ich sie nicht noch einmal
Sehen kann, werd ich nie glauben,
Daß ich mich mit eignem Willen
Von ihr losriß; dies noch einmal
Sehen! dies, was eine Hand
Zudeckt, dieses kleine Stück
Ihres Nackens, wo zur Schulter
Hin das Leben sich so trotzig
Und so weich, so unbegreiflich
Drängt, nur dieses eine sehen!
Sehen und freiwillig nicht –
Nicht! – berühren ... aber wo?
Fort! er trug sie ... ich befahl,

Schuf mir selber diese Qual.
Aber dort die grünen Ranken
Seh ich, spür ich nicht? sie beben!
Frag ich viel, obs möglich ist!
Spür ich nicht dahinter Leben?

Er reißt die Ranken weg, die den Eingang der Höhle verhängen.

EIN URALTER BLINDER *tritt ängstlich hervor, mit einem dürren Stecken vor sich hintastend. Sein ganzes Gewand ist ein altes linnenes Hemd.*

DER KAISER *hinter sich tretend*
Wie, hier auch ein Mensch! Dies feuchte
Loch noch immer Raum genug
Für ein Leben? Ists damit,
Daß ich sehn soll, welch ein Ding
Herrschen ist, daß mir der Wald
Und die Straße, ja das Innre
Eines Berges nichts wie Menschen
Heut entgegenspein? Heißt dies,
Kaiser sein: nicht atmen können,
Ohne mit der Luft ein Schicksal
Einzuschlucken?

DER GREIS
War es Sturm, der meine Türe
Aufriß? Weh, es ist nicht Nacht!
Nicht das kleine Licht der Sterne
Rieselt auf die Hände nieder . . .
Schwere Sonne! schwacher Wind!

DER KAISER *für sich*
Diese Stirn, die riesenhaften,
Ohnmächtigen Glieder, innen
Ist mir, alles dieses hab ich
Schon einmal gesehen! wann?
Kindertage! Kindertage!
Hier ist irgendein Geheimnis,
Und ich bin darein verknüpft,
Fürchterlich verknüpft . . .

DER GREIS
Dort! es steht! es atmet jung!

Pause

Wie ein junges Tier!

Pause

         Ein Mensch!

Er zittert.

Hab Erbarmen! ich bin blind!
Laß mich leben! leben! leben!

DER KAISER
Alter Mann, ich tu dir nichts.
Sag mir deinen Namen.

DER GREIS
Laß mich leben, hab Erbarmen!

DER KAISER
Fühl, ich habe leere Hände!
Sag mir, wer du bist.

Lange Pause.

DER GREIS *seine Hände anfühlend*
Ring!

DER KAISER
    Den Namen! sag den Namen!

DER GREIS
Was für Stein?

DER KAISER   Ein grüner.

DER GREIS   Grüner?
Großer grüner?

DER KAISER   Deinen Namen!

Er faßt ihn an, der Greis schweigt. Im Hintergrunde sammelt sich der Hof. Sie geben ihre Spieße an die Jäger ab. Links rückwärts wird ein purpurnes Zelt aufgeschlagen. Unter den anderen steht der Verurteilte, er trägt ein rotseidenes Gewand, darüber den Mantel des Kaisers, in der herabhängenden Hand einen kurzen Stab aus Silber und Gold.

TARQUINIUS *kniend*
Herr! die allergnädigste
Kaiserin läßt durch mich melden,

Daß sie sich zurückgezogen,
Weil die Zeit gekommen war
Für das Bad der kaiserlichen
Kinder.

DER KAISER *ohne aufzumerken, betrachtet den Greis, wirft dann einen flüchtigen Blick auf seinen Hof, alle beugen ein Knie,*
Decken!

Man bringt purpurne Decken und Felle und legt sie in die Mitte der Bühne. Der Kaiser führt den Blinden hin und läßt ihn sich setzen. Er sitzt wie ein Kind, die Füße gerade vor sich. Die weichen Decken scheinen ihn zu freuen.

DER KAISER *von ihm wegtretend*
Großfalkonier! ich habe diesen Menschen
Im kaiserlichen Forst gefunden. Wer
Ist das? Kannst du mir sagen, wer das ist?

Tiefe Stille

Großkämmerer, wer ist der Mann? mich dünkt,
Ich seh ihn heute nicht zum erstenmal.

Stille

Präfekt des Hauses, wer ist dieser Mensch?

Stille

Großkanzler, wer?

Stille

Großdragoman, wer ist das?

Stille

Die Kapitäne meiner Wachen! wer?

Stille

Du, Tarquinius, bist zu jung,
Um mich anzulügen, hilf mir!

TARQUINIUS *um den Blinden beschäftigt*
Herr, er trägt ein Band von Eisen
Um den Hals geschmiedet, einen
Schweren Ring mit einer Inschrift.

DER KAISER *winkt ihm zu lesen, tiefe Stille.*

TARQUINIUS *liest*
Ich, Johannes der Pannonier,

War durch dreiunddreißig Tage
Kaiser in Byzanz.
Pause. Tiefe Stille.
   Geblendet
Bin ich nun und ausgestoßen
Als ein Fraß der wilden Tiere
Auf Befehl ...

DER KAISER *sehr laut*
   Lies weiter, Kämmrer!

TARQUINIUS *liest weiter*
Auf Befehl des höchst heiligen, höchst
Weisen, des unbesiegbarsten, erlauchtesten
Kindes ...
Stockt.

DER KAISER *sehr laut*
   Kindes ... lies!

TARQUINIUS   Dein Name, Herr!
Lange Stille.

DER KAISER *mit starker Stimme*
Großkämmerer! wie alt war ich, der Kaiser,
Als dies geschah?

DER GROSSKÄMMERER *kniend*
Drei Jahre, hoher Herr.
Lange Stille.

DER KAISER *mit halber Stimme, nur zu Tarquinius*
Kämmrer, schau, dies war ein Kaiser!
Zu bedeuten, das ist alles!
Nach einem langen Nachdenken
Ja, den Platz, auf dem ich stehe,
Gab mir ungeheurer Raub,
Und mit Schicksal angefüllt
Ist die Ferne und die Nähe.
Von viel buntern Abenteuern,
Als ein Märchen, starrt die Welt,
Und sie ist der große Mantel,

Der von meinen Schultern fällt.
Überall ist Schicksal, alles
Fügt sich funkelnd ineinander
Und unlöslich wie die Maschen
Meines goldnen Panzerhemdes.
Denn zu unterst sind die Fischer
Und Holzfäller, die in Wäldern
Und am Rand des dunklen Meeres
Atmen und ihr armes Leben
Für die Handvoll Gold dem ersten,
Der des Weges kommt, verkaufen.
Und dann sind die vielen Städte ...
Und in ihnen viele Dinge:
Herrschaft, Weisheit, Haß und Lust,
Eins ums andere feil, zuweilen
Eines mit dem andern seine
Larve tauschend und mit trunknen
Augen aus dem ganz verkehrten
Antlitz schauend. Und darüber
Sind die Könige, zu oberst
Ich: von dieser höchsten Frucht
Fällt ein Licht zurück auf alles
Und erleuchtet jede tiefre
Stufe, jede: auf den Mörder
Fällt ein Strahl, Taglöhner, Sklaven
Und die Ritter und die Großen,
Mir ist alles nah; ich muß das
Licht in mir tragen für den,
Der geblendet ward um meinet-
Willen, denn ich bin der Kaiser.
Wunderbarer ist mein Leben,
Ungeheurer aufgetürmt
Als die ungeheuren Dinge,
Pyramiden, Mausoleen,
So die Könige vor mir
Aufgerichtet. Ich vermag
Auf den Schicksalen der Menschen
So zu thronen, wie sie saßen
Auf getürmten toten Steinen.

Und so ungeheure Kunde,
Wer ich bin und was ich soll,
Brachte diese eine Stunde,
Denn ihr Mund war übervoll
Von Gestalten ...

DER GREIS wendet sich mit heftiger Unruhe und einem leisen Wimmern nach dem Hintergrunde.

TARQUINIUS
Herr, es ist, er riecht die Speisen,
Die sie hinterm Zelt bereiten,
Und ihn hungert.

DER KAISER   Bringt zu essen.

Es kommen drei Diener mit goldenen Schüsseln. Den ersten und zweiten beachtet der Greis nicht, nach der Richtung, wo der dritte steht, begehrt er heftig. Tarquinius nimmt dem dritten die Schüssel aus der Hand, kniet vor dem Greis hin und reicht ihm die Schüssel.

TARQUINIUS bei dem Greis kniend
Er will nur von dieser Speise:
Süßes ist es.

Tarquinius will ihm die Schüssel wieder wegnehmen, der Greis weint. Er stellt ihm die Schüssel hin.

DER GREIS winkt mit der Hand, alle sollen wegtreten, versichert sich, daß er die Schüssel hat, richtet sich groß auf, streckt die Hand, an der des Kaisers Ring steckt, gebieterisch aus – der Arm zittert heftig – und ruft schwach vor sich hin

        Ich bin der Kaiser!

Sogleich setzt er sich wieder hin wie ein Kind, ißt die Schüssel leer.

DER KAISER rührt ihn sanft an
Du, du hast aus meiner Schüssel
Jetzt gegessen; komm, ich geb dir
Jetzt mein Bett, darin zu schlafen.

Der Greis nickt, der Kaiser stützt und führt ihn in das Zelt. Der Hof zieht sich nach links rückwärts zurück. Man sieht sie zwischen den Bäumen lagern und essen. Rechts rückwärts geht eine Wache auf und ab. Die Sonne steht nun in dem Walddurchschlag, dem Rande des Hügels sehr nahe.

DER KAISER aus dem Zelt zurückkommend, neben ihm Tarquinius
Immer noch dieselbe Sonne!
Geht mirs doch wie jenem Hirten,
Der, den Kopf im Wasserschaff,

Meinte, Welten zu durchfliegen.
Er setzt sich links vorne auf einen Stumpf.
Ich bin heiterer, mein Lieber,
Als ich sagen kann ... gleichviel,
Denk nicht nach! ... Es ist der neue
Admiral, der mich so freut.
Sieh, ein Schicksal zu erfinden,
Ist wohl schön, doch Schicksal sein,
Das ist mehr; aus Wirklichkeit
Träume baun, gerechte Träume,
Und mit ihnen diese Hügel
Und die vielen weiten Länder
Bis hinab ans Meer bevölkern
Und sie vor sich weiden sehn,
Wie der Hirt die stillen Rinder ...
Eine kleine Pause
Grauenhaftes, das vergangen,
Gibt der Gegenwart ein eignes
Beben, eine fremde Schönheit,
Und erhöht den Glanz der Dinge
Wie durch eingeschluckte Schatten.

TARQUINIUS
Die Kaiserin!
Er springt zurück.

Von hinten her ist mit leisen Schritten die Hexe herangetreten. Sie trägt das Gewand der Kaiserin, in dessen untersten Saum große Saphire eingewebt sind. Über das Gesicht fällt ein dichter goldner Schleier. In der Hand trägt sie eine langstielige goldne Lilie.

DER KAISER ohne aufzustehen
      So kommst du
Doch! Man hat mir was gemeldet ...
Doch du kommst, so sind die Kinder
Wohl gebadet, Helena.
Laß uns von den Kindern reden!
Zwar du redest von nichts anderm ...
In der Kammer, wo sie schlafen,
Wohnt die Sonne, Regenbogen,
Mond, die schönen klaren Sterne,

Alles hast du in der Kammer,
Nicht? Mich dünkt, du lächelst nicht!
Lächelst doch so leicht: zuweilen
Bin ich blaß vor Zorn geworden,
Wenn ich sah, wie leicht dir dieses
Lächeln kommt, wenn ich bedachte,
Daß ein Diener, der dir Blumen
Bringt, den gleichen Lohn davon hat
Wie ich selber . . . es war unrecht!
Heut begreif ichs. Über alle
Worte klar begreif ichs heute:
Welch ein Kind du bist, wie völlig
Aus dir selbst dies Kinderlächeln
Quillt. Ich bin so froh, zu denken,
Daß . . . ich mein, daß du es bist,
Die mir Kinder auf die Welt bringt.
Meine Kinder, Helena –
Wie von einer kleinen Quelle
Hergespült, wie aufgelesen
Von den jungen grünen Wiesen,
Die Geschwister ahnungsloser,
Aus dem Nest gefallner kleiner
Vögel sind sie, Helena,
Weil es deine Kinder sind!
Keine Antwort? und den Schleier
Auch nicht weg? Wir sind allein!

DIE HEXE *schlägt den Schleier zurück.*

DER KAISER *aufspringend*
Hexe du und Teufelsbuhle,
Stehst du immer wieder auf?

DIE HEXE *indem sie sich halb wendet, wie ihn fortzuführen*
Komm, Byzanz! Wir wollen diese
Schäferspiele nun vergessen!
Miteinander wieder liegen
In dem goldnen Palankin,
Dessen Stangen deine Ahnherrn,
Julius Cäsar und die andern
Tragen.

DER KAISER *lacht.*

DIE HEXE *mit ausgebreiteten Armen*
Ich kann nicht leben
Ohne dich!

DER KAISER
        Geh fort von mir!

DIE HEXE
Sieben Jahre!

DER KAISER   Trug und Taumel!
Sieben Tage brachen alles!

DIE HEXE
Hör mich an!

DER KAISER   Vorbei! vorbei!

DIE HEXE
Keine Stunde! Deine Lippen
Beben noch.

DER KAISER
          Gott hats gewendet!
Jeden Schritt von deinen Schritten
Gegen dich! Aus allen Klüften,
Von der Straße, aus den Wäldern,
Aus dem Boden, aus den Lüften
Sprangen Engel, mich zu retten!
Wo ich hingriff, dich zu spüren,
Taten sich ins wahre Leben
Auf geheimnisvolle Türen,
Mich mir selbst zurückzugeben.

DIE HEXE *schleudert ihre goldene Lilie zu Boden, die sogleich zu Qualm und Moder zerfällt.*
Hingest doch durch sieben Jahr
Festgebannt an diesen Augen
Und verstrickt in dieses Haar!
Völlig mich in dich zu saugen
Und in mir die ganze Welt;
Hexe denn! und Teufel du,
Komm! uns ziemt das gleiche Bette!

DER KAISER
Willst du drohen? sieh, ich stehe!
Sieh, ich schaue! sieh, ich lache!
Diese Flammen brennen nicht!
Aber grenzenlose Schwere
Lagert sich in dein Gesicht,
Deine Wangen sinken nieder,
Und die wundervollen Glieder
Werden Runzel, werden Grauen
Und Entsetzen anzuschauen.

DIE HEXE *zusammensinkend, wie von unsichtbaren Fäusten gepackt*
Sonne! Sonne! ich ersticke!

Sie schleppt sich ins Gebüsch, schreit gellend auf und rollt im Dunkel am Boden hin. Die Sonne ist fort. Der Kaiser steht, die Augen starr auf dem Gebüsch. Eine undeutliche Gestalt, wie ein altes Weib, humpelt im Dickicht nach rückwärts.

DER KAISER
Gottes Tod! dies halten! haltet!
Wachen! Kämmrer! dort! dort! dort!

TARQUINIUS *kommt gelaufen*
Hoher Herr!

DER KAISER   Die Wachen, dort!
Sollen halten!

Lange Pause.

TARQUINIUS *kommt wieder*
        Herr, die Wachen
Schwören: niemand ging vorüber
Als ein runzlig altes Weib,
Eine wohl, die Beeren sammelt
Oder dürres Holz.

DER KAISER *ihn anfassend, mit einem ungeheuren Blick*
        Tarquinius!
Zieht ihn an sich, überlegt, schweigt eine Weile, winkt ihm wegzutreten, kniet nieder.
Herr, der unberührten Seelen
Schönes Erbe ist ein Leben,
Eines auch ist den verirrten,

Denen eines, Herr, gegeben,
Die dem Teufel sich entwanden
Und den Weg nach Hause fanden.

Während seines Gebetes ist der Vorhang langsam gefallen.

VORSPIEL ZUR ANTIGONE DES SOPHOKLES

Auf dem Theater. Die Hauptdekoration (Palast des Kreon) ist aufgestellt. Mitwirkende sind im Abgehen. Theaterarbeiter löschen die Lichter aus.

Erster und zweiter Student sind vorne. Der zweite schon im Überrock, den Hut auf dem Kopf. Der erste barhaupt, einen großen dunkeln Mantel über den Arm geschlagen.

ZWEITER STUDENT
Die Prob ist aus. Man geht. Was kommst du nicht?

ERSTER STUDENT sieht in die Kulisse, welche die Tür des Palastes darstellt.
Wart, ich will sehn, was dort im Dunkeln steht.

ZWEITER STUDENT
Wo denn?

ERSTER STUDENT
    Dort in der Tür.

ZWEITER STUDENT   Ich sehe niemand.

ERSTER STUDENT
Niemand? Du siehst das nicht? Sie ist sehr biegsam
und klimmt in einem Schattenstreif empor.
Doch ihr Gewand – du siehst nicht, wie sichs regt?

ZWEITER STUDENT
Ja doch, ich seh. Die Zugluft weht es an.

ERSTER STUDENT
Wen?

ZWEITER STUDENT
    Das Gewand, das dort im Dunkeln hängt.

ERSTER STUDENT
Du siehst nur ein Gewand? Ich sehe mehr.

ZWEITER STUDENT schon rückwärts, indes auch alle übrigen abgegangen sind und nur die rückwärtige Bühne noch von einem dürftigen Lichtschein erhellt wird.
Wilhelm, so komm!

ERSTER STUDENT Ich komme.
Er zögert wiederum.

ZWEITER STUDENT Man will schließen!
Verschwindet, indem er eine schwere, eisenbeschlagene Tür hinter sich zuschlägt; es ist völlig finster.

ERSTER STUDENT
Ich bin schon da.
Will gehen.
Der Genius tritt aus der Tür des Palastes und steigt langsam die Stufen herab. Er trägt ein flutendes Gewand und eine tragische Maske vor dem Gesicht. Ein milchiger, schimmernder Schein umgibt ihn.

ERSTER STUDENT außer sich
Heinrich, es tritt hervor!
Heinrich, es schaut auf mich!
Dann halblaut, sich selber mit Lächeln beruhigend
Schauspielerin!
Der Genius bleibt vor ihm stehen; er trägt schöne Reifen um die nackten Arme; in der Rechten hat er einen hohen Stab wie die Herolde.

STUDENT
Mein Fräulein, ich war ziemlich lächerlich,
vor Ihnen zu erschrecken. Zwar, es wird
nicht mehr probiert, und so ganz unvermutet...
Stockt, lächelt verlegen, wechselt den Ton
Ich bin ein Neuling auch in dieser Welt,
wo Tag auf Nacht, und Höhle auf Palast,
ein künstliches Geschöpf dem andern folgt –
Stockt wiederum unter dem geheimnisvoll auf ihn gehefteten Blick, tritt einen Schritt zurück, spricht mit gezwungener Lebhaftigkeit
Es regt die Phantasie gewaltig auf:
das Nichtigste ist nicht geheimnislos,
Man trägt sogar ein Etwas mit hinaus –
Muß wieder innehalten, findet gewaltsam den Übergang

Die Griechen, sie sind doch recht fern – doch Sie,
Sie tragen dies Gewand als wärs das Ihre –
Ja, Sie sind hier im Täuschenden zu Haus,
und das geheimnisvolle Element
5 umgibt und nährt Sie; wie beneidenswert!
Nach einer totenstillen Pause; mit gewaltsamer Leichtfertigkeit auf die Gestalt zutretend
Sehr schöne Maske, deine Augen leuchten!
Sprich nicht, noch nicht, der Augenblick ist köstlich!
10 Geheimnis ist der Schönheit schönstes Kleid:
Ihr solltet immer nur in Larven gehn,
und Eur Gesicht sollt was Verborgnes sein
und sich dem Blick nur geben, der schon liebt.
Doch deine Hand, die laß mir; Hände sprechen!
15 *Indem er die Hand berührt, fährt er blaß und zitternd zurück*
Ah! Du bist keine Frau! Du bist kein Mensch!
Du bist die fürchterliche Gegenwart
von etwas, das mein Fleisch sich kräuseln macht
wie Zunder. Warum muß mir das geschehn!
20 *Sehr stark*
Wie, oder bin ich hier, und das ist drüben?
Flüsternd
Ich träume nur. Hier rechts von meinem Bett
ist meine Uhr, und dort das Fenster, wo nur?
25 Ein weißes Linnen regt sich von der Wand,
da nahm ich es für eine Nachtgestalt,
die hier vor mich hertrat. Wo ist mein Bett?
So fest liegt es auf mir, ich meine, ich höre,
wie fingernd ihre Hand den Stab berührt.
30 Ich hab den Mut nicht, nur ein Aug zu drehn.
Phantom, geträumtes, du, Phantom, was willst du?

GENIUS
Mit welchem Namen da benennst du mich?

STUDENT
35 Von irgendwo Emporgestiegenes,
deß Gegenwart mich kalt besessen macht!
Wandrer, an dessen Sohlen Staub nicht haftet!

Ich weiß, ich werd erwachen, werde liegen
hart neben meinem Bette an der Erde,
allein, und werde sprechen: Dies war nichts!
Doch gib mir eine Nachricht, gib ein Etwas!
Mich überkommt das Süße an dem Wahnsinn!

GENIUS
Die ewig leben, senden mich an dich
mit einer schönen Botschaft.

STUDENT   Deine Stimme
– ich red mit ihm! – ist schön. Jedwede Botschaft
muß schön sein, die du bringst.
Denn deine Stimme ist mit Glück geschwellt
wie Segel eines Fahrzeugs fern am Himmel,
drin Liebende der ganzen Welt vergessen,
und deiner Stimme Schwebung ist gesegnet
so wie ein goldner Tag im Herbst, den Greise
auf Mauern wandelnd zwischen Rebenlauben
mit kühler Hand und reinem Auge segnen.
Dies alles hab ich schon einmal geträumt.
Doch war es nie so schön. –

GENIUS den Stock auf den Boden stoßend
       Du träumest nicht:
Das eben ist die Botschaft, die ich bringe:
Mich mußt du glauben, daß du sie verstehst.

STUDENT
Dich glauben? wer bist du?

GENIUS   Und wer bist du?

STUDENT
Ich! ich? ich steh doch hier, ganz Wirklichkeit.
Dies ist die Bühne, eh probierten wir
ein griechisch Trauerspiel; die draußen gehn
und Türen schließen, die sind meinesgleichen;
und draußen ist die Stadt mit vielen Straßen:
auf Viadukten dröhnen Züge hin
durch schwefelfarbne Luft hinaus ins Land;

dort stehen Wälder, und die suchen wir
zuweilen – doch umgibt uns hier wie dort
Geschick und schlummerlose Wirklichkeit,
und nichts ist leer –, wie fandest du den Raum,
aus deinem Drüben hier hereinzugleiten?
Wer grub dir mit den Händen diese Höhlung
in die lebendige Luft? was willst du hier?

GENIUS
Die ewig leben, senden mich an dich
mit ihrer Botschaft.

STUDENT   Du bist ein Phantom,
die Stätte hier hat dich gebrütet, dies
unsichre Licht, die trügerischen Wände,
die Legionen Träume, die hier nisten.
Schönes Gespenst, du bist die Ausgeburt
von einem sonderbaren Haus: hier geben
erbärmliche und sehr erhabne Träume
einander Stelldichein –

GENIUS
Und kehrst doch selber gern hierher zurück,
und rührest ungeheueren Geschicken
wieder und wieder an den Saum des Mantels
und nahmest in der Seele dumpfen Spiegel
des Königs Oedipus furchtbares Auge,
das rollende, voll Abgrund der Verblendung,
und später blutige, gebrochene.
Und kommest wiederum und drängest dich
der schwesterlichsten Seele Schattenbild
zu sehen: hier heraus wird sie dir treten,
Antigone, und wie sie reden wird
und ihren Leib dem Tod entgegentragen
mit heiligem, gebundnem Schritt, da wird
die Kraft der Seele dir von ihren Lippen
entgegenschwirren und wird ihre Fesseln
um deine Seele legen, daß sie nackt
so wie die Sklavin einem Siegeswagen
mitfolgt und spricht: ›Dies mußte so geschehen.
So will ich tun, und will so sterben müssen.

Denn hier ist Wirklichkeit, und alles andre
Ist Gleichnis und ein Spiel in einem Spiegel.‹

STUDENT
Mir ist, dies könnte möglich sein, doch seh ichs
wie zwischen Dämpfen, und es hält nicht Stand!

GENIUS
Erfaß es nur. Dir bietet sich kein Festes.
So wie die Möwe auf dem Kamm der Wogen,
so muß dein Geist ausruhn auf Fliehendem.
Durchsichtig ist sein Thron und rollt dahin.
Erfaß es! sei nicht dumpf! laß dich erschüttern!
Von Gipfeln, die im Lichte ewig blühn,
warfs mich herab zu dir mit einer Botschaft:
Antigones erhabnem Schattenbild
schrei ich in der erneuten Todesstunde
Voran und streue Ehrfurcht rings umher.
Mit starken Händen greif ich in die Luft
und banne sie, daß sie gewaltig sich,
ein unsichtbarer Schoß des Schicksals, lagert,
ausstoßend des Gemeinen dumpfen Dunst.
Ob Tausende sich drängen, Einsamkeit
der Wüste gieße ich um jedes Herz,
die Unruh hemm ich, heiß die Zeit still stehn.
Stößt dröhnend seinen Stab auf den Boden
Was hier geschieht, ist ihr nicht untertan.
Hier hebt eine leise Musik an, die Rede zu begleiten.

STUDENT
Du atmest kühn und stark. Doch eine Maske
verhüllt mir dein Gesicht. Wie glaub ich dir?
Zweideutig ist ein so verhüllter Anblick:
die Maske, die du trägst, ist wundervoll –
allein dein Wesen scheint mir mehr, viel mehr!
Hingerissen
Begriff ichs ganz, wie würd ich wesentlich!
Wieder entmutigt zurücktretend
Dein Anblick wieder nährt nur Träumereien.

GENIUS
Ich sprach zu dir, du ahntest, ahntest recht:
Zuck nicht umher nach neuer Offenbarung!
Ergreif ich dich, was kümmerts dich, wodurch?
Ich rief dich auf, ich rührte dich, ich bin!
Die Maske aber darf dich nicht verstören:
es tragen die geliebtesten der Menschen
vor dir ein maskenhaft Gesicht:
Ein menschlich Aug erträgt nichts Wirkliches.
Verlarvt, der Herold eines Schattens, steh ich
vor dir – glaubst du an mich?

STUDENT   Ich möchte glauben.

Hier schwillt die Musik an.

GENIUS
So hauch ich deine beiden Augen an.

Der Student neigt sich der Gestalt, die ihn anhaucht. Dann läuft ein starker Schauder durch seinen Leib. Der Genius tritt von ihm weg und steigt langsam die Stufen zum Palast empor, zweimal sich umblickend. Der Student richtet sich auf. Er ist blaß. Er wirft einen völlig veränderten Blick um sich. Hier bricht die Musik plötzlich ab.

STUDENT
Die Stufen dort sind fürchterlich! Dort saß
Oedipus, und von seinen Lippen troff
der Fluch und Blut von seinen beiden Augen!
Er richtet den Blick nach aufwärts
Die Last des Daches, unter dem sie lebten,
der alte Laios schon! Die Sonne drüber –
der Himmel hart und funkelnd wie Metall. –
Ich möchte meinen Leib von hier wegschleppen!
Die grelle Sonne liegt wie festgenagelt
vor dieser Tür, und nichts bleibt mir verborgen!
Innen und außen muß ich sehn und wissen.
Ein schwerer schwacher Lufthauch weht mich an,
darin ist Staubgeruch und böser Dunst
von etwas, das verwest. Das kommt von dort,
Scheu sich umsehend
dort drüben, wo auf offnem Feld ein Leichnam liegt.

Wenn nur ein starker Wind herkäme und
der Staub ihn ganz zudeckte, dort den Toten.
Er liegt. Wenn man von etwas trinken könnte
und ganz vergessen, daß das alles ist!
Ich höre drin im Haus welche umhergehn.
Du! kannst du denn nichts helfen? nichts abwenden?

GENIUS winkt verneinend und verschwindet in der Tür des Palastes.

STUDENT ihm wild nachrufend
Zu welchem Amte hast du mich geweiht?
Wie hast du mir die Poren aufgetan?
Was für ein sehendes Geschöpf gemacht
aus mir? Warum muß ich Teilnehmer sein
an etwas Furchtbarem, das nun geschehn wird?
Mein Blick schwankt durch die schweren Mauern da,
so wie durch Wasser, und ich seh die Jungfrau
Antigone, das funkelnde Gefäß
des Schicksals,

Hier fängt die Musik wieder an und wird nun immer mächtiger

     sehe ihre schlanken Schultern,
das schlichte Haar, entgegen mir bewegt sich
ihr Fuß und ihr Gewand, auf ihrer Stirn
sind sieben Zeichen des ganz nahen Todes!
Sie geht durch eine Ebbe. Links und rechts
tritt in durchsichtigen erstarrten Wogen
das Leben ehrfürchtig vor ihr zurück!

Ihm scheint die Erscheinung wirklich aus dem Dunkel des Palastes entgegenzukommen. Der dunkle Mantel flattert um seinen bewegten Leib wie eine Wolke. Die Musik hat die Kraft des vollen Orchesters und ist hier schon in die eigentliche Ouvertüre übergegangen.

Dies strahlende Geschöpf ist keines Tages!
Sie hat einmal gesiegt und sieget fort.
Da ich sie sehe, kräuselt sich mein Fleisch
wie Zunder unter einem Feuerwind:
mein Unvergängliches rührt sich in mir:
aus den Geschöpfen tritt ihr tiefstes Wesen
heraus und kreiset funkelnd um mich her:
ich bin der schwesterlichen Seele nah,

ganz nah, die Zeit versank, von den Abgründen
des Lebens sind die Schleier weggezogen:
einwühlen muß ich mich in meinen Mantel,
eh mich die übermäßigen Gesichte
5 erdrücken! Denn dem Hauch des Göttlichen
hält unser Leib nicht Stand, und unser Denken
schmilzt hin und wird Musik!

Er sinkt, das Gesicht in seinem Mantel verborgen, auf die Stufen des Palastes. Der Vorhang fällt und bleibt unten, bis die Ouvertüre zu Ende gespielt ist.

DER TOD DES TIZIAN

EIN DRAMATISCHES FRAGMENT

GESCHRIEBEN 1892

AUFGEFÜHRT ALS TOTENFEIER FÜR ARNOLD BÖCKLIN
IM KÜNSTLERHAUSE ZU MÜNCHEN DEN 14. FEBRUAR 1901

DRAMATIS PERSONAE

DER PROLOG
Filippo Pomponio Vecellio, genannt TIZIANELLO, des Meisters Sohn
GIOCONDO
DESIDERIO
GIANINO, er ist 16 Jahre und sehr schön
BATISTA
ANTONIO
PARIS
LAVINIA, eine Tochter des Meisters
CASSANDRA
LISA

Spielt im Jahre 1576, da Tizian neunundneunzigjährig starb.

Der Vorhang, ein Gobelin, ist herabgelassen. Im Proscenium steht die Büste
Böcklins auf einer Säule; zu deren Fuss ein Korb mit Blumen und blühenden
Zweigen.
In die letzten Takte der Symphonie tritt der Prolog auf, seine Fackelträger hinter
ihm.
Der Prolog ist ein Jüngling; er ist venezianisch gekleidet, ganz in schwarz, als ein
Trauernder.

DER PROLOG
Nun schweig, Musik! nun ist die Scene mein,
Und ich will klagen, denn mir steht es zu!
Von dieser Zeiten Jugend fliesst der Saft
In mir; und er, des Standbild auf mich blickt,
War meiner Seele so geliebter Freund!
Und dieses Guten hab ich sehr bedurft,
Denn Finsternis ist viel in dieser Zeit,
Und wie der Schwan, ein selig schwimmend Tier,
Aus der Najade triefend weissen Händen
Sich seine Nahrung küsst, so bog ich mich
In dunklen Stunden über seine Hände
Um meiner Seele Nahrung: tiefen Traum.
Schmück ich dein Bild mit Zweig und Blüten nur?
Und du hast mir das Bild der Welt geschmückt,
Und aller Blütenzweige Lieblichkeit
Mit einem solchen Glanze überhöht,
Dass ich mich trunken an den Boden warf
Und jauchzend fühlte, wie sie ihr Gewand
Mir sinken liess, die leuchtende Natur!

Hör mich, mein Freund! ich will nicht Herolde
Aussenden, dass sie deinen Namen schrein

In die vier Winde, wie wenn Könige sterben:
Ein König lässt dem Erben seinen Ruf
Und einem Grabstein seines Namens Schall. –
Doch du warst solch ein grosser Zauberer,
Dein Sichtbares ging fort, doch weiß ich nicht 5
Was da und dort nicht alles von dir bleibt,
Mit heimlicher fortlebender Gewalt
Sich dunklen Auges aus der nächtigen Flut
Zum Ufer hebt – oder sein haarig Ohr
Hinter dem Epheu horchend reckt, drum will ich 10
Nie glauben, dass ich irgendwo allein bin,
Wo Bäume oder Blumen sind, ja selbst
Nur schweigendes Gestein und kleine Wölkchen
Unter dem Himmel sind: leicht dass ein Etwas,
Durchsichtiger wie Ariel, mir im Rücken 15
Hingaukelt, denn ich weiss: geheimnisvoll
War zwischen dir und mancher Creatur
Ein Bund geknüpft, ja! und des Frühlings Au
Siehe, sie lachte dir so wie ein Weib
Den anlacht, dem sie in der Nacht sich gab! 20

Ich meint' um dich zu klagen; und mein Mund
Schwillt an von trunkenem und freudigem Wort:
Drum ziemt mir nun nicht länger hier zu stehen.
Ich will den Stab dreimal zu Boden stossen
Und dies Gezelt mit Traumgestalten füllen. 25
Die will ich mit der Last der Traurigkeit
So überbürden, dass sie schwankend gehn,
Damit ein jeder weinen mag und fühlen:
Wie grosse Schwermut allem unsren Thun
Ist beigemengt. 30
      Es weise euch ein Spiel
Das Spiegelbild der bangen, dunklen Stunde
Und grossen Meisters trauervollen Preis
Vernehmet nun aus schattenhaftem Munde!

Er geht ab, die Fackelträger hinter ihm. Das Proscenium liegt in Dunkel. Die 35
Symphonie fällt wieder ein. Das Standbild verschwindet.

Darauf ertönt das dreimalige Niederstossen eines Stabes. Der Gobelin teilt sich und enthüllt die Scene.

Die Scene ist auf der Terrasse von Tizians Villa, nahe bei Venedig. Die Terrasse ist nach rückwärts durch eine steinerne, durchbrochene Rampe abgeschlossen, über die in der Ferne die Wipfel von Pinien und Pappeln schauen. Links rückwärts läuft eine (unsichtbare) Treppe in den Garten; ihr Ausgang vor der Rampe ist durch zwei Marmorvasen markiert. Die linke Seite der Terrasse fällt steil gegen den Garten ab. Hier überklettern Epheu- und Rosenranken die Rampe und bilden mit hohem Gebüsch des Gartens und hereinhangenden Zweigen ein undurchdringliches Dickicht.

Rechts füllen Stufen fächerförmig die rückwärtige Ecke aus und führen zu einem offenen Altan. Von diesem tritt man durch eine Thür, die ein Vorhang schliesst, ins Haus. Die Wand des Hauses, von Reben und Rosen umsponnen, mit Büsten geziert, Vasen an den Fenstersimsen, aus denen Schlingpflanzen quellen, schliesst die Bühne nach rechts ab.

Spätsommermittag. Auf Polstern und Teppichen lagern auf den Stufen, die rings zur Rampe führen, Desiderio, Antonio, Batista und Paris. Alle schweigen. Der Wind bewegt leise den Vorhang der Thür. Tizianello und Gianino kommen nach einer Weile aus der Thür rechts. Desiderio, Antonio, Batista und Paris treten ihnen besorgt und fragend entgegen und drängen sich an sie. – Nach einer kleinen Pause:

PARIS
Nicht gut?

GIANINO *mit erstickter Stimme*
Sehr schlecht.

Zu Tizianello; der in Thränen ausbricht
Mein armer, lieber Pippo!

BATISTA
Er schläft?

GIANINO
Nein. Er ist wach und phantasiert
Und hat die Staffelei begehrt.

ANTONIO Allein
Man darf sie ihm nicht geben, nicht wahr, nein?

GIANINO
Ja, sagt der Arzt. Wir wollen ihn nicht quälen
Und geben, was er will, in seine Hände.

TIZIANELLO *ausbrechend*
Heut oder morgen ist's ja doch zu Ende!

GIANINO
Er darf uns länger, sagt er, nicht verhehlen...

PARIS
Nein, sterben, sterben kann der Meister nicht!
Da lügt der Arzt, er weiss nicht, was er spricht.

DESIDERIO
Der Tizian sterben, der das Leben schafft!
Wer hätte dann zum Leben Recht und Kraft?

BATISTA
Doch weiss er selbst nicht, wie es um ihn steht?

TIZIANELLO
Im Fieber malt er an dem neuen Bild,
In atemloser Hast, unheimlich wild:
Die Mädchen sind bei ihm und müssen stehn,
Uns aber hiess er aus dem Zimmer gehn.

ANTONIO
Kann er denn malen, hat er denn die Kraft?

TIZIANELLO
Mit einer rätselhaften Leidenschaft,
Die ich beim Malen nie an ihm gekannt,
Von einem martervollen Zwang gebannt...

Ein Page kommt aus der Thür rechts, hinter ihm Diener. Alle erschrecken.

TIZIANELLO, GIANINO, PARIS
Was ist?

PAGE
            Nichts, nichts. Der Meister hat befohlen,
Dass wir vom Gartensaal die Bilder holen.

TIZIANELLO
Was will er denn?

PAGE   Er sagt, er muss sie sehen...
»Die alten, die erbärmlichen, die bleichen,
Mit seinem neuen, das er malt, vergleichen...
Sehr schwere Dinge seien ihm jetzt klar,
Es komme ihm ein unerhört Verstehen,

Dass er bis jetzt ein matter Stümper war ... «
Soll man ihm folgen?

TIZIANELLO   Gehet, gehet, eilt!
Ihn martert jeder Pulsschlag, den ihr weilt.

Die Diener sind indessen über die Bühne gegangen. An der Treppe holt sie der Page ein. Tizianello geht auf den Fussspitzen, leise den Vorhang aufhebend, hinein. Die Andern gehen unruhig auf und nieder.

ANTONIO *halblaut*
Wie fürchterlich, das Letzte, wie unsäglich ...
Der Göttliche, der Meister, lallend, kläglich ...

TIZIANELLO *zurückkommend*
Jetzt ist er wieder ruhig. Und es strahlt
Aus seiner Blässe, und er malt und malt.
In seinen Augen ist ein guter Schimmer,
Und mit den Mädchen plaudert er wie immer.

ANTONIO
So legen wir uns auf die Stufen nieder
Und hoffen bis zum nächsten Schlimmern wieder.

Sie lagern sich auf den Stufen. Tizianello spielt mit Gianinos Haar, die Augen halb geschlossen.

BATISTA *halb für sich*
Das Schlimmre ... dann das Schlimmste endlich ... nein.
Das Schlimmste kommt, wenn gar nichts Schlimmres mehr.
Das tote, taube, dürre Weitersein ...
Heut ist es noch, als ob's undenkbar wär ...
Und wird doch morgen sein.
Pause.

GIANINO   Ich bin so müd.

PARIS
Das macht die Luft, die schwüle und der Süd.

TIZIANELLO *lächelnd*
Der Arme hat die ganze Nacht gewacht!

GIANINO *auf den Arm gestützt*
Ja, du ... die erste, die ich ganz durchwacht.
Doch woher weisst denn du's?

TIZIANELLO   Ich fühlt es ja,
Erst war dein stilles Atmen meinem nah,
Dann standst du auf und sassest auf den Stufen . . .

GIANINO
Mir war, als ginge durch die blaue Nacht,
Die atmende, ein rätselhaftes Rufen.
Und nirgends war ein Schlaf in der Natur.
Mit Atemholen tief und feuchten Lippen,
So lag sie, horchend in das grosse Dunkel,
Und lauschte auf geheimer Dinge Spur.
Und sickernd, rieselnd kam das Sterngefunkel
Hernieder auf die weiche, wache Flur.
Und alle Früchte schweren Blutes schwollen
Im gelben Mond und seinem Glanz, dem vollen,
Und alle Brunnen glänzten seinem Ziehn,
Und es erwachten schwere Harmonien.
Und wo die Wolkenschatten hastig glitten,
War wie ein Laut von weichen, nackten Tritten . . .
Leis stand ich auf – ich war an dich geschmiegt –
  Er steht erzählend auf, zu Tizianello geneigt
Da schwebte durch die Nacht ein süsses Tönen,
Als hörte man die Flöte leise stöhnen,
Die in der Hand aus Marmor sinnend wiegt
Der Faun, der da im schwarzen Lorbeer steht,
Gleich nebenan, beim Nachtviolenbeet.
Ich sah ihn stehen still und marmorn leuchten;
Und um ihn her im silbrig Blauen, Feuchten,
Wo sich die offenen Granaten wiegen,
Da sah ich deutlich viele Bienen fliegen,
Und viele saugen, auf das Rot gesunken,
Von nächtgem Duft und reifem Safte trunken.
Und wie des Dunkels leiser Atemzug
Den Duft des Gartens um die Stirn mir trug,
Da schien es mir, wie das Vorüberschweifen
Von einem weichen, wogenden Gewand
Und die Berührung einer warmen Hand.
In weissen, seidig weissen Mondesstreifen

War liebestoller Mücken dichter Tanz,
Und auf dem Teiche lag ein weicher Glanz
Und plätscherte und blinkte auf und nieder.
Ich weiss es heut nicht, ob's die Schwäne waren,
5 Ob badender Najaden weisse Glieder,
Und wie ein süsser Duft von Frauenhaaren
Vermischte sich dem Duft der Aloë...
Und was da war, ist mir in eins verflossen:
In eine überstarke, schwere Pracht,
10 Die Sinne stumm und Worte sinnlos macht.

ANTONIO
Beneidenswerter, der das noch erlebt
Und solche Dinge in das Dunkel webt!

GIANINO
15 Ich war in halbem Traum bis dort gegangen,
Wo man die Stadt sieht, wie sie drunten ruht,
Sich flüsternd schmiegt in das Kleid von Prangen,
Das Mond um ihren Schlaf gemacht und Flut.
Ihr Lispeln weht manchmal der Nachtwind her,
20 So geisterhaft, verlöschend leisen Klang.
Beklemmend seltsam und verlockend bang.
Ich hört es oft, doch niemals dacht ich mehr...
Da aber hab ich plötzlich viel gefühlt:
Ich ahnt' in ihrem steinern stillen Schweigen,
25 Vom blauen Strom der Nacht emporgespült,
Des roten Bluts bacchantisch wilden Reigen,
Um ihre Dächer sah ich Phosphor glimmen,
Den Widerschein geheimer Dinge schwimmen.
Und schwindelnd überkam's mich auf einmal:
30 Wohl schlief die Stadt: es wacht der Rausch, die Qual,
Der Hass, der Geist, das Blut: das Leben wacht.
Das Leben, das lebendige, allmächtge –
Man kann es haben und doch sein' vergessen!...
    Er hält einen Augenblick inne.
35 Und alles das hat mich so müd gemacht:
Es war so viel in dieser einen Nacht.

DESIDERIO *an der Rampe, zu Gianino*
Siehst du die Stadt, wie jetzt sie drunten ruht?

Gehüllt in Duft und goldne Abendglut
Und rosig helles Gelb und helles Grau,
Zu ihren Füssen schwarzer Schatten Blau,
In Schönheit lockend, feuchtverklärter Reinheit.
Allein in diesem Duft, dem ahnungsvollen,
Da wohnt die Hässlichkeit und die Gemeinheit,
Und bei den Tieren wohnen dort die Tollen;
Und was die Ferne weise dir verhüllt,
Ist ekelhaft und trüb und schaal erfüllt
Von Wesen, die die Schönheit nicht erkennen
Und ihre Welt mit unsren Worten nennen ...
Denn unsre Wonne oder unsre Pein
Hat mit der ihren nur das Wort gemein ...
Und liegen wir in tiefem Schlaf befangen,
So gleicht der unsre ihrem Schlafe nicht:
Da schlafen Purpurblüten, goldne Schlangen,
Da schläft ein Berg, in dem Titanen hämmern – –
Sie aber schlafen, wie die Austern dämmern.

ANTONIO *halb aufgerichtet*
Darum umgeben Gitter, hohe schlanke,
Den Garten, den der Meister liess erbauen,
Darum durch üppig blumendes Geranke
Soll man das Aussen ahnen mehr als schauen.

PARIS *ebenso*
Das ist die Lehre der verschlungnen Gänge.

BATISTA *ebenso*
Das ist die grosse Kunst des Hintergrundes
Und das Geheimnis zweifelhafter Lichter.

TIZIANELLO *mit geschlossenen Augen*
Das macht so schön die halbverwehten Klänge,
So schön die dunklen Worte toter Dichter
Und alle Dinge, denen wir entsagen.

PARIS
Das ist der Zauber auf versunknen Tagen
Und ist der Quell des grenzenlosen Schönen,
Denn wir ersticken, wo wir uns gewöhnen.

Alle verstummen. Pause. Tizianello weint leise vor sich hin.

GIANINO *schmeichelnd*
Du darfst dich nicht so trostlos drein versenken,
Nicht unaufhörlich an das Eine denken.

TIZIANELLO *traurig lächelnd*
Als ob der Schmerz denn etwas andres wär
Als dieses ewige dran-denken-müssen,
Bis es am Ende farblos wird und leer ...
So lass mich nur in den Gedanken wühlen,
Denn von den Leiden und von den Genüssen
Hab längst ich abgestreift das bunte Kleid,
Das um sie webt die Unbefangenheit,
Und einfach hab ich schon verlernt zu fühlen.

Pause. Gianino ist seitwärts auf den Stufen, den Kopf auf den Arm geschmiegt, eingeschlummert.

PARIS
Wo nur Giocondo bleibt?

TIZIANELLO   Lang vor dem Morgen
– Ihr schlieft noch – schlich er leise durch die Pforte,
Auf blasser Stirn den Kuss der Liebessorgen
Und auf den Lippen eifersüchtige Worte ...

Pagen tragen zwei Bilder über die Bühne (die Venus mit den Blumen und das grosse Bacchanal). Die Schüler erheben sich und stehen, solange die Bilder vorübergetragen werden, mit gesenktem Kopf, das Barett in der Hand.

Nach einer Pause (Alle stehen):

DESIDERIO
Wer lebt nach ihm, ein Künstler und Lebendiger,
Im Geiste herrlich und der Dinge Bändiger
Und in der Einfalt weise wie das Kind?

ANTONIO
Wer ist, der seiner Weihe freudig traut?

BATISTA
Wer ist, dem nicht vor seinem Wissen graut?

PARIS
Wer will uns sagen, ob wir Künstler sind?

TIZIANELLO
Er hat den regungslosen Wald belebt:
Und wo die braunen Weiher murmelnd liegen
Und Epheuranken sich an Buchen schmiegen,
Da hat er Götter in das Nichts gewebt:
Den Satyr, der die Syrinx tönend hebt,
Bis alle Dinge in Verlangen schwellen
Und Hirten sich den Hirtinnen gesellen ...

BATISTA
Er hat den Wolken, die vorüberschweben,
Den wesenlosen, einen Sinn gegeben:
Der blassen weissen schleierhaftes Dehnen
Gedeutet in ein blasses, süsses Sehnen;
Der mächt'gen goldumrandet schwarzes Wallen
Und runde, graue, die sich lachend ballen,
Und rosig silberne, die abends ziehn:
Sie haben Seele, haben Sinn durch ihn.
Er hat aus Klippen, nackten, fahlen, bleichen,
Aus grüner Wogen brandend weissem Schäumen,
Aus schwarzer Haine regungslosen Träumen
Und aus der Trauer blitzgetroffner Eichen
Ein Menschliches gemacht, das wir verstehen,
Und uns gelehrt, den Geist der Nacht zu sehen.

PARIS
Er hat uns aufgeweckt aus halber Nacht
Und unsre Seelen licht und reich gemacht:
Und uns gewiesen, jedes Tages Fliessen
Und Fluten als ein Schauspiel zu geniessen,
Die Schönheit aller Formen zu verstehen
Und unsrem eignen Leben zuzusehen.
Die Frauen und die Blumen und die Wellen
Und Seide, Gold und bunter Steine Strahl
Und hohe Brücken und das Frühlingsthal
Mit blonden Nymphen an krystallnen Quellen,
Und was ein Jeder nur zu träumen liebt,
Und was uns wachend Herrliches umgiebt:
Hat seine grosse Schönheit erst empfangen,
Seit es durch Seine Seele durchgegangen.

ANTONIO
Was für die schlanke Schönheit Reigentanz,
Was Fackelschein für bunten Maskenkranz,
Was für die Seele, die im Schlafe liegt,
Musik, die wogend sie in Rhythmen wiegt,
Und was der Spiegel für die junge Frau
Und für die Blüten Sonne licht und lau:
Ein Auge, ein harmonisch Element,
In dem die Schönheit erst sich selbst erkennt –
Das fand Natur in seines Wesens Strahl.
»Erweck uns, mach aus uns ein Bacchanal!«
Rief alles Lebende, das ihn ersehnte
Und seinem Blick sich stumm entgegendehnte.

Während Antonio spricht, sind die drei Mädchen leise aus der Thür getreten und zuhörend stehen geblieben. Nur Tizianello, der zerstreut und teilnahmslos etwas abseits rechts steht, scheint sie zu bemerken. Lavinia trägt das blonde Haar im Goldnetz und das reiche Kleid einer venezianischen Patrizierin. Cassandra und Lisa, etwa 19- und 17jährig, tragen Beide ein einfaches Gewand aus weissem, anschmiegendem, flutendem Stoff; nackte Arme mit goldenen Schlangenreifen am Oberarm; Sandalen, Gürtel aus Goldstoff. Cassandra ist aschblond, Lisa hat eine gelbe Rosenknospe im schwarzen Haar. Irgend etwas an ihr erinnert ans Knabenhafte, wie irgend etwas an Gianino ans Mädchenhafte erinnert. Hinter ihnen tritt ein Page aus der Thür, der einen getriebenen, silbernen Weinkrug und Becher trägt.

ANTONIO
Dass uns die fernen Bäume lieblich sind,
Die träumerischen, dort im Abendwind . . .

PARIS
Und dass wir Schönheit sehen in der Flucht
Der weissen Segel in der blauen Bucht . . .

TIZIANELLO *zu den Mädchen, die er mit einem leichten Nicken begrüsst hat. – Alle Andern drehen sich um.*
Und dass wir eures Haares Duft und Schein
Und eurer Formen mattes Elfenbein
Und goldne Gürtel, die euch weich umwinden,
So wie Musik und wie ein Glück empfinden –
Das macht: Er lehrte uns die Dinge sehen . . .
Bitter
Und das wird man da drunten nie verstehen!

DESIDERIO *zu den Mädchen*
Ist er allein? Soll Niemand zu ihm gehen?

LAVINIA
Bleibt Alle hier. Er will jetzt Niemand sehen.

TIZIANELLO
O, käm ihm jetzt der Tod, mit sanftem Neigen,
In dieser schönen Trunkenheit, im Schweigen!
Alle schweigen.

Gianino ist erwacht und hat sich während der letzten Worte aufgerichtet. Er ist nun sehr blass. Er blickt angstvoll von einem zum andern.

Alle schweigen.

Gianino thut einen Schritt auf Tizianello zu. Dann hält er inne, zusammenschaudernd; plötzlich wirft er sich vor Lavinia hin, die vorne allein steht und drückt den Kopf an ihre Knie.

GIANINO
Der Tod! Lavinia, mich fasst ein Grausen!
Ich war ihm nie so nah! Ich werde nie,
Nie mehr vergessen können, dass wir sterben!
Ich werde immer stumm daneben stehn
Wo Menschen lachen, und mit starrem Blick
Dies denken: dass wir alle sterben müssen!
Ich sah einmal: sie brachten mit Gesang
Einen geführt, dem war bestimmt zu sterben.
Er schwankte hin und sah die Menschen alle
Und sah die Bäume, die im leisen Wind
Die süssen Schattenzweige schaukelten.
Lavinia, wir gehen solchen Weg!

Lavinia, ich schlief nur eine Weile
Dort auf den Stufen, und das erste Wort,
Da ich die Augen aufschlug, war der Tod!
Schaudernd
Ein solches Dunkel senkt sich aus der Luft!

Lavinia steht hochaufgerichtet, den Blick auf den völlig hellen Himmel geheftet. Sie streift mit der Hand über Gianinos Haar.

LAVINIA
Ich seh kein Dunkel. Ich seh einen Falter

Dort schwirren, dort entzündet sich ein Stern
Und drinnen geht ein alter Mann zur Ruh.
Der letzte Schritt schafft nicht die Müdigkeit,
Er lässt sie fühlen.

Indem sie spricht, und der Thür des Hauses den Rücken wendet, hat dort eine unsichtbare Hand den Vorhang lautlos aber heftig zur Seite gezogen. Und alle, Tizianello voran, drängen lautlos und atemlos die Stufen empor, hinein.

LAVINIA *ruhig weitersprechend, immer gehobener*
   Grüsse du das Leben!
Wohl dem der von des Daseins Netz gefangen
Tief atmend und nicht grübelnd, wie ihm sei,
Hingiebt dem schönen Strom die freien Glieder,
Und schönen Ufern trägt es ihn –

Sie hält plötzlich inne und sieht sich um. Sie begreift was geschehen ist und folgt den andern.

GIANINO *noch auf den Knieen, schaudernd vor sich hin*
   Vorbei!

Er richtet sich auf und folgt den andern.

Der Vorhang fällt.

AUS DEM NACHLASS

DER TOR UND DER TOD

PROLOG

In dem alten Wien mit Thürmen,
Mit Basteien, Pagen, Läufern,
Lebten vier berühmte, grosse
Gänzlich unbekannte Dichter,
5 Hiessen: Baldassar, Ferrante
Galeotto und Andrea.
Baldassar war Arzt; er spielte
Ausserdem auf einem kleinen
Künstlichen Spinett, aus Noten,
10 Spielte süsse Kinderlieder,
Affectierte Menuette
Oder ernste Kirchenfugen.
Galeotto aber hatte
Ein Puppentheater: dieses
15 Liess er vor den Freunden spielen,
Kunstreich an den Drähten ziehend
Und die Puppen spielten grosse
Höchst phantast'sche Pantomimen,
Wo Pierrot und Colombine
20 Arlechin und Smeraldina
Und noch viele andre Leute,
Ja der Tod persönlich auftrat
Und die Paradiesesschlange.
Und der dritte war Ferrante:
25 Dieser hatte einen schönen
Schlanken semmelblonden Jagdhund
Der Mireio hiess. Der jüngste
War Andrea: sein Besitzthum
War ein grosses, altes, dickes

Buch: die »Gesta Romanorum«,
Voll der schönsten alten Märchen
Und phantastischer Geschichten,
Voll antiker Anekdoten
Und aristotel'scher Weisheit.
Wer dies Buch hat, braucht die Bibel,
Braucht Sheherasadens Märchen
Und die heiligen Legenden
Nicht zu lesen, nicht den Platon,
Nicht die Kirchenväter, nicht die
Fabeln des Giovan Boccaccio,
Denn das hat er alles drinnen,
Alle Weisheit, alle Narrheit
Bunt und wundervoll verwoben.
. . . .
Diese vier nun waren Freunde,
Und an Sonntagnachmittagen,
Namentlich an jenen lauen
Leuchtenden des Frühlings, kamen
Sie zusammen, um zu plaudern.
So geschah es eines stillen
Blauen Sonntagsnachmittages
Dass in Baldassaros Stube
Dieser selbst und Don Ferrante
An dem offnen Fenster lagen
Halbverträumt, indess der gute
Hund Mireio auf den Pfoten
Seinen Kopf gebettet hatte
Und tiefathmend schlief. Da musste
Ihn ein böser Traum bedrängen
Denn er stöhnte tief und ängstlich
Bis sein Herr ihn endlich weckte
Den er dann mit grossen feuchten
Augen dankbar ansah. Dieses
Stöhnen des beklommnen Thieres
War als wie das Wehen einer
Fremden Macht. Die dunklen Saiten
In der beiden Freunde Seelen
Waren angerührt und bebten

Dumpf erregt und schauernd weiter,
Und die Schwelle ihrer Seele
Sandte jene tiefen Träume
Urgeborner Angst des Lebens
5 Aufwärts. In den schwülen irren
Wind des Frühlings flogen ihre
Phantasien: »wie das dunkle
Blut in unsren Adern waltend
Sinnlos, rettungslos, unfassbar,
10 Tod gebären kann in einem
Athemzug, wie es die höchste
Wundervollste Fieberwonne,
Feuriger zusammenrauschend
Schenken könnte, unermesslich
15 Grosse Wonne des Erlebens
Allen Lebenden verwehrte ... «
Dunkler immer, wachsend grausam
Wurden diese Phantasien
Bis sich an das Clavicimbel
20 Baldassar schwermüthig setzte
Und in dunklen Mollaccorden
Sehnsuchtsvoll und schmerzlich wühlend
Diesen Druck von ihnen löste.
Dunkelglühend schwebten schwere
25 Feierliche Wellen aus dem
Fenster und verschwebten leuchtend
In dem Glanz des Frühlingsabends
Über der Sanct Carls Kuppel.
. . . .
30 Unterdess die beiden andern
Hatten sich in Galeottos
Haus das Stelldichein gegeben
Um von dort zu Baldassaro
Gleichen Weg zuzweit zu gehen.
35 Dieses Haus war in der Wollzeyll,
War ein altes steinern graues
Dunkles Haus, mit ausgebauchten
Eisengittern an den Fenstern;
Auf des Thores Pfosten waren

Links Diana und Endymion
Rechts der Held Coriolanus
(wie die Mutter ihm zu Füssen
liegt, die Frau von hohem Adel)
Aus dem grauen Stein gemeisselt.
Links und rechts von diesen Pfosten
Waren reinliche Butiken:
Links ein Gärtner, rechts ein Jude
Der mit schönen Alterthümern
Schacherte. Bei diesen beiden
Blieben stets die beiden stehen:
Galeotto rechts: verlockend
Grinste da ein elfenbeinern
Thier, der Hund des Fô aus China;
Auch die bronz'ne Frauenbüste
Aus des Donatello Schule
Lockte und am meisten jenes
Uhrgehäuse, von dem guten
Meister Boule mit Ornamenten
Schön geziert, indessen um das
Zifferblatt metall'ne Menschen
Wanderten, ein Stundenreigen,
Den Saturn als Sensenträger
Mit tiefsinn'ger Miene führte.
Ferner waren aufgeschichtet
Sonderbar geformte Waffen
Persersättel, Maurendolche,
Rostig alte Hallebarten
Goldgestickte Seidenstoffe
Meissner Porzellanfigürchen
Und geschwärzte alte Bilder.
Und Andrea blieb am liebsten
Auf der andern Seite stehen
Bei den hohen Henkelkrügen
Angefüllt mit rothen Rosen
Mohn und schlanken Feuerlilien
Bei den Schüsseln wo auf tausend
Dunkelsammt'nen Veilchen reife
Trauben, golden rostig, lagen

Bei den lichten, leichten Körben
Voller Flieder und Akazien.
Und weil Sonntag war, so wollte
Keiner eine kleine Freude
5 Sich versagen. Galeotto
Kaufte einen zierlich spitzen
Kleinen Dolch; der blauen Klinge
Toledanerstahl verzierten
Koransprüch und Arabesken.
10 Und Andrea kaufte Rosen
Einen lockern Strauss von lichten
Rosa Rosen. In den Gürtel
Steckte der die Blumen, jener
Seine Waffe und sie giengen.
15 Aber Galeotto sagte:
»Rosen und ein Dolch, Andrea,«
»Eines Dramas End und Anfang.«
Doch Andrea blieb die Antwort
Schuldig, denn er suchte nach dem
20 Namen jenes Käfers, dessen
Goldig grünen, blinkend blauen
Flügeldecken er die Kuppel
Von Sanct Carl vergleichen könnte,
Wie sie jetzt herüberglänzte,
25 Denn er liebte die Vergleiche.
Und sie giengen schweigend weiter
Durch die stillen Sonntagsstrassen
Über deren schwarzen Giebeln
Und barocken Steinbalconen
30 Schweigend blauer Frühlingshimmel
Leuchtend lag und niederschaute.
Wie sie nun des Baldassaro
Haus auf wenig Schritte nahe,
Drangen jene schwellend dunklen
35 Tönewellen aus dem Fenster
Und es schien den beiden dieses
Tönen als die letzte schönste

Unbewusst vermisste Note
In der allgemeinen Schönheit.
. . . .
Und Andrea warf die losen
Rosen in das Glühn und Beben
Dieser Töne, in das Fenster,
Als die Boten ihres Kommens,
Wie ein grosser Herr wohl kleine
Rothe Pagen auf dem Wege
Laufen lässt, die ihn verkünden.
Und in jener beiden Schwermuth,
Deren Ursach sie nicht wussten,
Drang das Lachen der zwei andern,
Die hinwiederum nicht wussten
Welcher Grund sie fröhlich mache.
Doch sie wussten alle viere
Dass die leichterregte Seele
Wie ein kleines Saitenspiel ist
In der dunklen Hand des Lebens . . .
Dämmerung begann inzwischen;
Auf dem Himmel, der noch licht war,
Schwebte über schwarzen Dächern
Silberglühend auf der Mond,
Den der gute Hund Mireio
Feindlich knurrend aufgerichtet
Ansah, wie ein dunkler Dämon
Einer heil'gen Lotosblume
Silberblüthe feindlich anschaut.
Rother Kerzen goldne Flammen
Zündeten die Freunde an und
Leise las Andrea ihnen
Eine seltsame gereimte
Kleine Todtentanzcomödie.

DAS GLÜCK AM WEG

N 1
        Das Glück am Weg.

Mühle des Meindert Hobbema[1]
Grundidee von Beer Hofmann

Dorothee des Müllers Tochter
Lili
Miss Gooseberry
Ein fremder junger Herr
Chor der Mägde in der Ferne

  a.) Chor Lebensvergänglichkeit, dämonisch umgeben. wie Hochzeits-
      linnen, Windel und Todtenhemd im grünen Nixenteich
  b.) Dorothee singt eine Strofe nach, plaudert sinnend.
  c.) Lili dazu. Kleesuchen gespräch
  d.) Lili und der Fremde
  e.) Dorothee und der Fremde
  f.) des Glückes Abschied

N 2
        Melodram.

Bank auf der Mauer. (Bank der Liebe) Fluss, Strasse vorne.
Chor der waschenden Mägde in der Ferne.
Lili auf der Mauer. spricht die letzte Strophe nach, glaubt nicht daran,
dass Glück und Leid so eng an einem Stengel hängen.
Bräutigam kommt.: beide sitzen auf der Mauer: er sieht die Welt

---

[1] *Am Rande* Dubray!! Wie grüsst das Glück?

(Bäume, Fluss): »von der Bank der Liebe«.
Sie gehen von der Mauer weg.
Unten im Röhricht taucht eine Nixe auf.
ein alter Mann. (Avegeläute im Abendwind)
ein Page mit einem Windhund (Liebeslust)
der Tod er hat hübsch weit in der Stadt noch zu thuen
		am Weg hat er an ein bestimmtes Fenster geklopft, drin stirbt
		ein Kind, dessen Mutter kommt er h⟨olen⟩ Mutter Gottes.
Madonna erleuchtet sich verschiedene knien nieder.
Zuletzt blasse Frau mit Kind. Da tritt der Bräutigam aus der Thür:
sie redet ihn an. er hat ihr Weh gethan. sie verzeiht ihm: das Leben ist
eben so: oben zwischen wilden Rosen lauscht die Braut Sie weint
nicht, sie wird nichts reden, ihr ist nur als ob ihr Herz einen Sprung
bekommen hätte: so ist eben das Leben.
Bühne leer: Flusswellen murmeln im Mond die letzte Strophe.

LANDSTRASSE DES LEBENS

N 1
    Landstrasse des Lebens. Glück am Weg

Er im Leben wurzelnd. Jäger (images palpitantes; Riedinger;)
Vogel, Lux, Strom, wurzelnder Baum, Krieg sind ihm vertraute
Mächte mit denen er redet; er baut; er beherrscht Menschen; er weiss
worin die Dinge bestehen;
Sie tritt aus einem Märchengarten, alles sind ihr phantastische
Dämonen.

Brehms Thierleben lesen

Am Ende versteht sie den Spruch: Vulnerant omnes ultima necat

Allegorie: Schönheit und Liebe reden über ihr Verhältniss zueinander.

Gespräch in der Nacht fragmentarisch durch Wind und Dunkelheit

N 2

Still und traulich sind die Gassen
Das macht die Nacht ⟨der⟩ Mondenschein
Im Käfig flötet die Nachtigall
Am offnen

N 3

Garten in Döbling.

Vergangenheit	1830, heiter lieblich beschränkt
Zukunft	über dem Wasser wehend
Gegenwart:	ich hab und halte Euch und alles.
Schattenschwestern	lebt von meinem Blut.

möglicherweise als allegorisches Vorspiel zur Landstrasse des Lebens
im Dürer'schen Stil

N 4
13 VI 93
     Vorspiel im Dürerschen Stil.

Gegenwart: Ich habe und halte den athmenden Tag!
     Du träumest ich lebe, du sehnest ich **mag**!

1 H
   Landstrasse des Lebens.

Gegenwart.

Ich habe und halte den athmenden Tag.
Mir rauschen die Bäche mir blüht der Hag.
Mit goldenen Äpfel⟨n⟩ zu Lust und zu Leide
Ihr Schatten, ihr Schwestern ernähr ich Euch beide.
Ich bin, was ihr träumet, ich bin was ihr sprecht
Und heisst ihr mich Leben so nennt ihr mich recht.

2 H
⟨Zukunft⟩
Nie füllt sich das Heute ganz
Mit Beben und Sorgen
Dient es dem Morgen
Ist nur ein Bote Glanz
Ist unzulänglich,
Schal und vergänglich
Ist nur geliehen
Sich auf ein höheres
Erst zu beziehen
Meinst Du zu leben
Schwester Du ahnest nur
Leben es ist nur Schein

Erfüllung ist mein
Traumhafte Spur
Erfüllung bin ich!

Vergangenheit

Was zerrst Du mich Schwester hier heraus
Wie schmerzt dies Licht dies wirre Lärmen
Wie mich verwirrt der Tagesbraus

G⟨egenwart⟩

Willst Dich lieber in Grotten härmen

⟨Vergangenheit⟩

Glück ist am andern Ufer daheim
Am asphodelischen Ufer
Im schattigen schönen Land
Da wandeln weiss und still
Die schlanken Todten Vergangenen Tage
Zwischen schmalen dunklen Lorbeerbäumen
Und mit ihnen die Träume
Die sanften entsagenden Träume
Die Kinder der Morgendämmerung
Wenn blasser Morgenmond den Himmel ziert
Den Himmel blass wie rosa Haidekraut
Da wandeln die guten vergangenen Tage
Die lächelnden und mit mystischen Augen
Und blassen Gesichtern die Tage der Thränen
Auf silbernen Sohlen mit schweigenden Lippen
Gegürtet mit unbegreiflicher Schönheit.
Deine Geschöpfe sind hässlich Dein Tag ist hässlich

G⟨egenwart⟩   Mich grüssen die athmen
Z⟨ukunft⟩   Doch nennen sie mich
V⟨ergangenheit⟩ Mich grüssen Die sterben. wie grüssen Die Dich
Z⟨ukunft⟩   Mich suchen sie wandernd auf ewigen Wegen

V⟨ergangenheit⟩ Sie Weinen wenn sie sich zum Sterben legen
                Doch ist es vom Leben so schwer nicht zu scheiden
                Nein nur von vergangenem Lieben und Leiden

3 H

Der Garten auf einem Hügel. Terrasse schroff abfallend Darunter Landstrasse. Da wirft der launische Wind sich manchmal hinunter und reisst Arme voll Blüthen und Bienen und Rosenkäfer mit und Duft von Flieder, Jasmin und Goldregen. Er selbst kreist weiter über den Fluss hin über ferne Wiesen und Pappelalleen und Dörfer; er hat sein Nest in einer hohen alten Kastanie

Ausser dem Wind wohnt nur die Liebe in dem Garten.
Gewitter das die Liebe unter dem Baum verträumt, dann fallen aus dem blauen Himmel laue duftende Tropfen. Auf der Landstrasse unten wandert das ganze Leben vorbei: Schulkinder, Studenten die singen, mit ihren Hunden, junge Mädchen, der Tod fährt in einem einspännigen Zeiselwagen einen alten Herrn, Handwerksburschen, vornehme Reisende zu Pferde, Bettler, das Glück incognito
Auf den Wegen Tauben.

N 5

Landstrasse des Lebens.

2 polnische Juden

einer klagt lange: schliesslich: Ich sag Dir, Löb, das Leben ist nicht schön
Der andere: Weisst Du was besseres?

4 H

f d Landstrasse d Lebens   Fusch 18 VII 93

Hirtenknabe singt

Am Waldesrand im Gras
Hab ich geschlafen;
Goldne Sonnenpfeile
Dicke heisse trafen

Meine Augenlider
Meine kühlen Glieder.

Hatte an meinen Arm
Angeschmiegt Stirn und Wang
5 Träumte so, tief und lang,
Träumte so, warm und bang:
Und ich war nicht allein
Zu meiner Schläfen Blut
Rauschte ein fremd Geräusch
10 Leise herein.

Meint' ich läg im Arme
Der Geliebten da
Still dem leisen Fliessen
Ihrer Adern nah
15 Hörte mit geduckten
Und gespannten Sinnen
Ihres Lebens Leben
Leise rauschend rinnen.

Kühler Wind weckte mich
20 Doch Rauschen blieb
Und Traum und Blut
Zu Kopf mir trieb.
Heiss sprang ich auf
Und liess den Ort,
25 Doch leises Rauschen
Umgab mich fort ...
Aber allein! und kalt!
Unter dem dunklen Wald
Rauschte mit fernem Schwall
30 Leise der Wasserfall
Leise empor
Jetzt wie zuvor ...

Was ich an mich gedrückt
Was mich so warm beglückt
35 Lässt mich im weiten Raum
Schauernd allein
Lässt mich und weiss von nichts

Scholl in mein Leben
Fremde hinein.

N 6

Spaziergang in Salzburg, Ende September 1893.

Die Landstrasse, Ahorn und Platanen beiderseits, rechts läuft ein
Park, im Schatten des Parks ein Lebenslohn, verfrüht, nicht was das
Ende der Wanderung verheisst: Erfahrung
über der Mauer auf dem Abendhimmel die Silhouette der Bergstadt;
links und rechts rechteckige Weiher; an einer Stelle tritt der Fluss mit
Rasenbänken, Weiden und Geschiebe idyllisch hinrauschend an die
Strasse.

Michi mit dem braunen vorn über fallenden Haar
Jagdherr (Riedinger, Alfred Berger)
Tod im Zeiselwagen
Jägerbursche

Motiv des Thors von Italien

die spiegelnden Weiher, Spiegel der Erinnerung

N 7

lyrisches   17 XII. ⟨1893⟩
            Landstrasse des Lebens.

verschieden gestaltete Bäume reden lassen

Kerze ausblasen = den flirrenden Schleier der Maia wegwerfen und
ins dunkle wesenlose Meer tauchen

grosser Mensch – grosser Baum in dessen Schatten wir ausruhen

auf seine eigene Seele hinabschauen wie auf den geheimnisvollen
unerreichbaren Grund eines tiefen durchsichtigen Sees; hinunter-
tauchen. Lebensluft verlassen.

WO ZWEI GÄRTEN ANEINANDERSTOSSEN

N 1

wo zwei Gärten aneinanderstossen. (Verona 20ter)
er. euphorionhaft. mehrmals will er schon sagen: Jetzt komm ich hinunter. immer hält ihn wieder etwas an ihr ab   schliesslich geht er doch
wo anders hin.

bleiben sie so: so sind sie keine Last. jede Creatur gelüstet es nach der andern   ich liebe ihr Leben. lassen sie mich heroben   was sehe ich nicht alles von hier: wie das Bergland rückwärts die Wolken hervorbringt. in der Arena spielen 4 Ball. unten lässt ein Reisender seine Pferde tränken   in den Maisfeldern sind sie fleissig, leiten Wasser in die Reisgräben, alles Wasser aus den Bergen   so weise vertheilt in die Pferdeschwemme, die Cascaden meiner Villa, die Reisfelder   unten seh ich die Gräber der gewaltigen Ahnherrn
Last: auch diesen Garten zu thürmen war schwer   nun steht er eben, dieses Wasser einzufangen schwer: nun rinnt es eben   so klug und schön: o wie freuen mich die Werke
sieh und das ist meine Stärke
             Frauen freuen nie die Werke so.
You wish to idle away my time: am Wasser soll dies gesponnen   und am Bosquet das wieder aufgetrennt werden. abends vielleicht das alles, nicht am morgen.
Anfang: ihr könntet auch zu mir herunterkommen: freilich könnt ich wenn ich nicht gerade eine so grosse Vision von diesen Kleinigkeiten hätte,
– Nun so bleibt oben – der Schlüssel liegt da und da.

1 H

		stören
er:		wie?

⟨sie:⟩ vielmehr verwirren
er vergisst völlig den Schlüssel zu holen, sieht sie von oben eine Weile 5
aufmerksam an.
⟨er:⟩ doch warum denn nur wenn einer
        Dinge sieht, der andre nicht
sie: was für Dinge
er: tiefe Schatten   10
        die wir werfen
sie: doch wer sieht sie
⟨er:⟩ immer wenn wir uns bewegen
sie: nur wer fängt sie auf
er: der grosse   15
        Abgrund rings um uns
sie: zuweilen
er: immerfort ist grosse Zeit
        Schicksal fängt nicht einmal an.
        immerfort gelüstet es   20
        jedes Wesen nach dem Nachbarn
sie: welche sonderbare Rede
        welch ein sonderbares Wort
er: Wasser steht, uns zu verschlingen
        rollt der Fels uns zu erschlagen,   25
        kommen schon auf starken Schwingen
        Vögel her uns fortzutragen
        Aber das ist er⟨st⟩ am Rand
        in der Mitte im Gewühle
        wird das Wort erst völlig wahr   30
        kaum begreift sich⟨'⟩s im Verstand
        besser ahnens die Gefühle

Z. 2–16: *am Rand* Morgengespräch: Guten Morgen. wie? nun ja
                Abendgespräch: sind wir bin ich sind wir beide...

N 2

wo 2 Gärten aneinanderstossen.

niedriges Gatter dazwischen: er wirft einmal aus Zerstreutheit einen Brief (den einer Verlassenen) hinüber dann einen Stein einer Katze nach. eines Morgens taucht ein Kopf auf: die kleine Schwester der Tänzerinnen. er küsst sie. da wird ein fremder Mensch angemeldet. Der Bruder der Verlassenen. ein Jesuitenzögling. es kommt zu einem unerbittlichen Dialog. der Bruder stösst ihn nieder. (Als Zwischenfigur vielleicht der Kleine, dessen Mutter gestorben ist der ihn bittet mit ihm zu ringen.)

vor dem Tod zum Kleinen: so ist das Leben, nütz es besser.

I. er erhält den Brief wirft ihn halbgelesen weg, dichtet weiter. so ist das: eine Raupe, eine zertretene Frau, ein Vorübergehender haben gleichviel Werth. eigentlich muss einen das cynisch machen. es kommt der Freund.

GARTENSPIEL

N 1

        In einem kleinen Garten.
frühe Stunde. Die Schwestern kommen herunter. Sie erzählen von der Nacht. Man will spielen. Die Schwestern sind zu müd. es ist besser die Wahrheit zu reden. über einander. dann über das Leben. dann gehen einige. 2 oder 3 bleiben zurück

N 2

        Gartenspiel.
    in einem Garten vor Sonnenaufgang

4 Tänzerinnen
3 junge Leute
wenn ihr tanzt gehen alle Leute ins Theater nur die ganz alten Männer und Frauen und die Kinder nicht. Heute sind alle wach geblieben, manche in die Kirchen gegangen, manche in die Gärten. unter einem Sottoportika hab ich ganz kleine Mädeln gesehen Euren Tanz nachmachen Bauernprocession ist, um Regen zu bitten.

am Ende vom Stück muss etwas sonderbares sein.
es muss sein, dass alle sich verneigen und etwas in Reimen sagen: die Wahnsinnige der Mönch der Liebende und immer jeder vor dem andern, zum Schluss geben sich alle die Hand, da geht die Sonne auf und es regnet.

    1. Früchte essen, den Thieren zusehen
    2. etwas von gestern abend erzählen
    3. ihr solltet tanzen

4. ein Spiel
5. lieber Theaterspielen

Isabella   – Antonia
Beatr⟨ice⟩ – Miranda
Dienerin   – Bettina
Tod   – Ersilia
Mönch   ⎫
Virginio   ⎬
Gärtner   ⎭

für den der den Virginio spielt hat eines der Mädchen zufällig ein Costüm mit
es soll niemand zusehen als die Bäume.
ein Perlhuhn läuft zufällig über die Scene

N 3

ich will den Tod spielen – spiel nicht mit solchen Sachen – nicht eine Todte   nur der Tod.

zuerst sagt eine die Wahrheiten: man bricht ab weil eine andere fürchtet sie wird ihr etwas verletzendes sagen. dann setzt ein junger Herr fort

Das Mädel: einem der Herren sehr bittere Wahrheiten: er ist gleichzeitig ein Dichter und ein Streber
übers Leben: Hab es lieb aber so wie ein Herr einen schönen Diener lieb hat   nicht mehr, nicht mehr!

die dumme lässt sich ihre Verse von dem Mönch sagen.

Schio sagt: nun ich will mir eine Maske machen als Mönch und giebt einen, halb zum Intriganten hergeschickt   halb voll Interesse am Leben.

N 4

Ersilia   sie meint krank zu sein   spielt den Tod   erzählt die Geschichte von den 2 alten Leuten im Publicum
Antonia ist ein bischen schwer   die mit dem furchtbaren Erlebniss
    spielt die Isabella   fürchtet sich ein bischen vor der Miranda
    (so wird das Wahrheitsspiel abgebrochen)
Miranda   der Minnie ähnlich   spielt die jüngere Schwester Bettina
die Sophie Barrison   sie will den Tod spielen

N 5

    Verona 21ter früh

Verse mit denen Ersilia als Tod den Reigentanz anführt
    Die kleine Mücke kann das grosse Glück
    den Schlaf den schönen Gott verscheuchen

N 6

Bettina: wie redet sie mit ihm   man weiss kaum
         sie kennt ihn doch nicht   ob in der Rolle
Gärtner: das ist in ihrer Art, sie   oder nicht
         muss sein wie ein Kind

N 7

    die beiden Alten Le⟨ute⟩ in Verona

das Warten mit dem Geld in der Hand   ganz wie das Warten der Kranken, die ganz vergessen worauf sie gewartet haben. sein leises Geräusch bei jedem Athemzug erinnert an ein Krankenzimmer. sie sieht manchmal nach einer Ecke wie ein Mädchen im Ballsaal   er ins Leere wie einer dem ein neues Land auftaucht   während des Gefrorenes essens werden sie müde wie bei einer langen Arbeit   einem langen Weg   während mir auch bei einem Weg über ponte navi es vorkommt wie ein langer Weg. ihr Reden ist sanft »ganz Demuth« wie wenn sie ihm etwas abschmeicheln würde: das war ihre Lieblichkeit und ihre Coquetterie: was für ein merkwürdiger Process ist diese Umbildung: denn weg ist ja nichts nur umgebildet.

wenn sie auf den Boden schaut hat sie etwas sinnend böses wie eine
Dürerfigur, als ob sie böse Hunde Leben Traum und Tod ansehen
möchte, durch den leeren Raum zwischen Augenlid und Augen-
bogen

wie sie stehen geht sie ihm unter die Schulter sie geht vor ihm her

N 8
                    Gartenspiel   Scenarium.
                    Scenarium.

3 jungen Leute ich bin sicher, sie schlafen noch. Übrigens eine sonderbare Stunde war das jetzt. also klopfen wir. was wir da begegnet
haben sind lauter Leute denen die Möglichkeiten unseres Geschickes
gar nichts bedeuten würden. wir haben ein bischen zu viel von Aeols-
harfen an uns. (man hört eine) klopfen wir.
Miranda hinter einem Vorhang. ich komme aber nur wenn die andern
auch wollen.
kommen zu 2 und 2. Miranda mit der Rose im Mund
Vorschläge Obst essen, die Thiere ansehen. Perlhühner, weisse Pfauen,
Affe, Turteltauben.

N 9
                    Scenarium.

mit dem Durcheinanderlaufen beim Spiel erschrecken sie Turteltauben die aufsteigen und betäubt durch den Duft der Wipfel hintau-
meln

N 10

Virginio – Salimbene
Mönch – Chieregati
Gärtner – Schio

Salimbene verliebt in die Tina di Lorenzo
Chieregati schwankend, hat sehr früh verstörende Erfahrungen ge-
         macht, mit seiner Schwester. (siehe diese Seite unten,
         Mönch)
Schio: egoistisch

Theaterspiel.

Isabella zuerst sanft, in dem Blüthenton. dann wie sie durch den Anblick des Bruders fühlt dass es nicht aus ihr herauskann sie sich nicht davon fortstehlen kann, will sie sich schon lieber auf das bebende Thor des Todes stürzen.

im ersten Zustand: sie ist wie eine, in die Erde gelegt, so nahe der Oberfläche dass ihre Lider den Fusstritt von laufenden Ameisen spüren. sie meint eine animalisch transfigurierte Vorstellung der Welt gewinnen zu können; »nur Erdrisse, gefällte Bäume darf sie nicht sehen« hat der kluge Mönch verordnet (der Mönch zu den Gärtnersleuten)

vom Mönch sagen sie dass ihn der Cardinal hergeschickt hat. Mönch. früher hatte er eine ähnliche Aufgabe: einen jungen Carrara in Padua aus Büchern und Gebet zu weltlichem Ehrgeiz zu führen. ich wachte einmal auf und fand meine Geliebte todt in meinen Armen

im ersten Zustand: sie fühlt's wenn selbst recht weit von ihr ein Kuckuck die fremden Eier aus dem Nest wirft

N 11

Gartenspiel

Bettina reicht die Früchte Schio die Schüssel

N 12

Widmung für das Gartenspiel:

Früchte essen von einem Teller und zugleich dabei das merkwürdige Bild anschauen, aber das hat nichts miteinander zu thuen. O nicht trennen nicht trennen es hat alles miteinander zu thuen. immer ist Schicksalsstunde von jedem Druck der Luft sind wir ein Spiel.

Miranda erzählt zuerst den Hauptinhalt von der Geschichte (dem Stück) auf der Terrasse steht eine barockstatuette: ein Knabe der den Kopf zurückwirft auf einem Einhorn

Tanz am Schluss

Tod führt an. ihr grüssen   Virginio und Antonia stellen sich nach Tour de main links   ihnen kommen Mönch und Beatrice entgegen: Mönch begrüsst in Antonia die Möglichkeit des Heroismus, Beatrce in Virginio den Mann der der erste ist und nie Gatte wird. nach Tour de Main treten Virginio und Antonia rechts, Mönch und Beatrice links werden von Gärtner und Dienerin die frisch hinauftreten begrüsst, Mann vom Mann Frau von der Frau als höhere Wesen   dann en avant Bas

Ende des Stückes: Mönch sagt   sie braucht eine andere Kammerfrau ja mich   sagt der Tod von rückwärts hertreten⟨d⟩
sie ist früher halbsichtbar hinter der Terrasse gesessen
alle erschrecken ein wenig.

die jungen Leute: Salimbene
                   Chieregati
                   Schio

Bettina reicht die Früchte, Schio die Schüssel

N 13

Dienerin: wie sie, aus den Armen gelassen, gleich wieder in der unterbrochenen Bewegung (eine Schüssel zu tragen) fortfährt. ihre Stimme und ihr Lachen farblos wie ihr Kleid.

N 14

Gartenspiel

von Virginio weiss man nichts als dass er das erlebt hat. Aber das ist viel wenn man das grösste Erlebnis von einem Menschen weiss. Es ist der Schlüssel der ihn aufsperrt

Isabella: ihr Wahnsinn ist so, dass sie immer weitercomponiert von einem kleinen gegebenen, wie der Traum. Einwürfe stören sie nicht denn sie sieht den der mit ihr redet so klein ganz klein in einer grossen opalinen Landschaft sie weiss dass ihr Traum nicht das Leben ist aber er ist gleich daneben   gleich da, leichter als ein hängender Becher umkippt kann das Leben umkippen und der Traum da sein

nur ein paar ist ineinander verliebt: zwischen den anderen ruhige Beziehungen: erzählen sie mir wie das war, wie sie sich in die Dina di Lorenzo verliebt haben. er erzählt den Anfang vom souper chez Mad⟨ame⟩ Rachel

Bettina: wie sie das macht dass der Kopf nicht fest zu sitzen scheint. Antonia ist die grösste Schauspielerin unter uns, aber sie ist aus Schamhaftigkeit Tänzerin geblieben – ich will keine Schauspielerin sein – sie will ihr Leben nicht prostituieren, nur bis zu einer gewissen Grenze sich hergeben.

Begrüssungen: Virginio sagt dem Tod, Du bist die grosse Flamme hinter meinem Leben
Isabella – Antonia sagt: und fängt wieder zu weinen an

NB. zur Widmung: bedenkt wie viele Träume immer um uns schweben mit uns aus einem Becher trinken, ja unser Leben sind. sucht nichts weiter im inneren.

N 15

Notizen zum Gartenspiel.

ins Glashaus geht auch Antonia sich die Robe zu der Maske holen ausserdem Schio in dem Anzug des Gärtners

ihr erstes herunterkommen eine nach der andern
Miranda eine Rose zwischen den Zähnen, eine die Rosen in beiden Händen

N 16

das Detail vom chinesischen Gefangenen mag der Gärtner erzählen, als verlegenen Anfang: »was machst Du da« wie sie die Dornblätter ineinander flicht

Miranda mit der Rose im Mund antwortet dem Chieregati im Anfang immer:

hm hm̀ hm hm hm hm̀ hm hm̀ hm hm hm
hm hm̀ hm hm̀ hm hm̀

im Spiel mit Virginio ist sie ganz Demuth, macht aber einmal die Geberde dass sich alles auf Chieregati bezieht, der zur Seite steht im Anfang: Miranda erzählt etwas, wie Chieregati dazukommt, bricht sie ungezogen ab

N 17

Gartenspiel

Züge der Antonia (Aurelie)

la Savoie et son duc sont pleins de précipices

N 18

la Savoie et son duc sont pleins de précipices

> nous qui sommes
> de par Dieu
> gentilhommes
> de hauts lieux
> il faut faire
> bruit sur Terre
> et la guerre
> n'est qu'un jeu

N 19
näheres Scenarium.
                        Chieregati – Miranda.
sie winkt ihm sich zu setzen, setzt sich selbst auf die Balustrade.
sie: und wozu glauben sie dass diese Dinge eigentlich führen werden mit der Zeit? zu ermüdenden Schmerzen nicht?
er: was für Dinge eigentlich.
sie: nun diese Morgenbesuche, abendbesuche   Salimbene ist der älteste Freund meiner 2 älteren Schwestern   Schio hat eine

flirtation mit meiner kleinen Schwester aber sie o sagen sie mir aufrichtig über Schio: ist seine Lustigkeit echt

— — —

er: alt? sie sind doch ganz jung.
sie: ja, meine Haare sind jung, das (fällt über ihr Gesicht) aber innerlich ich brauch nicht 2mal Erfahrungen zu machen. ich habe die menschliche Schwäche gesehen, meine und die der anderen. ich sehe jetzt diese Möglichkeiten, aber sie machen mich ungeduldig, ich möchte ermuthigendes sehen etwas was gut ausgeht (sie hat das Erlebniss der Ersilia immer schwerer und unschöner werden sehen, das der Antonia völlig traurig: fuggite i tristi inganni o non amate gia mai)
er: so sprechen wir von etwas anderem. plaudert: von Reisen, Löwenjagd über den Charakter des Schio über Charactere junger Männer überhaupt
⟨sie:⟩ ja. sprechen wir von etwas anderem.
sie nimmt die Rose und sinnt. er nimmt ihr die Rose wirft sie fort.
sie: die Arme fallen herunter starrt vor sich hin?
er: sind sie bös
sie: also sprechen wir davon, die Rose hätte keinen Platz.
er: wo
sie: bei uns.
nur

nach dem Wahrheitsspiel. er zu ihr: ich hab mich über sie geärgert, wie haben sie nur wieder so spielen können
Miran⟨da⟩: Souvent femme varie bien fol qui s'y fie!

N 20

Bettina

Schio: o red von Dir

Bettina: ich bin leichtsinniger als meine Schwestern, auch merkt man mir alles zu schnell an. Meine Züge sind wie zu schwache Federn die alles durchlassen. Miranda ist ungeheuer gescheidt und die Antonia die begabteste. Aber alle sind sie so gut. Mir kommt manchmal vor ich könnte alles ganz anders erleben wenn ich mich mehr zusammennehmen könnte. ich bin etwas étourdie. wie ich kleiner war, bin ich so schlampig halb unter'm Auskleiden eingeschlafen, da das grosse Himmelbett, daneben meine Schwestern, im Lichthof meines Vaters Reden, Tausend und eine Nacht aber immer wieder dieselben Geschichten. Von manchen Sachen hab ich die Geschichte so gern, aber in Wirklichkeit find ich die Sache dann enttäuschend, andere find ich so schön und hasse sie aufgeschrieben oder auch nur ausgesprochen zu sehen. Du musst mir ein Buch leihen, sie riechen nach Sandelholz und Cigarettenrauch, »mir kann doch alles noch gescheh'n.« ihre Thiere, die werd ich nie verlassen auch wenn sie alt werden. Meine Schwester Ersilia fürchtet sich so vor dem Sterben.

Theaterspiel

Gärtner und Bettina: Blätter ineinandergestochen. chines⟨ische⟩ Strafe. ein Gärtner weiss viel. Sandelholz, andere Hölzer wie Aprikosen, australische nackte Bäume Kiwi Känguruh, Schnabelthiere. Australien soll Pietro di Valle entdeckt haben sie ist schläfrig wegen dieser Nacht. sie: habt ihr nicht ein Pferd gesehen? er weiss nicht gleich wo das hinaus will: ein Pferd? nun ja. ach richtig das hat der Cecco genommen. ist das wahr diese Geschichte von unserer gnädigen Frau.

N 21

er: ach die andern
sie: o die andern sind gescheidt und gut   sie haben mich so verwöhnt z.B. wie wir in der Stadt gewohnt haben haben 2 zusammen gewohnt und ich allein in einem so grossen Zimmer mit einem Himmelbett von diesem Himmelbett aus hab ich das Leben der andern miterlebt

sie: Du musst mir wieder ein Buch leihen
er: hast Du denn diese Bücher gern
sie: es ist eigentlich alleseins   nur der Geruch hat mir so eine Freude gemacht
er: hast Du denn Bücher gern
sie: Tausend und eine Nacht etc

     weisst Du ich bin dumm. ja ja direct schwach im Kopf. mir kommt alles hübsch und verlockend vor, auch die schlechten Sachen,

Eisenbahnfahren schön ich bin manchmal fromm manchmal frech. ich kann keine Ordnung hineinbringen.

wie er etwas sehr nettes sagt fängt sie von dem Affen an, nachdem sie ihn mit einem zerstreuten verliebten Lächeln angehört
magst Du ihn nicht meinen Affen,
xxx mässig
sie hat eine merkwürdige Intensität im beobachten von Thieren den Perlhühnern sieht sie an dass ⟨sie⟩ sich gestritten haben.

N 22

Gärtner: ein ganzer Schwall von Erklärungen, an deren Ende er sie küsst

wie der Stoff des Stücks erzählt wird sieht Ersilia ängstlich Antonia an: diese! Ja, das werden wir spielen.

Australien: Blüthen von grünem Fleisch mit scharlachrothen Lippen die schreien und murmeln

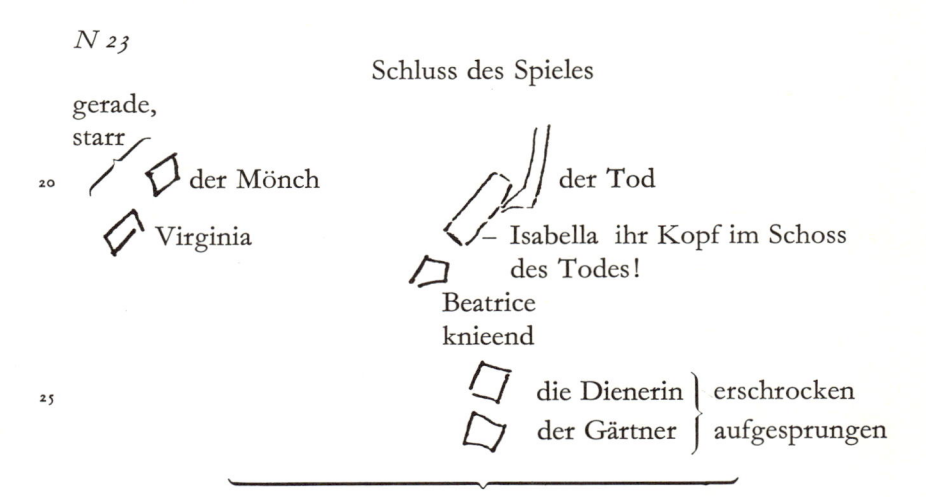

N 23   Schluss des Spieles

gerade,
starr
   ▱ der Mönch   ▱ der Tod
   ▱ Virginia   – Isabella ihr Kopf im Schoss
                       ▱   des Todes!
                    Beatrice
                    knieend

                   ▱ die Dienerin ⎤ erschrocken
                   ▱ der Gärtner ⎦ aufgesprungen

einen Augenblick   dann die Verwirrung eines instantané:
alle schütteln die Suggestion ab
Händeklatschen Antonia bricht in Tränen aus.

N 24

Gartenspiel   das Gedicht aus Verona
Es finden sich
        Gefährten
die schwebend unbeschwerten
Abgründe und die Gärten
des Lebens tragen uns

das Ganze auf das hinaus: der Augenblick ist alles

alles Glück ist im Leben drin, ohne Arrangement man muss es nur herausreissen, den Moment so erfassen wie er in einem Kunstwerk eingeurnt ist, so im Herumgehen mit der Gerty (gerade mit diesem definierten Wesen) am Markusplatz ein Glück identisch vagem Herumschweifen in mondbeglänzten Narcissenfeldern. daher eine von den Mädeln, voll dieser Einsicht, gerade die Erinnerung an eine bestimmte Geberde ihres Geliebten, bei bestimmten Bäumen über alles liebt

DAS KIND UND DIE GÄSTE

5 H
Das Kind und die Gäste.
Ein Festspiel, für die kleine Tochter meines Freundes
Richard Beer Hofmann gedichtet.
begonnen zu Varese, den 5ten September 1897.
Die große Halle eines italienischen Palastes.
 Durch eine von links nach rechts laufende Säulenreihe, vier Säulen, wird die Halle in zwei gewaltige Bogengänge getheilt. Links und rechts je zwei Thüren. Der Hintergrund bis zu beträchtlicher Höhe offen, von Säulen gestützt, über diesen Säulen noch ein Streif geschlossener Wand: längs dieser läuft ein offener Gang mit eisernem Geländer quer über die ganze Bühne, stockhoch über dem Boden; eine Wendeltreppe in der rechten rückwärtigen Ecke führt zu diesem Gang hinan. Von dem schwebenden Gang führen zwei kleine verhängte Thüren in die Rückwand. Die Säulen in der Mitte der Halle sind viel höher als die den Hintergrund tragenden, so daß man dies alles sehen kann. Links rückwärts führt eine breite Freitreppe hinab in den Hof. Durch die offenen Wölbungen sieht man in eine reiche Landschaft hinaus, mit Klöstern und Kirchen auf Hügeln, mit Gärten, Castellen und gewundenen Wegen. In die Decoration des Inneren ist eine Erinnerung an das alte Testament hineingetragen. Zwischen den mittelsten Säulen schwebt an einem purpurnen Tau ein riesiger siebenarmiger Leuchter, von altem gedunkeltem Gold. Alle Säulen sind durch Schnüre verbunden, auf denen Vorhänge laufen; diese sind jetzt alle zurückgeschoben und wie herabgesunkene Mäntel um den unteren Theil der Säulen geschlagen. Auch vor den Thüren sind gewebte Vorhänge: an der linken vorderen die Königin von Saba, an der rechten Judith mit dem abgehauenen Haupt aus dem Zelt

hervortretend, an den rückwärtigen links Susannah und rechts jene Abigail, die von ihrem Bruder erschlagen wurde.

Ein uralter aber schöner Greis, ein feierlicher Diener mit weißem Bart und pelzverbrämter jüdischer Mütze, öffnet mit wachsgelben Händen den linken vorderen Vorhang, den mit der Königin von Saba, und läßt die zwei Männer mit der Wiege eintreten. Sogleich nach ihrem Eintritt ist der Greis verschwunden. Das vordere Ende der Wiege trägt der Fischer, das rückwärtige der Edelmann. Sie sind einander ähnlicher als Zwillingsbrüder. Nur daß, wenn man lange hinsieht, das Gesicht des Fischers reicher und wilder, das des Edelmannes härter und finsterer erscheint. Sie tragen in völlig gleicher Haltung, mit völlig gleichem Gang die Wiege bis in die Mitte der Bühne, unter den siebenarmigen Leuchter. Dort stellen sie die Wiege nieder und gehen fort, ohne einander anzusehen. Der Fischer geht nach der rechten Ecke, steigt die Wendeltreppe hinan, geht oben über den offenen Gang und verschwindet in die kleine Thür links oben, während der Edelmann langsam die Freitreppe links unten hinabsteigt.

Die Wiege schaukelt leise, das Kind liegt in festem Schlaf. Es ist die berühmte verschwundene Wiege des Hauses Farnese, aus vergoldeten indischen Hölzern zusammengesetzt, die beiden Seitenblätter von Matteo dei Pasti mit dem Triumph der Liebe, nach Petrarca, bemalt: durch einen Frühlingswald mit Wiesen auf denen Crocus und hellrothe Tulpen stehen, fährt Amor mit verbundenen Augen auf einem goldenen römischen Triumphwagen stehend. Schöne Knaben führen an goldenen Zügeln die sechs schneeweißen Pferde. Hinter dem Wagen gehen berühmte Liebespaare mit nackten Füßen über die beblümte Wiese: Aeneas und Dido, Lancelot und Guinevra, Abelard und Heloise, der Troubadour Rudel und die Gräfin von Tripolis, Paris und Helena und viele andere. Den Beschluss macht eine Gruppe von Dichtern: zwischen Dante und Petrarca geht Tibull, Tulpenblüthen im lockigen Haar und eine Blüthe im Mund. Hinter ihm der Troubadour Guillem de Cabestaing: er trägt ein Kleid, in dessen Ärmel Pfauenfedern eingewebt sind, und führt einen östlichen Dichter an der Hand, der einen hellrothen Turban trägt.

Von weitem hört man ein Getön wie von angeschlagenen Becken. Die Wiege schaukelt stärker, das Getön kommt näher. Lautlos springt die Thür rechts rückwärts auf, unsichtbare Hände ergreifen beiderseits den Vorhang und halten ihn zurückgerafft. Die Wiege schaukelt

noch stärker. Wie ein heller Windstoß kommen vier Bacchanten hereingelaufen und bringen auf einem Pantherfell die Ariadne getragen. Sie liegt auf dem Fell halbaufgerichtet, zierlich wie ein junges Reh, leicht wie eine Flocke. Die Bacchanten umlaufen die Bühne und ehe sie noch das Fell zu Boden gelassen, ist Ariadne hinabgesprungen und mit wenigen gleitenden Schritten an die Wiege getreten.
Nun spricht
Ariadne (indem sie leise die Wiege schaukelt):

Ja, ich bins die ganz verlassen
lag auf einer öden Insel
bis der Gott mich fand und nahm.
Nahe war ich am Verzweifeln:
Hügel mit gewundnen Pfaden,
Ölbaum mit der Last von Früchten
Ja der Himmel schwer von Sternen
alles lastete auf mir!
Nun er mich hinaufgehoben,
weiß ich nimmer was es heißt
traurig und beladen sein . . .
Unter meinen goldnen Sohlen
unter'm Saum des lichten Kleides
schweben leichte Lämmerwolken
und durch ihre Spalten seh ich
in die Haine, in die Gassen,
und ich seh die Menschen leben
wie ich sonst die Fische sah,
wenn ich über'n Teich mich beugte
und mir meine dünnen Haare
über beide Augen fielen.

Wo in Lauben, wo auf Brücken
mit verflochtnem Blick und Fingern
Liebende beisammen stehen,
fühl ich ihr Geschick in mich
greifen, aber ohne Schmerzen,
und mir ist, von diesen Dingen
weiß ich völlig alle Wege
wie sie wieder auseinander
gleiten, Blicke sowie Finger:

grausam nicht, doch eine Göttin ...
und vom eigenen Geschick
mitten in den tiefsten Schmerzen
losgeschnitten wie mit goldnem
zauberhaftem Winzermesser
und hinaufgeworfen wo die
Sterne traum- und schmerzlos blühen.

Sie tritt von der Wiege weg, die Bacchanten nehmen sie und tragen sie laufend hinaus. Indem schon windet sich eine Gestalt aus dem Vorhang los der an der Säule rechts von der Wiege hängt. Es ist ein schöner Jüngling, in ein metallisch schimmerndes Gewand von dunklem Grün kaum gekleidet, vielmehr davon umgeben wie von einer Haut. Manches an ihm ist frauenhaft: seine helle blendende Stirn umspielt eine Wolke lockeren Haares wie röthlicher Rauch. Sein Mund ist der Mund einer Schlange. Wie eine Schlange vom Baum herab wiegt er den Oberleib der Wiege entgegen, mit der unteren Hälfte des Körpers im Vorhang verfangen. Nun flüstert er:

DIE TREULOSE WITWE

N 1
           Die treulose Witwe

Tao ein weiser Meister
Seine Frau
Ein junger Edelmann aus der Fremde
Sein Diener stumm
Eine Magd
Ein Kind
Ein Schüler
Eine Bettlerin

I am Sarg tritt ein Schüler auf, sehr jung, fast ein Knabe (mit 2 anderen) er wird ohnmächtig

I die Leute an den Fenstern, an einer Gitterthür: wie er stirbt, stöhnen sie auf.

N 2
           treulose Witwe

1.) er ist schwerkrank. reg Dich nicht auf indem Du unser Verhältnis zu ergründen suchst
    er: jetzt ziemt es mir mich aufzuregen; dann auf einmal
2.) er steht allein unten im Zimmer: jetzt ist etwas in mir vorgegangen, ich weiss ich werde noch in dieser Stunde sterben
3.) dann Euphorie
    er macht die Magie ohne etwas dazu zu sagen

NB. Tao ein weiser Meister

das Treiben des Dieners im Haus unheimlich und gewaltthätig aber von der Witwe aus Liebe zu dem Herrn geduldet

N 3
die treulose Witwe

I und II   der Mann und das Gespenst haben einen gemeinsamen Zug: das⟨s⟩ sie sich an die Frau nicht ganz hergeben können: das zeigt sich beim Mann grossartig beim Gespenst mehr lieblich

I. auf den sterbenden lauschen viele: Frauen Greise Bettler Schüler Fremde, das Kind. unter der Procession die die bedeckte Leiche umwandelt bemerkt sie zum ersten mal den Prinzen; sein Diener ist stumm

N 4

II das Bohème-hafte, das Herumschlampen mit diesem Prinzen und sein⟨em⟩ Diener hat eine grosse Anziehung für sie.

N 5
Die treulose Witwe

III   ein Kind das zweimal durchs Stück geht muss entdecken dass sie sich aufgehängt hat

Kainz spielt den Mann und das Gespenst

I. der Mann auf seinem Todtenbett, seine grossartigkeit zwischen dieser und jener Welt
er weiss er muss sterben wie der Suk

durchschaut sein früheres Dasein, die Menschen Thiere und Pflanzen. in seiner Liebesgeschichte mit seiner Frau durchschaut er das Hinfällige, den beigemengten Erdenstoff

das⟨s⟩ er Flügel zu spüren glaubt wie ihn der Wind an Schultern und Seiten anrührt

I der stumme Diener muss eine bedeutende Person werden, vor der die Witwe allmählich Furcht empfindet, er geht im Haus herum und bringt immer das bedeutungsvolle Geräthe er hat eine ungeheuere Gewalt in seinen Geberden

N 6

III. er packt sie an den Schultern, hält ihr das Ungeheuere, M o n - s t r u o s e ihres durch ihre Untreue geknüpften Schicksals vor: sie kriecht, die Augen auf ihm, nach rückwärts aus dem Zimmer.

Figur einer Magd: wenn nöthig völlig verschüchtert immer mit kostbaren Geräthen umzugehen, leise zu treten: sie kommt sich vor wie eine Kuh die auf Spinnweben tanzen soll (Gegenfigur zu dem stummen Diener)

N 7

der Stumme spielt gern mit dem Kind zeigt der W⟨itwe⟩ einmal einen Strick zum erhängen

treulose W⟨itwe⟩
Tao und der Bote.

T. wie sein grosser Rath ist zerrüttet? seine Söhne unverlässlich ja er soll Schmerzen leiden: Schmerzen sind das Feuer darin die Seelen der Könige gestählt werden, reite ich habe noch ein kleines Geschäft zu besorgen ich fliege dann nach (er vermag jetzt auf einmal mit dem Mantel zu fliegen)
dann zündet er das Haus an

Z. 12 f.: Am Rand neben Z. 14 f. notiert.

DIE SCHWESTERN

N 1

die Spiele der Liebe und des Schicksals / Zufalls } Titel für alle 3

éducation sentimentale

die Schauspielerin
ihre jüngere Schwester
(der Dichter)   der junge Herr
(sein Freund)   der Abbé

die jüngere Schwester hat er einmal im Dunkeln geküsst: sie lernt also dass die Sache an sich nichts ist: streicht sich auch mit den Fingern über die eigenen Finger

die Schauspielerin hat das Gute zwischen Realität und Schein alles hin- und herzuwerfen: die Kleine lernt dass Alles Schale nichts Kern ist

die Schauspielerin hat das gute Gef⟨üh⟩l für die Schwester ⟨, nicht⟩ für den Freund

N 2

die Schwestern.

mit der kleinen Schwester kommt ein flirt-gespräch absolut nicht zu Stande weil sie zu stark den Worten auf den Grund geht, aus jedem tiefste Freude oder Schmerz zu ziehen sucht

N 3

die Schwestern:

der junge Abbé des Grieux beschäftigt sich in leeren Stunden mit dem Studium des Ausdrucks der Leidenschaften bei den Thieren

N 4

Schwestern
1te Scene
die Kleine: an der Berührung liegt es nicht
　　　　　es ist eigentlich gleichgiltig ob einen Männer küssen
　　　　　ebenso spielst Du manchen Abend gut manchen schlecht

N 5

Schwestern.
die Faustina mit des Grieux im Gespräch
sagt ihm: ich fühle die Verpflichtung de faire l'éducation sentimentale
meiner Schwester: sie soll sich nicht wegwerfen, Liebe als Liebe
diesen höchsten Begriff nicht verlieren, lieber mich verachten, deshalb
werde ich ihr die Liebe zu diesem Herrn durch meine Offenheit zerstören. flirt soll sie nicht kennen lernen.

N 6

(Schwestern
die Schauspielerin: zu der Schwester: auf jedem Ding im Leben steht
sein Preis.

Form ist alles

Am Schluss hat die Schauspielerin eine grosse Rede: um ihrer Schwester etwas zu zeigen, auch aus einer Laune sagt sie die ganze Wahrheit
ihres Verhältnisses zu den beiden heraus: mit der Moral: für alles im
Leben muss man genau seinen Preis zahlen

VARIANTEN UND ERLÄUTERUNGEN

GESTERN

ENTSTEHUNG

Die Entstehung von Gestern ist nur zu einem geringen Teil aus den Handschriften selbst zu belegen: Erhalten haben sich einige wenige Blätter vom Entwurf; dessen weitaus größerer Rest und die als Satzvorlage für die Drucklegung zweifellos angefertigte Reinschrift sind verschollen. Aufschluß über die Genese ist daher vor allem aus Tagebuchaufzeichnungen und Briefen zu gewinnen.

Die früheste, eher beiläufige Erwähnung des Stücks findet sich in einem Wien, im Schatten, 2. Juli ⟨1891⟩ datierten Brief Hofmannsthals an Hermann Bahr: beinah ein Lustspiel in Versen geschrieben. Demnach müssen zu diesem Zeitpunkt große Partien des Stücks im Entwurf vorgelegen haben. Über den Beginn der Niederschrift und ihr mehr oder minder rasches Fortschreiten ist Verbindliches nicht festzustellen, doch berechtigen die im selben Brief stehende Bemerkung über die langweiligen 3 Wochen seit Bahrs Abreise aus Wien und das dem beinah vorangehende seither zu der Vermutung, daß diese im wesentlichen im Juni erfolgt ist. Immerhin dürften Hofmannsthals späte Erinnerung in dem Brief an Walther Brecht vom 20. Januar 1929, Gestern sei 1891, im Frühjahr, entstanden, und die in dem Stück wiederkehrenden Gedichte — Erfahrung und Sonett der Welt datieren vom 27. und 31. Mai 1891, »Epigonen« von Ende Januar 1891 — auf eine frühere Beschäftigung mit Gestern hindeuten. Diesen Schluß legen auch Hofmannsthals Lektüre und kritische Prosa aus der ersten Hälfte des Jahres nahe: Seit Weihnachten 1890 beschäftigt er sich mit Hebbels Tagebüchern, seit Ende Januar 1891 mit Amiels ›Fragments d'un journal intime‹[1]; Ende Januar/Anfang Februar setzt er sich intensiv mit der italienischen Renaissance auseinander[2]; Anfang Februar bespricht er Paul Bourgets ›Physiologie de l'amour moderne‹, Mitte April Hermann Bahrs Drama ›Die Mutter‹[3]; im Juni schließlich beginnt er mit der ihn den Sommer über begleitenden Lektüre von Nietzsches Werken (vor allem ›Menschliches, Allzumenschliches‹ und ›Die fröhliche Wissenschaft‹) und von Maurice Barrès' Romanen ›Sous l'œil des Barbares‹, ›Un homme libre‹ und ›Le jardin de Bérénice‹[4].

---

[1] Vgl. Das Tagebuch eines Willenskranken, in: Moderne Rundschau, Wien, 15. Juni 1891.
[2] Vgl. Tagebuch H VII 17.
[3] Zur Physiologie der modernen Liebe, in: Die Moderne, Berlin, 8. Februar 1891. – Die Mutter, in: Moderne Rundschau, Wien, 15. April 1891.
[4] Vgl. Maurice Barrès, in: Moderne Rundschau, Wien, 1. Oktober 1891.

Am 3. oder 4. Juli fährt Hofmannsthal in die Ferien nach Bad Fusch, am 8. Juli schreibt er an Richard Beer-Hofmann: Ich ... denke an nichts und mache Verse dazu, und im Tagebuch vermerkt er für die Woche vom 6. bis 11. Juli: an ›Gestern‹ gearbeitet. Eine Eintragung vom 6. Juli: die starken Stimmungen der Übergänge, die wir gewöhnlich verachten, weil wir sie für krank halten, die er in dem Brief an Beer-Hofmann wieder aufnimmt, findet sich auch in der neunten (hier noch: achten[1]) Szene von Gestern. Spätestens am 11. Juli also dürfte das Stück bis auf die letzte Szene fertiggestellt gewesen sein, zumal Hofmannsthal schon am 13. Juli an Arthur Schnitzler schreibt: habe auch die dumme letzte Scene von ›Gestern‹ noch immer nicht fertig gebracht. Am nächsten Tag reist er zur Feier von Mozarts hundertstem Geburtstag nach Salzburg und trifft dort wiederholt mit Hermann Bahr zusammen. Im Tagebuch notiert er am 16. Juli: wir sitzen in einem kleinen Gasthaus, ich schreibe ein paar Verse u. Bemerkungen für ›Gestern‹. Diese Blätter (N 1–N 3) enthalten Prosaskizzen zur letzten (hier noch: neunten) Szene und den Umriß einer Alternative zur Aretinoscene, ebenfalls in Prosa, die Hofmannsthal dann, entweder noch in Salzburg oder später, in Versen im Entwurf ausgeführt hat (1 H–3 H). Die letzte Szene niederzuschreiben, gelingt ihm indessen nicht. Nach Bad Fusch zurückgekehrt, schreibt er an Bahr: Ich kann ebensowenig denken als arbeiten und dann, wohl Anfang August, an Schnitzler: Ich kann nicht arbeiten. Heute so wenig als damals. Er kündigt an, die letzte Szene während der Eisenbahnfahrt nach Wien (15 September) zu schreiben, und das von diesem Tag erhaltene Blatt (N 4) belegt, daß der Entwurf nun erst zum Abschluß gebracht wird. Im Tagebuch vermerkt er unter dem Datum 15–24 September: ›Gestern‹ vollendet.

Am 7. Oktober liest Hofmannsthal das Stück den Freunden vor. Am 15. Oktober erscheint die erste Hälfte in der ›Modernen Rundschau‹ im Druck, am 1. November die zweite Hälfte. Noch im Dezember[2] wird hiervon ein auf kleineres Format umbrochener Separatdruck hergestellt. Eine weitere, von Hofmannsthal sorgfältig durchgesehene Einzelausgabe erscheint Ende Februar/Anfang März 1892 zugleich bei Klinkhardt in Leipzig und bei Manz in Wien.

ÜBERLIEFERUNG

N 1–N 3: zwei ineinander gelegte Doppelblätter. 6^b mit dem Vermerk Salzburg, am Schlossberg. ⟨16. Juli 1891⟩. – 6^a, 6^c unbeschrieben; 7^a: Notiz zu Alkibiades.
N 1   H VII 17.6^b–7^d–7^b – Mit der Überschrift ›Gestern‹ IX Scene.
N 2   H VII 17.7^b–7^c – Mit dem Vermerk statt der Aretinoscene.
N 3   H VII 17.6^d

1 H^1 E III 109.2^b–1^b–1^c; jetzt FDH-II 19928 – Entwurf.
Ein Doppelblatt und ein zweiseitig beschriebenes Blatt. – 109.1^a, 2^a vgl. 2 H^2; 109.1^d vgl. 3 H^3.

---

[5] Wann Hofmannsthal die endgültige Einteilung in zehn Szenen vorgenommen hat, ist nicht auszumachen.
[6] Am 26. Dezember 1891 schickt Hofmannsthal ein Exemplar von Gestern an Stefan George. (BW 9, 239)

2 H^2		E III 109.1^a–2^a; jetzt FDH-II 19928 – Entwurf. Ein Doppelblatt und ein zweiseitig beschriebenes Blatt. 109.1^a mit dem Vermerk ›Gestern‹, 109.2^a bezeichnet 1.).
3 H^3		E III 109.1^d, jetzt FDH-II 19928; E II 148^d, jetzt FDH-II 20023; H II 180.3^a–3^c – Entwurf. Drei Doppelblätter. – 148^b, 148^c, 180.3^b unbeschrieben; 148^a: Entwurf zu Vielfarbige Distichen. V., 180.3^d: Entwurf zu Lehre.
	N 4	H VB 10.6^a – Doppelblatt. Zunächst mit einer Aufzeichnung Die kleinen Ereignisse des inneren Lebens und einer Notiz zu Alphons-Villa beschrieben und datiert 15/IX. ⟨1891⟩. – 6^b, 6^c, 6^d unbeschrieben.
4 D^1		Theophil Morren (Wien). Gestern. Studie in einem Akt, in Reimen. In: Moderne Rundschau. Halbmonatsschrift herausgegeben von Dr. J. Joachim und E. M. Kafka. Wien: Verlag von Leopold Weiß. IV. Band, 2. Heft, 15. Oktober 1891, S. 49–54 (1. bis 4. Szene), und 3. Heft, 1. November 1891, S. 87–92 (5. bis 10. Szene).
5 D^2		Theophil Morren. Gestern. Studie in einem Akt, in Reimen. Den Bühnen gegenüber als Manuskript gedruckt. Wien: Verlag der ›Modernen Rundschau‹ 1891. 46 S.
6 D^3		Gestern. Studie in einem Akt, in Reimen von Theophil Morren. Den Bühnen gegenüber als Manuskript gedruckt. Leipzig: Julius Klinkhardt, Wien: Manz'sche k.u.k. Hofbuchhandlung ⟨1892⟩. 47 S.
7 D^4		Gestern. Dramatische Studie in einem Akt in Versen von Hugo von Hofmannsthal. Geschrieben 1891. In: Die Insel. Herausgegeben von Otto Julius Bierbaum, Alfred Walter Heymel, Rudolf Alexander Schröder. Berlin: Verlag der Insel bei Schuster & Loeffler. Zweiter Jahrgang, viertes Quartal, Nr. 11, August 1901, S. 139–173.
8 t^1		Gestern. Studie in einem Akt, in Reimen von Theophil Morren. Typoskript mit einigen Bleistiftanstreichungen. Titelblatt und pag. 1. bis 33. Archiv des Deutschen Theaters, Berlin. Vorlage zu Max Reinhardts seit dem Frühjahr 1903 geplanter, jedoch nicht verwirklichter Inszenierung. Abschrift von 6 D^3. Dazu zwei Durchschläge mit dem Stempel »Neues Theater«; ein Durchschlag, durchschossen, mit dem Vermerk »Regie«; ein Durchschlag, Zensurexemplar No. 2841 I Th 5251/03, mit dem Stempel »Genehmigt für das Kleine Theater Berlin, den 30. Septemb. 1903. Der Polizei-Präsident«.
9 D^5		Gestern. Dramatische Studie in einem Akt in Versen. Zweite Auflage.[1] Berlin: S. Fischer Verlag 1904. 57 S.
10 D^6		Gestern. Dramatische Studie. 1891. In: Hugo von Hofmannsthal, Kleine Dramen. Erster Band. Leipzig: Insel-Verlag 1907, S. ⟨5⟩–53.[2] Textgrundlage. – Unter den Drucken sind 6 D^3 und 10 D^6 hervorzuheben. In 6 D^3 liegt der Text, von Hofmannsthal sorgfältig durchgesehen und an einigen Stellen im Wortlaut abgeändert, in der relativ korrektesten und einwandfreiesten Gestalt vor. Ihm folgen alle späteren Drucke. In 10 D^6 finden sich einzelne Retouchen am Wortlaut, die, sofern sie nicht auf Anregungen Schröders zurückgehen (vgl. 7 D^4) oder auf Vorschlägen des Redaktors beruhen, von Hofmannsthal selbst angebracht sind. Ebenso dürfte die in dieser Ausgabe insgesamt durchgeführte Normalisierung

[1] Als erste Auflage gilt 6 D^3. – Dritte Auflage: Berlin: S. Fischer Verlag 1909.
[2] Zweite Auflage: Leipzig: Insel-Verlag 1909. – Nachdruck nach 10 D^6: Vier Szenen aus ›Gestern‹ von Hugo von Hofmannsthal ⟨d.i.: Szene 1, 6, 7, 10⟩. In: Kunstwart, München, XXII, 3, Erstes Novemberheft 1908, S. 167–176.

von ihm autorisiert sein.[1] *Da 11 D⁷ für den Text auf 9 D⁵ zurückgreift, im übrigen lediglich eine redaktionelle Modernisierung der Interpunktion bietet — die Autorisation der einzigen Variante (11,22) ist nicht zu sichern —, kann einem kritischen Text allein 10 D⁶ zugrunde gelegt werden.*

11 D⁷ Gestern. Dramatische Studie in einem Akt in Versen. In: Hugo von Hofmannsthal, *Gesammelte Werke. Erste Reihe in drei Bänden. Erster Band. Die Gedichte. Lyrische Dramen.* Berlin: S. Fischer Verlag 1924, S. 95–132.[2]

VARIANTEN

N 1

Salzburg, am Schloßberg.

»Gestern«   Grade   Helena, Murat
IX Scene   Gespenster
Doch dass es ist das kann ich nicht ertragen

α.) er will es leicht nehmen: ich weiss dass du mich betrogen, aber ich schicke dich weg, weil du es nicht verborgen hast   Sie: ich habe dasselbe Recht wie du mich ganz auszuleben, du siehst an jedem nur eine Seite und doch hat der behagliche Kardinal auch traurige Saiten; es ist klüger unbefangen alles auf sich wirken zu lassen; sobald du wählst und scheidest, bist du auch verantwortlich für das, was du unterdrückt hast. mit welchem Recht zwingst du die Bäume in verkrüppelte Form, züchtest der Gans eine Krankheit an; ich brauche dich eben, wie du mich, für die Stunden geistigen Verlangens, was willst du mehr? sie will abgehen

Lorenzo ist genau so ein ganzer Mensch wie du

β.) er ruft sie zurück, will alles kennen fühlen

eine Frau, die alle Thaten, das ganze Leben des Mannes heroisch sieht, stilisiert

Bahr's Brautnacht mit Lotte

»in dir umarme ich doch seine Küsse das Verlangen nach ihm, das Bild von ihm erzähle mir alles, damit das Bild von dir in mir zerstört werde, so zerstört wie nur sonst in einer Brautnacht greuliche Tritte zerstören können,« sie erzählt die Stimmung des Abends: Sensen, Blumen- und Heuduft, Glocken, Orgel kann aber die letzte Nuance, den feinsten Ton, den Parfum nicht finden: »ich verstehe es selbst nicht, dies gestern« Ich kann nicht darüber hinweg: denn das Gestern ist ja das heut, Erinnerungsbilder gehören zu unsrer lebendigen Seele wie Wünsche, Kräfte   Gedanken. Das einfachste ist nichts thuen, was wir vergessen müssen
1 = 3 Grad.

---

[1] *Hofmannsthals besonderes Interesse an dieser Ausgabe ist vielfältig bezeugt. Vgl. Renate Scharffenberg, Der Beitrag des Dichters zum Formwandel in der äußeren Gestalt des Buches um die Wende vom 19. zum 20. Jahrhundert. Marburg, Phil. Diss. 1953, (Masch.), S. 122–127.*

[2] *Vierte Auflage von 9 D⁵: Berlin: S. Fischer Verlag 1924, mit dem Vermerk: »Wortlaut der Gesamtausgabe von 1924«.*

ÜBERLIEFERUNG · VARIANTEN

300,10:   *Nachtrag*
300,11f.   Grade ... Gespenster *Nachtrag*
300,13:   *Stenographie;* ich *eventuell* er *zu lesen*
300,22:   *Nachtrag a. l. R. neben Z. 19—21*
300,23:   *aus*

  β.) er ruft sie zurück will alles wissen; er hat nicht den Muth gehabt
  in einer Liebesnacht mit ihr alle Illusionen zu zerstören, jetzt will er
  ihre Nacht mit dem andern ganz kennen, fühlen,

300,27f.   zerstört wie ... Tritte *Stenographie*

N 2

statt der Aretinoscene: Maler: in deinem Garten erfreut nichts, weil alles erfreuen
soll die Kraft der Früchte, die Gestalt der Bäume alles ist gezwungen .. Andrea:
Ja, was soll denn die Weide anders als hängen, der Thurm anders als starren, jedes
giebt mir eben seine Seele fort. Du selbst giebst ja alles, du brauchst sie gar nicht
oder ganz. Die Tour Constance Stimmung kannst du auch mit dem Salzburger
panorama ausdrücken. Dann hättest du dein Reich dein eigenes reiches Reich,
nicht eine Hieroglyphenschrift in der vielleicht alles lügt, wie Sonett und Fleisch-
farbe. In Deutschland ist ein mystisch-freier Bund — — Kunsttradition
Ich bin nicht so und neide dir es nicht Ich denke im Circus an trauriges, im Berg-
auf an das Bergab, im vollen glühend reichen August an den Tod

Fantasio: Es macht dein grosses Aug die grosse Welt

301,16f.   du ... eigenes *Stenographie*
301,18   In ... Kunsttradition *in eckigen Klammern*
301,21:   *Nachtrag neben Z. 2 auf der gegenüberliegenden, sonst leeren Seite*
             H VII 17.7ᶜ

N 3

kein Mensch kann dem andern etwas sein

Und jeder lügt, verleugnet und vergisst
Weil nie ein Mensch dem andern etwas ist

                        1 H¹

FANTASIO
O dich und deine Willkür zu verstehen
Muß einer bloß durch deinen Garten ⟨gehen⟩
Wie da die jungen Bäume, bastumschlungen
Verkrüppelt stehn zum Laubengang gezwungen
Wie unnatürlich Kraft die Kraft erstickt
Damit dein Auge nicht ins Grelle blickt
Und magre Bäume Riesenfrucht gebären
Mit eignem Leben überüppig nähren
Einseitig am gekünstelten Spalier
Für dich die Blüthen hegend — das sind wir

ANDREA.
Was soll ich von Or⟨angen⟩ denn verlangen
Als mancher Ranken melancholisch Hangen
Was soll uns denn die starre Fichte geben
Als Äste die zum Himmel zackig streben
Soll sich die Pflanzenseele ganz entfalten
So mußt du diese beugen, jene halten
Am schlanken Gitter mußt du diese fassen
Die krüppelhaft am Boden kriechen lassen
Vertheilen ungerührt so Zwang als Gunst
Das ist ganze, große Gärtnerkunst
Die Menschen- brauch ich wie die Pflanzenseelen
Damit sie von der meinen mir erzählen.
Sie alle sind der meinen bunte Theile
In mir ist jede, jede eine Weile.

ARLETTE.
Ich bin nicht so und neide dir es nicht
Ich suche nicht was grade zu mir spricht
Wenn alles lebt und lacht in meinem Wesen
Kann ich auch Lebenslust und Lachen lesen
Aus grüner Teiche tiefgehöhltem Lauern
Aus blassen Sümpfen, halbverfallnen Mauern
Was brauchen wir die Welt, den Widerschein
Es lebt ja doch von uns der Traum allein

FANT.
Ich denke gern wenn die Vaganten gaukeln
In bunten Lappen sich auf Seilen schaukeln
An ihre Kinder, die zuhause frieren;
Ich denke im Gewinnen ans Verlieren
Im Aufwärts an das Abwärts, bei dem Glanze
Des lauten Lebens an den leisen Tod
Ich denke gerne an das runde Ganze
Das halb den Menschenblicken stets entflieht
Die goldig schönre Hälfte uns entzieht

ANDRE.
Verzichte auf die Welt des Scheines gleich
Dann wahrst du dir dein Reich, dein eignes Reich.
Denn was dein Blick, der fälschende erschleicht
Erstorbene Symbole sinds vielleicht
Darin einst goldene Gedanken schliefen
Doch Särge jetzt bedeckt mit Hieroglyphen
Vergangener Formen längstversteinte Spuren
Mit grober Hand ertastete Contouren
Vielleicht ist eines, was du thöricht trennst
Wie kannst du malen wenn du das erkennst?

VARIANTEN 303

　　　　Wie kannst du wagen, Dinge zu gestalten
　　　　Und kannst ja doch nie alle Saiten halten
　　　　Und doch du malst, du hast den Muth dazu
　　　　Du hast die Stirn, den Blick, die Kraft die Ruh
5　　　So laß auch mich in meinem Garten walten
　　　　Und herrschend brechen, biegen, krümmen, falten,
　　　　Und was ich will zerstören und erhalten
　　　　Und frei genießen meine Herrscherkraft
　　　　Heut königlich und morgen frauenhaft
10　*302, 2*　　　Or⟨angen⟩ *aus* Limonen
　　302, 19—22: aus
　　　　　　　Aus der Maremmen schwülem feuchtem Trauern
　　　　　　　Aus grüner Teiche todtenäugig Lauern
　　　　　　　Kann ich des Todes trübe Ahnung lesen
15　　　　　　Wenn alles lebt und lacht in meinem Wesen
　　302, 28f.: aus
　　　　　　　An ihre Kinder die zuhause wimmern;
　　　　　　　Ich denke gern an eisig klares Schimmern
　　302, 41　　bedeckt mit *Stenographie*
20　*303, 5—8: aus*
　　　　　　　(1) Du zweifelst nicht du weißt nicht daß du wagst
　　　　　　　(2) Behüt mich Gott ich will sie dir nicht rauben
　　　　　　　Der goldne Boden ist der Handwerksglauben
　　　　　　　Ich auch mein Freund ich hab die harte Stirn
25　　　　　　Die sichre Hand, die
　　　　　　　(3) Dir schauert nicht, mein Freund, dir ekelt nicht
　　　　　　　Was deine Künstlerhand vielleicht verbricht

　　　　　　　　　　　2 H²

　　⟨ANDREA⟩　　　　　　　　　　　　　　　　　(E III 109.1ᵃ)[1]
30　Fortunio tritt her du sollst mir sagen
　　Getreu, was ich versuchen will zu fragen.
　　Merk auf. Hast du in deiner Kunst erlebt
　　Daß manchmal Worte die wir täglich sprechen
　　In unsre Seele plötzlich leuchtend brechen
35　Daß sich von ihnen das Gemeine hebt
　　Daß ihre Seele wirklich, ganz erwacht.

　　⟨FORTUNIO⟩
　　Das ist, doch steht es nicht in unsrer Macht
　　Wir gehen stets auf Perlen staubbedeckt

40　[1] *Im folgenden geben die Signaturen den Beginn der Seiten an, da deren Reihenfolge nicht
　　mit letzter Sicherheit zu bestimmen ist.*

In unsern Worten ewig unerweckt
Schläft, wie im Holz der Geigen Melodie,
Die ewige, die große Harmonie.

⟨ANDREA⟩ (E III 109.2ᵃ)
Denn jeder ist des Augenblickes Knecht
Und nur das Heut' das Jetzt das Hier hat Recht
Und nennt mich einer Freund, er spricht im Wahn
Mir schauert manchmal selber beim Erkennen
Welch ungeheure Weiten Herz von Herzen trennen
Wer weiß es, welcher Lust ich unterthan?
Wir liebens unsre Seele zu zersetzen
Warum nicht einmal, einen zu zerfetzen?
Vielleicht ihn kalt und weise zu erkennen
Und seine Seele klügelnd zu zerschneiden
Vielleicht ihn nur ein Schauspiel zu verbrennen
In einer Hekatombe schneller Leiden

303, 31 will ... fragen *Stenographie*
304, 6: *danach in eckigen Klammern:*
    Dem Theile ist das Ganze unterthan
    Weil ja das Sein des Ganzen nur ein Wahn
304, 7: *aus*
    (1) Die Stimmung sprüht aus einem losen Wort
    Und einer Stimmung ziemt ein Tag, ein Ort
    Und brächt' der Tag mir eines Freundes Sterben
    Und athmete der Ort ihm Qual und
    (2) Wer mir vertraut den straft

                                    3 H³

⟨ANDREA⟩ (E III 109.1ᵈ)
Fantasio tritt her du sollst mir sagen
Getreu was ich versuchen will zu fragen
Merk auf. Hast du in deiner Kunst erlebt
Dass manchmal Worte die wir täglich sprechen
In unsre Seele plötzlich leuchtend brechen
Dass sich von ihnen das Gemeine hebt
Und dass ihr Sinn lebendig ganz erwacht.

⟨FANTASIO⟩
Das ist doch steht es nicht in unsrer Macht.
Und manche sind durchs Leben auch gegangen
Als eine Schar von Gegenwartsverächtern
Gespenstisch wandelnd zwischen den Geschlechtern
Durch aller Farben glühend starkes Prangen
Durch aller Stürme heilig grosses Grauen
In taubem Hören und in blindem Schauen

VARIANTEN 305

⟨ANDREA⟩
Das mein ich nicht. Doch kann es nicht geschehen
Dass wir auf einmal erleuchtet sehen
xxxxxxxx bei uns in unserm Hause war
5   Was wir beim Nähern stets erkannten klar

⟨FANTASIO⟩
Wir sollen uns dem Zufall überlassen
Weil sich die Gründe nie erkennen lassen
Weil ja Zufall was uns nährt ist
10 Zufall was uns schützt und lehrt
Zufall all was uns beschert ist

⟨ANDREA⟩   (E II 148ᵈ)
Und kanns auch sein daß wie ein altklug Kind
Wir sehend doch nicht sehen was wir sind.
15 Daß wir mit anempfundnen Leiden prahlen
Und plötzlich ahnen: Das sind unsre Qualen.

FANT.
Auch dieses ist. Denn was wir so Erfahrung nennen
Ist meist, was wir an anderen erkennen.

20 ⟨ANDREA⟩
So meinst du darf das Herz sich anvertrauen
Wenn plötzlich, durch ein Nichts, zerreißt der Schein

FANT.
Wie Blitzesleuchten ist das wahre Schauen
25 Und schleiergleich zerreißt gewohnter Schein
Erhellend jedes tiefst verborgne Sein

ANDREA.
Wie Blitzesleuchten sie mir damals zeigte
Im Boot, im Sturm gelehnt an seine Brust
30 Und wie sich jetzt die Stirne wissend neigte
Was ist bewußt und was ist unbewußt?!
Sie hats gewußt ich Thor so gut gewußt
Und nur das Heut, das Jetzt, das Hier hat recht.   (H II 180.3ᵃ)
Was wir ererbt von unsrem todten Gestern haben
35 Vernichten sollen wir es und begraben.
Das Heut darf tödten, weil das Heut gebiert
Wer nichts behält der ists der nichts verliert
Vergiß die Farben, lösche die Gestalten
Die du geträumt, sie lassen sich nicht halten
40 Vergiß wenn du ein Lied im Flug erlauscht
Vergiß wenn Küsse gestern du getauscht

Auf ihren Lippen suche sie nicht mehr
Dort athmet die Enttäuschung kalt und leer
Auf der Erinnerung lockend ›Bleib' doch‹ hören
Heisst nur auch die Erinnerung zerstören.
Wer sinnlos nur nach neuem Taumel jagt
Er zeigt mehr Sinn, als der da steht und klagt

⟨FANTASIO⟩ (H II 180.3ᶜ)
So recht du hast, doch ists nicht immer klar
Was lebt und was ist todt, was ist, was war.
Gern fesselt uns ein trügerisches Grau'n
Wir wollen nicht das Abgestorbne schaun
Was hold vertraut uns lieblich lang umgab
Ob nicht mehr unser, neidens wir dem Grab

⟨ANDREA⟩
Allein es kommt ja doch der Augenblick
Wo es kein Weiter giebt und kein Zurück
Wo von der Liebe erster Zeit erwacht
Des quälenden Empfindens ganze Macht.
Wo der Gewohnheit weiche Hülle fällt
Und die Erkenntnis uns entgegengellt
Wie schutzlos sind wir dann, dem Schmerze offen
Vom Licht gequält, von jedem Laut getroffen.
Wir sollten dann den andern nimmer sehn
Nicht fühlen müssen, daß er ruhig lebt
Wenn in uns etwas will zu Tode gehen
Und unsre Seele zart und schme⟨rzlich⟩ bebt
Wir können dann die Stimme nicht mehr hören
Ein Lächeln kann uns qualvoll tief verstören
Der klare Blick, erbarmungslos
Beschimpft, entweiht die Vergangenheit
Und wo wir erst gefälscht des Jemals Züge

304, 29—35: Stenographie, mit Ausnahme von Z. 29 Fantasio, 30 was, 32 Dass
304, 37—43: Stenographie, mit Ausnahme von Z. 37 Das ist doch
305, 3—5   sehen ... klar Stenographie; das unleserliche Wort vielleicht Dickicht
305, 8   Gründe ... erkennen Stenographie
305, 30   die ... neigte Stenographie; Nachtrag a. l. R. als Ersatz für ungestrichen:
            Und jetzt die Stirn, die wissende geneigt
305, 32   gewußt ... gewußt Stenographie; statt so gut vielleicht sie hats zu lesen
305, 32:   aus
            (1) Ich kann so gut verstehen, ach ich Thor
            (2) Eh ich verstand,
305, 42   du getauscht Stenographie
306, 3—6: Nachtrag a. l. R. und unten, in lat. Schrift

VARIANTEN 307

 306,13:   *danach gestrichen:*
      Und süß ist's manche Neigung nachzulügen,
      Es wär so öd wenn wir sie nicht mehr trügen.
 306,19f.: *Nachtrag a. l. R.*
 306,25:   *aus*
      Wenn wir erduldet Tod und Neuerstehn

N 4
Wenn ich ja doch das Gestern nicht versteh
Warum thut dann das Gestern heut so weh
Gespräch mit dem Maler.
Verantwortlichkeit Form u Farbengebung
man tödtet fortwährend
das potenzierte Leben entrevu⟨e⟩

       4 D¹–11 D⁷

 5,2:   *Zum Untertitel vgl.* ›Überlieferung‹, *S. 299f.*

 6,1:   *davor:* Personen *5 D²–9 D⁵, 11 D⁷*

 7,1–13: (Gartensaal im Hause Andreas. Reiche Architektur der sinkenden Renaissance. Links hohe Fenster mit Gobelinvorhängen, darauf Darstellungen aus der Aeneis. Im Hintergrund eine Thür, dahinter eine Terrasse, die rückwärts mit vergoldeten Epheugittern abgeschlossen ist, links und rechts Stufen in den Garten`hat. In der linken Ecke des Zimmers von Wand zu Wand eine rotseidene Hängematte an silbernen Ringen. Viele Blumen in Majolikatöpfen, Marmorstatuen, an der Rückwand ein Bronzerelief: Bacchuszug. Rechts eine kleine Thür, durch einen Gobelin verhängt; weiter rückwärts eine Art Harmonium, mit Elfenbein eingelegt. Von der Decke hängen Ampeln in den strengeren Formen der Frührenaissance, dazwischen Draperien und Körbe mit Schlingpflanzen, einzelne bis fast zum Boden.) *4 D¹*

 7,3   Vorhängen] Gobelinvorhängen *4 D¹–9 D⁵, 11 D⁷*

 7,7–8 In der Mitte ... des Aretino.] In der Mitte, zwischen Palmen eine Majolikaherme des Aretino. *5 D²–6 D³*

 7,19   Vorhang] Gobelin *4 D¹–9 D⁵, 11 D⁷*

 7,21   ANDREA *danach:* kommt *4 D¹–9 D⁵, 11 D⁷*

 8,6   ARLETTE *danach:* sie *4 D¹–9 D⁵, 11 D⁷*

 10,32   spült uns fort] spület fort *4 D¹–9 D⁵, 11 D⁷*

 11,21–24: *Die Verse werden in 4 D¹–5 D² von Arlette gesprochen.*

 11,21   So werd ich] So wirst Du *4 D¹–5 D²*

 11,22   dunkle] kalte *11 D⁷*

11, 25:	*fehlt* 4 D^1–5 D^2	
12, 7	nur] mir 4 D^1–5 D^2	
12, 17	wie leicht] vielleicht 9 D^5, 11 D^7	
13, 31	dir] sich 4 D^1	
13, 35	wird die] ist nur 4 D^1	
15, 23	halblaut *fehlt* 4 D^1	
15, 24	der Tausch, den damals] ein Rausch, den niemals 4 D^1–5 D^2 der Rausch, den damals 6 D^3–7 D^4	
16, 13:	*danach:* Wenn sie vergessen auf ihr eignes Grauen 4 D^1–9 D^5, 11 D^7	
17, 16–17:	Sag, wo ist denn mein Bild, das hier gehängt: Der Schwan der Leda, den ich dir geschenkt .. 4 D^1–5 D^2	
18, 26	Schnabelschuhe.] Schnabelschuhe, gezierte Haltung und Sprechweise. 4 D^1	
18, 29	die Orgel] das Harmonium 4 D^1	
18, 31–33:	Wir haben jetzt die Pferde ausprobirt, Die hast Du nicht zu teuer, meiner Treu! Ein Prachtgespann, ich habe selbst kutschiert! 4 D^1–5 D^2	
19, 36	Wo eins das andre] Wo eine die andere 4 D^1	
20, 30	nicht] nichts 4 D^1–6 D^3	
22, 32	starre] starrer 4 D^1–6 D^3	
22, 35	stillen Atem] stilles Atmen 4 D^1–6 D^3	
23, 30	neuen] neue 4 D^1–7 D^4	
24, 6–8:	Was heißt das »nein«? / (heftig) 4 D^1–9 D^5, 11 D^7	
26, 6	Seelen] Seele 4 D^1–7 D^4	
26, 12	Orgel] Harmonium 4 D^1	
26, 23	lehrst mir] lehrst mich 4 D^1–5 D^2	
27, 20–21	plötzlich von ihr ab] plötzlich ab 4 D^1–5 D^2	
28, 21	Ehebruches] Treuebruches 4 D^1–9 D^5, 11 D^7	
28, 28	gekommen] gekommen ist 4 D^1–5 D^2	
29, 22	Heil, das] Heil, was 4 D^1–9 D^5, 11 D^7	
29, 23	hineinrufend] hereinrufend 4 D^1–5 D^2	
33, 15	da] wo 4 D^1–9 D^5, 11 D^7	
34, 3	Ich] Ich, ich 4 D^1	
34, 33	drübergleiten] darübergleiten 7 D^4–11 D^7, emendiert nach 4 D^1–6 D^3	
35, 23	am Trügen] an Trügen 4 D^1	

ZEUGNISSE · ERLÄUTERUNGEN

ZEUGNISSE

1891

27. Mai ⟨1891⟩, Eintragung im Tagebuch

Im 148. Aphorisma Nietzsche's (Jenseits von Gut und Böse)[1] liegt der Stoff zu einem Lustspiel: den Nächsten zu einer guten Meinung verführen und dann an diese Meinung gläubig glauben; wer thut es in diesem Kunststück den Weibern gleich? *(H VII 17.76)*

17. Juni ⟨1891⟩, Eintragung im Tagebuch

Wir haben kein Bewußtsein über den Augenblick hinaus, weil jede unsrer Seelen nur einen Augenblick lebt. Das Gedächtnis gehört nur dem Körper: er reproduciert scheinbar das Vergangene, d.h. er erzeugt ein ähnliches Neues in der Stimmung. Mein Ich von gestern geht mich sowenig an wie das Ich Napoléons oder Goethes. *(H VII 17.81^b; A 93)*

25. Juni ⟨1891⟩, Eintragung im Tagebuch

der ganz freie Mensch[1] wird eine Furcht nicht fühlen: die vor der Lächerlichkeit, – und eine Achtung: die vor dem eigenen Gestern. *(H VII 17.85)*

2. Juli ⟨1891⟩, Eintragung im Tagebuch

Frauennamen: Arlette, Meta, Marthe, Maud, Magda, Muta (russ.) Sinaide, Miette, Carma, Margit *(H VII 17.86)*

2. Juli ⟨1891⟩, an Hermann Bahr

Übrigens hab' ich mir angewöhnt, die Zeit durchs Mikroskop anzusehen, da merkt man, wie der Begriff Ereignis lügt und wie viel in solchen langweiligen 3 Wochen drinsteckt an Gedanken, die auftauchen, verrückt herumwimmeln und zergehen, an Farben, Bildern, Fragen, Zweifeln, Versen, Anfängen, Überwindungen, Sensationen und Sensatiönchen. Ich möchte die Bakteriologie der Seele gründen. Auch sehr viele Kirschen habe ich seither gegessen, die ich sehr gern habe, und beinah ein Lustspiel in Versen geschrieben, ein himmelblaues Lehrgedicht, das ich weniger gern habe. Wenn Sie mich aber ärgern, so widme ich es Ihnen.
(B I 18f.)

---

[1] Vgl. die Eintragung im Tagebuch vor dem 17. VI ⟨1891⟩: Jenseits von Gut und Böse. Aphorismen. 100. 103 109; 114; 124, 129, 135 1 4 8. 159. *(H VII 17.83^b)*
[2] ›Un homme libre‹ ist der Titel des zweiten Teiles von Maurice Barrès' Romantrilogie ›Le culte du moi‹, die Hofmannsthal im Sommer 1891 las und rezensierte (vgl. PI 43–52). Vgl. auch den Brief an Beer-Hofmann vom ⟨8. Juli 1891⟩, S. 310.

6. Juli ⟨1891⟩, Eintragung im Tagebuch
die starken Stimmungen der Übergänge, die wir gewöhnlich ersticken, weil wir
sie für krank halten.. *(H VII 17.86)*

6.–11. Juli ⟨1891⟩, Eintragung im Tagebuch
nasskalter Nebel; leise rieselnder Regen, abtropfende Blätter; an ›Gestern‹ gearbeitet ... *(H VII 17.86)*

⟨8. Juli 1891⟩, an Richard Beer-Hofmann
Ich sitze also in naßkaltem Nebel, denke an nichts und mache Verse dazu. ...
Warum weckt dieses Nichts, ein bloßer Wechsel der Lebensweise, in mir so viel,
die wirklich starken Stimmungen der Übergänge, die wir gewöhnlich ersticken,
weil wir sie für krankhaft halten? Überhaupt, kommt mir das Leben vor wie ein
Erdapfel: wissen wir denn, wie viel wir in uns zerstören an Stimmung, Farbe,
Sensation, nur weil es uns »ungemütlich«, »unheimlich« »ungewohnt« ist. Der
rechte Übermensch[1] dürfte vor gar nichts Angst haben, nicht einmal vor dem
Lächerlichen, nicht einmal vor sich selbst; und auch vor gar nichts Achtung,
nicht einmal vor der Langeweile, nicht einmal vor sich selbst. *(BW 3ff.)*

13. Juli ⟨1891⟩, an Arthur Schnitzler
Ich habe gar keine eigenen Empfindungen, citiere fortwährend in Gedanken mich
selbst oder andere, habe auch die dumme letzte Scene von ›Gestern‹ noch immer
nicht fertig gebracht ... *(BW 8)*

16. ⟨Juli 1891⟩, Eintragung im Tagebuch
Salzburger Tagebuch
... Mit Bahr am Aussichtsthurm (Wilhelm Meister, die farbigen Gläser, die Aiguesmortesstimmung auch aus dem Salzburgerbild zu construiren)[2] wir sitzen
in einem kleinen Gasthaus, ich schreibe ein paar Verse u. Bemerkungen für
›Gestern‹. *(H VII 17.93)*

⟨nach dem 18. Juli 1891⟩, an Hermann Bahr
Ich kann ebensowenig denken als arbeiten, jeder kristallisierte, ersparte Gedanke
von gestern ist mir fremd; lautlos und schwindelnd schnell treiben die leeren
Tage vorüber, und Salzburg ist mir so weit, so unverständlich weit wie eine verwehte Melodie oder ein halbvergessenes Buch. Wie sehr wir eigentlich lügen, wenn
wir die Dauer von Gedankendingen nach der äußeren Zeit messen! *(B I 28)*

27. Juli 1891, Arthur Schnitzler an Hofmannsthal
Wie geht es Ihrem himmelblauen Einakter? *(BW 9)*

---

[1] Vgl. die Tagebucheintragung vom 25. Juni ⟨1891⟩, S. 309, 15–17.
[2] Vgl. Erläuterung, S. 328, 39–329, 29.

⟨Anfang August 1891⟩, an Arthur Schnitzler

Sie fragten nach meinen Arbeiten. Sie gedachten gemeinsamer Pläne. Um mich und in mir waren neue Dinge, Gleiten, Plätschern, Rieseln, Auflösung, vages Verschwimmen. Ich kann nicht arbeiten. Heute so wenig als damals. Noch weniger vielleicht. Ich gleite, ich treibe. Kein Gedanke crystallisiert sich und es wird kein Vers. Ich kann nicht weiter denken als Stunden. Aber mir ist wohl. Anders wohl, neu wohl, wechselnd wohl. Ich fühle mich wachsen. Wollte ich mich zwingen, müßt ich verzweifeln, abwartend sehe ich mir fluten zu und empfinde ein glückliches Michbescheiden, das gute Schwestergefühl zur Resignation. ... Ich arbeite garnichts ... Während der Eisenbahnfahrt nach Wien (15 September) schreibe ich 1.) die letzte Scene von ›Gestern‹ ...   *(BW 10f.)*

15.–24. September ⟨1891⟩, Eintragung im Tagebuch

Wien.
»die starken Stimmungen der Übergänge«[1] unterdrücktes Unbehagen; das Wiedersehen mit der »Litteratur«; ›Gestern‹ vollendet. ...
Plan. La vie entrevue.   *(H VII 17.104)*

23. ⟨September 1891⟩, an Hermann Bahr

... sollten Sie nach Wien kommen. Dann schenke ich Ihnen auch zu Weihnachten meinen schönen kleinen Einakter.   *(B I 30)*

⟨nach dem 23. September 1891⟩, an Hermann Bahr

Es ist wirklich hübsch, daß Sie nach Wien kommen. Ich freue mich. ... Und meine dédicace in Ihr Exemplar von ›Gestern‹ wird dann noch viel liebenswürdiger werden, fast so lieb wie die, die mir Herr Barrès in eines des ›Examen‹ geschrieben hat: aber sie wird viel mehr wert sein, denn ich kann deutsch und er wahrscheinlich nicht.   *(B I 37)*

7. Oktober 1891, Arthur Schnitzler, Tagebuch

Loris las bei mir vor, mir Salten und Rich⟨ard⟩ B⟨eer⟩-H⟨ofmann⟩ ›Gestern‹ vor. Von großer Schönheit; etwas das wol selten von einem jungen und auch selbst selten von einem ältern geschrieben wird. Man bekam eine neue Zärtlichkeit für seine eigene Neurose.   *(Jugend in Wien, S. 104)*

10. Oktober ⟨1891⟩, Eintragung im Tagebuch

Liebe als Kunsttrieb: das geliebte Object als Accumulator der angehäuften Fähigkeit schön zu stilisieren (Prytanie des Barrès. die Herrenstimmung: Andrea, Gespräch[2])   *(H VII 17.106)*

---

[1] *Vgl. Tagebuch vom 6. Juli ⟨1891⟩, S. 310, 2f., und an Beer-Hofmann vom ⟨8. Juli 1891⟩, S. 310, 9–11.*

[2] *Vgl. Erläuterung, S. 328, 22–26.*

⟨nach dem 15. Oktober 1891⟩, Hermann Bahr an Hofmannsthal
Soeben habe ich das bissel Anfang von ›Gestern‹ gelesen. Es ist allerliebst. Vor allem ist mir das sehr sympathisch, daß der Held in einemfort sich selber characterisiert – obwol das einer jener berühmten unabweislichen Grundforderungen des Naturalismus widersprechen soll. Aber wissen Sie, was ich möchte? Spielen möchte ich dieses Stück! Mit einem recht schönen Weibe, in einem recht schönen Kostüme, diese lieben Verse recht schön deklamieren.
(FDH / Dauerleihgabe Stiftung Volkswagenwerk)

⟨nach dem 15. Oktober 1891⟩, an Hermann Bahr
Daß Ihnen das bißl Anfang von ›Gestern‹ (es ist ungefähr die Hälfte von dem ganzen kleinen Ding) gefällt, freut mich, weniger, daß Sie, was ohnehin kaum teilbar, nun doch geteilt zu lesen bekamen, wo es denn kläglich zwischen den Fingern zerrinnt. Ich hatte mich darauf gefreut, Sie mit dem Sonderabdruck, also beinahe mit einem »Buch« zu überraschen. Sympathischst ist Ihnen, glaub' ich, daran ein gewisses Dilettantenhaftes, sowohl in der Mache als auch in der Hauptperson. Übrigens habe ich kein Urteil mehr darüber. *(B I 35)*

⟨vor dem 1. November 1891⟩, Hermann Bahr an Hofmannsthal
›Gestern‹ habe ich noch einmal gelesen – aber wann kommt denn endlich einmal der Schluß. Es ist doch ganz reizend – u wissen Sie, was seltsam ist? Wenn man's laut liest, wirds auf einmal noch viel schöner. Ich möchte es ungeheuer gern sehen. Könnten wirs nicht irgendwo spielen – im Griensteidl sind so viele Zimmer, brauchts nur einen geschickten Tapezierer, die Regie führe ich.
(FDH / Dauerleihgabe Stiftung Volkswagenwerk)

14. November 1891, an Hermann Bahr
Zu ›Gestern‹ habe ich nicht die leiseste Beziehung: es klingt mir dürr und taub und kalt, und ich kann mich weder zu wohlwollender Parteilichkeit noch zu objektiver Anschauung bringen. *(B I 40)*

⟨21. Dezember 1891⟩, Eintragung im Tagebuch
die Sonntagnachmittagspremièren.
Anfang October: Gestern *(H VII 17.110)*

Dezember 1891, Widmung in einem Exemplar von Gestern für Richard Beer-Hofmann
Mon ami et cher confrère,
en mettant dans vos mains cette petite scénette, ces mannequins encore humides et couverts de couleurs criardes, qui me font mal, j'agis bien en égoïste. Nous en causerons un jour. Et c'est alors que j'espère les reprendre reluisants du vermeil de votre esprit et gracieuses comme des pouppées de Saxe.
decembre 91.   Théophile Morren   *(BW 5)*

1892

Januar 1892, Hermann Bahr über Gestern

So jäh, so heftig und so weit hat lange nichts in Wien gewirkt als dieser kurze Akt von raschen, scheuen Versen. Alle Gruppen der Moderne, sonst so tausend-
fach entzweit, und die empfindlichsten Hüter der ältesten Schablonen wetteifern an Jubel und Begeisterung. Das geschwinde, flüchtige Gedicht heißt bald das definitive Werk des Naturalismus, bald der Erstling jener künftigen Kunst, die den Naturalismus überwunden haben wird, bald die Wiedergeburt des klassischen Stiles, von dem man sich überhaupt niemals entfernen dürfte — jeder findet seine Kunst darin, die Formel seiner Schönheit.

... Ich will ... blos die zwei Momente sagen, welche diesem Werke und seiner Weise überhaupt solche Besonderheit geben ...

Man sieht es auf den ersten Blick, man hört es an jedem Worte, daß er der Moderne gehört. Er enthält den ganzen Zusammenhang ihrer Triebe, von den Anfängen des Zolaismus bis auf Barrès und Maeterlinck, und ihren unaufhalt-samen Verlauf über sich selber hinaus. ... Er ist durchaus neu — — weitaus der neueste, welchen ich unter den Deutschen weiß, wie eine vorlaute Weissagung ferner, später Zukunft; aber an ihm fehlt jedes Krampfhafte, Mühsame, Er-zwungene der anderen Neuerer. Sein Geist »schwitzt« nicht. Er hat das Fröhli-che, das Leichte, das Tänzerische, von dem die Sehnsucht Nietzsche's träumte. Was er berührt, wird Anmut, Lust und Schönheit. Von den suchenden Qualen weiß er nichts, von den Martern der ungestillten Begierde, die ratlos irrt und sich nicht verstehen kann. In ihm ist kein Ringen und Stürmen und Drängen, kein Zwist von unverträglichen Motiven, kein Haß zwischen erworbenen Wünschen und geerbten Instinkten; in ihm ist alles zu heiterer Einheit wirksam ausgesöhnt. Das mutet so klassisch, geradezu hellenisch an, daß er in der Weise der Alten neu ist, als ein müheloser Könner, ohne jenen Rest unbezwungener Rätsel, der quält.

Das andere Moment ist noch seltsamer, noch fremder. ... Seine große Kunst hat kein Gefühl; es giebt in seiner Seele keine sentimentale Partie. Er erlebt nur mit den Nerven, mit den Sinnen, mit dem Gehirne; er empfindet nichts. Er kennt keine Leidenschaft, keinen Elan, kein Pathos. Er sieht auf das Leben und die Welt, als ob er sie von einem fernen Stern aus sähe; so sehen wir auf Pflanzen oder Steine. Daher jenes Maß, die vollkommene Anmut, die edle Würde, daher aber auch die Kälte, die sécheresse, der ironische Hochmut seiner Verse.

... Ich werde einen zuversichtlichen Instinkt nicht los, daß mit ihm die zweite Periode der Moderne beginnt, die das Experimentieren überwunden und uns, an denen sich die erste entwickelt hat, ihrerseits nun als die »Alten« behandeln wird.
(Freie Bühne für den Entwicklungskampf der Zeit, Berlin, III, 1, S. 97—98)[1]

3. Januar 1892, Gustav Schönaich: Theophil Morren's Gestern

Es ist immer ein Festtag, an welchem uns eine neue unbezweifelbare Begabung entgegentritt. Sie kündigt sich an durch eigenartige Physiognomie, sie bringt einen

---

[1] *Der Aufsatz erschien unter dem Titel ›Loris. Von Hermann Bahr (Wien)‹; wiederabgedruckt in H. B., Studien zur Kritik der Moderne, Frankfurt/Main 1894, S. 122—129.*

bestimmten Eindruck hervor, und wo das Können dem Wollen entspricht, ist die geistige Machtfrage entschieden. Sie zwingt, sie bannt uns in ihre Kreise. Eine solche Physiognomie ist der Unbekannte, der unter dem Pseudonym Theophil Morren *ein einaktiges Stückchen,* ›Gestern‹ *betitelt, veröffentlicht hat. Morren versetzt uns nach Imola in die »Zeit der großen Maler«. Aeußere Umgebung sowie die Stimmung des Vorganges und der handelnden Personen athmen den Geist der Renaissance. Es ist ein echter Luxusgeist, eine vornehme, herrische Weltanschauung, welche diese Personen in Bewegung setzt. Vor allem —* Andrea *den Aristokraten, der sich von jeder ihn überkommenden Stimmung tragen lassen, sich ihr voll und ganz hingeben und sie ausleben will, um sie dann mit einer nächsten in demselben Sinne zu vertauschen. Das* ›Gestern‹ *vor Allem, will er versenkt und vergessen haben, es soll völlig bedeutungslos sein und die volle Intensität der Hingabe an das Heute ihm nicht beeinträchtigen. Aber die ihm zum Bewußtsein kommende Untreue seiner Geliebten läßt ihn inne werden, daß auch der geistige Kraftmensch an dem Versuch, das Gestern aus seiner Erinnerung verschwinden zu lassen, scheitern muß, daß »Es ist, so lang wir wissen, daß es war«. Wir glauben mit einer eingehenden Erzählung des Vorganges nur den Zauber zu zerstören, der über die kleine Arbeit gebreitet ist, und verweisen darum den Leser an das Original. In dem Wie, in dem, das man gemeiniglich Form zu nennen gewohnt ist, liegt so viel Was, also Inhalt, daß Beides in der Kunst untrennbar mit einander verbunden ist. Der Reiz eines solchen an Tanagrakunst anklingenden Werkchens kann durch die Trennung von Form und Inhalt nur zerstört werden. Wir begnügen uns also, nur noch anzudeuten, daß der Dichter dadurch, daß er auch das Widerspiel der Renaissance, die durch Savonarola hervorgerufene große religiöse Bewegung, in den Vorgang mit hineinspielen läßt, das Bild der Zeit und das sich vor uns abspielende innere Geschehniß vertieft. Das Problem des Stückchens ist ein echter Proverbe-Vorwurf. Der Hauptreiz aber liegt in der Ausführung. Es ist dem Dichter in seltenem Maße gegeben, Tiefes leichthin, ohne belastende Schwere zu sagen. Es gibt nicht viele Arbeiten in deutscher Sprache, welche Musset'schem Geiste und Wesen so nahe kommen und doch fühlen wir die Atmosphäre neuester Neuzeit dem Ganzen entströmen.*

Ein feiner psychologischer Blick des Verfassers spiegelt sich in der ganzen Behandlung. Mit wenigen Strichen weiß er die scharf umrissenen Konturen einer agirenden Person zu zeichnen. Ihm ist der schöpferische Hauch gegeben, welcher gedachte Figuren lebendig macht. Alles in dem kleinen Opus steht in schönem Gleichgewicht. Dank des Dichters künstlerischem Takt sind alle Theile in richtigem Verhältnisse zu einander — nichts zu lang und nichts zu kurz, so ausgeführt und skizzenhaft als die künstlerische Wirkung der Stelle, an der es steht, es bedingt. Unter dem Einflusse des Naturalismus steht das Werkchen nur insofern, als jedes echte Kunstwerk ihm unterworfen sein muß — es ist natürlich, aber nicht im Sinne photographischer Zufallsaufnahmen. Wir fürchten nicht, daß die Zukunft uns Lügen straft, wenn wir prophezeien: Oesterreich hat wieder einen Dichter. (Wiener Tagblatt, Nr. 3, S. 7)[1]

---

[1] Die Besprechung erschien anonym. Wiederabdruck in: HB 16, 1976, S. 193–196: »Oesterreich hat wieder einen Dichter«. Die erste Rezension über Hofmannsthal. Mitgeteilt von Manfred Pape.

5. Januar 1892, Eintragung im Tagebuch

zu viel Litteratur. meine Kritik im Tagblatt. Schönaich der Heidenapostel. die »Anerkennungsschreiben«. (H VII 17.110^b)

21. Januar 1892, an Felix Baron Oppenheimer

Ich vertraue meine kleine Arbeit Ihrem collegialen Tact mit Vergnügen an und brauche gerade Ihnen nicht erst zu sagen, wie peinlich mir jede »gesellschaftliche« Popularität ist, nun da mein ungeschicktes Pseudonym schon einmal gebrochen ist. Also, bitte, lesen Sie mich, verschweigen Sie mich, und lassen Sie mich, wenn Sie mir eine große Freude machen wollen, mit 2 aufrichtigen Worten Ihren Eindruck wissen. *(Abschrift; FDH / Dauerleihgabe Stiftung Volkswagenwerk)*

Januar 1892, Hofmannsthal in ein Exemplar von Gestern

Ferdinand von Saar, dem Dichter, in Ehrfurcht u. Sympathie   Wien, im Jänner 1892.
        Widmung:

    Ich glaube, aller Dinge Harmonien
    Und was von Schönheit auf dem Leben ruht,
    Das ist der Dichter ausgegoss'nes Blut
    Und Schönheit, die ihr Sinn der Welt geliehen:

    Da schufen die aus ihres Innern Glut
    Des Ringens und des Lebens Poesien, —
    Und jene stillen Leidens leises Ziehen
    Verklärend, was beklemmend auf uns ruht.

    Doch wo des Abends zitternd zarte Töne
    Unnennbar schmerzlich singen vom Entsagen,
    Und wo die Dinge, die verschwimmen, tragen
    Die rührendste, die nächstverwandte Schöne:
    Die Stimmung nenn' ich, Herr, mit Deinem Namen
    Und glaube, dass Du sie geschaffen. Amen.[1]
        (Villa Wertheimstein, Döbling b. Wien)

5. Februar 1892, Ferdinand von Saar an Hofmannsthal

Für die Zusendung Ihrer dramatischen Studie mit den freundlichen Widmungszeilen sage ich Ihnen meinen aufrichtigen Dank; war mir doch ein solcher Beweis der Anerkennung und Sympathie von Seiten der Jugend eine ungemeine Freude. Was nun Ihr Werkchen selbst betrifft, so muß ich gestehen, daß ich nicht recht weiß, was ich darüber sagen soll. Denn trotz des geistvollen Dialogs, trotz der gelungenen (wenn auch nicht immer klingenden) Verse habe ich keinen tieferen Eindruck empfangen — und auch nicht herausgefunden, was die eigentlich in diesem, wie durch starken Nervenreiz hervorgerufenen Stimmungsbilder haben darstellen und aussprechen wollen. Vielleicht liegt die Schuld nur an mir, wie ich

---

[1] *Ein Entwurf dazu im Nachlaß (E III 245.15^{a, b}) mit dem Vermerk:* Widmung für Ferdinand v Saar.

denn offen bekenne, daß ich sehr vielen Schöpfungen der »neuesten« Litteratur, wenn auch ganz sine ira, so doch sine consilio — das heißt rathlos gegenüber stehe. Lassen Sie sich also durch mein Urtheil um so weniger beirren, als ich gerne zugestehe — und auch zugestehen kann, daß Ihre Leistung keine gewöhnliche ist.
(FDH / Dauerleihgabe Stiftung Volkswagenwerk; Jugend in Wien, S. 105)

8. Februar 1892, Felix Lehmann (Verlagsbuchhandlung W. Spemann) an N. N.

Neumann Hofer[1] stimmt mit mir darin überein, daß Loris allerdings ein ausgeprägtes Talent besitzt, das aber nicht auf der dichterischen Seite sondern auf der kritischen liegt. ... Auf dem kritischen Gebiete wird er wohl bald eine dominierende Stellung — namentlich in Wien — sich erringen können. Über seinen dramatischen Versuch will ich kein Urtheil abgeben! Versen giebt man augenblicklich Fersengeld. — (FDH / Dauerleihgabe Stiftung Volkswagenwerk)

16. Februar 1892, Nachtrag im Tagebuch unter dem 20. März
Alte Zettel:
...
In ein Exemplar von »Gestern«   16 II 1892.
Gedanken sind Äpfel am Baume
Für keinen bestimmten bestimmt,
Und doch gehören sie schliesslich
Dem einen, der sie nimmt.   (H VII 17.112^b; A 96)

⟨*etwa 20. Februar 1892*⟩, *an Gustav Schwarzkopf*

›Gestern‹ erscheint (nicht auf unsere Initiative) in tausend Exemplaren bei Manz (Kohlmarkt) und zahlt mir 80 fl und verspricht eine hübsche Ausstattung. Ich glaube, es war kein Fehler, daß ich angenommen habe ...?

Plötzlich haben mich die jungen Mädchen sehr gern, oder finden mich wenigstens interessant, weil sie glauben, daß zwischen den Zeilen von ›Gestern‹ etwas Unpassendes steht.   (B I 41)

26. Februar 1892, Gustav Schwarzkopf an Hofmannsthal

Sie haben gewiß **keinen Fehler** *begangen das Offert von Manz anzunehmen und Sie haben alle Ursache stolz auf dasselbe zu sein. Ein* **Wiener** *Verleger, der aus eigenem Antrieb ein Buch (* **Verse!!** *) auf* **eigene Kosten** *verlegt und dem Autor auch noch das* **Honorar** *zahlt — die bekannten ältesten Leute können sich kaum an einen ähnlichen Fall erinnern. —* (Privatbesitz)

⟨*21. März 1892*⟩, *an Marie Herzfeld*

Die Theaterrevue will Ihren Aufsatz über ›Gestern‹ in einer Nummer mit meinem Fragment[2] bringen. Ich werde mich also mit dem Abschicken des Manuskriptes umso mehr beeilen.   (BW 24)

---

[1] Otto Neumann-Hofer, mit Fritz Mauthner Herausgeber der Zeitschrift ›Das Magazin für Litteratur‹ (Berlin).
[2] Der Tod des Tizian.

⟨15. Mai 1892⟩, an Marie Herzfeld

Brief und Heft¹ sind gleichzeitig gekommen. Der Aufsatz ist, glaube ich, sehr gescheidt und stellt das Ding ungefähr dorthin, wohin es gehört. Sehr erstaunt war ich, zu erfahren, daß der Sturm symbolisch gemeint ist und gewissermaßen die Orchesterbegleitung zur Auseinandersetzungsszene darstellt. Ich hatte auf den ganzen Sturm am Ende vollständig vergessen und ihn überhaupt nur eingeführt, weil ich gern vom Schifferlfahren spreche.

Auf Stimmung ist überhaupt nirgends hingearbeitet, zu wenig für meine Empfindung. Mir liegt vielmehr an Schönheit als an Verstand; es war wahrscheinlich nur die erste Scheu vor ›Jugendlichkeit‹, die diese Verse so unklingend und farblos-klar gemacht hat. Das ist nicht etwa eine nachträgliche Programmrede, sondern subjectives Geschwätz. *(BW 27)*

⟨19. Mai 1892⟩, an Marie von Gomperz

Es ist ganz gut, daß ›Gestern‹ nicht mehr auf dem Schreibtisch liegt; es muß ein sehr unangenehmes Buch sein. Gestern habe ich wieder eine furchtbar gescheidte Kritik² darüber gelesen: »Er (der Held) empfindet mit den Menschen, er schlüpft in die Seelen aller anderen und isoliert sich dennoch selbst; denn seine Sympathie ist nicht die Sympathie die helfen will; sie ist die Sympathie die h o l e n kommt, ..; es ist eine Sympathie die stets ihr Selbst reserviert und jeden Moment es sich wieder zurücknehmen kann« u. s. f. Kennen sie die Glaskugeln in altmodischen Gärten, in denen die Gesichter so tragikomisch verzerrt aussehen?, ich glaube, so spiegelt sich die Seele in den Büchern. *(Stadtbibliothek, Wien)*

⟨23. Mai 1892⟩, an Marie von Gomperz

Das Ende von Gestern kann ich selbst nicht nur nicht lesen, sondern ich weiss auch gar nicht, wie man es lesen sollte; warum m u s s t e n Sie das gerade lesen? *(Stadtbibliothek, Wien)*

Juni 1892, Karl Kraus über Gestern

Das kleine Poem hat Aufsehen erregt. Herrmann Bahr vergöttert geradezu den jungen Loris. Überspannt und zu Übertreibung geneigt, wie der geniale Bahr nun einmal ist, stellt er aber an Loris physiognomische Studien an. Jede Schule, jede Kunstrichtung hat, wie er sagt, Loris gleich als den ihren bezeichnet. Man sollte sich aber nicht den Genuß einer echten Dichtung durch Klassifizierung derselben trüben. Naturalistisch ist sie sicher, schon die Studie ist das Naturalistische, und jedes gute Werk muß naturalistisch, muß natürlich sein. »Der echte Dichter wird immer als Naturalist geboren«, sagt Liliencron. Hier ist ein allerdings lebensfähiger Zwitter: Naturalismus in klassischer Formvollendung: Eine psychologi-

---

¹ Allgemeine Theater-Revue für Bühne und Welt, Berlin, I, 3, 15. Mai 1892; dort S. 19–22: Ein junger Dichter und sein Erstlingsstück. Eine Studie von Marie Herzfeld, Wien. – Wiederabgedruckt in: Hugo von Hofmannsthal, Briefe an Marie Herzfeld. Hrsg. von Horst Weber. Heidelberg 1967, S. 59–64.
² Gemeint ist die Studie von Marie Herzfeld (BW 62f.).

*sche Studie, die den Dichter vielleicht zufällig zu dramatischer Form, zu Vers und Reim führte. Eine »Überwindung des Naturalismus« aber kann ich in dem Werke nicht erkennen, so sehr sich auch manche Mühe geben, eine solche analytisch ad oculos zu demonstrieren. »Überwindung des Naturalismus!« da hat man denn wiederum ein neues Schlagwort glücklich herausgebracht, nach dem man nun künftig definieren wird. Die Studie Morrens muß lebenswahr sein, man sieht, es giebt manche Leute, die solche Andreas sind, die von »Gestern« nichts wissen wollen. Sie haben jeden Tag eine andere Laune, jeden Tag ein anderes »Neues«, ein anderes fin de siècle, ihnen ist »morgen Moder, was heute Mode«. Neuidealisten, Symbolisten nennen sie sich, ihr Centrum ist Frankreich, ihr Haupt Maurice Maeterlinck in Brüssel, und nach Deutschland weht ein Zipfel ihres Banners und an diesem hängt Herrmann Bahr, der echteste Andrea der Litteratur. Sie mögen sich trösten, der Naturalismus ist noch lange, lange kein ausgetretener Pfad, nicht im Norden oder in Frankreich, wo er allerdings schon über ein halbes Jahrhundert alt ist, viel weniger in Deutschland; die Hauptmanns und die Holz-Schlaf mit ihrem konsequenten Realismus sind noch lange nicht ganz verstanden und gewürdigt. — Doch bei uns, in Österreich an eine Überwindung des Naturalismus denken, wäre schneidende Ironie, ein lustiges Paradoxon. Den Naturalismus, den wir **noch nicht** haben, **schon nicht mehr** haben: es hieße: weggeben, was man nicht besitzt und wir, wir haben litterarische Schulden! Nein, vorher die starren Fesseln der Konvention und Schablone abstreifen und die Tyrannei überwinden, die sich die Kritik und autoritatives wie metaphysisches Ästhetikertum über die Köpfe angemaßt hat, dann den Naturalismus gewinnen, ihn lange, recht lange besitzen, ihn durchleben, bis man zu Höherem reif ist — wenn anders es ein Höheres giebt, das ich aber in Maeterlinck durchaus nicht verkörpert sehe. Vorläufig aber seien wir froh, daß wir einem Dichter wie Loris-Morren den unsern nennen dürfen, Morren, von dem ich mit seinen eigenen, dem Andrea in den Mund gelegten Worten mit Beziehung auf Schablonen- und Traditionswirtschaft sagen kann:*

Ich bin ihm dankbar; er hat mich gelehrt,
Wie sehr man frevelt, wenn man Totes nährt!

(Die Gesellschaft, Leipzig VIII, 6, Juni 1892, S. 799—801: Gestern. Studie in einem Akt in Reimen von Theophil Morren)[1]

⟨*Juli 1892*⟩, an Gustav Schwarzkopf

... der Dialog[2] ist grundsätzlich anders gemacht als in ›Gestern‹, nicht auf die Pointen und Couplets einer Person hin; der Hintergrund ist nicht wie bei ›Gestern‹ basreliefartig angedeutet, sondern alles in möglichst großem, d. h. derbem Stil, Freskotechnik, gehalten. Es soll ein mögliches Theaterstück werden.

(B I 54)

---

[1] *Wiederabdruck in: HB 5, Herbst 1970, S. 346—355: Eine frühe Rezension von Karl Kraus: Hofmannsthals* ›Gestern‹. *Mitgeteilt u. erläutert von Eugene Weber.*
[2] *Hofmannsthal arbeitete zu dieser Zeit an* Ascanio und Gioconda.

27. ⟨Juli 1892⟩, an Felix Salten

Ich glaube, das ist die einzige Pflicht, die einem schließlich unsere Art zu verkehren auferlegt, daß man zueinander sagt: mir ist alles recht, auf was du hinarbeitest: Mots und Pointen (Anatol), Sentenzen und hübsche Verse (Gestern) ...
                                                                                    (B I 56)

5. August ⟨1892⟩, an Marie Herzfeld

Meine Lieblingsform, von Zeit zu Zeit, zwischen größeren Arbeiten, wäre eigentlich das Proverb in Versen mit einer Moral; so ungefähr wie ›Gestern‹ nur pedantesker, menuetthafter: im Anfang stellt der Held eine These auf (so wie: das Gestern geht mich nichts an), dann geschieht eine Kleinigkeit und zwingt ihn, die These umzukehren (»mit dem Gestern wird man nie fertig«); das ist eigentlich das ideale Lustspiel aber mit einem Stil für Tanagrafiguren oder poupées de Saxe.   (BW 29; B I 62)

18. Oktober 1892, Arthur Schnitzler, Tagebuch

Salten, Loris, B. H.[1], Fanjung. — Wollen Kasperlkomödie[2], Gestern, Abschiedssouper[3] aufführen und glauben alle selbst nicht daran.[4]
                                                                    (Jugend in Wien, S. 107)

---

[1] Richard Beer-Hofmann.
[2] Möglicherweise Beer-Hofmanns ›Pierrot hypnotiseur‹.
[3] Einakter aus dem ›Anatol‹-Zyklus von Schnitzler.
[4] Wahrscheinlich in diesem Zusammenhang legte Schnitzler das folgende Personenverzeichnis an:

                Gestern.

Andrea	Richard
Fantasio	Loris
Marsilio	Arthur / Leo Fanjung
Corbaccio	Leo Fanjung
Mosca	Salten Paul Horn Bahr
Cardinal	Paul Horn Bahr
Vespasiano	Leo Fanjung
Arlette	

                Episode.

Anatol	Arthur
Max	Schwarzkopf
Bianca	

                Abschiedssouper.   *(Jugend in Wien, S. 107)*

Um 1892/93

Einzelnes Notizblatt
eine Devise für ›Gestern‹
Aristippos: Je possède Lais sans qu'elle me possède
Stoff für eine Idylle.¹ (H VB 18.13)

⟨*1893*⟩

6. November ⟨1893⟩, an Richard Dehmel
Was den Herrn Geheimrath betrifft: das ist ein erlauchtes und wundervolles
Gespenst und wenn das einmal zu einem kommt und mit einem durch die Nacht
fliegen will, so soll man sich nicht wehren und sperren, sonst versäumt man
viel: ... Seinem goldenen Wagen aber nachzulaufen, fällt mir für gewöhnlich
nicht ein: sehen Sie dieses ›Gestern‹ an; das hat in seinem dürren nervösen Ton
gar nichts vom Epigonenrhythmus. (HB 21/22, 1979, S. 4f.)

⟨*ca. 1893*⟩, *einzelnes Notizblatt*
Nervenleben, Kette loser Sensationen = das Ich;
à Rebours²
Überwindung des Naturalismus³
Gestern etc.
undramatisch
dazwischen: Wahneinheit   Buddhismus
jetzt verknüpfen der Vorstellungen, Gewebe, Harmonie, ganzes Streben   Wille,
Persönlichkeit: Shakespeare
Übergang: Thor u. Tod (H IVA 71.9)

---

¹ *Vgl. ein zweiteiliges Albumblatt mit dem Eintrag* Sibi res, non se rebus subjicere!, *datiert*
Wien, 19. Jänner 1892, gez. Theophil Morren *(FDH-II 16924), einem freien Zitat nach*
Horaz, epist. I 1, 18–19:
   nunc in Aristippi furtim praecepta relabor
   et mihi res, non me rebus subiungere conor.
Die scharfe Antithese erinnert an Aristipps Äußerung über sein Verhältnis zu Lais: ἔχω,
ἀλλ' οὐκ ἔχομαι *(Diog. Laert. II 75). Als Quelle ist, wie weitere Exzerpte seit Ende 1891
nahelegen, die* ›Geschichte der Philosophie‹ *von Friedrich Überweg und Max Heinze, Bd. 1:*
Grundriss der Geschichte der Philosophie des Alterthums, § 38: Aristippus und die kyre-
naische oder hedonische Schule, *anzunehmen (vgl.* Der Tor und der Tod, ›Erläuterungen‹
S. 488, 19–42).
² *Joris-Karl Huysmans,* A rebours, *Paris: Charpentier 1884.*
³ *Hermann Bahr,* Die Überwindung des Naturalismus. Als zweite Reihe von ›Zur Kritik der
Moderne‹, *Dresden u. Leipzig: E. Pierson 1891.*

⟨ca. 1893/1894⟩, einzelnes Notizblatt
dramatische Erziehung (Berger)¹
von subjectiv erfundenen Gestalten (Wilhelm Meister, Andrea, Claudio) sieht man nichts als den Stirnbogen u. allenfalls die Hände. Dramatische Worte müssen von innen heraus, bauchrednerisch gefunden werden nicht durch Suchen, was wohl passend zu sagen wäre, oder (Schiller) was sich alles sagen liesse.
(H IVA 71.20^b)

1896

20. Juni 1896, an Ria Schmujlow-Claassen
Herr Bahr schickt mir Ihren freundlichen Brief. Ich habe mir erlaubt, Ihnen durch meinen Verleger ein Exemplar von dem ›Gestern‹ zuschicken zu lassen. Es dürfte Sie enttäuschen. Es ist ziemlich altklug und nicht recht erfreulich. Es ist geschrieben, wie ich 17 Jahre alt war. (B I 203)

26. Juni 1896, Ria Schmujlow-Claassen an Hofmannsthal
Sie schreiben, daß es Sie nicht mehr befriedigt. Das ist wohl möglich, wenn Sie es gegen den Reichtum halten, den Sie in sich fühlen. Vielleicht finden Sie auch, daß die Gedanken darin nicht überall gänzlich in's Unmittelbar-Lebendige des Kunstwerks aufgelöst sind – mir schien es manchmal so. Wem aber Ihr Geist an sich wie eine neue, wunderbare Offenbarung entgegentrat, der weiß auch aus einem vielleicht weniger ausgereiften Werk dieses Geistes den Genuß zu ziehen, den er so sehr begehrte. Diese seltsam leuchtenden Gedanken- und Gefühlsblitze (wie packt es z.B., was Sie von jener Todesangst in der Seele, das Höchste, Tiefste zu verfehlen, sagen, – von jener Sucht nach dem »Großen, Ungelebten«, das, unabhängig vom Zufall, gleichsam organisch sich in unser Leben fügen würde); der schwüle Zauber der Situation am Anfang und am Schluß, wie umwebt von blaßrotem Licht; die krystallhelle Klarheit der Sprache; die feine, ganz innerliche Notwendigkeit, mit der die Entdeckung herbeigeführt ist (ganz ohne jenen plumpen Kobold Zufall, der immer noch so dumm und unvermittelt sonst hineinzuplatzen pflegt) ... (FDH/Dauerleihgabe Stiftung Volkswagenwerk)

1901

14. Juni 1901, Rudolf Alexander Schröder an Hofmannsthal
Ich erwarte täglich Antwort auf meine Anfragen an Schuster & Loeffler wegen Ihrer Bücher. Ich möchte Sie dringend bitten, mir doch etwas für das nächste Quartal zu schicken, – könnten Sie mir Ihre Erstlingsarbeit ›Gestern‹ über-

---

¹ Alfred von Berger, Dramaturgische Vorträge. Zweite Auflage, Wien: Carl Konegen 1891. – Sammlung der Vorträge, die Berger im Wintersemester 1889/90 an der philosophischen Fakultät der Wiener Universität unter dem Titel ›Beiträge zur Ästhetik und Technik des Dramas‹ gehalten hat.

lassen? Ich kenne sie nicht, habe aber so viel Begeistertes davon gehört, daß ich denke, es wäre sehr nett wenn man dies jetzt völlig unzugängliche kleine Werk nochmal druckte. (FDH / Dauerleihgabe Stiftung Volkswagenwerk)

19. Juni 1901, an Rudolf Alexander Schröder
Ein Exemplar ›Gestern‹ lasse ich an Sie schicken und stelle Ihnen dieses sonderbare Produkt gern für die ›Insel‹ zur Verfügung, zu jeder beliebigen Verwendung.
(B II 47)

29. Juni ⟨1901⟩, an Rudolf Alexander Schröder
ich freue mich, dass Sie das ›Gestern‹ im August bringen wollen ...
(Abschrift; FDH / Dauerleihgabe Stiftung Volkswagenwerk)

1903

5. April 1903, Arthur Kahane (Kleines Theater zu Berlin) an Hofmannsthal
Wir ersuchen Sie nämlich, uns unseres Versprechens zu entbinden, ›Gestern‹ und ›Die Hochzeit der Sobeïde‹ noch in dieser Saison herauszubringen und verpflichten uns, es in der ersten Hälfte der nächsten Saison zu spielen. Unsere Gründe hiefür sind folgende: Erstens, das ›Nachtasyl‹ wird noch immer alltäglich vor ausverkauftem Hause gespielt und eine jede nächste Novität in dieser Saison hat ... einen schweren Stand daneben, zumal wenn sie, wie Ihre Stücke, von vornherein sich nicht an ein so breites Publikum wenden kann ... Drittens sind wir derzeit mit den Vorbereitungen zu einer schon lange contractlich festgelegten Gastspielreise ... beschäftigt und der Trubel dieser Reisevorbereitungen ... erschwert es uns sehr, an eine Inscenierung die Sorgfalt zu wenden, die uns in diesem Falle absolut notwendig erscheint; denn wenn wir uns entschlossen haben, ein in Berlin bereits gespieltes Stück noch einmal aufzuführen, so geschah dies, weil wir hofften, mit einer äußersten Sorgfalt etwas ganz Besonderes daraus machen zu können und ganz andere Wirkungen zu erzielen, als die jener ersten Aufführung. Wie Sie wissen dürften, ist uns Ähnliches bei ›Pelleas und Melisande‹ soeben gelungen; und wir haben, wenn unsere Kräfte alle beisammen sind, mit Frau Eysoldt, Reicher und Reinhardt auch eine ganz außerordentliche Besetzung beisammen. (FDH / Dauerleihgabe Stiftung Volkswagenwerk)

2. Oktober 1903, S. Fischer an Hofmannsthal
Herr Prof. Bie hat mir das Manuscript der ›Elektra‹ übergeben. Ich habe den Satz für die Buchausgabe in derselben Weise wie für ›Gestern‹ angeordnet. Lassen Sie mich freundlichst wissen, ob Sie die Correkturen für ›Elektra‹ und für ›Gestern‹ selbst lesen wollen oder ob die Correkturen hier besorgt werden können.
Für die Zwecke des Bühnenvertriebs möchte ich von jedem Ihrer Werke 100 Exemplare auf dünnerem Papier drucken und für die Versendung an die Bühnen vorrätig halten. Sind Sie damit einverstanden?
(Fischer-Almanach 1973, S. 70)

1905

14. Dezember 1905, Hermann Bahr an Hofmannsthal

Nebenbei: ich möchte ›Gestern‹ fürs Hoftheater haben. Wer ist der Agent?
(FDH / Dauerleihgabe Stiftung Volkswagenwerk)

22. Dezember 1905, Hermann Bahr an Hofmannsthal

Natürlich will ich (immer die »höhere Genehmigung« vorausgesetzt) den ›Abenteurer‹ in zwei Akten versuchen, wenn er nämlich in München überhaupt noch nicht war (auch auf keiner Vereinsbühne). Erbitte darüber Nachricht. Wer hat das Stück, wer hat ›Gestern‹, Fischer?
(FDH / Dauerleihgabe Stiftung Volkswagenwerk)

1906

2. Januar 1906, Hofmannsthal an Hermann Bahr

›Gestern‹ das zu spielen ich nicht empfehle hat Fischer.
(Österreichische Nationalbibliothek)

10. Oktober ⟨1906⟩, Eintragung im Tagebuch

Sonderbarer endlos wiederholter Vorwurf meinen ersten Producten gegenüber, daß sie aus einer egoistischen aesthetischen Einsamkeit, einer unmenschlichen der Sympathie baren Natur hervorgehen. In Gestern u. Thor u Tod handelt es sich eben gerade um das Finden eines höheren Verhältnisses zu den Menschen. Man muß diese Gedichte so oberflächlich als möglich auffassen, um das nicht herauszufühlen.
(H VII 15.68; A 152)

1911

14. Juni 1911, S. Fischer an Hofmannsthal

ich sehe ein, daß Sie die ›Frau im Fenster‹ für die einbändige wohlfeile Ausgabe des Inselverlags brauchen. Ich erteile daher meine Zustimmung zur Aufnahme der ›Frau im Fenster‹ in diesen Sammelband[1] ...
(Fischer-Almanach 1973, S. 115)

23. August 1911, S. Fischer an Hofmannsthal

Wie wir die Sache auch drehen und wenden mögen, es käme schließlich darauf hinaus, daß ich mich von 2 Ihrer Werke trennen müßte. ... Da ich die Frau im Fenster unter allen Umständen in meinem Verlag behalten möchte, da Sie anderseits aus literarhistorischen Rücksichten auf ›Gestern‹ nicht verzichten können, so mag es dabei bleiben, daß Gestern in den Sammelband kommt.
Es ist nur konsequent, daß Gestern eventuell ganz in den Inselverlag übergeht. Ich bin auf Ihren Wunsch dazu bereit.
(Fischer-Almanach 1973, S. 117)

[1] ›Die Gedichte und Kleinen Dramen‹, 1911.

28. August 1911, S. Fischer an Hofmannsthal

Ich will Ihnen für den Insel-Verlag ›Gestern‹ unter der Bedingung freigeben, daß der Insel-Verlag auch die Einzelausgabe übernimmt. ... Unter dieser Voraussetzung würde ich auch den Abdruck der Frau im Fenster in 10000 Exemplaren des Sammelbandes gestatten. (Fischer-Almanach 1973, S. 119)

30. August 1911, S. Fischer an Hofmannsthal

Ich wollte Ihnen ›Gestern‹ mit allen Rechten frei geben unter der Voraussetzung, daß der Abdruck der Frau im Fenster auf 10000 Exemplare beschränkt bleibt. Ich habe nach einem Ausweg gesucht, der Ihren immer wiederkehrenden Wunsch wegen Freigabe beider Werke mit meinen Interessen einigermaßen in Einklang bringen sollte; ich habe gemeint, wenn Sie ›Gestern‹ in den Band aufnehmen, wird seine Schlagkraft nicht leiden, wenn ›Die Frau im Fenster‹ nur in den ersten 10000 Exemplaren steht, denn auf diese ersten 10000 Exemplare kommt es doch an.
   Sie ziehen die ursprüngliche Abmachung vor, die Frau im Fenster ohne Einschränkung für die Auflagezahl abzudrucken und dagegen auf ›Gestern‹ zu verzichten. Das ist mir sehr recht ... (Fischer-Almanach 1973, S. 120)

⟨ 1 9 1 5 ⟩

⟨1915⟩, Eintragung im Tagebuch

                     Neuere deutsche Litteratur

Schroeder — Borchardt — Hofmannsthal verbindend: das Problem des Seins und Werdens.
In Gestern — Thor u Tod das Sein als Beharrendes dem Wechsel entgegengestellt. Wendung des Problems in der Elektra: Treue = Hingabe
Antithese: Kreon Ödipus — wer ist fähig zur Hingabe.
(H VII 11.129; A 173)

⟨ 1 9 1 7 ⟩

24. Januar ⟨1917⟩, Josef Redlich in seinem Tagebuch

Gestern mittag Hofmannsthal bei mir. Er erzählte mir aus den Tagen, in denen er seine märchenhafte Produktionskraft hatte, in Oberitalien, wo er täglich Hunderte von Versen schrieb, dann in seiner Knabenzeit, da er ›Gestern‹ schrieb. Trancezustände, oder wie er sagt, Augenblicke, in denen man Gott erkennt.
   (Schicksalsjahre Österreichs 1908—1919. Das politische Tagebuch Josef Redlichs. Bd. 2, 1915—1919, bearb. v. Fritz Fellner, Graz u. Köln 1954, S. 187)

⟨ca. 1917⟩, Ad me ipsum[1]

in ›Gestern‹ redet eigentlich: »the imp of the perverse« ⟨Poe⟩. Eine freche Stimme, welche jenes andere: Tor u Tod herausfordern will. (der Jüngling Andrea analog zum Leipziger Goethe der Mitschuldigen)

---

[1] *Auf die Wiedergabe der zahlreichen Bezugsstellen des Ad me ipsum (A 211—263) wurde bis auf wenige Ausnahmen im vorliegenden Band verzichtet.*

So steht im Prolog zum T. d. Tizian der Page mit bewusster Herausforderung seinem tiefen Selbst, dem Dichter, gegenüber. Der Jüngling Tarquinius steht fragend, Cesarino kritisch u. erfüllend zu seinem Spiegelbild. Der Abenteurer ist Andrea der Wechselnde, ist Harlekin.

(Stefan George Archiv, Württemberg. Landesbibliothek, Stuttgart; A 223)

Um 1920

ad me ipsum.
Jene Stelle in Tod des Tizian: Versuch, sich des Gehaltes des Lebens zu bemächtigen vor der Erfahrung.
ad Erfahrung: ›Gestern‹: »und was wir so Erfahrung nennen«

(E VA 1.1)

1921

18. April 1921, an Max Pirker

Zur Vorarbeit für ›H. als Theaterdichter‹ folgendes: ...
Erste vorwiegend lyrisch-subjektive Epoche: das Jugendœuvre bis zirka 1899. Die eigentliche Lyrik, inklusive des ›Kleinen Welttheaters‹. Hier schon dramatische und eigentlich theatralische Elemente. Die Reihe der kleinen Dramen: ›Gestern‹, ›Tor und der Tod‹, ›Tod des Tizian‹ (1891–1893); ...
c) Die Reihe der Lustspiele: ›Gestern‹ als Embryo des poetisierten Gesellschaftslustspiels ... *(A 369f.)*

1922

25. Februar 1922, an S. Fischer

... wie sehr viel mehr ich an dem 1ten Einteilungsplan[1] hänge, wie sehr viel lieber ich das Jugendwerk vermehrt um die Hochzeit der Sobeide und Gestern beisammen ließe ... *(Fischer-Almanach 1973, S. 134)*

Ca. 1923

Ad me ipsum
(Anzweiflung des Individ)
Gestern als Voraussetzung von Tor u Tod
Proustheft S 149[2]   *(E VA 1.5)*

---

[1] Einteilungsplan für die Gesammelten Werke von 1924.
[2] La Nouvelle Revue Française, Paris, 112, X, 1. Januar 1923: Hommage à Marcel Proust. Dort findet sich auf S. 149, in dem Beitrag von Paul Desjardins, Un aspect de l'œuvre de Proust: dissolution de l'individu, das folgende Zitat aus Prousts ›A la recherche du temps

1926

9. Februar 1926, Harry Graf Kessler in seinem Tagebuch
Abends Gesellschaft bei Frau v. Friedländer-Fuld am Pariser Platz. Es wurde Hofmannsthals ›Gestern‹ aufgeführt von Baby Goldschmidt-Rothschild und Francesco Mendelssohn; und nachher eine Parodie ›Heute‹ von Curt Bois mit Baby.
Auffallend war die Ablehnung des Hofmannsthalschen Stücks durch die Jüngeren, Goertz, Meiern, sogar Simolin und Helene. Sie fanden es »verstaubt«, beziehungslos: »Was soll es uns?« Der Krieg ist darüber grausam hingegangen, weil es ganz in Beziehung auf ein Publikum geschrieben ist, das es jedenfalls heute nicht mehr gibt, vielleicht nie gegeben hat. Ohne innere Notwendigkeit hat Hofmannsthal »für die Gesellschaft« gedichtet, wie man sich ein buntes venezianisches Maskenkleid umwirft; und jetzt sind die Farben verblaßt, durchsichtig geworden, und es steckt nicht viel dahinter.
           (H. G. K., Tagebücher 1918–1937, hg. von W. Pfeiffer-Belli, Frankfurt a. M., ⁴1979, S. 454)

1929

20. Januar 1929, an Walther Brecht
1891, im Frühjahr, war das ›Gestern‹ entstanden, etwas früher schon etliche Gedichte: diese aber alle nicht aus der tieferen Schicht. ... Aus der tiefsten Schicht kam damals etwas anderes, dann und wann, ein ganz kleiner visionärer Vorgang: dass ich manchmal morgens vor dem Schulgang (aber nicht wenn ich wollte, sondern eben dann und wann) das Wasser wenn es aus dem Krug in das Waschbecken sprang, als etwas vollkommen Herrliches sehen konnte, aber nicht ausserhalb der Natur, sondern ganz natürlich aber in einer schwer zu beschreibenden Weise erhöht und verherrlicht, sicut nympha. (Ich erinnere mich, ich brachte diese Secunden irgendwie mit dem Dichterischen in mir in Zusammenhang.)
           (Stefan George Archiv, Württemberg. Landesbibliothek, Stuttgart; BW HvH–George, 234f.)[1]

---

perdu‹: »A n'importe quel moment que nous la considérions, notre âme totale n'a qu'une valeur presque fictive, malgré le nombreux bilan de ses richesses, car tantôt les unes, tantôt les autres sont indisponibles ... Aux troubles de la mémoire sont liées les intermittences du cœur. C'est sans doute l'existence de notre corps, semblable pour nous à un vase où notre spiritualité serait enclose, qui nous induit à supposer que tous nos biens intérieurs, nos joies passées, toutes nos douleurs sont perpétuellement en notre possession.« (Sodome et Gomorrhe II, 1)
[1] *Vgl. die vollständige Wiedergabe S. 386,16–387,46.*

ERLÄUTERUNGEN

6,2—8: Die Namen sind aus den ›Comédies et Proverbes‹ *von Musset und aus* ›Volpone or the fox‹ *von Ben Jonson genommen:* Andrea *aus* ›André del Sarto‹, Fantasio *aus* ›Fantasio‹, Fortunio *aus* ›Le Chandelier‹, Ser Vespasiano *aus* ›Carmosine‹, *die von Andrea eingangs im Gespräch (S. 9,2—27) mit Arlette erwähnten* Palla, Strozzi, Lorenzo *aus* ›Lorenzaccio‹, Mosca, Corbaccio *aus* ›Volpone or the fox‹.
Zu Arlette *vgl. die Tagebuchnotiz vom 2. Juli* ⟨1891⟩, *S. 309,19f.*

13,26f. Laß ... rauschen *Aus dem am 4. Juni 1890 entstandenen Gedicht* »Sunt animae rerum«, *V. 11f.:* Laß dir des Lebens wogende Gewalten, / Genuß und Qualen, durch die Seele rauschen *(GLD 468f.)*

13,35 Und Lüge ... erstarrt! *Vgl. die Tagebuchaufzeichnung vom 22. V.* ⟨1891⟩: Jede Lüge, das heisst jede Wahrheit ist erstarrte Stimmung; conservierte Stimmung, die nur ein Recht hatte mit den andern zu strömen und zu verrinnen. *(H VII 17.76^b) Ähnlich noch einmal auf einem Einzelblatt mit Exzerpten aus dem Tagebuch:* Jede Lüge das heisst jede Wahrheit in erstarrte Stimmung. *(H VB 8.53)*

18,1 Meisters von Cadore *Tizian, geboren in Pieve di Cadore.*

18,3 giorgioneskem Graun, Dämonenbangen *Manfred Hoppe gibt als literarische Quelle Hofmannsthals folgende Beschreibung des nun Palma il Vecchio zugeschriebenen Bildes* ›S. Marco salva Venezia‹ *in Jacob Burckhardts* ›Kultur der Renaissance‹ *(Gesammelte Werke, Bd. 3, Basel 1955, S. 363) an:* »Womit man die fast gleichzeitige venezianische Erscheinung (1340) vergleichen mag, aus welcher dann irgendein großer Meister der Schule von Venedig, wahrscheinlich Giorgione, ein wundersames Bild gemacht hat: jene Galeere voller Dämonen, welche mit der Schnelligkeit eines Vogels über die stürmische Lagune daherjagte, um die sündige Inselstadt zu verderben, bis die drei Heiligen, welche unerkannt in die Barke eines armen Schiffers gestiegen waren, durch ihre Beschwörung die Dämonen und ihr Schiff in den Abgrund der Fluten trieben.« *(M.H., Literatentum, Magie und Mystik im Frühwerk Hugo von Hofmannsthals, Berlin 1968, S. 55f.)*

26,8f. Und wird uns ... Qual und Wonnen? *Aus dem am 31. Mai 1891 entstandenen Gedicht* Sonett der Welt, *V. 1 u. 4:* Unser Leiden, unsre Wonnen / ... / Alles wird zum Gleichnisbronnen *(GLD 495)*

28,37—29,1 Grad wie ... leuchtend brechen *Vgl. die vermutlich aus dem Januar 1891 stammende Tagebucheintragung:* Plötzlich den Sinn eines Wortes verstehen: Ordnung, Familie, Mutterpflicht etc.
Licht bohrt sich in die Finsterniss ein *(H VII 17.36^b) Und auf einem Zettel mit Exzerpten aus dem Tagebuch:* Auf einmal den Sinn eines Wortes verstehen / ich ⟨kann⟩ so gut verstehen *(H VB 8.53)*

29,8 Wir wandeln stets auf Perlen, staubbedeckt, *Vgl. die Tagebuchaufzeichnung unter dem Datum Weihnachten 1890:* Heute Hebbels Tagebücher begonnen, nachdem ich seinen Briefwechsel vorige Woche gelesen: der hauptsächlichste Nutzen solcher Bücher vielleicht der: dass wir auf den Werth dessen aufmerksam werden, was in uns dämmert.
Wir gehen auf staubverhüllten Perlen. ... *(H VII 17.31) und unter dem 29. XII.* ⟨*1890*⟩: Mittelmässige Menschen in denen das niedere Pflichtgefühl stark entwickelt ist, bringen vielleicht darum nie etwas bedeutendes zustande, weil sie nie warten, bis der Gedanke reif und der Augenblick ihn zu pflücken durch die Stimmung gegeben wird. Die kleinen Obsthändler, die um der Concurrenz vorzubeugen, das Obst halb grün auf den Markt bringen.
Wir gehen auf staubbedeckten Perlen. *(H VII 17.31, 31ᵇ). Die Wendung wird auf einem stichwortartig abgefaßten Exzerpt aus dem Tagebuch, ca. Juni/Juli 1891 (H VB 8.53), in der ersten Fassung wiederholt.*

29,11—15 Ein blutleer Volk ... in blindem Schauen *Aus dem Ende Januar 1891 entstandenen Gedicht* »Epigonen«, *V. 2—3 u. 10—12:* Verfluchte Schar von Gegenwartsverächtern! / Gewandelt seid ihr z w i s c h e n den Geschlechtern, / ... / Durch aller Stürme heilig großes Grauen, / Durch aller Farben glühend starkes Prangen / In taubem Hören und in blindem Schauen *(GLD 498)*

31,28: Vgl. die Tagebucheintragung vom 6. Juli ⟨*1891*⟩, *S. 310,2 f., außerdem S. 310,9—11 u. 311,14 f.*

35,18—31 Ich kann so gut verstehen ... getötet haben. *Leicht abgewandelt aus dem mit 27. Mai 1891 datierten Gedicht* Erfahrung *(GLD 497), das in den Anfangsversen wiederum auf den Gedichtentwurf* Gespräch *vom 17. V 1891 zurück greift (E II 174, jetzt FDH-II 20043), auf den auch die Tagebuchnotiz vom 10. 10. 1891 Bezug nimmt (›Zeugnisse‹, S. 311,33 f.).*

300,11 f. G r a d e ... Gespenster *Vgl. im Tagebuch unter dem 12—14. Juli.* ⟨*1891*⟩: Grade: Helena und Faust 1.) als fantast. Begebenheit 2.) als Allegorie 3.) wieder als Märchen verstanden [Mallarmé: jedes Buch hat einen dreifachen Sinn] Die Gespensterfurcht einer Bäuerin, der Rationalismus der bourgeoisie, der Gespensterglaube Schopenhauers
Die prunkende Uniform Murats, die elegante Einfachheit Talleyrands, der Prunk Napoléons. *(H VII 17.89)*

300,25 Bahr's Brautnacht mit Lotte *Vgl. im Tagebuch vom 14—18. Juli* ⟨*1891*⟩: Aufenthalt in Salzburg.
Dienstag 14 ... kommt Bahr ... Bahrs Verhältniss zu Lotte Witt ...
Mittwoch 15. ... Während des Gewitters in Bahrs Zimmer; (Lotte Witt, Clown und Mutter, das »unschuldige« Mädchen) ... *(H VII 17.90, 91ᵇ, 14)*

301,15 Die Tour Constance Stimmung ... ausdrücken *Vgl. die Eintragung im Tagebuch vom 16. Juli 1891 (S. 310,23 f.). Dieser Ausdruck geht auf das Zentralerlebnis der Hauptgestalt, Philippe, in Barrès' Roman* ›Le jardin de Bérénice‹ *zu-*

ERLÄUTERUNGEN 329

rück, den Hofmannsthal im Sommer 1891 las und rezensierte (vgl. P I 43—52). Philippe gewinnt nach der Besteigung des Tour Constance in der provenzalischen Stadt Aigues-Mortes die Fähigkeit, die ihm aufgrund seiner bisherigen differenzierten, dem Andrea verwandten Erlebnisweise, auseinanderfallenden Momente zu einer Einheit zusammenzuschließen und dadurch die ihm entgegengesetzten Charaktere seiner Freundin Bérénice und seines politischen Gegners, Charles, verstehen zu können. Vgl. z. B. die folgenden Passagen: »Dans cette solitude, dans ce silence singulier de mon observatoire qui ne laissait aucun vain bruissement sur ma pensée, dans cette facilité d'embrasser tout un ensemble, les analogies les plus cachées apparaissaient à mon esprit. Je voyais cet univers tel qu'il est dans l'âme de Bérénice, la physionomie très chère et très obscure qu'elle s'en fait d'intuition, l'émotion religieuse dont elle l'enveloppe craintivement; je le voyais tel qu'il est dans le cerveau de ›l'Adversaire‹, collection de petits détails desséchés, vaste tableau dont il a perdu le don de s'émouvoir par l'habitude qu'il a prise de réfléchir sur quelques points. Et moi, me fortifiant de ces deux méthodes, je suis tout à la fois instinctif comme Bérénice, et réfléchi comme l'adversaire; je connais et je sympathise; j'ai une vue distincte de toutes les parties et je sais pourtant en faire une unités, car je perçois le rôle de chacune dans l'ensemble.« ... »Tel est le récit de la merveilleuse journée que je passai sur la tour Constance, ayant à ma droite Bérénice et à ma gauche l'Adversaire. Et, en vérité, ce nom de Constance n'est-il pas tel qu'on l'eût choisi, dans une carte idéologique à la façon des cartes du Tendre, pour désigner ce point central d'où je me fais la vue la plus claire possible de ces vieilles plaines et de cette Bérénice remplie de souvenirs? C'est en effet l'idée de tradition, d'unité dans la succession qui domine cette petite sentimentale et cette plaine; c'est leur constance commune qui leur fait cette analogie si forte que, pour désigner l'âme de cette contrée et l'âme de cette enfant, pour indiquer la culture dont elles sont le type, je me sers d'un même mot: Le jardin de Bérénice.« *(M.B., Le jardin de Bérénice, Paris* ³*1891, S. 120f. u. 123f.; das Exemplar ist erhalten in Hofmannsthals Bibliothek).*

303,18 Ich denke gern an eisig klares Schimmern *Vgl. den Brief an Schnitzler vom 13. Juli 1891:* En attendant les' ich Nietzsche und freue mich wie in seiner kalten Klarheit, der »hellen Luft der Cordilleren«, meine eigenen Gedanken schön crystallisieren. *(BW 7; vgl. auch S. 310,17—20)*

307,13 das potenzierte Leben entrevu⟨e⟩ *Vgl. die Tagebucheintragung vom 15— 24 September. 1891:* Plan. La vie entrevue ... *(H VII 17.104). — In seinem Aufsatz* »Die Mutter« *schreibt Hofmannsthal zu Hermann Bahrs* ›Kritik der Moderne‹: »Choses vues« hat Victor Hugo auf sein Lebensausgangsbuch geschrieben, »Choses entrevues« könnte auf diesem erwartungsreichen Lebenseingangsbuch stehen. *(P I 16)*

Im 2. Band der ›Kritik der Moderne‹: ›Die Überwindung des Naturalismus‹, *den ihm Bahr laut Widmung im Juni 1891 schenkte, hat Hofmannsthal am Rand der folgenden, an Eduard von Hartmanns* ›Kritischer Grundlegung des transcendentalen Realismus‹ *orientierten Passage innerhalb des Essays* ›Wahrheit, Wahrheit‹ *angemerkt:* Zerbrechen der Einheit des Ich — ›Gestern‹: »Dem positiven Philosophen, der sich bloß dem unmittelbar Verbürgten anvertraut und auf seine ungestümen Begierden nicht hören will, entschwindet, wenn er nur ehrlich und rücksichtslos genug ist, jede Spur des Ich, wie ihm schon vorher rettungslos jede Spur der Welt entschwand; und aller Besitz schrumpft ihm winzig zusammen, zu ›einer in der Luft schwebenden Kette zeitlich verbundener Vorstellungsakte‹ — kein anderer Rest bleibt übrig. Die Sensationen allein sind Wahrheit, zuverlässige und unwiderlegliche Wahrheit; das Ich ist immer schon Konstruktion, willkürliche Anordnung, Umdeutung und Zurichtung der Wahrheit, die jeden Augenblick anders gerät, wie es einem gerade gefällt, eben nach der Willkür der jeweiligen Stimmung, und man hat genau ebenso viel Berechtigung, sich lieber gleich hundert Iche zu substituieren, nach Belieben, auf Vorrat, woher und wodurch die Dekadence zu ihrer Ichlosigkeit gedrängt ward. Es giebt zwischen dem Ich und der Wahrheit keinen Vergleich; diese hebt jenes auf, jenes diese ... Sensationen, nichts als Sensationen, unverbundene Augenblicksbilder der eiligen Ereignisse auf den Nerven — das charakterisiert diese letzte Phase, in welche die Wahrheit jetzt die Litteratur getrieben hat.« (Dresden u. Leipzig 1891, S. 149f.) Vgl. auch die Tagebuchaufzeichnung, S. 309,10—14, und den Briefausschnitt an Bahr, S. 309, 22—26.

DER TOD DES TIZIAN

ENTSTEHUNG

Am 20. Januar 1929 schreibt Hofmannsthal an Walther Brecht: Im Winter 1892 entstand dann der ›Tod des Tizian‹ — so wie das Fragment jetzt da ist, sammt dem Prolog. ... Diese Welt (Venedig u. die Tizianschüler) war an Stelle einer anderen Welt plötzlich eingesprungen: denn etwa einen Monat vorher wollte ich das Gastmahl der verurteilten Girondisten so darstellen.[1] *Das Titelblatt der im Nachlaß erhaltenen Entwürfe trägt die Aufschrift* Skizzen zu der Tod des Tizian Winter 1892. *Dem Plan zu einem* Gastmahl der verurteilten Girondisten *lassen sich aus dem Nachlaß vier Notizen zuordnen, von denen drei datiert sind:* 8. X. ⟨1891⟩ Die Männer der französischen Revolution ... Züge für ein Revolutionsdrama ..., 3. XI. ⟨1891⟩ Revolutionsdrama ... *und* 18. III. ⟨1892⟩ franz. Revolutions-drama ... *(H VII 17.106, 108, 111^b; vgl. SW Bd. XVIII). Außer diesem vagen zeitlichen Anhalt —* etwa einen Monat vorher *würde demnach auf den Zeitraum zwischen frühestens November/Dezember 1891 und spätestens Februar 1892 weisen — ist aus den Notizen für den Beginn der Arbeit am* Tod des Tizian *nichts zu gewinnen.*

Bemerkenswert an Hofmannsthals Bericht erscheint, daß die eine Welt (die Girondisten) plötzlich durch eine andere (Venedig und die Schüler Tizians) ersetzt wurde. Dies deutet auf einen Anstoß von außen und kann sich nur auf Stefan George beziehen, mit dem Hofmannsthal etwa Mitte Dezember[2] im Café Griensteidl zuerst zusammentraf: Ganz ohne Vermittelung durch Zwischenpersonen kam dann George auf mich zu: als ich, ziemlich spät in der Nacht in einer englischen revue lesend, in dem Café saß, trat ein Mensch von sehr merkwürdigem Aussehen, mit einem hochmütigen leidenschaftlichen Ausdruck im Gesicht (ein Mensch, der mir weit älter vorkam als ich selbst, so wie wenn er schon gegen Ende der Zwanzig wäre) auf mich zu, fragte mich, ob ich der und der wäre —

---

[1] Vgl. ›Zeugnisse‹, S. 386, 28–41.
[2] *Das genaue Datum ist nicht zu ermitteln, doch kann aus Hofmannsthals nachträglichem Tagebuchprotokoll* Der Prophet. (eine Episode) *auf Samstag, den 19. Dezember, geschlossen werden:* Ende December 1891. einen Samstag abend das Gespräch über die andere Kunst denselben Abend: Einem der Vorübergeht ... am nächsten Morgen: Hymnen *(H VII 9.32). Das Gedicht ist in zahlreichen Fassungen nachzuweisen, von denen nur ein Entwurf datiert ist:* 20. XII., *verbessert aus* 18. XII. *Die* ›Hymnen‹ *sendet George am 20. Dezember.*

sagte mir, er habe einen Aufsatz von mir[1] gelesen, und auch was man ihm sonst über mich berichtet habe, deute darauf hin, dass ich unter den wenigen in Europa sei (und hier in Oesterreich der Einzige) mit denen er Verbindung zu suchen habe: es handle sich um die Vereinigung derer, welche ahnen, was das Dichterische sei.

George war, nach Aufenthalten in London, Paris, wo er dem Kreis um Mallarmé angehört hatte, und Berlin, Ende Oktober in Wien eingetroffen, um seine dort im Frühjahr begonnenen Studien fortzuführen. Sein erster Gedichtband, ›Hymnen‹, war im Dezember 1890 in Berlin als Privatdruck erschienen[2], einen zweiten, ›Pilgerfahrten‹, erwartete er täglich von seinem Lütticher Drucker.

Über Mallarmé und seinen Kreis vor allem muß George Hofmannsthal berichtet haben, und die Frage, was das Dichterische sei, *wird ihm durch diesen bestimmt gewesen sein. Für den 19. Dezember notiert Hofmannsthal im Tagebuch:* Gespräch über die andere Kunst[3] *(H VII 9.32), und am 21. Dezember präzisiert er:* Stefan George. (Baudelaire Verlaine Mallarmé Poe Swinburne) »Unsere Classiker waren nur Plastiker des Stils, noch nicht Maler u. Musiker.« *(H VII 17.110) Am 20. Dezember sendet George ein Exemplar der* ›Hymnen‹, *am 26. schickt Hofmannsthal eines von* Gestern, *mit der Widmung* herrn Stefan George in tiefer Bewunderung seiner Kunst[4], *am 9. Januar läßt George die eben eingetroffenen* ›Pilgerfahrten‹[5] *folgen, dazu eine von ihm selbst gefertigte Abschrift von Mallarmés* ›L'après-midi d'un faune‹. *Georges* ›Algabal‹[6] *und die Baudelaire-Übertragungen*[7] *dürften Hofmannsthal zumindest in Auszügen bekannt gewesen sein.*

Über das erste Zusammentreffen mit George hat Hofmannsthal in dem Brief an Brecht geurteilt: Im Ganzen kann man sagen, dass die Begegnung von entscheidender Bedeutung war – die Bestätigung dessen was in mir lag ... Diese ganze neue Welt war da – und durch das plötzliche Hervortreten dieses Menschen als eine lebende Welt beglaubigt; ich war bereichert, wie einer der eine sehr große Reise getan hat und ein neues Land als geheime zweite Heimat erkannt hat.

[1] Wahrscheinlich Maurice Barrès, *in: Moderne Rundschau, Wien, IV, 1, 1. Oktober 1891, S. 15–18, oder* Englisches Leben, *in: Moderne Rundschau, Wien, IV, 5, 1. Dezember 1891, S. 174–177, und 6, 15. Dezember, S. 207–208.*

[2] *Stefan George,* Hymnen. *Berlin 1890. Druckvermerk: »In 100 abzügen für den verfasser gedruckt von Wilhelm & Brasch«.*

[3] *Aus der nachträglich niedergeschriebenen Aufzeichnung über die Begegnung mit George. Vgl. S. 331, Anm. 2.*

[4] *Die Widmung ist datiert* wien, im december 1891. *Das Exemplar befindet sich im Stefan George Archiv, Württemberg. Landesbibliothek, Stuttgart.*

[5] *Stefan George,* Pilgerfahrten. *Wien 1891. Druckvermerk: »Für den Verfasser gedruckt bei Vaillant-Carmanne in Lüttich«. 100 Exemplare. In der zweiten Ausgabe von 1899 (in einem Band mit* ›Hymnen‹ *und* ›Algabal‹*) mit der gedruckten Widmung »Dem Dichter Hugo von Hofmannsthal im Gedenken an die Tage schöner Begeisterung Wien MDCCCXCI«.*

[6] *Stefan George,* Algabal. *Paris 1892. Druckvermerk: »Für den Verfasser gedruckt bei Vaillant-Carmanne in Lüttich«. 90 Exemplare. Erscheint (nach einer Vorausgabe in 10 Exemplaren im September) Ende November. Eine Einfügung in Georges Brief vom 10. Januar, »was ich nach Halgabal noch schreiben soll ist mir unfasslich« (BW 12), scheint auf ein bereits vorliegendes Manuskript* ›Algabal‹ *zu deuten.*

[7] *Charles Baudelaire's* Blumen des Bösen, *umgedichtet von Stefan George. Zinkographische Vervielfältigung der Handschrift C. A. Kleins. 25 Exemplare. Am 21. Dezember sendet Klein ein erstes Exemplar an George.*

ENTSTEHUNG

Hofmannsthals Gedichte aus der zweiten Hälfte des Dezember — Einem, der vorübergeht, *an George gerichtet und diesem wohl am 21. übergeben[1], Mein Garten und* Stille *vom 22., Die Töchter der Gärtnerin vom 25.[2], Der Prophet vom 26. — lassen erkennen, daß er sich durch George wirklich bereichert fühlte. Ihre Lesung im Kreis der Freunde, zu der Schnitzler am 27. Dezember noch Bahr, Bératon und Salten geladen hatte, und über die er im Tagebuch notiert:* »Über Symbolismus ... Loris las Gedichte Stefan Georges und eigene vor, die geteilten Eindruck hinterließen«[3], *führt zum* »Symbolistenstreit« (H VII 9.32) *und zu Bahrs späterer, außerordentlich negativer Reaktion in seinem am 18. Juli 1892 erscheinenden Aufsatz* ›Symbolismus‹.[4]

Wie groß Hofmannsthals Bewunderung für Georges Kunst war, zeigt am eindringlichsten der dem Tod des Tizian zugewiesene Prolog. Von Hofmannsthal am 11. Januar im Entwurf fertiggestellt (1 H¹) und noch am selben Abend ins Reine geschrieben (2 H², datiert: Wien, am 11. I. 1892 abds.), muß er als Reaktion auf Georges am 10. Januar übergebenen großen Bekenntnisbrief (BW 12 f.), als Hofmannsthals die eigene, eher zurückhaltende Antwort vom gleichen Tag (BW 14) überbolende Huldigung an George verstanden werden. Die wörtliche Wiederaufnahme einer Anrede aus Georges Brief — »o mein Zwillingsbruder« *— verweist, gleichsam als doppeltes Zitat, auf Georges Gedicht* ›Der Infant‹[5] *aus den* ›Hymnen‹, *dessen Titelgestalt, ein* »Zwillingsbruder«, *zugleich im* Prolog *erscheint.*

Da Hofmannsthal den Prolog *wegen des folgenden Bruchs mit George nicht mehr übergeben konnte, hat er ihn bald darauf für eine Veröffentlichung vorbereitet. Denkbar ist, daß er, eine Bemerkung aus Georges erstem, am 16. Januar, dem Tag seiner Abreise, geschriebenen, Brief an Hofmannsthals Vater —* »mein Halgabal sein Andrea sind troz allem verschiedenen kinder eines geistes« (BW 242) *— aufgreifend, den* Prolog *zunächst* Gestern *zugeordnet hat, dessen Neudruck bevorstand,[6] wobei allerdings offenbleiben muß, ob er tatsächlich dem Drama hätte vorangestellt werden oder als separate Veröffentlichung aus Anlaß der Neuausgabe hätte erscheinen sollen. Jedenfalls würde diese Vermutung den auf einer zweiten Reinschrift des* Prologs *(6 H⁵) angebrachten und später getilgten Vermerk* Gestern, Prolog. Loris, Wien. *und die Datierung* Wien, im Februar

---

[1] Zur Entstehung vgl. S. 331, Anm. 2.
[2] Ein Prosaentwurf vom 9. VI. ⟨1891⟩ im Nachlaß (H VII 17.79ᵇ).
[3] Eintragung vom gleichen Tag. Abschrift; Deutsches Literaturarchiv, Marbach a. N.
[4] In: Die Nation, Berlin, IX, 38, 18. Juni 1892, S. 576–577. Darin wiedergegeben die beiden Gedichte Die Töchter der Gärtnerin *und* Mein Garten. — *In diesen Zusammenhang gehört ein Notizzettel, auf dem Hofmannsthal für Hermann Bahr Gedichte Georges und eigene gegenüberstellt:*

    Bahr über Symbolismus.
    Meine Definitionen.
    (Ghasel. Werke). Lehre.
    Der Infant. Nachthymne. Im Park. Midas' Garten.
    Wolken. Weihe.
    Strand. der Prophet.
    Verwandlungen. die Töchter.
    Nachmittag. Stille.   (H VA 46.1)

[5] Vgl. ›Erläuterungen‹, S. 390, 1–15.
[6] Vgl. Gestern, ›Überlieferung‹, S. 289, 18–20.

1892. ebenso erklären wie die Tatsache, daß Hofmannsthal diese zweite Reinschrift des Prologs erst nachträglich in die des Tod des Tizian eingefügt hat.

Aus alledem läßt sich herleiten, daß Hofmannsthal der Begegnung mit George die entscheidende Inspiration zum Tod des Tizian verdankt. Zwar sind aus dem Gastmahl der Girondisten der Augenblick der Sterbestunde (3 H³: E III 245.23ᵇ) und die Form – ein Dialog in der Manier des Platon[1] – hinübergenommen, weist das Motiv der Pest in Verbindung mit scheinbarer Sicherheit durch Abgeschlossenheit gegenüber der Außenwelt auf Boccaccios ›Dekameron‹, Poes ›Die Maske des roten Todes‹ und Jacobsens ›Die Pest in Bergamo‹ (hier noch ergänzt durch die Aufteilung in eine obere und eine untere Stadt), aber die Stilisierung Tizians zum Meister, seiner Schüler zu Jüngern muß dem von George überlieferten Bild Mallarmés und seines Kreises entsprechen, und die Gestalten des Gianino und des Desiderio sind deutlich als Abbilder der unterschiedlichen Charaktere Hofmannsthals und Georges konzipiert.

Konkrete Anhaltspunkte für die Entstehung liefert eine der zentralen Passagen des Fragments, Gianinos Traumerzählung und Desiderios Entgegnung darauf, zu der, außer Konzept und Reinschrift des Gedichts Siehst du die Stadt?, die freilich schon im Oktober 1890 vorlagen, lediglich einige Notizen, nicht aber Entwürfe erhalten sind. Sie kann zumindest indirekt datiert werden, denn Gianinos Erzählung enthält Zitate aus Georges Gedicht ›Gesichte II‹ (aus den ›Pilgerfahrten‹) und aus Mallarmés ›L'après-midi d'un faune‹[2] – beides konnte Hofmannsthal erst seit dem 9. Januar bekannt sein. Ein weiterer Hinweis ergibt sich durch die Wiederaufnahme einer Stelle aus Hofmannsthals, zugleich im Tagebuch (H VII 9.36) notierten, Brief an George vom 10. Januar in den Entwürfen zur geplanten Fortsetzung: Ich glaube daß ein Mensch dem andern sehr viel sein kann: Leuchte, Schlüssel, Saat, Gift ... (BW 14). Anzuführen ist schließlich N 10 mit einer Notiz zu dem Prolog zu einer fantast. Komödie. Das mit Stift beschriebene Blatt ist nachträglich mit Tinte überarbeitet und enthält nun das nicht weiter ausgeführte Stichwort Gianino's Traum. Ein erster Einfall zu dem Prolog im Tagebuch ist datiert 18 I. (H VII 17.110ᵇ).

Diese spärlichen Anhaltspunkte sollten jedoch nicht dazu verleiten, einen späten Beginn der Arbeit anzunehmen. Umgekehrt darf aus den drei Notizblättern mit Exzerpten aus Nietzsches ›Fröhlicher Wissenschaft‹ (N 1), mit der sich Hofmannsthal bereits im Sommer 1891 intensiv beschäftigt hat, nicht auf einen frühen Beginn geschlossen werden, denn die Blätter scheinen im Zusammenhang und bereits mit deutlichem Bezug auf die Figuren des Stücks niedergeschrieben.

An Schnitzler schreibt Hofmannsthal am 12. Januar: Ich arbeite, arbeite, arbeite. (BW 14) Dies könnte das exakte Datum für den Beginn der Ausarbeitung sein.

Die geplante Fortführung des Stücks hat Hofmannsthal in dem Brief an Brecht skizziert: Es war das Jahr der Matura,[3] und ich hatte eben sehr wenig Zeit, des-

---

[1] An Alfred Freiherrn von Berger am 5. Dezember 1892 (B I 69); dem Brief war das im Oktober erschienene erste Heft der ›Blätter für die Kunst‹ mit dem Tod des Tizian beigefügt.
[2] Vgl. ›Erläuterungen‹, S. 391, 14–23 u. 33–40.
[3] Das Maturitätszeugnis wurde am 6. Juli 1892 ausgestellt.

halb brach es ab – denn es hätte ein viel größeres Ganzes werden sollen. Es sollte diese ganze Gruppe von Menschen (die Tizianschüler) mit der Lebenserhöhung welche durch den Tod (die Pest) die ganze Stadt ergreift, in Berührung gebracht werden. Es lief auf eine Art Todesorgie hinaus: das Vorliegende ist nur wie ein Vorspiel – alle diese jungen Menschen stiegen dann, den Meister zurücklassend, in die Stadt hinab und erlebten das Leben in der höchsten Zusammendrängung – also im Grund das gleiche Motiv wie im ›Tor u Tod‹. *Von dieser Fortsetzung, deren späte Erinnerung mit den frühen Notizen im wesentlichen übereinstimmt, hat Hofmannsthal einen Teil im Entwurf ausgeführt: das an die Schlußworte Desiderios sich unmittelbar anfügende Gespräch mit Gianino (vgl. N 15), das allerdings bei der Ausgestaltung sogleich Tizianello mit einbezieht und unter dem Titel* Desiderio's Abschied *als ein zusammengehörendes Ganzes erscheint (3 H³). Dieser (vermutlich) erste Teil der zweiten Szene (im zweiten Teil sollte offensichtlich Giocondo, der noch im Personenverzeichnis des gedruckten Fragments erscheint, aus der Stadt zurückkehren) verweist wiederum und fast überdeutlich auf die Gestalt Georges, z. B. in der bereits zitierten Passage aus Hofmannsthals Brief an George vom 10. Januar. Vom letzten Blatt des Entwurfs (E III 245.10) hat sich außerdem eine reinschriftliche Fassung erhalten (5 H⁴: E III 245.5).*

Ob Hofmannsthal auch von den übrigen Blättern, die immerhin durch vereinzelte Bleistiftkorrekturen dafür vorbereitet waren, eine Reinschrift angefertigt, ob er gar der ›Theater-Revue‹ *diese zur Veröffentlichung mit eingereicht hat – Schwarzkopf nennt er am 6. August ungefähr 500 Verse, Klein am 15. August 400 Verse als Umfang¹ –, ist nicht mehr festzustellen. Jedenfalls deutet noch in der Reinschrift des Fragments (6 H⁵) manches auf eine Weiterführung hin, etwa der Vermerk* I. Scene. auf pag. I., *die getilgte Passage über Giocondo auf pag. 7., der auf pag. 12. am Schluß nachträglich angebrachte Zusatz* Ende des Fragmentes. *Hofmannsthal muß also diese erste Szene noch während der Arbeit an weiteren Entwürfen abgeschrieben und sich dann kurzfristig entschlossen haben, sie als Fragment zum Druck zu geben. Veranlaßt wurde er hierzu durch Marie Herzfeld, die er am 16. März in Wien kennengelernt und die ihn gebeten hatte, eine Arbeit an die Berliner* ›Theater-Revue‹ *zu geben, in der ihr Aufsatz über Hofmannsthals* Gestern² *erscheinen sollte:* »Selbstverständlich kamen wir dann auf das Thema ›Allgemeine Theaterrevue‹, der gegenüber sich Loris skeptisch verhielt: trotzdem wollte er der Nummer mit meinem Aufsatz über ›Gestern‹ ein dramatisches Fragment, an dem er arbeitete, zum Abdruck geben.«³ *Bereits am nächsten Tag bittet er Schnitzler um ein Treffen der Freunde am kommenden Sonntag,* daß ich Euch etwas vorlese, was ich zum Druck versprochen habe, aber nicht gerne ohne Euch fortschicken möchte. (BW 17) *Die Lesung fand dann am Montag, dem 21. März, statt,⁴ und Hofmannsthal muß gleich darauf das Manuskript nach Berlin geschickt haben, da der Aufsatz und das Fragment in einer*

---

[1] Vgl. ›Zeugnisse‹, S. 375, 15 u. 18.
[2] Marie Herzfeld, Ein junger Dichter und sein Erstlingsstück. Eine Studie. In: Allgemeine Theater-Revue für Bühne und Welt, I, 3, 15. Mai 1892, S. 19–22; wiederabgedruckt in: BW 59–64.
[3] Marie Herzfeld, Blätter der Erinnerung. In: HvH. Der Dichter im Spiegel der Freunde. Hrsg. von H. A. Fiechtner. Zweite, veränderte Aufl., Bern u. München (1963), S. 53.
[4] Vgl. ›Zeugnisse‹, S. 374, 2f.

Nummer erscheinen sollten. Doch zögerte der Herausgeber den Abdruck hinaus, und als die ›Theater-Revue‹ im Juni ihr Erscheinen einstellte, hat Hofmannsthal das Manuskript, nach einer vergeblichen Anfrage bei Schwarzkopf, George zum Druck überlassen.[1] Wahrscheinlich hat er erst jetzt den Prolog eingefügt und die beiden Blätter E III 245.17 und 7 (5 H^4: pag. 10. und 11.) aus dem Manuskript herausgenommen und durch neue ersetzt, doch ist nicht auszuschließen, daß letzteres schon früher, etwa im Anschluß an die Lesung, geschah.

Der Tod des Tizian erscheint im Oktober im ersten Band der ›Blätter für die Kunst‹, neben einer Folge von Gedichten Georges aus ›Hymnen Pilgerfahrten Algabal‹.

ÜBERLIEFERUNG

ÜBERSICHT

Prolog	Drama
1 H^1	N 1–22
2 H^2	
	3 H^3
4 t^1	
	5 H^4
6 H^5	6 H^5
8 H^6	
15 t^2	

Drucke

7 D^1
9 $D^2 b$
10 D^3
11 $D^3 H$
12 D^4
13 D^5
14 D^6
16 $D^1 H$
17 D^7–21 D^{11}

Prolog

1 H^1 E III 245.22$^{a,\,b}$; jetzt FDH-II 19931 – Zweiseitig beschriebenes Blatt, Geschäftsbogen des Vaters mit gedrucktem Briefkopf der Oesterreichischen Central-Boden-Credit-Bank, datiert 11. 1. ⟨1892⟩. Entwurf, links oben Titel: der Tod des Tizian. Der Text entspricht S. 39, 1–40, 10.

---

[1] Vgl. ›Zeugnisse‹, S. 375, 13–16 u. 18f.

2 H^2		E III 245.21$^{a, c}$; jetzt FDH-II 19931 – Doppelblatt, datiert Wien, am 11. I. 1892. abds. Reinschrift mit Überarbeitungsspuren, links oben Titel: der Tod des Tizian. Am Fuß der zweiten Seite Verssumme: 55 Verse.
4 t^1		Privatbesitz – Fragmentarische Maschinenabschrift (Durchschlag) einer Handschrift aus dem ehemaligen Besitz Arthur Schnitzlers; entspricht dem Text S. 39, 8–40, 28; am Schluß Wiedergabe der Widmungszeilen: »Am Abend, wo Richard den Pierrot Magus vorgelesen hat. Loris.«[1]
6 H^5		Stefan George Archiv, Württemberg. Landesbibliothek, Stuttgart – Zwei einseitig beschriebene Blätter, pag. Prolog 1, Prolog 2. Am Schluß datiert Wien, im Februar 1892. Reinschrift. In der linken oberen Ecke des 1. Blattes eigenhändig gestrichen: Gestern, Prolog. Loris, Wien., daneben, auf Mitte: Der Tod des Tizian. Prolog; der Stücktitel mit Blaustift (von der Redaktion der ›Blätter f. d. Kunst‹) gestrichen. Die beiden Seiten wurden der Reinschrift des Fragments (vgl. S. 333, 11–334, 2) vorangestellt.
8 H^6		Österreichische Nationalbibliothek, Nachlaß Lili Schalk – Zwei Blätter, drei beschriebene Seiten. Abschrift für Lili Schalk, vermutlich im Laufe des Jahres 1893.
15 t^2		E XXIII 23.1–3; jetzt FDH-II 19931 – Maschinenabschrift, wahrscheinlich nach 14 D^6.

Fortsetzung siehe unter Drucke, *S. 339f.*

Drama

Notizen, Entwurf 3 H^3 und Reinschriftblätter 5 H^4 mit der Grundsignatur E III 245 (jetzt FDH-II 19931) in einem Briefbogen des Vaters (245.1) mit dem Aufdruck: »Dr. Hugo von Hofmannsthal beeideter Gerichts-Dolmetsch für franz. und ital. Sprache.« und der Aufschrift: Skizzen zu der Tod des Tizian Winter 1892.

N 1	H VB 8.60, E III 245.2, 3, 13^b – Drei einseitig beschriebene Blätter mit Exzerpten und Notizen sowie ein Doppelblatt aus 3 H^3, das auf einer Seite die vorgetragene Zuordnung Tod des Tizian Stimmungen. trägt, jedoch ohne weitere Ausführungen dazu.
N 2	E III 245.11 – Zweiseitig beschriebenes Blatt. 11^b: Bleistiftentwurf der Verse 57–65 des Prolog zu dem Buch »Anatol« und Versentwürfe (vgl. Erl. zu S. 51, 19f.).
N 3	E III 245.30 – In der oberen Hälfte Personenverzeichnis, vermutlich entsprechend N 18 überarbeitet.
N 4	E III 245.28 – Am Fuß der Seite von fremder Hand: »vor 1576«.
N 5	E III 245.29
N 6	E III 245.23 – Wahrscheinlich nicht vor dem 9. 1. 1892 entstanden (vgl. ›Entstehung‹, S. 334, 15–26 und N 7).
N 7	E III 245.26 – Wahrscheinlich nicht vor dem 9. 1. 1892 entstanden (vgl. ›Entstehung‹, S. 334, 15–26 und N 6).

---

[1] *Die am 2. Februar 1892 in Gegenwart von Beer-Hofmann, Salten und Schnitzler aus der Erinnerung reproduzierte Niederschrift des Prologs stellt einen freundschaftlichen Bluff dar, deren scheinbar improvisiertes Entstehen die Bewunderung der Freunde hervorrief, wovon möglicherweise ein Reflex in N 9 aufscheint:* In meinem Stil das pagenhafte Über Stiegen Herunterlaufen *(vgl.* ›Zeugnisse‹, *S. 373, 12f.).*

N 8   H VB 8.11^b — Zweiseitig beschriebener karierter Notizzettel. 11^a: verschiedene Notate, darunter wichtig für die zeitliche Einordnung: Bahr meine 2 Gedichte Heft der Moderne, wohl zu beziehen auf Mein Garten und Die Töchter der Gärtnerin vom 22. u. 25. 12. 1891, die in Bahrs Aufsatz ›Symbolismus‹ in der Wochenschrift ›Die Nation‹ am 18. 6. 1892 erschienen, und ›Moderne Rundschau‹ vom 1. bzw. 15. 12. 1891 mit der Rezension Englisches Leben.
N 9   H VB 10.94 — Zweiseitig beschriebenes Blatt, nimmt u. a. den Text von N 8 auf. 94^b: N 22.
N 10   E III 245.16$^{d,\,a}$ — Kleines, aus einem größeren Bogen gefaltetes Doppelblatt, 16^a und 16^d im Gegensinn beschrieben. Auf 16^d außerdem Notizen, betitelt Prolog zu einer fantast⟨ischen⟩ Komödie (um den 18. 1. 1892; vgl. 3 H^3); auf 16^a außerdem ein Vers aus Regen in der Dämmerung und weitere selbständige Versentwürfe.
N 11   E III 245.8 — Zweiseitig beschriebenes Blatt, im unteren Abschnitt und auf 8^b: 3 H^3, Entwurf der Verse der Lavinia (vgl. ›Varianten‹, S. 356, 15—29).
N 12   E III 245.24 — Im oberen Abschnitt Entwurf der Schlußverse von 3 H^3 (vgl. ›Varianten‹, S. 357, 9f.
N 13   E III 245.12
N 14   E III 245.31
N 15   E III 245.20 — Zweiseitig beschriebenes Blatt, pag. II.1 (vgl. 3 H^3); 20^b: mathematische Schulaufgaben, im unteren Abschnitt N 19.
N 16   E III 245.14^b — Zweiseitig beschriebenes Blatt. 14^b: 3 H^3.
N 17   E III 245.27^b — Zweiseitig beschriebenes, kleines liniiertes Notizblatt; Personenverzeichnis, überwiegend Stenographie. Weitgehend textidentisch mit N 18. 27^a: N 18.
N 18   E III 245.27^a — Beschreibung vgl. N 17. Personenverzeichnis; N 3 vermutlich nach dieser Vorlage überarbeitet.
N 19   E III 245.20^b — Beschreibung vgl. N 15.
N 20   H VII 9.3^{a-c} — Kleines, aus einem größeren Bogen gefaltetes Doppelblatt, auf drei Seiten beschrieben. Zugehörigkeit unsicher. 9^{b-c}: Notizen mit Bezug zu Ascanio und Gioconda.
N 21   E III 245.18 — Die mit dem fragmentarischen Namen Gioco nachträglich angedeutete Zuordnung zweier Prosazeilen kann auch auf Ascanio und Gioconda weisen.
N 22   H VB 10.94^b — 94^a: N 9.

3 H^3 E III 245.6, 4, 14, 8^{a,b}, 24, 9^{a,c}, 13^{d,a,b}, 23^b, 10, 19^b — Fragmentarisch überlieferter Entwurf. 2 Doppelblätter, 8 Einzelblätter verschiedenen Formats, z. T. zweiseitig beschrieben, davon 5 Ebl. zum Text, die beiden Dbl. und 3 Ebl. zur Fortsetzung. Folgende Blätter pag.: 6: a, 4: c., 19^b: II.2. Auf folgenden Blättern außerdem: 14^b: N 16, 8^a: N 11, 24^a: N 12, 13^b: N 1, 23^a: N 6. Auf 10^b ein Briefentwurf, möglicherweise an Marie von Gomperz; auf 19^a Entwurf zu einem phantast⟨ischen⟩ Prolog (vgl. N 10).

5 H^4 E III 245.7^b, 17, 7^a, 5 — Vier Seiten mit Reinschriftcharakter, die im Zusammenhang mit dem Abbruch des Stücks und der Veröffentlichung des Fragments ersetzt bzw. aussortiert wurden. — 7^b: pag. 9., stark überarbeitet, entspricht pag. 9. von 6 H^5 und dem Text S. 48, 28—38 u. 49, 14—28; 17: kleinformatiger Notizzettel, pag. 10. (aus ursprünglich 11.), textidentisch mit pag. 10. von 6 H^5 und dem Text S. 49, 29—50, 10; 7^a: pag. 11. (aus ursprünglich 12.), entspricht pag. 11. von 6 H^5 und dem Text S. 50, 11—51, 1. 5: Aussortierte Reinschriftseite zur geplanten Fortsetzung, unpag., entspricht 3 H^3, S. 360, 6—28, u. 367, 27.

6 H^5 Stefan George Archiv, Württemberg. Landesbibliothek, Stuttgart — Für die Veröffentlichung des Fragments überarbeitete Reinschrift, zusammen mit der Reinschrift des Prologs (s. d. 6 H^5) in einem Konvolutumschlag mit der Aufschrift Hugo v Hofmannsthal (aus ursprünglich Loris) Wien III$_3$ Salesianergasse 12. Der

ÜBERLIEFERUNG 339

Tod des Tizian. Fragment. *Die 13 einseitig beschriebenen Blätter sind pag. 1.) bis 12. (aus ursprünglich 11.); vorangesetzt eine mit I. pag. Seite, enthaltend den Titel, das Personenverzeichnis und die erste Bühnenbeschreibung; in der linken oberen Ecke gestrichen:* Loris, Wien. *Auf der Rückseite des Konvolutumschlags mit Blaustift der redaktionelle Vermerk:* »petit/durchschossen«.

Drucke

7 D¹   Hugo von Hofmannsthal Der Tod des Tizian (Bruchstück) *In: Blätter für die Kunst. Herausgegeben von Carl August Klein.* 〈*Erste Folge*〉 *I. Band, Oktober 1892, S.* 〈*12*〉*−24.*

9 D²h   *Stefan George Archiv, Württemberg. Landesbibliothek, Stuttgart* − Hugo von Hofmannsthal Der Tod des Tizian (Bruchstück) *In: Blätter für die Kunst. Herausgegeben von Carl August Klein.* 〈*Erste Folge*〉 *I. Band, Oktober 1892, S.* 〈*12*〉*−24.* »*Arbeitsexemplar*« *mit Eintragungen, vermutlich von Kleins Hand, teilweise Neusatz; im Zusammenhang mit 10 D³, aber nicht Druckvorlage.*

10 D³   Hugo von Hofmannsthal Der Tod des Tizian (Bruchstück) *In: Blätter für die Kunst. Herausgegeben von Carl August Klein.* 〈*Erste Folge*〉 *I. Band, Oktober 1892, S.* 〈*12*〉*−24. Neudruck vom Februar 1894.*

11 D³H   *FDH, Hofmannsthal-Bibliothek* − Hugo von Hofmannsthal Der Tod des Tizian (Bruchstück) *In: Blätter für die Kunst. Begründet von Stefan George. Herausgegeben von Carl August Klein.* 〈*Erste Folge*〉 *I. Band, Oktober 1892, S.* 〈*12*〉*−24. Band I bis V zusammengebunden, Band I im Neudruck vom Februar 1894; mit Korrekturen von Hofmannsthals Hand.*

12 D⁴   Hugo von Hofmannsthal Der Tod des Tizian (Bruchstück.) *In: Allgemeine Kunst-Chronik. Illustrierte Zeitschrift für Kunst, Kunstgewerbe, Musik, Theater u. Litteratur. Redigiert von Georg Fuchs. Verlag der Allgemeinen Kunst-Chronik P. Albert München, 19. Jahrgang, Heft 4* 〈*15. Februar*〉 *1895, S. 101−102. Unter der Überschrift* »*Aus den* ›*Blättern für die Kunst*‹«. *Auszug entspricht dem Text S. 37−43, 10.*

13 D⁵   Der Tod des Tizian (Bruchstück) *In: Blätter für die Kunst. Eine Auslese aus den Jahren 1892−98. Berlin: Georg Bondi 1899, S.* 〈*78*〉*−90. Erschienen im Herbst 1898.*

14 D⁶   Der Tod des Tizian. Bruchstück von Hugo von Hofmannsthal. *In: Kunstwart. Rundschau über Dichtung, Theater, Musik und bildende Künste. Herausgeber: Ferdinand Avenarius. Verlag von Georg D. W. Callwey in München, 13. Jahrgang, Heft 18 (Zweites Juniheft) 1900, S. 219−228.*
In der Abteilung »*Lose Blätter*« *mit der* »*Vorbemerkung*«: »*Wir drucken diese Dichtung mit der Genehmigung ihres Verfassers ab aus den im Kommissionsverlage von Georg Bondi in Berlin erschienenen* ›*Blättern für die Kunst*‹«.

16 D¹H   *FDH, Hofmannsthal-Bibliothek* − *Ein Exemplar von 7 D¹ mit eigenhändigen Korrekturen.*

17 D⁷   Der Tod des Tizian (Bruchstück. 1892) *In: Die gesammelten Gedichte. Leipzig: Insel-Verlag 1907, S.* 〈*77*〉*−100. − Textgrundlage. − Unter den Drucken ist 17 D⁷ insofern hervorzuheben, als hier zuerst Hofmannsthal selbst den Text einer gründlichen Durchsicht unterziehen konnte. Alle vorangehenden Drucke sind in ihrer*

Textgestaltung durch die Redaktion der ›Blätter für die Kunst‹ bestimmt. Die zahllosen Eingriffe (vor allem in die Zeichensetzung, aber auch in den Wortlaut), die bereits in 7 D^1 zu beobachten sind und sich in 10 D^3 und 13 D^5 fortsetzen, sowie die für die Überlieferung problematische Kleinschreibung und die Tatsache, daß Hofmannsthal auf die Reinschrift nicht zurückgreifen konnte, da Klein die Herausgabe verweigerte, unterstreichen die besondere Bedeutung, die 17 D^7 als Grundlage für einen kritischen Text zukommt, zumal die folgenden Drucke von ihm ausgehen. Freilich ist festzustellen, daß als Satzvorlage eine typierte Abschrift von 7 D^1 dient (vgl. ›Zeugnisse‹, S. 384, 13–17), doch hat Hofmannsthal für die Durchsicht auch sein ›Handexemplar‹ 16 D^1H herangezogen. Der Redaktor scheint zusätzlich auf die anläßlich der Totenfeier für Arnold Böcklin erschienene Ausgabe des Stücks (hier mit neuem Prolog und verändertem Schluß) zurückgegriffen zu haben (s. d. 3 D^1).

18 D^8 Der Tod des Tizian Bruchstück. 1892 *In: Die Gedichte und Kleinen Dramen. Leipzig: Insel-Verlag 1911, S. 41–56.*

19 D^9 Der Tod des Tizian Bruchstück. 1892 *In: Der Tod des Tizian. Idylle. Zwei Dichtungen. Leipzig: Insel-Verlag ⟨1912⟩, S. ⟨5⟩–29. (Insel-Bücherei Nr. 8).*

20 D^{10} Der Tod des Tizian Bruchstück *In: Gesammelte Werke. Erster Band. Berlin: S. Fischer Verlag 1924, S. 59–75.*

21 D^{11} Der Tod des Tizian Bruchstück *Leipzig: Insel-Verlag 1928. Handdruck der Cranach Presse, Weimar. 19 S. Druckvermerk: »Handdruck der Cranach Presse in Weimar im frühjahr 1928, satzanordnung und druckleitung von Harry Graf Kessler, satz von Walter Tanz, druck von H. Gage-Cole. 225 von 1 bis 225 numerierte exemplare auf Maillol-Kessler handgeschöpftem büttenpapier und dreizehn von I bis XIII numerierte exemplare auf pergament, von denen nummer X bis XIII nicht in den handel kommen. Die ausgabe erfolgt durch den Insel Verlag zu Leipzig. Dieses ist exemplar Nr. XI.«*
In einem Teil der Exemplare abweichender Druckvermerk wie folgt: »225 von 1 bis 225 numerierte exemplare auf Maillol-Kessler handgeschöpftem büttenpapier und sechs von I bis VI numerierte exemplare auf pergament. Die ausgabe erfolgt durch den Insel Verlag zu Leipzig. Dieses ist exemplar Nr. 45.«[1]

---

[1] Vgl. Renate Müller-Krumbach, *Harry Graf Kessler und die Cranach-Presse in Weimar. Mit einem Beitrag von John Dreyfus und einem Verzeichnis der Drucke der Cranach-Presse.* Hamburg: Maximilian-Gesellschaft 1969, S. 149; dort ferner aufgeführt Prolog zum ›Tod des Tizian‹, 2 Seiten. Gedruckt für die Pressa-Ausstellung in Köln 1928. Vgl. ferner: *The Hofmannsthal Collection in the Houghton Library. A Descriptive Catalogue of Printed Books.* Heidelberg 1974, Nr. 670–672.

VARIANTEN

Prolog

(1 H^1, 2 H^2, 4 t^1, 6 H^5, 7 D^1–21 D^{11})

39, 3	mattgelbe] hellgelbe *1 H^1*	
39, 8:	*Absatz fehlt 1 H^1, 4 t^1, 8 H^6, 21 D^{11}*	
39, 9	einmal *aus* gerad *1 H^1*	
39, 10	da hängen alte Bilder] ⟨1⟩ da wo ⟨2⟩ wo alte Bilder hängen *1 H^1*	
39, 14:	*Absatz fehlt seit 17 D^7; emendiert nach der gesamten vorausgehenden Überlieferung*	
39, 16:	Des frühverstorb'nen, das im Erker. *4 t^1*	
39, 17	und drum] darum *4 t^1*	
39, 18:	Bleib ich bei jenem Bilde immer stehn *4 t^1*	
39, 19	und seh ihn an *aus* wie jen⟨er⟩ *1 H^1*	
39, 20:	*fehlt 7 D^1, 9 D^2b, 10 D^3, 12 D^4, 13 D^5, 14 D^6, 15 t^2; nachgetragen: 11 D^3H, 16 D^1H*	
39, 20	Und lächle trüb: denn so] Traurig und lächelnd: so *1 H^1, 2 H^2, 6 H^5* trüb: denn so] traurig: so *4 t^1, 8 H^6*	
39, 22	ringsum] einsam *12 D^4*	
39, 23:	*aus* So kommt wie eine Wehmut über mich *1 H^1*	
39, 23	So träum] Da mein *4 t^1*	
39, 28:	*Absatz fehlt seit 17 D^7; emendiert nach 6 H^5, 12 D^4, 13 D^5, 15 t^2, (Gedankenstrich vor 39, 25: 2 H^2; identisch mit Seitenende bei: 1 H^1, 7 D^1, 10 D^3, 11 D^3H, 16 D^1H)*	
39, 25:	Da schreck ich auf vor einem leichten Schritt *4 t^1*	
39, 27:	*fehlt 4 t^1*	
39, 28:	Und sieht mich lange ⟨an⟩ und sagt dann leise: *4 t^1*	
39, 28:	*aus* ⟨1⟩ Und leise sagt ⟨2⟩ Ich weiss hat er gesagt *1 H^1* *danach Absatz 18 D^8, 19 D^9, 20 D^{10}*	

39,28	Stimme] Stirn *1 H¹* ist] war *2 H², 6 H⁵*	
40,3	Doch ... dich *aus (1)* Du has⟨s⟩t die Lügen (2) Ich aber liebe dich *1 H¹*	
40,4:	*danach gestrichen:* (1) Ich sah ihm nach Der Vorhang aber (2) Ich aber hielt erstaunt in meiner Hand Als (3) Und eine Rolle *1 H¹* *danach Absatz 13 D⁵, 14 D⁶, 15 t²*	
40,5:	*Absatz fehlt 1 H¹, 4 t¹, 13 D⁵, 14 D⁶, 15 t²*	
40,6	gefallen,] gefallen. *1 H¹, 2 H², 4 t¹, 6 H⁵, 7 D¹, 8 H⁶, 9 D²b, 10 D³, 11 D³H, 12 D⁴, 13 D⁵ (Punkt auf Mitte), 14 D⁶, 15 t², 16 D¹H*	
40,6	ist's] ist es *1 H¹* 's ist *2 H², 4 t¹, 6 H⁵, 8 H⁶* so hübsch *aus (1)* gut (2) schön *1 H¹*	
40,7:	*aus* Wenn das nur schön ist, was wie Blumen ist *1 H¹*	
40,8	ein Kind, das lacht] blonde Kinderköpfe *1 H¹; aus (1)* blonde Kinderköpfe (2) Kinder, wenn sie lachen *2 H²*	
40,8:	*danach:* Wie graziöse goldverzierte Gondeln *1 H¹, 2 H², 4 t¹, 6 H⁵, 7 D¹, 9 D²b, 10 D³, 11 D³H, 12 D⁴, 13 D⁵, 14 D⁶, 15 t²; gestrichen 16 D¹H*	
40,9	Und wie Jasmin *aus* Wie Dahlien *1 H¹*	
40,10	*davor gestrichen:* (1) Doch ist nicht (2) wie Wein vom Rhein und Marmor *1 H¹*	
40,11	Ahnen] Leben *4 t¹*	
40,12:	*mit Stift aus* Den Schmelz der Dinge, die man nicht gelebt *a. r. R.:* et le vermeil des choses non vécues *2 H²*	
40,13 f.:	*fehlt 4 t¹*	
40,15	zuweilen *mit Stift aus* im Park wohl, *2 H²*	
40,16	Köpfchen *aus* Mädchen *2 H²*	
40,18	kaum *mit Stift aus* nie *2 H²*	
40,20	nicht] noch *2 H², 4 t¹* einst *6 H⁵* noch] einst *2 H², 4 t¹* doch *13 D⁵, 14 D⁶, 15 t², 18 D⁸, 19 D⁹, 20 D¹⁰*	
40,22:	*danach:* Mit goldnen Leisten, farbigen (blumigen *4 t¹*) Guirlanden *2 H², 4 t¹*	

VARIANTEN

40,23:   Und drinnen, zwischen Duft und rosa Seide *2 H²*

40,24:   Das blonde, kaum gesehene Profil: *4 t¹*

40,25   die Seele will's *aus (1)* man malt *(2)* die Seele malt *2 H²*

40,27:   *a. r. R.:* With unexperienc'd colours of desire *2 H²*

40,28:   *(1)* und einem stillen ⎱ Durste, der verschönt.
                     tiefen ⎰
         (2) Und einem Durst der sich in Träumen wiegt,
         (3) Und einem Durste der den Quell verschönt   *2 H²*

Drama

N 1
T. d. T.)
          Stimmungen. (fröhl Wissenschaft)
Musik, die die Traurigkeit des tiefsten Glücks ausdrückt
der hohe Mensch: die Menge seiner Reize ist beständig im Wachsen und ebenso
die Menge seiner Erinnerungen von Lust u Unlust ..
Wir die Denkend Empfindenden sind es, die wirklich u. immerfort etwas machen ..
wir haben der Natur ihren Werth gegeben u. geschenkt
durchs Leben gehen wie zu einem Feste und voll des Verlangens nach noch unentdeckten Welten u Meeren, Menschen u. Göttern; auf jede heitere Musik hinhorchen, als ob dort wohl tapfere Menschen, Soldaten Seefahrer sich eine kurze Rast u Lust machen und im tiefsten Genuss des Augenblicks überwältigt werden von der purpurnen Schwermuth des Glücklichen: das Glück Homers.

Meister des Improvisierens, die dem Zufall einen schönen Sinn u. ⎱ Tizianello
eine Seele einhauchen   ⎰

ich weiss mehr vom Leben weil ich sooft daran war es zu verlieren; die auserlesenen Genüsse des Auges dessen, der zum Tode geführt wird.

der Stoiker übt sich Steine u Gewürm, Glassplitter u. Scorpionen ⎱
zu verschlucken .. das Heulen der Pestkranken, die streitenden
Menschen, Glockengellen ..   Bigum
eines Geschlechts sein mit den grünen schäumenden Wellen, der
grünen Dämmerung u. den grünen Blitzen ⎰

ich habe meinem Schmerz einen Namen gegeben und rufe ihn Hund ..

die Gegenwart als Ethos, die Vergangenheit als Pathos empfinden ..

und hängt die Redlichkeiten des Empfindens   Tizianello

zur Grösse gehört die Gabe, grosse Schmerzen zuzufügen ..   ⎰ Bigum

Die höchsten Höhen alles Guten, sei es Werk, That, Mensch Natur sind für die Meisten u Besten etwas verborgenes. Die Welt ist übervoll an schönen Dingen aber sehr arm an schönen Augenblicken u. Enthüllungen dieser Dinge. } (326) Dilett.

Tod des Tizian)
    Stimmungen. (fröhl. Wissenschaft)

Zarathustra gieng in das Gebirge u genoss seines Geistes u. seiner Einsamkeit. Zarathustra will wieder Mensch werden, der Becher überfliessen; die Sonne für Augen leuchten, die Blüthe geschaut werden. } Bigum

Die Welt, deren Gott gestorben ist, die abendlicher, unheimlicher wird mit gewaltigen rätselhaften Schatten.

es ist, wie wenn man nachts aus einer engen finsteren Strasse heraus einen Schrei hört

tiefer Sinn des christlichen Priesters = ein heiliges Ohr, ein verschwiegener Brunnen, ein Grab für Geheimnisse zu sein } Bigum.

Denn ihr wisst es doch, alle grossen modernen Künstler leiden am schlechten Gewissen? } Dilett.

die monologische Kunst, die auf dem Vergessen ruht; Musik des Vergessens } Bigum.

der dionysische Pessimismus   (376)

die ewige Unruhe, die rastlose Angst vor dem Etwas-versäumt-haben

Ich würde nicht wagen einen Menschen zu schildern, der die Thiere hasst

besoin d'embrasser toutes les sciences pour embrasser toutes les sensations
..»Das Kind des Zufall⟨s⟩, Wirklichkeit verachtend« .. } Dilett

Säen von zukünftigen Erinnerungen

Parteimenschen halbe Menschen
»und Unparteilichkeit ist uns Behagen«

Es ist eine Macht in dem vertrauend ausgespr. Wort (Gebet, Zauberformel) } Gianino

Rolle als Reaction gegen die Qualen der Analyse und die Schwindel der Erkenntniss } Bigum

wir sind keine Maler, wir haben nie den Schauer der Weihe gespürt; wir haben uns immer von aussen in die Dinge hineingelebt; es ist nichts nothwendiges in unsrer Künstlerschaft — Gegenrede: schaffend erkennen wir unsere Kraft, gehend den Weg .. } Tizianello

VARIANTEN   345

les feuilles les fleurs les fruits reprennent la place que l'homme leur   } Tizians Grab
disputait

Es giebt Fragen in uns, auf die wir nie Antworten erhalten, weil sie   } Bigum?
bei geändertem Körper selbst nicht mehr kommen: Conflicte, die   } Dilettanten?
sterben, Abgründe, die sich an der Oberfläche schliessen.

Tod des Tizian.)

Stimmungen: das starke Stimulans, die dionysische Weihe, die ihnen die Freude
am lebenden, soll ihnen auch die Angst um den todten Tizian sein.

die Schwüle dieses Todes ist wie die schwüle Stunde, in der die   } Tizian
Blüthen jedes Baumes reifen.

Vielleicht täglich gehen wir an der grossen Liebe vorbei, die alle
Kelche unsrer Seele öffnen könnte, vielleicht auch täglich an dem   } Dilett.
grossen Hass oder Keim der Verzweiflung, an Saat, Gift, Reif,
Leuchte Schlüssel .. wer will wägen wo Gewinn und wo Verlust ist

Kampf mit der Gegenwart, Überwindung des Lebens   } Bigum

die schmutzige Stadt durch weise Entfernung bläulich u duftig   } Venedig
verklärt

Die Festländer, die starren Inseln: die todten Dinge in der Seele
welche von dem Anschlagen der fragenden Wellen immer kleiner   } Dilett.
werden
Ideal: Wogen, Gleiten, Dämmern

die Seelen, die eine andere ganz für sich haben wollen
das ewige fruchtlose traurige Werben   } Bigum
.. qui toujours ne recoivent que le geste tandis qu'il⟨s⟩ soupirent
vers l'essence

und kommen wird ein Auseinanderfallen
da werden alle Theile leuchten wollen   } nach dem
und eigenmächtig alle Töne hallen   } Tode
aufglühend ehe sie erlöschen sollen

    343,15f.   und ... von *Stenographie*
    343,17   etwas *Stenographie*
    343,20   noch *Stenographie*
    343,25f.   Tizianello *Nachtrag mit Stift*
    343,36:   *aus* weg mit der Redlichkeit im Interpretieren unserer Erlebnisse!
              mit der *Stenographie*
    343,36f.:   *zum Zeichen der Erledigung mit Stift gestrichen*
    343,36   Tizianello *Nachtrag mit Stift*
    343,1—4:   *zum Zeichen der Erledigung mit Stift gestrichen*
    344,1   alles *Stenographie*
    344,2   etwas *Stenographie*
    344,7—10:   *zum Zeichen der Erledigung mit Stift gestrichen*

344,7   gieng in das *Stenographie*
344,13   es *vielleicht* er
345,16f., 22—25, 26—29:   zum Zeichen der Erledigung mit Stift gestrichen
345,28   hallen *aus* wallen, *danach gestrichen:* zum Sabbath alles Hässlichen und Tollen / wie Gluthen eh sie sterben doppelt

N 2

Tod des Tizian   Dilettanten

3 Künstler, begegnen sich einsam in bunter Menge zuerst Hof um sich der sie conventionell verspottet dann allein, jeder bringt seine Einrichtung zum andern Gespräch a) über Werke, b.) über den inneren Schatz die verstummenden Glokken, Verzicht auf die Aussenwelt das Verlangen ist das Beste; Verfall des Schlosses Satyr, Fensterladen, Bild; einmal als Greise wie von Fieber überfallen, glauben nach einer Anregung werden sie ein Werk schaffen, segeln hinaus u. kommen nicht mehr zurück
Erbstück von der Mutter Sehnsucht, Bild, Monochord
der andere vom Vater Schiff, Waffen, Gewänder
ihre Art architectonische Formen zu geniessen: Stiege zu steigen, Thurm zu erklettern, Geländer zu umspannen.
Zu einer geliebten Frau durch blumige Thür
unten Aufstand, Krankheit, Pest
in die Gefässe der Sprache Sinn giessen
die Tiefen der Kunst, wo sich Winter u. Sommer gleicht
in tiefster Seele der Glaube an ihre Kraft und der Hochmuth der unendlichen Möglichkeiten
Freundschaft: empfinden es wie eine Entweihung wenn ein Freund gelobt wird sprechen selbst nie davon
Ahnung einer latenten Harmonie aller Formen, der Einheit von Musik Architectur u. Mathematik
Marmorblock la plaine c'est le rêve, la montagne c'est le drame, la rue c'est l'épopée Worte sind der ohnmächtige Text zur Harmonie oder Disharmonie der Seelen
S 124
braungrüner Teich, Sandsteintritonen,
l'état divin c'est le silence et le repos parce que toute parole et tout geste sont bornés et passagers.
Marmorblock als mystische Kugel geschaut
L'art de passion est sûr de plaire, mais l'art souverain c'est l'art de sérénité.

346,7:   *Nachtrag mit Stift*
346,25f.   empfinden ... davon *Stenographie*
346,30   sind der *Stenographie*

N 3

                    Der Tod des Titian.

                                    Tizian stirbt 1576
                                    in seinem 99ten Jahre
                                    an der Pest

                                    Vorhang den der Wind bewegt[1]

Tizianello.	Lisa
Giocondo (der Resignierte)	Cassandra.
Desiderio. (der Unverstandene)	
Gianino (er ist 15 Jahre alt, und sehr schön)	Berenice
Batista.	
Antonio.	
Paris	

er kann nicht sterben, aber du verstümmelst ihn sobald du das von ihm geschaffene Leben verachtest

die Worte des sterbenden: es sollen Blumen über meinem Grabe sein, gedankenlos wachsende, üppig wuchernde, lebendigen Lebens. das brandende Meer

die Leute werden euch die Geliebten Tizians heissen und werden sich vor euch neigen. Der Pöbel der ich bitte dich

sie verbrennen alle die an der Pest gestorben, es wird in den Abendwolken glühen. Pest? die Pest ist in Venedig.

und eure Leiber hat er uns gedichtet

Anlage der Terrasse, ferne blaue Schatten der Bäume = einer der Träume des Meisters

wie Früchte in einer unnatürlich schwülen Nacht, reifen alle

der Meister schickt ihnen zu trinken, sie sollen alle trinken

347,7—13: späte Überarbeitung mit Stift, wahrscheinlich im Zusammenhang mit N 18, aus

Tizianello.	Berenice
Mercutio.	*(1)* Magdalena. *(2)* Catharina
Fortunio.	*(1)* Meta. *(2)* Sylvia
Desiderio.	
(1) Rocco. *(2)* Paris	
Giovanni	
Gianino (er ist 16 Jahre alt, und sehr schön)	
Batista.	
Antonio.	

347,31 Fortunio *und 34* Giovanni *gestrichen*

---

[1] *Auf der frei gebliebenen linken Hälfte Skizze der Terrasse.*

N 4

Entwicklung.

A B C D
Nachrichten. Bilder hinein. 3 Mädchen. Wein.

Mercutio Catherina (aschblond)
Tizianello Meta (Minnie)
Gianino Berenice (Di)
3 dilett. Trinker
3 Pagen.

nach B. Verherrlichung der Kunst, die das Leben dichtet

Stimmung ist alles, ist relatives Bewußtsein der Welt es giebt kei- ⎫
nen Vorstellungsinhalt der nicht durch Stimmung beeinflusst ver- ⎬ Dilett.
klärt, vergrössert, verwischt, verzerrt; reizend gleichgiltig, drohend ⎪
lind dunkel weich kalt glatt etc. gemalt wird ⎭

348,11–13 giebt ... verklärt *Stenographie, danach gestrichen:* begehrenswert

N 5

Züge.

her deep hair heavily laden with odour and colours of flowers; die Farben des Hades?

und wir Schlaf so ist unser Schlaf gegen den ihren (dort unten) ein Schlafen purpurner Blüthen, ein Schlafen funkelnder Schlangen, ein Schlafen mit unergründlichen Tiefen.

er (Tizian) der sonst nie von seinen Arbeiten spricht (Dialogisch variiert) schildert diesmal das grosse dionysische, das purpurschwere Geheimniss des Lebens, das er will.

zu Meta mit der Pansherme in der Hand: du hältst
dann schrie er auf es lebt der grosse Pan

Berenice = Lavinia (des Meisters Tochter?)

Das Leben will ich malen, nackt und zuckend, nicht wie ich sonst wohl pflag lebendiges
Das Leben selbst das athmende das reife, das quellende, a lordly vine whose grapes bleed the red heavy blood of soft swoln wine

Diese Nacht war kein Schlafen der Natur sie schloss nur die Augen und horchte mit tiefem Athemholen und feuchten Lippen in die Dunkelheit hinaus.

to watch the red moons wane to white; erwachen schwerer Harmonien
die Luft zittert und fühlt wie das Mondlicht sie durchsickert

Wer nur lebendig wirkt, wird allen nützen ⎫ Tizian

348, 28: Nachtrag mit Stift
348, 29–32; 33 f. u. 35 f.: zum Zeichen der Erledigung mit Tinte gestrichen

VARIANTEN   349

N 6   Liebesscenen.   Züge
Gianino: hat ihren Nacken berührt als er ihr die Blumen steckte.
»wir sind so alt, als unser Denken ist«
Desiderio ist eifersüchtig auf Gianino

Phasen:
die rätselhaften süssen Töne der Nacht, das Anschmiegen an Tizianello; das plötzlich ergreifende eines Duftes
Badende Nymphen leuchten zwischen Lianen durch (oder sind es Schwäne)
Lisa schläft ein wie die Bühne leer bleibt u Titianello noch beim Vater drinnen
ist ...
er hebt sie beim Fenster hinein
Gianino (Berenike): wirft sich in den Weg
    nicht ohn mich Madonna
             Wozu gleichviel
    Mit dir

Gianino-Berenice.
349, 2   Züge *Nachtrag mit Stift*
349, 5; 6–9: zum Zeichen der Erledigung mit Stift gestrichen

N 7

Hintergrund.   (die schwüle Nacht)
Faun in schwarzen Lorbeern, reife Granatäpfel von Bienen dicht umschwärmt
Schwärme von Mücken die sich paaren, Oleander und Dahlien Aloe; aus vergolde-
ter Geige rosenrothe und schwarze Töne; (auch b)
Es schläft die Stadt, ..
Schluss. 3 Windstösse der Vorhang zerreisst, das Rufen in die Nacht hinaus; der
Krug rollt die Stufen hinunter
*349, 22–26: zum Zeichen der Erledigung mit Stift gestrichen; b vielleicht auch
            stenographisches Kürzel, entspricht in N 11, S. 352, 3: so*

N 8
einen Garten um sich haben
Marder saugt Käfer
da unten (im Hintergrund) sind die Thiere u die Tollen
349, 32   sich *Stenographie*
349, 33   saugt *Stenographie, Auflösung unsicher*

N 9
Verschmäht in tausend Masken, unbekannt
Ein Proteus, durch die laute Stadt zu wandern
Stolz, denn du bist so anders wie die andern
Erfaßt von keinem, jedem doch verwandt

Das Vergnügen Abgründe zwischen sich und die anderen zu machen.

In meinem Stil das pagenhafte Über Stiegen Herunterlaufen.

Das Product der Schauspieler: Hohenfels, das Hineinleuchten wollen in die Menschen, die sonnige Frechheit

da unten (im Hintergrund) wohnen die Thiere u die Tollen

349, 39   die laute Stadt *verbessert in* den lauten xxxxx
350, 8:   *zum Zeichen der Erledigung gestrichen*

N 10

Tod des Tizian.

Silvia
Ersilia
Daphne

Venedig im Mond, Venedig im Nebel, Venedig im Sonnenaufgang

Bach der crystallisiert
Heiliger der belebt tödtet und
Tizian der stilisiert

das Gefühl der Einsamkeit

der junge Liebende der auf die Zauberformel des Verstehens wartet. (Boccaccio, Swinburne)

wenn alle Blüthen alle Frühlingstriebe
sich einem Auge warm entgegendehnen …
weil nur ein Auge sie erkennen kann
und weil sie durstig sind erkannt zu werden

die Beleuchtung der Wachtfeuer und der Sterne

B i g u m   das Bedürfniss Abgründe zwischen sich und die Menschen zu machen

Gianino's Traum:

350, 8–10:   *die Mädchennamen Nachtrag, durch große runde Klammer vom übrigen Text abgetrennt*
350, 12–14 *Schweifklammer: Nachtrag mit Tinte*
350, 12   crystallisiert *aus* versteinert
350, 18–21 *Schweifklammer, Punkte u. 20f.: Nachträge mit Tinte*
350, 23 f.: Tinte, sich und die *Stenographie*

N 11

Dialog.

Sie: ich hab geglaubt es kommt einmal der Tag
    Wo ich dir sagen kann dass ichs gewusst
Mercutio: alle meine Gläubiger haben die Pest
alles gemeine hässliche ist abgeschüttelt
Gianino: Heute Nacht als wir wachten: Gianino

VARIANTEN 351

Die 3 Pagen: der erste hinausrufend: der Meister stirbt, man hört nichts, wo sind sie denn alle.
der zweite. der Meister stirbt. Tizianello, Paris, Gianino der Meister stirbt. Hörst du etwas? ich höre nichts.
Ja, ich glaube ich höre weinen. ...
der 3te auf der Treppe stehend: der Meister ist todt.

350, 32—351, 6: vor der Weiterverwendung des Blattes für 3 H³ mit Stift gestrichen (350, 37 gesondert zum Zeichen der Erledigung gestrichen)

N 12

| In Venedig erwacht die Schönheit der höchsten Lust, der Qual verwandt, alle romantische Schönheit, während Tizian die classische, die Harmonie, hat. | die Schüler, die Talente, haben die relative, Tizian, der Genius, die absolute Schönheit, |

der Wein des lebendigen Lebens: Communion mit dem Meister

N 13

Tizianello (eig. Pomponio Filippo Vecellio): Mir fehlt der Muth der zu vollenden wagt

die 3 Dilettanten bleiben trinkend zurück, fahren schließlich aufs Meer hinaus

Gianino: Niels u. Edele. Cherubim, Graeculus histrio, der sich in jeder Rolle zurechtfindet

351, 19   zurück ... aufs *Stenographie*
351, 20 f. sich in jeder *und* zurechtfindet *Stenographie*

N 14

Tod des Tizian)

vorletzte Scene
3 Dilettanten: Wozu den Wein sie stellen ihn weg

Denn Kunst ist Leben und das Leben Kunst

das niedre Pflichtgefühl zu Seinesgleichen	es ist viel von Handwerk in den festen Massen xxxxx der grossen Kunst
Muss jenem höhern zu sich selber weichen	
Horreur de la responsabilité	Und mit dem Denken hebt die Lüge an
	Form ist Verfälschung, Starre .. und Bann

Naïv im höchsten Sinn wäre der Mensch, der alles zur rechten Stunde, am passenden Ort wirkend, unbewusst das Höchste, ganz Lebensfähige vollbringen müsste.

Und Unparteilichkeit ist uns Behagen   Nicht Grenzen kennt sie kennt nur
                                       Übergänge (Natur)
Wer die Einfalt hätte könnte alles wirken, wenn er aber die Einfalt nicht hat so
ist sein Wirken ohnmächtig. Ist denn nicht dies ein grosses Wunder, dass du mit
Worten Gedanken malen kannst und durch Zeichen Klänge ausdrücken; und wirkt
es nicht der Einfältige der einen Knaben erst zu sprechen lehrt und dann Gesprochenes zu schreiben

Göttlicher sein als Gott, der als er seinen Ideen in der Schöpfung feste Form gab
damit Lüge (Festes Starres Gewordenes = Lüge) begieng

351, 27   stellen *aus* stossen
351, 30   xxxxx *Stenographie, nicht aufgelöst*
351, 31   sich *Stenographie*
352, 3 f.   nicht ... Wirken *Stenographie*
352, 6 f.   nicht ... schreiben *Stenographie*

N 15

Giocondo   — Cassandra (schief, journalière nur weiss, halboffen)
Tizianello — Lisa (Minnie raide, hautaine, svelte
Gianino   — Lavinia (Porzia, schmale Frisur, Armreifen, Goldnetz Donna Julia

                        Scenenfolge.
Die Mädchen kommen heraus: der Wein. Testament des Tizian. Apotheose der
Kunst. Personalia: Desiderio — Gianino. Cassandra, den alten Herren in der Früh
weggelaufen; eifersüchtig suchend, chaude du désir de ralliance. Giocondo
kommt: Eifersuchtscene. Schilderung der Stadt.

352, 16—18: Stift
352, 16   Giocondo *nach gestrichen:* Ercole
              Cassandra *nach gestrichen und durch Unterstrichelung wieder eingesetzt:* Berenice
352, 18   Lavinia *aus* Berenice
352, 19—23: Tinte

N 16

eyelids hiding a jewel   Giocondo
cruel red mouth like a venomous flower
Und der Thalassier   Delila Sapho Herodias Pasiphae,
                                    Messal.

die Tiefen, wo die Lust der Qual verwandt
Wie man aus⟨ge⟩schlürfte Trauben presst
Bis ihre Süsse herb und bitter wird

das Haar von Küssen feucht und schwer von Duft

Herodias mit der tödtlichen Grazie des Tanzes

Mit langen Wimpern sanftem tiefen Glanz
Und Füssen weiss zum

VARIANTEN 353

352,31   Giocondo *Nachtrag*
352,33 f.   Delila ... Messal. *Nachtrag mit Stift*
352,40 f.:   gestrichen

N 17

Auf der Terrasse von Tizians Landhaus unweit Venedig
a. d. 1576, da Tizian aus Cadore 99jährig an der Pest starb

Dramatis personae
Philippo Pomponio Vecellio des Meisters Sohn genannt Tizianello
Giocondo   der Eifersüchtige   Berenice   des
Desiderio (der Einsame)   Cassandra   Meisters
Gianino   (er ist 16 Jahre alt   Lisa   Schüler
           und sehr schön)
Paris
Antonio   } drei gute Dilettanten
Batist⟨a⟩

Zum Teil Stenographie

N 18

a. d. 1576, da Tizian aus Cadore 99jährig an der Pest starb,

Auf der Terrasse vor dem Landhaus des Tizian unweit Venedig.

Dramatis personae.
Philippo Pomponio Vecellio, des Meisters Sohn
    genannt Tizianello.
Giocondo, der Eifersüchtige
Desiderio der Unverstandene
Gianino (er ist 16 Jahre alt und sehr schön)
Paris
Antonio } 3 gute Dilettanten
Batista

Berenice   Goldnetz, venetian. Blond
Cassandra   aschblond, weisses Kleid
Lisa   sehr jung frêle svelte gracile
Pagen, Diener, Stimmen im Hause.

der naive   und helle   Stil Gianinos
 ” dunkle   ” affectierte   ” Desiderios

N 19

Gobelins: Sapho, Delila, Pasiphae Herodias
Messalina: wie sie zum Lupanar verstohlen trägt
             Vom Purpurbett den kaiserlichen Leib

N 20

Dilettant. in jedem nur ein bestimmtes potentielles Universum.
Wie die Blume am Weg: wirf Steine auf sie du erstickst sie nicht; aber auch in gold'nen Scherben wird sie keine Rose
Ich gehe suchen weil ich suchen muss
Doch such ich nicht Erkenntniss noch Genuss

Giocond. er hat die Nacht in ihrem leeren kleinen Haus zugebracht. Gegenstände verbrannt; hinuntergelaufen wie er geglaubt es pocht

heut kam die Pest zugleich mit lauem Wind der die reifen Blüthen von den Bäumen streifte

Stimmung der Nacht, wie ihm allein im Hause alles gleichgiltig wird; er sich selbst am Kamin hantieren zusieht
und mit der Leiche unsrer Liebe gehen(d)

354,9   kam die *Stenographie*

N 21

Swinburne.
So große Lust, als der gequälte Sinn
Vor Überfüllligung nicht fassen kann
So große Lust daß sie das Herz betäubt
Mit ihrem bloßen allzusüßen Hauch
Und Sinne stumm und Worte sinnlos macht

die Erregbarkeit für Farben, Wunden, grelle Lichter, starken Duft; ⎤ Gioco
die zitternde Schwäche   ⎦

die Tiefen der Liebe
Wo Schlaf und Tod der Lust Genossen sind
Und Seele blind geworden ist und taub
Aus Müdigkeit und Fleisch und Geist verknüpft
Und wo die Sinne ausgestreckte Fühler
An Sünde tasten

So sprich von dir das ist das einz'ge was ihr könnt

354,17   gequälte *aus* betäubte
354,22f. *Klammer und Zuordnung der Zeilen zu* Gioco⟨ndo⟩ *oder zu* ⟨Ascanio und⟩ Gioco⟨nda⟩ *nachträglich mit Stift*
354,28   verknüpft *aus* verstrickt

N 22

Ich glaub, Zweifel giebts in uns und Fragen
Die wir solange unverstanden tragen
Daß eh sie aus der Tiefe aufwärts steigen

354,38–40: gestrichen

VARIANTEN

3 H³

der Tod des Tizian

erste Scene

Alle verstummen.   Pause.   Tizianello weint.

5 Gian.	Du darfst dich nicht so trostlos drein versenken
Tiz.	Als ob der Schmerz denn etwas andres wär
	Als dies ewige Drandenkenmüssen
	So lass mich nur in den Gedanken wühlen
	Denn von den Leiden wie von den Genüssen
10	Hab längst ich abgestreift das bunte Kleid
	Das um sie webt die Unbefangenheit
	Denn einfach hab ich schon verlernt zu fühlen.
Gian.	Wo nur Giocondo bleibt.
Tiz.	Am frühen Morgen
15	Ihr schliefet noch, schlich er leise durch die Pforte
	Auf blasser Stirn den Kuß der Liebessorgen
	Und auf den Lippen eifersücht'ge Worte.
Ant.	Der arme
Desid	Pah
20 Paris.	Und sie
Tiz.	Ist wieder hier
Paris.	Sie liebt ihn doch
Desid.	Wahnsinnig
Ant.	Mehr als je

25 Der Tod des Tizian

erste Scene

⟨Desiderio⟩	Wer lebt nach ihm ein Künstler und Lebend'ger
	Im Geiste herrlich und der Dinge Länd'ger
	Und in der Einfalt weise wie das Kind
30 Paris	Wer will uns sagen ob wir Künstler sind?
	Pause
	Wer ist der seiner Weihe freudig traut
	Wer ists den nicht vor seinem Wissen graut
Lavinia:	Ich bin die Göttin Venus. Diese war
35	So schön, daß ihre Schönheit traurig machte
Cassandra.	Mich malte er, wie ich verstohlen lachte
	Als eine Nymphe, aufgelöst mein Haar
	Von Küssen feucht und schwülem Dufte schwer
	Und leise neigen sich die Zweige nieder
40	Und reife Früchte spiegeln sich im Weiher

Lisa:	Ich halte einer Puppe glatte Glieder	
	Die hölzern ist und eingehüllt in Schleier	
	Und sehe sie mit leisem Schauer an	
	Denn diese Puppe ist der große Pan	
	Ein Liebesgott, der alle Welt erfüllt	5
	Und das Geheimnis ist von allem Leben	
	Den ich unwissend auf den Armen wiege	
	Verlangend halb und halb mit scheuem Beben	
	Erwartend bis mir Venus ihn enthüllt	
	Vor der ich horchend auf den Knien liege.	10
Lavinia.	Mich spiegelt still und wonnevoll der Teich	
Cass.	Mir küßt den Fuß der Rasen kühl und weich	
Lisa.	Ich bin verwirrt und muß in Unruh lauschen	
	Dem Flüstern in den Bäumen und dem Rauschen	
	Scene nach der Schilderung des Bildes.	15
Lav.	Uns aber soll es sein wie ein Vermächtniss	
	Indessen er dem Leben Leben gab	
	Sprach er mit Ruhe viel von seinem Grab	
	Und von dem Weiterleben im Gedächtniss	
	Das er sich wünschet. Und sein Grab soll sein	20
	Am Meeresrand im dichten dunklen Hain	
	Von silbernen Oliven und Cypressen	
	Wo üppigwuchernd grüne Triebe stehen	
	Gedankenlos in Werden und Vergehen	
	Und alle Dinge auf sich selbst vergessen.	25
	Und wo am Meere, das sich träumend regt	
	Der leise Puls des stummen Lebens schlägt	
Desider.	Er will im Unbewussten untersinken	
	Wir aber sollen seine Seele trinken	
	⟨In⟩¹ des lebend'gen Lebens lichtem Wein	30
	Und wo wir Schönheit sehen wird Er sein	
	Er aber hat die Schönheit stets gesehen	
	Und jeder Augenblick war ihm Erfüllung	
	Indess⟨en⟩ wir zu schaffen nicht verstehen	
	Und hilflos harren müssen der Enthüllung	35
	Und unsre Gegenwart ist trüb und leer	
	Kommt uns die Weihe nicht von aussen her	
	Ja hätte der nicht seine Liebesqualen	
	Die ihm mit Roth und Schwarz das Heute färben	
	Und hätte jener nicht den Traum vom Morgen	40
	Mit leuchtender Erwartung, Glück zu werben	
	Und hätte jeder nicht ein heimlich Bangen	
	Vor irgend etwas und ein still Verlangen	

¹ *Textverlust durch Abriß.*

VARIANTEN

            Nach irgend etwas und Erregung viel
            Mit innrer Lichter buntem Farbenspiel
            Und irgend etwas was zu kommen säumt
            Wovon die Seele ihm phantastisch träumt
            Und irgend etwas das zu Ende geht
            Wovon ein Schmerz verklärend ihn durchweht
            So lebten wir in Dämmerung dahin
            Und unser Leben hätte keinen Sinn

            Die aber wie der Meister sind die gehen
10   Und Schönheit wird ⟨und⟩ Sinn, wohin sie sehen.

            folgt   Desiderio   Gianino.
                       Cassandra
                                Gianino, der Zug sich für alle
                                auszugeben
15   Decoration
            aus Vasen Rosen und Epheu; rothe Decken, Sättel

                  Desiderio. G(ianino) Tizianello

     ⟨Desiderio⟩ Und stets an dir erblickt ich nur Geberde
                  Und jedes Anempfindens leichte Zier
20   Vergeblich harrend dass mir Wesen werde
     Tiz.   Es ist der Reiz von aufgeregten Tagen
                  Dass wir einander da die Wahrheit sagen

     Gian.   Man spricht manchmal am besten nicht mit Dir
                  Zuweilen findest du wie ein Vergnügen
25   Daran Abgründe sinnlos aufzureissen
                  Die klaffend jeden ferne stehen heissen
                  Und einsam dich wo du's nicht bist zu lügen
                  Hochmüthig trüb durch unsre Schaar zu wandern
                  Stolz du bist so anders wie die andern
30   Desider.   Und du in tausend Masken unerkannt
                  Von einer Stimmung nach der andern hastend
                  Erfasst von keinem jedem doch verwandt
                  An jeder Seele ohne Ehrfurcht tastend,
                  Mit aller Kunst des schlangenhaften Windens
35   Tiz.   Ach hängt die Redlichkeiten des Empfindens
                  zu prägen ist das Recht der großen Herrn
                  Und wer nur fälschen kann, der fälscht auch gern.
     Des.   So üb ich meines einsam mich zu lügen
                  Und, der mir ziemt, den Schmerz mir zuzufügen.
40   Und kannst denn du, kann einer es ermessen
                  Ob mir nicht ziemt euch alle zu vergessen.
                  Und einsam mit mir selber viel zu sprechen

	Und meines reichen Reiches Frucht zu brechen	
	nähertretend	
	Sieh wenn uns böse Dinge viel erfüllen	
	Als Schwindel Angst und grosses Selbstzerstören	
	So müssen wir uns oft in Masken hüllen	5
	Und spielen, um uns selber nicht zu hören	
	Dann muss es lauter um uns sein und bunter	
	Und Glocken müssen gellen, Stimmen hallen	
	Und Jauchzen muss und Stöhnen um uns schallen	
	So will ich in die kranke Stadt hinunter	10
	Damit ich im verächtlichen Gewühle	
	Durch ihres Sterbens Bacchanal mich drängend	
	Und meinen Schrei mit ihren Schreien mengend	
	Mich mehr allein und göttlicher mich fühle	
Gian.	Wenn einer fehlt, so fehlt der eine nur	15
Des.	Der liebt nur sich der allzuviele liebt	
	Und keinem giebt wer jedem etwas schenkt	
Gian.	Du, du bist eifersüchtig du auf mich	
	Desiderio	
	So bleib so sag, was ist's denn das dich kränkt	20
	Weil ich nicht sclavisch dir nur hingegeben	
	Nicht leben will des Echos Schattenleben	
	Undankbar ja so nenn es wie du willst	
	Doch lass du quellen, was du nimmer stillst	
	Ich kann nicht anders, jeder zieht mich an	25
	Und jedem geb ich was ich geben kann	
Des.	Ist Echo nur wo eine Stimme tönt	
	Du hast dich xxxxxxx gewöhnt	
	Die Stimmung eines jeden nachzuhallen	
	Und freilich das muss allen wohlgefallen	30
⟨Gian.⟩	Ich kann nicht anders. Jedem muss ich schmeicheln	
	Und wen ich traurig seh, den muss ich streicheln.	
	In seine liebsten Träume jeden wiegen	
	Ich brauche Menschen, mich an sie zu schmiegen	
	Allein in deinem Blick dem prüfend herben	35
	Da liegt ein Vorwurf immer und ein Klagen	
Des.	Nein. Da verstört das ruhige Entsagen	
	Nur noch ein traurig hoffnungsloses Werben	
	Und dieses letzte geht wohl nächstens sterben	
Gian.	O wie du allzusehr die Gabe hast	40
	Dir Qual zu schaffen, Hindernis und Last.	
Des.	Das heißt zu fühlen dass wir einsam geh'n	
	Und wo wir wir sind uns nicht mehr verstehen	
Gian.	Und ist drum jeder für den andern nicht	
	Ein Keim des Schicksals, bleibst du minder drum	45
	In stiller Nacht, verlangend, heiß und stumm	
	An fremden off'nen Fenstern lauschend stehen	

VARIANTEN

Tizianello   Und fällt nicht manchmal namenloses Licht
             Aus Seelen flüchtig im Vorübergeh'n
             Und kennst du ein so nicht bedeutend Wesen
             Dass dirs nicht einmal Schlüssel deines Selbst
5   Gift oder Labung oder Saat gewesen
             Und wenn's nicht mehr dies alles werden kann?
             Was wagest du für nichts zu achten Mann?
Desiderio   Sprich nicht so laut. Das fälscht dir die Gedanken
             Und mich verstimmen heftige Geberden
10   Abbrechend.
             Der Meister wird so bald nicht kränker werden
             Und ihr seid wohl im Stand mich zu entbehren
             Mir aber soll die Stadt in der ich schweife
             Vielleicht noch Ungekostetes gewähren
15   Es wirkt wohl eine seltne Reife
             In dieser Luft der todestragend-schwülen
             Und manches selt'ne Fühlen wird man fühlen.
             Der Tod von morgen wird gemeinen Dingen
             Verklärung wie die Abendröthe bringen.
20   Der Seele Kelche werden sich erschließen
             Und Leidenschaft sich selber stark genießen,
             Das alles möcht ich athmend in mich zieh'n
             Des Todes heißes Wehen wird dem Bösen
             Den starken Trieben ihre Ketten lösen
25   Wie etwa sonst die heißen Melodien
     Gianino zuckt die Achsel

                    Desiderio's Abschied

⟨Desiderio⟩ Die großen Höhen und die großen Tiefen
             Und viele Dinge die gewöhnlich schliefen
30   Die wird die Todesnähe jetzt erschließen
             Und Heimlichkeiten werden überfließen.
             Der Welt verborgne schöne Überfülle
             Verlangt manchmal nach einem großen Leiden
             Und Todesangst damit sie sich enthülle
35   Die Sterbestunde rufet oft das Beste
             So steig ich nieder wie zu einem Feste
             Da klingt Musik, die keiner andern gleicht
             Und Langgesuchtes findet sich vielleicht
Gian.   Was soll das jetzt? Meint er den Tod.
40 Tiz.   Kann sein
             Vielleicht den Tod. Vielleicht ein höheres Sein
             In irgendeinem Taumel.
Gian.   Mich ergreift
             Sein Wesen manchmal unbegreiflich tief,
45   Wie wenn er, was in meiner Seele schlief

Und unbewußt verwelkt so wie es reift
Aufscheuchte, flüsternd und mit starken Blicken
Und Dinge weckte, die wir sonst erstickten.

der Tod des Tizian.
        Desiderio's Abschied (Schluss)

⟨Tizianello⟩ Ach geh. Er wird sich durch die Straßen treiben
        Und dann in der Taverne sitzen bleiben
        Wo die Sclavonen und die Schiffer saufen
        Und um die Gunst zerlumpter Dirnen raufen.
        Ger⟨n⟩ läßt er über seiner Seele Saiten
        Der aufgeregten Straßen lauten Qualm
        Und die Gemeinheit, die berauschte, gleiten
        Nachbebend manchen thierverwandte⟨n⟩ Psalm
        Denn seine Satyrseele seltsam schmachtet
        Nach aller Thierheit die sein Geist verachtet
Gian.   Kann sein du siehst ihn recht, allein
⟨Tizianello⟩   Gleichviel
        Du kamst mich abzuholen mit zum Spiel
        Hast du noch nicht genug die mit Dir spielen
        Du spielst, ich glaube, schon mit vielzuvielen
Gian.   Jetzt sprichst du auch wie der. Ich bin nun so.
        Als Kind da war ich über nichts so froh
        Als wenn nur eine rechte ganze Schaar
        So wie ein Hofhalt, weißt du, um mich war.
        Ich wollte immer jedem etwas schenken
        Und wenn ich nichts mehr hatte doch versprechen
        Es sollten immer alle an mich denken
        Und alle sollten immer von mir sprechen

        Wenn bunt und reich im lachenden Gedränge
        Des Lebens Dinge mir vorüberziehn
        Sie, denen tausend Dichter Schönheit lieh'n
        Und ihres Geists verklärendes Gepränge
        Denn alle hinterließen nicht Gesänge
        Doch jeder goss der Seele Harmonien
        Auf irgend eine Welt verklärend aus
        Die jetzt von seinem Licht erleuchtet funkelt[1]

---

[1] 360, 29–36: *Ort der Einfügung der offenbar Desiderio zugedachten Verse unsicher, da am Kopf des Doppelblattes E III 245.19^b mit der nicht zuzuordnenden Paginierung II.2 (vgl.* ›Überlieferung‹, *S. 338, 35–41); zu beachten die Reimentsprechungen zu S. 359, 22/25!*

VARIANTEN 361

355, 5: *aus*
 (1) Pippo.
 (2) Gian. *(a)* Du musst nicht so in deinem *(aa)* Jammer
  (bb) Leiden wühlen
 (b) Du darfst dich nicht in deinen Schmerz so senken
  Versuchen auch an d

355, 6: *aus* Ach lass mich nur in meinem Schmerze wühlen

355, 11: *danach gestrichen:*
 Des. Und das ist gut das Denken das zersetzt
  Den Hauch *(1)* des Schicksals
   (2) der Dinge eh er dich verletzt
 Ant. Doch auch der Dinge feiner Blüthenstaub
  Und jede ganze Freude wird sein Raub

355, 14 f.: *aus*
 (1) Eh Ihr erwacht
  Stahl er sich fort
 (2) Ihr
 (3) Am frühen *(a)* Tag
  (b) Morgen
 (1) Da schlich er fort, euch nicht zu wecken, sacht.
 (2) Ihr schliefet noch, schlich er sich leise fort

355, 27: *davor gestrichen:*
 Tiz. Wer hat den Muth der zu vollenden wagt
  Wer hat den Geist in dem es also tagt?
 Ant. Wer hat die weise Gabe der Beschränkung
 Gian. Wer hat die Kraft und wer die großen Gluthen?
 Paris. Wir wissens nicht, wir dämmern und wir fluthen
  Verloren zwischen That und Traumversenkung
 Tiz. Wer lebt nach ihm ein Künstler und ein Kind?
 Ant. Wer will uns sagen, ob wir Künstler sind?
 Tiz. Wer ists der seiner eig'nen Weihe traut?
  Wer hat die Einfalt, die nicht rückwärts schaut
  Wer ists den nicht vor seinem Wissen graut
 Desid. Wer weiß ob er die eigene Schönheit hat.

355, 35: *danach gestrichen:*
 Und wer sie sah an keine Freuden dachte

356, 4: *aus*
 Und sehe sie *(1)* mit offnen Lippen an
  Verlangend scheu
  (2) verlangend an

356, 14: *danach gestrichen:*
 Lav. Schwermüthig heiß die Abendsonne strahlt

356, 16 Uns aber soll es *aus* Uns bleibt es wohl

356,22	silbernen *gestrichen, darunter gestrichen:* flüsternden
356,23:	*aus* Wo die gedankenlosen Blüthen reifen
356,26	träumend *aus* murmelnd
356,29	Wir *gestrichen, darüber:* Und wir
356,30	lebend'gen *aus* Lebens; lichtem *aus* gut⟨em⟩
356,34:	*darunter in Klammern:* Wo wir zu schaffen Schönheit nicht verstehen (nicht verstehen Stenographie)
356,35:	*danach gestrichen:* Ob nicht vielleicht von Außen etwas kommt
356,38:	*aus* Ja wenn dem Kleinen *(1)* in der Nacht *(2)* das Verl⟨angen⟩
357,9 f.:	*aus* Die aber die so wie der Meister sind *(1)* Die leben in der Schönheit, wie das Kind Weil *(2)* Die geh'n und sehen Schönheit, wie das Kind.

357,10:	*danach gestrichen folgende Versentwürfe:*
	(1) Darum bedürfen sie
	    der Leidenschaften nie
	(2) Darum verwirren nie
	    Für ihre Seele die das Gleichgewicht
	    (a) verzerrten
	    (b) Und ihre Seele hat die Harmonie
	    Und borgt von keiner

357,17–22:	*Die auf Mitte gesetzten Namen sind als Szenenbezeichnung zu verstehen.* Tizianello *ist nachträglich zugefügt, ebenso am oberen Rand die Verse Z. 21 f., deren vorgesehener Ort nicht vermerkt ist. Die teilweise Einklammerung des Namens* Gianino *dürfte sich daraus erklären, daß* Desiderio *die zunächst niedergeschriebenen Verse Z. 18–20 sprechen sollte, die durch einen Strich von der in Z. 23 einsetzenden Rede* Gianinos *getrennt sind.*
357,20	Wesen *aus* Wahrheit
357,22:	*aus* Dass sich die Menschen dann die Wahrheit sagen
357,24:	*aus* *(1)* D⟨esiderio⟩ *(2)* Du liebst es stumm *(a)* durch unsre *(b)* in unsrer Schaar zu wandern

VARIANTEN

357,25   sinnlos *mit Stift aus* klaffend

357,26:   *mit Stift aus eingeschobenem*
            Die *(1)* alle Näh
            (2) das Vertrauen steh'n und schweigen heissen

357,28   trüb *aus* kalt

357,30   unerkannt *aus* unbekannt

357,31:   *aus*
            Von einer Rolle nach der andern tastend

357,33:   *aus*
            Nur jede Seele auszutrinken hasten
            Und dann die ausgesog'ne

357,33   ohne Ehrfurcht *aus* frech und lo⟨se⟩

357,37:   *mit Stift aus*
            (1) Und wer nur fälschen kann, der
            (2) Und wer ein Recht besitzt, der übt es gern.

357,39   der mir ziemt *aus* den ich *(1)* lie⟨b⟩ *(2)* mag *(3)* muss

358,2:   *davor gestrichen:*
            Und wenn es Maske ist *(1)* worin ich gehe
            Sie ist vielleicht *(a)* der letzte Talisman
                               (b) die Kunst
                               (c) der Reiz vermummt zu gehen
                                     (2) die mich umhüllt
            Und wenn es eine Rolle *(1)* die ich ewig spiele
            So schützt sie mich vielleicht
                                   (2) drin ich ewig gehe
            Wer sagt dir denn dass ich nur noch bestehe
            Wenn gegen was mich fürchterlich erfüllt
            Als Schwindel und als Angst ich nicht die Lüge
            Als einen Talisman

358,12   Durch ihres Sterbens *aus* Durch jedes Todes

358,14   mehr allein *mit Stift aus* einsamer

358,16f.:   *a.r.R.:* Gabe der Schwierigkeit *(vgl. S. 358,40f.), das schwer entzifferbare Wort vielleicht auch* Gemeinsamkeit *oder die ganze Passage als* Gabe des Gian⟨ino⟩ *zu kalt aufzulösen*

358,16:   *aus*
            Wer allzuviele liebt der sucht nur sich

358,19   Desiderio *wohl Ansatz einer Regieanweisung*

358,21f.:   *a.l.R., nachträglicher Ersatz für ungestrichen:*
            Wohl weil ich, sehr verächtlich deinem Sinn
            So gut mit andern als mit dir ich bin

358, 27–30:	*a. l. R., nachträglicher Ersatz für ungestrichen (Reimwiederholung Z. 17/20 vermieden):*	
	Des. Doch keinem giebt wer jedem etwas schenkt	
	Gian. Ich kann ja ich versteh nicht dass dich's kränkt	
358, 31	Jedem muss ich schmeicheln *aus*	
	Manchmal der der lacht	
	Und dann wer mich verspottet, wieder dann	
	Wer traurig ist und	
358, 37:	*a. r. R., nachträglicher Ersatz für ungestrichen:*	
	O nein da liegt beim ruhigen Entsagen	
358, 47:	*aus*	
	An fremden Fenstern *(1)* steh'n, *(a)* darin man spricht	
	(b) wenn das Licht	
	(2) manchmal	
	(3) sinnlos lauschend stehen	
359, 4	Schlüssel *aus* Leuchte	
359, 9	heftige *aus* lärmende	
359, 12:	*danach gestrichen:*	
	Gereizt	
	So wollet gütig Urlaub mir gewähren	
359, 13:	*aus ungestrichen*	
	Mich aber zieht es nach der Stadt der kranken	
359, 14	noch Ungekostetes *aus* Vergnügen noch	
359, 15:	*aus*	
	(1) Es liegt wie eine frühe starke Reife	
	(2) Es wirkt wohl eine frühe Blüth⟨e⟩	
359, 18:	*aus*	
	Und mich verlangt nach sehr gemeinen Dingen	
359, 22–25:	*aus*	
	(1) Entfesselt von des Todes *(a)* heißer Nähe	
	(b) heißem Droh'n	
	Wie etwa sonst durch lodernde Musik	
	(2) Und jeder Trieb	
	(3) Und was umbändigt wird phantastisch lohen	
	Wie etwa sonst durch *(a)* starke	
	(b) heiße Melodien	
359, 23	heißes Wehn *aus* heißer Athem	
359, 24	Den starken Trieben ihre *aus* Dem starken Bösen seine	

VARIANTEN 365

359, 27:   *davor gestrichen:*
Die höchsten Höhen alles Guten sind immer Vorboten
verborgen Die Welt ist übervoll an Menschendingen
doch nur arm an menschlichen Augenblicken und Enthüllungen
(sind ... und *Stenographie; vgl. N 1, S. 344, 1—4)*

359, 31:   *aus*
Und Leidenschaften werden sich genießen

359, 39   jetzt *aus* sein

360, 1—3:   *aus*
Aufscheuchte, meinem Willen unbewusst.
Und Fragen dann und Ahnung

360, 10 f.:   *aus*
Er hänget gern die Saiten seiner Seele
In aufgeregter Straßen lauten Qualm

360, 12:   *aus*
(1) Und *(a)* das Getreibe
         (b) pöbelhaften Treibens Nachhall
         (c) des brutalen Pöbels Töne gleiten
(2) Und die uns reizet, die Gemeinheit gleiten

360, 19   die mit Dir spielen *aus* damit zu spielen

360, 16—19: a. l. R.: (früher hat man Gian⟨inos⟩[1] Stimme gehört Pippo!!)

360, 22:   *aus*
Und weißt du noch, wie ich ein Kind noch war
Da war ich immer

360, 29—32: aus
(1) Wenn Formen *(a)* reich und Farben
               (b) mannigfaltig im Gedrän⟨ge⟩
Durch meine Seele bunt und wechselnd zieh'n
So denk ich daß ihr es
(2) Wenn Formen bunt und reich im lachenden Gedränge
Sie, denen tausend Dichter Schönheit lieh'n
Die tausend Dinge mir vorüberziehen,
Des Lebens im unendlichen Gepränge
So denk ich manchmal traurig an das Flieh'n
Der Geister und das Sterben in der Menge

360, 34:   *aus*
(1) Von allen
(2) Doch alle *(a)* schufen
           (b) gossen stumme Melodien

[1] *Wohl versehentlich für* Giocondo.

5 H⁴

48,33f.:   A Was für die Blume, die im Schatten trauert
               Der Kuss des Sonnenlichts in dem sie schauert: —
           B (1) Wonach die Blüthen sich im Keimen
               (2) Licht nach
               (3) Und was die Frühlings (a) blüthe
                              (b) triebe stumm
               Und den
           C Und was der Spiegel für die jungen
               Und was für Blüthe Sonne (1) Mondli
                                        (2) Licht und Lau

48,35:   aus Ein harmonieerfülltes Element

48,37   Wesens] (1) Auges (2) Geistes

48,38–   Und alles Lebende, das ihn ersehnte
49,2   und seiner Seele sich entgegendehnte:
               (1)
               (2) Und der verborg'nen Harmonie
               (3) Und der verborgnen (a) Harmonienfülle
                                     (b) Welt⟨en⟩fülle
               Verlangten (a) leuchtend
                          (b) daß sie durch ihn enthülle
               (4) Verlangten (a) daß er
                              (b) alle daß er sie enthülle
            „Erweck uns! Mach aus uns ein Bacchanal!"

49,3–13:   fehlt

49,20f.:   Tiz⟨ianello⟩ aus seiner Theilnahmslosigkeit erwachend, zu den 3 Mädchen

49,24   reich] weich

49,29   zu den Mädchen fehlt

50,3:   danach: Pause

50,12   trunken] traurig

50,15:   Als eine Nymphe, liegend, mit dem Haar
            Von Küssen feucht und losen Duftes schwer.
            Und leise neigen sich die Zweige nieder,
            Und reife Früchte spiegeln sich im Weiher.

50,17–25:   Ich halte einer Puppe glatte Glieder,
            Die hölzern ist und eingehüllt in Schleier,
            Und sehe sie mit leisem Schauer an:

VARIANTEN

                 Denn diese Puppe ist der große Pan,
                 Ein Liebesgott, der alle Welt erfüllt
                 Und das Geheimnis ist von allem Leben,
                 Den ich unwissend auf den Armen wiege,
                 Verlangend halb und halb mit scheuem Beben,
                 Erwartend, bis mir Venus ihn enthüllt,
                 Vor der ich horchend auf den Knien liege.

50,29:   *danach:*
            Lisa:
            Ich bin verwirrt und muss in Unruh lauschen
            Dem Flüstern in den Bäumen und dem Rauschen ..

50,30   LISA] Lavinia

50,31   Schwergolden *aus* Schwermüthig glüht] strahlt

50,32:   *danach:*
            (Der Page hat Weinkrug und Becher auf die Rampe gestellt und ist
            abgegangen.)
            Uns aber soll es sein wie ein Vermächtnis ...

50,34–   Indessen Er dem Leben Leben gab,
51,4   Sprach Er mit Ruhe viel von seinem Grab,
            (1) Und von dem Weiterleben im Gedächtnis,
            (2) Wie er es wünschet ... Und sein Grab soll sein
            Am Meeresrand im dichten dunkeln Hain
            Von silbernen Oliven und Cypressen,
            Wo üppigwuchernd grüne Triebe stehen

360,16   Gian.] Gian. zögernd)

360,18:   *danach:* mit lächelndem Vorwurf)

360,28   sprechen *danach:*
            So komm' und geh'n wir spielen.
            Tiz.   Aber nein.
            Ich muss ja erst zum Vater noch hinein
            Gian. Doch kommst du dann?
            Tiz.   Dann komm ich.
            Gian.   Auch gewiss?
            A dieu. (er will über die Stiege hinunterlaufen)
            Tiz. (hinunterdeutend) Pst
            Gian.   Was?
            Tiz.   Da schau
            Gian.   Ach, kommen die!
            Die möcht ich nicht begegnen. Aber wie? (er klettert über die
            Mauer links.)

6 H^5, 7 D^1, 9 $D^2b-14\ D^6$, 16 $D^1H-21\ D^{11}$

37, 2	Bruchstück] Fragment 6 H^5 1892 Nachtrag 16 D^1H
38, 13	Lisa.] Lisa. Pagen, Diener. 6 H^5
38, 14	Spielt] Diese Moralität spielt 6 H^5, 7 D^1, 9 $D^2b-12\ D^4$; 16 D^1H gestrichen. Dies spielt 13 D^5, 14 D^6 1576] 1599 13 D^5, 14 D^6; fehlt 12 D^4 da] wo 12 D^4 starb.] an der Pest starb. 6 H^5
38, 15:	Die Scene ist auf der Terrasse von Tizians Villa, nahe bei Venedig. Die Terrasse ist nach rückwärts durch eine steinerne, durchbrochene Rampe abgeschlossen, über die in der Ferne die Wipfel von Pinien und Pappeln schauen. Links rückwärts läuft eine (unsichtbare) Treppe in den Garten; ihr Ausgang vor der Rampe ist durch zwei Marmorvasen markiert. Die linke Seite der Terrasse fällt steil gegen den Garten ab; hier überklettern Epheu und Rosenranken die Rampe und bilden mit hohem Gebüsch des Gartens und hereinhangenden Zweigen ein undurchdringliches Dickicht. Rechts füllen Stufen fächerförmig die rückwärtige Ecke aus und führen zu einem offenen Altan; von diesem tritt man durch eine Thür, die ein Vorhang schliesst, ins Haus. Die Wand des Hauses, von Reben und Rosen umsponnen mit Büsten uns Basreliefs geziert, Vasen an den Fenstersimsen, aus denen Schlingpflanzen quellen, schliesst die Bühne nach rechts ab. 6 H^5, 7 D^1, 9 $D^2b-14\ D^6$, 16 D^1H; 368, 23 Vasen] mit Vasen 12 D^4
40, 29:	davor: I. Scene. 6 H^5
40, 29	Spätsommermittag] Spätsommernachmittag 6 H^5
40, 31	leise fehlt 12 D^4
40, 29—32:	Die mit 1.) paginierte Seite der Reinschrift enthielt ursprünglich den Text entsprechend S. 40, 31 (Tizianello) — 42, 4 und trug die auf Mitte gesetzte Bezeichnung I. Scene, darunter den getilgten Schreibansatz Die sieben. Die Bühnenbeschreibung S. 40, 29—31 (Tür.) befand sich ursprünglich auf der mit I. paginierten, nachträglich dem Fragment vorangestellten Seite mit dem Titel und dem Personenverzeichnis im Anschluß an die erst in 17 D^7 weggefallene Szenenbeschreibung (vgl. S. 368, 10—24). Im Zusammenhang mit der nachträglichen Einschiebung des Prologs (vgl. auch die Entstehung S. 333 f. und die Überlieferung S. 337, 13 f.) wurden diese Zeilen zwischen den Prolog und den Text des Stückes geschoben und auf Pag. 1.) übertragen.

40,33	und fragend *fehlt* 12 D^4	an] um 6 H^5
41,4	armer] armer, 6 H^5	
	lieber *fehlt* 7 D^1, 9 D^2h–14 D^6, 16 D^1H *(nachgetragen)*, 17 D^7	
41,9	Allein *fehlt* 12 D^4	
41,17	darf] darfs 6 H^5	
	danach: Pause. 6 H^5	
41,25	nicht *gesperrt* 6 H^5, 7 D^1, 9 D^2h–12 D^4	
42,6:	Tizianello, Gianino, Paris (zugleich) 12 D^4	
42,15	ihm jetzt] jetzt ihm 6 H^5	
42,23	andern] anderen 6 H^5	
42,25	dies] das 7 D^1, 9 D^2h–12 D^4; die 13 D^5, 14 D^6	
42,29	Gebietend *aus* Pathetisch 6 H^5	
42,30–31:	*aus* „Das Leben will ich malen, zuckend, nackt	
	„Nicht wie ich sonst wohl pflag, lebendiges:	
	„Das Leben selbst, das athmende, das reife,	
	„Ein Bacchanal von saftgeschwellter Gluth .. 6 H^5	
42,32	war's, als ob] war als wenn 6 H^5	
42,34	überstarken *aus* trunkenen 6 H^5	
42,36:	*aus* Die Schwäche übertäubend 6 H^5	
43,3	Aus] Auf 6 H^5	
43,8	hoffen] warten 12 D^4	
43,9	Stufen.] Stufen, wo Teppiche und Polster liegen. 6 H^5	
43,10:	*danach:* (Pause.) 12 D^4	
44,2	weiche wache] wache, weiche 6 H^5	
44,4	und seinem Glanz, dem vollen *aus*	
	(1) und lachend in dem vollen	
	(2) und seinem Schmelz dem vollen 6 H^5	
44,5:	*aus* Und athmend fiengen alle Brunnen ihn 6 H^5	
44,6:	*danach gestrichen:* Wie Duft 6 H^5	
44,8	War] War's 14 D^6	
44,26:	*danach Leerzeile* 6 H^5	
44,29	weicher] weisser 6 H^5	

44,33f.:	*aus* (1) Und wie der Duft von süssen Frauenhaaren	
	(2) Der Duft	
	(3) So flog der Duft von Frauenhaar und Aloe *6 H⁵*	
44,34:	*danach:*	
	Das rosenrote Tönen wie von Geigen,	
	Gewoben aus der Sehnsucht und dem Schweigen,	
	Der Brunnen Plätschern und der Blüthen Schnee,	
	Den die Akazien leise niedergossen,	
	6 H⁵, 7 D¹, 9 D²b, 11 D³H, 13 D⁵, 14 D⁶	
45,11	Beklemmend seltsam] Beklemmend, seltsam	
	6 H⁵, 7 D¹–9 D²b, 10 D³, 13 D⁵, 14 D⁶	
	verlockend bang] verlockend-bang *6 H⁵*	
45,20	schlief *gesperrt 6 H⁵, 7 D¹, 9 D²b, 11 D³H, 13 D⁵, 14 D⁶*	
45,23	doch sein] darauf *6 H⁵, 7 D¹, 9 D²b, 11 D³H, 13 D⁵, 14 D⁶*	
45,24:	*ursprünglich nach S. 45, 21 6 H⁵*	
45,26:	*gesperrt 6 H⁵, 7 D¹, 9 D²b, 11 D³H, 13 D⁵, 14 D⁶*	
45,28	drunten] drüben *13 D⁵, 14 D⁶*	
45,31	Blau] blau *17 D⁷ (7 D¹, 9 D²b, 16 D¹H u. 21 D¹¹ durchweg Kleinschreibung); emendiert nach 6 H⁵, 15 D⁶, 18 D⁸, 19 D⁹, 20 D¹⁰*	
46,1	unsern] unsren *6 H⁵, 7 D¹, 9 D²b, 11 D³H, 13 D⁵, 14 D⁶*	
46,30	das Eine] das eine *6 H⁵, 7 D¹, 9 D²b, 11 D³H, 13 D⁵*	
46,32	andres] anders *13 D⁵, 14 D⁶*	
46,34	am Ende farblos wird und leer *aus* zerdacht ist *6 H⁵*	
46,35–47,10:	*in eckigen Klammern, Streichung erwogen 6 H⁵*	
47,7	Lang vor dem *aus* Am frühen *6 H⁵*	
47,8	schlieft noch] (1) schlieft noch	
	(2) schliefet *6 H⁵*	
47,10:	*danach innerhalb der eckigen Klammern, zusätzlich gestrichen:*	
	Ant. Der Arme!	
	Desiderio: Pah —	
	Paris: Und sie?	
	Tiz. Ist wieder hier	
	Paris: Sie liebt ihn doch?	
	Des. Wahnsinnig ..	
	bitter)	
	Ant: Mehr als je!	
	Gian: Was schafft sie dann ihm sinnlos dieses Weh —	

VARIANTEN 371

            zu Tiz.   Verstehst du das?
            Tiz.   O ja.
            Gian: Und immer wieder!
            »Für ewig« scheiden sie zum drittenmal
            Jetzt
            Tiz: Die Erinn'rung zugefügter Qual
            Die giebt der starken Kette stärkste Glieder;
            Und werden aller Wonnen Bilder schal
            So ziehen uns die alten Schmerzen nieder. *6 H^5*
            (vgl. auch 3 H^3, S. 355, 18–24)

47,11   Pagen] Pagen und Diener *6 H^5*

47,14:   *danach gestrichen:*
            Batista: Mich dünkt, das Leben hat vermehrten Glanz
                    Seit es durch Seine Seele durchgegangen ..
            Paris: Wo finden wir das lachend starke Prangen,
                  Wenn Er nicht spiegelt der Gestalten Tanz?
            Batista *aus* Gianino   *6 H^5*

47,18:   *danach:* Pause. *6 H^5*

48,3   goldumrandet] goldumrundet *7 D^1, 9 D^{2}b, 11 D^{3}H, 13 D^5, 14 D^6, 16 D^{1}H, 17 D^7, 21 D^{11}*; emendiert nach *6 H^5, 18 D^8, 19 D^9, 20 D^{10}*

48,6–12:   spricht Desiderio *6 H^5*

48,8   weißem] weißen *7 D^1, 9 D^{2}b, 11 D^{3}H, 13 D^5, 14 D^6, 16 D^{1}H, 17 D^7, 21 D^{11}*; emendiert nach *6 H^5, 18 D^8, 19 D^9, 20 D^{10}*

48,9   regungslosem] regungslosen *7 D^1, 9 D^{2}b, 11 D^{3}H, 13 D^5, 14 D^6, 16 D^{1}H*

48,17   Und Fluten *aus* Das Leben *6 H^5*

48,19   unserm] unsrem *6 H^5, 7 D^1, 9 D^{2}b–11 D^{3}H, 13 D^5, 14 D^6, 16 D^{1}H*

48,34   lau] Tau *17 D^7, 21 D^{11}*; emendiert nach der gesamten übrigen Überlieferung

49,3   Tür] Thüre *6 H^5*

49,4   abseits] etwas abseits *6 H^5, 7 D^1, 9 D^{2}b, 11 D^{3}H, 13 D^5, 14 D^6, 16 D^{1}H*

49,5   Lavinia *aus* Berenice *6 H^5*

49,7   siebzehnjährig, *danach:* kleiner als (1) Berenice
                                      (2) Lavinia   *6 H^5*

49,9   Schlangenreifen] Schlangenreifen am Oberarm *6 H^5, 7 D^1, 9 D^{2}b, 11 D^{3}H, 13 D^5, 14 D^6, 16 D^{1}H*
            graziös.] (1) svelte und très femme (2) graziös mit Bewegungen die très femme sind *6 H^5*

49,11	an] bei *6 H⁵*
	Mädchenhafte *aus* Frauenhafte *6 H⁵*
49,14	GIANINO] ANTONIO *seit 1901 aus der Böcklinfassung, wo Gianino nach seiner Traumerzählung bis zur Verkündigung von Tizians Tod schläft (vgl. S. 231,13f. u. 47, 4), irrtümlich in 17 D⁷–21 D¹¹ eingeflossen*
49,20	Verbeugung] Bewegung *13 D⁵, 14 D⁶*
	begrüßt] gegrüßt *6 H⁵*
49,24	reich] weich *6 H⁵*
49,26	Er *gesperrt 6 H⁵*
49,28	drunten] drüben *13 D⁵, 14 D⁶*
50,19	mir scheu] mit Scheu *6 H⁵, 7 D¹, 9 D²b, 11 D³H, 13 D⁵, 14 D⁶*
50,22	Leben *aus* Weben *6 H⁵*
51,2:	*aus* Wo bläulich zi⟨ttert⟩ *6 H⁵*
51,6	auf sich selbst vergessen] ihrer selbst vergessen *17 D⁷ (2. Auflage), 18 D⁸, 19 D⁹, 20 D¹⁰*
51,8:	*darunter gestrichen:*
	Der Puls des unbewußten Lebens schlägt *6 H⁵*
51,9	Paris *aus* Desiderio
51,11	Und wir, wir *aus* Wir aber *6 H⁵*
51,18	hilflos] hülflos *7 D¹, 9 D²b, 11 D³H, 13 D⁵, 14 D⁶, 16 D¹H*
51,21	Liebessorgen *aus* Liebesqualen *6 H⁵*
51,22	färben *aus* malen *6 H⁵*
51,36:	*danach zwei Gedankenstriche und nach drei weiteren Strichreihen: Ende des Fragmentes 6 H⁵*

ZEUGNISSE · ERLÄUTERUNGEN

ZEUGNISSE

1892

⟨12. Januar 1892⟩, an Arthur Schnitzler
Ich arbeite, arbeite, arbeite.
Vielleicht Sonntag bei Ihnen. (BW 14)

29. Januar 1892, Arthur Schnitzlers Tagebuch
Nachmittag Loris bei mir, der jetzt ›Tod des Tizian‹ schreibt.
(Hofmannsthal-Forschungen, III, S. 16)

2. Februar 1892, Arthur Schnitzlers Tagebuch[1]
Nachm. Loris, Salten, Beer-Hofm⟨ann⟩. BH. erzählt den Inhalt seiner Pantomime, 4akt. Pierrot-Opus[2], entzückende Feinheiten. Währenddem schrieb Loris einen graziösen und geistreichen Prolog, den ein kleiner Page zu sprechen hat.[3]
(Abschrift; Deutsches Literaturarchiv, Marbach a. N.)

⟨Anfang März 1892⟩, an Gustav Schwarzkopf
Mein Papier bei Manz ist so schön, daß ich ganz stolz bin.[4] Ich schreibe gleichzeitig drei Stücke in Versen[5]: das können Sie nicht! Chiavacci[6] auch nicht! Zu Griensteidl gehe ich nicht mehr.
(Abschrift; FDH / Dauerleihgabe Stiftung Volkswagenwerk)

⟨17. März 1892⟩, an Arthur Schnitzler
Tatsachen: 1.) Frl. Herzfeld sagt mir, daß die Revue von Fried[7] in jeder Beziehung ernst zu nehmen ist. ... 4.) Wäre es nicht möglich, daß ich Sonntag um 4 zu Ihnen komme, daß auch Salten bestimmt kommt und daß ich Euch etwas vorlese, was ich zum Druck versprochen habe, aber nicht gerne ohne Euch fortschicken möchte?, wenn nicht Sonntag, so machen Sie einen anderen Vorschlag.
(BW 17)

---

[1] Vgl. auch Hofmannsthal-Forschungen III, S. 16.
[2] ›Pierrot Magus‹, bzw. ›Pierrot hypnotiseur‹, vgl. BW HvH—Beer-Hofmann 17, 185f., 205.
[3] Vgl. ›Überlieferung‹, S. 337: 4 t.
[4] Vgl. Gestern, S. 299, 18ff.
[5] Vermutlich handelt es sich um Der Tod des Tizian, Ascanio und Gioconda und eine nicht weiter betitelte Phantastische Komödie.
[6] Chiavacci, Vincenz (1847—1916), Schriftsteller, Zeitungsredakteur in Wien. Veröffentlichte humoristische Skizzen und Kulturbilder aus dem Wiener Leben.
[7] ›Allgemeine Theater-Revue für Bühne und Welt. Illustrierte Halbmonatsschrift für dramatische Kunst und Litteratur.‹ Begr. u. red. von Max Henze. Berlin: Verlag Alfred H. Fried & Co., April—Juni 1892, ab August vereinigt mit ›Das Theater‹.

21. März 1892, Arthur Schnitzlers Tagebuch[1]
Loris las mir Nachm. den Tod des Tizian, Fragment vor. Tiefe und schöne Verse über Kunst. Eine Art Herrenmoral in der Kunst.
(Abschrift; Deutsches Literaturarchiv, Marbach a. N.)

⟨*21. März 1892*⟩, *an Marie Herzfeld*
Die Theaterrevue will Ihren Aufsatz über ›Gestern‹[2] in einer Nummer mit meinem Fragment bringen. Ich werde mich also mit dem Abschicken des Manuskriptes umso mehr beeilen. *(BW 24)*

Marie Herzfeld, Loris. Blätter der Erinnerung
Im März[3] *1892 lernte ich ihn persönlich kennen. Eine der zahlreichen Blattgründungen jener Tage, die vergingen, ehe sie noch Boden gefaßt, die ›Allgemeine Theaterrevue‹, hatte sich aus Berlin an mich gewandt. Ich sollte über skandinavische Dramen schreiben, skandinavische Dramen für sie übersetzen; aber auch anderes Neues wollten sie mit Dank aufnehmen, denn Neues galt dort plötzlich als Trumpf. Die Herren waren über Wien und was da künstlerisch gärte, völlig unterrichtet; als ich daher für den Anfang einen Aufsatz über ›Gestern‹ vorschlug und einen über Maeterlinck, dessen ›Intruse‹ und ›Aveugles‹ nächstens bei uns aufgeführt werden sollten, waren sie einverstanden, baten mich aber, ich möge Hofmannsthal (recte: Loris) bewegen, ihnen zweierlei zum Abdruck zu überlassen, eine eigene Arbeit und die Übersetzung von Maeterlincks beiden Stücken.*
...
Selbstverständlich kamen wir dann auf das Thema ›Allgemeine Theaterrevue‹, der gegenüber sich Loris skeptisch verhielt: trotzdem wollte er der Nummer mit meinem Aufsatz über ›Gestern‹ ein dramatisches Fragment, an dem er arbeitete, zum Abdruck geben. Ob er nicht fertig wurde — jedenfalls kam das Bruchstück, ›Der Tod des Tizian‹, nicht in die Theaterrevue, sondern später in die ›Blätter für die Kunst‹, die Stefan George bald darauf sich anschickte, mit Gleichgesinnten für einen engen Kreis geladener Leser herauszugeben.
(Corona II, 6, Mai 1932, S. 715, 719; Fiechtner, S. 23, 26)

17. Juli 1892, Richard Beer-Hofmann an Hofmannsthal
Ist bei Henze noch nichts von Ihnen erschienen? Sie schicken mir es doch sofort, oder geben mir zumindest die Nummer an, in der es erschienen. *(BW 9)*

---

[1] *Vgl. auch Hofmannsthal-Forschungen III, S. 55.*
[2] *Ein junger Dichter und sein Erstlingsstück. Eine Studie von Marie Herzfeld, Wien. In: Allgemeine Theater-Revue für Bühne und Welt, I, 3, 15. Mai 1892, S. 19—22.*
[3] *Genauer: am 16. März 1892; a.a.O., S. 716.*

ZEUGNISSE

21. Juli ⟨1892⟩, an Stefan George

Nur der Umstand, daß die ›Theaterrevue‹ mein längstcorrigiertes kleines dramatisches Fragment noch immer nicht bringt, hat meine erste Sendung verzögert ... Im ›Tod des Titian‹ wird Ihnen ein bekanntes Detail entgegentreten: ich meine das Bild des Infanten. Vielleicht haben Sie die Güte, sich die betreffende Nummer der Theaterrevue (wahrscheinlich die nächste) selbst von Berliner Freunden besorgen zu lassen ... *(BW 30)*

⟨26. Juli 1892⟩, Stefan George an Hofmannsthal

Wegen der Theaterrevue werd ich nach Berlin schreiben · noch sichrer ists vielleicht Sie schicken sobald Sie eine nummer haben an meine Pariser adresse ... *(BW 32)*

6. August ⟨1892⟩, an Gustav Schwarzkopf

Da Sie so freundlich waren, mir den verdienten Eingang der Theaterrevue[1] anzuzeigen, frage ich an, ob Sie keine Zeitung wüßten, die eine dramatische Kleinigkeit, besser gesagt einen Dialog in Versen (ungefähr 500 Verse), von mir nehmen würde? *(B I 63)*

15. August ⟨1892⟩, an Carl August Klein

Mein kleines Fragment ›Der Tod des Tizian‹ (400 verse) ist freigeworden; werden Sie es brauchen und wann? *(BW HvH–George 35)*

19. August ⟨1892⟩, Carl August Klein an Hofmannsthal

Ihr ›Tod des Tizian‹ steht jederzeit zur verfügung? wann das bedürfnis nach dem manuskript vorliegt werde ich Ihnen schreiben *(BW HvH–George 35)*

23. August ⟨1892⟩, an Stefan George

›Tod des Tizian‹ werden Sie in den Blättern für die Kunst kennen lernen. Vom 1 September bis 14 October werde ich zwar nachgeschickte Briefe empfangen, aber nicht rasch und halte ein Zusenden von Correcturen etc an mich während dieser Zeit für unpractisch; ich bitte Sie, alles was für mich zu thuen ist, nach Geschmack und Gutdünken selbst zu thuen. *(BW 36f.)*

24. August 1892, an Carl August Klein

Ich werde Ihnen gelegentlich den ›Tod des Tizian‹ schicken und überlasse Wahl des Zeitpunktes wie alles Technische natürlich Ihnen. Nur bitte ich dringend, meine Manuscripte zu bewahren, weil ich fast niemals Abschriften habe. Ich habe Herrn George gebeten, wenn nötig während meiner unruhigeren Reise (1 Sept.–15 October) für mich Correcturen und dergleichen zu besorgen. *(BW HvH–George 37)*

---

[1] Vgl. S. 373, Anm. 7

31. August ⟨1892⟩, Carl August Klein an Hofmannsthal
Ich bitte zugleich um einsendung Ihres ›Tod des Tizian‹
　　　　　　　　　　　　　　　　　　　　　　(BW HvH—George 40)

6. September ⟨1892⟩, an Hugo von Hofmannsthal sen.
Bitte schicke ›Tod des Tizian‹ und Prolog, es liegt alles beisammen in einem Umschlag an Herrn August Klein Berlin Tieckstrasse 32.
　　　　　　　　　　　　(FDH / Dauerleihgabe Stiftung Volkswagenwerk)

9. September 1892, Hugo von Hofmannsthal sen. an Hofmannsthal
Den Tizian mit Prolog sende ich nach Weisung an Klein.
　　　　　　　　　　　　(FDH / Dauerleihgabe Stiftung Volkswagenwerk)

12. September ⟨1892⟩, Carl August Klein an Hofmannsthal
dank für Ihr manuskript.　　　　　　　　　　　(BW HvH—George 40)

⟨30. September 1892⟩, Stefan George an Hofmannsthal
Wegen Ihres auftrags: ich that so gut ich konnte · Sie werden ja ganz bald sehen. die lesezeichen wo unbeabsichtigt weggelassen vervollständigte ich in Ihrem sinn eine person die auf dem zettel stand aber nicht im stück liess ich weg und dann auf eigne faust (es war so wenig zeit) in der anmerkung ›da Tizian 99jährig an der pest starb‹ das bestrichene. damit brachten Sie eine schädliche luft in Ihr werk und augenscheinlich ungewollt — Sonst ist alles ganz getreu nach den von Ihnen geschriebenen blättern

Das werk selber? wie eigentümlich es mich berühren musste! Sie müssen warten bis wir uns einmal wieder treffen ...

Da Sie über den ›Prolog‹ kein motto sezten so liess ich da man in der selben nummer auszüge aus meinen büchern bringt meinen ›Infanten‹ streichen. die masse könnte da leicht mit misverständnis reden.　　　(BW 41f.)

2. Oktober 1892, Hugo von Hofmannsthal sen. an Hofmannsthal
Inliegend 2 Briefe aus Berlin. Heute ist eine offene Karte von Klein gekommen. Man soll die 5 Hefte der Blätter f. die Kunst die gestern gekommen sind u den Tod des Tizian enthalten sofort retournieren weil ein Bogen verdruckt ist. Ich habe dieses heute veranlaßt. Schade um das schöne Fragment in dem Narrengewand! Die Ausstattung ist sehr hübsch aber die neue Orthographie u die Auszüge aus Algabal sind beängstigend.　　(FDH / Dauerleihgabe Stiftung Volkswagenwerk)

2. Oktober 1892, Hugo von Hofmannsthal sen. an Carl August Klein
Ich habe gestern in Abwesenheit meines Sohnes, welcher erst nächste Woche zurückkehrt, die ihm gesandten Hefte übernommen u. selbe über Ihren Wunsch heute retourniert. Bei flüchtiger Durchsicht des Fragments ›Tod des Tizian‹ ist mir ein Druckfehler aufgefallen. In der Erzählung des Traumes, in den Versen, wo die Bienen vorkommen, soll es wohl heißen »saugen« u. nicht »sangen«
　　　　　(Stefan George Archiv, Württemberg. Landesbibliothek, Stuttgart)

⟨3. od. 4. Oktober 1892⟩, Carl August Klein an Hugo von Hofmannsthal sen.
Mit bestürzen entnehme ich Ihrem geschätzten schreiben dass in dem ›Tod des Tizian‹ ein hässlicher Druckfehler stehen geblieben. ich kann Ihnen nicht verhehlen wie unangenehm mich persönlich dieses versehen berührt. zu meinem aufrichtigen bedauern vermögen meine besten wünsche nicht mehr zu emendieren. doch ich darf Sie bitten überzeugt zu sein dass die nächste nummer die berichtigung bringt.
für Ihren liebenswürdigen hinweis und für die returnierung mit der Sie sich — Sie verzeihen — beluden bin ich Ihnen sehr verbunden.
Zugleich ersuche ich Sie mein blatt gütigst annehmen zu wollen.
(Stefan George Archiv, Württemberg. Landesbibliothek, Stuttgart)

⟨5. Oktober 1892⟩, Stefan George an Hofmannsthal
Empfange eben eine nummer der ›Blätter f. d. K.‹ und sehe mit erstaunen dass man gedruckt hat ohne meine endgültigen verbesserungen abzuwarten. Der gedanke Ihren auftrag schlecht verwaltet zu haben ist mir recht peinigend · aber wenn ich meine abgeschlossenheit hier und mein unwolsein Ihnen vorstelle, so werden Sie gütig sein und nachsicht haben. Den einen fehler ›sangen‹ st. saugen brauchen Sie nicht zu bedauern denn er verschlimmert nichts. es passt auch sehr gut · nur das eine falsche komma macht den sinn schief.[1] (BW 43)

5. Oktober ⟨1892⟩, an Alfred Freiherrn von Berger
Da kam in Ihrem Kollegium gestern abend der Exkurs über das »Schauen des Lionardo«, und ich hörte mit lebhafter Freude, daß unsere Gedanken ein ganzes gutes Stück Weg nebeneinander hergegangen waren. Ich habe in einer etwas manirierten, aber ganz anspruchslosen kleinen Arbeit ungefähr das vor ein paar Monaten in Versen geschachtelt, was Sie gestern in flüssiger, funkelnder Prosa ausgesprochen haben.
Vielleicht entschuldigt dieser Zufall die Freiheit, die ich mir nehmen will, Ihnen dieses kleine Ding (viel eher ein Dialog in der Manier des Platon aus Athen als ein Theaterstück) als Zeichen meiner lebhaften Sympathie und Bewunderung zu überreichen. (B I 69)

7. Oktober 1892, Visitenkarte Hugo von Hofmannsthals sen. an Carl August Klein
Dr. Hugo von Hofmannsthal dankt verbindlichst für die Übersendung des Blattes. Loris trifft Sonntag hier ein.
(Stefan George Archiv, Württemberg. Landesbibliothek, Stuttgart)

8. Oktober ⟨1892⟩, an Stefan George
Lebhaften Dank für Ihre Mühewaltung mit dem Ausdruck peinlichen Bedauerns wegen der Unannehmlichkeiten, die Ihre übergroße Gewissenhaftigkeit verschuldet. Alles, was Sie angeordnet, ist mir recht und sympathisch. (BW 44)

---

[1] Vgl. ›Überlieferung‹, S. 339,18—22; 340,1ff. u. 378,32f.

⟨8. Oktober 1892⟩, Carl August Klein an Hofmannsthal
Hier Unser erstes heft ! ... (BW HvH–George 44)

10. Oktober ⟨1892⟩, an Carl August Klein
Schließlich bitte ich, wenn möglich, um Rücksendung des Titianmanuscripts, überhaupt geschähe mir durch Erhaltung meiner Manuscripte ein großer u. wirklicher Gefallen. (BW HvH–George 46)

16. Oktober ⟨1892⟩, Carl August Klein an Hofmannsthal
die rückgabe der manuskripte ist keine gepflogenheit · doch um Ihnen gefällig zu sein will ich dafür sorge tragen dass die Ihrigen Ihnen später zugestellt werden können.[1] (BW HvH–George 47)

8. Dezember ⟨1892⟩, an Stefan George
übrigens bekomme ich aus Berlin weder eine neue Nummer noch meine Manuscripte zurück; warum? (BW 51)

1893

11. Januar ⟨1893⟩, an Stefan George
Sie haben über ›Tod des Titian‹ nicht gesprochen, weil, wie dies ja dann und wann vorkommt[2], etwas an Stoff oder Form Ihnen nicht genehm und in gutem Sinn verständlich war. (BW 55)

9. März ⟨1893⟩, Carl August Klein an Hofmannsthal
noch etwas geschäftliches: unser drucker wäre geneigt mehrere neudrucke vorzunehmen und Sie könnten dabei auf eine günstige weise zu einer künstlerischen ausgabe Ihres glänzenden ›Tod des Tizian‹ kommen. einige kleinere änderungen anzubringen wäre Ihnen noch gestattet und der äußerst geringe preis stellte sich auf etwa 30 mark für 50 exemplare. die ausführung würde aber erst im herbst stattfinden können. (BW HvH–George 59)

---

[1] »*Zur verständigung für einsender von dichterischen beiträgen: indem wir lebhaften dank all Denen aussprechen die sich freimütig auf unsre seite gestellt und uns mit proben ihres könnens beehrten machen wir aufmerksam dass es uns unmöglich ist in welchem fall es auch sei die angenommenen oder abgelehnten hss. zurückgehen zu lassen. auch bitten wir den drang einiger anscheinend ganz junger kräfte um geduld wenn es die zeit uns nicht vergönnt die antworten sogleich zu befördern.
Im ersten heft müssen wir verändern: seite 14 zeile 20 ›sehnsucht doch, die fragt‹. seite 18 zeile 6 ›saugen‹. seite 22 zeile 23 ›byssus‹.*« Dieser Hinweis erschien in ›Blätter für die Kunst‹, ⟨I. Folge⟩ II. Band, Dezember 1892, S. 64.
[2] George hatte in seinem letzten Brief vom 24. Dezember 1892 sich lediglich über den geringen Erfolg der ›Blätter‹ in Wien geäußert. (Der Brief ist abgedruckt in: Georg Peter Landmann, Stefan George und sein Kreis. Eine Bibliographie, Hamburg 1960, S. 25 f.)

April 1893, Eintragung im Tagebuch
Sinn des Lebens.
im Tod des Titian in subiectiver Bedeutung gebraucht: Lebendigkeit gegen Öde, Neurasthenie, Langeweile.
Jetzt obiectiv ???
(April 1893) (H VII 5.21)

1. April 1893, an Carl August Klein
... beiliegend endlich ein Stück meiner Arbeit für die B.f.d.K; ein antikisierender Dialog.[1] Möge er Ihnen passend erscheinen. Dann aber habe ich eine Bitte: gütigst dafür sorgen zu wollen, daß meine Interpunction respectiert wird, ich finde da jede Änderung gerade so sonderbar, als wenn man einem Componisten Änderungen in der Instrumentation vornehmen wollte.
(BW HvH−George 61)

3. April ⟨1893⟩, Stefan George an Hofmannsthal
Ihr zweiter brief der mich hier erreicht mahnt mich auf Ihren ersten vom jänner einzugehen. leider ist mir der anfang trotz wiederholten nachdenkens nicht klar geworden sodass ich Ihnen sehr dankbar sein werde wenn Sie mir Ihren gedankengang erklärt haben: ›über Tod des Tizian haben sie nicht (?) geredet ... u.s.f. ...‹
(BW 62)

4. Mai ⟨1893⟩, Carl August Klein an Hofmannsthal
auf Ihre früheren einsendungen konnte Ihr brief keinen bezug haben da in ihnen weder eine alte noch eine neue interpunktion durchgeführt war. überhaupt wird jedes mitarbeiters interpunktion acceptiert wir haben nur einwendungen gegen das zu häufige unartistische semikolon und abgeschmacktheiten wie: ›der mann, den ich gesehen,‹. (BW HvH−George 63)

1894

4. Februar 1894, Carl August Klein an Hofmannsthal
Da Sie auf meine frühere frage betreffs änderungen im neuzudruckenden ersten heft der Blätter nicht antworteten nehme ich an dass Sie darüber keine wünsche hegen und verfahre nach gutdünken. (BW HvH−George 71)

1895

Einzelnes Notizblatt, unter dem Datum: Venedig Mitte Oktober 1895
meine Absichten im ›Tod des Tizian‹ einmal niederschreiben. (H VB 3.18)

---

[1] Idylle.

⟨1896⟩

6. Mai ⟨1896⟩, an Stefan George
Das Heft vom Dezember 1892 ist nur mehr in einem Exemplar in meinen Händen. Ich habe selbst den ›Tod des Tizian‹ schon durch Abschreiber copieren lassen.   (BW 95)

⟨1898⟩

27. November ⟨1898⟩, Louise Dumont an Hofmannsthal
Ich habe Tizians Tod allerdings, etwas gestrichen, — gesprochen und hatte die Freude eine große Wirkung damit zu erzielen und vielleicht unter all den Hunderten doch Einigen die Bekanntschaft von wirklicher Schönheit und großer echter Poesie vermittelt zu haben, und das ist doch die Hauptsache.
(FDH / Dauerleihgabe Stiftung Volkswagenwerk)

1900

18. März 1900, Ria Schmujlow-Claassen an Hofmannsthal
Nun möchte ich Ihnen gleich noch ... etwas über meinen Abend im ›Akadem.-Dramat. Verein‹ erzählen. Ich las auch George und versuchte in einer kurzen Einleitung diese Zusammenstellung zu rechtfertigen und aus anderen als den üblichen Gründen zu erklären. Ich gehe darauf ein, weil ich den Rezensionen für Ihren Herrn Vater eine hierüber beigelegt habe, die solch ein merkwürdig verschobenes Bild von dem Inhalt dieser »Rede« giebt, daß ich es nicht dabei belassen möchte, denn es ist dort im allgemeinen als Ernst genommen worden, was ich aus Spott gesagt habe. Alles in allem war der Abend sehr befriedigend, und die Wirkung stark, und sogar — fast — aufregend. Es war auch ein gutes Publikum da, jedenfalls das beste, das ich je gehabt habe, und fast 200 Menschen, die alle alles hören konnten (wie man mich versichert hat). Ich las Sie nach George und nach einer kleinen Pause: Prolog u. Bruchstück aus dem ›Tizian‹, der auf alle einen starken Effekt machte, dann ›Die Beiden‹, ›Großmutter und Enkel‹, ›Dein Antlitz war mit Tr. ...‹, und zuletzt die ›Ballade des äuß. L.‹, ›Manche freilich müssen unten sterben‹, ›Erlebnis‹ und den ›Jüngling in d. L.‹ (auf die Auswahl hatte ich vorher schon Bezug genommen). Die unterstrichenen Gedichte wirkten am stärksten. Eine Stelle aus dem ›Weißen Fächer‹ verwebte ich in die Vorrede. Von George gelangen mir am besten ›Mühle, laß die Arme still..‹, ›Indes deine Mutter dich stillt..‹, dann die 3 ersten Gedichte aus dem ›Vorspiel‹ zum ›Teppich‹ und der ›Tag-Gesang‹ (aus den ›Liedern von Traum und Tod‹). Es sind doch wundervolle Sachen in dem neuen Buch. Die ›Blätter f. d. Kst.‹ waren in sehr zahlreichen »Exemplaren« vertreten; sie haben mir alle die große Wirkung Ihrer Gedichte besonders betont — ich war sehr froh darüber. Es beginnt mir überhaupt leid zu thun, daß ihre große Hinneigung zu Ihnen so einseitig ist: als Künstler zählen sie ja gewiß kaum mit (und wollen es eigentlich auch zum größten Teil nicht), aber als Menschen sind sie wirklich interessant oder sympathisch. ...

Jetzt habe ich auch den »Meister« kennen gelernt. Aber da ich ihn nur im Kreise seiner nächsten Leute gesehen habe — einmal bei Wolfskehl's, und an einem sehr gemütlichen Abend in einer stimmungsvollen Junggesellenbude von O. Schmitz — so gab er sich sehr einfach und ungezwungen, wenn auch ein wenig schweigsam, und machte sogar vielfache Witze. Er spricht mit uns, d. h. eigentlich nur mit meinem Mann, immer sehr viel von Ihnen, in einer sehr reizenden und fesselnden Weise, die mir gefällt. Man hat dabei immer das Gefühl, daß er Sie doch viel besser auffaßt, als irgend sonst jemand. Er kam gerade an dem Abend der eben-besprochenen Vorlesung an, und Frau Wolfsk. kündigte mir an, daß sie sehr wahrscheinlich mit ihm hinkommen würden. Es wurde dann aber nichts daraus, und sie haben mich nun gebeten, bei ihnen an einem besonderen Abend einiges vorzulesen. ...
                                        (FDH / Dauerleihgabe Stiftung Volkswagenwerk)

1903

28. Februar 1903, Harry Graf Kessler an Hofmannsthal

Die Erbgroßherzogin von Sachsen besitzt ... im Garten ihres Schlößchens Belvedere bei Weimar ein Natur Theater aus Bux, das, wie ich glaube, von Goethe herrührt. Nun hat die hohe Frau mich gebeten, dieses Theater für sie wieder durch ein oder zwei kleine Aufführungen zu beleben, die, wahrscheinlich von Dilettanten aus der Hofgesellschaft, dort in diesem Sommer stattfinden könnten. Ich habe sofort an Sie gedacht und der Erbgroßherzogin Ihre Stücke, namentlich den Tod des Tizian, genannt.
                                (FDH / Dauerleihgabe Stiftung Volkswagenwerk; BW 43)

5. Juni ⟨1903⟩, an Harry Graf Kessler

Unter einer Aufführung einer meiner Kleinen lyrisch-dramatischen Arbeiten durch Herren und Damen der Gesellschaft kann ich mir nichts vorstellen. Ich habe nie eine Dilettantenaufführung überhaupt gesehen und nie gewünscht, eine zu sehen. ... ein so gewöhnliches Stück, wie dieses Bruchstück ›Tod des Tizian‹ und gespielt in jenen unangenehmen erlogenen Costümen, die man den Bildern des 16ten Jahrhunderts mit spießbürgerlichen Augen abgeguckt hat — ich kann mich nicht darein finden: was mir vor den Augen schwimmt, ist so häßlich, ist so sehr Münchner Künstler-haus-phantasie, um es zu verscheuchen, muß ich mir Ihr Bild hervorrufen, die Räume, in denen Sie leben, den Renoir an Ihrer Wand, um mir zu sagen: das kann es nicht sein, — wenn aber nicht das, was dann? Vielleicht etwas unbeschreiblich hübsches. Vielleicht eine Kühnheit, an die ich noch kaum zu glauben wage: vielleicht Costüme von einer Frechheit, einer unhistorischen Befremdlichkeit, die mich entzücken wird. Vielleicht eine wegwerfende Behandlung des Textes, bei dem meine Tiraden nur der Vorwand sind, der Vorwand für Beleuchtungen für Musik — — wie gern, mein lieber Graf, werde ich mein Stück preisgeben um dafür eine ganz unerwartete entzückende Stunde zu verbringen, wie wenig brauche ich eigentlich, wo Sie mich hinrufen, das einzige zu fürchten, was ich wirklich fürchte: das Brave, das Gebildete, das was den Lebendigen behandelt wie einen Todten, das »was der Goethe-stadt würdig wäre«... *(Deutsches Literaturarchiv, Marbach a. N.; BW 46f.)*

22. Juni ⟨1903⟩, an Harry Graf Kessler
Ich will nicht hoffen, daß meine nicht bedingungslose Freude über die Dilettantenaufführung des Tod des Tizian Sie verletzen oder verstimmen konnte. Ich hoffe doch mehrmals deutlich genug gesagt zu haben, mit wieviel Respect und wie viel Theilnahme ich allem gegenüberstehe, was Sie dort thun, daß ich mich freue hinzukommen, daß ich meine Arbeiten danach einrichten will.
(BW 48)

⟨25. Juni 1903⟩, an die Eltern
Kessler telegraphierte mir heute, daß er die Proben mit den Pagen am 15ten Juli zu beginnen hoffe. Es scheint in Weimar eingeführt zu sein, daß die Pagen, die im Winter schlimm waren, im Sommer zur Strafe den ›Tod des Tizian‹ spielen müssen. Das wird jedenfalls in die Litteraturgeschichte kommen.
(FDH / Dauerleihgabe Stiftung Volkswagenwerk)

26. Juni 1903, Harry Graf Kessler an Hofmannsthal
Eine Dilettanten Aufführung will ich deshalb, weil ich glaube, daß das Hauptübel der Dilettanten Darstellung, die unzulängliche Gebärde, bei einem Stück wie dem Tizian, leichter auszuschalten geht, als das Hauptübel des Berufs Schauspielers, die Theaterstimme, welches hohle, falsche Instrument mir Ihre Melodien ganz verderben würde und überdies, da es mit dem Schauspieler verwachsen ist, garnicht auszurotten oder zu verschleiern geht. Durch Schauspieler scheint mir aus diesem Grunde Ihr süßes Klanggemälde absolut unaufführbar. Dilettanten dagegen, in diesem Fall die Hof Pagen, hoffe ich, vielleicht vermessener Weise, so weit zu bringen, daß Ihre Musik ihre natürliche Nüancen Pracht bewahrt, während ich die Gebärde dadurch aus der Region des Dilettantischen fernzuhalten versuchen werde, daß ich sie, wahrscheinlich mit Ludwig v. Hofmann und Vandevelde zusammen, gewissermaßen stylisiere ... Die Sache kann gänzlich verunglücken; aber »dilettantenhaft« oder »historisch« wird sie ganz sicher nicht. ... Da ich genötigt bin, ... die ersten Tage des Juli von Weimar abwesend zu sein, so können die Proben erst Mitte Juli beginnen. Ich rechne daher erst für die zweite Hälfte des August auf die Aufführung.
(FDH / Dauerleihgabe Stiftung Volkswagenwerk; BW 48f.)

3. August 1903, Harry Graf Kessler an Hofmannsthal
Zuerst machte die Krankheit der Erbgroßherzogin alle praktischen Vorbereitungen für die Tizian Aufführung unmöglich, dann haben uns die Schulferien unsere Pagen entführt ... Am besten wäre es, wenn Sie es ermöglichen könnten, auf ein oder zwei Tage herzukommen (etwa gegen den 20ten hin), um der diesjährigen Aufführung, die meines Erachtens nicht mehr in der erwünschten Vollkommenheit möglich ist, endgültig den Garaus zu machen und für nächstes

Jahr dann einen festen Plan und Termin mit der Erbgroßherzogin zu verabreden.[1]
Die hohe Frau spricht nur in den höchsten Tönen der Bewunderung von Ihnen, hat ihrem Hof selbst den Tod des Tizian vorgelesen; aber nur irgendein praktisch durchführbarer Entschluß scheint ihr nicht abzupressen zu sein, obwohl sie schon rechts und links allen Leuten von der bevorstehenden Aufführung erzählt hat und im Juni, vor ihrer Erkrankung, wie sie mir damals mitteilte, mit einer ihr befreundeten Schauspielerin in Verbindung getreten war, damit sie bei der Einstudierung mithelfe.

(FDH / Dauerleihgabe Stiftung Volkswagenwerk; BW 49 f.)

25. Dezember 1903, Ferdinand Gregori an Hofmannsthal

Der Hagenbund hat für den 8. März einen theatralischen Abend geplant, dessen Ausführung mir übertragen worden ist. Ich habe vor, Ihren ›Tod des Tizian‹ und einige Gobineau-Szenen, in deren Mittelpunkte Michelangelo steht, auf die Bühne zu heben, und werde dazu eine Reihe von jungen Burgschauspielern gewinnen. Haben Sie etwas dagegen? Ich darf Ihnen wohl eine vornehme Aufführung versprechen, selbst das Publikum kommt festlich geschmückt. ... Ich möchte eine Verquickung Ihrer beiden Texte zu Grunde legen: aus den ›Blättern für die Kunst‹ nehme ich den Prolog und die beiden letzten Druckseiten (»Allein das Bild?« – – – bis »wohin sie sehen«) sonst aber die Ausgabe des Insel-Verlags. Ich tilge also die Böcklin-Anklänge, wie Sie sehen, um ganz tizianisch zu bleiben, acceptiere aber den endlichen Tod, der in der ersten Ausgabe fehlt.

(FDH / Dauerleihgabe Stiftung Volkswagenwerk)

1904

11. Februar ⟨1904⟩, an Marie Herzfeld

Neulich im Hagenbund haben Sie weniger als nichts versäumt. Es war eine Darstellung unter der Provinz, stümperhafte Regie, der ganze Abend – Gobineau und mein Fragment – elende Langeweile und Prätention ohne Inhalt.[2]

(BW 51)

1906

17. November 1906, Henry van de Velde an Hofmannsthal

... de Jena, l'on m'écrit qu'une réunion de gens bien intentionnées se propose de jouer votre ›Tod des Tizians‹ au profit de la décoration intérieure de la Nouvelle Université. Il s'agit de panneaux décoratifs à commander, soit à de Hofmann soit à Adler.

---

[1] Der Plan kam nicht zustande. Hofmannsthal war vom 25. August–2. September in Weimar Gast Kesslers. Er las am 29. August am Hof Idylle und andere Gedichte vor (vgl. S. 422, 16–22).

[2] Zu dieser Aufführung erschien von Theodor Herzl die kritische Rezension: Theater im ›Hagenbund‹. In: Neue Freie Presse, 1. März 1904.

Je n'ai aucune garantie à vous offrir au sujet de la valeur de cette représentation.

Sinon que ce Comité me demande de prêter mon concours de régie à cette représentation.

Ce Comité me prie également de vous demander l'autorisation de jouer votre pièce.

Dites-moi, franchement cher ami si cette idée vous séduit un peu et si vous pouvez accorder votre autorisation?

La salle choisie est la grande Salle du Volks Haus; ce Comité est composé de Membres du Corps professoral de l'Université.

(Deutsches Literaturarchiv, Marbach a. N.)

⟨1907⟩

⟨29. Januar 1907⟩, an Hugo von Hofmannsthal sen.
bitte lasse sogleich in 1 Exemplar abtypieren
1.) meinen ganzen Band ›ausgewählte Gedichte‹ (den blauen, nicht den gelben)[1]
2) den Tod des Tizian in der ursprünglichen Form (Blätter f. d. Kunst) vollständig und schicke mir alles heraus. (Deutsches Literaturarchiv, Marbach a. N.)

1912

15. Januar 1912, Anton Kippenberg an Hofmannsthal
Den Plan der billigen Hefte habe ich noch einmal reiflich überlegt, auch mit Freunden und Sortimentern besprochen, und bin dazu gekommen, den Preis nicht auf 30, sondern auf 50 Pfennige anzusetzen. Es gibt uns das einen dreifachen Vorteil: Einmal das Honorar der Originalwerke, wenn ich so sagen darf, höher anzusetzen, als ich Ihnen vorschlug, sodann die Ausstattung wesentlich zu verbessern, vor allem ein Zwischending zwischen Broschur und Einband herzustellen, und endlich einzelnen Bänden einen verhältnismäßig größeren Umfang zu geben und dadurch Doppelbände zu vermeiden. ... Freilich würde dann der ›Tod des Tizian‹ etwas wenig umfangreich sein. Glauben Sie, daß man irgend etwas anderes noch hineinnehmen könnte?[2]

(FDH / Dauerleihgabe Stiftung Volkswagenwerk)

1913

28. Februar 1913, Anton Kippenberg an Hofmannsthal
Auch der Tizian hält sich mit einem Absatz von 15 000 Exemplaren ⟨der Inselbücherei⟩ auf einer respektablen Höhe. Der Absatz der billigen Ausgabe der ›Gedichte und kleinen Dramen‹ beträgt insgesamt etwa 13 500 Exemplare.

(FDH / Dauerleihgabe Stiftung Volkswagenwerk)

---

[1] D. h. zweite Ausgabe von 1904.
[2] In Nr. 8 der Inselbücherei (vgl. ›Überlieferung‹ 20 D[10]) wurde noch Idylle *aufgenommen* (vgl. S. 415, 4—6).

1. November 1913, Anton Kippenberg an Hofmannsthal

Interessieren wird es Sie, zu wissen, wie der Absatz Ihrer beiden früheren Insel-Bücherei-Bändchen in der letzten Zeit gewesen ist: von ›Tor und Tod‹ sind bisher 14500 Exemplare verkauft, und vom ›Tod des Tizian‹, der ja wesentlich früher erschien, 20500 Bände. Ich glaube das ist ein Erfolg, mit dem Sie zufrieden sein können. *(FDH / Dauerleihgabe Stiftung Volkswagenwerk)*

⟨1925⟩

⟨*Oktober/November 1925*⟩, *an Wilhelm Freiherrn von Weckbecker*

Ich bin äußerst betroffen über die Confusion. Als Baron Felix Oppenheimer mir mitteilte, es sei der Gedanke aufgetaucht, Tod des Tizian öffentlich aufzuführen, legte ich ihm mündlich eingehend dar, welche sachlichen Gründe mich zur Ablehnung dieses Gedankens nötigen. Wie ich dieselben — in Paranthese — auch Dr. Gregor schon in früherer Zeit dargelegt habe. Der Tod des Tizian ist Fragment mit stumpfem Ausgange und gehört darum nicht auf die Bühne; er ist lyrisches Fragment und gehört darum doppelt nicht auf die Bühne. Der dritte Grund mußte jeden einsichtigen Theaterleiter abschrecken, wenn nicht die beiden ersten schon hinreichten; es gibt für keine Art von Rollen so sehr keine Darsteller auf der deutschen Bühne als für diese adeligen fast noch knabenhaften Jünglinge. Der seinerzeitige Gedanke, dies in Weimar mit Jünglingen der Pagerie aufzuführen, war noch der wenigst absurde. Ich betrachte nach meinen Darlegungen und nach der Art, wie Baron Oppenheimer sie aufnam, das Project als erledigt.
(Diktatheft; FDH / Dauerleihgabe Stiftung Volkswagenwerk)

⟨1926⟩

Aus Ad me ipsum

Zeitpunkt 1892. Frühe Einflüsse: Edgar Poe — Baudelaire — Verlaine — Mallarmé (Georges Kopie des ›Après-midi d'un faune‹). Zeitgeist: das Musikhafte ferner: Novalis — die englischen Dichter, besonders Keats. *(A 237)*

1928

29. März 1928, Harry Graf Kessler an Hofmannsthal

Ich schreibe Dir nun heute plötzlich etwas unvermittelt, erstens, weil ich Dir einen Druck des Prologs zum ›Tod des Tizian‹ schicken will, den ich auf meiner Presse habe herstellen lassen als Ausstellungsobjekt für die PRESSA Ausstellung in Köln. Ich bin von der Ausstellung aufgefordert worden, für ihren Ehrensaal zwei Blätter zu drucken, das eine ein Stück der Bibel, das andere ein Stück aus unserer »nationalen Literatur«, und für dies letztere habe ich mir die Freiheit genommen, jenen Prolog auszuwählen. Ich hoffe, daß es Dir recht ist und daß der Druck Dir gefällt; er wird, wie gesagt, im Ehrensaal aufgehängt. Er ist nur in 20 Exemplaren gedruckt. Das heute Dir übersandte bitte ich Dich als kleine Gabe anzu-

nehmen. Als ich diesen Druck sah, der mir recht gelungen erscheint, ist mir eine große Lust gekommen, den ganzen ›Tod des Tizian‹ in dieser Form zu drucken. Ich meine, etwa 150 bis 200 Exemplare, die auf der PRESSA Ausstellung verkauft werden würden. Wäre Dir dieses recht? (BW 405)

13. April 1928, an Harry Graf Kessler

Dein guter Brief hat mir so große Freude gemacht, die schöne Druckprobe aus dem Tod des Tizian nicht weniger, ich will Dir von Tag zu Tag antworten und danken, das aber hatte ich nicht erfasst, dass Du von dem Project, den ganzen Tod des Tizian ⟨zu drucken⟩ als von einem naheliegenden sprächest (und also meine formale Zustimmung erwartetest) ich glaubte, Du dächtest für später einmal daran. Natürlich freut es mich überaus, wenn dieser Jugendarbeit — vielleicht das Erste, was Dir von mir vor mehr als dreißig Jahren vor Augen kam? — die Ehre einer solchen Drucklegung zu Teil wird. (BW 406)

1929

20. Januar 1929, an Walther Brecht

Lieber Freund,

ich trachte mir so gut als möglich diese fernen Dinge ihrer Aufeinanderfolge nach ins Gedächtnis zu rufen. 1891, im Frühjahr, war das ›Gestern‹ entstanden, etwas früher schon etliche Gedichte: diese aber alle nicht aus der tieferen Schicht. Sie waren, unter dem Pseudonym Loris, in einer Wiener Zeitschrift abgedruckt, die ›An der schönen blauen Donau‹ hieß. Sie haben keine Bedeutung. Aus der tiefsten Schicht kam damals etwas anderes, dann und wann, ein ganz kleiner visionärer Vorgang: dass ich manchmal morgens vor dem Schulgang (aber nicht wenn ich wollte, sondern eben dann und wann) das Wasser, wenn es aus dem Krug in das Waschbecken sprang, als etwas vollkommen Herrliches sehen konnte, aber nicht außerhalb der Natur, sondern ganz natürlich, aber in einer schwer zu beschreibenden Weise erhöht und verherrlicht, sicut nympha. (Ich erinnere mich, ich brachte diese Secunden irgendwie mit dem Dichterischen in mir in Zusammenhang.) — Im Winter 1892 entstand dann der ›Tod des Tizian‹ — so wie das Fragment jetzt da ist, sammt dem Prolog. Es war das Jahr der Matura, und ich hatte eben sehr wenig Zeit, deshalb brach es ab — denn es hätte ein viel größeres Ganzes werden sollen. Es sollte diese ganze Gruppe von Menschen (die Tizianschüler) mit der Lebenserhöhung, welche durch den Tod (die Pest) die ganze Stadt ergreift, in Berührung gebracht werden. Es lief auf eine Art Todesorgie hinaus: das Vorliegende ist nur wie ein Vorspiel — alle diese jungen Menschen stiegen dann, den Meister zurücklassend, in die Stadt hinab und erlebten das Leben in der höchsten Zusammendrängung — also im Grund das gleiche Motiv wie im ›Tor u Tod‹.

Diese Welt (Venedig u. die Tizianschüler) war an Stelle einer anderen Welt plötzlich eingesprungen: denn etwa einen Monat vorher wollte ich das Gastmahl der verurteilten Girondisten so darstellen. Die Form, in Parenthese — und ich glaube das ist nie gesagt worden — hat etwas mit den lyrisch-dramatischen Dichtungen von Lenau zu tun, den ich mit 15, 16 leidenschaftlich gelesen hatte. Dieses Manuscript (das Bruchstück) schrieb ich dann ins Reine und zeigte es keinem.

Ein paar Monate später (im April etwa, 1892) hörte ⟨ich⟩ von irgendwem im Café (es war dieses berühmte Griensteidl, wo ich oft hingieng, u. waren damals sehr viele junge Leute da) es sei jetzt ein Dichter Stefan George in Wien, der aus dem Kreise von Mallarmé komme. Ganz ohne Vermittelung durch Zwischenpersonen kam dann George auf mich zu: als ich, ziemlich spät in der Nacht in einer englischen revue lesend, in dem Café saß, trat ein Mensch von sehr merkwürdigem Aussehen, mit einem hochmütigen leidenschaftlichen Ausdruck im Gesicht (ein Mensch der mir weit älter vorkam als ich selbst, so wie wenn er schon gegen Ende der Zwanzig wäre) auf mich zu, fragte mich, ob ich der und der wäre — sagte mir, er habe einen Aufsatz von mir gelesen, und auch was man ihm sonst über mich berichtet habe, deute darauf hin, dass ich unter den wenigen in Europa sei (und hier in Oesterreich der Einzige) mit denen er Verbindung zu suchen habe: es handle sich um die Vereinigung derer, welche ahnten, was das Dichterische sei. Wir kamen dann einige Male zusammen: die Namen Verlaine, Baudelaire, Swinburne, Rossetti, Shelley wurden dabei in einer gewissen Weise genannt — man fühlte sich als Verbundene; auch der Name d'Annunzio kam schon vor, und natürlich Mallarmé. Ich bin nicht sicher, ob er mir damals schon den Druck der ›Hymnen‹ u. ›Pilgerfahrten‹ zeigte, oder nur das Papier, welches er erworben hatte u. eine Druckprobe: von diesem scheinbar Äußerlichen, auch von der Schrift, sprach er mit einem imponierenden Ernst, den ich sogleich verstand. Er sprach von der Vereinigung Gleichgesinnter und von Heften, die er plane, und ich muss ihm damals das Bruchstück (T. d. T.) entweder übergeben (es sind hier große Lücken in meinem Gedächtnis) oder es ihm bald nachgeschickt haben; denn er verließ Wien bald wieder.

Im ersten Heft der Blätter f.d. Kunst — das wohl im Sommer 92 erschienen ist, stand dann das Bruchstück — im zweiten ein paar Gedichte, darunter Vorfrühling, das auch schon vor der Begegnung (ich glaube Ende März an einem feuchtwarmen windigen Abend) entstanden war.

Im Ganzen kann man sagen, dass die Begegnung von entscheidender Bedeutung war — die Bestätigung dessen was in mir lag, die Bekräftigung dass ich kein ganz vereinzelter Sonderling war, wenn ich es für möglich hielt — in der deutschen Sprache etwas zu geben, was mit den großen Engländern von Keats an sich auf einer poetischen Ebene bewegte und andererseits mit den festen romanischen Formen zusammenhieng — so wie ja die Italiener auch für diese Engländer so viel bedeutet hatten. Ich fühlte mich unter den Meinigen — ohne einen Schritt von mir selber weg tun zu müssen.

Diese ganze neue Welt war da — und durch das plötzliche Hervortreten dieses Menschen als eine lebende Welt beglaubigt; ich war bereichert, wie einer der eine sehr große Reise getan hat und ein neues Land als geheime zweite Heimat erkannt hat. Der Einfluss war sicher groß — aber nicht was die nach Beeinflussung suchenden Litterarhistoriker unter Einfluss verstehen — sondern jenes Communicieren webender Kräfte, das eben den Geist einer Zeit ausmacht; und diese Zeit hatte einen Geist, und hat nicht, wie eine andere uns nähere, von der Wucht der Ereignisse bedrängt, sich selber genötigt, einen Zeitgeist zu praestieren, den sie — ohne ihr Verschulden — in sich selber nicht fand, noch finden konnte.

         In Freundschaft   Ihr Hofmannsthal
(Stefan George Archiv, Württemberg. Landesbibliothek, Stuttgart;
BW HvH−George 234 f.)

ERLÄUTERUNGEN

Zum Text

37,2: *Hofmannsthal bezeichnete sein Stück in der Reinschrift (6 H⁵) als Fragment; die Eindeutschung geschah durch die Redaktion der ›Blätter für die Kunst‹.*

38,3 Filippo Pomponio Vecellio *Vgl. Alfred de Mussets Novelle ›Le fils du Titien‹ (1838), dort auch die für ihn gebrauchten Kosenamen* Tizianello *und* Pippo *(vgl. S. 41,4). Tizian hatte aus seiner Ehe mit Donna Cecilia (gest. 1530) drei Kinder: Pomponio, der Geistlicher, Orazio, der Maler wurde, und Lavinia, die 1555 Cornelio Sarcinelli aus Serravalle heiratete und ca. 1561, also wesentlich früher als ihr Vater, gestorben sein soll (vgl. Erl. zu S. 38,11).*

38,5: Das Personenverzeichnis ist zu einem Zeitpunkt entstanden, als Hofmannsthal noch an der Weiterführung des Stücks festhielt; bei der Veröffentlichung ist der Name Giocondo *versehentlich stehengeblieben (vgl. George an Hofmannsthal, ›Zeugnisse‹, S. 376,16).*

Hinweise zur Charakterisierung Giocondos sind sparsam: Der Text (S. 47,6—10) berichtet von seinem nächtlichen Aufbruch, der in 6 H⁵ (vgl. ›Varianten‹: 6 H⁵ zu S. 47,10) im Sinne von N 3 (der Resignierte), N 17 und 18 (der Eifersüchtige) näher motiviert wird; seine Rückkehr scheint sich auf einem der ausgeschiedenen Reinschriftblätter (vgl. ›Varianten‹: 5 H⁴ zu S. 360,28) anzukündigen. Möglicherweise deuten S. 354,7f. und 354,11—13 auf seine nächtlichen Erlebnisse und sind die Verse S. 352,35—37 auf ihn zu beziehen. — Wie der nachträglich mit Stift angebrachte Hinweis Giocondo! *unter folgendem Gedichtentwurf vom 28. II. 1891 nahelegt, hat Hofmannsthal erwogen, ihm diese Verse zuzuordnen:*

> Allein.
>
> Wie rührend ists allein zu sein
> In den gewohnten Mauern
> Die athmen aus im Dämmerschein
> Ein stummes sanftes Trauern.
>
> Der Bilderrahmen mattes Gold
> Und die verblichnen Seiden
> Sie rühren mich als wenn ich sollt
> Auf immer von hier ⟨scheiden⟩
>
> Von jedem längstverwehten Duft
> Von jedem holden Lieben
> Ist diesen Wänden dieser Luft
> Ein Wiederschein geblieben
>
> Der Kinderseele Blüthentraum
> Ich fühl ihn um mich weben
> Es drängt sich rührend durch den Raum
> Mein ungelebtes Leben.

ERLÄUTERUNGEN

>   Wie nach verlorenem erfüllt
>   Mich namenloses Sehnen
>   Und was mir durch die Kehle quillt
>   Sind ungeweinte Thränen.
>
>   Wie rührend ists allein zu sein
>   Vor dem Auf-immer-Scheiden
>   Mit all der süß vertrauten Pein
>   Mit all dem jungen Leiden¹   (H II 180.2ᵃ,ᵇ)

Vgl. den parallelen Vorgang bei Gianino: Erl. zu S.45,5—29 u. 349, 26.

38,6 Desiderio *Vielleicht übernommen aus Alfred de Mussets ›Les marrons du feu‹ (1830; vgl. Erl. zu S.39, 5—8).*

38,11 Lavinia, eine Tochter des Meisters *Vgl. Erl. zu S. 38, 3. — Die relativ spät vorgenommene Änderung des Namens von* Bérénice *oder* Berenike — *wahrscheinlich aus Maurice Barrès',* ›Le jardin de Bérénice‹, *(1891) entlehnt — in* Lavinia *deutet darauf, daß Hofmannsthal sich erst während der Ausarbeitung des Stücks biographische Details aneignete (vgl. S. 348, 28 u. 371, 33—35).*

38,14 Spielt im Jahre 1576, da Tizian neunundneunzigjährig starb *Tizian starb in Venedig am 27. 8. 1576 an der Pest, nach anderer Überlieferung während der Pest an Altersschwäche (vgl. Georges Äußerung darüber,* ›Zeugnisse‹, *S. 376, 17f.). Das Alter Tizians ist umstritten, die Angaben des Geburtsjahres schwanken zwischen 1474, 1477, 1480, 1489 und 1490.*

38,15 auf der Terrasse von Tizians Villa *Tizian besaß seit 1531 in Venedig ein Haus mit einem großzügigen Garten in dem damaligen Stadtbezirk Biri-Grande, den heutigen Fondamente Nuove (vgl. Erl. zu S. 46, 10ff.).*

39, 5—8 Das Stück, ihr klugen Herrn ... mir's selbst gegeben. *Vgl. die Eingangsverse des Prologs in Alfred de Mussets* ›Les marrons du feu‹:

>   Mesdames et messieurs, c'est une comédie,
>   Laquelle, en vérité, ne dure pas longtemps;
>   Seulement que nul bruit, nulle dame étourdie
>   Ne fasse aux beaux endroits tourner les assistants.
>   La pièce, à parler franc, est digne de Molière;
>   Qui le pourrait nier? Mon groom et ma portière,
>   Qui l'ont lue en entier, en ont été contents.

Hofmannsthal besaß die Ausgabe ›Œuvres de A. d. M.‹, *Paris 1882 (vgl. H. A. Fiechtner, H. und die romanische Welt. In: Wort und Tat, II, 8, 1948, S. 32; vgl. auch Erl. zu S. 38, 6).*

---

¹ Die 2. Str. mehrfach variiert und schließlich gestrichen; in der 3. Str. holden *gestrichen, darüber schwer leserlich* ahnen Lebenskeim (Liebes-?); *die 4. Str. häufig variiert; die letzte gestrichen.*

39,15—24 Da blieb ich stehn bei des Infanten Bild —/ ... / Der längst verstorbne traurige Infant ... *Anspielung auf Georges Gedicht ›Der Infant‹ aus den ›Hymnen‹, deren Erstausgabe er Hofmannsthal am 20. 12. 1891 schenkte (vgl. BW 7, 238). Schon eine der Entwurfshandschriften für das George gewidmete Gedicht Einem, der vorübergeht (ca. 18.—21. 12. 1891) scheint einen Reflex des Infanten-Gedichts zu enthalten:*

    Du warst wie das Bild, wie das alte
    Das wo im Dunklen hängt
    Und sich zuweilen seltsam
    In meine Sehnsucht drängt

(BW 237 und Katalog der Ausstellung im FDH ›Hugo von Hofmannsthal, Gedichte und Kleine Dramen‹, Frankfurt 1979, S. 16)

Da ein erklärendes Motto von seiten Hofmannsthals unterblieb, verzichtete George auf den Abdruck seines Gedichtes im gleichen Heft der ›Blätter‹ (vgl. ›Zeugnisse‹, S. 376, 23—25).

In Unkenntnis des engen Zusammenhangs zwischen dem Prolog und Hofmannsthals erster Begegnung mit George, hat Jürgen Wißmann auf Böcklins ›Knabenbildnis‹ des Altgrafen Karl Salm (1879) hingewiesen, das sich früher in Wien befand, der Beschreibung des Infanten im Prolog entspricht und zudem eine frappante Ähnlichkeit mit Jugendbildnissen von Hofmannthal aufweist (vgl. J. W., Zum Nachleben der Malerei Arnold Böcklins. In: A. B., 1827—1901, Ausstellung im Kunstmuseum Düsseldorf 1974, S. 31 f.).

40,3 o mein Zwillingsbruder *Aus Georges Brief vom 10. 1. 1892 (BW 13) aufgenommen (vgl. ›Entstehung‹, S. 333, 17—20).*

40,9 Und wie Jasmin in einer Delfter Vase ... *Vgl. das Gedicht* Die Töchter der Gärtnerin *(GLD 501), das bereits am 9. 6. 1891 als Prosaentwurf vorlag und am 25. 12. seine endgültige Form erreichte (vgl. ›Entstehung‹, S. 333, 1—4).*

40,12 Und hat den Schmelz der ungelebten Dinge *Vgl. ›Varianten‹, S. 342, 26—28.*

40,27 Mit unerfahrnen Farben des Verlangens *Vgl. ›Varianten‹, S. 343, 4.*

41,4 Pippo *Vgl. Erl. zu S. 38, 3.*

41,27 Im Fieber malt er an dem neuen Bild *Vgl. Erl. zu S. 50, 5—32.*

42,2—4 Mit einer rätselhaften Leidenschaft, / ... / Von einem martervollen Zwang gebannt — *Vgl. in J. A. Crowe u. G. B. Cavalcaselle,* Tizian. Leben und Werke*: »Niccolo Massa, ein wohlbekannter Arzt in Venedig, fragte ihn einmal, welche Erfahrungen er über die Veränderung in seiner Arbeitsfähigkeit gemacht habe, und Tizian antwortete, er hätte neuerdings oft bemerkt, dass er tageweis eine wahre* Leidenschaft *zu malen habe und unmittelbar darauf zu nichts fähig sei als müssig zu gehen.« Die Autoren kommentieren dazu, »dass die Historiker es nur vernachlässigt haben, von den Äusserungen seiner* unbezwinglichen Schaffenslust *Kunde zu geben.« (Hrsg. M. Jordan, Leipzig 1877, Bd. 2, S. 543).*

ERLÄUTERUNGEN 391

42,31 »Es lebt der große Pan.« *Plutarch berichtet in der Legende über den Tod Pans (de oraculorum defectu, cap. 29), zur Zeit des Kaisers Tiberius habe eine Stimme dem Matrosen Thamos befohlen, sobald er nach Pelades gekommen sei, auszurufen: »Der große Pan ist tot!«, worauf sich überall großes Klagen erhoben habe. Die Umkehrung dieses Ausrufs deutet auf eines der von Hofmannsthal schon 1890 bewunderten Prosagedichte Turgenews, ›Die Nymphen‹, das darüber hinaus in der stimmungsmäßigen Behandlung dieser mythologischen Welt Hofmannsthals Schilderung der Tizianschen/Böcklinschen Bildmotive verwandt ist (vgl. Erl. zu S. 44, 31 f. u. SW Bd. XXIX, S. 396, 24—30).*

43,30f. Mir war, als ginge ... ein rätselhaftes Rufen. *Ähnlich in den nachgelassenen, zeitlich parallelen Entwürfen zum* Roman des inneren Lebens *(H VII 9) u. in dem Essay* Eleonora Duse *(Februar 1892; P I 75). Vgl. ferner Erl. zu S. 46, 15—26 u. 48, 27.*

44,12—14 Als hörte man ... schwarzen Lorbeer steht *Die Motive von Gianinos Traumerzählung berühren sich sowohl mit Mallarmés ›L'après-midi d'un faune‹ als auch mit dem davon deutlich beeinflußten Gedicht Georges, ›Gesichte II‹:*
 Ich darf so lange nicht am tore lehnen ·
 Zum garten durch das gitter schaun ·
 Ich höre einer flöte fernes sehnen ·
 Im schwarzen lorbeer lacht ein faun.
(In: Hymnen Pilgerfahrten Algabal, Düsseldorf u. München 1966, S. 65; vgl. Bernhard Böschenstein, H., George und die französischen Symbolisten. In: Leuchttürme, Frankfurt 1977, S. 232 f.)

44,18—20 Wo sich die offenen Granaten ... auf das Rot gesunken *Vgl. Stéphane Mallarmé, ›L'après-midi d'un faune‹:*
 Tu sais, ma passion, que, pourpre et déjà mûre,
 Chaque grenade éclate et d'abeilles murmure;
 Et notre sang, épris de qui le va saisir,
 Coule pour tout l'essaim éternel du désir.
(In: Œuvres complètes, Bibl. de la Pleiade, S. 52; vgl. Böschenstein, a.a.O., S. 233). Hofmannsthal kannte das Werk aus einer Abschrift von George (vgl. ›Entstehung‹, S. 332).

44,31f. Ich weiß es heut nicht, ob's die Schwäne waren, / Ob badender Najaden weiße Glieder *Vgl. Mallarmé, ›L'après-midi d'un faune‹:*
 »Ondoie une blancheur animale au repos:
 »Et qu'au prélude lent où naissent les pipeaux
 »Ce vol de cygnes, non! naïades se sauve
 »Ou plonge ... «
(a.a.O., S. 51; vgl. Böschenstein, a.a.O., S. 234; vgl. dort auch über Bezüge zum Bildwerk Arnold Böcklins) Vgl. die Parallele in Turgenews Prosagedicht ›Die Nymphen‹ (1878): »Ich hörte hinter mir einen schrillen, langen Seufzer, dem Beben einer gesprungenen Saite vergleichbar, und als ich mich wieder umwandte, sah ich von den Nymphen nicht eine Spur. Wie früher grünte der weithin sich

dehnende Wald, und nur hie und da wurde, allmählich verschwindend, im dichten
Gezweig etwas Weißes sichtbar. Waren es die Gewänder der Nymphen oder stieg
vom Thalgrund ein Nebeldunst auf — ich kann es nicht sagen.« (Gedichte in Prosa.
Von Iwan Turgenjeff. Aus dem Russischen von Wilhelm Lange. Leipzig 1883,
S. 72)

44, 34 Aloe *Vgl. Böschenstein, a. a. O., S. 235:* »*Dies letzte Wort hat wieder Signalcharakter. Es eröffnet den Zugang zu einem weiteren Glied unserer Zusammenstellung, einer Hymne Georges,* ›Strand‹. *Sie enthält manche Elemente dieser Nacht: Weiher, üppige Ranken (wie sie auch den Garten des Meisters Tizian von der Außenwelt trennen), Schwäne als geheimnisvolles* ›brautgeleit‹ *und vor allem* ›lorbeer, tee und aloe‹.«

44, 37/46, 36—47, 3 Die Sinne stumm und Worte sinnlos macht. / Denn von den Leiden ... verlernt zu fühlen. *Die Verse werden ähnlich in dem nachgelassenen Dramenfragment* Ascanio und Gioconda *(Sommer 1892), II. Akt, wieder aufgenommen; Ascanio zu Ippolito:*

    Wo Sinne stumpf und Worte sinnlos werden.
    Und weil ich selbst, Du kennst mich, ähnlich bin
    Und einfach fühlen — allzufrüh! — verlernte
    Und frühe abgestreift von Leid und Lust
    Das bunte Kleid der Unbefangenheit

(H III 36.35; TBA: Dramen 2, S. 35; SW Bd. XXVIII, 10 H) *und kehren schließlich in der Rede des Freundes in* Der Tor und der Tod *wieder (vgl. S. 77, 36ff.).*

45, 5—29 Ich war in halbem Traum ... und goldne Abendglut *Wiederaufnahme des Gedichts* Siehst du die Stadt? *(GDL 471f.) vom Oktober 1890, vgl. besonders den hierzu erhaltenen Entwurf:*

    Es schläft die Stadt

    Siehst du die Stadt wie sie da drüben ruht
    Sich flüsternd schmieget in das Kleid der Nacht
    Es gießt der Mond die weiße Strahlen Fluth
    Auf sie herab in schimmernd feuchter Pracht.

    Der laue Nachtwind weht ihr Athmen her
    So geisterhaft, verlöschend leisen Klang
    Sie weint im Traum, sie athmet tief und schwer
    Sie lispel⟨t⟩ rätselvoll, verlockend bang

    Da drüben in dem blauen Dunkel loht
    Jetzt tausendfach⟨e⟩ Wollust, Phosphorglut
    Da zuckts umschlungen stammelnd, schwindelnd roth
    Da schäumt das Blut, da schäumt das heiße Blut.

    Da drüben taumelt jetzt die Phantasie
    Aus tausend Herzen wirft die Ketten fort
    Die Freiheit hängt sich heulend an ihr Knie
    Backchantisch krönt sie uns im trunknen Wort

ERLÄUTERUNGEN

>   Da drüben regt sich jetzt die Leidenschaft
>   Vom blauen Strom der Nacht emporgespült
>   Die Adern schwellen und es knirscht die Kraft
>   Die sich bei Tag ins Herz zum Schlaf gewühlt
>   Und von dem fernen Riesenbackchanal
>   Dringt ein verworrenes Murmeln durch die Nacht
>   Es schläft die Stadt. Es wacht der Rausch die Qual
>   Der Hass, der Geist, das Blut. Das Leben wacht.   (E II 120)
> Vgl. auch Erl. zu S. 349, 26.

45, 10 *So geisterhaft, verlöschend leisen Klang.* Vgl. Erl. zu S. 46, 15—26 (S. 349, 15—18).

45, 23 *doch sein vergessen* Handschriften und Drucke bis 14 D⁶ hatten an dieser Stelle den Austriazismus *darauf vergessen,* der in den folgenden Drucken, wahrscheinlich auf Anton Kippenbergs Veranlassung, ersetzt wurde (vgl. S. 51, 6). Vgl. hierzu Richard Dehmel an Hofmannsthal am 22. 6. 1896: »Und bitte, bitte, tun Sie mir die Liebe: gewöhnen Sie sich die fürchterliche österreichische Wendung ›auf etwas vergessen‹ ab! Das fand ich sogar in einem Ihrer Gedichte.« Und am 28. 6. 1898: »Während ich schreibe ›freue mich darauf‹, fällt mir plötzlich ein, daß Sie, wie viele Oesterreicher, unbedenklich die Wendung ›ich vergesse darauf (oder daran)‹ auch in der Schriftsprache anwenden. Ist das nicht eine unrechte Anpassung an das Landläufige? Ich meine, man sollte Eigenmächtigkeiten der heimischen Mundart nur dann dem Sprachschatz des künstlerischen Gemeinwesens einverleiben, wenn die Anschaulichkeit dadurch befördert wird. Nun drücken aber die Präpositionen ›auf‹ und ›an‹ etwas so Festhaftendes aus, daß sie dem Vorgang des Vergessens, der doch gerade etwas *nicht* Festhaftendes bezeichnet, schlechterdings widerstreiten. Ich kann an etwas glauben, mich an etwas erinnern, mich auf etwas besinnen; in allen diesen Fällen klammert sich unser Innenleben an ein Außenbild, legt sich gleichsam auf das Bild hin auf als der beseelende Hauch. Aber ›ich vergesse darauf (daran)‹ statt ›ich erinnere mich *nicht* daran, besinne mich *nicht* darauf‹ heißt geradezu den natürlichen Lebensvorgang auf den Kopf stellen. Nit wahr?! — Ihnen ist ja gottlob dergleichen noch wichtig genug, daß man sich gründlich darüber äußern darf. —« (HB 21/22, 1979, S. 26, 29f.; vgl. auch Hofmannsthals Antwort S. 32).

45, 32 *In Schönheit lockend, feuchtverklärter Reinheit?* Vgl. Goethes Ballade ›Der Fischer‹, V. 21f.:
>   Lockt dich der tiefe Himmel nicht,
>   Das feuchtverklärte Blau?

45, 35 *Und bei den Tieren wohnen dort die Tollen* Nicht ermittelt; vgl. N 8 u. 9.

46, 7 *Da schläft ein Berg, in dem Titanen hämmern* Vgl. den Nachweis Böcklinscher Bildmotive, S. 395, 14—20.

46,8 Sie aber schlafen, wie die Austern dämmern *Vgl. im Tagebuch unter dem 13. VI.* ⟨*1891*⟩: *Mikrokosmos: eine Menagerie von Seelen. Das Wesen des Steines ist Schwere, des Sturmes Bewegung, der Pflanze Keimen, des Raubthiers Kampf, .. in uns aber ist alles zugleich: Schwere und Bewegung, Mordlust und stilles Keimen, Möwenflug, Eisenklirren, schwingende Saiten, Blumenseele, Austernseele, Pantherseele ... (H VII 17.80^b)*

46,10−12 Darum umgeben Gitter ... üppig blumendes Geranke *Tizians Garten im damals noch weitgehend unbebauten nordöstlichen Stadtteil Venedigs,* ›Biri-Grande‹, *wurde von seinen Zeitgenossen sehr bewundert. Der Biograph J. Gilbert fand ihn zu seiner Zeit von einer Mauer umgeben (vgl. J. G., Cadore or Tizian's Country, London 1869; zitiert bei Crowe u. Cavalcaselle, a. a. O., Bd. 2, S. 411).*

Für Hofmannsthals Beschreibung scheinen die Wiener Schloßgärten bestimmend gewesen zu sein, vgl. den Anfangsvers zum Prolog zu dem Buch ›Anatol‹: Hohe Gitter, Taxushecken ... *(GDL 43).*

46,15−25 Das ist die Lehre ... des grenzenlosen Schönen *Während die Evokation der Kunst des Hintergrundes und der* zweifelhaften Lichter *zunächst auf Tizians Malweise zu zielen scheint, spiegelt sich in ihr zugleich ein Fin-de-siècle-Sentiment, wie es auch in einer Parallelstelle innerhalb des ebenfalls Ende Dezember 1891/Anfang Januar 1892 konzipierten und als* neue platonische Dialoge von 4 Freunde⟨n⟩ *bezeichneten Roman des inneren Lebens zum Ausdruck kommt:* Bob. Hintergrund: Parfum der grossen u. schönen Namen; sein Wien: Villers, Hoyos, die Musikaristokratie; Ebner-Eschenbach »suchen Sie es nicht, Sie werden es nie s o finden; man soll nie ein Buch lesen, von dem uns ein Künstler erzählt hat ...« die Lehre der dunklen Bilder: sich das »Vielleicht« bewahren; Reiz der verschlungenen Laubgänge, der dunklen Wölbungen; der fernen Wälder, der mystischen Dämmerung: Tausend und eine Nacht; Comédie humaine; Salammbô gewisse Epochen der eigenen Vergangenheit; die grossen Höfe der Häuser, die rätselhaften Klänge der Nacht ... *(H VII 9.19)*

46,36−47,2 Denn von den Leiden ... webt die Unbefangenheit *Vgl. Erl. zu S. 44, 37 sowie die folgenden Aufzeichnungen:* Analyse zuerst als Krankheit jetzt als Genuss empfunden; man muss eben auch seine Krankheit als Sensationen nützen Reaction des esprit gegen den Ernst Zolas *(August 1891; H VB 10.75^b), und:* Reflexion Mir fehlt die Unmittelbarkeit im Erleben. *(wohl September 1892; H VII 9.57)*

47,6−10 Wo nur Giocondo bleibt? ... eifersüchtge Worte *Vgl.* ›Entstehung‹, *S. 335, 23−25,* ›Varianten‹, *S. 370, 29−371, 9 und Erl. zu S. 38, 5.*

47,11 die Venus mit den Blumen *Mit Blumen in der Hand ist sowohl Tizians* ›Venus von Urbino‹ *(um 1538, Florenz: Uffizien) als auch die* ›Venus mit Amor‹ *(um 1545, Florenz: Uffizien) dargestellt.*

47,11f. das große Bacchanal *Vgl. Tizians Gemälde* ›Die Andrier‹ *(um 1518, Madrid: Prado).*

ERLÄUTERUNGEN 395

47,16—18/47, 26 Wer lebt nach ihm ... wie das Kind? / Er hat den regungslosen Wald belebt *Vgl. in* Eleonora Duse. Die Legende einer Wiener Woche *vom Februar 1892:* Die lebendigen Künstler sind wie die wunderbaren toten Leiber der Heiligen, deren Berührung vom Starrkrampf erweckte und Blindheit verscheuchte. Die lebendigen Künstler gehen durch das dämmernde sinnlose Leben, und was sie berühren, leuchtet und lebt. *(P I 76) Vgl. auch Erl. zu S. 346, 29.*

47, 26—30 Er hat den regungslosen Wald ... Syrinx tönend hebt *Die hier und im folgenden angedeuteten Bildmotive lassen mehr als Tizians die Wirkung Böcklins erkennen. Vgl. z. B. zu den Efeuranken:* ›Syrinx flieht vor Pan‹ *(1894),* ›Waldrand mit Kentaur‹ *(1855),* ›Waldrand mit Faun und Nymphe‹ *(1856); zum Syrinx blasenden Pan:* ›Frühlingsabend‹ *(1879) und die verschiedenen Fassungen zu* ›Pan und Dryaden‹.

47, 34—48, 6 Er hat den Wolken ... haben Sinn durch ihn. *Vgl. Erl. zu S. 48, 27.*

48, 7—11 Er hat aus Klippen ... das wir verstehen *Zum Motiv der Klippen vgl. Böcklins* ›Prometheus‹ *(1882) und die zwei Fassungen von* ›Pan erschreckt einen Hirten‹ *(um 1858 und 1860) sowie die Steilfelsen der* ›Toteninsel‹ *(1880 und 1886); zum Motiv der schäumenden Wogen vgl.* ›Spiel der Najaden‹ *(1886) und verwandte Bilder; zum schwarzen Hain vgl.* ›Der Heilige Hain‹ *(1882) und* ›Heiliger Hain mit Einhorn‹ *(1871); zu den blitzgetroffenen Eichen vgl. die frühe Naturstudie* ›Eichen‹ *(um 1847).*

48, 20—23 Die Frauen und die Blumen ... an kristallnen Quellen *Vgl. Böcklins* ›Flora Blumen streuend‹ *(1875),* ›Überfall von Seeräubern‹ *(1872),* ›Frühlingstag‹ *(1883) und* ›Nymphe an der Quelle‹ *(1885).*

48, 27/48, 34—49, 2 Seit es durch seine Seele durchgegangen. / Und für die Blüten ... stumm entgegendehnte. *Vgl. in* Eleonora Duse. Die Legende einer Wiener Woche: Denn dazu, glaube ich, sind Künstler: daß alle Dinge, die durch ihre Seele hindurchgehen, einen Sinn und eine Seele empfangen. »Die Natur wollte wissen, wie sie aussah, und schuf sich Goethe.« Und Goethes Seele hat widerspiegelnd tausend Dinge zum Leben erlöst. Und dann gibt es Künstler, die waren viel kleinere Spiegel, wie enge stille Brunnen, in denen nur ein einziger Stern blinkt: die gossen den Schmelz ihrer Seele um ein einziges Ding und tauchten ein einziges Fühlen in Schönheit. So einer war Eichendorff, der das sehnende Suchen offenbarte und das rätselhafte Rufen der atmenden Nacht, wenn die Brunnen plätschern. Und Lenau hat dem Schilf reden zugehört und der Schönheit der Heide einen Namen gegeben. Und manche Wolken, schwere goldengeballte, haben ihre Seele von Poussin, und manche, rosigrunde, von Rubens, und andere, p r o m e t h e ische, blauschwarze, düstere, von B ö c k l i n. *(P I 75 f.; Hervorhebung vom Hrsg. Vgl. auch Erl. zu S. 346, 29.)*

50, 5—32 Allein das Bild? ... morgen ist's vollendet. *Als letztes Bild Tizians gilt die* ›Pietà‹ *in der Akademie in Venedig, die ursprünglich den Franziskanern von S. Maria Gloriosa dei Frari für die Gewährung einer Grabstätte zugedacht war,* aber nach Streitigkeiten mit den Mönchen abgebrochen und erst posthum von Palma Giovane vollendet wurde. — Die Motive Z. 17—25 führten Peter Szondi zur Entdeckung eines früher Tizian selbst, jetzt seiner Werkstatt zugeschriebenen Gemäldes in der Bayerischen Staatsgemäldesammlung in München (Inv.-Nr. 484): ›Die Einweihung einer Bacchantin‹, auch ›Venus und eine Bacchantin‹ genannt. Das bis 1914 ausgestellte und sowohl in älteren Katalogen der Alten Pinakothek als auch bei Crowe und Cavalcaselle (Bd. 2, S. 717, 810) aufgeführte Bild war auch als Lithographie von Piloty und als Photographie des Verlags Hanfstaengl im Handel, so daß es Hofmannsthal bekannt gewesen sein könnte (vgl. P. S., Zwei Beiträge zu H. Das letzte Bild. In: Insel-Almanach auf das Jahr 1965, Frankfurt 1964, S. 56f. u. Abb. nach S. 64; auch in: Schriften, Bd. 2, Frankfurt 1978, S. 273f., allerdings mit falscher Abb.).

51,1—8 Sprach er mit Ruhe ... stummen Lebens schlägt. Tizian wurde entsprechend seinem Wunsch in der Frari-Kirche in Venedig beigesetzt (vgl. Erl. zu S. 50, 5—32). Hofmannsthal dachte bei seiner Schilderung möglicherweise jedoch an Chateaubriand, der sich jahrelang bei den Behörden seiner Heimatstadt St. Malo um ein Stückchen Land am westlichsten Punkt des Strandes der kleinen Insel Grand-Bé bemühte, wo er anonym begraben sein wollte, »dans l'obscurité de ma fosse de sable«, in Erinnerung an »ce chant qui m'endormait à l'aube de mes jours« (vgl. Chateaubriand, Mémoires d'outre-tombe. Nouvelle édition par Edmond Biré, Paris o.J., t. I: Avant-propos ⟨1846⟩, p. LIV u. Appendix no. 1, p. 441—448).

51,6 auf sich selbst vergessen Vgl. Erl. zu S. 45, 23.

51,19f. Und unsre Gegenwart ... von außen her. Vgl. die folgenden Verse aus dem Nachlaß, die vermutlich unabhängig von Der Tod des Tizian 1891 entstanden:

    Ist denn die Gegenwart so trüb und leer

    Ich bin das andere, ich bin das All
    Das unerschöpflich reiche
    Ich bin der schäumende Wasserfall
    Ich bin das Murmeln der Teiche

    Ich bin die Erfüllung ich bin das Ziel
    Das einzig, ewig Schöne
    Ich bin das dämonische Saitenspiel
    Und Wünsche sind meine Töne

    Ich wohne verklärt in der kommenden Zeit
    Ich bin die unendliche Möglichkeit.
    Du solltest nach mir verlangend
    Nicht frieren und sinnen und bangen.   (E III 245.11^b)

Die Vorform der 3. Str. lautet:

    Zum Krieger sag ich ich bin der Streit
    Zum Mörder ich bin das Vergessen
    Ich bin die andre, die kommende Zeit
    Ich bin die unendliche Möglichkeit

ERLÄUTERUNGEN 397

Zu den Varianten

342, 28 et le vermeil des choses non vécues *Nicht ermittelt.*

343, 4 With unexperienced coulours of desire *Nicht ermittelt.*

343, 13 fröhl⟨iche⟩ Wissenschaft *Das früheste datierte Zeugnis für Hofmannsthals Auseinandersetzung mit Friedrich Nietzsche dürfte sein Begleitbrief zu der Rezension von Paul Bourgets ›Physiologie de l'amour moderne‹ an den Redakteur der ›Modernen Dichtung‹, Eduard Michael Kafka, vom 28. 12. 1890 sein, in dem es heißt:* Jene Gedichte, welche durch die Nietzschelectüre in mir, wenn nicht angeregt, so doch gezeitigt wurden und die wohl Anlass zu dem wohlwollend übertreibenden Gerücht gegeben haben dürften, dass ich über Nietzsche schreibe, habe ich dazu gelegt *(Stefan George Archiv, Württemberg. Landesbibliothek, Stuttgart). Kafka hatte durch Gustav Schwarzkopf von einem Nietzsche-Gedicht Hofmannsthals erfahren, das er diesen zugleich mit der Bourget-Kritik[1] einzusenden bat (Brief vom 23. 12. 1890, FDH / Dauerleihgabe Stiftung Volkswagenwerk). — Die Identität der Gedichte ist nicht eindeutig geklärt. Das Motto aus der zweiten ›Unzeitgemäßen Betrachtung‹ und die Deszendenz der Handschrift aus dem Kafka-Nachlaß deuten für eines auf* Gedankenspuk *(GLD 476—478).* Sünde des Lebens *(GLD 481—486), ebenfalls nicht ohne Nietzsches Einfluß denkbar, entstand erst vom 5.—10. Januar 1891.*

In einer Tagebucheintragung vom 21. V. (H VII 17.73) verzeichnet Hofmannsthal den Beginn der Übersetzung von ›Jenseits von Gut und Böse‹ mit seinem privaten Französischlehrer Gabriel Dubray, mit der dann häufig ähnlich wiederholten Charakterisierung: In Nietzsche ist die freudige Klarheit der Zerstörung wie in einem hellen Sturm der Cordilleren oder in dem reinen Lodern grosser Flammen. *Am 5. VI. heißt es:* Die wachen Worte: eine angeschlagene Saite des Bewusstseins die nachklingt. Das gesellschaftliche Fangeballspielen mit dem Schlagwort Gruppen solcher wacher Vorstellungen: bei Nietzsche fröhliche Wissenschaft, heitere Klarheit, das freie Lachen, der helle Hochmuth *(H VII 17.73 u. 79). Briefzeugnisse und Tagebucheintragungen belegen eine kontinuierliche Weiterbeschäftigung mit Nietzsche, gerade auch im fraglichen Entstehungszeitraum der* Tizian-*Blätter und über diesen hinaus. Lesedaten in der 1906 erschienenen Gesamtausgabe (Leipzig, Naumann Verlag) geben für die 1. und 2. ›Unzeitgemäße Betrachtung‹ 1892 als erste Lektüre an.*

Abgesehen von dieser und späteren Ausgaben, hat sich in Hofmannsthals Bibliothek als frühe Nietzsche-Ausgabe erhalten: ›Zur Genealogie der Moral‹ (Leipzig ²1892) mit zahlreichen Anstreichungen und Annotationen. — Der Nachweis der im folgenden ermittelten Zitate erfolgt nach: Werke in drei Bänden, hrsg. von Karl Schlechta, Bd. 2, München 1966.

---

[1] *Zur Physiologie der modernen Liebe erschien am 8. Februar 1891 in ›Die Moderne‹ (hrsg. von Leo Berg, Red. J. G. Sallis. Berlin, I., 2/3), vermutlich, weil Kafkas Zeitschrift sich gerade zur ›Modernen Rundschau‹ umwandelte, deren erstes Heft erst wieder im April 1891 herauskam.*

343,15f. der hohe Mensch ... Lust u Unlust *Vgl. Nietzsche, ›Die fröhliche Wissenschaft‹, Aph.* 301: »*Die Welt wird für den immer voller, welcher in die Höhe der Menschlichkeit hinaufwächst; es werden immer mehr Angelhaken des Interesses nach ihm ausgeworfen; die Menge seiner Reize ist beständig im Wachsen und ebenso die Menge seiner Arten von Lust und Unlust — der höhere Mensch wird immer zugleich glücklicher und unglücklicher.*« *(a.a.O., S. 177)*

343,17f. Wir die Denkend Empfindenden ... geschenkt *Vgl. Nietzsche, ›Die fröhliche Wissenschaft‹, Aph.* 301 *(a.a.O., S. 177; vgl. auch S. 48, 27 mit Erl.).*

343,19—23 durchs Leben gehen wir ... das Glück Homers *Vgl. Nietzsche, ›Die fröhliche Wissenschaft‹, Aph.* 302 *(a.a.O., S. 178).*

343,24—26 Meister ... verlieren *Vgl. Nietzsche, ›Die fröhliche Wissenschaft‹, Aph.* 303 *(a.a.O., S. 178f.).*

343,29f. der Stoiker ... verschlucken *Vgl. Nietzsche, ›Die fröhliche Wissenschaft‹, Aph.* 306 *(a.a.O., S. 180).*

343,31 Bigum *Gestalt des Hauslehrers in Jens Peter Jacobsens Roman ›Niels Lyhne‹; als Dilettant und Schwärmer charakterisiert, dessen Menschenverachtung ihn sich als verkanntes Genie empfinden läßt. Züge dieser Figur dienen Hofmannsthal zur Charakterisierung* Desiderios.

343,32f. eines Geschlechts sein mit den ... Wellen, u. den ... Blitzen *Vgl. Nietzsche, ›Die fröhliche Wissenschaft‹, Aph.* 310 *›Wille und Welle‹ (a.a.O., S. 182).*

343,34 ich habe meinen Schmerz ... Hund *Vgl. Nietzsche, ›Die fröhliche Wissenschaft‹, Aph.* 312 *(a.a.O., S. 183).*

343,37 zur Grösse gehört die Gabe, grosse Schmerzen zuzufügen *Vgl. Nietzsche, ›Die fröhliche Wissenschaft‹, Aph.* 325 *(a.a.O., S. 188). — Bei Hofmannsthal ähnlich wieder 1897 in* Der Jüngling und die Spinne: ich werde dies gewinnen: / Schmerzen zu leiden, Schmerzen zuzufügen. *(GLD 39)*

344,1—4 Die höchsten Höhen ... Enthüllungen dieser Dinge. *Vgl. Erl. zu S. 359, 28—38.*

(326) Vgl. den betreffenden Aph. in Nietzsche, ›Die fröhliche Wissenschaft‹: ›Die Seelen-Ärzte und der Schmerz‹, der wahrscheinlich auch im Hintergrund von Tizianellos Worten S. 46, 32—47, 2 steht. In ihm heißt es u.a.: »*Alle Moralprediger ... suchen den Menschen aufzureden, sie befänden sich sehr schlecht ...: so daß sie jetzt gar zu gerne einmal bereit sind, zu seufzen und nichts mehr am Leben zu finden und miteinander betrübte Mienen zu machen, wie als ob es doch gar schwer auszuhalten sei. In Wahrheit sind sie unbändig ihres Lebens sicher und in dasselbe verliebt und voller unsäglicher Listen und Feinheiten, um das Unangenehme zu brechen und dem Schmerze und Unglücke seinen Dorn auszu-*

ERLÄUTERUNGEN   399

ziehen. ... Wir verstehen uns ganz gut darauf, Süßigkeiten auf unsere Bitternisse
zu träufeln, namentlich auf die Bitternisse der Seele ... Ein Verlust ist kaum
eine Stunde ein Verlust: irgendwie ist uns damit auch ein Geschenk vom Himmel
gefallen −« (a.a.O., S. 188f.).
5 Dilett⟨anten⟩ Vgl. Erl. zu S.352, 8f.

344,7−10 *Zarathustra gieng in das Gebirge ... Blüthe geschaut werden* Vgl.
Nietzsche, ›Die fröhliche Wissenschaft‹, Aph. 342 (a.a.O., S.203; Nachweis bereits bei H. Jürgen Meyer-Wendt, Der frühe H. und die Gedankenwelt Nietzsches,
Heidelberg 1973, S.142).

10 **344,11f.** *Die Welt, deren Gott ... gewaltigen rätselhaften Schatten* Vgl. Nietzsche, ›Die fröhliche Wissenschaft‹, Aph. 108, 109, 152 (a.a.O., S.115, 116, 139;
Meyer-Wendt, a.a.O., S.142).

344,17f. *Denn ihr wisst ... am schlechten Gewissen?* Vgl. Nietzsche, ›Die fröhliche Wissenschaft‹, Aph. 366 (a.a.O., S.241; Meyer-Wendt, a.a.O., S.143).

15 **344,19f.** *die monologische Kunst ... Musik des Vergessens* Vgl. Nietzsche, ›Die
fröhliche Wissenschaft‹, Aph. 367 (a.a.O., S.241; Meyer-Wendt, a.a.O., S.143).

344,21 *Der dionysische Pessimismus* Nietzsche leitet im Aph. 370 der ›Fröhlichen Wissenschaft‹ (a.a.O., S. 244ff.; Meyer-Wendt, a.a.O., S.143f.) den Ursprung der Kunst aus zwei pessimistischen Bedürfnissen her: Einerseits von dem
20 »romantischen Pessimismus«, d.h. den an der »Verarmung des Lebens Leidenden, die Ruhe, Stille, glattes Meer, Erlösung von sich durch die Kunst und Erkenntnis suchen, oder aber den Rausch, den Krampf, die Betäubung, den Wahnsinn«, andererseits aus dem »dionysischen Pessimismus«, d.h. den »an der Überfülle des Lebens Leidenden«. Ihnen »erscheint das Böse, Unsinnige und Häßliche
25 gleichsam erlaubt, in Folge eines Überschusses von zeugenden, befruchtenden
Kräften, welche aus jeder Wüste noch ein üppiges Fruchtland zu schaffen imstande« sind. Während die Ursache der romantischen Kunst das »Verlangen nach
Starrmachen, Verewigen, nach Sein« sei, kennzeichne die neuen »klassischen«
Künstler, die er als »dionysische« bezeichnet, das »Verlangen nach Zerstörung,
30 nach Wechsel, nach Neuem, nach Zukunft, nach Werden«. Doch könne gerade
dieses Bedürfnis verwechselt werden mit dem »Haß des Mißratenen, Entbehrenden, Schlechtweggekommenen ..., der zerstört, zerstören muß, weil ihn das Bestehende, ja alles Bestehen, alles Sein selbst empört und aufreizt −«. − Die hier
umrissenen künstlerischen Motivationen dürften für die beabsichtigte Charakteri-
35 sierung der Personen des Stücks wie auch für seine Fortsetzung wesentlich gewesen sein.

(376) *In dem betreffenden Aphorismus:* ›Unsere langsamen Zeiten‹ *heißt es u.a.:*
»So empfinden alle Künstler und Menschen der ›Werke‹, ... immer glauben sie,
bei jedem Abschnitte ihres Lebens − den ein Werk jedesmal abschneidet −,
40 schon am Ziele selbst zu sein, immer würden sie den Tod geduldig entgegennehmen, mit dem Gefühl: ›dazu sind wir reif‹.« (a.a.O., S.251; Meyer-Wendt,
a.a.O., S.144)

344, 22 die ewige Unruhe ... Etwas-versäumt-haben *Seit der Lektüre von Barrès, Bourget, Bashkirtseff und Ibsen häufig bei Hofmannsthal wiederkehrend; vgl. auch Erl. zu S. 345, 11—14.*

344, 23 Ich würde nicht ... die Thiere hasst *Vgl. die Episode, derzufolge Hofmannsthal einer zufälligen Begegnung mit George in einem Café ausgewichen sein soll, nachdem er beobachtet hatte, wie dieser einen ihn belästigenden Hund mit Fußtritten und dem Ausruf »sale voyou« abwehrte (BW HvH—George 241).*

344, 24f. besoin d'embrasser toutes les sciences pour embrasser toutes les sensations *Das bisher nicht ermittelte Zitat erscheint bereits auf einem Notizblatt vom August 1891, der Zeit der Salzburger Zentenarfeier, mit der vorangehenden Bemerkung:* Fackelzug Révolution: Sensationen die der Zufall erschliesst *(H VB 10.76)*

344, 26 »das Kind des Zufall⟨s⟩ Wirklichkeit verachtend« *Vgl. Schiller, ›Die Künstler‹, V. 157—160:*
    das Kind der Schönheit, sich allein genug,
    vollendet schon aus eurer Hand gegangen,
    verliert die Krone, die es trug,
    sobald es Wirklichkeit empfangen.
Vgl. auch Erl. zu S. 346, 35.

344, 28 Parteimenschen halbe Menschen *Gleichlautend schon im Tagebuch unter dem 25. 1. 1891 (H VII 17.41^b).*

344, 29 »und Unparteilichkeit ist uns Behagen« *Umkehrung einer Sentenz aus Goethes ›Pandora‹, V. 218: »Des thät'gen Manns Behagen sei Parteilichkeit.« (WA, Bd. 50, S. 307; vgl. auch S. 352, 1 u. Erl. zu S. 352, 8f.)*

344, 30f. Es ist eine Macht ... Wort (Gebet, Zauberformel) *Wiederaufnahme einer auf einem losen Blatt ins Tagebuch eingelegten Aufzeichnung, Ende 1890:* Macht des Gebetes, der Zauberformel als poetischer Stoff: Liebeszauber. Indische Vorstellung vom Soma. Es ist eine Macht in dem vertrauend ausgesprochenen Wort. *(H VII 17.16)*

344, 35—37 wir haben uns immer ... gehend den Weg *Wiederaufnahme einer auf einem losen Blatt ins Tagebuch eingelegten Aufzeichnung vom 12. XII. ⟨18⟩90:* Ich habe mich immer von außen in den Kern der Dinge hineingelebt; ich glaube es giebt eine Naivetät die man zwar nicht lernen, aber erwerben kann, die Naivetät der Geweihten. poetae nascuntur, vielleicht, aber schaffend erkennen wir unsre Kraft und gehend erkennen wir den Weg. *(H VII 17.26)*

    Unter dem Datum 29. XII. ⟨1890⟩ heißt es in demselben Tagebuch nochmals: Kreislauf der Kunst: erkennend schaffen, gewordenes erkennen — — —. *(H VII 17.31^b) Vgl. auch Nietzsche, ›Die fröhliche Wissenschaft‹, Aph. 366 über den Niedergang der zeitgenössischen Kunst (a.a.O., S. 239ff.).*

345,1f. les feuilles les fleurs ... l'homme leur disputait *Die Quelle ergibt sich aus folgender Notiz Hofmannsthals:* Unterschied eines verlassenen Hauses im Norden u. Süden wegen der verschiedenen Vegetation ici les feuilles, les fleurs, les fruits reprennent la place que l'homme leur dispute Th. Gautier Jettatura *(vermutlich 1890; H VB 14.38).*

345,11—14 Vielleicht täglich gehen wir ... wo Verlust ist *Vgl. die folgende Notiz vom 4 II 1891:* Vielleicht täglich gehen wir an dem Buch vorüber, das uns eine Lebensauffassung, an der Frau, die uns eine grosse Liebe schenken könnte, vielleicht auch täglich an dem Mann den wir tödlich hassen, an dem Philosophen über dessen Lehren wir verzweifeln müssten. Wer will's abwägen, ob's Gewinn oder Verlust ist? *(H VB 12.17)* — *Entsprechungen finden sich in* Das Tagebuch eines Willenskranken *(Juni 1891; P I 31), in* Age of innocence *(Ende 1891/Anfang 1892; SW Bd. XXIX, S. 20, 20—32; P I 135) und in* Die Menschen in Ibsens Dramen *(Januar 1893; P I 90 u. A 101; vgl. S. 344, 22 mit Erl.).*
   Zu Saat, Gift, Reif, Leuchte, Schlüssel *vgl. den Brief an George vom 10. 1. 1892 (BW 14) und die Aufzeichnung* Der Prophet. (eine Episode) *im Tagebuch unter dem Datum* Jänner 1892 (H VII 9.54; A 95), *sowie* ›Varianten‹, *S. 359, 4f. u. 364, 13.*

345,18—21 Die Festländer ... Wogen, Gleiten, Dämmern *Vgl. die unter der Rubrik* Alte Zettel *ins Tagebuch vom 20. III. ⟨1892⟩ übernommene Notiz:* Bewegung, Welle ist Leben. Das Festland, die starren Inseln der todten Dinge, welche vor dem Anschlagen fragender Wellen immer kleiner werden. *(H VII 17.112; vgl. schon zu* Gestern, *S. 327, 12—16)* — *Der gemeinsame Ursprung dieser Reflexion dürfte in Nietzsches* ›Fröhlicher Wissenschaft‹, *Aph. 310:* ›Wille und Welle‹, *zu suchen sein und in Aph. 370, wo es heißt:* »die an Verarmung des Lebens Leidenden, die Ruhe, Stille, glattes Meer ... suchen.« *(a.a.O., S. 244) Vgl. auch Erl. zu S. 344, 21.*

345,22—25 die Seelen, die ... soupirent vers l'essence *Dieselbe, hier auf Desiderio deutende Charakterisierung findet sich bereits Ende 1890/Anfang 1891 in einer auf Gustav Schwarzkopf bezogenen Notiz (H VB 12.19) und wird nochmals, ohne Bezug, im Tagebuch vom 20. III. ⟨1892⟩ unter* Alte Zettel *wiederholt (H VII 17.112). — Das Zitat nicht ermittelt.*

345,26—29 und kommen wird ein Auseinanderfallen ... sie erlöschen sollen *In den unter dem 20. III. 1892 als* Alte Zettel *ins Tagebuch übernommenen Notizen heißt es:* Decadenz: das Auseinanderfallen des Ganzen; die Theile glühen und leuchten, die Leidenschaften geniessen sich. Die Anomalien setzen sich durch. *(H VII 17.112) Selbstbeobachtung und Selbstgenuß werden bereits während der Auseinandersetzung mit Paul Bourget thematisiert, z. B. in der am 8. 2. 1891 veröffentlichten Rezension* Zur Physiologie der modernen Liebe: ... Dilettanten — im alten hübschen Sinn dilettanti —..., die ... nichts suchen als eine Seele, qui aiment à sentir sentir, wie der arme Claude so hübsch sagt. *(P I 12) Vgl. S. 359, 1.*

346,25f. Freundschaft ... nie davon *Vgl. die Tagebucheintragung vom 22. I.*

⟨1891⟩: Zug für einen Freund: er empfindet es wie eine Entweihung, wenn er den Freund loben hört, spricht selbst nie über ihn. *(H VII 17.41; ähnlich auch H VB 8.53)*

346, 27f. Ahnung ... Mathematik *Vgl. die Eintragung im Tagebuch von 1891:* Sonntag 25. I während der Messe. Ahnung einer latenten Harmonie aller Formen, erhalten in Zauberformeln, die Verbindung von Zeit, Ort, Zahl und Ton verlangen, ferner in dämmerndem Erkennen des Gemeinsamen in Musik Architectur und Mathematik (Egypten, Pythagoräer) *(H VII 17.41^b)*

346, 29 la plaine ... l'épopée *Übernommen aus einer von Amiels ›Journal intime‹ inspirierten Tagebucheintragung vom 5. V.* ⟨1891⟩: la plaine, c'est le rêve, la montagne c'est le drame; la rue c'est l'épopée und der Wald ist das Märchen. Das könnte Amiel geschrieben haben. *(H VII 17.72^b) Vgl. dazu folgende Reflexion Amiels und ihre Korrespondenz zu S. 47, 16–18 u. 25 sowie S. 48, 34–49, 2:* »Un paysage quelconque est un état de l'âme, et qui lit dans tous deux est émerveillé de retrouver la similitude dans chaque détail. La vraie poésie est plus vraie que la science, parce qu'elle est synthétique et saisit dès l'abord ce que la combinaison de toutes les sciences pourra tout au plus atteindre une fois comme résultat. L'âme de la nature est devinée par le poète, le savant ne sert qu'à accumuler les matériaux pour sa démonstration.« *(H.-F. A., ›Fragments d'un journal intime‹. 2 Bde., Genf* ^{4}*1885, Bd. 1, S. 55 f.)* — *Der Eingangssatz zu dieser Passage, von Hofmannsthal auch in seiner Rezension* Das Tagebuch eines Willenskranken *zitiert (P I 30), bildet in einer Notiz vom 21. V.* ⟨1891⟩ *den Ausgangspunkt früher symbolistischer Überlegungen:* Un paysage est un état de l'âme. (Amiel) Das heisst auch: jede Sensation findet ihren feinsten und eigensten Ausdruck nur in einem bestimmten Milieu. (erste Liebe ist eine hellgrüne Frühlingslandschaft zwischen weissen Gardinen durchgesehen, Ungeduld eine Landschaft ganz aus Metall mit heisser vibrierender Luft, unbestimmte Sehnsucht Waldweben mit flimmernden Lichtern und leise murmelnden Wellen; es giebt namenlose Stimmungen, die man nur durch ein Landschaftsbild suggerieren kann: die Stimmung der klaren hohen Berge, der stillen Zimmer, der feuchtkalten Gewölbe ... *(H VII 17.73). Vgl. auch Erl. zu S. 346, 33 f.*

346, 30 f. Worte sind der ohnmächtige Text zur Harmonie oder Disharmonie der Seelen S 124 *Übernahme aus Hofmannsthals Tagebuch, pag. 124 (H VII 17.81).*

346, 33 f. l'état divin ... bornés et passagers. *Aus Amiel, ›Fragments d'un journal intime‹:* »La mer unie dit plus à l'âme qui pense que le tumulte des flots, mais il faut avoir l'intelligence des choses éternelles et le sentiments de l'infini pour l'éprouver et le reconnaître. L'état divin c'est le silence et le repos, parce que toute parole et tout geste sont bornés et passagers. Napoléon, les bras croisés, est plus expressif que l'Hercule furieux battant l'air de ses poings d'athlète. Jamais les gens passionnés ne sentiront cela. Ils ne connaissent que l'énergie successive et non l'énergie condensée; il leur faut toujours des effets, des actes, du bruit, de l'effort; ils ne savent pas contempler la cause pure, mère immobile de tous les mouvements, principe de tous les effets, foyer de tous le rayons, qui

ERLÄUTERUNGEN   403

n'a pas besoin de se dépenser pour être sûre de sa richesse ni de s'agiter pour connaître sa puissance. L'art de passion est sûr de plaire mais ce n'est pas l'art souverain; il est vrai que l'époque démocratique rend peu à peu impossible l'art de sérénité; le troupeau turbulent ne connaît plus les dieux.« (a.a.O., S. 8f.)

346,35 mystische Kugel *Vgl. in* Das Tagebuch eines Willenskranken *über Amiel:* ... was kann der Besonderes lehren, ... der schwelgend im Ausschöpfen des Unerschöpflichen, im Durchträumen der Möglichkeiten das Zufallskind Wirklichkeit verachtet? der überhistorischen Geistes nach dem Ewig-Unbedingten ringt, dem »teres atque rotundum«, der mystischen Kugel, dem Allumfassen? *(P I 28f.; vgl. auch Erl. zu S. 344,26). — Hofmannsthal las, einem vermutlich Winter 1891/1892 zu datierenden Notizzettel zufolge (H VB 2.33), um diese Zeit Jacob Böhme, der in seinem Traktat* ›Psychologia Vera, oder Vierzig Fragen von der Seelen‹ *die* »Philosophische Kugel oder das Wunder Auge der Ewigkeit« *beschreibt,* »in welcher Kugel der Grund Himmels, Erden, Elementen und Sternen stehet« *(J.B., Sämtliche Schriften. Hrsg. von Will-Erich Peuckert, Stuttgart 1960, Bd. 3, S. 3 u. Tafel nach S. 30).*

346,36 L'art de passion ... l'art de sérénité. *Aus Amiel,* ›Fragments d'un journal intime‹, *vgl. Erl. zu S. 346,33f.*

348,6 Meta (Minnie) *Vgl. das Namensverzeichnis in der bei* Gestern, ›Zeugnisse‹, *S. 309,19—20 nachgewiesenen Tagebuchnotiz. Wer mit* Minnie *gemeint ist, ist nicht ermittelt. Minnie Benedict lernte Hofmannsthal einer eigenen Aufzeichnung zufolge erst 1896 kennen.*

348,11—14 Stimmung ist alles ... gemalt wird *Vgl. die Tagebucheintragung vom 7. IV.* ⟨1891⟩: *Stimmung ist die Gesammtheit der augenblicklichen Vorstellungen, ist relatives Bewußtsein der Welt: je nach der Stimmung denken wir über das geringste und höchste anders, es giebt überhaupt keinen Vorstellungsinhalt der nicht durch die Stimmung beeinflußt, vergrößert, verwischt, verzerrt, verklärt, begehrenswert, gleichgiltig, drohend, lind, dunkel, licht, rauh, glatt, etc etc. gemalt wird. Der Gott des Satten und der Gott des Hungernden sind zweierlei, zweierlei ist heiß und kalt für den Indianer und den Europäer, zweierlei der Klang jedes Namens, der Anblick jedes Buchstabens für den Renaissancemenschen und uns etc etc. — (H VII 17.69^b, 70)*

348,18 her deep hair ... colours of flowers *Vgl. Erl. zu S. 348,31f.*

348,26 Meta mit der Pansherme *Vgl. Erl. zu S. 50,5—32.*

348,28 Berenice = Lavinia *Vgl. Erl. zu S. 38,11.*

348,31f. a lordly vine ... swoln wine *Vgl. Algernon Charles Swinburne,* ›At Eleusis‹, *V. 195—199:*
    ... Who not the less
    From bud of beard to pale-grey flower of hair

>   Shall wax vinewise to a lordly vine, whose grapes
>   Bleed the red heavy blood of swoln soft wine,
>   Subtle with sharp leaves' intricacy ...
>
> (Nach der in Hofmannsthals Bibliothek erhaltenen Ausgabe: A. Ch. S., Poems and Ballads, London 1891, Bd. 1, S. 242)

348,35f. to watch ... durchsickert *Vgl. Swinburne,* ›August‹, *5.—7. Str.:*

>   In the mute August afternoon
>   They trembled to some undertune
>   Of music in the silver air;
>   Great pleasure was it to be there
>   Till green turned duskier and the moon
>   Coloured the corn-sheaves like gold hair
>
>   That August time it was delight
>   To watch the red moons wane to white
>   'Twixt grey seamed stems of apple-trees;
>   A sense of heavy harmonies
>   Grew on the growth of patient night,
>   More sweet than shapen music is.
>
>   But some three hours before the moon
>   The air, still eager from the noon,
>   Flagged after heat, not wholly dead;
>   Against the stem I leant my head;
>   The colour soothed me like a tune,
>   Green leaves all round the gold and red.   (a. a. O., S. 245)

348,37 Wer nur lebendig wirkt, wird allen nützen *Vgl. die Tagebucheintragung vom 3. III.* ⟨1891⟩: *Die neue Kunst will nicht die wahre heissen, auch nicht die ewige oder einzige oder grosse: sondern nur die lebendige. Wer etwas Ganzes, Wahres, Lebendiges thut, auf welchem Gebiet immer, wird auch für das Allgemeine wirken. (H VII 17.50^b)*

349,4 »wir sind so alt, als unser Denken ist« *Vgl. im Tagebuch vom 20. III.* ⟨1892⟩ *unter* Alte Zettel: *Man hat immer das Alter seiner Gedanken. (H VII 17.112^b)*

349,9 Badende Nymphen ... (oder sind es Schwäne) *Vgl. Erl. zu S. 44,31f.*

349,26 Es schläft die Stadt *Titel der Entwurfshandschrift zu dem Gedicht* Siehst du die Stadt? *(vgl. Erl. zu S. 45,5—29). — Bevor Hofmannsthal sich entschloß, für Gianinos Traumerzählung auf diesen Gedichtentwurf zurückzugreifen, scheint er die Verwendung eines anderen Gedichtes erwogen zu haben, das sich zusammen mit den in Erl. zu S. 38,5 zitierten Versen für Giocondo auf demselben Doppelblatt findet und nachträglich mit der Randnotiz* Gianino *versehen ist:*

>   Die Sonne ist versunken, da leuchtet die Stadt allein
>   Es leuchtet den sie getrunken der feuchte Frühlingsschein.

ERLÄUTERUNGEN

    Und wie die Farben siegen! das helle starke Blau!
    Wie sich die Lüfte schmiegen, so athmend jung und lau
    Heut wird die Stadt nicht still⟨e⟩, die Woge rauscht und saust
    Ein starker neuer Wille durch alle Adern braust
5 Es lächeln die Herzen und Frauen, es klinget jeder Reim,
    Es ist so schön zu schauen, es wächst manch stiller Keim
    Und hab ich gleich kein[1] und hab ich gleich kein Ziel
    Ich ahne neue Farben und junge Lieder viel.
    Die Strassen führen heute all zu dem rechten Ort
10 Und jegliches Geläute klingt heut im Herzen fort
Darunter gestrichen: Ich kann nicht schlafen gehen   (H II 180.2[c, d])

349,41 Erfaßt von keinem, jedem doch verwandt *Vgl. S. 357,32 f. u. 363,3 f. sowie Erl. S. 489,26—29.*

350,3 Hohenfels, *Stella (1857—1920), Burgschauspielerin.*

15 *350,13* Heiliger der belebt tödtet *Vgl. in dem nachgelassenen Gedicht* Der Prophet *(GLD 502) den Vers* Und er kann töten, ohne zu berühren.

350,18—20 wenn alle Blüthen ... erkannt zu werden *Vgl. Erl. zu S. 48,34.*

350,24 Gianino's Traum *Vgl. Erl. zu S. 45,5—29 u. 349,26.*

351,20 Niels u. Edele. Cherubim, Graeculus histrio *In einer Szene von ›Niels*
20 *Lyhne‹ schildert Jacobsen das Erwachen der Leidenschaft des Knaben Niels für seine ältere, ihm unerreichbare Cousine Edele. In einer vergleichbaren Situation befindet sich der Page Cherubin in Beaumarchais'/Mozarts ›Die Hochzeit des Figaro‹ mit seiner Verliebtheit in die Gräfin. Wie beide, lebt auch der sechzehnjährige Gianino über seine Verhältnisse durch sein von Desiderio als charakterlos*
25 *verurteiltes wahlloses Anbändeln, ein Rollenspiel, für das Nietzsche im 356. Aphorismus der ›Fröhlichen Wissenschaft‹ den* Graeculus histrio *als verhängnisvolles Beispiel nennt (a.a.O., S. 224).*

351,29 das niedre Pflichtgefühl *Vgl. die folgende Tagebucheintragung vom 29. XII. ⟨1890⟩:* Mittelmässige Menschen in denen das niedere Pflichtgefühl stark
30 entwickelt ist, bringen vielleicht darum nie etwas bedeutendes zustande, weil sie nie warten, bis der Gedanke reif und der Augenblick ihn zu pflücken durch die Stimmung gegeben wird. Die kleinen Obsthändler, die, um der Concurrenz vorzubeugen, das Obst halbgrün auf den Markt bringen. *(H VII 17.31)*

351,33—36 Und mit dem Denken ... Starre .. und Bann *Vgl. Erl. zu S. 352,8 f.*
35 *und Nietzsche, ›Die fröhliche Wissenschaft‹, Aph. 157 (a.a.O., S. 140):* »Gib acht! — er sinnt nach: sofort wird er eine Lüge bereit haben.«

---

[1] *Danach Lücke.*

351,34 Horreur de la responsabilité *Vgl. Amiel,* ›*Fragments d'un journal intime*‹*:* »*La responsabilité est mon cauchemar invisible. ... Mon privilège c'est d'assister au drame de ma vie, d'avoir conscience de la tragi-comédie de ma propre destinée, et plus que cela d'avoir le secret du tragicomique lui-même, c'est-à-dire de ne pouvoir prendre mes illusions au sérieux, de me voir pour ainsi dire de la salle sur la scène, d'outre-tombe dans l'existence, et de devoir feindre un intérêt particulier pour mon rôle individuel ...*« *(a.a.O., Bd. 1, S. 56).*

351,37−39 Naïv im höchsten Sinne ... vollbringen müsste. *Fast gleichlautend bereits im Tagebuch unter dem 25 I.* ⟨*1891*⟩ *(H VII 17.41ᵇ).*

352,1 Und Unparteilichkeit ist uns Behagen *Vgl. Erl. zu S. 344,29 u. 352,8 f.*

352,3−7 Wer die Einfalt hätte ... Gesprochenes zu schreiben *Vgl. die Tagebucheintragung vom 4. I.* ⟨*1891*⟩*:* Dichter und Welt: Vater der Kindern ihr Bilderbuch auslegt, sie aus Buchstaben Worte zusammensetzen lehrt. Furchtbarster Augenblick, wo das Kind merkt dass auch der Vater nicht unfehlbar und allmächtig ist, wenn es ihn von geheimem, ihm unverständlichem Kummer gedrückt sieht.
Analogon: der Augenblick, wo du entdeckst, dass kein Mensch tieferes Wissen, weiter⟨en⟩ Blick, höheren Trost besitzt als du selbst.
Naivetät: Ich sage euch, wer die Einfalt hat kann alles wirken, hat er aber die Einfalt nicht, so ist sein Wirken ohnmächtig. Ist denn nicht dies ein grosses Wunder, dass du mit Worten Gedanken malen kannst und durch Zeichen Klänge ausdrücken; und wirket es nicht der einfältige Mann, der seinen Knaben erst sprechen lehrt und dann Gesprochenes schreiben? *(H VII 17.11ᵇ)*

352,8 f. Göttlicher sein als Gott ... begieng *Vgl. die folgende Tagebucheintragung vom 7. II.* ⟨*1891*⟩*:* ... Berufsdilettantismus: Vorliebe für das Werdende, Flutende, den anklingenden Ton, die kaumgefühlte Stimmung; Abneigung gegen Ansichten, Grundsätze, gegen eigentliche Kunst, überhaupt gegen alle Form; will göttlicher als Gott sein, der ja, indem er seinen Ideen in der Schöpfung feste Form gab, damit eigentlich in eine Lüge verfiel, denn jedes Gewordene, Feste ist eine Lüge. Das Halbe, Fragmentarische aber ist eigentlich menschliches Gebiet: Beruf, Gesinnung, Neigung, Gewohnheit, Eigenart, Geschmack, ja Cultur und Epoche alles dies macht uns einseitig und beschränkt uns in gewissem Sinne, aber diese Beschränkung ist uns wohlthätig (thätigen Mannes Behagen ist Parteilichkeit) verwandt damit die Stil- und Culturlosigkeit des gegenwärtigen Deutschland; die Glaubenslosigkeit der Gegenwart und der damit empfunde⟨ne⟩ Aberglaube, das Anempfinden jedes Glaubens. Characteristisch für eine romantische Zeit. *(H VII 17.47ᵇ) − Vgl. auch S. 352,1 und S. 344,29 mit Erl., sowie* Das Tagebuch eines Willenskranken*:* Dieser Überreichtum ist eigentlich Mangel; dieses Alleswollen nichts als die hilflose Unfähigkeit, sich zu beschränken. Kritischer, nicht schöpferischer Geist dünkt sich künstlerischer als der könnende, göttlicher als Gott, der ja die Welt, ein Unvollkommenes, zu schaffen sich entschloß *(P I 31).*

352,17 Minnie *Nicht ermittelt, vgl. Erl. zu S. 348,6.*

ERLÄUTERUNGEN   407

352,18 Porzia *Gestalt aus Shakespeares* ›Kaufmann von Venedig‹*?*
Donna Julia *Aus Shakespeares* ›Romeo und Julia‹*?*

352,31—33 eyelids hiding a jewel ... Und der Thalassier *Aus Swinburne,* ›Dolores (Notre-dame des sept douleurs)‹*, 1. u. 28. Str.:*

    Cold eyelids that hide like a jewel
    Hard eyes that grow soft for an hour;
    The heavy white limbs, and the cruel
    Red mouth like a venemous flower;
    When these are gone by with their glories,
    What shall rest of thee then, what remain,
    O mystic and sombre Dolores,
    Our Lady of Pain?

    Dost thou dream, in a respite of slumber,
    In a lull of the fires of thy life,
    Of the days without name, without number,
    When thy will stung the world into strife,
    When, a goddess, the pulse of thy passion
    Smote kings as they revelled in Rome;
    And they hailed thee re-risen, O Thalassian,
    Foam-white, from the foam?
(*a. a. O., S. 175 u. 183*)
Zu der Bezeichnung Thalassian (dem Meer Zugehörige, hier: Venus) / Thalassier *(Genetiv Plural für einen Versanfang?) vgl. Pindar, Pythische Ode II, 50:*

    θεός, ὃ καὶ πτερόεντ᾽
    αἰετὸν κίχε, καὶ θαλασσαῖ-
    ον παραμείβεται
    δελφῖνα ...

Die ganze Stelle, wie auch die Reihe der Frauengestalten Z. 33—34 — Verkörperungen großer Passion — wohl im Hinblick auf Giocondos Leidenschaftlichkeit (vgl. auch Erl. zu S. 38,5 u. N 19).

352,33—34 Delila ... Messal⟨ina⟩ *Vgl. auch N 19 (S. 353). Bis auf* Delila *treten alle als Königinnen in Swinburnes Mirakelspiel* ›The Masque of Queen Bersabe‹ *auf (a. a. O., S. 251—269). Wahrscheinlich aus der Erinnerung niedergeschrieben mit Bezug auf die Verse Z. 35—37.*

352,35—37 Wie man aus⟨ge⟩schlürfte Trauben ... herb und bitter wird *Die Metapher, die sowohl in dem Essay* Algernon Charles Swinburne *(P I 101), in einem Brief an Felix Salten vom 27. 7. 1892 (B I 56f.) und in Entwürfen zu* Ascanio und Gioconda *wiederkehrt, scheint aus Swinburnes* ›Before Parting‹ *entlehnt zu sein (vgl. SW Bd. XVIII, 4 H: letztes Gespräch mit Erl.).*

352,39 Herodias mit der tödtlichen Grazie des Tanzes *Die Nennung der Herodias in der üblicherweise Salome zukommenden Rolle weist auf Flauberts gleichnamige Erzählung in den* ›Trois contes‹ *(1877).*

353,36f. Sapho ... Messalina *Vgl. N 16, S. 352,33f. mit Erl.*

354,13 und mit der Leiche unsrer Liebe gehen(d) *Vgl. Grillparzer, ›Des Meeres und der Liebe Wellen‹, V, V. 1976—81, Hero nach dem Tod Leanders zu Naukleros:*

> *Sein Athem war die Luft, sein Aug die Sonne,*
> *Sein Leib die Kraft der sprossenden Natur;*
> *Sein Leben war das Leben: deines, meins,*
> *Des Weltalls Leben: Als wir's ließen sterben,*
> *Da starben wir mit ihm, komm lässger Freund,*
> *Komm, laß uns gehn mit unsrer eignen Leiche.*

(Nach der Ausgabe in Hofmannsthals Bibliothek: G.s Sämmtliche Werke, Stuttgart 1887, Bd. 6, S. 100)

355,9—11 Denn von den Leiden ... webt die Unbefangenheit *Vgl. Erl. zu S. 46, 36—47,3.*

355,13—24 Wo nur Giocondo bleibt ... Mehr als je *Vgl. Erl. zu S. 38, 5.*

355,27—33 Wer lebt nach ihm ... vor seinem Wissen graut *Vgl. Erl. zu S. 47,16—18/26.*

355,34—356,14 Ich bin die Göttin ... und dem Rauschen *Vgl. Erl. zu S. 50, 5—32. Zu dem Vers* Diese war / So schön, daß ihre Schönheit traurig machte *vgl. Swinburne, ›The Two Dreams‹, V. 50f.: »... to child he had / A maid so sweet that her mere sight made glad« (a.a.O., S. 289).*

356,17—27: Vgl. Erl. zu S. 51, 1—8.

356,36f. Und unsre Gegenwart ... von aussen her *Vgl. Erl. zu S. 51, 19f.*

358,22/27 Echo *Vgl. die Tagebucheintragung vom 10. XI. 1891:* Vorstellung das Echo, mit dem die Seele einem äusseren Reiz antwortet: es giebt Felswände in denen jeder Schrei zu einem ernst dröhnenden Choral wird. *(H VII 17.109)*

358,45—47 bleibst du minder ... Fenstern lauschend stehen *Vgl. Erl. zu dem Prolog zu* Der Tor und der Tod, *S. 768, 15—22.*

359,4f. Schlüssel ... Gift ... Labung ... Saat *Vgl. Hofmannsthals Brief an George vom 10. 1. 1892 (BW 14) u. Erl. zu S. 345,11—14.*

359,8 Sprich nicht so laut. Das fälscht dir die Gedanken *Vgl. Nietzsche, ›Die fröhliche Wissenschaft‹, Aph. 216 (a.a.O., S. 151): »Gefahr in der Stimme. — Mit einer sehr lauten Stimme im Halse, ist man fast außerstande, feine Sachen zu denken.«*

359,18f. Der Tod von morgen ... die Abendröthe bringen. *Vgl. das Motto der*

Reinschrift zu Der Tor und der Tod: Adstante morte nitebit vita *(vgl. S. 437,11 mit Erl., S. 492, 9—37).*

359,21 Und Leidenschaft sich selber stark genießen *Vgl. Erl. zu S. 345, 26—29.*

359,28—38 Die großen Höhen ... findet sich vielleicht *Auf die Quelle weist das den Versen vorangehende gestrichene Zitat aus Nietzsche, ›Die fröhliche Wissenschaft‹, Aph. 339 (a. a. O., S. 201), das ähnlich unter den Zitaten auf N 1 (S. 344, 1—4) erscheint. Vgl. u. a.: »... die höchsten Höhen alles Guten, sei es Werk, Tat, Mensch, Natur, seien bisher für die meisten und selbst für die Besten etwas Verborgenes und Verhülltes gewesen — was sich aber uns enthüllt, das enthüllt sich uns einmal! — Die Griechen beteten wohl: ›zwei- und dreimal alles Schöne!‹ — Ach, sie hatten da einen guten Grund, Götter anzurufen, denn die ungöttliche Wirklichkeit gibt uns das Schöne gar nicht oder einmal! Ich will sagen, daß die Welt übervoll von schönen Dingen ist, aber trotzdem arm, sehr arm an schönen Augenblicken und Enthüllungen dieser Dinge. Aber vielleicht ist dies der stärkste Zauber des Lebens: es liegt ein golddurchwirkter Schleier von schönen Möglichkeiten über ihm ... «*

360,3 Und Dinge weckte, die wir sonst erstickten. *Vgl. die Tagebucheintragung vom 6. VII. ⟨1891⟩: die starken Stimmungen der Übergänge, die wir gewöhnlich ersticken, weil wir sie für krank halten .. (H VII 17.86). Die gleiche Formulierung in einem Brief an Richard Beer-Hofmann vom 8. 7. 1891 (BW 3f., vgl. ›Zeugnisse‹ zu Gestern, S. 310, 2 u. 10).*

360,6—9 Er wird sich ... zerlumpter Dirnen raufen. *Ähnlich Francesca über Ippolito Cortese in* Ascanio und Gioconda, *I. Akt, Zweite Szene: So schleicht ihr nächtlich durch die Strassen ... geht ... in eine der Tavernen, wo gemeine / Handwerker mit betrunkenen Schiffern sitzen / Und um die Gunst zerlumpter Dirnen raufen (H III 36.21, TBA: Dramen 2, S. 24; SW Bd. XVIII, 10 H)*

Sclavonen *Vgl. die Benennung eines Teils der Uferstraße am Canale di S. Marco in Venedig: ›Riva degli Schiavoni‹ (schiavo = Sklave; Slawe, Dalmatiner).*

IDYLLE

ENTSTEHUNG

Hofmannsthals Idylle nach einem antiken Vasenbild, *von ihm auch als kleines dialogisiertes Idyllion, als antikisierender Dialog und Einacter bezeichnet,[1] entstand im März 1893, kurz vor Beginn der Niederschrift von* Der Tor und der Tod. *Notizen sind ebensowenig überliefert wie Tagebuch- und Briefzeugnisse zur Entstehung[2]; aber der Tatsache, daß der – bereits vollständige – Entwurf des Stücks (1 H[1]) in einen Bogen mit der Aufschrift* 1ter Brouillon zu / Der Centaur / Idylle... *eingelegt ist, können wir entnehmen, daß es keine 1 H[1] vorausgehenden Notizen und Entwürfe gegeben hat. Die Arbeit am Entwurf scheint sich kontinuierlich über einige Tage erstreckt zu haben. Kurz darauf dürfte die Reinschrift (2 H[2]) entstanden sein, die der Dichter am 1. April dem Mitherausgeber der ›Blätter für die Kunst‹, Carl August Klein, zum Abdruck übersandte.[3] Klein hatte Hofmannsthal in vorausgegangenen Briefen um neue Beiträge für die ›Blätter‹ gebeten, war jedoch ablehnend oder hinhaltend[4] beschieden worden. Das für einen angekündigten Beitrag Hofmannsthals offengehaltene Februarheft der ›Blätter‹ war verspätet und ohne diesen erschienen.[5] Vermutlich war daher der äußere Anlaß zur Niederschrift der* Idylle *Hofmannsthals Bestreben, das Versäumte wiedergutzumachen und das von ihm damals in der Grundtendenz bejahte Unternehmen wirksam zu unterstützen.*

---

[1] *S. ›Zeugnisse‹, S. 419, 11, 15f. Vier Jahre später (Juni–August 1897) entwarf Hofmannsthal in Bad Fusch Pläne zu* Idyllen, *sämtlich in Prosa, und notierte auf dem Konvolutdeckblatt:* (εἰδύλλιον = kleines Bildchen) *(H II 68.1; s. auch S. 586, Anm. 3).*

[2] *S. aber u., Erläuterung zu S. 53,1–3 (S. 425, Anm. 1).*

[3] *BW HvH–George, S. 61 (›Zeugnisse‹, S. 419). Schon am 29. März hatte Hofmannsthal die Sendung George avisiert (ebd.).*

[4] *BW HvH–George, S. 51–59. Am 4. Februar 1893 teilt Hofmannsthal George mit:* Ich schreibe so gut wie gar nichts. *Am 29. März heißt es rückblickend, er habe seit* 2 Monaten nichts *veröffentlicht. Über die Gründe s. B I 71–73.*

[5] *S. dazu Kleins Brief an Hofmannsthal vom 9. März 1893 (BW HvH–George, S. 59f.).*

Darauf weisen die Begleitschreiben an George und Klein ebenso wie die Form der Dichtung, die sich von früheren Werken Hofmannsthals durch eine stärkere Stilisierung abhebt.

Das ihm übersandte einzige[1] Exemplar der Reinschrift wurde von Klein lediglich mit einigen die Schrift verdeutlichenden Auszeichnungen versehen; ausdrücklich hatte Hofmannsthal sich jeden Eingriff, ja jede Änderung auch nur der Interpunktion verbeten[2] und damit der Tendenz zur Künstlichkeit und gewaltsamen Formung, die ihm für die ›Blätter‹ symptomatisch erschien, entgegengewirkt. Der sehr sorgfältige Druck (3 D¹) erschien Anfang Mai 1893.

Erst im Sommer 1897 scheint sich Hofmannsthal mit dem Plan eines Neudrucks der Idylle beschäftigt zu haben.[3] Das Stück sollte nun in einen, von George angeregten, Sammelband der Gedichte aufgenommen werden. Hatte Hofmannsthal noch Anfang Juni 1897 gemeint, alles in allem nicht 25 Gedichte zusammenfinden zu können, die für ein solches Buch taugten[4], so ist er wenig später, fasziniert durch das schöne Gartenhafte in der Anordnung der wundervollen Bücher Georges[5], bereit, dem Verleger Bondi ein kleines Buch: ›die Betrachtungen, die geschnittenen Steine und die redenden Masken‹ zu übergeben[6], dem dann ein weiteres, die Aufsätze, die Ansprachen und die offenen Briefe enthaltend[7], folgen sollte. In Titellisten zu dem geplanten Gedichtband[8] erscheint die Idylle in der Gruppe der redenden Masken mit der Überschrift Töpfers Tochter einem Schmied vermählt[9] neben einzelnen Figuren aus dem Kleinen Welttheater, Figuren von einem zerbrochenen Fächer[10], Schauspieler (Mitterwurzer prolog) und Page[11]. Vermutlich wollte der Dichter aus seinen schon vollendeten, geschlossenen Stücken einzelne Monologe (und Figuren) herauslösen und als lyrische Einzelstücke bringen, wie er dies zur gleichen Zeit mit dem Kaiser von China (aus dem Kleinen Welttheater), den Versen auf ein kleines Kind und dem Gespräch (beides aus Das Kind und

---

[1] S. ›Zeugnisse‹, S. 420, 5f.
[2] S. ›Zeugnisse‹, S. 419 und Kleins Replik, ebd.
[3] Auf der Rückseite eines an ihn adressierten Briefumschlags (H V B 8.20; Poststempel: Brünn Stadt 13/10 ⟨18⟩96) hatte Hofmannsthal notiert: Zeit   Poesie und Leben / Stefan George / Blätter für Kunst   Idylle (Der Aufsatz Poesie und Leben war am 16. Mai 1896 in der Wiener ›Zeit‹ erschienen).
[4] 3. Juni 1897, an George (BW 119).
[5] 30. Juli 1897, an George (BW 126).
[6] 26. September 1898, an George (BW 135f.).
[7] 13. Oktober 1898, an George (BW 137).
[8] H VB 6.10 und 12. S. auch Das Kleine Welttheater, ›Entstehung‹, S. 587. Anm. 2.
[9] H VB 6.10. Auf 6.12 lautet der Titel nur: des Töpfers Tochter. Beidemal ist Töpfers aus Webers geändert.
[10] Darunter sind in H VB 6.12 subsumiert: die beiden Freunde und die treulose Witwe. Vielleicht sind damit Verse aus dem Weißen Fächer (aus dem Versdialog Fortunio/Livio und dem Schlußmonolog der Miranda) gemeint.
[11] Prolog zum Tod des Tizian.

die Gäste) getan hatte. Ob damit eine Um- oder Neugestaltung der Dichtungen verbunden gewesen wäre, ist nicht zu entscheiden. Noch im November 1898 ist der Dichter zu diesem Buchplan völlig entschlossen, teilt aber zugleich mit, es fehlten zur Fassung des Ganzen etwa sieben bis zehn Gedichte.[1] Der Plan wird jedoch ebensowenig ausgeführt wie ein, vermutlich gleichzeitiges, noch umfangreicheres Konzept einer Sammlung in mehreren Abteilungen, worin die Idylle die Reihe der Gestalten beschließen sollte.[2]

Im März 1898 erscheint die Idylle in der ›Wiener Rundschau‹ (5 D²). Wohl um Mißverständnissen des Setzers bei der Umsetzung der »Stefan-George-Schrift« aus den ›Blättern‹ zuvorzukommen, hatte Hofmannsthal als Vorlage für diesen Druck ein Typoskript (4 t) anfertigen lassen. Ein Motiv für diesen Neudruck, für dessen Zustandekommen die Zeugnisse fehlen, ist nicht erkennbar. Vielmehr geht aus Äußerungen von Freunden des Dichters hervor, daß Hofmannsthal 1898/99 der Idylle zeitweise ablehnend gegenüberstand.[3] Auch in den im Spätherbst 1898 erschienenen »Sammelband aus allen Jahrgängen der Blätter für die Kunst«[4] ist sie nicht aufgenommen. Erst 1904, in der zweiten, vermehrten Ausgabe der im ›Verlag der

---

[1] 23. November 1898, an George (BW 142).

[2] HVA 46.7. Auf der Vorderseite sind Gedichte zu Gruppen zusammengefaßt. Die Rückseite enthält eine Gliederung des Bandes in Abteilungen mit der Anweisung: Ans Ende der Abtheilung welche die Gestalten enthält, kommt ›Idylle‹. ... die Abtheilungen trennt ein leeres Blatt mit einem kleiner gedruckten Leitspruch. Keiner der aufgeführten Titel überschreitet das Jahr 1896.
Überliefert ist ferner ein Notizblatt (HVA 77.2) mit einer synoptischen Aufstellung von Titeln unter den Rubra Briefe grössere Gedichte Kl. Ged. Aufsätze (die darunter aufgeführten Titel in chronologischer Folge, die Jahreszahlen jeweils verzeichnet). Idylle steht hier in der Kolumne der grösseren Gedichte. Die Liste ist bis an das Jahr 1896 hinaufgeführt. Sie war vermutlich Vorlage eines Verzeichnisses für einen von Harry Graf Kessler 1905 geplanten bibliophilen Druck der früheste⟨n⟩ Schriften enthaltend die Gedichte, kleinen Dramen, Aufsätze und Briefe der Jahre 1891–1895 (FDH-II 16 698/1), in das die Idylle unter Nr. 16. aufgenommen ist. Sie ist dort dem Jahr 1892 zugeordnet, von Hofmannsthal also umdatiert (offenbar absichtlich, wie ein ebenfalls unter 1892 eingeordneter, aber im Original mit dem Datum 10. Oktober 1893 versehener Brief an den Schiffsfähnrich E⟨dgar⟩ K⟨arg von Bebenburg⟩ zeigt). Dem Verzeichnis lagen Dichtungen bei, die Idylle in einem Durchschlag des 1898 entstandenen Typoskripts (4 t) in einem größeren braunen Kuvert mit dem Vermerk: enthält die Gedichte: An einen älteren Freund. / Für mich. / Frage. / Sünde des Lebens. An einen Dichter a. / Desgleichen b. / Idylle. / Prolog zu Anatol. / Wo kleine Felsen, kleine Fichten / Ein Knabe. / An eine Frau. / Wolken. / Regen in der Dämmerung. / Inschrift. (S. die Edition der Verzeichnisse und der Briefe an E. Karg durch Hilde Burger in: Die Neue Rundschau 73, 4, 1962, S. 583–610.) Der Druck kam aus ungeklärten Gründen nicht zustande (s. auch BW HvH – Kessler, S. 104).

[3] S. ›Zeugnisse‹, S. 421.

[4] S. George an Hofmannsthal, 22. September 1898 (BW 134f.) und ›Zeugnisse‹, S. 421, 12–16.

Blätter für die Kunst‹ erschienenen ›Ausgewählten Gedichte‹ Hofmannsthals[1], erscheint das Stück in einem neuen Druck (6 D³). Mit der Aufnahme in ›Die gesammelten Gedichte‹ 1907 (7 D⁴), erhält es seinen festen Platz im Werk des Dichters. Bemerkenswert ist, daß die Idylle 1912 in einem Bändchen der ›Insel-Bücherei‹ zusammen mit dem Tod des Tizian erschien (9 D⁶); der Untertitel Zwei Dichtungen läßt nicht erkennen, daß hier die beiden größeren Stücke aus der Frühzeit der ›Blätter für die Kunst‹ vereinigt sind.[2]

ÜBERLIEFERUNG

1 H¹   E II 30.1–9; jetzt FDH–II 19954 – Versentwurf der Idylle. In einen Bogen (E II 30.1) mit der Aufschrift 1ᵗᵉʳ Brouillon / zu / Der Centaur / Idylle nach einem / antiken Vasenbild sind 8 Einzelblätter, teils ein-, teils beidseitig mit Blei oder Feder beschrieben, eingelegt. Der Entwurf umfaßt den gesamten Versbestand der Idylle außer V. 148. Er setzt mit V. 4 ein (V. 1–3 sind auf dem letzten Blatt des Konvoluts, offenbar erst nach Beendigung des Entwurfs, notiert) und enthält keinerlei Regiebemerkung. Die Annahme eines Textverlusts am Stückbeginn wird durch das von Hofmannsthal mit 3. paginierte Blatt 30.5, von dem aus zurückgerechnet werden kann, ausgeschlossen. Der Wechsel von Schreibmaterial und Duktus läßt auf eine Entstehung mit mehreren kürzeren Unterbrechungen schließen.

2 H²   Stefan George Archiv, Württemb. Landesbibliothek, Stuttgart – Reinschrift der Idylle. Sieben, von Blatt 2) bis 7) paginierte Blätter. Am Fuß jeder Seite ist von Hofmannsthal die Anzahl der Verse vermerkt. Einige graphische Verdeutlichungen von der Hand C. A. Kleins (s. ›Entstehung‹, S. 411). 2 H² ist die Druckvorlage von 3 D¹.

3 D¹   Idylle In: Blätter für die Kunst, IV. Bd., Mai 1893, S. 105–111. Der sehr sorgfältige Druck in der George-Orthographie entspricht bis auf geringfügige Abweichungen 2 H².

---

[1] S. dazu den Brief an den Vater vom 29. September 1904, ›Zeugnisse‹, S. 423.
[2] S. dazu auch Der Tod des Tizian, S. 340, 16f. und ›Zeugnisse‹, S. 424, 6–8.
Es ist auffällig, daß die beiden Dichtungen noch öfter »konfigurieren«. So spricht Klein in seinem die Idylle-Niederschrift wohl in Gang setzenden Brief vom 9. März 1893 (BW HvH–George, S. 59) vom beabsichtigten Neudruck des »glänzenden ›Tod des Tizian‹«; Louise Dumont sollte 1898 auf Anraten des Dichters neben Tizian auch die Idylle lesen (›Zeugnisse‹, S. 421); 1903 liest Hofmannsthal in Weimar selbst die Idylle, nachdem eine geplante Aufführung des Tizian nicht zustandegekommen war (›Zeugnisse‹, S. 422, 16–22).

4 t	FDH–II 16 698/24 – Durchlaufend (S. 1–10) paginiertes Typoskript der Idylle, in einen unbeschrifteten Bogen eingelegt und mit diesem zusammengeheftet. Dieses Exemplar ist als Bestandteil einer Sendung an Harry Graf Kessler für den von ihm geplanten Luxusdruck der ›Frühesten Schriften‹ Hofmannsthals (s. ›Entstehung‹, S. 412, Anm. 2) überliefert. Zur Entstehung des Typoskripts (1898) s. ebd., S. 412, 8ff. Die Abschrift übernimmt die in 3 D¹ vorgenommenen Änderungen, weicht aber an einigen Stellen von der bisherigen Überlieferung ab. Vorlage war daher vermutlich ein Handexemplar Hofmannsthals von 3 D¹ mit Eintragungen von der Hand des Dichters. Die Abschrift enthält mehrere Versehen, die zum Teil mit Bleistift markiert sind. Druckvorlage von 5 D².

5 D²	Idylle. Von Hugo v. Hofmannsthal (Wien). In: Wiener Rundschau Bd. III. Nr. 9, 15. März 1898, S. ⟨328⟩–332 (am Schluß Datum: 1894⟨!⟩). Der Text entspricht, mit Ausnahme einiger weniger Änderungen in der Orthographie, 4 t und konserviert dort unterlaufene Versehen.¹ Er enthält einige neue, geringfügige Ungenauigkeiten.

6 D³	Idylle In: Ausgewählte Gedichte. Zweite Ausgabe. Im Verlag der Blätter für die Kunst. Berlin ⟨Oktober⟩ 1904, S. 45–56.
Der in »Stefan-George-Schrift« sehr sorgfältig gestaltete Druck weicht von 3 D¹ durch die Aufnahme der in 4 t erfolgten Änderungen und eigene Gestaltung der Interpunktion ab. Der Text ist von Fehlern gereinigt.

7 D⁴	Idylle In: Die gesammelten Gedichte. Leipzig: Insel-Verlag 1907, S. 67–76.
Der Druck entspricht dem in 6 D³ erreichten Stand der Textentwicklung, die bereits dort zum Abschluß gelangt war. Textgrundlage.
Vermutlich bei der Umsetzung der »Stefan-George-Schrift« in die Normal-Orthographie entstandene Fehler, die von der späteren – über 8 D⁵ ausnahmslos von 7 D⁴ abhängigen – Überlieferung tradiert wurden, sind emendiert.²

8 D⁵	Idylle In: Die Gedichte und Kleinen Dramen. Leipzig: Insel-Verlag 1911, S. 34–40.
Der Druck entspricht 7 D⁴, ein dort unterlaufener Druckfehler (heute statt Beute, V. 142) ist berichtigt. An einer Stelle weicht der Druck (und mit

---

¹ Die 4 t und 5 D² gemeinsamen Fehler sind: V. 13: Der Horen, die vorüberschwebend lebenspendenden statt: der vorüberschwebend ...; V. 76: Wunder statt Wandrer; V. 79: still' statt stillt; V. 97: lernt statt lehrt; V. 127: schmiegend an ihre Sohlen an statt schmiegend sich an ihre Sohlen an (s. Varianten zu S. 59, 21). Die Fehler nur in diesen beiden Überlieferungsträgern.
² Als solche Fehler müssen gelten: Das in 7 D⁴ erstmals erscheinende roten Augen statt toten Augen in V. 22, das sich aus einem Verlesen des Setzers – das »t« der »Stefan-George-Schrift« ist von einem »r« kaum zu unterscheiden – erklären läßt, und die Schreibung Die göttlichen statt Die Göttlichen in V. 26, ein Versehen, das durch das Fehlen der Majuskel in 6 D³ verständlich wird.

ihm die späteren) von der bisherigen Überlieferung ab: V. 144 hat 8 D⁵ Flut statt Flur; ein *Eingriff des Autors* ist bei der naheliegenden Möglichkeit einer Verwechslung von »t« und »r« nicht anzunehmen.

9 D⁶   Idylle *In:* Der Tod des Tizian. Idylle. Zwei Dichtungen *von Hugo von Hofmannsthal. Leipzig: Insel-Verlag (Insel-Bücherei Nr. 8) 1912, S. 31–41.*[1] Der Druck nach 8 D⁵.

10 D⁷   Idylle *In: Gedichte. Leipzig: Insel-Verlag 1922, S. 58–66.* Der Druck nach 8 D⁵.

11 D⁸   Idylle *In: Gesammelte Werke. Erster Band. Berlin: S. Fischer Verlag 1924, S. 37–43.* Der Druck nach 8 D⁵.

VARIANTEN

1 H¹–11 D⁸

53, 1–3:   Der Centaur / Idylle nach einem antiken Vasenbild *1 H¹*

55, 1–5:   *nicht in 1 H¹*

55, 2   Haus, *davor gestrichen:* einfache *2 H²*

55, 7:   *danach gestrichen:* Dass sich ⟨Dein⟩ Blick nach innen gleichsam kehrend stirbt *1 H¹*

55, 8   schweigend *aus* höh⟨nisch⟩ *1 H¹*

55, 14   surrenden] schnurrenden *1 H¹, 2 H²*

55, 20   Reigentanz] Reigenkranz *4 t–11 D⁸; emendiert nach 1 H¹, 2 H², 3 D¹*

56, 1   toten] roten *7 D⁴–11 D⁸; emendiert nach 1 H¹–6 D³*

---

[1] Zu diesem Druck ist eine Druckprobe des Titelblatts mit einer durch handschriftliche Anweisung des Dichters autorisierten Änderung des Untertitels überliefert. S. ›Zeugnisse‹, S. 424.

56, 2:	*aus* Mit beiden Händen sich das heilige Haar mit Mohn bekränzt¹ *1 H¹; davor gestrichen:* Und mit Vergessensblumen Mohn d⟨as⟩
56, 5	Göttlichen] göttlichen *7 D⁴–11 D⁸; emendiert nach 1 H¹, 2 H², 4 t, 5 D²* schönem Leben] Schattenleben *1 H¹, 2 H² (dort geändert)*
56, 20	allzuvieler *aus* allzufrüher *1 H¹, 2 H²*
56, 26	des mütterlichen Grundes *aus* der Mutter Erde steiner⟨nem⟩ *1 H¹*
56, 29:	Weib: *1 H¹ (ab 58, 15:* Frau*)*
56, 35	wilde ... fügt *aus* aus dem Wilden die Hütte haut *1 H¹*
57, 2f.:	*aus* Wo scheuem Wild der Speer im Nacken tödtlich sitzt *1 H¹* *416, 12* Nacken *aus* Rücken
57, 7	Männlichkeit *aus (1)* That *(2)* Heldenth⟨at⟩ enthüllt *aus* gebiert *1 H¹*
57, 7:	*danach:* Und wo die starren Züge todter Männer still / Vergoldet Eisen, die Todtenmaske deckt *1 H¹* *416, 17* Eisen, *aus* Erz,
57, 8	umwunden *aus* umklammert *1 H¹, 2 H²*
57, 9	Spuren *aus* Wurzeln Tuens *aus* Wirkens *1 H¹*
57, 10–14:	W⟨eib⟩ Du sprichst zu keinem Mann der ist wie Du, bedenk. / Mein Leben ist gelähmt und unnütz Arm, bestimmt / Zu betteln um sein eignes Blut um Saft und Sinn / Ein Frauenleben Herr. Schm⟨ied⟩ Hast Du Was aber macht Dich spähen nach dem Flusse zu *1 H¹* *416, 22–26 gestrichen*

¹ Händen ... bekränzt *Stenographie.*

VARIANTEN

57, 21	Male *danach:* heute *1 H¹, 2 H², 3 D¹*
57, 24–26	Indes ... Wundern, *aus* Indess / Erzählst Du wohl der Frau, die wenig Kurzweil hat / Von fremden Wanderern *1 H¹*
57, 27	Wandrer] Wunder *4 t, 5 D²*
57, 35	schlürft.] ausschlürft. *2 H², 3 D¹*
58, 3	vielvermengendes] vielverwirrendes *1 H¹*
58, 6	Flamingos *aus* Sumpfvögel *1 H¹*
58, 8	hyazinthne *davor:* kühle *1 H¹, 2 H², 3 D¹* kühle *aus* laue *1 H¹* (*vgl. Variante zu S. 59, 17*)
58, 11	Schwarme ... mir *aus* singenden Najadenschwarm *1 H¹* 417, 10 singenden *aus* toben⟨den⟩
58, 13:	*danach gestrichen:* Wenn ihr der Rausch des allzuschnellen *1 H¹*
58, 14:	*danach gestrichen:* Und ward was ich den frühern Augenblick *1 H¹*
58, 18:	*davor gestrichen:* (*1*) Wer über Thieren steht (*2*) Was uns vom Thiere scheidet nenn ich Heimath (*3*) Was Thiere anders *1 H¹*
58, 19	verlangen ... lehrt.] erfinden und verlangen heißt. *1 H¹*
58, 23	stillen *aus* heißen *1 H¹*
58, 23:	*danach gestrichen:* Im allgemeinen Schweigen der Natur / Zur Abendzeit *1 H¹*
58, 26	So] Nicht laut allein *1 H¹*
58, 29:	*danach gestrichen:* Wie sie der Anblick unertragbar wirken soll / Der Göttin wenn sie aus dem blauen Meere steigt *aus* Jetzt liegend still im Hain erfüllt vom Laut / Verliebter Quellen und Gedanken leiser Lust / Jetzt mit dem dionysischen Gefolg im Sturm / Hinrasend im Triumph *1 H¹*

58, 35–59, 1:	*aus* Aus rechter Reife quelle jeder höh're Herzensschlag / Wie Frucht am Baum reift *1 H¹*
59, 5 f.	blieb ... Die *aus* blieben dir die Zauberworte unbekannt / Mit denen *1 H¹*
59, 6	Götter üben] Proteus übte *1 H¹*
59, 12:	*davor gestrichen:* Was ich mit meinem Sein erfüllen kann / Das heiß ich Welt das bringt mir alle Früchte *1 H¹*
59, 12	kennend] denn ich kenne *1 H¹*
59, 14	Die ... Flut *aus* Das Meer *1 H¹*
59, 17	lauen] kühlen *1 H¹, 2 H² (dort geändert)*
59, 18	es ... Kind. *aus* das Du mit Kinderfüssen tra⟨tst⟩ *1 H¹*
59, 18–21	es ... sich *in Parenthese 2 H² (dort aber statt* sich: an*)*
59, 21	Die] Verliebte *1 H¹* unter ... sich,] sich an ... an *1 H¹, 2 H², 3 D¹ (s. auch* ›Überlieferung‹ *zu 5 D² (S. 414, Anm. 1)*
59, 24:	*danach Absatz markiert entsprechend 2 H²*
59, 31	berauscht,] berauscht / Von wonnig kräftiger Unbändigk⟨eit⟩ *1 H¹*
59, 35–37:	*aus* Du irrst. Nicht irgend einen Rausch noch süssen Reiz / Ging ich von hier, könnt ich erblicken irgendwo / Es wäre denn Dein Reiz in meinen Sinnen / Auf schale todte Dinge ausgegossen *1 H¹*
60, 2	hohen] Rausch und *1 H¹* Beute] heute *7 D⁴; emendiert nach der gesamten übrigen Überlieferung*
60, 3	nie die hohe *aus* niemals lächelnd *1 H¹*
60, 4	Flur.] Flut. *8 D⁵–11 D⁸ (s. o., S. 415, 1 f.)*

60, 6	könnt ... Kind] könnte ich den Garten wie das Glück *1 H¹*	
60, 12:	*fehlt in 1 H¹; nachträglich eingefügt in 2 H²*	
60, 14	mir ... an!] an den rückgebognen Arm. *1 H¹*	
60, 15–25:	*fehlt in 1 H¹*	
60, 24f.	hocherhoben, stromabwärts] hocherhoben stromabwärts *3 D¹* hocherhoben stromabwärts, *4 t–11 D⁸; emendiert nach 2 H²*	

ZEUGNISSE · ERLÄUTERUNGEN

ZEUGNISSE

1893

29. März 1893, an Stefan George

An Herrn Klein schicke ich dieser Tage ein kleines dialogisiertes Idyllion nach einem antiken Vasenbild.   *(BW 60f.)*

1. April 1893, an Carl August Klein

Ich war durch Monate an jeder ernsthaften Correspondenz verhindert: beiliegend endlich ein Stück meiner Arbeit für die B.f.d.K; ein antikisierender Dialog. Möge er Ihnen passend erscheinen. Dann aber habe ich eine Bitte: gütigst dafür sorgen zu wollen, daß meine Interpunction respectiert wird, ich finde da jede Änderung gerade so sonderbar, als wenn man einem Componisten Änderungen in der Instrumentation vornehmen wollte. Ich möchte Sie auch um die persönliche Gefälligkeit ersuchen, sich der Correctur besonders anzunehmen, da meine Handschrift nicht sehr nett und deutlich ist.   *(BW HvH–George 61)*

4. Mai ⟨1893⟩, Carl August Klein an Hofmannsthal

auf Ihre früheren einsendungen konnte Ihr brief keinen bezug haben da in ihnen weder eine alte noch eine neue interpunktion durchgeführt war. überhaupt wird jedes mitarbeiters **interpunktion** *accepptiert wir haben nur einwendungen gegen das zu häufige unartistische semikolon und abgeschmacktheiten wie:* »*der mann, den ich gesehen,*«. *in Ihrer ›Idylle‹ sahen wir keinen grund Ihre ganz rationelle interpunktion zu ver-*

ändern und Ihrem wunsch ist strikte folge geleistet worden, einige gewiss ungewollte
⟨*schreibfehler*⟩ *ausgenommen: hyazynthen* (ὑακινθος) *bacchos* (Βακχος *resp.*
Bacchus) *usw.* *(BW HvH–George 63)*

6. Mai ⟨*1893*⟩*, an Carl August Klein*
Vor mehr als 3 Wochen sandte ich Ihnen für die ›Blätter‹ mein einziges
Manuscript eines Einacters ›Der Centaur‹. Das Ausbleiben jeder Antwort
macht mich einigermaßen unruhig. Ist das Manuscript überhaupt in Ihren
Händen? *(BW HvH–George 64)*

7. Mai 1893, an Carl August Klein
Vielen Dank für die erfreuliche Sorgfalt, die Sie meiner kleinen Idylle
gewidmet haben. ... Sie würden mich sehr verpflichten, wenn Sie die
Freundlichkeit hätten, mir noch eine kleine Anzahl von Exemplaren des
Maibandes zukommen zu lassen. *(BW HvH–George 64f.)*

⟨*1. Juli 1893*⟩*, an Stefan George*
Ein Urtheil von Ihnen über meine Kleine Idylle in den B. f. d. K. wäre mir
sehr willkommen. Ich habe von Herrn Klein ein paar Exemplare mehr erbeten; sollte der sonst so überaus entgegenkommende auf Erfüllung meiner
Bitte vergessen haben? *(BW 65f.)*

⟨*9. Juli 1893*⟩*, Stefan George an Hofmannsthal*
zu Ihrem Idyll habe ich zu meinem urteil eine anzahl schöner andrer urteile gelegt die
ich Ihnen bei besserer gelegenheit mitteile. *(BW 66f.)*

2. September ⟨*1893*⟩*, an Marie von Gomperz*
Das Feuilleton in der Frankf⟨urter⟩ Z⟨eitung⟩[1] und die ›Idylle‹ lasse ich
für Sie kommen; an Gedichte erinnere ich mich nicht.
 (Stadtbibliothek, Wien)

1894

Notizen zum Prolog zu meinen Jugendsachen
Juni. ... meine Jugend: wie wenn einer aus so starken Träumen erwacht,
dass sie ihm noch immer in den Sinnen liegen; daher dieser seltsame Mangel
an Unmittelbarkeit. Diese unglaubliche Thätigkeit der anticipierenden Phantasie. (in der ›Idylle‹ ausgedrückt) *(H III 203.5; vgl. A 108)*

---

[1] *Gabriele d'Annunzio (I) in: Frankfurter Zeitung v. 9.8.1893 (P I 147).*

1898

27. November ⟨1898⟩, Louise Dumont an Hofmannsthal

Verehrter Dichter, ich danke Ihnen sehr herzlich für Ihre gütige Sendung und Ihren freundlichen Brief.

Die Idylle ist entzückend, aber ich habe sie doch nicht gelesen, weil die Schlussanmerkung zu lang ist u. für das Ganze so wichtig, daß sie für die naiven Zuhörer fast die Hauptsteigerung enthält. Das ist schön für eine intime Vorlesung in einem nicht allzugroßen Raum, aber gefährlich, wenn man in einem großen Concert nur eine Nr. hat, wo man von der ersten Parquetreihe 20 Schritt entfernt ist.[1]

(FDH/Dauerleihgabe Stiftung Volkswagenwerk)

14. Dezember 1898, Wladimir Schmujlow an Hofmannsthal

Herzlichen Dank für den Sammelband der ›Bl.f.d.Kunst‹. Ich muss Ihnen gestehen, dass ich mich über Ihren Theil etwas geärgert habe. Freilich, gehört *alles*, was drin ist zum Besten, aber *nicht alles*, was zum Besten gehört, *ist drin*: so that es mir leid um das ›Erlebniss‹, noch mehr – um das wundervolle Ding: ›Weltgeheimniss‹ und vor allem, vor allem um die ›Idylle‹ – das ist wirklich unverzeihlich. Wie können Sie blos gegen *sie* so ungerecht sein – ich staune darüber immer wieder!

(FDH/Dauerleihgabe Stiftung Volkswagenwerk)

1899

19. November 1899, Ria Schmujlow-Claassen an Hofmannsthal

Ich muß Ihnen dabei doch noch erzählen, daß wir gestern die Ehre hatten, in die Münchner Ausstrahlung des George'schen Glanzkreises zu geraten . . . ; und zwar im Hause von Herrn Dr. Wolfskehl; Herr Ludwig Klages war auch dabei. Da Herr Wolfsk. verhindert gewesen war, die Dianora-Vorlesung zu besuchen, so bat er mich um den Vortrag von irgend einer Ihrer Sachen, und ich wählte mir dazu wieder eine von den »ganz schlechten« älteren aus, nämlich die ›Idylle‹, die sie alle auch ganz *besonders* lieben. Es scheint mir, daß Sie schließlich doch der einzige sein werden, dem sie nicht gefällt.

(FDH/Dauerleihgabe Stiftung Volkswagenwerk)

1902

14. Mai 1902, Richard Specht[2] an Hofmannsthal

nach reiflicher Überlegung mache ich von Ihrem freundlichen Anerbieten Gebrauch,

---

[1] L. Dumont las in einer Konzert-Veranstaltung den Tod des Tizian (s. S. 380, 7–11).
[2] R. Specht (1870–1932), Wiener Musikkritiker.

für das bewußte Buch[1] *etwas nachzudrucken. Was es sein soll, bitte ich Sie zu bestimmen und auch mir sagen zu wollen, wo ich die betreffenden Dichtungen finde. Am liebsten wären mir einige Gedichte oder die schöne ›Idylle‹ vom Centauren und der Schmiedsfrau. Aber auch wenn Sie mir den Abdruck dieser Idylle gestatten, müßten Sie mir sagen, in welchem Heft der Blätter für die Kunst sie erschienen ist.* (*E III 160.11*)[2]

Um 1902

Undatiertes Notizblatt mit Aufzeichnungen über Sombarts Buch[3]

Masse: der Geschichtserinnerungen
   der von anderen abgelernten Erfahrungen (so geht dieser, so jener Lebensweg aus: éducation sentimentale; die Tochter des Töpfers, in der Idylle; Claudio: des allzualten, allzuwirren Wissens)
   der Lebensformen, contemporan, durch die Zeitung vermittelt.
(*H VB 19.11*)

1903

⟨*30. August 1903*⟩, *an die Eltern*

Das gestrige Diner bei der Erbgroßherzogin in Belvedere[4] war außerordentlich gemüthlich. Es waren nur 12 Personen. ... Nach dem Essen hab ich in einem kleinen Salon mit reizendem gewölbtem und gemaltem Plafond die ›Idylle‹ und ein paar Gedichte vorgelesen, was natürlich entzückend war und für die meisten Anwesenden den schönsten Abend ihres Lebens bedeutete. (*FDH/Dauerleihgabe Stiftung Volkswagenwerk*)

---

[1] *Gemeint ist die Festschrift ›Widmungen zur Feier des siebzigsten Geburtstages Ferdinand von Saar's‹, hrsg. v. Richard Specht, die 1963 in Wien erschien und Hofmannsthals Gelegenheitsdichtung* Was die Braut geträumt hat *enthielt. S. S. 498, 20ff.*

[2] *Auf der Rückseite des dreiseitigen Briefs Notizen Hofmannsthals zu* Das Leben ein Traum *(E III 160.11).*

[3] *Die Notizen Hofmannsthals lassen sich auf Werner Sombarts ›Der moderne Kapitalismus‹, 2 Bde., Leipzig 1902 ebenso beziehen wie auf sein ein Jahr später in Berlin erschienenes Werk ›Die deutsche Volkswirtschaft im Neunzehnten Jahrhundert‹, von dem ein Widmungsexemplar in Hofmannsthals Bibliothek erhalten ist.*

[4] *Hofmannsthal hielt sich Ende August 1903 bei Kessler in Weimar auf; während seines Besuchs sollte* Der Tod des Tizian *in einer Liebhaberaufführung gespielt werden. Die Aufführung kam nicht zustande (s. B II 115; BW Bodenhausen 32; BW Kessler 49f.; A 132).*

1904

29. September ⟨1904⟩, an Hugo von Hofmannsthal sen.

inliegend die beiden Verzeichnisse. Bitte lasse umgehend zusammenstellen (zu copieren ist nicht nothwendig, da die Sachen als vermehrte Auflage meiner ausgewählten Gedichte erscheinen sollen) folgende Gedichte:

    1.) die Beiden   1896.
    2.) Reiselied   1898
    3.) Psyche   1892
    4.) Idylle (diese dürfte wohl gedruckt vorhanden sein; und schicke diese 4 Stücke recommandiert an Herrn Melchior Lechter für Herrn Stefan George Berlin Kleiststrasse 3.[1]

                      (FDH/Dauerleihgabe Stiftung Volkswagenwerk)

Um 1907

Aus der Abschrift eines um 1907 an Hermann Ubell geschriebenen Briefs[2]. Ubell hatte die Frau in der Idylle *als »femme incomprise« gesehen. Hofmannsthal entgegnet, er halte sie nicht dafür, sondern vielmehr für eine*

symbolische Verdichtung eines tiefer gehenden, überhaupt menschlichen Zustandes und stelle die Gestalt in Gedanken immer neben den Thoren, neben den Kaiser, als welche gleichfalls die Mühen eines zu vehement anticipierten Weltgefühls und scheinbaren Weltverstehens durchzumachen haben, an welche sich dann ›Elektra‹ tragisch anschließt. »Autophilologie«? Sie verzeihen aber und wissen wie es gemeint ist...   *(Privatbesitz)*

1911

23. Mai 1911, Alfred Walter Heymel an Hofmannsthal

Wegen der Idylle, *die ich bis jetzt in den Fahnen vermisste, habe ich sofort an den Inselverlag geschrieben, ich werde aufpassen, dass nichts wichtiges fehlt; denn von all den vielen Büchern, die dieses Jahr erscheinen, liegt mir keines so am Herzen, wie das Deine, das meine Lieblingsidee seit Jahren ist.[3]*

                      (FDH/Dauerleihgabe Stiftung Volkswagenwerk)

[1] *Auf der letzten Seite des Briefs Vermerk von H. v. Hofmannsthal sen.: »expediert 1/10 ⟨1⟩904.«*

[2] *H. Ubell (1876–1947), Kunsthistoriker; seit 1908 Direktor des Museums Francisco-Carolinum in Linz. Bei dem Brief, der dem Hrsg. nur in fragmentarischer Abschrift zugänglich war, könnte es sich um den 1974 bei J. A. Stargardt in Marburg versteigerten mit dem Datum: Rodaun 12. III. ⟨1907⟩ versehenen handeln (s. den Auktions-Katalog Nr. 603 ›Autographen‹, zum 11./12. Juni 1974, Nr. 150, S. 55).*

[3] *Die Ausgabe: 8 D⁵ (s. ›Überlieferung‹, S. 414f.).*

1912

*Druckprobe des Titelblatts der 1912 erschienenen Nr. 8 der Insel-Bücherei: (9 D⁶).
Der Tod des Tizian | Idylle Auf der Vorderseite ist in dem Untertitel
›Zwei dramatische Dichtungen‹ das Wort »dramatische« getilgt, entsprechend der
auf der Rückseite notierten Anweisung Hofmannsthals:*
»dramatische« Dichtungen ist unmöglich, weil unrichtig.
»Zwei Dichtungen« mag gehen, lieber wäre mir »Zwei Gedichte« von
H.v.H. Gruß Hofmannsthal.   *(Privatbesitz)*

Nach 1916

Aus: H.v.H. eine Interpretation
Die magische Herrschaft über das Wort das Bild das Zeichen darf nicht aus
der Prae-existenz in die Existenz hinübergenommen werden. Analog das
Verschulden oder der bedenkliche Zustand der Frau des Schmieds in der
›Idylle‹.   *(A 215f.)*

1924

Rudolf Borchardt, ›Eranos-Brief‹
Von dem Kentauren an, der mit der Sterblichen überm Buge sich dem Todespfeile entzieht, und dem Apolloliede an Admets Hofmauer, zum Venedig Tizians und Casanovas und Otways, der Lombardei Dianoras, dem England Bacons, dem Frankreich Balzacs, dem Orient Hammer-Purgstalls und Sobeides, dem faustischen Gartenhaus-Deutschland Claudios' lag die Welt, eingeheimst in das Gewebe der Sprache meiner Zeit, zusammenhangend vor meinen Augen, nicht wiedererlebt wie das Mittelalter Brentanos und Arnims sondern aus aufgesperrten Ahnenschreinen freundlich Stück um Stück hervorgewiesen.   *(R. Borchardt, Prosa I, Stuttgart 1957, S. 127)*

1927

Aus Ad me ipsum, Imaginairer Brief an C⟨arl⟩ B⟨urckhardt⟩
In ›Tor und Tod‹: eine solche Stelle wie: »Ich füg mich so, daß Gut und
Böse über mich Gewalt ...« heißt: Gut und Böse hat keine Gewalt: ich
glaube sie nicht, weil ich sie nicht vom vitalen Urgrund des Erlebnisses her
empfangen habe. (Sic et Tochter des Töpfers.) Das gleiche im ›Tod des
Tizian‹ bezüglich Erfahrung.   *(EVA 1.9; vgl. A 241)*

ERLÄUTERUNGEN

53, 1–3 Idylle / nach einem antiken Vasenbild:... *Ein antikes Bild des Inhalts* Zentaur mit verwundeter Frau am Rand eines Flusses *ist bisher nicht nachgewiesen. Da Hofmannsthal seine Dichtung* antikisierend *(S. 419, 15f.) nennt, ist eher an eine in Anlehnung an antike Kentaurenbilder erfundene Szene als an ein konkretes Vorbild zu denken. Wie aus dem ersten Entwurf (1 H¹) zu ersehen ist, sollte die Idylle zunächst* Der Centaur *überschrieben werden, sicher in Anlehnung an Maurice de Guérins berühmtes Prosagedicht ›Le Centaure‹ (1840 in der ›Revue des Deux Mondes‹, 1861 in Buchform erschienen), zu dem auch innerhalb der* Idylle *(in den »Berichten« des Kentauren) Bezüge sichtbar sind (s. dazu im einzelnen die folgenden Erläuterungen).¹ Zur Verbreitung des Kentauren-Motivs in der modernen Dichtung und Kunst (vor allem im Hinblick auf den Symbolismus) s. Hans Hinterhäuser, Zwiegestalt und Übertier, in: H.H., Fin de siècle. Gestalten und Mythen, München 1977, S. 177–208 (ursprünglich u.d.T. ›Kentauren in der Dichtung des Fin de siècle‹ in: arcadia IV, 1, 1969).*

Die von 2 H² an zum Obertitel erhobene Bezeichnung Idylle *verweist auf das antike Bukolikon, meint aber eine Erneuerung und Umsetzung dieser Form, wie Hofmannsthal sie in den ›Bucoliques‹ des André Chénier (wohl in der damals maßgebenden Ausgabe von Becq de Fouquières, 1862 und 1872) kennengelernt hatte (s. auch die Tagebuchaufzeichnung Frühjahr 1892:* Die Griechen Goethes. Die Griechen von Nietzsche. Die Griechen von Chénier. *A 96).² Nicht ohne Einfluß auf die Dichtung dürfte auch die Lektüre von Mallarmés ›L'Après-midi d'un faune‹ geblieben sein. Eine Abschrift dieses Gedichts hatte Stefan George am 9. Januar 1892 Hofmannsthal übergeben (s. A 95).³*

55, 1 Der Schauplatz im Böcklinschen Stil. Eine offene Dorfschmiede *Daß Hofmannsthal sich hier auf Böcklins 1888 entstandenes Gemälde ›Kentaur in der Dorfschmiede‹ (jetzt in Mannheim, Privatbesitz; s. Rolf Andree, Arnold Böcklin. Die Gemälde, Basel/München 1977, Kat. Nr. 408, S. 478f.) bezieht, bemerkt H. Hinterhäuser (a.a.O., S. 183f.) mit der Einschränkung: »Seinen ⟨ sc. Hofmannsthals⟩ trunken schweifenden Kentauren werden wir uns indessen ganz anders vorstellen als den bäurisch-plumpen, humoristisch oder gar parodistisch gemeinten auf*

---

[1] *Im Dezember 1892 notierte Hofmannsthal im Tagebuch (H VII 5):* Maurice de Guérin le Centaure?
[2] *Chénier Poésies verzeichnet eine Lektüreliste unter dem 22./23. April 1890 (H VII 13. 43); wohl noch im selben Jahr übersetzt Hofmannsthal Chéniers ›L'aveugle‹ (H VII 13. 61–66).*
[3] *Vgl. auch die späte autobiographische Aufzeichnung (1926; A 237):* Zeitpunkt 1892. Frühe Einflüsse: ... Mallarmé (Georges Kopie des ›Après-midi d'un faune‹). Zeitgeist: das Musikhafte.

Böcklins Bild.« Böcklins Gemälde war kurz vor der Entstehung der Idylle erstmals in einem Buch veröffentlicht worden: *H. A. Schmid, A. Böcklin I, München 1892, Tafel 5 (daß Böcklins Bild von der um 1870 erschienenen Novelle Paul Heyses, ›Der letzte Zentaur‹, angeregt worden sei, wird heute mit Recht bezweifelt; s. Andree, a.a.O., S. 479). Aufschlußreich ist Hofmannsthals kurz vor der Niederschrift der Idylle an George gerichtete Frage:* Wie stehen Sie zu Böcklin und dem Münchener Stuck? mir scheinen diese beiden viel von dem zu haben, was ich zumindest suche. *(8. Dezember 1892, BW 51). Auf die Kentaurendarstellungen im Werk der beiden Maler verweist Hofmannsthal in seinem 1894 veröffentlichen Aufsatz* Franz Stuck *(P I 172):* Zur Staffage seiner phantastischen Landschaft, gleichsam als lebendiges Symbol ihres Gefühlsinhaltes, nimmt Stuck jene von Böcklin überlieferten, von der Antike schon völlig losgeSundenen Fabelwesen: Zentaur und Zentaurin, Faun und Paniske. Sie erlauben ein Reflektieren der Stimmung ohne Sentimentalität, was bei menschlicher Staffage schwer zu erreichen ist. Sie erlauben auch in ihrer naiven Tiermenschlichkeit eine an die Karikatur streifende Eindringlichkeit und Simplizität der Charakteristik.

55, 13–56, 3 wie der Scheibe da ... die edle Form entstieg ... *Die Beschreibung des Schmucks der Gefäße, die Darstellung des Abgebildeten als Handlung sind offensichtlich beeinflußt von Mörikes Gedichten ›Auf eine Lampe‹ und ›Inschrift auf eine Uhr mit den drei Horen‹. Mit diesen hat die Idylle auch das Versmaß gemeinsam.*

56, 2 Blumen des Vergessens, Mohn, im heiligen Haar *Vgl. Alkestis (1893), D I 26: ⟨Gesang der Sklavinnen:⟩* laß sie ⟨die tote Alkestis⟩ gehn auf Dämmerwiesen / Träumerei und Mohn im Haar! *– Zu den Worten der Frau vgl. Hofmannsthals Äußerungen über Swinburnes lyrisches Drama ›Atalanta in Calydon‹ (1865) in:* Algernon Charles Swinburne *(1893), P I 102f.*

56, 23f. Wie Semele dies, / Die töricht fordernde, vergehend erst begriff. *Auf den Rat der eifersüchtigen Hera hin (nicht aus eigenem Entschluß) wünscht die thebanische Königstochter Semele, der in sie verliebte Zeus möge ihr in seiner göttlichen Gestalt erscheinen; sie stirbt unter dem Blitzstrahl der Epiphanie des Gottes. Zeus rettet aus ihrem Leib den noch ungeborenen Dionysos.*

56, 25f. Handwerk ... Das aus des mütterlichen Grundes Eingeweiden stammt *Von den Metalladern als »viscera terrae« spricht Ovid in den Metamorphosen, 1. Buch, V. 137–41.*

56, 27f. die hundertarmig Ungebändigte, / Die Flamme *Das Attribut »hundertarmig« könnte in Anlehnung an die homerischen Hekatoncheiren (s. Ilias 1, V. 396ff.) gebildet sein, wie die ganze Welt des Schmieds an die titanische Urzeit erinnert.*

57, 4f. staubaufwirbelnd ... rasche Räder ... *Vgl. die letzte Strophe von Goethes ›Wanderers Sturmlied‹ (»Wenn die Räder rasselten ...«).*

58, 5–8 Die öden Heiden ... Flamingos ... schwarze Stiere ... das Heidekraut ... das hyazinthne Dunkel *Vgl. Hofmannsthals Beschreibung der Camargue in* Südfranzösische Eindrücke *(1892), P I 81:* Eine weite, baumlose Fläche, graugrün, von vielem Heidekraut violett schimmernd, nicht gefärbt, nur schimmernd (violacé); darüber der blaßlilafarbene Himmel. Da weiden in Herden die weißen Pferde und die schwarzen Stiere und rosenrote Flamingos.

Es ist eine ägyptische Landschaft, totenstill ... *Vgl. ebd. die Schilderung der Provence als einer griechischen Landschaft (S. 82). Daß Hofmannsthal hier unter dem Einfluß von Lenaus Lyrik (›Robert und der Invalide‹, ›Mischka an der Marosch‹) die Atmosphäre einer Puszta-Landschaft evoziert habe, sucht Jacques Parichet in seiner ›Commentaire sur l'›Idylle‹ de Hofmannsthal‹ (in: Les Pharaons, Nr. 16, Paris 1973, S. 26f.) nachzuweisen. Doch weisen alle oben angeführten Details auf Südfrankreich (s. auch S. 57, 30, wo von* kühlem, säuerlichem Apfelwein *die Rede ist, dem »cidre« der Franzosen).*

58, 13f. Satyr ... syrinxblasend ... am Wege ... *Vgl.* Der Tod des Tizian, *S. 47, 30–32 und das Prosagedicht* Die Stunden *(1893), SW Bd. XXIX, S. 235, 16ff.*

58, 18 Die Waldgebornen *Vgl. das griech. Kentaurenattribut* ὑληείς.

58, 21–29 Ward dir, dem Flötenspiel des Pan zu lauschen? *Vgl. die Begegnung des Kentauren mit Pan bei Guérin,* Le Centaure: *»Là je voyais descendre tantôt le dieu Pan, toujours solitaire, tantôt le choeur des divinités secrètes, ou passer quelque nymphe des montagnes enivrée par la nuit. Quelquefois les aigles du mont Olympe traversaient le haut du ciel et s'évanouissaient dans les constellations reculées ou sous les bois inspirés.« (Maurice de Guérin, Œuvres, t. 1, ed. B. d'Harcourt, Paris 1947, S. 9) Vgl. auch* Der Tod des Tizian, *S. 50, 20–22:* der große Pan / Ein Gott, / Der das Geheimnis ist von allem Leben.

58, 28f. Als flög mein Ich im Wirbel fortgerissen mir / Durch tausendfach verschiedne Trunkenheit hindurch. *Vgl. die Geschichte von der Entrückung des Propheten: Erläuterung zu S. 203, 37 (S. 713f.).*

59, 5–9 die wunderbare Kunst ... *Die Gabe proteischer Verwandlung, im griechischen Mythos vor allem den Meergottheiten zueigen. Als ein Aufgehen in den Elementen schildert Guérins Kentaur Macarée seine Jugendzeit (s. Guérin, a.a.O., S. 6–8).*

59, 20f. da quollen duftend auf / Die Veilchen *Eine ähnliche Verwandlung der Erde wie beim »hieròs gámos« des Zeus mit Hera (s. Ilias 14, V. 347–351).*

59, 31 Hinstampfend ... berauscht *Von der »ivresse de la course« spricht der Kentaur Macarée in Guérins Dichtung (a.a.O., S. 7f.).*

60, 3f. Aphrodite ..., / Die allbelebende ... *Vgl. den Aufsatz Algernon Charles Swinburne (1893), P I 104:* Was hier Liebe heißt, ist eine vielnamige Gottheit ... Es ist die allbelebende Venus, die »allnährende, allbeseelende Mutter« des Lucrez, die vergötterte Leidenschaft, die Daseinserhöherin, die durch das Blut die Seele weckt; dem Gott des Rausches verwandt ... *(Vgl. das Prooemium von Lukrezens ›De rerum natura‹ 1, V. 1ff.). S. auch die Variante zu S. 58, 29:* der Anblick ... Der Göttin wenn sie aus dem blauen Meere steigt *und vgl. dazu den Schluß des Swinburne-Aufsatzes, a.a.O., S. 105:* ... auf dem reichen blauen Meer mit wachen Augen die unsterbliche Furche zu suchen, aus der die Göttin stieg.

DER TOR UND DER TOD

ENTSTEHUNG

Der Tor und der Tod *ist nach übereinstimmenden Vermerken auf dem Konvolutdeckblatt des Entwurfs und auf dem Titelblatt der Reinschrift im* März, April 1893 *entstanden. Den Datierungen der erhaltenen Entwurfsblätter zufolge wurden die letzten zwei Drittel des Textes zwischen dem 7. und 23. April niedergeschrieben. Die erste Skizze mit dem ursprünglichen Titel* Der neue Todtentanz (N 1), *sowie die ersten drei erhaltenen Entwurfsblätter des mit* Märznacht *überschriebenen Anfangsmonologs, in denen sich zwei der in N 1 für den Anfang skizzierten drei Abschnitte widerspiegeln und die, wie Schreibmaterial und Schriftduktus nahelegen, in unmittelbarem Anschluß daran niedergeschrieben wurden, reichen wohl in den März zurück.*

Wie aus der frühen Skizze hervorgeht, muß bei Arbeitsbeginn eine von der späteren Ausführung abweichende Konzeption des Stücks bestanden haben. Der Titel war deutlicher traditionsgebunden, die direkte Konfrontation der beiden Gegenspieler noch nicht erkennbar. Anstelle des personifizierten Todes scheint das Bettelweib, vielleicht als dessen Botin, vorgesehen gewesen zu sein. Der blasse Mann *trägt Züge Claudios, bleibt aber unbenannt. Während die Gestalt des Kammerdieners ganz fehlt, waren in der Reihe der Toten außer der Mutter und dem Freund zunächst drei Mädchen vorgesehen, von denen schließlich nur das erste, mit* Volksliedton *charakterisierte, beibehalten wurde.*

Eine grundlegende Umdisponierung zeigt die flüchtig mit Stift auf der Rückseite des ersten Monologblattes notierte Neufassung des Personenbestandes, die bis in die Grundschicht des reinschriftlichen Personenverzeichnisses verbindlich bleibt. Abweichend von der endgültigen Fassung, wird beide Male eine weitere Geliebte des Claudio genannt, die Zeit der Handlung als Congresszeit *bestimmt. Der Verzicht auf diese Mädchenfigur und vielleicht auch die Änderung in* Zwanzigerjahre, *den Anfang des Biedermeier also, stehen in engem Zusammenhang mit der Umgestaltung der Rede des Freundes und sind aufgrund der Datierungen zwischen dem 18. und 23. April anzusetzen. Die ursprüngliche Fassung (vgl.* ›Varianten‹, S. 443, 12–444, 25) *läßt in dem Freund einen Vertreter politisch-revolutionärer Ziele erkennen, die Claudio aus seiner ästhetisierenden Unverbindlichkeit heraus verrät, während jener Festungshaft und Tod auf sich nimmt. In der zweiten Version werden persönlich-moralische Gegensätze in den Vordergrund geschoben, die in der Rivalität um eine Frau gipfeln. Die Verfolgung eines abstrakt bleibenden »hohen Ziels« wird nur noch durch den Fluchtwillen des enttäuschten Unterlegenen motiviert.[1] In der gemeinsamen Geliebten, die wesentliche Züge der weiblichen Titelfigur des im Vorjahr abgebrochenen Dramas* Ascanio und Gioconda[2] *trägt, ist unschwer das in der ersten Skizze mit dem entsprechenden Stichwort charakterisierte* 3te und später als andere Geliebte *bezeichnete Mädchen zu erkennen, deren selbständiger Auftritt* nach dem Freund *durch die Einbeziehung in dessen Rede entfallen konnte.*

Die übrigen Entwurfsblätter weisen unterschiedliche Grade von Varianz auf. So sind die Reden der Mutter und des Mädchens sowie die letzte Rede Claudios über weite Strecken schon in fester Form und Fassung niedergeschrieben, während die erste Rede des Todes wiederholt variiert wird und ihre letzte Gestalt — ähnlich der Rede des Freundes — erst in der Reinschrift erreicht. Diese muß, wie u.a. aus der Diskontinuität der Entwurfsblätter und deren lückenhafter Paginierung zu schließen ist, abschnittsweise parallel angefertigt worden sein, wofür auch die späte Überarbeitung ihres Personenverzeichnisses spricht. Die vereinzelt erkennbaren Verdeutlichungen mit Stift wurden vermutlich erst unmittelbar vor der Drucklegung angebracht.

*Den bevorstehenden Abschluß seiner Arbeit kündigte Hofmannsthal am 21. April Arthur Schnitzler brieflich an (*ich werde mit meinem Einacter Sonntag fertig*), mit der Bitte, die Freunde zur Lesung einzuladen. Am 23. April heißt es im Tagebuch:* Der Thor und der Tod vollendet und bei Hofmann vorgelesen. *Mitte Mai bat er dann Hermann Bahr, ihm bei der Veröffentlichung des Einakters in einer Zeitschrift (*Moderne Kunst? er ist ganz familienblattmässig*) behilflich zu sein — offenbar ohne Erfolg, denn am 22. Mai bestätigte Otto Julius Bierbaum den Eingang des Manuskripts: Hofmannsthal hatte dessen* ›Modernen Musen-Almanach auf das Jahr 1893‹ *Anfang Februar in der* ›Deutschen Zeitung‹ *besprochen und war daraufhin von Bierbaum zur Mitarbeit aufgefordert worden (vgl.* ›Zeugnisse‹, S. 446, 5—13*). So erschien das Werk zuerst in dem, vermutlich Anfang Oktober ausgelieferten,* ›Modernen Musen-Almanach auf das Jahr 1894‹[3] *(vgl. auch Schnitzler über die neuerlichen Lesungen am 15. und 22. Oktober;* ›Zeugnisse‹, S. 447, 31—33 u. 35 f.*). In diesem Erstdruck sind an zwei Stellen Verse in eckige Klammern gesetzt: nach V. 77 und nach V. 425 (vgl.* ›Varianten‹, S. 438, 13 u. 443, 3 f.*). Hofmannsthal muß den Entschluß zur Tilgung der*

---

[1] *Vgl. hierzu Hofmannsthals Exzerpt aus einer kritischen Stellungnahme von Rudolf Pannwitz im Tagebuch vom August 1917:* Tor u. Tod. Der Mann (S 128) über ihre Freundschaft; Töne der grossen tragischen Verachtung — die nächste Stufe — wie vieles in der Elektra. Hier müsste die Selbstüberwindung beginnen u. eine wahre Welt entspringen. *(H VII 11.69)*

[2] *Notizen und Entwürfe zu dieser Renaissancetragödie in fünf Akten datieren von Juni bis September 1892; vgl. den Brief an Schnitzler vom 19. 7. 1892 (BW 23).*

[3] *Unter dieser Jahreszahl führt Hofmannsthal in der Aufstellung seiner* Früheste⟨n⟩ Schriften *enthaltend die Gedichte, kleinen Dramen, Aufsätze und Briefe der Jahre 1891—1895 aus dem Jahr 1905 den* Tor und Tod *unter Nr. 20 an. Das Jahr 1893 ist ganz ausgespart,* Idylle *unter 1892 eingereiht, ebenso der am 10. 10. 1893 geschriebene Brief an Edgar Karg v. Bebenburg. Zu diesen Datierungen vgl. H's Randnotiz:* Die Jahreszahlen dienen zur Orientierung des Herausgebers und können in dem Buch eventuell weggelassen werden. *(Vgl. HvH,* Anordnung einer Ausgabe seiner ›Frühesten Schriften‹, *hrsg. v. Hilde Burger. In: NR, LXXIII, 4, 1962, S. 583—610; die Originalunterlagen jetzt FDH-II 16698). Vgl. auch S. 412, Anm. 2.*

11 bzw. 2 Verse sehr spät, d. h. nachdem schon umbrochen war, gefaßt haben, so daß Bierbaum, dem er die zweite Korrektur einzusenden hatte (vgl. ›Zeugnisse‹, S. 447 vom 9. Juli), ihm mit den Klammern nur noch andeutungsweise entsprechen konnte. — Die Zahl der Verse ist 556.

Die Tendenz zu Kürzungen setzt sich im Zusammenhang mit Bemühungen um eine Aufführung fort: in einem überarbeiteten Exemplar des Erstdrucks (4 D¹ H) und der davon abhängigen Abschrift (5 h³) aus dem Nachlaß von Lili Schalk, geb. von Hopfen, sind zusätzlich die Verse 23—34 (S. 64,3—14), 86—120 (S. 65,33—66,30) und 499a (S. 78,34) weggefallen. Als Zeitpunkt für diese Überarbeitung kommt zunächst die 1894 geplante Aufführung am Burgtheater in Frage (vgl. ›Zeugnisse‹, S. 448,3f. und 449,20—23), zumal dessen Direktor, Max Burckhard, den eingesandten Text an den Autor zurückgehen ließ; andererseits weisen die Feststellung Hofmannsthals vom 2. Oktober 1896, er habe sein letztes Textexemplar an Brahm gesandt (›Zeugnisse‹, S. 450,23) und die Äußerung Hartlebens vom 5. Dezember des gleichen Jahres, daß man Der Tor und der Tod aus dem Musen-Almanach »ausschreiben lassen« müsse (›Zeugnisse‹, S. 451,35), auf 1896. Weiterhin muß man schon aus Zeitgründen davon ausgehen, daß Hofmannsthal bei der öffentlichen Lesung im Bösendorfer-Saal am 28. März 1897 eine wesentlich gekürzte Fassung vorgetragen hat (vgl. ›Zeugnisse‹, S. 452,9—10).

Die Uraufführung fand am 13. November 1898 (mit einer Wiederholung am folgenden Tag) durch die ›Münchner Literarische Gesellschaft‹ unter Leitung von deren Vorsitzendem Ludwig Ganghofer im ›Theater am Gärtnerplatz‹ statt, zusammen mit Theodor Wolffs ›Niemand weiß es‹.[1] In dem vermutlich dadurch veranlaßten Abdruck in der ›Jugend‹ vom 4. Februar 1899 (6 D³) liegt das Stück in seiner abgeschlossenen Form vor. Aus zwischen Ganghofer und Hofmannsthal gewechselten Briefen, insbesondere dem Hofmannsthals vom 31. Oktober und dem Ganghofers vom 1. November, ergibt sich, daß die Änderungen im Wortlaut sowie die Erweiterung der Szenenanweisung am Schluß auf Anregungen Ganghofers zurückgehen. Diese sind bereits in dem vielleicht noch zur Aufführung fertiggestellten separaten Vorabdruck aus der ›Jugend‹ (5 D²) berücksichtigt, während die auch in allem übrigen vorgenommene sorgfältige Schlußredaktion erst in dem Zeitschriftendruck zu beobachten ist. — Die Zahl der Verse ist 542.

Besonderen Anteil nahm Hofmannsthal noch einmal 1908 während seines Berlinaufenthalts (20. Februar—1. April) an Max Reinhardts Inszenierung, die sich vor allem durch die Besetzung der Rollen auszeichnete: Alexander Moissi als Claudio, Reinhardt selbst als Kammerdiener, Oskar Beregi als Tod, Camilla Eibenschütz als Mädchen, Paul Wegener als Freund. Für Gertrud Eysoldt, die erst relativ spät die Mutter übernahm (vgl. ›Zeugnisse‹, S. 470,21—23), scheint Hofmannsthal einige zusätzliche Verse verfaßt zu haben, die jedoch bisher nicht ermittelt werden konnten (vgl. ›Zeugnisse‹, S. 472,8—10). Die Berliner Premiere fand am 30. 3. zusammen mit Ossip Dymows ›Nju‹ statt.[2]

---

[1] Vgl. Günther Fetzer, »... Mit den Ihnen beliebenden Kürzungen«. Der Briefwechsel zwischen HvH und Ludwig Ganghofer. In: JDSG, XXII, 1978, S. 154—204.

[2] Zum Nachweis weiterer Aufführungen vgl. Hinrich C. Seeba, Kritik des ästhetischen Menschen. Hermeneutik und Moral in H's ›Der Tor und der Tod‹. Bad Homburg, Berlin, Zürich 1970, S. 188f.

ÜBERLIEFERUNG

N 1   E III 246.12; jetzt FDH-II 19932
N 2   H IVB 44.8 — Ansatz zu einer nicht ausgeführten Skizze, gestrichen bei Wiederverwendung des Blattes zu einer Disposition der Dialoge über die Technik der redenden und bildenden Künste *(vgl. SW Bd. XXXI)*.
N 3   H VB 13.19^b — *Auf der anderen Seite Notizen zu* Kunstdialogen.
N 4   E III 246.20; jetzt FDH-II 19932 — *Auf der oberen Hälfte der Seite* 1 H^1, V.`130–137 (S. 67, 2–9), mit der wahrscheinlich zum Zeitpunkt der Reinschrift der betreffenden Stelle vorgenommenen Datierung 9 IV 93.
N 5   E III 246.5^b; jetzt FDH-II 19932 — *Am linken Rand spielerisch mehrfach wiederholt das Datum* 13 IV 93 *und, bis in die Mitte des Textes hineinreichend, verschiedene Kombinationen von Initialen, darunter* MG *(wohl für Marie von Gomperz),* LH *(wohl für Lili von Hopfen),* IMG IML LK. *Auf der anderen Seite:* 1 H^1, V. 287–300 (S. 72, 13–27).
N 6   E III 246.3^b; jetzt FDH-II 19932 — *Rückseite eines gedruckten Aufrufs (Postkartenformat) zur* »Wahl für den Wiener Gemeinderath« *am* »13. April a⟨nni⟩ c⟨urrentis⟩«. *Zugehörigkeit fraglich, vgl. Erläuterung S. 492, 3–8.*

1,1–2 H^1 E III 246.1, 15^b, 17^b, 2^b, 17, 33, 32, 34, 20, 9; Dbl. Seite b Privatbesitz^1; E III 246.35–36, 34, 37–37^b, 31, 29, 6^a, 6^{c-d}, 20^b, 6^c, 22^b, 5, 6^b, 22, 18–18^b, 23, 4–4^b, 27; Dbl. Seite c–d Privatbesitz^1; E III 246.16–16^b, 24; 2 Ebl. Privatbesitz^2; E III 246.25–26. Konvolut E III 246 jetzt FDH-II 19932.^{3} — Unvollständiger (wohl auch fragmentarisch erhaltener) Entwurf, der abschnittweise entstanden ist und in die Reinschrift (2 H^2) übertragen wurde, stellenweise daher genetisch jünger als deren Grundschicht. Szenen- und Regieanweisungen fehlen fast durchgängig.
Vordere Hälfte eines nachträglich angelegten Konvolutumschlags (246.1) *mit der Aufschrift in Stift:* Der Thor und der Tod.   März, April 1893. *Ferner ein Titelblatt* (246.15^b) *mit durchgestrichenem Titel, ein zweites Titelblatt* (246.2^b) *mit endgültigem Personenverzeichnis, Orts- und Zeitangabe (bei Wiederverwendung des Blattes durchgestrichen) und weitere 25 Blätter (darunter 2 Doppelblätter) mit insgesamt 43 (teils übervoll, teils wenig) beschriebenen Seiten, wovon 37 Seiten zu* 1 H^1 *gehören.*
Der Text beginnt mit dem Monolog unter der Überschrift Märznacht.; *die Seiten sind pag.* 1.)–3. *Danach bricht der kohärente Teil des Entwurfs ab, es fehlen die Verse 43–129 (S. 64, 24–67, 1).*
Der folgende, überwiegend inkohärent und zumeist mit Stift geschriebene Teil ist — abgesehen von sporadischen Ansätzen: A — B. (S. 69, 10–70, 2), A. (S. 70, 3–6) und I., I — III. (S. 71, 28–73, 31) — nicht paginiert bzw. bezeichnet.

---

^{1} 1 Doppelblatt, Geschäftspapier des Vaters, mit Stift beschriebene Seiten b–d; aus dem ehemaligen Besitz von Richard Beer-Hofmann (vgl. J.A. Stargardt, Marburg, Katalog 602, Nr. 150, mit Faksimile der Seite b). Da das Original unzugänglich, ediert nach dem Faksimile und vom Eigentümer überlassenen Photokopien.
^{2} 2 beidseitig beschriebene Einzelblätter. Da das Original unzugänglich, ediert nach den Photographien und Umschriften in: HvH, Der Thor und der Tod. Begleitwort von Ernst Zinn zur Faksimile-Ausgabe nach der Handschrift des Dichters. Hamburg: Maximilian-Gesellschaft 1949, S. 14–17 (Beilagen B und C).
^{3} Die Blatt- und Seitensignaturen, welche die überlieferte Reihenfolge der Blätter und (beschriebenen) Seiten festhalten, zeigen eine sonst kaum zu beobachtende Diskontinuität. Daß die Entwurfsblätter zum Prolog im selben Konvolut — bald hier, bald dort dazwischengeraten — überliefert sind, und ein Doppelblatt (mit der ersten Fassung der Rede des Jugendfreundes) in fremden Besitz überging, unterstreicht dieses Bild. Die »Unordnung« dürfte schon bei der offenbar abschnittweisen Anfertigung von Entwurf und Reinschrift eingetreten sein.

ÜBERLIEFERUNG 433

        Datiert sind folgende Seiten:
        E III 246.35 (S. 69,10—23)   7 IV 93
        E III 246.36 (S. 69, 24—70, 2)   7 IV 93
        E III 246.37 (S. 70, 3—6)   8 IV 93
        E III 246.20 (S. 67,2—9)   (9 IV 93)[1]
        E III 246.31 (S. 70,33—71,13) 13 IV 93
        E III 246.29 (S. 70,37—71,13) 15 IV 93
        E III 246.5 (S. 72, 13—27)   17 IV 93
        E III 246.18 (S. 74, 3—75, 3)   18 IV.
        E III 246.26 (S. 79, 32—80, 4) 23 IV, *dazu die Bemerkung* Schluss.
        Nicht im Entwurf enthalten sind die Verse 143—167a (S. 67,15—68,17), 233—240 (S. 70, 23—31) und 338—340 (S. 73,32—34).
        Drei Blätter (das Doppelblatt in Privatbesitz und E III 256.31, 29) zeigen starke, geglättete Knitterspuren.
        Auf folgenden Blättern finden sich ferner:
        E III 246.2: *Notizen unter der Überschrift* Kunstdialoge.[2]
        E III 246.20: *N 4*
        E III 246.5[b]: *N 5*
        E III 246.22[b]: *Notizen zu einem Spiel mit den Figuren* Arlec⟨c⟩hino *und* Don Juan
        E III 246.4[b]: *Zwei bei Wiederverwendung des Blattes durchgestrichene Verse[3] des Entwurfs 7 H von Ascanio und Gioconda, pag. b. 2.)*
        Privatbesitz: Pag. S. 5 und S. 6 der Reinschrift des Prologs.

2 H²   *Privatbesitz[4] — Vollständige, stellenweise überarbeitete Reinschrift mit Titelblatt, Personenverzeichnis (in der Grundschicht früh, da noch mit der Figur der zweiten Geliebten in der Gruppe der Todten) und Bühnenanweisung.*
        3 unpaginierte und 25 fortlaufend paginierte, mit einer Ausnahme (pag. 20) einseitig beschriebene Blätter. Das Titelblatt trägt die Aufschrift: Der Thor und der Tod. (März, April 1893.), *dazu als Motto:* Adstante morte nitebit vita. *Auf pag. 25 die Schlußformel:* Finis. Deo gratias.
        Auf der Rückseite von pag. 20 Vorentwurf zu V. 149—158 des Prologs.[5]

3 D¹   Loris. (Wien.) Der Thor und der Tod *In: Moderner Musen-Almanach auf das Jahr 1894. Herausgegeben von Otto Julius Bierbaum. Ein Jahrbuch deutscher Kunst. Zweiter Jahrgang. München: Dr. E. Albert & Co.* ⟨*1893*⟩, *S.* ⟨*25*⟩—*43.*

4 D¹H *Houghton Library, LM 721 (B) — Text des Stücks, herausgelöste Seiten* ⟨*25*⟩—*43 aus dem* ›*Modernen Musen-Almanach*‹ *mit hs. Korrekturen, Anmerkungen, Strei-*

---

[1] *9 verbessert aus 8.*
   Am Fuß der (zum Zeichen der Erledigung durchgestrichenen) Versgruppe 130—137 (S. 67, 2—9) etwa auf der Mitte der Seite, wohl zum Zeitpunkt ihrer Übernahme in die Reinschrift. Erstmals niedergeschrieben müssen diese Verse, ebenso wie die bald darauf verfaßte Notiz N 4 auf der unteren Hälfte der Seite, vor dem 7 IV 93 (dem frühesten von Hofmannsthal erst etwa 50—60 Verse später notierten Datum) worden sein.
[2] *Vgl. die Beschreibung von N 3, S.432,6.*
[3] *Vgl.* ›*Erläuterungen*‹, *S.482,4—8.*
[4] *Da das Original unzugänglich, ediert nach und beschrieben in Anlehnung an: HvH, Der Thor und der Tod. Faksimile-Ausgabe nach der Handschrift des Dichters. Hamburg: Maximilian-Gesellschaft 1949, sowie Beilage: Begleitwort von Ernst Zinn.*
[5] *Photographie und Umschrift in: Begleitwort, S.13 (Beilage A); pag. 20 enthält auf der am Schluß der Rede des Mädchens freigelassenen unteren Hälfte (eine solche Aussparung ist nur hier zu beobachten) die einzige Alternativvariante innerhalb der Reinschrift (s. S. 443,6—9). Da nicht gestrichen, ist sie vielleicht erst nach dem Druck entstanden.*

	chungen und Anstreichungen Hofmannsthals im Zusammenhang mit einer geplanten Aufführung (vgl. ›Entstehung‹, S. 431, 5—17). Die angemerkten Eingriffe ausgeführt in 5 h³.
5 h³	Österreichische Nationalbibliothek, Wien (Nachlaß Lili Schalk) — Hugo von Hofmannsthal (Wien) Der Thor und der Tod. *Kopistenabschrift nach 4 D¹H. 21 fortlaufend paginierte, einseitig beschriebene Blätter.*
6 D²	Der Thor und der Tod. Von Hugo von Hofmannsthal. *Als Manuscript gedruckt. 16 S. 8°.* Druckvermerk: »Buch- und Kunstdruckerei von Knorr & Hirth (G. m. b. H.), München« ⟨1898?⟩. *Mit vier Vignetten von Fritz Erler.* *Vermutlich separater Vorabdruck von 7 D³.*¹
7 D³	Der Thor und der Tod Dichtung von Hugo von Hofmannsthal Zeichnungen von Angelo Jank. *In: Jugend. Münchner illustrierte Wochenschrift für Kunst und Leben. München u. Leipzig: G. Hirth's Verlag. IV. Jahrgang, Nr. 6, 4. Februar 1899, S. 86—⟨91⟩. 4°.*
8 D⁴	Der Thor und der Tod von Hugo von Hofmannsthal *Erschienen im Verlage der Insel bei Schuster & Loeffler. Berlin SW. 1900. 40 S.* Druckvermerk: »Gedruckt in der Officin W. Drugulin, Leipzig ... «²
9 D⁵	Der Thor und der Tod von Hugo von Hofmannsthal *Im Insel-Verlage zu Leipzig 1904. 44 S.* Druckvermerk: »Die fünfte Auflage dieses Buches wurde gedruckt bei Poeschel & Trepte in Leipzig.« *Titelvignette von Heinrich Vogeler.*
10 D⁶	Der Tor und der Tod 1893 *In: Kleine Dramen. Erster Band. Leipzig: Insel-Verlag 1907, S. ⟨55⟩—83.*

Der Abdruck in der ›Jugend‹ (7 D³) gibt zum ersten Mal die abschließende Fassung des Dramas. Der Text erscheint hier, von Hofmannsthal selbst sorgfältig redigiert, in seiner relativ korrektesten und einwandfreiesten Gestalt. Die Eigentümlichkeiten von Schreibung, Zeichensetzung und Versanordnung der handschriftlichen Vorlage sind weitgehend bewahrt. Die Textgestaltung der drei folgenden Drucke belegt die besondere Qualität von 7 D³: 8 D⁴ geht auf den Hofmannsthals Redaktion nur teilweise vollziehenden Separat-Abdruck 6 D² zurück; 9 D⁵ (mit Berücksichtigung des Druckfehlerverzeichnisses von 8 D⁴) und 10 D⁶ gleichen dieses »Versehen« wieder aus, indem sie der Redaktion 7 D³ als den verbindlichen Druck zugrunde legen. Daß dies auf Hofmannsthals Anweisung hin geschieht, läßt sich auch aus vereinzelten, von ihm selbst vorgenommenen oder doch geduldeten

---

¹ Beide Drucke mitveranlaßt durch die Münchner Uraufführung vom 13. November 1898. Die von Hofmannsthal selbst nach der Reinschrift vorgenommene sorgfältige Redaktion in zwei Stufen im Druck berücksichtigt: bei gleichem Satz z. B. die Änderungen im Wortlaut schon in 6 D² durchgeführt, die Versehen des Erstdrucks aber z. T. erst in 7 D³ beseitigt.
6 D² vielleicht schon zur Uraufführung ausgegeben, als schlichtes Heftchen ohne Umschlag (ein solches Exemplar in der Bibliothek Anton Kippenbergs, Deutsches Literaturarchiv, Marbach a. N.); ein in grünes Saffian gebundenes Exemplar in Hofmannsthals Bibliothek (ein solches Exemplar angeboten bei Gutekunst & Klipstein, Bern, Versteigerungs-Katalog XXXV, 1945, Nr. 21, dort mit beigebundenem Brief Hofmannsthals vom 3. XI. 25, in dem er das Bändchen als Sonderdruck aus der ›Jugend‹ bezeichnet).
Die Vignetten von Erler ohne inneren Zusammenhang zur Dichtung; die Zeichnungen von Jank alle signiert »98«.
² Die 4. Auflage, ein unveränderter Abdruck vom September 1902, mit einem »Druckfehler-Verzeichnis« am Schluß.

Änderungen im Wortlaut herleiten: So heißt es seit dem »Druckfehler-Verzeichnis« in V. 465 webend *statt* bebend *und ab 10 D⁶ in V. 39* ganzes *so statt* ganzes, mein, *in V. 526 nur* statt *ein. Die Variante in V. 465 setzt die Kenntnis der Reinschrift voraus, in der* bebend *aus* webend *korrigiert ist, und nach der auch sonst schon in dem »Druckfehler-Verzeichnis« eine Reihe von Berichtigungen vorgenommen ist. Wegen nachweisbarer Mitwirkung des Autors an der Textgestaltung insbesondere von 10 D⁶ und trotz der zusätzlichen Eingriffe der Korrektoren im Sinne einer weitgehenden Normalisierung und daraus resultierender Fehler, Versehen und Ungenauigkeiten ist dem Text 10 D⁶ zugrunde gelegt worden.*

11 D⁷   Der Tor und der Tod 1893 *In: Gedichte und Kleine Dramen. Leipzig: Insel-Verlag 1911, S. 112–131.*

12 D⁸   Der Tor und der Tod von Hugo von Hofmannsthal *Mit drei radierten Vignetten von E. R. Weiß. Zehnte Auflage. Erschienen im Insel-Verlag zu Leipzig 1912. 40 S. Druckvermerk: »Die zehnte Auflage erschien als einmalige Vorzugsausgabe in 300 numerierten Exemplaren. Druck der Spamerschen Buchdruckerei in Leipzig ...«*

13 D⁹   Der Tor und der Tod von Hugo von Hofmannsthal *Im Insel-Verlag zu Leipzig ⟨1913⟩. 32 S. (Insel-Bücherei Nr. 28) Druckvermerk: »Gedruckt in der Spamerschen Buchdruckerei in Leipzig.«*

14 D¹⁰   Der Tor und der Tod von Hugo von Hofmannsthal *Druckvermerk: »Hugo von Hofmannsthals Drama ›Der Tor und der Tod‹ ließ Klaus Blanckertz für seine Freunde im Januar 1923 mit freundlicher Genehmigung des Insel-Verlages, Leipzig, in einer einmaligen Auflage von 40 numerierten Stücken in der Reichsdruckerei, Berlin, herstellen. Die beiden Originalradierungen sind von Sepp Frank, München. Nummer 1 wurde auf Kaiserlich Japan abgezogen. Jedes Exemplar wurde vom Dichter und vom Künstler signiert.« 38 S.*

15 D¹¹   Der Tor und der Tod *In: Gesammelte Werke. Erster Band. Berlin: S. Fischer Verlag 1924, S. 133–153.*

VARIANTEN

NOTIZEN

N 1

Der neue Todtentanz. (Der Thor und der Tod.)

Bettelweib.
Der blasse Mann mit zugepressten Lippen. (Du hast mich an Dinge gemahnet
　die heimlich in mir sind)
　er gieng einem fernen tiefen Zwecke nach
Mutter.　orgiastisch mythisch, als Glied durch das er mit der Erde zusammenhängt
1ᵗᵉˢ Mädchen.　Volksliedton
2ᵗᵉˢ Mädchen　Du warst ein ganzes und auch ich war ganz
Einer, den er in den Tod getrieben hat.　Schuld?
3ᵗᵉˢ Mädchen.　Gioconda

Anfang. Die Landschaften hintereinandergelagert,
eine jede das Bette für Thaten Wunsch u Glück
eine durchsonnt bergig (Hölderlin)
eine am Meere, amalfitanisch-thätig,
eine schattig, sinnend, mysteriös

435,32 (Der Thor und der Tod.) *Nachtrag*
435,34—36: Mit Stift gestrichen
Du ... sind *und nach Stenographie*
435,37f. das ... zusammenhängt *Stenographie*
435,40 und ... ganz *Stenographie*

N 2

        Todtentanz.

3tes Mädchen:

N 3

Ach wie ists möglich dann
Dass ich dich lassen kann
Füllst wie ein heisser Traum
Also mein Denken an
Dass ich bei Tag und Nacht
Nicht hab zu denken Macht
Noch mich bxx xxx

436,15 möglich dann *Stenographie*
436,20 Nicht hab *gestrichen*
436,21: gestrichen

N 4

Ich wandte mich und sah, wie es unter der Sonne zugehet, dass zum Laufen nicht hilft schnell sein, zum Streit hilft nicht stark sein, zur Nahrung hilft nicht geschickt sein, zum Reichthum hilft nicht klug sein. Dass einer angenehm sei, hilft nicht, dass er ein Ding wohl könne, sondern alles liegt an der Zeit und dem Glück. (Prediger, 9, 11)

Motive: Tod sagt: Schmähe das Mädchen nicht, an ihrer Liebe lebtest Du das Leben.

Beim Vorübergehen dieser lebendigen Todten hat er die Wallung von Schwindel, das ϑαυμαζειν, wobei man plötzlich über die ganze Existenz staunt. Das Leben kommt ihm einen Augenblick vor wie ein Traum, eine Fata Morgana eine Sinnestäuschung. Dann erkennt er diesen Phantasmen, an die ihn tiefe Gefühle knüpfen, die höchste allein wirkliche Realität zu. (Lösung des absoluten Idealismus)

436,27 stark ... zur *Stenographie*
436,31 Liebe *davor gestrichen:* einfältigen

VARIANTEN 437

N 5
Apostel Paulus:
»Und wenn ich weissagen könnte und wüsste alle Geheimnisse und alle Erkenntnisse und hätte allen Glauben, also dass ich Berge versetzte und hätte die Liebe nicht, so wäre ich nichts.«

Grundton für die Mutter: Ich litt um Dich grosse Schmerzen
Du sagst zum Schmerz: Ich kenne Dich nicht

N 6
Eldorado

$1\ H^1 - 15\ D^{11}$

61	*Motto der Reinschrift:* Adstante morte nitebit vita. $2\ H^2$
62, 4–9:	Claudio's Mutter eine Geli⟨ebte⟩ ein Jugend⟨freund⟩ x Clau⟨dio⟩ Todte eine andere Geliebte
	Claudio's Empfangszimmer. Costüm der Congresszeit. $1, 1\ H^1$
	437, 14: davor: fre⟨und?⟩
63, 1–9:	*fehlt* $1\ H^1$
63, 10:	Märznacht. $1\ H^1$
63, 25:	*aus* *(1)* Der Schrecken Pans, *(2)* Erschreckt sie Pan, der Schreck birgt grause Lust Der Einsamkeit, des Jägerganges $1\ H^1$

63, 27f.	die ... Luft. *aus (1)* und Abends wiegt sie lind
	In Schlaf das laue *(a)* Lispeln
	        (b) Wehen in dem Wind
	    (2) und wenn sie müde sind
	So fällt der Schlaf aus den verträumten Weiden.
	    (3) die wilden Bienen sind
	Im hellen heissen Wind Gefährten ihnen $1\ H^1$

63, 28f.:	Anstreichung am Rand $4\ D^1H$
64, 3–14:	*gestrichen* $4\ D^1H$, *fehlt* $5\ h^3$
64, 3–6:	In $1\ H^1$ fast gleichlautend zunächst als Anfangsverse konzipiert, dann getilgt.

64,14: danach in 2 H², während der Niederschrift der pag. 2, eingeschoben, mit Stift später noch einmal bestätigt, schließlich mit Stift getilgt:
Indess in argonautenkühner Reise
Sie Knechte, Ruhm und hohen Sinn gewinnen,
Daheim die vielerfahr'nen klugen Greise
Dem Meer ein völkerbindend Recht ersinnen
Entwurf dazu in 1 H¹ nach V. 218f. (S. 70, 3f.) mit dem Vermerk Einzuschieben. *Hier* Sie *aus* Die Söhne

64,19 ganzes so] ganzes, mein *1 H¹–9 D⁵*

65,4: *Anstreichung am Rand 4 D¹H*

65,7: *Anstreichung am Rand 4 D¹H*

65,20: *danach:*
Blieb ich ohnmächtig so in mich gebannt,
Doch hab ich eine innre Welt gekannt:
Mit unlebend'ger Luft die schattenhafte Welt
Daraus die tiefste Angst uns rätselhaft befällt
Als Reif und Rost für unsre jungen Seelen
Und Larven, die dem Frohen sich verhehlen.
Der Seele gottverfluchte Hundegrotte,
Am tiefsten Leben tödtlicher Verdacht
Des Fühlens Abgrund, Ausgehn alles Lichts
Aufwachen in der grenzenlosen Nacht
Und Anblick des medusengleichen Nichts!
2 H², 3 D¹ (in eckigen Klammern), 4 D¹H (gestrichen)

65,31–66,30: *gestrichen 4 D¹H, fehlt 5 h³*

65,37: *danach 2 H²:*
...
Wie oft hab ich mir solches vorgestellt:
Ich fasst es nicht, es war nicht meine Welt.

66,16–20: *Reihenfolge in 2 H² zunächst: 16–18, 20, 19, dann umgestellt: 17, 16, 18–20.*

66,35: *Anstreichung am Rand 4 D¹H*

67,4 künft'gen Lebens vorgeliehnen] künftger Wesen *(nachträglich aus* Rechte*)* vorgeliehner *1 H¹*

67,8 genossen] erlebet *1 H¹*

67,14: *aus*
(1) Wie (a) angstgepeitschte
(b) toll erschreckte Pferde scheut der Sinn
Vor Nichts; für eine Schlange nimmt er hin
Das Leben das ein Strick im weissen

VARIANTEN 439

        (2)¹ Das Leben ist ein Trugbild, wie ein Strick
             Im Sand, der einer Schlange:
        (3)   Das Leben dünkte mich ein Augentrug
             Ein Strick im Sand für eine Schlange gehalten
             Davor dann *(a)* toll erschreckt
                        (b) Pferde scheu'n vor Schreck⟨en⟩ toll
             So scheuen wie toll wir vor *(a)* Truggestalten.
                                (b) Phantasiegestalten.
                                (c) Nachtgestalten.
                                (d) Truggestalten.²
             Und wie in glitzernd *(a)* glühendem
                          (b) heissem Wüstensand
        (a) Die Sonnenstrahlen
        (b) Die Sonne
        *(c)*³ als einen Wasserspiegel blinken macht
             So lechzen wir nach trügerischem Wunderland
             Und alles ist ein *(a)* ohne Sinn
                        (b) toll gewobner Traum der Nacht *1 H¹*

69,9:   davor in *1 H¹* mit Tinte (bei der Weiterverwendung des Blattes mit Stift gestrichen):
            (1) Buddha
            (2) Du schöne *(a)* allmächtige
                              (b) heilige Puppe
            Mit träumeschweren Augenlidern
            Erzähl von den Wäldern am heiligen Strom
            Den dämmernden Wäldern, mit riesigen stillen
            Rubinenbesetzten schwarzen Vögeln

69,33   alle Herzen nährt,] nährt und lohnt und ist, *1 H¹, 2 H², 3 D¹, 4 D¹H, 5 b³*

69,35:   Das heut der Geist nur wie im Traum ermisst. *1 H¹, 2 H², 3 D¹, 4 D¹H, 5 b³*

69,36   Tön] Kling *1 H¹, 2 H², 3 D¹, 4 D¹H, 5 b³*

70,13   Göttlich-Menschliches] Göttlich-Menschlichstes *1 H¹, 2 H²*

70,21   Tod *dazu am Rand:* Costüm angeben *4 D¹H*

70,33:   Sieh her wirf die ererbte Angst von Dir *1 H¹*

70,36:   Des Seins Erhöher einer *(1)* steht vor Dir.
                           (2) steh ich hier. *1 H¹*

---

¹ *Ungestrichen.*
² *Unter der Zeile:* erlog⟨en⟩.
³ *Variation ohne Ersatztext abgebrochen.*

70,37–   A (1) Mein Wesen hat Dich angehaucht
71,13:   (2) Es hat Dich meine Ahnung angehaucht
               (3) Gerad in allen besten Augenblicken
               (1) Wenn
               (2) Vom (a) Sein
                      (b) Dasein
               (3) Hat Dich von mir die Ahnung (a) angehaucht
                                               (b) angeweht
            B In (1) feierlicher
                 (2) reifer
                 (3) blüthenreifer Sommerfeier
               Wenn allen Lebens Herzschlag stille steht
               (1) Hat Ahnung Dich von mir durchschauert
               (2) Und goldne Blätter leise niederschweben
                   Hat dich mein Athem angeweht
               Im heissesten Gebet, im tiefsten Beben
               Erfüllter Liebe, im berauschten Schwung
               Der (1) That
                   (2) Wirksamkeit in jeder grossen Stund⟨e⟩
               (1) War webend ich
               (2) Ich webte Dir im dunklen (a) Grunde
                                            (b) Seelengrunde
               (1) Wenn (a) Dich Gefühle drängend überfüllten
                        (b) sich das Gefühl Dir drängend ⟨füllte⟩
                   Das Ungeheure als verwandt enthüllte
                   Aufschauernd aus dem Lebensschoss
               (2) Wenn aus (a) der Fülle die Gefühle
                   Dich plötzlich bangend über
                            (b) dem Schwalle der Gefühle
                   Dich plötzlich Bangen (1) überlief
                                         (2) überkam
                                         (3) überflog
                                         (4) übermannt
                   Ich war's der dich im Frühlingsgähren
                   Wie rätselhafte Bang⟨nis⟩ übermannt
                                         (5)¹ überrann
               (1) Ich machte
               (2) Als Angst im Frühling, als beklommnes Weinen
                   In tiefster Lust, als rätselhaftes Locken
                   Nach (1) einem andern Sein, als aller Pulse Stocken
                        (2) vergess'ner Fernen Sein, als plötzlich Stocken
                        (3) halbvergessnem Sein, als plötzlich Stocken
                   Und Nicht-begreifen Dich und alle Deinen

---

¹ Zeile 34 nicht ausdrücklich mitgestrichen.

VARIANTEN

```
           C Die (1) vollen
               (2) saftig
                 (3) saftgeschwellten (a) goldnen rothen
                                     (b) rostiggoldnen Trauben
             Schneid ich mit goldner Schere leise ab
             Die frommen (1) Menschen, reif im Glauben
                         (2) Mädchen, goldig süss
             Die werf ich lächelnd in ein selig Grab
           D (1) Wenn in der stillen Sommerfeier
                 Durch goldne Luft (a) die Blätter niederschweben
                                   (b) ein Blatt herniedersch⟨webt⟩
             (2) Wenn Dir
             (3) Wenn in der stillen lauen Sommerfeier
                 Durch goldne Luft ein Blatt zur Erde schwebt
15               (1) Hat Dich mein Athem angehaucht
                     Der (a) goldig
                         (b) traumhaft um die reifen Dinge webt
                 (2) Dann hat Dich mein laues Wehen angeschauert
                 (3) Hat Dich mein Hauch gestr⟨eift⟩
20               (4) Dann hat Dich mein laues Wehen angeschauert
                     Das traumhaft um die reifen Dinge webt
                 Die Angst im Frühling, das beklommen Weinen
                 In tiefster Lust (1) von allen grossen Stunden
                                  (2) und jenes plötzlich Stocken
25               Und nicht begreifen
                                  (3) es ist von mir gesandt
                 (1) Gerad in allen (a) tiefsten
                                    (b) besten Augenblicken
                 (2) in allen Deinen besten Augenblicken
30               Hast du im Tiefsten meine Macht erkannt
           E In (1) lauer
                (2) reifer stiller Sommerfeier
             Wenn allen Lebens Herzschlag stille steht
             Wenn Überfülle der Gefühle
35           Mit warmer Fluth die (1) tiefsten Wurzeln drückt
                                  (2) tiefste Seele drückt
                                  (3) Seele zitternd füllt
             Wenn sich in plötzlich⟨em⟩ Durchzucken
             (1) Unendliches als nah
40           (2) Das Ungeheure als verwandt enthüllt
             In jeder (1) lebenswerthen
                      (2) wahrhaft grossen Stunde
             (1) Bei allem was dich
             (2) Die schauern (a) Deinen Erdenstoff
45                            (b) Deine Erdenform gemacht
             (1) Hast Du bewusst vielleicht
             (2) vielleicht bewusst im dunklen Herzensgrunde
             Gleichviel Du hast an mich gedacht 1 H¹
```

71,15:   Genug. Du hast das Grau'n von mir genommen 2 H²; fast gleich-
         lautend 1 H¹

72,11f.: Kreuzwege war⟨en⟩ rechts und links. Vielleicht
         Hätt ich wo anders (1) hundert mal
                            (2) mein
                            (3) vielleicht
                            (4) mein Geschick erreicht
         (1) Vielleicht war mir der Gott am Weg begegnet
         (2) Und bin am Weg dem Gott begegnet
         Mit dem man ringt bis dass er einen segnet.
         ab hier getilgt:
         So ist der Strom mir fremd vorbeigerauscht
         Der und der ging ein Stück mit mir und dann
         Hab ich nicht ganz Gefühltes eingetauscht
         So gegen halb verstandnes, stumpf im Bann
         Gefühle stiegen auf wie Luft im (1) Glas
         Und platzt⟨en⟩
                            (2) Wasserkrug
         Um wieder zu zergehen: ich vergass
         Zuweilen, dass ein Ding *1 H¹*

72,26   Drang] Blut *1 H¹*

72,32   tiefste Lebenssehnsucht] (1) ganze Angst des Lebens
                                  (2) ganze Lebenssehnsucht
                                  (3) ganze tiefste Sehnsucht *1 H¹*

73,3f.: *Anstreichung am Rand 4 D¹H*

73,30   einmal] dreimal *6 D²–8 D⁴*

74,14   klein] klein (abmessend:) »so klein« *2 H²*

74,17:   *danach eingefügt:*
         herhallend auf dem Pflaster endlich ach *1 H¹*

74,37   CLAUDIO *danach:* schreiend *4 D¹H (hs. nachgetragen), 5 b³*

75,19f. eines ... Volksliedes.] des Volksliedes: »Ach wie ist's möglich dann,
         dass ich Dich lassen kann!« *2 H²*

75,35–   — ah der Duft ... Grab] solcher Duft
76,1   Der (1) feuchten
                (2) nassen Bäume (a) um uns beide flog
                                 (b) alles das ist hin
         Todt, schal und grauenhafte Öde¹ *1 H¹*

76,5   müd, die] müde, *1 H¹, 2 H², 3 D¹, 4 D¹H, 5 b³*

---

¹ *Zeile 37 gestrichen.*

VARIANTEN

76, 22   Erstorbnes wach.] Gebrochnes ganz. 1 H¹

76, 27: danach:
Nicht wie Erinnerung an Dich in mir
Ein brennendes und unfruchtbares Leid — ..
1 H¹, 2 H², 3 D¹ (in eckigen Klammern), 4 D¹H gestrichen

76, 28—30: Nur wie wenn einer einen alten Schrank
Den langgeschlossnen öffnet und der Duft
Der schnell verwehte flüchtig ihn gemahnt
An irgendwo vergessne leise Lust 2 H²; Alternativvariante auf der
leer gelassenen unteren Hälfte von pag. 20, flüchtig und mit dünnerer
Feder geschrieben.

76, 36—   Lebst Du noch immer, ewig spielend
78, 27:   Liest immer noch Horaz und freuest Dich
Am (1) greisenhaften,
    (2) spöttisch klugen (a) niegerührten
                        (b) niebewegten Sinn?
Mit (1) sanften
    (2) feinen Worten bist Du mir genaht
Scheinbar (1) ergriffen
          (2) gepackt von was auch mich bewegte
Ich hab Dich sagtest Du gemahnt an Dinge
Die heimlich in Dir schliefen wie der Wind
Der Nacht von fernem Ziel zuweilen redet.¹
A ja ein feines Saitenspiel im Wind
Mehr bist Du nie gewesen. Wie ich
Frei, hingeworfen alles was mich hielt,
Ein (1) Trunk⟨ener⟩
    (2) selig trunkener Geächteter
(1) Am (a) Strassengraben
       (b) Kreu⟨zweg⟩
       (c) Weg verborgen Deiner harrend lag
(2) Zwei Nächte des Genossen harrend stand
Mit Dir hinauszugehen in das Volk
Gefüllt vom Wehen des empörten Geists
Mit einem Ziel und Willen in der Brust
(1) Und Flammenworten auf den Lippen da
(2) Zu kämpfen (a) auszuharren²
              (b) mitzureissen und zu dulden
Wer da nicht kam, warst Du.
Im Spielberg lag ich meine sieben Jahr
Und aus den Kerkerthoren gieng mein Weg
Mit Armen selig ausgebreitet so

¹ redet. danach Einweisungszeichen; vgl. auch S. 444, 13—25 u. Anm. 2.
² auszuharren ungestrichen.

In dieser *(1)* harten
   (2) scharfen Klinge *(a)* kal⟨ten⟩
          (b) herben Tod
   (3) Mörderklinge herben Tod
Der mich in einen Strassengraben warf
Worin ich liegend langsam moderte
Um Dinge die Du nicht begreifen kannst.
Und dreimal selig bin ich gegen ⟨Dich⟩
Der *(1)* niemand
  (2) keinem etwas war, wie keiner *(a)* Dir
           (b) ihm

Claudio[1]

Es muss etwas geschehen sagte ich,[2]
Das Volk ist elend. *(1)* Willkür geht vor Recht
      (2) Und Du stimmtest bei
      (3) Hunger liegt auf ihm
Und *(1)* Willkür
  (2) Her⟨rschsucht⟩
  (3) Trägheit geht vor Recht.
(1) Du machtest
(2) Dafür sind wir, *(a)* riefst, sind
      (b) Du riefst es, wir sind da
Um dem zu wehren, *(1)* jung noch
      (2) und *(a)* wir wollen es.
        (b) Du bebtest auf[3] *1,1 H¹, erste Fassung der Rede des Freundes; zweite Fassung (1,2 H¹ u. 2 H²) in der Anfangspartie mit Rückgriff auf 1,1 H¹.*

77, 35   webend] bebend *1,2 H¹, 2 H² (aus* webend*), 3 D¹, 4 D¹H, 5 h³*

78, 20   Ja,] Und *1,2 H¹, 2 H²*

78, 29   *Vornotat zu einer nicht ausgeführten Antwort Claudios auf die Rede des Freundes; vielleicht zu beziehen auf S. 444,12 (vgl. Anm. 1):*
Was fluchst Du mir? Kannst Du denn nicht begreifen, dass ich alle diese Dinge wie durch einen Schleier gesehen hab Wie man auf der Gasse geht da kommt ein Leiermann, dann kalter Wind, dann *(1)* Pöbel *(2)* bringen sie einen Dieb und dann begegnet einem irgendwo ein Mensch mit Zügen an denen der Schmerz leise zerrt man denkt einen Augenblick an ihn. *1,1 H¹*

---

[1] Am linken Rand, evtl. Vormerkung zu einer Entgegnung Claudios; vgl. unten, S. 444, 30—37.
[2] Die folgenden Verse, durch einen größeren, teilweise mit spielerischen Skizzen ausgefüllten Zwischenraum deutlich abgesetzt, gehören in den Zusammenhang der Rede des Freundes, vielleicht mit Bezug auf das Einweisungszeichen S. 443, 23 (vgl. ebd., Anm. 1).
[3] Du *und auf* Stenographie *(Lesung unsicher).*

VARIANTEN   445

  78, 34: *danach:*
       – Was ist ihm Hekuba, um die er klagt? – *1 H¹ (eingefügt), 2 H²,*
       3 D¹, 4 D¹H (gestrichen)
  78, 36: *aus*
       So gieng¹ ich über diese *(1)* Leben wertlos hin
            (2) Leben⟨s⟩bühne hin *1 H¹*
  79, 1   lehren ... sehen,] erst das Leben lernen seh'n. *1 H¹*
       erst das Leben lehren sehen *2 H², 3 D¹, 4 D¹H, 5 b³*
  79, 19f.: Wer sagt mir dass die *(1)* endlos
            (2) leblos lange Zeit
       Nicht weniger enthält als diese Stunde
       (1) Ist nicht
       (2) Denn was im Wesen
       (3) Voll Leben, denn im tiefsten Grun⟨de⟩
       Was ist denn *(1)* nahe was ist weit?
           (2) eng was nenn ich weit
       In eine Stunde kannst Du Leben pressen
       Mehr als *(1)* die
           (2) in allem Leben war enthalten, *1 H¹*
  79, 24   nur] ein *1 H¹, 2 H², 3 D¹, 4 D¹H, 5 b³, 6 D²–9 D⁵*
  79, 28–30: *daneben am linken Rand:* er wird immer schwächer *2 H²*
  79, 30f.: *aus*
       Dann war ich doch Du hast mir erst gegeben
       Was Du zu nehmen kam⟨e⟩st dieses Leben *1 H¹*
  80, 4:   *danach:*
       (1) Und sich im riesenhaften Kreise²
       (2) Und *(a)* ster⟨ben⟩
          (b) elend sind wenn sie ⟨im⟩ Riesenkreise
       Nicht nachgedacht in ihrer eignen Weise *1 H¹*
  80, 4:   Im Ewig-dunklen Wege finden ...
       1 H¹ (ohne Bindestrich), 2 H², 3 D¹, 4 D¹H, 5 b³ (ohne Bindestrich)
  80, 6–8 Im ... Gestalt. *fehlt 1 H¹, 2 H², 3 D¹, 4 D¹H, 5 b³*

---

¹ So gieng *offenbar zum Zeichen der Änderungsbedürftigkeit unterschlängelt.*
² *Nach S. 79, 4 in der Mitte der Zeile:* Kreisenden.

ZEUGNISSE · ERLÄUTERUNGEN

ZEUGNISSE

1893

8. Februar 1893, Otto Julius Bierbaum an Hofmannsthal
Besten Dank für die freundliche Übersendung Ihrer schönen Musen-Almanach-
besprechung in der Deutschen Ztg. Besonders freut es mich, daß ich dadurch auch
in den Besitz Ihrer Adresse gekommen bin und Sie nun direkt um Mitarbeit am
M.M.A. für 1894 bitten kann. Ich mußte dies bisher durch Hermann Bahr thun,
dessen Adresse mir übrigens gleichfalls unbekannt ist, sodaß ich über Linz schreiben mußte. Ich denke aber doch, daß es Ihnen ausgerichtet worden ist, gebe mich
auch der Hoffnung hin, daß Sie etwas senden werden. Es wäre mir lieb, wenn
das recht bald geschähe. Der M.M.A. muß bogenweise abgesetzt werden, hungert
also jetzt schon nach Manuskript.
        (FDH / Dauerleihgabe Stiftung Volkswagenwerk)

21. April 1893, an Arthur Schnitzler
Ich werde[1] mit meinem Einacter Sonntag fertig und möchte daß wir den nachmittag 4—9 miteinander verbringen, Land oder Stadt, damit ich ihn vorlesen
kann, natürlich nur unter uns 5 (die Hex mitgerechnet).   *(BW 38)*

23. April 1893, Eintragung im Tagebuch
›Der Thor und der Tod‹ vollendet und bei Hofmann vorgelesen.
        (H VII 4.75)

23. April 1893, Arthur Schnitzler, Eintragung im Tagebuch
Sonntag. — Diese Morgenstimmungen jetzt! — Gräßlich. Ich war bei Salten. —
Nachm. Bei Richard, dort Loris, Salten, Schwarzkopf. — Loris las vor: Der ›Thor
und der Tod‹. — Schön! Traurig!   *(Jugend in Wien, S. 155)*

⟨*Mai 1893*⟩, *an Hermann Bahr*
Können Sie irgend etwas für einen fertigen Einacter von mir thuen? (Format des
›Gestern‹ 600 Verse, Alt-Wiener Kostüm, tragédie-proverbe) Ich meine anfragen,
ob irgend eine Zeitschrift ihn möglicherweise nehmen wollte (Moderne Kunst?
er ist ganz familienblattmässig; oder sonst ...)
 Es wäre mir natürlich ganz angenehm, aber ich will Ihnen absolut keine Mühe
machen. Nur wenn Sie zufällig mit jemand zusammentreffen.
    (Abschrift; FDH / Dauerleihgabe Stiftung Volkswagenwerk; B I 75)

---

[1] *Druck- oder Lesefehler im BW (wurde) nach Maßgabe des Materialbefundes berichtigt.*

30. Mai 1893, an Edgar Karg von Bebenburg

Auch geschrieben habe ich in der letzten Zeit hübsch viel; ein kleines einaktiges, sehr trauriges Theaterstück und sonst noch eine Menge Verse. Abends besuche ich dann hie und da ein paar Menschen: eine liebe, gescheite alte Frau, einen Freund, der Bücher schreibt, ein junges Mädel, das nicht besonders gesund ist, oder ich geh' aufs Land oder ins Burgtheater, wo's jetzt sehr kühl ist. Vielleicht wird mein kleines Stück, bis Du wiederkommst, aufgeführt. *(BW 33)*

22. Juni 1893, Otto Julius Bierbaum an Hofmannsthal

Mit vielem Danke, lieber Herr von Hofmannsthal, bestätige ich Ihnen den Empfang Ihrer Manuskripte. Ich nehme das Versdrama für den M.M.A. und reiche Ihnen die Gedichte, über die ich übrigens nicht so abschätzig urteile, wie Sie, zurück. — *(FDH / Dauerleihgabe Stiftung Volkswagenwerk)*

8. Juli 1893, an Felix Salten

Ich arbeite an einem größeren Aufsatz über einen italienischen Dichter[1], mit dem ich Euch und andere Freunde bekannt machen möchte, dann möchte ich das kleine ägyptische Stück[2] anfertigen, so Gott will, mit recht tüchtigen, lebendigen kleinen Puppen. Später die ›Landstraße des Lebens‹, ein allegorisches Gegenspiel zum ›Tor und Tod‹. *(B I 84)*

9. Juli 1893, Münchener Kunst- und Verlags-Anstalt Dr. E. Albert & Co. an Hofmannsthal

Anliegend beehren wir uns Ihnen die erste Correctur und das Manuscript Ihres für den ›Modernen Musen-Almanach 1894‹ bestimmten Beitrages ›Der Thor & der Tod‹ mit dem hoeflichen Ersuchen zu übermitteln, dieselben uns nach Durchsicht gef. umgehend zu retourniren. Wenn gewünscht senden wir auch die 2te Correctur, welche wir aber dann an die Adresse des Redacteurs des genannten Werkes, des Herrn Otto Julius Bierbaum, »Auf der Öd« Post Benerberg zu retourniren bitten.

1 M.S.
1 Correctur *(FDH / Dauerleihgabe Stiftung Volkswagenwerk)*

15. Oktober 1893, Arthur Schnitzler, Eintragung im Tagebuch

Nachm. vor Loris, Salten, Richard die ›Kleine Komödie‹ vorgelesen, die sehr gut gefiel. — Dann Loris, Thor und Tod zum 2. Mal, tiefsinnig, von hoher Formvollendung. — *(Abschrift; Deutsches Literaturarchiv, Marbach a. N.)*

22. Oktober 1893, Arthur Schnitzler, Eintragung im Tagebuch

Sonntag. — Bei mir Richard Mandl, der uns einige seiner reizenden Compositionen vorspielte und vorsang. — Loris las Thor und Tod. Salten, Richard.
(Abschrift; Deutsches Literaturarchiv, Marbach a. N.)

---

[1] Gabriele d'Annunzio (I), Erstdruck: Frankfurter Zeitung, 9. 8. 1893 (vgl. P I 147–158).
[2] Das Urteil des Bocchoris, Nachlaß.

28. Oktober 1893, an Marie Herzfeld

Ihr moderner Münchener Musenalmanach (O. J. Bierbaum) enthält neben vielem Mist einen Einacter von mir, den ich mich an der ›Burg‹ anzubringen bemühen werde. (BW 38)

1. November 1893, Arthur Schnitzler, Eintragung im Tagebuch

Nachm. Loris, Salten, Richard, Schwarzkopf. — Thor und Tod musikalisch.
(Abschrift; Deutsches Literaturarchiv, Marbach a. N.)

3. November 1893, Richard Dehmel an Hofmannsthal

Jetzt las ich aber, las und las, Ihr großes Geigensolo im Musenalmanach, und nun kann ich's doch nicht länger lassen; und Alles, was Sie selbst sich Stolzes sagen in höchsten Augenblicken, das sage ich Ihnen auch. Und allen Dank dazu für viele Stunden seltenster Ergriffenheit, und daß Sie nie müde werden mögen, sich uns Wenigen so mitzuteilen

»*in Formen, die unendlich viel bedeuten,
gewaltig schlicht im Nehmen und im Geben*«!
Den Wenigen werden einst die Vielen folgen. (HB 21/22, 1979, 3)

1894

4. Januar 1894, einzelnes Notizblatt

Der Thor und der Tod.
Worin liegt eigentlich die Heilung?
Dass der Tod das erste wahrhaftige Ding ist, das ihm begegnet, das erste Ding, dessen tiefe Wahrhaftigkeit er zu fassen im Stande ist; ein Ende aller Lügen, Relativitäten und Gaukelspiele
davon strahlt dann auf alles andere Verklärung aus. (H VB 1.3; A 106)

20. Januar 1894, Richard Dehmel an Hofmannsthal

Sie gehören zu den reinsten Künstlern, die ich unter uns Dichtern kenne, nicht den heutigen blos — das würde nicht viel sagen — nein unter allen Dichtern. Und trotzdem sind Sie ganz und gar ein Dichter, was so selten mit der reinen Künstlerschaft gepaart ist. Ich lese immer wieder in ›Thor und Tod‹, nachdem ich all die andern Almanachler schon längst beiseite gelegt habe ...

Ihnen aber, Liebster, kann man nur ein Einziges noch wünschen, und dies Einzige wird Ihnen in Erfüllung gehen, weil Sie es selbst mit dieser starken Thorentodessehnsucht wünschen: daß Sie — in Lust oder Schmerz — die eine große seelische Erschütterung erleben und bestehen mögen, die Ihren edelsten Eigenwillen mit Vernichtung bedrohen wird. Sie werden sie bestehen — das sagt mir Ihre Kunstform: sie schreitet mit dem lächelnden Schritt des Siegers, der selbst da schon eignes Ziel verrät, wo er noch auf vorgebahnter Straße geht.
(HB 21/22, 1979, S.11f.)

2. Februar 1894, an Ernst von Wolzogen

Bahr erzählt mir, daß Sie mir die Ehre erweisen möchten, einen Einacter von mir, der keinen Apparat erfordert, zwischen einem Berliner Stück und l'Intruse zu spielen. Ich brauche Ihnen wohl nicht erst zu sagen, daß Sie mir schon mit der bloßen Absicht eine große Freude gemacht haben.

Wollten Sie's nicht mit ›Der Thor und der Tod‹ versuchen, der im Münchener modernen Musenalmanach 1894 steht? Der braucht weder Costüme noch Decorationen und ist einer gewissen menschlichen Wirkung schon durch seine Traurigkeit sicher.

Meine andern kleinen Sachen (›Gestern‹, ›der Tod des Tizian‹, ›der Centaur‹) brauchen Costüm und sind schließlich fürchterlich untheatralisch.

(FDH-II 16674)

4. Februar 1894, Carl August Klein an Hofmannsthal

die notiz Ihr ausscheiden angehend wird wie Sie richtig vermuten des takts nicht entbehren. ich knüpfe daran die betrachtung: wir konnten es keinem mitglied unseres kreises verwehren in den bezahlenden grossen tagesblättern zu ihrem lebensunterhalt zu schreiben, wol aber in so niedrigen konglomeraten wie Moderner Musenalmanach und tiefer stehenden sich zu verewigen. ich sähe darin fast ein erfordernis des takts. (BW HvH—George 71)

13. Februar 1894, Max Burckhard an Hofmannsthal

Über Ihren Wunsch bin ich so frei Ihre Dichtung ›Der Thor und der Tod‹ mit dem Beiliegenden zurückzusenden. Die von Ihnen angeführten Momente¹ würden allerdings dem Drama trotz seines tiefen poëtischen Gehaltes wenig förderlich sein.
(FDH / Dauerleihgabe Stiftung Volkswagenwerk)

25. Februar 1894, Richard Dehmel an Hofmannsthal

Letzten Montag las ich übrigens im Akademischen Dramatischen Verein den Tod des Thoren vor. Ich glaube, gut; leider vor sehr kleinem Publicum ...
(HB 21/22, 1979, S. 18)

⟨*16. oder 23. März 1894*⟩, *Arthur Schnitzler an Hofmannsthal*

Bitte sehr schicken Sie doch an Goldmann 75 rue Richelieu Ihre Sachen. Er schreibt mir oft drum. ›Tizian‹ und ›Tor und Tod‹ wenigstens. Von Albert ist in der Nouv. Revue² eine Besprechung des Musenalmanachs, in dem Sie u ich mit sehr viel Liebe behandelt sind. (Le génial Loris etc.). Vielleicht schreiben Sie dem Mann auch 2 Zeilen (Henri Albert, 25 rue Jacob.) (BW 51)

---

[1] Bei dem Text könnte es sich um 4 D¹ H handeln, die erwähnte Beilage hat sich bisher nicht gefunden.
[2] Vgl. Mercure de France, X, 1894, S. 243—246.

Juni 1892, Mai 1894, Eintragung im Tagebuch
Montaigne. que philosopher ..
einer der sich selbst überlebt (oder in der Hand des Todes sein Leben als abgeschlossen und vergangen erblickt) und über sein verlorenes, unverstandenes, zweckloses Leben weint.
[aus solchen Stimmungen ist der »Thor und der Tod« entstanden   Mai 1894.]
(H VII 4.35)

31. Juli 1894, Hermann Bahr an Hofmannsthal
Maeterlinck bittet mich (infolge der Kritik der Moderne) um Ihre Werke, für Lugné-Poe, den zweiten Antoine[1]. Schicken Sie ihm, Herrn M. in Gent, jedenfalls gewiß ›Thor u Tod‹.   (FDH / Dauerleihgabe Stiftung Volkswagenwerk)

⟨25. August 1894⟩, *an Richard Beer-Hofmann*
bitte schicken Sie mir ›Tor und Tod‹ wenns fertig nicht wahr?   (BW 36)

1895

5. August 1895, Leopold von Andrian an Hofmannsthal
Ich lese Deinen ›Tor und der Tod‹ und verstehe ihn sehr gut. Ich werde (im Herbst wahrscheinlich) eine Geschichte schreiben ›Der König, die Marschallin und der Geiger‹, die im Leben der Seele die symmetrische Figur zu Deinem Tor und Tod ist.   (BW 53)

1896

2. Oktober ⟨1896⟩, an Georg Hirschfeld
Ich danke Ihnen herzlich für Ihre lieben Briefe. Das Exemplar von ›Thor und Tod‹ ist mein letztes; daß nicht Sie, wie ich mir vornahm, sondern Brahm es bekam, ist so gekommen: Dr. Schnitzler glaubt mit dem Eifer, den man oft gerade für die Sachen seiner Freunde, nicht für die eigenen, hat, bestimmt an die Aufführbarkeit dieses kleinen Gedichts und ich hab ihm versprechen müssen, es sogleich an Brahm zu schicken, damit er mit ihm darüber reden könne.
(Privatbesitz)

⟨*Oktober 1896*⟩, *Georg Hirschfeld an Hofmannsthal*
Freue mich schon sehr auf ›Thor und Tod‹, das ich ja von Brahm bekommen werde.   (FDH / Dauerleihgabe Stiftung Volkswagenwerk)

---

[1] Aurélien Lugné-Poe (1869–1941) hatte 1893 im Interesse Maeterlincks und anderer Symbolisten in Paris das ›Théâtre de l'Œuvre‹ eröffnet, nachdem sich André Antoine (1857–1943), der Begründer des gleichnamigen Theaters und spätere Direktor des ›Odéon‹, dieser Gruppe widersetzt hatte.

ZEUGNISSE

31. Oktober 1896, Arthur Schnitzler an Hofmannsthal

Den Tor u. Tod hat Brahm gestern durchgeflogen u. will ihn morgen lesen. Die Besetzung hab ich ihm schon mitgeteilt. — (BW 76)

17. November 1896, Otto Brahm an Hofmannsthal

Ein guter Zufall hat mir zu ›Thor und Tod‹, für den ich schönstens danke, auch Ihren Artikel über Berger und die beiden Gedichte aus der ›Wiener Rundschau‹ in die Hand gegeben, so dass ich Sie gleich von drei Seiten beschauen konnte. ... Die hundert Feinheiten und tausend Schönheiten in Ihren Darstellungen erkenne ich freudig, und bewundere, wie Sie unsere Sprache, dieses alte Instrument, so oft neu tönen lassen, als hörte man es zum ersten Male; aber was der Thor von den Andern sagt: dass Natur sich ihnen zum Geschäfte gab, dass in allen ihren Wünschen Natur quillt — davon möcht ich auch ein wenig mehr zuweilen bei Ihnen spüren. Das grüngeäugte Scheusal Reflexion, das die jungen Wiener, wenn ich recht sehe, belauert, die Altenberg u.s.w., und die Gefahren der Manier, die allem nicht Erdgewachsenen drohen — ich weiss nicht ob nicht auch Sie, der Sie so viel mehr zu geben haben, sich gegen sie wappnen sollen. Mir ist z. B. in der Gestalt des Thoren es als ein ungestalteter Widerspruch erschienen, dass er von dem »wahren Trank des Lebens«, von dem »wahren Schmerz« zugleich nicht weiss und weiss; dass er, wie über vieles andere, über die Treue, als dem Halt des Lebens, erstaunlich klar ist — und doch sie erst lernen will. — Aber das sollen nur ein paar subjective, bescheidene Einwände sein ...

Für eine öffentliche Bühne halte ich das Gedicht nicht geeignet; eher könnte es auf einer Freien Bühne oder sonst bei einer besonderen Gelegenheit zum Vortrag kommen, und ich werde gern versuchen, Kainz oder Schlenther dafür zu interessieren. *(FDH / Dauerleihgabe Stiftung Volkswagenwerk)*

5. Dezember 1896, Otto Erich Hartleben an Hofmannsthal

Der Bahr meint zwar, ich tauge nicht zum Würdenträger, jedennoch hat mich die Dramatische Gesellschaft zu Berlin zu ihrem Vorsitzenden gewählt und so muß ich wenigstens versuchen, meine Pflicht zu thun.

Ich träume von einer Matinée, in der wir Ihre drei Einacter: ›Gestern‹, ›Tizians Tod‹ und ›Der Thor und der Tod‹ zusammen spielen könnten. Ich weiß zwar noch nicht, ob ich meine rationalistischen Herrn Collegen im Vorstand davon werde überzeugen können, aber immerhin — es wäre zu versuchen.

Nun hab ich aber nur den Thor u. den Tod, der im Musenalmanach von 94 steht. Die andern beiden hatt ich nicht. Diesen Thor und Tod müßte man ausschreiben lassen, wie? — Aber ›Gestern‹ und ›Tizians Tod‹ sind Sie wohl so gütig mir zu schicken und zwar, wenn ich bitten darf, in je 5 Exemplaren. Es ist Ihnen doch recht, wenn wir eine solche Matinée machen?

(FDH / Dauerleihgabe Stiftung Volkswagenwerk)

5. Dezember 1896, Georg Hirschfeld an Hofmannsthal

ich habe eben ›Thor und Tod‹ zum zweiten Mal gelesen und kann Ihnen nun danken. Jetzt hat es erst tief auf mich gewirkt — es ist sehr schön. Junge Schön-

heit, die Ihnen eigen ist — das Zarteste in unserer Zeit, das sich nach dem Stärksten sehnt. Glücklich ist es, daß Sie Wiener sind, und ich vermute auch, daß viel mehr klare Werte Sie auf Ihrem Wege bisher begleitet haben, — trotz allem Sturm, trotz aller Sehnsucht, — wie mich. Es ist eine Süße in Wien, die mich vielleicht noch mehr zwingt, sicher mehr, wie die, die sie von Anfang geatmet haben.
(FDH / Dauerleihgabe Stiftung Volkswagenwerk)

1897

28. März 1897, Arthur Schnitzler, Eintragung im Tagebuch
Abends Vorlesung im Bösendorfersaal, wohltätiger Zweck ... G⟨eorg⟩ H⟨irschfeld⟩ Die Beiden, Hugo Thor und Tod, ich Freiwild 1. Akt, Bahr Anekdote.
(Abschrift; Deutsches Literaturarchiv, Marbach a. N.)

24. Juni 1897, an Harry von Gomperz
Ich wäre Ihnen ferner wirklich dankbar, wenn Sie bei einer ganz zufälligen Gelegenheit das Folgende gesprächsweise gegen Ihren Herrn Vater erwähnen würden: er hat, ich glaube mehr als zweimal, von mir ein Exemplar von ›Tor und Tod‹ zu verlangen die große Güte gehabt. Es muß nun wie eine kaum entschuldigbare Unliebenswürdigkeit schon aussehen, daß ich ihm noch immer und immer keines geschickt habe. Es hat auch wirklich damit seine eigene Bewandtnis: mir ist dieser Einakter aus mehreren Gründen recht unerfreulich, vor allem stört mich ein schon unleidlicher Mangel an Proportion zwischen den einzelnen Teilen und so noch anderes. Sie werden ganz gut verstehen, daß ich mich überhaupt, bei solchem inneren Verhältnis zu dieser Produktion, scheue, es aus der Hand zu geben und gar an eine Person, deren Urteil mir ehrwürdig ist. (B I 211 f.)

1898

14. Februar 1898, Ria Schmujlow-Claassen an Hofmannsthal
Ich habe zu gleicher Zeit auch den ›weißen Fächer‹ in der ›Zeit‹ gelesen. Es scheint mir, daß Schwereres (in der Erkenntnis) niemals leichter gesagt worden ist wie hier, und daher niemals plötzlicher empfunden werden konnte, weil ja in der Leichtigkeit eben seine Wahrheit liegt. Dort aber in dem ›kleinen Welttheater‹, in den Worten des »jungen Herrn«, scheint mir dieses Schwere wieder ganz aufgehoben zu sein in einer neuen, freigeschaffenen, festeren Welt der Überwindung — in der Stimmung ähnlich wie Ihr früheres Gedicht: ›Der Jüngling in der Landschaft‹. Und dies vorzeitige Erkennen und Überwinden steht mir nun in einem spannenden Kontrast zu dem zu späten Erkennen des »Thoren«, den nur der Tod das Leben und die »Sünde des Lebens« überhaupt kennen lehren konnte. (FDH / Dauerleihgabe Stiftung Volkswagenwerk)

⟨23. März 1898⟩, an Georg Hirschfeld¹

Könnten Sie nicht vielleicht erfahren ob der Kainz irgendwo den ›Thor und den Tod‹ vorgelesen hat, ich musste ihm eine Abschrift davon schenken.

(Privatbesitz)

22. Oktober ⟨1898⟩, an Ludwig Ganghofer

Für Ihre gütige Zuschrift aufs Beste dankend ertheile ich natürlich mit Vergnügen meine Zustimmung und sehe näheren Nachrichten gerne entgegen. Nur möchte ich mir den Vorschlag oder die Frage erlauben, ob Sie denn nicht lieber anstatt dieses älteren Einacters den neueren² von mir aufführen würden, den die Berliner ›Freie Bühne‹ im Mai 1898 gespielt hat, oder etwa beide, da der letztgenannte sehr kurz ist und nur 3, eigentlich nur 2 Rollen enthält. Ich würde, auf eine Zeile von Ihnen, das betreffende Manuscript gerne nach München schicken.

(JDSG, XXII, 1978, S. 160)

23. Oktober 1898, Ludwig Ganghofer an Hofmannsthal

Der Versuch der Münchener litt. Gesellschaft mit Ihrer Dichtung ›Der Thor und der Tod‹ erfolgt über meinen Antrag. Ich habe selbst die Inscenirung übernommen und erhoffe uns von der Aufführung eine feine und schöne Wirkung. Wir glauben die Vorstellung gegen den 14. oder 15. November herausbringen zu können. Sollten Sie Lust haben, den Proben beizuwohnen, so werde ich Sie rechtzeitig vom Beginn derselben benachrichtigen. Für die Besetzung hoffe ich die besten Münchener Kräfte gewinnen zu können — doch steht sie bis heute noch nicht fest, da wir uns bei dieser Frage nach dem Repertoire des Hoftheaters richten müssen.

Im Anschluß an Ihre Dichtung soll das japanische Schauspiel ›Niemand weiß es‹ von Theodor Wolff zur Aufführung kommen.

Sehr verbunden wäre ich Ihnen, wenn Sie mir Ihren neuen Einakter übersenden wollten. Vielleicht findet sich dann auch für ihn noch Platz im Programm dieses Winters. Theilen Sie mir auch gleich den Besetzungsvorschlag mit, von dem Sie in Ihrem Briefe Erwähnung machten. (JDSG, XXII, 1978, S. 161)

31. Oktober ⟨1898⟩, an Ludwig Ganghofer

im nachfolgenden erlaube ich mir einiges über mein kleines Theaterstück zu sagen, was sich an das Gespräch zwischen Ihnen und Bahr anschließt. Wenn ich das Stück jetzt und mit Hinblick auf ein Theater — woran ich damals nie zu denken pflegte — arbeiten würde, so würde ich wohl auch trachten, die von Ihnen gewünschte Reihenfolge der Figuren — die umgekehrte, mit der Mutter zuletzt — durchzuführen. An dem fertigen Ding läßt sich aber das kaum ändern. Die Steigerung lag für mich darin, daß in der Erscheinung der Mutter nichts von Vorwurf anklingt, in der Rede des Mädchens ein sanfter Vorwurf, während der Freund mit den heftigsten Anklagen zu dem letzten Monolog überleitet, wo

---

[1] Handschrift Gerty Schlesingers.
[2] Die Frau im Fenster. Zu weiteren Fakten und Namen im Briefwechsel mit Ganghofer vgl. die Anmerkungen in JDSG, XXII, 1978, S. 160–204.

Claudio den Tod wie etwas verdientes, ja erfreuliches – mit seinem vergeudeten Leben verglichen – hinnimmt. Ich glaube, daß sehr viel an der Besetzung des »Freundes« liegt. Er darf auch beträchtlich älter sein als Claudio. Sein Aussehen hab ich mir als das eines Fanatikers gedacht, ähnlich wie Gerhardt Hauptmann in Wirklichkeit aussieht, der Kopf nämlich, nur älter. Keinen Bart glaub ich! Häusser wäre glaub ich, am besten. In Wien sollte es seinerzeit Gabillon spielen. Das Mädchen möcht ich vor allem jung, auch wenn es eine mittelmäßige Schauspielerin wäre. Ich bitte Sie vielmals nach Ihrem eignen Ermessen zu streichen, und nicht zu wenig, besonders im ersten Monolog, wohl auch in der Rede des Freundes. Auch solche kleine Abänderungen, wie daß Sie dem Tod einen besseren »Abgang« gemacht haben, bitte ich vorzunehmen, wo sie Ihnen gut scheinen. Ich erhoffe eine Zeile, die mir sagt, wann ich zu den ersten Proben zurecht komme und wäre besonders dankbar, wenn Sie dieser Benachrichtigung auch die definitive Rollenbesetzung beifügen ließen. *(JDSG, XXII, 1978, S. 161 f.)*

1. November 1898, Ludwig Ganghofer an Hofmannsthal
Heute endlich, nachdem es zahlreiche Schwierigkeiten zu überwinden gab, kann ich Ihnen die definitive Besetzung mittheilen – definitiv, wenn mir nicht wieder ein Wandel im Repertoire des Hoftheaters einen neuen Strich durch die Rechnung macht.

Für den Claudio hätte ich am liebsten Lützenkirchen gehabt, aber er ist nicht frei zu bekommen. Auch Häusser nicht.
Also:

»Tod«	— *Rémond (Hoftheater) (denkbar beste Besetzung)*
»Claudio«	— *Bayrham⟨m⟩er vom Stadttheater in Breslau. Sehr guter Schauspieler, mit scharfer Charakterisierungsgabe, vorzüglicher Sprecher, ehemaliger Schüler von Possart*
»Mutter«	— *Frau Dahn-Hausmann (Besseres giebt's nicht)*
»Freund«	— *Curt Stieler vom Stadttheater in Hanau, junger, hochbegabter Schauspieler, herrliches Organ, schlank, hageres Gesicht, wunderbare Augen, innere Glut.*
»Geliebte«	..... *Else Schneider, Debütantin, Tochter des Hofschauspielers Schneiders, 17 Jahre, Gretchentypus, ein liebes herziges Ding.*
Diener	... *Josef Erl, guter Schauspieler des Gärtnertheaters.*

Ich glaube, daß wir die Wirkung Ihrer Dichtung mit dieser Besetzung voll und schön herausbringen.

Die Musik macht Bernhard Stavenhagen – auch gute Nummer. Geige mit verschwommen unterlegter Harfe.

Ich bin verliebt in Ihr kleines Werk und werde meine ganze 20jährige Theatererfahrung dafür einsetzen.

Mit den Proben wird's freilich ein Jammer werden, bald wird der eine, bald der andere fehlen. Frau Dahn bekomm' ich überhaupt nur zu einer einzigen Probe. Und doch wird's gehen!

Hugo Habermann wird mir bei der künstlerischen Ausstattung der Scene an die Hand gehen.

Die erste Probe dürfte Mittwoch, den 9. sein. Generalprobe am 12ten – Vormittags.

Wenn ich morgen Zeit finde, sende ich Ihnen noch ein Exemplar mit den von mir angebrachten Strichen und mit ein paar, für die Zunge der Schauspieler berechneten Textänderungen. Die letzteren sind:
1). Weshalb ... bist du ... gekommen?
   für:
Doch wozu bist du eigentlich gekommen
2) Gespürt, daß meiner Mutter Näb'
Wie einer Gottheit Nähe wundervoll etc.
3)   Warum, du Tod,
Mußt du mich lehren erst, das Leben sehen?
Warum erklingt uns nicht dein Geigenspiel
Zu rechter Zeit, als Mahnung an das Ziel,
Aufwühlend die verborgne Geisterwelt ... etc
NB Vielleicht schicken Sie mir für diese Flickzeile was besseres!
4) Verworrenes beherrschend binden
Und Wege noch im ewig dunklen finden!
NB Ohne männliche Cäsur ist es dem Schauspieler unmöglich, aus dem letzten Vers eine sprachliche Wirkung hervorzuholen. Vielleicht haben Sie auch hier was besseres!
Im übrigen wurden nur ganz decente Striche gemacht — meistens Stellen, die für eine Menschenzunge etwas gar zu harte Rätsel hatten.
Aber Sie werden ja sehen.
Und schon heute glaube ich Ihnen sagen zu dürfen, daß Sie der Aufführung sorglos entgegensehen können.   *(JDSG, XXII, 1978, S. 162—165)*

4. November ⟨1898⟩, an Stefan George

Ich fahre künftige Woche nach München, wo Sonntag 13ten und Montag ›der Thor und der Tod‹ dargestellt wird. Die Veranstaltung geht von Leuten aus, deren Bestrebungen mir fremd, zumindest unbekannt sind. Das giebt ein Gefühl von Unsicherheit. Sonst würde ich den Wunsch nicht unterdrücken, Sie unter den Zuhörern sehen zu dürfen.   *(BW 139)*

7. November 1898, an Harry Graf Kessler

Heute abend geh ich für ein paar Tage nach München, und der äußere Anlaß — es wird der ›Thor und der Tod‹ aufgeführt — ...   *(BW 10)*

7. November ⟨1898⟩, an Hans Schlesinger

Heute abend fahr ich nach München, wo nächsten Sonntag und Montag der ›Thor und der Tod‹ mit viel Freundlichkeit und gutem Willen, Hofschauspielern, laterna magica und Musik hinter der Scene aufgeführt wird, was mir nicht sehr nahe geht.
         (FDH / Dauerleihgabe Stiftung Volkswagenwerk)

⟨10. November 1898⟩, an die Eltern

Die Proben gehen gut, alle Schauspieler sind ganz passend und besonders die alte Frau ausgezeichnet und sehr rührend. Es wird vermuthlich einen ganz starken

Effect durch Rührung und Musik machen. Es ist nur zuviel Musik. Bitte laßt den
›Thor und Tod‹ nicht kommen, denn er wird nächstens neu gedruckt, für die
Großmama mein ich.   *(FDH / Dauerleihgabe Stiftung Volkswagenwerk)*

⟨12. November 1898⟩, Stefan George an Hofmannsthal

*dank für Ihre karte ich muss sehr bedauern dass das erscheinen meiner bücher
und alles damit verbundene geschäftliche mich hindert nach München zu kommen · darf ich trotzdem darauf rechnen dass Sie mir darüber berichten?*
                                                                    (BW 140f.)

13. November 1898, Theaterzettel

Hugo von Hofmannsthal *wurde am 1. Februar 1874 zu Wien geboren und
besuchte dort das Gymnasium.*

*Er verfertigte als Schüler eine (Fragment gebliebene) metrische Uebersetzung
des ersten Buches* ›de natura rerum‹ *des Lucrez — und unter Pseudonym ein
einaktiges Stück in gereimten Versen* ›Gestern‹.

1893 entstand ›Der Thor und der Tod‹, *in den folgenden Jahren erschienen
vereinzelte lyrische Gedichte, im Sommer 1897* ›Die Frau am Fenster‹ *— (aufgeführt von der Berliner Freien Bühne 1898 unter dem Titel* ›Donna Dianora‹*)
und* ›Die Hochzeit der Sobeïde‹ *(in Vorbereitung am Deutschen Theater zu
Berlin). Von seinen Arbeiten erschien bisher noch nichts im Buchhandel.*

›Der Thor und der Tod‹
Dramatisches Gedicht in 1 Aufzug von Hugo v. Hofmannsthal.
Musik von Bernhard Stavenhagen.

Personen:

Der Tod	Fritz Rémond.
Claudio	Max Bayrhammer.
	(vom Stadt-Theater in Breslau).
Die Mutter . . . . ⎫	Marie Dahn-Hausmann.
Das junge Mädchen ⎬ Todte	Else Schneider.
Der Jugendfreund .⎭.	Curt Stieler.
	(vom Stadt-Theater in Hanau).
Diener	Aemil Heyse.

(FDH / Dauerleihgabe Stiftung Volkswagenwerk)

13. November 1898, an die Eltern (Telegramm)

sehr lebhafter theatererfolg. brief folgt
                                  (FDH / Dauerleihgabe Stiftung Volkswagenwerk)

⟨13. November 1898⟩, an die Eltern

Die Wirkung war — anscheinend, man weiß selbst nie die Wahrheit — stark und
der Beifall lebhaft. Das Stück nachher wurde ausgelacht. Besonders die alte Frau
war sehr rührend, auch die Musik von Stavenhagen.
                                  (FDH / Dauerleihgabe Stiftung Volkswagenwerk)

⟨14. November 1898⟩, *Anna von Hofmannsthal an ihren Sohn*

Papa hat Dir tel. gratuliert, aber um noch eingehender sein zu können, sage ich Dir s o, wie unendlich wir uns über den guten Erfolg Deines Werkes freuen. Hoffentlich wird der heutige Abend ebenso werden, und kannst Du abermals stolz in Deine Heimath zurückkehren. Trachte nur, daß man in einem der vielgelesenen Blätter in Wien etwas darüber bringt. Jetzt ist Griensteidl schon wieder eröffnet und somit für Verbreitung gesorgt.
(FDH / Dauerleihgabe Stiftung Volkswagenwerk)

⟨15. November 1898⟩, *an die Eltern*

Die gestrige Vorstellung war wieder sehr günstig, trotz des elenden Claudio (ein Schwein!) vier Hervorrufe. Die Zeitungen sollen sehr gut sein ich hab aber noch keine Zeit gehabt, sie zu lesen.
(FDH / Dauerleihgabe Stiftung Volkswagenwerk)

⟨nach 17. November 1898⟩, *an Hermann Bahr*

ich habe in der Münchener Woche sehr vieles angenehme erlebt — auch ganz abgesehen von der Theatersache — und muß Ihnen erstaunlich viel erzählen. Über Ihre Telegramme hab ich mich beidemal herzlich gefreut — ich meine über das eine liebe an mich und das andere, das Sie um mir zu nützen, an Ganghofer abgeschickt haben.

… Ich muß morgen auf den Semmering, mit Brahm meinen Theaterabend endgiltig besprechen. Ich bin sehr froh, denn ich scheine den Forderungen des Theaters wesentlich näher gekommen zu sein. (Privatbesitz)

20. ⟨November 1898⟩, *an Leopold von Andrian*

Der ›Tor und der Tod‹ hat einen überraschenden Erfolg gehabt. (BW 122)

22. November ⟨1898⟩, *an Ludwig Ganghofer*

Nun kann ich zugleich mit meinem erneuerten Dank für das viele, viele, was Sie für mich gethan haben, auch meine große Freude über den so äußerst stürmischen und glänzenden Erfolg Ihrer Münchener Première von ›Meerleuchten‹ aussprechen. Inzwischen werden Ihnen die mich betreffenden Ausschnitte aus den Wiener Tagesblättern zugekommen sein[1] — und so muß ich wirklich mit Beschämung Ihnen nicht nur alles Practische an dem Münchener Erfolg meiner kleinen Arbeit, sondern auch noch dazu die Verbreitung dieses Erfolges in meiner Vaterstadt vollständig Ihnen verdanken. (JDSG, XXII, 1978, S. 165f.)

22. Dezember 1898, *Otto Brahm an Arthur Schnitzler*

Für Tor und Tod war ich auch in Wien nicht, ich war höchstens nicht dagegen. Fulda[2] aber ist dagegen, und er hat zu entscheiden; nicht ich, sondern er ist der Präsident der ›Freien Bühne‹. (BW 85)

---

[1] Vgl. dazu die Nachweise in: JDSG, XXII, 1978, S. 166, Anm. 37.
[2] Ludwig Fulda (1862–1939).

1899

30. März 1899, Ludwig Ganghofer an Hofmannsthal

Ich habe Ihre beiden Stücke[1] empfangen, bereits mehrmals gelesen und auch schon bei der Intendanz die nötigen Schritte gethan, welche hoffentlich nicht ohne Wirkung bleiben werden. Aber ich glaube — und hoff es in Ihrem Interesse: es wird so kommen, daß ›der Thor und der Tod‹ zusammen mit der ›Hochzeit der Sobeide‹ gegeben wird. Das wäre ein glanzvoller und ungetrübter Abend.[2]
(JDSG, XXII, 1978, S. 168f.)

1. April ⟨1899⟩, an Ludwig Ganghofer

Auch bin ich im Princip mit der Zusammenstellung ›Thor und Tod‹ — ›Sobeïde‹ speciell für München, sehr zufrieden. ...

Alle drei Stücke bedürfen rücksichtsloser Striche, wofür die durch Entsch zu beschaffende Berliner Einrichtung als Muster dienen kann.
(JDSG, XXII, 1978, S. 170)

6. April 1899, Ludwig Ganghofer an Hofmannsthal

Jedenfalls wird ›Sobeide‹ zusammen mit ›Thor und Tod‹ aufgeführt, und zwar auf der Drehbühne, ohne Zwischenakt, mit drei unmittelbar an einander anschließenden Verwandlungen. Der Intendant ersuchte mich, die Bühneneinrichtung hiezu zu machen, eine Arbeit, der ich mich — Ihre Zustimmung vorausgesetzt, gerne unterziehe. ...

›Thor und Tod‹ steht ja von unserer Aufführung her und wird im Hoftheater, namentlich wenn Possart den Claudio spielt, nur noch stärkere Wirkung erzielen.
(JDSG, XXII, 1978, S. 171)

8. April ⟨1899⟩, an Ludwig Ganghofer

Ihr lieber Brief enthält wirklich überaus viel angenehmes für mich: Possarts Mitwirkung als Claudio, die interessante Drehbühne, die für München günstige Jahreszeit. Ich bin ferner überaus froh, die Einrichtung in Ihrer Hand zu wissen und bitte Sie heute ein für allemal, mich bei keinem Strich, und auch dann nicht, wenn Sie etwa geringfügige Veränderungen des Wortlautes vornehmen, erst um meine Zustimmung zu fragen, sondern zu allem meiner dankbaren Zustimmung sicher zu sein. Aber bitte seien Sie im Streichen nicht zu zurückhaltend, namentlich an reflectierenden Stellen.

---

[1] Der Abenteurer und die Sängerin *und* Die Hochzeit der Sobeide.
[2] Die Verhandlungen über die Aufführung sollten sich über ein Jahr hinziehen. Veranstaltet von der ›Münchener Litterarischen Gesellschaft‹, kam es schließlich am 13. März 1900 im Residenztheater zur Münchner Erstaufführung der Sobeide *im Anschluß an Paul Heyses* ›Die Tochter der Semiramis‹. *Am 16. April folgte, abermals im Residenztheater, die ursprünglich beabsichtigte Kombination* Sobeide/Tor und Tod. *Beide Veranstaltungen standen unter der Leitung von Friedrich Basil, der auch den Claudio spielte. Der Abenteurer und die Sängerin wurde nicht aufgeführt.*

auf dem Rand:
Ich sehe also Ihren Rathschlägen betreffs Besetzung entgegen.
(JDSG, XXII, 1978, S. 172)

17. April 1899, Hugo von Hofmannsthal sen. an seinen Sohn

Entsch hat neulich mittelst Postkarte angezeigt daß das Münchner Hoftheater Deine Stücke angenommen hat. Ich habe nur die Karte nicht hier & weiß mich nicht genau zu erinnern ob die Stücke näher bezeichnet waren resp. ob Thor & Tod oder Abentheurer zu Sobeide genommen wurde.
(FDH / Dauerleihgabe Stiftung Volkswagenwerk)

31. Mai 1899, Ludwig Ganghofer an Hofmannsthal

Mit Possart habe ich gesprochen, und kann Ihnen mitteilen, daß Ihre beiden Stücke ganz Ihrem Wunsch entsprechend im September gegeben werden.
(JDSG, XXII, 1978, S. 175)

9. September ⟨1899⟩, an Ludwig Ganghofer

Bitte fragen Sie bei der Münchener Intendanz an, wann die Première von Sobeide und Thor u Tod geplant ist (October wäre mir sehr lieb, vielleicht ist Possart dazu zu haben) und schreiben es mir gütigst an meine Wiener Adresse.
(JDSG, XXII, 1978, S. 177)

25. September ⟨1899⟩, an Anna von Hofmannsthal

Ganghofer ... kann infolge der gestörten Verbindungen das Datum der Münchener Aufführung noch nicht erfahren, wird es dann gleich schreiben.
(FDH / Dauerleihgabe Stiftung Volkswagenwerk)

⟨19. Oktober 1899⟩, an die Eltern

Wegen München — welches sich ohnedies auf den December hinauszuziehen scheint — thut Euch doch gar keinen Zwang an ...
(Deutsches Literaturarchiv, Marbach a. N.)

1900

18. Januar 1900, Ludwig Ganghofer an Hofmannsthal

Wir geben — wenn Sie einverstanden sind, zwischen dem 6. und 8. März die ›Hochzeit der Sobeide‹ zusammen mit Paul Heyses ›Tochter der Semiramis‹. Zwei Tage später, also zwischen dem 8. u. 10. März wird dann im Hoftheater die Première von ›Thor und Tod‹ und ›Hochzeit der Sobeide‹ sein.
(JDSG, XXII, 1978, S. 183)

20. Januar ⟨1900⟩, Hofmannsthal an Ludwig Ganghofer

Mir war diese abermalige, die vierte, Verschiebung meiner Stücke eine recht große Enttäuschung. Ich hatte mich so sehr darauf gefreut, den Proben in dem hübschen kleinen Residenztheater beizuwohnen ... Nun muß ich natürlich auf das alles verzichten. Bis zum 20ten hätte ich äußersten Falls meine Pariser Reise aufschieben können, länger geht es absolut nicht. Es thut mir wirklich sehr leid.

Immerhin fällt es mir natürlich nicht ein, Geschichten zu machen; ich weiß ja oder errathe vielmehr, wie viel von Ihrer gütigen persönlichen Bemühung auch in dieser letzten Abmachung wieder steckt. Und wenn auch mein Privatvergnügen wegfällt, ist mir ja doch die Münchener Aufführung noch immer wichtig. Nur zwei kleine Bedingungen möchte ich stellen, diese aber absolut: 1.) daß in der Aufführung der ›litterarischen‹ mein Stück vor dem von Heyse gespielt wird und 2.) daß dann im Residenztheater auch wirklich mir die Aufführung meiner beiden Stücke zugesichert, formell zugesichert wird, nicht etwa plötzlich das Heysesche zu der Sobeïde gegeben. In diesem Fall würde ich die Sobeïde zurückziehen. *(JDSG, XXII, 1978, S. 184 f.)*

⟨28. Februar 1900⟩, an die Eltern

›Thor und Tod‹ erscheint als kl. Buch.
(Deutsches Literaturarchiv, Marbach a. N.)

2. März 1900, Hugo von Hofmannsthal sen. an seinen Sohn

Im Entsch habe ich gelesen daß Thor & Tod in Berlin im Secessionstheater aufgeführt wurde oder wird?
Schreibst Du Näheres darüber?
(FDH / Dauerleihgabe Stiftung Volkswagenwerk)

⟨2. März 1900⟩, an die Eltern

Bitte vielmals um einiges: ... 4.) Hat man über Aufführung von ›Thor und Tod‹ in Berlin (Secessionstheater) gar nichts näheres gehört?
(Deutsches Literaturarchiv, Marbach a. N.)

5. März 1900, Hugo von Hofmannsthal sen. an seinen Sohn

Über Thor & Tod habe ich absolut nichts erfahren weiß auch nicht wann die Aufführung war. Ich möchte natürlich auch über die Münchner Aufführung etwas hören u werde am 11ten die Münchner Allgem. bei Sacher lesen. Wir wissen aber nicht ob wirklich am 10ten die Stücke gegeben werden. Ich werde heute im Kafféhause nachsehen ob das Repertoire zu finden ist.
(FDH / Dauerleihgabe Stiftung Volkswagenwerk)

⟨7. März 1900⟩, an die Eltern

Wegen ›Thor und Tod‹ habe ich an Entsch geschrieben, mich zu erkundigen. Über die Münchner Aufführung werde ich schon berichten ohne daß Ihr Euch deswegen zu bemühen braucht. *(Deutsches Literaturarchiv, Marbach a. N.)*

⟨März 1900⟩, A. Entsch an Hofmannsthal (Beilage eines Briefes an die Eltern)

Sie haben die Notiz meines Wochenberichts falsch aufgefasst. Ich habe nur davon Notiz genommen, dass die Berliner Secessionsbühne ›Der Thor und der Tod‹ für *die nächste Wintersaison angenommen hat. Sie können versichert sein, dass Ihnen, falls die Aufführung jetzt stattgefunden hätte, vorher Mittheilung von mir zugegangen wäre.* (Deutsches Literaturarchiv, Marbach a. N.)

11. März 1900, Oscar Bie an Hofmannsthal

Die Sache mit Kerr[1] ist nicht so gefährlich, wie Sie vielleicht denken. Er hält sich ein wenig über Gleichnisse und Verse auf, die ihm für einen Mann wie Hofmannsthal noch nicht vollendet erscheinen. Er schwärmt vom ›Thor u. Tod‹ ...
(Fischer-Almanach 1973, S. 62)

13. März 1900, Hugo von Hofmannsthal sen. an seinen Sohn

Julie Speyer hat mir die Beilage geschickt aus der ich ersehe, daß Thor & Tod schon erschienen ist & heut sagt mir Branneis daß er es in der Zeitungsnotiz von Lochner angekündigt gelesen hat. Gesehen habe ich das Buch noch nicht.
(FDH / Dauerleihgabe Stiftung Volkswagenwerk)

14. März 1900, Hugo von Hofmannsthal sen. an seinen Sohn

Heute früh erhielten wir Dein erfreuliches Schreiben vom Sonntag & ein Telegramm von Schmujlow »Erfolg der heutigen Sobeiden Aufführung gut. Besetzung leider schwach. Freundliche Empfehlungen. S.« Ich ... werde in den Zeitungen nachsehen, was darüber gesagt ist. Schade, daß Ganghofer nicht in München ist. Ob Thor & Tod auch aufgeführt wurde geht aus dem Telegramm nicht hervor.
(FDH / Dauerleihgabe Stiftung Volkswagenwerk)

⟨zwischen 13. und 20. März 1900⟩, Katinka Ganghofer an Hofmannsthal

Mittlerweile hat Ihre ›Sobeide‹ hier große Wirkung erzielt.
  Sie haben hier eine große Gemeinde u man erwartet mit Ungeduld die Aufführung mit ›Thor u Tod‹ zusammen im Hoftheater. Aber Sie wissen ja nun selbst was es heißt dies alles nach Wunsch durchzusetzen. Jetzt hat aber der Intendant meinem Mann für sicher *noch drei Proben für die ›Hochzeit der Sobeide‹ versprochen, die mein Mann dann noch selbst leiten will. Auch den »Claudio« wollten sie im Theater dem Possart wieder ausreden, nun aber hat er ihn endgiltig übernommen. Frl. Rabitov hat mir als Sobeide* ausgezeichnet *gefallen. Die Dame geht aber jetzt in Urlaub, u wird daher die Aufführung erst gegen 20 April stattfinden.* (JDSG, XXII, 1978, S. 187)

⟨15. März 1900⟩, an die Eltern

Nach München habe ich geschrieben, daß man Euch und mir Exemplare von ›Thor und Tod‹ umgehend schicken soll.
(Deutsches Literaturarchiv, Marbach a. N.)

---

[1] Vgl. S. 465,21—466,35. Um die Besprechung des Abenteurers von Alfred Kerr (1867—1948) war wegen ihrer Schärfe eine Kontroverse entstanden, bei der schließlich Gerhart Hauptmann als Schlichter angerufen wurde, der sich für den Abdruck einsetzte.

16. März 1900, Hugo von Hofmannsthal sen. an seinen Sohn
Den Thor & T. habe bei Rauschburg angesehen. Umschlag wie die letzte Insel (Vasenmuster) auf Heliotrope Grund, Papier & Druck sehr schön; finde trotzdem 3 Mark sehr hoch. *(FDH / Dauerleihgabe Stiftung Volkswagenwerk)*

17. März ⟨1900⟩, an Josefa Fohleutner
Ein kleines Vorspiel zu einer Berliner Aufführung der ›Antigone‹ wirst Du in den nächsten Wochen gedruckt lesen. Die Aufführung ist am 26ten, die Münchner Aufführung von ›Sobeide‹ und ›Thor u. Tod‹ am 23ten, die Dresdner morgen. Ich bin aber auch innerlich sehr entfernt von diesen kleinen »Ereignissen«.
(FDH / Dauerleihgabe Stiftung Volkswagenwerk)

17. März 1900, Friedrich von der Leyen an Hofmannsthal
Die Sobeïde ist ein sehr freundlicher Erfolg gewesen. ...
Nun möcht ich Ihnen im Vertrauen noch weiter mitteilen, daß Herr von Possart den Claudio in Thor und Tod nicht spielen kann und darum die Sobeide zusammen mit Goldonis Diener zweier Herren geben will. Das ist solch ein Unfug, daß ich sofort anfragen würde, ob das wirklich geschehen solle; Sie hätten es als Gerücht gehört. Herr Basil ist gern bereit, den Claudio in Thor und Tod zu übernehmen und er wird ihn bestimmt recht gut geben, mir schien es ein sehr guter Ausweg, wenn in dieser Besetzung Thor und Tod zusammen mit der Sobeide bei uns erschienen. *(FDH / Dauerleihgabe Stiftung Volkswagenwerk)*

18. März 1900, Richard Beer-Hofmann an Hofmannsthal
›Der Tor und der Tod‹ ist in allen Auslagen. Ich wußte gar nichts von dieser neuen Ausgabe. *(BW 96)*

19. März ⟨1900⟩, an Ludwig Ganghofer
in der 24ten Stunde erhalte ich aus München einen privaten Brief, der mich in eine Art von Bestürzung versetzt. Ja eigentlich kann ich das was darin steht gar nicht glauben: nämlich daß Possart nun plötzlich den »Claudio« nicht spielen will und — entgegen der bestimmtesten von mir aufs präciseste gestellten Grundbedingung — die ›Sobeide‹ mit einem Einacter von Goldoni geben will. Verehrter Herr Doctor, ich weiß daß Sie über diese Sonderbarkeit ebenso denken wie ich selbst und bitte Sie dringend, in meinem Namen die ganze Aufführung zu verbieten, wenn man nicht gewillt ist, mir wenigstens den ganzen Abend zu geben, nachdem man schon der ›Sobeide‹ durch eine unzureichende Besetzung sehr geschädigt hat. Wenn nicht Possart, so kann doch Lützenkirchen die schöne und gesicherte Rolle spielen! *(JDSG, XXII, 1978, S. 188)*

⟨19. März 1900⟩, an die Eltern
Die Münchener Aufführung scheint sehr schlecht gewesen zu sein und mit dem ›Thor u. Tod‹ scheint es sich dort wieder zu spießen. Ich hab heute ziemlich energisch an Ganghofer geschrieben. Im Grund ist es mir aber ganz gleichgiltig:

ich betrachte meine älteren Arbeiten als erledigt und bezahlt, wie verkaufte Bilder. ... 3 Freiexemplare von ›Thor und Tod‹ sind mir zugekommen.
(Deutsches Literaturarchiv, Marbach a. N.)

19. März 1900, Hugo von Hofmannsthal sen. an seinen Sohn
Gestern abends erhielten wir das beiliegende Telegramm über die Dresdener Aufführung & heute früh 7 Exemplare von Thor & Tod
(FDH / Dauerleihgabe Stiftung Volkswagenwerk)

20. März 1900, Anna von Hofmannsthal an ihren Sohn
Die kleine Ausgabe von Thor und Tod ist sehr lieb. Ich habe mir gleich ein Exemplar davon für mich versteckt.
(FDH / Dauerleihgabe Stiftung Volkswagenwerk)

20. März 1900, Ludwig Ganghofer an Hofmannsthal
Als ich davon hörte, daß ›Sobeide‹ mit einem Goldoni zusammen gegeben werden sollte, ging ich sofort zu Possart und erklärte ihm in Ihrem Namen, daß Sie in diesem Fall das Stück zurückziehen. Dadurch wurde alles wieder glatt geordnet. Irgend ein Genie des Regiekollegiums hatte Possart eingeredet, daß der den »Claudio« nicht spielen könne, weil das ein 25jähr. Jüngling wäre. Ich habe ihm nun auseinandergesetzt, daß diese »jugendliche« Auffassung nicht zwingend wäre, sondern daß man sich Claudio sehr gut als reiferen Mann denken könne, der am Tisch seines Lebens bereits abgespeist hätte.
Possart gab mir nun abermals die Zusage, den Claudio zu spielen. Doch braucht er mindestens 14 Tage bis 3 Wochen zu der Rolle. ...
Wir werden dann ›Thor und Tod‹ in tadelloser Aufführung herausbekommen, und auch von der ›Sobeide‹ noch einige Proben halten.
(JDSG, XXII, 1978, S. 188f.)

22. März 1900, an Ludwig Ganghofer
Ich erwarte nun wirklich voll Vertrauen, daß einige Proben und eine sorgfältige Aufführung des zweiten kleineren Stückes dem Abend aufhelfen werden. Bitte, verehrter Dr, schreiben Sie mir 2 Worte auf einer Correspondenzkarte, ob Sie es nicht für gut fänden, daß ich, der ich als Dichter die Figur kennen muß, Possart brieflich nochmals bäte, sie bestimmt zu spielen, oder ob das wirklich überflüssig ist! An dieser Aufführung gerade von ›Thor u Tod‹ liegt mir sehr viel.
(JDSG, XXII, 1978, S. 190)

5. April 1900, Hugo von Hofmannsthal sen. an seinen Sohn
Gilhofer sagte mir, daß Thor & Tod gut geht ...
(FDH / Dauerleihgabe Stiftung Volkswagenwerk)

⟨15. April 1900⟩, an Anna von Hofmannsthal
Vom ›Thor und Tod‹ mußte schon diese Woche eine zweite Auflage gedruckt werden ... *(Deutsches Literaturarchiv, Marbach a. N.)*

⟨17. April 1900⟩, an Hugo von Hofmannsthal sen.

Gestern nachts erhielt ich von Schmujlow ein Telegramm: »Thor u Tod starker, Sobeide geringerer Erfolg«. Diese Unterschiede hängen immer nur davon ab, was in irgend einem Nest gerade zufällig besser oder schlechter gespielt wird.

(Deutsches Literaturarchiv, Marbach a. N.)

18. April 1900, Ludwig Ganghofer an Hofmannsthal

Vorgestern, Ostermontag abends, sind Ihre beiden Stücke öffentlich aufgeführt worden — und um das Äußerliche gleich vorweg zu sagen: ›Thor und Tod‹ unter starkem Beifall, ›Sobeide‹ mit schwächerem, aber doch stimmungsvollem Eindruck.[1] ...

Nun, die Sache ist glimpflich abgelaufen. Basil als Nothhelfer hat wenigstens nichts verdorben. Und auch in dieser verschobenen, vergröberten Aufführung übte ›Thor und Tod‹ noch starke Wirkung.

Brahm hat der Aufführung beigewohnt und äußerte sich über die Darstellung zufriedener, als ich es war. (JDSG, XXII, 1978, S. 191f.)

21. April 1900, Harry Graf Kessler an Hofmannsthal

Zunächst habe ich Ihnen zu danken ... für die schöne, entrückte Stunde, die ich bei Ihrem ›Thor und Tod‹ zugebracht habe. Sie haben mich aus einer geringen und gequälten Alltagsstimmung durch die einschmeichelnde Macht Ihrer Verse und Gedanken zu Etwas Höherem und Reinerem emporgeführt, das mich einen ganzen Abend lang wie auf Flügeln dahingetragen hat. So sehr banal dieses klingt, da die Dichtung das ja immer »soll«, so wenig banal ist es; denn ich finde, daß ich wenigstens recht selten dieses kleine Mirakel an mir erlebe. ...

Und nun habe ich noch eine Bitte, die Ihnen wahrscheinlich sehr lächerlich vorkommen wird. Darf ich Sie bitten, mir ein Exemplar Ihres ›Thor und Tod‹ zu schenken. Ich besitze es zwar, liebe das Büchelchen aber so, daß ich es aus Ihrer Hand haben möchte. Ich weiß, wie unbescheiden und zugleich lächerlich ich mit dieser Bitte bin; ich trotze aber beiden Situationen, weil ich das kleine Buch wirklich sehr liebe.

(FDH / Dauerleihgabe Stiftung Volkswagenwerk; BW 23 f.)

23. April 1900, Ria Schmujlow-Claassen an Hofmannsthal

Noch einige Worte über die neuliche Aufführung. ... Dagegen war die Aufführung von ›Thor und Tod‹ leidlich gut. Derselbe Herr Basil als Claudio zähmte sein wohlbeleibtes Naturburschentum so weit, daß er wirklich gut sprach und sehr geschmackvoll nuancierte, ohne natürlich den Grundton der Figur glaublich machen zu können. Herr Lützenkirchen als Tod schien beweisen zu wollen, daß er das Recht habe, »philosophierende Greise« zurückzuweisen, denn er sprach wirklich absolut unphilosophisch, um nicht zu sagen geistlos, hatte aber rein stimmlich viel mehr Stimmung als damals Herrn Rémond's aufdringlicher Ton

---

[1] *Die Aufführung von* Tor und Tod *fand mit folgender Besetzung statt: Tod: Mathieu Lützenkirchen, Claudio: Friedrich Basil, Mutter: Johanna Schwartz, Geliebte: Elsa Brünner, Freund: Richard Stury, Kammerdiener: August Schröder.*

geben konnte. Die Mutter schien mir besser, etwas vornehmer, als damals, das junge Mädchen (Frl. Brünner) weniger gut, zu schwer und gemacht naiv. Herr Stury sprach den Freund überraschend gut. Das Ganze wirkte ungewöhnlich stark; der Vorhang mußte vielleicht sieben Mal hochgezogen werden.
(FDH / Dauerleihgabe Stiftung Volkswagenwerk)

26. ⟨April 1900⟩, an Harry Graf Kessler

Den ›Thor u. Tod‹ der mit gleicher Post abgeht, Ihnen geben zu dürfen, ist mir eine sehr große Freude. Ich that es nicht gleich, weil es einerseits ein so altes Ding ist, andererseits wir nie gerade darüber gesprochen hatten und ich so gar keine Beziehung zwischen Ihnen und dem Buch vermuthete.
(Deutsches Literaturarchiv, Marbach a. N.; BW 25)

27. April 1900, Harry Graf Kessler an Hofmannsthal

Für die so gütige Übersendung und Widmung Ihres ›Thor und Tod‹ sage ich Ihnen den allerwärmsten Dank. Sie haben mir damit eine große und dauernde Freude gemacht. Dem Buch wird jetzt, so oft ich es in die Hand nehme, noch das Allerpersönlichste anhaften, das mich schon in den Versen so bezaubert hatte. Ich brauche nur eine Seite davon zu lesen, um in einer ganz anderen Welt zu sein, zu der nur Sie den Schlüssel haben, die aber wieder in Vielem wie die Welt meiner eigenen zwanzig Jahre ist. Diese geheime Sympathie unserer Vergangenheit verbindet uns wohl. (BW 26)

Juni 1900, Alfred Kerr: Hugo von Hofmannsthal

Und doch ist er einmal ... einmal ganz frei geworden von Äußerlichkeit. Die Dichtung vom Toren und vom Tode, sein schönstes Werk, umwittert und erfüllt nur das, was abseits wandelt durch das Labyrinth der Brust. Kaum daß die toten Schatten »altmodisch« von Tracht, »wie Kupferstiche« angezogen sind; kaum daß ein sandsteinerner Apollo, ein Gekreuzigter mit wunden elfenbeinernen Füßen, ein gedunkeltes italienisches Bild hineinspielen (und wir leiden ja nicht am Magisterwahnsinn!). In der Mitte ein junger Mensch, der Abschied nimmt vom Leben. In dieser Stunde ahnt er das Leben zum erstenmal. Der Tod spielt die Geige; die Mutter, die Geliebte, der Freund kommen. Ein stiller Schmerz, etwas Entschwebendes, dem Einer mit gesenktem Haupte nachblickt. Eine ernste, hoheitsvolle Trauer; eine leise, tiefe Bitternis, in der mehr Feuchtes ruht als in Sobeidens trockner Pein. Hier ist Hofmannsthal am menschlichsten; hier ist er am einfachsten; hier ist er von der gehaltensten Innigkeit. Musik erklingt dahinter; und sollte sie wirklich erklingen, so dürft' es eine Musik von Franz Schubert sein.

Die Verse freilich sind im Goethestil, fast parodistisch. Man höre:

> *Im Innern quillt euch treu ein Geist,*
> *Der diesem Chaos toter Sachen*
> *Beziehung einzuhauchen heißt,*
> *Und euren Garten draus zu machen*
> *Für Wirksamkeit, Beglückung und Verdruß.*

Ist das nicht himmlisch? Oder Folgendes:

> *Es gab Natur sich ihnen zum Geschäfte,*
> *In allen ihren Wünschen quillt Natur*
> *Im Wechselspiel der frisch und müden Kräfte*
> *Wird ihnen jedes warmen Glückes Spur.*

Claudio wird noch eingehender faustisch und seufzt:

> *Jetzt läßt der Lampe Glanz mich wieder sehen*
> *Die Rumpelkammer, voller totem Tand.*

Es erfolgt, damit das Geringste nicht fehle zur Analogie des Faustmonologs, der Anruf:

> *Ihr Becher, ihr, an deren kühlem Rand*
> *Wohl etlich Lippen selig hingen,*
> *Ihr alten Lauten, ihr, bei deren Klingen*
> *Sich manches Herz die tiefste Rührung fand.*

Und so weiter. Immerhin: in den Versen liegt mehr als edles, zartes und volles Epigonentum: sie funkeln und blühen auch durch die Glorie eignen Sternenscheins; zu dem alten duftenden, unergründlichen Zauber kommen neue Wunder unserer Tage. Hier ist das Mildeste, was in Deutschland die symbolistische Lyrik gegeben hat. Hier hat sie aufgehört, sensitives Kunstgewerbe zu sein, — oder nicht erst angefangen. In diesem Spiel ruht zugleich die stillste und siegreichste Verhöhnung der bewußt gemachten Lyrik eines Arno Holz, der wie ein Techniker neue Herstellungsweisen unternimmt.

Um zusammenzufassen: Der Tor und der Tod ist ein Wegweiser für Hugo von Hofmannsthal. Man wird ihm herzlicher gegenüberstehn, wenn seine Entwicklung nach dieser Seite geht. Die bronzene Anmut, die edle, kühle Unausstehlichkeit mag fallen. Ich glaube an die blutspendende Kraft des Lebens. Vielleicht, wenn er hinausgestoßen würde in diese harte, wilde Welt; wenn seine Seele nicht bloß sturmgefriedet herumschwebte in Gewächshäusern; wenn er nicht bloß in seltnen Büchern zuweilen eine Schädelstätte Golgatha erblickte; wenn er vom Wind durchschauert würde, der über die See keucht; wenn er das Letzte und das Seligste mitten im Getrieb erduldete, heute gepeitscht und morgen von Engeln emporgetragen: ... dann vielleicht bräche in ihm auf, was jetzt verschlossen ist; dann vielleicht erwachte, was jetzt schlummert; dann vielleicht schriee, was jetzt schweigt.

Er soll fünfundzwanzig Jahre sein. Vieles liegt vor ihm. Wir werden sehn.

> *(A. K., Gesammelte Schriften, Berlin: S. Fischer 1917, R. 1, Bd. 1, S. 153–155 ⟨gegenüber dem Erstdruck veränderte Fassung⟩)*

28. Oktober 1900, Rainer Maria Rilke an Axel Juncker

Ich bitte Sie, mir ... zu senden: Hofmannsthals ›Thor und Tod‹ in der von Vogeler geschmückten Ausgabe des Insel-Verlages ... (BW 15)

28. November ⟨1900⟩, an Rudolf Alexander Schröder

Es wäre so angenehm wenn das Geschäftliche von irgend jemand präcis beantwortet würde. Ich habe weder meine 1–2 Exemplare von ›Kaiser und Hexe‹ erhalten, ... noch eine Antwort betreffs ›Thor und Tod‹.

> *(Abschrift; FDH / Dauerleihgabe Stiftung Volkswagenwerk)*

1901

18. *Februar 1901, Leopold von Andrian an Hofmannsthal*
Mitten im hiesigen trouble ist mir — vor Deinem Brief schon — öfters die Lust gekommen, den ›Tod des Tizian‹ wieder zu lesen, am liebsten ihn in einer hübschen kleinen Ausgabe, wie der ›Tor und der Tod‹ zu haben. Ich habe mich unwillkürlich bei der Nachricht von dem — nach der Probe von mir allerdings erwarteten — Mißerfolg des ›Tor und der Tod‹[1] daran erinnert, daß mir der ›Tod des Tizian‹ immer noch lieber war. Bitte gib mir Nachricht über die Aufführung in München und jedenfalls schick mir ein Exemplar vom ›Tod des Tizian‹ (mit altem und neuem Prolog). *(BW 150)*

25. *Mai 1901, an Rudolf Alexander Schröder*
Ferner wäre mir sehr lieb, gleichzeitig nicht nur die 2te Auflage ›Thor und Tod‹ bezahlt zu bekommen, sondern auch die schon lange cursierende dritte …
(Abschrift; FDH / Dauerleihgabe Stiftung Volkswagenwerk)

1902

19. *Mai ⟨1902⟩, an Insel-Verlag*
Übermorgen 21. V. findet im Berliner Schiller Theater eine Erstaufführung — in diesem Theater — von ›Thor und Tod‹ statt, die immerhin eine Reihe von Wiederholungen und damit auch eine gesteigerte Nachfrage nach dem Buch herbeiführen kann. Erfahrungsgemäß hängt es in solchen Momenten stark davon ab, daß in den Schaufenstern der Buchhandlungen das Buch nicht fehlt und daß nicht etwa gerade im Moment der Nachfrage der Vorrath ausgeht. Es dürfte vielleicht bei diesem Anlaß möglich sein die IV^{te} kleine Auflage heraus zu bringen, da die 3te ja schon seit beträchtlicher Zeit in Umlauf ist. *(NFG Weimar, Insel-Archiv)*

23. *Mai 1902, Rudolf von Poellnitz an Hofmannsthal*
Nach Empfang Ihres freundlichen Briefes vom 18. ds. veranlasste ich sofort, dass die besseren Berliner Firmen Exemplare Ihres Stückes ›Thor und Tod‹ bekamen. Mein Lagervorrat sind 80 Exemplare und ausserdem hat die Firma Schuster & Löffler in Berlin noch weitere 326 zu verrechnen, welche bisher in Kommission versandt gewesen sind und nun zur Oster-Messe entweder zurückgeschickt oder bezahlt werden mussten. Ich habe die Leute aufgefordert, sich umgehend über den Absatz zu äussern und wenn, wie ich annehme, die meisten davon verkauft sind, so können wir sogleich eine neue Auflage drucken lassen. Dieselbe erscheint aber am besten für den Gesamt-Buchhandel erst im Herbst. Die Berliner könn-

---

[1] *Die Äußerung bezieht sich entweder auf die Aufführung der Berliner Sezessionsbühne im Oktober 1900, zusammen mit Jakob Wassermanns ›Hockenjos‹, die unter der Regie von Martin Zickel stattfand, oder auf die Wiener Aufführung im Deutschen Volkstheater am 5. Januar 1901, zusammen mit Henry Becques ›Die Pariserin‹ unter Emerich von Bukovics.*

ten sie der Aufführungen wegen früher bekommen. Vielleicht drucken wir eine Auflage von 600 Exemplaren zu dem alten Ladenpreis ...
(NFG Weimar, Insel-Archiv)

19. Juli 1902, Rudolf von Poellnitz an Hofmannsthal
Als ich Ihnen am 23. Mai meinen letzten Brief schrieb, waren die Oster-Remittenten Ihrer beiden Bücher, Der Thor und der Tod und Der Tod des Tizian von Schuster und Löffler in Berlin noch nicht eingegangen. Wider Erwarten ist die Anzahl derselben so gross, dass ein Neudruck momentan nicht in Frage kommt. Sobald dies der Fall sein sollte, schreibe ich Ihnen und möchte heute schon ganz gern Ihren prinzipiellen Standpunkt bezüglich einer billigen Ausgabe von Thor und Tod kennen lernen. (NFG Weimar, Insel-Archiv)

12. Oktober 1902, Max Bayrhammer an Hofmannsthal
Enormer Erfolg Thor u. Tod Frankfurt vorzüglich Darstellung
Bayrhammer Regisseur
Thespis
(FDH / Dauerleihgabe Stiftung Volkswagenwerk)

⟨23. Oktober 1902⟩, an Hugo von Hofmannsthal sen.
In Beantwortung mehrerer Anfragen:
1.) Thespis ist a.) eine mythische Person b.) ein litterarischer Verein in Frankfurt
2.) Bayrhammer ist der seinerzeitige Münchener »Claudio«.
3.) Er ist ein Schwein; diesmal hat er aber nur die Regie geführt. Nach der Frankf. Zeitung war die Aufführung schwach, aber sehr erfolgreich.
(Deutsches Literaturarchiv, Marbach a. N.)

13. November 1902, Rudolf von Poellnitz an Hofmannsthal
Gleichzeitig sende ich Ihnen eine Karte des Herrn von Pauli, der durchaus eine polnische Übersetzung Ihrer Dichtung ›Der Thor und der Tod‹ herauszugeben beabsichtigt. Der Insel-Verlag besitzt das Recht zur Erteilung der Genehmigung nicht und ich verweise den Mann deshalb an Sie.
(NFG Weimar, Insel-Archiv)

1903

⟨zwischen dem 24. April u. 5. Mai 1903⟩, an Rudolf von Poellnitz
Nur wäre ich sehr dankbar, wenn — falls eine Neuauflage von ›Thor u. Tod‹ momentan nicht erscheint — Sie die Freundlichkeit hätten mir dann die jetzt vorliegende vierte auch gleichzeitig zu honorieren, ebenso die vorliegende einzige Auflage ›Tod des Tizian‹ ... (NFG Weimar, Insel-Archiv)

5. Mai 1903, Rudolf von Poellnitz an Hofmannsthal

Im Laufe der nächsten Woche findet unsere Ostermess-Abrechnung statt ... Auch wird es sich alsdann entscheiden, für wann eine Neuauflage von ›Thor und Tod‹ notwendig wird. Auf Lager befinden sich vor der Hand noch 150 Exemplare.
(NFG Weimar, Insel-Archiv)

5. Oktober 1903, Rudolf von Poellnitz an Hofmannsthal

Für ›Thor und Tod‹ habe ich verschiedene Druckproben machen lassen, die mir jedoch so wenig gefielen, dass ich sie Ihnen aus diesem Grunde nicht sandte. Die erträglichste derselben füge ich nachträglich bei. Es ist die Schrift, in der das ›Kleine Welttheater‹ gedruckt wurde. Der Umfang des Buches würde durch diese Type ein grösserer werden, was aus äusserlichen Gründen gut wäre.

Eine Papieranfertigung, die voraussichtlich gut ausfallen wird, ist bereits aufgegeben und trifft in ca. 10 Tagen hier ein. Der Satz des Ganzen nimmt ungefähr 8 Tage in Anspruch. (NFG Weimar, Insel-Archiv)

20. Oktober 1903, Rudolf von Poellnitz an Hofmannsthal

Von ›Thor und Tod‹ geht gleichzeitig Correctur an Sie. — Papier ist auch da, sodaß das Buch in der neuen Form für M. 2— in ca. 14 Tagen im Handel sein wird.
(NFG Weimar, Insel-Archiv)

18. Dezember 1903, Rudolf von Poellnitz an Hofmannsthal

Von Thor und Tod sende ich Ihnen vorläufig 10 brosch. und 5 in Leder gebund. Exemplare. 10 weitere in Halb-Pergament folgen am Montag. ...

Die Ausgabe von Thor und Tod gefällt mir nach Fertigwerden immer noch nicht so, wie ich es wünsche. Das Papier ist ein Missgriff. Es hat etwas sehr Kaltes in seinem Weiss. Hoffentlich verkaufen wir die Exemplare bald und dann kann man es endgültig gut machen. (NFG Weimar, Insel-Archiv)

1906

11. Juli 1906, Georg Brandes an Arthur Schnitzler

Hoffmannsthal schickte mir Thor und Tod.[1] Es ist schön und fein, machte mir aber lange nicht den Eindruck wie die zwei antikisierenden Schauspiele.
(BW 93)

25. Dezember 1906, Georg Brandes an Hofmannsthal

Durch Schnitzler erhielt ich diesen Sommer, als ich krank lag, Ihr kleines Stück ›Thor und Tod‹ und danke Ihnen auch dafür; es sagte mir doch nicht so sehr zu wie die griechischen Sachen. (JDSG, XXIII, 1979, S. 72)

[1] Vgl. den folgenden Brief.

29. Dezember ⟨1906⟩, an Georg Brandes

In Deutschland, so weit mich vereinzelte Leute da und dort goutieren, legen sie für meinen Geschmack etwas zu viel Gewicht auf den ›Thor u Tod‹. Von diesem hat sich eine Generation (und jetzt schon die zweite heraufkommende) sehr stark in ihrem eignen pathologischen Gehalt getroffen gefühlt, wie mutatis mutandis eine andere vom Werther und merkwürdigerweise sogar junge englische Diplomaten und ein gewesener head-boy von Eton und Amerikaner sagten und schrieben mir, das hätten sie mit 20 Jahren so stark durchgemacht, auch Frauen, darunter die schönste Person, die ich je im Leben gesehen habe, Miss Gladys Deacon in Rom.

Das ist ja so sonderbar, denn als ich es mit 19 Jahren während eines Unwohlseins hinschrieb, hielt ich es für den isoliertesten Fall und dachte niemanden damit zu afficieren. *(JDSG, XXIII, 1979, S. 74)*

1907

Aschermittwoch 1907, Herbert Eulenberg[1] an Hofmannsthal

Wir haben ... den ›Tor und den Tod‹ in unsern Spielplan aufgenommen, und das Stück geht heute Abend — hoffentlich sehr stimmungsvoll! — zum ersten Mal in Düsseldorf in Scene. *(FDH / Dauerleihgabe Stiftung Volkswagenwerk)*

1908

⟨Ende Februar/Anfang März 1908⟩[2], an Gertrud Eysoldt

Liebe, liebe, es wäre so wundervoll wenn Sie das thun könnten und wollten, die Mutter Claudios zu spielen! ach wie schön, wie vollkommen schön wäre es. Dies Seelenhafte, Ergreifende an dieser Stelle — wie soll ich diese Frau Sauer aushalten, die mich erstarrt auf den Proben — ach, liebe, es wäre so schön — dann wäre es ganz, dann wäre es reine Freude alle Gestalten schön — so wundervoll wird Wegener als Freund, wundervoll Moissi rührend die Eibenschütz — und ich glaube Max, dieser wunderbare gute Mensch, wird schliesslich ganz leise ganz unangemeldet den Diener spielen aus Liebe zu dem Stück — wie schön wäre nun das Letzte! Ganz alt müssten Sie sich machen ganz unkenntlich (nicht entre deux âges, das wäre natürlich falsch, gerade weil Sie jung sind, müssten Sie eine ganz alte Frau spielen, mit ganz weissem Haar) — o wie wundervoll könnten Sie sein und dann nachher das junge Geschöpf — welcher Contrast — o was für Freude ich hätte.

(Abschrift; FDH / Dauerleihgabe Stiftung Volkswagenwerk; B II 314 f.)

---

[1] *Dramaturg am Schauspielhaus Düsseldorf.*
[2] *Die Premiere von Max Reinhardts Inszenierung fand am 30. März in den Berliner Kammerspielen statt.*

⟨6. März 1908⟩, an Hugo von Hofmannsthal sen.
Ganz besonders angenehm ist natürlich die Atmosphäre des Theaters, z. B. dass sich alle wirklich vom Director bis zum Inspicienten herunter, darauf freuen, daß der Thor u Tod gespielt wird. Wir werden Montag davon die erste Probe machen, den Claudio wird Moissi spielen, das Mädchen Fräulein Eibenschütz, eine enorm begabte junge Schauspielerin (die künftige Silvia); das Violinsolo für den Tod ist von d'Albert componirt und soll sehr schön sein. — Gestern habe ich ... 2 Theaterstücke durchgelesen und mich nachts mit Reinhardt dafür entschieden daß zum Thor u Tod eine sonderbare aber sehr reizvolle Tragödie in 9 kleinen Scenen von einem jungen Russen gespielt wird und ich glaube daß es ein sehr schöner stimmungsvoller Theaterabend werden wird. Ich werde gemeinsam mit Max Reinhardt die Proben beider Stücke leiten. In dem russischen spielt die Eysoldt. ... Von Thor u Tod wollen wir eine Art Generalprobe mit Thee um 5 Uhr machen und dazu 200 Menschen aus der Gesellschaft einladen.
(Deutsches Literaturarchiv, Marbach a. N.; B II 313 f.)

9. März 1908, Anton Kippenberg an Hofmannsthal
Für Ihre Auskunft über das Kostüm des Todes danke ich Ihnen zum besten; ich habe sie gleich nach Hamburg weitergegeben. An die Direktion des Deutschen Theaters werde ich schreiben und anfragen lassen, ob der Verkauf des Büchleins an der Kasse oder im Saale sich ermöglichen lässt. Ich glaube auch, dass das einen sehr erfreulichen Absatz zur Folge haben würde.
(FDH / Dauerleihgabe Stiftung Volkswagenwerk)

⟨9. März 1908⟩, an Hugo von Hofmannsthal sen.
Heute habe ich mit Reinhardt meine letzte Besprechung über das Scenische das sehr einfach und untergeordnet werden soll — und morgen die erste Probe.
(Deutsches Literaturarchiv, Marbach a. N.; B II 317)

⟨11. März 1908⟩, an Hugo von Hofmannsthal sen.
Die erste Probe von Thor u Tod hat mich einigermaßen gerührt. Ich habe sehr lebhaft an die Wohnung in der Salesianergasse denken müssen wo ich das Stück vor nun bald 15 Jahren geschrieben habe (im Speiszimmer grösstentheils) und besonders an die arme gute Mama.
   Die Besetzung wird die denkbar sorgfältigste sein. Besonders erstclassig ist Claudio (Moissi) das Mädchen (Eibenschütz) und der Freund (Wegener) Den Tod wird ein sehr schöner Mensch à la Robert (Herr Beregi) spielen, die Mutter wahrscheinlich die Eysoldt in einer fast unkenntlichen Maske und den Kammerdiener wird glaube ich der Director selbst übernehmen, der eigentlich nie spielt, aus besonderer Liebe für das Stück. Ganz sonderbar ist, wie das Stück mir selber beinahe wie etwas fremdes Classisches vorkommt. Neulich war es in einem Essay als das Werk eines Neunzehnjährigen mit dem Werk des 70jährigen Ibsen verglichen das den gleichen Stoff behandelt (Wenn wir Todten erwachen) und gesagt daß Thor u. Tod noch gespielt und gelesen werden wird, wenn das andre Stück nur mehr von Litteraturhistorikern gekannt sein wird, was auch wahr sein dürfte.
(Deutsches Literaturarchiv, Marbach a. N.; B II 318 f.)

14. März 1908, Alfred Walter Heymel an Hofmannsthal
Recht traurig bin ich, dass ich nicht in Berlin sein kann, wenn endlich dort ›der Thor und der Tod‹ auf einer ernsthaften Bühne gespielt wird. Erfolg brauche ich Dir nicht zu wünschen, da er ein sicherer sein wird.
(FDH / Dauerleihgabe Stiftung Volkswagenwerk)

⟨15. März 1908⟩, an Hugo von Hofmannsthal sen.
Thor u Tod wird sehr schön werden: das Violinsolo des Todes von d'Albert ist sehr schön. Die Eysoldt wird als Mutter sehr merkwürdig werden, ganz einfach und sehr zum Herzen gehend. Ich muß ihr übrigens noch heute 3—4 neue Verse in ihre Rolle hineindichten. ... Reinhardt läßt sichs, scheints nicht nehmen, aus courtoisie den alten Kammerdiener zu spielen.
(Deutsches Literaturarchiv, Marbach a. N.; B II 316)

22. März ⟨1908⟩, an Hugo von Hofmannsthal sen.
Leider ist die Premiere nun plötzlich aus vielen Gründen nicht am 28ten sondern am 30ten ... Alle Leute freuen sich sehr auf die Aufführung, das Stück ist weitaus das populärste von allen meinen Arbeiten, es wird wie ein klassisches Stück betrachtet und es gab nicht die geringste Schwierigkeit die kleinsten Rollen mit ersten Schauspielern zu besetzen. Auch im Publicum wird wohl kaum ein Mensch sein, der es nicht schon kennt. Das Theater bekommt schon seit Wochen viel mehr Anfragen und Bestellungen, als in dem kleinen Saal überhaupt berücksichtigt werden können. Ein eventueller »Erfolg« wird nur in der starken Stimmung liegen können, geklatscht wird im Kammerspiel bei ernsten Stücken nicht. Wir werden eine genaue Liste machen und mit Ausnahme der unvermeidlichsten Presse nur nette und elegante Leute hereinlassen ...
(Deutsches Literaturarchiv, Marbach a. N.)

⟨24. März 1908⟩, an Hugo von Hofmannsthal sen.
So zersprang ich gestern vormittag darüber, daß Holländer der die Regie von dem 2ten Stück führt das zum Thor u Tod gegeben wird plötzlich durch Schauspieler colportieren lässt, er k ö n n e bis zum 30ten sein Stück nicht herausbringen (obwohl er seit Wochen weiß daß die Premiere am 28ten sein soll) Ich habe darauf hin Reinhardt telephonirt daß ich in diesem Fall abreisen würde, o h n e die Premiere abzuwarten. Reinhardt hat mir versprochen heute selbst auf die Probe des andern Stücks zu gehen und energisch einzugreifen, auch wird er dem Holländer jetzt alle Vormittage frei geben für seine Proben, da der Thor u Tod so gut wie fertig ist. Ich glaube daß es schließlich schon gehen wird.
(Deutsches Literaturarchiv, Marbach a. N.)

⟨27. März 1908⟩, an Hugo von Hofmannsthal sen.
Heute war Probe bis 3/4 5 und zwar die gewisse vorletzte wo alles scheußlich geht der Inspicient und der Beleuchter einander in die Haare gerathen und jemand weint (diesmal weinte die kleine Eibenschütz.) Aber es wird natürlich ganz gut gehen, aber natürlich auch nicht geklatscht werden und ich telegrafiere Dir auch n i c h t. Es hat bei einer solchen Sache der Begriff Erfolg gar keinen Sinn.
(Deutsches Literaturarchiv, Marbach a. N.)

31. März 1908, an Hugo von Hofmannsthal sen. (Telegramm)

wundervolle auffuehrung schoene wirkung stellenweise etwas beeintraechtigt durch leises sprechen (*Deutsches Literaturarchiv, Marbach a. N.*)

⟨*März 1908*⟩, *Ossip Dymow an Hofmannsthal*

Als ich Sie das letzte Mal in dem Bureau des D. Theaters sah wusste ich nicht dass Sie schon nach Wien gehen. Ich möchte so gern fest Ihre Hand drücken. Für mich war eine grosse Freude meine kleine Nju mit Ihrem grossen ›Tod‹ verbunden zu sehen. Diesen schönen Abend werde ich gewiss nie vergessen.

(*FDH / Dauerleihgabe Stiftung Volkswagenwerk*)

⟨*April/Mai 1908*⟩, *an Eugen d'Albert*

Ich bin sehr glücklich, endlich Ihre Adresse zu erfahren und hoffe nur, daß diese Zeilen Sie erreichen und ich Ihnen also endlich danken kann für die wundervolle Musik, die Sie für die Geige des Todes komponiert haben und die nicht nur bei der Vorstellung ganz unberechenbar mit zu der Wirkung des Ganzen beigetragen hat, sondern mir auch auf den Proben immer und immer wieder eine kaum definierbare Freude gemacht hat, ja mehr als Freude, es war eine Art Fascination, durch diese so wundervoll erfundenen, rufenden, suchenden, merkwürdigen Töne. Ich danke Ihnen wirklich von Herzen. (*Jacoby 71*)

5. Mai 1908, Eugen d'Albert an Hofmannsthal

für Ihre freundlich anerkennenden Worte danke ich Ihnen verbindlichst. Was kann dem Komponisten mehr Genugtuung geben, als wenn der Dichter von der musikalischen Unterstützung befriedigt ist! Im vorliegenden Falle war es ja so wenig, was von der musikalischen Seite aus zu geschehen hatte u. wenn dies wenige gelang, so trugen Ihre herrlichen Gedanken und Verse das Wesentlichste zur Inspiration bei. (*FDH / Dauerleihgabe Stiftung Volkswagenwerk*)

1909

12. Juni ⟨*1909*⟩, *an Harry Graf Kessler*

Stern[1] ist gewiß nicht untalentiert, aber wie ich bei Thor und Tod spürte, culturlos und gefühllos für historisches air in unerträglichem Grade (Siehe auch Lysistrata). (*BW 242*)

1910

1910, Edgar Byk über einen Brief Hofmannsthals

Denn nicht um das Sterben, sondern um die Wandlung und Erkenntnis handelt es sich im ›*Tor und Tod*‹ *ganz allein und der Tod ist nur ein (wenn auch aus einer*

---

[1] *Ernst Stern (1874–1954), Dekorateur am Deutschen Theater in Berlin, hatte in Reinhardts Aufführungen von* Tor und Tod *und* ›Lysistrata‹ *von Aristophanes mit Hofmannsthals Prolog im Berliner Kammerspiel 1908 mitgewirkt.*

gewissen Erwägung gewählter) Vorwand und eine (aus Vorliebe für derartige Formen entspringende) Einkleidung. Denn wie mir Hofmannsthal mitteilte: »Eine Reihe von Gestalten, nacheinand auftretend, schattenspielhaft, was ja die Form des kleinen Dramas ist, das war damals eine Lieblingsform meiner Phantasie.« Dieselbe Form, in die auch ›Das kleine Welttheater oder die Glücklichen‹ eingekleidet ist. Auch hier enthüllt sich das Leben an einer Reihe von Gestalten, nacheinand auftretend. — Die Idee hiezu entstand, wie Hofmannsthal schreibt, fast gleichzeitig mit dem ›Tor und Tod‹ und sollte ursprünglich ›Die Landstrasse des Lebens‹ heissen. In dieser Fassung »sass ein junges Mädchen auf einer Gartenmauer: an ihr kamen Gestalten vorüber.« 1897 entstand daraus »Das kleine Welttheater«. (E. B., HvH. Der Tor und der Tod. Wien, Phil. Diss. 1910, S. 24)

30. September ⟨1910⟩, an Arthur Schnitzler

wenn Ihnen auch wie mir, inliegender Besetzungsvorschlag[1] absurd erscheint und die Besetzung Claudio—Gerasch / Tod—Reimers als die richtigere, so tun Sie mir den großen Gefallen und bringen diese meine und Ihre Auffassung bei Berger telephonisch in meinem Namen unter Berufung auf diesen Brief vor.

Ich finde den Gedanken, Tressler eine geistige Gestalt agieren zu sehen, scheußlich und möchte das Ganze fast lieber inhibieren, scheue aber dann wieder den überflüssigen Rummel. O ekelhaftes Wien! ekelhafteres Burgtheater! ekelhaft wenn es einen nicht spielt und noch fühlbar ekelhafter, wenn es Miene macht, einen zu spielen! (BW 253)

3. Oktober ⟨1910⟩, an Alfred Freiherrn von Berger

die Unterschrift des reverses geschah unter der, wie ich meine, selbstverständlichen Voraussetzung daß das Stück nur für den bestimmten Zweck (Trauerfeier für Kainz) und nur in Verbindung mit Kainz' nachgelassenem Stück gespielt wird (nicht in beliebigen anderen Combinationen) ferner daß dieser specielle Zweck durch eine Verlautbarung in der Presse dem Publicum verdeutlicht wird und endlich, daß das Stück den Abend oder die matinée eröffnet, als Prologus die Trauerfeier einleitet, worauf dann als Hauptstück das Werk des Verstorbenen folgt.

Eine andere Placierung von ›Tor u Tod‹ ist aus inneren und aus bühnenpolitischen Gründen ausgeschlossen und ich würde nie darauf eingehen.

Ich bin überzeugt daß Sie es auch so meinen, aber da in der N. Fr. Presse stand »an den Saul wird sich eine Aufführung von Th. u T. anschließen« so präcisiere ich vorsichtshalber. ...

Vor allem aber bitte um Ihre gütige dramaturgische Hilfe. Striche! Striche! Striche! Mehr als ein Drittel muß fallen. (ÖNB, Wien)

---

[1] *Für die Gedächtnisfeier für Josef Kainz im Wiener Burgtheater am 23. Oktober. Die Darsteller waren: Alfred Gerasch: Claudio, Albert Heine: Tod, Ferdinande Schmittlein: Mutter, Lotte Medelsky: Geliebte, Max Paulsen: Freund. Außerdem wurden Kainz' Tragödienfragment ›Saul‹ und der 3. Akt von Goethes ›Die natürliche Tochter‹ aufgeführt.*

4. Oktober 1910, Arthur Schnitzler an Hofmannsthal

Mein Telegramm hat Sie hoffentlich noch in München erreicht. Es war mir nicht möglich eine telephonische Verbindung mit Rosenbaum zu bekommen. Bald war er auf der Probe, bald hat sich überhaupt niemand gemeldet. Berger selbst war verreist und bis gestern noch nicht zurückgekehrt. So habe ich also Ihren Besetzungsvorschlag an die Direktion schriftlich mitgeteilt und mich zugleich damit sehr einverstanden erklärt. Im übrigen lag Ihrem Brief kein Besetzungsvorschlag des Burgtheaters bei; Sie schreiben von Tressler für den Claudio, was wirklich lächerlich wäre. Wie sonst die Rollen hätten verteilt werden sollen, weiß ich nicht, nur daß die Bleibtreu für den Tod in Aussicht genommen war, hatte ich schon früher gehört, ohne für diese Idee sehr eingenommen zu sein. Ich hoffe übrigens Sie haben sich auch persönlich an die Direktion gewandt, was ich doch jedenfalls viel wirksamer fände als meine Intervention ... (BW 253f.)

26. Oktober 1910, Leopold von Andrian an Hofmannsthal

Ich freue mich sehr nächsten Sonntag in Deinen ›Tor und Tod‹ zu gehn.
(BW 194)

22. Dezember 1910, Herbert Eulenberg an Hofmannsthal

ich entsinne mich jenes unseligen Aufsatzes über Sie, der Sie so sehr verstimmt hat, noch schattenhaft. Ich schrieb ihn damals recht schnell nieder, da man mich aufforderte, binnen 18 Stunden etwas »einleitendes« über Ihren ›Thor und Tod‹ zu sagen. Daß er feindlich und animos gegen Sie ausgefallen wäre, ist einmal **unmöglich** *und zum andern ausgeschlossen, da es sich um eine Ehrung für Sie dabei handelte. Und der Hinweis auf Bernini kann Sie doch nicht verletzt haben. Jedenfalls habe ich mit den Jahren und Romfahrten einen heillosen Respekt vor diesem Manne bekommen.*
(FDH / Dauerleihgabe Stiftung Volkswagenwerk)

1911

27. Juni ⟨1911?⟩, an Georg Freiherrn zu Franckenstein

In Tokio findest Du von meinen Sachen nur den ›Tor und Tod‹ in japanischer Sprache am Repertoire, wovon mir jüngst der Theaterzettel zugeschickt wurde.
(Abschrift; FDH / Dauerleihgabe Stiftung Volkswagenwerk)

31. August ⟨1911⟩, an Elsa Bruckmann-Cantacuzène

Da[1] berührt man scheinbar die gleichen Punkte, aber auf einer höheren Windung, so kommt mir in diesem Todtentanz-gedicht der ›Tor und Tod‹ wieder, aber allgemeiner, menschlicher, gültiger. (HB 4, 1970, S. 291f.)

---

[1] Bei der Bearbeitung des Jedermann-Stoffes.

1912

20. März 1912, Anton Kippenberg an Hofmannsthal

Auch die Liebhaber-Ausgabe von ›Thor & Tod‹ wird bis dahin fertig. Nach den vorliegenden Bestellungen zu urtheilen, wird sie schnell vergriffen sein.
(FDH / Dauerleihgabe Stiftung Volkswagenwerk)

1913

28. Februar 1913, Anton Kippenberg an Hofmannsthal

Die Exemplare des Tor und Tod-Bändchens der Insel-Bücherei werden Sie inzwischen erhalten haben. Der Band ist von den 15 Bänden der neuen Serie am stärksten vorausbestellt worden; wir haben gleich am ersten Tage 4 000 Exemplare ausliefern können. (FDH / Dauerleihgabe Stiftung Volkswagenwerk)

20. Mai 1913, Anton Kippenberg an Hofmannsthal

Wie ich Ihnen schon schrieb, bin ich mit dem Erfolg der Insel-Bücherei ausserordentlich zufrieden ... insbesondere durchaus auch mit dem Bändchen, das ›Tor und Tod‹ enthält. Nur darf man freilich nicht allzu ungeduldig sein. Tor und Tod ist Anfang März erschienen und bis heute sind etwas über 9 000 Exemplare verkauft. Das bedeutet einen ausserordentlich guten Erfolg; wenn man bedenkt dass einmal die Jahreszeit (allerlei Feste, buchhändlerische Ostermesse usw.) erfahrungsgemäss für den Bücherverkauf recht ungünstig ist, dass ferner die letzten Monate wirtschaftlich schlecht waren, da die Kriegsbefürchtungen nicht zur Ruhe kommen wollten, und dass drittens doch ›Tor und Tod‹ in der bisherigen kleinen Ausgabe in 13 Auflagen, und in der 3 M.-Ausgabe in ebensoviel Tausenden verbreitet ist. (FDH / Dauerleihgabe Stiftung Volkswagenwerk)

26. Oktober 1913, an Grete Wiesenthal

... ich kann mich auch nicht flüchten, nirgendhin, denn meine Kunst ist eine Flamme die von der Luft des Lebens atmet, da muß die Tür immer offen sein. Ich habe mit neunzehn den ›Tor und Tod‹ gemacht und mit 39 ein Märchen von einem König, der lebenden Leibes zu Stein wird — also nehmen Sie mich wie ich bin ... (Kopie; FDH / Dauerleihgabe Stiftung Volkswagenwerk)

1. November 1913, Anton Kippenberg an Hofmannsthal

Interessieren wird es Sie, zu wissen, wie der Absatz Ihrer beiden früheren Insel-Bücherei-Bändchen in der letzten Zeit gewesen ist: von ›Tor und Tod‹ sind bisher 14 500 Exemplare verkauft ...
(FDH / Dauerleihgabe Stiftung Volkswagenwerk)

26. ⟨Dezember⟩ 1913, an Clemens Franckenstein

Wir sind von Sonntag früh an in Neubeuern ... und werden den 2ten nachmittags für die ›Ariadne‹ hineinfahren. Auch zum Wozzek bleibe ich natürlich. Falls Du

zu diesem ohne besondere Mühe irgendeinen andern Einacter ansetzen kannst, als ›Tor und Tod‹ so tust Du mir noch einen grossen Gefallen.
(Abschrift; FDH / Dauerleihgabe Stiftung Volkswagenwerk)

27. Dezember ⟨1913⟩, an Rudolf Borchardt
Noch eines: am 2ten spielt man für mich in München die ›Ariadne‹, am 3ten das schöne Fragment ›Wozzek‹ von Büchner im Residenztheater; den gleichen Abend ist im Hoftheater der ›Rosencavalier‹. Den ›Tor und Tod‹ vor ›Wozzek‹ hab ich gebeten abzusetzen weil ich dieses Gedicht sehr ungern auf der Bühne sehe.
(BW 111)

1917

22. August ⟨1917⟩, an Rudolf Pannwitz
… es geht ein Etwas durch alle meine Figuren durch (das doch nicht mit den Figuren identisch ist) und erst wenn man dieses erkennt, werden Sie die Einheit erkennen: Claudio der Tor, und die redende oder träumende Substanz der Gedichte, und jeder Einzelne der »Glücklichen«, und der Kaiser in ›Kaiser und Hexe‹ und ›Elektra‹ und das miteinander verflochtene Paar: Ödipus—Kreon, sie sind eine Reihe und gehen dann hinüber in die Reihe, die sich in den Comödien ausdrückt … *(Mesa 5, Herbst 1955, S. 26)*

29. August ⟨1917⟩, an Rudolf Pannwitz
… die Bizarrerie meiner Natur überhaupt, die mir einen productiven Zustand nur als bezaubernden trance, in völliger Reinheit und Erhabenheit — dafür aber fast nie erlaubt, nur Wochen im Jahr, manche Jahre gar nicht — daher immer wieder die Angst, die Gesetztheit (in Ihren Notizen: »halb träumerisch, halb leichtsinnig, halb gesetzt« — wie richtig!) in früheren Jahren die völlige Unfähigkeit, meine Selbstkritik, meinen Verstand ja meinen Geschmack als active Kraft in diesen trance überhaupt hineinzubringen: daher wenn die Inspiration einen Augenblick versagte, war es gleich ganz schlecht, so jene peinlich schlechte Stelle der Mutter im ›Tor und Tod‹[1] (mir so wohl bekannt!) …
(Mesa 5, Herbst 1955, S. 27)

1920

13. Februar 1920, Franz Strunz (Volksbildungshaus Wiener Urania) an Hofmannsthal
Gleichzeitig möchte ich im Namen unseres Hauses einer Bitte Ausdruck verleihen: Gelegentlich der Akademie, die zu Gunsten des Pensionsfonds unserer Angestellten stattfinden wird, gedenken wir mit Burgschauspielern den ›Tor und der Tod‹ aufzuführen. Wollen Sie uns die Aufführung gestatten? Sie wird würdig und künstlerisch sein. *(FDH / Dauerleihgabe Stiftung Volkswagenwerk)*

---

[1] Vgl. ›Erläuterungen‹, S. 487, 3—8.

22. September 1920, an Felix Braun

Ihr Brief macht mir eine grosse Freude — es ist ein Gefühl seltener Art, das Sie mir zumitteln wenn Sie von dieser Aufführung des Gedichtes durch junge Leute sprechen, vor jungen u. alten Leuten, von der Wirkung, wenn Sie auf den Gehalt dieses Gedichtes hindeuten, das ein mir fremder u. doch so unlöslich mit meiner tiefsten Seele verknüpfter einsamer Knabe in einem halbfinstern Zimmer in der engen Salesianergasse vor siebenundzwanzig Jahren an ein paar Aprilvormittagen hinschrieb, horchend auf Etwas, das bald in ihm, bald schräg über ihm zu hangen oder zu schweben schien — und ihm die Verse beinahe vorsagte. ... Das auch tut mir wohl, dass Sie von dem Stück sagen, dass das Poetische in ihm nichts anderes sei, als die Ahnung des wirklich seienden Lebens selbst. Das ist die Wahrheit: das Gedicht ist aus einer inneren Herrlichkeit und Fülle hervorgegangen — aus der Angst diese im wirklichen Leben nicht unmittelbar wieder zu finden — nicht aber aus Dürftigkeit u. Selbstvorwurf einer dürftigen Natur. Diese Ungereimtheit habe ich früher oft lesen müssen, u. sie schleppt sich hie und da fort, wie jede Schiefheit, wenn sie einmal stereotypiert ist; es ist ein Hauch von jugendlicher Selbstironie über dem ganzen Ding, wie auch über dem ›Tod des Tizian‹ — dieser hat die unzarten und rein verstandesmäßigen Urteiler dann verführt.

(*JFDH, 1968, S. 415f.*)

1921

14. Februar 1921, an Anton Wildgans

Ich hoffe, dass Sie Zeit finden, das Stück ⟨Der Schwierige⟩ zu lesen ... Sie werden finden, dass ich darin das eigentlich Seelenhafte, das Persönlich-metaphysische ... versteckt habe unter der Ironie der Gestaltung ... Und doch ist dieser Individuell-metaphysische Kern sehr stark, und mir ist manchmal Angst gewesen, er durchbräche mir die Hülle.

Es ist das Problem, das mich oft gequält u. beängstigt hat (schon im ›Tor u. Tod‹, am stärksten in dem ›Brief‹ des Lord Chandos ...) — wie kommt das einsame Individuum dazu, sich durch die Sprache mit der Gesellschaft zu verknüpfen, ja durch sie, ob es will oder nicht, rettungslos mit ihr verknüpft zu sein? — und weiterhin: wie kann der Sprechende noch handeln — da ja ein Sprechen schon Erkenntnis, also Aufhebung des Handelns ist — — mein persönlicher mich nicht loslassender Aspect der ewigen Antinomie vom Sprechen und Tun, Erkennen u. Leben ...   (*BW 31*)

18. April 1921, an Max Pirker

Zur Vorarbeit für ›H. als Theaterdichter‹ folgendes: ... Zu fruchtbarer Lektüre als Vorarbeit bedarf es klarer Übersicht und Einteilung der Epochen oder »Manieren« des Dichters. ...

Die dritte Epoche, worin die Erfüllung traditioneller theatralischer Forderung deutlich als Ziel hervortritt: seit 1907 etwa.

a) ›Jedermann‹ (1904–1911) anzuschließen innerhalb des Gesamtœuvre: einerseits an ›Tor und der Tod‹, anderseits an ›Kleines Welttheater‹, ›Xenodoxus, Doktor von Paris‹, ›Radstädter Gerichtsspiel‹. ...   (*A 369f.*)

1923

12. Juni ⟨1923⟩, an Marie Luise Borchardt

... zugleich hörte ich daß am Abend vor meiner Ankunft im Akademie-Theater, dem Annex des Burgtheaters, die ›Verkündigung‹ gespielt worden sei. ... Daß die Aufführung ohne Wirkung blieb, bestätigte mir auch der gute Brecht, Borchardts Jugendgefährte von Göttingen her, der ihr beiwohnte ... es ist dies Ding ein Gedicht, ein herrlich schönes, und hat auf dem Theater nichts zu suchen, kann dort nur verlieren, nicht gewinnen — damit steht es genau wie mit meinen früheren Sachen, vom ›Tor und Tod‹ bis zum ›Abenteurer‹.

(BW 177f.)

1925

⟨Mitte September 1925?⟩, an den S. Fischer Verlag, Theaterabteilung

Darf ich doch bei dieser Gelegenheit anfragen ob denn aus dem Process den Sie für mich in Zürich angestrengt und gewonnen haben (betreffs Rundfunksendung von Tor und Tod) noch keine Schadenersatz Summe greifbar geworden ist.

(FDH / Dauerleihgabe Stiftung Volkswagenwerk)

3. November 1925, an Unbekannt

Die Ausgabe von Thor und Tod, die Ihnen in die Hände gefallen ist, ist in der Tat der erste Druck dieses Gedichtes, und wie ich glaube sehr gesucht. Es ist ein Sonderdruck aus der Münchner Jugend; in dieser Zeitschrift nämlich war das ganze Gedicht, kurz nach der ersten in München stattgefundenen Aufführung (im Nov. 98) abgedruckt.

(Gutekunst & Klipstein, S. 3)

1928

28. November 1928, an Josef Redlich

Als ich vor einiger Zeit eine Klage ähnlichen Sinnes vor Carl Burckhardt mir entschlüpfen ließ, ... erinnerte ⟨er⟩ mich an die seltsame, sicher nicht von vielen verstandene Stelle bei Eckermann, wo Goethe sagt: »mit 23 Jahren habe er den Goetz geschrieben — von solchen Weltverhältnissen, wie sie in dem Stück vorwalten, habe er nichts gewußt und nach seinen Jahren und damaligen Lebenskreisen auch nichts wissen können, und er sei erstaunt, wie lebendig das alles sei und wie wahr. Das Dasein habe er eben durch Anticipation gekannt, später — wie sich ihm dann alles in der Wirklichkeit bestätigt habe, sei er verdrossen geworden darüber und er habe keine Lust mehr gehabt es auszudrücken.« Das ist es. Wenn das Geahnte, im eigenen inneren Licht erkannte (und ich habe schließlich mit 19 Jahren den ›Tor u. Tod‹ geschrieben, in welchem nicht Weniges vom heutigen Weltzustand anticipiert ist) einem dann von Außen als Wirklichkeit entgegentritt, dann graust einem davor und man will es nicht noch einmal benennen!

(BW 116f.)

20. Januar 1929, an Walther Brecht — vgl. S. 386f.

ERLÄUTERUNGEN

61: Titel vielleicht angeregt durch Richard Wagners ›Der Ring des Nibelungen. Die Walküre‹, II, 4, Brünnhilde zu Siegmund:
> Solang du lebst,
> zwäng' dich wohl nichts:
> doch zwingt dich Toren der Tod:
> ihn dir zu künden,
> kam ich her.

(Stuttgart 1970, Reclams Universalbibliothek Nr. 5642, S. 50)

62,2 Claudio *Vgl. Hofmannsthals spätere Erläuterung des Namens in* Ad me ipsum: Die Bedeutung des Namens Claudio für den »Toren« (von claudere) Zugleich der Name des bösen Stiefvaters im »Hamlet«. (Ist Claudio nicht ein Stiefvater seines besseren Selbst?) *(A 215).* — *Unmittelbar eingewirkt haben dürfte die Gestalt des Claudio aus Shakespeares ›Maß für Maß‹* — *in der Tieckschen Übersetzung »ein junger Edelmann«! (vgl. Max Proske, Shakespeares Nachwirkung auf das dramatische Schaffen HvH's. In: Shakespeare-Jahrbuch, XCV, 1959, S. 142). Von ihr heißt es in dem Vortrag* Shakespeares Könige und große Herren *(1905):* In dem Mund dessen, der sterben soll, und der Angst hat vor dem Sterben, welche Töne, welche Beredsamkeit, welche Worte, klüger als er selbst, tiefer als seine seichte Tugend — wie preßt der Tod den besten Saft aus ihm heraus. *(P II 135)* — *Zu denken ist auch an Claude Larcher, den Hofmannsthal in seiner Rezension von Paul Bourgets ›Physiologie de l'amour moderne‹ (1891) als* Hamletseele, als Halbnatur mit Dilettantenkräften und überkünstlerischer Sensibilität *charakterisiert und dessen* Heilsweg, die Selbsterziehung zum ganzen Menschen, *er durch Bourget in den Begegnungen Claudes mit drei (!) ganzen Menschen vorgezeichnet sieht (vgl. P I 8 u. 10f.).* — *Ferner findet sich Claudio als Name des Richters in ›Les caprices de Marianne‹ von Alfred de Musset, aus dessen Stücken Namen für* Gestern *und* Der Tod des Tizian *entlehnt sind.*

62,8f.: Vgl. ›Varianten‹, S. 437,16f.

63,11—20 Die letzten Berge liegen nun im Glanz ... Der Gipfel glänzt im vollen letzten Strahl. *Für die Anfangsverse Claudios sind u.a. als mögliche Vorbilder genannt worden: Nikolaus Lenaus Phantasie ›Glauben. Wissen. Handeln. Ein allegorischer Traum‹ (vgl. Manfred Hoppe, Literatentum, Magie und Mystik im Frühwerk HvH's. Berlin 1968, S. 33) und Goethe, ›Faust II‹, V. 4695—4700 (vgl. Walter H. Perl, Das lyrische Jugendwerk HvH's. Berlin 1936, S. 46).*

Zu den Farben vgl. Hofmannsthals Notizen über eine Abendstimmung während der südfranzösischen Reise 1892: 17 IX. Pont du Gard — Nîmes Pont du Gard. Die heroische Landschaft des Claude Lorrain. Zwischen malerisch gruppierten Bäumen fliesst der Gardon. Abendhimmel: goldig durchsonnt Weg nach Nîmes: die antike Landschaft gelbgraue Dämmerung. Schafherden. Weinlesewagen. ... 19. Nîmes Tour Magne. Die Olivenbäume (graugrün) die von oben aussehen wie ihr eigener Schatten *(H VB 4.34^b).*

ERLÄUTERUNGEN 481

63, 27f. wilde Bienen ... Gottes helle, heiße Luft *In den Vorstufen wird* Pan *genannt (›Varianten‹, S. 437, 22f.). Vgl. Der Tod des Tizian, S. 50, 20—25.*

63, 29 Es gab Natur sich ihnen zum Geschäfte *Vgl. Hölderlin, ›Emilie vor ihrem Brauttag‹, Dritter Brief, V. 337—342:*

> *Es findet jedes seine Stelle doch,*
> *Sein Haus, die Speise, die das Herz ihm sättigt,*
> *Und jedes seegnest du mit eignem Seegen,*
> *Natur! und giebst dich ihnen zum Geschäfft,*
> *Und trägst und nährst zu ihrer Blüthenfreud'*
> *Und ihrer Frucht sie fort, du gütige!*

(Vgl. Dorothea Berger, HvH's Gestalt im Wandel der Jahre, in: Wort in der Zeit, II, 7, 1956, 392; vgl. auch N 1)

64, 3—6 Jetzt rückt der goldne Ball ... Jetzt atmet roter Hauch, ein Glutenwall *Vgl. das Gedicht* Melusine *(1892), 4. Str.: Die traurigen Bäume, / Durch die es blinkt, / Wenn der Ball, der große, / Rot-atmend sinkt (GLD 27).*

64, 19—22 Es scheint mein ganzes so versäumtes Leben ... wirres Sehnen *Vgl.* Die Menschen in Ibsens Dramen *(zuerst in: Wiener Literatur-Zeitung, 15. Januar, 15. Februar, 15. März 1893): In ›Peer Gynt‹ ist eine rührende Szene, wo den alten Mann sein ganzes ungelebtes Leben, die ungedachten Gedanken, die ungesprochenen Worte, die ungeweinten Tränen, die versäumten Werke vorwurfsvoll und traurig umschweben. (P I 90, ähnlich A 101; zu weiteren Parallelen in den frühen Aufsätzen vgl. Martin Erich Schmid, Symbol und Funktion der Musik im Werk HvH's. Heidelberg 1968, S. 56.)*

64, 34f. Müssen nicht an sieben vernagelte Pforten / Mit blutigen Fingern schlagen. *Vgl. in* Ascanio und Gioconda *(1892), II. Akt, Gioconda zu Melusina: Ich will nicht dieses seelentödtende / Verstehen-wollen, das mit Fingern blutend / An einer grossen Eisenthüre scharrt (H III 36.43; TBA: Dramen 2, S. 42; SW Bd. XVIII, 10 H). — Besonders unter dem zeitlichen Aspekt wird der vermutete Einfluß der Schlußszene von Maeterlincks Marionettenspiel ›La mort de Tintagiles‹, das erst 1894 in Buchform erschien, unwahrscheinlich (vgl. Josef Hofmiller, Hofmannsthal, jetzt in: H. im Urteil seiner Kritiker. Hrsg. von Gotthart Wunberg. Frankfurt 1972, S. 161). Die Sieben-Zahl deutet auf August von Platens Lustspiel ›Der Turm mit den sieben Pforten‹, dem jedoch das Motiv der blutig geschlagenen Finger fehlt. — Vgl. allerdings in* Die Bühne als Traumbild *(1903): ... die fürchterlichen Todesmauern, an deren untersten Blöcken die Geschöpfe Maeterlincks sich ihre Hände blutig schlagen, bevor sie, ungehört, verschmachten. (P II 65)*

64, 36 Was weiß denn ich vom Menschenleben? *Vgl.* Augenblicke in Griechenland, III. Die Statuen*: Wo ist diese Welt, und was weiß ich von ihr! rief ich aus. Wo fasse ich sie? Wo glaube ich sie? Wo gebe ich mich ganz an sie? ... Dringt nichts in mich hinein? Da ich hier liege, wirds hier auf ewig mir versagt? Nichts mir zuteil als dieses Gräuliche, diese ängstliche Schattenahnung? (P III 29f.; vgl. auch Erl. zu S. 66, 27)*

65,9–16 Wenn ich von guten Gaben der Natur ... Vom Denken, abgeblaßt und ausgelaugt! *Vgl. Erl. zu S. 67, 4–9 und Shakespeare, ›Hamlet‹, III, 1:* »*And thus the native hue of resolution / Is sicklied o'er with the pale cast of thought* ...«

65,23f. Die Zeit ... schlafen gehen. *Wörtlich übernommen aus Ascanio und Gioconda, I. Akt, 1. Szene (H III 36.14; TBA: Dramen 2, S. 19; SW Bd. XVIII, 10 H). Ein Überhang aus dem Entwurf zu diesen Versen findet sich auf dem für die Niederschrift der Rede des Mädchens wiederverwendeten Blatt E III 246.4ᵇ (vgl. ›Überlieferung‹, S. 433, 21f.). Vgl. auch in dem Prolog Zu einem Buch ähnlicher Art:* Merkt auf, merkt auf! Die Zeit ist sonderbar, / Und sonderbare Kinder hat sie: Uns! *(GLD 45)*

65,26–30 Jetzt läßt der Lampe Glanz ... In jenes Leben, das ich so ersehnte. *Vgl. Goethe, ›Faust I‹, V. 656–59 u. 668–70:*
> Ist es nicht Staub, was diese hohe Wand
> Aus hundert Fächern mir verenget,
> Der Trödel, der mit tausendfachem Tand
> In dieser Mottenwelt mich dränget?
> ...
> Ihr Instrumente freilich spottet mein
> Mit Rad und Kämmen, Walz' und Bügel:
> Ich stand am Tor, ihr solltet Schlüssel sein

(Vgl. Walter H. Perl, a.a.O., S. 45.)

66,1–4 Gioconda, du, aus wundervollem Grund, ... Augenlider: *Anspielung auf Leonardos ›Mona Lisa‹. — Der mehrfach vermutete Einfluß von Walter Paters Schilderung des Gemäldes in seinem Aufsatz ›Leonardo da Vinci‹ ist schwer nachzuweisen. Die früheste Erwähnung,* Mr Pater, *in einer Zusammenstellung englischer Kunstkritiker im Tagebuch ist aufgrund der nächsten datierten Eintragung zwar wahrscheinlich auf Dezember 1892 anzusetzen (H VII 5.7), doch weist der Briefwechsel mit Elsa Bruckmann-Cantacuzène auf eine systematische Lektüre erst ab Januar 1894, nachdem sie ihm die Bände ›The Renaissance‹ mit dem entsprechenden Aufsatz und ›Imaginary Portraits‹ übersandt hatte (mit Brief vom 27. 1. 1894, FDH / Dauerleihgabe Stiftung Volkswagenwerk). Diese Auseinandersetzung findet ihren Niederschlag in einem langen Zitat aus der Gioconda-Beschreibung Paters in dem Aufsatz* Über moderne englische Malerei *vom Juni 1894 (P I 198f.) und der im November 1894 erschienenen Rezension* Walter Pater *(P I 202–206).*

Die Beschreibung des Bildes berührt sich auch mit der Schilderung der Geliebten Claudios in der Rede des Freundes (S. 77, 38f.), die ursprünglich durch den Namen Gioconda, *d. i. die weibliche Hauptfigur in* Ascanio und Gioconda, *charakterisiert war (vgl. N 1), die wiederum Züge von Hofmannsthals Jugendfreundin Marie von Gomperz trägt (vgl. auch ›Überlieferung‹, S. 432, 10–13).*

66, 27–36 War mir verschleiert ... wie ein Buch. *Schleier und Buch werden von Hofmannsthal seit 1892 häufig als Metaphern einer distanzierten Erlebnisweise gebraucht; vgl. die folgenden Briefstellen:* Wenn ich spreche ..., so kommt mir's vor, als ob ich die Empfindungen und Gedanken vergangener Jahre wie aus einem alten Tagebuch zitiere. *(31. 8. ⟨1892⟩, an Gustav Schwarzkopf, B I 65);* ... mir fehlt die Unmittelbarkeit des Erlebens; ich sehe mir selbst leben zu und was ich erlebe ist mir wie aus einem Buch gelesen; erst die Vergangenheit verklärt mir die Dinge und gibt ihnen Farbe und Duft. Das hat mich wohl auch zum »Dichter« gemacht, dieses Bedürfnis nach dem künstlichen Leben *(6. 9. ⟨1892⟩, an Edgar Karg v. Bebenburg, BW 19);* ... ich werde mir manchmal so unbegreiflich fremd und lese in meinen eigenen Gedanken wie in einem fremden Buch, ohne innerliches, eigentliches Verstehen. *(19. 4. 1893, an Marie von Gomperz, Stadtbibliothek, Wien);* ... ich ... brauche nur bis zu meinem Kasten zu gehen, so find ich genug tiefe und faszinierende und fortreißende Bücher, um mich bis zur Selbstvergessenheit daran zu verlieren: so daß die Gedanken und Empfindungen der Bücher und der Menschen manchmal meine Gedanken und Empfindungen vollständig auslöschen und sich selbst an ihre Stelle setzen: denn nicht wir haben und halten die Menschen und Dinge, sondern sie haben und halten uns. Dabei kommt man sich freilich nicht leer vor, aber was noch viel unheimlicher ist: man ist wie ein Gespenst bei hellem Tage, fremde Gedanken denken in einem, alte, tote, künstliche Stimmungen leben in einem, man sieht die Dinge wie durch einen Schleier, wie fremd und ausgeschlossen geht man im Leben herum, nichts packt, nichts erfüllt einen ganz *(30. 5. 1893, an Edgar Karg v. Bebenburg, BW 31f.).*

Vgl. auch Der Kaiser und die Hexe: Doch dann schiebt sichs wie ein Schleier / Zwischen Herz und Aug und Welt, *(S. 186, 16f.) und* Augenblicke in Griechenland, III. Die Statuen *(1914):* Aber es schob sich zwischen mich und alles wieder jener grünliche Schleier *(P III 31; vgl. auch Hinrich C. Seeba, Kritik des ästhetischen Menschen. Hermeneutik und Moral in Hofmannsthals ›Der Tor und der Tod‹. Bad Homburg v.d.H., Berlin, Zürich 1970, S. 68–74).*

66, 29 Harpyen *Vgl.* Ad me ipsum: Gestern Tor u. Tod: Gefahr der Isoliertheit, des selbstischen Erstarrens, der Überhebung Tor u. Tod sowie Kaiser u Hexe ermangeln einer wirklichen Interpretation.
Die Versündigung in K. u. H. ist das Abschweifen der Phantasie, das Anticipieren, das nicht-sich halten am engen Gegebenen – das Amalgamieren fremder Erfahrung (die Worte sind Harpyen) *E VA 1.8, 9; A 241)*
In seinem Brief vom 1. 2. 1905 an Fritz Mauthner (HB 19/20, S. 35) verwechselt Hofmannsthal diese Stelle in Der Tor und der Tod *mit Versen aus* Der Abenteurer und die Sängerin: O laßt die Worte weg, sie sind Harpyen, / die Ekel auf des Lebens Blüten streun! *(D I 261)*

67, 4–9 Nein, künft'gen Lebens vorgeliehnen Schein ... Verwirrt mit Schatten nur herumgeschlagen ... In dumpfem Traum, es würde endlich tagen *Vgl. Herder,* ›Journal meiner Reise im Jahr 1769‹: »*Womit habe ichs in meinem vergangnen Zustande verdient, daß ich nur bestimmt bin,* Schatten zu sehen, *statt würkliche* Dinge *mir zu erfühlen? Ich geniesse wenig, d.i. zu viel, im Uebermaß und also ohne Geschmack: der Sinn des Gefühls und die Welt der Wollüste – ich habe sie nicht genossen: ich sehe,* empfinde in der Ferne, *hindere mir selbst den Genuß durch unzeitige Präsumption, und durch Schwäche und Blödigkeit im Augenblick selbst. In der Freundschaft und Gesellschaft: zum Voraus unzeitige*

Furcht oder übergroße fremde Erwartung, von denen jene mich im Eintritt hindert, diese mich immer trügt, und zum Narren macht. Ueberall also eine aufgeschwellte Einbildungskraft zum Voraus, die vom Wahren abirrt, und den Genuß tödtet, ihn matt und schläfrig macht, und mir nur nachher wieder fühlen läßt, daß ich ihn nicht genossen, daß er matt und schläfrig gewesen. So selbst in der Liebe ...« (Historisch-Kritische Ausgabe, hrsg. von Katharina Mommsen, Stuttgart 1976, Reclams Universalbibliothek Nr. 9793, S. 133 f.; Sperrung von K.M.). *Zu weiteren Entsprechungen zwischen* Tor und Tod *und dem ›Journal‹ vgl. a. a. O., S. 263–265. – Die häufige Nennung Herders in Leselisten und -notizen von 1889 bis 1891 (H VII 13.4, 34, 41; H VII 17.70ᵇ) lassen mit großer Wahrscheinlichkeit auf Hofmannsthals Kenntnis dieses Textes, der seit 1878 in Bernhard Suphans Ausgabe neu vorlag, schließen. Eine direkte Anspielung findet sich in der Erwähnung* Herders Seereise *in einer* Revolutionsdrama *betitelten Notiz aus dem Juli 1893 (H VII 5.33; SW Bd. XVIII).*

67, 10–16 Ich wandte mich ... Welle! *Prediger 9, 11; vgl. N 4. – Rudolf Borchardt erklärte die Verse in seiner ›Rede über Hofmannsthal‹ (gehalten am 8. 9. 1902, Erstdruck Leipzig 1905) – von diesem unwidersprochen – als »großartig erneuert⟨es⟩ und ausgebaut⟨es⟩« Aufgreifen eines Goethebriefes (5. 5. 1780 an Charlotte von Stein; vgl. R. B., Gesammelte Werke in Einzelbänden, Reden, Stuttgart 1955, S. 103).*

69, 5–37 Musik? ... Tön fort, Musik, noch eine Weile so / Und rühr mein Innres also innig auf *Vgl. Goethe, ›Faust I‹, V. 742–48 u. 762–84: »Welch tiefes Summen, welch ein heller Ton / ... / O tönet fort, ihr süßen Himmelslieder! / Die Träne quillt, die Erde hat mich wieder!«*

69, 10 f. In tiefen ... Schauern / Dringts allgewaltig auf mich ein *Vgl. S. 71, 11 u. Erl. S. 486, 1–10.*

70, 3 Des allzualten, allzuwirren Wissens *Vgl.* Ascanio und Gioconda*: Ich bin zu ruhelos, um gut zu sein, / Und allzuvieler Dinge wirr bewußt. (H III 36.4; TBA: Dramen 2, S. 13; SW Bd. XVIII, 10 H)*

70, 20 f. ... wird der Vorhang leise zurückgeschlagen und in der Tür steht der Tod ... *Das Eindringen des Todes bei verschlossenen Türen ist wohl aus Maeterlincks Drama ›L'Intruse‹ übernommen. Es sollte Anfang 1892 in der Übersetzung von Ferry Bératon zusammen mit ›Les Aveugles‹, von Hofmannsthal übersetzt, im Rahmen des ›Vereins für moderne Literatur‹ in Wien aufgeführt werden. Vgl. darüber HvH, Briefe an Marie Herzfeld und BW Schnitzler.*

70, 27–34 Geh weg! Du bist der Tod. ... Ich bin nicht schauerlich, bin kein Gerippe! *Vgl. Matthias Claudius, ›Der Tod und das Mädchen‹: »›Geh, wilder Knochenmann!‹ ... ›Bin Freund ... bin nicht wild‹.« Vgl. folgende Erl.*

70, 35 f. Aus des Dionysos, der Venus Sippe, / Ein großer Gott der Seele steht vor dir. *Vgl. in dem Briefgedicht an Beer-Hofmann vom 22. 7. ⟨1892⟩: ... nicht der* grauenhafte / Junker Tod des Mittelalters / Nein ein andrer lächelnd schneidet, / Ja, mit tragisch süßem Lächeln, / Schwermutsvoll wie traurig-schöne / Dunkelglühende Musik: der / Tod der Griechischen Tragödie / Ein Verwandter des Adonis. *(BW 12)* und in Erlebnis *(1892):* ... Und dieses wußt ich, / ... / Das ist der Tod. Der ist Musik geworden, / Gewaltig sehnend, süß und dunkelglühend, / Verwandt der tiefsten Schwermut. *(GLD 8f.). Vgl. auch* Prolog zu Der Tor und der Tod: Und in dunklen Mollaccorden / Sehnsuchtsvoll und schmerzlich wühlend / Diesen Druck von ihnen löste. / Dunkelglühend schwebten schwere / Feierliche Wellen ... *(S. 243, 21—25); ferner in dem Aufsatz* Gabriele d'Annunzio: der Tod, kein Gerippe, sondern ein schöner heidnischer Jüngling *(Sommer 1893, P I 157). Die Vorstellung, die noch in der Verwechslung von Bacchus mit dem Tod in* Ariadne auf Naxos *nachwirkt, läßt sich auf Heraklits Ausspruch zurückführen:* »Dionysos und Hades sind eines und dasselbe« *(vgl. Richard Alewyn,* Der Tod des Ästheten, *in: R. A.,* Über HvH. *Göttingen* ⁴*1967, S. 75f.). Zum Hintergrund vgl. auch die Abhandlungen von Lessing und Herder* ›Wie die Alten den Todt gebildet‹.

70, 37—71, 13 Wenn in der lauen Sommerabendfeier ... Mit heiliger, geheimnisvoller Macht. *Anklingend an Goethes dramatisches Fragment* ›Prometheus‹, *V. 397—416:*

Prometheus.
Da ist ein Augenblick der alles erfüllt,
Alles was wir gesehnt, geträumt, gehofft,
Gefürchtet, Pandora, —
Das ist der Tod!

Pandora.
Der Tod?

Prometheus.
Wenn aus dem innerst tiefsten Grunde
Du ganz erschüttert alles fühlst
Was Freud' und Schmerzen jemals dir ergossen,
In Sturm dein Herz erschwillt,
In Thränen sich erleichtern will,
Und seine Gluth vermehrt,
Und alles klingt an dir und bebt und zittert,
Und all die Sinne dir vergehn,
Und du dir zu vergehen scheinst
Und sinkst,
Und alles um dich her versinkt in Nacht
Und du, in inner eigenstem Gefühl,
Umfassest eine Welt:
Dann stirbt der Mensch.

Pandora (ihn umhalsend).
O, Vater, laß uns sterben!

(WA, Bd. 39, 1897, S. 211f.; vgl. Jan Aler, Symbol und Verkündung. Studien um Stefan George. *Düsseldorf u. München 1976, S. 70f.)*

Katharina Mommsen verweist für die Bedeutung der Worte Schauer *(S. 69, 10) und* schauern *(S. 71, 11) auf folgende Passage aus dem Anfang von Herders* ›Journal meiner Reise‹: »ists ... nöthig gewesen, daß es Seelen gebe, die durch eine schüchterne Betäubung gleichsam in diese Welt getreten, nie wissen, was sie thun, und thun werden; nie dahin kommen, wo sie wollen, und zu kommen gedachten; nie da sind, wo sie sind, und nur durch solche S c h a u d e r von Lebhaftigkeit aus Zustand in Zustand hinüberrauschen ... sind sie bestimmt, durch eben solchen S c h a u e r frühzeitig ihr L e b e n z u e n d i g e n, wo sie nichts recht gewesen und nichts recht genossen ...?« *(a.a.O., S. 10f. u. S. 265; Sperrung von K. M.).*

71, 15—73, 34: *Zu den Spuren topischer Elemente antiker bis mittelalterlicher Streitgespräche und deutscher Totentanzdichtungen im folgenden Dialog zwischen Claudio und dem Tod vgl. Hinrich C. Seeba, a.a.O., S. 167—178.*

72, 11f. Bin nie ... segnet. *Vgl. 1. Mose, 32, 23 ff. Jakobs Kampf am Jabbok.*

73, 3f. Ich will die Treue lernen, die der Halt / Von allem Leben ist *Vgl. Der Kaiser und die Hexe, S. 186, 20 sowie Ad me ipsum: Das Entscheidende liegt nicht in der Tat sondern in der Treue. Identität von Treue und Schicksal. Zugrunde liegt dieser Vers aus* ›Tor und Tod‹: »Ich will die Treue lernen die der Halt von allem Leben ist.« *Das Motiv der Treue ironisch im* ›weißen Fächer‹. *(A 217 u.ö.)*

73, 10/14—15 Gebunden werden — ... / Nein, nie hab ich den Kern davon erfaßt. / Es war ein Tausch von Schein und Worten leer! *Vgl. Lenau,* ›Faust‹, *V. 3409—10:* »... unserm Bunde, / Den nur der Schein geschlossen mit dem Schein« *(Sämtliche Werke und Briefe. In zwei Bänden. Frankfurt 1971, Bd. 1, S. 246; in Hofmannsthals Bibliothek hat sich die Ausgabe* ›Sämmtliche Werke in einem Bande. Hrsg. von G. Emil Barthel‹, *Leipzig: Reclam* ⟨1883⟩, *erhalten).*

73, 30—34 Du Tor! ... schellenlaut und leer. *Vgl. Goethe,* ›Faust I‹, *V. 549, Faust zu Wagner:* »Sei Er kein schellenlauter Tor!«

73, 30 Das Leben, eh du's endest, einmal ehren. *Rudolf Borchardt zitiert in seiner* ›Rede über Hofmannsthal‹ *diesen Vers in der von 6 D², 7 D³ bis in die 4. Aufl. von 8 D⁴ überlieferten Form das Leben ... dreimal ehren (R. B., a.a.O., S. 96f.). Gerade die Korruptel weist auf eine gewisse Parallelität mit der 6. Str. aus Lenaus Gedicht* ›Die drei Zigeuner‹: »Dreifach haben sie mir gezeigt, / Wenn das Leben uns nachtet, / Wie mans verraucht, verschläft, vergeigt / Und es dreimal verachtet.« *(a.a.O., S. 246)* — *Vgl. auch die folgende Erl.*

73, 37/75, 20/76, 31: *Zum Auftreten der drei Toten, der Mutter, des jungen Mädchens und des Mannes, vgl. Lenaus Versepos* ›Faust‹, *wo der Auftritt des Jugendfreundes (V. 553—735), sowie Fausts Traumerscheinungen der toten Mutter (V. 2765—2782) und der frevelhaft geliebten Prinzessin Maria mit ihrem, von Faust erschlagenen, Bräutigam im Arm (V. 2788—2795) in ähnlicher Weise*

ERLÄUTERUNGEN   487

*dazu dienen, Faust sowohl den Verrat seiner frühen ideellen Ziele als auch seine
menschlichen Verfehlungen zu demonstrieren.*

74,16f. Da stand ich ... mit solcher Gier *Vgl. das folgende Exzerpt Hofmannsthals aus einer kritischen Interpretation der ›Gedichte und Kleinen Dramen‹ (11 D⁷) von Rudolf Pannwitz:* Tor u. Tod. ›gier‹ falsch bei der Mutter. ganz schlimm wie die Mutter von Mutterschaft spricht das ist nicht sie sondern das sind die selbstberührungen des sohnes *(im Tagebuch unter dem* 26 VIII ⟨19⟩17, *H VII 11.64; vgl. ›Zeugnisse‹, S. 477, 20—28).*

75,19f. Der Tod ... spielt die Melodie eines alten Volksliedes. *In der Reinschrift (2 H²) nennt Hofmannsthal hier noch das Lied* ›Ach wie ist's möglich dann, dass ich Dich lassen kann!‹, *dessen 1. Strophe er — vielleicht, um sie in die Rede des Mädchens einzufügen — in N 3 zu variieren sucht (vgl. ›Varianten‹, S. 436, 15—21 und 442, 31f.). Vor allem die beabsichtigte Wirkung des ungeschrieben gebliebenen Briefes (vgl. S. 76, 10—16), paßt auf eine, bis auf die 1. Str. abweichende, ältere 4-strophige Fassung dieses Liedes — ebenfalls aus dem Mund einer verlassenen Geliebten —, die durch die 3-strophige Umdichtung von Helmine von Chezy (1817) verdrängt wurde:*

> *Ach wie ists möglich dann,*
> *Daß ich dich lassen kann,*
> *Hab dich von Herzen lieb,*
> *Das glaube mir!*
> *Du hast das Herze mein*
> *So sehr genommen ein,*
> *Daß ich kein' Andern lieb,*
> *Liebe so sehr.*

> *Obschon das Glück nicht wollt,*
> *Daß ich dein werden sollt,*
> *So lieb ich dennoch dich,*
> *Glaub's sicherlich!*
> *Es soll kein Andrer sein,*
> *Der mich soll nehmen ein,*
> *Als du, o schönstes Kind,*
> *Dir bleib ich treu!*

> *Stoß mir das Herz entzwei,*
> *Wenn du ein falsche Treu*
> *Oder nur falsche Lieb*
> *Spürest an mir!*
> *Dir will ich jederzeit*
> *Zu Diensten sein bereit,*
> *Bis daß ich kommen werd*
> *Unter die Erd.*

> *Nach meinem Tod alsdann,*
> *Auf daß du denkst daran,*

Nimm an der Todtenbahr
Dieß Reimlein wahr:
Hier liegt begraben drein
Die dich geliebt allein,
Die dich geliebet hat
Bis in das Grab.

Beide Versionen des Liedes finden sich in dem 1893 erschienenen ›Deutschen Liederhort. Auswahl der vorzüglicheren Deutschen Volkslieder ... gesammelt von Ludwig Erk.‹ Neubearb. und fortgesetzt von Franz M. Böhme (2 Bde., Leipzig 1893. 2. Bd., S. 372f.). Vgl. auch ›Unsere volkstümlichen Lieder von Hoffmann von Fallersleben‹ (hrsg. u. neu bearb. von Karl Hermann Prahl. Leipzig 1900, S. 7f.).

75, 20f. großgeblümtes Kleid ... um den Hals ein Stückchen Schleier Vgl. *die fast gleichlautende Beschreibung der Kleidung der* Madeleine *in* Age of Innocence *(5 H: SW Bd. XXIX, S. 23, 21−23; P I 138); hier auch der Hinweis auf die Congresszeit entsprechend* ›Varianten‹, *S. 437, 17.*

76, 32 ... beiläufig Claudios Alter. *Vgl. den Brief an Ludwig Ganghofer vom 31. 10. 1898,* ›Zeugnisse‹, *S. 454, 3.*

76, 38−77, 1 Liest immer noch Horaz ... nie bewegten Sinn? *Den Hintergrund der Horazdeutung beleuchten zwei Tagebucheintragungen, die im Zusammenhang mit Plänen für ein Revolutionsdrama stehen. Die erste datiert vom November 1891, doch ist die Horaz und Sophokles betreffende Stelle deutlich später hinzugefügt:* der letzte Act in St. Lazare: Sieg der Ferne, Sieg der Ehrfurcht Apotheose der Idee der Vornehmheit, die nur eine Metamorphose keine Vernichtung erleiden kann.
Horaz und Sophokles: »Masshalten ist alles« »Im Vorübergehen« *(H VII 17.108; vgl.* Revolutionsdrama, *N 2, SW Bd. XVIII).*

Die zweite Eintragung, vom 18. März 1892, geht − wie die angeführten Zitate nahelegen − auf die Darstellung des Aristipp und der kyrenaischen und hedonischen Schule in: Friedrich Überweg und Max Heinze, ›Geschichte der Philosophie des Alterthums‹, *zurück (Bd. 1, § 38, S. 135. In Hofmannsthals Bibliothek hat sich ein Band der 8. Aufl. von 1894 erhalten):* Der Stoicismus des Horaz. (Philosophie des Pierrot, »Im Vorübergehen«) 4 Affecte ($\pi\acute{\alpha}\theta\eta$): Bekümmernis, Furcht, lärmende Freude ($\dot{\eta}\delta o\nu\acute{\eta}$, laetitia) Begierde.
Ziel: $\dot{\alpha}\pi\acute{\alpha}\theta\epsilon\iota\alpha$. $\mu\acute{o}\nu o\varsigma\ \dot{o}\ \sigma o\phi\acute{o}\varsigma\ \dot{\epsilon}\lambda\epsilon\acute{u}\theta\epsilon\rho o\varsigma$.
Maximen: $\ddot{\epsilon}\chi\omega,\ o\dot{u}\kappa\ \ddot{\epsilon}\chi o\mu\alpha\iota$. Sibi res, non se rebus subicere. $\beta\acute{\iota}o\varsigma\ \theta\epsilon\omega\rho\epsilon\tau\iota\kappa\acute{o}\varsigma$. − $\beta\acute{\iota}o\varsigma\ \pi\rho\alpha\kappa\tau\epsilon\iota\kappa\acute{o}\varsigma$ seu $\pi o\lambda\iota\tau\iota\kappa\acute{o}\varsigma$.
franz⟨ösisches⟩ Revolutions-drama: Der heimliche Herr, der die Vorgänge als Erkennender beherrscht: man erlebt in allen Erlebnissen nur sich selbst; was einem sonst noch begegnet, erlebt man nicht, weil man es nicht versteht.
»Sie überwinden nicht, sie geh'n vorbei«. Anatol, Agonie *(H VII 17.111^b; vgl.* Revolutionsdrama, *N 3, SW Bd. XVIII). Vgl.* Gestern, ›Zeugnisse‹, *S. 320, 3−5.*

Auffällig ist, daß beide Notizen einen Begriff reflektieren und zugleich zu situieren trachten, − einmal Horaz zugeordnet, das andere Mal als Zitat aus

ERLÄUTERUNGEN 489

Schnitzlers ›Anatol‹-Einakter ›Agonien‹ ausgewiesen –, der bei Hofmannsthal zum ersten Mal im Titel des George im Dezember 1891 dedizierten Gedichts Einem, der vorübergeht *begegnet. Vgl. zu diesem Zusammenhang die folgende Erläuterung.*

77, 4–10 Ich hab dich ... oder sonst. *Vgl.* Einem, der vorübergeht *(GLD 500). – Anspielungen auf das Gedicht, besonders seinen Titel und die Anfangsverse, sind vor allem kurz nach der George-Begegnung bei Hofmannsthal häufig.*[1] *Der Begriff des Vorübergehens wird dabei zumeist in der Art einer Maxime verwendet, die an Zarathustras Lehrsatz erinnert:* »wo man nicht mehr lieben kann, da soll man – vorübergehn!« *(Nietzsche, ›Also sprach Zarathustra‹, III. Teil, ›Vom Vorübergehen‹). Hofmannsthal ist sichtlich bemüht, seine eigene Haltung in eine Tradition zu stellen, die er vom Stoicismus des Horaz bis in die Resignationsphilosophie seiner eigenen Tage (er führt Baudelaire und Schnitzler an) verfolgen kann, und die es ihm erlaubt, wie Claudio Begegnungen von ihrem belastenden Anspruch zu befreien und bis zur* Episode[2] *zu relativieren. – Sicherlich spiegelt sich darin die Verarbeitung seiner Begegnung mit George und des Erlebnisses unvereinbarer Lebens- und Schaffensweisen. Für eine Bewertung des in der Rede des Freundes eingenommenen moralischen Standpunktes in diesem Zusammenhang muß jedoch u.a. auf Hofmannsthals spätere Reserve gegenüber dem Stück verwiesen werden sowie auf die noch 1902 in Briefen ausführlich dargelegten gegensätzlichen Positionen der beiden Dichter (vgl. BW HvH – George 154f. u. 158).*

77, 7f. O ja, ein feines Saitenspiel im Wind / Warst du *Vgl. Erl. S. 766, 27ff.*

77, 22 Schmerzlich geborne Perlen *Vgl. die Perlenmetapher in* Gestern, *S. 29, 8 und 328, 1–14.*

77, 24 u. 26–27 Du, schnellbefreundet ... ohne Scheu an allem tastend *Vgl. in* Der Tod des Tizian *die Auseinandersetzung zwischen Desiderio und Gianino:* Und du ... / Von einer Stimmung nach der andern hastend / Erfasst von keinem jedem doch verwandt / An jeder Seele ohne Ehrfurcht tastend *(1 H¹, S. 357, 30ff.).*

77, 33–35 Nach einem solchen Ziel, voll süßer Schwermut / Und wildem Glanz und Duft, aus tiefem Dunkel / Wie Wetterleuchten webend – *Die Verse sind aus*

---

[1] *Vgl. den in der vorigen Erl. zitierten Nachtrag zur Notiz vom November 1891 und die Aufzeichnung vom 18. März 1892. Ferner sei verwiesen auf die nachgelassene Szene zu* Der Tod des Tizian *(S. 357, 17–19), die Passagen aus dem Briefwechsel mit George aufnimmt, dann auf* Age of Innocence *vom Februar 1892, wo es im Zusammenhang mit einem Zitat aus Baudelaires Gedicht ›A une Passante‹ heißt:* Es geht immerfort die Wahrheit an uns vorbei ... das ... gehört zu meiner Resignationsphilosophie *(SW Bd. XXIX, S. 20). Weiterhin findet sich im Tagebuch unter dem 29. 4. 1892 eine Skizze, in der unter dem Stichwort* »Im Vorübergehen« *Leitmotive zu zwei gegensätzlichen Charakteren aufgeführt werden (H VII 4.8).*

[2] *Vgl.* »Der Prophet« (Eine Episode) *(A 94), und den gleichnamigen Titel eines Einakters in Schnitzlers ›Anatol‹-Zyklus.*

Ascanio und Gioconda *übernommen, I. Akt, Zweite Szene, Ascanio zu Bertuccio über dessen Nichte Gioconda:*
>Voll süsser Schwermuth, traumbefang'nen Leiden,
>Und wildem Glanz und Duft, aus tiefem Dunkel
>Wie Wetterleuchten webend. Solch ein Wesen
>Ward wenig Frauen.

(*H III 36.19; TBA: Dramen 2, S. 22; SW Bd. XVIII, 10 H*)

77,36—78,1 Ja, weil / Ich selber ähnlich bin ... Bei solcher Jugend. *Die Verse sind ebenfalls aus* Ascanio und Gioconda *genommen. II. Akt, Ascanio zu Ippolito über Gioconda:*
>Und weil ich selbst, Du kennst mich, ähnlich bin
>Und einfach fühlen — allzufrüh! — verlernte
>Und frühe abgestreift von Leid und Lust
>Das bunte Kleid der Unbefangenheit,
>So reizte mich des Mädchens müde Art
>Und herbe Hoheit, so enttäuschten Sinns
>Bei solcher Jugend.

(*H III 36.35; TBA: Dramen 2, S. 35; SW Bd. XVIII, 10 H*) — *Wiederaufgenommen sind hier Worte des* Tizianello *aus* Der Tod des Tizian:
>Denn von den Leiden und von den Genüssen
>Hab längst ich abgestreift das bunte Kleid,
>Das um sie webt die Unbefangenheit,
>Und einfach hab ich schon verlernt zu fühlen.

(*Vgl. S. 355, 9—12*)

78,21f. In dieser Mörderklinge ... Straßengraben warf *Ähnlich in* Ascanio und Gioconda, *I. Akt, Zweite Szene, Madonna Gaetana zu Ascanio:* Ob Ihr es vorzieht, als ein todter Mann / Die Nacht im Strassengraben zuzubringen (*H III 36.34; TBA: Dramen 2, S. 33; SW Bd. XVIII, 10 H*).

78,26/29 Der keinem etwas war ... keiner etwas mir *Vgl. die Auseinandersetzung zwischen Desiderio und Gianino in* Der Tod des Tizian (*1 H¹, S. 357 ff.*).

78,31f. Wie auf der Bühn ... und geht. *Vgl.* Shakespare, ›Sonette‹, XXIII: »*As an unperfect actor on the stage, / Who with his fear is put besides his part*« (*vgl. Heinrich Zimmer, Von einem weißen Fächer. In: Deutsche Rundschau, Juni 1924, S. 295—309*). *Vgl. auch* Der weiße Fächer, *Großmutter zu Fortunio:* Wie ein Schauspieler seid ihr, der sich seine Rolle aus dem Stegreif selber dichtet und auf keine Stichwörter acht gibt. (*S. 160, 22f.*)

78,33—36 Gleichgültig gegen alles andre, stumpf ... So über diese Lebensbühne hin *Vgl.* Shakespeare, ›As You Like It‹, II, 7: »*Jaques: All the world's a stage, / And all the men and women merely players: / They have their exits and their entrances; / And one man in his time plays many parts / ... Last scene of all, / That ends this strange eventfull history, / Is second childishness ... / Sans teeth, sans eyes, sans taste, sans every thing.*« (*Vgl. Max Proske, a.a.O., S. 145.*)

ERLÄUTERUNGEN   491

79,16 Da tot mein Leben war, sei du mein Leben, Tod! *Vgl. den Schluß des Hölderlin zugeschriebenen Gedichtes* ›In lieblicher Bläue ... ‹: »*Leben ist Tod, und Tod ist auch ein Leben.*« (*H., Sämtliche Werke. Hrsg. von Friedrich Beißner. Bd. 2, Stuttgart 1951, S. 374). — Das Gedicht findet sich am Ende von Waiblingers Roman* ›Phaeton‹, *dort für Blätter aus den Papieren des wahnsinnig gewordenen Bildhauers erklärt* (W. F. W., Phaeton. Zwey Theile, Stuttgart 1823, 2. Teil, S. 153—156). *Da fraglich bleibt, ob Hofmannsthal diesen Roman gekannt hat, ist als Vorlage vielleicht eher ein Satz Claudios aus Shakespeares* ›Maß für Maß‹, *III, 1, anzunehmen:* »*To sue to live, I find I seek to die; / And, seeking death, find life ...* «. — *Auf Entsprechungen in Dramenfragmenten des Euripides weist Josef Schatz hin:* »τίς δ' οἶδεν, εἰ τὸ ζῆν μέν ἐστι κατθανεῖν, τὸ κατθανεῖν δὲ ζῆν« (*Polyid., fr. 638; J. S., Antikes Gut in HvH's Tor und Tod. In: Cimbria. Festschrift d. phil.-hist. Verbindung Cimbria Heidelberg zu ihrem 50jährigen Bestehen. Dortmund 1926, S. 138*).

435,34f. Du hast mich an Dinge gemahnet ... sind *Vgl.* Einem, der vorübergeht *(GLD 500) u. Erl. zu S. 77,4—10.*

435,36 er gieng einem fernen tiefen Zwecke nach *Zitat (?) nicht ermittelt.*

435,39 Volksliedton *Vgl. Erl. zu S. 75,19.*

435,40 Du warst ein ganzes und auch ich war ganz *Vgl. Grillparzer,* ›Jugenderinnerung im Grünen‹, *23. Str.:*
    Denn Hälften kann man aneinander passen,
    Ich war ein Ganzes, und auch sie war ganz,
    Sie wollte gern ihr tiefstes Wesen lassen,
    Doch all zu fest geschlungen war der Kranz.
In Hofmannsthals Ausgabe sind die beiden letzten Verse der 8. und die beiden ersten der 9. Strophe angestrichen:
    War nur der tiefern Sehnsucht äußre Hülle,
    Das Kleid nur Dessen, was dir wünschenswerth?
    Hast Schönes du vielleicht gestrebt zu bilden,
    Um schöner dich zu fühlen selber mit?
(*Grillparzers Sämmtliche Werke. Vierte Ausgabe in sechzehn Bänden. Erster Band. Stuttgart 1887, S. 73 u. 71.*)

436,2 das Bette für Thaten Wunsch und Glück *Zitat (?) nicht ermittelt.*

436,3 durchsonnt *Vgl. Erl. zu S. 63,11—20.*

Hölderlin *Das Zitat aus* ›Emilie vor ihrem Brauttag‹ *(S. 63,29) und diese Anspielung bilden die frühesten Erwähnungen Hölderlins bei Hofmannsthal. Die in der Bibliothek des Dichters erhaltenen zwei Bände der Werkausgabe von Christoph Theodor Schwab (Tübingen 1846) trägt eine Widmung Raoul Richters vom 30. September 1896, doch deutet der Gedenkaufsatz für Richter aus dem Jahr 1914 darauf, daß ihm diese Ausgabe schon vor der Schenkung vertraut war* (vgl. P III 174).

436,15—21 Ach wie ists möglich dann ... *Vgl. Erl. zu S. 75,19f.*

437, 2—5 Apostel Paulus ... nichts. *1. Korinth. 13.2.*

437,9 Eldorado *Falls es sich nicht um einen zufällig in das Handschriftenkonvolut geratenen Zettel handelt, könnte man die Notiz als Hinweis auf Edgar Allan Poe's gleichnamiges Gedicht deuten, das insofern eine inhaltliche Parallele zu dem Stück aufweist, als darin ein Ritter nach lebenslanger Suche nach dem Eldorado kurz vor seinem Tod über die Vergeblichkeit seines Tuns und damit die Sinnlosigkeit seines ganzen Lebens belehrt wird.*

437,11 Adstante morte nitebit vita. (*»Aufglänzen wird das Leben, steht der Tod dabei.«*) *Die Herkunft des lateinischen Mottos, das zuerst in der Faksimile-Ausgabe nach der Handschrift des Dichters, Maximilian-Gesellschaft Hamburg 1949, veröffentlicht wurde (Hinweis bereits 1932 von Herbert Steiner in der Anm. zur Publikation des Prologs in: Corona, II, 6, S. 767), ließ sich bis jetzt nicht ermitteln. Der antiken Latinität gehört es, wie eine Nachprüfung des gedruckten und ungedruckten Materials des »Thesaurus Linguae Latinae« in München erwies, jedenfalls nicht an. Nicht sicher erkennbar ist, ob es sich um eine poetische oder prosaische Prägung handelt. Die beiden einander parallel gebauten und gleich akzentuierten, je fünfsilbigen Glieder (x́xx x́x / / x́xx x́x) könnten zu einer reimlosen oder gereimten Reihe oder Strophe entsprechender Kurzverse gehören, wie sie im weiten Bereich der christlichen Hymnologie von der Spätantike bis in die Neuzeit anzutreffen sind. Doch könnten die vier Worte auch einem Prosatext entstammen. Wahrscheinlicher jedoch sind sie als eine selbständige Sentenz (Devise, Inschrift, emblematische Beischrift oder dergleichen) anzusehen, die in der neuzeitlichen Latinität der Renaissance oder des Barock geprägt wurde. Wie das Faksimile zeigt, ist in Hofmannsthals Handschrift der Wortabstand zwischen den beiden Satzgliedern etwas größer als innerhalb der Wortpaare, wodurch die Zweigliedrigkeit der Sentenz verdeutlicht wird. Daß Hofmannsthal selbst diesen Spruch geformt hätte, ist nicht undenkbar, aber wohl kaum anzunehmen.*

Bei mittelalterlichem oder neulateinischem Ursprung würden die Worte wohl in christlichem Sinne auf den irdischen Tod und das ewige Leben zielen.

Hofmannsthal gibt dem Motto offenbar statt solcher »Transzendenz« die Deutung einer »Immanenz«, deren Sinn sich den Versen aus des jungen Goethe Prometheus-Drama nähert (WA, Bd. 39, 1897, S. 211f., V. 402—415; vgl. S.485, 28—41). Oder wie es jüngst durch Benno von Wiese in einer Gedenkrede zu Schillers 175. Todestag ausgedrückt wurde: »Dennoch gewinnt erst und gerade in der Nachbarschaft des Todes das Leben seine intensive strahlende Kraft.« (JDSG, XXIV, 1980, S.82)   Ernst Zinn

437,17 Congresszeit *Vgl. Erl. zu S. 75, 20f.*

438,13—23 Blieb ich ohnmächtig so in mich gebannt ... Und Anblick des medusengleichen Nichts! *Vgl. die folgenden Verse der Gioconda in* Ascanio und Gioconda, *I. Akt, Erste Szene:*

Wie sind doch einzig nur die Schmerzen wahr
Von aussen weht uns Unverständniss an,
Gewalt, der stete Anblick fremden Leids
und Reif und Rost für unsre jungen Seelen.

(H III 36.9; TBA: Dramen 2, S. 16; SW Bd. XVIII, 10 H) — *Ähnlich auch in einer nachgelassenen Besprechung von Schnitzlers ›Anatol‹-Zyklus vom Dezember 1892, Von einem kleinen wiener Buch: Beim zweiten Lesen liest sich dieses kleine Buch wie eine unheimliche Allegorie: zwischen den nervös plaudernden kleinen Figuren sieht aus dem Schatten das Medusenhafte des Lebens hervor: das Sinnlose, das Rätselhafte, das Einsame, das taube und todte Nichtverstehen zwischen denen, die lieben; das dumpfe Bewußtsein, wie von Verschuldung; die dämmernde Ahnung versäumter Unendlichkeiten, erstickter, vergeudeter Wunder; und die vielen Dinge, die wie Reif und Rost auf allzufeine Seelen fallen (H IV B 194.8; vgl. die Veröffentlichung von Rudolf Hirsch in: NR, LXXXII, 4, 1971, S. 795– 797). — Vgl. auch den Ausdruck* das »Medusenhafte des Lebens« im Maeterlinckschen Stil *in der zur Ibsen-Studie von Ende 1892 gehörenden Aufzeichnung A 99 und auf einem, wohl zwischen 1891 und Sommer 1892 zu datierenden Blatt das vermutlich früheste Vorkommen des Bildes vom Reif auf jungen Seelen:*
Unzeitige Erfahrung liegt wie Reif / Auf jungen Seelen. Jeder weiß sich selbst / Zuvieler Möglichkeiten voll und zaudert. (H V B 17.29).

438,19 *Der Seele gottverfluchte Hundegrotte* Die ›Grotta del Cane‹ auf den Phlegräischen Feldern nahe Neapel (so benannt, weil dort wegen der starken Kohlendioxydkonzentration am Boden Hunde und kleinere Lebewesen ersticken, während Menschen die Grotte ohne Gefahr betreten können) diente bereits Lenau als Metapher für die tödliche Vereinsamung seines Faust, nachdem er Menschen, Gott und Natur abgeschworen hatte. Vgl. V. 2401–2420, Mephistopheles zu Faust:

Mein Faust, ich will dir einen Tempel bauen,
Wo dein Gedanke ist als Gott zu schauen.
Du sollst in eine Felsenhalle treten
Und dort zu deinem eignen Wesen beten.
Dort wirst du's einsam finden, still und kühl;
Tief unten hörst du fern das Weltgewühl,
Wie von den ätherklaren Alpenzinnen
Ein Wandrer unten hört die Bäche rinnen.
Du kannst das Los des Mannes dort genießen,
Wie er die Weltgeschichte wird beschließen.
Doch sieh dich vor, daß du nicht wirst zum Spotte!
Erinnre dich in Welschland jener Grotte;
Dort lagert tief am Boden böse Luft,
Entstiegen gährungsvoller Erdenkluft;
Doch in den obern Schichten ists gesund,
Und atmen kann dort nur, wer mit dem Mund
Ein Hochgewachsner aus der Tiefe taucht;
Doch wer, kurzbeinig, einen Herrn noch braucht,
Der Hund, das Kind in jener Grott ersticken.
So ist der Tempel, drein ich dich will schicken. (a. a. O., S. 596f.)

442,9f. Und ... segnet. *Vgl. Erl. zu S. 72,11f.*

442, 31 Volksliedes *Vgl. Erl. zu S. 75,19f.*

443, 40 Spielberg *über der Stadt Brünn, 1349–1411 Sitz der Markgrafen von Mähren, später zur Festung ausgebaut, 1809 von den Franzosen gesprengt; zeitweilig österr. Staatsgefängnis, dann Kaserne.*

445, 2 Was ist ihm Hekuba, um die er klagt? *Vgl. Shakespeare, ›Hamlet‹, II, 2: »Um Hekuba! / Was ist ihm Hekuba, was ist er ihr, / Daß er um sie soll weinen?«*

WAS DIE BRAUT GETRÄUMT HAT

ENTSTEHUNG

Was die Braut geträumt hat, *ein kleines Theaterstück In Versen, entstand als* Gelegenheitsstück[1] *in einer dichterisch unproduktiven Phase Hofmannsthals, die vom Herbst 1896 bis zum Frühsommer 1897 andauerte.*[2] *Gedichtet wurde es für eine Soirée im Haus des Wiener Industriellen Marcus Moritz Benedict*[3]*, mit dessen Tochter Minnie (1872–1928)*[4] *Hofmannsthal seit dem Herbst 1895 befreundet war. Über die Intensität dieser Beziehung – Hofmannsthal trug sich zeitweise mit Heiratsplänen – geben Tagebuchblätter und Briefäußerungen des Dichters, vor allem aber Aufzeichnungen Arthur Schnitzlers*[5] *Aufschluß, der in dieses Verhältnis als Vertrauter, Vermittler, gelegentlich auch als Rivale einbezogen war.*

[1] *So bezeichnet Hofmannsthal das Stück schon nach der ersten Aufführung im Brief an L. v. Andrian vom 13. Februar 1897. S. u., S. 502. – Erstmals verwendet Hofmannsthal hier in einem Stück den vierhebigen trochäischen Vers (sogen. spanische Trochäen), den er noch im selben Jahr für den* Kaiser und die Hexe *benutzt; auffallend sind auch einige sprachliche Entsprechungen zwischen diesen beiden Stücken (vgl. z.B. S. 86, 16f. mit 207, 3f., 89, 13 mit 182, 12 und 86, 26–28 mit 180, 2f.). S. auch Edgar Kargs Assoziation der Minnie Benedict beim Lesen von* Der Kaiser und die Hexe *(S. 699, 24f.).*
[2] *Über seine monatelange innere Erstarrung und Unordnung, seine fast völlige Entfremdung von allem »literarischen« Interesse schreibt Hofmannsthal in Briefen an George (3. Juni 1897, BW 119) und Ria Schmujlow-Claassen (1. April 1897, B I 210). Entwürfe zu einer im Dezember 1896 begonnenen Tragödie in zwei Akten (s. den Brief an Clemens Freiherrn zu Franckenstein, 9. Dezember 1896, B I 208) werden zusammen mit einiger seit Oktober 1896 entstandener Prosa im Januar 1897 von Hofmannsthal verbrannt (s. u., ›Zeugnisse‹, S. 501). Vgl. auch den von tiefer Skepsis gegenüber dem eigenen dichterischen Werk zeugenden Brief an George vom 13. Oktober ⟨1896⟩ (BW 112f.).*
[3] *Benedict war Gesellschafter der Firma Nachoder Baumwollspinnerei Wärndorfer-Benedict-Mautner.*
[4] *Später verheiratete Gräfin Schaffgotsch.*
[5] *A. Schnitzler: Hugo von Hofmannsthal. ›Charakteristik aus den Tagebüchern‹. Mitgeteilt und kommentiert von B. Urban in Verbindung mit W. Volke. Hofmannsthal-*

Hofmannsthals Journal[1] *verzeichnet während der Wintermonate 1896/97 Theaterbesuche und Teilnahme an Gesellschaften (meist in den Familien Loeb, Schlesinger, Benedict, Franckenstein) in fast täglicher Folge. Am 15. Dezember 1896 vermerkt das Tagebuch:* Soirée bei L⟨oeb⟩ mit Theaterspielen. *Aufgeführt wird ein Stück von Clara Loeb,* ›Mimi, Schattenbilder aus einem Mädchenleben‹, *eine Art Nachahmung von Schnitzlers* ›Anatol‹, *zu dem Hofmannsthal – auf Bitten, weil* ... vor diesem ⟨dem ›Anatol‹⟩ auch ein Prolog von mir steht – *eine* Vorrede, den *Prolog zu einem Buch ähnlicher Art, schreibt.*[2]

Die Anregung, Hofmannsthal möge das nächste Stück schreiben, ist wohl von den Teilnehmern dieses Abends ausgegangen, die eine Fortsetzung der Theatersoiréen gewünscht haben werden.[3] *Daß der Dichter den Plan akzeptierte und selber förderte, geht aus seiner Tagebuchnotiz vom 29. Dezember 1896 hervor:* Brief. ⟨vermutlich Hofmannsthals an Minnie, s. u., S. 500⟩ Anfrage wegen Theaterproject. *Kurz danach übersendet Hofmannsthal Minnie, der nun wohl schon endgültig die Hauptrolle zugedacht ist,* 2 Scenen;[4] *zu diesem Zeitpunkt muß der Termin der Aufführung bereits festgelegen haben.*[5] *Am Donnerstag, dem 31. Dezember, ist vermerkt:* Besuch. besprechung. *Auf die Besprechung folgt im Tagebuch die Eintragung* Theater, *unter der die Tage vom Samstag, dem 2. Januar 1897 bis zum Don-*

Forschungen 3, Freiburg i.Br. 1975, S. 19–23 (23. März 1896–6. März 1897). Ein Notizblatt mit charakteristischen Aussprüchen Minnies in Hofmannsthals Nachlaß (H V B 3.6); ebd. auch Aufzeichnungen Hofmannsthals: Promemoria / s⟨eine⟩ Verheirathung betreffend. / seit Freitag 20ten XI 96 *(H V A 137.1–2); s. auch SW Bd. XXIX, S. 151f. u. S. 346f. (Der Jüngling und die Spinne).*

[1] *H V B 3.4. Danach ist im folgenden zitiert.*

[2] *GLD 45f. Das Stück wurde mit dem Prolog unter dem Pseudonym Bob in der* ›Neuen Deutschen Rundschau‹, *8. Jg. der Freien Bühne, am 1. April 1897 veröffentlicht. S. dazu Hofmannsthals Brief an A. Schnitzler vom 24. April 1897 (BW 80). Daß Hofmannsthal den Prolog bereits im Dezember 1896 schrieb, geht aus einem ungedruckten Brief (Privatbesitz) an Minnie Benedict hervor, der vor Weihnachten 1896 entstand, und in dem es heißt:* Gestern war ich zu schlecht und dumm gestimmt, um ernstlich zu arbeiten und hab, um mich zu zerstreuen, einen Prolog zu dem Theaterstück der Clara Löb geschrieben. *Aus diesem Brief auch die o., Z. 6–7 zitierten Äußerungen.*

[3] *Daß die Aufführungen in den Wohnungen der untereinander bekannten Familien zu einer Art Brauch geworden sein dürften, zeigt schon der Turnus der Soiréen: 15. Dezember, 15. Januar, 18. Februar, der wohl kaum zufällig ist. S. dazu auch den Brief Hofmannsthals (und einer unbekannten Person, vielleicht Minnie) an Schnitzler vom 21. August 1896 (BW 72ff.).*

[4] *Die Reinschrift des Stücks zeigt keine Szeneneinteilung. Doch könnte man das Gespräch Braut–Amor als erste, das Auftreten der zwei anderen Kinder als zweite Szene bezeichnen.*

[5] *S.* ›Zeugnisse‹, *S. 500:* Wenn es ⟨das Stück⟩ Ihnen im Ton ganz missfällt ..., ist ja noch Zeit etwas absolut anderes anzufangen.

nerstag, dem 7. Januar zusammengefaßt sind. Wahrscheinlich ist damit die endgültige Niederschrift des Stücks (überliefert ist eine Reinschrift, 1 H), noch nicht die Probenzeit bezeichnet, die sich unmittelbar an den Abschluß des Manuskripts angeschlossen haben wird. Das Tagebuch verzeichnet nach dem 7. Januar erst wieder Freitag 15 ⟨Januar⟩[1], den Tag der Aufführung des Stücks im Hause Benedict. Ein Privatdruck des Stücks (2 D[1]) und ein Theaterzettel, beide mit dem Datum Wien, 15. Jänner 1897 versehen, dürften schon an diesem Tag an die Teilnehmer der Soirée verteilt worden sein. Die Darsteller sind Minnie, in der Rolle der Braut, und Marie Christine Fournier, die die drei Kinder im Traum spielt[2]; die pantomimischen Stellen begleitet Arthur Schnitzler auf der Violine.[3] Das, von Hofmannsthal selbst skizzierte (s. ›Varianten‹), Bühnenbild kommt mit den einfachsten Requisiten aus und scheint sich an den Gegebenheiten des Raums zu orientieren.

Im Februar 1897 wird die Aufführung des Stücks am gleichen Ort wiederholt. Das Tagebuch vermerkt dazu für Montag und Dienstag, den 15./16. Februar, Proben, für Donnerstag 18 ⟨Februar⟩ die 2te Aufführung. An ihr scheint wiederum Arthur Schnitzler mitgewirkt zu haben, wie aus einem Brief Hofmannsthals an Leopold von Andrian, der zu der Aufführung eingeladen wird, hervorgeht (s. S. 501f.).

Im Januar 1900 erscheint das Stück, nun mit der Bezeichnung Ein Gelegenheitsgedicht, *in der illustrierten Wochenzeitung ›Über Land und Meer‹ (3 D[2]). Danach läßt Hofmannsthal* Was die Braut geträumt hat *nur noch einmal, in der 1903 von Richard Specht herausgegebenen Festschrift zum siebzigsten Geburtstag Ferdinand von Saars (4 D[3]), drucken. In den ›Gedichten und Kleinen Dramen‹ erscheint das Stück nicht. Daß Hofmannsthal es später auch nicht einmal mehr unter seinen Werken genannt zu sehen wünschte, geht aus einem am 14. Dezember 1917 an den Herausgeber der Zeitschrift ›Die Dichtung‹, Wolf Przygode, retournierten Brief hervor; unter den darin von Przygode aufgeführten Stücken, »die Sie nicht ⟨in dem für die Zeitschrift vorgesehenen Werkkatalog⟩ verzeichnet wünschen«, ist der Titel* Was die Braut geträumt hat *wie zur Bekräftigung vom Dichter nochmals durchgestrichen.[4]*

---

[1] *Dieser Tag ist ebenso wie der 29. Dezember 1896 mit einer Markierung versehen, die wohl den ganzen Zeitraum der Beschäftigung mit dem Stück bezeichnet.*

[2] *Die Angabe des Namens bei Schnitzler, Tagebuch, a.a.O., S. 21 (15. Januar 1897). Vgl. 1 H (S. 499): im Nothfall kann ein geschicktes Kind 2 oder alle 3 ⟨Kinder⟩ spielen.*

[3] *Schnitzler, Tagebuch, a.a.O., S. 21. Vgl. 1 H (S. 499): Musik begleitet ihre ⟨der Braut⟩ Bewegungen fortwährend, der letzte Geigenstrich erst dort wo das Kind sie aufweckt.*

[4] *S. ›Hofmannsthal als Beiträger der Zeitschrift ›Die Dichtung‹. Briefe an Wolf Przygode.‹ Mitgeteilt von Werner Volke, in: Hofmannsthal-Blätter Heft 13/14, 1975, S. 24–39; der o. zitierte Brief auf S. 34 (mit Faksimile und Umschrift der Bemerkungen Hofmannsthals S. 35f.).*

ÜBERLIEFERUNG

1 H   Bibliotheca Bodmeriana – Reinschrift des Stücks.
        15 fortlaufend paginierte Blätter. Blatt 1. *in doppelter Ausführung: das ursprüngliche erste Blatt (pag.* 1.*) mit Personenverzeichnis, Skizze der Bühne und kurzer, auf Blatt* 2. *fortgesetzter, Bühnenanweisung ist durch ein neues Blatt* 1. *ohne Skizze und mit dafür detaillierterer, kompletter Bühnenanweisung (der Rest auf Bl.* 2. *ist gestrichen) ersetzt; dann durchgehende Paginierung Blatt* 2. *bis* 14.[1] *Einige nachträgliche Korrekturen.*

2 D¹   Was die Braut geträumt hat. In Versen. Wien, 15. Jänner 1897.
        Privatdruck. Am Schluß des Stücks signiert: H.H.

3 D²   Was die Braut geträumt hat. Ein Gelegenheitsgedicht von Hugo von Hofmannsthal (Wien).
        In: Über Land und Meer. Deutsche Illustrierte Zeitung. 83. Band. 42. Jahrgang, Nr. 14 (Stuttgart und Leipzig), Januar 1900, S. ⟨224⟩–226.

4 D³   Hugo von Hofmannsthal. Was die Braut geträumt hat. Ein Gelegenheitsgedicht.
        In: Widmungen zur Feier des siebzigsten Geburtstages Ferdinand von Saar's. Herausgegeben von Richard Specht, Wiener Verlag, Wien 1903, S. ⟨95⟩–103. Textgrundlage.

VARIANTEN

82, 1–2:   nicht in *1 H*

81, 2:   In Versen. *2 D¹*

82, 3   IM TRAUM nicht in *1 H*

82, 5   Ein] das *1 H*

---

[1] *Dem Konvolut liegt ein einseitig bedrucktes Blatt im Format 17 × 14 cm bei, das außer dem Titel und Personenverzeichnis die Angabe* Wien, 15. Jänner 1897. *enthält (Drucktypen identisch mit den in 1 D¹ und 3 D³ verwendeten, jedoch größer) und vielleicht als Theaterzettel verwendet wurde.*

ÜBERLIEFERUNG · VARIANTEN

82, 5:   *darauf folgt in 1 H:*

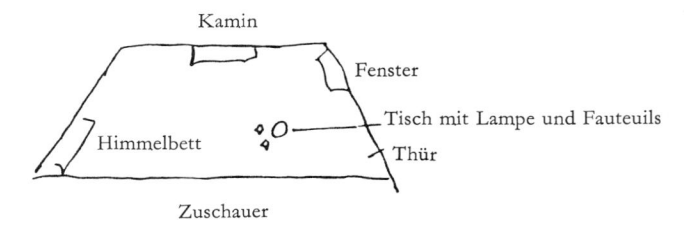

```
        Kamin
                    Fenster
                    Tisch mit Lampe und Fauteuils
  Himmelbett  o O
                    Thür

        Zuschauer
```

unumgänglich nöthig ist nur die Thür links und der Tisch; dann müssten aber die Wände mit einem leichten Stoff verhängt sein aus dessen Falten die Kinder auftreten und in die sie verschwinden können.
(der Souffleur in einer Ecke.)
im Nothfall kann ein geschicktes Kind 2 oder alle 3 spielen.

    Die Braut tritt auf. Man sieht den Bräutigam an der Thür ihr die Hand küssen. Sie legt die Armbänder ab etc. P a n t o - m i m e. Musik begleitet ihre Bewegungen fortwährend, der letzte Geigenstrich erst dort wo das Kind sie aufweckt. sie schläft schliesslich im Fauteuil ein. das 1te Kind erscheint zwischen den Vorhängen des Himmelbetts, springt herunter, läuft auf die schlafende zu und weckt sie auf. (D e t a i l s !)
14–20: gestrichen. Der vorausgehende Text (2–14) ist durch ein nachträglich eingefügtes Blatt, das S. 83, 1–14 enthält, gleichfalls als getilgt anzusehen.

83, 15   D<small>IE</small> B<small>RAUT</small> *aus* das Mädchen *1 H*

84, 19:   A<small>MOR</small> *danach gestrichen:* gleiche Stellung *1 H*

84, 36–85, 2:   *daneben am Rand gestrichen:* in einem andern Ton *1 H*

85, 3:   *daneben am Rand gestrichen:* zurückfallend *1 H*

85, 29   U<small>NTER</small> *davor gestrichen:* Pantomime. *1 H*

87, 29   du denn] denn Du *1 H*

88, 8:   *aus* in der allerersten Nacht! *1 H*

88, 24   wieder] vor sich *1 H*

89, 6   licht] leicht *1 H*

89, 14   die] der *1 H*

89, 15/17	Kleines *aus* Kleiner keines *aus* keiner *1 H*
90, 29 f.:	*daneben am Rand gestrichen:* in sich hinein *1 H*
90, 31 f.:	*daneben am Rand gestrichen:* Hände an den Schläfen, Arme kreuzen *1 H*
90, 33 f.:	*daneben am Rand gestrichen:* envelopper d'un regard *1 H*
90, 37–91, 1:	*daneben am Rand gestrichen:* flie--gen zurücksinken Arme fallen *1 H*

ZEUGNISSE · ERLÄUTERUNGEN

ZEUGNISSE

1896

⟨*29. Dezember 1896*⟩, *an Minnie Benedict*[1]

in Eile
bitte sehen Sie sich inzwischen diese 2 Scenen an, wenn Sie überhaupt noch theaterspielen wollen und lassen Sie mir bitte durch den Überbringer sagen, ob ich heute gegen 6 Sie sehen kann oder wann sonst. Ihr H.
Wenn es Ihnen im Ton ganz missfällt oder nicht liegt und Sie doch spielen wollen, ist ja noch Zeit etwas absolut anderes anzufangen.   (*Privatbesitz*)

1897

15. Januar 1897, Tagebuchnotiz von Arthur Schnitzler

Abends bei B.'s. ›Was die Braut träumt‹, von Hugo aufgeführt. Minni, drei Kinder (die kleine Fournier[2]*), ich mache die Musik dazu.*
                                        (*Hofmannsthal-Forschungen 3, S. 21*)

---

[1] S. ›Entstehung‹, S. 495ff.
[2] Marie Christine Fournier, später mit dem Schriftsteller Hans Olden verheiratet.

⟨22. Januar 1897⟩, an Minnie Benedict[1]

der Fauteuil, in dem die Braut geträumt hat, steht neben meinem Tisch und manchmal, besonders wenn nicht mehr so hässliches trauriges Wetter sein wird, werd ich vielleicht genug Phantasie haben um mir zum Sessel die Schauspielerin dazu einzubilden so wie der Macbeth den Dolch in der Luft. ... Mit einem Ihrer drei Vormittage haben Sie leider recht. Ich war schon sehr lange nicht so elend erbittert und muthlos wie in diesen 3 Tagen, in einer widerwärtigen düsteren Gleichgültigkeit gegen mein ganzes Leben. Den Dienstag abend hab ich dazu benutzt um alles zu zerreissen und zu verbrennen, was ich seit October gemacht habe, fast einen ganzen Act und einige Prosa. ...

Ich war ganz sicher, dass Sie heute Karten zur Wildente haben würden (durch Burckhard muss es doch gehen) und habe auch eine. Ich wollte gegen $1/_2$ 7 zu Ihnen kommen. Falls Sie mich da wegen Brand und Umkleiden nicht sehen können, lassen Sie vielleicht durch das Mädchen sagen, ob Sie im Theater sein werden, das Suchen macht so ärgerlich. *(Privatbesitz)*

⟨23. Januar 1897⟩, an Fanny Schlesinger[2]

Hat der Gerty das was die Braut geträumt hat, missfallen ... ?
(Deutsches Literaturarchiv, Marbach a.N.)

9. Februar 1897, an Arthur Schnitzler

wollen Sie mir einen großen Gefallen tuen? telephonieren Sie zwischen 2 und 4 der Minnie 12140 und fragen Sie irgend etwas gleichgiltiges z.B. Sie hätten gehört, daß Sonntag die 2.Vorstellung sein soll, ob es wahr ist? ...
(BW 77)

⟨Februar 1897⟩, Arthur Schnitzler an Hofmannsthal

... *ich habe der Minnie telephoniert, wann morgen Probe sei, sie antwortete: noch nicht bestimmt, wahrscheinlich* $1/_2$ 6 ...   *(BW 78)*

⟨13. Februar 1897⟩, an Leopold von Andrian[3]

durch die Annahme der nachfolgenden Einladung würdest Du etwas mir recht angenehmes tun; nur ist es mir nicht so wichtig, daß ich Dich

---

[1] *Das Datum ist über den im Brief erwähnten Besuch einer Aufführung der* ›Wildente‹ *(im Tagebuch H V B 3.4^b unter dem 22. Januar* ⟨Freitag⟩ *1897 verzeichnet) erschlossen.*

[2] *Das Datum ist über den Poststempel und die mit diesem übereinstimmende Angabe* Samstag. *(im Briefkopf) erschlossen.*

[3] *Das (im BW nicht erschlossene) Datum ist über die Angaben* Samstag. *(im Briefkopf)* und Kommenden Donnerstag *(2. Aufführung) mithilfe des Tagebucheintrags:* Donnerstag 18 ⟨Februar 1897⟩ die 2te Aufführung *(H V B 3.4^b) ermittelt.*

bitten würde, einen in Deiner Stimmung oder Einteilung begründeten directen Widerwillen deshalb zu überwinden. Kommenden Donnerstag wird bei denselben Leuten mein kleines Gelegenheitsstück noch einmal aufgeführt. Die Mutter von dem Mädel, das Du bei Schlesinger gesehen hast, hat mir angeboten, Dich für diesen einen Abend, wenn es Dich interessiert, hinzubringen. Robby[1] mitzunehmen wäre natürlich möglich, ich wünsche es aber nicht; es ist ein ähnlicher Kreis wie bei Schlesinger, vielleicht noch ausgesprochener jüdische kleine Finance. Es ist ebenso unwahrscheinlich, daß ihm die Leute gefallen, wie es unnötig ist, daß er bei seiner geringen Übersicht über sociale Verhältnisse gerade eine bestimmte problematische Gruppe von Menschen so unverhältnismäßig stärker sieht. Du bringst durch Dein Hingehen kaum ein sehr großes Opfer: es wird das Stück gespielt, nachher getanzt, Du kannst also um 11 h weggehen und findest schlimmstenfalls zum Reden den Schnitzler, die Frau Schlesinger und mich. Wenn Du also willst (aber eine contrainte ist es mir nicht wert) so laß heute oder morgen 2 Karten für Frau Benedict, Löwelstraße 14, II. Stock beim Hausmeister. Wenn nicht willst schreib mir gleich eine Zeile mit Angabe einer Ausrede. Schreib bitte mir jedenfalls. *(BW 98f.)*

1911

7. Dezember 1911, Rudolf Borchardt an Hofmannsthal
Warum fehlt ⟨in dem Band ›Die Gedichte und Kleinen Dramen‹, Leipzig 1911⟩ ›Melusine‹? Warum, da doch ein anderes Gelegenheitsstück mit abgedruckt ist,[2] ›Was die Braut geträumt hat‹? *(BW 57)*

ERLÄUTERUNGEN

82, 5 Günselsdorf *Ort in Niederösterreich, nahe Baden bei Wien.*

88, 17 Was hat Nacht mit Schlaf zu thun? *Wörtliche Übersetzung eines Verses aus John Miltons ›Comus‹. S. dazu Der weiße Fächer, S. 675, 13 (Erläuterung zu S. 172, 19f.).*

90, 7–23: *Die Verse könnten die freie Nachbildung einer Partie aus dem großen Schlußmonolog des Paracelsus in Brownings gleichnamigem dramatischem Gedicht*

---
[1] Robert Michel.
[2] »ein anderes Gelegenheitsstück« zu einem Buch ähnlicher Art.

sein *(Hofmannsthal hatte* ›Paracelsus‹ *im Sommer 1895 gelesen und sich Verse notiert; Passagen aus dem 5. Akt finden sich als Zitat in den Notizen, umgewandelt im Text von* Der Kaiser und die Hexe; *s. S. 678, 23ff.)*:

  Then all is still: earth is a wintry clod;
  But spring-wind, like a dancing psaltress, passes
  Over its breast to waken it; rare verdure
  Buds tenderly upon rough banks, ...
  The grass grows bright, the boughs are swoln with blooms,
  Like chrysalids impatient for the air;
  The shining dorrs are busy; beetles run
  Along the furrows, ants make their ado;
  Above, birds fly in merry flocks – the lark
  Soars up and up, shivering for very joy; ...

(Poems by Robert Browning, London 1898, S. 98). Zur Sprache *(*Bäume stehen, Büsche schwellen*) vgl. die Trochäen der 1. Szene des 1. Akts von* ›Faust II‹ *(*Anmutige Gegend*): »Täler grünen, Hügel schwellen, | Buschen sich zu Schattenruh« (V. 4654f.). Vgl. ebd. V. 4644f. (»Große Lichter, kleine Funken | Glitzern nah und glänzen fern«) mit S. 90, 29f. (*Unbegreiflich liebe Dinge | Schweben fern und schweben nah*)*.

DIE FRAU IM FENSTER

ENTSTEHUNG · QUELLEN

ENTSTEHUNG

Das Stück entstand als erstes der von anhaltender Hochstimmung getragenen Vareser Schaffenszeit im Spätsommer 1897.[1] Der Einfall dazu war noch unterwegs in Brescia plötzlich und blitzartig gekommen,[2] ausgelöst durch die Lektüre von d'Annunzios kleinem Drama ›Sogno d'un mattino di primavera‹,[3] zu dessen Text Hofmannsthal als Arbeitsanweisung den ersten, bereits scharf umrissenen Plan zur Frau im Fenster am Rand notierte (N 1). Die Ausarbeitung des Kleinen Welttheaters überspringend[4], machte er sich sogleich nach seiner Ankunft in Varese (24. August) an die Niederschrift In einem Fenster (1 H¹), um dieselbe noch vor Ablauf des dritten Tages abzuschließen.[5] Die Reinschrift (2 H²) blieb dringlicherer Ausarbeitungen wegen (darunter des Prologs zur Frau im Fenster) zunächst liegen,[6] war aber bereits vier Wochen später in der Hand des Vaters,[7] der sie umgehend an Gustav Schwarzkopf weiterleitete bzw. für ihre Daktylotypierung sorgte.[8] Abschriften oder Durchschläge des angefertigten Typoskriptes (3 t) gingen auch an Hermann Bahr[9] und Ria Schmujlow-Claassen, welche noch

---

[1] Vgl. ›Überlieferung‹, S. 512, 17f. und ›Zeugnisse‹, S. 521, 5–11. Zur allgemeinen Charakterisierung der Vareser Schaffenszeit vgl. auch B I 224 (... überaus glücklich und zufrieden ...), 225 (... Neid der Götter ... fieberhafte Lust zu arbeiten bei vollkommener innerer Ruhe und Heiterkeit ...), 228f. (... starke gute Stimmung ...), 229 (... Zauberleben ...).
[2] ›Zeugnisse‹, S. 531, 32f.
[3] *Im Tagebuch notiert er:* den 9ten Tag ⟨19. August⟩ nach Verona. lese sogno d'un mattino di primavera. gehobene Stimmung fängt an (›Zeugnisse‹, S. 523, 5; vgl. ›Überlieferung‹ zu N 1, S. 512, 2–6).
[4] Das Kleine Welttheater ⟨Puppentheater⟩ war schon im Oktober 1896 begonnen worden und stand noch kurz vor Antritt der Vareser Reise in Hofmannsthals Arbeitsplan obenan (vgl. S. 584–588).
[5] Vgl. ›Überlieferung‹, S. 512, 17f. und ›Zeugnisse‹, S. 521, 5.
[6] Vgl. ›Zeugnisse‹, S. 521, 16–18.
[7] Vgl. ›Zeugnisse‹, S. 522, 21–24.
[8] Vgl. ›Zeugnisse‹, S. 523, 19–21.
[9] Vgl. ›Zeugnisse‹, S. 522, 2. An Stefan George schickte er den Text trotz anderslautender Ankündigung vom 12. November 1897 dagegen nicht (›Zeugnisse‹, S. 526, 27ff.; vgl. auch BW 133 u. 142).

ENTSTEHUNG · QUELLEN

vor der Veröffentlichung in einer Zeitungsbesprechung davon Verwendung machte.[1] Bezeugt ist auch eine Lesung bei Richard Beer-Hofmann.[2] Sie diente, wie die Zusendung an Hermann Bahr, zugleich der Erprobung der Theatertauglichkeit des Stückes, von welchem sich Hofmannsthal einen wirklichen Publikumserfolg erhoffte.[3] Fragen der Aufführbarkeit (und hier besonders der Kürzung des Textes) beschäftigten Hofmannsthal bis in die Zeit der Berliner Uraufführung[4] und noch darüber hinaus.[5] Sie fanden ihren Niederschlag in der Berliner Bühneneinrichtung (4 h), um während der ersten Drucklegung in jene Textgestalt zu münden (5 D¹), die allen späteren Ausgaben (6 D²–10 D⁶) zugrunde liegt.[6]

QUELLEN

Hofmannsthal selbst hat unmittelbar nach ihrem Abschluß die Entstehung der Frau im Fenster *aus ihren Quellen in einem zweiten Text, dem* Prolog (zur Frau im Fenster), *eigens dargestellt.[7] Im Bild einer Traumreise – sie führt den vom Schlaf übermannten Dichter mit sich fort und läßt ihn die geleistete Bewußtseinsarbeit der drei dem Leben fremden Tage noch einmal erleben –[8] wird hier eine höchst seltene Genese-Selbst-Deutung gegeben, die aber der Frage nach den im engeren Sinne literarischen Quellen gerade ausweicht.[9] Sie gibt vielmehr den Blick*

---

[1] Vgl. ›Zeugnisse‹, S. 528, 18 ff. u. 530 f.
[2] Vgl. ›Zeugnisse‹, S. 525, 5–7.
[3] Vgl. ›Zeugnisse‹, S. 522, 9 f. (... verlange mir die Bühne doch viel stärker als früher ...), S. 524, 3 ff. (... weil ich ja nicht die Bewunderung der gewissen modernen Clique haben will, sondern einen möglichen Eindruck auf das Publikum ...). *Entsprechend niedergeschlagen war Hofmannsthal dann auch durch den – gemessen an seinen Erwartungen – mäßigen Erfolg der Berliner Uraufführung* (vgl. ›Zeugnisse‹, S. 527, 22–33 u. 528, 11–15).
[4] Vgl. ›Zeugnisse‹, S. 523, 39 f.; 524, 19–28; 525, 15–18.
[5] Vgl. an Lotte Schneider, ›Zeugnisse‹, S. 538.
[6] *Eine Überarbeitung des Schlusses noch während der Drucklegung ist durch die nachgereichte* (zweite?) *Korrektur der letzten* (9.) *Seite des Erstdrucks, um deren beschleunigte Rücksendung Hofmannsthal am 6. November 1898 von Caesar Flaischlen ersucht wird* (›Zeugnisse‹, S. 532, 10–13), *weder erweisbar noch widerlegbar. Im Falle sie stattgefunden haben sollte, wäre sie auf den Textbestand dieser letzten Seite* (ab V. 344) *zu begrenzen. Zur geringfügigen, nicht sicher Hofmannsthal zuweisbaren Varianz der späteren Drucke gegenüber dem Erstdruck vgl.* ›Varianten‹, S. 519 f.
[7] Vgl. Ein Prolog, ›Entstehung‹, S. 553–556.
[8] Vgl. Ein Prolog, S. 120, 4 f. und S. 121, 8–128, 23.
[9] *Beantwortet wird weder die* (fingierte) *Frage nach der genauen Rezeptionsvorlage* (S. 117, 13–16) *noch die* (so gar nicht gestellte, wohl aber intendierte) *Frage nach dem gewählten Figurationsvorbild* (S. 117, 23–119, 16). *Während aber die Frage nach der rezipierten* materia (der ganze⟨n⟩ kleine⟨n⟩ Geschichte von Madonna Dianora) *immerhin explizit gestellt und dann nur ausweichend beantwortet wird, muß im Falle des nach besonderem Figurationsvorbild gewählten Kunst-Charakters* (S. 117, 23) *die Frage selbst erraten werden, auf welche der Auswahlkatalog von* Überwinder⟨n⟩ *als Antwort paßt,* die stärker waren als große dumpfe Kräfte (S. 117, 28–119, 16). *Vgl. im einzelnen* Ein Prolog, ›Erläuterungen‹, S. 567–572, *sowie, zur Begrifflichkeit, ebd.* S. 556, Anm. 4.

frei auf jenes Treiben der Natur,[1] *in dessen dreifach metaphorischer* Widerspiegelung[2] *als elementarer Naturgewalt (heroischer Gewitter-Landschaft)*[3], *naturgetriebener Gesellschaft (naivem Volks-Charakter)*[4] *und wiedererwachender Natürlichkeit (idealischer Traumliebe-Verkörperung)*[5] *wir die verborgenen Quellen (genetischen Prämissen) vermuten dürfen, mit welchen die Aktualgenese des werdenden Textes in die Ontogenese des in ihr tätigen Bewußtseins hinabreicht.*[6] *So wird denn philologische Quellenkritik im Falle der* Frau im Fenster *über die Mindestanforderungen der quellenscheidenden Elementarkritik (1) (2) (3) hinauszugehen haben und — die von Hofmannsthal selbst gelegte Genesespur aufnehmend — erst im Aufweis der dieser Aktualgenese des Textes vorausliegenden (onto-)genetischen Prämissen ihr Ziel erreichen (4) (5) (6).*

1

Die Fundstelle der von Hofmannsthal erschlossenen Primärquelle[7] *ist von ihm selbst durch Eintragung seines frühesten Planes zur* Frau im Fenster *gekennzeichnet.*[8] *Sie lautet im Original:*

> LA DEMENTE *... Voi conoscete la storia di Madonna Dianora?*
> IL DOTTORE *Vagamente. Non ricordo più ...*
> LA DEMENTE *Ella amava Palla degli Albizzi, un giovinetto. Nelle notti senza luna, dalla ringhiera di quella loggia ella gli gettava nel giardino una scala di seta, sottile come una tela di ragno, forte come una cotta d'arme. Ah, io lo so com'ella offriva dalla ringhiera alle labbra ardenti quella soave mandorla nuda del suo viso, semichiusa nel guscio d'oro. ... Ma una notte Messer Braccio la colse, ritrasse la scala complice, ne fece un capestro per il collo chino. E Dianora penzolò dalla ringhiera, tutta la notte, sotto gli occhi delle stelle, lamentata dagli usignuoli. All'alba, come sonavano le campane dell' Impruneta, qualcuno vide involarsi dall'Almiranda un bel paone bianco verso l'oriente; e Messer Braccio ritrovò il sio capestro vuoto. Da allora un paone bianco visita la villa di tratto in tratto. Quando scende, è più silenzioso e più leggero d'un fiocco di neve ...*

Die Fortlassung des im zweiten Teil themabildenden Wiedergänger-Motivs nimmt dem rezipierten Stoff zwar seine (von Hofmannsthal durchaus wahrgenommene)

---

[1] Vgl. S. 129,4. [2] Vgl. S. 128,37. [3] Vgl. S. 121,10—127,27.
[4] Im Text eingestreut S. 121,14—19, 23—32, 35—37; S. 122,1—12, 19—21, 25—27; S. 123,1—16, 22—25; S. 124,6—8; S. 125,23—38; S. 126,4—9; S. 127,10—12.
[5] Ebd. (eingefügt) S. 121,27—29; S. 122,13—17, 21—28; S. 126,16—26; S. 127,37—128,11.
[6] Aufschlußreich in diesem Zusammenhang ist die Verwendung der (Text-)Gewebe-Metaphorik zur Darstellung seiner existentiellen Verbundenheit mit dem Adressaten in Hofmannsthals Vareser Brief an Richard Beer-Hofmann (B I 231). Auf den Spuren einer Reise Beer-Hofmanns, von welcher dieser Hofmannsthals Erinnerung nach merkwürdig gescheidt und heiter zurückgekommen war, bewegte er sich nun selbst (vgl. BW 66 vom 30. 6. ⟨1897⟩). Vgl. auch S. 511, Anm. 5, 6.
[7] Vgl. S. 504, Anm. 3.
[8] Vgl. ›Varianten‹, N 1, N 2.

Balladen-Qualität,[1] *eröffnet aber zugleich die Möglichkeit, ihn kunstgerecht zu dramatisieren: Die angelegte Liebes-Eifersuchtstragödie läßt sich um ihren ›natürlichen‹ Wendepunkt gruppieren, der im fertigen Text mit dem Auftritt Messer Braccios erreicht ist. Das geplante Gespräch wo sie ihn wie fasziniert vom Unheil immer weiter treibt,*[2] *kann hier seinen Anfang nehmen.*[3] *Die Gestaltwerdung der beiden Hauptfiguren durch 2 rechte Renaissancegesichter erscheint jetzt möglich, die dramengerechte Einbeziehung der Vorgeschichte in Form einer dialogischen Exposition durch Einführung eines Anredepartners nach dem Figurationsvorbild von Brownings Drei-Personen-Stück ›In a balcony‹*[4] *realisierbar.*

2

Die vorläufige Gestaltwerdung der beiden Hauptfiguren im Sinne echte⟨r⟩ Renaissancegesichter vollzieht sich auf dieser Stufe des genetischen Prozesses durch mehrfach zusammenwirkende Figurationsvorbilder, die aber insgesamt noch nicht über den Grenzbereich renaissancebezogener Lese- und Reise-Eindrücke zurückzuführen scheinen.[5] *So findet die im Dialog mit Braccio erinnerte erste Begegnung Madonna Dianoras mit ihrem späteren Liebhaber (Palla degli Albizzi)*[6] *ihr genaues Figurationsvorbild in einem Gemälde des praeraffaelitischen Historienmalers John Everett Millais,*[7] *welches über Keats gleichnamige Ballade*[8] *noch an die novellistische Gestaltung des Lorenzo-und-Isabella-Themas bei Boccaccio heranreicht.*[9] *Der Name Francesco Chierigati⟨s⟩, bei dessen Hochzeit diese Begegnung im fertigen Text stattfindet,*[10] *bewahrt nach Hofmannsthals eige-*

[1] *Daß Hofmannsthal wenigstens die Erinnerung an diese Balladen-Qualität des Dianora-Stoffes (und damit an ein Stück Natur-/Volkspoesie) offenzuhalten bestrebt war, zeigt sich an der noch im Oktober 1897 erwogenen Titelgebung* Madonna Dianora, eine Ballade dramatisiert *(›Zeugnisse‹, S. 523, 24f.). Vgl. auch A 102 (Volksliedton unterwegs zum Drama).*

[2] *Zit. nach N 1, ›Varianten‹, S. 514, 6f.*

[3] *S. 109, 17—114, 11 (V. 224—366).*

[4] *Vgl. N 1 und, zur (vorläufigen) Bedeutung von Brownings Figurationsvorbild, S. 509, Anm. 5.*

[5] *Aus Reisebüchern und Landkarten hatte Hofmannsthal vor Beginn seiner Reise seine Wege in Oberitalien zusammen⟨ge⟩such⟨t⟩, auch die Seitenwege nach einer schönen Villa oder Wallfahrtskirche (BW HvH—Andrian 76f.). Vgl. auch HvH—Beer-Hofmann 66 (Burckhardt als Cicerone).*

[6] *S. 112, 28—113, 17 (V. 323—349).*

[7] *Nachweis durch H. Stefan Schultz: Some notes on Hofmannsthals ›Die Frau im Fenster‹. In: MAL 7 (1974), Nr. 3/4, S. 39—57; hier S. 49—51 (mit Reproduktion des Millaisschen Erstlingswerks ›Lorenzo and Isabella‹). Das Bild dürfte Hofmannsthal durch Vermittlung Richard Muthers bekannt geworden sein, der es im 2. Bd. seiner ›Geschichte der Malerei im 19. Jahrhundert‹ (München 1893, S. 500) abgebildet und besprochen hat. In unmittelbarer Nachbarschaft (S. 497) findet sich ›Romeo and Juliet‹ von Madox Brown. Zu Hofmannsthals Vertrautheit mit dem kunstgeschichtlichen Werk Richard Muthers vgl. seinen bereits 1893 publizierten Essay* Die malerische Arbeit unseres Jahrhunderts *(P I 140—146).*

[8] *John Keats,* Isabella; or, the Pot of Basil. A Story from Boccaccio. *In: Keats, The Poetical Works. London, New York 1892, S. 204—222 (nachgewiesen, bereits mit Berücksichtigung der möglichen Rezeption durch Hofmannsthal, bei Muther in ›Geschichte der englischen Malerei‹, Berlin 1903, S. 186).*

[9] *Vgl. Emil Schaeffer, Das moderne Renaissance-Empfinden. In: Die Neue Rundschau, 16, 2 (1905), S. 769—784. Hier S. 780f. (Dort auch Hinweis auf Rossettis ›Madonna della Finestra‹ mit Hintergrund in Dantes ›vita nuova‹, S. 782.)*

[10] *Vgl. Anm. 6.*

ner Auskunft die Erinnerung an zwei sehr schöne stille und gehobene Tage *in Vicenza,*[1] *Dianoras Mädchenname* Colleoni[2] *die Erinnerung an eine Bergamasker Renaissancefigur.*[3] *Wie Dianoras Liebe zu Palla degli Albizzi in der Erzählung von* Francesco Chierigatis Hochzeit *so bekommt ihr tragisches Ende seine Vorgeschichte in der Erzählung von der Ermordung des Comoischen Gesandten auf der* Adda-Brücke,[4] *die ganz nach dem Vorbild der Renaissance-Vita des Bernabó Visconti figuriert ist.*[5] *Schließlich gewinnt das unheilvoll Weitertreibende des Schicksals im Charakter der Titelheldin Gestalt durch kontrapunktische Figurierung des Themas zur titelgebenden Boccaccio-Novelle:*[6] *Während der Gemahl Madonna Dianoras (Gilberto) dort ihren Liebhaber (Messer Ansaldo) durch* »Großmut« *besiegt und dieser aus dem nämlichen Motiv auf die Ausnutzung seines Sieges über Gilbertos* »Liebenswürdigkeit und Offenherzigkeit« *verzichtet, muß hier die aus Engherzigkeit gespeiste Besitz- und Machtgier Messer Braccios das ihr entzogene (sich seiner »natürlichen« Subjektsrolle erinnernde) Liebesobjekt vernichten.*

3

Das geheimnisvoll unentrinnbare des Schicksals, welches, dem ursprünglichen Plan zufolge, im Gespräch Dianoras mit der Amme ... *besprochen werden sollte,*[7] *ist dort von Anfang an mit der Namensnennung des* Angelus Silesius *verknüpft, dessen religiöse Lebens-(Sinn-)Deutung sich in Hofmannsthals Vorstellung schon früh mit dem Paradigma der klassischen Renaissance-Vita verbunden zu haben scheint,*[8] *aber auch, auf dem Weg kulturgeschichtlicher Anamnesis, zur (subjektiven) Wesensbestimmung und (objektiven) Seinserhellung der Antike selbst hinaufreicht.*[9] *In diesem subjektiv-objektiven Begründungszusammenhang*

---

[1] Vgl. das Erinnerungsbild in Hofmannsthals Brief an Hans Schlesinger vom 22. 5. 1900, ›Zeugnisse‹, S. 536.

[2] S. 109,37 (V. 247).

[3] B I 222.

[4] S. 103,23—104,29.

[5] Nachweis durch H. S. Schultz, a. a. O., S. 45—47.

[6] Giovanni Boccaccio: Das Dekameron. Übertragen von Albert Wesselski. X, 5. — Leipzig 1928. Hier S. 912—918 (›Madonna Dianora verlangt von Messer Ansaldo im Jänner einen Garten ...‹).

[7] Zit. nach N 1, ›Varianten‹, S. 514,10f.

[8] So schon in der frühen Tagebuchnotiz Lesen: Vasari Angelus Silesius Biogr⟨aphie⟩ des Lionardo u. Michelangelo. (H VB 8.16)

[9] In einer früheren Tagebuchnotiz stellte Hofmannsthal zur (gesuchten) Bedeutung des griech⟨ischen⟩ Begriff⟨es⟩ »gut« folgende Bedeutungsskala auf: 1.) ἀγαϑος liebenswürdig (ἀγαμαι) / βελτιών βέλτιστος / ἄριστος der passendste, κράτιστος der stärkste / 2.) ἐσϑλος(εσ) wesentlich / Angelus Silesius: Mensch, werde wesentlich / εὐήϑης gutherzig, einfältig, albern (wie simplex u im Deutschen naiv) (H VII 9.28). Vgl. auch Ein Frühling in Venedig, SW Bd. XXIX, S. 132,20, wo jedoch das nach Hofmannsthals eigener Deutung den Jugendwerken zuzuordnende Motiv des Zu-sich-selber-kommens (A 219) seine Bindung an die vor allem im Prolog thematisierte Natur des Volkes bereits aufgegeben hat. Vgl. auch S. 505, Anm. 3.

betrachtet, eröffnet bereits das Vornotat einer durchklingend⟨en⟩ Angelus Silesius Stimmung *im frühesten Plan zur* Frau im Fenster *einen Ausblick auf die mögliche (im tragischen Untergang des Helden zu leistende) Wiederherstellung der menschlichen Natur.*

4

*Derselben (verfremdenden) Blickrichtung folgt auch Hofmannsthals Durchblick durch die ihn bei der Arbeit umgebende (Natur-)*Landschaft, *welche ihn, obwohl auch nicht aus viel anderen Elementen zusammengesetzt wie zum Beispiel die im Salzkammergut, doch in einem ganz unsentimentalen Sinn ergreift, so wie Tizianische Bilder oder antike Statuen.*[1] *Es will daher wohl beachtet sein, daß er dieser Landschaft in der* Wiederspiegelung *des Prologs eine archaische Gebirgslandschaft zur Seite stellt,*[2] *deren Elemente ebenso der erlebten Landschaft seiner Vareser Reise angehören,*[3] *wie sie nachweislich nach dem Vorbild jener »urwüchsigen« Naturlandschaft figuriert sind, aus welcher Alfred von Berger die geistige Gestalt des jungen Shakespeare imaginierte.*[4] *Und wie hier aus originalen »Menschen-, Lebens- und Natureindrücken« sich der »Rohstoff« Shakespearescher Natur- und Volksdichtung formiert, so bietet Shakespeares dramatisches Figurationsvorbild dem Verfasser der* Frau im Fenster *offenbar jenen im Vergleich zu Browning (wohl-)definierten Hintergrund, vor welchem absolute Menschen glaubhaft handeln können.*[5] *Wobei, im Zusammenspiel der äußeren und der inneren Lebensmächte, zugleich auch jene unheimliche Willenlosigkeit der handelnden Figuren überwunden werden kann, welche — Triumph der Möbelpoesie — selbst noch die frühen Dichtungen eines d'Annunzio überschattet hatten.*[6]

---

[1] B I 224.
[2] Vgl. S. 506, Anm. 6 und dazu Ein Prolog, S. 128, 36—39.
[3] Vgl. S. 555, 15—21 u. Anm. 8.
[4] Alfred Freiherr von Berger, Der junge Shakespeare. In: Studien und Kritiken. Wien 1896, S. 61—69. Es heißt dort: »Nur wer selbst auf dem urwüchsigen Lande gelebt hat, weiß, welche sonderbare Begegnungen man da oft hat. ⟨Folgt das im Prolog verarbeitete Erinnerungsbild: Fahrt auf stürmischem Bergsee, zit. in Ein Prolog, Erl. zu S. 121, 22—123, 37.⟩ Da dachte ich: Shakespeare! ⟨...⟩ Solche Eindrücke trank Shakespeare's Gemüth in seiner Jugendzeit.« (Ebd. S. 64.) Und: »Solch' ein englischer Bursch mit rüstigem Körper, hellem Kopf, heißem Blut und ewig vibrierender Phantasie, der Typus des jungen Germanen, doch von feinster Race, ohne alle Ungeschlachtheit, getränkt mit allen Menschen-, Lebens- und Natureindrücken, die man auf dem Lande, in Dörfern und kleinen Städten, in Wald und Feld in sich saugt, ist der Rohstoff, aus dem die Gestalt Shakespeare's, des genialen Volksdichters, gebildet ist.« (Ebd. S. 64f.) — Hofmannsthal hat Bergers Aufsatzsammlung noch im Erscheinungsjahr besprochen (P I 282—285). Nach Ausweis seines Studienbuches hat er vom WS 1893/94 bis zum SS 1896/97 regelmäßig Bergers Vorlesungen besucht (vgl. Hugo von Hofmannsthal. Katalog zur Ausstellung. Salzburg 1959, S. 71f.). Im WS 1896/97 hat er Bergers Ethik- und Ästhetik-Vorlesungen dagegen nachträglich aus seinem Belegplan gestrichen (ebd. S. 73).
[5] Vgl. Hofmannsthals diesbezügliche Unterscheidung in der Robert Browning gewidmeten Tagebucheintragung vom 28. 5. ⟨1895⟩ (A 119; H VB 4.16f.).
[6] Vgl. Gabriele d'Annunzio I, P I 157f.

5

Unter solchen Auspizien geht auch Hofmannsthals Urteil über die politische Rolle seines vielbewunderten und gerade in der Genese der Frau im Fenster *wirksamen dichterischen Vorbildes d'Annunzio*[1] *in Revision. Man könnte auch sagen, daß Hofmannsthal zu einem solchen Urteil während der Arbeit an der* Frau im Fenster *und durch Rückvermittlung seines dort gewonnenen dichterischen Selbstverständnisses überhaupt erst fähig wird. Zu einem in Varese erhaltenen Stenogramm von d'Annunzios große⟨r⟩ Kandidatenrede bemerkt er, dieser habe, wie die lombardischen Blätter schreiben, seinen Wahlsieg sicher ...* »mit Unterstützung der Carabinieri«, *jedenfalls als äußerst konservativer oder reaktionärer Mandatar der großen römischen Nepotenfamilien erhalten, um sodann im eigenen Namen hinzuzufügen:* eine merkwürdige Zeit, wo die Dichter reaktionär sind, eigentlich alle![2] *Die neugewonnene Freiheit, welche es ihm erlaubt, gegenüber dem geheimnisvoll unentrinnbare⟨n⟩ des Dianora-Schicksals den Standpunkt einer höheren (poetischen) Gerechtigkeit einzunehmen und die Handlungsweise seiner Titelheldin unter dem übergreifenden Gesichtspunkt der verlorenen (wiederherzustellenden) Natur zu kritisieren,*[3] *korrespondiert mit einer neuen (kritischen) Verhältnisbestimmung zum Leben der ihn umgebenden* Finanzgesellschaft,[4] *welchem er nunmehr das unterwegs zuerst erfahrene und über weite Strecken seiner Reise mit bisher unbekanntem Glücksgefühl geteilte Leben der (einfachen)* Leute *entgegenzusetzen hat,*[5] *um sich seiner in der naiven Volkscharakter-Figurierung des* Prologs *noch vollends zu vergewissern.*[6]

---

[1] *Vgl. ›Zeugnisse‹, S. 521, 24 ff.; auch S. 504, Anm. 3 sowie N 1, N 2.*

[2] *Hofmannsthal an den Vater, Varese, 5. ⟨September 1897⟩ (B I 229 f.).*

[3] *Dieser Gesichtspunkt wird (verständlicherweise) von keiner der Dramenfiguren thematisiert, ist aber den Reden der Amme immanent. Vgl. auch ›Erläuterungen‹, S. 549, 1—8.*

[4] *Vgl. B I 215 f. (... unsympathische Leute aus der Finanzgesellschaft von Wien, Pest und Berlin ...). Bereits am 10. Mai ⟨1896⟩ hatte Hofmannsthal aus Tlumacz bei Stanislau an Richard Beer-Hofmann geschrieben:* Das Leben, das wir in Wien führen, ist nicht gut. ... Wir leben in geistiger Beziehung wie die Cocotten, die nur französischen Salat und Gefrorenes essen. *(BW 59)*

[5] *Vgl. Hofmannsthals abgestufte Briefzeugnisse: B I 218 (...* Alle Leute bewundern das Rad sehr ...*), 220 (...* Ich fahre natürlich dritte Klasse, weil es viel lustiger ist ... ich mache auf jeder Fahrt Bekanntschaften ...*), 221 (...* unter all den Leuten ...*) und besonders B I 222:* Ich bin mit allem so zufrieden, alle Leute, mit denen ich rede, in der Eisenbahn, in den Gasthäusern, in den Geschäften, sind so nett, alle Augenblick' erfahre ich etwas, was mich interessiert, auch in den Zeitungen finde ich vieles und in einer ganz anderen Art als zu Haus, ich komme mir so befreit vor ... — Das Erlebnis der Landschaft tat ein übriges. Aus Varese *schreibt Hofmannsthal am Tag nach seiner Ankunft:* Jetzt weiß ich freilich, daß ich früher nie eine wirklich schöne Gegend gesehen habe, und ich bin glücklich, daß ich die jetzt gesehen habe und nicht früher, denn ich bin doch ... jetzt gescheiter als früher und habe mehr davon. *(B I 225) Vgl. auch S. 504, Anm. 1, 3.*

[6] *Vgl. auch, zur weiterwirkenden Bedeutung des Themas, Hofmannsthals Tagebuch-Reflexion* Volk *aus dem Kriegsjahr 1917, welche sich als ganze wie ein später Nachhall der Vareser Reiseimpressionen liest und deren Schlußsentenz die Frage nach der verlorenen / wiederherzustellenden Natur unter dem Bild des verlorene⟨n⟩ Paradies⟨es⟩ direkt (wenn auch schon ganz ins Geistige gewendet) thematisiert (A 182 f.).*

6

Wie die Motivketten der Volk-Natur-Thematik in der Traumreise des Prologs *zunächst nur nebeneinander herlaufen, um erst mit dem* Erwachen *der auf dem ganzen Weg mitgeführten Traumliebe vollends ins Bewußtsein gehoben (zu einem durchgehenden Thema verknüpft) zu werden,*[1] *so schließen sich auch die über weite Strecken getrennt verlaufenden Genesestränge der* Frau im Fenster *erst durch Vermittlung einer in ihrer Existenz bedrohten Frauengestalt zusammen, deren* Wesen, wie es in ihm gespiegelt war, *Hofmannsthal nach eigener Aussage mit einer zärtlichen, aber abgeklärten Erinnerung in seinem kleinen Drama abgemalt hat.*[2] *Es hat für Hofmannsthal die Qualität einer bei aller äußeren Gefährdung durch* Unzerstörbarkeit, ja Unantastbarkeit *ausgezeichneten* Natur,[3] *deren präfigurierende Bedeutung für die Gestaltwerdung der* Madonna Dianora *bis in das Spätjahr 1894 zurückzureichen scheint.*[4] *In einem Briefgedicht an Richard Beer-Hofmann hatte sich damals jene* Luino-Luini-/Luini-Madonnen-Lisl-*Assoziation gebildet, welche zu einer auf dem Wasser treibenden Hundeleiche hinführt und* die Einigkeit von alledem im Sein *zu ihrem verborgenen (im Gedicht ins Bewußtsein gehobenen) Thema hat.*[5] *Durch einen (ebenfalls an Beer-Hofmann berichteten!)* Fernblick auf die Kirche von Luino *während der Arbeit an der* Frau im Fenster[6] *muß dieses Erinnerungsbild reaktiviert worden sein, um im Bild der* Frau, die fester schlief als eine Todte,[7] *an der Oberfläche des* Prologs *versteckt zu werden. Auf die ihm während der Fahrt zu* Füßen *schlafende Lebend-Tote bezieht der Traumreisende bis zu seinem und ihrem Erwachen die* namenlose⟨n⟩ andern Dinge/im Wasser an den Ufern, in der Luft *dort wie auf sich selbst.*[8] *Sie wird ihm zur Hermeneutin seines Traumes vom Wiedererwachen der Natur.*

[1] Vgl. S. 506, Anm. 6 und dazu die Auflösung, Ein Prolog, S. 127,35–129,9 (V. 280–339).
[2] *Hofmannsthal an Elisabeth Baronin Nicolics (»Lisl«), 17. Juni 1908 (B II 326f. u. ›Zeugnisse‹, S. 541,17f.).*
[3] *An dieselbe (B I 371f., wohl 1908 zu datieren!). Vgl. auch B II 255f., 294f.*
[4] *Der Anfang der Dreiecks-Freundschaft mit Edgar Karg von Bebenburg und Elisabeth Baronin Nicolics reicht zurück bis ins Spätjahr 1893. Für Hofmannsthal, der in dieser Freundschaft immer wieder und über längere Zeiten zugleich die Stelle seines zur See fahrenden Freundes Edgar einzunehmen hatte, bedeutete sie eine Möglichkeit, den Widerspruch zwischen* Eigentum am geliebten Menschen *und* Gern-Haben, *ohne ihn oder etwas von ihm zu verlangen zu objektivieren und an seiner Auflösung zu arbeiten. Vgl., neben vielen peripheren Thematisierungen im Briefwechsel mit Edgar Karg von Bebenburg (BW S. 36, 46, 48, 50, 51, 85, 88, 89, 111, 123), vor allem die beiden zentralen Briefäußerungen Hofmannsthals vom 27. Juli 1895 und 11. April ⟨1896⟩, ebd. S. 86f. und S. 117. Vgl. ferner Hofmannsthals Selbstdeutung der* Madonna-Dianora-*Figurierung im schon erwähnten Brief an Elisabeth Baronin Nicolics vom 17. Juni 1908. Er schreibt dort:* ... auch das ist ja vielleicht eine unbewußt von mir getroffene Wahrheit, daß ich Ihr Glück und das Aufblühen Ihres Wesens nur in der Erwartung gemalt habe, wo der »Andere« nicht mitspielt und Ihr Wesen selbst, von Leidenschaft bewegt, seinen eigenen reinen Ton gibt, wie eine Harfe im Wind. *Hofmannsthal hatte ein Wiedersehen mit ihr in seine Vareser Reise eingeplant (B I 215) und sie auch in Begleitung des italienischen Opernsängers Mario Fumagalli getroffen. In seinem Tagebuch bemerkt er dazu:* Die Lisl taucht auf (von Berchtesgaden) mit dem Tenoristen Fumagalli. Sie ist unerfreulich. (H VB 3.10)
[5] *Hofmannsthal an Richard Beer-Hofmann, 22. 9. 1894 (BW 37ff.).*
[6] *An denselben, 26. 8. ⟨1897⟩ (BW 68).*   [7] *Ein Prolog, S. 121,28f.*   [8] *Ebd., S. 126,13–17.*

ÜBERLIEFERUNG

- N 1   Deutsches Literaturarchiv, Marbach a.N. (Nachlaß Claassen) — Gabriele d'Annunzio, Sogno d'un mattino di primavera, Roma: Modes & Mendel, Librai Editori 1897; Randnotiz auf S. 22. Das Exemplar trägt die eigenhändige Widmung Hofmannsthals für Herrn W⟨ladimir⟩ Schmujlow und den Vermerk gekauft in Verona im Sommer 1897. darin die ersten Notizen zur ›Frau im Fenster‹.
- N 2   Ebd. — Hinteres Vorsatzblatt, zweiseitig beschrieben, gefolgt vom zweiten Teil eines Briefentwurfs an Gabriele d'Annunzio, dessen beide Teile die Innenseiten des Umschlags füllen.[1]
- N 3   H III 106.5^b — Unterer Teil eines doppelseitig beschriebenen Notizblatts. Oberer Teil: Gartenspiel N 5, datiert Verona 21ter ⟨August 1897⟩ früh; 106.5^a: wo zwei Gärten aneinanderstossen 1 H.
  Die Notiz ist offenbar parallel zu N 2 entstanden, d.h. vor dem dort enthaltenen Entwurf zu S. 97, 7–17, der mit der gedruckten Fassung übereinstimmt.
- N 4   H VB 10.30 — Zweiseitig benutztes Notizblatt; 30^b: Notiz zu Der goldene Apfel (1897; vgl. SW Bd. XXIX, S. 323, 32).

1 H^1 E III 86.1–10; jetzt FDH-II 19929 — Konvolutumschlag mit der Aufschrift In einem Fenster   fertiges   Varese 24ter August 3^h n.m. — 27ter August 11^h v.m., darin 8 pag., datierte und, bis auf das letzte, vierseitig beschriebene Doppelblätter sowie ein nachträglich vorangesetztes Einzelblatt mit der Bühnenbeschreibung Daten und Aufschriften im einzelnen:

    I Blatt.   Varese 24   VIII   In einem Fenster.
    II. Blatt.   Varese 25   VIII   in einem Fenster.
    III. Blatt.   Varese 25   VIII 97   In einem Fenster
    IV Blatt.   Varese 25.   VIII   in einem Fenster.
    V. Blatt.   Varese 26   VIII.
    VI Blatt.   Varese 26   VIII.
    VII Blatt.   Varese 26   VIII.
    VIII Blatt.   Varese 27   VIII   und
    in einem Fenster   Bühne.   Madonna del Monte 27 VIII abends

Auf Blatt VI (86.5^d) Vornotat der Verse 303b–306.
Außer Blatt I seitenweise mit Verssummenzähler versehen: 24. + 25 + 17. + 3 + 22. + 19 + 22 + 23. + 20. (d.i. vielmehr 18) + 25 + 8 + 5 + 21. + 17 + 17 + 16 + 24 + 22. (Summe: 328 Verse); ebenso blattweise 88 + 66 + 3 + 86 + 51 + 43 + 79. Schlußvermerk mit Versgesamtsumme: Varese 24–27 VIII   Summe: 416 Verse (d.i. 88 Verse von Blatt I + 328 von Blatt II–VIII).[2]

2 H^2 Österreichische Nationalbibliothek (cod. ser. nov. 13.956) — Reinschrift. Titelblatt mit der Aufschrift In einem Fenster.   Varese, August 1897. und mit einem Daktylotypiervermerk (?)[3]. 30 Blätter, pag. a, 1–29, sowie ein Schlußblatt. Titel, pag. a und Schlußblatt von fremder Hand mit I,II,III bezeichnet. Auf der ersten Textseite Titeländerung aus In einem Fenster in: Madonna Dianora von fremder Hand.

---

[1] Vgl. ›Zeugnisse‹, S. 521, 22–29.
[2] Die Differenz zur Verszahl des konstituierten Textes (361 Verse) ergibt sich aus der Anzahl der im Erstdruck fortgefallenen Verse (51 + 1) und Versverlust (3) beim Übergang von 1 H^1 nach 2 H^2 zum (stummen) Vers 190 (S. 106, 37), welcher bereits in 2 H^2 als Leerzeile (– – – –) erscheint.
[3] Ein durchstrichenes Delta-Zeichen am rechten oberen Rand des Titelblattes könnte als Daktylotypiervermerk gelesen werden. Durch entsprechende Trenn- und Bindefehler läßt sich das überlieferte Typoskript 3 t^1 stemmatologisch als direkter Abkömmling der Reinschrift 2 H^2 erweisen, letztere als Abkömmling der Vareser Niederschrift 1 H^1. (Vgl auch ›Varianten‹ 2, S. 517, 36 ff. zu V. 269.)

ÜBERLIEFERUNG

3,1 tH   E III 87.1,2; jetzt FDH-II 19929 — *Gehefteter Typoskriptdurchschlag, 30 Seiten, pag. 1—30 und eine nicht pag. Vorseite mit Personenverzeichnis und Bühnenanweisung; hier Titel von Hofmannsthals Hand aus* In einem Fenster *in* Die Frau im Fenster *geändert, ebenfalls von seiner Hand auf pag. 23 nachgetragen die beiden in 2 H² fortgefallenen Verse nach V. 265 (Vgl. ›Varianten‹).*

3,2 th   *Einklammerungen im Text des obigen Typoskripts von fremder Hand. Die eingeklammerten Textpartien sind im Bühnenmanuskript (4 h) mit geringfügigen Adjustierungen fortgelassen.*

4 h   *Landesarchiv Berlin (Rep. 30 CA-Theater-Z. Neuer Teil. Nr. 722) — Bühnenmanuskript (Kopistenhand).* Madonna Dianora. Eine Ballade, dramatisiert von Hugo von Hofmannsthal. *53 paginierte Seiten. Pflichtexemplar zur Vorlage beim Königlichen Polizei-Präsidium Berlin mit Vermerk erfolgter Zensurfreigabe:* »Genehmigt für den Verein ›Freie Bühne‹ zur Aufführung im ›Deutschen Theater‹ am 15. Mai d. J. Mittags 12 Uhr. Berlin, 21. April 1898 (Dienstsiegel)«. *(Eingangsdatum: 19. April 1898.)*

5 D¹   Die Frau im Fenster von Hugo von Hofmannsthal *In:* Pan 1898/99, *Vierter Jahrgang, Heft II (15. November 1898), S. 79—⟨87⟩. Anfangs- und Schlußvignette von Ludwig von Hofmann. Textgrundlage.*
Der Erstdruck bietet, nach der für die Bühne eingerichteten, in der Gestaltung der Schlußhandlung aber möglicherweise durch Zensurrücksicht bestimmten Berliner Theaterfassung (4 h), den ersten von Hofmannsthal voll autorisierten Text, dessen Eingriffe in den gemeinsamen Textbestand der Vareser Niederschrift (1 H¹), der Reinschrift (2 H²) und des Typoskriptes (3 tH) ihn, gemessen an den geringfügigen Änderungen (Normalisierungen) aller späteren Drucke, zugleich als den letzten von Hofmannsthal authentisch variierten Text ausweisen. Alle später noch erwogenen Streichungen¹ hätten, wären sie zur Ausführung gelangt, als Bühneneinrichtungen dieser Textfassung zu gelten. In den einmal erreichten Textzustand greifen sie nicht mehr ein.

6 D²   Die Frau im Fenster *In:* Theater in Versen. *Berlin: S. Fischer Verlag 1899 (²1899, ³1902, ⁴1905), S. ⟨5⟩—36.*

7 D³   Die Frau im Fenster. Ein Gedicht von Hugo von Hofmannsthal. *Berlin: S. Fischer Verlag 1909. Zweite Ausgabe (fünfte Aufl.).*

8 D⁴   Die Frau im Fenster *In:* Die Gedichte und Kleinen Dramen. *Leipzig: Insel-Verlag 1911, S. 197—221.*

9 D⁵   Die Frau im Fenster *In:* Gesammelte Werke. Erste Reihe, erster Band. *Berlin: S. Fischer Verlag 1924, S. 223—248.*

10 D⁶   Die Frau im Fenster. Ein Gedicht von Hugo von Hofmannsthal. *Wortlaut der Gesamtausgabe von 1924. Berlin. S. Fischer Verlag 1924.*

---

¹ Vgl. ›Zeugnisse‹, S. 533, 30f.

VARIANTEN

1. Vorstufen

a) Notizen

N 1

in einem Erker   in a balcony   dramatisieren. 2 rechte Renaissance gesichter
dazu suchen. ein Gespräch wo sie ihn wie fasziniert vom Unheil immer weiter
treibt, ihm die Leiter hinhält, bis er sie daran erwürgt.
MESSER BRACCIO
MADONNA DIANORA
DIE AMME (mit der das geheimnisvoll unentrinnbare des Schicksals besprochen
  wird) eine Angelus Silesius Stimmung durchklingend

N 2

in einem Fenster

sie wirft die Leiter einmal aus zieht sie aber wieder ein und fühlt ob keine Nadel
drin⟨hän⟩gt, weil ihr eine abgeht   die Amme hat früher gesagt gib acht auf die
Nadel die Du da stecken hast

1te Scene. sie sieht mit Freuden die gewohnten Vorgänge an denen sie das Heran-
kommen der Nacht abzählt. der ruft seinen Hund herein ein sehr armer Mensch
mit einem unb⟨e⟩g⟨rei⟩fl⟨i⟩ch engen Leben   einmal lacht sie. wie die Amme
ans Fenster tritt erschrickt sie sehr. ein Mädel mit schönem Haar geht zum Brunnen. alle die kleinen Vorgänge haben für sie eine unbeschreibliche Süssigkeit

bei dem Gespräch mit der Amme sagt diese über Jesus was Dianora aus ihrer Liebe
heraus alles erkennt und bejaht.

sie sagt von ihrem Mann: ja er ist stark, aber man hat keine Freude dran. Gott,
wie verschieden Männer sind

auch ein Moment von Ungeduld im Warten

Ende: er hebt sie auf den Rand: so   bindet den Strick: so   lässt sie hinab: so
das: So hat einen farblosen Ton wie bei ein⟨nem⟩ Geistesabwesenden. er giebt
immer acht ihr Gesicht nicht zu sehen.

vorher: sie: gewartet so! gewartet so! so! so!
was hättest Du gethan? sie macht ein Zeichen ob er denn verrückt ist und hält
ihm die Leiter hin.

hast Du denn nicht bemerkt wie ich bei Tisch mit ihm war. Ich war schamlos,
denn einmal darf man das ja sein! bei Dir war ich zurückhaltend genug, Du
weisst es. Dein Bruder hat dem Hund einen Stoss mit dem Fuss gegeben.

Amme: er hat Sorgen wegen der Geschichte mit dem Gesandten den er hat ins
Wasser werfen lassen. Dianora lacht. »Ach ich lache über etwas anderes!«

VARIANTEN   515

zu einem Wanderer:
            ja zieh Dir aus der Sohle nur den Dorn
            denn Du musst eilen eilen müssen alle
            hinunter muss der fieberhafte Tag
   5   und dieser Flammenschein von unsren Wangen.
            Was uns stört und was uns lastet fort!
            wirfst Du den Dorn ins Feld
            wo in dem Brunnen
            ein Wasser bebt und Büschel grosser Blumen
   10   der Nacht entgegenglühn ich streif die Ringe
            von meiner Hand und die entblössten Finger
            sind froh wie Kinder des Abends wenn sie noch einmal
            zum Bach hinab zum baden dürfen

   N 3

   15   stell den Fuss auf eine Stufe
            zieh den Dorn Dir aus der Sohle
            wirf ihn fort, wir müssen alles
            was uns stört was uns lastet
            ja die Ringe von den Fingern
   20   von uns schleudern
            werfen fort in dieses Feld
            zwischen Büschel grosser Blumen
            denn der fieberhafte Tag
            duldet nicht den Lauf zu hemmen
   25   viele bunte Hügel winken
            in den Brunnen bebt das Wasser
            mit den Fackeln in den Händen
            Flammenschein auf unsren Wangen
            müssen wir vorüber eilen
   30   schneller als ein heller Windstoss

   515, 17–23: Nachtrag a. r. R., Ort der Einfügung unsicher.
   515, 28:   danach eingefügt: schneller als ein Wind voll Sonne
   515, 29   eilen *unleserlich geändert*

   N 4

   35 dann in der Leiter mit den Fingern wühlend, immer die Augen auf ihr.
        NB   das Ende der Leiter ist noch von früher angebunden

   b) In 1 H¹ vorhandener, nicht in die folgenden Überlieferungsträger eingegangener Text

   105, 18   giebt es nicht *danach:*
   40   Er sagt, Gott kann nicht los von uns, so wenig als wir von ihm. Gott
               ist in uns eingefangen, angefüllt sind wir mit ihm so wie die glühende
               Sonne und die ruhenden Steine mit ihm angefüllt sind.

105,21:   D. mit holder Freude aufleuchtend
ich fühl die Dinge werden weil sie müssen
Kleine Pause Lacht kindlich über sich selbst, wird wieder ernst
ja unentrinnbar ist das rechte Wort
Dianora: und zu entrinnen wäre auch der Tod.

516,2: aus
Ich fühl die Rose blühet weil sie muss

106,37:   *getilgt und zur Wiedereinsetzung vorgesehen:*
Ein Bub zu sein im Tross des Zuges nur
vor dem er reitet, immerfort zu seh'n
(den anschließenden Text vgl. S. 516, 23—31.)

2. *Der gemeinsame Textbestand der handschriftlichen Überlieferung bis zum Erstdruck*

1 H¹, 2 H² und 3 tH haben noch folgende in 5 D¹ (Textgrundlage) und allen späteren Drucken (6 D²—10 D⁶) fortgefallene Verse:

105,34:   *danach:*
und nun auch völlig fühlen, was es heißt:
dies: unentfliehbar ist der Gott in uns.

106,34:   *danach:*
und nur die Hand zu sehen wie sie ruht
auf der Armlehne, auf dem Kopf des Löwen,

106,37:   *danach:*
Wenn er sich in den Bügeln hebt und schaut,
wenn er zurückschaut, ob die andern folgen,
wenn einer von den Jägern kommt und ihm
was meldet, wie er zuhört; wie er sich
hinlegt am harten Boden mit dem Kopf
auf seinem Sattel, still und kühn wie Helden
aus Stein gemeißelt sind auf ihren Gräbern:
für hundert Feldherrn reichts, sie auszustatten
mit einzigen, gebietenden Geberden!

108,7:   *danach:*
Pause. Sie sucht an ihrem Kleid
Hier war doch eine Nadel. Sucht
                  Sie ist fort.
Schaut aufs Geländer, auf den Boden, endlich auf die Leiter, die am Boden liegt.
Da kann sie stecken! und ihm in die Hand!
Da ist sie! in der fünften Sprosse, wo
die Hand hinkommt, sobald der Fuß den Boden
verläßt. Wirft die Nadel weg.

Die rechte? nein die linke, laß sie sehn!
Drei Tropfen Blut! am Mittelfinger einer,
einer am Zeigefinger, da am Kleinen
noch einer, da am Mittelglied des Kleinen.
Man muß sie tragen, diese arme Hand!
O ja, man muß! und dann: man muß sie baden!
Sie verliert sich in dieser Spielerei wie ein Kind.
Nur, leider, goldnes Becken hab ich keines!
Verzeih, mein lieber Herr, ich hab nur schlechtes
Geräte von geringem Silber, doch
ins Wasser kommt ein Tropfen Rosenöl.
Nein, nicht ins Wasser, aber ringsherum
ein Kranz von Thymian, daß der starke Duft
die kranke Hand erquickt wie wenn ein Müder
sich an den Hügeln schlafen legt im Gras ...

— — — — — — — — — — — — — — — — —

Ja, an den Hügeln legen wir uns schlafen,
wie Bauernkinder und ringsum im Dunklen
hört man die großen Kühe wiederkäuen.
Dann steh'n wir auf und haben Thau im Haar
und setzen uns auf einen hölzern Wagen
der hat zwei Räder, und zwei weiße Rinder
sind vorgespannt: er hat die großen Zügel
in seinen Händen und an seine Knie
bin ich gelehnt und meine Füße schleifen
wenn ich die Spitzen strecke bis hinab
und rascheln in dem feuchten kühlen Gras.
Und hinter uns steht eine große Butte
rostfarbner Trauben, und so viele Beeren
die haben, so viel nimmt er mir vom Mund
mit seinen Lippen, wenn er durstig ist.
Ihr Gesicht wechselt wieder den Ausdruck.

1 H¹ hat noch folgende in 2 H² fehlende, in 3 tH handschriftlich nachgetragene, von dort nach 4 h übernommene, in 5 D¹ und allen späteren Drucken fehlende Verse:

110,33:   *danach:*
Doch   sagen sie daß auch mein Vater stehend
gestorben sei in seinem goldnen Harnisch

3. Vorgesehene und durchgeführte Streichungen im Text für die Bühneneinrichtung

3,2 th sieht zur Streichung vor und 4 h läßt fort folgende in 1 H¹, 2 H², 3,1 tH vorhandene und auch in alle Drucke (5 D¹–10 D⁶) übernommene Textpartien, zu deren Bestand auch das bereits unter 2. angeführte (nicht in die Drucke gelangte) Sondergut der handschriftlichen Überlieferung gehört.

Zur Streichung vorgesehen:	*Fortgelassene Textpartien:*
(3,2 th)	*(4 h)*
103,20–104,34	*103,20–104,34*
105,22–106,5 (V. 157–169)	*105,22–106,6 (V. 157–170)*
106,28–30 (V. 181b–183)	*106,28–30 (V. 181b–183)*
106,33–37 (V. 186–190)	*106,34–37 (V. 187–190)*
107,8–11 (V. 198b–201a:	*107,8–11 (V. 198b–201a:*
tiefen ... dann/den)	tiefen ... dann/den)
	108,7: danach: ihr Gesicht wechselt wieder den Ausdruck *fehlt*
108,13 (V. 235a: vielmehr ... sehen)	*108,13 (V. 235a:* vielmehr ... sehen)
109,29 schweigt aber wieder *danach:* entweder freut er sich ihrer Qual, oder er will, dass die Zeit vergeht	
110,11f. (V. 250)	*110,11f.:* statt dessen steht: BRACCIO schweigt
110,34–112,3 (V. 270–303a)	*110,36–112,3 (V. 270–303a)*
112,22–113,19 (V. 318–349)	*112,22–113,19 (V. 318–349)*

4. Der ursprüngliche Textbestand der Schlußhandlung und seine Abänderung in der Berliner Bühnenfassung

1 H¹, 2 H² und 3 tH haben gegenüber dem Erstdruck (5 D¹) und allen späteren Drucken (6 D²–10 D⁶) noch folgende (ungekürzte) Schlußhandlung:

114,19–20 gegen sich nach oben ... ist der Vorhang schnell gefallen.] gegen sich nach oben, dass sie ihm in die Arme fällt. Dann steht er einen Augenblick still, hält die Augen von dem Leichnam weg, sagt mit völlig klangloser Stimme
So.
Dann hebt er die Leiche so, dass sie auf der Brüstung sitzt.
So.
Wirft einen langen Blick über die Mauer; lässt die Leiche an dem Strick ein kleines Stück hinunter, so dass ihre Füsse den Buchsbaum streifen.
So.
        Vorhang.

VARIANTEN

4 b

Das Berliner Bühnenmanuskript bringt diese Schlußhandlung in folgender, noch etwas weiter zurückgreifender Abänderung:
114,18—20 macht eine Schlinge, ... ist der Vorhang schnell gefallen.] macht eine Schlinge, dann umschließt er seine Frau mit den Armen und schiebt, vielmehr hebt sie durch die Thüre in das dunkle Zimmer.
Tiefe Stille.
BRACCIO kommt zurück, schließt hinter sich den Vorhang, beugt sich über's Geländer, pfeift zweimal nacheinander. Aus dem dunklen Laubengang links treten DREI MÄNNER. Zwei sind mit langen Dolchen bewaffnet, der dritte trägt einen bloßen Degen, um den linken Arm einen Mantel gerollt, in der linken Hand einen kurzen Dolch. Mit einem Wink der Hand weist ihnen BRACCIO ihre Plätze an. DER MIT DEM DEGEN drückt sich an die Mauer, die BEIDEN ANDERN bleiben halb im Weinlaub, von Schatten eingehüllt. BRACCIO geht in's Zimmer, kommt mit der Strickleiter zurück, befestigt sie wie früher, läßt sie sorgfältig, langsam hinunter. Dann tritt er weg, stellt sich hinter den Vorhang, zieht diesen fast völlig zu, so daß niemand ihn dort stehen sieht, als wer es schon weiß. — Tiefe Stille.
DER VORHANG FÄLLT LANGSAM.

5. *Emendationen des konstituierten Textes vor dem Hintergrund der handschriftlichen Überlieferung (1 H¹–3 tH) und im Hinblick auf die späteren Drucke (6 D²–10 D⁶):*

95,11	Buchsgesträuch] Buchsgesträuch *1 H¹–3 tH*, Buxgesträuch *5 D¹–8 D⁴*, Buchsgesträuch *9 D⁵–10 D⁶. Ebenso* 97,33 Buchs.	
97,13	bebt] bebt *1 H¹–3 tH*, hebt *5 D¹*, bebt *6 D²–10 D⁶*	
100,16	Stolz] Stolz *1 H¹–3 tH*, stolz *5 D¹–10 D⁶*	
111,26	Trotzdem! nur weil der, welcher neben mir ritt, *Sperrung gemäß 2 H² und 3 tH; ganze Zeile gesperrt 5 D¹–10 D⁶*	

99,32		$1\,H^1,$	$8\,D^4, 9\,D^5, 10\,D^6$	
100,11		$1\,H^1,$	$8\,D^4, 9\,D^5, 10\,D^6$	
106,15		$1\,H^1,$	$8\,D^4, 9\,D^5, 10\,D^6$	*linksbündig*
106,18	als	$1\,H^1,$	$8\,D^4, 9\,D^5, 10\,D^6$	*(ohne Vers-*
106,23	Teilverse		$8\,D^4, 9\,D^5, 10\,D^6$	*umbruch)*
107,31	um-	$1\,H^1,$	$8\,D^4, 9\,D^5, 10\,D^6$	*5 D¹ und*
107,33	brochen.	$1\,H^1,$	$8\,D^4, 9\,D^5, 10\,D^6$	*alle nicht*
109,20		$1\,H^1, 2\,H^2,$	$9\,D^5, 10\,D^6$	*genannten*
109,25		$1\,H^1, 2\,H^2,$	$9\,D^5, 10\,D^6$	*Zeugen.*
111,10		$1\,H^1, 2\,H^2, 8\,D^4, 9\,D^5, 10\,D^6$		
112,9		$1\,H^1,$	$8\,D^4, 9\,D^5, 10\,D^6$	

Nicht emendiert wurden (mit der angeführten Ausnahme Buchsgesträuch *in 95,11 und* Buchs *in 97,33, wo handschriftliche Überlieferung und Ausgabe letzter Hand gegen die übrigen Drucke übereinstimmen) Orthographie und Interpunktion von 5 D¹ sowie folgende Einzelfälle:*

95,27	hineingeworfen] hinabgeworfen *1 H¹, 2 H², 3 tH*
97,29	euch] Euch *1 H¹, 2 H². Ebenso 97, 34.*
98,6	wie] wie *2 H².*
99,3	Gerüste, *Komma getilgt 2 H², ohne Komma 3 tH*
99,12	als ... als] wie ... wie *1 H¹, 2 H², 3 tH*
102,32	ihn *unentscheidbar 1 H¹, 2 H²,* ihm *3 tH*
103,22	Gnädige Frau... *nach 103,19 umgestellt 9 D⁵, 10 D⁶*
104,25	Stückel] Stück *1 H¹,* Stückel *2 H², 3 tH,* Stück *6 D²–10 D⁶*
105,11	ist] ist *1 H¹,* ist *2 H²,* ist *3 tH, 6 D²–10 D⁶*
106,8	erschreckend] aufschreckend *1 H¹, 2 H², 3 tH*
111,37	Ja.] J a . *1 H¹, 2 H², 3 tH*
112,34	e r] er *1 H¹, 2 H², 3 tH, 7 D³–10 D⁶. Die handschriftliche Überlieferung (1 H¹–3 tH) hat an dieser Stelle statt der Hervorhebung durch* da saß e r neben mir und gegenüber saß] da saß er neben mir, ja! mein Geliebter saß neben mir und gegenüber saß

ZEUGNISSE · ERLÄUTERUNGEN

ZEUGNISSE

1897

⟨*25. August 1897*⟩, *an Anna von Hofmannsthal*

Ich war hier noch kaum auf der Gasse immer im schattigen kleinen Garten des Hôtels, wo ich fast unaufhörlich schreibe, kannst Dir denken wie zufrieden ich bin. ... Wenn mir heute abend eine halbe Stunde bleibt, steige ich auf den Kirchthurm wo man Lago maggiore, Seen von Como und Lugano und ganzes Berner Oberland sieht. *(FDH / Dauerleihgabe Stiftung Volkswagenwerk)*

25. ⟨*August 1897*⟩, *an Hugo von Hofmannsthal sen.*

Bin seit gestern noch kaum auf der Gasse gewesen, immer schreibend
(FDH / Dauerleihgabe Stiftung Volkswagenwerk)

26. *August* ⟨*1897*⟩, *an Hugo von Hofmannsthal sen.*

mir geht jetzt alles so gut aus, daß ich nächstens wegen Neides der Götter meine Uhr oder sonst etwas in den Varese-see werfen muß. Hier sitze ich in dem kleinen Hôtelgarten unter einem großen Eibenbaum und schreibe fast den ganzen Tag. ... Gerade heute wollte ich wegen des Geldes etwas reden und eine Einleitung machen ... daß aber nun sich etwas so seltenes und glückliches eingestellt hat, als wie diese fast fieberhafte Lust zu Arbeiten bei vollkommener innerer Ruhe und Heiterkeit ist ...   *(FDH / Dauerleihgabe Stiftung Volkswagenwerk; B I 225 f.)*

⟨24.–27. August 1897⟩, *Notizblatt*

Varese:: die ersten 3 Tage: die Frau im Fenster   dann den Prolog dazu.
(H VB 3.10^b)

27. August ⟨1897⟩, *an Anna von Hofmannsthal*

Da ich die erste meiner kleinen angefangenen Arbeiten heute vormittag fertig bekommen habe, wollte ich morgen an den Lago Maggiore fahren, verschiebe aber, weil es zwar immer schönes Wetter, aber nicht völlig klar ist, dann auch weil ich im Grund noch immer lieber weiterarbeite.   *(B I 227)*

27. August ⟨1897⟩, *an Franziska Schlesinger*

... ich arbeite fast den ganzen Tag ...
(FDH / Dauerleihgabe Stiftung Volkswagenwerk)

30. August ⟨1897⟩, *an Hugo von Hofmannsthal sen.*

... nun bin ich schon fast 8 Tage da, es kommt mir wie eine Stunde vor. Wegen des Einakters bitte sei nicht ungeduldig, ich komme nicht zum Abschreiben, weil mich fortwährend Neues beschäftigt. Gestern habe ich, um mich gewaltsam zu unterbrechen, die wunderschönen klaren Abendstunden zwischen 5 und 8 benützt, um mit einem Wagen einen kleinen Ausflug zu machen, nach der Grotte di Valfana ...   *(B I 228)*

⟨September 1897⟩, *an Gabriele d'Annunzio*[1]

Il y a quinze jours, j'ai franchi les alpes et me suis mis ici pour ne voir personne et pour travailler. Mais vous me troublez, monsieur le poète. A Vérone pendant un chaud après midi d'août j'eus tant de joie à trouver l'introuvable songe d'un matin de Printemps et je l'ai trainé partout, enveloppé dans les journeaux de Lombardie qui contenaient les dénigrements si compréhensibles de vos intentions mais voilà ce qui m'impatiente dont peu un ne contient un rendu très exact de votre vertu électoral.   *(E I B 2)*

5. ⟨September 1897⟩, *an Hugo von Hofmannsthal sen.*

Und plötzlich, blitzartig wie damals in Brescia der nun vollendete ⟨Die Frau im Fenster⟩, fällt mir ein ganzer Einakter ⟨Die Hochzeit der Sobeide⟩ ein ...
(B I 230)

---

[1] *Letzter Absatz eines vierseitigen Briefentwurfs, zu dessen erstem Teil ein weiterer (früherer) Entwurf auf den inneren Titelseiten von Hofmannsthals Arbeitsexemplar des ›Sogno‹ steht (vgl. ›Überlieferung‹, S. 512, 7ff.*

18. ⟨September 1897?⟩¹, an Hermann Bahr

Hier sind die beiden kleinen Theaterstücke², zunächst für Sie, dann — wenn Sie wollen — für Burkhard. Ich glaube, wir sind zu gute Freunde, als daß ich noch etwas hinzufügen sollte: wenn Ihnen beim Lesen irgend etwas einfällt, das mir nützen könnte, so werden Sie's ja ohnehin tun, wie wenn es für Sie selber wäre. Mir fallen meine früheren kleinen Einakter ein: das ›Gestern‹ haben Sie in Linz gelesen — wie merkwürdig lang ist das her! den ›Tor und den Tod‹ hab' ich Ihnen in der Salesianergasse vorgelesen, … jetzt wird's immer ernsthafter, ich bin schon gar nicht mehr so jung, ich verlange mir die Bühne doch viel stärker als früher, daß Sie's aber für mich einreichen, macht mir ein rechtes Vergnügen, … Vielleicht schreiben Sie mir eine Zeile, wann ich für 2 Stunden zu Ihnen kommen kann (Dienstag?); ob Sie dann von Burkhard schon Antwort wissen oder nicht, ist ja gleichgültig. … Bitte machen Sie in den Manuskripten soviel Anmerkungen als Sie wollen. *(B I 276 f.)*

23. September ⟨1897⟩, an Hermann Bahr

Ich habe einen guten Sommer gehabt, hübsch, gescheit und lustig. Während Sie nur Korrespondenz-Karten geschrieben haben, und die nicht einmal allein, hab' ich 2 Einakter und viele Gedichte geschrieben, auch ein Puppentheater, alles in Versen. *(B I 233)*

27. September 1897, Hugo von Hofmannsthal sen. an Hofmannsthal

Ich und Mama haben gestern Deinen Einakter gelesen u⟨nd⟩ einen sehr starken Eindruck davon bekommen. Wir halten es auch für aufführbar, obgleich es an die Darsteller sehr große Anforderungen stellt. Duse oder Sarah Bernard wären wohl zu brauchen. Ich schicke es heute an Schwarzkopf.
 (FDH / Dauerleihgabe Stiftung Volkswagenwerk)

⟨September 1897⟩, Tagebuchnotizen (Reiserückschau)

Ich fahre an einem heißen wolkenlosen Nachmittag (noch mit entzündeten Augen) über Berchtesgaden und Hirschbühel (bei Vollmond) nach St.-Martin. Den nächsten Morgen nach Lofer. Mit einem Einspänner nach St.-Johann.
Den dritten Tag mit der Bahn nach Innsbruck, fahre den Brenner hinab, hinter mir ein Gewitter, schlafe in Sterzing.
Den vierten Tag nach Toblach. Bleibe dort den Sonntag, treffe Moriz Kuffner, fahre gegen Abend unter großen dunkelnden Wolken bis Cortina.
Den 6ten Tag in großem Regen nach Pieve. Klettere abends an den Abhängen der schönlinigen befestigten Hügel herum.
Den Morgen des 7ten Tages, hinter mir die glänzenden Dolomiten, steil hinab nach Longarone, nach Belluno, zuletzt nach Feltre.

---

[1] *Gegen Einordnung in B I unter 1899 spricht u. a. die Amtszeit Max Burckhards als Direktor des Burgtheaters von 1890 bis 1897; er wurde am 26. 1. 1898 von Paul Schlenther abgelöst. Das Datum 18. ist möglicherweise falsch, wegen Widerspruchs zum Brief vom 23. 9. 1897.*
[2] Die Frau im Fenster *und* Die Hochzeit der Sobeide.

Den 7^(ten) Tag von Feltre durch hügelige Landschaft nach Maser (Villa mit Fresken von Veronese) abends nach Castelfranco, nachts nach Vicenza.
Den 8^(ten) Tag in Vicenza. Schwüle Nacht mit unaufhörlichen stummen Blitzen. Monte-Berico
Den 9^(ten) Tag nach Verona. Lese sogno d'un mattino di primavera.
Gehobene Stimmung fängt an
Den 10^(ten) Tag nach Desenzano, schlafe in Salö.
Den 11^(ten) Tag mit Rad nach Brescia, abends mit der Bahn nach Bergamo.
Den 12^(ten) Tag von Bergamo nach Lecco mit dem Rad nach Como (Regenbogen, gegenüber das Berner Oberland hinter einem sinkenden Gewitter auftauchend)
Den 13 Tag von Como nach Varese ...
Varese: die ersten 3 Tage: die Frau im Fenster dann den Prolog dazu. Dann: der Dichter, der Diener, der Wahnsinnige, der Arzt fürs ›Kl. Welttheater‹ inzwischen der Hans bei mir und ein Ausflug nach den borromeischen Inseln. Nach der Abreise von Hans: die junge Frau (jetzt ›die Hochzeit der Sobeide‹) in 4–5 Tagen. Die 3^(te) Verwandlung wird nicht ganz beendet.
— September   Varese — Mailand.   *(H VB 3.10)*

2. Oktober ⟨1897⟩, Hugo von Hofmannsthal sen. an Hofmannsthal

Schwarzkopf findet das Stück aufführbar und wird mit Dir noch das weitere besprechen oder Dir schreiben. ... Wegen des Typirens werde ich eine Adresse erhalten.   *(FDH / Dauerleihgabe Stiftung Volkswagenwerk)*

3. ⟨Oktober 1897⟩, an Gustav Schwarzkopf

Von den Änderungen, die Sie für wünschenswert halten, will ich, wenn es mir möglich ist, keine versäumen. Was würden Sie zu dem Titel sagen: Madonna Dianora, eine Ballade dramatisiert? Am schwersten wird es mir werden, dem Mann noch mehr Worte zu geben. Ich habe das schon versucht, alles Mehr ist mir aber vorgekommen, als widerspräche es innerhalb dieser Situation seinem Wesen. ... Hat denn an dem ersten Stück Ihnen gar nichts gefallen? es hätte mich sehr gefreut, wenn Sie irgend etwas zu loben gefunden hätten, aber wenn nicht, ist mir diese Aufrichtigkeit natürlich viel lieber.   *(B I 236)*

5. ⟨Oktober 1897⟩, an Gustav Schwarzkopf

Ich danke Ihnen sehr schön für Ihren lieben zweiten Brief. Wie allen Menschen macht es mir Freude, wenn man meine Arbeiten lobt, aber ich habe ziemlich wenig, fast gar keine Freude an dem ganz billigen Lob, und selbst was Menschen wie Arthur mir sagen, kommt mir fast immer zu sehr wie der Ausdruck von persönlicher Sympathie vor, als daß ich besonders zufrieden damit wäre. Von Ihnen weiß ich, daß Sie, wenn Ihnen etwas von mir mißfällt, nur schweigen, aber auch das auf eine ziemlich deutliche Weise: deshalb hab ich Sie mit dem einen Stück belästigt ... Die Form mit der Aufführbarkeit hab ich mehr gewählt, damit Sie leicht und ohne sich auf viel Detail einzulassen etwas Ablehnendes sagen können. Ich glaub' gar nicht, daß Sie vom Theater etwas Wirkliches verstehen, denn das Theater ist, glaub' ich, eine aus hundert Faktoren zusammengesetzte, absolut unberechenbare Sache, geradso wie das Wetter ...   *(B I 236f.)*

⟨5. Oktober 1897⟩, an Hugo von Hofmannsthal sen.

Gustav Schwarzkopfs Urteile über das Stück scheinen mir recht günstig, vielleicht fasse ich es zu optimistisch auf. Es ist mir recht wichtig, weil ich ja nicht die Bewunderung der gewissen modernen Clique haben will, sondern einen möglichen Eindruck auf das Publikum. ... Bahr ... hat schon vorbereitend mit Burckhard gesprochen. Ich bleibe aber wenn möglich dabei, zuerst Berlin, dann eventuell Burg, ein anderes Wiener Theater überhaupt nicht. *(B I 278)*

16. Oktober 1897, Hermann Bahr an Hofmannsthal

Die ›junge Frau‹ ist schon bei Burckhard. Das andere, das ich noch einmal lesen muß, kriegt er Montag. Die Sachen haben auf mich beim Lesen sehr stark gewirkt. Doch kommt es mir vor, daß sie lyrisch, weniger dramatisch empfunden sind. Schon deswegen müssen sie aufgeführt werden, damit Sie sehen — Sie werden dann, glaub ich, selbst spüren, daß das Theater eine andere Art der Verkürzung verlangt, eben die dramatische, während Sie eine lyrische haben. Mündlich ist das in fünf Minuten erklärt. — Vorgelesen müssen die Sachen enorm wirken. Ich lese Montag den 25 Oktober in Hamburg in der ›Literarischen Gesellschaft‹. Wollen Sie, daß ich da einen Versuch damit mache. Wollen Sie, so sagen Sie einfach ja; oder Sie sagen einfach nein. Wir stehen ja, Gott sei Dank, so. Wenn ich es aber lesen soll, muß ich bis Montag ein zweites Exemplar von Ihnen bekommen ...
(FDH / Dauerleihgabe Stiftung Volkswagenwerk)

⟨*Oktober 1897*⟩, *an Hermann Bahr*

Damit Sie davon den freundschaftlichen Gebrauch machen, den Sie für mich für nützlich halten ... teile ich Ihnen mit, daß Brahm die beiden Stücke angenommen hat ... Daß die Stücke eigentlich lyrisch sind, weiß ich, nur sind sie wohl dem Dramatischen näher, als ich bisher es zusammengebracht habe, und wohl überhaupt dem Dramatischen n i c h t ferner als die novellistischen Stücke von Hauptmann, Schnitzler usw. den Abstand vom wirklich Dramatischen kenne ich aber recht gut. — Falls Burckhard nicht gleich j a sagt, was mir natürlich eine gewisse Enttäuschung wäre, verhindern Sie ihn vielleicht, allzu früh und offiziell mir n e i n zusagen, weil das dann leicht nicht mehr zurückzunehmen wäre. ... Da ich nun, offen gestanden, eine Vorlesung besonders im nördlichen Deutschland nicht möchte, so habe ich Ihnen beiliegend ... einen ›Prolog‹ gebracht, 400 Verse lang und absolut fürs Vorlesen geschrieben. Ich brauche Ihnen nicht zu sagen, wie eine große persönliche Freude es mir machen würde, wenn er Ihnen zum Vorlesen passen würde. ...

N.B. Ich möchte, daß die Sandrock die Dianora, die Medelski die junge Frau spielt ... *(B I 278f.)*

19. Oktober 1897, Arthur Schnitzler in seinem Tagebuch

Brahm, Hugo bei mir; Br⟨ahm⟩ nimmt die neuesten 2 Einakter von Hugo für d⟨eut⟩sch⟨es⟩ Theater. *(Deutsches Literaturarchiv, Marbach a. N.)*

28. Oktober ⟨1897⟩, an Stefan George

... mich wird — voraussichtlich — eine halbwegs dichterische Angelegenheit, die Aufführung von drei kleinen Theaterstücken, in diesem Winter nach Berlin führen.
(BW 131)

28. Oktober 1897, Arthur Schnitzler in seinem Tagebuch

Hugo las mir und Richard die drei Stücke für Brahm vor: Madonna Dianora, Weißer Fächer, Die junge Frau. Viel Schönes.
(Hofmannsthal-Forschungen III, S. 23)

4. November 1897, Otto Brahm an Hofmannsthal

Die Italienerin und die Orientalin[1] ruhen am Busen der Sonne gut. Sie hat ungefähr dieselbe Meinung, wie ich, findet die Monologe der Madonna bedeutend zu lang, dagegen die Scene mit dem Mann sehr gut ...
(FDH / Dauerleihgabe Stiftung Volkswagenwerk)

6. November ⟨1897⟩, an Otto Brahm

... Den geänderten Schluss der Madonna hab ich schon. In den Monologen wird die Sorma selbst unter Ihrer Leitung (meine Zustimmung gebe ich en blanc) wohl noch vieles weglassen können.
(Privatbesitz)

12. November ⟨1897⟩, an Stefan George

... meine theatralischen Arbeiten betreffend: es sind drei Stücke von je einem Act. Zwei sind tragisch: das eine in der italienischen Tracht des fünfzehnten Jahrhunderts ...
(BW 132)

1898

21. Februar 1898, Arthur Schnitzler an Otto Brahm

... Haben Sie schon Sommerpläne? Was werden Sie eigentlich mit den Hofmannsthalschen Stücken machen?
(BW 73)

7. April 1898, Otto Brahm an Hofmannsthal

ich komme heute mit einem Vorschlage zu Ihnen. Die Freie Bühne projectirt für den 15. Mai eine Matinée, in welcher das dreiactige Schauspiel eines jungen und begabten Autors, Ernst Hardt, ›Tote Zeit‹ gespielt werden soll. Dazu will man noch ein einactiges Stück geben, und zwar, wenn Sie einverstanden sind, die ›Madonna Dianora‹. Ich glaube Ihnen das empfehlen zu sollen, denn erstens ist die Freie Bühne ein gutes Einfallsthor für junge Krieger, zweitens ist es doch allemal von Vortheil, wenn ein Autor, der die Bühne will, sich so bald gespielt sieht, wie auf anständige Weise möglich, und endlich erproben wir auf diese Art auch

---

[1] Die Frau im Fenster *und* Die Hochzeit der Sobeide.

die Theaterwirkung des Stückes für die Abendvorstellung. Die Matinée würde im Deutschen Theater mit unsern Schauspielern stattfinden, die Dianora würde Frl. Dumont spielen: eine Schauspielerin von Rang und Berliner Credit, die das Gedicht tragen kann, wenn sie auch nicht »fünfzehn und fünf« alt ist. Doch Sie waren ja auch mit der Barsescu¹ einverstanden, die die Kinderschuhe noch länger vertreten hat. (FDH / Dauerleihgabe Stiftung Volkswagenwerk)

⟨9. April 1898⟩, an Otto Brahm

meine Zustimmung geb ich natürlich mit großer Freude. Die Dumont hab ich von Wien in keiner guten Erinnerung, seither soll sie sich aber sehr verändert haben. Recht wichtig scheint mir, dass der Darsteller des Braccio schon in seiner Erscheinung etwas für die Rolle thut. (FDH-II 19626)

2. Mai 1898, Otto Brahm an Hofmannsthal

über Ihre Desideria möcht' ich mich am liebsten mündlich mit Ihnen unterhalten; wir haben Verschiedenes probirt, um die Scenerie möglichst gut herauszubringen, und danach müsste auch der Titel sich regeln. Ich meine aber es ist besser Sie sehen, wie wir es machen wollen, als dass ich es Ihnen auf dem Papier erzähle; Mittwoch arrangiren wir das Stück und probiren vom nächsten Montag an täglich. Den Gatten habe ich nach nochmaliger Überlegung Hermann Müller gegeben, der beinahe eben so gross und stark ist wie Nissen², und eine Specialität für unangenehme Ehemänner jeglichen Stiles.

Wann kommen Sie denn? Machen Sie sich nur auf etliche Enttäuschungen gefasst, mein Lieber; das Bühnenbild enttäuscht nämlich immer den Autor, besonders solang sie beide noch im Werden sind: das Bild und der Dichter.
(FDH / Dauerleihgabe Stiftung Volkswagenwerk)

7. Mai 1898, an Stefan George

Sonntag den 15ten Mai, vormittag wird in Berlin am ›Deutschen Theater‹ das kleinste von den dramatischen Gedichten, von denen ich Ihnen vor Monaten erwähnte, aufgeführt. Ich konnte es nicht über mich bringen, eines der Stücke im Lauf des Winters an Sie zu schicken, weil ich denselben mit einer schwer zu beschreibenden Unsicherheit und Abneigung gegen über stand. Ich wäre froh, Sie unter den Zuhörern zu wissen, wenn ich denken dürfte, daß die Darstellung nichts sehr enttäuschendes hat. Davon weiß ich bis jetzt nichts. (BW 133)

⟨11. Mai 1898⟩, an Gertrud Schlesinger

Das Deutsche Theater ist aber klein, sehr gemüthlich, besonders freilich weil es finster ist bei den Proben. Die Dumont ist ganz sympathisch, sogar wirklich sympathisch; sie wird auch ganz gut spielen. Sie kommt mir aber vor, »als ob sie meine Mutter sein könnt« beliebte Ausrede! (aber hier ist es wahr.) Der unheimliche Mann, der sie umbringt, ist auf den Proben in einem schwefelgelben, zu kurzen Jacquet, sehr komisch. (Deutsches Literaturarchiv, Marbach a. N.)

---

[1] *Agathe Barsescu war 1898/99 Mitglied des Kaiserjubiläumstheaters in Wien.*
[2] *Hermann Nissen spielte die Rolle nach dem Tod Hermann Müllers (1899).*

⟨11. Mai 1898⟩, an Anna von Hofmannsthal
Die Dumont ist ganz anders wie ich geglaubt hab, sehr sympathisch, wird auch gut spielen. Das Ganze macht vorläufig einen scheußlichen Eindruck, aber das finden die Dichter immer. *(FDH / Dauerleihgabe Stiftung Volkswagenwerk)*

⟨12. Mai 1898⟩, an Anna von Hofmannsthal
Heutige Probe schon ziemlich gut.
(FDH / Dauerleihgabe Stiftung Volkswagenwerk)

⟨13. Mai 1898⟩, an Hugo von Hofmannsthal sen.
Ich glaube, dass das Stück, auch wenn es gefällt, keinen starken Beifall haben wird, weil der Schluss so plötzlich und rücksichtslos ist. Das Bühnenbild ist sehr hübsch und ziemlich ungewöhnlich, mit 2 Balcons schräg übereinander. ... Morgen ist die Generalprobe.
(FDH / Dauerleihgabe Stiftung Volkswagenwerk)

⟨13. Mai 1898⟩, an Gertrud Schlesinger
morgen früh ist die Generalprobe. ... Werden Sie bös sein, wenn mein Stück durchfällt? es ist ganz leicht möglich, die Schauspieler sagen zwar nie, aber ich halt's für möglich, weil der Schluß sehr unerwartet und sehr kurz ist.
(Deutsches Literaturarchiv, Marbach a.N.)

⟨15. Mai 1898⟩, an Gertrud Schlesinger
Denken Sie, in einer Stunde ist die Aufführung ...
(Deutsches Literaturarchiv, Marbach a.N.)

⟨15. Mai 1898⟩, an die Eltern (Telegramm)
Brahm dictiert   sehr gute Aufnahme obwohl Schluss etwas frappierte
(FDH / Dauerleihgabe Stiftung Volkswagenwerk)

⟨Mai 1898⟩, an Arthur Schnitzler
Über die Premiere ist natürlich mündlich zu reden. Es ist mir ein bissel zuwider, daß die W⟨iene⟩r Zeitungen gar keine Telegramme haben. Schiff wird zudem nicht sehr freundlich sein. Könnte nicht Salten etwas bringen, etwa einen Auszug aus dem Börsencourir oder sonst woher, ich würde ihm die Ausschnitte natürlich auch schicken. *(BW 101f.)*

⟨18. Mai 1898⟩, an Gertrud Schlesinger
Im Ganzen ist es für das Stück sehr gut gegangen. Die Leute sind nicht ungeduldig, sondern immer stiller geworden, nur am Schluss ein bissel erschrocken. Nachher war ein Frühstück mit Sudermann[1], der eine Red gehalten hat, Fulda[2]

---

[1] *Hermann Sudermann (1857–1928).*
[2] *Ludwig Fulda (1862–1939).*

und Frau, die Schauspieler und eine Menge andere Leute. Ich bin in Berlin sehr berühmt ... Ich freu mich schon sehr auf meine nächste Premiere, es ist doch sehr lustig und aufregend, diese Hunderte von fremden Gesichtern im Dunkeln und dass man nicht weiß, ob sie einen auslachen werden oder ob das was man geschrieben hat, stärker ist als sie. Es ist ganz etwas anderes als dies gewöhnliche Bücherschreiben. *(Deutsches Literaturarchiv, Marbach a. N.)*

19. Mai 1898, Arthur Schnitzler in seinem Tagebuch
Hugo von Berlin zurück, wo im Deutschen Theater als Freie Bühnen-Vorstellung M⟨adonna Dianora⟩ mit Erfolg aufgef⟨ührt⟩.
(Deutsches Literaturarchiv, Marbach a. N.)

⟨21. Mai 1898⟩, an Hermann Bahr
Es ist, glaub ich, im Ganzen — wenn man das Stück kennt — sehr gut ausgegangen. Brahm hat mir nach der Aufführung unaufgefordert gesagt, daß er es ins Abendrepertoire nehmen will und die Zeitungen sind im ganzen sehr gut, 18 freundliche (darunter Landauer) gegen 2 unfreundliche ...
(NZZ Nr. 380, 18. 8. 1974)

21. Mai 1898, Ria Schmujlow-Claassen an Hofmannsthal
ich danke Ihnen sehr für die freundliche Übersendung des Manuskriptes. Ich war sehr glücklich, Ihr Stück dadurch so viel früher kennenzulernen, als ich erwarten durfte. Die Rücksendung hat sich leider etwas verzögert, weil ich es mir gleich bei dieser Gelegenheit zu meinem Privatgebrauch aufgeschrieben habe — Sie haben hoffentlich nichts dagegen einzuwenden —, und zwar mit Auflösung der, wie mir scheint, teilweise zu radikal ausgeführten Striche.
(FDH / Dauerleihgabe Stiftung Volkswagenwerk)

28. Mai 1898, Rudolf Steiner über Hugo von Hofmannsthal
Was würde in unserer Seele vorgehen, wenn der Klang der Planeten auf sie wirkte! Zu solchen Gedanken kommt man, wenn man der Kunst Hugo von Hofmannsthals gegenübersteht. Er lässt aus den Dingen Harmonien heraus ertönen, die uns überraschen, wie wenn plötzlich die Planeten zusammenklingen würden. ... Die gröberen Verhältnisse der Welt achtet Hofmannsthal nicht; die feineren Dinge werden deshalb seinem Geiste offenbar. Die hervorstechenden Züge in den Erscheinungen, die den Menschen im gewöhnlichen Leben beschäftigen, lässt er zurücktreten; die geheime Schönheit aber, die sonst zurücktritt, arbeitet er heraus. Eine unendlich liebenswürdige Willkür liegt in seiner Weltbetrachtung. In der »Szene«, von der hier die Rede ist, findet man wenig von groben, scharfen Linien, mit denen sonst die Dramatiker das Leben schildern. Madonna Dianora erwartet ihren Geliebten; der Mann tötet sie wegen ihrer Untreue. Arm und blass ist diese Handlung. Doch, unter der Oberfläche gleichsam, birgt sie eine Fülle von Schönheiten. Die Oberfläche schneidet Hofmannsthal weg und zeigt das feinste Geäste innerer Schönheit. Seine Weise, die Dinge anzusehen, ist, wie wenn man einem Redner zuhören wollte und nicht auf den Sinn der Rede, nicht auf den Inhalt der Worte hörte, sondern nur auf den Klang der Stimme und auf die Musik,

die in seiner Sprache liegt. Dass solche Art mit den Mitteln unserer Bühnenkunst nicht vollkommen zur Darstellung gebracht werden kann, ist verständlich. Die Aufführung der »freien Bühne« war deshalb, trotz der Mühe, die sich Louise Dumont mit der Rolle der Madonna Dianora gegeben hat, wenig befriedigend.
(In: Magazin für Literatur, Berlin, LXVII, 21, S. 500)

1. Juni 1898, Otto Brahm an Arthur Schnitzler
Jetzt sitze ich also in Lugano, nicht weit von Varese, wo die berühmte Madonna Dianora entstand ... Daß es unserm Freund Hofmannsthal in Berlin gut ergangen ist, werden Sie gern vernommen haben. Mir ist es eine besondere Freude gewesen, und ich hoffe, er wird sich noch oft bei uns und im Deutschen Theater wohl fühlen.
(BW 74)

8. Juni 1898, Wladimir Schmujlow an Hofmannsthal
Ueber die Hilflosigkeit der Berliner Zeitungskritik gelegentlich Ihres Stückes habe ich mich ebensoviel amüsiert als geärgert. Nur der achtungsvolle Ton, in dem sie gehalten war, war immerhin ein sehr gutes Zeichen. Doch ich muss gestehen, die Art der Aufführung, die ja s o n s t so befriedigend war, hatte ihr ihre Aufgabe etwas erschwert, und es scheint mir, dass F. Stahl in der ›Zeit‹ das Richtige getroffen hat: die Aufführung gab ein allzu konkretes, ein zu sehr bestimmtes Bild und verzerrte dadurch den zarten Stimmungsgehalt der ›Madonna Dianora‹. —
(FDH / Dauerleihgabe Stiftung Volkswagenwerk)

11. Juni 1898, Harry Graf Kessler an Hofmannsthal
Es hat mich gefreut, daß Sie die Donna Dianora dem Pan geben ...
(BW 5)

15. Juni 1898, Harry Graf Kessler an Hofmannsthal
Es wäre gut, wenn Sie die Dianora schon bald schickten, damit durch den Satz keine Verzögerungen entstehen.
(BW 6)

28. Juni 1898, Richard Dehmel an Hofmannsthal
Ueberall, wo mir ein Kunstwerk nicht blos bildlich wohlgelungen, sondern vorbildlich erscheint, entdecke ich ein vollkommenes Gleichgewicht zwischen geistig bewußten und seelisch unwillkürlichen Darstellungsmitteln; ... Von diesen Gesichtspunkten aus muß ich der zweiten Hälfte der ›Madonna Dianora‹ — die erste ist etwas zu weitschweifig, mehr Stimmungs-Malerei als Dichtung — eine vorbildliche Kunstwirkung zusprechen; in dem Prolog dagegen überwiegt mir, ebenso wie in dem Monolog der Dame, das Sinnliche zu stark das Sinnige. Diese Bilderflucht ist t r a u m h a f t schön; aber der w a c h e Geist, weil nicht genug durch eine Denkhandlung gefesselt, schweift allzu ungebunden über das Gebiet der Sinne hinaus und fühlt sich unbefriedigt. Wenn ihm dann schließlich der Dichter die alte orientalische Weisheit von der Erhabenheit des Seelenlebens über Zeit und Raum als — »die Moral von der Geschichte« vorhält, so fühlt der arme Geist sogar ein leises Unbehagen; denn diese Weisheit hat er selbst, der doch nur innerhalb Zeit

*und Raum wahrnehmen kann, schon längst durch eigene Thätigkeit aus jener
Bilderflucht entnommen, weiß also dem Dichter wenig Dank für seine überflüssige
Abkanzelung.* (FDH / Dauerleihgabe Stiftung Volkswagenwerk)

5. Juli 1898, Richard Beer-Hofmann an Hofmannsthal
Der Aufsatz von Ria Claassen liest sich sehr angenehm. ... Sind die vier Verse,
die bei ›Madonna D.‹ citirt werden, aus ›M.D.‹? Und woher hat denn die Frau
sich die verschafft, sind sie denn irgendwo schon abgedruckt? (BW 74f.)

11. Juli 1898, Harry Graf Kessler an Hofmannsthal
Ich hätte es nicht für wahrscheinlich gehalten; aber Ihre Frau im Fenster hat bei
der Lektüre auf mich einen noch viel größeren Eindruck gemacht als bei der Aufführung. Wenn der Ausdruck durch alte Jungfern nicht so garstig geworden wäre,
hätte ich gesagt, sie hat mich »bezaubert«. Erstens finde ich den neuen, oder wie
Sie wohl empfinden, den alten Titel unendlich besser als das viel zu konkrete
Donna Dianora. Die ›Frau im Fenster‹ ist die Frau, die Sie einmal im Fenster
gesehen haben, ohne zu wissen, wer sie war, aber in die Sie, weil sie so traurig
und schön war, einen ganzen Tag Ihres Ichs hineingeträumt haben. Sie haben ihr
sogar einen Namen gegeben, Dianora; aber einen wie flüchtigen! wie traumhaften!
Einer bloßen Musik, die sich mit dem erschauten Bilde vereinigt, damit auch Ihr
Ohr an ihm seinen Teil habe. Das Monodrama, das Sie so geschaffen haben, erinnert mich in der Form noch am ersten an Brownings kleine Dramen, aber tief
in Schönheit und Wohllaut getaucht. Ich bedaure nur, daß Sie darin gestrichen
haben. Vor allem der Schluß war schöner, phantastischer, wie er mit den gestrichenen Zeilen lautete. Würden Sie nicht gestatten, daß wir das Gestrichene
wiederherstellen? (FDH / Dauerleihgabe Stiftung Volkswagenwerk; BW 6)

Juli 1898, aus: Ria Schmujlow-Claassen, ›Hugo von Hofmannsthal‹
Es ist nicht leicht auszudrücken, worin denn das völlig Andersartige dieser
Kunst gegen all unsere frühere Dichtkunst besteht. Wenn man versucht, über das
unzweifelhafte Gefühl davon ins Klare zu kommen, so drängt sich einem zunächst
etwa das auf, dass sie offenbar, wie keine Kunst vor ihr, ein ganz reiner Ausdruck
des veränderten Weltbildes ist, welches wir aus der modernen philosophischen und der modernen Naturerkenntniss empfangen. Ich meine jene Erkenntniss, die, wie früher den idealistischen, nun auch den materialistischen Dogmatis-
mus aufgegeben hat und all unseren Besitz an Wirklichkeit in die inneren Vorgänge setzt, welche in uns in ewigem Wechsel und Fluss sich erhalten, sowie in
den Formen, worin sie auftreten: eine Einsicht, aus der die ganze Grösse des
Daseins fast unerträglich auf uns eindringt, ohne je der inneren Anschauung ein
Greifbares zu bieten, worauf sie ausruhen könnte. ...
Zum Spiegelbild des schwindelnd ungeheuren Daseins, welches doch »fast
nichts« ist, wo man es greift, will Hofmannsthal seine alles offenbarende und
leicht gleitende Kunst machen; und er als der Einzige, seit den namenlosen Dichtern unserer alten Volkslieder, als der Einzige auch unter seinen Genossen, hat
diese Leichtigkeit, die nöthig ist, das Schwerste zu offenbaren. Das »schwerelose

Gebild aus Worten«, die »von Licht und Wasser triefen«, will er schaffen mit der überwachen Empfindlichkeit seiner Poesie — als den »Preis des dahingegebenen Lebens«.

... Das Leben ist unentrinnbar. ...

*Das Gestalten dieser Tragik ist es, welches Hofmannsthal immer wieder aus der lyrischen in die **dramatische Form** treibt. Und es ist von Interesse, auch bei ihm, in ganz eigener Weise, jene Umwandlung der Gesetze des Tragischen zu finden, welche sich im neuen symbolischen Drama zu vollziehen scheint. Auch bei Hofmannsthal ist das über alles Begreifen hinausgehende **Schicksal in uns** das im Tiefsten Entscheidende, und die Katastrophe wird nicht durch die Handlung, sondern durch das blosse Sein des Einzelnen entfesselt. ...*

*So bildet in **Gestern** ... ein **innerer Vorgang**, eine jähe, aber notwendig eintretende innere Erleuchtung, den einzigen Anstoss selbst zum Eintritt der Katastrophe. Und schon hier ... streift das Schicksal den Helden, indem es ihm aus seiner eigenen Weise: vom Triebe jedes Augenblicks sich treiben zu lassen und taub zu sein gegen die Forderungen des todten »Gestern«, die Schlinge knüpft, in der er sich verfängt. Gross und ruhig steht es dann, in: **Der Thor und der Tod**, vor dem Thoren da, welcher ihm jetzt, angesichts des Todes, keine Minute wahreren Daseins mehr abbetteln kann. In der **Idylle** aber schleudert es mit der Hand des Schmiedes wie mit der des werkthätigen tüchtigen Lebens selbst, dem in den Rausch der ungebundenen Schönheit entfliehenden Weibe den Speer in den Rücken, dass es sterbend zusammensinkt. Und ebenso tritt es in der **Madonna Dianora** dieser im Augenblick der höchsten erdentrückten Trunkenheit entgegen, unheimlich, furchtbar, fast stumm, um seine grausige Mission an ihr zu vollziehen.*

»Mir ist, als wär ich doppelt, könnte selber
Mir zuseh'n, wissend, dass ich's selber bin,
Und nun auch völlig fühlen, was es heisst:
*Dies: **unentfliehbar ist der Gott in uns!**«*

Den Tod verstehen lernen als den »grossen Gott der Seele«, ihn schaudernd zu empfangen wissen als Boten des beleidigten Lebens — dies ist der Sinn des Schicksals für alle diese Menschen.
(In: Sozialistische Monatshefte, Berlin 1898, H. 7, S. 273–286)

5. August 1898, Harry Graf Kessler an Hofmannsthal

*Ebenso ist es mir schmerzlich, daß Sie darauf bestehen, die Kürzungen in der Frau im Fenster aufrechtzuerhalten. Ich möchte zudringlich sein, und Sie nochmals um Freigabe dieser armen gestrichenen Verse bitten. Aber natürlich nicht gegen Ihre eigene **künstlerische** Empfindung.*
(FDH / Dauerleihgabe Stiftung Volkswagenwerk; BW 7)

22. Oktober ⟨1898⟩, an Ludwig Ganghofer

... für Ihre gütige Zuschrift aufs beste dankend ertheile ich natürlich mit Vergnügen meine Zustimmung und sehe näheren Nachrichten gern entgegen. Nur möchte ich mir den Vorschlag oder die Frage erlauben, ob Sie denn nicht lieber anstatt dieses älteren Einacters den neueren von mir aufführen würden, den die

Berliner ›freie Bühne‹ im Mai 1898 gespielt hat, oder etwa beide, da der letztgenannte sehr kurz ist und nur 3, eigentlich nur 2 Rollen enthält. Ich würde, auf eine Zeile von Ihnen, das betreffende Manuscript gerne nach München schicken.
(Privatbesitz)

23. Oktober 1898, Ludwig Ganghofer an Hofmannsthal

Sehr verbunden wäre ich Ihnen, wenn Sie mir Ihr⟨en⟩ neuen Einakter übersenden wollten. Vielleicht findet sich dann auch für ihn noch Platz im Programm dieses Winters. (FDH / Dauerleihgabe Stiftung Volkswagenwerk)

6. November 1898, Caesar Flaischlen an Hofmannsthal

Ich sandte Ihnen gestern die ersten acht Seiten der ›Frau im Fenster‹ u⟨nd⟩ sende den Schluß zur Revision und bitte Sie um freundliche Durchsicht, da ich das Manuskript nicht mehr habe und um möglichst umgehende Rücksendung mit Imprimaturvermerk. — 15 Separatabzüge erhalten Sie nach Ausgabe des Heftes wie auch das Honorar.
(Flaischlen Copirbuch VII. 590; Deutsches Literaturarchiv, Marbach a. N.)

7. November ⟨1898⟩, an Hans Schlesinger

Über die ungeschickte Entscheidung des ›Pan‹¹ bin ich recht ärgerlich. So ist mir die hauptsächliche Freude an dem Heft verdorben, in welchem jetzt mein Theaterstück und ein Fragment von Beer Hofmann² ein ganz isoliertes Dasein führen werden. (FDH / Dauerleihgabe Stiftung Volkswagenwerk)

7. November 1898, an Harry Graf Kessler

Unser Pan-Heft ist nun auch wohl fertig-gestellt, leider hat es nicht viel von dem Charakter einer Gruppe. ... — übrigens hätte ich sehr gut Prosa schicken können, wenn ich geahnt hätte, daß das Heft um 3 Monate später erscheint — so bleibt von allen Projecten nichts übrig als die ewige ›Frau im Fenster‹ und ein leider sehr kurzes Fragment aus der schönen Geschichte von Beer-Hofmann. Es gefällt mir zu denken, daß ich nicht einem freundlichen Zufall, sondern Ihrer Güte die Freude verdanke, meine Verse zwischen 2 Zeichnungen von Ludwig von Hofmann zu sehen. Darf ich Sie noch an Ihr Versprechen erinnern, mir außer den Abdrucken auch ein Heft zu verschaffen? Nur darum, weil Dr. Flaischlen in Kleinigkeiten, so bei der Correktur, so merkwürdig unaufmerksam oder unfreundlich ist.
(BW 10)

⟨18. November 1898⟩, Hugo von Hofmannsthal sen. an Hofmannsthal

Heute ist der ›Pan‹ gekommen. 1 Heft & 18 Separatdrucke ...
(FDH / Dauerleihgabe Stiftung Volkswagenwerk)

---

[1] *Kessler und Hofmannsthal faßten in Berlin den Plan, H's Freundeskreis, vor allem Andrian, Beer-Hofmann und Schlesinger in einem Pan-Heft zu repräsentieren. Schlesinger sollte mit einem Porträt Ludwig Benjamin Derletts vertreten sein, was — wie der gesamte Plan — indessen scheiterte (vgl. BW HvH—Andrian 10, 112 u. ö., HvH—Kessler 6 u. ö.).*
[2] *›Der Tod Georgs‹, außerdem das Gedicht ›Schlaflied für Mirjam‹.*

22. November ⟨1898⟩, an Ria Schmujlow-Claassen

... ich schreibe in Eile das mit Brahm verabredete. Er will Sie nicht nur sprechen hören, sondern vor allem auf seiner Bühne spielen sehen. ... Ich möchte dass Sie vor allem etwas nicht zu langes aus der ›Frau im Fenster‹ wählen, das auch zum Spielen Gelegenheit gibt ...   (Privatbesitz)

23. November ⟨1898⟩, an Stefan George

Ferner ... kündigte ich Ihnen vor langer Zeit die Zusendung zweier Theaterstücke an, die ausblieben. Dies war so: kaum vollendet, empfand ich an einem der beiden die Nothwendigkeit tiefgehender Veränderungen, und so war meiner damaligen Stimmung auch das andere verleidet. Dieses kleinere fand dann im Mai in Berlin eine unvollkommene aber doch mich belebende und aufrüttelnde Aufführung. Es geht Ihnen als Abdruck aus dem ›Pan‹ nächstens zu.
                                                                         (BW 142)

2. Dezember 1898, Oscar Bie (Neue Deutsche Rundschau) an Hofmannsthal

Die Madonna Dianora haben Sie seiner Zeit gewiß richtig von Dr Poppenberg direkt zurück erhalten. Sein Essai über Sie erscheint in unserem Januarheft.
                                                      (Fischer-Almanach 1973, S. 58)

14. Dezember 1898, Wladimir Schmujlow an Hofmannsthal

soeben erhielt ich einen Brief von meiner Frau. Gestern spielte sie vor Brahm ... die Situation war derartig, dass sie nur sprechen – und auch das nicht sonderlich gut – und nicht spielen im Stande war. ... Gestern und vorgestern stand in den hiesigen Zeitungen, dass in der ›Münch⟨ener⟩ Literar⟨ischen⟩ Gesellsch⟨aft⟩‹ ›Madonna Dianora‹ aufgeführt werden wird. – ist es nun wirklich ganz fest?
                                           (FDH / Dauerleihgabe Stiftung Volkswagenwerk)

15. Dezember ⟨1898⟩, an Ria Schmujlow-Claassen

... beiliegend der Brief von Brahm. Es ist nun erstens möglich dass er recht hat, zweitens dass die Umstände und Ihre grosse Abspannung alles verändert haben. ... Wenn Sie dann ausgeruht sind, so schreiben Sie mir bitte, ob Sie ausser Ihrer Abschrift noch ein Exemplar von der ›Frau im Fenster‹ haben. Wenn nicht werd ich Ihnen eines schicken: in diesem machen Sie dann Striche (nicht zu wenige, das kann den Erfolg umbringen!) und gehen damit und mit einem Brief von mir zu Ganghofer, nämlich wenn Sie wollen. Die Idee von Verantwortung aber lassen Sie bitte in dieser Sache nicht in sich aufkommen; es ist mir bei der ganzen Aufführung der ›Frau im Fenster‹ vor allem dies wichtig dass Sie, die Sie vielleicht die einzige Schauspielerin meines Stiles sind, einmal zum Spielen kommen.   *(Abschrift; Privatbesitz)*

22. Dezember 1898, Ria Schmujlow-Claassen an Hofmannsthal

Über die Dianora-Sache schreibe ich später.
                                           (FDH / Dauerleihgabe Stiftung Volkswagenwerk)

22. Dezember 1898, Harry Graf Kessler an Hofmannsthal
Endlich ist das Heft mit Ihrer ›Frau im Fenster‹ heraus ... (BW 12)

1899

9. Januar 1899, Ria Schmujlow-Claassen an Hofmannsthal
... ich hätte Ihnen längst schreiben müssen, daß die Ausführung Ihres freundlichen Vorschlags in bezug auf die Dianora unmöglich geworden ist — für jetzt, oder für immer! Ich hätte, Gott weiß es! das Äußerste darum gegeben, damit dieser schöne Traum einmal wirklich geworden wäre.
... Ich habe ein paar so schwere Wochen hinter mir, daß sie mir wie ein Bruch mit allem früheren Leben erscheinen — ...
(FDH / Dauerleihgabe Stiftung Volkswagenwerk)

22. Januar 1899, Oscar Bie an Hofmannsthal
Es war geradezu ein Schmerz für mich, die Madonna Dianora, Ihr Meisterwerk meinem Empfinden nach, das die Freie Bühne aufführte, zu der Sie uns schon den Prolog gaben, unversehens in einer andern Zeitschrift abgedruckt zu sehen, die zwar einen schönen Druck, aber wohl nicht ganz das gleiche literarische Traditionsrecht hat. (Fischer Almanach 1973, S. 59)

5. April 1899, Ria Schmujlow-Claassen an Hofmannsthal
Herr A. Lindtner von der N⟨euen⟩ Rundschau nämlich ist eventuell bereit, statt meines Berliner Vortrags über Sie, den ich nicht drucken lassen wollte, eine Besprechung Ihrer drei Stücke nach der Buchausgabe anzunehmen, muss aber die Arbeit bis spätestens 10. April in Händen haben.
(FDH / Dauerleihgabe Stiftung Volkswagenwerk)

15. Mai 1899, an Felix Baron Oppenheimer
Es freut mich herzlich, zu hören, daß Dir meine Theaterstücke oder — wie Du sie richtiger nennst — Gedichte beim Lesen einen guten und anregenden Eindruck gemacht haben.

Du kannst in denselben ja freilich nicht ein unmittelbares Abbild des Daseins oder Deiner wirklichen inneren Beziehungen zum Dasein gefunden haben. Etwas Derartiges den Menschen später einmal zu geben, ist vorläufig nur meine dringende, aber unsichere Hoffnung. Was Dich in diesen vorliegenden unreifen Arbeiten erregt und ermutigt haben mag, wird wohl nur dies gewesen sein: von einem Dir im realen Dasein verknüpften Menschen Gedanken und Bilder ausgesprochen zu hören, die sich auf weite Gebiete des inneren und äußeren Lebens beziehen, worin ja immer eine gewisse Herrschaft, ein gewisses Siegesgefühl sich ausspricht.

Dieser gute Eindruck, den wohl in allen drei Stücken zunächst die Einzelheiten hervorrufen — und darin liegt ja gerade die Schwäche und Unfertigkeit —, wird sich wohl noch steigern, wenn Du öfters hie und da in ruhigen Stunden das Buch durchblätterst. — (B I 85 f.)

ZEUGNISSE

22. Juni 1899, Gabriele d'Annunzio an Hofmannsthal

Nous avons ici un mois de juin délicieusement pluvieux et venteux. Les cheveux de Madonna Dianora sont trempés de pluie tiède.
(FDH / Dauerleihgabe Stiftung Volkswagenwerk)

1. Juli 1899, Friedrich v. d. Leyen (Münchner Litterarische Gesellschaft) an Hofmannsthal

Ihre ›Frau im Fenster‹ möchten wir sehr gerne vorlesen lassen, weil wir glauben, daß sie dadurch am schönsten zur Geltung kommt (Mit dem Prolog, der seinerzeit in der neuen deutschen Rundschau stand). Und zwar wollen wir voraussichtlich mit dieser Vorlesung die kommende Spielzeit eröffnen.
(FDH / Dauerleihgabe Stiftung Volkswagenwerk)

27. Oktober 1899, Ria Schmujlow-Claassen an Hofmannsthal

Es war schon lange meine Absicht — seit ich die Aufforderung von der ›Litterar⟨ischen⟩ Gesellsch⟨aft⟩‹ zur Vorlesung der ›Frau im Fenster‹ bekam — Ihnen zu schreiben, um einiges, in bezug hierauf, von Ihnen zu erfragen. ...

Die Vorlesung war nun gestern, und ich möchte Ihnen doch einiges darüber schreiben, besonders weil ich ein Gefühl in mir nicht loswerden kann, als müßte ich mich nun Ihnen gegenüber in irgend einer Hinsicht rechtfertigen, als wäre, durch mich, nicht das damit erreicht worden, was hätte erreicht werden müssen. Es war Erfolg da, bei einzelnen, und auch, geringer, im allgemeinen; aber nicht der, den ich gehofft und erwartet hatte. Und das ist für mich um so niederdrückender, als Sie, indem Sie mich hierzu vorschlugen, so viel Vertrauen in mich gesetzt hatten. Ich weiß nicht, woran es gelegen hat. Ich habe gemeint, alles herausgebracht zu haben, wie es mir, nach sehr sorgfältigem Studium, vorgeschwebt hat — auch alle die Winke, die sie mir einmal gaben, benutzt zu haben, besonders in bezug auf die aufzusetzenden »Lichter« (ich meine das Leichte und Lachende, das hineinzubringen war). Es kam dabei ein solcher Reichtum an Tönen heraus, daß ich die Striche, bis auf zwei, alle aufmachen zu können glaubte — vielleicht war das unklug? Nur die Erzählung der Amme von dem Gesandten von Como und die Dianora's von dem Bettler, die sich mir schwer in das Ganze einfügten, sind fortgeblieben. Gerade hierüber wollte ich bei Ihnen anfragen. Dann habe ich auch die Zwischenbemerkungen, die ziemlich schwer abzutönen waren, stellenweise etwas zusammengezogen, aber nur im Interesse einer rascheren Wirkung am Schluß. — Ich sprach vorher den ›Prolog‹, um die nötige Stimmung zu geben, und die »Terzinen« aus dem ›Pan‹, die in ihrem ruhigen Ton mir die Kontrastwirkung zu dem nervösen Grundton der Dianora abgeben sollten. Diese scheint aber niemand verstanden zu haben, denn selbst Leo Greiner von der ›M⟨ün⟩ch⟨ner⟩ Zeit⟨un⟩g‹, der sonst ausgezeichnet referiert, bekennt sich dazu. Von den Rezensionen sollte man sich nun eigentlich nicht niederdrücken lassen, denn nach der einen »mimte« ich »mit rollenden Augen« »in Emphase«, und nach der andern sprach ich »fein und diskret«; und nach der einen war der Beifall »mäßig« und nach der andern »groß«. Übrigens nützt es nichts, über all das zu reden. Ich müsste Ihnen das Ganze, genau so wie gestern, vor-»mimen« dürfen, dann würden Sie mir vielleicht das auf mir drückende Gefühl fortbeurteilen können.
(FDH / Dauerleihgabe Stiftung Volkswagenwerk)

19. November 1899, Ria Schmujlow-Claassen an Hofmannsthal
Da Herr Wolfsk⟨ehl⟩ verhindert war, die Dianora-Vorlesung zu besuchen, so bat er mich um den Vortrag von irgend einer Ihrer Sachen ...
                    (FDH / Dauerleihgabe Stiftung Volkswagenwerk)

1900

18. Januar 1900, Elsa Bruckmann-Cantacuzene an Hofmannsthal
Den Tag nachdem in München Ihre ›Frau im Fenster‹ gelesen worden war, hatte ich sogar ganz fest vor, Ihnen zu schreiben. Ich dachte dann aber, es wäre Ihnen vielleicht peinlich zu hören, wie wenig erfreulich, wie gezwungen u⟨nd⟩ unpoetisch Ihre schöne u⟨nd⟩ tiefe Dichtung vermittelt wurde ...
                    (FDH / Dauerleihgabe Stiftung Volkswagenwerk)

⟨2. März 1900⟩, Maurice Maeterlinck an Hofmannsthal
Je suis heureux de vous savoir à Paris et que je puisse enfin vous rencontrer — vous etes une de mes grandes admirations et ainsi un de mes grands remords, quand je songe que je ne vous ai pas remercié de l'envoi de cet admirable ›Theater in Versen‹ — pourquoi? Peut-être faute de trouver les termes qui puissent vous dire suffisamment que la ›Frau im Fenster‹ par example, est peut-être pour moi, la chose la plus parfaite et la plus belle du théâtre d'aujourd'hui. —
                    (FDH / Dauerleihgabe Stiftung Volkswagenwerk)

⟨4. März 1900⟩, an die Eltern
Gestern bin ich nicht zum Schreiben gekommen: ich war in der Früh mit Hans, ... nachmittag bei einigen Amerikanerinnen, dann ziemlich lange fast 2 Stunden bei Maeterlinck, der in unserer Nachbarschaft wohnt und sehr nett ist, auch lebhaft daran denkt die ›Frau im Fenster‹ zu übersetzen.
                    (Deutsches Literaturarchiv, Marbach a. N.)

22. Mai ⟨1900⟩, an Hans Schlesinger
Es freut mich zu denken, daß Ihr nach Vicenza fahrt; ... Ich habe in dieser Stadt zwei sehr schöne stille und gehobene Tage verbracht ... und ich habe auch zur Erinnerung daran in ›Die Frau im Fenster‹ den vicentianischen Namen Chierigati aufgenommen.
                    (FDH / Dauerleihgabe Stiftung Volkswagenwerk)

26. Juli 1900, Otto Brahm an Hofmannsthal
Mich drückt etwas der Gedanke, die kleine Entgleisung der ›Frau im Fenster‹ könnte in Ihrer damaligen Empfindlichkeit auch noch auf Ihre Stimmung eingewirkt haben, und ich brauche Ihnen nicht erst zu sagen, wie herzlich leid mir das thun würde! Nun, jetzt liegt das alles jedenfalls hinter Ihnen und Sie schreiten entschlossen zu den verheissenen Thaten; ...
                    (FDH / Dauerleihgabe Stiftung Volkswagenwerk)

3. Juni 1900, H⟨ermann⟩ B⟨ahr⟩: Kritik einer Aufführung im ›Deutschen Volkstheater‹

Die Berliner haben gestern ›Die Frau im Fenster‹ von Hugo von Hofmannsthal und Max Dreyer's ›Winterschlaf‹ gebracht. Hugo von Hofmannsthal ist wohl das stärkste Talent, das die österreichische Dichtung jetzt hat. ... Aber es muß doch einmal ausgesprochen werden, daß er wesentlich anders ist als alle Anderen und einer reineren Region angehört. Die Anderen sind ... eigentlich Alle wesentlich Naturalisten. ... Er aber scheint der Einzige zu sein, der die Kraft hat, Stimmungen und Empfindungen, die ihn bewegen, und alle inneren Ereignisse sogleich aus sich selbst in Gestalten umzusetzen und dabei die Wirklichkeit nur als Material, als Stoff, den er durch sich beseelt, zu gebrauchen: er bildet nicht ab, er erschafft. Dies ist es aber doch immer gewesen, was man in den guten Zeiten dichten genannt hat, und es stellt ihn so hoch über die anderen Autoren, als Klimt über den anderen Malern steht. Mit Klimt hat er übrigens noch etwas gemein: das durchaus Österreichische seiner Kunst. ... Ich glaube darum auch, weil sie sich mit der ererbten Weise österreichischer Menschen so tief berührt, daß es ihr bestimmt ist, auch von der Bühne herab sehr stark wirken zu können, bis der junge Dichter nur erst seine eigene dramatische Form gefunden haben wird. Zu dieser fehlt es ihm in der ›Frau im Fenster‹ noch an der rechten dramatischen Bewegung und Entwicklung. Er drängt hier Alles in einen einzigen höchsten Moment zusammen, was des Bildhauers Sache ist, statt ein Schicksal aufzurollen, wie es dem Dramatiker zukommt. Es ist kein Stück, es wirkt eher wie ein Relief in Worten: die schuldige Frau, am Fenster vorgeneigt, um dem Geliebten die Leiter zu reichen, und der betrogene Mann hinter ihr, der zur Rache ausholt, – das ist durchaus plastisch gefühlt und gedacht, nicht dramatisch. ...

Den Ton Hofmannsthal's trafen die Berliner gar nicht. Sie können Verse nicht sprechen, und die edle Geberde fehlt ihnen. Aus der Dianora, diesem blühenden Geschöpf, das von reinster Kraft wie mit schwerem Weine bis an den Rand erfüllt ist, machte Fräulein Dumont eine hysterisch fahrige und verzagte Person ... Frau v. Poellnitz sprach die Amme berlinisch, und Herr Nissen war ein doch etwas behaglicher Messer Braccio. (Neues Wiener Tagblatt Nr. 151)

1900, Rudolf Kassner, Die Mystik, die Künstler und das Leben. Über englische Dichter und Maler im 19. Jahrhundert. Leipzig 1900. Hier mit Bezug auf die ›Selbststilisierung‹ des »sich selbst wie ein Gedicht« fühlenden John Keats die beiden Verse (105, 33 f.):

> Mir ist, als wär' ich doppelt, könnte selber
> Mir zusehen, wissend, dass ich's selber bin ...

(Rudolf Kassner: Sämtliche Werke. Im Auftrag der Rudolf Kassner Gesellschaft hrsg. von Ernst Zinn. Bd. 1., Pfullingen 1969, S. 114). *Dort auch, aus Anlaß einer Erwähnung der Dramen ›'Tis a pity she is a whore‹ und ›A Broken Heart‹ des* »grosse⟨n⟩ Elisabethaner⟨s⟩« *John Ford, die folgende vergleichende Charakterisierung.* »Die Menschen in seinen Dramen ... spielen sich selbst, sie spielen mit sich Tragödie, sie gleichen alle ein wenig der Dianora in ›Die Frau im Fenster‹, dem kleinen Meisterwerk von Hugo von Hofmannsthal.« (Ebd., S. 239)

⟨1901?⟩

14. Januar ⟨1900 oder 1901⟩, an Lotte Schneider
für Ihren sehr gütigen Brief danke ich aufs Beste und beeile mich, Ihnen meine Einwilligung zu ertheilen. Ich möchte mir erlauben, Ihnen für die nicht ganz leichte Inscenierung einige Rathschläge zu geben, auf Grund der Erfahrungen die ich bei den Proben für das Stück in Berlin gemacht habe.

Es ist unmöglich die Sache wirklich auf einem Balcon zu spielen, weil — auch bei der besten Bühnentechnik — auf einem so kleinen Raum sich eine ermüdende Monotonie der Stellungen ergiebt und außerdem die Scene mit Braccio auf Schwierigkeiten stößt, von welchen Sie schon einige vorausgeahnt haben. Man muß daher die Scene sich nicht von außen — aus dem Garten — sondern von innen, aus dem Zimmer, gesehen vorstellen. Man muß eine ganz schmale, möglichst verengte Bühne machen — durch versetzbare Wände — und in die Mitte der Rückwand, die nur 3—4 Schritte vom Souffleur abstehen soll, den Balcon einsetzen. Der Balcon wo die Amme erscheint, befindet sich schief hinter dem Balcon der Dianora, wie Sie aus der Zeichnung weiter unten sehen werden. Rechts hat das enge kleine Zimmer gar keinen Ausgang, links eine Tapetenthür, durch welche Braccio eintritt und ihr so den Ausweg versperrt. Hinter das Balcongitter kann man natürliche oder künstliche Gewächse stellen und dahinter einen Prospect mit Baumwipfeln, so daß die Illusion entsteht, man befinde sich über dem Garten.

Das Erhängen auf der Bühne ist für die Nerven der Zuhörer unerträglich. Es ist das Beste, wenn Braccio an dieser Stelle die Dianora packt und sie, um sie zu erwürgen, durch die Tapetenthür hinauszerrt oder ähnliches, wobei der Vorhang rasch fallen muß. Das Costüm der Dianora soll wenig historisches an sich haben, ein Nachtgewand mit weiten Ärmeln und offenem Haar. Braccio muß eine gute Maske nach irgendeinem Renaissance-porträt haben, und eine Art Hausgewand, dunkel, mit Pelz verbrämt.

NB. Man muß sehr energisch streichen, fast ¼ des Textes um die Wirkung nicht zu schädigen, besonders in der Scene der Amme!
(HB, Heft 13/14, 1975, S. 15)

1902

24. Januar 1902, Ria Schmujow-Claassen an Hofmannsthal
Leider giebt es dies Jahr keine Böcklin-Feier oder sonst etwas. Herr Brann läuft zwar bereits wieder als brüllendes Wüstentier herum und sucht, wen er verschlinge (er will nämlich die ›Dianora‹ zusammen mit — Zach⟨arias⟩ Werner aufführen): aber es ist bedenklich, sich in seine Klauen zu begeben ...
(FDH / Dauerleihgabe Stiftung Volkswagenwerk)

⟨Februar 1902⟩, Johannes Volkel: Hugo von Hofmannsthal
... Der kommende Sonntag wird uns zum ersten Mal Gelegenheit geben, ein Drama des Dichters aufgeführt zu sehen. Zu Wohltätigkeitszwecken veranstaltet

der ›Verein Leipziger Presse‹ am 23. Februar eine Mittags-Aufführung im Carolatheater, bei der an erster Stelle das einactige Drama Hofmannsthal's ›Die Frau im Fenster‹ gespielt werden wird.

Wir werden in diesem Drama, wie überall bei Hofmannsthal, in eine gesteigerte Welt versetzt. Auch die Amme spricht eine vornehm intelligente Sprache. Vor Allem aber zeigt Madonna Dianora ... das Gepräge der menschlichen Steigerung, wie der Dichter sie liebt. Es ist eine Steigerung nach der Seite hoher, künstlerischer, im Sinne Schopenhauer's »willenloser« Beschaulichkeit; zugleich aber eine Steigerung nach der Richtung verhaltener, verschwiegener, unheimlicher Leidenschaftsgluth. Dazu gesellt sich dann aber noch eine eigenthümliche Verfeinerung der Vervielfältigung des Sinnen- und Stimmungslebens. Die Spürkraft der menschlichen Sinne, ihr Auslaufen in die feinsten Spitzen und Hauche, die Klangverwandtschaft der verschiedenen Sinne untereinander: dies Alles ist auf eine fast gefährliche Höhe getrieben. ... in fast unheimlichem Grade weiß sich die Stimmung den Dingen und Vorgängen anzuschmiegen, gleichsam die verstecktesten Melodien und geheimsten Athemzüge der Dinge hervorzuziehen. So gewaltig verschieden Dianora in unserem Stück, Der Kaufmann und Sobeide in dem Drama ›Die Hochzeit der Sobeide‹, der Baron Weidenstamm in dem Stück ›Der Abenteurer und die Sängerin‹ sein mögen: diese Erhebung des sinnlichen Empfindens und des Stimmungslebens zu einer virtuosen Kunst ist ihnen Allen gemeinsam. Schon dieser Umstand übrigens macht es unmöglich, daß Hofmannsthal jemals ein Dichter für breite Schichten des Volks werde.

Nach einer gewissen Richtung trägt gerade die ›Frau im Fenster‹ das Gepräge der Eigenart Hofmannsthal's im besonderen Grade. Sein Stil ist eine fesselnde Vereinigung von Spiel und Grausamkeit. Man sieht den Dichter ordentlich durch die reichen Auen der deutschen Sprache lustwandeln und dabei mit lässiger und zugleich besonnen wählerischer Hand nach ihren Blüthen und Kleinodien greifen. Das Prägen, das seine Phantasie ausübt, gleicht keineswegs einem machtvollen Heraushauen oder einem trotzigen Hinstellen, sondern viel eher einem lächelnden Schmücken ... Dabei aber ist die Seele, die in diesen spielenden Prägungen wohnt, mitnichten nur zart und wohlthuend, sondern es lauert in ihnen ein wilder, heißer Hintergrund voll Lebensgier, voll drohender, verderblicher Spannungen. Und so bricht es denn auch furchtbar hervor: jäh, brutal wird das sündige Lebensglück zerstört. Das Eingreifen des Schicksals hat etwas Kurzes, Hartes, Thierisches, mit einem Mal unerbittlich Zerschneidendes. Man wird an Schriftsteller wie Mérimée, Maupassant erinnert. ...
(In: Leipziger Tageblatt u. Handelszeitung, 1902, Nr. 92)

11. März 1902, an Ria Schmujlow-Claassen

Was nun Ihren letzten Brief und die ›Frau im Fenster‹ angeht — so hat man kürzlich davon eine Aufführung in Leipzig nicht ganz ohne Erfolg und Wirkung (scheint es!) versucht, die Darstellerin war eine Frau Albertine Zehme, von der Bühne zurückgezogene Schauspielerin.

Wenn Ihnen die Sache in Berlin angenehm ist, aus diesen oder jenen Gründen, so ist mir der Gedanke daran auch sympathisch. Ich sehe die Sache nur aus diesem Gesichtspunkt.

Zwei Punkte wären zu bedenken: a. Costüm, kein Costüm, sondern ein Nacht-

gewand, ein Ding das wirkt wie das blosse Hemd, aus sehr leichtem fallenden Stoff, aus einem Stoff wie die Kleider der Serpentintänzerinnen, ganz weiss, keine Verzierung, eben ein Hemd. Nur um Gotteswillen kein Renaissancecostüm! b. Viel Striche! Es lässt sich leicht, und nicht zum Schaden, sondern zum Vortheil des Ganzen ungefähr 1/4 der Verse aus Ihren Monologen streichen, ferner 1/3 aus der Scene der Amme (z. B. die ganze Erzählung vom Gesandten und dessen Ermordung) sowie 1/3 aus der Scene Braccio Dianora.
(Deutsches Literaturarchiv, Marbach a. N.)

10. April 1902, Ria Schmujlow-Claassen an Hofmannsthal
(sagen muß ich nur noch, daß ich mich besonders über die sich in Bleistift entwickelnde Dianora[1] gefreut habe – verzeihen Sie die fürchterliche Bezeichnung ...!) *(FDH / Dauerleihgabe Stiftung Volkswagenwerk)*

1903

2. März ⟨1903⟩, aus Breslau an Gertrud von Hofmannsthal
Die Schauspielerin, die meine Sachen lesen soll, ist auch ganz sympathisch, nicht hübsch, aber nicht uninteressant, und wird vielleicht die Sachen ganz gut lesen. Ich war bei ihr, gestern, und hab ihr aus der ›Frau im Fenster‹ eine Menge Verse herausgestrichen, damit die Leute nicht husten.
(Deutsches Literaturarchiv, Marbach a. N.)

⟨3. März 1903⟩, an Gertrud von Hofmannsthal
... Auch die Schauspielerin hat recht gut gelesen, nur bei der ›Frau im Fenster‹ hat sie sich so montiert dass sie nach dem letzten Wort einen Weinkrampf bekommen hat ... *(Deutsches Literaturarchiv, Marbach a. N.)*

6. ⟨März 1903⟩, aus Leipzig an Gertrud von Hofmannsthal
Heut war ich zu Mittag bei der Frau Zehme. Sie ... hat eine wundervolle Stimme, eine der schönsten kraftvollsten tönendsten Stimmen, die ich je gehört habe. Sie hat mir die ganze Frau im Fenster vorgesprochen.
(Deutsches Literaturarchiv, Marbach a. N.)

1904

15. September 1904, Louise Dumont an Hofmannsthal
... im November habe ich in den literarischen Vereinen Cöln, Aachen, Essen, Bonn Vorlesungen, in Cöln wurde mir bei Einsendung des Programms mitgetheilt, das Publikum habe sich Ihnen gegenüber absolut verständnislos verhalten – ich

---

[1] Es handelt sich um Hofmannsthals Exemplar von d'Annunzios ›Sogno d'un mattino di primavera‹ (vgl. ›Überlieferung‹, N 1 u. 2).

hatte Madonna Dianora vorgeschlagen, — natürlich lasse ich mir das Programm hinsichtlich der Dichter nicht ändern, — ich möchte nur gerne wissen: ob von Ihren neuen Dichtungen irgend etwas Kürzeres zu haben wäre, was für solche Gelegenheit sich eignet — in diesem Falle würde ich ›Dianora‹ wechseln ...
(FDH / Dauerleihgabe Stiftung Volkswagenwerk)

22. Dezember 1904, an Otto Brahm

Das Datum des Stückes ⟨Das gerettete Venedig⟩ ist gefährlich, es kann jeden Dekorations-Routinier dazu veranlassen, die entsetzlichen Tapezierkünste prunkvoller Hochrenaissance im Geiste Wilhelms II walten zu lassen. Ich erinnere mich wohl, lieber Freund, einer zarten und sehr geschmackvollen Ausstattung des ›Abenteurers‹, aber ich erinnere mich auch eines entsetzlichen roten Plüschvorhangs, neben welchem die glaube ich in weißen Plüsch gekleidete Dumont für meine Phantasie die ›Frau im Fenster‹ für immer zugrunde richtete.
(B II 191)

1908

17. Juni ⟨1908⟩[1], an Elisabeth Baronin Nicolics

Daß Sie die Frau im Fenster recht gern haben, ist mir lieb. Darin hab ich ja ganz bewußt mit einer zärtlichen aber abgeklärten Erinnerung Ihr Wesen abgemalt, wie es in mir gespiegelt war — und auch das ist ja vielleicht eine unbewußt von mir getroffene Wahrheit, daß ich Ihr Glück und das Aufblühen Ihres Wesens nur in der Erwartung gemalt habe — wo der »Andere« nicht mitspielt und Ihr Wesen selbst, von Leidenschaft bewegt, seinen eigenen reinen Ton gibt, wie eine Harfe im Wind.
(B II 327)

1910

8. Februar 1910, S. Fischer Verlag an Hofmannsthal

Direktor Halm ersucht uns soeben um den Vertrag für beide Stücke (›Die Hochzeit der Sobeide‹ und ›Frau im Fenster‹) ... Wir schicken jedenfalls den Vertrag morgen früh an das Neue Schauspielhaus, sofern Sie uns nicht noch heute anderweitige Nachricht zukommen lassen.
(FDH / Dauerleihgabe Stiftung Volkswagenwerk)

18. Februar 1910, S. Fischer Verlag an Hofmannsthal

Wir beehren uns Ihnen hierdurch mitzuteilen, dass der Abschluss mit dem Neuen Schauspielhaus, hier wegen ›Die Hochzeit der Sobeide‹ und ›Die Frau im Fenster‹ nunmehr perfekt ist ...
(FDH / Dauerleihgabe Stiftung Volkswagenwerk)

---

[1] Das ganze Datum ist fragwürdig, da der Brief offensichtlich Bezug nimmt auf einen Brief der Baronin vom 17. November 1907.

3. März 1910, Arthur Eloesser: ›Die Frau im Fenster‹. Neues Schauspielhaus ⟨Berlin⟩.

Die höchst gepflegte Verskunst des Wiener Poeten enttäuscht immer etwas auf der Bühne, namentlich in diesem großen Raume. Man müßte meinen, daß seine Verse schwellen sollten, aber sie fallen nicht weit von der Rampe zu Boden, als ob es ihnen an Flugkraft fehlte. Die Leute bei ihm sagen Gedichte auf, statt unwillkürlich zu leben, und wenn sie auf natürliche Weise agieren wollen, unterbrechen sie die Deklamation, die sich allein schon genügt. Vielleicht entschließt sich Frau Sorma, dem sprachlich überreichen, dramatisch armen Stil Hofmannsthals ein Opfer an mimischer Lebhaftigkeit zu bringen, und diese Kunst der gestreichelten Sinne und Nerven wird dann vielleicht ihren geringen Gehalt an roten Blutkörperchen nicht so offen zugeben. Die Natürlichkeit ist hier nicht natürlich. Dazu kommt das Peinigende einer Exekution, daß die Frau im Fenster nur redend zu warten hat, bis sie von ihrem Gatten mit der Strickleiter erwürgt wird, die sie für den Geliebten bereit hält. (Vossische Zeitung)

1911

23. März 1911, Alfred Heymel an Hofmannsthal

Wie ich mich auf den Sammelband freue, das muß ich Dir noch einmal wieder sagen, denn ich kann es Dir gar nicht genug sagen. Steht der Titel eigentlich schon fest? Kippenberg schrieb mir etwas von ›frühen Schriften‹. Ich weiß nicht, ob ich diese Bezeichnung glücklich finden soll, es schränkt so stark ein. ›Kleine Schriften‹ vielleicht, aber auch das finde ich nicht gut. ... Was meinst Du zu ›Gedichte, Vorspiele und kleine Dramen‹? Das gibt eine gewisse Fülle an und unterstreicht das wohlfeile und preiswerte der Ausgabe. Oder ›Hugo von Hofmannsthal, sämtliche Schriften aus dem Inselverlag‹ aber das schränkt auch schon wieder ein. ... ›Frühe Schriften‹ paßt deswegen nicht, weil wir doch auch spätere Gedichte hinein nehmen möchten. ›Kleine Dramen‹ ist nicht ganz korrekt, weil die Frau im Fenster und Abenteurer und Sängerin fehlen. Vielleicht könnte man auch die Hochzeit der Sobeide dazu rechnen. Am besten scheint mir in diesem Augenblick doch der Titel ›Hugo von Hofmannsthal Dramen, Vorspiele und Gedichte‹ oder ›Gedichte Dramen und Vorspiele aus dem Insel Verlag. Gesamtausgabe‹. (FDH / Dauerleihgabe Stiftung Volkswagenwerk)

14. Juni 1911, Samuel Fischer an Hofmannsthal

ich sehe ein, dass Sie die ›Frau im Fenster‹ für die einbändige wohlfeile Ausgabe des Inselverlags brauchen. Ich erteile daher meine Zustimmung zur Aufnahme der ›Frau im Fenster‹ in diesen Sammelband, dem ich eine starke werbende Kraft zutraue. Meine Ausgabe bleibt natürlich bestehen und ich bitte Sie, dem Inselverlag zu schreiben, dass er nur das Recht zugebilligt bekommt, die ›Frau im Fenster‹ in den Sammelband aufzunehmen, keineswegs aber sie als Einzelausgabe erscheinen zu lassen. Der Ordnung wegen bitte ich zu veranlassen, dass der Inselverlag mir das seinerseits ausdrücklich bestätigt. (Fischer-Almanach 1973, S. 115)

ZEUGNISSE

19. Juni 1911, Insel-Verlag an Samuel Fischer

Herr von Hofmannsthal teilte uns am 17. d. M. mit, dass Sie bereit seien, für unsere wohlfeile Hofmannsthal-Ausgabe den Abdruck der ›Frau im Fenster‹ zu gestatten. Wir danken Ihnen auch unsererseits verbindlich für dieses Entgegenkommen und erklären ausdrücklich, dass Sie uns nur das Recht zugebilligt haben, die Frau im Fenster in dem genannten Sammelbande aufzunehmen, dass wir aber nicht berechtigt sind, sie als Einzelausgabe erscheinen zu lassen.

(FDH / Dauerleihgabe Stiftung Volkswagenwerk)

23. August 1911, Samuel Fischer an Hofmannsthal

Wie wir die Sache auch drehen und wenden mögen, es käme schließlich darauf hinaus, daß ich mich von 2 Ihrer Werke trennen müßte. Die Kosten der Sache hätte ich allein zu tragen, vom moralischen Schaden nicht zu sprechen.

Denn das ist doch sicher, daß beide Werke für die Einzelausgaben verloren sind, wenn sie in den Sammelband kommen.

… da ich die Frau im Fenster unter allen Umständen in meinem Verlag behalten möchte, da Sie anderseits aus literarhistorischen Rücksichten auf ›Gestern‹ nicht verzichten können, so mag es dabei bleiben, daß Gestern in den Sammelband kommt.

Es ist nur konsequent, daß Gestern eventuell ganz in den Inselverlag übergeht. Ich bin auf Ihren Wunsch dazu bereit.

Ich verstehe nicht recht, warum Sie angesichts der geschaffenen Situation die Interessen des Inselverlags mir gegenüber verteidigen, während es doch natürlich wäre, daß Sie den Inselverlag veranlaßten, den begangenen Fehler wieder gut zu machen.

Ich glaube nicht, daß der Inselverlag die Auflage schon gedruckt hat; das Buch soll ja erst im Oktober erscheinen. Aber selbst wenn die Auflage schon gedruckt ist, so kann das kein Hindernis sein, die Sache mir gegenüber wieder in Ordnung zu bringen.

›Die Frau im Fenster‹ steht nach dem Prospekt an vorletzter Stelle, es wären also eventuell nur einige Bogen neu zu drucken, das kann den Kopf nicht kosten. …

Es handelt sich hier also nur um eine Geldfrage, Sie sind ja selbst mit Recht der Meinung, dass die Schlagkraft Ihres Buches nicht leiden würde, wenn aus dem überreichen Inhalt die Frau im Fenster fortbleibt. Machen Sie also der Sache ein Ende und veranlassen Sie den Inselverlag die Frau im Fenster fortzulassen.

(Fischer-Almanach 1973, S. 117f.)

28. August 1911, Samuel Fischer an Hofmannsthal

Ich will Ihnen für den Inselverlag ›Gestern‹ unter der Bedingung freigeben, daß der Insel-Verlag auch die Einzelausgabe übernimmt. …

Unter dieser Voraussetzung würde ich auch dem Abdruck der Frau im Fenster in 10.0000 Exemplaren des Sammelbandes gestatten.

Ich hoffe mit diesem Vorschlage die Angelegenheit zu einem günstigen Abschluß für Sie gebracht zu haben. Die Beschränkung des Abdruckrechtes der Frau im Fenster auf 10.000 Exemplare ist unerläßlich, wenn ich nicht für alle Zukunft den Wert der Einzelausgabe preisgeben soll.

Mit dem Insel-Verlag zu verhandeln liegt für mich kein Anlaß vor. Ich gebe die beiden Werke Ihnen frei und es muß Ihre Sache bleiben die Angelegenheit als Urheber des Sammelbandes mit dem Insel-Verlag in Ordnung zu bringen.

Auf den Rechtsirrtum, als ob ich dem Insel-Verlag ein Recht eingeräumt hätte ist wohl Ihre Bemerkung zurückzuführen, daß Sie sich in die Sache nicht mehr einmischen wollten. Ich erwähne dies nur des Prinzips wegen weil mir aus Ihrem Briefe hervorzugehen scheint, daß der Insel-Verlag sich seinerseits auf ein Recht für die ›Frau im Fenster‹ beruft, das ich nur Ihnen persönlich gegeben habe, das er nur geltend machen könnte mit Ihrer ausdrücklichen Zustimmung. Es geschieht nur der Ordnung wegen, wenn ich gleichzeitig hinzufüge, daß ich im guten Glauben sein musste eine »wohlfeile Ausgabe Ihrer sämmtlichen Gedichte, Vorspiele und kleine⟨n⟩ Dramen« würde jedenfalls mehr wie 2 Mark kosten. (Fischer-Almanach 1973, S. 119)

30. August 1911, Samuel Fischer an Hofmannsthal
Ich habe nach einem Ausweg gesucht, der Ihren immer wiederkehrenden Wunsch wegen Freigabe beider Werke mit meinen Interessen einigermaßen in Einklang bringen sollte; ich habe gemeint, wenn Sie ›Gestern‹ in den Band aufnehmen, wird seine Schlagkraft nicht leiden, wenn die ›Frau im Fenster‹ nur in den ersten 10.000 Exemplaren steht, denn auf diese ersten 10.000 Exemplare kommt es doch an.

Sie ziehen die ursprüngliche Abmachung vor, die Frau im Fenster ohne Einschränkung für die Auflagezahl abzudrucken und dagegen auf ›Gestern‹ zu verzichten. Das ist mir sehr recht, wir stellen dann einfach den ursprünglichen Zustand wieder her und ich brauche nicht zwei Werke für den Sammelband zu opfern wogegen ich mich ja fortwährend gesträubt habe. Damit ist diese Sache abgetan dabei mag es also endgiltig bleiben. Und damit scheiden alle an die vorgeschlagene Kombination geknüpften Bemerkungen aus der Discussion aus.
(Fischer-Almanach 1973, S. 120)

1922

⟨6./7. Februar 1922⟩, Fritz Michel: Hugo von Hofmannsthal. Der Tor und der Tod. – Die Frau im Fenster. Erstaufführung in den ⟨Kasseler⟩ Kammerspielen
Die zweite Hälfte brachte (dramatisierte Lyrik) ein lyrisches Drama: ›Die Frau im Fenster‹. Madonna Dianora, umhüllt und durchzittert von Liebe erwartet bei dämmernder Nacht den Geliebten. Der kalte, starke Rächer, ihr unheimlich wilder, jähzorniger Gatte, erscheint. Sperrt den Ausweg. Leuchtend, trotz Todesfurcht in höchster Seligkeit, bekennt sie das Tiefste, Schwerste und sühnt: ihr Mann erdrosselt sie.

Das Ganze atmet Elektra-Stimmung namenloses Grausen. Hier ist schon Blut. Doch weckt es schwankende Gefühle — Teilnahme; nicht Herzlichkeit, nicht pulsende Begeisterung. Ohne die Schönheit zu degradieren: sie ist hier wieder in der Sprache, in den funkelnd-geschliffenen, duftend-unergründlichen Symbolismen. Aber wir schauen zu, hören zu, sind im Augenblick des Spiels vom Lärm der Zeit isoliert, weltentrückt, im kühlen Bann feiner, temperierter Schönheitsmusik. (Kasseler Zeitung)

ERLÄUTERUNGEN

93,1 Die Frau im Fenster *Der Titel lautete ursprünglich* in einem Fenster *(N 2, so auch — syntaktisch integriert —* Ein Prolog, *S. 119,18) bzw.* In einem Fenster *(1 H¹, 2 H², 3 tHb). Für die Berliner Uraufführung wurde er vorübergehend abgeändert in* Madonna Dianora. Eine Ballade, dramatisiert ... *(4 h), um schließlich in den Drucken (5 D¹—10 D⁶) die bekanntgewordene Formulierung* Die Frau im Fenster *anzunehmen, in den beiden Einzelausgaben von 1909 (7 D³) und 1924 (10 D⁶) erweitert um den Titelzusatz* Ein Gedicht.

Zum Figurationsvorbild in Brownings ›In a balcony‹, das für die ursprüngliche Titelgebung die Anregung gegeben haben dürfte, vgl. ›Quellen‹, S. 507, 7ff. Emil Schaeffer macht in seinem Aufsatz ›Das moderne Renaissance-Empfinden‹ noch aufmerksam auf Rosettis Gemälde ›Madonna della Finestra‹ (in: Die neue Rundschau, 1905, S. 782). Doch ist natürlich mit Blick auf die sich in der Genese der Frau im Fenster *durchsetzende (im* Prolog *dann offen zutage tretende) »Volksleben«-Thematik, näherhin auf die Verarbeitung der Südtiroler Reise- und Leseerfahrungen in der Genese beider Texte, auch an die dort konventionelle Nebenbedeutung von* Fenster *als »Kammerfenster« zu denken, durch welches sich, im bayrischen Sprachgebiet, die »ländlichen Liebhaber« ihren Mädchen nähern (Bayerisches Wörterbuch von J. Andreas Schmeller. 2. Aufl., Bd. 1, München 1872, Sp. 733f.). Vgl. auch die Erl. zu S. 97,36.*

94 Personenverzeichnis. *Der Name* Messer Braccio *begegnet in der Biographie des Bartholomeo Colleoni, als dessen »großer Lehrer im Kriegshandwerk«, ihr verdankt Hofmannsthal auch den Namen von Dianoras Schwester* Medea *(vgl. Erl. zu S. 110, 26). Der Name* Madonna Dianora *ist aus der Rezeptionsvorlage, ›Sogno d'un mattino di primavera‹ von Gabriele d'Annunzio, übernommen (vgl. ›Quellen‹, S. 506).*

95,18 angefüllt mit Abendsonne *Der Bedeutung des* Abends *hat Hofmannsthal in* ad me ipsum *eine eigene Betrachtung gewidmet (A 224). Mit Bezug auf* Die Frau im Fenster *heißt es dort:* ›Madonna Dianora‹ die Ausdeutung des offenstehenden Fensters am Abend (mit dem dunklen Zimmer dahinter) *(vgl. ebd. S. 233). Das Motiv des Abendwerdens ist im Vergleich zur Rezeptionsvorlage (›Quellen‹, S. 506) hier breit entfaltet. Es bildet das durchgehende Thema des großen Eingangsmonologs der Madonna Dianora (V. 1—143). In der Traumreise des* Prologs *wird es zweimal Abend bzw. Nacht und wieder Tag (S. 125, 18/20 u. S. 127, 1 u. 4/21), wobei jedoch, vor allem beim zweiten Mal, die Grenzen fließend verlaufen (vgl. S. 127, 3 u. 127, 19).*

96, 24—28 Madonna! einen hohen steilen Berg / will ich hinaufgehn ... *Vgl. die Erl. zu S. 97,3 und* Ein Prolog, *Erl. zu S. 122, 14. Das Bild der frommen Wallfahrt dient hier zugleich als Parameter der zeitlichen Verzögerung des Abendwerdens, wie aus seiner — nunmehr im technischen Sinne metaphorischen — Wiederaufnahme in den beiden folgenden Versen (S. 96, 29—30) hervorgeht. Vgl. auch S. 97, 3 mit Erl.*

97,3 am Kreuzweg *Bairisch: »1) wie hchd.: (Wegkreuzung). 2) Weg, an welchem die Hauptvorfälle aus der Leidensgeschichte Christi, oder die sogenannten ›14 Stationen‹ durch eben so viele Gemälde oder Gruppen von Bildhauer-Arbeit in einzelnen, von Entfernung zu Entfernung errichteten Kapellchen oder F i g u r e n vorgestellt sind, und der sich gewöhnlich von einer Ortschaft aus nach einer benachbarten, weithin sichtbaren Anhöhe zieht, auf welcher ... der ... am Kreuz Erhöhte der frommen Andacht ausgestellt ist.« (J. Andreas Schmeller, a.a O., Bd. 1, Sp. 1389f.) Vgl. auch die Erl. zu S. 96, 24—28 und Ein Prolog, Erl. zu S. 122, 19, Nr. 4. In umgekehrter Zuordnung zu* Stationen *(hier:* der 〈eigenen〉 Entwicklung*) begegnet* Kreuzwege *als Zwischenüberschrift der autobiographischparabolischen Betrachtung* Age of Innocence. Stationen der Entwicklung *(SW Bd. XXIX, S. 20). Die Ödipus-Dramen schließlich verwenden den Begriff in der hier von der Handlung vorgezeichneten Bedeutung des Kreuz- und Scheideweges (SW Bd. VIII, S. 12, 20; 157, 4—12).*

97, 19—30 Wie schönes Haar sie hat; / ... Hinab mit euch! / Ihr dürft entgegen! *Entfaltung des Motivs der »mandorla ... semichiusa nel guscio d'oro« der Rezeptionsvorlage (›Quellen‹, S. 506, 21 f.), in scharfem Kontrast etwa zu Mallarmés ›Hérodiade‹ (als Fragment veröffentlicht 1869/71), deren Titelheldin einen eisigen Schauer unter der Berührung ihrer eigenen Haare empfindet (V. 4—8) und unter dem Schutz ihrer metallischen Kälte (»de l'or ... / Observant la froideur stérile du métal«) die Unberührtheit ihrer einsamen Kindheit zu bewahren versucht (V. 32—41).*

Der Vorgang hat eine deutliche Entsprechung in der ersten Szene des III. Akts von Maeterlincks ›Pelléas et Mélisande‹ (1892), in der Mélisande in Erwartung Pelléas' ihre langen blonden Haare auflöst und ihm entgegen durch das offene Turmfenster herabfallen läßt. Maeterlincks Werk war Hofmannsthal von Anfang an vertraut; 1891 findet sich die erste Aufzeichnung über ihn; 1892 übersetzte er im Einverständnis mit dem Dichter ›Les Aveugles‹ für eine Aufführung des ›Vereins für moderne Literatur‹ zusammen mit ›L'Intruse‹ (vgl. BW HvH-Herzfeld 13—16, 23, 24 f.). Bei ihrer ersten Begegnung, am 3. März 1900 in Paris, äußerte Maeterlinck den Wunsch, Die Frau im Fenster *übersetzen zu wollen und wenig später wurde der Plan erweitert zu einem ganzen* Band *gemeinsam übersetzter Stücke ... im Verlag des ›Mercure de France‹, mit einem préface von ihm. Beide Unternehmungen unterblieben (vgl. ›Zeugnisse‹, S. 536, 23—24 und B II 33, Nr. 18 vom 〈17. 4. 1900〉).*

97, 21 doch Eitelkeit / ist nur ein armes Spiel der leeren Jahre *Im* Buch der Freunde *legt Hofmannsthal den Gedanken begrifflich auseinander: Die Eitelkeit steckt im Ausgangspunkt ebenso wie im vorgesetzten Ziel. (A 21)*

97, 36 Läßt das Haar über die Brüstung hinabfallen *Präludierend zu S. 99, 11—17* Nun süßes Spielzeug darfst ... lasse dich hinab in meinen Brunnen. *So schon in der von Christian Schneller mitgeteilten Südtiroler Fassung des Märchens von Rapunzel (Grimm Nr. 12), wo »am Fenster ein wunderschönes Mädchen ... ihre langen goldenen Haarflechten« hinabläßt und, auf die gegebene Losung, zunächst die alte Hexe, dann, als die Hexe abwesend ist, den jungen König zu sich herauf-*

ERLÄUTERUNGEN 547

zieht, der die Szene beobachtet und sich die Worte der Hexe gemerkt hat (*Märchen und Sagen aus Wälschtirol. Ein Beitrag zur deutschen Sagenkunde. Innsbruck 1867*, S. 183). Vgl. auch S. 99, 3–6 mit Erl. Zum Thematischwerden der Südtiroler Reiseeindrücke Hofmannsthals bei der Arbeit an der Frau im Fenster vgl. die Erl. zu S. 99, 3–6; 103, 33; 117, 15; 117, 25 f.; 118, 24–31; 121, 9; 121, 22; 121, 28; 121, 36 f., 37 f.; 122, 14, 19–21; 122, 39; 123, 2–11, 12; 123, 14–22; 123, 23; 124, 6–9; 124, 36–125, 2; 125, 23–38; 126, 6–16; 126, 9; 126, 13–26.

98, 19–21 Ja, müßt ich ... verbringen *Anklang an das Motiv der im Turm gefangenen Rapunzel.*

98, 23–27 des Waldes Tiere ... Beeren äße! *So (implizit) in der Märchenformel »die wilden Tiere sprangen an ihm vorbei, aber sie taten ihm nichts« im Grimmschen Märchen von* ›Sneewittchen‹ *(KHM 53). Vgl. auch die Erl. zu S. 99, 3–6; 100, 16; 117, 25 f.*

98, 39–99, 1 nun stellen sie / die Lampe auf den Tisch *Vgl.* Der Tor und der Tod, *S. 64, 24–31:* Jetzt zünden sie die Lichter an und haben / In engen Wänden eine dumpfe Welt / ... / So trösten sie ... ich habe Trösten nie gelernt. *Das Motiv dient hier wie dort der indirekten Darstellung des Abendwerdens, an dessen Bedeutung sich die traumhafte, dem wirklichen Leben entfremdete Existenz der Hauptfigur vom einfachen Leben der arbeitenden Bevölkerung unterscheidet, zu dessen Wärme und Solidarität sich Claudio ergebnislos hinübersehnt, während Dianora vom Eintreffen des erwarteten Geliebten sich Erfüllung mit anderem, aufs Ganze gesehen trügerischem Lebenssinn erhofft. In diesem Zusammenhang verdient auch die Streichung der Stelle* Ja, an den Hügeln legen wir uns schlafen, / wie Bauernkinder *(›Varianten‹, S. 517, 17–32) im fertigen Text Beachtung. Vgl. auch* Ein Prolog, *Erl. zu S. 120, 31–38 u. 126, 9 sowie* Die Frau im Fenster, *S. 100, 16–105, 20; 107, 37–108, 4 mit Erl.*

99, 3–6 und in den dunklen Ecken der Gerüste, / ... / da hocken Kobolde mit einem Leib / wie hübsche Kinder, doch boshaften Seelen *Wie die Zwerge des Märchens (hier:* ›Sneewittchen‹*) und der Sage (hier:* ›König Laurin‹*) gehören die hier genannten* Kobolde *zwar zum Allgemeingut der volkstümlichen Überlieferung, stehen aber insbesondere zur Landschaft und Geschichte der deutsch-ladinisch-italienischen Mischkultur Südtirols in engerer Beziehung, wie Hofmannsthal sie auf seiner Reise nach Verona kennengelernt und als* (phantastisch) *definierten Hintergrund des Prologs zur* Frau im Fenster *(mit-)thematisiert hat (vgl.* ›Quellen‹, *S. 554, 18 ff.). Als »gnomenhafte Knirpse, Wichteln und Schratteln, Eismännlein und Nörggelen sowie Berg-, Erd- und Kasermännlein« sind sie dort nicht nur im Volksglauben bis heute lebendig, sondern auch in der von Hofmannsthal hier gewählten Situierung gestalthaft präfiguriert: Sie* hocken – *als »Stieglgeist« – »an Zäunen und Überstiegen«. Man sieht in ihnen die »Seelen ungetaufter Kinder«, aber auch »Verkleinerungen« vormals »mächtiger Sagengestalten« und »urzeitlicher Götter«, die ihre »Unschuld ... verloren« haben (Hans Fink,* Verzaubertes Land, Volkskult und Ahnenbrauch in Südtirol. *Innsbruck, Wien, München 1969, S. 174). Vgl. auch* Ein Prolog, *Erl. zu S. 117, 25 f.*

99,10 Kapellen *Süddeutsch (Alemannisch-Bairisch) anfangsbetont. Zur Sache vgl. S. 97, 3 mit Erl.*

99,12 feiner als Spinnweb, fester als ein Panzer! *Vgl. die Rezeptionsvorlage (›Quellen‹, S. 506, 19f.).*

99, 25—106, 21 Amme *Der Dialog Dianoras mit der Amme findet, auch in Einzelheiten, eine Entsprechung in der (als einziger vom Autor selbst veröffentlichten) Ammen-Szene der ›Hérodiade‹ von Stéphane Mallarmé, deren Einzelnachweis aber in Anbetracht der durchgehenden und teilweise schwer zu entschlüsselnden Bildersprache beider Texte nur im Rahmen ihrer genetischen Gesamtdeutung erfolgen kann. Eine wichtige (zweiseitige) Vorarbeit dazu liegt vor in den posthum veröffentlichten Vorlesungen Peter Szondis, ›Mallarmé: Hérodiade‹ und ›Der junge Hofmannsthal‹, die aber den* Prolog zur Frau im Fenster *ganz aussparen (Peter Szondi, Das lyrische Drama des Fin de siècle. Studienausgabe der Vorlesungen. Bd. 4. Hrsg. von Henriette Beese. Frankfurt a.M. 1975, S. 31—138 u. 160—332). Vgl. auch die Erl. zu S. 97, 19—30.*

99, 35 vom Segen heim *In der katholischen Liturgie vom Manualsegen beim Tagesoffizium (Prim und Complet) auf alle Arten von »Volksandachten« übertragen, die »mit dem Segen geschlossen« werden (Wetzer und Welte's Kirchenlexikon, Bd. 11, Freiburg i. Br. 1899, Sp. 69f.). Vgl. auch S. 100, 7/11 u. 110, 1 sowie die betr. Erläuterungen.*

100, 7/11 predigt immer noch der Bruder ... Aus Spanien ist er *Aus der Hervorhebung des Bruder-Namens — in der Nachfrage S. 100, 23 heißt er* der spanische Geistliche *— könnte man folgern, daß es sich bei dem (landfremden) Ordensbruder (S. 103, 16), dessen Name nicht genannt wird, um einen Mönch des Franziskanischen ›Minderbrüder‹-Ordens der Kapuziner handelt. Inhaltlich verweist die im folgenden (S. 105, 4—20) kurz resümierte Predigt dagegen eher auf die Tradition der spanischen Mystik (Ignatius von Loyola, Teresa von Avila, San Juan de la Cruz). Vgl. auch die Erl. zu S. 105, 8.*

100, 16 Stolz ... ein stolzes Kind, nichts als Stolz *Vgl. S. 112, 19. Der kindliche und dann auch (S. 112, 19) jungfräuliche* Stolz *der Dianora, welcher als ihre wichtigste Handlungseigenschaft zu gelten hat, indem er einerseits ihr exemplarisches (stellvertretend für die vielen andern)* gebeichtet⟨es⟩ *und* bereut⟨es⟩ *Fehlverhalten der* Hoffahrt *gegenüber dem Bettler mit gelähmten Füßen erklärt (S. 111, 12—32) und andererseits, gegenüber ihrem gewalttätig-egoistischen Mann, ihren Anspruch auf Selbstverwirklichung als liebende Frau begründen hilft (S. 112, 9—23), wird vor dem Hintergrund der sozial dimensionierten Thematik des* Prologs *erst zusammenhängend kritisierbar (vgl.* Ein Prolog, *›Quellen‹, S. 554, 18ff.). Insofern unterscheidet sich ihre subjektiv-objektive Tragik gleichermaßen von der nur subjektiven Tragik Andreas (in* Gestern*), der Tizianschüler (im* Tod des Tizian*) und Claudios (in* Der Tor und der Tod*) wie von der nicht-tragischen Konfliktlösung des Märchens. Zum Motiv der Bestrafung (alt-)jüngferlichen Stolzes in der von Hofmannsthal rezipierten Lokalsage vgl.* Ein Prolog, *S. 126, 6—13 mit Erl.*

ERLÄUTERUNGEN   549

100,16—105,20 Stolz, gnädige Frau ... sie kann nichts dafür, sie kann nichts dawider, sie muß ... *Der Übergang in die Alltagsprosa, dem Dianora nur zögernd folgt (vgl. S. 100,18f.), zeichnet exakt die Durchstoßung des traumhaften Bewußtseins nach, in welchem Dianora bis dahin und dann — wissend doch nicht bewußt — wieder befangen ist (S. 105, 24ff.), wobei nur, vom Standpunkt des Prologs, das zu sich selbst kommende (poetische) Bewußtsein des Dichters (Leser-Hörers), nicht aber Dianoras von der (tragischen) Vergeblichkeit dieses spekulativen Lösungsweges ins Bild gesetzt wird.*

100,18 Wie sonderbar, und Demut ist so süß *Die Demut, zu welcher sich Dianora hier bekennt, kann von ihr, wenn Messer Braccio sein Verhör beginnt (S. 109,17/31), nicht aufrecht erhalten werden (vgl. S. 109, 37—110, 3; 110, 37—117, 7; 112, 9—23; 113, 24—26).*

101,27f. Seine Wunde ist noch immer nicht ganz geheilt. *An einer nicht heilen wollenden Wunde leidet, bis zu seiner Erlösung durch die — zunächst unterlassene — Frage Parzivals, auch König Amfortas in der Gralssage.*

101,30—103,10 Ach ja, der Biß ... Ach, unser Herr. *Während auf der Vorstufe (N 2) Messer Braccios Gewaltnatur ihm selbst noch ins Bewußtsein reicht (*AMME: er hat Sorgen wegen der Geschichte mit dem Gesandten den er hat ins Wasser werfen lassen*) und von Dianora als Hinderungsgrund ihrer nicht gelebten Ehe erfahren wird (sie sagt von ihrem Mann:* ja er ist stark, aber man hat keine Freude dran*), beschränkt sich deren Problematisierung im fertigen Text auf den ergebnislos verlaufenden Explorationsversuch der Amme (S. 103, 21—104, 32). So geht denn Messer Braccio auf dem Wege spekulativer Selbst-Ergründung seiner nicht heilen wollenden Wunde aus der Sicht des (wissenden) Rezipienten tragisch in die Irre. Vgl. auch die Erl. zu S. 105, 24—34 und ›Quellen‹, S. 508, 9—15.*

103,33 Ein Schafhirt ... hat's gesehen. *Über die Gestalt des Schafhirten, der hier als Zeuge der vorgefallenen Gewalttat Messer Braccios auftritt, wird die Verbindung hergestellt zur Gestalt des* blödsinnigen zerlumpten Hirten *im* Prolog, *der dort die Kultur des jahrhundertelang unterdrückten rhätischen Volkes repräsentiert und von den Auswirkungen dieser Unterdrückung in seiner* wirre⟨n⟩ Rede *auch beredtes Zeugnis ablegt (vgl.* Ein Prolog, *S. 123, 2—11; 124, 6—9; 126, 9 mit Erläuterungen). Ein Hirte ist auch Zeuge der Aussetzung des Ödipus in* König Ödipus *(SW Bd. VIII, S. 176, 8—27).*

104, 4—29 Unser Herr ... Schafhirt gesagt. *Zur Rezeptionsvorlage vgl. ›Quellen‹, S. 508, 5—7.*

104,16/26 die Adda *Linker Nebenfluß des Po, den Hofmannsthal von Bergamo kommend und über Pusiano nach Como weiterfahrend auf der letzten Etappe seiner Reise bei Lecco überquerte (vgl. B I 223). Der Fluß entspringt in den Rhätischen Alpen, durchfließt das Veltlin und dann den Comer See, durch dessen Moränenkranz er sich bei Lecco in einem 80 m tiefen Canon den Weg in die Poebene bahnt. Weitere Stationen seiner Reise, die durch ihre Namen Eingang in den Text der* Frau im Fenster *gefunden haben, sind* Bergamo (S. 110, 37) *und* Feltre (S. 111, 1) *sowie, ohne Namensnennung, aber mit ausdrücklicher Bezugnahme auf zwei dort verlebte sehr schöne stille und gehobene Tage, denen er im Ort der ersten Liebesbegegnung Dianoras mit Palla degli Albizzi eine Stätte bleibender Erinnerung geschaffen hat,* Vicenza *(vgl.* ›Quellen‹, *S. 507, 20—22 sowie die Erl. zu S. 110, 37 u. 111, 1). Vgl. auch* Ein Prolog, *S. 121, 37f. mit Erl.*

105, 8 Ergebung in den Willen des Herrn *Vgl. auch Goethes* ›Noten und Abhandlungen zu besserem Verständnis des west-östlichen Divans‹ *(*›Buch der Parabeln‹*) und dazu Katharina Mommsen,* ›Hofmannsthal und Fontane‹ *(Bern, Frankfurt, Las Vegas 1978) S. 206. Weiter nachgegangen unter Einbeziehung des Goetheschen* ›St. Rochus Fest zu Bingen‹ *ist Katharina Mommsen dem Motiv in ihrem Festvortrag* ›Hofmannsthals Theaterdichtung als Schicksalsauftrag‹ *(in:* Hofmannsthal und das Theater. Die Vorträge des Hofmannsthal Symposiums Wien 1979. Hrsg. von Wolfram Mauser, Wien 1981 ⟨Hofmannsthal Forschungen Bd. 6⟩, S. 157f. u. S. 166, Anm. 37).

105, 15—20 Er sagt ... sie muß. *Die Amme sagt, einer Arbeitsanweisung im Entwurfsstadium (N 2) folgend, hier in ihrem Predigtresümee über Jesus was Dianora aus ihrer Liebe heraus alles erkennt und bejaht (vgl.* ›Varianten‹, *S. 514, 21—22). Die beiden Verse, in welchen sie, einer anderen Notiz (N 1) zufolge, in ihrer Sprache die gewonnene Einsicht in das geheimnisvoll unentrinnbare des Schicksals auszusprechen hatte (vgl. S. 514, 10—11), sind ihr indessen im fertigen Text genommen (vgl. S. 516, 1—4). So behält in dieser für das Schicksal Dianoras entscheidenden, von ihr selbst durch keinen noch so spekulativen (ja die* Gedanken *der* Todesstunde *selbst antizipierenden) Gedankenvorgriff mehr einzuholenden Frage die Amme mit ihrer volkstümlich-religiösen, der Spruchweisheit des Angelus Silesius angenäherten Schicksalsauffassung das letzte Wort. Zu den mancherlei Anklängen an die Sprüche des* ›Cherubinischen Wandersmann‹ *vgl. etwa im 1. Buch: Nr. 8, 10, 80, 88, 277—81, 289; im 2. Buch: Nr. 193; im 6. Buch: Nr. 40. In die Zeit der frühen Silesius-Rezeption (vgl.* ›Quellen‹, *S. 508, Anm. 9) fällt auch die ihrer Nähe zur vorliegenden Stelle wegen bemerkenswerte Tagebucheintragung vom 13. VI.* ⟨1891⟩: Das Wesen des Steines ist Schwere, des Sturmes Bewegung, der Pflanze Keimen, des Raubthieres Kampf ... in uns aber ist alles zugleich: Schwere und Bewegung, Mordlust und stilles Keimen, Möwenflug, Eisenklirren, schwingende Saiten, Blumenseele, Austernseele, Pantherseele *(A 93).*

105, 24—34 Wie abgespiegelt ... selber bin *Die zweimal gesetzte Spiegel-Metapher erweist die später von Hofmannsthal auf den Begriff gebrachte Selbstabspiegelung der Madonna Dianora (A 228) als Ausfluß eines im ursprünglichen Wortsinn spekulierenden Bewußtseins, das bei aller Bemühung, sich in den Setzungen des Nicht-Ich seiner selbst zu vergewissern, doch gewissermaßen nur sich selber* »zusieht«, *wissend, daß* »es« *selber ist (S. 105, 33f.), während es, nur immer über sich selbst (sein Spiegelbild)* »gebeugt«, *seine Arme vergebens nach dem Boden* »streckt« *(S. 105, 31f.). Vgl. auch, zur selektiven Rezeption gerade dieses zentralen Motives schon durch die Zeitgenossen,* ›Zeugnisse‹, *S. 531, 26—29 u. 537, 3f.*

ERLÄUTERUNGEN   551

107,37—108,4 Bleib auf der Landstraße … Geh heim *In der Abschließung gegen das Eintreten des* von schlechtem Wein *betrunkenen Landstreichers zwischen unsern Gärten hier zeigt Dianora Anzeichen jener später (S. 111,12—32) von ihr selbst als schuldhaft erkannten und von ihr* gebeichtet⟨en⟩ *und be-*
reut⟨en⟩ *Verhärtung gegen das Los der Armen, mit welcher sie bisher, von ihr selbst kaum bemerkt, am herrschaftlichen Leben ihres Mannes teilgenommen hat (vgl. auch S. 108,3) und die erst im Verlauf der »Anamnese« des Prologs in ihrer subjektiv-objektiven Tragik voll erkennbar wird (vgl. etwa* Ein Prolog, *S. 125, 23—38 mit Erl.).*

109,37 Meines Vaters Name war Bartholomeus Colleoni *Mit der Namensanleihe bei der historischen Gestalt des berühmt-berüchtigten Renaissance-Kondottiere Bartholomeo Colleoni (1400—1475), dessen Grabkapelle in Bergamo er unterwegs besichtigt hatte (B I 222) und deren er noch in einem gleichzeitig entstandenen Reisebrief gedenkt (P I 289), stellt Hofmannsthal die Fabel der* Frau im Fenster *offenbar bewußt in jenen historischen Zusammenhang, der die gesamte heroische Vergangenheit des italienischen Volkes mit seiner noch unbefriedeten, vom Nachhall der Einigungskriege widertönenden Gegenwart und unentschiedenen, starr auf die Möglichkeiten seiner Freiheit und seines Glückes ausblickenden Zukunft zusammenschließt (ebd. 289 f.). Zur historischen Gestalt Bartholomeo Colleonis vgl. Paul Clemen, ›Bartolomeo Colleoni‹ (in: Bilder und Studien aus drei Jahrtausenden. Eberhard Gothein zum 70. Geburtstag als Festgabe dargebracht. München, Leipzig 1925, S. 107—142). Vgl. auch die Erl. zu S. 117,3.*

110,1 den englischen Gruß sprechen *Das Ave Maria. Seinem dritten Teil (»Heilige Maria, Mutter Gottes, bitte für uns* ⟨arme⟩ *Sünder«), welcher dem altkirchlichen Formular zunächst nicht angehörte, wurden später, man vermutet aus dem Brevier der Franziskaner, noch die Worte hinzugefügt: »Jetzt und in der Stunde unseres Todes« (Wetzer und Welte's Kirchenlexikon, a.a.O., Sp. 1743 f.).*

110,7 wie eine zum Reißen gespannte Saite *Vgl.* Die Frau ohne Schatten, *SW Bd. XXVIII, S. 171.*

110,26 Meine Schwester Medea *Auch historisch die jüngste, frühverstorbene Tochter Bartholomeo Colleonis. Ihr Grabmal befindet sich heute ebenfalls in der zu S. 109,37 erwähnten Grabkapelle und wird von Hofmannsthal in dem dort aufgeführten Reisebrief eigens erwähnt (a.a.O., S. 289).*

110,37 Bergamo *Vgl. die Erl. zu S. 104,16; 109,37 u. 111,12.*

111,1 Feltre *Vgl. die Erl. zu S. 104,16 und dazu B I 218 (Nr. 173).*

111,12 Von Bergamo, wo sie mich gehen lehrten *Ort der Kindheit Dianoras (vgl. S. 110,37—111,1), von welchem ein vom Gefühl der Befreiung zeugender Brief Hofmannsthals an die Mutter datiert (B I 222 f.).*

111,19 drei Tage nach Sankt Magdalena *Am 25. Juli. Der Sankt Magdalenentag selbst (22. Juli) ist in Dianoras Erinnerung Glück- und Unglückstag zugleich: Zeitpunkt ihrer ersten Liebesbegegnung mit Palla degli Albizzi, auf welche allerdings durch* Braccios tückisch⟨en⟩ Bruder *bereits ein erster bedrohlicher Schatten fällt (S. 112, 32–113, 4 u. 113, 5–15), und Tag, von welchem* das garstige Ding *(die nicht heilen wollende Wunde) an der* rechten Hand *ihres Mannes herrührt (S. 112, 30f.). Zweigestaltig wie die Figur der biblischen Maria Magdalena, in welcher sich, in der Legende, Maria die große Sünderin, und Maria die Schwester des Lazarus überlagert haben, ist ihr Gedächtnistag auch in der religiösen Vorstellung des Volks: Mädchen, denen an diesem Tage die Zöpfe zurückgeschnitten werden,* »bekommen schöne, lange Haare«, *man soll aber an diesem Tag* »nicht heiraten, nicht reisen, überhaupt kein wichtiges Geschäft tun oder antreten«, *da sonst großes Unglück droht (Handwörterbuch des deutschen Aberglaubens, Bd. 5, 1932/33, Sp. 1684–1686).*

112, 18 des Schleiers nie bedurft *Vgl. Der weiße Fächer (V. 133–135), wo Fortunio das Kindsein seiner verstorbenen Frau in der Erinnerung so zusammenfaßt:* Ja unberührbar, keiner Scham bedürftig, / weil Scham doch irgendeines Zwiespalts Kind / und sie so völlig einig in sich selber.

112, 29–113, 11 Chieregatis Hochzeit *Zur Rezeptionsvorlage vgl.* ›Quellen‹, *S. 507, 20–22.*

114, 18 macht eine Schlinge *Vgl. Erl. zu S. 99, 12.*

114, 19f. gegen sich nach oben ... schnell gefallen. *Vgl. die ursprünglich (1 H¹– 3 tH) drastischer ausgeführte Schlußhandlung,* ›Varianten‹, *S. 518, 29–38. Sie erinnert an Kleists* ›Penthesilea‹-*Schluß:* »So! So! So! So! Und wieder! – Nun ists gut. (Sie fällt und stirbt.)«

EIN PROLOG

ENTSTEHUNG · QUELLEN

ENTSTEHUNG

Der Prolog zur Frau im Fenster *blieb, trotz unmittelbarer zeitlicher Nachbarschaft und genetischer Zusammengehörigkeit,[1] in der Überlieferung der Drucke von seinem Bezugstext streng getrennt,[2] ja es scheint sogar, als habe sich diese Trennung, mit Hofmannsthals Billigung oder zumindest Duldung, im Verlauf der separaten Druckgeschichte noch vertieft.[3] Das überrascht zunächst, wird aber vielleicht verständlich, wenn man bedenkt, daß im* Prolog *die gesamte in der Genese der* Frau im Fenster *geleistete Bewußtseinsarbeit noch einmal aufgenommen und in der Form einer immerhin ungewöhnlichen, ihrerseits metaphorischen Genese-Selbst-Deutung thematisiert wird,[4] so daß der Eindruck entstehen kann (ursprünglich wohl sogar entstehen sollte), nicht alles, was innerhalb der Genese der* Frau im Fenster *zum Ausdruck drängte, finde sich im fertigen Text derselben auch wirklich ausgedrückt, es brauche also, zu dessen vollem Verständnis, der vergleichenden Deutung (fortlaufenden Deutungs-Sinn-Ergänzung) aus der Per-*

---

[1] Vgl. Die Frau im Fenster, ›Entstehung‹, S. 505.

[2] Vgl. ›Überlieferung‹, S. 557, und Die Frau im Fenster, ›Überlieferung‹, S. 512f. Beachtung in diesem Zusammenhang verdient vor allem die Tatsache, daß Hofmannsthal es unterlassen hat, in die erste Buchausgabe der Frau im Fenster (6 D²) den Prolog mit aufzunehmen. Auch in den teilweise schwierigen Verhandlungen mit dem S. Fischer Verlag um die Freigabe der Frau im Fenster für die Insel-Ausgabe der ›Gedichte und Kleinen Dramen‹ (›Zeugnisse‹, S. 542–544) wird der Prolog, dessen Abdrucksrechte sich für ein Kompensationsgeschäft mit dem nach eigener Auffassung geschädigten Verleger angeboten hätten, nicht einmal erwähnt.

[3] Der (einzige) Wiederabdruck des Prologs in den ›Rodauner Nachträgen‹ (4 D²) stellt den Text, unter Fortlassung der Bühnenanweisung, unter die Unveröffentlichte⟨n⟩ Gedichte! Ob die überlieferungsmäßig isolierten, nach Maßgabe ihres jeweils sekundären Überlieferungszusammenhangs indirekt datierbaren beiden Titelerwähnungen (VIII 13.9 grosser Prolog / Alkestis / etc. ⟨1898?⟩ und H III 209.4ᵃ grosser Prolog zu Mad⟨onna⟩ Dianora, umseitig Notiz Der Maranne, enthalten im Notizen-Konvolut zu Romantisches Lustspiel, teilw. dat. Oktober 1918) mit den beiden Drucken 3 D¹ (1898) und 4 D² (1918) in Verbindung zu bringen sind, bleibt fraglich. — Als absolut fürs Vorlesen bestimmt (so daß die Bühnenanweisung eigentlich von Anfang an funktionslos wäre?) bezeichnet Hofmannsthal den Prolog bereits in seinem Brief an Hermann Bahr vom Oktober 1897 (vgl. ›Zeugnisse‹, S. 524).

[4] Vgl. Die Frau im Fenster, ›Quellen‹, S. 505f.

spektive der Genese-Selbst-Deutung im Prolog.[1] *Die Vermutung liegt nahe, Hofmannsthal selbst habe diese verlängerte Bindung der* Frau im Fenster-*Deutung an das Verständnis eines zweiten, in dieser Form zudem unikalen Textes je länger je mehr für überflüssig, ja schließlich vielleicht sogar für störend angesehen und also die ›verlängerte genetische Nabelschnur‹ durchtrennt.*

QUELLEN

Völlig durchtrennt bzw. bis zur Unauflösbarkeit verwirrt erscheinen denn, bei Eliminierung des Prologs, *auf diese Weise auch die zahlreichen und, wie es scheint, alle über ihn verlaufenden Fäden historisch-konkreter, zeitgeschichtlich-aktueller Dependenzverhältnisse zwischen der* Frau im Fenster *und der der durch sie bezeichneten Realität. Sie gilt es daher, auf dem Wege einer realitätsbezogenen Quellenanalyse des* Prologs *und — durch diesen hindurch — der* Frau im Fenster, *in erster Linie wieder zu verknüpfen bzw. in ihrer ursprünglichen Anordnung zu rekonstruieren. Vielleicht, daß dabei auch der scheinbar fehlende, in Wirklichkeit nur unterbrochene Realitätsbezug der* Frau im Fenster *wieder in Erscheinung treten kann.*

1

Da ist zunächst das kryptothematische Motiv des niederen (realitätsbezogen: unterdrückten) Volkes. Die Frau im Fenster *kennt es, nach Ausblendung der hart (bis in die Nacht) arbeitenden* Winzer,[2] *des isolierten (sich selbst einsperrenden)* Alten,[3] *des fremden (in seinem Zustand hilfsbedürftigen)* Menschen am Kreuzweg[4] *und schließlich des — wenn auch nur in Gedanken — am Betreten der (privaten) Gärten gehinderten* Betrunkenen von der Landstraße,[5] *nur in der volksnah-realistischen Figuration des* Ammen-Parts, *die freilich für die idealistische Verblendung (spekulative Ich-Befangenheit) der* Dianora *und, aus der Perspektive ihrer nicht-gelebten Ehe, mittelbar auch* Messer Braccios *zum Prüfstein wird.*[6] *Anders im* Prolog, *der damit nicht nur den Deutungssinn der* Frau im Fenster *vollends auffüllt (komplementär ergänzt), sondern auch die beiden Texten gemeinsamen historisch-konkreten, zeitgeschichtlich-aktuellen Realitätsbezüge erkennen läßt: Unter der schon dem Entwurfsstadium angehörenden (dort beherrschenden), im fertigen Text durch diejenige des* blödsinnigen / zerlumpten Hirten *alias* Narr⟨en⟩ *ersetzten Gestalt des* alte⟨n⟩ Mann⟨es⟩ *der rhätisch spricht*[7] *wird die Knechtsgestalt des ehemals freien, nun entmündigten, durch*

---

[1] *Ebd.*
[2] Die Frau im Fenster, *S. 95, 19–22.*
[3] *Ebd. S. 96, 34–37. Vgl. auch* ›Varianten‹, *S. 514, 17.*
[4] *Ebd. S. 97, 3–8 u. 12–14.*
[5] *Ebd. S. 107, 36–108, 5.*
[6] *Vgl. die Erl. zu S. 100, 16; 101, 30 und besonders 105, 15–20.*
[7] *Ein* Prolog, *S. 123, 2f. u. 126, 4 und dazu* ›Varianten‹, *S. 558. Die Ersetzung durch den* alte⟨n⟩ Mann, *der den Leib der Schlafenden im Arm, gewickelt in ein ... Tuch* getragen bringt, *und dem poetischen Ich der dargestellten Traumreise im übrigen befiehlt wie ein Bauer seinem Knecht, ist vollzogen im fertigen Text. (Betr.:* Ein Prolog, *S. 121, 14–29.)*

Jahrhunderte wechselnder Fremdherrschaft in seiner kulturellen Identität bedrohten Ladiner-Volks erkennbar,[1] *durch dessen ehemals zusammenhängendes, nun auf einzelne Sprachinseln beschränktes Siedlungsgebiet den Verfasser der* Frau im Fenster *seine Reise führte*[2] *und auf dessen gerade damals wiederentdeckte (komparatistisch zurückgewonnene) rhätoromanische Sprache*[3] *er als eingeschriebener Student der Romanistik*[4] *bereits vor Antritt seiner Reise gestoßen sein mochte.*

2

Ähnlich verhält es sich mit dem zumindest für die Frau im Fenster *kryptothematischen Motiv der bedrohlichen (realitätsbezogen: elementaren) Natur. Aus der – vom Ende her betrachtet – trügerischen Gartenidylle des großen Eingangsmonologs der* Dianora *so gut wie ausgeblendet, meldet sie sich im weiteren Handlungsverlauf nur noch sporadisch zu Wort,*[5] *um freilich in der Gewaltnatur* Messer Braccios *schließlich allesvernichtend über sie hereinzubrechen.*[6]

Die scheinbare Sinnlücke schließt sich auch hier durch Auffüllung mit dem komplementären Deutungssinn des elementaren Naturgeschehens im Prolog,[7] *wobei zugleich der Realitätsbezug zu der von Hofmannsthal durchfahrenen (erhabenen) Gebirgslandschaft erkennbar wird,*[8] *deren Bewohner die ihr abgewonnene menschliche Kultur nicht so sehr einzeln zu besitzen als vielmehr in gemeinsamer Anstrengung immer wieder aufs neue gegen den Einbruch der Naturgewalten zu verteidigen gewohnt sind.*[9]

---

[1] Vgl. die Erl. zu S. 122, 19–21 (2); 122, 33–37; 123, 2–11; 123, 12; 123, 14 und 123, 14–22.
[2] Vgl. die Erl. zu S. 123, 12.
[3] und (ungeschriebene) Literatur. Zur Sache vgl. die Erl. zu S. 122, 19–21 (2) und die dort angeführte Auswahlliteratur. Vgl. auch die Erl. zu S. 123, 14.
[4] Hofmannsthal hatte seit seinem 5. Wiener Studiensemester (WS 1895/96) regelmäßig Vorlesungen und Übungen zum Studium der Romanischen Sprachen und Literaturen belegt, darunter zweimal (WS 1895/96 und WS 1896/97) die komparatistische Einführungsvorlesung Wilhelm Meyer-Lübkes. (Vgl. Hugo von Hofmannsthal. Ausstellung. Katalog bearb. von Franz Hadamowsky. Salzburg 1959, S. 72 f.)
[5] In der Erzählung der Amme von der Ertränkung des Comoischen Gesandten in der Adda, *die ganz dunkel und reißend war von dem vielen Regen im Gebirg (S. 104, 4–29. Hier 26–28)* und vom Biß des Pferdes als Ursache der nicht heilen wollenden Wunde Messer Braccios (ebd. S. 101, 27–102, 33. Hier bes. S. 102, 26–28).
[6] Die Frau im Fenster, S. 114, 15–19. Vgl. auch ›Varianten‹, S. 518 f. und die Erl. S. 552, 21–24.
[7] Ein Prolog, S. 121, 10–127, 27; hier bes. S. 121, 20–23; 123, 26–37; 124, 22–24.
[8] Vgl. (andeutungsweise) B I 171, 172 und (deutlicher) die folgenden Tagebucheintragungen: ⟨14. 8.⟩ ... *fahre den Brenner hinab, hinter mir ein Gewitter, ...* ⟨15. 8.⟩ ... *fahre gegen Abend unter großen dunkelnden Wolken bis Cortina.* ⟨18. 8.⟩ ... *hinter mir die glänzenden Dolomiten, steil hinab nach Longarone, ...* (H VB 3.10)
Für den erhabenen Eindruck, den Hofmannsthal von den Dolomiten empfangen hat, spricht auch der Schlechtwetter-Vergleich von den offenbar nur sichtbaren Füße⟨n⟩ *der Berge, aus denen man ja die Landschaft erraten kann, mit den Fragmenten von griechischen Statuen* (B I 172). Vgl. auch Die Frau im Fenster, ›Quellen‹, S. 509.
[9] Eine direkte Bezeugung dieses nur dichterisch darzustellenden Sachverhaltes fehlt. Als Einzelmotiv verdient vielleicht die Hervorhebung der Schönheit der Ampezzaner (Leute von Cortina) durch Hofmannsthal Beachtung (B I 172), die sich schon früh (im Verband mit den

3

Betroffen von der nachträglichen (überlieferungsbedingten) Trennung der beiden genetisch zusammengehörenden, in ihrem Deutungssinn komplementären Texte ist schließlich das Gesamtverständnis dieser beiden Texte, worunter, weil es ihm offenbar an direktem historisch-konkreten Realitätsbezug gebrach, vor allem das Verständnis der Frau im Fenster *in der Vergangenheit zu leiden hatte.*[1] *Während nämlich* Ein Prolog *allein schon durch seine zeitlich-thematische Nachbarschaft zu den Anfängen der Freudschen Psychoanalyse wirkungsgeschichtlich relevant geblieben ist,*[2] *schien die ihres textgenetischen und — weitaus einschneidender — realgeschichtlichen Zusammenhangs entkleidete* Frau im Fenster *keine forschungs-/deutungsrelevanten Fragen aufzuwerfen. Dabei erweist sich, bei behutsamer Rekonstituierung dieses doppelten Zusammenhangs, das formal unauffällige, inhaltlich konventionelle kleine Drama, das unter seinesgleichen allenfalls durch die große, in dieser Ausgabe zum erstenmal vereinte Zahl der Selbst- und Fremdbezeugungen bemerkenswert erscheint, als genuiner, wenn auch nicht ganz ans Ziel gekommener Prozeßtext, aus dessen inhaltlich offener, formal unabgeschlossener Sinngebung der Rezipient auf dem Wege komplementärer Sinnergänzung erst den gesuchten Deutungssinn hervorzubringen hat: Im selben Maße wie im* Prolog *dem poetischen (und damit auch dem Rezipienten-)Ich auf seiner Traumreise durch die Welt des Unbewußten die unterdrückte (scheinbar untergegangene) Natur des Volkes, das blinde (scheinbar sinnlose) Treiben der Natur und die scheinbar entschlafene (noch nicht zum Bewußtsein ihrer selbst gelangte) Geist-Natur (Traumliebe-Verkörperung) des Menschen in ihren* geheime⟨n⟩ *Beziehungen bewußt werden,*[3] *im selben Maße — sich mitbewegend also mit den Momenten jenes im* Prolog *ablaufenden Bewußtwerdungsprozesses*[4] *— erkennt der Rezipient den großen, tragisch dimensionierten Fehler im Verhalten Dianoras (und Messer Braccios), das solchermaßen realitätsbezogen kritisierbar wird.*

Gemeinden des Cadore) eine republikanische Verfassung gaben und, als einzige Alpenrepublik der ehemaligen Rhaetoromania, Teile ihrer immer wieder hart umkämpften Autonomie bis weit ins 19. Jahrhundert bewahrten. (Vgl. Josef Richebuono, Der Kampf der Gemeinde Ampezzo um die Erhaltung ihrer Autonomie. In: Ladinia. Sföi culturâl dai Ladins dles Dolomites. 1, 1977, S. 151–172.) Vgl. auch, zum politischen Bedeutungs-Erwartungshorizont der Varese Reise, Die Frau im Fenster, ›Quellen‹, *S. 510 nebst Anm. 2, 4, 5.*

[1] *Die Interpreten sind dem Text in der Regel ausgewichen, besonders auffällig Peter Szondi in seiner sonst frisch zupackenden Darstellung des »jungen Hofmannsthal« (Nachweis bei Erl. zu S. 99, 25–106, 21).*

[2] *Hingewiesen sei auch auf die enge thematische Beziehung zur Beschreibung einer Traumreise durch Hippolythe Taine im Anhang zu seinem Buch* ›L'intelligence‹, *Bd. 1, Paris* [5]*1888, S. 400–404 (Note III: Sur l'accélération du jeu des cellules corticales). Hier S. 402–404. In seinem Exemplar unterstrich Hofmannsthal den Satz: »j'y marchais, ayant conscience de suivre un guide que je ne voyais pas« (S. 403) und notierte am Rand zum Beginn des Exkurses mit Bezug auf Richard Beer-Hofmanns gleichnamige (später unter dem Titel* ›Der Tod Georgs‹ *veröffentlichte) Erzählung:* Götterliebling *(S. 400).*

[3] *So schon, in der Form der Arbeitsanweisung, programmatisch im Entwurfstadium des* Prologs *(N 2): geheime Beziehungen springen auf.*

[4] *Vgl. Verf., Vaterländische Prozeßfiguration und dichterisches Prozeßverhalten in Hölderlins* ›Franciska‹-Ode. Ein philologischer Versuch. *In: Hölderlin-Jahrbuch 18, 1973/74, S. 62–96 und 19/20, 1975–77, S. 156–211.*

ÜBERLIEFERUNG

- N 1   H VB 10.29^{a-b} – Gefaltetes Briefblatt. 29^c: unbeschrieben, 29^d: Notiz zu Das Mädchen mit der Maske.
- N 2   E II 107.15; jetzt FDH-II 20002 – Vorentwurf und Notiz zu S. 124, 31–126, 32 (V. 283–387). Untere Blatthälfte von pag. 13/1 H^1, durch Querbalken vom fortlaufenden Text abgetrennt.
- N 3   E II 107.17^b; jetzt FDH-II 20002 – Vorentwürfe für S. 121, 8–126, 25 (V. 143–356), S. 117, 13–25 (V. 1–13). 17^a: pag. 15 von 1 H^1.
- N 4   E II 107.18^b; jetzt FDH-II 20002 – Entwurf für S. 121, 20–126, 35 (V. 155–365). 18^a: pag. 16 von 1 H^1.
- 1 H   E II 107.1–21; jetzt FDH-II 20002 – Niederschrift. Konvolutdeckblatt mit der Aufschrift Prolog zu ›in einem Fenster‹, datiert Varese 28, 29, 30 August ⟨1897⟩. 19 Blätter, pag. 1–19.20, sowie ein unpag. reinschriftliches Vorsatzblatt (Bühnenanweisung), das möglicherweise erst kurz vor dem Erstdruck entstanden ist. Am Fuß der Seiten Verssummenzähler, am Schluß Gesamtsumme 464 Verse.
107.2^b: Durchstrichener Gedichtentwurf Schaust nicht nur aus hellen Lidern ...; 107.9^b: architektonische Skizze; 107.15^a: untere Hälfte: N 2; 107.17^b: N 3; 107.18^b: N 4; 107.20^b: Notiz zur Idylle Das Mädchen mit der Maske; 107.21^b: pag. 20.
- 2 th   E XXII 15.1–18 und 16.1–18. – Typoskript mit Durchschlag, beide von fremder Hand korrigiert. Auf dem Original unter dem Titel Ein Prolog. Von Hugo von Hofmannsthal Datierung von fremder Hand: 1898, die sich wahrscheinlich auf die Typierung bezieht.
- 3 D^1 Ein Prolog. Von Hugo v. Hofmannsthal. In: Neue deutsche Rundschau, IX, 1898, 1./2. Quartal, 6, S. 595–604. Textgrundlage.
- 4 D^2 Ein Prolog In: Rodauner Nachträge. Erster Teil. Zürich, Leipzig, Wien: Amalthea Verlag 1918, S. 19–34. Enthält den Text ohne die Bühnenanweisung.[1]

VARIANTEN

N 1

                Prolog

eben wie sie sich vom Schlaf erhebt   könnte ich malen   ich spürte ihren ganzen Leib dabei   das Dehnen   Kühe die sich auf fernen Triften auf die Knie erheben und gleichzeitig hörte ich draussen wie mehrere Stimmen durcheinander klingend sagen 72 Stunden   und die wundervollste Landschaft wird unter Nebel hell   in diesem Augenblick erwachte ich   ich war ganz vorgebeugt wie einer der sich bücken will etwas aufzuheben   ich hatte in den Augen das Verschlafene.

Jetzt müssen wir aber gehen   es könnten auch Puppen spielen, vielleicht noch besser   Puppen haben eine unglaubliche Anmuth   auch in der Verzweiflung diese gelösten Glieder

557, 32 f.   Kühe die sich ... erheben Nachtrag am Rand des Blattes

---

[1] Vgl. ›Entstehung‹, S. 553, Anm. 3.

N 2

dann wird der Stier ausgeschifft   schlafsüchtige Frau, Fluss wird breiter stiller   merkwürdige Uferbauten   ich spüre alle Hände die sie gebaut haben während der Reden des Hirten erinnere ich mich an unglaublich viel von mir und weiss auch von der Frau eine Menge   ja ihre Müdigkeit Schlafsucht   wieder dunkelts   gegen 2ten Morgen kommen sie an
wichtig: fortwährend beziehe ich alles auf diese Mission auch die erwähnten Dinge Fische, Kühe Gesten, auf mich und die Frau   geheime Beziehungen springen auf

N 3

indess er träumt sagt er sich ich habe das
alles schon einmal erlebt
er weiss riesig viel von dem Land
aber alles schein⟨t⟩ sich auf das gefährdete
Mädchen zu beziehen
Folgt Entwurf V. 1—14a (S. 117, 13—25).
117,13:   *(1)* nicht
              (2) nein nicht im Bandello steht *(a)* der Stoff er steht woanders
                                                (b) sie sie steht woanders
117,24f.:   Auf Leuten die was kö⟨nnen⟩ *(1)* steht
                                          (2) ist die Welt
              gexxxx der grosse Lebensgarten hier
              Mit seinen *(1)* Lebensbä⟨chen⟩ Lebens *(a)* flüssen
                                                    (b) strömen
                         (2) heiligen Gipfeln heilig⟨en Strömen⟩
Das ganze Blatt zum Zeichen der Erledigung durchstrichen.

N 4

            Prolog.
ein alter Mann der rhätisch spricht   das Mädchen hat er auf einem Wagen. Sie hat die Kutte. ich weiss sogleich Pestgelübde   ich weiss von wo die Winde herkommen   welche Steine gebrochen werden   wie der Zug der Fische ist. sehe die Landschaft zuerst nur in Blitzen, dann in einem trüben Tanz wie unter Wasser. viele Stunden lang   nur immer die nächste Felsplatte den nächsten Wirbel   Dir schwindelt und doch vergesse ich fortwährend wie Tropfen vom Leib eines der aus dem Bade steigt rinnt es in einem fort ab   der Blödsinnige
rother und weisslich schimmernder Granit   Lachsforellen werden in Zäunen Thon u Glimmerschiefer mit Granaten   mit Kästen gefangen   Aale bei Granit, Marmor   aufgeregter See   Forellen
Kastellruinen
sie sind meine Kämpfe
und alles das bezog sich immerfort auf mich und meine Geschichte
plötzlich kam mir wie ein Einfall über sie und mich
558,32   einem ... Wasser *gestrichen*

VARIANTEN

1 H

117, 27	saß:] sass.
118, 4	diesem Zaub'rer *aus* dem Holzschneider
118, 20 f.	in die schaumbedeckten ... zu Boden *aus* in den Zaum der rauchte, greifend sie zu Boden zwangen.
118, 24—31:	*nachgetragen*
119, 2:	*aus* und als den Lohn für hingegeben Blut
119, 3	schwerlose *aus* farblose
119, 7	das aus diesem Spiegel *aus* das mit *(1)* unbew⟨egten⟩ Götteraugen 　　　　　　　　　　　　　　　　　　*(2)* stillen Augen
119, 16:	als gält es *(1)* leichte *(a)* Pfirsche 　　　　　　　　　　*(b)* Früchte abzupflücken 　　　　　*(2)* Mohrenköpfe abzuschlagen
119, 20	Griffel *aus* Hammer
120, 4—7:	*aus* *A* und nach den *(1)* Blättern 　　　　　　　　*(2)* Versen die noch immer lagen 　　sah ich *(1)* mit einem 　　　　　　*(2)* zurück mit einem dumpfen Zorn 　*folgt Entwurf zu den Versen 130—134 (S. 120, 34—38)* *B* und diese Blätter lagen wie Juwelen 　*(1)* versenkt 　*(2)* und über die versenkten *C* und die Erinnerung an die 3 Tage 　die *(1)* ich 　　　*(2)* nichts vom Leben wußte die ich hasste 　mit einem dumpfen Zorn *(1)* als öde Stunden 　　　　　　　　　　　　　　*(2)* wie öde Kerker 　*folgt Entwurf zu den Versen 102—103 (S. 120, 6—7)*
120, 26	bald herhielt bald versenkte *aus* bald zeigte bald verbarg
120, 27	schattenhaften Treiben *aus* Schattenspiel
121, 9	schlechten *aus* finstern
121, 17	*aus* ich wusste *(1)* das. 　　　　　　*(2)* dass ich ihn schon kannte aber konnte nicht
121, 28	einer Frau, die *aus* einem Mädchen, d a s
121, 31	herab] hinab *ebenso S. 121, 37: herabzuführen; vgl. S. 123, 21.*

121, 33:	*davor gestrichen:* ich glitt am Anfang aus, er nicht am Ende auch er
121, 38	See sich dann] Bergsee sich
122, 7	die Schlafende *aus* den Leib
122, 13:	*aus* das Kleid des Mä⟨dchens⟩
122, 23	deren Anblick *aus* von Gestalt den süssen Mädchen ähnlich und doch
122, 28:	*aus* verlangend wär' zu sehen und zu küssen
122, 29f.	*nachgetragen, darüber die Arbeitsanweisung:* Jetzt fängt es zu giessen an
123, 8:	*aus* (1) wüthende Rede wie ein wilder Strom (2) die wirre Rede wie ein wüthend Wasser (3) die Rede wüthend wie ein reissend Wasser (4) das Reden nieder wie wüthendes
123, 12	Wäldern *aus* Dörfern
123, 13:	und (1) wusste (2) immerfort verstand ich was er meinte
123, 15:	die Tausend Jungfern mehr als (1) Tausend (2) hundert Jungfern
123, 16	gaben] geben
123, 17	in diesem Augenblick *aus* ich wusste gleich er meinte
124, 4	schlug mit seinen Hufen *aus* peitschte mit (1) dem Schweif (2) der Ruthe
124, 6	Hirt *aus* Narr
124, 14	es] Dirs
124, 24:	*aus* und immer schmaler war der Weg, (1) von Platten (2) Von Rippen, Wirbeln sägegleichen Bänken so eingeengt wie eines Tänzers Weg. (3) von Felsen so eingeengt wie eines Tänzers Pfad durch (a) eingesteckte (b) eingegrabne Messer. (c) Eier oder einge (aa) steckte (bb) bohrte Messer.

VARIANTEN 561

124,26—30: *A* den einen Streif von raschem tiefem Wasser
               kaum breiter als die Plätte
            B die Plätte in dem einen *(1)* Streif *(a)* zu
                                                  (b) zu halten
                                    (2) tiefen Streif
               kaum breiter als sie selber *(1)* hinzu *(a)* leiten
                                                      (b) zügeln
                                          (2) hinzuführen
                                          (3) zu erhalten
               das weiss ich nicht denn alle Sinne waren
               so überwach so überschwemmt von Leben
               (1) wie nie bei Tag und Nacht
               (2) wie ich's nicht sagen *(a)* kann, die Trunkenheit
               das rechte zu befehlen, floss in eins
               mit *(aa)* ungeheu
                   (bb) einer wild⟨ern⟩ grössern
                   (cc) einer andern
                   (dd) andrer namenloser Trunkenheit
                                          (b) kann.

125,14   spürte *aus* wusste

125,21f.:   von so ersticktem *(1)* Licht wie unter Wasser
                              der Tag aussehen
                              (2) Halblicht wie der Tag
                              Aussehen mag am Grund von tiefem Wasser

125,32   Frauen *aus* Kindern

126,7:   die wissen nicht wo sie *(1)* das Grab
                                    (2) die Grube haben.

126,8:   *nachgetragen*

126,10f.:   und tausend andres und ich musste[1] alles
            anhören und bei allen seinen Reden

126,15:   *danach gestrichen:*
            die Fische die im Schatten sich verbargen
            vgl. auch S.126,20 (V.350)

---

[1] *In 2 th, 3 D¹ und allen späteren Drucken:*
         und tausend andres und ich wusste alles
         und immerfort bei allen seinen Reden
Vermutlich hat Hofmannsthal die Änderung bei Übersendung der Vareser Niederschrift zu seiner Daktylotypierung auf nicht erhaltenem Beiblatt angeordnet, so daß, bei unklarer Zuordnung, im Typoskript (2 th) dieselbe irrtümlich auch (zuerst?) auf S. 125,25 bezogen wurde, wo die entstellende Lesart zu finden ist: Von diesem musst' (!) ich Alles ...

126,17f.:	*aus* die mir zu Füßen schlief: wie ihr Gesicht mir *(1)* in 　*(2)* durch den Leib mit Sehnsucht schnitt
126,23	Theile *aus* Trümmer
126,25	schwankende *aus* schwindelnde
126,26	namenlose *aus* riesenhafte
126,33	hebt] schwingt
126,37	Berge] Berg
127,4	kam *aus* war
127,6	Wind *aus* Sturm
127,7	seltsamen *aus* von nie gesehener
127,8	Gewebe] Geflechte
127,14:	*danach:* und *(1)* fand den Weg zum Steuern im 　*(2)* las den Weg zum Steuern vom Gesicht der Schlafenden auf irgend welche Weise
127,23	und ein] niedres
127,30	alle *aus* nichts als
127,31	*aus* auch Du, wie Schwimmer aus dem lichten Nebel auftauchend aus dem dufterfüllten Abgrund
128,10f.	*aus* in mich hinein wie einen Menschenleib in eine fühlende bewusste Gruft
128,11	Bewußtsein *aus* Gefühl
128,18	im Innern *aus (1)* im Ohr *(2)* in der Brust
128,19	Gefühl, mit dem *aus* Empfinden *(1)* als *(2)* wie
128,36	nahm es für ein Zeichen *aus* denk nicht dass
129,4	Treiben *aus* Spielen
129,9:	*danach gestrichen:* wer redet den⟨n⟩ noch? das andere ist umsonst.
129,14	dies spielen würden *aus* die Spieler wären

VARIANTEN   563

Emendationen

117,15	ganze kleine] ganz kleine *2 th, 3 D¹, 4 D²; emendiert nach 1 H*
117,26	einzige] Einzige *2 th, 3 D¹, 4 D²; emendiert nach 1 H; ebenso:* **118,14** alle
118,24	and're] And're *2 th, 3 D¹; emendiert nach 1 H, 4 D²; ebenso:* **118,33** einen **118,35** abends **119,10** jeden **119,14** keiner **120,39** ander'n **122,29** alles **124,1** einen **125,25** alles **127,30** andern **128,27** einer **129,2** einzelnen **129,6** alles .. alles
119,16	Blumenköpfe] Blumentöpfe *2 th, 3 D¹, 4 D²; emendiert nach 1 H*
120,21	herunterfällt] herunter fällt *2 th, 3 D¹, 4 D²; emendiert nach 1 H; vgl. auch* **123,21** u. **125,6**
121,15	stark,] stark *2 th, 3 D¹; emendiert nach 1 H, 4 D²*
123,11ff.	rhätisch] räthisch *2 th, 3 D¹, 4 D²; emendiert nach 1 H (vgl. N 4)*
123,21	herunterschoß] hinunterschoß *1 H* herunter schoß *2 th, 3 D¹, 4 D²*
124,15	durcheinander] durch einander *2 th, 3 D¹; emendiert nach 1 H, 4 D²*
125,6	daliegt] da liegt *2 th, 3 D¹, 4 D²; emendiert nach 1 H*
125,30	Tausende] tausende *2 th, 3 D¹; emendiert nach 1 H, 4 D²*
126,14	namenlosen] namenlose *2 th, 3 D¹; emendiert nach 1 H, 4 D² (Verwechslungsmöglichkeit mit* **126,26** *beim Abnehmen des Typoskripts?) Vgl. S.* **561,29f.**
128,34	so viele] soviele *2 th, 3 D¹, 4 D²; emendiert nach 1 H*

Nicht emendiert wurde, bei Übereinstimmung der Lesarten von 2 th, 3 D¹ u. 4 D² gegen 1 H, in folgenden Fällen:

119,18	in einem Fenster] »in einem Fenster«
121,21	einen Blitz] ein Blitz
123,38	Nach links!] »nach links«
125,3	wußte] wusst *(vgl. auch* **129,22** *anderes)*
126,7	sich die Grube heben] sie die Grube haben
126,27	indem] indess
126,32	Bades] Baches
127,31	du] Du
129,2	auch ein Bild] ein Bild
129,22	anderes] andres *(vgl. auch* **125,3** *wußte)*

ZEUGNISSE · ERLÄUTERUNGEN

ZEUGNISSE

27. Oktober 1899, Ria Schmujlow-Claassen an Hofmannsthal
Vgl. Die Frau im Fenster, S. 535, 34.

3. Januar 1907, an Wladimir Schmujlow
Den übergroßen und nicht sehr wertvollen Prolog zu ›Frau im Fenster‹ bitte ich nicht herzuschicken, Ich wünsche ihn nicht aufzunehmen.[1]
(*Deutsches Literaturarchiv, Marbach a. N.*)

ERLÄUTERUNGEN

117,2 gleich den Personen seines Trauerspiels *Die Verwendung des Gattungsbegriffs hebt sich ab von der versuchten Standortbestimmung zwischen dem lyrisch Dramatischen und dem wirklich Dramatischen, welche Hofmannsthal mit Blick auf die Bühnenrealisierung seiner in Varese entstandenen Texte gerade damals wieder aufnimmt (vgl. B I 278, Nr. 230). Am Anfang des Prologs zur* Frau im Fenster *darf er als Signal verstanden werden für die tragische Auffassung, welche Hofmannsthal bei der Ausarbeitung des Textes, spätestens aber des Prologs zur* Frau im Fenster *von seinem Gegenstand gewonnen hat.*

117,3 des fünfzehnten Jahrhunderts *Deutlicher noch als in der Bühnenanweisung zur* Frau im Fenster *(S. 95 u. 108, 30f.) wird hier die Historizität ihres Stoffes herausgestellt. Bezogen auf die Gleichzeitigkeit der Reiseeindrücke und -erfahrungen, welche Hofmannsthal unter dem Bild einer Traumreise im* Prolog *thematisiert und die an ihrem Ort im einzelnen erläutert werden, öffnet sich der dadurch abgesteckte historische Zeitraum jedoch zugleich zur Zeit der Handlung in der Gegenwart, in welcher, mit Blick auf die noch unentschiedene (problematische) Zukunft, die aus ihr hinterlassenen Fragen zur Entscheidung anstehen (vgl. auch* Die Frau im Fenster, Erl. *zu* S. 109, 37 *sowie* Ein Prolog, S. 126, 16—26 *mit Erl.). Zur Absetzung der wirklichen Historizität der* Frau im Fenster *(hier: Theater-Realisierung) von den entsetzlichen Tapezierkünste⟨n⟩ prunkvoller Hochrenaissance im Geiste Wilhelms II. vgl. Hofmannsthals diesbezügliche Äußerung an Otto Brahm vom 12. Dezember 1904 (›Zeugnisse‹, S. 541).*

117,13 im Bandello steht sie nicht *Novellensammlung des Matteo Bandello (1485—1561), deren Texte ein breites Spektrum zeitgeschichtlich aktueller und historisch überlieferter (auch märchen- und sagenhafter) Motive bieten und durch*

---

[1] *Gemeint ist wohl: in* ›Die gesammelten Gedichte‹, *Leipzig 1907.*

besondere, jedem Text vorangestellte Widmungsbriefe, in denen zugleich die Herkunft des Stoffes »erzählt« wird, den Rahmen der klassischen Boccaccio-Novelle sprengen (vgl. Fritz Schalk, s. n. Bandello. In: Enzyklopädie des Märchens. Handwörterbuch zur historischen und vergleichenden Erzählforschung. Bd. 1, Berlin, New York 1977, Sp. 1172—1177; hier auch Nachweis des von Bandello (3,26) aufgenommenen Märchenmotivs »Spiegelbild im Wasser«, AaTh Nr. 1335 A).

117,15f. *die ganze kleine Geschichte von Madonna Dianora* Zur Rezeptionsvorlage der Fabel von Madonna Dianora in Gabriele d'Annunzios ›Sogno d'un mattino di primavera‹ vgl. Die Frau im Fenster, ›Quellen‹, S. 506, 16—29. In anderem, vorerst noch unvermittelten Sinne spricht Hofmannsthal im Entwurfsstadium des Prologs *von seiner* Geschichte, *auf die sich alles bei der Traumreise Erlebte immerfort bezieht* (›Varianten‹, S. 558,41) und nennt daher die sich ins Bild geleisteter (Fron-)Arbeit des (anonymen) Volkes drängenden *Kastellruinen wohl auch abgekürzt seine* Kämpfe (ebd., S. 558,40 und dazu Ein Prolog, S. 125, 23—38 nebst Erl.). In der (nicht mehr begrifflichen, sondern poetischen) Formulierung des fertigen Textes ist der doppelte Bezug *auf mich ... und mein Leben und auf mich und diese Frau, die mir zu Füßen schlief,* dann ausdrücklich hergestellt (Ein Prolog, S. 126, 12f./15f.), dafür jedoch die Einheit des Begriffes aufgegeben.

117,18f. *drei Tage ... dreimal vierundzwanzig Stunden* Zur genau datierten Entstehungszeit der Frau im Fenster *(vom 24. August 1897, 3 Uhr nachmittags bis zum 27. August, 11 Uhr vormittags)* und zur direkt anschließenden Ausarbeitung des Prologs (am 28., 19. und 30. August) vgl. Die Frau im Fenster, ›Überlieferung‹, S. 512,18 und Ein Prolog, ›Überlieferung‹, S. 557,12.

117,23 *weil er sein Handwerk kann* Schon im Frühsommer 1891 notiert Hofmannsthal in sein Tagebuch: Künstler untereinander verstehen sich nicht als Künstler, sondern als Handwerker. (Am Tempel der Kunst trägt die Außenseite des Portals die mystischen Zeichen der Schöpfung und Begeisterung, die Innenseite Winkelmaß, Brille, Zirkel und Lineal *(A 92).* Vgl. auch Erl. zu S. 118, 4 und Das Kleine Welttheater, S. 139, 29—31.

117,24 *ein Geheimes* Noch im Buch der Freunde *scheint Hofmannsthal der hier behaupteten Nichterklärbarkeit des (NB! ganzen) Dasein⟨s⟩ im Sinne des diskursiven Denkens festzuhalten, wenn er schreibt:* Die Natur durchsetzt alles mit dem Geheimnis des Nichtverstehens: dieses waltet noch zwischen dem geistigen Produkt und dem eigenen Erzeuger *(A 76).* Vgl. auch die folgende Erl.

117,25f. *in geheimen Grotten steht ein Tisch gedeckt* Der scheinbare Widerspruch zur grundsätzlich behaupteten Unmöglichkeit, einen festen Standpunkt gegenüber dem Geheime⟨n⟩ zu beziehen, auf welches das ganze Dasein gestellt erscheint, löst sich auf im Bild der (märchenhaften) Grotte, in welcher dem (jedem) *ein Tisch gedeckt ist, der selber kein* Gemeiner *ist (S. 117, 27) oder, was offenbar dasselbe besagen will,* der stärker war als große dumpfe Kräfte *(S. 119,11).* Unter dem Bild dieser Grotte — zur Herkunft der Metapher führt die

Erwähnung eines Besuches der Grotte di Valfana *noch während der Niederschrift des* Prologs *(›Zeugnisse‹, S. 521, 21) — wird der (NB! poetische) Raum des Märchens eröffnet, welcher, selbst noch dem* Geheime⟨n⟩ *angehörend (in es hinein- bzw. aus ihm herausgebildet) und doch schon menschlicherweise bewohnbar (den minimalen Ansprüchen menschlicher Kultur genügend), dem poetischen Bewußtsein als authentischer (in der Sache selbst liegender) und legitimer (nicht gewaltsam erzwungener) Verstehenszugang zu eben diesem* Geheime⟨n⟩ *gelten darf, auf welche das ganze Dasein gestellt ist. Bereits während der Arbeit am* Märchen der 672. Nacht *(SW Bd. XXVIII, S. 13—30) hatte Hofmannsthal gegenüber Richard Beer-Hofmann seine Überzeugung geäußert, daß er im Stand sein werde, sich seine (eigene) Welt in die Welt hineinzubauen, um im folgenden zu präzisieren:* Wir sind zu kritisch um in einer Traumwelt zu leben, wie die Romantiker *(BW 47, zit. ebd., S. 207, 17—19. Vgl. auch die diesbezügliche Tagebuchformulierung von den* Grotten des lebensbeherrschenden Traumes *und dem* Garten der Erkenntnis, *ebd., S. 209, 35f.). Einen grundlegenden Unterschied gilt es indessen zu beachten: Das Centrumsgefühl (Gefühl von der Herrschaftlichkeit und Abhängigkeit), an dessen Vorhandensein er damals die Realisierbarkeit einer solchen in die Welt hineinzubauenden Welt* noch knüpfen zu sollen meinte *(ebd., S. 207, 23f.), tritt nämlich, nach Maßgabe ihrer Thematisierung im* Prolog*, im Verlauf der Arbeit an der* Frau im Fenster *im selben Maß zurück, wie es Hofmannsthal gelingt, sich zum (kultur- und allgemein sozialgeschichtlichen) Realgehalt jenes authentischen (Volks-)Märchens vorzuarbeiten, nach dessen Figurationsvorbild hier für* jeden ... der stärker war als große dumpfe Kräfte, ein Tisch gedeckt ist *(S. 117, 25f.) bzw.* ein Stuhl und eine Schüssel *bereit steht (S. 119, 10f.). Es ist das Grimmsche Märchen von* Sneewittchen *(KHM Nr. 53), dessen Spuren sich, zunächst offenbar mehr beiläufig, bereits durch die Genese der* Frau im Fenster *ziehen (vgl. die Erl. zu S. 97, 21; 98, 23—27; 99, 3—6; 99, 12; 100, 16), um in der Ausarbeitung des* Prologs *dann offen thematisch zu werden. (Vgl. auch* Ein Prolog, *S. 122, 19—21 mit Erl.)*

117, 27 nie ein Gemeiner *Die besondere, sowohl von der umgangssprachlichen Verwendung als auch von der moralisch-ästhetischen Konvention verschiedene Bedeutung des Wortes, welches hier gleichsam die Aufgabe eines Türhüters zur archaischen Un-Kultur bzw. Re-Barbarisierung übernommen hat, wird noch im Brief Hofmannsthals an Elisabeth Nicolics vom 5. November 1907 erkennbar, welcher sich, verstärkt durch die enge werkbiographische Beziehung gerade dieser Adressatin zur* Frau im Fenster, *überhaupt wie ein ferner Nachhall auf die Regression des poetischen Bewußtseins liest, wie sie Hofmannsthal in der Genese dieses Textes zu leisten hatte und von deren Basiserschütterungen noch der fertige Text des* Prologs *zeugt (vgl. besonders S. 126, 23—26 mit Erl.). Es heißt dort:* Dies Wiedererwachen von einem Gefühl Ihrer Selbst, von Selbst-Liebe, die nichts ist als das Aufhören eines dumpfen unheimlichen Selbst-Hasses, das habe ich so lange erwartet und gehofft. Dies ist alles, die Basis alles Tuns, alles Genießens. — Was mir oft unbegreiflich war und manchmal ganz unheimlich, das waren eigentlich nie Ihre Handlungen, sondern die gespenstisch widersinnigen Motivierungen, eine merkwürdige dämonische Unlogik von den ersten Zeiten an. Aber daß Sie sich wirklich und für immer verlieren könnten, gemein werden, das hab' ich

ERLÄUTERUNGEN　　　　　　　　　　　　　　　　　　　　　　　　　　　　567

eigentlich — vielleicht leichtsinnigerweise — nie gefürchtet. *(B II 294, Hervorhebung von Hofmannsthal)* Vgl. auch Erl. zu S. 128, 23.

117, 27–119, 16 da sitzen alle die Überwinder ... *Aufgezählt werden der Reihe nach:*
1) Herakles *(S. 117, 28)*,
2) einer in der Kutte *(des* Holzschneiders*) (S. 117, 29)*,
3) ein längst verstorb'ner Bursch aus einem Dorf *(S. 118, 5)*,
4) ⟨a⟩ Könige und Heeresfürsten *(S. 118, 18f.)* und ⟨b⟩ Städtegründer *(S. 118, 24)*,
5) *einer, der dem großen Reigen der Erdendinge ... zum Tanz aufspielte (S. 118, 33–35)*,
6) *ein* ⟨*der*⟩ *Schöpfer des* schwerlose⟨n⟩ *Gebild*⟨es⟩ *aus Worten, ... angefüllt mit allem Spiegelbild des ... Daseins (S. 119, 3–6)*
7) *einer* von Ballspielern ..., *dem keiner je den Ball zurückgeschlagen (S. 119, 12–14)*.

Diesem Katalog von Überwinder⟨n⟩ *(1–7) stehen nun, in derselben Abfolge (1'–7'), im weiteren Verlauf des Textes (der vom poetischen Ich erlebten Traumreise, in deren Vollzug es zu neuem* ⟨*Selbst-*⟩*Bewußtsein als Dichter kommt) folgende komplementäre Traumgesichte gegenüber, wobei lediglich die entsprechenden Gegenstände zu (4)* ⟨*a*⟩ *und (4)* ⟨*b*⟩*, welch letzteres seine Plazierung im fertigen Text ohnehin erst nachträglich gefunden hat, ihre Plätze vertauscht zu haben scheinen:*
1') *Die Überführung des angeketteten (gewaltigen)* Stier⟨s⟩ *durch einen* Knecht *(S. 122, 33–37)*,
2') *die (rätselhafte) Geschichte der (mehr als)* tausend Jungfrauen, *die einander ... Weihwasser gaben (S. 123, 14–22)*,
3') *das wunderliche Lied des* Hirt⟨en⟩*, dessen Abzählreim auf den Dichter (das poetische Ich) selbst ausgeht (S. 124, 6–9)*,
4') ⟨b⟩ *die (Fron-)Arbeit von* Tausende⟨n⟩ *von Männern* Frauen *... und* Kindern *(S. 125, 29–38) und* ⟨a⟩ *die Rede des* Narr⟨en⟩ *vom (unbekannten)* Begräbnisort der Frauen *und der* Pferde *(S. 126, 5–7), vom (bekannten)* Grab der Männer *(S. 126, 8), vom Volk und Zorn des Volkes (S. 126, 9)*,
5') *die Beziehung der* namenlosen (andern) *Dinge (und Vorgänge) auf das poetische Ich und die ihm zu Füßen* schlafende Frau *(S. 126, 13–26)*,
6') *die Schau des* Wolken- *und* Sterne⟨n⟩-Himmels *als eines (ätherischen) von* Blitzen *durchbebten* Gewebe⟨s⟩ *(S. 127, 6–9)*,
7') *das* Treiben *(ursprünglich:* Spielen*) der Natur, welche, wenn sie will, das* Leben *... zurück*⟨-⟩*giebt (S. 129, 4–9)*.
Zum differenzierteren Verständnis des stark verschlüsselten, als ganzer nach dem Beispiel der »(sieben) Zwerge« (des Märchens) figurierten Überwinder-Katalogs (und seiner komplementären Entsprechungen) wird auf die betreffenden Einzelstellen-Erläuterungen verwiesen.

117, 28 Herakles *Zu denken ist an Herakles Kallinikos, den Helden der »12 Arbeiten« und hier, bezogen auf das komplementäre Traumgesicht von der Überführung des Stieres durch den* klein⟨en⟩ *und* stämmig⟨en⟩ *Knecht mit rothem*

Haar *(S. 122, 36 f.)*, besonders an dessen 7. Arbeit: *die Bezwingung des (von Poseidon wütend gemachten) kretischen Stieres und seine Überführung von Kreta nach Mykenai (vgl.* Herbert Hunger, Lexikon der griechischen und römischen Mythologie, Wien 1959, *S. 140). Wie Herakles den Stier bei der Ankunft wieder freiläßt, bis dieser schließlich von Theseus bei Marathon getötet wird,* treibt der mit dem Stier, *am Ziel seiner Reise,* sein Thier hinein ins Land *(S. 127, 1 f.).* Wenn Hofmannsthal daneben, in der Gestalt des rothaarigen Knechtes, einen Volkshelden des (Süd-)Tiroler Freiheitskampfes anscheinend hat Gestalt gewinnen lassen *(vgl. Erl. zu S. 122, 36 f.),* die »Überwindung« der große⟨n⟩ dumpfe⟨n⟩ Kräfte *also auch historisch-konkret/politisch-aktuell zu figurieren scheint, so mag das als Hinweis gelten, wie er, mit Hölderlin zu sprechen, darauf bedacht war,* »die Mythe beweisbarer zu gestalten«. *Vgl. auch, mit den gebotenen Vorbehalten, die* − in den Buchausgaben später unterdrückte − Vorbemerkung *zu* Prinz Eugen der edle Ritter, *SW Bd. XXVIII, S. 262 (betr.* das Leben und Sterben Andreas Hofers *als Beispiel einer ungeschriebenen, zwischen Geschichte und Poesie vermittelnden* ⟨Geschichts-⟩Legende, ohne welche die Heranwachsenden, und nicht nur sie, ... in der Liebe zum Vaterland nicht bestehen können.*).*

117, 29−118, 4 einer in der Kutte ... Licht drauf fällt *Nach einer früheren Lesart zu S. 118, 4 als* Holzschneider *ausgewiesen, dessen Kunst* − so die endgültige Lesart − der eines Zaub'rer⟨s⟩ *gleichkommt:* Die von ihm aus buntem Holz geschnitzten herrlichsten Geschichten, eingepaßt in die Rückenlehne *eines von ihm* geschaffenen Thron⟨es⟩, ... scheinen, wenn ein Licht drauf fällt, *aus sich heraus zu leben, so als seien sie mit dem Leben selbst identisch, nicht aber von Künstlerhand geschaffene Artefakte, welche ihr abgeleitetes (zweites) Dasein einem bestimmten Auftrag (die Werkbeschreibung des* Thron-Sessels *legt die Vermutung nahe: der Herrschenden) zu verdanken haben. So finden denn diese* − bei aller täuschenden Ähnlichkeit − fiktiven *Geschichten ihr komplementäres Gegenstück in einer* »Geschichte«, *welche das Leben selbst geschrieben hat (einer Episode aus dem Sonnenburger Nonnenkrieg) und die seitdem in der Form des* Räthsel⟨s⟩ *fortlebt (vgl. S. 123, 14−22 mit Erl.).*

118, 5−17 ein längst verstorb'ner Bursch ... so lebt sein Schatten fort *Die Dimension der volkstümlichen Überlieferung, welche zum vorausgehenden Interpretament erst durch dessen komplementäres Gegenstück eröffnet wird, bildet hier das Paradigma: die eponyme Sage von der Benennung des* König⟨s⟩ *in einem nicht näher bezeichneten* Reigenspiel der Kinder *nach jenem* schönste⟨n⟩ *und* gütigste⟨n⟩, *beim Wettpflügen mit der* geradeste⟨n⟩ ... Furche siegreichen Bursch⟨en⟩ aus einem Dorf. *Doch während dort im Falle der täuschend geschnitzten (fiktiven)* Geschichten *die volkstümliche Überlieferung als Korrektiv für deren Wahrheitsgehalt ins Feld geführt wird, muß sie sich hier auf ihrem eigenen Feld eine diesbezügliche Korrektur gefallen lassen: Im falschen Dafürhalten ihrer objektiven Geltung kann volkstümliche Überlieferung leicht um ihre subjektiv-objektive Verbindlichkeit gebracht werden. Der* Abzählreim *jedoch, mit welchem* − so wie's die Kinder machen − das wunderliche Lied *des* Hirt⟨en⟩ *anfängt, geht aus auf das poetische Ich, bezieht dieses nach unumstößlicher Regel in das* »Spiel« *mit ein. (Zum kulturgeschichtlichen Realgehalt des Bildes von*

»Pflug und Furche«, welchen Hofmannsthal auch in anderem Zusammenhang ins Bild gehoben hat — vgl. Das Dorf im Gebirge, SW Bd. XXVIII, S. 35 f. — und der sachlich in der schwierigen Kunst des Pflügens im vorindustriellen Zeitalter begründet liegt, vgl. ›Pflug und Furche. Beiträge zur Hohenheimer Pflugschau 1958/59‹. Im Auftrag der Landwirtschaftlichen Hochschule in Hohenheim hrsg. von Georg Segler, Wolfratshausen b. München 1959.) Vgl. auch Erl. zu S. 119, 12—16.

118,18—23 *große Könige und Heeresfürsten ... aufschwangen* Das Bild vom »Zureiten des Volkes« begegnet, nun aus der Perspektive des Volkes und eingeschränkt auf die Erziehungsarbeit des (großen) Dichters am Volk, auch noch im Buch der Freunde. Es heißt dort: Die Franzosen sind ein Volk, das unter seinem geistigen Reiter dahingeht und dem sanften Zügeldruck folgt — oder es nimmt einmal die Zügel zwischen die Kinnladen und geht durch; das deutsche geht hinterm Zügel, und man weiß nicht, ob überhaupt ein Reiter im Sattel sitzt. (A 79) Im Überwinder-Katalog *des* Prologs *ist dagegen auf die gewaltsame Unterwerfung der* Völker *unter ihre (wechselnden) Beherrscher abgehoben (deutlicher noch im Entwurfsstadium, vgl.* ›Varianten‹, *S. 559, 4—5). So findet denn diese Sicht ihr komplementäres Gegenstück in der Darstellung* vom Zorn des Volks *über die erlittene Gewalt und hier wiederum besonders des wehrfähigen* Mann⟨es⟩, *dessen Bestimmung es unter der Gewaltherrschaft der* Könige *und* Heeresfürsten *gewesen ist, für deren machtpolitischen Ehrgeiz notfalls auch zu sterben (vgl. S. 126, 6—13 mit Erl.).*

118, 24—31 *und and're, Städtegründer, ... was unmöglich schien* Die mythische Schicht des Bildes reicht hinunter bis zum ersten großen Beispiel gottversuchender Stadt-»Auftürmung« im Turmbau von Babylon bzw. der hängenden Gärten der Semiramis (vgl. vor allem S. 118, 25b—27a u. 118, 31). Darüber scheint sich das Bild einer Südtiroler Lokalsage zu lagern, derzufolge die Burgherren von Reifenstein und Sprechstein ob Sterzing, unter deren langanhaltender Verfeindung die gesamte Talschaft des Eisacktals zu leiden hatte, sich schließlich dem Gottesurteil stellten, daß sie, jeder von seiner Burg diesseits und jenseits des Eisacks, auf ausgetauschte Zeichen hin je einen Pfeil abzuschießen vereinbarten, welche dann aber in der Mitte zusammengeprallt sein und so die Aussöhnung der beiden Feinde herbeigeführt haben sollen (vgl. Max Rieple, Wiedersehen mit Südtirol, Bern, Stuttgart ³1972, S. 352). Hofmannsthal machte auf seiner Vareser Reise *eines großen Gewitters* wegen Station in Sterzing vom 13. zum 14. August (vgl. B I 216). Vgl. auch die Erl. zu S. 126, 6—13. — Zur Kehrseite des hybriden Stadt- und Burgenbaus aus der Sicht der anonymen, Frondienste leistenden Bevölkerung vgl. S. 125, 23—38 mit Erl. Das Einzelmotiv der Flußregulierung (S. 118, 24f.) findet seine ins Hybride gesteigerte Entsprechung im Kleinen Welttheater, S. 142, 36f., wo, aus der Sicht des Dieners, vom Vater (des Wahnsinnigen) die Rede ist, der die Flüsse nötigt, auszuweichen den Citronengärten. Die Problematik der selbstzweckhaften Gewaltherrschaft tritt dort im Geschick des Sohn⟨es⟩ auf, den niemand, auch nicht die Gewaltnatur des Vater⟨s⟩ zu bändigen ... vermag *und der als der Letzte von den Reichen und* Mächtigen *im offen zutage tretenden Wahnsinn schließlich seiner eigenen ungehemmten Allmachtsphantasie erliegt. Vgl. auch die folgende Erl.*

118, 33—35 für einen, der dem großen Reigen der Erdendinge ... *zum Tanz aufspielte* Vergleichbar deutet Hofmannsthal, Gedanken Wagners über Beethoven aus einem Buch von Alfred Berger zusammenfassend, Beethovens künstlerisches Selbstbewußtsein: *Er schaut dem Leben zu, und scheint sich* ... *zu besinnen, wie er es anfinge, diesem Leben selbst zum Tanze aufzuspielen (P I 284).* Wie aber dort *es als undenkbar (töricht zu denken) bezeichnet wird, daß ein Dichter je aus seinem Beruf, Worte zu machen, herausgehen könnte, da er — im Unterschied zum Musiker — im Bewußtsein seiner Kunst unlösbar verfangen, diese selbst aber* sein sicheres Mittel *sei, sowohl* das Leben von sich abzuhalten *als auch* sich dem Leben zu verbinden *(ebd. 284f.),* so kommt dem Dichter des Prologs *die Beziehung der* (wirren) *Reden des Narr⟨en⟩ und all der* namenlosen andern Dinge / im Wasser an den Ufern, in der Luft *erst im Bezug auf sich und die ihm zu Füßen schlafende Frau allmählich zu Bewußtsein (S. 126, 11—17), deren Anblick wie auch die Reden des Narren und alle anderen Traumgesichte ihm durch den Leib schneiden bzw. in ihn hinein greifen, um dunkle Theile seines Selbst dort loszulösen (S. 126, 16—26).* So ließe sich, in gegensätzlicher Entsprechung zum künstlerischen (Selbst-)Bewußtsein des Musikers im Katalog der Überwinder, *die stärker sind als große dumpfe Kräfte*, vom Zu-sich-selber-Kommen des poetischen Bewußtseins im Verlauf der Handlung des Prologs wohl sagen, daß nicht dieses dem Leben, *sondern das Leben (der große Reigen der Erdendinge) ihm* zum Tanze *aufspielt und daß es, sich selbst in diesem Reigen mitbewegend, schwankende Durchblicke auf die* namenlose⟨n⟩ *Möglichkeiten des Daseins gewinnt (S. 126, 25f.),* dem es gerade dadurch fest »verbunden« bleibt. Vgl. auch Das Kleine Welttheater, S. 148, 27—29 mit Bezug auf S. 148, 4—12, wo vom Ordnen der Dinge *in Form von* Chorgesängen *als bloß* geahnt⟨er⟩ *Möglichkeit der* Dichter *und* Erbauer der königlichen Paläste *die Rede* ist, die Macht der ungeheuren dumpfen Kräfte *zu bezwingen* bzw. im Maß der Kunst vernehmbar zu machen. Vgl. auch die folgende Erl.

118, 37—119, 2 Und wieder ist ein Stuhl gesetzt ... *Augen aus der Maske* Wenn Hofmannsthal hier seine Kritik am falschen, auf eine Selbstbemächtigung des Dichters hinauslaufenden poetischen Bewußtsein im Bild dessen thematisiert, der zwar alle Stimmen in der Luft verstand *(den Manifestationen des Objektiven aufgeschlossen war),* und doch sich nicht verführen ließ *(sich dem großen Reigen der Erdendinge zu überlassen),* sondern Herrscher blieb im eigenen Gemüth *(S. 118, 38—119,1),* so hat er einerseits die Voraussetzungen dazu im vorausgehenden geschaffen (kann diese nun einholen) und gibt andererseits (dem Leser/Hörer) vollends zu verstehen, unter welcher Bedingung sich die Konstituierung des eigenen, subjektiv-objektiven Dichtertums im folgenden vollziehen wird. Man hat daher gerade in diesen Versen ein Zeugnis der Ablösung vom verpflichtenden Vorbild Stefan Georges und der Vergewisserung seines eigenen Kunstschaffens (»his own way of working«) sehen wollen (H. Stefan Schultz, a.a.O., S. 41f.), was neben dem Selbstzitat von der angeborene⟨n⟩ Königlichkeit eines sich selbst besitzenden Gemütes *im Aufsatz über* Gedichte von Stefan George *(P I 250)* sich noch durch Einzelentsprechungen in der Aufarbeitung des ersten Ablösungsversuches in einer frühen Tagebucheintragung Hofmannsthals belegen ließe *(A 94f.).* — Zum Einzelmotiv des schwerlose⟨n⟩ (im Entwurfsstadium:

ERLÄUTERUNGEN 571

farblose⟨n⟩) Gebild⟨es⟩ aus Worten *vgl. auch P I 263 (gewichtloses Gewebe aus Worten) und Das Kleine Welttheater, S. 135, 35 f.* (jenes *künstliche Gebild aus Worten), mit weitergehender Entfaltung des Wirkungsaspektes des täuschenden verwebt-Seins des Lesers/Hörers in solcher Kunst*-Gebild, *der (schließlich) nicht*
5 *(mehr) weiss ..., wo (im Gedicht und also auch in ihm) sich Traum und Leben spalten (ebd. S. 135, 39–136, 6). Und wenn Hofmannsthal in seinem Vortrag über* Poesie und Leben *(P I 260–268) sich noch auf die doppelt negative Feststellung zu beschränken hatte, von dieser Art* Poesie *führe kein direkter Weg ins Leben, aus dem Leben keiner in die (diese Art von)* Poesie, *so gelingt es ihm, im*
10 *Verlauf der Anamnese des (ungelebten) Lebens im* Prolog, *genau diesen Weg zum ersten Mal zurückzulegen. Er findet diesen Weg, nachdem, mit dem Bild des Entwurfs (N 4) zu reden, zunächst nur immer der Blick auf die nächste Felsplatte den nächsten Wirbel freigegeben war (›Varianten‹, S. 558, 33), auch noch während der Ausarbeitung des* Prologs *nur tastend. Vgl. besonders die Entstehungsvarian-*
15 *ten zu S. 124, 24–30 (S. 560, 28–561, 19), aber auch die zahlreichen, sich über den gesamten Textverlauf erstreckenden Variationsvorgänge zur schrittweisen Thematisierung des Innewerdens auf den getrennten Wegen des Denkens (Wissens), Fühlens (Empfindens) und Handelns (Spürens) oder auch die sukzessive Verlegung des (NB! analogen) Empfinden⟨s⟩ mit dem angeredeten Freund über*
20 Ohr *und* Brust *ins* Inner⟨e⟩ *der nun erst kommunizierbaren Empfindung (S. 128, 18 f.). Und hatte er (das poetische Ich auf seiner Traumreise) den Weg zum* Steuern *im Entwurf (zu S. 127, 14) noch auf undefinierbare (irgend welche) Weise im Gesicht (Anblick) der Schlafenden gefunden bzw. – in der Objektivierung des hermeneutischen Weges schon einen Schritt vorangekommen – vom Gesicht der-*
25 *selben (ab-)gelesen (vgl. ›Varianten‹, S. 562, 15 ff.), so offenbart sich ihm schließlich, während das* Steuerruder *nun sicher in seiner* Hand *liegt, der (objektive)* Grund *von alledem im* Rhythmus *des bewegten Wind-, Wolken- und* Sterne⟨n-⟩ Himmels, *der in seiner höchsten Objektivität das Geschehen ebenso unbeeinflußbar durchwaltet, wie er, mit allem Lebenden der ganzen Landschaft, dem Dichter*
30 *in der Form seiner innigsten Subjektivität voll durch seine* Pulse bebt *(S. 127, 6–18). Das Namenlose, welches sonst hinter dem* Spiegelbild *des ungeheuern Daseins verborgen blieb (mit grenzenlosen Blicken ... aus diesem Spiegel des Gedichts hervor ... schaut wie eines Gottes Augen aus der Maske, S. 119, 5–9), ist nach dieser komplementären Auffassung der Dichtung, als deren erster Groß-*
35 *versuch die Genese der* Frau im Fenster *und, die dort geleistete Bewußtseinsarbeit thematisierend, der* Prolog zur Frau im Fenster *zu gelten hat, in dieser Dichtung selbst und mit den Mitteln ihrer Darstellung benennbar.*

119, 12–16 ja von Ballspielern ... Blumenköpfe abzuschlagen *Das Interpretament, vom übrigen Katalog der* Überwinder *durch eine Art Zwischenbilanz ge-*
40 *trennt (S. 119, 10 f.), erscheint auf den ersten Blick hier deplaziert. In Wirklichkeit schließt es jedoch nicht nur – über der Doppelthematik des bereits erwähnten Feuilletons* Das Dorf im Gebirge *– sich mit dem Pflüger-Interpretament (S. 118, 5–17) als dessen »modernes« Äquivalent zusammen, sondern auch, mit einer ihrer inneren Logik gemäßen Konsequenz, die Reihe der unangefochtenen,*
45 *in ihrer Verachtung dessen, was unmöglich schien, schon wieder problematischen* Überwinder *ab. So muß das seiner selbst bewußte, von den Allmachtsvorstellun-*

gen der vorausgegangenen Stufen geheilte und solchermaßen auf sich selbst zurückgeworfene (wenn auch nicht mehr auf sich selbst fixierte) poetische Bewußtsein offenbar darauf gefaßt sein, daß, wie im Märchen der 672. Nacht, das zuvor beleidigte Leben *auch dann noch »zurückschlägt«*, wenn ihm im Vertrauen auf seine nicht nachtragende »Natur«, die Hand zur Versöhnung dargeboten wird. Oder, in der tiefre⟨n⟩ Bildlichkeit *der Sprache des* Prologs: *Nur wenn sie will ... giebt die* Natur, welcher, als dem eigentlichen Agens der Geschichte, bei solchem Treiben zugleich alles Bild und alles Wesen *ist*, eine Frucht, *wie sie, nach Ausweis der Lesarten, einfach* abzupflücken *bzw.* abzuschlagen *in der Spieler-Mentalität des »Unschlagbaren« unter den* Ballspielern *gelegen hätte*, zurück (S. 129, 4–9 und dazu die Varianten zu S. 119, 16). Zur kryptothematischen Motivverknüpfung Mädchenköpfe — Blumenköpfe vgl. die frühe Erzählung Das Glück am Wege, SW Bd. XVIII, S. 8, 39–9, 1. Die Opposition Mohnköpfe (abschlagen) — Mord (aus Mutwillen) benützt auch Karl Moor in seiner Prüfung Kosinskys (Schiller, ›Die Räuber‹, III, 2).

119, 18 dies kleine Ding in einem Fenster *Ursprünglicher Titel des kleinen (lyrischen) Dramas* Die Frau im Fenster *(vgl. dort S. 93 mit Erl.). Die adverbiale Konstruktion, derzufolge Hofmannsthal das Stück* in einem Fenster *geschrieben (mit heißgewordnem Griffel ... zu Ende ⟨ge⟩trieb⟨en⟩) habe, wobei der werdende Text zunehmend den Rahmen dieses Fensters ausgefüllt, ja schließlich selbst die Aufgabe eines »Fensters« zur »Realität« übernommen habe, wird durch die (syntaktisch integrierte) Lesart der Drucke und des Typoskriptes zumindest nicht ausgeschlossen (vgl. dagegen die Lesart der Vareser Niederschrift,* ›Varianten‹, *S. 563, 24*).

119, 20 mit heißgewordnem Griffel *Die Nähe zu Georges »griffel der sich sträubt« (*›Im Park‹, *V. 13) wurde bemerkt und kommentiert (im Sinne von Verpflichtung, »debt«, und zugleich Wettstreit, »rivalry«) von H. Stefan Schultz, a.a.O., S. 42. Diese doppelte Intention Hofmannsthals wird noch deutlicher vor dem Hintergrund des hier ursprünglich verwendeten, im Prädikat (*trieb*) noch erkennbaren Bildes des (Metall-)Treibens (mit dem* Hammer*), durch welches zugleich eine kryptothematische, die Eigendynamik der Textentstehung in das vorgängige* Treiben der Natur *(S. 129, 4) zurücknehmende Motivbeziehung aufgedeckt wird, auf welches das mit sich selbst versöhnte, dem* Leben *nicht mehr als ein fremdes gegenüberstehende poetische Bewußtsein dieser Stufe als auf sein Objektives gerichtet ist (vgl.* ›Varianten‹, *S. 559, 14*).

119, 30 wie wenn sie keine Lider hätten *So wörtlich zu Beginn der 3. Szene die Wahnsinnige über sich selbst in d'Annunzios* ›Sogno d'un mattino di primavera‹ *(vgl. auch H. Stefan Schultz, a.a.O., S. 40*).

120, 4f. die drei dem Leben fremden Tage *Vgl. S. 120, 38. Mit dem Erwachen der in einen todesähnlichen Schlaf verfallenen Frau (S. 128, 21f.) und dem eigenen Erwachen des Dichters aus dem Traum (S. 128, 22f.) fühlt er* das Leben von tausend Tagen *sich zurückgegeben. Das ihm nun nicht mehr verschlossene, sondern in seiner* tiefre⟨n⟩ Bildlichkeit *zugängliche* Treiben der Natur *(S. 129, 4f.) hat ihn*

ERLÄUTERUNGEN 573

für die ›*verlorene*‹ *Zeit des traumerfüllten Einsamseins (S. 128, 38f.) entschädigt (vgl. auch S. 124, 29 und 127, 18 mit Erl.). Zur realen Entstehungszeit des Textes vgl. die Erl. zu S. 117, 18.*

120, 29 dieser Todten *Die in einen todesähnlichen Schlaf verfallene (junge) Frau (S. 121, 28f.; 122, 13), in deren Begleitung der Dichter seine Traumreise unternimmt und mit welcher er, als sie an deren Ende zu neuem Leben erwacht (S. 128, 21), sich nur noch allein im Boot befindet. Ähnlich erwacht Sneewittchen von ihrem* »Zauberschlaf«, *und wie dort der junge König nicht mehr hatte* »leben« *können, ohne Sneewittchen zu* »sehen«, *woraufhin die Zwerge ihm den Sarg mit auf den Weg gegeben hatten, fühlt sich auch der Dichter im Prolog von der Schönheit (den Lippen) dieser Lebend-Toten so ergriffen, daß sein ganzes Verlangen darauf gerichtet ist, sie* »zu seh'n, auch nur zu sehen!« *(S. 122, 25–28) Vgl. auch die Erl. zu S. 117, 27.*

120, 31–38 und meine Blätter zusammennahm … nichts vom Leben *Der Zorn des* Ermüdete⟨n⟩ *gegen die* Schlucht, *die ihm zuviel von seiner Kraft genommen und nichts dafür gegeben (S. 120, 33–36), erinnert an jene Abgründe der Erschöpfung, welche Hofmannsthal noch während der Ausarbeitung des* Märchen⟨s⟩ *der 672. Nacht im Wechsel mit jenen (anderen)* tage⟨n⟩ *erlebt hatte, da nichts todt zu sein schien (SW Bd. XXVIII, S. 209, 37f.). Nun, da der Dichter die Blätter der vollendeten Frau im Fenster zusammennimmt, deren Entstehung ihm neues Bewußtsein von sich selbst vermittelt (das Leben von tausend Tagen zurückgegeben) hat (S. 129, 7f.), ist er den* öde⟨n⟩ Kerker⟨n⟩ *des Selbsthasses, von denen eine frühere Lesart zu dieser Stelle zu berichten weiß (*›Varianten‹, *S. 559, 28), ebenso entronnen, wie den* Grotten des lebensbeherrschenden Traumes *(SW Bd. XXVIII, S. 209, 35) und darf sich jener* gute⟨n⟩ Mattigkeit der Glieder *freuen, mit welcher die* Anstrengung *mit der Hand* gepflückt⟨er⟩ Güter *im Leben der arbeitenden Bevölkerung* »belohnt« *wird und von der ein Claudio im Tor und Tod (S. 63, 23f.) nur sehnsüchtig träumen konnte (vgl. auch S. 126, 9 mit Erl.). Selbst die Bevorzugung der Lesart* Blätter *gegenüber* Verse *(zum Vorgang vgl.* ›Varianten‹, *S. 559, 17) verdient in diesem Zusammenhang Beachtung. Vgl. auch S. 117, 23 mit Erl.*

121, 8 Dies war der Traum *Die Schilderung des Traumes, vom Dichter (des Prologs) im Rückblick seinem als Ansprechpartner dienenden Freund gegeben und, an der Stelle des Erwachens (S. 128, 23–31), von ihm selbst als* dumpfe Wiederspiegelung des andern traumerfüllten Einsamseins *kommentiert (S. 128, 36–39), umfaßt den weitaus größten Teil des Prologs (S. 121, 8–128, 23). Im Mittelpunkt steht eine Traumreise auf einem* Bergsee *(S. 121, 20ff.), der schließlich die Gestalt eines reißenden Flusses annimmt, in dessen Bett er sich hinab ergießt (S. 123, 34–38; vgl. auch S. 121, 37f.), um dann in einem tiefen eingeriss'nen Thal dahinzuströmen (S. 124, 11ff.) und zu der Stelle hinzuführen, an welcher die (alle)* Freunde *des Dichters zurückgeblieben sind und auf ihn warten (S. 127, 22–34). Es folgt die Darstellung des Erwachens, zunächst der Frau, in deren Begleitung er die Reise ausgeführt hat (S. 127, 37–128, 13), dann seines eigenen (S. 128, 14–31), wobei, in der Art traumhafter Übergänge, die Grenzen jeweils fließend ge-*

halten sind. Die Elemente der Traumreise entstammen der wirklichen Reise Hofmannsthals durch Südtirol (Sterzing, 13./14. — Cortina, 15. August) und Oberitalien (Pieve di Cadore und Piave-Tal 16./17. August) und werden an ihren Stellen erläutert.

121,9 schlechten Hütte *Die Bevorzugung der Lesart* schlechten *gegenüber* finstern *(zum Vorgang vgl. ›Varianten‹, S. 559,32) verdient Beachtung im Hinblick auf die nun anhebende Thematisierung des »Volkslebens« in seiner rückständigen (das Randgruppenschicksal einer ethnischen Minderheit spiegelnden) doch unzerstörbaren (der Wiedererweckung seiner Natur entgegensehenden) Form.*

121,12 Degen und ... Dolch *kennzeichnen den höfischen Zuschnitt des Lebens, welches der* Dichter *(des Prologs) bisher zu leben gewohnt war, und das er nun, für die Dauer der Traumreise, mit dem Leben des einfachen Volkes vertauscht. Vgl. auch die folgende Erl.*

121,22—123,37 Bergsee ... Flusses *Die landschaftliche Kulisse und Teile der Handlung sind vorgebildet in dem bereits zitierten Shakespeare-Aufsatz Alfred von Bergers* (Die Frau im Fenster, ›Quellen‹, S. 509,14). *Berger erinnert sich dort:* »Vor Jahren ließ ich mich Abends auf einem Alpensee heimrudern. Schwarz und schwer drohte ein Gewitter, Blitze zuckten, die entfernten Bergwälder rauschten. Ich fuhr auf einer großen Zille mit einem Viehtreiber und drei Rindern, darunter ein Stier mit verbundenen Augen. Außerdem war ein verrückter Knecht an Bord. Mir selbst war nach einer Krankheit fieberisch zu Muthe. Das Ungewitter brach aus, die Wogen brausten, der Stier ward unruhig und brüllte und der Verrückte schwatzte lauter wirre Reden in den Sturm. Da dachte ich: Shakespeare! ...« (Der junge Shakespeare, a.a.O., S.64). *Zur Präfiguration der Traumreise durch Hippolythe Taine vgl.* ›Entstehung‹, S. 556, Anm. 2.

121,24 wie ein Bauer seinem Knecht *Der* Dichter *(das poetische Ich) des Prologs nimmt — bildlich gesprochen —* Knecht⟨s⟩-Gestalt *an. Im weiteren Verlauf der Reise qualifiziert ihn (es) seine prozessive Bewußtwerdung zur Mitsteuerung (S. 123,37—124,3), bis ihm schließlich das* Steuerruder in die Hand *gelegt werden kann (S. 127,13f.).*

121,28 von einer Frau *Nach Ausweis der Lesarten (auch noch zu S. 122,13) schwankte Hofmannsthal zwischen der Gestaltung der* Schlafenden *(S. 122, 7) als* Mädchen *(ja sogar* j⟨ungem⟩ Mädchen*,* Frau *und* junge⟨r⟩ Frau *(vgl. ›Varianten‹, S. 559,37). Im Entwurfsstadium gilt sie ihm abwechselnd als* schlafsüchtige Frau *(N 2) und als* gefährdete⟨s⟩ Mädchen *(N 3). Vgl. auch* Die Frau im Fenster, *S. 93 mit Erl.; 109,34; 110,15; 112,15f.*

121,29 als eine Todte *Vgl. S. 120, 29 mit Erl.*

121,34 Plätte *Wasserfahrzeug mit plattem Boden, ahd. platta (nach Grimm, DWB 7, 1889, Sp. 1909). Bayrisch noch heute in dieser Bedeutung gebräuchlich (vgl. Karl-Heinz Sailer, Bayrisch-Deutsch. Kleines Wörterbuch der bayrischen Sprache, Bad Honnef 1976, S. 102, s.v.: Plätten).*

ERLÄUTERUNGEN 575

121, 36 f. die gebrochenen Steine ... herabzuführen *Auch die (schwere) Plätte der Traumreise selbst ist weiter vorne (im Vorderschiff) mit unbehauenen Platten rothen Steins beladen (S. 122, 38–123, 1), was an einen Transport von rotem (Branzoller oder Kastelruther) Porphyr denken läßt, der nach seiner Bearbeitung*
5 *in den Sterzinger Betrieben auch unter diesem Namen bekannt wurde und bereits um die Jahrhundertwende den Ruf der Südtiroler Porphyrindustrie begründete (vgl. Heinz-Dieter Tinnefeld, Die Naturstein-Industrie in Südtirol, Innsbruck 1971, = Beiträge zur alpenländischen Wirtschafts- und Sozialforschung, Folge 125, S. 28 f.). Da die Fund- und Bruchstellen oft eine Höhendifferenz von mehre-*
10 *ren hundert Metern aufweisen, gestaltet sich der Transport der gebrochenen Platten und Blöcke dorthin auch heute noch oft sehr schwierig (ebd., ohne Erwähnung der Plätten als Transportmittel, S. 56–60). Das Bild eines Riesenblocks von dunklem Porphyr findet Verwendung an hervorgehobener Stelle im* Kleinen Welttheater, *S. 146, 15.*

15 *121, 37 f.* weil der See sich dann als Fluß hinab ergießt *Nach Ausweis der ersten Erwähnung handelt es sich um einen* Bergsee *(S. 121, 22. Vgl. auch die Lesart zu S. 121, 38, ›Varianten‹, S. 560, 4). Insofern dürfte der Moränendurchbruch der Adda beim Verlassen des Comer Sees, den Hofmannsthal auf seiner Vareser Reise gesehen hat (vgl.* Die Frau im Fenster, *Erl. zu S. 104, 16 u. 26), nicht oder zu-*
20 *mindest nicht allein das Figurationsvorbild zu dieser Stelle abgegeben haben. Da andererseits die Reiseroute Hofmannsthals durch Südtirol von den dort besonders zahlreichen Bergseen ihn nur am Toblacher See und Dürrensee direkt vorbeiführte, auf welche jedoch die gegebene Darstellung nicht zutrifft, wird man das Vorbild noch am ehesten im Lago di S. Croce südlich von Longarone an der Ab-*
25 *zweigung der Straße nach Vittorio zu sehen haben, dessen Abfluß in den Rai noch heute einen malerischen, von der Poststation in Longarone aus gut einsehbaren Anblick bietet (nach brieflicher Ankündigung aus Pieve di Cadore, vgl. B I 217 f., scheint Hofmannsthal die Abfahrt bis in die Ebene gegen Belluno hinaus mit der* Post *zurückgelegt zu haben).*

30 *122, 14* die braune Kapuzinerkutte *Die Ordenstracht der Kapuziner OFM (Ordo Fratrum Minorum Capuccinorum) besteht aus (kastanien-)braunem Habit mit angenähter langer, spitzer Kapuze, weißem Strickgürtel mit Rosenkranz, kurzem Rundmantel und Sandalen. Kapuziner-Klöster, an denen Hofmannsthals Reiseroute vorbeiführte, sind Sterzing (vgl. Erl. zu S. 118, 24–31; 121, 36 f. u. 126,*
35 *6) und Bruneck (vgl. Erl. zu S. 123, 14–22). Vgl. auch die Erl. zu S. 122, 21 u. 122, 36 f. sowie* Die Frau im Fenster, *S. 100, 7/11 mit Erl.*

122, 19–21 in sieben Dörfern ... Pestgelübdes *Ein genaues Figurationsvorbild von* sieben Dörfern *(Gemeinden) jenseits des Waldes (S. 122, 20), in welchen die S. 122, 13–17 beschriebene, von der* Kapuzinerkutte *abgeleitete und durch ein*
40 Pestgelübde *(S. 122, 21) inaugurierte* Tracht *getragen wird, hat sich nicht feststellen lassen. Es scheint sogar, daß Hofmannsthal durch eine assoziative, der Komplexion des Traumes gemäße Verknüpfung scheinbar heterogener Bedeutungselemente den Weg zur Rekonstruktion eines solchen genau bestimmbaren Figurationsvorbildes absichtlich verlegt hat. Doch lassen sich zumindest folgende*

bedeutungshaltige Bildelemente zurückgewinnen und auf die ihnen zugrunde liegenden Sachverhalte zurückführen:
1) *Die Sieben (deutschsprachigen) Gemeinden in der Nachbarschaft Vicenzas, auf welche sich, nebst den Dreizehn (ebenfalls deutschsprachigen) Gemeinden ob Verona, seit ihrer (Wieder-)Entdeckung durch Johann Andreas Schmeller im Jahr 1833 eine zeitlang das Interesse der (germanisch-)historischen Sprachwissenschaft konzentrierte (vgl. J.A. Schmeller, Ueber die sogenannten Cimbern der VII und XIII Communen auf den Venedischen Alpen und ihre Sprache. In: Abh. d. kgl. Akad. d. Wiss., 2. T., 3. Abt., München 1838, S. 559–708, sowie, zur Nach- und Breitenwirkung: Christian Schneller, Ein Besuch bei den Cimbern der alten dreizehn deutschen Veroneser Gemeinden, = Herbstausflüge in den Veroneser Gebirgen. I. In: Beilage zur Allgemeinen Zeitung Nr. 286/87, Augsburg, 13. Oct. 1875, Sp. 4473f. ⟨betr.: »Lust, da unten wieder einmal den Spuren des untergegangenen Germanenthums ein bißchen nachzugehen.«⟩).*
2) *Das (dolomitenladinische) Sprachgebiet der (sechs) zentralladinischen (Enneberger) Mundarten (auch: Sella-Mundarten) und des Ampezzanischen als eines eigenen, vom Ostladinischen (Friaulischen) überlagerten Dialekts, dessen Identität als Teil der untergegangenen gesamtladinischen Kultur mit eigener, vom Italienischen verschiedener (rhäto-romanischer) Sprache seit den Arbeiten eines Christian Schneller (1870), Graziadio Isaia Ascoli (1873), Theodor Gartner (1883) erst wieder zum Vorschein kam bzw. im teilweise heftigen, beiderseits politisch motivierten Gelehrtenstreit mit italienischen Romanisten, aber auch im Verlauf kulturpolitischer Kampfmaßnahmen wie des Enneberger Schulstreits (1873–1893) vollends zutage gefördert wurde (vgl. Franz Planatscher, Das Rätoromanische zwischen Deutsch und Italienisch. In: Muttersprache 82, 1972, S. 91–105; Lois Crafonara, Zur Stellung der Sellamundarten im Romanischen Sprachraum. In: Ladinia. Sföi culturâl dai Ladins dles Dolomites, 1, 1977, S. 73–120).*
3) *Die (sieben) Berge, hinter denen die sieben Zwerge des Märchens von Sneewittchen hausen, welch letzteres, wenn es nicht seinerseits alpenländischen Ursprungs ist und etwa (nach 1) die Ansiedlung deutscher Bergleute in jenem später als Rückzugsgebiet der von Marius besiegten Cimbern vorgestellten Vicentisch-Veronesischen Bergland, oder aber (nach 2) den Rückzug der später als Rhäter (Rhätoromanen) aufgefaßten Ladiner in das (lange Zeit namenlose) Bergland der Dolomiten wiederspiegelt, so doch deutliche Entsprechungen zur alpenländischen Zentralsage von König Laurins Rosengarten aufweist, die ihrerseits (nach 1 und 2) die Verbindung zwischen Verona (Dietrich von Bern) und den zentralladinischen Dolomiten (Sella-Gruppe) offen thematisiert (vgl. zur Lokalisierung und Aitiologie der Rosengarten-Sage im Grenzgebiet zwischen Deutschen und Ladinern: Karl Felix Wolff, Sie warten auf die verheißene Zeit. In: Merian 19/11, 1960, S. 54. Zur Deszendenz des Märchens von Sneewittchen fehlen entsprechende Vororientierungen. Zur Möglichkeit der »Vermischung zweier Märchengestalten« nach Maßgabe der Haar- und Augenfarbe — Sneewittchen ist stets »schwarzäugig« doch (ursprünglich) von »gelben« Haaren — vgl. Kurt Schmidt, Die Entwicklung der Grimmschen Kinder- und Hausmärchen seit der Urhandschrift ..., Halle a.d. Saale 1932, S. 202f., Anm. 3.*

ERLÄUTERUNGEN 577

4) *Pestgelübde, auch in Verbindung mit Wallfahrten und (regelmäßig erneuerten) Votivbildern oder (einmal gesetzten) Bildstöcken, auf denen wiederum die Wallfahrer bzw. Stifter in ihren historischen, im Wandel der Zeit veränderten Volkstrachten abgebildet sind und die darum heute noch hohen volkskundlichen Quellenwert besitzen, findet man relativ häufig in Südtirol und hier wiederum besonders in dem von mehreren Pestwellen (1348, 1543/44 und 1636) heimgesuchten Pustertal, von wo denn auch eine jährliche Dankprozession nach Enneberg im Gadertal (vgl. unter 2) stattfindet (Josef Rampold: Pustertal. Bozen ²1975, = Südtiroler Landeskunde in Einzelbänden, Nr. 2, S. 189. Vgl. auch ebd. S. 21, 207, 233, 238 und: Karl Wieninger, O Mensch bedenk die Ewigkeit. Bildstöcke, Marterln, Votivbilder, Grabinschriften in Südtirol, Bozen 1976, S. 74f.).*

5) *Große Verdienste um die Pestkranken, oft unter Einsatz des eigenen Lebens und im generalstabsmäßig organisierten Großeinsatz, erwarben sich die Mitglieder des Kapuzinerordens, dessen hohes Ansehen nicht zuletzt beim einfachen Volk man (neben der Pflege der Volkspredigt und dem Gelöbnis persönlicher Armut) geradezu auf diese Pesteinsätze zurückgeführt hat (vgl. Wetzer und Welte's Kirchenlexikon, Bd. 7, 1891, Sp. 125 und, speziell für Tirol: P. Agapit Hohenegger, Geschichte der Tirolischen Kapuziner-Ordensprovinz 1593—1893, 2 Bde., Innsbruck 1913/1915, Bd. 1, S. 109f., 185—191, 241—249, 677—681 u. Bd. 2, S. 126—128, 183—186). Die Mitglieder (Männer wie Frauen) der zu Beginn des 17. Jahrhunderts eingerichteten ›Korpus-Christi-Bruderschaften‹ trugen bei ihren bald auch theatralisch ausgestalteten und deshalb im Zuge der Josefinischen Reform wegen »Aberglaubens« verbotenen Prozessionen das »rote Bruderschaftskleid« mit dem (weißen) »Pilgerkragen« (ebd. S. 145—149, 179f., 664—666).*

122,24f. wie ein Licht in einen Abgrund *Vgl. die Lesarten zu S. 127, 31.*

122,28 zu seh'n, auch nur zu sehen! *Zur möglichen Figurationswahl nach dem Vorbild des jungen, in den Anblick des schlafenden Sneewittchen verliebten Königs vgl. die Erl. zu S. 120, 29. Die Zurückdrängung des Motivs der besitzergreifenden Liebe (*zu sehen und zu küssen*) in den Lesarten (vgl. S. 560,9) würde durch diese Figurationswahl ihre hinreichende Erklärung finden, steht aber auch in genauer Motiventsprechung zur persönlichen Liebeserfahrung Hofmannsthals in seinem Verhältnis zu Elisabeth Baronin Nicolics, die aufzuarbeiten, nach der ihn offenbar schockierenden Wiederbegegnung zu Beginn seiner Vareser Reise, Hofmannsthal sich bei Ausarbeitung der* Frau im Fenster *auch im eigensten Interesse veranlaßt gesehen haben dürfte (vgl. Die Frau im Fenster, ›Quellen‹, S. 511 und hier besonders Anm. 4). Bereits im Juli 1895 hatte Hofmannsthal gegenüber dem gemeinsamen, seinerseits »Eigentum⟨s⟩«-Rechte anmeldenden Freund, Edgar Karg von Bebenburg, bekannt:* gerad sie war eigentlich derjenige Mensch, den ich zuerst gelernt hab gern zu haben ohne ihn oder ohne etwas von ihm zu verlangen *(BW 86, 117). Und noch in der mehrfach herangezogenen Genese-(Selbst-)Deutung des Briefes an Elisabeth Baronin Nicolics vom 17. Juni 1908 erinnert er sich:* Ich war damals verliebt in Sie, eben genug, um die Augen und alle Sinne offen zu haben für ihr Besonderes und Ihren Reiz, auch Ihr Seelenhaftes, nicht so stark aber und mit keiner so heftigen Nuance des Begehrens, wie andere Leute. Darum bin ich vielleicht von allen Männern, mit denen Sie zu tun haben, der einzige, der Sie je gesehen hat ... (B II 326, Hervorhebung von Hofmannsthal; vgl. auch Die Frau im Fenster, S. 541, 16−23).

122,36 f. Knecht ... mit rothem Haar *Vgl. Erl. zu S. 117, 28. Die Figuration mag, wenn sie nicht ganz allgemein die Volksgruppe der deutschstämmigen Bergbauern und Viehzüchter Südtirols repräsentieren soll, deren jahrhundertelange Abwehrkämpfe gegen Überfremdung und Unterdrückung mehr noch als die ihrer ladinischen Landsleute geschichtsnotorisch geworden sind, in Erinnerung an die Gestalt des streitbaren Kapuzinerpaters Joachim Haspinger getroffen sein, der, neben und mit Andreas Hofer, als einer der Anführer der Tiroler Freiheitskämpfe 1809 in die (Süd-)Tiroler Geschichtslegende eingegangen ist (Deckname: »Rotbart«; vgl. Hohenegger, Geschichte der Tirolischen Kapuziner-Ordensprovinz, a. a. O., S. 243−249).*

122,39 mit unbehauen Platten rothen Steins *Vgl. S. 121, 36 f. mit Erl.*

123,2−11 des blödsinnigen zerlumpten Hirten ... rhätisch redet der *Die Gestalt des Hirten (bzw. seines Pendants) ist sowohl sozial (als Hirte) als auch soziokulturell (durch seine zunächst unverständliche Sprache) noch einmal deutlich gegen den Knecht (S. 122, 35−37) nach unten abgestuft, wie es, im realen Zusammenleben der ethnischen Minderheiten Südtirols dem abgestuften sozialen Besitzstand der deutschen und der ladinischen Volksgruppe, welch letzterer der Hirte nach Ausweis seiner rhätisch⟨en⟩ Sprache angehört, zur Zeit Hofmannsthals entsprach und teilweise noch heute entspricht. So ist es auch zu erklären, daß diese Sprache, deren Unverständlichkeit (für Außenstehende) noch in der Bezeichnung »Kauderwelsch« (aus Kaurer ⟨= Churer⟩ Welsch) nachwirkt, ihrerseits als Ausdruck eines niederen Sozialstatus (Bildungsgrades), ja der geistigen Verblödung angesehen werden konnte. Nicht so von Hofmannsthal, der, als Student der Romanistik, am damals gerade aktuellen Vorgang der (Wieder-)Entdeckung und Erforschung des Rhätoromanischen schon allein fachliches Interesse genommen haben dürfte, ohne sich freilich − man denke an seine Vorbehalte gegen die Borniertheit der Philologen (P I 141, 263, 300 f.; A 69 f.) − auf dieses fachwissenschaftliche Interesse zu beschränken. Vgl. auch die folgende Erl.*

123,12 ist aus den Wäldern, wo sie rhätisch reden *Mit höchstem Kunstverstand setzt Hofmannsthal hier, die stufenweise Bewußtwerdung des intendierten Sachverhaltes über die ihn verdeckenden Vorurteile fingierend, das ethnisch-geographische Substrat der (scheinbar) entstellten Sprache, welcher das poetische Ich des Prologs und durch seine Vermittlung der Leser/Hörer seine tiefere Einsicht in die Natur des (untergegangenen) Volkes (hier: der Ladiner) verdanken soll, und sei es nur, um ihm die Grundlage positivistischer Faktengläubigkeit zu entziehen: Die Wälder (in vorangegangener Lesart: Dörfer), wo sie rhätisch reden, gibt es tatsächlich (zur Sache vgl. die Erl. zu S. 122, 19−21, Nr. 2), und es gibt sie doch zugleich auch wieder nicht, zumindest nicht im Sinne jener Ausschließlichkeit und Eindeutigkeit, mit welcher wissenschaftliche Erkenntnis ihre vorläufig ge-*

sicherten Ergebnisse gegen kontroverse Lehrmeinungen und damit auch gegen ihre eigene Relativierung abzudichten pflegt. (Vgl. ebd. Nr. 1 ⟨betr.: Reziprozität nationalsprachlicher Prämissen in der »Sprachinsel«-Kontroverse⟩ und Nr. 3 ⟨betr.: Entpositivierung völkischen Substratdenkens durch Verlagerung dieser Kontroverse in die Dimension des Märchens⟩.) Auf diesem und offenbar nur auf diesem Wege läßt sich für den Dichter des Prologs jene geschichtliche Tiefenschärfe der eigenen (poetischen) Darstellung erzielen, vor deren Hintergrund der intendierte Sachverhalt (die untergegangene, d. h. zu neuem Leben erweckende Natur des Volkes) unverkürzt in Erscheinung treten kann. (Vgl. auch ebd. Nr. 4 ⟨betr.: Eröffnung des Lösungsweges durch Einlösung eines sich auf die gemeinsame Errettung aller erstreckenden Gelübde⟩ und Nr. 5 ⟨betr.: Initiierung dieser Lösung selbst nach dem Beispiel opferbereiter Kapuziner, welche an ihrem ursprünglich bäuerlichen, mit den Ärmsten der Armen geteilten und in diesem Sinne auf die Zwerge des Märchens übergegangenen Habit als die wahren Minderbrüder und, wenn es sein muß, Vorkämpfer einer Bruderschaft aller Menschen kenntlich sind⟩.) Wie weit sich Hofmannsthal damit nicht nur vom wissenschaftlich-verkürzten Verständnis der »Sprachinsel«-Problematik seiner Zeit, sondern auch von deren lebenstüchtigen, im Namen des beginnenden (Fern-)Tourismus propagierten Banausentum entfernte, zeigt ein Vergleich mit der gängigen (Hofmannsthal bei Ausarbeitung seiner Reise womöglich vorgelegenen) Reiseführer-Darstellung desselben Sachverhaltes. Es heißt dort, mit Bezug auf das damals noch unwegsame, erst durch die große Dolomiten-(Quer-)Straße für den Durchgangsverkehr erschlossene zentralladinische Gebiet, welches Hofmannsthal auf der Strecke Bruneck—Toblach—Cortina als ganzes umfahren hat: »Das 9 St⟨unden⟩ lange Enneberger- oder Gader-Thal ist namentlich wegen der Dolomiten in seinem Hintergrunde besuchenswerth. Thalsprache ist ladinisch ⟨folgt Querverweis: Grödner Thal⟩, Deutschen wie Italienern unverständlich; doch wird Deutsch fast allgemein verstanden.« (Österreich—Ungarn. Handbuch für Reisende von K. Baedeker, Leipzig ²³1892, S. 170.) Doch scheint Hofmannsthal als Dichter des Prologs selbst auf der Höhe des poetischen Bewußtseins, welche er den Dichter im Prolog erst im Verlauf der Traumreise gewinnen läßt, noch über einen anderen (poetischen) Zugang zu dem von ihm intendierten Gegenstand verfügt zu haben, den er im folgenden auch für die Anamnese völlig vergessener Tage ausnützt (S. 126, 25), durch welche sich wohl auch für ihn persönlich die dunkle⟨n⟩ Theile seines Innern lösen und schwankende Durchblicke, namenlose Möglichkeiten eröffnen konnten (S. 126, 23—26).

123,14 Räthsel Nicht das spezielle, S. 123, 14—16 angeführte Rätsel — wie sich wahrscheinlich machen läßt, eine von Hofmannsthal selbst verrätselte (Orts-)Geschichte (vgl. die folgende Erl.) —, sondern die Tatsache, daß der rhätisch redende Hirte zum Dichter (Leser/Hörer) des Prologs »in Räthseln« spricht, ihm dieses Räthsel auf-gibt, dann Zaubersprüche vorsagt (S. 123, 23), ein (Kinder-)Lied mit einem Abzählreim ins Spiel bringt, dessen Reim auf den Dichter (Leser/Hörer) selbst aus-gebt (S. 124, 6—9) und schließlich eine wiederum verrätselte, in die Form des Sprichworts eingegangene (Lokal-)Sage aufbringt (S. 126, 5—8), kennzeichnet seine Rede als poetisch im Sinne der »einfachen Formen« der »Volkspoesie«, in welchen die kollektive Erinnerung der (untergegangenen) Natur des

Volkes fortlebt und ihrer Erweckung zu neuem Leben entgegensieht. Sammlungen solcher (überdauernder) Volkspoesie waren gerade im Zusammenhang mit der (Wieder-)Entdeckung des Rhätoromanischen (aber auch des »Cimbrischen« der VII/XIII Comuni) weitverbreitet. (Vgl. ⟨zum Rhätoromanisch-Ladinischen⟩ Christian Schneller, Märchen und Sagen aus Wälschtirol ..., Innsbruck 1867, S. 3—180: ›Märchen und Geschichten‹, S. 199—230: ›Sagen‹, S. 231—256: ›Sitten, Gebräuche und Glauben, Reimsprüche, Räthsel‹; und ⟨zum »Cimbrischen«⟩ Johann Andreas Schmeller's sogenanntes Cimbrisches Wörterbuch, das ist Deutsches Idiotikon der VII. und XIII. Comuni ... im Auftr. d. Kais. Akad. d. Wiss. hrsg. von Joseph Bergmann, Wien 1855, S. 87—90 ⟨Sprichwörter und Spinnstubenlieder⟩.)

123,14—22 *wo sind die tausend Jungfern ... die Schindeln meinte er* Zugrunde liegt vermutlich die Geschichte vom Widerstand der Sonnenburger Nonnen gegen die Reformmaßnahmen des Nicolaus Cusanus, welcher, in seiner Eigenschaft als Bischof von Brixen, doch unter strittigen rechtlichen Voraussetzungen, Einfluß auf die stark verweltlichte Lebensführung der (überwiegend adligen) Klosterfrauen zu nehmen suchte, durch eine über das Kloster verhängte Zins- und Abgabensperre dann aber deren bewaffnete Gegenwehr auslöste, in deren Verlauf, der blutigen »Sonnenburger-⟨Bauern-⟩Schlächterei«, die von den Nonnen zur Zinsleistung gezwungenen Enneberger Bauern durch bischöfliche Truppen niedergemacht, ihr Kloster gestürmt und ausgeraubt und sie selbst zur Flucht in die Wälder gezwungen wurden (vgl. Gunther Langes, Ladinien ..., Bozen, 1970, = Südtiroler Landeskunde in Einzelbänden, Nr. 6, S. 198—203). In der noch heute umstrittenen Bewertung dieser »vom Leben selbst« geschriebenen Geschichte (zum Deutungsansatz vgl. die Erl. zu S. 117,29—118,4) nähme Hofmannsthal demnach Partei für die dem Streit der Großen um die Ausweitung ihrer Machtbefugnis zum Opfer gefallenen Enneberger Bauern, von deren Standpunkt aus betrachtet der Versuch der Sonnenburger Nonnen, sich der geistlichen und weltlichen Oberhoheit des Episkopates zu entziehen (einander *selbst* Weihwasser *zu geben*) als sinnloses, weil selbstzweckhaftes Handeln angesehen werden muß, wobei die vom Dichter *des* Prologs *gefundene* »Lösung« des Räthsel⟨s⟩, versteht man sie als Anspielung auf die im Zuge der Josefinischen Reform erfolgte Auflösung des Klosters zugunsten der Einrichtung des St. Lorenzer Armenhauses (Langes, a. a. O., S. 89), noch eine überraschende Pointe abgibt: Gleich *den* Schindeln *jenes* Schindeldach⟨s⟩, welches zum Gedichtzeitpunkt, das Armenhaus bedeckt, gaben *die Nonnen der Geschichte* den Regen der herunterschoß nur einander *weiter,* konnten oder wollten aber, als es noch Zeit war, nicht verhindern, daß ihr ehemals Enneberger Besitz (und schließlich auch ihr Kloster selbst) zum »Armenhaus« Ladiniens herunterkam. Vgl. auch die folgende Erl. und, zum sozialkritischen Aspekt, S. 125, 23—38 mit Erl.

123,15 *tausend Jungfern, mehr als tausend Jungfern* Vermutlich Anspielung auf das Schicksal der 11 000 (nach anderer Version 1660) britannischen Jungfrauen im Gefolge der Heiligen Ursula, welche, als Gattinnen römischer Legionäre in Gallien ausgewählt, bei der Überfahrt an die germanische Küste verschlagen wurden und dort (nach anderer Version in Köln am Rhein) in die Hände beutegieriger Hunnen fielen, denen sie sich, um ihre Jungfräulichkeit zu retten, durch Selbsttötung entzogen (vgl. K. E. W. Wander, Deutsches Sprichwörter-Lexikon, Bd. 2, Leipzig 1870, Sp. 1074f.). Vgl. auch die Erl. zu S. 126,6—13.

123,23 Zaubersprüche *Vgl. die Erl. zu S. 123,14.*

124,6—9 ein wunderliches Lied ... *Vgl. die Erl. zu S. 123,14 sowie, zum Deutungsansatz, S. 118, 5—17 mit Erl.*

124,36—125,2 Alle Schwärme ... schimmerndes Gestein *Vgl. Das Kleine Welttheater, ›Varianten‹, S. 597,27. Die Farbgebung des hier roth hier weißlich schimmernden Gestein⟨s⟩ hebt die vom Lichteinfall abhängige Naturfarbe des Dolomits ins Bild, welcher, bald nach seiner Entdeckung durch den französischen Geologen und Mineralogen Déodat de Gradet de Dolomieu (1750—1801), der nach ihr benannten Gebirgsregion (heute auch: Ladinien) ihren ersten zusammenfassenden Namen gegeben hat.*

125, 23—38 Am Ufer waren Bauten ... im letzten Schlaf. *Der komplementäre Gesichtspunkt, unter welchem die Arbeit des (Städte-)Bauens hier vorgestellt wird (zum Deutungsansatz vgl. S. 118, 24—31 mit Erl.) nimmt in seiner sozialkritischen Schärfe Bert Brechts bohrende ›Fragen eines lesenden Arbeiters‹ vorweg, um sie, durch die Vorstellung der Kinderarbeit (S. 125, 34 nebst Varianten zu S. 125, 32), aber auch des lemurenhaft erstickte⟨n⟩ Halblichts⟨s⟩, in welches die nicht abreißende, über den kaum merklichen Tod des einzelnen sich wieder schließende Kette anonymer (Fron-)Arbeit von ihrem Anfang her getaucht ist, an Intensität der bildhaften Darstellung noch zu übertreffen.*

126,6—13 die Frauen und die Pferde ... mein Leben *Das mit wildem Mund (S. 126, 4) herausgestoßene Wort des Hirt⟨en⟩/Narr⟨en⟩, zugleich sein letztes, deutlich artikuliertes, bevor viel (für ihn anscheinend nicht mehr Artikulierbares) vom Volk und Zorn des Volkes und tausend andres aus ihm heraussprudelt (S. 126, 9f.), markiert deutlich den dramatischen Höhepunkt seiner gestörten Rede, dem fremden wirren Zeug, das aber vom Dichter des Prologs, der noch und gerade aus solcher Sprach-(Zer-)Störung auf die objektiv tragische Situation (Urszene) zurückzuschließen vermag, durch welche sie verursacht ist, alles verstanden, mehr noch, auf sich und sein eigenes Leben bezogen wird. (So, ohne Bezugnahme auf Hofmannsthals Vorgang, der sich hier der individualpsychologischen Anamnese seiner, aber teilweise auch noch unserer Tage im Ansatz weit voraus erweist, methodisch expliziert bei Alfred Lorenzer, Sprachzerstörung und Rekonstruktion. Vorarbeiten zu einer Metatheorie der Psychoanalyse, Frankfurt 1970, S. 138ff.) Das mutmaßliche Vorbild der geäußerten Sentenz findet sich in dem ursprünglich in Sterzing beheimateten und dann, mit den entsprechenden Varianten, über (Süd-)Tirol verbreiteten Sprichwort »Die alten Diendl und die alten Roß / Kommen ins Moos«, demzufolge die alten (unverheiratet gebliebenen) Jungfern, gleichsam als Strafe für ihr verfehltes Leben, nach dem Tod keine Ruhe finden können, sondern — der Zusammenhang mit alten (ausgedienten?) Pferden bleibt zunächst unklar — im Sterzinger Moos und anderen Unterwelts-*

orten umgehen und, den Danaiden der griechischen Sage vergleichbar, allerlei sinnlose Arbeiten verrichten müssen (vgl. Ignaz v. Zingerle, Sitten, Bräuche und Meinungen des Tiroler Volkes, Innsbruck ²1871, S. 56f. und Anton Zingerle, Tirolensia. Beiträge zur Volks- und Landeskunde Tirols, Innsbruck 1898, S. 134f. sowie Ludwig v. Hörmann, Ins Moos fahren. In: L. v. H., Tiroler Volksleben, Innsbruck 1909, S. 18—25). In Hofmannsthals Verwendung der gestörten Rede des Narren im Prolog *wird nicht nur der ursprüngliche Sinn der Zwillingsformel (Verweigerung der letzten Ruhestätte für unverheiratet gebliebenen Frauen und ausgediente Pferde) rekonstruierbar, sondern auch, vom Standpunkt des (nach S. 118, 18f.) von* Könige⟨n⟩ und Heeresfürsten *bemeisterten, zu deren Selbsterhöhung in ungewollte Kriege ziehenden und dafür oft genug mit dem eigenen Leben bezahlenden Volkes (und hier besonders des am meisten betroffenen Bauernstandes) die bitterste Anklage gegen das aus seiner Sicht Elementar-Böse des Krieges vernehmbar: als Ausdruck des tiefsten Elends auf seiten der Frauen, wenn ihre Männer, bevor es zur Heirat kommen konnte, im Krieg geblieben sind und die nun übrig sind, wie* Pferde gefallener Reiter in der Schlacht. *Und: als Ausdruck der höchsten Verblendung auf seiten des* Mann⟨es⟩, *wenn er, seiner natürlichen Lebenswelt entfremdet, sich nicht nur als Werkzeug fremder Kriegslüsternheit mißbrauchen läßt, sondern dieselbe auch noch in seinen eigenen Willen aufnimmt, um sich als* Mann *zu fühlen, dem* Frauen *wie* Pferde zu Gebote stehen, *ja der notfalls »über Leichen« geht (zum komplementären Deutungsansatz vgl. S. 118, 18—23 mit Erl.).*

126,9 vom Volk und Zorn des Volkes *Das in Sprachlosigkeit und Verwirrung übergehende Herausschreien des unterdrückten, aus der vollen sprachlichen Kommunikation zu lange ausgeschlossenen Grundes führt zurück zur ersten Thematisierung der* wirre⟨n⟩ Rede *des Hirten, die einem* wüthend⟨en⟩ Wasser *verglichen wird, in einer Sprache, deren Laute* gurgelnd einander selbst erwürgten *(S. 123, 8—10), welche in ihrer objektiven, die Situation eines allzulange unterdrückten Volkes widerspiegelnden Tragik nun erst voll erkennbar wird, wie sie ihrerseits den Verstehenszugang zur objektiven Tragik Dianoras bildet, deren letzte große Rede nicht zufällig dieselben Symptome eines in sprachlose Verwirrung übergehenden Herausschreiens (hier: der Wahrheit über ihre verhinderte Selbstverwirklichung als Frau) aufweist (*Die Frau im Fenster, *S. 113, 18f. u. 113, 36—38).*

126, 13—15/16—26: Im Unterschied zum großen Reigen der Erdendinge *(S. 118, 33f.) werden jene namenlosen* andern Dinge im Wasser an den Ufern, in der Luft *(S. 126, 14f.) für das auf den Grund seiner selbst durchstoßende poetische Bewußtsein jetzt benennbar.*

126, 27—35 und doch indem ich rede ... was ich träumte *Die elementare Gewalt des Bewußtwerdungsprozesses des poetischen Bewußtseins im Zusammenhang mit der Entstehung der* Frau im Fenster *läßt sich auch in der kommentierenden Erzählung des* Prologs *nicht restlos wiedergeben:* ist fast nichts, was ich erzähle! *Entsprechend ebbt diese Erzählung in den folgenden Versen bis zur* Ankunft *(S. 128, 17) merklich ab.*

ERLÄUTERUNGEN 583

127,1f. stieg der mit dem Stier hinaus *Wie der verrückte Hirte (S. 127,10), dem der Reisende die Einsicht in die Natur des* Volkes *verdankte, steigt auch der Stierbändiger noch vor der Ankunft aus.*

127,8 und durch dies Gewebe bebte *Zwar erscheint das poetische Bewußtsein nun nicht mehr im Sinne des von George noch im Juli 1902 empfohlenen »strenge⟨n⟩ sich-aufeinenpunktstellen⟨s⟩« (BW 159) dem Objektiven gegenübergestellt, sondern schwingt sich in seinen Rhythmus ein, der voll durch seine* Pulse bebt *(S. 127,17). Doch deutet sich darin zugleich eine Reduktion seines Gegenstandes auf jene* Farbe von den Dingen ab, auf welchen es, *wie Hofmannsthal später sagen wird,* lautlos wechselnd ruht *(P II 281).*

128,12 wundervolles anderes Bewußtsein *Die Bewußtwerdung des Tiefenprozesses, in der (Rest-)Gestalt des* jungen Leib⟨es⟩ *in das Bewußtsein des Dichters hinein* gelegt wie in eine / bewußte fühlende belebte Gruft *(S. 128,10f.), wird aufgefangen vom* Bewußtsein *der* körperlichen Nähe *der* Freunde *(S. 128,13), deren* Gefühl empfunden werden kann *(S. 128,19).*

128,23 und — bin wach! *Von der Bewußtwerdung des Künstlers spricht Hofmannsthal unter dem Bild des Zurückkehrens des* Leben⟨s⟩ in den Leib eines Bewußtlosen *am Beispiel d'Annunzios (P I 241).*

129,5 tiefre Bildlichkeit *Vgl.* Bildlicher Ausdruck, *P I 286.*

129,14 sondern große Puppen *Auf Entsprechungen zu Kleists Aufsatz ›Über das Marionettentheater‹ weist H. Stefan Schultz hin, a.a.O., S.43.*

129,21 ein dünner Schleier *Auch Henri de Régniers lyrisches Drama ›La Gardienne‹ wurde 1894 (als Pantomime) hinter einem Gazeschleier aufgeführt, wozu der Text aus dem Orchestergraben gesprochen wurde (vgl. Peter Szondi, Das lyrische Drama des Fin de siècle, a.a.O., S.143f.).*

584

DAS KLEINE WELTTHEATER
ODER
DIE GLÜCKLICHEN

ENTSTEHUNG

Als früher Vorläufer des Kleinen Welttheaters *ist der im Frühsommer 1893 entworfene Plan eines mit* Die Landstrasse des Lebens *überschriebenen Stücks anzusehen (s. S. 251–58).*[1] *Edgar Byk (s.* ›Zeugnisse‹, *S. 621, 1–10) referiert aus einem um 1910 an ihn geschriebenen Brief Hofmannsthals:* »... die Idee hiezu ⟨sc. zum Kleinen Welttheater⟩ *entstand, wie Hofmannsthal schreibt, fast gleichzeitig mit dem* Tor und Tod *und sollte ursprünglich* Die Landstrasse des Lebens *heissen. In dieser Fassung sass ein junges Mädchen auf einer Gartenmauer: an ihr kamen Gestalten vorüber. 1897 entstand daraus* Das Kleine Welttheater.« *Dieser Plan ist über das Stadium einiger Prosa-Aufzeichnungen und lyrischer Bruchstücke nicht hinausgekommen. Im Januar 1895 wird unter dem Stichwort* Gleichzeitiges Welttheater *ein Konzept (N 1) sichtbar, das, nach längerer Unterbrechung im Oktober 1896 wieder aufgenommen, erweitert und präzisiert (N 2), typisierte Figuren (*Der Journalist, der römische Papst, der Kaiser von China *usw.), unter ihnen einige von geschichtlichen Schauplätzen,*[2] *einbezieht. Dieser Entwurf macht bis zum Frühsommer 1897 eine Metamorphose durch, die den Personenkreis einschränkt und stabilisiert. Diese Stufe deutet ein wohl im Frühjahr 1897 beschriebenes Blatt (N 3) an, das unter dem Titel* Verse für ein durch Wasser getriebenes Puppenspiel *den Entwurf eines Bühnenbildes mit mechanisch agierenden Figuren enthält. Erstmals erscheint hier im Bezug auf* Das Kleine Welttheater *die Bezeichnung* Puppenspiel, *die später in Hofmannsthals Korrespondenz wiederkehrt und auch in den ersten Drucken verwendet wird. Daß diese Notizen einen Wendepunkt darstellen, indem sie die früheren Vorstellungen zusammenfassen und auf ein neues*

---

[1] *Vgl. auch die Aufzeichnungen zu* Garten des Lebens, *einem verwandten, offenbar noch früheren Plan: A 97 und 115, und die* ›Entstehung‹ *zu* Das Glück am Weg, *S. 769–770.*

[2] *Vgl. auch Hofmannsthals Pläne zu einem* Alexander-Drama *(seit 1893; D I 419–31) und sein Interesse für die Gestalt Kaiser Maximilians (1895; A 118–20).*

ENTSTEHUNG 585

Bühnenbild vorausweisen, wird in den Elementen der als Welt *bezeichneten Bühne: Garten, Landstraße und (angedeutetem) Fluß deutlich.*
  Nach monatelangem Stocken der Produktivität (vgl. den Brief an George, 3. Juni 1897, BW 119), das jedoch den Prozeß der inneren Vorarbeit nicht zu beeinträchtigen scheint (so dürfte sich aufgrund eines Erlebnisses im Frühjahr 1897, das im Tagebuch[1] erwähnt ist, das Bänkelsängerlied vorgebildet haben), setzt noch im Juni 1897 die Wiederaufnahme des Plans ein: jetzt aber bereits als entschiedene Gestaltung, als erste Niederschrift großer Teile der Dichtung, einiges noch in Prosakonzepten, anderes bereits in Versen, die dem Dichter nun zuströmen. Ob die Aufführung des ›Großen Welttheaters‹ Calderons am 12./13. Juni in Wien[2] Hofmannsthals Vorstellungen noch wesentlich beeinflußt (und vor allem den Titel des Stücks hervorgerufen) hat, muß offenbleiben. Während Hofmannsthal in Bad Fusch an der Vorbereitung seiner Dissertation arbeitet (22. Juni–7. August), entstehen außer den Plänen für die Idyllen *und* Plaquetten, *Entwürfen zu Gedichten (*Dichter sprechen, Der Jüngling und die Spinne*) hauptsächlich Notizen und Verse zum* Kleinen Welttheater.[3] *Neben den erhaltenen Entwürfen zum* Gärtner *und zum* Fremden *werden, da im Tagebuch (H VB 3.10) unter den in Varese entstandenen Partien nicht aufgeführt (s. Anm. 3), auch die Figuren* Kaiser von China, Junger Herr *und* Mädchen *in Fusch gestaltet worden sein. Am 11. August bricht Hofmannsthal von Salzburg aus zu einer Radtour nach Oberitalien mit dem Ziel Varese auf. Kurz zuvor schreibt er aus Bad Fusch dem Vater, er hoffe,* die begonnene lyrische dialogisierte Kleinigkeit, mit 7 oder 8 Figuren in der Art eines Puppentheaters *in Italien zu beenden (7. August 1897, B I 215).*
  Während der, in Tagebuch und Briefen mit allen Stationen festgehaltenen, fast zweiwöchigen Fahrt entstehen Pläne und Verse zu weiteren Stücken: so zur Frau im Fenster, *deren Niederschrift bereits am 27. August, drei Tage nach der Ankunft in Varese, beendet ist, der* Prolog *zu diesem Stück, unmittelbar danach entstanden,*

---

[1] Frühjahr 1897. . . . Schöne Fahrt ins Höllenthal. Da sagt Gerty im Gras liegend: Wo ist der Prinz der kommt und sich zu mir legt? Sie zeichnet mich. Die singenden Männer auf der Strasse. (Bänkelsänger im Kl. Welttheater) *(H V B 3.10).*
[2] G. Erken, *Hofmannsthal-Chronik,* S. 254.
[3] *Vgl. den Konvolutdeckel H II 68.1:* Juli u August 1897 erste Niederschriften der Gedichte (hauptsächlich das Kleine Welttheater) Pläne der Idyllen ... *Das Tagebuch (H VB 3.10) spricht von einem zeitlichen Nacheinander:* Fusch. Zuerst Dissertation, dann Verse. (Kl. Welttheater). *Möglicherweise bezieht sich auf dieses Stadium auch die Mitteilung Hofmannsthals in einem Brief an Arthur Schnitzler vom 16. Juli 1897 (BW 92):* Auch hab ich eine kleine Arbeit in Versen angefangen, deren Hintergrund etwas mit Salzburg zu tuen hat und habe mich in übertriebener Weise darauf gefreut, es Euch dort, wo wir immer so glücklich zusammen waren, vorzulesen. Diese kleine Arbeit wird freilich jetzt durch das finstere regnerische Wetter etwas verzögert und wäre wohl erst Ende July fertig geworden.

Notizen zum Gartenspiel, *das unvollendet bleibt, und zu dem, später ebenfalls abgebrochenen,* Festspiel Das Kind und die Gäste. *Am 2. September schreibt Hofmannsthal dem Vater:* ich hoffe in drei Tagen mit dem Puppentheater fertig zu sein *(B I 229). Im Tagebuch (H VB 3.10) ist vermerkt:* der Dichter, der Diener, der Wahnsinnige, der Arzt fürs ›Kl. Welttheater‹. *Bereits am 4. September scheint mit der Ausführung dieser Figuren das Stück abgeschlossen. Ein vermutlich am 5. September geschriebener Brief an den Vater (B I 230) berichtet:* das Puppenspiel ist fertig. *Noch am selben Tag entsteht das Szenarium eines weiteren Einakters, vermutlich des* Gartenspiels *(s. S. 787, 15–25). Wahrscheinlich hat Hofmannsthal in diesen Tagen auch die Bühnenanweisung zum* Kleinen Welttheater *entworfen, die der in Wien entstandenen Reinschrift des Stücks (4 H⁴) auf einem gesonderten Blatt beigefügt wurde. Nur wenige Stunden nach der Vollendung des* Kleinen Welttheaters *zeigt sich dem Dichter in blitzartiger Eingebung der gesamte Stoff zur* Hochzeit der Sobeide *(zunächst noch mit dem Titel* Die junge Frau*), mit dessen Ausarbeitung sofort begonnen wird. Erst mit dem Aufbruch nach Mailand am 10. September tritt eine Pause ein.*

Vielleicht schon während des folgenden Aufenthaltes in Venedig (14.–18. September), sicher aber sofort nach der Rückkehr von der Reise in Wien (und dann gleichzeitig mit der Arbeit am Weißen Fächer*) entsteht die Reinschrift des* Kleinen Welttheaters *(4 H⁴), die Hofmannsthal an Eberhard v. Bodenhausen, den Mitherausgeber der Zeitschrift ›Pan‹, schickt. Bereits am 25. September antwortet Bodenhausen aus Brüssel (BW 7) begeistert auf die Zusendung des Manuskripts, kündigt die Weitersendung an den Redakteur des ›Pan‹, Cäsar Flaischlen, an und verspricht Nachricht »über die Details des Drucks« aus Berlin.[1] Hofmannsthal sucht in den folgenden Tagen in Hinterbrühl die begonnene Prosa* Der goldene Apfel *(SW Bd. XXIX, S. 91–106) zu vollenden, was nicht gelingt. Einen Abschluß findet dagegen das Manuskript der* Hochzeit der Sobeide, *das Hofmannsthal zusammen mit der Abschrift der* Frau im Fenster *zur Beurteilung an Gustav Schwarzkopf schickt (s. B I 235–37).*

Am 15. Oktober erinnert Hofmannsthal Bodenhausen an sein Versprechen, näheres wegen meines Puppentheaters zu schreiben *(BW 8). Bodenhausen scheint daraufhin die Redaktion des ›Pan‹ sofort verständigt zu haben, da bereits am 20. Oktober Cäsar Flaischlen entschuldigend an Hofmannsthal schreibt[2] und sogleich, da sehr wenig Raum zur Verfügung stehe, Kürzungen innerhalb der Dichtung vorschlägt. Eine Antwort Hofmannsthals unmittelbar darauf, die einige, von ihm als nicht endgültige bezeichnete, Kürzungsvorschläge enthält, bleibt ohne Entgegnung (vgl. Hofmannsthals Brief an Flaischlen vom 6. November). Am 8. November erhält*

---

[1] *Daß der Dichter selbst die Veröffentlichung des Stücks im ›Pan‹ angestrebt hatte, ist sicher, obwohl der erste Brief an Bodenhausen nicht erhalten ist (vgl. ›Zeugnisse‹, S. 603, 24f. und 605, 15ff.).*
[2] *Für die folgende Korrespondenz s. ›Zeugnisse‹, S. 605–610.*

Hofmannsthal von der ›Pan‹-Redaktion das unverkürzte Manuscript des
›Welttheaters‹ zum Theil in Druckschrift, zum Theil mit der Hand abgeschrieben, ohne begleitende Zeile *(Brief vom 8. November 1897 an Flaischlen).
Erst am 19. November folgt eine kurze Erklärung Flaischlens nach, in der erneut
Vorschläge für Kürzungen angekündigt werden. Hofmannsthal antwortet am 22.
November mit dem konkreten Vorschlag,* das ganze Gedicht mit Weglassung
folgender Figuren *zu bringen:* Kaiser von China, Diener, Arzt, Wahnsinniger, sodass es mit dem ›jungen Mädchen‹ schliesst, wobei die Hälfte des
Manuscripts wegfiele. *Flaischlen entgegnet am 30. November zustimmend und
teilt zugleich mit:* »Das Manuskript ist im Satz.« *Mit der Korrektursendung
erhält Hofmannsthal die fortgelassenen Teile seines Manuskripts (4 H⁴) zurück,
die er unverzüglich, nach einer vorausgegangenen kurzen Anfrage, am 8. Dezember
1897 dem Herausgeber der ›Zukunft‹ Maximilian Harden zum Abdruck schickt.¹
Die Verse des* Kaisers von China, *die das Stück eröffnet hatten und nach ihrer
Herausnahme in keinen neuen Zusammenhang zu stellen waren, dürften Harden
nicht vorgelegen haben; sie erscheinen am 5. April 1898 separat in der Osterbeilage
der ›Wiener Allgemeinen Zeitung‹ (s. 7 D³ und S. 594f.). Die Figuren* Diener, Arzt, Wahnsinniger *bringt ›Die Zukunft‹ bereits am 12. Februar 1898
(6 D²), weniger als einen Monat nach dem verzögerten Erscheinen (s. ›Zeugnisse‹,
S. 609, 21f.) des ›Pan‹-Heftes, unter dem Titel:* Aus einem Puppenspiel. (Fragment). *Hofmannsthal selbst hat diese Teilung seiner Dichtung von Anfang an als
willkürlich und unsinnig empfunden (s. den Brief an Bodenhausen vom 13. Januar
1898, ›Zeugnisse‹, S. 610, 5f.) Dennoch muß ihm, wie mehrere Titellisten² zeigen, beim
experimentierenden Arrangieren von Gedichten und Szenen für eine – wohl auf Anregung Georges 1898 vorgenommene³ – Sammlung seiner Dichtungen zeitweise auch die
gesonderte Veröffentlichung einiger Monologe des* Kleinen Welttheaters *möglich
erschienen sein. Als ein Ganzes erscheint das Stück in einem wohl gleichfalls 1898
konzipierten Buch-Plan.⁴ In den folgenden Jahren scheint sich Hofmannsthal der*

---

¹ *S. ›Zeugnisse‹, S. 609, 1–11.*
² *H VA 46.9:* Gedichte. Reihenfolge: ein Knabe Jüngling in der Landschaft Gärtner Mädchen & Bänkelsänger. in einem Garten zu singen I–V Reiselied das Zeichen; *H VB 6.10:* die redenden Masken: Figuren von einem zerbrochenen Fächer Schauspieler (Mitterwurzer prolog) Page Gärtner, Fremder, Wahnsinniger, junger Herr Mädchen Töpfers Tochter einem Schmied vermählt das Mädchen mit der Maske; *H VB 6.12:* redende Masken. vor einem dunkelnden Haus. das Mädchen – der Bänkelsänger. auf einer steinernen Brücke. der Arzt der Diener der Wahnsinnige . . .
³ *Vgl. BW 137f., 142; B I 273:* Im November ⟨1898⟩ werd' ich mich in Wien mit der Zusammenstellung eines Gedichtbuches für den Verlag Bondi ... befassen *(an die Eltern); s. ebd. S. 275.*
⁴ *H VA 19.3:* Buch Prolog zu Tizian Thor u Tod Kl. Welttheater Prolog in einem Fenster die junge Frau Gartenspiel. *Ähnlich H VA 47.3.*

innere Zusammenhang der Figuren noch klarer gezeigt zu haben; bei einem Gespräch mit Rudolf Alexander Schröder (um 1901) nennt er sie Die Glücklichen.[1] *Diese Bezeichnung kehrt im Titel der im Insel Verlag 1903 erschienenen ersten Buchausgabe (9 D⁴) wieder und wird in allen späteren Drucken beibehalten (*Das Kleine Welttheater oder Die Glücklichen*). Die Verse* Der Kaiser von China *spricht: hat Hofmannsthal nicht wieder in das Stück aufgenommen; sie erscheinen in den* ›Gesammelten Gedichten‹ *1907 (12 D⁷) in der Gruppe der* Gestalten.

ÜBERLIEFERUNG

N 1   H V B 11.13 – *Doppelblatt, auf einer Seite beschrieben. Datiert 27. Jänner; durch die nachfolgende Notiz* ›Der Garten der Erkenntnis‹ *vollendet und vorgelesen dem Jahr 1895 zuzuweisen.*[2] *Unter dem Titel* Gleichzeitiges Welt-Theater *Beginn einer Personenliste. Auf derselben Seite Aufzeichnungen über den Freundeskreis, eine Reflexion über das* Wesen der Tragödie *und Notizen über* Geschosse der Europäer in einem Krieg gegen die Japaner.[3] *Vgl. N 2!*

N 2   E III 110.2; *jetzt* FDH-II 19934 – *Eines von zwei in einen Doppelbogen mit der Aufschrift* gleichzeitiges Welttheater. über Kriegskunst (E III 110.1) *eingelegten Einzelblättern, die ursprünglich einen Bogen bildeten. Enthält unter dem Stichwort* gleichzeitiges Welttheater *ein gegenüber N 1 erweitertes Personenverzeichnis und eine kurze Charakteristik des Dichters. Auf dem anderen Blatt (E III 110.3), datiert* W⟨ien⟩ 26ten, *Notizen über Kriegskunst. Vgl. N 1.*

N 3   H II 147ᵇ – *Unter dem Titel* Verse für ein durch Wasser getriebenes Puppenspiel *Notizen zum Bühnenbild und zu Personen des Stücks. Auf der Vorderseite Entwurf des Gedichts* Eine Vorlesung, *Notizen zu* Bildlicher Ausdruck (P I 286) *und zu einer Gestalt* Dienerin.

N 4   H IV A 25.2 – *Prosanotiz zum* Kaiser von China. *Auf derselben Seite Notiz N 5 zu der im Sommer 1896 konzipierten Erzählung* Geschichte des Freundes (SW Bd. XXIX, S. 81). *Da diese Notiz voransteht, ist für N 4 nur ein »terminus ante quem non« gegeben.*

---

[1] *Vgl.* B II 126f. *(ohne Datum, vermutlich Herbst 1903),* ›Zeugnisse‹, *S. 617, 13–17. Vgl. auch den Brief vom 1. August 1903 an Georg Franckenstein (*B II 123*):* Ich mein' damit die innerlich Reichen. *S.* ›Zeugnisse‹, *S. 615, 13f.,* ›Erläuterungen‹ *zu S. 131, 3.*
[2] *Leopold Andrians Buch erschien am 23. März 1895 (vgl.* BW *37f.).*
[3] *Der Krieg der Japaner wird auch in einer Notiz vom 7. Januar 1895 erwähnt (*A 116*). Entsprechungen zu diesen Notizen (Bedeutung des Terrains für den Strategen) enthält ein Brief an den Vater (vermutl. Juli 1895):* B I 147f. *Aufzeichnungen über Kriegskunst enthält ein Blatt (*H VB 10.70*) mit Notizen zu Huysmans'* ›En route‹ *und zu* Kaiser Maximilian; *ebd. sind die kleinen Japaner erwähnt.*

	N 5	H V B 10.38*ᵃ* – *Notizen zum* Dichter *und* Bildhauer *(später* Der Fremde *genannt). Ein Zitat aus Ronsard läßt auf Entstehung während der Arbeit an der Dissertation schließen (s. ›Erläuterungen‹, S. 634, 22–33). 38ᵇ: Entwurf zu* Der Jüngling und die Spinne.
	N 6	H V B 10.39*ᵃ* – *Notizen zum* Arzt *und* Diener; *auf derselben Seite Notizen zu* Jacobsen *und* Bildlicher Ausdruck *(s. N 3!), Stichworte aus einem Gespräch über Details (Antike, Renaissance, Gegenwart). 39ᵇ: Entwurf zu* Der Jüngling und die Spinne.
1 H¹		E II 1; *jetzt* F D H-II 19935 – *Versentwurf für den Anfang des* Dichter-Monologs.
	N 7	H V B 10.105 – *Unter der Arbeitsanweisung* Dichter einzufügen *Prosanotizen für den Monolog. Auf derselben Seite Aufzeichnungen über* L⟨eopold⟩ A⟨ndrian⟩ *in der Rolle eines Gefangenen,* Knabe Lionardo, *das Wetter mehrerer Tage als Continuum betrachtet mit Verweis auf die* Plaquette Abend im Sommer.¹
	N 8	E III 150*ᵃ, ᵇ, ᵈ*; *jetzt* F D H-II 19934 – *Doppelblatt, vierseitig beschrieben (wohl als Arbeitsblatt über mehrere Tage hin benutzt). 150ᵃ: Notizen zum* Gärtner; *am Rand ein Stichwort, das im Monolog des* Fremden *wiederkehrt (s. S. 139, 33). 150ᵃ,ᵈ: Notizen und Verse zu* R⟨obert⟩ L⟨ieben⟩ *(s. ›Erläuterungen‹, S. 637, 1–9) als Gestalt und Vorbild für den Wahnsinnigen. 150ᵃ,ᵇ: Notizen zum* Jungen Herrn, Arzt *und* Diener *des Narren. 150ᵈ: Notizen zum* Jungen Herrn; *vollständiges Personenverzeichnis des Stücks; auf derselben Seite 3 H³. 150ᶜ: Notiz über* E. A. Poe.
	N 9	E III 149.4; *jetzt* F D H-II 19934 – *Notizen zum* Fremden *und zum* Gärtner-Fürsten. *Auf derselben Seite zwei Gedichtentwürfe (auf dem Wege dieser Träume und Wer Schatten Traum und Spiegelbild).*
	N 10	H V B 10.46
2 H²		E III 149.1–3; *jetzt* F D H-II 19934 – *Vollständiger Versentwurf zum* Gärtner *auf drei paginierten Blättern. 149.1: pag. I. Verse 100–119 (S. 136, 10–29) des Stücks. Am Fuß der Seite Bemerkung über Verse. 149.2: pag. II. Verse 120–135 (S. 136, 30–137, 8). Anschließend ein Prosakonzept der Fortsetzung, das die Verse auf dem folgenden Blatt (149.3) nur zum Teil aufnehmen. 149.3: pag. III. Verse 136–147 (S. 137, 9–20).*
3 H³		E II 42.1–4, E III 150*ᵈ*; *beide jetzt* F D H-II 19934; H II 68.4*ᵇ* – *Vollständiger Versentwurf zum* Fremden, *an einigen Stellen stärker variiert und nachträgliche Korrekturen. E II 42.1: pag. 1. Verse 229–244 (S. 139, 33–140, 10) des Stücks. Am Fuß der Seite Bemerkung zur* Bühne *und nachfolgend die (im Stück nicht verwendeten) Worte* und nur allein / Du redest, was uns werth des Redens scheint.² *42.2: pag. 2. Verse*

---

¹ *Zu dieser* Plaquette *gibt es ein Konzept auf* H V B 12.3 *im Konvolut der im Juli/August 1897 niedergeschriebenen* Pläne der Idyllen.
² *Die Zeile* Du *bis* scheint *liest sich als kompletter Vers, der an die Übersetzung eines griechischen Tragödienstichos' erinnert.*

245–256 (S. 140, 11–22). 42.3: pag. 3. Verse 257–69 (S. 140, 23–141, 1). 42.4: pag. 4. Setzt mit V. 265 ein und bricht nach V. 269 (Stufe A) ab; dann in anderem Duktus V. 270–73 (Stufe C, s. zu E III 150^d). Auf der anderen Seite (42.4^b) Titel und Versansätze zu dem Gedicht Botschaft.

E III 150^d: Beschreibung s. N 8. Entwurf der Verse 265–72 des Stücks; davon die Verse 265–69 (Stufe B) wohl nach der Fassung auf E II 42.4 (Stufe A) und vor der bereits fast endgültigen auf E II 42.3 (Stufe C) entstanden; Verse 270–72 (Stufe B) sind vor der fast endgültigen Formulierung auf E II 42.4 (Stufe C; dort auch ein erster Ansatz: A) entstanden.

H II 68.4^b: Verse 270–74 (S. 141, 2–6). 4^a: Notizen zu einer Idylle: Kinder aus einem schönen Hause (s. N 12).

N 11   H V B 10.104 – Notizen zum Wahnsinnigen. Auf derselben Seite Notiz N 2 zur Geschichte eines österreichischen Officiers (SW Bd. XXIX, S. 83).

N 12   H II 68.5 – Notiz zum Wahnsinnigen. Auf derselben Seite Notizen für die Idyllen Schlafende und Kinder aus einem schönen Hause (s. 3 H^3) sowie der Vermerk Agnes Briefe von Stauffer.[1]

N 13   H III 146.1^d – Doppelblatt, nur zwei Seiten beschrieben. Notizen zum Wahnsinnigen. 146.1^a: Das Kind und die Gäste N 14 (S. 807).

N 14   H V B 8.8^c – Kleines Doppelblatt (Korrespondenzpapier), vierseitig beschrieben. Notiz zum Wahnsinnigen. Auf derselben Seite Das Kind und die Gäste N 4 (S. 807). 8.8$^{a, b, d}$: Notizen für die Idylle das Kind mit der Maske.

N 15   H V B 10.114^d – Doppelblatt, vierseitig beschrieben. Notizen zum Arzt und zum Wahnsinnigen. Auf den übrigen Seiten Notizen (114^a: N 5; 114^b: N 6) und ein Entwurf (114^c: 1 H) für Das Kind und die Gäste (S. 803, 804, 806).

4 H^4 Reinschrift des Stücks. Ursprünglich ein 29 paginierte Blätter umfassendes Konvolut; als Druckvorlage für 5 D^1 und 6 D^2 (und vermutlich auch 7 D^3) aufgeteilt (s. ›Entstehung‹, S. 586f.), heute an zwei Orten aufbewahrt.

Deutsches Literaturarchiv, Marbach a. N. – Hs. Nr. 31970 (Nachlaß Cäsar Flaischlen) – Blätter 1, 1/3 u. 4 bis 18^I der Reinschrift. Nur Blatt 1 (mit Titel, Bühnenanweisung und Personenverzeichnis) mit Blei geschrieben (das übrige mit Feder), vielleicht schon in Varese entstanden. Blatt 2 und die oberen zwei Drittel von Blatt 3 (mit den Versen des Kaisers von

---

[1] Gemeint ist wohl die Entleihung des Buchs über den Maler und Bildhauer Karl Stauffer-Bern. Sein Leben. Seine Briefe. Seine Gedichte. Dargestellt von Otto Brahm, Leipzig 4. Aufl. 1896, an eine der mit Hofmannsthal befreundeten Schwestern Speyer (ein Widmungsexemplar mit dem Datum »Berlin 21. 10. ⟨18⟩96« in Hofmannsthals Bibliothek erhalten).

China*)* herausgelöst und verloren.[1] *Auf dem Rest von Blatt 3 Beginn des* Dichter-*Monologs. Blatt 18 nach den Worten* Es ist völlig Nacht geworden. *(S. 142,19) abgeschnitten. Druckvorlage für 5 D¹.*
Änderungen und Zusätze der ›Pan‹-*Redaktion: Auf Blatt 1 ist der Titel (*Das Kleine Welttheater. Verse für ein Puppenspiel*) geändert in:* ›Figuren aus einem Puppenspiel Das kleine Welttheater‹; *am Rand:* »diese ⟨ist die⟩ erste Seite«; *auf Blatt* 18^I *am Rand:* »Schluß« *und* »Hugo von Hofmannsthal« *(alles von der Hand Flaischlens). Auf den Blättern 10 bis 12 am Rand kritische Bemerkungen zum Text (später wieder durchgestrichen), an einer Stelle mit* »B.« *signiert (= Otto Julius Bierbaum).*
Österreichische Nationalbibliothek – S.N. 13.951 (Nachlaß Lili Schalk) – Blätter 18^II *u. 19 bis 29 der Reinschrift. Blatt* 18^II, *das sich genau an* 18^I *fügt, beginnt mit* Der Wahnsinnige tritt auf, *(S. 142, 19). Auf Blatt 29 unter den letzten Worten des Stücks:* Vorhang. *(in allen Drucken fortgelassen). Druckvorlage für 6 D².*

5 D¹   Figuren aus dem Puppenspiel Das Kleine Welttheater. *In: Pan 1897. Dritter Jahrgang, Heft III (15. Dezember 1897), S.⟨155⟩-159. Text nach 4 H⁴ bis* Es ist völlig Nacht geworden. *Die Verse sind zweispaltig gesetzt (s.* ›Zeugnisse‹, *S. 609, 20-23).*

6 D²   Aus einem Puppenspiel. (Fragment.) *In: Die Zukunft (Hrsg. Maximilian Harden). Berlin, Verlag der Zukunft. 22. Band (12. Februar 1898), S. 299-304.*
Text nach 4 H⁴, beginnend mit Der Wahnsinnige tritt auf. *Dem Text gehen eine gekürzte Fassung der Bühnenanweisung (nach 4 H⁴, 5 D¹) und der Schlußsatz von 5 D¹ (*Es ist völlig Nacht geworden.*) voraus (beides auch zu Beginn des zweiten Teils von 8 t wiederholt).*

7 D³   Der Kaiser von China spricht: *In: Osterbeilage der Wiener Allgemeinen Zeitung (Hrsg. und Redakteur: Josef Münz), 5. April 1898, ⟨S. 4⟩. Vorlage vermutlich: 4 H⁴, Blatt 2 und 3 z. T. (verloren).*

8 t   *E XXIII 17 u. 16; jetzt FDH-II 19934 – Zweiteiliges Typoskript (Durchschrift) des Stücks, wohl Abschrift nach 5 D¹ und 6 D². 17 (Teil I) umfaßt 19, 16 (Teil II) 12 Blätter. Beide Konvolute separat paginiert.*
17: Blatt 1 datiert »1897« *(die* »7« *mit Blei nachträglich eingetragen); 16: Blatt 1 datiert* »1897« *(die* »7« *aus* »8« *geändert). – Da in der Bühnenanweisung der Passus* Kostüm … dieses Jahrhunderts *(nach 1900 in allen Drucken geändert in* des vorigen Jahrhunderts*) beibehalten ist, wird die Abschrift vor 1900 entstanden sein.*

---

[1] *Die Herausnahme der Verse durch Flaischlen wird bereits kurz nach Hofmannsthals Brief an diesen vom 22. November 1897 (s.* ›Zeugnisse‹, *S. 607), in dem er ihm Kürzungen vorschlägt, erfolgt sein.*

9 D⁴ Hugo von Hofmannsthal Das Kleine Welttheater oder Die Glücklichen. Im Insel-Verlag zu Leipzig 1903.¹ *Die Zeichnungen des Umschlags und des Vorsatzpapiers von Aubrey Beardsley.*

Die erste Buchausgabe des Stücks (zugleich der erste Druck, der den Text als Ganzes bringt) ist bis auf geringfügige Abweichungen in der Interpunktion und der Gestaltung der Bühnenanweisung mit 5 D¹ und 6 D² (bzw. mit 8 t) identisch; aus 5 D¹ ist auch die (nur dort sinnvolle) Überschrift Figuren aus dem Puppenspiel Das Kleine Welttheater *übernommen (nicht in den folgenden Drucken).*

10 D⁵ Das Kleine Welttheater oder Die Glücklichen. In: *Kleine Dramen. Leipzig: Insel-Verlag 1906, S. 105–132).*

Der Text entspricht (mit einer Ausnahme, s. o., Z. 7–9) 9 D⁴; die Orthographie ist modernisiert, die Interpunktion an einigen Stellen verbessert. Mit diesem Druck ist die Genese abgeschlossen. Textgrundlage.

11 D⁶ Das Kleine Welttheater oder Die Glücklichen. 1897. In: *Kleine Dramen. Zweiter Band. Leipzig: Insel-Verlag 1907, S. ⟨111⟩–137.*

Vermutlich durch ein Versehen fehlt in diesem Druck der Vers der trunken aus dem Schiff des Bacchus sprang, *(V. 54. S. 134, 38); er fehlt auch in den, offenbar von diesem abhängigen, späteren Drucken 13 D⁸ und 15 D¹⁰. Vorhanden ist er dagegen in 14 D⁹, wo für den Text demnach auf 9 D⁴ oder 10 D⁵ zurückgegriffen wurde.*

12 D⁷ Der Kaiser von China spricht: *In: Die gesammelten Gedichte. Leipzig: Insel-Verlag 1907, S. 41f.*

Gegenüber 7 D³ geringfügige Änderungen in der Interpunktion und Modernisierung der Orthographie; eine Änderung im Text. Die Verse stehen in der Gruppe Gestalten.

13 D⁸ Das Kleine Welttheater oder Die Glücklichen. 1897. *In: Die Gedichte und Kleinen Dramen. Leipzig: Insel-Verlag 1911, S. 57–74 (ebd.* Der Kaiser von China spricht: *S. 26f.). Text nach 11 D⁶. Leichte Änderungen in der Interpunktion.*

14 D⁹ Das Kleine Welttheater oder Die Glücklichen. *Erschienen im Insel-Verlag zu Leipzig 1913 (Insel-Bücherei Nr. 78). Text nach 9 D⁴ oder 10 D⁵.*

15 D¹⁰ Das Kleine Welttheater oder Die Glücklichen. *In: Gesammelte Werke. Erste Reihe, erster Band. Berlin: S. Fischer Verlag 1924, S. 76–94 (in der Gruppe* Lyrische Dramen; *ebd. in der Gruppe* Die Gedichte *die Verse* Der Kaiser von China spricht: *S. 26f.). Text nach 11 D⁶ (bzw. 13 D⁸).*

---

¹ *Das Impressum gibt die Auflage mit »800 numerierte Exemplare« an; richtig ist jedoch die Zahl 600 (s. ›Zeugnisse‹, S. 617, 29ff.).*

VARIANTEN

Bühnenanweisung

N 1

Gleichzeitiges Welt-Theater.
Der Kaiser von China
junge japanische Officiere

N 2

gleichzeitiges Welttheater.

Dichter (tritt mehrmals auf): (einmal redet er über die Höfe der Häuser in der Nacht) sein fieberhaftes Streben: dem Leben gerecht zu werden, allen zu dienen.
Der Journalist, eine merkwürdige Metastase des Dichters
Der römische Papst   die Kaiserin von Russland
der Kaiser von China
die Duse
Edgar
3 Cocotten
junge Japaner
der Goldsucher

der Dichter: das alte Gold (Schätze des Papstes, der Habsburger) und das neue aus der Erde gewühlte

N 3

Verse für ein durch Wasser getriebenes Puppenspiel

der Kaiser von China im Kreise
der Dichter auf und nieder
Tänzerin, aus dem Hintergrund
Gärtner begiessend tritt hervor und senkt seine Giesskanne aus der sich Wasser über die Beete ergiesst
die Bühne stellt die ganze Welt vor rechts ein Gartenschloss mit Säulengängen und ein Teich, links ein Haus an dem die Landstrasse vorbeigeht, in der Mitte ein kleiner Wald.
Dichter verschwindet mit einem Ruck, Fräulein verschwindet, Licht löscht aus
vielleicht auch Bildhauer die im Wasser hingleitenden Formen betrachtend

N 8

Kaiser / Gärtner / Dichter / junger Herr / Fremder / Mädchen Bänkelsänger /
Narr Arzt u Diener. /

4 H⁴–5 D¹

133, 4   andeutend. *danach:* Die Puppen sind nicht viel kleiner als wirkliche Menschen. *4 H⁴, 5 D¹*
danach: Der Kaiser von China trägt eine Krone und ein Gewand von himmelblau und gelber Seide *4 H⁴*

133, 9   Hand. *danach:* der Wahnsinnige, einen schönen reichen Anzug mit Kniestrümpfen
der Dichter, der Fremde der Arzt, der Diener – –
alle diese im Geschmack der 20er Jahre dieses Jahrhunderts.
4 H⁴

594, 12: am Rand, durch Klammer auf die Personen Der junge Herr *(S. 133, 7)* bis Diener *bezogen.*

Der Kaiser von China¹

N 4

Kaiser von China: um mich wohnen die mir dienen und mich lieben. Sie haben ihre Häuser nach meinem Willen gebaut und ihre Weiber nach meinem Willen gewählt. Zunächst dem grünen Dach schlafen die Söhne. Ich gedenke nach jedem meiner Namen eine Stadt zu gründen: dies aber sind meine Namen. Ich habe Mauern und Wege gebaut, das Trennende und das Verbindende

7 D³

Der Kaiser von China spricht:

In der Mitte aller Dinge
wohne ich, der Sohn des Himmels.
Meine Frauen, meine Bäume,
meine Thiere, meine Teiche
schließt die erste Mauer ein.
Drunten liegen meine Ahnen:

---

¹ *S. auch N 1–3, N 8 (Personenverzeichnis), 4 H⁴ (zur Bühnenanweisung).*

aufgebahrt mit ihren Waffen,
ihre Kronen auf den Häuptern
(wie es einem Jeden ziemt),
wohnen sie in den Gewölben.
Bis in's Herz der Welt hinunter
dröhnt das Schreiten meiner Hoheit.
Stumm von meinen Rasenbänken,
grünen Schemeln meiner Füße,
gehen gleichgetheilte Ströme
osten-, west- und süd- und nordwärts,
meinen Garten zu bewässern,
der die weite Erde ist.
Spiegeln hier die dunklen Augen,
bunten Schwingen meiner Thiere,
spiegeln draußen bunte Städte,
dunkle Mauern, dichte Wälder
und Gesichter vieler Völker.
Meine Edlen wie die Sterne
wohnen rings um mich, sie haben
Namen, die ich ihnen gab,
Namen nach der einen Stunde,
da mir Einer näher kam,
Frauen, die ich ihnen schenkte,
und den Schaaren ihrer Kinder,
allen Edlen dieser Erde
schuf ich Augen, Wuchs und Lippen,
wie der Gärtner an den Blumen.
Aber zwischen äußern Mauern
wohnen Völker meine Krieger,
Völker meine Ackerbauer,
neue Mauern und dann wieder
jene unterworf'nen Völker,
Völker immer dumpfern Blutes
bis ans Meer, die letzte Mauer,
die mein Reich und mich umlagert.

595, 35 *V. 41* umlagert.] umgibt. *12 D⁷, 13 D⁸, 15 D¹⁰*

Der Dichter[1]

N 5

Welttheater

Dichter.
die Worte wie die Könige des Meeres
fluthend aus crystallnen Häusern

Klugheit des Vogelstellers
Kraft des Pflügers
Trunkenheit und weise übererfahrene Klarheit
aber alles so zusammengedrängt so ändert er sich schneller als die Wolke

        Ronsard
et les propos douteux de ton dernier adieu
Welt vor mir oder meine innere projiciert wer weiss
Worte sind mein Stoff
wie Meerkönige tauchen sie mir auf
an ihrer einem ganz ergründet
zög ich die Erde riesenbäume ja die Milchstrasse nach

ein Gewitter ein Wesen ein Anblick erregt mich dumpf: was erlöst mich:
ein Wort!

596, 10: am Rand notiert und durch Klammer auf Z. 7-9 bezogen.

        1 H[1]
    Der Abend des Dichters

Er lag im Bade bis das Spiegelbild
Des offnen Fensters zwischen seinen Fingern
Ihm zeigte dass der Schein der tiefen Sonne
Nicht mehr von seitwärts in die Bäume fiel
Und dass der Glanz des Himmels kühler wurde –
Dann ging er seine Freunde zu besuchen:
der ganze Entwurf als erledigt durchgestrichen

---

[1] S. auch Bühnenanweisung N 1.

VARIANTEN

N 7

Dichter einzufügen.

an den Bergeshängen seh ich nicht Pilger den verzauberten Weg aufwärts streben, Müde an jenem Kreuzweg sitzen   an dem Ufer des Flusses Badende mit Kämpfenden vermengt

ganze Notiz als erledigt durchgestrichen; vgl. S. 134, 8–27 (V. 25–44)

4 H⁴

133, 20	Wächter *aus* Fischer
134, 12	Wege] Stege
135, 14	auf die] auf den

Der Gärtner¹

N 8

Der Gärtner
Spaliere Beete Bast Messer Spaten
Eimer in den Brunnen tauchen bis sie schlürfend bis an die metallene Lippe sich füllen
schon zur Fürstenzeit sieht er zuweilen seinen Gärtnern zu und mit ihrem Wasser ergossen sich seine Gedanken und gruben sich tief in die dunkle duftende Erde
nun ist sein Leben so: aus dem Korb nimmt er früh Bast und Pfropfmesser. nur zwischen den Hecken durch sieht sein früheres Leben, zuweilen glaubt er es nahe, es war aber nur die Nähe der Pflanzen.

N 9

den Gärtner-Fürsten erinnern die Formen der Blumen **ganz** aber gemildert an die Erlebnisse seines Daseins

2 H²

136, 22:	*aus* Wie bunter Boden im Forellenbach
136, 26	Lasten *aus* Glasten
137, 14	so rein und frisch *aus* aus reinem Mark
137, 20	Kindlichkeit und Majestät *aus* Demuth und Erhabenheit

¹ S. auch Der Fremde N 9

Unter den Versen des Entwurfs folgende Notizen:
136, 29 Bienen sich verlieren. *danach:* Verse funkelnde Scherben voll Sonnenuntergang, die eine ganze Landschaft erhöhen, ihre inneren Kräfte hervorbrechen lassen
solche einzelne Verse wie die welche P⟨oldys⟩ Mutter vor sich hinsagt.

137, 8 zürnte oder nickte. *danach:* Nun kommt Philemon und Baucis, Knabenschicksal etc. plötzlich über meine Seele warum: weil ein Kelch so oder so aufgebogen, lauert oder prangt.
wie sie sich neigen, Blatt nach Blatt drängen, Schuppen

dies alles webt sich jetzt vor meinen Augen hin
faltet sich und entfaltet sich und lebt
und trinkt mit reinem Mund das Wasser ein

Der junge Herr

N 8

junger Herr
strebt auch irgend einen Besitz der Welt an sowie man Herrschaft und Glanz von Gott erbitten kann, giebt es auch noch eine Art es zu erlangen, indem man seine Gedanken ins Edle und Erhabene fest eintaucht, das muss so sein.

Bubi als St Julien l'Hospitalier
kommt langsam einen Feldweg geritten
1. ich habe versucht von den Leuten Antworten zu bekommen und es gelingt mir schon besser.
3. Jetzt such ich ein⟨en⟩ Platz auf von wo es schön aussieht. und viele Möglichkeiten
   ich habe heute eine merkwürdige Jagd gehabt zuerst glücklich dann unglücklich, Komme mir viel älter vor
zu 3. »ist Gehorsam im Gemüthe«. ein solches Verhältniss wünscht er sich halb unbewusst.

am Rande:
und denke dann an jene deren Gruss das lieblichste was ich bis nun erlebt
seitdem die Frömmigkeit der Kinderjahre mir abgefallen ist
Sonnenuntergang ist ihm statt der Kirche

598, 22f.: vgl. V. 159–167 (S. 137, 34–138, 6)
598, 26f.: vgl. V. 171^b–212^a (S. 138, 10–139, 12)
598, 28f.: vgl. V. 226–28 (S. 139, 26–28)
598, 31ff.: vgl. V. 218–22 (S. 139, 18–22)

Der Fremde

N 5

Bildhauer, starrt vielleicht als Schätzesucher nach goldenen Geräthen an dem Boden des Flusses wird dann erst die gleitenden Schätze gewahr.

N 8

aus Kindesträumen
vgl. V. 229 (S. 139, 33)

N 9

der Fremde ins Wasser spähend.

den Grund kann ich nicht sehen
aber oben da entwinden sich Frauenleiber aus Mauerkellen, aus Krügen schwingen Jünglinge sich heraus, an feine Schultern zierliche Gelenke drängt sich ein riesenleib ein Ungeheuer und etwas mehr als bestimmte Formen giebt die ungeheuere Kraft und Wahrhaftigkeit des immer erneuerten Schwalles. das seligste aber ist das individuelle umschriebene Schicksal, von Hüllen umschlossen, dessen Lust und Schmerzen sein sind das überleitet zum Mädchen. ein ähnliches muss der Gärtner über die Blumen geäussert haben.

der Fremde muss sich als kühn, sicher, geschickt anzeigen.

man drücke das aus was man wirklich besitzt, mit einigem Durchschimmern der Entstehung des Besitzes

599, 9–19: durchgestrichen

N 10

der Fremde (im Begriff sich zu entfernen)
das junge Mädchen

er: ich weiss das rechte Wort nicht für Deine Einfachheit und doch liebst Du mich. ich möchte Dir ein Kind machen

ihr Leben: tauchen in krystallklarem Fluss, dann Kinder gebären
Kammerthür offen lassen und warten

er: ist vielfältig, nicht verworren

$3\ H^3$

139, 36	Geschmeide *aus* Juwelen
140, 6:	zeigt nicht empor das stille innre Leben *aus* lässt nicht empor das Bild des Grundes schweben
140, 10:	*danach:* von der Bühne: das ganze erscheint dem innern Auge bald puppenhaft bald über Maassen gross
140, 18	geballt] gehüllt dröhnende *aus* düsterste
140, 23:	*danach gestrichen:* ich finde keine solche Stunde wieder
140, 31:	*danach:* *A* es ist ein ganzes wie es lebt und blickt in Schultern Kehle Augenbogen kündet sich schon an wie dieses Ganze nun sich schickt ins bunte Dasein, schaut die Welt
	600, 13f.: *gestrichen*
	600, 15 schaut die Welt *aus* leicht es sehnt sich fort nach andren Ländern und geträumten Tagen
140, 33f.:	*B* es sehnt sich fort aus eigenem Bezirk das lasse ich die Augenbogen tragen
141, 2–4:	*A* Noch fühl ich manches wenn ich näher sehe Es dünkt sich Und sehnt sich wieder, innig
	600, 21–23: *gestrichen*
	B Beneidet wohl die andern welches Glück der ich dies zarte Neiden ganz verstehe ich hab es aus der Schöpfernähe

Mädchen und Bänkelsänger[1]

$4\ H^4$

141, 24	wie] wies
142, 14f.:	Die Linnen sind kühl und die Nacht ist warm, ich leg den Kopf auf meinen Arm

---

[1] S. auch Der Fremde *N 9, N 10* und ›Erläuterungen‹, S. 629, 13–17, ›Entstehung‹, S. 585, 5f.

VARIANTEN

Der Diener. Der Arzt. Der Wahnsinnige

N 6

Ton. Arzt:
    Diener: das Schicksal meiner Herrschaft ist vor allem meins.
        Dies ist der junge Herr

601, 4f.: *durchgestrichen; vgl. V. 316 bis 318 (S. 142, 24–26)*

N 8

              R⟨obert⟩ L⟨ieben⟩

    Er trug von seiner Mutter her den Blick
    von trunknem Feuer und dazu die schönen
    Zu sehr geschweiften Lippen, und vom Vater
    den Nacken und den Gang – –
    Sein innres Erbtheil war, dass er begehrte,
    . . .
    trieb alles jenem einen Abend zu
am Rande: dies besser in den Hauptmoment hineinverflochten
          Farben
unter den Versen: später in seinem Verfall wird er **schöner**, alle seine Stellungen sehr schön wie Jüngling Bacchos, allmählich versinkt er

R⟨obert⟩ L⟨ieben⟩ als diese Episode: Narr von einem Arzt geführt.
der Arzt: Arthur

Diener des Narren spricht eine grosse Treue aus.

Der Kranke ist seit jener Nacht nicht im Bewusstsein fortgeschritten.
Der Arzt sieht den leisen Verfall seiner Züge; der Arzt sieht überhaupt das Vergängliche der Dinge
        »von seinen Lippen trieft der trunkene Sieg«
er sieht, dass allem Aufgehenden der schlimme Keim beigemischt ist und selten ein grosser Hub zu stande kommt.

Gestalt.
solche Gestalten in einer stilisierten Zeitlosigkeit zu halten!

ein frevelhaftes Ausnützen einer vom Leben herkommenden Trunkenheit zum Überfallen und Überwältigen der Naturgeheimnisse, an einer Gestalt wie der Robert Lieben, damals wie er von dem Eindringen in die Natur gesprochen hat. Er müsste in einem solchen Attentat für sein ganzes Leben lang die Kraft verlieren, weil jedes künftige Nachdenken von dem Wiederfindenwollen dieses einzigen Augenblicks verstört wird. Vielleicht auch seine Eltern erwähnen.

601, 30: am Rande

N 11

Wahnsinniger (nennt sich selbst neuer Actäon)
er sagt: komm lieber Diener und beuge Deine Flamme über den Spiegel.
Jetzt indem ich Narcissus sage ist schon Narcissus da, kaum wegzuhalten,

er steht leicht fast hängend, in der Betrachtung der Wolken verloren seine Bewegungen sind von einer unbeschreibl⟨ichen⟩ Güte und Anmuth, lässt sich nieder mit Steinen zu spielen.

602, 10 Bewegungen aus Beschreibungen

N 12

der Wahnsinnige: wo sie sich zusammenfinden!

N 13

der Wahnsinnige,
einen seiner Freunde hat er erschlagen beim Spielen
die Zeit wo er gebaut hat: Terrassen, Wasserbauten, Lusthäuser luftige Körbe aus Stein und Eisen

ganze Notiz durchgestrichen

N 14

der Wahnsinnige
sich selbst im Spiegel erblickend
Narcissus, allen Dingen verwandt
dann geht der Mond auf und beleuchtet die Flusslandschaft oben
unten Naturkräfte in Kreisen herrlich gelagert

N 15

Arzt über den Wahnsinnigen: alles wendet er zum Guten so auch am Ende er will ins Wasser hinab dem Meer entgegenschwimmen, wo er die Chöre der Mächtigen gelagert weiss. sie halten ihn auf da wendet er auch das wieder zum guten, erinnert an Dionysos den der thebische König gefangen hielt

Wahnsinniger
ein Detail: auf seinem Fackellauf hat er flüchtig auch dies eingesehen dass die Künstler als Festordner des Daseins sich empfinden dürfen dumpfen Kräften einen Platz in den Chorgesängen und Umrahmungen der Portale anweisend, das zum Menschenleben umgekochte Kosmische in einzelnen Statuen oder tragischen Gestalten behandelnd, dem Ganzen als ganzes im Hymnus oder in der Architectur gerecht werden. Er wollte aber auch sich als Lebendiges darin zum Herrscher Vortänzer Gott machen.

der Arzt: doch kann es sein der wird wie ein Häufchen Schmutz werden. aber er hat geleuchtet.

602, 28–30: durchgestrichen

$4\,H^4$

144, 31	eine]	e i n e
146, 18	sage:]	singe:
148, 25	Paläste	*aus* Gärten

ZEUGNISSE · ERLÄUTERUNGEN

ZEUGNISSE

1 8 9 7[1]

7. August ⟨1897⟩, an Hugo von Hofmannsthal sen.
Was ich angefangen habe und in Italien zu Ende zu bringen hoffe, ist eine lyrische dialogisierte Kleinigkeit, mit 7 oder 8 Figuren in der Art eines Puppentheaters, aber ich glaube, daß sie Eigenart ohne Manier und innere Fülle ohne Dunkelheit, das sind die 2 Dinge, die ich immer suche, wieder etwas mehr haben wird als meine früheren Sachen. Ich hoffe es im ›Pan‹ unterzubringen. *(B I 215)*

30. August 1897, Hugo von Hofmannsthal sen. an Hofmannsthal
Ungemein gespannt bin ich auf den Einacter! Ist es das was Du ursprünglich als Puppenspiel gedacht hast? *(FDH/Dauerleihgabe Stiftung Volkswagenwerk)*

---

[1] *S. auch ›Entstehung‹, S. 585, Anm. 1.*

2. September ⟨1897⟩, an Hugo von Hofmannsthal sen.

Während ich arbeite – ich hoffe in drei Tagen mit dem Puppentheater fertig zu sein – arbeitet er ⟨Hans Schlesinger⟩ an einem kleinen Intérieur ... Nach dem Puppentheater will ich gleich etwas in Prosa anfangen. *(B I 229)*

⟨5. September 1897⟩, an Hugo von Hofmannsthal sen.

... das Puppenspiel ist fertig, gestern hab' ich mich den ganzen Tag mit dem Szenarium eines anderen kleinen phantastischen Einakters ziemlich fleißig beschäftigt ... *(B I 230)*

⟨23. September 1897⟩, an Hermann Bahr

Während Sie nur Korrespondenz-Karten geschrieben haben und die nicht einmal allein, hab' ich 2 Einakter und viele Gedichte geschrieben, auch ein Puppentheater, alles in Versen. *(B I 233)*

25. September 1897, Eberhard von Bodenhausen an Harry Graf Kessler

Ich habe heute wieder mal einen prachtvollen Tag gehabt. Erst den gewaltigen Massys in Antwerpen, der wie ein Klinger zu einem spricht ... Und dann, als ich nach Hause kam, die Lebensmesse[1] von Hofmannsthal. Nicht so mit Keulen zusammengeschlagen, wie Dehmel, nicht so dunkel und sprungweise und ungleichmäßig; auch ohne die großen Gewaltstellen; aber schön, schön, schön; ich weiß kein anderes Wort dafür, so ungern wir es anwenden. Die Dichtung hat etwas vom Vollendeten, von der Harmonie ohne Mißton, es gleitet hin, wie über einen stillen, ruhigen Fluß bei Abendbeleuchtung; man vergißt sich und die Welt: man ist nur noch reines, restloses Genießen, und wo es eine Unterbrechung der wolkenlosen Ruhe giebt, da ist es der Schauder, den man empfindet, wenn man durch die Thore der Welt hinausblickt. Denken Sie an mich, wenn Sie die »stillen leeren Spiegel«[2] sehen werden. Ich habe oft gesagt, daß seit Goethe außer Nietzsche keiner eine gewaltige⟨re⟩ Lyrik empfunden hat, wie Dehmel. Heute möchte ich sagen, daß seit Goethe keine solche vollendete dichterische Harmonie erreicht worden ist, wie hier in Hofmannsthal. (Deutsches Literaturarchiv, Marbach a. N.)

25. September 1897, Eberhard von Bodenhausen an Hofmannsthal

Sie müssen die Briefe lesen, die ich eben an Kessler und Flaischlen über Ihr herrliches, herrliches Gedicht geschrieben habe. Oh, wie ist das schön, schön, schön; ich habe die Empfindung gehabt, auf einem stillen, ruhigen Flusse hinzutreiben an einem schönen Sommerabend, nur noch restloses, wunschloses Genießen, und wenn es eine Unterbrechung gab der wolkenlosen Ruhe, so war es der Schauder, den man empfindet, wenn

---

[1] *S. S. 606 mit Anm. 2.*
[2] *Vgl. S. 135, 15 f.*

leise ⟨ein⟩¹ wenig sich die Thore der Welt öffnen und man hinausblickt in die andere
Welt. Ich kann Ihnen nur danken und ich meine, daß ich eine solche Harmonie noch
selten empfunden habe, als unter Ihrem Bann. Es geht morgen an Flaischlen ab; ich
kann nicht an seiner begeisterten Zustimmung zweifeln, obwohl er ganz unberechenbar
ist. Aber dann müßte es eben gegen seinen Willen sein. Er wird die Länge nicht gern
sehen, weil er immer behauptet, keinen Platz zu haben; aber da wird eben Platz
geschafft. Ich komme am 6. Oktober nach Berlin zurück und gebe Ihnen dann über die
Details des Drucks, etc. Nachricht. *(BW 7)*

15. Oktober 1897, an Eberhard von Bodenhausen

verzeihen Sie diese Belästigung. Nur aber, weil Sie mir ausdrücklich geschrieben hatten, Sie würden den 6ten nach Berlin gehen und mir »dann«
näheres wegen meines Puppentheaters schreiben, auch weil ich von Seite
der Redaction gar kein Lebenszeichen bekomme, fange ich an ein bißchen
unruhig zu werden.

Denn es liegt mir natürlich viel daran, eine Arbeit in der doch ziemlich
viel Arbeit steckt, so untergebracht zu wissen wie ich es mir wünsche, und
das ist außerhalb des ›Pan‹ schon ziemlich schwer. . . . Ich hoffe recht bald
eine beruhigende Zeile. *(BW 8)*

15. Oktober ⟨1897⟩, an Leopold von Andrian

Von meinen neuen Sachen liegt das Manuscript des Welttheaters beim
›Pan‹ . . . *(BW 93)*

20. Oktober 1897, Cäsar Flaischlen an Hofmannsthal

*Ich muß Sie um Entschuldigung bitten, daß Sie noch ohne Antwort sind in Betr. Ihres
prächt. Puppenspiels, das ich von H. v. Bod. für den Pan erhalten habe. Verschied.
Reisen aber verzögerten sie immer wieder u sehr gegen meinen eigenen Wunsch. Vor
allem aber möchte ich Ihnen meine aufrichtigste Freude darüber aussprechen u. Sie
bitten, die Dichtung uns für das nächste Heft lassen zu wollen, das noch vor Weihnachten erscheinen soll.*

*Da wir nun allerdings nur sehr wenig Raum zur Verfügung haben, so wäre ich Ihnen
nach Rücksprache mit H. v. Bodenh zu größtem Dank verbunden, sollten Sie mir
gestatten wollen, einige Kürzungen vorzunehmen und zwar bei Stellen, die dem Ganzen
selbst u seinem Sinn keinen Abbruch tun würden.*

*Falls wir uns Vorschläge gestatten sollen, so versprechen wir uns eine unmittelbarere
u abgerundetere Wirkung nach außen hin, wenn bei diesem Abdruck die wesentlichsten
Figuren, wie: der Dichter, der junge Herr, das Mädchen usf enger zusammengebracht
werden könnten, u die dazwischenstehenden Figuren dementsprechend in Wegfall
kommen.*

---

¹ *Im Druck: und (vermutlich verlesen).*

Da das Ganze dadurch für Fernerstehende übersichtlicher u leichter verständlich würde, so läge eine solche Kürzung wohl ebensosehr in Ihrem als in unserem Interesse, dem Verständnis unserer modernen Kunst neue Kreise zu gewinnen.

Von diesem Gesichtspunkt aus genommen, den ich mit dem der Inszenierung eines Dramas vergleichen möchte, wäre es vielleicht von Vorteil auch die Figur des Dieners etwas zu kürzen. Würden Sie Ihre Zustimmung geben, wäre ich gerne bereit, die betreffenden Stellen anzumerken u wiederhole, daß ich bei einem Druck in Buchform nicht darauf verzichten möchte, Ihre Dichtung so zu sehen, wie Sie sie geben – daß es mir aber bei einem Druck im Pan – in Hinsicht auch auf den kurzen Raum, der zur Verfügung steht – zweckmäßiger und dankenswerther erscheint, eine gekürzte Fassung zu bringen – letztlich aus Rücksicht auf das leichtere Verständnis des Werkes selbst. (*Deutsches Literaturarchiv, Marbach a.N.*)[1]

6. November 1897, an Cäsar Flaischlen

Eine auf diese Sache bezügliche Anfrage des Herrn von Bodenhausen, auf die ich leider nichts präcises erwidern kann, erinnert mich daran, dass beiläufig 14 Tage verstrichen sein müssen, seit ich mir erlaubt habe, Ihren Brief, mein ›Puppenspiel‹ betreffend zu beantworten. Ich habe in Bezug auf die Kürzungen einige Vorschläge gemacht, die ich aber nicht als das letzte Wort in dieser Sache betrachtet wissen möchte, vielmehr habe ich schon und erbitte nun nochmals Ihre definitiven Gegenvorschläge. Gerade heute hat mir Herr Dehmel einen Sonderabdruck der ›Lebensmesse‹[2] zugesandt. Freilich in dieser Form gedruckt würde meine Arbeit einen Platz im ›Pan‹ einnehmen, den ich niemals mir einfallen liesse zu beanspruchen. Aber es muss doch möglich sein, ohne Störung des Auges eine so ruhige Dichtung zweispaltig zu drucken, nicht? Vielleicht sind Sie so gütig mir anzudeuten wieviel Raum Sie mir eben äussersten Falls zugestehen können, damit ich Ihnen danach noch präcisere Vorschläge machen kann. Irgend eine freundliche Nachricht erbitte ich aber nun recht dringend.

(*Deutsches Literaturarchiv, Marbach a.N.*)

8. November 1897, an Cäsar Flaischlen

Heute früh erhielt ich von Ihrer Redaction eine mir zunächst nicht verständliche Sendung, nämlich das unverkürzte Manuscript des ›Welttheaters‹ zum Theil in Druckschrift, zum Theil mit der Hand abgeschrieben, ohne begleitende Zeile. Mit dieser Sendung dürfte sich der anfragende und defi-

---

[1] *Flaischlens Briefe sind nach den eigenhändigen Abschriften in seinen Korrespondenzbüchern wiedergegeben.*

[2] *Richard Dehmels ›Eine Lebensmesse. Dichtung für Musik‹. In: Pan, 3. Jg., 2. Heft (Oktober 1897), S. 89-94: s. auch S. 604, 16.*

nitive Vorschläge erbittende Brief gekreuzt haben, den ich mir den 6^(ten) November an Sie zu richten gestattete.

Ich erneuere also nun die schon ausgesprochene Bitte, mir einiges über verfügbaren Raum sowie näheres über die von Ihnen im ersten Brief andeutungsweise vorgeschlagenen Kürzungen recht umgehend mittheilen zu wollen. Das mir zugesandte Manuscript dürfte ja wohl mit dergleichen in Zusammenhang stehen.   *(Deutsches Literaturarchiv, Marbach a. N.)*

19. November 1897, Cäsar Flaischlen an Hofmannsthal

Besten Dank für Ihre freundlichen Briefe. Da ich krank war, ist es mir leider noch nicht möglich gewesen, die persönlichen Kürzungen so vorzunehmen, daß ich sie Ihnen hätte schicken mögen. Ich hoffe aber, es in diesen Tagen fertig zu bringen.

Die Abschrift, die Sie erhielten, ließ ich machen, da Sie in einem früheren Brief den Wunsch aussprachen, eine solche zu haben.

Wenn der Abdruck in unserem 4^(ten) Heft erfolgen könnte, das Ende Februar oder Anfang März erscheinen soll – so ließe sich wohl etwas mehr Raum erübrigen – als in Heft 3 – da der Druck des Ganzen, auch wenn er viel gedrängter gehalten würde, als der der Lebensmesse, doch zu umfangreich würde – u. wir Ihre Dichtung auch typographisch gut haben möchten.   *(Deutsches Literaturarchiv, Marbach a. N.)*

22. November 1897, an Cäsar Flaischlen

ich bin sehr dankbar für Ihren freundlichen Brief, der die Veranlassung der für mich etwas peinlichen Pause in unserem Verkehr so gütig angiebt. Eine völlige Copie des Manuscriptes zu erbitten war ich nicht unbescheiden genug, ich hatte nur einen Zettel gemeint, der die Reihenfolge der auftretenden Personen enthielte; indessen ist es ja so umso besser. Auf Ihre gütigen Vorschläge möchte ich nun folgendes definitiv erwidern: es liegt mir sehr viel daran, das (hinlänglich gekürzte) Puppentheater im Heft 3 (December) zu sehen. Für ein erst im Februar oder März erscheinendes Heft 4 könnte ich die Dichtung nicht mehr dem ›Pan‹ überlassen und das würde mich mit sehr lebhaftem Bedauern erfüllen. Ich schlage daher vor: entweder Sie kürzen das Manuscript in der Ihnen zuerst vorschwebenden Weise und überlassen es mir für ein paar Tage, damit ich allenfalls kleine mir wichtig erscheinende Modificationen Ihrer Kürzung vornehme oder aber Sie bringen das ganze Gedicht mit Weglassung folgender Figuren: Kaiser von China, Diener, Arzt, Wahnsinniger, sodass es mit dem »jungen Mädchen« schliesst, wobei fast die Hälfte des Manuscripts wegfiele. Ich erwarte von Ihrer Güte nun eine recht umgehende völlig definitive Antwort innerhalb des November.   *(Deutsches Literaturarchiv, Marbach a. N.)*

29. November 1897, an Eberhard von Bodenhausen

Wenn Sie vom ›Pan‹ etwas erfahren, so bitte ärgern Sie sich nicht, falls es etwas Dummes ist. Ich selber habe schon vollständig aufgehört mich zu ärgern, freue mich daß der Zufall mir damals Ihren Besuch verschafft hat und lasse den guten Pan Pan sein.

Ich habe in diesen 8 Wochen noch nicht aus dem Redacteur herauskriegen können, wie viel Raum er mir eigentlich geben möchte, wie viel von dem Puppentheater er selber gestrichen sehen möchte etc., etc. er antwortet alle drei Wochen und nie auf die eigentlichen Fragen. *(BW 9)*

30. November 1897, Cäsar Flaischlen an Hofmannsthal
Ich hätte Ihnen schon früher geschrieben, wenn ich nicht immer noch gehofft hätte, wenigstens Bruchstücke aus dem II. Teil Ihrer Dichtung für uns retten zu können, wenn ich mich so ausdrücken soll. Aber es lässt sich kaum machen, und ich bin der Überzeugung geworden, daß Ihr Vorschlag in Ihrem Brief vom 23. 11. die beste Lösung gibt: daß wir den Kaiser von China, den Diener, den Arzt und den Wahnsinnigen weglassen und also nur die erste Hälfte bringen: den Dichter, den Gärtner, den jungen Herrn, den Fremden, das Mädchen u. den Bänkelsänger. – Das würde mit der einleitenden Szenen- und Personenangabe etwa 400 Zeilen ergeben und so viel Platz habe ich in Heft 3 Ihnen vorbehalten.

Das Manuskript ist im Satz. Kämen Änderungen vor, die Sie für notwendig halten, möchte ich Sie bitten, sie in der Korrektur vorzunehmen, die ich Ihnen nächste Woche mit dem 2ten Teil Ihres Manuskriptes schicken werde.

Das Heft selbst gelangt in Folge von Verzögerungen im Druck einiger Kunstbeilagen erst am 3/4 Januar zur Versendung, muß aber noch vor den Weihnachtstagen fertig gedruckt sein. *(Deutsches Literaturarchiv, Marbach a. N.)*

3. Dezember 1897, an Maximilian Harden
wollen Sie mir einmal einen großen Gefallen thun und Verse von mir drucken? Im nächsten Heft des ›Pan‹ ist eine größere Arbeit von mir, von der ich wegen Raummangels einen mir ziemlich wertvollen Theil abtrennen mußte und diesen, etwa 200 Verszeilen, möcht ich recht gern um die gleiche Zeit in Berlin veröffentlichen können.

In einem gewissen Sinn actuell werden Arbeiten von mir auch in der nächsten Zeit sein, weil ein paar meiner kleinen Theaterstücke im ›Deutschen Theater‹ gespielt werden werden.

Bitte mißverstehen Sie diesen letzten Satz nicht. Nur weil in Ihren Briefen immer soviel persönliche Freundlichkeit gegen mich liegt, möchte ich nicht auf diese sündigen und habe daher diesen geschäftlichen oder allenfalls journalistischen Zusatz gemacht. *(Privatbesitz)*

8. Dezember 1897, an Maximilian Harden
ich habe Ihnen wieder für einen so freundlichen Brief zu danken. Von den mitgesandten Versen kann ich ganz gut denken, daß sie Ihnen selbst nicht mißfallen, aber für eine Zeitung wie die ›Zukunft‹ oder für Leute, die das lesen, recht ungeeignet sind: wenn das vielleicht eintrifft, so seien Sie, bitte, so gut und schicken sie mir ruhig zurück. Es ist nicht das einzige Manuscript, das ich habe, aber ein anderes, vielleicht wirksameres, und noch ein anderes dialogisiertes, sind bedeutend größer und das wird Ihnen doch kaum angenehm sein, nicht? ... Falls Sie mein Manuscript überhaupt brauchen können, bitte ich Sie aus einem bestimmten Grunde sehr, es nicht zu lange liegen zu lassen.
(Privatbesitz)

12. Dezember 1897, an Oscar Bie
Noch günstiger stellt sichs für Arbeiten meines genre im ›Pan‹, dessen nächstes Heft wieder etwas größeres von mir enthält. – Nun ist doch eine Arbeit von 400 Versen etwas worin grad so viel Arbeit steckt wie etwa in einem Portraitbild. Man kann es verschenken und ich verschenke ziemlich viel von meinen Arbeiten, aber es hat gar keinen Sinn, eine Arbeit zu verschleudern.
(Fischer-Almanach 1973, S. 56)

1898

12. Januar 1898, Cäsar Flaischlen an Hofmannsthal
Es hat mit unserem fälligen Heft – in Folge einer verunglückten Radierung - leider eine nochmalige Verspätung gegeben. Die Auflage ist jedoch zur Zeit beim Buchbinder und gelangt nächste Woche bestimmt zur Versendung. Die Sonderabzüge erhalten Sie gleichzeitig mit einem Belegexemplar – das schon angewiesen ist. Desgleichen das Honorar.
  Würden Sie uns nicht einmal etwas in Prosa zu Verfügung stellen wollen?
(Deutsches Literaturarchiv, Marbach a. N.)

13. Januar 1898, an Eberhard von Bodenhausen
Das auf dem Zettel angegebene Honorar für eine Arbeit von 400 Versen ist nicht anständig; es wäre ungefähr anständig für eine journalistische Prosaarbeit vom gleichen Umfang. Ich verschenke ganz gern Arbeiten und thu es im Jahr mit mehr als der Hälfte meiner Verse, das ist aber meine Sache. Ich finde, daß man durch Annahme unrichtiger Honorare auch etwas Unrechtes gegen diejenigen von uns thut die zufällig angewiesen sind, davon zu leben. Der betreffende Redacteur oder Administrator hat übersehen, daß es sich bei Anfertigung von Gedichten um eine gleich mühevolle und con-

centrierte Arbeit handelt wie bei den Schöpfungen der Maler und der Radierer, und um eine Arbeit nicht geringeren Ranges. Sie dürfen nicht bös sein, daß ich Sie noch ein letztes Mal mit diesen faiseur Aufträgen belästige. Es ist ein bischen Ihretwegen geschehen, daß ich mich mit dem etwas ungeduldig machenden Pan so sehr eingelassen habe, sogar auf das ziemlich unsinnige Wegstreichen von einem Drittel eingegangen bin ... In einer Woche erscheint das Heft: gleichzeitig oder ein wenig später hoffe ich Ihnen auch die weggelassenen Figuren schicken zu können, die ich wo anders drucken lasse. Es wäre mir eine sehr große Freude zu denken, daß es Ihnen und der Baronin auch beim zweiten Lesen Vergnügen machte. *(BW 9f.)*

14. Februar 1898, Ria Schmujlow-Claassen an Hofmannsthal

erlauben Sie mir, Ihnen herzlichen Dank zu sagen für Ihr freundliches Gedenken. Sie haben mir den Genuß an Ihrem Werk, wenn möglich, dadurch nur zu erhöhen gewußt.

Ich habe zu gleicher Zeit auch den ›weißen Fächer‹ in der ›Zeit‹ gelesen. Es scheint mir, daß Schwereres (in der Erkenntnis) niemals leichter gesagt worden ist wie hier, und daher niemals plötzlicher empfunden werden konnte, weil ja in der Leichtigkeit eben seine Wahrheit liegt. Dort aber in dem ›kleinen Welttheater‹, in den Worten des ›jungen Herrn‹ scheint mir dieses Schwere wieder ganz aufgehoben zu sein in einer neuen, freigeschaffenen, festeren Welt der Überwindung – in der Stimmung ähnlich wie Ihr früheres Gedicht: ›der Jüngling in der Landschaft‹. Und dies vorzeitige Erkennen und Überwinden steht mir nun in einem spannenden Kontrast zu dem zu späten Erkennen des ›Thoren‹, den nur der Tod das Leben und die ›Sünde des Lebens‹ überhaupt kennen lehren konnte.
(FDH/Dauerleihgabe Stiftung Volkswagenwerk)

11. März 1898, an Hannibal Karg von Bebenburg

Wenn Du mir über meine unzusammenhängenden Figuren im ›Pan‹ – falls sie Dir irgendwie etwas sagen – etwas aufschreiben würdest, würde ich mich sehr freuen; ich meine falls Du zufällig Lust hast.
(Deutsches Literaturarchiv, Marbach a.N.)

1 9 0 2

*Rudolf Borchardt: ›Rede über Hofmannsthal‹ (öffentlich gehalten am 8. September
1902 zu Göttingen)*

*... zwischen diesem letzten Werke und dem ersten[1] hält zeitlich die genaue Mitte das
›Puppenspiel‹, auch innerlich der wahre Herzpunkt dieses ganzen Kunstkörpers, ein
typisches Weltbild, mit tiefer Reife und Ruhe in seine Grundrichtungen auseinander-
gesehen, im Stile vollends ganz reich und unfehlbar.*
(R. Borchardt, Reden, Stuttgart 1955, S. 72f.)

1 9 0 3

27. Januar 1903, Rudolf von Poellnitz an Hofmannsthal

Heymel bittet sehr um Ueberlassung Welttheater. Inselverlag möchte alles erwerben,
was Sie haben. Wenn angenehm, komme in nächsten Tagen nach dort. Brief folgt.
(NFG Weimar, Insel-Archiv)

29. Januar 1903, Rudolf von Poellnitz an Hofmannsthal

Wie ich Ihnen telegraphierte, bittet Herr Heymel Sie sehr darum, ihm das Welt-
theater zu überlassen. Er beabsichtigt, einen köstlich ausgestatteten und gedruckten
Band ›Gedenkblätter‹ herauszugeben und möchte es darin zum Abdruck bringen. Der
Band wird nur wenige aber sehr sorgfältig ausgewählte Beiträge enthalten.
(NFG Weimar, Insel-Archiv)

15. Februar 1903, an Hugo von Hofmannsthal sen.

Ein Exemplar des ›Kleinen Welttheaters‹ bitte schicke an Rudolf von
Poellnitz Leipzig Lindenstrasse 20
(FDH/Dauerleihgabe Stiftung Volkswagenwerk)

20. Februar 1903, an Rudolf von Poellnitz[2]

das Manuscript des ›Kleinen Welttheaters‹ ist Ihnen hoffentlich zugekommen. Nach Durchsicht des Manuscripts, das mir etwas entfremdet war, ist
meine Meinung von dem inneren Wert dieser Publication, ich meine von
dem Rang, den die Arbeit unter meinen sonstigen einnimmt, bedeutend

---

[1] Gemeint sind Der Tod des Tizian *und* Das Bergwerk zu Falun *(das früheste der*
Kleinen Dramen, Gestern, *wird von Borchardt als ›Versuch‹, nicht als Beginn einer
dramatischen Epoche bewertet).*

[2] *Diktat.*

gestiegen, und auch an Umfang bleibt sie erfreulicher Weise hinter ›Thor und Tod‹ nicht zurück. Ich möchte also, falls wir die Publication nach einer einmaligen Auflage zu sperren gedächten auf eine nicht zu kleine Anzahl von Exemplaren dringen. *(NFG Weimar, Insel-Archiv)*

6. März 1903, an Gertrud von Hofmannsthal[1]

Sie ⟨*die Sängerin Zehme*⟩ spielt Montag wieder die Sobeide weil das Haus neulich ausverkauft war. Auch das ›Weltheater‹ wird sie öffentlich declamieren mit Nikisch am Clavier.

(FDH/Dauerleihgabe Stiftung Volkswagenwerk)

8. März 1903, an die Eltern

Mit Poellnitz habe ich alles was die Herausgabe des ›Weltheaters‹ betrifft besprochen und glaube, dass es künstlerisch und materiell sehr gut werden wird. *(FDH/Dauerleihgabe Stiftung Volkswagenwerk)*

14. März 1903, Alfred Walter Heymel an Hofmannsthal

Ich las mit der kleinen blassen Frau von Schirach Ihr Weltheater und Kaiser und Hexe und kann ich nur auf das lebhafteste bedauern, dass Sie zu stolz sind mir das Weltheater für die Gedenkblätter zu geben, die vielleicht hauptsächlich, dieser mir so besonders lieb und vertraut gewordenen Dichtung zu liebe, geplant wurden. Vielleicht lassen Sie sich doch noch erweichen, und machen mich durch die Erlaubniss des Druckes froh. *(FDH/Dauerleihgabe Stiftung Volkswagenwerk)*

19. März 1903, Rudolf von Poellnitz an Hofmannsthal

Gestern erhielt ich von John Lane die Erlaubnis, gegen entsprechendes Entgelt die beiden Zeichnungen von Beardsley für das ›Weltheater‹ benutzen zu dürfen, worüber Sie, denke ich, ebenfalls sehr erfreut sein werden.

Beifolgend sende ich Ihnen nun zwei Druckproben mit der Bitte, mir diejenige, welche Ihnen am meisten zusagt, zurückzusenden. Die scenischen Bemerkungen setzen wir, wie verabredet, in Cursivschrift. Einige Satzänderungen können ja immerhin auch noch in den Correkturbogen vorgenommen werden. Sobald ich Ihre Antwort habe, lasse ich mit dem Satz beginnen.

Freundlichst zugesagte Adressen bleibe ich noch erwartend, damit wir baldigst die entsprechenden Subscriptions-Cirkulare erlassen können. Über den definitiven Ladenpreis, der sich also zwischen 6 bis 7 Mark bei einer Auflage von ca. 800 Exemplaren bewegen würde, schreibe ich Ihnen vorher noch. Ebenso erhalten Sie Einbandproben.

(NFG Weimar, Insel-Archiv)

[1] *Aus Leipzig.*

ZEUGNISSE

18. April 1903, Rudolf von Poellnitz an Hofmannsthal

Werden Sie bitte nicht ungeduldig! Die Druckerei hat das Manuscript des ›Welttheaters‹ bereits ganz abgesetzt. Es sind jedoch verschiedene Änderungen in dem Satz vorzunehmen, die ich machen lasse, bevor ich Ihnen die Correktur zur Begutachtung sende. Auch der Titel fehlt noch. *(NFG Weimar, Insel-Archiv)*

24. April ⟨1903⟩, an Rudolf von Poellnitz

Druckfehler fanden sich v i e l e, zum Theil aus dem ›Pan‹ übernommen. Jedenfalls werden 3 Correcturen nöthig sein. Auch das Titelblatt würde ich gern sehen. Wann können wir denn erscheinen? Ich würde gern ein halbwegs geschmackvolles Feuilleton darüber in der ›neuen Presse‹ veranlassen, dies kann aber mit einiger Aussicht auf Wirkung nur im M a i sein.
(NFG Weimar, Insel-Archiv)

5. Mai 1903, Rudolf von Poellnitz an Hofmannsthal

Ihre Correkturen habe ich erhalten und lasse dieselben sorgfältig ausführen. Sie erhalten alsdann nochmals einen Abzug ... Als Erscheinungstermin denke ich mir die ersten Junitage ... Verständigen Sie mich bitte, ob Ihnen dies Arrangement genehm ist. *(NFG Weimar, Insel-Archiv)*

⟨Anfang Mai 1903⟩, an Rudolf von Poellnitz

selbstverständlich mit allem ganz einverstanden, hoffe dass das Buch nicht später als Anfang Juni erscheint *(NFG Weimar, Insel-Archiv)*

⟨Mitte Mai 1903⟩, an Rudolf von Poellnitz

N u r a u s V o r s i c h t und durch ältere Erfahrungen sehr geschreckt, will ich bemerken dass von den mir zugegangenen Proben die Textstelle auf Japan auf der zweiten Seite einen sehr groben Druckfehler enthält und dass auf dem Titelblatt mein Name falsch geschrieben ist (mit ff statt mit f.)
(NFG Weimar, Insel-Archiv)

4. Juli 1903, Rudolf von Poellnitz an Hofmannsthal

Von meiner Hochzeitsreise zurückgekehrt, sende ich Ihnen nachfolgend drei Ex. des ›Kleinen Welttheaters‹, die hoffentlich Ihren Beifall finden.
(NFG Weimar, Insel-Archiv)

19. Juli 1903, Hermann Bahr an Hofmannsthal

Ihr ›Kl. Weltth.‹ hab ich n i c h t bekommen, wie denn die Insel eine wahre Genialität hat, mir alle uninteressanten Publikationen zu schicken, was mich aber interessieren könnte, mit sicherem Instinct zurückzuhalten.
(FDH/Dauerleihgabe Stiftung Volkswagenwerk)

19. Juli 1903, Eberhard von Bodenhausen an Hofmannsthal
Das kleine Welttheater ist nach jeder Richtung wundervoll. Ich entsinne mich der Dichtung sehr genau und habe Dir damals, als Du es mir für den Pan sandtest von Brüssel aus – ich weiß die Stelle noch so genau, wo ich saß – einen ganz begeisterten Brief darüber geschrieben . . . (BW 33)

21. Juli 1903, Hermann Bahr, Tagebuchnotiz
Hugo bringt mir sein ›Kleines Welttheater‹, erzählt mir seine Gedanken: Elektra – König Ödipus.
(Meister und Meisterbriefe um Hermann Bahr. Hrsg. J. Gregor, Wien 1947, S. 185)

28. Juli 1903, an Raoul Richter
erlauben Sie mir, Ihnen und Frau Dr. Richter aufs Herzlichste für die Freude zu danken, die mir Ihre Karte aus dem Leipziger kleinen Welttheater, das zweifellos viel amüsanter ist als das meinige, bereitet hat.
(FDH/Dauerleihgabe Stiftung Volkswagenwerk)

27. Juli ⟨1903⟩, an Stefan George
ein Exemplar des ›Kleinen Welttheaters‹ für Sie bestimmt und nach Bingen gesandt, ist hoffentlich in Ihren Händen. Was ich hineinschrieb,[1] in Ihren schönen Worten, ist wahr bis auf den Buchstaben. Denn gerade in den Zeiten der Verfinsterung ist es mir eine solche Wohltat, daß etwas da ist wie Ihr Werk, daß es lebt und lebendig das purpurne Licht verklärter Wundmale ausstrahlt. Dafür wird die Dankbarkeit in mir nie versiegen. (BW 193f.)

August 1903, Stefan George an Hofmannsthal
lieber Hofmannsthal: mein dank für Ihre Sendung musste sich bis zu meiner rückkehr nach Deutschland verschieben · weil mir auf reisen im ausland nur die einfachen briefe nachgeschickt werden · so halt ich Ihr schönes werk in der hand dessen gipfel und schluss ich bereits vor jahren an öffentlicher stelle mit bewunderung kennen lernte. meinen eindruck geben am besten die worte A. Verwey's wieder die Ihnen gewiss unbekannt und willkommen sind: ›so erging es mir wenn ich die seiten eines neuen dichters vornahm dass ich wochenlang in der formlosen seelenschöne lebte zu der ich durch augen und ohren gelangt war und ganz versichert bin ich: meine seele habe mit der des dichters deren wesen reiner und tiefer ergründet als sie thaten die mit verstandesmässiger einsicht begannen . . . ich durchlief sie wie einen sachten warmen nebel · da helligkeit · dort ein fluten mutmaasslicher gestalten · unbestimmt aber voll süsser versprechungen für

---

[1] Hofmannsthal schrieb die folgende Strophe aus dem ›Jahr der Seele‹ in das Exemplar: ›Soll ich noch leben darf ich nicht vermissen | Den trank aus deinen klingenden pokalen | Und führer sind in meinen finsternissen | Die lichter die aus deinen wunden strahlen.‹

das herz das von ihrer anwesenheit wusste. Froh und unfehlbar sind in dem dunststrudel gestalten aufgegangen die unzweifelhafte formung einer dichterseele sind.‹
Das buch sieht gut aus· nur gehört zu der ausstattung mehr ›durchdenken‹ als dem blossen verleger je gegeben ist. die heranziehung anders gedachter gebilde eines toten zeichners für ein heutiges ihm fremdes buch – ist ein missgriff. aber das war nicht von Ihnen abhängig und das ganze wirkt doch einfach und vornehm   *(BW 195f.)*

1. August 1903, an Georg Freiherrn zu Franckenstein

Hast Du mein ›Kleines Welttheater‹ bekommen? Ich erinnere mich, daß Du es subskribiert hast (ich habe leider kein verfügbares Exemplar). Auch besorgt es Dir jeder dortige Buchhändler natürlich, wenn Du angibst: »im Inselverlag Leipzig«. Ich möchte gern, daß Du es liest. Für wen schreib' ich denn, als für die paar Menschen: Es enthält lauter einzelne Figuren, die ich die ›Glücklichen‹ nenne. Ich mein' damit die innerlich Reichen. Sie sind es aus den verschiedensten Gründen. Ein Dichter, ein bildender Künstler. Ein alter Mann, glücklich, weil er das Leben durchschaut und es abgelegt hat, wie einen zu schweren, reichen Mantel. Ein junger Mensch, ein junges Mädchen, glücklich vor Erwartung und unbewußtem inneren Reichtum. Ein Jüngling, glücklicher als alle in einem traumhaften – »wahnsinnigen« – Verhältnis der Liebe und Herrlichkeit zur Welt und allen Geschöpfen. Ich möchte, daß Du es liest. Vielleicht schreibst Du mir einmal ein paar Zeilen darüber.   *(B II 123)*

11. August ⟨1903⟩, an Rudolf von Poellnitz

vielen Dank für die 3 Exemplare des ›Welttheaters‹. Ich habe mich mit dem Buch recht sehr gefreut, in jeder Beziehung vielleicht mit einziger Ausnahme des Vorsatzpapiers, das ich ja allerdings selbst vorgeschlagen hatte.
    Da ich nun aber von diesen 3 Exemplaren eines an Herrn Hermann Bahr auf dessen dringenden Wunsch als Recensionsexemplar abgegeben habe, so bleiben mir eigentlich nur 2, d. h. ich besitze selber schon längst gar keines. Es wäre mir sehr lieb, wenn es doch möglich wäre mir noch ein paar Exemplare zu überlassen.   *(NFG Weimar, Insel-Archiv)*

11. August 1903, Harry Graf Kessler an Hofmannsthal
Wie können Sie denken, daß mir Ihr ›Kleines Welttheater‹ mißfallen, daß ich es nicht vielmehr mit dem größten Entzücken wiedergelesen habe? Wenn ich das nicht erwähnte, so lag das daran, daß meine Briefe ohnehin schon sehr lang waren, und daß es mir widerstrebt, Ihnen meine Bewunderung gewissermaßen konventionell mit den Schlußempfehlungen und Endfloskeln des Briefes auszudrücken. Sie haben eine so wunderbare, so neue und reiche Stimmung und Stellung zur Welt, die Sie hier wie in Ihrem Chandos Brief allmählich erobern und gestalten, daß mir überdies viel Zeit,

eine ganze Unsterblichkeit zu bleiben schien, in der die Bewunderung dafür sich äußern konnte. Die Stimmung, aus der Ihre Gestalt und Sprachmusik sich herausgestaltet, ist (oder irre ich mich?) formal ähnlich wie die bei Maeterlinck (in seinen frühen Stücken), inhaltlich aber toto universo verschieden; wie dort das Grauen, umhüllt bei Ihnen das Wunder des Lebens alles Lebendige; und dadurch hebt sich Ihre ganze Kunst, heben sich Ihre Gestalten alle ab wie von einem wunderbaren, bewegten, farbenschimmernden Teppich, statt von einem grauen, geheimnisvollen Nebel. Ich wiederhole, mir scheint formal eine Ähnlichkeit mit Maeterlinck vorhanden, die mich deshalb so interessiert, weil dieses Bedürfnis das Einzelne sich von dem Ganzen, Unendlichen abheben zu lassen, mir typisch für unsere Zeit scheint, und was dem Einzelnen als dieses Unendliche erscheint, ob die Menge, la foule, wie bei Zola und Hauptmann, oder das graue, unerkennbare Geheimnis wie bei Maeterlinck, oder das wunderbare bunte Leben alles Seins wie bei Ihnen auf die Persönlichkeit und die Kunst der modernen Dichter ein so helles Licht wirft. Ihnen ist von Ihrer Begabung, glaube ich, wie die »wahrste« so auch die künstlerischeste Unendlichkeit beschieden worden. (FDH/Dauerleihgabe Stiftung Volkswagenwerk; vgl. BW 51)

22. August ⟨1903⟩, an Harry Graf Kessler

ich bin äußerst beschämt, denken zu müssen, daß ich Ihren letzten gütigen Brief gewissermaßen erzwungen und die darin enthaltenen Worte des Lobes provoziert habe. Meine Entschuldigung vor mir selbst ist es nur, daß ich wirklich nichts anderes gedacht hatte, als Mißfallen wäre der Grund Ihres Stillschweigens. Es wird Sie vielleicht wundern zu hören, daß Sie, Bodenhausen und Stefan George die einzigen drei Menschen in dem ganzen großen Deutschland sind, von denen mir ein Wort über dieses Buch zugekommen ist, während, so viel ich wenigstens weiß, nicht eine Zeile darüber gedruckt worden ist. (BW 52)

27. August 1903, Rudolf Alexander Schröder an Hofmannsthal

Was machen Sie eigentlich? Nicht einmal das schöne Buch aus dem Inselverlag haben Sie mir mit einer kleinen dédicace geschickt, und ich hab es durch den Verleger selbst erhalten, der ein etwas humanerer Herr ist wie Sie.... Aber die ›Glücklichen‹ sind herrlich! Warum haben Sie sich nicht entschließen können, noch etwas hinzu zu fügen? Eine Kette von Perlen wird immer schöner, je mehr man dran reiht, und es giebt noch viele Menschen, die wenigstens für einen Augenblick auf einer Brücke glücklich sind, auch ohne das zu wissen. Es ist komisch, aber mir scheint, daß gerade auf Brücken der Aufenthalt ist, der am meisten für einen Augenblick glücklich – wenigstens selbstvergessen machen kann – die plötzliche Frische und der beruhigende Anblick des Elements, machen eben aufathmen und beleben die Maschine. – Am liebsten ist mir Ihr Gärtner, dem ich überhaupt, wenn ich die Anmaßung hätte, unter der Masse Ihrer schönen Produktionen zu wählen und zu sichten, wol den Vorzug vor allen geben würde, so rein und groß erscheint mir alles, was er sagt und wie er es sagt. – Ich würde mich hier gern in Details einlassen, und Ihnen auch dies oder das sprachliche Bedenken äußern – aber Sie müßten wol erst damit anfangen mich mit Anmerkungen über irgend eins meiner Machwerke zu beehren, ehe ich mich zu einem solchen Wagnis entschlösse. . . . Halt! – noch eins. Mir fällt jetzt grade der Hauptzweck meines Briefes ein. Hätten Sie nicht auch Lust Ihre Gedichte und ›Gestern‹ in derselben Form wie ›Das kleine Welttheater‹ heraus zu geben? Schreiben Sie mir doch bitte ein paar Zeilen darüber. . . . Ich finde, dies kleine Buch ist das hübscheste in Deutschland seit langem gedruckte, woran natürlich die unvergleichliche Zeichnung Beardsleys großen Teil hat. – Und Sie schreiben mir nicht mal darüber, wenn Sie so was vor haben! (*FDH/Dauerleihgabe Stiftung Volkswagenwerk*)

⟨*Ende August/September 1903*⟩, an Rudolf Alexander Schröder

Ich freue mich, daß Ihnen das ›Welttheater‹ gefallen hat; auch mir gehört es zu meinen liebsten Sachen. Den Titel ›Die Glücklichen‹ habe ich ausschließlich in Erinnerung an Sie beigesetzt, an einen Abend, wo Sie mich in Wien in meiner Eltern Wohnung besuchten und sich in einer Weise, die mir unendlich wohl that, darüber freuten, als ich Ihnen mit diesem Wort den inneren Zusammenhang dieser Figuren deutlich machte.

Die Freiexemplare habe ich erst vor 10–12 Tagen bekommen; wollen Sie Ihr Exemplar etwa verschenken und ein anderes von mir haben, so schreiben Sie mir's bitte. Der buchhändlerische Erfolg war ein äußerst schlechter, was mich, als ich es hörte, recht deprimierte. Ich bin recht bekannt, aber, im Grund, wer kümmert sich deswegen um so ein Buch, wer ginge es mit Freude an, wer tut etwas dafür? (Ich meine natürlich nicht die persönlichen Freunde, sondern die Tausende von Literaten, Rezensenten usf.)

Ich bitte Sie sehr darum, mir Ihre sprachlichen Bedenken nicht zu verschweigen.

(*FDH/Dauerleihgabe Stiftung Volkswagenwerk; s. auch B II 126f.*)

7. September 1903, Rudolf von Poellnitz an Hofmannsthal

Soeben entdecke ich, dass auf dem Titel des ›Kleinen Welttheaters‹ die Auflage mit 800 angegeben ist. Es ist dies ein Irrtum, der leider erst jetzt gemerkt ist. Thatsächlich sind nur 600 Exemplare vorhanden, während zuerst ja der Plan bestand, 800 zu drucken. Nachdem aber die Bestellungen nicht wie erwartet, eingingen, habe ich die Anzahl reduziert und dabei ist übersehen, den bereits im Satz druckfertig erklärten Titel zu ändern. (*NFG Weimar, Insel-Archiv*)

26. September ⟨1903⟩, an Oscar Bie

Ich möchte etwas anfügen, worin von Ihnen nicht mißverstanden zu werden ich sicher genug bin, um jede Einleitung zu sparen. Es wundert mich etwas, nicht ohne einen leicht deprimierenden Beigeschmack, daß es möglich ist, daß ich etwas veröffentliche, etwas das – innerhalb meiner Production und ohne absolute Maßstäbe anlegen zu wollen – von Bedeutung ist, etwas das meine Eigenart vielleicht stärker vertritt, als irgend eine andere meiner Arbeiten und daß diese Veröffentlichung vollkommen ignoriert wird, nicht nur von der Masse der Tagesblätter und Revuen die mich minder interessieren, sondern auch von der ›Rundschau‹. Ich meine das vor 3–4 Monaten im Inselverlag publizierte ›Kleine Welttheater‹. Ich bin, wie Sie vielleicht denken werden, über die meskinen Ambitionen des »Besprochenwerdens« wenn ich sie jemals teilte, hinaus. Aber man sagt sich: wenn diese ganze weitzusammengefaßte Gruppe von denkenden, fühlenden, Anerkennenden wenn sich unter diesen nicht einer findet, der Notiz von einer solchen Erscheinung nimmt – muss man sich da nicht sagen, man existiert eigentlich nicht? – außer als »geschätzter Mitarbeiter«. Sonderbares, eigentlich absurdes Verhältnis! *(Fischer-Almanach 1973, S. 68f.)*

Vermutlich Oktober/November 1903, Oscar Bie an Hofmannsthal

›Welttheater‹ wird im Januarheft von Poppenberg in einem kleinen Essai allein behandelt.¹ Sie schrieben mir damals leider nicht, daß es in so kleiner Auflage gedruckt ist, daß die Insel es nicht verschickte. Auch nannten Sie mich dort als Ankläger! Ich zog mir infolgedessen einen etwas heftigen und ungerechtfertigten Brief von diesem Verlag zu. *(Fischer-Almanach 1973, S. 72)*

6. Oktober 1903, an Harry Graf Kessler

Dann: ich schicke morgen an Sie (Weimar) verschiedenes, darunter einzelne Arbeiten von Kassner (gehören nicht mir) ferner ein Exemplar des ›Welttheaters‹ mit Widmung für Gide. *(BW 55)*

⟨November 1903⟩², an Hermann Bahr

... eben lese ich, statt zu arbeiten, Ihren Dialog vom Tragischen. ... Wie tief trifft mich ein Satz wie dieser: »Ich wenigstens kann nicht begreifen, wie derselbe Mensch usf. noch mit den starren Puppen des Theaters spielen

---

[1] Felix Poppenbergs Besprechung ›Das kleine Welttheater‹ erschien in der ›Neuen Rundschau‹, Jg. 15, Heft 1, Januar 1904, S. 125–127.
[2] Der mit Samstag, mittags, überschriebene Brief ist vermutlich am 10. November 1903 entstanden. Am 31. Oktober hatte Hermann Bahr seinen Essayband ›Dialog vom Tragischen‹, Berlin, (S. Fischer) 1904 als Vorausexemplar mit einer Widmung für Gerty von Hofmannsthal übersandt (das Buch befindet sich noch in Hofmannsthals Bibliothek). Da Hofmannsthal erst am 5. November von Berlin nach Rodaun zurückkehrte (s. BW HvH–R. Beer-Hofmann, S. 121), könnte er das Buch, von dem sein Brief ausschließlich handelt, frühestens am Samstag, dem 10. November gelesen haben (die Einordnung in B II ist jedenfalls unrichtig).

mag.«[1] Schwer zu begreifen ist es allerdings und läßt sich doch auflösen! So ist es mir wirklich in diesem Augenblick, als fühlte ich, wie Sie den Schlüssel meines Lebens in der Hand haben und ihn umdrehen. Haben Sie das ›Kleine Welttheater‹ bekommen? Nehmen Sie es in die Hand, auch dieses sperrt der Schlüssel so leicht auf, und doch bleibt allen Menschen, fast allen auf der Welt das, was man macht, so verschlossen. *(B II 128f.)*

15. Dezember 1903, Oscar Bie an Hofmannsthal
Sind Sie mit Poppenbergs Artikel zufrieden?
(Fischer-Almanach 1973, S. 80)

1906[2]

22. Mai ⟨1906⟩, an Paul Brann
was das ›Kleine Welttheater‹ betrifft, so täuscht hier wohl Herrn Wolfskehl seine Erinnerung: ich denke vielmehr, es ist ganz und gar unbrauchbar für Ihre Zwecke[3]: denn es hat nicht den Schatten einer Handlung, sondern es treten bloß nacheinander Gestalten auf, die sich durch Monologe selbst charakterisieren, was auf der Bühne direct unerträglich wäre.
(Privatbesitz)

⟨8. Dezember 1906⟩, an Helene von Nostitz
Haben Sie das Buch[4] bekommen?
Wie gern hätte ich Ihnen aus dem ›Kleinen Welttheater‹ was vorgelesen.
(BW 27)

---

[1] *Der Satz findet sich am Schluß des den o., Anm. 2, genannten Band eröffnenden ›Dialog vom Tragischen‹ (S. 61):* »Was soll mir da aber das Drama, das immer noch ›das Beieinandersein von tausend Leben,‹ wie unser Hofmannsthal gesagt hat, in irgend einen lächerlichen ›Charakter‹ zwängt und, um wirken zu können, uns zumuten muß, uns dümmer zu stellen, als wir vertragen? Ich wenigstens kann nicht begreifen, wie derselbe Mensch, der fähig ist, Rodin oder Klimt mitzufühlen, welchen das einzelne, Mensch, Weib, Fisch, Schlange oder Stein, immer durch Metamorphose gleich ins All zerrinnt, wie ein solcher Mensch, der dies hohe Wunder unserer Ewigkeit einmal bei sich gespürt hat, noch mit den starren Puppen des Theaters spielen mag.«
[2] *S. auch die Äußerungen Emil Sulger-Gebings in seiner 1905 erschienenen Monographie ›Hugo von Hofmannsthal. Eine literarische Studie‹, S. 24f. (= Wunberg S. 121f.).*
[3] *Paul Brann, Leiter des ›Marionettentheaters Münchner Künstler‹, hatte* Das Kleine Welttheater *für eine Aufführung seiner Bühne vorgesehen; aus dem Plan wurde nichts, ebensowenig aus der, von Hofmannsthal selber vorgeschlagenen, Aufführung von* Der Kaiser und die Hexe; *noch im Jahr 1906 schrieb Hofmannsthal für Branns Marionettentheater das Vorspiel für ein Puppentheater. S. auch S. 721 und 732.*
[4] *Kleine Dramen (10 D⁵).*

10. Dezember 1906, Helene von Nostitz an Hofmannsthal

Ich danke Ihnen für das Buch –
Wie schön wäre es gewesen, wenn Sie mir daraus hätten lesen können und mir manches erklären, das mir noch verschlossen ist. – Am nächsten ist mir das Kleine Welttheater getreten, – Sollten Sie vielleicht einmal Zeit finden mir einen Commentar, wie Sie sagten, darüber zu schreiben? Das wäre schön. Die Dinge, die Sie schreiben, muß man in der Stille aufsteigen lassen wie Musik, der Verstand, der immer arbeiten kann, genügt da nicht. (BW 28)

1908[1]

17. Juni 1908, an Elisabeth Baronin Nicolics

Es wundert mich, daß Sie das ›Kleine Welttheater‹ nicht erwähnen, diese Abspiegelungen harmonischer Momente einzelner glücklicher Seelen, jede einsam, ist mir vielleicht das Liebste von allen meinen Dingen.
(FDH/Dauerleihgabe Stiftung Volkswagenwerk)

20. Oktober 1908, Alfred Walter Heymel an Hofmannsthal

Wochenlang habe ich dann die Nummer der Zukunft mit dem kleinen Welttheater bei mir herum getragen und bei einem reichen Bekannten das dazu gehörige Stück aus dem Pan abgeschrieben. Keinen Dichter gab es weder in der Vergangenheit noch in der Gegenwart mit dessen Gestalten man sich so oft und so gut identifizieren konnte, dessen Figuren, das, was man dumpf fühlte, so bestimmt und doch so geheimnisvoll formulierte⟨n⟩... (FDH/Dauerleihgabe Stiftung Volkswagenwerk)

1910

6. April 1910, Alfred Walter Heymel an Hofmannsthal

I⟨ch⟩ habe vor einigen Tagen im Deutschen Vorkämpferclub einen Vortrag über moderne Literatur gehalten, das heißt über die Dichter unserer Generation die wir am meisten verehren; ich las dann ... Von Dir den Schiffskoch der mich hier in der Fremde immer von Neuem innerlichst erschüttert. Die beiden Totenreden auf die Schauspieler und ein Stück aus dem kleinen Welttheater.
Die Wirkung, trotzdem ich, wie du weißt nicht gut lese, war eine ungehoffte...
(FDH/Dauerleihgabe Stiftung Volkswagenwerk)

---

[1] S. auch Josef Hofmillers Ausführungen in seinem Aufsatz: ›Hofmannsthal‹, in: Südd. Monatshefte, Jg. 5, Heft 1, Januar 1908, S. 12–27 (= Wunberg S. 155ff., bes. S. 164f.).

Edgar Byk über einen Brief Hofmannsthals (zitiert und referiert in Byks masch. Dissertation ›HvH: Der Tor und der Tod‹, Wien, 12. Dez. 1910, S. 24):

... *wie mir Hofmannsthal mitteilte:* Eine Reihe von Gestalten, nacheinander auftretend, schattenspielhaft, was ja die Form des kleinen Dramas ist, das war damals eine Lieblingsform meiner Phantasie. ... *Die Idee hiezu (sc. zum* ›Kleinen Welttheater‹*) entstand, wie Hofmannsthal schreibt, fast gleichzeitig mit dem* Tor und Tod *und sollte ursprünglich* Die Landstrasse des Lebens heissen. *In dieser Fassung sass ein junges Mädchen auf einer Gartenmauer: an ihr kamen Gestalten vorüber. 1897 entstand daraus* Das Kleine Welttheater.

1911

6. April 1911, Hans Carossa an Hofmannsthal
Den Rosenkavalier hab ich noch nicht gelesen ... Dafür hab ich mir vor kurzem Ihre kleinen Dramen erworben und einen herrlichen Schatz zum erstenmal gehoben: Das kleine Welttheater. Und nun bin ich froh, daß diese Monologe, diese wandelnden klaren Geheimnisse, mir als einem 32jährigen begegnen, einem, der reif genug ist, um sie aufzunehmen, wie sie aufgenommen werden müssen, nicht mehr jung genug, um durch ihre Magie allzusehr verzaubert und etwa gar zur Nachahmung verführt zu werden. Die Atmosphäre, in der das Alles schwebt, werden späte Zeiten noch fühlen wie ein Glück. *(FDH/Dauerleihgabe Stiftung Volkswagenwerk)*

7. Dezember 1911, Rudolf Borchardt an Hofmannsthal
Diesen Band[1] wirklich in Händen zu halten, der nun endlich alles, oder fast alles in sich schließt, was ich als halber Knabe mich so unbändig gesehnt habe, einmal zwischen zwei Buchdeckeln zu besitzen, und da gegen Mißlaunen der Zeit gesichert zu wissen, erfüllt mich mit den eigensten Gefühlen. Wo sind die Zeiten da mich die ersten dieser Verse, mir in einem umherfahrenden Panhefte zufällig vor die Augen gekommen, buchstäblich um den Verstand brachten, und wo selbst die andern, bessern aber nicht schönern, da sie mir halfen wieder zu Verstande zu kommen? *(BW 55)*

1912

30. August ⟨1912⟩, Willy Haas an Hofmannsthal
Die Idee – nein, es ist ein Gefühl! – von dieser Weltbalance, von diesem großen Gleichgewicht scheint mir zutiefst in manchem Ihrer Werke zu liegen, unausgesprochen: Im ›Welttheater‹, im ›Tor und Tod‹ – nicht auch in der Elektra?[2] *(BW 19)*

---

[1] Die Gedichte und Kleinen Dramen *(13 D⁸)*.
[2] Haas rühmt in diesem Brief die Operndichtung Ariadne auf Naxos.

1913

20. *Mai 1913, Anton Kippenberg an Hofmannsthal*
Von einer Reise aus Paris zurückkehrend, fand ich Ihren freundlichen Brief vom 7. ds. Mts. vor und danke Ihnen herzlich dafür. Ich freue mich, dass Sie mit der Aufnahme des ›Welttheaters‹ in die Insel-Bücherei einverstanden sind.
(*FDH/Dauerleihgabe Stiftung Volkswagenwerk*)

18. Oktober 1913, an Anton Kippenberg
Weder das Bändchen der Bücherei das mein ›Welttheater‹ enthält, noch die sonstigen Bändchen dieser Serie sind mir zugekommen.
(*Deutsches Literaturarchiv, Marbach a. N.*)

1. November 1913, Anton Kippenberg an Hofmannsthal
Leider aber bringt Ihr Brief mir auch etwas unerfreuliches: die Nachricht, dass Sie dieses Mal die neue Serie der Insel-Bücherei und die Freiexemplare des ›Kleinen Welttheaters‹ nicht rechtzeitig erhalten haben. Ich bin der Sache gleich nachgegangen...
(*FDH/Dauerleihgabe Stiftung Volkswagenwerk*)

1914

23. Januar ⟨1914⟩, an Helene von Nostitz
Ich wünschte Wiecke[1] läse vor Ihnen und Ihren Freunden ... etwas von mir, das noch nicht alle Welt kennt.... Wie wäre es mit dem halbverschollenen ›Märchen‹ – nein das paßt nicht! Also einem Teil des ›Bergwerk von Falun‹ – oder ein paar Figuren aus dem ›kleinen Welttheater‹ ... (*BW 128f.*)

Ab 1916

Aus Ad me ipsum
⟨Praeexistenz⟩

Auserlesenheit / Kaiser – Abenteurer – Zauberer – Weiser (abgedankter Kaiser) – Dichter – Kind – Wahnsinniger
Geistige Souveränität: sieht die Welt von oben
Nachteil: sieht nur Totalitäten / sic: ›Kleines Welttheater‹: »Ein Wesen ists, daran wir uns entzücken.« Das Gegenmotiv auftauchend aber fast nur

---

[1] *Paul Wiecke (1862–1944), Hofschauspieler in Dresden, in den Zwanzigerjahren Direktor des Sächsischen Staatstheaters.*

ironisch: denn er wendet sich gleich wieder dem Ganzen Fluß zu. Gabe sich zu vervielfältigen: die Spiegelungen. (Es emanieren gleiche Wesen aus ihnen: im Prolog zu ›Tizians Tod‹. Kaiser und Page. usf.). *(A 213f.)*

Der Dichter, aus jener höchsten Welt, deren Bote der Tod, herausgefallen:
(Er, der Liebhaber der höchsten Schönheit, hielt was er schon gesehen hatte nur für ein Abbild dessen, was er noch nicht gesehen hatte und begehrte dieses selbst, das Urbild, zu genießen.   Greg v Nyssa)
In ›Kaiser und Hexe‹ Versuch diese Welt wieder zusammenzustellen.
Im ›Bergwerk‹ Versuch wieder hinüberzugelangen.
Im ›Tizian‹ Atmosphäre jener höchsten Welt.
Im ›Welttheater‹: jeder dieser Glücklichen irgendwie noch Angehöriger der höchsten Welt, am vollsten teilhaftig der Wahnsinnige. *(A 214f.)*

Der Wahnsinnige eine Form der erreichten Vollkommenheit. ...

Der reinste state der Wahnsinnige, wovon die andern ›Glücklichen‹ nur unvollkommene Spiegelungen. *(A 223)*

Die Liebe geht aufs Ganze: »Ein-Wesen ists« – aber er entzückt sich doch am ganzen Flusse, Flusse des Daseins ...

⟨Kleines⟩ ›Welttheater‹
Bekehrung zur Einheit: »Ein-Wesen ists daran wir uns entzücken«
einzeln: Gärtner an der Gleichung der Menschen und Pflanzen, Mädchen an der Form die alles durch Entfernung annimmt, Dichter an der Figur des Geschauten Lebens.
Alles geht auf Totalitäten.
demgegenüber schwer zum Einzelnen durchzudringen. *(A 225)*

Das Über-ich (der Magier des ›Traumes‹, der Wahnsinnige, der Bergmann) auch erfaßt als Generationskette: der Dichter im Vorspiel für Puppen
(A 226)

Das Ich als Spiegel des Ganzen aber mehr als Spiegel: der Wahnsinnige
(A 228)

1917

22. August ⟨1917⟩, an Rudolf Pannwitz
Claudio der Tor, und die redende oder träumende Substanz der Gedichte, und jeder Einzelne der ›Glücklichen‹, und der Kaiser in ›Kaiser und Hexe‹ ... sie sind eine Reihe ... *(MESA, Herbst 1955, S. 26f.)*

1921

18. April 1921, an Max Pirker
Erste vorwiegend lyrisch-subjektive Epoche: das Jugendoeuvre bis zirka 1899. Die eigentliche Lyrik, inklusive des ›Kleinen Welttheaters‹. Hier schon dramatische und eigentlich theatralische Elemente. Die Reihe der kleinen Dramen ... *(A 369f.)*

1924

Rudolf Borchardt, ›Eranos-Brief‹
Im ›Pan‹, der in unserem akademischen Lesezimmer auslag, standen Stücke aus Deinem ›Kleinen Welttheater‹. Täusche ich mich oder warest auch Du erst damals und gleichzeitig wirklich in die Öffentlichkeit aufgebrochen, und Dein Übergang zur Liberalität coincidierte mit meiner Not? Gleichviel. Ich entsinne mich, wie ich unter dem Lesen der ersten Verse ein Papier aus meiner Mappe zog und abzuschreiben begann, das Ganze, und heimnahm, und am Abend bereits auswendig wußte.
(R. Borchardt, Prosa I, Stuttgart 1957, S. 122f.)

1925

⟨*Oktober/November 1925*⟩*, an Wilhelm Freiherrn von Weckbecker*
Das Kleine Welttheater auf die Bühne zu bringen ist ein Unding. Es ist eine Suite lyrischer Monologe, ebenso könnte man den westöstl. Divan mit verteilten Rollen spielen lassen.
(FDH/Dauerleihgabe Stiftung Volkswagenwerk)

1926

Aus Notizen zur Darstellung meines Lebens
Das Biographische des oeuvre: der Verschwender-Typus – der Wahnsinnige – der Abenteurer – der Schwierige – *(A 237)*

Haltung: ... Zum Planetarischen: ... Zartes Geheimnis. Arielhaft: dienend – Befreiung erhoffend. (Der »Wahnsinnige« im ›Welttheater‹.) – Tiefere Geheimnisse: der Kaiser im Märchen sowie in ›Kaiser und Hexe‹.
(A 239)

1928

11. Mai ⟨1928⟩, an Carl J. Burckhardt

... und unten liegt diese kleine fast unbekannte italienische Stadt[1], in der Heinrich von Kleist auf seiner Flucht aus der Schweiz ein paar Wochen Ruhe fand, und wo dann Verdi in eben dem Haus, das wir jetzt bewohnen (es ist ein ehemaliges Landhaus der Familie Melzi), seine ›Puritaner‹ komponierte, und wo ich im Jahr 1897 auf einem eisernen Gartentisch das Kleine Welttheater, die Frau im Fenster und die Hochzeit der Sobeide, eins nach dem andern herunterschrieb, es waren vielleicht die glücklichsten Wochen meines Lebens. *(BW 282)*

16. Juli 1928, an Alma Mahler

Verzeihen Sie, wenn die 6 Bände meiner gesammelten Schriften[2] jetzt zunächst so allein zu Ihnen kommen, ohne ein hineingeschriebenes Wort. ... In dem Band der Gedichte finden Sie auch das, woraus ich Ihnen beiden gern etwas vorgelesen hätte: das ›Kleine Welttheater‹. Das sind sechs Gestalten, von denen jede auf ihre Art glücklich ist, und jede auf verschiedene Art: durch das Haben, durch das Noch-nicht-haben, durch das Gehabthaben, durch das geträumte Haben – aber keine von ihnen ist besessen von dem niedrigen Haben-wollen.

Dieses Gedicht stammt aus dem Jahre 97. Aus dem gleichen Jahre stammen viele der Gedichte, die Hochzeit der Sobeide, die Frau im Fenster und noch ein paar andere Sachen. Es war in meinem 23ten Lebensjahre, es war ein besonders glückliches Jahr. *(Privatbesitz)*

---

[1] *Varese. Der Brief ist im Hotel Excelsior geschrieben, in dessen Garten* Das Kleine Welttheater *entstanden war.*
[2] *Berlin (S. Fischer) 1924 (s. 15 D¹⁰).*

ERLÄUTERUNGEN

131,3 Die Glücklichen *S. dazu R. A. Schröders Brief an Hofmannsthal vom 27. August 1903 (S. 616) und Hofmannsthals Antwortbrief (S. 617); vgl. auch die Briefe an G. Franckenstein, 1. August 1903 (S. 615), an E. Nicolics, 17. Juni 1908 (S. 620) und an Alma Mahler, 16. Juli 1928 (S. 625). Auf einem nicht sicher zu datierenden, vermutlich aber dem Umkreis der* Idyllen-*Pläne (1897) zugehörigen Notizblatt (H III 115) steht die Aufzeichnung:*
zu dem Thema: die Glücklichen.
der verschmähte Liebhaber: sich den Besitz der Geliebten, die ihm für immer versagt ist, unendlich zart ausmalend.
der Einsiedler, den Stein auf dem er schläft, tragend.
die junge Witwe, die ganze abendliche Gartenatmosphäre mit der Existenz des Gatten erfüllend.

Sollte sich die vermutete frühe Datierung der Notiz als richtig erweisen, wäre gesichert, daß der spätere Untertitel Hofmannsthal schon während der Entstehung oder kurz nach Abschluß des Kleinen Welttheaters *als Schlüsselwort für den inneren Zusammenhang der Figuren gegenwärtig war; denn die den oben angeführten Briefpartnern gegebenen Deutungshilfen für die Gestalten des* Kleinen Welttheaters *(s. z.B. S. 625, 16–19: ... jede ⟨Gestalt⟩ auf ihre Art glücklich ...: durch das Haben, durch das Noch-nicht-haben, durch das Gehabt-haben, durch das geträumte Haben) treffen auch auf die in der Notiz genannten Gestalten zu (s. auch den Zusammenhang des* Kleinen Welttheaters *mit dem Melodram* Das Glück am Weg ⟨*1893*⟩, *S. 770, 17–27).*

133, 11 im Geschmack der zwanziger Jahre des vorigen Jahrhunderts *Ebenso in der Bühnenanweisung zu* Der Tor und der Tod *(S. 62, 8f.) und zum* Weißen Fächer *(S. 153, 14).*

133, 13–17 im Bade ... der Widerschein / des offnen Fensters zwischen meinen Fingern ... *S. die* Vorfassung *(Der Abend des Dichters) in den* Varianten *(1 H¹), S. 596. Eine Erläuterung der Szene gibt die Tagebuchaufzeichnung Fusch, Anfang Juli 1893 (H VII 4.1):*
Behagen im Bad.
Badezimmer mit offenem Fenster; Sommerwind spielt mit dem Vorhang; die laue kleine Kammer erfüllt von Dämmerung und den unruhigen Reflexen des Lichts auf dem Wasser ...

133, 19–22 Vogelsteller ... Wächter *(= Fischer) S. auch N 5, S. 596. Auf der Rückseite eines Blatts (H V B 10.38) mit Entwürfen zu dem Gedicht* Der Jüngling und die Spinne *(1897; GLD 37) ist unter der Arbeitsanweisung* Stilisieren! *notiert:* Es giebt in der nun verworreneren Welt keine Vogel-

steller Gärtner Schiffer mehr, aber in diesen Figuren verkörpert sich die Idee des Vogelstellers, Gärtnerns, der Schiffahrt. *(Es folgt eine Reinschrift des Gedichts* Dichter sprechen: *GLD 81.)*
Gärtner, Fischer und Vogelsteller treten gemeinsam in der Szene ›Weitläufiger Saal‹ im 1. Akt von ›Faust II‹ auf. Fischern und Vogelstellern sind zahlreiche Epigramme der ›Griechischen Anthologie‹ gewidmet; eine Auswahlübersetzung (Anthologie lyrischer und epigrammatischer Dichtungen der alten Griechen, hrsg. v. E. Boesel, Leipzig ⟨1884⟩), ist in Hofmannsthals Bibliothek erhalten; der Dichter hatte sich den Band am 30. August 1897 nach Varese schicken lassen (s. B I 228). Das S. 133, 20–22 geschilderte Ausspähen weist auf den Thunfischfang (s. Philostrat d. Ä., ›Eikones‹ I 12/13 ⟨›Der Bosporus‹⟩, 6–8).

134, 8–14 Seh' ich nun aber jenseits an den Hängen / nicht Pilger... *Vgl. die folgende Prosanotiz aus den Vorarbeiten zu* Jedermann:
J⟨edermann⟩ Weißt du den Abend in Neapel. Terrassenförmig: unten Badende und Wollüstige in Booten; in den Hügeln Paare hinsinkend, wieder höher steigend, betend: den Sinn des Lebens erkennend... *(E III 135.23).*

134, 15–21 Doch an den Uferwiesen... *Das Bild der Badenden und der Pferdeschwemme ist auch in einer (früheren) Notiz für einen* Prolog *festgehalten:*
... mit nackten Pferden zur Schwemme reitend; Badende Stiegen der Insel erkletternd... *(H II 108). Die Szene der badenden Krieger könnte in Erinnerung an Lionardos Kartons der Anghiari-Schlacht entworfen sein. Lionardos Werk war Hofmannsthal schon früh im Kreis um Alfred Freiherrn v. Berger erschlossen worden (s. den Brief an v. Berger vom 5. Oktober 1892, sowie an Elsa Cantacuzène vom 24. Mai 1894; beide in: Die Neue Rundschau 1934, S. 223ff.). S. auch Hofmannsthals Brief an den Vater während der Militärzeit in Göding, 22. August 1895 (B I 176):* Heute war wieder Rasttag, und wir haben in der Thaja gebadet. Zwischen den Bäumen ist auf einmal der Schaumburg getrabt gekommen, gleich abgesessen und auch ins Wasser gegangen, samt Reitknecht und 2 Pferden. Es war wirklich etwas von der Stimmung halb Ilias, halb Mittelalter, wie sie wohl auf den verlorenen Kartons der badenden Reiter von Lionardo gemeint gewesen ist.

134, 22–27 ... wie schön ist diese Schlacht! *Daß dem Bild der am Ufer Kämpfenden Skizzen Michelangelos zu seinem Bild ›Die Schlacht bei Cascina‹ und dessen Beschreibung durch Goethe und Füßli zugrundeliegen, hat H. Ost: Ein Motiv Michelangelos bei Hofmannsthal, in: Euphorion 59, 1965, S. 173–177 nachgewiesen; der Hinweis schon 1904 in F. Poppenbergs Rezension (s. o., S. 618, Anm. 1).*

134, 27f. Schiff des Bacchus *Das Festschiff (gr. naûs theorís) gehörte wie die Satyrn zum Triumphzug des Gottes.*

135, 15f. bis wo die letzten Meere / wie stille leere Spiegel stehen *Vgl.* ›Faust II‹, ›Finstere Galerie‹, *V. 6239 ff. (»Und hättest du den Ozean durchschwommen ...«).*

135, 28–30 ... wo kleine Weiher lange noch den Glanz / des Tages halten ... *S. dazu Carl J. Burckhardt, Erinnerungen an Hofmannsthal, in: HvH. Die Gestalt des Dichters im Spiegel der Freunde, hrsg. v. H. A. Fiechtner, 2. Aufl., Bern/München 1963, S. 143: »Hofmannsthal sagte: ›Als ich in einem Jugendgedicht ⟨Lebenslied⟩ die Stelle schrieb* Der Flüsse Dunkelwerden / Begrenzt den Hirtentag – *Sie verstehen: Wasserläufe, das letzte was erlischt nach Sonnenuntergang –, damals sagte man mir, das sei unverständlicher Zierat, dabei ist es eine der allereinfachsten Naturbeobachtungen, die jedem Jäger, jedem Bauer geläufig sind.‹«*

135, 35f. jenes künstliche Gebild / aus Worten, die von Licht und Wasser triefen *Vgl.* Ein Prolog, *S. 119, 3–9:* Das schwerlose Gebild' aus Worten ... / unscheinbar wie ein Bündel feuchter Algen, / doch angefüllt mit allem Spiegelbild / des ungeheuren Daseins ...

136, 10 Ich trug den Stirnreif *S. die Erläuterung zu S. 597, 17.*

137, 1–20 dass an den Blumen ich erkennen kann / die wahren Wege aller Kreatur ... *Vgl.* Ein neues Wiener Buch *(1896):* ... der Dichter sieht die Bruchstücke ihrer ⟨der Menschen⟩ einfachen Schicksale mit solchen trunkenen Augen, wie man am Abend in einem schönen Garten zusieht, wenn die Beete begossen werden. Er liebt alles an ihnen. *(P I 270)*

138, 10 Ich jagte, war der Traum *S. die Erläuterung zu S. 598, 26.*

139, 18–28 Nun aber ist durch einen Gruss ein solches Glück / in mich hineingekommen ... *Vgl.* Die Wege und die Begegnungen *(1907):* Ein Gruß ist etwas Grenzenloses. Dante datiert sein ›Neues Leben‹ von einem Gruß, der ihm zuteil geworden. *(P II 266)*

139, 29–31 Der Fremde ... ein geschickter Handwerker, etwa ein Goldschmied *Die Gestalt trägt deutlich Züge des Benvenuto Cellini. Vgl. A 137f.:* Benvenuto Cellini. ... Aus ihm heraus quellen Visionen, die aus der Materie seiner Kunst sind. Er trägt sich, das Futteral für Goldschmiedsvisionen, durch dick und dünn, klettert über Berge, fährt auf Fähren durch Seen, alles rinnt ab. – Hier in dieser Landschaft, die aussieht, als hat ein allmächtiger Goldschmied sie geschaffen: die getriebenen Berge, das Meer wie ein Schild, die Bäume aus Bronze, – dieses Buch treibt die aus dieser Landschaft quellenden Erregungen in die Höhe wie einen zerschäumenden

Springquell und fängt sie in porphyrener Schale wieder auf. *S. auch die Erläuterung zu S. 599, 2.*

140, 30 Ein-Wesen ist's, woran wir uns entzücken *S. dazu die Bemerkungen in* Ad me ipsum *(A 213, 225),* ›Zeugnisse‹, *S. 623 und P. Szondi,* Das lyrische Drama des Fin de siècle, *Frankfurt a. M. 1975, S. 328. Hofmannsthal zitiert den Vers leicht abgewandelt in einer Notiz zu der nachgelassenen Erzählung* Das Märchen von der verschleierten Frau *(1900):*
... er ⟨der Bergmann⟩ findet nach niedrigem und verlangendem Anschauen fremder Schicksale, nachdem man auch das reine schlackenlose Feuer nicht erlangen kann, einen mystischen Gewinn, einem Schicksal nachzuschauen: ein-Wesen ist's woran wir uns erfreuen einzeln-existenz ist alles. *(N 12; SW Bd. XXIX, S. 139; s. ebd. S. 148, 29).*

141, 15 Die Stimme eines Bänkelsängers *S. dazu* ›Entstehung‹, *S. 585, Anm. 1. In die Nähe dieses Liedes scheinen auch die, wohl im August 1897 entworfenen, Verse zu gehören:* er hob mit Müh die Augen auf / Die keinen Glanz mehr hatten / Und gab ihr Antwort mit einer Stimme / mit einer todesmatten *(Stefan George Archiv, Württemb. Landesbibliothek, Stuttgart).*

142, 1–18 Das Mädchen ... *Ähnlichkeit mit dieser Gestalt zeigt eine für die (im Sommer 1897 konzipierte) Idy*lle Schlafende *(mit dem Nebentitel:* παιδῶν σκιαί *) entworfene Figur:* ein Mädchen: still wie auf ihrem eigenen Sarkophag. durch die Spalten ihres Schlafes streicht der Nachtwind wie durch aufgehäuftes gemähtes Gras an einem luftigen Ort, der Nachtwind und das Gefühl der Größe der Nacht die Sterne und Tod in ihren Schoss trägt, athmet durch den Duft ihrer verliebten Seele hin *(H II 68.5; auf derselben Seite N 12; s. o., S. 602). Zu S. 142, 10 s.* Gartenspiel *N 20 (S. 276, 8).*

142, 26ff. Dieser ist der Letzte von den Reichen ... *Zahlreiche Parallelen zwischen der Gestalt des Wahnsinnigen und der Buddha-Darstellung in Edwin Arnolds* ›The Light of Asia‹ *(London, 2. Aufl. 1884) hebt Freny Mistry in ihrer Studie:* ›A Probable Source of Hofmannsthal's Das Kleine Welttheater (1897)‹ *(ungedruckt; Typoskript im FDH) hervor:* »As in ›The Light of Asia‹ a narrator – the madman's servent – provides the essential details of the madman's life and activity: his birth as a prince, a brilliant boyhood, his father's inability to control him, his popularity, the dispersion of his treasure among the crowds, ... his scanty nourishment and unrelenting pursuit of universal love through self-abnegation. Arnold's poem provides parallels and analogies for each of these details extending from external environment and such particulars as the madman's use of a horse or the pleasure garden constructed by his father to the similar development of the spirit and actualisation of the state of religious awakening.« *(S. 3; es folgen Einzel-*

nachweise. S. auch die Diss. der Verf.: HvH. A Study of his Relations to East Asia and its Significance for his Development, Toronto 1971). Auf die Ähnlichkeit mit Buddha hat zuerst Grete Schaeder, HvH und Goethe, Hameln 1947, S. 45, hingewiesen. S. auch die Erläuterung zu S. 148, 1–12.

142, 36–39 der Vater, der die Flüsse nötigt, / auszuweichen ... *S. auch Ein Prolog, S. 118, 24–31 (Städtegründer, ... den Lauf der Flüsse hemmend ...).*

145, 33 von des Paracelsus tiefsten Büchern *Die Quellen für Hofmannsthals Paracelsus-Kenntnis in dieser Zeit sind, da direkte Hinweise auf Werke fehlen, schwer zu ermitteln. Für das in* Ein Traum von großer Magie *(1895; GLD 20f.) eingegangene Paracelsus-Wort (Cherub und hoher Herr...) vermutete schon H. Steiner (s. A 376f. zu A 120) als Mittelquelle Schopenhauer. In dessen ›Parerga und Paralipomena‹ (s. Bd. 5 der ›Sämmtlichen Werke‹, hrsg. v. J. Frauenstädt, 2. Aufl., Leipzig 1891; die Ausgabe befindet sich noch in Hofmannsthals Bibliothek) wird in der ›Transcendenten Spekulation über die anscheinende Absichtlichkeit im Schicksale des Einzelnen‹ das Paracelsus-Wort zitiert, daß jeder Mensch »einen Geist hat, der außerhalb ihm wohnt und setzt seinen Stuhl in die obern Sterne« (S. 226f.). S. auch die Erläuterung zu S. 148, 1–12 sowie die Aufzeichnungen für* Eine Novelle deren Held sich sucht *(1895), SW Bd. XXIX, S. 48f. (N 1, N 2), die Notizen zu einer Groteske* Paracelsus u. Dr Schnitzler *(1900) und die ausführliche Diskussion der Paracelsus- (und Schopenhauer-) Wirkung auf Hofmannsthal, ebd. ›Entstehung‹, S. 295–97. Für* Der Kaiser und die Hexe *macht sich Hofmannsthal Auszüge aus Brownings ›Paracelsus‹-Drama, das er schon 1895 brieflich als Lektüre erwähnt (s. S. 678, Anm. 1).*

145, 38f. seine Seele mit den Flügeln, / mit den Krallen ... *S. 163–67). S. das Distichon* Dichter und Gegenwart *(1898; GLD 88).*

146, 3–6: Gemenge ... gleichnishaft ... *Vgl. die Aufzeichnung auf H VB 10.7 (s.* Das Kind und die Gäste *N 8): das Gemenge der Worte schwebt im Gleichgewicht wie das Kräftesystem der Welt.*

146, 25–31 einem Spiel zuliebe, / ... bleibt er noch in seinem Leibe ... *Vgl.* Ghaselen (II) *(1891; GLD 488): Jede Seele, sie durchwandelt der Geschöpfe Stufenleiter ...*

147, 31 ein Wesen immer gelüstet es nach dem andern *Zugrunde liegt eine Stelle bei Jacob Böhme, die Hofmannsthal schon 1894 in einer Aufzeichnung zitiert:* die Aquariumsatmosphäre des Lebens: nichts fest, alles an den Rändern magisch, ineinander lebendig überrinnend, alles in der Luft, dem Geist

ERLÄUTERUNGEN

Gottes. Dieses Wort darüber: »so lüstert nu je eine Gestalt nach der andern / und von der begehrenden Lust wird eine Gestalt von der andern schwanger / und bringet eine die andere zum Wesen / daß also die Ewigkeit in einer immerwährenden Magia stehet«, Jacob Böhme (Von der Menschwerdung). *(A 108; vgl. auch A 128) Das Zitat ist aus Böhmes 1620 verfaßtem Werk ›De incarnatione verbi oder Von der Menschwerdung Jesu Christi‹ (Sämtliche Schriften, Bd. 4, Stuttgart 1957, S. 10). Auch das Narcissus-Motiv (S. 147, 24f.) könnte auf den in Böhmes Schrift genannten magischen »Spiegel aller Wesen« zurückzuführen sein.*

147, 35 Ich bin schon kaum mehr hier! *Vgl. Robert Lieben (1913; P III 151): Er glich öfter einem, der kaum mehr hier ist ... S. auch die Erläuterung zu S. 601, 8.*

148, 1–12 ich bin hergeschickt, / zu ordnen ... *S. auch N 15, S. 603, 3 (die Künstler als Festordner des Daseins). »Choregós« nennt Hofmannsthal den König Pentheus in Notizen zu einer Bacchos-Tragödie (1892): Pentheus: er ist ein kleiner König; (Weimar) er ist Choreg, Bauherr und Gärtner; die Hymne die er einem Knabenchor mit der Lyra begleitet (H VII 4).*

Vom »Daimon« (Genius) als Choregen des menschlichen Lebens handelt eine in der oben (Erl. zu S. 145, 33) genannten Schrift Schopenhauers zitierte Auslegung des Proklos zu Platons Alkibiades maior; als eine überaus tiefsinnige Fassung des bei Proklos entwickelten Gedankens bezeichnet Schopenhauer das oben angeführte Paracelsus-Wort; es ist möglich, daß Hofmannsthal die beiden Stellen im Zusammenhang gelesen hat: »Der unserem ganzen Leben Richtung gibt und unsern Besitz stiftet, den vor der Geburt und die Gaben seitens des Schicksals und der das Schicksal lenkenden Götter, und der ferner die aus der Vernunft kommenden Erleuchtungen (als Festordner) ordnet und ausrichtet, das ist der Daimon.« ὁ γαρ πασαν ἡμων την ζωην ιθυνων και τας τε αἱρεσεις ἡμων αποπληρων, τας προ της γενεσεως, και τας της εἱμαρμενης δοσεις και των μοιρηγενετων θεων, ετι δε τας εκ της προνοιας ελλαμψεις χορηγων και παραμετρων, οὑτος ὁ δαιμων εστι.

Auf einem 1895 entstandenen Notizblatt ist vermerkt:
innerer Vorgang.
sich für einen Buddha, allmächtigen Träumer, Weltträger, Kosmophoros halten. Da steigt leise Angst um das Leben einer geliebten Person auf und bringt das Aussen waltende, das Überindividuelle zur Geltung ... *(H VB 10.5).*

148, 5 die Erbauer der königlichen Paläste *Vgl. Hofmannsthals Schilderung von Vicenza und seine Worte über Palladio, den Erbauer der Paläste in Sommerreise (1903; P II 60–62).*

148, 13 Schicksal aber hat nur der einzelne *S. die Erläuterung zu S. 140, 30.*

148, 23 dies alles ist darin verkocht *S. auch N 15, S. 603, 5 (das zum Menschenleben umgekochte Kosmische). S. dazu die Aufzeichnung unter dem Titel* Verherrlichung von Salzburg *(1897):* Theophrastus ⟨Paracelsus⟩: der alle Essenzen der Welt verkocht hatte, stirbt hier, in der frommen Hirtenstadt, der Gartenstadt unterm Hirtenstab hier alles einfach, fast puppenspielhaft: der Stolz des Erzbischofs die Anmassung seiner Lakaien, das Behagen der Bürger: ein Puppenspiel in Hellbrunn zu dem eine Orgel spielt *(H VB 6.26; veröffentlicht von R. Hirsch in: Hofmannsthal-Blätter, Heft 12, 1974, S. 426f.).*

Auf einem Blatt mit Notizen zu Das Kind und die Gäste, *zu einer Idylle und zur Lektüre (in die Varese-Zeit zu datieren) ist notiert:* die Welt der in Wesen ausgedrückte Traum Gottes die gesammte poetische Überlieferung: das Abbild davon durch Kochung dem menschlichen Wesen angenähert *(H VB 10.7; s.* Das Kind und die Gäste *N 7, N 8).*

148, 28 den ganzen Reigen anzuführen *Vgl.* Ein Prolog, *S. 118, 32–36:* Und zwischen diesen Fürsten ist der Stuhl / gesetzt für einen, der dem großen Reigen / der Erdendinge . . . / zum Tanz aufspielte . . . *(s. auch die Erläuterung zu S. 148, 1–12 und die Bezeichnung* Vortänzer *in N 15, S. 603, 8). Vgl. P II 120 (*Sebastian Melmoth*):* Wundervolles Wort des Dschellaledin Rumi . . . : »Wer die Gewalt des Reigens kennt, fürchtet nicht den Tod . . . «

148, 30 f. bis ans Meer, gelagert sind die Mächte dort *S. dazu N 15, S. 602, 30 (*die Chöre der Mächtigen gelagert*) und N 14, S. 602, 26 (*Naturkräfte in Kreisen herrlich gelagert*). Eine ähnliche Stelle in Maurice de Guérin,* ›Le Centaure‹: »On dit que les dieux marins quittent durant les ombres leurs palais profonds, et, s'asseyant sur les promontoires, étendent leurs regards sur les flots.« *(Oeuvres, t. 1, Paris 1947, p. 8)*

149, 3 f. Bacchus, Bacchus, auch dich fing einer ein *Der den Gott fangen ließ und von diesem selbst dann den Mänaden ausgeliefert wurde, ist der thebanische König Pentheus. S. N 15, S. 602, 31 f. Vgl. auch die Aufzeichnungen für ein Trauerspiel* Pentheus *(1904), D II 523–530. Notizen zu Euripides'* ›Bacchen‹ *finden sich schon in dem frühen Tagebuch H VII 4 (21. Juni 1892). S. auch die Bemerkungen Hofmannsthals zum Wahnsinnigen in* Ad me ipsum *(*›Zeugnisse‹*, S. 623). Zu einer Randnotiz Hofmannsthals in dem Buch von William James,* The Varieties of Religious Experience. A Study in Human Nature, *New York/Bombay 1907, bemerkt M. Hamburger (*Euphorion *55, 1961, S. 31):* »Diese Stelle in der Vorlesung über Mystik (S. 389–90) handelt von seltenen psychischen Zuständen in der Narkose, besonders einem Zustand in dem Vergangenheit, Gegenwart und Zukunft ineinander überfließen. Dazu hat Hofmannsthal am Rand vermerkt: Kl. W. Th. Der Wahnsinnige, *also auf die eigene* ›Praeexistenz‹ *verwiesen.«*

Hofmannsthals Notiz findet sich nicht im Haupttext über den »mystic ring«, sondern am Rand einer längeren Anmerkung, bei den Worten: »But at the moment of recovery from anaesthesis, just then, before starting on life, I catch, so to speak, a glimpse of my heels, a glimpse of the eternal process just in the act of starting. The truth is that we travel on a journey that was accomplished before we set out . . .«.

593, 4 Gleichzeitiges Welt-Theater *Hofmannsthals Vision könnte sich in Gesprächen mit dem ihm befreundeten Gelehrten Friedrich Eckstein (1861–1939) entwickelt haben. S. dazu die im Sommer 1896 (zur Zeit der gemeinsamen Pindar-Lektüre) niedergeschriebene Notiz für* Die Geschichte des Freundes *(N 5, SW Bd. XXIX, S. 81; auf demselben Blatt N 4, s.o., S. 594, 18–23):* Eckst⟨ein⟩ seine erste Weltanschauung das sog. Denkbare ist nur eine kleine Insel, innerster Kreis. Man muss das chaotische Meer mit ungeheueren Flügelschlägen des Denkens zurücktreiben, dann ergiebt sich Weltübersicht. Europa ein mittelgroßer Garten mit einzelnen schweifenden. weitere Kreise umlagernd. exhaustless east, dann die Inseln, Japan, die südamerikanischen Staaten, wo mehrere dunkle Processe vor sich gehen. *Vgl. auch A 142 (*Weltzustand*). Zu* junge japanische Officiere *s. A 116 (17. Januar 1895):* Der Krieg der Japaner tritt wimmelnd nahe... *(= H V B 4.20) und* ›Überlieferung‹, *S. 588, Anm. 3.*

593, 13 Der römische Papst *S. die Erläuterung zu S. 597, 17.*
   die Kaiserin von Russland *Katharina II. S. auch A 92, P III 292, 387.*

593, 15 die Duse *1892 hatte Hofmannsthal den Plan notiert:* Eleonora Duse (Fédora, Nora, Kameliendame) ihre Legende machen; sie mit dem Ahasveros-Mythus verweben... *(SW Bd. XXIX, S. 273, ›Entstehung‹ zur Duse-Novelle). S. auch den Brief an die Mutter vom 27. August 1897 (Varese):* ... drei kleine Mädeln ... es ist doch sehr komisch, wie stark einen ihre Bewegungen an die Duse erinnern. Eine davon ist unglaublich klein, wie eine Puppe. *(B I 227)*

593, 16 Edgar *E. Freiherr Karg von Bebenburg.*

593, 23 ein durch Wasser getriebenes Puppenspiel *Vgl. die Charakterisierung einer Gruppe von Schlafenden in der Erzählung* Die Verwandten *(1898):* Sie giengen die hohe Treppe hinauf und hinab, thaten die Fensterläden auf und zu, schaufelten im Garten und löffelten aus der Schüssel, wie Puppen, getrieben von dem Bach der hinter dem Haus niederschäumte, sich in hölzerne Tröge zwängte und auf schaufelnde Räder sprang, und ausgegossen weiter sprang. *(SW Bd. XXIX, S. 119)*

593, 30 die Landstrasse *S. dazu* Die Landstraße des Lebens, *S. 251–258 und ›Entstehung‹, S. 774f.*

594, 5f. Die Puppen sind nicht viel kleiner als wirkliche Menschen *Vgl.* Ein Prolog, *S. 129, 13–22 (V. 382–391).*

594, 25 Der Kaiser von China spricht *S. dazu jetzt die Interpretation von Freny Mistry in: Modern Language Review 71, 1976, S. 66–72. Der Kaiser von China wird auch in einer Notiz zu der Erzählung* Amgiad und Assad *(1895) erwähnt (SW Bd. XXIX, S. 41, N 12); die Figur ist dort der Quelle ›1001 Nacht‹ entnommen (s. dort S. 287f.).*

596, 5f. die Worte wie die Könige des Meeres / fluthend aus crystallnen Häusern *S. auch 634, 15 (wie Meerkönige) Vgl. Der weiße Fächer, S. 169, 29–31 (Schmuck . . . , den die Könige des Meeres tragen) mit Erläuterung,* Der goldene Apfel, *SW Bd. XXIX, S. 103 und ebd. S. 119 die Erzählung* Die Verwandten *(1898):* Die da drüben schliefen in einem anderen Haus *‹als die zuvor erwähnten puppenhaften Schläfer, s.o., Erläuterung zu S. 14, 1›* . . . Die Welt gehörte ihnen. Sie lebten nebeneinander aber wie die Könige der Meere, die ihr grüner, durchsichtiger schwimmender Palast begleitet, wohin sie immer sich begeben. *Ähnlich* Die Hochzeit der Sobeide *(D I 91):* . . . wo ich aus Fackelschein und tiefer Nacht / mir einen flüssigen Palast erschuf, / drin aufzutauchen, wie die Königinnen / des Feuers und des Meers im Märchen tun . . .

596, 11f. Ronsard / et les propos douteux de ton dernier adieu *Vgl. Ronsard, Sonnets pour Hélène, I 49, 1. Strophe:*
   D'un solitaire pas ie ne marche en nul lieu,
   Qu'Amour bon artisan ne m'imprime l'image
   Au profond du penser de ton gentil visage,
   Et des propos douteux de ton dernier Adieu.
Hofmannsthal, der in einem Brief an Leopold v. Andrian im Juli 1897 (BW 76f.; dort falsch datiert, s. R. Hirsch, Hofmannsthal und Frankreich, in: Etudes Germaniques 29, 2, 1974, S. 146f.) von einer Ausgabe in 6 Bänden spricht, die er für seine Dissertation lesen müsse, wird die von Ch. Marty-Laveaux besorgte Edition: Oeuvres de P. de Ronsard, Paris (Lemerre) 1887, benutzt haben (die o. zitierte Strophe nach Bd. I, S. 285 dieser Ausgabe).

597, 17 zur Fürstenzeit *Vorbild für den* Gärtner-Fürsten *ist wohl der römische Kaiser Diocletian, der 305 n.Chr. seine Herrschaft niederlegte und sich in den Palast von Spalato zurückzog. S. Hofmannsthals Tagebuchnotiz 1892:*

ERLÄUTERUNGEN   635

die die eine Lösung des Lebens gefunden haben
1) Der grosse Sophist und Psychagog, der wandert (Ahasver, Rattenfänger v. Hameln)
2) Kaiser Diocletianus (= Faust Tyrannos)
3) Horaz   *(H VII 4.1)*
und ähnlich auf dem Notizblatt H VB 10.62 (1892):
die weisen Meister
1.) Diocletianus   Goethe-Tyrannos
2.) Horazius
Auf Das Kleine Welttheater *weist die Aufzeichnung einer Begegnung mit Gustav v. Warsberg im Haus der Baronin Sophie v. Todesco in Wien (6. Januar 1895):* Tagebuchähnliches Leben Schicksal... Dreikönigstag 1895.... gehe zu der alten Todesco. dort nur der Warsberg. Sie reden vom Papst. Das ist eine sehr grosse Schönheit der Seele, ein Glück dass er lebt. Warsberg über Dalmatien. Im Sommer hingehen. Die S c h ö n h e i t des frühen Morgens in diesen Buchten. Der Menschen. Man muss diese Reise (und dann von dort nach Ravenna oder Tarent) aus dem Gesichtspunkt der römischen Kaiserzeit machen. Diocletian legte die wundervollste Macht der Erde wie einen lästigen Mantel ab und gieng in dieses Land, wo die Berge sehr merkwürdig sind und legte sich einen Garten an und ein Grab. *(H VB 2.11) S. auch die Erläuterung zu S. 13, 11.*

597, 27 Wie bunter Boden im Forellenbach *Vgl.* Ein Prolog, *S. 124, 36–125, 2.*

598, 5 P⟨oldys⟩ Mutter *Caecilie Freifrau v. Andrian zu Werburg (1836–1931), Tochter von Giacomo Meyerbeer.*

598, 6 Philemon und Baucis, Knabenschicksal *S. die in Ovids Metamorphosen dargestellte Verwandlung des ›iustus senex‹ und seiner Frau ›coniuge iusto digna‹ (8. Buch, V. 616–724) in Bäume, und das Schicksal des in die Nymphe Echo verliebten Knaben Narcissus, der vor seinem im Wasser zurückweichenden Spiegelbild in eine Weide verwandelt wird (ebd. 3. Buch, V. 339–510).*

598, 20 Bubi*: Freundschaftsname für Georg Freiherrn v. Franckenstein (1878–1953). Im Mai 1894 notierte Hofmannsthal im Tagebuch:* Bubi Franckenstein. etwas rehäugiges, altdeutsches. Platonschüler, von Dürer gezeichnet *(H VII 4). S. auch Leopold v. Andrian, Erinnerungen an meinen Freund, in: HvH. Der Dichter im Spiegel der Freunde, hrsg. von Helmut A. Fiechtner, Bern/München ²1963, S. 77.*
St Julien l Hospitalier *Die Hauptgestalt in Flauberts gleichnamiger Erzählung aus den ›Trois contes‹, die Hofmannsthal von früh auf bekannt waren (s. z.B. den Brief an F. Oppenheimer vom 12. August 1893, B I 89f.). Die Darstellung der*

ungeheuren Jagd (S. 138, 10–139, 12) ist von dieser Erzählung beeinflußt (s. auch die Urform dieser Legende in den ›Gesta Romanorum‹, in der Ausgabe von J. G. Th. Graße, Bd. 1, Leipzig 1905, S. 36 ff. unter dem Titel ›Der Sünden Vergebung‹).

598, 26 ich habe heute eine merkwürdige Jagd gehabt *Vgl. die Aufzeichnung zu einem Prosagedicht,* G⟨öding⟩, 30 V ⟨1895⟩.*: Kaiser Maximilian reitet: . . . im Nachmittag seltsam glückliche Jagd, ganz allein; SW Bd. XXIX, S. 238 (N 3).*

598, 28 »ist Gehorsam im Gemüthe« *S. Goethe, ›Der Gott und die Bajadere‹, 4. Strophe:*
>   *Und so stellet auf die Blüte*
>   *Bald und bald die Frucht sich ein;*
>   *Ist Gehorsam im Gemüte,*
>   *Wird nicht fern die Liebe sein.*

599, 2 f. starrt vielleicht als Schätzesucher nach goldenen Geräthen an dem Boden des Flusses *In Aufzeichnungen zum Roman des inneren Lebens notiert Hofmannsthal am 3. August 1895 in Göding:* ein Jüngling hebt Steine auf: wenn hier Gold wäre: vague Gedanken wie dunkle durchsichtige Wolken bedecken die Ebene und darunter liegt dann sein reelles Leben. Das Suchen nach Gold, graben; Kampf mit Erde und Wasser. wirbt Anhänger (müssige Soldaten etc.) lernt reden und die Bedürfnisse der Menschen begreifen, sein grosses Haus in den Boden, Dämme, Teiche, endlich die Gräber seiner Frau, seine Diener. τύραννος τέθνηκε ähnlich heil. Franciscus: nur statt des Goldsuchens das »Heiligwerden«. *(H V B 4.22) Neben Z. 17–20 ist am Rand notiert:* Goldsucher; *neben Z. 21–23:* Diocletian. analog: Herrschaft; *nach* τέθνηκε *zwischen den Zeilen:* die Todesco: Initiale des Familienromanes.

599, 11 Frauenleiber aus Mauerkellen . . . *Vgl. die Beschreibung der Marmortrümmer in* Gabriele d'Annunzio (II), *P I 210.*

599, 15 das seligste aber ist das individuelle umschriebene Schicksal *Vgl. S. 140, 30 mit Erläuterung.*

601, 4 das Schicksal meiner Herrschaft ist vor allem meins *Auffallend ist der Anklang an einen Vers in Goethes ›Iphigenie‹ (I, 1, V. 115), den Hofmannsthal im Tagebuch 1892 (H VII 4.1) innerhalb seiner Notizen zu einer Tragödie* Bacchos *(dort wohl der Königin zugedacht) zitiert:* »ein unnütz Leben ist ein früher Tod: dies Frauenschicksal ist vor allem meins.«

ERLÄUTERUNGEN 637

601, 8 R⟨obert⟩ L⟨ieben⟩ *Physiker und Erfinder (1878–1913). In Gesprächen mit ihm hat sich Hofmannsthal wohl die Gestalt des* Wahnsinnigen *entwickelt. Noch der Nachruf (P III 148–52) enthält Bezüge zum Kleinen Welttheater. Auf die Verwandtschaft der Gestalten hat zuerst Herbert Steiner hingewiesen (›Das Kleine Welttheater‹, in: Die Neue Rundschau 65, 1954, S. 592f.). Auf einem Notizblatt (H V A 46.8) mit dem Versfragment:* Viele Lampen entzündet die Nacht / Der Garten der Erkenntnis lockt und klagt / Und ruft *und einer Liste eigener Gedichte hat Hofmannsthal am Rand* Herrn Robert *notiert; die Eintragung dürfte R. Lieben gegolten haben.*

601, 9f. die schönen / Zu sehr geschweiften Lippen *Vgl. die Charakterisierung der Physiognomie Oscar Wildes in dem Aufsatz* Sebastian Melmoth *(1904, P II 118f., als* Maske des Bakchos mit den schön geschweiften, üppigen Lippen...*).*

601, 21 Arthur *Schnitzler.*

602, 6 nennt sich selbst neuer Actäon *Der mythische Actäon (aus dem thebanischen Sagenkreis!) wurde, nachdem er auf der Jagd Artemis und ihr Gefolge beim Bad erblickt hatte, in einen Hirsch verwandelt und von seinen eigenen Hunden zerrissen. 1895 beschäftigt sich Hofmannsthal mit einer Erzählung* Der neue Actäon *(SW Bd. XXIX, S. 47f.), in der er den Journalisten (und als dessen Prototyp Hermann Bahr) mit Actäon vergleicht (s. auch BW Andrian, S. 38, BW Schnitzler, S. 53). Vgl. auch die Notiz für die Erzählung* De duabus vitai clavis *(1895), SW Bd. XXIX, S. 43:* Die Keule der Überfülle. Actäon.; *zu der späteren Notiz:* Der Dichter ein geduldeter Actäon *s. ebd., S. 295.*

602, 24 allen Dingen verwandt *Vgl. Hofmannsthals Charakterisierung des von Paracelsus »Evestrum« genannten Astralkörpers in seinen Aufzeichnungen für das groteske Stück* Paracelsus u. Dr Schnitzler *(1900):*
Evestrum   Visionen, Erscheinungen; ...
Evestrum wirft sich in durchsichtiger Nacktheit leicht über das offene Fenster. *(vgl. S. 626, 27 und 149, 1!)* ist allem verwandt: Sterbestunden Thierexistenzen, Bergeinsamkeiten: es ist Quell der wundervollen Erinnerungen. *(H VB 10.57; s. MAL 10, Nr. 3/4, 1977, S. 165).*

DER WEISSE FÄCHER

ENTSTEHUNG

I

Hofmannsthals, von ihm als Zwischenspiel *bezeichneter, Einakter* Der weiße Fächer *ist unmittelbar nach der Rückkehr des Dichters aus Italien – am 19. September 1897 – innerhalb weniger Tage in Wien und Hinterbrühl entstanden. Daten und Ort der ersten Niederschrift (1 H¹) sind auf dem Konvolut-Umschlag vermerkt:* in der Brühl, 20. bis 25. September ⟨18⟩97.[1] *Die Arbeitstage sind einzeln aufgezählt, der 25. nachträglich eingefügt, was darauf hinweist, daß das Stück am 24. September bereits als beendet angesehen, der Schluß aber dann noch einmal vorgenommen und, wie die Handschrift zeigt, umgestaltet und erweitert wurde. Das Manuskript vermittelt den Eindruck des raschen, fast mühelosen Produzierens, des Fortwirkens der seit den ersten Tagen des Italienaufenthaltes verspürten gehobenen Stimmung.*

Von der Entstehung der wenigen dem Entwurf vorausgegangenen Notizen ist ein solch klares Bild nicht zu gewinnen. Sie sind alle undatiert. Der Mangel an Zeugnissen – die erste unbezweifelbare Erwähnung des Stücks ist ein Tagebucheintrag Arthur Schnitzlers vom 28. Oktober, nach Vollendung der Reinschrift[2] – erschwert ihre Einordnung ebenso wie Hofmannsthals fast lückenlose Dokumentation seiner dichterischen Produktion vor der Niederschrift des Weißen Fächers, in der der Titel des

---

[1] *E III 269.1; jetzt FDH II–19933. Die Eintragung* in der Brühl *ist ebenso wie die Bezeichnung* ein Zwischenspiel *in anderem Duktus und wohl erst nach Abschluß des Entwurfs geschrieben worden. Zunächst arbeitete Hofmannsthal »inkognito« (s. den Brief an die Mutter vom 16. 9. 1897) in Wien. Davon spricht Hermann Bahr in einem Brief an Hofmannsthal vom 23. 9. Bahrs folgendes Schreiben (24. 9.) geht dann an die Brühler Adresse.*

[2] *S. ›Zeugnisse‹, S. 658, 13f.*

Stücks nicht erwähnt wird.[1] *Doch tragen alle Notizen, die nicht eindeutig erst während oder ergänzend zu der Niederschrift 1 H¹ entstanden sind, bereits die Überschrift* Der weisse Fächer *(N 1–N 4); N 3 und N 4 skizzieren die Handlung des Stücks auf weite Strecken so, wie sie in 1 H¹ ausgeführt ist. Auch auffällig viele Details werden aus diesen Notizen in den Entwurf übernommen. Das alles läßt vermuten, daß die ersten Aufzeichnungen unmittelbar vor der Niederschrift 1 H¹ entstanden sind, vielleicht auch erst während der Arbeit an dieser; es fällt auf, daß zur Eingangsszene, dem Versdialog Livio – Fortunio, keine Notizen überliefert sind, daß alle sich auf die bereits fortentwickelte Handlung (das »früheste« erwähnte Moment ist der Auftritt der Großmutter, s. N 1) beziehen. Der Titel des Stücks wird ebenfalls erst in Wien gefunden worden sein. Notizen für das hauptsächlich in Varese, Ende August/Anfang September, skizzierte Festspiel* Das Kind und die Gäste *enthalten Hinweise auf den Hofmannsthal bereits 1894 durch Richard Beer-Hofmann mitgeteilten Novellenstoff ›Die Witwe von Ephesus‹, dessen Wiedererinnern die Konzeption des* Weißen Fächers *wie, wenig später, der* Treulosen Witwe *wohl überhaupt erst hervorgerufen hat. Daß dieser Stoff aber nicht in Petrons Fassung, sondern in der Form einer alten chinesischen Erzählung Hofmannsthal zur Vorlage gedient hat, ist ein weiteres Argument dafür, daß der Dichter erst in Wien, nach der Einsicht in, ihm vielleicht von früherer Lektüre her bekannte, Quellen, die auch das zum Titel des Stücks avancierte Detail des weissen Fächers enthalten, mit den Aufzeichnungen begonnen hat.*

Nach Beendigung der ersten Niederschrift (1 H¹) am 25. September[2] *vergehen fast vier Wochen, ehe der Dichter das Manuskript ins Reine schreibt. Ihn beschäftigt zunächst die Abschrift der in Italien verfaßten Einakter* Die Frau im Fenster *und* Die Hochzeit der Sobeide.[3] *Zudem sind einige Stellen in 1 H¹ nicht völlig ausgeführt; zumindest bei einer von ihnen*[4] *ist als Ursache der Mangel an konkretem Detail erkennbar; die nötige Information war in der Brühl wohl nicht zu beschaffen und wird während des – für die Immatrikulation benötigten – kurzen Zwischenaufenthaltes in Wien (13.–ca. 18. Oktober) eingeholt worden sein. Am 22. Oktober kündigt Hofmannsthal der Mutter sein Kommen mit der Reinschrift des Einacters für den*

---

[1] *Mit dem am 5. September 1897 in einem Brief an den Vater erwähnten* kleinen phantastischen Einakter ... halb in Prosa, halb in Versen ... nicht spielbar ... 7 Figuren *(B I 230), mit dessen Szenarium sich Hofmannsthal tags zuvor beschäftigt hatte, ist wahrscheinlich das* Gartenspiel *(s. S. 785ff.) gemeint. Der* weiße Fächer *hat acht Figuren und sollte, allerdings als fertiges Stück, gerade spielbar sein (s. ›Zeugnisse‹, S. 658, 17ff.).*

[2] *Von diesem Tag datiert auch der Dankesbrief E. v. Bodenhausens für die Zusendung der Reinschrift des* Kleinen Welttheaters, *die demnach etwa gleichzeitig mit dem Beginn der Arbeit am* Weißen Fächer *– wenn nicht sogar schon in Venedig – entstanden ist. S. auch S. 604.*

[3] *S. dazu die Briefe an den Vater und G. Schwarzkopf (B I 235–37).*

[4] *S. ›Varianten‹, S. 651, 1 und die Erläuterung zu S. 157, 23.*

25. oder 26. Oktober an.¹ Zu diesem Zeitpunkt sind bereits Notizen zu zwei neuen Stücken entstanden, zur Treulosen Witwe *(begonnen am 18. Oktober) und den* Schwestern. *Das Blatt mit der wohl frühesten Aufzeichnung zum* Weißen Fächer *(N 1) wird für Notizen zu den* Schwestern *wiederverwendet (s. dort N 1); auf diesem Blatt sind auch die Titel beider Stücke durch Umrandung zusammengefaßt; wahrscheinlich schloß der darunter stehende Sammeltitel* die Spiele der Liebe und des Zufalls/Schicksals *und das nachfolgende Stichwort* éducation sentimentale *die Absicht ein, die beiden Stücke, sei es für eine Aufführung oder ein Buch, zusammenzustellen, wobei ihnen, wie am Rand einer etwa gleichzeitigen Notiz zur* Treulosen Witwe *(s. dort N 2) vermerkt,* Die Hochzeit der Sobeide *zugesellt werden sollte², drei Dichtungen, die Hofmannsthal im Bezug zum Marivaux'schen »jeu« wie der – in Venedig mit so tiefem Eindruck wiedergelesenen – Jugendgeschichte Flauberts³ zu sehen scheint. Auf einem anderen für* Die Schwestern *verwendeten Blatt (s. dort N 5) notiert Hofmannsthal ein kleines Dialogstück (N 6), das eine der in 1 H¹ unausgeführt gelassenen Partien des* Weißen Fächers *komplettieren soll.⁴ Erst nach dem Beginn, vielleicht sogar erst nach Abschluß der Reinschrift werden der* Prolog *und der* Epilog *entworfen (2 H²–4 H⁴) und auf Blättern kleineren Formats dem Konvolut 5 H⁵ beigegeben.⁵ Erst mit diesen »ad spectatores« gerichteten Versen ist das Stück eindeutig zur Aufführung bestimmt. Von 1 H¹ unterscheidet sich die Reinschrift auch durch die größere Anzahl und Ausführlichkeit der Regiebemerkungen, wie auch der Text an einigen Stellen, offensichtlich im Hinblick auf seine Bühnenwirksamkeit, weiter ausformuliert, die Bildlichkeit des Ausdrucks verstärkt worden ist.*

  Während der Arbeit an der Reinschrift wird der aus 1 H¹ übernommene Name der Protagonistin, Rosalinde, in Miranda *geändert und dieser von nun an beibehalten.⁶ Aufschlußreich ist, daß Hofmannsthal in diesen Tagen einen Brief Richard Beer-Hofmanns (vom 25. September 1897⁷) in einen zunächst noch für* Das Kind und die Gäste *vorgesehenen Versdialog (s. dort 4 H) umdichtet, wobei er den Freund dem Prospero in Shakespeares ›Sturm‹, seine Tochter der Miranda ver-*

---

¹ *S. ›Zeugnisse‹, S. 658. Die beiden letzten Daten (im Brief:* Montag *oder* Dienstag*) wurden nach dem Dauerkalender errechnet.*

² *Die Folge im Ganzen:* Dianora / treulose Witwe – junge Frau / weisse Fächer / Schwestern *(s. dazu auch S. 822, 25f.).*

³ *S. dazu* Die Schwestern, *Erläuterung zu S. 293, 5 (mit Zitatnachweis).*

⁴ *S. 645 und ›Varianten‹ zu S. 159, 35–160, 15. – Eine, wenngleich wohl nur äußerliche, Korrespondenz zwischen den* Schwestern *und dem* Weißen Fächer *ist die Erwähnung von Abbé Prévosts Roman ›Histoire du chevalier des Grieux et de Manon Lescaut‹ (vgl.* Die Schwestern *N 3 und* Der weiße Fächer, *S. 166, 8–17).*

⁵ *Ein sicherer Beweis für die spätere Einordnung ist die Paginierung des Prolog-Blattes mit 1ᵃ.*

⁶ *S. ›Varianten‹ zu S. 161, 23. Die Änderung auch rückwirkend bis ins Personenverzeichnis.*

⁷ *Zitiert S. 812.*

gleicht.¹ Es ist möglich, daß die Namensänderung im Weißen Fächer *sich unter dem Eindruck des Shakespeare'schen Stücks vollzog. Von der Reinschrift wurden, wie schon bei der* Frau im Fenster *und der* Hochzeit der Sobeide², *Abschriften angefertigt; sie sind nicht überliefert. Während ein Exemplar des Stücks an den Direktor des Deutschen Theaters, Otto Brahm, geschickt wurde (und in dessen Besitz verblieb), las Hofmannsthal den Freunden Schnitzler und Beer-Hofmann am 28. Oktober den* Weißen Fächer *zusammen mit der* Frau im Fenster *und der* Hochzeit der Sobeide *vor.³ Eine Abschrift der drei Stücke erhielt Schnitzler im November zur Lektüre, und noch vor Ende 1897 lag das (oder: ein) Manuscript Hermann Bahr vor.*

Am 4. November 1897 schreibt Otto Brahm dem Dichter, daß er den Weißen Fächer *»leider nicht aufführen« werde, da er sich »*gar keine Bühnenwirkung davon versprechen*« könne. Als Supplement für den geplanten »Hofmannsthal-Abend« (die* Frau im Fenster *war bereits für die Aufführung akzeptiert) wünsche er sich ein Stück mit »kräftigerem Geschehen«. In seinem Antwortbrief vom 6. November akzeptiert Hofmannsthal die Entscheidung völlig: das Stück sei ihm selbst unterm Schreiben so überzart und schattenhaft geworden, daß er daran gedacht habe, es durch ein anderes zu ersetzen. Er kündigt ein bereits begonnenes kleines ›Hirtenspiel‹ an. Dieses, auch gegenüber Stefan George erwähnte⁴, als* heiter, unmittelbarer und bewegter *charakterisierte Stück wird jedoch nicht geschrieben.*

Hermann Bahr, der den Weißen Fächer *als einer der ersten zu lesen bekam, schlug vor, das Stück in der von ihm mitherausgegebenen Wiener Kulturzeitschrift ›Die Zeit‹ zu drucken. Auf diesen Vorschlag kam Hofmannsthal wenig später in einem Brief zurück, wobei er auch die Möglichkeit, es an einer andern Stelle zu publizieren, andeutete. Der weiße Fächer erschien in zwei Folgen der ›Zeit‹, am 29. Januar und 5. Februar 1898, fast gleichzeitig mit der ersten Veröffentlichung des* Kleinen Welttheaters.

Erst sieben Jahre später, Anfang 1905, wird eine Buchausgabe des Stücks im Insel-Verlag erwogen; die auf Hofmannsthals Eindruck, daß Der Weiße Fächer *sich zur Illustration besonders eigne⁵, zurückzuführende jahrelange Suche nach einem geeigneten Illustrator und die ergebnislosen Verhandlungen mit dem von ihm vorgeschlagenen Somoff hatten, nach seiner Darstellung, die Publikation derart hinausgezögert. Auf Anregung Harry Graf Kesslers beauftragte der Insel-Verlag im März 1905 Edward Gordon Craig mit der Illustration des* Weißen Fächers.⁶ *Der Dichter stimmte diesem Plan damals zu oder tolerierte ihn zumindest. Craigs Arbeitsweise und die Auseinandersetzungen innerhalb des Verlags bedingten wiederum eine,*

---

[1] S. 810, 4ff. mit Erläuterung, S. 819.
[2] S. S. 639, Anm. 3.
[3] ›Zeugnisse‹, S. 658. Dort auch die Nachweise der folgenden Zitate.
[4] BW 131f.
[5] An Anton Kippenberg, 1. 3. 1907, S. 662.
[6] S. Kesslers Brief vom 21. 3. 1905 (BW 85), S. 661.

fast zweijährige, Verzögerung. Anfang Dezember 1906 teilte der neue Leiter des Insel-Verlags, Kippenberg, dem Dichter die Liste der für 1907 vorgesehenen Publikationen mit. Unter ihnen befand sich die Einzelausgabe des Weißen Fächers, *über deren Ausstattung als Luxusausgabe in den folgenden Monaten die heftigsten Auseinandersetzungen zwischen Autor, Verlag und Illustrator geführt wurden, da Hofmannsthal die – ihm nach seinen Angaben erst jetzt zu Gesicht gekommenen – Illustrationen Craigs völlig unakzeptabel fand. Die Ausgabe erschien dennoch mit den Craigschen Holzschnitten ausgestattet im Juni 1907, nur wenige Monate vor der Veröffentlichung des Stücks im ersten Band der ›Kleinen Dramen‹.[1] Die Uraufführung des* Weißen Fächers *kam erst im Jahre 1927 in der Wiener Akademie für Musik und darstellende Kunst zustande.[2]*

II

Daß Hofmannsthal im Weißen Fächer *auf einen alten, ursprünglich wohl orientalischen, in zahlreichen Abwandlungen durch die Weltliteratur gewanderten, Novellenstoff – die Geschichte von der treulosen Witwe – zurückgreift, ist längst gesehen.[3] Gesichert ist auch, daß seine Quelle hier nicht die berühmte Version aus Petrons* ›Satyricon‹, *die ›fabula de matrona Ephesia‹ ist, die ihm Richard Beer-Hofmann im März 1894 als* »Novellenstoff«[4] *erzählt hatte, sondern eine chinesische Variante aus der in der Zeit der Ming-Dynastie entstandenen Novellensammlung* ›Kin ku ki

---

[1] *Obwohl Kippenberg in einem Brief an Hofmannsthal vom 12. 7. 1907 die Luxusausgabe als gelungen bezeichnet und berichtet, er höre »nur Gutes« über sie, dürfte die Diskrepanz zwischen Text und Bildern auch dem Publikum nicht entgangen sein. Ein Beleg ist die Rezension der Ausgabe durch Gertrud Prellwitz in Bd. 136 der ›Preußischen Jahrbücher‹ (1909), S. 343, die den »stimmungsmäßigen« Unterschied von Text und Bild sehr sorgfältig analysiert. – Auf die Besprechung des Stücks durch Hermann Hesse (in: ›Die Rheinlande‹ XVI, 8 (1908), S. 116) sei hier nur hingewiesen. – Über Herkunft und Verbleib der von A.W. Heymel 1908 erworbenen und in einem Brief an Hofmannsthal genauestens beschriebenen (s. S. 667 f.) kalligraphischen Ausgabe des* Weißen Fächers *– mit Illustrationen M. Fortunys – (ein Unikat?) konnte nichts in Erfahrung gebracht werden.*
[2] *S.* ›Zeugnisse‹, *S. 670. Zu verzeichnen ist eine Aufführung des* Weißen Fächers *auf der Schattenbühne im Salon Victor Mannheimers in München 1909.*
[3] *So schon in Heinrich Zimmers Aufsatz: Von einem weißen Fächer, in: Deutsche Rundschau, Juni 1924, S. 295–309. Vgl. auch Peter Szondis Vorlesung über den* Weißen Fächer *1963 (jetzt in: P.S., Das lyrische Drama des Fin de siècle, Frankfurt/M. 1975, S. 294–303), die Grundlage für seinen in der Neuen Rundschau 1964 (75. Jg., 1. Heft, S. 81–87) veröffentlichten Aufsatz* ›Hofmannsthals Weißer Fächer‹ *ist. Szondi weist auch auf d'Annunzios 1886 veröffentlichte Novelle* ›L'idillio della vedova‹ *und auf Gottfried Kellers Gedicht* ›Die Gräber‹ *als mögliche Quellen Hofmannsthals hin.*
[4] *S. dazu* Die treulose Witwe, ›Entstehung‹, *S. 820.*

ENTSTEHUNG

kwan‹ (›Neue und alte Denkwürdigkeiten‹).*¹* *Die Haupthandlung dieser ›Geschichte von dem Weisen und Magier Tschwang-sǎng und seiner Frau Tien-sche‹, durch J.B. Du Haldes Übersetzung (um 1733) in Europa bekannt geworden²*, hatte Hofmannsthal für das kurz nach dem Weißen Fächer *begonnene, dann abgebrochene Stück* Die treulose Witwe *vorgesehen; sie ist dort in den Quellenhinweisen und Erläuterungen referiert.* Titel, Personenbestand und Handlungszüge der Treulosen Witwe *lassen erkennen, daß Hofmannsthal die Novelle in der deutschen Übersetzung (der wiederum die englische Übertragung Samuel Birch's zugrundeliegt) von Eduard Grisebach kennengelernt hat, der diesem Sujet und seinem ›Gang durch die Weltliteratur‹ 1872 ein eigenes Buch gewidmet hatte.³ Im* Weißen Fächer *erscheint nun nicht das bunte Bild der Gesamthandlung jener chinesischen Novelle, sondern ihr gleichnishafter Kern: die Begegnung des Weisen mit der jungen Witwe, die das Grab ihres Mannes mit einem Fächer trockenzuwehen sucht, um auf diese Weise von der Bindung an den Verstorbenen frei werden und eine neue eingehen zu können. In der Novelle spiegelt sich dem Weisen in dieser Begegnung das Untreuwerden seiner eigenen Frau voraus. Indem Hofmannsthal dieses »symbolische« Geschehen von der übrigen Handlung abtrennt, den Stoff also auf zwei verschiedene Stücke aufteilt, gewinnt er sich die Möglichkeit, ihn einmal mehr als Handlung mit märchenhaften Zügen, zum andern in sublimierter, symbolisch-andeutender Weise zu gestalten.*

·Daß Hofmannsthal die Novelle wohl nicht nur in der von Grisebach gebotenen, sondern noch in einer anderen, der von Anatole France in einem ›Contes chinois‹ überschriebenen Aufsatz⁴ referierten, Version kennengelernt hat, lassen die Pointierung des Fächermotivs bei France (›La dame a l'éventail blanc‹), die leichte Ironisie-

---

[1] *Diese Quelle wurde von Ellen Ritter namhaft gemacht: Die chinesische Quelle von Hofmannsthals Dramolett* Der weiße Fächer, *in: arcadia Bd. 3, Heft 3 (1968), S. 299–305. Vgl. auch ›Erläuterungen‹, S. 673f.*

[2] *J.B. Du Halde, Déscription géographique, historique, chronologique, politique et physique de l'Empire de la Chine et de la Tartarie chinoise ..., 4 Bde., Paris (um 1733), 2. Aufl., La Haye 1736, Bd. 3, S. 401–416 (»Tchouang tse, après les bizarres obseques de sa femme, s'adonne entièrement à sa chere Philosophie, et devient célèbre dans la Secte de Tao«). In engl. Übers. 1738 (danach Goldsmith' Version in ›The Citizen of the World‹ 1762, 18. Brief), in deutscher 1774 (Rostock). S. Ritter, a.a.O., S. 301ff. – H. Zimmer, a.a.O., S. 304, vermutete Du Haldes Version als Quelle Hofmannsthals.*

[3] *S. dazu* Die treulose Witwe, *›Entstehung‹, S. 821 und ›Erläuterungen,‹ S. 824f.*

[4] *Anlaß zu Anatole France's Essay in Bd. 3 von ›La vie littéraire‹ (1891) war die Sammlung der ›Contes chinois‹ des Generals Tscheng-ki-Tong. Wie alle übrigen Studien des 3. Bandes von ›La vie littéraire‹ war auch der Beitrag ›Contes chinois‹ schon zuvor (am 28. Juli 1889) in der Zeitung ›Le Temps‹ erschienen. – Auf einem Zettel mit Buchtiteln (eine vermutlich 1891 geschriebene Beilage zu einem Brief an die Schwestern Gomperz; ÖNB) ist vermerkt:* Anatole France La vie litteraire I II III. *(auf die Zeitschrift bezieht sich vermutlich auch Hofmannsthals Bemerkung in einem Brief an Beer-Hofmann aus dem Herbst 1890 oder Frühjahr 1891:* Lassen Sie womöglich den

rung der Person des Weisen (im Weißen Fächer *des jungen Witwers) und die im Akzeptieren der Lebenswirklichkeit angedeutete Lösung*¹ *vermuten.*

*Das Milieu des Fächer-Spiels, die Andeutung des politischen Hintergrunds in den Äußerungen der Großmutter (eine westindische Insel; politische Unruhen gegen Ende des 18. Jahrhunderts) und der Personenbestand (Gutsbesitzer, Farbige: ein Neger, die Mulattin) lassen auf Hofmannsthals Kenntnis von Reiseliteratur und Geschichtswerken schließen. Insbesondere ist auf die Werke des von Hofmannsthal geschätzten Reiseschriftstellers Lafcadio Hearn verwiesen worden, so auf das 1890 erschienene Buch ›Two Years in the French West Indies‹.*² *Doch darf der* Weiße Fächer *nicht als Ergebnis genauer Studien*³ *angesehen oder, aufgrund der Beschreibung eines kreolischen Friedhofs, lokalisiert werden.*⁴ *Zudem ist nicht eine französische, sondern eine spanische Kolonie der Hintergrund. Schon Rudolf Borchardt hatte beiläufig auf Cuba verwiesen.*⁵

Anatole France für mich zurück. *BW 3); vgl. auch die kritische Äußerung über France vom 16. 12.* ⟨*1891*⟩ *(A 93).* – *Zum folgenden s.* Ingrid Schuster, Die »chinesische« Quelle des ›Weissen Fächers‹, *in: Hofmannsthal-Blätter, Heft 8/9, 1972, S. 168–172 und die Erläuterungen S. 673f. (zu S. 166, 32).*

¹ *Vgl. A. France, Œuvres complètes, Bd. 7, Paris 1926, S. 95: »La jeunesse est courte l'aiguillon du désir donne des ailes aux jeunes femmes et aux jeunes hommes . . .« (dazu Schuster, a.a.O., S. 170).*

² *L. Muerdel-Dormer: Hugo von Hofmannsthal. Das Problem der Ehe und seine Bedeutung in den frühen Dramen, Bonn 1975, S. 87, verweist außer auf diese noch auf andere Schriften Hearns:* ›Chita. A Memory of Last Island‹, New York 1889, *und:* ›Youma. The Story of a West-Indian Slave‹, New York 1890.

³ *So vermutet L. Muerdel-Dormer, a.a.O., S. 83f. »gründliche Geschichtsstudien« im Zusammenhang mit der Namensgebung: Miranda, Cisnero. Ebd. wird auf Moreau de St. Mérys' und Abbé Raynals Berichte als mögliche Geschichtsquellen hingewiesen.*

⁴ *»Auf Martinique und in St. Pierre« vermutet L. Muerdel-Dormer, a.a.O., S. 88*

⁵ *(Versuch genauerer Nachweise im »Anhang« ihres Buchs, S. 171ff.).*
S. u. ›Zeugnisse‹, *S. 669, 30f.*

ÜBERLIEFERUNG

N 1   H V B 12.67 – *Doppelblatt, auf einer Seite beschrieben. Notizen zu Fortunio. Darunter die durch Umrandung zusammengefaßten Titel* der weisse Fächer / die Schwestern, N 1 *zu* Die Schwestern, *Zitat nach* wo zwei Gärten aneinanderstossen *(N 2) und Anspielung auf* Dorian Gray *(s. auch S. 830, 12).*

N 2   *E III 268.5; jetzt FDH–II 19933*

N 3   *E III 268.2; jetzt FDH–II 19933 – Auf derselben Seite Randnotiz mit dem Titel (?)* neues Gartenspiel *(s.* Gartenspiel, ›Entstehung‹, *S. 788 mit Anm. 3).*

N 4   *E III 268.1; jetzt FDH–II 19933*

N 5   *E III 269.8^b; jetzt FDH–II 19933 – Doppelblatt, vierseitig beschrieben. Worte der Miranda (Prosanotiz, Vorfassung der in den* ›Varianten‹, *S. 656, 24ff. verzeichneten Verse). Auf derselben Seite und auf 269.8^{a,c,d}:* 1 H^1.

1 H^1 *E III 269.1–10; jetzt FDH–II 19933 – Entwurf des Stücks, ohne Prolog, Personenverzeichnis, Bühnenanweisung und Epilog; S. 157, 33–158, 1 und 160, 1–11 noch nicht ausgeführt, als Lücke markiert (s.* N 6 *und* ›Entstehung‹, *S. 640).*

7 vierseitig beschriebene Doppelblätter und 2 einseitig beschriebene Blätter (pag. I^{tes} Blatt. bis IX Bl⟨att⟩*) in einem Konvolutumschlag (269.1) mit der Aufschrift:* der weisse Fächer / ein Zwischenspiel / in der Brühl, 20. 21. 22. 23. 24. 25. September 97 *und einem Zeichen für* »erledigt«.

Am Fuß folgender Seiten ist die jeweilige Versanzahl notiert: 269.2^{a-d}: 20., 22, 23, 24; *269.3^a:* 7 Verse: *269.7^d:* 14; *269.8^{a-d}:* 15, 17, 24, 20; *269.9^a:* 23; *auf 269.9^b:* Summe 206 Verse.[1] *269.8^b enthält außerdem* N 5.

N 6   *H V B 13.11 – Notiz zur Einfügung in die in* 1 H^1 *markierte Lücke (S. 160, 1–11). Auf derselben Seite* Die Schwestern N 5.

2 H^2 *E III 268.4; jetzt FDH–II 19933 – Entwurf zum Prolog (ohne Titel).*

3 H^3 *H V B 10.36 – Entwurf zum Epilog (ohne Titel).*

4 H^4 *E III 268.3; jetzt FDH–II 19933 – Unter dem Titel* Der Epilog *Abschrift von* 3 H^3 *mit geringfügigen Überarbeitungen. Darunter Neufassung der vier letzten Verse (diese dann in* 5 H^5 *übernommen). Randnotiz:* Browning bei MacMillan *(s. dazu S. 678, 23f.). Am Fuß der Seite:* 10. V⟨erse⟩.

---

[1] *Diese Zahl erklärt sich aus der auf 269.9 entworfenen ersten (kürzeren) Fassung des Schlusses. Auf 269.10 ist die Schlußpartie dann neu entworfen, die Verse sind nicht mehr gezählt. S. auch* ›Entstehung‹, *S. 638, 8–11.*

5 H⁵   *Österreichische Nationalbibliothek S.N. 13.955 (Nachlaß Lili Schalk) – Vollständige Reinschrift des Stücks. 31 einseitig beschriebene und von 1. bis 30 fortlaufend paginierte Blätter. Zwischen Blatt 1. (Titel, Personenverzeichnis, Bühnenanweisung bis* Jahrhunderts. *S. 153,14) und 2. (Rest der Bühnenanweisung und Beginn des Versdialogs) ist ein mit 1a paginiertes Blatt kleineren Formats eingelegt, das den* Prolog enthält *(Blatt 30 mit dem* Epilog *ebenfalls in diesem Format).*

6 D¹   Der weiße Fächer. Ein Zwischenspiel. Von Hugo von Hofmannsthal.
In: Die Zeit. Wien, 29. Januar 1898 (14. Bd., Nr. 174), S. 78–80 (Text bis: Die Mulattin geht ab. *S. 163, 18), und in: Die Zeit. Wien, 5. Februar 1898 (14. Bd., Nr. 175), S. 94–96 (Rest des Textes).*
Der Druck folgt bis auf einige Änderungen in Orthographie und Interpunktion der Reinschrift (5 H⁵).

7 D²   Der weisse Fächer Ein Zwischenspiel von Hugo von Hofmannsthal.
Mit vier Holzschnitten von Edward Gordon Craig.
Leipzig: Insel-Verlag 1907 (800 numerierte Exemplare, davon Nr. 1–50 auf echtem Japan). Unpaginiert.
Ohne Personenverzeichnis. Orthographie und Interpunktion normiert. Der Text folgt 6 D¹.

8 D³   Der weisse Fächer Ein Zwischenspiel 1897.
In: Kleine Dramen. Erster Band. Leipzig: Insel-Verlag 1907, S. ‹85›–128.
Ohne Personenverzeichnis. Textänderungen und Streichungen weisen auf eine Revision des Autors.

9 D⁴   Der weisse Fächer Ein Zwischenspiel 1897.
In: Die Gedichte und Kleinen Dramen. Leipzig: Insel-Verlag 1911, S. 132–160.
Orthographie und Interpunktion gegenüber den vorigen Drucken leicht verändert. Dem Text ist das Personenverzeichnis vorangestellt. Mit diesem Druck ist die Genese abgeschlossen. Textgrundlage.

10 D⁵   Der weisse Fächer Ein Zwischenspiel.
In: Gesammelte Werke. Erster Band. Berlin: S. Fischer Verlag 1924, S. 154–184.
Text nach 9 D⁴, stärkere Normierung der Interpunktion.

VARIANTEN

N 1

Der weisse Fächer.

wir haben uns lange nicht gesehen – diese Stadt ist so gross ...

er weint um seine kleine Frau

NB Fortunios Grossmutter[1]

N 2

der weisse F⟨ächer⟩

sie: mein Mann war so sonderbar z.B. dass er das sagte –: solange sein Grab nicht trocken wäre

im Anfang: heut hatt ich einen sonderbaren Traum dass sein Gesicht zwischen den Blumen welkte

647, 11f.: gestrichen

N 3

der weisse F⟨ächer⟩

Auftreten der Rosalinde.

sie: ich bin traurig ich hab deshalb anspannen lassen ich hab einen Traum gehabt: von dem Kopf zwischen den Blumen und dem Fächeln der Kopf welkte mit den Blumen schliesslich war alles trocken: Du kannst nicht wissen warum mich das so entsetzlich berührt

Mulattin: ich glaube es kommt von unserer Wohnung, der Öde der Tage, der Öde der Nächte; die gepresste Luft im geschlossenen Zimmer, nahebei das leere Flussbett im Mond blinkend, die wenigen starren Bäume, das grelle Licht und der grabdunkle Schatten

Ros⟨alinde⟩ die Stunde vor Sonnenuntergang hasse ich selbst

Mul⟨attin⟩ ich werde der Catalina entgegengehen[2]

die beiden Mädchen (vorletzte)[3]

die Kleine bricht in Thränen aus über den Geruch von Geissblatt. sie ist bange ihrem Liebsten im Dorf die Treue zu brechen

---

[1] *Darunter durch Umrandung zusammengefaßt:* der weisse Fächer / die Schwestern. *Am Rand, abgegrenzt:* Mariana in the South *(s. die folgende Anm.).*

[2] *647, 26: am Rand, abgegrenzt:* neues Gartenspiel / Mariana ist ein Parfum das Stimmungscorrelat einer wirklichen schweren traurigen Sache solche Destillation ist die Arbeit der **Dichter** *(s. N 1 und S. 788, 7–10).*

[3] *Scil.: Szene.*

Mul⟨attin⟩ in Deinem Alter hatte ich alle 4 Wochen einen Andern. ich war
 so verliebt dass ich über das Hochschreien in Thränen ausbrach
647, 16–26: *gestrichen*

N 4

der weisse Fächer: das Gespräch
wir haben uns lange nicht gesehen
nur bei den 2 Leichenbegängnissen
er: bei der einen sah ich Dich im Marmor gespiegelt
sie das ist charakteristisch dass wir uns überhaupt nie recht gekannt, wir
 waren füreinander immer etwas viel zu unbestimmtes Jugendliches,
 flottantes: wir könnten auch etwas bestimmtes werden: Du mein Herr
 (schimmert durch) Moment der Annäherung

Moment der Verlegenheit: er wie war Dein Mann
sie: erzählt die Todesstunde
er: und jetzt bist Du nicht sehr allein? da Du immer sehr angeschmiegt
 warst
sie: kalt   völlig allein, aber glaube nur nicht

fausse sortie
sie: verschuldet sind wir gegeneinander nicht (verschuldet   welch ein sonderbares Wort) übrigens ist man gegen alle Geschöpfe verschuldet
 auch gegen Vögel
er: geht darauf ein, sagt aber das waren nur die vagen Gespenster. Für
 Dich sind noch tausend Möglichkeiten
sie: wieso
er: malt es ihr aus glühend, dabei kommt seine Erinnerung an sie heraus,
 er spinnt lauter Dinge, die während ihrer Ehe gerade ganz schweigen
 mussten. das erwähnt sie ungefähr, nennt es eine dämonische fast feindliche Einwirkung   warum thust Du das   Du interessierst dich doch
 nicht für mich

letzter Absatz
versenkt ihren Blick in seinen, wird dann sehr finster

xxxx das man nicht zu billig und nicht zu theuer kaufen soll
Du warst immer ein hautänes Geschöpf   nimm Dich in 8
gerade im letzten Abweisen (Du bist wie ein Schauspieler Dir macht das
Überreden Vergnügen) ein Blick der den Worten widerspricht, das erwähnt
er auch im Monolog.

die erste Frau ein Ding wie eine Blume wie die Sonne die zweite etwas
ganz bestimmtes

VARIANTEN

648, 6–17:   *gestrichen*
648, 9f.   das ... gekannt, *und* füreinander ... unbestimmtes *in Stenographie*
648, 19–21:   *gestrichen*
648, 19f.   welch ... sonderbares *und* ist ... auch gegen *in Stenographie*
648, 31f.:   *am Rand, durch gemeinsame Ausgrenzung mit Z. 33–35 verbunden; doch ist auch Einordnung nach Z. 12 zu erwägen.*

N 5

NB spirituel intoxication. Du Klei⟨ne⟩ Dei⟨ne⟩ Thränen werden ebenso schnell trocknen wie der Thau. alles trocknet (lacht)

N 6[1]

St was war das ein Vogel
ja natürl⟨ich⟩ u⟨nd⟩ deswegen wären meine Vögel fortgeflo⟨gen⟩
es war der Schrei eines jungen Kaninchens das von einem Wiesel gefangen wird.

649, 14   eines *und* das ... einem *in Stenographie*

1 H¹–8 D³

151, 2:   *nicht in* 1 H¹

152, 1–9:   *nicht in* 1 H¹, 7 D², 8 D³
Dramatis personae / Miranda. / Fortunio. / Livio, sein Freund. / Fortunio's Grossmutter. / eine Mulattin / eine Weisse / Dienerinnen der Miranda. 5 H⁵, 6 D¹
Z. 20 und 22 Miranda *aus* Rosalinde 5 H⁵

153, 1–12:   *nicht in* 1 H¹

153, 1:   *nicht in* 2 H²

153, 2   guten *aus* schönen
schönen *aus* klugen 5 H⁵

153, 2:   *danach gestrichen:* Mich dünkt dies Leben / ist weder leicht noch schwer, ist 2 H²

---

[1] *Vgl. S. 160, 1–11. Die Notiz ist zur Einfügung in den in 1 H¹ an dieser Stelle unvollständigen Text bestimmt (s. S. 651, 18).*

153, 11	unerfahrne *aus* eines Kindes *2 H²*
153, 14	des *vom Editor ergänzt; vgl.* Das Kleine Welttheater *S. 133, 11* vorigen] dieses *5 H⁵, 6 D¹, 7 D²(!)*
153, 16	umsäumt] umzäumt *5 H⁵*
153, 19	sein Freund *darunter, nachgetragen:* (Livio) *1 H¹*
153, 20:	der Freund: *1 H¹*
154, 2:	*danach gestrichen:* So wenig als der Schatten kleiner Wolken / auf fliessendem Wasser lässt es sich festhalten. *1 H¹*
154, 8	Schullehrer *aus* Dorfschullehrer *2 H²*
154, 10	Weiß dem Schwarz *aus* ja dem nein *1 H¹*
154, 14	drüber] früher *alle Drucke; emendiert nach 1 H¹, 5 H⁵*
154, 27	Dirnen] Dummen *alle Drucke; emendiert nach 1 H¹, 5 H⁵*
155, 29	hoh] hoch *alle Drucke; emendiert nach 1 H¹, 5 H⁵*
155, 31	sie] es *alle Drucke; emendiert nach 1 H¹, 5 H⁵*
156, 8	schöpfts] schöpfs *1 H¹, 5 H⁵*
156, 16	schale, *nicht in 1 H¹, 5 H⁵, 6 D¹*
156, 19:	*aus* und was sie sprach bedeutete sich selber *1 H¹*
156, 27	keiner Scham bedürftig, *aus* wie ein Spiegelbild *1 H¹*
156, 29:	*danach Pause markiert in 1 H¹, 5 H⁵*
157, 6	Mannes *davor eingefügt:* zweiten *1 H¹*
157, 18	Hause *aus* Geschlecht *1 H¹* Cisneros] Herreros *1 H¹*

VARIANTEN

157, 33–158, 1   sind ... Schollen. *Lücke in 1 H¹; s. ›Entstehung‹, S. 639f.*

158, 5   Grabsteinen *aus* Grabdeckeln *1 H¹*

158, 7   Laßt] Lasset *1 H¹*

158, 12   ich ... hierbleiben. *aus* lass mich noch hier, *1 H¹*

158, 17   vierundzwanzig *aus* fünfundzwanzig *1 H¹*

158, 19   Du ..: diese *aus* Dann ist Deine *1 H¹*

158, 26   Ich ... älter, *aus* Wie ich so alt war *1 H¹*

158, 29   am ... ich *aus* auf der gleichen Bahre *1 H¹*

158, 33   Mai] April *1 H¹*

159, 7   der letzte Hügel] das letzte Vorg⟨ebirge⟩ *1 H¹*

159, 7f.   goldfarbene *danach gestrichen:* und purpurne *1 H¹*

159, 10f.   unsere Häuser *aus* unser Dasein *1 H¹*

159, 18   Verhungern] Erhungern *1 H¹, 5 H⁵, 6 D¹*
sehr *davor:* noch *1 H¹*

159, 28   in ... Augen.] im nächtlichen Himmel mit wenigen grossen Sternen. *1 H¹*

159, 35–160, 15   Pause. ... Fuchshetze] wendet sich wieder an Fortunio
ich bin heute an Deinem Meierhof vorübergefahren   wann – – –

    F: ich weiss nicht
    Gr. Das weisst Du nicht? so hast Dus nie gesehen? Ja was hast Du denn gemacht wie Du fünfzehn und 16 alt warst. Deinen Vater hätt⟨e⟩ man in dem Alter schwerlich wo anders suchen dürfen als im Stall oder im Hundezwinger. Aber Du! Dir waren damals Deiner Cousine Rosalinde kleine Schuhe wichtiger als die Spuren von Hirschen am Waldrand, lieber, beim Ballspielen *(1)* ihre Finger zu streifen *(2)* ihr Kleid anzurühren als beim *(1)* Jagen *(2)* Reiten *(3)* Fuchs *(a)* jagen *(b)* hetzen *1 H¹*
Z. 18: *danach Lücke (s. N 6, S. 649)*

160, 13	Miranda *aus* Rosalinde *5 H⁵*
160, 15	Fuchshetze] Hirschhetze *alle Drucke; emendiert nach 1 H¹, 5 H⁵*
160, 25	Fortunio. *danach:* Jedes Ding hat seine Zeit. nimm Du Dich in dass Du jetzt nicht zu viel ausgiebst *1 H¹*
161, 2:	*danach:* Gross⟨mutter⟩ (im Abgehen zu Livio): Ja ich war in der Prairie Nicht am Rand, mitten drinnen und allein, mutterseelenallein. verirrt, verritten. zwei Tage und zwei Nächte lang, zwischen Verdursten und Wahnsinn. *1 H¹* Z. 8 gestrichen
161, 10	tiefen *danach:* feuchten *1 H¹*
161, 17	und da ... *aus* wo war's *1 H¹*
161, 20	gelben Weinblatt *aus* dürren Blatt *1 H¹*
161, 21	Vergeßne *danach;* süsse *1 H¹*
161, 23	Miranda] Rosalinde *1 H¹ im ganzen Stück* Miranda *aus* Rosalinde *5 H⁵; ab S. 162, 35* Miranda
162, 2	Mannes *aus* seligen G⟨atten⟩ *1 H¹*
162, 12	schrumpfte zusammen *aus* wurde kleiner *1 H¹*
162, 17	mit] aus *alle Drucke; emendiert nach 1 H¹, 5 H⁵*
162, 29f.	verwildernden] verwilderten *alle Drucke; emendiert nach 1 H¹, 5 H⁵; s. Erläuterung zu S. 162, 29f.*
162, 31	die] eine *1 H¹*
163, 12	eingesperrt. *danach:* Ich hab nicht mehr hinlaufen können. *1 H¹, 5 H⁵ (dort gestrichen)*
163, 23:	Rosalinde ... / Pause. *1 H¹*
163, 32	Fernes. *danach:* In meiner Erinnerung kommt er mir vor wie die

kleinen silbernen rötlich angehauchten Wolken, die dort oben im Weiten so still hinschweben. *1 H¹, 5 H⁵, 6 D¹, 7 D²*

652, 25 die] diese *1 H¹*

653, 2 im ... hinschweben. *aus* so hoch und sicher schweben. *1 H¹*

164, 2 eine lange Weile *aus* einen Augenblick *1 H¹*

164, 4 dem ... Pfeiler] einer marmornen Täfelung *1 H¹*

164, 10 schwebte. *aus* schwankte. *1 H¹*

164, 34 Dinge *aus* Verhältnisse *5 H⁵*

165, 25 war. *davor:* wirklich *1 H¹*

165, 30-33: aus es giebt Augenblicke, die sehr weiterbringen, augenblicke in denen der Schmerz einen lehrt wie alles grosse und kleine zusammenhängt, wo man spürt was in den Augen bittenden Augen eines andern drinliegt und was in der eignen Geberde Schritten die einen wegtragen für gefährliche Macht liegt ein solcher Augenbl⟨ick⟩ *1 H¹*

165, 31 viel *danach:* Schmerz *1 H¹*

166, 5 Abend.] Abend, zu der Stunde wo die Sonne fast wagrecht in das Zimmer fällt. Das ist die entsetzlichste Stunde im Zimmer eines Kranken. *1 H¹*

166, 16-26 Ich ... dasäße. *In 5 H⁵ vom Autor in doppelte eckige Klammern eingeschlossen. Tilgung erwogen?*

166, 18 Frage.] Frage, *danach: gestrichen* eine ungeheure Frage. *1 H¹*

166, 20 einem Zucken *aus* einer unrichtigen Bewegung *1 H¹*

166, 35f. seine ... Verachtung. *In 5 H⁵ vom Autor in doppelte eckige Klammern eingeschlossen. Tilgung erwogen?*

166, 35 armen *aus* leeren *1 H¹*

166, 36   schwach *danach:* und entsetzlich zweideutig, Verachtung. *danach gestrichen:* und doch wieder wie zärtlich. *1 H¹*

167, 9   Selbst ... du] Du konntest gegen jeden so sein dass man eifersüchtig sein musste. Und doch war nichts unrechtes dabei es war Deine Art. Auch auf Deinen Vater war ich so eifersüchtig.¹ Du warst gegen ihn *1 H¹*

167, 12:   *davor eingefügt:* wir waren Kinder *1 H¹*

167, 27:   Nun. *1 H¹*

167, 34   Unsere *aus* meine *1 H¹*

168, 16f.:   *aus* Gegen Dich, gegen das Dasein, gegen die ganze Welt *1 H¹*

168, 30   erkaufen. *Danach:* Leg einem Gem⟨einen⟩ die Krone in die hohle Hand, er wird darum kein König sein und so wenig königlich empfinden wie vorher. *1 H¹; in der (getilgten) Fassung* Leg einem Ge⟨meinen⟩ Kronen in die hohle Hand er wird sie fallen lassen wie Ringe aus gelben Primeln. *folgte die Stelle in 1 H¹ der dort zunächst an* können. (S. 168, 28) *anschließenden Partie die* marmornen ... Ast. *(S. 168, 30–32).*

168, 31   marmornen *aus* eisernen
             zerschlägt *darüber:* zermalmt
             diamantenen *aus* eisern⟨en⟩ *1 H¹*

168, 33–169, 1   MIRANDA ... FORTUNIO *nicht in 1 H¹*

169, 3   das ... verlangt. *aus* es werth ist. *1 H¹*

169, 8:   *Es folgt ein durch Streichung unleserlich gemachter Satz in 1 H¹*

169, 9   an. *davor gestrichen:* la⟨nge⟩ *1 H¹*

169, 10   FORTUNIO *danach gestrichen:* Du hast kein Recht, Dich dem Leben zu entziehen. *1 H¹*

---

¹ Auch ... eifersüchtig. *Stenographie.*

VARIANTEN

169, 11 Du ... Kinder, *aus* Du bist ein Kind, *1 H¹*
  vor Kinder *eingefügt:* noch *1 H¹*

169, 17 Irgend ... Wiese] Irgendwo ... Weide *1 H¹, 5 H⁵, 6 D¹*

169, 24 Alles ... eindringlich,] (alles dies ist nicht süß u feurig zu sagen
  sondern *(1)* mit Inter⟨esse⟩ *(2)* eindringlich kühl *1 H¹ (dort
  am Schluß der Rede)*

169, 29 den Schmuck aus *aus* einen Ring mit *1 H¹*

169, 32 Schwellen.] Schwellen *danach gestrichen:* und Wachsen, Rosalinde
  1 H¹

169, 37 so. *danach:* Du bist wie ein Schauspieler. *1 H¹, 5 H⁵, 6 D¹, 7 D²*

170, 11 Wie *davor:* Thränen in den Augen! *1 H¹*

170, 18 ein Traum, *aus* das Erwachen eines Traums, *1 H¹*

170, 24 verschlungene *aus* fruchtbeladene *1 H¹*

170, 27: (er rafft sich auf.) *1 H¹*

170, 28 sieben *aus* zwei *1 H¹, 5 H⁵*

170, 31f. ich sie ... Tenne,] sie mit den meinen sich vermischen würden
  wie die Spuren der Tanzenden unter der Linde *1 H¹*
  Z. 17 der Tanzenden *gestrichen*

170, 33 Grab! *danach:* Bin ich ein solcher! bin ich ein solcher (er sieht
  starr vor sich hin.) Die Mulattin und die[1] weisse Dienerin
  treten auf. Fortunio sieht sie verwirrt an geht ab *1 H¹*

170, 37 DIE WEISSE] Catalina *1 H¹*

171, 3 Catalina! *nicht in 1 H¹*

171, 5: Du lachst mich aus. *1 H¹*

[1] die *Stenographie.*

171, 11	Du ... aus. *nicht in* 1 H¹
171, 23	Verrueco *aus* Vorregoso 1 H¹
172, 18	was Neues!] wars aus! *alle Drucke; emendiert nach* 1 H¹, 5 H⁵
172, 30	ein] das 1 H¹
172, 34	war] ist schrie] schreit 1 H¹
173, 6	Euer Gnaden *aus* die (1) Madoña (2) Señora 1 H¹
173, 16	an] auf 1 H¹
173, 22	dem Fächer *aus* den Fingern 1 H¹
173, 26:	*nicht in* 1 H¹
173, 36:	danach: (in ihrem Ton ist sehr viel Lebhaftigkeit und Weite) 5 H⁵, 6 D¹ Z. 11 Weite *aus* etwas wie Tapferkeit 5 H⁵
173, 37	des Lebens *aus* der Erde 1 H¹
174, 3	Das ... Wort; *aus* der ... Ruf, 1 H¹; *danach gestrichen:* wir alle bunte Schatten / aus tausend Theilen unsre Einheit Lüge / so wenig Einheit als wie für das Auge / Myriaden tropfen einen Spr⟨ingbrunn⟩ bilden *(anschließend S. 174, 8–12; die spätere Einordnung am Rande markiert)*
174, 7	Schein *aus* Schatten 1 H¹
174, 9	einer Stunde *aus* sieben Jahren 1 H¹
174, 13f.:	*in* 1 H¹ *auf* S. 174, 18 *folgend*
174, 23	sehn? *danach:* Mul⟨attin⟩ nickt / Ro⟨salinde⟩ 1 H¹
175, 10:	– Wir wollen doch die vordern Zimmer öffnen / dass Wind hereinkommt und der wird Dir schnell / die Thränen trocknen wie auf meinem Finger / Der Thau getrocknet ist. Dann wollen wir 1 H¹

VARIANTEN   657

175, 12:   *danach gestrichen:* mit denen kommen Bienen mit den Bienen / die
                Schmetterlinge, dann hörst Du die Vögel / bald zwitschern.
                und am Ende lachst Du wieder *1 H¹; daran unmittelbar anschlie-
                ßend die Verspartie S. 175, 31–176, 2, hier mit* Das Lachen *begin-
                nend und mit* zu mir *abbrechend; das ganze gestrichen und neuer An-
                satz mit S. 175, 13, worauf die erweiterte Fassung der Schlußpartie
                folgt.*

175, 25   reden] sprechen *1 H¹*

175, 26 f.:   *aus* am Wort scheint ihnen viel gelegen wenig / daran ob sie
                den Hörenden berühren. *1 H¹*

175, 32   der Hauch *aus* die Luft *1 H¹*

175, 33:   *danach:* mit bergeslasten auf der Brust im Meer *1 H¹*

175, 36   lau] gross *1 H¹*

175, 37   Sternen, *danach gestrichen:* und wie alte Leute *1 H¹*

176, 2   zu uns *aus* herab *1 H¹ (in der erweiterten Fassung, s. zu S. 175, 12)*

176, 3 f.   sie lehnt sich auf Catalina und geht im Reden ab, ihre letzten
                Worte verklingen *1 H¹ (am Rande notiert und durch Klammer auf
                die drei letzten Verse bezogen)*

176, 6:   *nicht in 3 H³*

176, 10:   *aus* als was gemalt auf einen Fächer ginge. *3 H³*

176, 11   mans *aus* ihr's *4 H⁴*

176, 12   sieht *aus* seht *4 H⁴*

176, 13–16:   so ist das Leben: Augenblicke sind's / in die's all seinen
                Reichthum traumhaft drängt, / ein buntes Nichts, vom Wind
                zusamm'geweht / und ganz aus solchem Zeug wie Träume
                sind! *4 H⁴; es folgt der Entwurf der endgültigen Fassung.*

176, 13:   *aus* des Unheils unerbittlich⟨e⟩ Verstrick⟨ung⟩ *4 H⁴*

176, 15 Glück *aus (1)* soviel *(2)* Gewalt⟨ig⟩
erscheint] scheint
indes] wenn
Ihrs lebt] Ihr es *(1)* erlebt *(2)* lebt *4 H⁴*

176, 16 solch] solch *5 H⁵, 6 D¹*

ZEUGNISSE · ERLÄUTERUNGEN

ZEUGNISSE

1897

22. Oktober ⟨1897⟩, an die Mutter
Montag oder Dienstag dürfte ich mit der Reinschrift des Einacters in die Stadt kommen. *(FDH/Dauerleihgabe Stiftung Volkswagenwerk)*

28. Oktober 1897, Arthur Schnitzler, Tagebuchnotiz
Hugo las mir und Richard die drei Stücke für Brahm vor: Madonna Dianora, Weisser Fächer, Die junge Frau. Viel Schönes.
(Hofmannsthal-Forschungen 3, S. 23)

4. November 1897, Otto Brahm an Hofmannsthal
ich will gleich mit der Thür in die Salesianergasse 12 fallen und Ihnen sagen, dass ich den ›Fächer‹ leider nicht aufführen kann. Das Litterarische versteht sich wiederum, wie das Moralische beim alten Vischer, von selbst bei Ihnen, aber, aber, lieber Freund: ce n'est pas du théâtre! Es ist zu wenig, zu zart, die matten Fächerfarben tödtet das grelle Lampenlicht. Natürlich sehe ich wohl, dass Sie das so gewollt haben und ich bin nicht gemeint, dem Federball seine Federballhaftigkeit vorzurücken: aber ich kann mir, nach wiederholter liebevoller Lesung, gar keine Bühnenwirkung davon versprechen (auch wenn ich Ihnen den Kainz gebe und die Beiden[1] wie die Götter spielen: sie können aus den kleinen Frühjahrswolken der Reflexion nicht hervortreten). Ich würde auch Ihnen keinen Gefallen erweisen, wenn ich dieses Spiel aufführte, das ist meine sehr entschiedene Meinung; und doch brauche ich Ihnen nicht erst zu sagen, wie viel lieber ich ein Ja aussprache, als dies Nein!

[1] *Brahm dachte hier vermutlich an eine Besetzung der Rolle der Miranda mit Agnes Sorma.*

Was nun? Von dem Gedanken, einen Hofmannsthal-Abend zu machen, gehe ich ungern ab, und auch Sie werden ja die Einheit wünschen; wollen Sie also nun das zweite Stückchen vornehmen, von dem Sie sprachen? Wenn seine Poesie nicht aus Gräbern aufblüht, desto besser und lustiger; aber vor allem käme es darauf an, ein kräftigeres Geschehen zu wählen, eine nicht blos angedeutete, sondern auf der Bühne durchgelebte Schicksalswendung, so stark in ihrer Art, wie der Tod in den andern Gedichten. . . . Darf ich das Fächer-Spiel zum Andenken behalten?
(FDH/Dauerleihgabe Stiftung Volkswagenwerk)

6. November ⟨1897⟩, an Otto Brahm

ich danke Ihnen recht herzlich für Ihren lieben langen Brief. Die darin ausgesprochene Entscheidung wundert mich nicht sehr. Ja wenn Sie auch das kleine Stück etwa angenommen hätten, so hätte ich versucht, es noch nachträglich durch ein anderes lebendigeres zu ersetzen. Es ist mir unterm Schreiben so überzart und schattenhaft geworden, ich habs bemerkt, kann aber nicht stückeln, auch nicht recht verbessern, sondern muß alles – wenigstens jetzt, später werd ich ja gescheidter und geschickter werden – ziemlich so annehmen wie es kommt, sonst verderb ich auch noch die poetische Einheit. Es wird mir augenblicklich nicht sehr schwer, vielmehr recht leicht, solche kleinen Stücke zu componieren. Was ich an Menschen und Situationen gesehen habe, reicht schon noch für ein paar solcher Spielereien. Ich hab ganz für mich vor ein paar Tagen ein kleines ›Hirtenspiel‹ angefangen, das wohl sicher um ein großes Stück unmittelbarer und bewegter sein wird als der ›Fächer‹. Und wenn Sie mit dem wieder nichts anfangen können, werd ich eine spanische Studentencomödie aufzuschreiben versuchen, die fast nichts wie Bewegung ist, nur möcht ich die lieber diesmal nicht, einmal weil sie eine Verwandlung braucht, dann weil das Costüm mit Madonna Dianora zu ähnlich wäre. Jedesfalls ist es hübsch, drei sehr verschiedene Costüme zu haben, was auch Sudermann vaguement gespürt hat. . . . Wenn es nicht nur aus Freundlichkeit war, daß Sie das Fächerstück behalten wollen, so freuts mich sehr. *(Privatbesitz)*

16. November 1897, Arthur Schnitzler an Hofmannsthal
Hier sind Ihre drei Stücke. Ich habe mich beim Lesen sehr gefreut. Am reinsten hat der weiße Fächer auf mich gewirkt; käme es zwischen Fortunio und Miranda irgendwo, am besten wohl am Schluß, zu einem lebhaften Sichselber und Einanderverstehn – ganz kurz, aber stark, so wäre das Stück etwas vollkommenes. *(BW 97)*

⟨Ende 1897⟩, an Hermann Bahr
Sie haben einmal erwähnt, dass Sie den ›Weissen Fächer‹ wovon das Manuscript bei Ihnen liegt, allenfalls gern in der ›Zeit‹ bringen würden. Bitte

schreiben Sie mir darüber eine Zeile, weil ich sonst eine andere Gelegenheit hätte ihn anzubringen. Ich hätte nur zwei Bedingungen, dass er nicht in mehr als zwei Nummern getheilt wird und 150 Gulden Honorar was vielleicht durchzusetzen, da der Singer¹ durch irgend einen Zufall momentan sehr für mich montiert scheint. Das Ganze nur wenn es Ihnen wünschenswert ist.
(*Privatbesitz*)²

1898

5. Januar 1898, Otto Brahm an Arthur Schnitzler
... Nicht nur vom Theater aus gesehen, auch literarisch leuchtet es ⟨das Stück Der Kaiser und die Hexe⟩ *wenig ein, und selbst den etwas gebrechlichen* Fächer *ziehe ich vor.*
(*BW 67*)

14. Februar 1898, Ria Schmujlow-Claassen an Hofmannsthal
S. o., S. 610.

28. September 1898, Hugo von Hofmannsthal sen. an Hofmannsthal
*Ich muß nur noch bemerken daß wir nicht daran gedacht haben, daß Du eine Art »Grobes Hemd« schreiben wirst sondern, wie es richtig zu sein scheint, eine Art »Weisser Fächer« nur mehr Dramatisch und nicht am Friedhof!*³
(*FDH/Dauerleihgabe Stiftung Volkswagenwerk*)

1899

19. Januar 1899, Wladimir Schmujlow an Hofmannsthal
Doch sie ⟨Ria Schmujlow⟩ gehört ja überhaupt zu jenen Menschen, die – wie Fortunio sagt – »wenn das Leben ihnen eine Wunde schlägt, schreien: ich will mir weh thun! und in die Wunde greifen und sie aufreissen wie einen blutenden Mund« und die »zu schwach sind, nur dem kleinen Finger der Wirklichkeit zu trotzen«.
(*FDH/Dauerleihgabe Stiftung Volkswagenwerk*)

---

¹ *Julius Singer, mit H. Bahr und H. Kanner Herausgeber der ›Zeit‹.*
² *Abschrift*
³ *Vom 20. September an entstand in Venedig* Der Abenteurer und die Sängerin, *worauf sich die Bemerkung bezieht.*

1900

18. März 1900, Ria Schmujlow-Claassen an Hofmannsthal

Nun möchte ich Ihnen gleich noch ... etwas über meinen Abend im ›Akadem.-dramat. Verein‹ erzählen. ... Ich las Sie nach George und nach einer kleinen Pause: Prolog u. Bruchstück aus dem ›Tizian‹ ... Eine Stelle aus dem ›Weißen Fächer‹ verwebte ich in die Vorrede.

(FDH/Dauerleihgabe Stiftung Volkswagenwerk)

1902

8. September 1902, Rudolf Borchardt, Rede über Hofmannsthal

Ferner von diesem Kreise der Gegenstände und des Stiles[1], vielmehr fürs erste vereinzelt, sind die großen tragischen Bruchstücke der Alkestis..., – nicht minder isoliert (diese Anordnung ist nicht zeitlich) das am Rande eines Abgrundes weise und süße Zwischenspiel ›Der weiße Fächer‹.

(R. Borchardt, Reden, Stuttgart 1955, S. 72)

1905

21. März 1905, Harry Graf Kessler an Hofmannsthal

Gestern ist auch noch Etwas Andres Dich Betreffendes auf meine Anregung hin erfolgt: Poeschel hat Craig beauftragt, vier bis fünf farbige Holzschnitte zum ›Weißen Fächer‹ zu machen. Ich glaube, es kann ein sehr reizvolles kleines Buch werden. Hoffentlich ist Dir Craig als Illustrator recht. *(BW 85)*

23. März 1905, Leopold von Andrian an Hofmannsthal

Also der erste große Fehler des Stücks ⟨Das gerettete Venedig⟩ ist für mich die Häufung dumpfgebliebener Handlungen. Die erste Handlung ist oder sollte wohl sein: »Venedig und die Verschwörer«. – Sie ist eine der wenigst gelungenen. Du, der Du z.B. in einem kleinen Nichts, wie der Einakter, der anfängt: »Hier ist ein Stück, das hat so wenig Kraft, als wie ein Federball« die Stimmung der Tropen hineinzulegen verstanden hast, konntest gar nicht den »Geruch« von Venedig ins Stück bringen. *(BW 169)*

---

[1] Die Rede war von Hofmannsthals dramatischem Jugendwerk, das mit der Kategorie des »großen Stils« bezeichnet und innerhalb dessen in Tod des Tizian, Tor und Tod und Kaiser und Hexe eine »moralische Gruppe« gesehen wurde. S. auch S. 669, 25–31.

1906

1. Dezember 1906, Anton Kippenberg an Hofmannsthal
Um Ihnen zu zeigen, in welcher Richtung ich künftig zu arbeiten gedenke, möchte ich Ihnen die Werke mittheilen, über die ich für 1907 abgeschlossen habe, mit der Bitte, die Mittheilung freundlichst vertraulich zu behandeln:
Hofmannsthal, Gedichte
Hofmannsthal, Weißer Fächer ...   *(Insel-Almanach 1974, S. 43 f.)*

1907

13. Februar 1907, Anton Kippenberg an Hofmannsthal
... ich kann die Befürchtung nach wie vor nicht los werden, dass das Erscheinen des zweiten Bandes der ›Kleinen Dramen‹ mit dem ›Weissen Fächer‹ den Absatz der Luxusausgabe des ›W.F.‹, in der ein Kapital von M. 6000.– steckt, nicht günstig beeinflussen wird. ...
Ebenso möchte ich, da Sie mir das freistellen, nicht nur im Interesse der Luxusausgabe des ›Weissen Fächers‹, sondern auch aus allgemeinen taktischen Gründen den Prospekt für die drei Bände ⟨sc. der ›Kleinen Dramen‹⟩ erst im Herbst und zwar in dem Augenblick des Erscheinens verbreiten.
          (FDH/Dauerleihgabe Stiftung Volkswagenwerk)[1]

1. März 1907, an Anton Kippenberg
ich bin einfach fassungslos über Ihre Sendung, doch glaube ich Ihnen vollste Aufrichtigkeit schuldig zu sein da ja nicht nur mein Interesse sondern noch mehr das Prestige Ihres Verlages auf dem Spiele steht. Ich finde diese Arbeiten von Craig unannehmbar, ja undiscutabel im schroffsten Sinn des Wortes. Es ist mir als dem Verfasser des Stückes nicht von einem einzigen dieser Blätter ermittelbar, mit welcher Scene oder mit welcher Figur des Stückes die Zeichnung auch nur im Entferntesten zusammenhängen könne! Und abgesehen davon stehen jede Linie, jede Figur mit dem Geist und der Atmosphäre meiner Dichtung im crassesten Widerspruch! Und versuche ich (ein verzweifelter Versuch) auch noch davon abzusehen so sind es die unbedeutendsten nichtssagendsten, die geist- und lieblosesten Blätter die mir jemals von Craig unter die Augen gekommen sind.
   Mein werter Herr Dr, es ist mir wahrhaft schmerzlich Ihnen so zu sprechen aber ich sehe mich hier der schwersten künstlerischen Beleidigung gegenüber und der unvermeidlichsten materiellen Schädigung. Wie doppelt

---

[1] *Diktat*

räthselhaft muss mir aber das Vorgehen des Verlages erscheinen, wenn ich bedenke, dass hier Ihre eigene noch viel schwerere Schädigung mit der meinigen unlöslich verbunden ist.

Was geht hier Räthselhaftes vor? Wie konnte man dieses völlig unacceptable acceptieren und wie es scheint schon definitiv bezahlen? Wie ist es möglich, dass Sie mir (bei sonst so gutem schönem Einvernehmen) diese unglückseligen Producte erst in letzter Minute vor Augen bringen während wir sonst über jedes kleine Detail uns sogleich verständigen? Ich resumiere meine Situation: jahrelang bewahre ich dies kleine Stück auf weil es mir zur Illustration besonders geeignet erscheint. Nach Jahren schlage ich dem Verlag vor es mit Illustrationen von Somoff herauszugeben, der für dieses Zeitcostüm unglaublich geeignet ist. Diese Verhandlungen scheinen zu nichts zu führen. (Ich konnte nie recht erfahren warum.) Da wird mir vom Verlag in dringendster Weise nahegelegt Craig als Illustrator zu acceptieren. Ich acceptiere weil ich von Craig eine Reihe höchst interessanter Arbeiten kenne. Darauf vergeht eine unglaubliche Zeit: zwei Jahre. Am Ende dieser hebt eine Correspondenz an über jedes Detail der Ausstattung, es werden Chancen des Erfolges erwogen, es wird eine Luxusausgabe in ungewöhnlich hoher Auflage geplant ... und nie fällt ein Wort darüber, dass die Zeichnungen, deren Wichtigkeit doch um Gottes Willen alles Raffinement der Mappe und des Einbandes zehnmal totschlägt, dass diese Zeichnungen von einer schändlichen, alles compromittierenden Nichtigkeit sind.

Mein lieber Herr Dr. ich bin am Ende meiner Kräfte. Stünde ich Ihrem Verlage als trockener Geschäftsmann gegenüber, so wäre meine Situation leichter. So aber bin ich, und wirklich mehr um Ihretwillen, wahrhaft ratlos. Ich erwarte Ihre Vorschläge wie wir uns aus dieser abscheulich verfahrenen (wohl durch Ihre Vorgänger verfahrenen) Situation irgend mit einem blauen Auge retten können. Der einzige Gedanke der mir kommt ist dieser: das an Craig verschleuderte Geld einfach zum verlorenen schreiben. Die Ausgabe ohne diesen compromittierenden Schmuck zu einem neu berechneten Preise in geringerer Auflage für den sicheren Stock von Bibliophilen rasch herausbringen, oder auch ... die ganze Sache annullieren. Für diesen Fall bin ich bereit auf die mir contractlich zustehende zweite Hälfte meines Honorares zu verzichten, d.h. die für einen Privaten recht beträchtliche Summe von 1000 M. dafür hinzugeben, dass Ihrem schönen Verlage ein kaum vermeidbarer Misserfolg erspart bleibe. *(NFG Weimar, Insel-Archiv)*[1]

4. März 1907, Anton Kippenberg an Hofmannsthal
Um Ihnen den ganzen Zusammenhang klar zu machen, muss ich ein wenig in die Geschichte des Weissen Fächers zurückgreifen. Wie Sie wohl wissen, wurde ich fast das

---

[1] *Diktat*

ganze Jahr 1905 über – obgleich ich bereits Teilhaber des Insel-Verlages war, von der Arbeit ferngehalten ... In dieser Zeit hat Herr Poeschel die Geschäfte des Insel-Verlages allein besorgt, und auf ihn ist jene unselige Verbindung mit Herrn Craig zurückzuführen, die mir schon eine Überfülle von Ärger und dem Verlage ein kleines Vermögen gekostet hat. Graf Kessler hatte s.Zt. unsere Verbindung mit Herrn Craig angebahnt, und da Herr Poeschel leider Personen gegenüber, die mit der nötigen Selbstbeleuchtung und Applomb auftraten – und gar einen »Manager« hatten! – machtlos war und zudem schon vor allem Englischen den Hut zog, so kamen jene beiden unglücklichen Verträge über den ›Weissen Fächer‹ und die ›Duncan-Mappe‹ zu stande, die unter meiner tatsächlichen Mitwirkung niemals abgeschlossen worden wären, denn sie wurden geschlossen, ohne dass Herr Poeschel oder ich irgend etwas, auch nur eine Skizze von der Arbeit gesehen hätten. Das Resultat war zunächst die Duncan-Mappe, über die der Rest Schweigen ist, und die, im Vertrauen gesagt, einen Verlust von M 5000.– mit sich gebracht hat, war ferner der ›Weisse Fächer‹.

Aber – ich habe nie anders gedacht, als dass Herr Poeschel mit Ihnen die Sache erörtert, die für die Illustrierung zu wählenden Sujets mit Ihnen festgestellt und Ihnen auch Abzüge von den fertigen Stöcken längst vorgelegt hätte. Herr Poeschel behandelte, wie er es gern zu tun pflegte, die ganze Angelegenheit höchst geheimnisvoll, und als ich ihn wiederholt dringend um einen Bericht über den Stand der Sache bat, sagte er mir, es seien bereits Stöcke und Abzüge dagewesen, die er aber noch einmal an Herrn Craig zurückgeschickt hätte. ...

Ich selbst habe die Duncan-Mappe stets furchtbar gefunden und finde von dem ›Weissen Fächer‹, woraus ich nie ein Hehl gemacht habe, drei Blätter, wenn sie mich auch nicht berücken, gut und zwei schlecht. Aber ich sagte mir, dass, da Urteilsfähige, wie Graf Kessler, so eminent viel von Gordon Craig hielten, mir wohl das Organ für seine Kunst fehlen müsse. Nun scheint mir aber, als hätte es nicht an mir, sondern an der Kunst gelegen.

Von früheren Erwägungen, Alexander Somoff für den ›Weissen Fächer‹ zu gewinnen, war mir nicht das geringste bekannt; ich stand, wie gesagt, als ich die Mitleitung und dann die Leitung des Insel-Verlages übernahm, vor der vollendeten Tatsache, dass Gordon Craig die Luxusausgabe des W.F. zu besorgen habe, auch die »Überwachung des Drucks« – um die er sich niemals gekümmert hat. ...

Nun aber stehe ich vor einer der schwierigsten Entscheidungen in geschäftlichen Angelegenheiten, vor der ich je gestanden habe. Im ›Weissen Fächer‹ liegt nicht nur der Betrag von M 3000.– für Herrn Craig, sondern auch M 500 (!) für eine Übersetzung des W.F. ins Englische, die, weiss Gott zu welchem Zweck, der Manager des Herrn Craig schlecht und recht vollbracht hat. ...[1]

Erlassen Sie mir gütigst, Ihnen heute Vorschläge über die Lösung dieser Frage zu

---

[1] Maurice Magnus, englischer Schriftsteller, war damals Craigs Sekretär. Seine Übersetzung des Weißen Fächers erschien erst 1909 in der Zeitschrift ›The Mask‹ (Bd. 1, 12, 232ff.).

machen; ich bin schlechterdings ausser stande dazu. Zuerst hatte ich die Absicht, sogleich zu Ihnen nach Wien zu kommen, aber eine Menge dringendster Arbeit hält mich hier fest. Sie dürfen aber überzeugt sein, dass ich die Sache so zu lösen mich bestreben werde, dass nicht nur das Interesse des Verlages, sondern vor allem auch das Ihrige dabei gewahrt wird. *(NFG Weimar, Insel-Archiv)*[1]

⟨*März/April*⟩ *1907, Edward Gordon Craig an Hofmannsthal*[2]
But my dear good and affectionate poet what was it I didn't reply to you proposed – w h a t – ? Anyhow be always sure I should a g r e e to it – it would be bound to be something fine.
What was it you mean. golden words to a series of designs? Oh yes – oh yes of course – 6 times. No need to doubt that I should welcome it. But, my dear Poet – what a funny nervous fellow you are. Why did you not send me a little friendly note saying you didn't like these woodengravings which were to go in your book – it would have been much nicer of you than to have told Dr Chipenberg of the almighty press – Leipzig – on no account to include one of the cuts as it »had nothing in connection with the poem« – why of course n o n e of the woodcuts have a n y t h i n g to do with the poem – have they? Who but the great and wonderful Trip'emberg ever thought there was any connection – Surely you never seriously thought so? – ?. The poem is lovely all by itself but simply r u i n⟨s⟩ my engravings ... and the Engravings are delicious, alone, and dam the Poem.
It distresses me to think that Dr Clip'emberg knows nothing about printing from the wood. He has spoiled each print It is marvellous. such tripping and little brutality – I suppose he and his staff all sat on the printing press – and used cheap ink so as to spend mere as the cover paper –
Do you ever contemplate teaching your little german children one necessary lesson – that is NOT to borrow an English book and try to copy it but to print their books in their dear old (and b e s t) German way. ... Oh Poet. that was unforgivable of you to speak to Kippenberg before sending m e a word hint. God forgive you.
 (FDH/Dauerleihgabe Stiftung Volkswagenwerk)

19. April 1907, Edward Gordon Craig an Hofmannsthal
How right you are Poet – and I doubly hate the donkeyheaded creature who wishes to make me think you are a sort of mad poet – one who is capable of hating his brothers pencil scratches –
The donkeyheaded and tailed creature has o n c e m o r e written me from Leipzig saying you – by saying this –

---

[1] Diktat
[2] Neben dem vorgedruckten Briefkopf (»*Siegmundshof 11. Atelier 33. Berlin. N.W.*«) ist das Datum 20. Dez. 1906 eingetragen, das der Abfolge der Ereignisse nicht entspricht; es stammt wohl von einem anderen, Ansatz gebliebenen Briefvorhaben.

wir haben Ihnen ferner für Holzschnitte die wir vorher nie gesehen hatten —mark zugestanden und dafür Zeichnungen erhalten, die nicht im geringsten Zusammenhang mit der Dichtung stehen, und deren Verwendung – bis auf ein Bild, das uns geradezu kompromittiert hätte – Herr von Hofmannsthal nur mit Rücksicht auf den enormen Verlust, den wir sonst gehabt haben würden, auf unsere wiederholte Bitte schweren Herzens zugegeben hat.

Do you know how it came about that I made these woodengravings. Kessler and a young man from Leipzig came to my studio – they asked me for them – of course I was delighted - they did not ask me to write to you about it –

what people these booksellers are – theatre sellers – bootlace sellers – all are the same - - entirely blind and, withall, long eared.

I have written to Leipzig donkey to tell him not to misrepresent you to me, nor me to you – sometimes a straight word, serves best.
(FDH/Dauerleihgabe Stiftung Volkswagenwerk)

2. Juni 1907, Anton Kippenberg an Hofmannsthal

Der weiße Fächer wird nun endlich in den nächsten Tagen ausgedruckt. Er hat dem Maschinenmeister seit 4 Wochen die außerordentlichsten Schwierigkeiten gemacht. Die Holzschnitte müssen jeder für sich auf erst gefeuchtetem dann wieder zugleich hartem Papier fast wie Radierungen gedruckt werden, um nicht alle Wirkung zu verlieren.
(FDH/Dauerleihgabe Stiftung Volkswagenwerk)

12. August 1907, Anton Kippenberg an Hofmannsthal

Verzeihen Sie gütigst, dass ich, infolge einer mehrtägigen starken Erkältung, erst heute auf Ihren so liebenswürdigen Brief antworte. Ich habe mich sehr gefreut, daraus zu ersehen, dass die Luxusausgabe des ›Weissen Fächers‹ Ihnen so besonders gefallen hat. Auch ich finde sie sehr gelungen und höre auch nur Gutes darüber.

Die Ihnen übersandten Exemplare (7 gewöhnliche und ein Luxusexpl.) stimmen. Wir hatten 7 Exemplare vertragsmässig vereinbart. Sollten Sie übrigens nicht damit auskommen, so stelle ich Ihnen gern noch einige weitere zur Verfügung.
(FDH/Dauerleihgabe Stiftung Volkswagenwerk)[1]

7. September 1907, Alfred Walter Heymel an Hofmannsthal

Du wirst verstehen, daß ich innerlich Dir mit den Jahren immer näher komme. nicht zum Wenigsten durch Deine Werke, die mich ständig durchs Leben begleiten. Der weiße Fächer, den ich noch nicht kannte, wurde mir und Gitta zum höchsten Genusse, ich spräche so gerne mit Dir, warum wir ihn so lieben, aber schriftlich weißt Du, kommt so oft etwas Dummes bei mir heraus, es ist als wenn meine plumpe von Krämpfen heimgesuchte Hand mich daran hinderte, logische Gedanken länger zu entwickeln.
(FDH/Dauerleihgabe Stiftung Volkswagenwerk)

[1] *Diktat*

1908

12. November 1908, Alfred Walter Heymel an Hofmannsthal

Denke Dir, als ich heute Morgen etwas verspätet aufwachte, kommt ein Paket in meine Hände von einem Berliner Antiquariat an mich gesandt. Ich durchschneide die Bindfäden, entferne die Pappe und vor mir liegt ein charmantes, geschriebenes Exemplar Deines ›weissen Fächers‹, das mir zum Kauf angeboten wird. Wie ein liebes Abschiedszeichen und gutes Omen kommt es zu mir im Augenblick, da ich Europa für einige Monate verlassen will, wie Du weisst.

Nun sage mir, weisst Du etwas von diesem kleinen Biblot? Es ist auf Pergament in Fraktur und leicht geneigter Cursive geschrieben. Die scenischen Anmerkungen und die Namen der handelnden Personen sind grün, versehen ist das Gedicht mit sechs illuminierten Miniaturen. Der Titel lautet: Der weisse Fächer. Ein Zwischenspiel von Hugo von Hofmannsthal. Vor dem Prolog auf der anderen Seite ist eine Wiese mit einem weissen, einfachen Kirchhofstor, halb überwachsen, links dahinter Cypressen vor schwarzem Hintergrunde über dem blau umränderte Wolkenballen schweben, die die Initialen M.F.[1] tragen.

Das zweite Bild zeigt das Innere des Kirchhofs. Die beiden Freunde, der Witwer im schwarzen, Livio im violetten Kostüm begrüssen die Grossmutter, die ein stark geblümtes, goldgelbes Kleid trägt und hinter der ein Negersklave in weissem Anzug mit roter Weste einhergeht.

Bild 3. Miranda unterhält sich mit schmerzlich nach oben gekehrtem Gesicht mit der Mulattin, die ein biedermeier-grassgrünes Kleid an hat.

Bild 4. Vetter und Cousine, Witwer und Witwe, Geliebter und Geliebte unterhalten sich scheinbar sehr lebhaft vor den Cypressen. Miranda hat sich wie bewegt und ein wenig unsicher abgewendet und hört Fortunio zu, der auf sie einzureden scheint.

Bild 5. Miranda steht zwischen der Mulattin und Catalina, sie hält den Fächer auf dem Rücken und befragt das junge Mädchen nach ihrem Geliebten. Die schwarze Sklavin scheint erstaunt über den plötzlichen Umschwung in der Stimmung ihrer Herrin und hält wie verwundert die linke Hand vor die Brust.

Bild 6. Als Schlussvignette gedacht auf der letzten Seite gegenüber dem Epilog, zeigt die drei Frauen schon durch die Abenddämmerung vor gestirntem Himmel davon gehen. Miranda schreitet stolz und sicher, sehr lebhaft dahin und wird gleich in den Büschen verschwunden sein.

Das Buch ist in Pergament gebunden, der Vorsatz lebhaft hellgelb mit weissen runden Flecken gemischt, in denen hellblaue Punkte sich als Centren finden. Auch dieses ist mit der Hand koloriert und nicht etwa ein fertig gekauftes, gedrucktes Papier. Wer mag es gemacht haben und wie kommt so etwas so schnell in den Handel, jeden-

---

[1] *M.F.: Signet des spanisch-venezianischen Malers Mariano Fortuny y de Madrazo (1871–1949), der als Buchkünstler und Bühnenbildner wirkte (s. BW Hofmannsthal – Kessler, S. 55 mit Anm. u.ö.).*

falls hatt's meine Gedanken wieder recht in Deine Nähe gerückt und ich empfand ein leichtes Bedauern, dass ich so lange nichts von Dir gehört habe, vor allem mein letzter Brief unbeantwortet blieb. (*FDH/Dauerleihgabe Stiftung Volkswagenwerk*)

1912

5. August 1912, Rudolf Borchardt an Hofmannsthal
⟨*Über* ›*Ariadne*‹⟩ ... *keines von den Werken Ihrer letzten Zeit schließt zugleich durch ein Undefinierbares – das ich aber doch zu definieren versuchen will – sich so nahe an Ihre glücklichsten Jugendarbeiten an. Die Verwandtschaft liegt nicht im Stile als Diktion, der vielmehr – und ich glaube mit großem Recht – dem Tone etwa des weißen Fächers sich ganz fernhält. Sie liegt doch wol in dem geradezu elfischen Elemente dieses und Ihrer früheren Werke* ... (*BW 68f.*)

Ab 1916

Aus Ad me ipsum

Praeexistenz ... ihre Qualitäten: frühe Weisheit / Claudio, Andrea – ironisch: junge Witwer (*A 213*)

Das Motiv der Treue ironisch im ›weißen Fächer‹. (*A 217*)

⟨die Auseinandersetzung mit Daimon-Tyche und Ananke⟩ in der ›Elektra‹ zum Äußersten entwickelt als Motiv der Treue (Treue bis über den Tod hinaus im ›Weißen Fächer‹ aber ironisch behandelt) (*A 221*)

Auch dieser Kaiser ⟨*in* Der Kaiser und die Hexe⟩ ein junger Verheirateter (wie im ›weißen Fächer‹) (*A 223*)

Jugendfiguren, Träger dieser ⟨hesperischen⟩ Jugend-seelenverfassung: Claudio – der Page – der junge Kaiser – Gianino ... – die jungen Witwer im ›weissen Fächer‹ – ... (*A 224*)

Die Schemata der frühen Klugheit: Page, Tarquinius Morandin, die jungen Leute im ›weißen Fächer‹. junge Witwer. (*A 228*)

1917

Eintragung im Tagebuch: Notizen von R. Pannwitz zu meinen Ged⟨ichten⟩ u⟨nd⟩ kl⟨einen⟩ Dr⟨amen⟩

›Aufgeprägt
ist keinem Ding sein Wert es ist soviel
als du draus machst‹
dies das moderne. dagegen gewandt eine neue schöpferische obiectivität kann erst wieder die welt organisieren (innre wie äussre) und aus allem modernen erlebnis werke schaffen. ...
Personen wie die grossmutter (im Weissen Fächer) zu sehr spiegelungen in dem jünglinge u. halb mit dessen tonart u. sinn – gegenpotenzen die er sich aufruft – da sie nun selber spricht der eindruck des falsch lyrischen weder geträumten noch wirklichen. aber das ist ausführung in der anlage stimmt es. es wäre möglich zu machen wenn es ganz individualisiert würde oder wenn der Stil – ohne seinen charakter zu verlieren – rein künstlerisch bis zu einer Art Antike typisiert würde im ganzen (also ohne die individuen männer u. frauen lebensalter u.s.w. zu unterscheiden)   (H VII 11)

1921[1]

13. April 1921, Max Mell an Hofmannsthal

Innerhalb Ihrer Produktion sehe ich's[2] als Fortgang der ›Silvia im Stern‹-Linie (sie kommt wohl vom ›Weißen Fächer‹) aber das Leichte, Befreite, Unbeschwerte ists mir noch nicht, wohin sie leiten wird.
(FDH/Dauerleihgabe Stiftung Volkswagenwerk)

1924

Rudolf Borchardt: ›Eranos-Brief‹

Endliches mündiges Mundstück der Geschichts- und Geisterwelt Habsburgs... › durch die Sprache und in der Sprache den ganzen älteren Bildungsbestand der alten Bildung besitzend, durch das lebendig gebliebene Barock die Renaissance und die Antike in geschichtlich verfeinerten und ästhetisierten Formen, durch österreichisch lebendige Nachzeugung Italien bis nach Byzanz, Spanien bis zum Cuba des ›Weißen Fächers‹...   (R. Borchardt, Prosa I, Stuttgart 1957, S. 126)

---

[1] Vgl. auch den Brief an Max Pirker v. 18. April 1921, A 369f.
[2] Das Stück Der Schwierige.

1927

26. *Februar 1927, Arthur Schnitzler an Hofmannsthal*
Der treffliche Regisseur Schulbaur, früher Volkstheater, wendet sich an mich: ich möchte seine Bitte bei Ihnen unterstützen. Er will in der Akademie mit seinen Schülern den Weißen Fächer aufführen. Sie werden wohl nichts dagegen haben, so wenig ich mich gegen dergleichen zu wehren pflege.[1] *(BW 307)*

ERLÄUTERUNGEN

152, 3   FORTUNIO *Der Name vielleicht aus Alfred de Mussets Komödie ›Le Chandelier‹ (s. auch die aus Dramen de Mussets entlehnten Namen im* Tod des Tizian *und dazu M. Vanhelleputte in: Hofmannsthal-Forschungen I, Basel 1971, S. 96f.).*

152, 6   MIRANDA *Derselbe Name auch im* Gartenspiel. *Aus Shakespeare (›The Tempest‹) übernommen? Wörtliche Anklänge an den ›Sturm‹ enthält das für das Festspiel* Das Kind und die Gäste *entworfene Versgespräch zwischen dem älteren und dem jüngeren Dichter, in dem Beer-Hofmanns Brief vom 25.9.1897 (s. S. 811) dichterisch verarbeitet wurde. Da Hofmannsthal den Namen Miranda anstelle von Rosalinde (auch dies ein Shakespeare'scher Name, s. ›As You Like It‹) erst im Verlauf der Reinschrift eingesetzt hat, ist der Rekurs auf den (inzwischen wiedergelesenen?) ›Sturm‹ sehr wahrscheinlich. Aus Bülows Novellenbuch notierte Hofmannsthal im Tagebuch vom 21. Oktober 1891 Titel und Motive der Erzählung* Miranda u. Tarquinius *von Aphra Behn (H VII 17.42). Vgl. auch S. 710, 11.*

153, 2   Merkt auf ... *Vgl.* Der Tod des Tizian, Prolog, *V. 1:* Das Stück, ihr klugen Herrn und hübschen Damen ... *(S. 39, 4) und dazu J. Hofmillers Hinweis auf den Prolog zu Mussets Stück »Les Marrons du Feu« (jetzt in: Hofmannsthal im Urteil seiner Kritiker, Frankfurt a.M. 1972, S. 157). Vgl. auch den Prolog* Zu einem Buch ähnlicher Art *(Merkt auf, merkt auf!), GLD 45.*

---

[1] *Die Uraufführung des Stücks fand unter Leitung Heinz Schulbaurs an der Wiener Akademie für Musik und darstellende Kunst Anfang Mai 1927 statt. Eine Besprechung erschien am 8. Mai in Nr. 22502 der ›Neuen Freien Presse‹ (Verf.: P. Wertheimer).*

ZEUGNISSE · ERLÄUTERUNGEN

153, 14   Kostüm der zwanziger Jahre des vorigen Jahrhunderts. *Ebenso in der Bühnenanweisung zu* Der Tor und der Tod *(S. 62, 8f.) und zu* Das Kleine Welttheater *(S. 133, 11)*.

154, 3–12: *Vgl. die Verse zu Beginn der chinesischen Novelle in der Übersetzung Eduard Griesebachs:* Die treulose Witwe. Eine orientalische Novelle und ihre Wanderung durch die Weltliteratur, *Leipzig, 4. Aufl. o.J., S. 9:*

    Es steht geschrieben in dem gedichte ›der mond auf dem westlichen flusse‹:

    Reichtümer und ehren sind wie ein lustiger traum der fünften nachtwache;
    Beförderung des verdienstes gleich einer vorüberschwebenden wolke.
    Selbst das fleisch und blut vor deinen augen ist falsch,
    Und liebe und dankbarkeit kehren sich in hass und feindschaft.
    Nimm nicht ein goldenes halseisen, deinen nacken darein zu stecken,
    Noch ein schloss von edelstein, die kette an deinem fusse damit zu verschliessen.
    Es ist eine köstliche und ruhmvolle pflicht, mit einem reinen herzen sich der begierde zu entäussern,
    Und alles abzuschütteln was irdisch ist.

155, 30   Messalina *Valeria Messalina, die dritte Frau des Kaisers Claudius (s. Tacitus, Annalen XI; Sueton, ›Claudius‹). Hofmannsthal erwähnt und charakterisiert sie auch in den Vorarbeiten zum* Tod des Tizian *(s. dort N 16 und N 19, S. 352f.)*

156, 13–29 Sie war ein Kind ... *S. auch N 4 (S. 648, 38). Vgl. die Charakteristik der Kaiserin (*Helena*) in* Der Kaiser und die Hexe *(S. 205, 10–24) und dazu A 223 (zitiert S. 668).*

157, 18   aus dem Hause Cisneros *S. dazu die Variante* Herreros. *De Cisneros und de Herrera sind Namen großer spanischer Geschlechter. L. Muerdel-Dormer, a.a.O. (S. 644, Anm. 2), S. 84, Anm. 22, verweist auf Diego Cisnero, der »die Einfuhrlizenz für religiöse Bücher nach den Kolonien hatte und dabei Revolutionsliteratur für die liberalen Kreise einschmuggelte«.*

157, 23–158, 1 Was sind das für Vögel ... *In 1 H¹ (s. Varianten zu S. 157, 33) hat Hofmannsthal das faktische Detail hier zunächst ausgespart und erst in der Reinschrift eingesetzt. Dieser Vorgang läßt auf*

Benutzung einer Quelle (nach der Rückkehr von Hinterbrühl nach Wien) schließen. Die Stelle zeigt auffallende, z. T. wörtliche Übereinstimmungen mit einer Passage in Eckermanns Gesprächen mit Goethe; Eckermann berichtet unter dem Datum des 26. September 1827 (zit. nach der Ausgabe von H. H. Houben, Wiesbaden ^{25}*1959, S. 485f.):*
»Goethe bemerkte rechts in den Hecken hinter dem Kammergut ⟨am Ettersberg⟩ eine Menge Vögel und fragte mich: ob es L e r c h e n w ä r e n ? *– Du Großer und Lieber, dachte ich, der Du die ganze Natur wie wenig andere durchforschet hast, in der Ornithologie scheinst Du ein Kind zu sein.*
Es sind Ammern und Sperlinge, erwiderte ich, auch wohl einige verspätete Grasmücken, die nach abgewarteter Mauser aus dem Dickicht des Ettersberges herab in die Gärten und Felder kommen und sich zum Fortzuge anschicken, aber Lerchen sind es nicht. Es ist nicht in der Natur der Lerche, sich auf Büsche zu setzen. Die Feld- oder Himmelslerche steigt in die Luft aufwärts und geht wieder zur Erde herab, zieht auch wohl im Herbst scharenweis durch die Luft hin und wirft sich wiederum auf irgendein Stoppelfeld nieder, aber sie geht nicht auf Hecken und Gebüsche. Die Baumlerche dagegen liebt sich den Gipfel hoher Bäume, von wo aus sie singend in die Luft steigt und wieder auf ihren Baumgipfel herabfällt. Dann gibt es noch eine andere Lerche, die man in einsamen Gegenden an der Mittagsseite von Waldblößen antrifft und die einen sehr weichen, flötenartigen, doch etwas melancholischen Gesang hat. Sie hält sich nicht am Ettersberge auf, der ihr zu lebhaft und zu nahe von Menschen umwohnt ist; aber auch sie geht nicht in Gebüsche.« (S. auch den Kuckuck-*Vergleich S. 160, 19f., und dazu Eckermann, Gespräche, a.a.O., 501ff.: 8. Oktober 1827; vgl. auch* Die Frau im Fenster, *S. 96, 8f.)*
In seinem Beitrag zu ›Hugo von Hofmannsthal. Der Dichter im Spiegel der Freunde‹, hrsg. von Helmut A. Fiechtner, 2. Aufl., Bern und München 1963, berichtet Robert Michel (›In Uniform‹, S. 65–69) über seine erste Begegnung mit dem Dichter, bei der er »die neuen Manuskripte von ›Der Kaiser und die Hexe‹ und ›Der weiße Fächer‹ mitnehmen durfte« (von M. irrtümlich in den Herbst 1896 datiert): »Ich war von der Pracht und Glut seiner Sprache so überwältigt und geblendet, daß ich vorerst nicht zu einem reinen Genuß am Inhalt kommen konnte. Da geschah es, daß mich die Stelle in ›Der weiße Fächer‹: ›... Lerchen sitzen nie auf Büschen, Lerchen sind entweder hoch in der Luft oder ganz am Boden zwischen den Schollen‹, zur Besinnung brachte. Ich freute mich an dieser Beobachtung aus der alltäglichen Natur, und damit waren wie durch einen Zauber plötzlich alle Hemmungen beseitigt.«

158, 7	Laßt die Toten ihre Toten begraben *Vgl. Ev. Matth. 8, 22 (s. auch die den biblischen Ton stärker »imitierende« Variante* Lasset *(1 H¹); s. auch* Ödipus und die Sphinx, *SW Bd. VIII, S. 78, 13 u. 80, 6f.:* Den Toten laß die Toten ...
162, 5f.	Blumen ... wie lebendige Lippen und Augen *Vgl.* Gartenspiel *N 20 (S. 277, 14f.)*
162, 17f.	mit meinem Fächer trockengefächelt *S. die Erläuterung zu S. 166, 32–34.*
162, 29f.	mit ... den verwildernden Lauben *S.* Das Kind und die Gäste: *der Jüngling Verführer singt von den* verwildernden Lauben *(N 11, N 12) und Erläuterung S. 817, 4–7).*
164, 26f.	Unbestimmtes, Schwebendes. Es war wie das Spielen von Wolken ... *Vgl. das Gedicht* Wolken *(1890), GLD 470, bes. Str. 5.*
165, 31	Augenblicke, in denen sich sehr viel zusammendrängt *Vgl. die Vorfassung des* Epilog *in 4 H⁴, Varianten zu S. 176, 13–16.*
166, 9	Geschichte von Manon Lescaut *S. ›Entstehung‹, S. 640, Anm. 4.*
166, 32–34	›... solange die Erde über meinem Grab nicht trocken ist ...‹ *S. dazu S. 162, 17f. und Grisebach, a.a.O., S. 15f. Der Gelehrte Tschwang-söng auf einem Friedhof: Er* »sah plötzlich ein neues grab, dessen hügel noch nicht trocken war, und eine junge frau in schlichtem kleide sass daneben und schwang darüber gemächlich einen offenen fächer.¹ Als sie ohne nachzulassen in dieser beschäftigung fortfuhr, fragte er voll erstaunen: wer hier begraben sei und warum sie beständig ihren fächer über das grab schwinge? die frau veränderte ihre stellung nicht, sie fuhr fort zu fächern wie vorher, und lispelte einige worte – worte von denen man sagen könnte: Im Augenblick als sie vornommen wurden, taten sich tausend münder zum lachen auf; Und als man die worte erwog, da waren sie schändlich über die maassen. – ›Der in diesem grabe liegt‹, sagte die frau, ›ist der arme narr, mein verstorbener mann, er hatte das missgeschick zu sterben und hat seine gebeine hierhin gebettet. Während seines lebens war sein weib ihm alles;

---

¹ *Von der weißen Farbe des Fächers ist S. 16 die Rede (Anm. des Hrsg.).*

im tode nur verliess er mich, wider willen, und sprach mir auf dem sterbebette als letzten wunsch aus: wenn ich wiederheiraten wollte, so möge ich warten, bis die leichenfeier beendet und die erde über seinem grabe trocken geworden sei. Nun fächere ich es, weil ich besorge, die frisch aufgeworfene erde werde noch lange nicht trocken werden.‹« (*Hervorhebungen vom Hrsg.*)
Ähnlich ist der bei Anatole France (*Œuvres complètes, Bd. 7, Paris 1926, S. 91ff.*) referierte Hergang; die Vorgeschichte, warum die junge Frau das Grab trockenfächelt, wird dort jedoch dem Weisen von einer alten Frau, die er zufällig in der Nähe des Friedhofs trifft, erzählt. I. Schuster, *a.a.O. (S. 643, Anm. 4), S. 170*, weist auf eine Parallele hin: Mirandas Reaktion Ich murmelte irgend etwas, ich weiß nicht was *(S. 166, 30)* sei mit der Reaktion der jungen Frau in France's Version zu vergleichen *(a.a.O., S. 93)*: »Elle rougit, baissa la tête et murmura quelques paroles que le sage n'entendit point.«

168, 22   jedes Ding hat seinen Preis *S.* Die Schwestern *N 6 (S. 294, 17f.)*

168, 26–32   Verödung ... mit einer diamantenen Keule *Ähnliches in den Notizen zu der 1895 geplanten Erzählung* De duabus vitai clavis *(Von den zwei Keulen des Lebens):* Die Keule der Überfülle ... Die Keule der Verödung. *S.* Erzählungen 2, *SW Bd. XXIX, S. 43, mit Erläuterung S. 291. Vgl. auch den Aufsatz* Gabriele d'Annunzio *(II), P I 209*.

169, 17f.   Irgendwo auf einer Weide laufen zwei Fohlen. Vielleicht... *Vgl. Mörikes die Novelle* ›Mozart auf der Reise nach Prag‹ *beschließendes, dann auch unter dem Titel* ›Denk es, o Seele!‹ *veröffentlichtes Gedicht (Str. 2):* »Zwei schwarze Rößlein weiden | Auf der Wiese, | Sie kehren heim zur Stadt | In muntern Sprüngen. | Sie werden schrittweis gehn | Mit deiner Leiche; | Vielleicht, vielleicht noch eh' | An ihren Hufen | Das Eisen los wird, | Das ich blitzen sehe!« *S. auch die Variante zu S. 169, 17*.

169, 29–31   Schmuck aus einer rosenfarbenen und einer schwarzen Perle, den die Könige des Meeres tragen *Vgl.* Erzählungen 2, *SW Bd. XXIX, S. 103 (*Der goldene Apfel*):* das kleine Mädchen ... wie die aus ihrer Heimath ausgestoßene Tochter des Meerkönigs *mit deutlichem Bezug auf Andersens Märchen »Die kleine Seejungfrau« (darin auch der Perlenschmuck am Palast des Meerkönigs erwähnt). S. auch* Das Kleine Welttheater *N 5 (S. 595) und die Er-*

läuterung S. 634, 10–21 u. 834. Zum möglichen Symbolgehalt der Farben s. Der Tod des Tizian, S. 51, 21 f.: Liebessorgen, / Die ihm mit Rot und Schwarz das Heute färben *(mit Bezug auf Stendhal).*

170, 12 f. dieses ganze Abenteuer *Vgl. die Worte des Dichters im* Kleinen Weltthearer, *bes. S. 136, 4–7.*

171, 23 Verrueco *S. die Variante* Vorregoso *(1 H¹). Herkunft nicht ermittelt.*

172, 13–16 so verliebt, / Daß ich zu weinen anfing, wenn ich wo / Hochschreien hörte... *Vgl. die Aufzeichnung H V B 10.110: ein sehr junger Verliebter wird daran erkannt dass er bei der Beschreibung eines Festes in Thränen ausbricht.*

172, 19 f. Denn was hat Nacht mit Schlaf zu tun, was Jugend / Mit Treue? *Fortbildung einer Zeile aus John Miltons ›Comus‹: »What hath night to do with sleep? / Night hath better sweets to prove; / Venus now wakes, and wakens Love.«*
Hofmannsthal verwendete den Vers bereits 1893 auf einem Notizblatt zu dem Stück Das Urteil des Bocchoris *(H III 263.11):*
Advocat
Zwischenbemerkungen gegen Amasis.
»Wir haben nicht so heisses Blut, um Schnee hinwegzuathmen...«
»What has (for him) Night to do with sleep.«
S. auch Was die Braut geträumt hat, *S. 88, 17.*

175, 32–34 wie der Hauch des Himmels ists / Für einen, der in Purpurfinsternis / Begraben war und wieder aufwärts taucht *Vgl. die frühe Fassung zum 2. Aufzug des 1. Akts von* Das Bergwerk zu Falun *(1899), D IV 506 (die Bergkönigin spricht):* Mein Reich... ⟨hat⟩ Seen, drin spiegelt sich / die Purpurfinsternis des herrlichen / Gewölbes, das uns statt des Himmels ist. *S. auch die Nachlaßerzählung* Das Märchen von der verschleierten Frau *(1900) N 10:* ausruhen in einer dämmernden Grotte: dann steige noch ein paar Stufen: sieh in Spiegel der Spiegel hat zwei Flügel von Purpurfinsterniss *(SW Bd. XXIX, S. 138).*
Die Variante zu S. 175, 33: mit bergeslasten auf der Brust im Meer *(1 H¹) läßt die Herkunft des Wortes* Purpurfinsternis *aus Schillers Ballade ›Der Taucher‹ vermuten (Str. 19): »Denn unter mir lags noch, bergetief, / In purpurner Finsternis da...«.*

176, 11f. wie mans auf Fächern / Gemalt sieht *Vgl. die Variante zu S. 176, 10:* als was gemalt auf einen Fächer ginge *(3 H³) und die Titellisten H V B 6.10:* Figuren von einem zerbrochenen Fächer *und H V B 6.12 (zitiert und besprochen in der ›Entstehung‹ zur Treulosen Witwe, S. 822f. mit Anm. 1).*

176, 15f.: S. *›Varianten‹, S. 657, 23–26 mit Erläuterung S. 676, 34–677, 6.*

647, 31 Mariana in the South *Titel eines Gedichts von Alfred Tennyson. In: The Poetical Works of A.T., Vol. III (Poems published 1830), Leipzig 1860, S. 89–93 (das Exemplar in Hofmannsthals Bibliothek erhalten).*
Auf dieses Gedicht könnte sich auch die Randnotiz zu N 3 (S. 647, 32ff.) beziehen: Mariana ist ein Parfum ... solche Destillation ist die Arbeit der Dichter; *vgl. auch die Aufzeichnung im Tagebuch HVB 10.110:* Dichter destillieren Parfüms aus Leichen*). Doch enthält der o. zitierte Band noch ein anderes, ›Mariana‹ überschriebenes, Gedicht (S. 10–14), dessen Atmosphäre der von Hofmannsthal angedeuteten* (Stimmungscorrelat einer wirklichen schweren traurigen Sache) *gleichfalls entspricht (durch das Motto aus ›Measure for Measure‹ verweist Tennyson auf das Shakespearische ›Urbild‹ der Mariana). Es ist aber auch denkbar, daß sich Hofmannsthals Äußerung nicht auf diese Gedichte, sondern auf Dante Gabriel Rossettis Gemälde ›Mariana‹ bezieht (das 1870 entstandene Bild, für das Jane Morris Modell saß, illustriert den Anfang des 4. Aktes von Shakespeares ›Maß für Maß‹: Mariana, von ihrem treulosen Liebhaber Angelo verlassen, lauscht den Worten des singenden Knaben:* »Take, o take those lips away ...«*; s. den von G. Metken bearbeiteten Katalog der Präraffaeliten-Ausstellung Staatl. Kunsthalle Baden-Baden, 1973/74, S. 214, Nr. 133).*

653, 18f. Abend, zu der Stunde wo die Sonne fast wagrecht in das Zimmer fällt *Vgl. Das Kleine Welttheater, S. 133, 13–17 und dazu S. 596 (1 H¹* Der Abend des Dichters ...*) mit Erläuterung S. 626, 27–34.*

657, 23 so ist das Leben *S. die Erläuterung zu S. 263, 11 (S. 784).*

657, 25f. ganz aus solchem Zeug wie Träume sind! *Vgl. Text, S. 176, 16. Vgl. Shakespeare, ›The Tempest‹ IV, 1, V. 156–53: Prospero:* ... »We are such stuff / As dreams are made on, and our little life / Is roundet with a sleep.« *Vgl.* Terzinen III *(1894):* Wir sind aus solchem Zeug wie das zu Träumen, ... *(GLD 18; vgl. die Schlegel/Tiecksche Übersetzung)*, Das Kind und die Gäste *4 H (S. 810, 15f.)*: dass alles Leben aus solchem Stoff / wie Träume und ganz ähnlich auch vergeht *(s. auch GLD 85)*, Ödipus und die Sphinx *(1905; SW Bd. VIII, S. 53, 18f.)*: Wer bin ich, / wenn ich voll Stoff zu solchen Träumen bin?

DER KAISER UND DIE HEXE

ENTSTEHUNG

Die ersten Aufzeichnungen zu dem Ende November bis Anfang Dezember 1897 in Wien niedergeschriebenen Stück Der Kaiser und die Hexe *sind vermutlich nur kurz vorher, nicht vor dem Spätherbst des Jahres, entstanden. Die wenigen Notizen sind sämtlich undatiert, die erste uns überlieferte briefliche Erwähnung des Stücks kommt aus der Zeit kurz vor Abschluß der vollständigen ersten Niederschrift (s. S. 696). Dennoch läßt sich der Entstehungszeitraum der Notizen genauer eingrenzen. Die Zeit von der Rückkehr aus Italien (19. September) bis zum Ende des Aufenthalts in Hinterbrühl (25. Oktober) war ausgefüllt mit der Niederschrift des* Weißen Fächers, *der Arbeit an der in Varese begonnenen Prosa* Der goldene Apfel, *der Reinschrift der aus Italien mitgebrachten Stücke* Die Frau im Fenster, Das Kleine Welttheater *und* Die Hochzeit der Sobeide, *dann, nach einem kurzen Zwischenaufenthalt in Wien, mit der Reinschrift des* Weißen Fächers *und Notizen zu den Stücken* Die Schwestern *und* Die treulose Witwe. *Aufschlußreich ist ein für die spätere Niederschrift (1 H¹) von* Der Kaiser und die Hexe *wiederverwendetes Blatt, das außer Notizen für* eine Comödie, *für* Das Kind und die Gäste *und die letzte Scene der* jungen Frau *eine durch den Vermerk* mitnehmen *zusammengefaßte Leseliste enthält. In ihr sind aufgeführt:* Ibsen Dramen Kaiser u⟨nd⟩ Gal⟨iläer⟩ Kronpraet⟨endenten⟩ Peer Gynt eine Scene mit einem Kinde »ich hole meine Jugend nach« Grimm Hausmärchen Richter anorg⟨anische⟩ Chemie Cervantes novelas ejempl⟨ares⟩ ⟨Ibsen⟩ Kom⟨ödie⟩ d⟨er⟩ L⟨iebe⟩ Browning. *Da Brownings ›Paracelsus‹-Stück und das Gedicht ›Protus‹ als Quellen zu* Der Kaiser und die Hexe *nachweisbar*[1]*, Bezüge zu Ibsens Trilogie*

---

[1] *S. N 5, N 8, N 10 und die Erläuterung zu S. 200, 35. S. auch die Randnotiz* Browning *bei* MacMillan *auf einem Blatt mit Entwürfen zum Epilog des* Weißen Fächers *(4 H⁴, S. 645). Eine intensive Browning-Lektüre Hofmannsthals ist für den Sommer 1895 (Aufenthalt in Göding) belegt (A 119f. und Juni-Korrespondenz mit dem Vater); am 16. Juni 1895 schreibt der Dichter an R. Beer-Hofmann (BW 54):* Die vielen Hundert Menschen die in den versificierten Novellen und kleinen Dramen von Browning vorkommen, sind lauter Künstler oder solche Philosophen, die uns

›Kaiser und Galiläer‹ erkennbar sind¹, kann man vermuten, daß die in Aussicht genommene Lektüre den ersten Konzepten des Stücks vorausging. Der Vermerk, die genannten Werke ›mitzunehmen‹, läßt sich gut auf die Zeit in Hinterbrühl, vor allem auf den zweiten Teil des Aufenthaltes, nach dem 15. Oktober, beziehen. So wird für die Entstehung der ersten Notizen die zweite Hälfte des Oktober 1897 wahrscheinlich.² Aber auch ein noch späterer Ansatz scheint vertretbar, wenn man bedenkt, daß Hofmannsthal noch am 6. und 12. November (in Briefen an Brahm und George) von einem angefangenen kleinen Hirtenspiel heiteren Inhalts berichtet, das, nach der Ablehnung des Weißen Fächers durch Brahm, als drittes für das ›Deutsche Theater‹ in Berlin bestimmtes Stück mit dem Blick auf größere Bühnenwirksamkeit geschrieben werden sollte. Erst mit dem Abbrechen dieses Plans dürfte der Weg für Der Kaiser und die Hexe endgültig frei geworden sein.

Innerhalb der Notizen läßt sich eine relative Chronologie nur in Ansätzen ermitteln. Zwei Szenarien (N 1, N 2) werden den Beginn gemacht haben. Sie teilen den geplanten Handlungsablauf in sieben Szenen auf. Diese Gliederung ist nicht als eine Alternative zur später verwirklichten Form des »Einakters« zu verstehen, sondern als ein allein für den Gebrauch des Autors bestimmtes Dispositions-Schema, das er auch in den folgenden Notizen als Ordnungsprinzip beibehält. Die beiden Szenarien an den Anfang der Notizen zu stellen, nötigt die Bezeichnung der Hauptperson des Stücks als König, die, in N 1 durchgängig verwendet, erst am Beginn von N 2 in die, dann nicht mehr schwankende, Form Kaiser geändert wird.³ In dem folgenden (vermutlich zugleich mit dem im ersten Anlauf gültig formulierten Titel niedergeschriebenen) Personenverzeichnis erhält der Kaiser den Beinamen Porphyrogenetos, der nicht als das Epitheton für den byzantinischen Herrscher schlechthin, sondern als Hinweis auf die Gestalt seines ersten Trägers, Konstantins VII., zu verstehen ist.

sehr nahe sind, wie Theophrastus Paracelsus, aber meistens italienische Maler, Dichter, auch Journalisten oder etwas innerlich analoges, und alle sehr gescheit, überlegen und merkwürdig. Mit allen könnte man über alles reden und alle denken sie über das Schicksal nach. Aber dabei sind diese vielen Hundert Menschen wundervoll nuanciert und manchmal unglaublich lebendig. *Auf einem Blatt mit Tagebuchaufzeichnungen vom 6ten Juni 1895 (H VB 4.14) sind aus* Browning Paracelsus *unter dem Stichwort* Menschliches *die folgenden Verse aus dem 5. Akt zitiert:* So glorious is our nature, so august / Man's inborn uninstructed impulses / His naked spirit so majestical! *Diese Verse sind auch in der noch in Hofmannsthals Bibliothek vorhandenen Ausgabe der* ›Poems by Robert Browning‹, *London 1898, S. 97, angestrichen. S. auch die Zitate aus Brownings* ›In a Balcony‹ *A 109f. (1894)*.

¹ *Vgl. vor allem Hofmannsthals Kaiser mit dem jungen Julian bei Ibsen.*
² *Mit dem in der September/Oktober-Korrespondenz 1897 wiederholt erwähnten zweiten oder anderen Einakter (nach der* Frau im Fenster*) ist* Die junge Frau *(auch zeitweise* Mirzas Hochzeit *und später* Die Hochzeit der Sobeide *genannt) gemeint.*
³ *Die Änderung* Kaiser *aus* König *am Schluß von N 1 ist sicher erst nach dem Beginn von N 2 im Rückgriff erfolgt (das neue Wort ist aus dem alten herausgezeichnet).*

Dies wird aus dem Vergleich der Charakterisierung des – zur Weisheit und Güte bestimmten – Kaisers im Stück mit seiner Darstellung in Edward Gibbons ›The Decline and Fall of the Roman Empire‹ (Kap. 48 und 53) deutlich. Auf die gleiche Quelle deutet der Hinweis auf die Cäsar-Nachfolge *(S. 205, 37), vor allem aber das bis ins Detail an Gibbons Darstellung angelehnte Schema des kaiserlichen Hofstaats (N 7).*[1]

Lassen die Notizen noch keine Entscheidung für die spätere Versform des Stücks erkennen (einzelne Ansätze zeigen ein Nebeneinander von iambischem und trochäischem Vers), so ist mit dem Beginn der Niederschrift von 1 H¹ die Wahl getroffen[2]*; das Manuskript weist keine Spur von Suchen und Experimentieren mit andern Formen auf. 1 H¹ entsteht nun in kürzester Zeit, ohne Unterbrechung. Das Datum des Beginns ist, im Konvolut zweifach festgehalten,* Dienstag 23 XI 97; *bereits am 29. November berichtet Hofmannsthal in einem Brief an Stefan George:* Ich bin nun bald am Ende des dritten der aufführbaren Theaterstücke. *Am 5 December 1897, nach weniger als zwei Wochen, ist das Stück vollendet (in der späteren Reinschrift werden lediglich szenische Angaben nachgetragen oder präzisiert). Die Eile der Niederschrift bei rasch herzudrängenden Bildern – der Produktivität in Varese vergleichbar – zeigt sich auch in der Wiederverwendung von Notizblättern als Schreibmaterial, vor allem gegen Schluß des Stücks.*

Noch im Dezember 1897 entsteht die Reinschrift (2 H²). Von ihr wird vermutlich sofort ein Typoskript, mit einem oder mehreren Durchschlägen, angefertigt und noch vor Jahresende 1897 an den Leiter des ›Deutschen Theaters‹, Otto Brahm, nach Berlin geschickt. Erhalten sind das an Brahm gelangte Original (3 tH¹) und eine in Hofmannsthals Besitz verbliebene Durchschrift (4 tH²).[3] *Brahm lagen damals*

---

[1] *Auf Konstantin VII. als ein Vorbild für den Kaiser des Stücks hat* P. Michelsen *in seinem 1964 erschienenen Aufsatz ›Magie‹ hingewiesen (jetzt in: P. M., Zeit und Bindung. Studien zur deutschen Literatur der Moderne, Göttingen 1976, S. 51), jedoch ohne den Vermittler Gibbon zu nennen. L. Muerdel-Dormer (Hofmannsthal-Forschungen V, Freiburg/Br. 1977, S. 38f.) verweist auf George Finlay, A History of Greece, Bd. 2, Oxford 1877, als mögliche Quelle. Doch ist Finlays Werk im Nachlaß nirgends erwähnt, während die Lektüre Gibbons schon in den frühen Tagebuchaufzeichnungen (H VII 13.34 und 39–41), September 1889–Frühjahr 1890, über Wochen hin detailliert verzeichnet ist. S. auch das in den Erläuterungen S. 708 mitgeteilte Exzerpt. Noch 1918, bei der Konzeption der Erzählung* Der Kaiser und die Hexe, *greift Hofmannsthal auf Gibbon zurück:* N 2: Die Details einer Entthronung wissen. Gibbon. Diehl etc. *(SW Bd. XXIX, S. 209).*

[2] *Daß die vierhebigen, spanischen, Trochäen auf eine spanische Quelle, auf das alte Motiv der ›Jüdin von Toledo‹ in den Dichtungen Lope de Vegas und Grillparzers, verweisen, hebt* P. Szondi, Das lyrische Drama des Fin de siècle, Frankfurt/M. 1975, S. 308f. *hervor.*

[3] *Blatt 45. der Reinschrift hat der Schreiber offenbar übersehen. So ist der Schluß des ersten Typoskripts unvollständig; in 3 tH¹ schließt an S. 207, 13* (schreit) *unmittelbar S. 207, 30* (Der Kaiser) *an. Hofmannsthal scheint dies sofort bemerkt zu haben; ein Blatt*

ENTSTEHUNG 681

bereits Madonna Dianora, Die junge Frau *und der von ihm abgelehnte* Weiße Fächer *vor. Anfang Januar 1898 berichtet Hofmannsthal in einem Brief Arthur Schnitzler:* ›Kaiser und Hexe‹ gefällt Brahm nicht sehr (offenbar) und er wird es nicht spielen.[1] *Obwohl sich Schnitzler in einem am 4. Januar geschriebenen Brief an Brahm nochmals für das Stück verwendet, bleibt dieser, im Antwortbrief vom 5. Januar, bei seiner Ablehnung.*

Über den Bemühungen des Dichters, sich die Bühne zu gewinnen (am 15. Mai 1898 wird als erstes seiner Stücke Die Frau im Fenster *aufgeführt, es folgen* Der Tor und der Tod *am 13./14. November 1898, im März 1899* Die Hochzeit der Sobeide *und* Der Abenteurer und die Sängerin*), scheint das abgelehnte Stück zunächst in den Hintergrund getreten, auch an seine Drucklegung nicht gedacht worden zu sein. Rückblickend schreibt Hofmannsthal am 7. Mai 1898 Stefan George, er habe seinen im Lauf des letzten Winters entstandenen* dramatischen Gedichten ... mit einer schwer zu beschreibenden Unsicherheit und Abneigung *gegenübergestanden.*[2] *Erst 1900, im Januarheft der Monatsschrift* ›Die Insel‹, *erscheint* Der Kaiser und die Hexe *im Druck. Im Inhaltsverzeichnis erhält das Stück die, später nicht mehr verwendete, Bezeichnung* Schauspiel, *was vielleicht als Hinweis darauf zu verstehen ist, daß der Dichter den Anspruch der Darstellbarkeit nicht aufgegeben sehen wollte. Im Kontakt mit den Herausgebern der* ›Insel‹, *Heymel und Schröder, wurde noch im gleichen Jahr die berühmt gewordene bibliophile Buchausgabe des Stücks im Verlag der Insel zum Druck gebracht. Dieser und der folgende (nicht mehr separate) Druck von 1906 lassen aufgrund von Streichungen die redigierende Mitarbeit des Dichters erkennen.*

Daß das Stück ihm nicht ferne gerückt *war, sich* nicht völlig von ihm *gelöst hatte, ihm nicht als* eine abgeschlossene Arbeit, sondern eher als ein *Plan oder Entwurf erschien, wie Hofmannsthal noch im Jahre 1926 bekannte (s. den Brief an Georg Terramare,* ›Zeugnisse‹, *S. 707f.), zeigt vor allem die intensive Auseinandersetzung mit ihm in den* Ad me ipsum *überschriebenen Aufzeichnungen (1916ff.). Dort ist* Der Kaiser und die Hexe *ein wichtiges Dokument zur Beschreibung des Zustands der Praeexistenz; am jungen Kaiser zeigt Hofmannsthal die* Verfehlung gegen die Wort-Magie, die *Sprachsünde – als ein* Zu-viel im Reden – *auf (s. S. 704), wobei der großen an Tarquinius gerichteten Rede (S. 185, 32–187, 28) eine Schlüsselfunktion zukommt. Vielleicht hat das ihn auch bei seinen Studien zur Mystik damals neu beschäftigende* »Bild des Abgrunds..., des Scheideweges«, *das*

---

mit dem handschriftlichen, von der Fassung in 2 H² nur geringfügig differierenden, Nachtrag der Stelle liegt 3 tH¹ bei. Dieses Blatt hat auch dem Schreiber bei seiner neuerlichen Abschrift des Schlusses vorgelegen; in 4 tH² ist die (wohl vernichtete) Seite mit der unvollständigen gegen zwei Seiten mit der komplettierten Fassung ausgetauscht (beide Seiten in zwei Durchschlägen vorliegend, das Original fehlt).
[1] *S. u. S. 696. Brahms ablehnender Brief ist nicht bekannt.*
[2] *BW 133*

Problem des »scheinbar ganz kleinen«, dann aber nur durch unerhörte Mühen wiedergutzumachenden »Fehltritts«[1] *Hofmannsthal zu einer neuen Gestaltung der Kaiser-Hexe-Beziehung veranlaßt. 1918/19, während einer Unterbrechung seiner Arbeit an der* Frau ohne Schatten[2], *entstehen neben der Lektüre und Übertragung Calderons*[3] *Aufzeichnungen zu einem Stück* Der Kaiser und die Hexe[4] *und etwa gleichzeitig zu einer* Novelle *gleichen Titels.*[5] *Während diese mit der um* Entthronung und Gerichtstag *sich bewegenden Handlung an das frühe lyrische Drama deutlicher anknüpft, führt jenes in eine, unter der Einwirkung von Calderons Drama ›Der wundertätige Magus‹ gestaltete, phantastische Welt, die einem von Hofmannsthal schon 1893 notierten Plan eines* Prolog zu einer phantastischen Comödie, aus dem Stoff einer italienischen Novelle zu entwickeln, *verwandt zu sein scheint.*[6] *Beide Ansätze wurden nicht weiter verfolgt.*

Einem ihm im Herbst 1926 vorgetragenen Plan zu einer Aufführung seines Stücks[7] *durch Spieler des ›Gymnasiums zu den Schotten‹ stimmt der Dichter, nicht ohne Bedenken, zu (s. S. 708). Am 16. Dezember 1926 wird* Der Kaiser und die Hexe *in der Wiener Urania zum erstenmal aufgeführt.*

---

[1] *Zitate aus dem 1914 erschienenen Buch ›Die Probleme der Mystik und ihrer Symbolik‹ von Herbert Silberer (s. ›Zeugnisse‹, S. 704); eine Randnotiz in Hofmannsthals Exemplar verweist auf* Der Kaiser und die Hexe. *S. auch die Notiz auf einem Blatt aus den* Kaiser Phokas-*Entwürfen (u. S. 707).*

[2] *Grund für die Arbeitskrise waren Schwierigkeiten bei der Gestaltung des Efrit (SW Bd. XXVIII, S. 272). Die »auffallende Parallele zwischen Efrit und Hexe« hebt E. Ritter (SW Bd. XXIX, S. 387) hervor.*

[3] *Ergebnis ist die Übertragung der ›Dame Kobold‹. Die systematische Calderon-Lektüre (in der Absicht, einen Vertrag als Calderonübersetzer mit dem Burgtheater abzuschließen) führt den Dichter auch wieder zu den Dramen ›Der wundertätige Magus‹ und ›Der Liebe Zauberei‹, deren Einfluß auf das Stück* Der Kaiser und die Hexe *erkennbar ist (SW Bd. XXIX, S. 387).*

[4] *SW Bd. XXIX, S. 388–390.*

[5] *SW Bd. XXIX, S. 209–212.*

[6] *S. A 97: Die Hexe, die mit dem Fürsten Cantacuzeno von Sparta nach Irland fliegt . . . (Tomaso Tomasi bei Bülow, ›Italienische Novellen‹). Vgl. die Notiz* Das zweite Leben des Kaisers Cantacuzenos . . . , *SW Bd. XXIX, S. 390, und ebd. S. 389, 17–26 (Zergehen der Phantomwelt, genau wie in A 97).*

[7] *Eine im Mai/Juni 1906 geplante Aufführung in dem von Paul Brann geleiteten ›Marionettentheater Münchner Künstler‹, die von Hofmannsthal angeregt und gefördert worden war, kam nicht zustande (s. ›Zeugnisse‹, S. 703).*

ÜBERLIEFERUNG

N 1	E III 145.42^b; jetzt FDH–II 19930 – Oberer Teil der Rückseite des mit 40 paginierten Blattes von 1 H^1. Vermutlich frühestes Scenarium des Stücks (der Kaiser noch durchweg als König bezeichnet, Änderung erst in der letzten Szene). Im unteren Teil der Seite N 2, N 3.
N 2	E III 145.42^b – Beschreibung s. N 1. Scenarium. Die Bezeichnung König in der 1. Szene in Kaiser geändert. Auf derselben Seite N 1, N 3.
N 3	E III 145.42^b – Beschreibung s. N 1. Dramatis personae (der bereits endgültige Bestand der Hauptpersonen des Stücks).[1] Auf derselben Seite N 1, N 2.
N 4	E III 145.52; jetzt FDH–II 19930 – Aufgrund der Überschrift 1te Scene ist die Entstehung in unmittelbarem Anschluß an die Szenarien (N 1, N 2) wahrscheinlich.
N 5	E III 145.51; jetzt FDH–II 19930 – Aufgrund der Zuweisung letzte Scene Datierung wie bei N 4.
N 6	H VB 10.52
N 7	H VB 10.51
N 8	E III 145.46^b; jetzt FDH–II 19930 – Aufgrund der Überschrift 7te Scene Datierung wie bei N 4. Auf der anderen Seite pag. 44. von 1 H^1.
N 9	E III 145.48^b; jetzt FDH–II 19930 – Auf derselben Seite Notiz und Szenarium für ein Stück Die Alten und das Kind. Auf der anderen Seite pag. 46. von 1 H^1.
N 10	E III 145.45^b; jetzt FDH–II 19930 – Auf derselben Seite eine nicht zuweisbare Notiz warum sollte man nicht Verse machen... Auf der anderen Seite pag. 43. von 1 H^1.
N 11	E III 145.18^b; jetzt FDH–II 19930 – Die der späteren Versfassung (S. 189, 2–10) auch in der Formulierung sehr nahekommende Notiz dürfte während der Niederschrift von 1 H^1 entstanden sein. Auf der anderen Seite pag. 17. von 1 H^1.
1 H^1	E III 145.1–49; jetzt FDH–II 19930 – Vollständige erste Niederschrift des Stücks (ohne Personenverzeichnis und Bühnenanweisung, zahlreiche Regieanweisungen noch nicht enthalten). 48 fortlaufend paginierte Blätter (1tes Blatt bis 47.; pag. 18 in zwei Blätter, 18α und 18β, aufgeteilt) in einem Konvolutumschlag (E III 145.1) mit der Aufschrift der Kaiser und die Hexe / 23 XI – 5 December 1897. Auf der ersten Seite links oben: Dienstag 23 XI 97, am rechten Rand eine, wohl nach-

---

[1] Wohl erst mit der Niederschrift dieses Personenverzeichnisses hat die ganze Seite die Überschrift Der Kaiser u die Hexe erhalten.

träglich notierte, *Namensliste:* Josy | Fischer | Bubi | Hansl | Manz.¹ *Auf der Rückseite von pag.* 17.: *N* 11, *von pag.* 25: *Fortsetzung einer Notiz* wie er mit dem Kind zurückkommt . . .², *von pag.* 26.: Das Kind und die Gäste *N* 13, *von pag.* 38.: *Notiz zu einer Szene (?)* der Knecht in den Kleidern der Mägde, *von pag.* 40: *N* 1–*N* 3, *von pag.* 43.: *N* 10 *und nicht zuweisbare Notiz über* Verse, *von pag.* 44.: *N* 8, *von pag.* 45.: *Notiz (Gespräch) zu einem Stück (?)* Dafne u⟨nd⟩ der Abenteurer *sowie unter der Überschrift* Details *nicht zuweisbare Aufzeichnung, von pag.* 46.: *N* 9 *und Notiz und Szenarium für ein Stück* Die Alten und das Kind, *von pag.* 47.: *Personenverzeichnis und Notiz für eine Comödie:* der Reisende, die Landgräfin . . . , *sowie* Das Kind und die Gäste *N* 12, *Notizen für die* junge Frau letzte Scene: (= Die Hochzeit der Sobeide) *und eine Leseliste mit dem Vermerk* mitnehmen *(s. dazu S.* 678, 19–23*)*.

2 H²   E XXIII 14.1–48; *jetzt* FDH–II 19930 – *Vollständige Reinschrift des Stücks.* 47 *in einen unbeschriebenen Bogen* (14.1) *eingelegte Blätter, davon das erste (mit Titel, Personenverzeichnis, Bühnenanweisung) unpaginiert, die übrigen von* 1. *bis* 46. *fortlaufend paginiert. Undatiert. Entstehung mit Sicherheit noch im Dezember* 1897. *Vorlage für* 3 tH¹, 4 tH² *(s. auch S.* 680*)*.

3 tH¹   *Privatbesitz – Geheftetes Typoskript des Stücks. Ein unpaginiertes Blatt (mit Titel, Personenverzeichnis, Bühnenanweisung, s.* 2 H²!*) und* 45 *fortlaufend paginierte Blätter. Der Schluß des Stücks (S.* 45*) in durch Versehen verkürzter Fassung; das Fehlende vom Dichter auf beigelegtem Blatt handschriftlich ergänzt (s. auch S.* 680, *Anm.* 3*)*.³

4 tH²   E XXIII 15.1–7; *jetzt* FDH–II 19930 – *Geheftetes Typoskript (Durchschlag) des Stücks. Ein leeres* (15.1), *ein unpaginiertes Blatt* (15.2; *s.* 3 tH¹*) und* 46 *fortlaufend paginierte Blätter, wovon die beiden letzten nicht mehr geheftet und in doppelter Ausfertigung* (15.4–7) *beigelegt sind. Bis S.* 44 *ist das Typoskript mit* 3 tH¹ *identisch. Es enthält jedoch Bleistiftkorrekturen einiger Versehen, ein Vers (s.* ›Varianten‹ *zu S.* 186,33*)*

---

¹ Gemeint sind: Josef Graf Schönborn, Verleger oder Verlag S. Fischer, Georg Freiherr v. Franckenstein, Hannibal Karg von Bebenburg, die Manz'sche k.u.k. Hof-, Verlags- und Universitätsbuchhandlung in Wien.

² Vielleicht für das pag. 46 verso (s. N 9) skizzierte Stück Die Alten und das Kind bestimmt.

³ 3 tH¹ befand sich früher im Besitz von Otto Brahm.

ÜBERLIEFERUNG

    ist gestrichen.¹ Die Blätter 45 und 46 enthalten den vollständigen Schluß (Vorlage: das 3 tH¹ beigelegte hs. Blatt) und sind gegen das frühere Blatt 45 ausgetauscht.²

5 D¹ Der Kaiser und die Hexe. Schauspiel von Hugo von Hofmannsthal (geschrieben 1897). *Mit Titelseite von Heinrich Vogeler (Worpswede) und einer Zeichnung von Th. Th. Heine.* In: Die Insel. 1. Jg., 2. Quartal, Nr. 4, Berlin, Januar 1900, S. 1–47.
  Der Text basiert auf 4 tH²; doch sind gegenüber der Vorlage nach S. 194, 5 zwei, nach S. 196, 13 neun Verse weggefallen (s. dazu ›Zeugnisse‹*, S. 697, 24 ff.).*

6 D² Hugo von Hofmannsthal Der Kaiser und die Hexe. *Mit Zeichnungen von Heinrich Vogeler – Worpswede.* Leipzig: Insel-Verlag 1900.
  Text nach 5 D¹. Einige Änderungen in Orthographie und Interpunktion.

7 D³ Der Kaiser und die Hexe. 1897
In: Kleine Dramen. Leipzig: Insel-Verlag 1906, S. ⟨57⟩–104.
  Gegenüber 6 D² sind das Personenverzeichnis und die Bühnenanweisung sowie nach S. 181, 19 ein Vers, nach S. 194, 13 zwei Verse weggefallen. Die Orthographie ist konsequent modernisiert, die Interpunktion normiert.

8 D⁴ Der Kaiser und die Hexe. 1897
In: Kleine Dramen. Zweiter Band. Leipzig: Insel-Verlag 1907, S. ⟨63⟩–110.
  Mit 7 D³ identisch.

9 D⁵ Der Kaiser und die Hexe. 1897
In: Die Gedichte und Kleinen Dramen. Leipzig: Insel-Verlag 1911, S. 161–196.
  Text nach 8 D⁴. Einige Änderungen in Orthographie und Interpunktion. Dem Text sind Personenverzeichnis und Bühnenanweisung (nach 6 D²) vorangestellt. Damit ist die Genese abgeschlossen. Textgrundlage.

---

¹ *Da diese Streichung in 3 tH¹ nicht vollzogen ist, der Vers in den Drucken aber nicht mehr erscheint, kann nur 4 tH² oder ein anderer korrigierter Durchschlag, nicht aber das in O. Brahms Besitz verbliebene Exemplar 3 tH¹ Vorlage von 5 D¹ gewesen sein.*
² *Ein Typenvergleich ergab Übereinstimmung mit dem Typoskript des Vorspiels zur Antigone, dessen Herstellungsort und Schreiber bekannt sind (s. S. 727, 9 ff.).*

10 D⁶ Der Kaiser und die Hexe. 1897
In: *Gesammelte Werke. Erster Band. Berlin: S. Fischer Verlag
1924, S. 185–222.*
   Text nach *9 D⁵. Geringfügige Änderungen in Orthographie
und Interpunktion, einige, vermutlich von der Redaktion vorgenommene, Glättungen aus metrischen Gründen.*

VARIANTEN

N 1

                  der Kaiser u. die Hexe[1]

Scenarium.

König	Hexe
König	Tarquinius dieser wird geschickt den Hof versammeln (wie sie
König	Mörder sich im Gebüsch zeigt)
König	Tarquinius Pagen
König	will jagen verwundet ruft den armen Burschen, bleibt wieder allein
König	der Alte aus der Höhle
	der Hof
Kaiser	u Kaiserin

686, 19   Kaiser *aus* König

N 2

Scenarium

1   Kaiser   Hexe
2   Kaiser   Tarquinius
3   Kaiser   Mörder   Lanzknechte   (die Hexe im Gebüsch)
+   (dazu Tarquinius   Pagen)
4   Kaiser allein   will jagen, verwundet die Hexe, ruft Taglöhner
5   wieder allein   holt den Alten aus der Höhle
6   Kaiser   der Alte   der Hof
7.   Kaiser   Kaiserin

686, 23   Kaiser *aus* König

---

[1] *Die Überschrift wohl erst nachträglich über die ganze N 1–N 3 enthaltende Seite gesetzt
(s. ›Überlieferung‹, S. 683); die ganze Seite ist (als erledigt) durchgestrichen.*

ÜBERLIEFERUNG · VARIANTEN

N 3

Dramatis personae
der Kaiser Porphyrogenetos
die Kaiserin
die Hexe
Tarquinius ein junger Kämmerer
ein Verurtheilter
ein armer Mensch
ein Greis

687, 7 Verurtheilter *aus* Mörder

N 4

1ᵗᵉ Scene
ich könnte manchmal meine Freunde in Särgen gleichgiltig denken

mit der Hexe:¹
ich will die Sterne sehen: Kannst sie durch mein Haar sehn
ich will die Wasser hören: Kannst Blut fliessen hören
über meine Schulter lehne Dich und schau die Welt an

Du hast doch wollen die Welt in meinen Küssen einsaugen

Kaiser tritt auf.
K⟨aiser⟩
bin nicht vielmehr ich dies Wild meine Gedanken und Wünsche die Hunde die mich hetzen
früher lief sie neben mir und hielt mein Pferd am Zügel und ihre Füsse weich wie Hermelin wurden von den Steinen zerrissen
(in der ersten Scene ist er versucht diese Füsse zu berühren)
ist das wahr oder nur meine Augen und Ohren voll von ihr, ja es ist wahr
erst die Hunde verscheuchten sie: ich bohrte mei⟨ne⟩ Auge⟨n⟩ ins Wild

Schluss: mein Leib ist heilig wie meine Seele wie die Welt

687, 23–27: *gestrichen*

---

¹ ***687, 14–16:*** *am Rand notiert:* die Hexe als Kaiserin

N 5

Der Kaiser u die Hexe.

letzte Scene: flicht mir das Haar zu einer Krone, wie willst Du Morgen Tag
und Nacht ohne mich ertragen   Du müsstest wahnsinnig werden.
nennt ihr das den hellen Tag: mir ist Nacht mit einer Sonne

habe Dir Worte zu sagen die mir die Lippen verbrennen
beladen mit Musik so wie ein Stern mit Licht

Dein erstes Wort wie ein Mondstrahl zu mir gleitend

mein Herz ist Stein ich kann nicht mehr bereuen

und Schlamm ist alles was nicht Helena

Ausblicke: ich könnte recht thu'n, unbekannte Welten durchwandern

der Mörder soll Kapitän auf einer Galeere werden: dabei fällt ihm ein
ich habe Schiffe

der Greis weiss seinen Namen nicht mehr: niemand von den Hofherren die
er nacheinander aufruft will ihn sagen, Tarquinius entdeckt er steht auf
ein⟨em⟩ Armband
Schluss: sie droht zum ersten Mal, wird hässlich, verfällt

688, *15f*.   Tarquinius ... Armband *aus* nur die Kaiserin

N 6

vor der Höhle   sitzt mit bedeckten Augen: wie nun ist sie fort?
    wirklich fort? auf immer?
    dies ist nichts rechtes es war gar zu sehr im Taumel,
    nennt ihr dies den hellen Tag, mir ists Nacht mit einer
    Sonne
    ja säh ich alle Freun⟨de⟩ in Särgen
    nur dies noch einmal sehen die eine Nacker linie wo das
    Leben sich so sanft so trotzig so unbegreiflich drängt, – –
    wie hier auch ein Mensch? ist dies der Sinn davon, dass
    alles mit solchen Möglichkeiten erfüllt ist, jede Höhle
    die Luft, das Meer das innere der Berge?

Alles hat Gott gegen Dich gewendet: Dein schein-sterben führte zur Erkenntnis grosser Dinge

notre chemin c'est l'un dans l'autre

VARIANTEN   689

Symbol: das Kind das in Flammen unversehrt bleibt (Ceres – Triptolemos)
jetzt soll es solche Thiere wirklich geben

688, 22–25: *gestrichen*

N 7

Protovestiarius   mit silb⟨ernem⟩ Stab
Logothetes – Grosskanzler
Grossiegelbewahr⟨er⟩   Präfect der Stadt
Grosstagerman
Grossdomesticus, Protostrator (Falconier)
Hauptmann der Franken, der Barbaren, der Varangen

zurückkommend:
auch das Grauenhafte vergangen stärkt
meine Thätigkeiten freuen mich

N 8²
                          7te Scene

letzte grosse Rede.
unmittelbar vorher: lasst den Greis aus meiner Schüssel essen.

der Kaiser ist für sein Reich, was Gott für das all: die Mörder, die Taglöhner, die für ihn geblendeten, die Ritter, die Grossen sind seine **Freunde**

and from the grand result
a supplementary reflux of light
illustrates all the inferior grades explains
each back step in the circle

to know even hate is but a mask of love

for thee the present
shall have distinct and trembling beauty seen
beside that past's own shade   ⎫
                                                ⎬ beim Zurückkommen
auch das Grauenhafte vergangen, stärkt   ⎪
I press Gods lamp close to my breast   ⎭

Ernennung des Verurtheilten zum Capitän: da ich früher Heerführer mit
rosigen Fingern unwissend wählte, muss ich's jetzt wissend erneuern.

689, 25–30: *am Rand neben* **20–24** *nachgetragen*

---

[1] *Ganze Notiz gestrichen.*

N 9[1]

bin ich selber leben⟨d⟩ wandeln⟨d⟩ nicht ein grösser⟨es⟩ Denkmal als die Pyramiden die Mausoleen die wundervollen aufgethürm⟨ten⟩ Königsgräber

N 10[2]

er u die Kaiserin
sie: mein Kind ist mir alles
er: sie lächelt über alles gleichmässig
    aber ich bin froh dass sie es ist die mir Kinder zur Welt bringt

zur Hexe:
    ich hab die ganze Welt die wirklich⟨e⟩, brauch nicht mehr die in dir
    kann hineingreifen ins Leben fühl es wie einen gefang⟨enen⟩ Vogel
    I have done with wondering at the⟨e⟩ I have got men to wonder at and
    God above man

N 11[3]

Komm, dich in mich wühlen dich mit mir bed⟨ecken⟩

redt sie mit mir oder mit einem andern
erlebt sie mit einem andern alles gleich
ist alles nur Trug, davon bin ich so vergiftet
ist alles nur ein Knäuel: Umarmung so ein Ding wie Verwesung das was die Lippen reden so wie Rascheln dürrer Blätter,

          1 H¹–10 D⁶

178, 1:   *davor:* Dramatis personae: *2 H², 3 tH¹, 4 tH²*
          Personen: *5 D¹, 6 D²*

178, 1–179, 4 DER ... führt. *nicht in 6 D³, 7 D⁴*

179, 9   schaukelt *aus* schaudert *1 H¹*

179, 22   Lachen, *aus* Weggehn *1 H¹*

180, 3   ich ... spüren *aus* in alle Wunden *1 H¹*

180, 16   schwank] schwach *7 D³–10 D⁶; emendiert nach 1 H¹–6 D²*

---

[1] *Ganze Notiz gestrichen.*
[2] *Ganze Notiz gestrichen.*
[3] *Ganze Notiz gestrichen.*

VARIANTEN   691

180, 20:   *danach gestrichen:* dies ist wie ein Wagenrennen / wo nur Rasende
              gewinnen *1 H¹*

180, 31–33: *aus* Rede sanfter als ein Kind / komm als Königin von Thule /
              komm als Königin von Saba / Hexe Du und Teufelsbuhle / ich
              will Dir entgegenschrei⟨n⟩ / sieben Jahre war ich Dein / aber
              dies hat heut ein End *1 H¹*

181, 17   Dich] Dich ... (verliert sich) *1 H¹*

181, 19   dort im Wipfel,] dort im Wipfel / hängt sie wie ein goldnes Ei,
              1 H¹–6 D²
              dort ... Ei, *aus* ein⟨en⟩ Wipfel / füllt sie an mit Glanz und
              Duft *1 H¹*

181, 23:   *danach gestrichen:* Du im Abgrund wie die Katze *1 H¹*

182, 18:   *danach:* der Kaiser schweigt. *1 H¹*

183, 8:   *danach gestrichen:* alles innre Feuer fort *1 H¹*

183, 17   du] die *3 tH¹–10 D⁶; emendiert nach 1 H¹, 2 H²*

183, 28   Steh!] Seht! *9 D⁵, 10 D⁶; emendiert nach 1 H¹–8 D⁴*

183, 30:   *danach gestrichen:* Faune warens! Thiere! schlimmer / todte
              Kobolde aus Gräbern / todte Heiden,   / will nicht dass sie
              sich *1 H¹*

184, 10   horcht] hört *5 D¹–10 D⁶; emendiert nach 2 H², 3 tH¹, 4 tH²*

184, 28:   *danach gestrichen:* goldne Panzer um mich her, / still auf mir *1 H¹*

185, 4:   *danach:* ihn herwinkend *aus* (in die Hände klatschend) *1 H¹*

185, 21   dies] dirs *3 tH¹–10 D⁶; emendiert nach 1 H¹, 2 H²*

186, 1   Nimm ... acht; *aus* (er sieht ihn an) was jung / auch bezau-
              bernd, rührend etwa / doch nicht gut, gar nichts von gut.
              691, 24 was jung *aus* gefährlich wohl

186, 33   Buhlerinnen...] Buhlerinnen / und Verächtlichkeit Dein Stab!
              1 H¹–4 tH² (dort gestrichen)

186, 34:   *davor:* ruhiger *1 H¹*

186, 36:   *aus (1)* frag nicht woher ich das alles weiss / und denk nicht
              nach wie mancher viele Wahrheit weiss / und nicht die Kraft
              hat / *(2)* denk nicht nach wie mancher Wahrheit / weiss und

nicht nach Wahrheit lebt / *(3)* wohl mir wär's mir nicht bewusst / und besäss ich⟨s⟩ innerlich *(a)* tief im Innern. *(b)* dumpf im Inne⟨rn⟩ eingesenkt *(c)* und hätt ichs von je besessen *1 H¹*

186, 39   fandest] findest *3 tH¹–10 D⁶; emendiert nach 1 H¹, 2 H²*

187, 15:   *danach gestrichen:* trägst es in Dir wie der Fisch / die verschluckte Angel trägt / die er nicht ausspeien kann / als zugleich mit seinen eignen / Eingeweiden und dem Leben. *1 H¹*

187, 21   verstelltem *aus* bewusstem *1 H¹*

187, 21:   *danach gestrichen:* lüg ich   nein eigentlich nicht   aber ich rede Dinge die mir doch nicht so wichtig sind   die ich alle verleugnen könnte *1 H¹*

189, 1   emporgereckten] emporgestreckten *3 tH¹–10 D⁶; emendiert nach 2 H²*

189, 11:   *gestrichen; danach gestrichen:* Thiere treten alles nieder / Faune! (er lässt die Arme sinken) *1 H¹*

189, 23   Tut,] Tu, *3 tH¹–10 D⁶; emendiert nach 1 H¹, 2 H²*

189, 31:   *aus* Sonne Sonne geh hinunter! *1 H¹*

190, 12   dreizehn] sieben *1 H¹*

190, 27:   *danach gestrichen:* bist vom Hof und weisst es nicht / Kais⟨ers⟩ Haus hat viele Thore / doch die Treppe tausend Stufen / und auf jeder steht ein Wächter *1 H¹*
             692, 19 nicht *Stenographie*

191, 9   und ... Kaiser. *nicht in 7 D³–10 D⁶; emendiert nach 2 H²–6 D²*

191, 21   gestorben.] verstorben. *9 D⁵, 10 D⁶; emendiert nach 1 H¹–8 D⁴*

191, 21:   *danach gestrichen:* gut gestorben, meine Freunde *1 H¹*

191, 33:   Tarquinius kommt mit 2 *(1)* Jägern die Wild tra⟨gen⟩ *(2)* Pagen *1 H¹*

192, 9:   *danach:* Meer und Uferbogen rein- / fegen, die von Angst versperrt⟨en⟩ / schattenlose⟨n⟩ Wasserstrassen / wieder öffnen, die Galeeren *1 H¹*
             692, 28 Meer *davor gestrichen:* und vom Hinterhalt

192, 19   Kinderart] Kindesart *7 D³–10 D⁶; emendiert nach 1 H¹–6 D²*

192, 23	Ausgewählt. *danach gestrichen:* so thu ich nun! / da ich Mann und sehend wurde / doch im Kreis um mich gestellt / sind die Tausend⟨e⟩ der Tausend / meine Kammer ist die Welt / und am ausgestreckten Finger / zerren unsichtbare Geister / auf und nieder hin und her *1 H¹* *693, 4* am ... Geister *aus* der ausgestreckte Finger / ist von Geistern dicht umschwebt
192, 31	führ den Admiral!] geh mit dem Nearchen. *1 H¹*
193, 1:	*davor gestrichen:* Wollen! welch ein Ding ist *1 H¹*
193, 9	darein] darin *3 tH¹–10 D⁶; emendiert nach 1 H¹, 2 H²*
193, 13f.:	*nicht in 1 H¹*
194, 5	oft!] oft / und von innen wie ein kleiner / Vogel der nicht fliegen kann / mein Herz ihnen Antwort gab *1 H¹–4 tH²*
194, 13:	*danach:* alle Bäume drehen sich / um mich her und thu'n mir weh. *1 H¹–6 D²*
194, 15	den ... Licht *aus* die ganze Lichtung mit Glanz *1 H¹*
194, 27	bedeckt ... als *aus* bekleidet hab *1 H¹*
194, 33f.:	*aus* aber trag ich sie ins Dickicht / eh die Sonne sinkt mit Flammen / scheints zu winken scheints zu drohen *1 H¹*
194, 35	Stämme *aus* Balken *1 H¹*
196, 13:	*danach:* Armuth ist ein höllischer Kerker / dessen Wände unsichtbar doch / unentfliehbar mit uns gehen / immer, überall! / wer Gold hat / ist lebendig! was er anrührt / ist für ihn! die ganze Welt / windet sich in seinen Händen / wie ein Weib nach Blumen duftend, / nackt zur Hälfte, halb in Seide! / alles ist sein Bad, die leichte / Luft umgiebt ihn wie ein Bad / in goldfarbnem Wein, in Milch / in dem Blut von allen seinen / jungen Sclaven kann er baden! *1 H¹; bis* Seide! *auch in 2 H², 3 tH¹, 4 tH²* *693, 24* Händen] Fäusten *3 tH¹, 4 tH²* *693, 26* leichte *aus (1)* Meere *(2)* Flüsse *1 H¹*
196, 15:	*danach gestrichen:* (mit einer befehlenden Ruhe) *2 H²*
196, 29	beschmutzt *aus* durchzogen *1 H¹*
196, 31	feiger Lumpen!] finstern Schicksals! *1 H¹–8 D⁴*
197, 8	den ... Leib] die Hexe *1 H¹*

197, 11	doch noch da? *aus* fort *1 H¹*
197, 14:	*danach gestrichen:* Dampf und Rauch umschlägt dies alles *1 H¹*
197, 37	berühren ... *danach Absatz in 1 H¹–4 tH²*
198, 7	mit] weit mit *3 tH¹–10 D⁶; emendiert nach 1 H¹, 2 H²*
198, 13	sehn] sehen *3 tH¹–10 D⁶; emendiert nach 1 H¹, 2 H²* sehn *aus* lernen *1 H¹*
198, 26	Schwere *aus* lauter schwacher *aus* und kein *1 H¹*
198, 26:	*danach:* weh so war⟨s⟩ ein wildes Thier ... *1 H¹*
198, 28	Diese Stirn, *aus* dieser Bart! *1 H¹*
199, 5:	(winselnd) *1 H¹*
199, 6	blind! *aus* alt *1 H¹*
199, 6:	*danach:* ich kann Dich nicht sehn Erbarmen *1 H¹*
199, 18:	Ringe! der Kaiser giebt ihm einen sagt mir wer Du bist der Blinde: Ring! *1 H¹*
199, 29f.	er ... Gewand,] mit einem kurzen Stab mit goldenem Knopf in rothseidenem Gewand *1 H¹*
200, 29:	*danach:* (schiebt sein zerrissenes Hemd am Hals zurück) *1 H¹*
201, 10:	voller *1 H¹*
201, 15	sehr laut] schreiend *1 H¹*
201, 23	Drei *darüber, gestrichen:* Fünf *1 H¹*
201, 26:	*danach Pause markiert in 1 H¹*
201, 28:	was sonst bleibt ist Schlamm und Staub / dies hier ist ein grosses Ende / nur vielmehr mich dünkt ein Anfang / Du ich weiss etwas *1 H¹* *694, 24–26* dies ... etwas *gestrichen*
201, 32:	*danach gestrichen:* Nähe / Schicksal ist nicht dauernd dort / Ost und West und jeden Ort / füllt's: die Luft von der wir trinken / ober uns das grosse Blinken / der beladnen Sterne *1 H¹*

VARIANTEN

202, 12:   *danach:* die mit Thieren und die andern / überschwemmt mit bunten Schiffen[1] *1 H¹*

202, 17–19   trunknen ... Antlitz *aus* nassen Augen / aus dem Angesicht des Todes *1 H¹*

202, 25   Taglöhner, Sklaven *aus* das niedre schwere / Leben *1 H¹*

202, 27–29   ich ... ward] ich ... ward *2 H²–5 D¹*

202, 35   mir] mir *2 H², 3 tH¹, 4 tH²*

202, 36   Aufgerichtet. *aus* unzerstörbar aufgebaut *1 H¹*

202, 39:   *danach Pause markiert in 2 H², 3 tH¹, 4 tH²*

203, 3   eine] eine *2 H²–6 D²*

203, 20f.   stellt ihm] stellt *7 D³–10 D⁶; emendiert nach 2 H²–6 D²*
               stellt ... hin.] stellt sie ihm ganz hin) *1 H¹*

203, 33   eine ... ab.] ein Wächter auf und ab, verschwindet dann und wann – *1 H¹*

203, 33f.   dem Walddurchschlag *aus* der Lichtung *1 H¹*

204, 13:   *danach:* und die ungeh⟨euren⟩ Schaaren / vor sich leben sehen, sitzen / und die Länder überschauen *1 H¹*
               695, 16 ungeh⟨euren⟩ *dazu alternativ notiert* grenzen⟨losen⟩
               695, 17 sitzen *aus* weiden

204, 19   Beben] Leben *3 tH¹–10 D⁶; emendiert nach 1 H¹, 2 H²*

204, 19:   *aus* Glühen   einen eignen Glanz *1 H¹*

205, 9   unrecht!] unrecht *danach gestrichen:* dort zu grämen und zu wollen / wo begreifen sich geziemt. / Heut begreif ich   wie Plätschern / einer kleinen jungen Quelle *1 H¹*

206, 22   Aus dem] Von dem *9 D⁵, 10 D⁶; emendiert nach 1 H¹–8 D⁴*

206, 24   dich] Dich *2 H²–6 D²*

206, 34:   *danach größerer Zwischenraum in 1 H¹*

206, 36:   *danach:* (schon aus dem Busch) *1 H¹*

207, 2f.   stehe! ... schaue! sieh,] komme / nah an Dich heran, *1 H¹*

---

[1] *Beide Verse nachträglich eingeklammert (= Tilgung).*

207, 8	Glieder] Lider *1 H¹*
207, 13–15:	die Sonne sinkt die Hexe schreit auf und fällt im Gebüsch hin Gestalt humpelt fort *1 H¹*
207, 13	schreit *danach:* Der Kaiser: (auf den Knieen) Herr, ... *(s. S. 207, 30/34) 3 tH¹; das Fehlende handschriftlich ergänzt und danach vollständig in 4 tH² (s. S. 680, Anm. 3 und S. 684).*
207, 26	Schwören:] Schworen: *5 D¹–10 D⁶; emendiert nach 1 H¹, 2 H², 4 tH² (dort auch in der handschriftlichen Beilage)*
207, 34:	davor: Der Kaiser (auf den Knieen) *2 H², 3 tH¹ (im Typoskript; durch die beigelegte handschriftliche Fassung, s.o. zu S. 207, 13, erledigt)*
207, 35	ein *aus* das *1 H¹*
207, 36	verirrten,] Verirrten *3 tH¹–10 D⁶; emendiert nach 1 H¹, 2 H²*

ZEUGNISSE · ERLÄUTERUNGEN

ZEUGNISSE

1897

29. November 1897, an Stefan George
Ich bin nun bald am Ende des dritten der aufführbaren Theaterstücke.
(BW 133)

1898

⟨Anfang Januar 1898⟩, an Arthur Schnitzler
›Kaiser und Hexe‹ gefällt Brahm nicht sehr (offenbar) und er wird es nicht spielen. Die künftigen Beziehungen der Sorma zum ›Deutschen Theater‹ sind sehr unsicher; er denkt also daran, die beiden anderen Stücke oder nur die ›junge Frau‹ mit einem (fremden) Einacter heuer, ohne die Sorma, zu spielen etc. ... lauter unangenehme Sachen, worüber weiter nichts zu reden.
(BW 98)

4. Januar 1898, Arthur Schnitzler an Otto Brahm
... ich schwöre Ihnen, daß Kaiser und Hex das schönste von den dreien ⟨die übrigen Stücke: Die Frau im Fenster *und* Der weiße Fächer⟩ *ist* ...
Sie waren sowieso schon viel zu lang nicht da ⟨in Wien⟩. Sonst hätten Sie nicht den Kaiser und die Hex so schnöd abweisen können. Ist das die Art mit Hexen umzugehen?[1] *(BW 64/66)*

5. Januar 1898, Otto Brahm an Arthur Schnitzler
Über Kaiser und Hexe bin ich leider noch immer meiner Meinung und fürchte, Sie sind meineidig. Nicht nur vom Theater aus gesehen, auch literarisch leuchtet es mir wenig ein, und selbst den etwas gebrechlichen ⟨Weißen⟩ Fächer ziehe ich vor.
(BW 67)

26. Dezember 1898, Leopold von Andrian an Hofmannsthal
Heute bitte ich Dich nur: erstens mir nach Florenz, ferma in posta, die Einführung für die Leute von Marzocco, dann einen Roman von Anatole France, dann eine Heilige Schrift..., dann Etwas von Dir (im Notfall ›Kaiser und die Hexe‹) zu schicken. *(BW 125)*

1899

9. Juli 1899, Rudolf Alexander Schröder an Hofmannsthal
Wir haben durch Herrn Bierbaum Ihr Theaterstück übersandt erhalten und nehmen dasselbe mit grosser Freude zum Abdruck an. Wir schätzen uns glücklich ein so ausserordentlich schönes Werk Ihrer Feder für unsere Zeitschrift ⟨›Die Insel‹⟩ gesichert zu sehen und werden falls die bisher getroffenen Arrangements es in irgend einer Weise gestatten die Sache in der I. Nummer zu bringen suchen.
  Bezüglich der Vers-Auslassungen, die Sie – vielleicht nur in Rücksicht auf den Raum unseres Blattes – verfügt haben, liesse sich vielleicht noch reden. Sie erscheinen uns an manchen Stellen bedauerlich, weil dadurch viel Schönes verloren geht.[2]
(FDH/Dauerleihgabe Stiftung Volkswagenwerk)

---

[1] Vgl. ›Faust‹ I. Teil, ›Hexenküche‹, V. 2517 (Mephisto: ...›Dies ist die Art, mit Hexen umzugehn.‹).

[2] »Vers-Auslassungen«: S. ›Überlieferung‹, 5 D¹ (S. 685, 9ff.).

1900

25. Januar 1900, an Rudolf Alexander Schröder
Auch hat mir die Ausstattung meiner kleinen Dichtung aufrichtiges Vergnügen gemacht und ich habe gefunden, dass die sehr sorgfältige Zeilenstellung den Mangel verschiedener Typen wirklich so ziemlich gutmacht.
Verzeihen Sie, wenn ich Sie nun nochmals mit einer Anfrage belästige: die mir von Bierbaum vorgeschlagene Luxusausgabe, zu der ich eigens die Zustimmung meines Verlegers eingeholt, von der ich auch hie und da wohl Bekannten gegenüber gesprochen habe, sehe ich nicht angezeigt. Auch – so überaus wohl mir das geistreiche Titelblatt von Vogeler gefällt – kann ich nicht gut denken, dass man auf dieses Blatt hin und auf das einzige isolierte Vollbild vom Juni hin eine Ausgabe zu 50 Mark in den Handel bringen kann. Eine typographisch sehr schöne Ausgabe etwa in 200 Exemplaren zu 25 Mark wäre mir schon einleuchtender. Aber vielleicht hat man an noch weitere Ausschmückung von der Hand Vogelers gedacht, was mir weitaus das erfreulichste wäre.

Ich möchte nur das eine sagen: dass mir, nachdem ich nun den Vorschlag einmal angenommen habe, das wirkliche Zustandekommen der Sache recht angenehm wäre, und zwar in absehbarer Zeit und dass wir dann vielleicht noch manches andere zusammen machen könnten, wenn uns das erste beiderseitig einiges Vergnügen gemacht hat.
(FDH/Dauerleihgabe Stiftung Volkswagenwerk)[1]

26. Januar 1900, Rudolf Alexander Schröder an Hofmannsthal
Auf Ihr freundliches Schreiben vom 25. erwidere ich Ihnen, dass wir selbstverständlich die Idee einer Luxus-Ausgabe von ›der Kaiser u. die Hexe‹ nicht aufgegeben haben. Ich wollte Ihnen grade heute diesbezügliche Vorschläge machen und bin sehr erfreut darüber, dass Sie selbst die Vermehrung der Auflage und die Verminderung des Preises für das einzelne Exemplar vorschlagen. ...

Unser ursprüngliches Calkül beruhte darauf, dass wir eine Anzahl Zeichnungen von Heine verwerteten. Nun hat er es aber nur auf eine gebracht, und wir werden auch kaum weitere von ihm bekommen. Wir denken uns nun die Ausstattung des Buchs folgendermassen:

Papier: ff. van Geldern, ganz weiss, extra für uns angefertigt und mit unsrem Wasserzeichen versehen.

Einband: Ganz Pergament, fest, mit Inselzeichen in Blindprägung, wie unsre übrigen Luxusausgaben. Ich erlaube mir Ihnen beigehend ein Exemplar des Unmut[2]

---

[1] *Abschrift.*
[2] *Schröders, 1899 erschienene, erste Buchpublikation.*

zu senden, das ich für Dedikationszwecke in der Art habe binden lassen und haben Sie vielleicht die Güte, uns mitzuteilen, ob Ihnen diese Art des Einbands gefällt.
  Ein besonderes Vorsatzpapier denken wir nicht zu verwenden.
  Ausschmückung: Druck, Titelblatt, Zierstücke, Initialen wie in der Insel. Dazu ein von Vogeler gezeichneter Rahmen um die Heinesche Zeichnung, die als Gegenseite zum Titel verwendet werden soll. Vogeler selbst wünscht das so, da er den Heine sehr gut findet. Falls Sie (und Ihnen als Autor wäre dies nicht zu verdenken) gegen die Heinesche Zeichnung protestieren, liesse sich vielleicht etwas andres finden.
  Ich lasse heute noch an Drugulin schreiben, ob er meinen Anweisungen entsprechend den Text Ihrer Dichtung aus No 4 stehen gelassen hat. Sollte er das nicht gethan haben, so stünde die Wahl der Typen frei und man könnte evtl. auch Antiqua nehmen, jedenfalls aber Ihrem Wunsch wegen der Regiebemerkungen Folge leisten.

Nachtrag.
Soeben erfahre ich telephonisch von Drugulin, dass der Satz stehen geblieben ist. Ich lasse nun gleich abdrucken, was ohne weitere Verständigung sich erledigen lässt (d.h. von Seite 3 der No 4 der Insel an mit Weglassung der Heineschen Zeichnung) und bitte Sie nur um telegraphische Nachricht für den Fall, dass Sie mit den vorgeschlagenen Preisen bei einer Auflage von 200 Ex. nicht einverstanden sein sollten. (*FDH/Dauerleihgabe Stiftung Volkswagenwerk*)

6. Februar 1900, Edgar Karg von Bebenburg an Hofmannsthal
Ich hab mir neulich die Insel kommen lassen in der der Kaiser u. die Hexe darin ist u. dank Dir für die Freude, die mir das gemacht hat: ich hab in einem fort die kleine Benedik⟨t⟩[1], Dich, mich u. eine Frau, die hier war, auf und abtreten gesehen.
  (*BW 157*)

17. März 1900, Rudolf Alexander Schröder an Hofmannsthal
  Nun kämen wir zu ›Der Kaiser u. die Hexe‹.
  Hier möchte ich Ihnen allen Ernstes den Vorschlag machen das Buch in der Art wie der ›Thor und der Tod‹ drucken zu lassen. Dies würde sich natürlich nur auf das allgemeinste Äussere beziehen. Type, Vorsatz Zierrat würden sich nach dem Charakter des Buchs richten und nicht etwa so Empire sein wie bei ›Der Thor u. der Tod‹. Was mich zu diesem Vorschlag veranlasst, ist folgende Betrachtung: Drugulin besitzt keine einzige wirklich noble und schöne Type, sei es Antiqua, sei es Fraktur, und nur eine solche würde ein Luxusbuch in der Art wie das von uns vorgeschlagene rechtfertigen. Wir können für ein Buch nicht einen exceptionell hohen Preis verlangen, ohne

---

[1] Minnie Benedict, Jugendfreundin Hofmannsthals. S. die ›Entstehung‹ zu Was die Braut geträumt hat, S. 495–497.

ein künstlerisches Aequivalent dafür zu bieten. Und dies ist bei den Drugulinschen Typen unmöglich. Eine eigene Type schneiden zu lassen wäre zu umständlich und zu kostspielig. Nun bekommen wir zu Oktober für die Insel eine neue Type, die entweder wir allein besitzen, oder die wir doch wenigstens in Deutschland allein haben werden. Wir schwanken noch zwischen mehreren Typen, werden aber sicherlich eine finden, die von grossem künstlerischen Wert und vor allen Dingen sehr lesbar und anspruchslos ist. Nun glaube ich aber kaum, dass Sie Lust haben werden bis dahin zu warten. Deshalb mache ich Ihnen den Vorschlag das Buch im Format und auf das Papier von ›Der Thor u. der Tod‹ drucken zu lassen und zwar auch in einer Auflage von 510 Exemplaren. Natürlich würde, falls an eine spätere Neuauflage nicht gedacht werden könnte der Preis gegenüber ›Der Thor u. der Tod‹ sich wesentlich (auf 6–7 M.) erhöhen, aber die Auflage würden wir unfehlbar absetzen; während bei einer Luxusauflage in der Art, wie wir sie vorhatten mit den Drugulinschen Typen recht wenig erreicht werden würde.

Falls Sie auf einer Luxusausgabe von 200–300 Expl. bestehen sollten, würden wir uns an eine andere Druckerei wenden, etwa van Holten in Berlin, der die Diederichsche Maeterlinck-Ausgabe (›Schatz der Armen‹) gedruckt hat. Der würde evtl. eine Type haben. Vielleicht wissen Sie auch in Deutschland eine Type, die Ihnen besonders liegt, und die zu haben wäre. Vogeler wird auf alle Fälle den Zierrat machen.

Schliesslich würde es noch möglich sein, sich an Behrens in Darmstadt zu wenden, der grade dabei ist, eine neue Type zu schneiden und das Buch evtl. drucken würde. Das würde aber natürlich implizieren, dass Behrens auch den Buchschmuck macht; und ich weiss nicht, ob Ihnen das passen würde.

Eine Möglichkeit wäre ja auch noch, das Buch im Auslande drucken zu lassen. Aber das wäre mit viel Umständen verbunden. Jedenfalls bedarf eine Luxusausgabe in der Art wie die von uns zuerst geplante lange Zeit und Vorbereitung. Es war deshalb recht unüberlegt von mir, Ihnen bei Ihrem Hiersein eine so schleunige Fertigstellung des Buches zu versprechen, wie ich es that. – Wenn Sie dagegen mit der einfacheren und billigeren Ausgabe einverstanden sind, so lässt sich die Sache recht gut bis Ende April erledigen, da alle Vorbereitungen getroffen sind und Drugulin genau weiss, wie die Sache zu machen ist. Natürlich würden wir auch diese Ausgabe in 510 Exemplaren zunächst auf dem Subscriptionswege anzubringen suchen und danken Ihnen daher auf das Lebhafteste für Ihre Liste.

(FDH/Dauerleihgabe Stiftung Volkswagenwerk)

25. März 1900, Hugo von Hofmannsthal sen. an Hofmannsthal

Aus den Verlagsmittheilungen am Schlusse des Büchleins ersehe ich, daß Kaiser u. Hexe schon als Buch erschienen sind. Vielleicht schreibst Du um einige Exemplare davon, für uns u. für Dich!

(FDH/Dauerleihgabe Stiftung Volkswagenwerk)

11. April 1900, Rudolf Alexander Schröder an Hofmannsthal
Beigehend folgen auch die Correkturspalten von ›Der Kaiser u. die Hexe‹ für den Fall, dass Sie den Text noch einmal durchsehen möchten. Für die farbige Hervorhebung der Anmerkungen stehen noch einige Proben aus. Ich bin persönlich in Worpswede gewesen und Vogeler hat sehr schöne Sachen gezeichnet. Wir lassen von den grossen Titelblättern erstmal nur einige anfertigen, dann werden sie in Holz geschnitten. Wir werden die Subscription in ca. 14 Tagen eröffnen.
(FDH/Dauerleihgabe Stiftung Volkswagenwerk)

15. Juli 1900, Rudolf Alexander Schröder an Hofmannsthal
Leider kann ich Ihnen noch kein Exemplar von ›Kaiser u. Hexe‹ schicken. Ich fühle mich ausserordentlich schuldig Ihnen gegenüber, obwohl ich eigentlich keine Schuld an der Verspätung trage. Wir haben nämlich das Titelblatt, das ausserordentlich schön und von Vogeler gezeichnet ist in Farben-Druck herstellen lassen und da haben die Leute zuerst lauter Bummeleien und Missverständnisse begangen und lassen uns jetzt noch immer auf die letzte Correktur warten. Sobald die fertig ist wird das Buch gedruckt und Sie erhalten Ihre Exemplare. Ich hoffe sehr dass es Ihnen gefallen wird. Es wird glaube ich recht hübsch.
(FDH/Dauerleihgabe Stiftung Volkswagenwerk)

3. November 1900, Rudolf Alexander Schröder an Hofmannsthal[1]
Falls Sie irgendeine Bemerkung über ›Der Kaiser und die Hexe‹ in der Zeitung lancieren wollen, so wäre uns das sehr erwünscht.
(FDH/Dauerleihgabe Stiftung Volkswagenwerk)

1. Dezember 1900, Rudolf Alexander Schröder an Hofmannsthal
Gleichzeitig folgen die zwei Exemplare Der Kaiser u. die Hexe und ein Exemplar von Ritter Ungestüm. Es ist leider geschäftlich unmöglich Kaiser und Hexe zum Subscriptionspreise zu liefern, so sehr es uns leid thut, dass dadurch Ihr persönliches Interesse geschädigt wird und der schnelle Absatz des Buches auch dadurch in keiner Weise gefördert wird. *(FDH/Dauerleihgabe Stiftung Volkswagenwerk)*

1902

3. April 1902, Harry Graf Kessler an Hofmannsthal
Walter Heymel war gestern bei mir und wir haben viel von Ihnen und vor Allem von Kaiser und der Hexe geredet. Es ist merkwürdig, von wie vielen Punkten aus man wie zufällig immer auf Etwas von Ihnen kommt! *(BW 40)*

---

[1] *Diktat*

8. September 1902, Rudolf Borchardt, Rede über Hofmannsthal
Die nächste unter den größeren Dichtungen, zugleich die erste ganz vollendete, ›Der Tor und der Tod‹, führt Themen, die in ›Gestern‹ nachdrücklich hervortreten, den Tizian wenigstens durchspielen, zur kunstvollen Einheit und bezeichnet als Form des Schauspiels einen neuen Typus, den dann das dritte Werk dieser moralischen Gruppe, ›Der Kaiser und die Hexe‹, ausbildet und abwandelt. . . . ·
Schließlich ›Der Tor und der Tod‹ und ›Der Kaiser und die Hexe‹ erschöpfen die Offenbarung und Kritik des sittlichen Zustandes innerhalb fester und reicher Formen und bedienen sich spielend des Gleichgewichtes von innerem und äußerem Leben . . .
In Claudio hat sich eine ganze Generation erkannt und ist seinen Tod gestorben, wie hundertzwanzig Jahre zuvor die Ahnen der Werthers gestorben waren, sie hat sich im Kaiser geheilt, wie die vergangene in Orest und Faust zum Leben überging, und in dem erschütternden Gebete des Entsühnten den eigenen Schmerz und Wunsch mit der Mutterstrenge der Erde ausgesöhnt. . . .
Die äußere Einheit, die alle diese Episoden, geheimnisvoll gewählte Daseinsmöglichkeiten, gegen ein einziges Herz auswirft, um es zur Enthüllung und Wendung zu zwingen, ist das erste Mal der Tod, der drei Gestalten im Bausche seines Gewandes heranträgt, das zweite Mal der von Leben rieselnde Zauberwald, in dem der junge Kaiser das schicksalsvolle Jagen hält, mit den Gestalten des Kämmerers, des Räubers, des armen Menschen und des geblendeten Weltherrschers; die innere Einheit ist die Stunde des Geschickes. . . .
Der letzte der bedeutsamen sieben Tage Enthaltung, die den jungen Kaiser Porphyrogenetos von sieben Jahren schauerlicher Buhlschaft erlösen, bricht unvorbereitet mit dem aufgehenden Theater an, wobei der Handlung überlassen bleibt, ihre zeitlichen und sachlichen Voraussetzungen aus während dem Spiele dramatisch beizubringen, soweit diese Vorfabel nicht, alles epischen oder lyrischen Monolog- und Redewesens entkleidet, dem Sentimente durch Stil ferner gerückt und zu einer mythischen Erfindung verdichtet, mit der Gestalt der Hexe in den Bühnenausschnitt der Fabel selber eintritt. Eine solche Unterscheidung ist nicht müßig, sondern der strenge Formausdruck des Verhältnisses, in dem zwei verschieden hoch oder tief genommene Ansichten des gleichen Gegenstandes einander wechselweis überdecken und ergänzen; denn alles, was dort ⟨in: ›Der Tor und der Tod‹⟩ den Vergangenheitsblick des Lebensunfähigen über ohnmächtige Lebenssehnsucht hinaus in ein Zukünftiges überführen könnte, ist als Lebensdrang in die Konzeption eines Heilbaren und einer Heilung übergegangen und hält das Interesse, alles Vergangenen ungeachtet, auf dem strengen Gegenwartsraume fest, in dem Probe bestanden oder nicht bestanden werden soll, wobei ein sicheres Augenmaß an den Vorumständen verkürzt, was es der klaren Zeichnung eines Willens, der Andeutung eines aufstrebenden Weges zuwenden muß, um dem Drama des Rückblicks, der Verurteilung und des Todes, der »Finsternis im Rücken«, das vorwärts gerichtete des Entschlusses und Aufschwunges gegenüberzustellen. Claudios ganze Realität ist die Vergangenheit und also muß er sie ausbreiten; diese Vergangenheit, die auch die seine ist, vernichtet der Kaiser durch sittlichen Sieg,

und gewinnt damit die Realität des Gegenwärtigen und Zukünftigen, auf die Claudio sterbend verzichtet. Aber ich versage es mir, bei einer Analyse zu verweilen... Genüge es, daß weder der Tor noch der Kaiser eine faustische Bahn vom Zweifel bis zur Lösung durchläuft, während beide zusammengehalten eine neue Spiegelung des jungen Deutschen darstellen, der sich »nach des Lebens Bächen, ach nach des Lebens Quellen« hinsehnt und den großen Ruf »Ihr quellt, ihr tränkt, und schmacht ich so vergebens«, wahr aus Zeitgefühl und Leidenschaft, nicht bildungsmäßig aus dem Texte wiederholt. (R. Borchardt, Reden, Stuttgart 1955, S. 71 f., 77, 94, 96 ff.)

1903

14. März 1903, Alfred Walter Heymel an Hofmannsthal; s. S. 612.

1906

⟨*22. Mai 1906*⟩, *an Paul Brann*

›Kaiser u. Hexe‹ ist keinem Agenten übergeben, wir können uns also direct darüber einigen, ich meine über das Materielle. Sie geben mir entweder eine tantième und im vorhinein einen gewissen Betrag als Garantie, oder was vielleicht für beide Theile practischer ist, Sie erwerben für einen Pauschalbetrag das unbeschränkte Aufführungsrecht[1] für, sagen wir zunächst, drei Jahre und für ganz Deutschland. Ich erwarte hierüber Ihre Vorschläge und werde sogleich antworten. (*Privatbesitz*)

1. Juni ⟨*1906*⟩, *an Paul Brann*

Die Bedingungen für ›Kaiser und Hexe‹: 6 M. zur Aufführung und Vorausbezahlung von 50 Mark nehme ich an. (Das Buch kann ich Ihnen leider nicht schaffen, schlimmstenfalls müssen Sie es von Dr. Wolfskehl leihen und das kleine Stück abtypieren lassen.) (*Privatbesitz*)

11. Oktober 1906, Rudolf Borchardt an Hofmannsthal

Dagegen hat mich Ihre Anmerkung ⟨*zur* ›*Rede über Hofmannsthal*‹⟩ *betreffend »Publikation intimer Dinge« geradezu bestürzen müssen, da ich solche intimen Dinge, die ich anscheinend gar publiciere, durchaus nicht kenne. Der Sinn ist völlig klar dieser: der Schmerzzustand, den Claudio und der Kaiser gestalten ist ein allgemein und latent in der Epoche liegender; die Haltung ihm gegenüber hat auch schon*

---

[1] *Zur geplanten Aufführung des* Kleinen Welttheaters *und, nach Hofmannsthals Ablehnung, von* Der Kaiser und die Hexe *s. S. 619.*

innerhalb der Epoche typische Form erhalten; woraus eine »geistig verbreitete Gemeinsamkeit der Lose« sich ergibt. Bezieht sich aber Ihr Einwand auf die Stimme »die den Schlaf des sich heilenden ehrt«, so verstehe ich ihn noch weniger.[1] (BW 15f.)

1910

4. November 1910, Notizblatt mit Selbstreflexionen

ad Kaiser und die Hexe. Aufschluss über Entstehung und tiefere Bedeutung. Wodurch entsteht ein gespenstisches Verhältnis. Schlüssel in der Scene[2] Möglichkeit sich herauszuziehen.   (H VB 16.24)

Nach 1914

Randnotiz Hofmannsthals in: Herbert Silberer, Die Probleme der Mystik und ihrer Symbolik, Leipzig und Wien 1914, S. 171 (1. Abschnitt: Introversion und Wiedergeburt, B. Folgen der Introversion):

   Das Bild des Abgrunds, das Bild des Scheideweges: beide waren in unserer Parabola recht deutlich enthalten. Das Vorkommen des gleichen Motivs in Mythen, in Märchen ist wohlbekannt. Die Gefahr wird augenfällig, indem der Held zumeist einen scheinbar ganz kleinen Fehltritt tut und dann unerhörter Mühen bedarf, um diesen einzigen kleinen Fehler gutzumachen: Noch ein unrechter Schritt, und alles wäre verloren gewesen.
(Neben dem Satz »Die Gefahr . . . gutzumachen«:) D⟨er⟩ Kaiser u. die Hexe *(vgl. A 215, u. S. 704, 22–705, 5)*

Ab 1916

Aus Ad me ipsum[3]

Die Intro-version als Weg in die Existenz. (Der mystische Weg.) *(es folgt Zitat aus Silberer; s. die o., S. 704, 13–18 angeführte Stelle)*
Versuch des Kaisers, sich gegen den jungen Kämmerer über diesen schein-

---

[1] *Hofmannsthal hatte einige Stellen der Rede als Anspielung auf Leopold von Andrians Schicksal empfunden.*
[2] *Danach Lücke. Mit der Schlüsselszene wird die an Tarquinius gerichtete große Rede des Kaisers (S. 185, 32–187, 15) gemeint sein (s. den Brief an G. Terramare, u. S. 707).*
[3] *Aus* Ad me ipsum *wurden nur zwei zentrale Stellen ausgewählt; vgl. jedoch A 213f., 214, 216, 218f., 223f., 237–243.*

bar ganz kleinen Fehltritt zu äußern. Er besteht in einer Verfehlung gegen die Wort-magie. Die magische Herrschaft über das Wort das Bild das Zeichen darf nicht aus der Prae-existenz in die Existenz hinübergenommen werden. Analog das Verschulden oder der bedenkliche Zustand der Frau des Schmieds in der ›Idylle‹. (A 215f.)

›Kaiser und Hexe‹

Was bedeutet das, könnte man fragen, worauf der Kaiser in dem Gespräch mit dem jungen Kämmerer diesen warnend hinweist? Um welche Versündigung gegen das Höhere oder um welches Vergehen handelt es sich da? – In der Biographie von Clemens Brentano (auch von Bettina) finden sich manche Hindeutungen auf Ähnliches, wodurch man per analogiam den Schlüssel zu obigem finden kann.

Es handelt sich um ein Zu-viel im Reden, ein Übertreiben – und in diesem Zu-viel ist eine Spaltung – ein Teil des Ich begeht was der andere nicht will – es ist dies Quer-hindurch-schauen durch die übertriebene bizarre witzige Rede, die der »Zweite« in uns hält (Clemens Brentano). Er überläßt manchmal »seine Worte« (sagt er selbst) »ihrer inneren lebendigen Selbständigkeit und die Rede wirtschaftet dann auf ihre eigene Hand munter drauf los, während meine Seele in der Angst, Trauer und Sehnsucht liegt«.[1] Es ist die Gefahr der »Aufwallung, der kein Tun folgt«.

»Mäuse, Raubtiere, Diebe, Buhler, Flüchtende« nennt er einmal die Worte, die ihm »mit seinen Empfindungen aus dem Maul laufen«.[2] Die seelische Situation ist die des jungen, innerlich ungefestigten Wesens, das mit sich selbst noch nicht genug hat, sich den Menschen, die er liebt oder gewinnen will, »hinwirft bis zur Würdelosigkeit«. Es ist, nach der Einsamkeit der Praeexistenz, die leidenschaftliche Vorwegnahme des Sozialen, bis zum Frevelhaften, auch ein Verwischen der Grenze zwischen Phantasie und Wirklichkeit also Lüge.

Bei Figuren wie den Brentanos war das ein Lebenszustand, hier ist es einmalig, eine der Facetten des harten und scharfgeschnittenen Steines. – Es zielt auf die Rede als soziales Element, als das soziale Element – und so führen Fäden von hier zurück zu Claudio, nach vorne zu dem Lord Chandos des ›Briefes‹ und zu dem ›Schwierigen‹. (A 230f.)

---

[1] S. Clemens Brentano, Gesammelte Schriften Bd. 8 (Gesammelte Briefe von 1795 bis 1842, Bd. I), Frankfurt a. M. 1855, S. 208f. (an eine Ungenannte ⟨Luise Hensel⟩, Dezember 1816).

[2] Brentano, a.a.O., S. 235 (an E.T.A. Hoffmann, 1817).

1917

Eintragung im Tagebuch: Notizen von R. Pannwitz zu meinen Ged⟨ichten⟩ u⟨nd⟩ kl⟨einen⟩ Dr⟨amen⟩
(Die Hexe als solche nicht stark u. tief genug dargestellt.) *(H VII 11)*

Um 1918

Undatierter Notizzettel[1]
Kaiser u Hexe.
Jedenfalls höchst persönliche Enunciation – das Costüm, Zeit etc. nur zum Schein, ganz nebensächlich
  Eine Seele sucht sich im Leben zu orientieren, mit krampfhaften Bewegungen sich zurechtzustellen *(E III 145.50)*

Undatiertes Notizblatt
Der Kaiser u die Hexe
Kritik
das grosse Thema ist nicht eigentlich gestaltet sondern einem halb willk⟨ürlich⟩ ergriffenen Stoff leidenschaftlich dunkel anvertraut (wie eine Botschaft der ins Meer geworfenen Flasche). Der Kaiser versteht seinen Zustand das Stück versteht ihn nicht *(H IV A 41.11)*

Um 1920 oder später

Undatiertes Notizblatt (überarbeitet)
  Der Kaiser u die Hexe.
Ein qual- und geheimnisvoller innerer Zustand ist diesem Gedicht mehr anvertraut als in ihm ausgesprochen. Dass es sich um die gleiche Gemütsverfassung handle wie in Thor und Tod ist mehrfach bemerkt worden. Nur ist hier der – übrigens unvollkommene – Versuch gemacht in der eigentlichen Sprache der Poesie, der Symbolischen, auszudrücken was dort monologisch gesagt wurde. Dem Gemüt des Zwanzigjährigen möchte man nichts unlieber zumuthen als Unfreude *(H IV A 40.2)*

---

[1] *Frühere Entstehung (um 1910) nicht auszuschließen.*

1924

16. Oktober 1924, Notizzettel zu Kaiser Phokas
Verborgene Verwandtschaft dieses Stoffes mit Kaiser u. Hexe.
Durch den frevelnden Gebrauch den er vom Wort machte (als dem menschenverbindenden) hat sich der Kaiser vergangen. Sprachsünde.
Später wieder: Ausübung der Herrschergewalt durch das Wort. Im Gegensatz der Geblendete, dem auch die Zunge ausgerissen ist. *(E III 254.20)*

19. Oktober 1924, Notizblatt zu ⟨Kaiser⟩ Phokas I ⟨Szene⟩ mit S m a r a g d.
(Unter dem Titel: Subtileres zum Hauptthema: Wesen u. Wahn – Sein u. Scheinen. *zunächst Aufzeichnungen über* Die Sprache als das Geschick des Menschengeschlechtes:*)*
Alles Ausgesprochene schon unwahr, schon Zauberei.
(Im ›Kaiser u. Hexe‹ ist unreife Zauberei dargestellt.) Wahr ist ein großer Mensch als naturans. *(H III 199.71)*

1926

⟨*Ende September/Anfang Oktober 1926*⟩, *an Georg Terramare*
bitte gleichfalls freundlichst zu verzeihen, daß ich – in einer ziemlich schwierigen Arbeit begriffen – diese Antwort lieber dictire, damit sie sich nicht weiter hinausschiebt. Von den Spielen vor den Schotten, die Sie leiten, habe ich vielfach gehört und bin in meinen Gedanken dem schönen Unternehmen mit wahrer Sympathie gefolgt. Wenn Sie an dieser Stätte eine meiner dichterischen Arbeiten zur Aufführung wählen, so ist mir dies nur eine wahre Auszeichnung. Daß Sie gerade dieses Spiel wählen, berührt mich eigen. Daß ich es verfaßt habe, liegt lange zurück, volle 29 Jahre. Trotzdem ist mir dieses Gedicht nicht ferne gerückt, ja gewissermaßen hat es sich noch gar nicht völlig gelöst. Ich denke oft daran, nicht so, wie man an eine abgeschlossene Arbeit denkt, sondern eher wie an einen Plan oder Entwurf. Ich glaube zu verstehen, woher dies kommt. Daher, daß ich als recht junger Mensch in dieser Arbeit einen sehr großen wahrhaft tiefen Stoff ergriffen habe, aber in halb traumwandelnder Weise, ohne ihm ganz gewachsen zu sein, nämlich, was es auf sich habe mit der Verschuldung des Kaisers, worin seine Verbindung mit dieser Hexe liege, die – das fühlt man wohl – im bloßen gemein Sinnlichen sich nicht erschöpft haben kann. Das wird in dem Stück nicht offenbar. Ja, ich muß, so seltsam Ihnen dies klingen wird, es aussprechen, daß dies mir selbst nie ganz offenbar geworden ist, obwohl ich weiß, es liegt irgendwo hinter dem Ganzen. Am ehesten geben noch die Reden des Kaisers an den jungen Kämmerer den Schlüssel zu dem Geheim-

nis, aber es ist ein Schlüssel, der nicht völlig in das Schloß paßt und es nicht sperrt.

Meinen Sie nun, daß die Vorgänge des Stückes trotz dieses geheimen, aber entscheidenden Mangels Zuhörer fesseln könnten? Hier deute ich auf mein einziges Bedenken hin. Im übrigen ist es mir nur eine Freude, wenn Sie bei der Wahl bleiben und die große Kraft der Einwirkung auf Darsteller dieser meiner Arbeit zugute kommen lassen wollen. *(Diktatheft 13, Nr. 24)*

ERLÄUTERUNGEN

178, 1 Porphyrogenitus *Epitheton Konstantins VII. S. dazu die Definition bei Edward Gibbon, The Decline and Fall of the Roman Empire, Kap. 48 (im folgenden nach der Ausgabe in ›Everyman's Library‹, London/Toronto 1910, zitiert; die Seitenzahlen beziehen sich auf Bd. 5 dieser Ausgabe), S. 108: »In the Greek language* purple *and* porphyry *are the same word: and as the colours of nature are invariable, we may learn that a dark deep red was the Tyrian dye which stained the purple of the ancients. An apartment of the Byzantine palace was lined with porphyry: it was reserved for the use of the pregnant empresses; and the royal birth of their children was expressed by the appellation of* porphyrogenite, *or born in the purple. Several of the Roman princes had been blessed with an heir; but this peculiar surname was first applied to Constantine the Seventh.« (s. ebd., Kap. 53, S. 442, Anm. 1 und Arnold Toynbee, Constantine Porphyrogenitus and his World, London 1973, S. 12: »His birth in the purple chamber ... was his title to legitimacy«). S. auch S. 188, 18 (Neugeboren trug ich Purpur) und S. 192, 15f. (Als ich in der Wiege lag, / Trug ich Purpur). Vgl. auch Robert Brownings Gedicht ›Protus‹ (s. Erläuterung zu S. 192, 15): »Born in the porphyry chamber at Byzant«. Daß Hofmannsthal sich mit der Etymologie des Epithetons auseinandergesetzt hat, geht auch aus der in N 3 (S. 687, 3) notierten Form* Porphyrogenetos, *die den griechischen Lautstand wiedergibt, hervor: auch Gibbon führt nur zum Zweck ihrer Definition die griechische, sonst die latinisierte Form an.*

178, 3 Tarquinius *S. Erläuterung zu S. 185, 15.*

178, 7 der Großfalkonier, der Präfekt des Hauses *S. Erläuterung zu S. 689, 5–10 (N 7).*

179, 6f. ich jage! ... der Eber *Über eine Eberjagd des jungen Kaisers Romanus II. (Sohn und Nachfolger des Konstantin Porphyrogenitus) berichtet Gibbon, a.a.O. (Kap. 48), S. 110; Hofmannsthal nahm diese Stelle in seinen (in der Erläuterung zu S. 689, 5–10 zitierten) Auszug aus Gibbon auf.*

ZEUGNISSE · ERLÄUTERUNGEN

180, 3–5 ich will nichts spüren / Als das Keuchen, als das Flüchten / Dieser Rehe, dieser Vögel *Vgl. den nach der Sankt-Julianus-Legende gestalteten Jagd-Traum des Jungen Herrn im Kleinen Welttheater (S. 138, 10–27).*

180, 33 Sieben Jahre war ich dein *P. Szondi, Das lyrische Drama des Fin de siècle, Frankfurt a. M. 1975, verweist auf eine autobiographische Aufzeichnung Hofmannsthals:* jenes Jugenderlebnis (16–22tes Jahr etwa) daß alles gegenwärtige Schöne in der Natur nur auf ein ganz unerreichbares Früheres hinzudeuten schien. *(A 227) und bemerkt dazu:* »Es mag ein Zufall sein, daß es auch hier genau sieben Jahre sind, die dieses Erlebnis, diese Erlebnisweise gewährt haben. Sicherlich handelt es sich aber um dieselbe Zeit; und die Bemerkung verhilft uns dazu, die Erotik, als deren Personifizierung wir die Hexe zunächst auffassen müssen, in den Zusammenhängen zu sehen, in denen sie in Hofmannsthals Jugendwerk steht.« *(S. 309f.) Vgl. auch Hofmannsthals Aufzeichnung (1911) über die Odyssee (A 165):* Die sieben Jahre bei Kalypso als eine geheimnisvoll hieratisch behandelte Leere, wie gewisse Flächen der archaischen Statuen. *Die Siebenzahl bei Verzauberung ist ein Topos der Märchenliteratur.*

181, 34f. Diese Augen / Werden Schlamm *S. dazu N 5 (S. 688, 10) und die Variante zu S. 201, 28 (S. 694, 24).*

182, 14–33: S. auch S. 183, 2–10. Der Zustand völliger Verlassenheit, den die Hexe drohend zeichnet, erscheint auch in den Visionen des Paracelsus in Brownings ›Paracelsus‹-Drama (5. Szene):
»Cruel! I seek her ⟨die Geliebte⟩ now – I kneel – I shriek – / I clasp her vesture – but she fades, still fades; / And she is gone; sweet human love is gone!«
(The Poetical Works of Robert Browning, Vol. 1, London 1897, p. 63). Der Bezug ist um so wahrscheinlicher, als die Partie S. 182, 22–29 wörtliche Korrespondenzen zu Brownings ›Paracelsus‹ (zu Versen, die den oben zitierten unmittelbar vorausgehen) enthält (Nachweis s. Erläuterungen zu S. 182, 25f).

182, 25f. Füße, schimmernder und weicher / Als der Hermelin *S. auch S. 687, 24 (N 4). Vgl. die Vision des kranken Paracelsus bei Browning (The Poetical Works..., p. 63; Hervorhebungen vom Hrsg.):*

> *In truth, my delicate witch,*
> *My serpent-queen, you did but well to hide*
> *The juggles I had else detected. Fire*
> *May well run harmless o'er a breast like yours!*
> *The cave was not so darkened by the smoke*
> *But that y o u r w h i t e l i m b s d a z z l e d me: oh, white,*
> *And panting as they twinkled, wildly dancing!*

I cared not for your passionate gestures then,
But now I have forgotten the charm of charms,
The foolish knowledge which I came to seek,
While I remember that quaint dance; and thus
I am come back, not for those mummeries,
But to love you, and to kiss your little feet
Soft as an ermine's winter coat!

185, 15 Tarquinius Morandin *Der Name des Kämmerers,* Tarquinius, *von Hofmannsthal nicht als »nomen gentile« aufgefaßt, dürfte eher als aus der römischen Geschichte der unter der Lektüre des Jahres 1891 im Tagebuch (H VII 17.42) verzeichneten Erzählung ›Miranda und Tarquinius‹ von Aphra Behn entnommen sein (s. auch S. 670, 21f.). Wie es zur Namensfindung* Morandin *kam, berichtet Leopold von Andrian in seinen ›Erinnerungen an meinen Freund‹, in: HvH. Der Dichter im Spiegel der Freunde, hrsg. von Helmut A. Fiechtner, Bern/München ²1963, S. 73: »Eines Tages sagte Hofmannsthal scherzend zu mir: ›Der Fürst Liechtenstein hat dem Grillparzer 100 Dukaten geschickt, weil sein Name in ›König Ottokars Glück und Ende‹ verherrlicht ist. Was bekomme ich, wenn ich den deinigen in mein Stück bringe? Sag mir vielleicht einen Lehensnamen von euch, das ist noch besser.‹ Nach einigem Hin und Her einigten wir uns auf ›Morandinus‹, einen alten Beinamen der Andriane, und so kamen in den ›Kaiser und die Hexe‹ die altösterreichisch empfundenen, uns beide österreichisch verknüpfenden Zeilen:*
(Kämmerer tritt auf.) Der Kaiser: ›Euer Name?‹
Kämmerer: ›Tarquinius Morandin! Herz, Gut und Leben
Geb ich willig für den Kaiser.‹
Das war in den ersten Jahren unserer Freundschaft.« Erinnert sei auch an L. v. Andrians sehr viel später begonnenes vielbändiges Werk ›De anima et vita Cypriani Morandini‹ (BW HvH – LvA, S. 430).

Auf einem undatierten, aber wohl sehr viel späteren Notizblatt (H II 124) sind unter dem Titel: Stadien auf dem Lebenswege des Tarquinius Morandinus. in Versen. *Aufzeichnungen versammelt, die auf Andrians und Hofmannsthals eigene innere Biographie zurückzugreifen scheinen.*

185, 29f. So mit Hoheit und mit Güte / Wie ein Stern mit Licht beladen *S. Erläuterungen zu S. 688, 7 (N 5).*

186, 3–6 nur Seele seh ich, / Die sich so aus Deinen Augen / Lehnt... *Die Quelle nennt Hofmannsthal selbst auf einem Blatt mit Entwürfen zu* Geben und Nehmen. Ein Roman über den Sinn des Lebens: Lenau an Sophie Löwenthal: ... Aus der Liebe das Leben begreifen. S. 42. Deine Seele legte sich soweit heraus aus Deinem offenen Aug *(H IVA 71.46); vgl. Lenaus Brief vom 13. Juni 1837: »Du hast mich heut ein paarmal angeblickt, daß ich dabei an deinen Tod denken mußte. Deine Seele legte sich so weit heraus aus deinem offnen*

ERLÄUTERUNGEN 711

Auge, als ob sie mir entfliehen wollte.« (Zitiert nach der von Hofmannsthal hrsg. Briefauswahl: Nikolaus Lenau an Sophie Löwenthal, Leipzig o.J., ⟨= Österr. Bibliothek Nr. 16⟩, S. 27). Das Zitat ist von Hofmannsthal oft verwendet und variiert worden (s. die nachgelassene Erzählung Die Verwandten *(1898), SW Bd. XXIX, S. 111, 7f.,* Die Frau ohne Schatten, *SW Bd. XXVIII, S. 149, 5 mit Erläuterung S. 432; vgl.* Der Turm, *D IV, S. 27 und 335f.).*

187, 1 Drücks an dich wie eine Lampe *Das Bild geht auf Brownings ›Paracelsus‹ zurück; s. N 8 (S. 689, 30) mit Erläuterung S. 719.*

187, 3f. jeder Schritt im Leben / Ist ein tiefrer *Vgl.* Auf den Tod des Schauspielers Hermann Müller *(1899; GLD 50):* Ein jeder Schritt ein tiefrer als der frühere ... *und* Prolog zu einer nachträglichen Gedächtnisfeier für Goethe... *(1899, GLD 120):* Ein jeder unsrer Schritte ist ein tiefrer.

188, 4–6 meine Seele! ... wie ein / Basilisk *Zu dem, hier um Attribute des Argus erweiterte, Basiliskenbild s. Hartmut Zelinsky,* Brahman und Basilisk. HvH's poetisches System und sein lyrisches Drama ›Der Kaiser und die Hexe‹, *München 1974, S. 128–35 (Basilisk als Sinnbild der Melancholie auch bei Paracelsus).*

188, 18–20 Neugeboren trug ich Purpur, / Diesen Reif, bevor die Schale / Meines Kopfs gehärtet war *S. Erläuterungen zu S. 178, 1, 192, 15 und 201, 20.*

190, 4 Lydus: *Der typische Sklavenname ist vielleicht mit Bezug auf die Sklavenerhebungen in den hellenistischen Städten gewählt.*

192, 15–23 Als ich in der Wiege lag... *S. auch N 8 (S. 689, 31f.). Vgl. Robert Browning, ›Protus‹ (Hervorhebungen vom Hrsg.):*

      ›Protus ends a period
      Of empery beginning with a god;
      Born in the porphyry chamber at Byzant,
      Queens by his cradle, proud and ministrant:
      And if he quickened breath there, 'twould like fire
      Pantingly through the dim vast realm transpire.
      A fame that he was missing spread afar:
      The world from its four corners, rose in war,
      Till he was borne out on a balcony
      To pacify the world when it should see.
      The captains ranged before him, one, his hand
      Made baby points at, gained the chief command.‹
(The Poetical Works..., p. 430)

193, 22–25 eine Taube! ... Trunken wie ein Abendfalter ... *Vgl.* Gartenspiel *N 9, S. 270, 27f.*

196, 30 Bettelsuppen *S.* ›Faust I‹ *(Hexenküche), V. 2392.*

198, 24f. Nicht das kleine Licht der Sterne / Rieselt auf die Hände nieder *S. dazu M. Vanhelleputte, Hofmannsthal und Maeterlinck. In: Hofmannsthal-Forschungen I, Basel 1971, S. 90f.:* »*Das hier verwendete Bild ist wohl als Abwandlung der Stelle aus* ›*Les Aveugles*‹ *aufzufassen, an der eine junge Blinde sagt:* ›*Il me semble que je sens le clair de lune sur mes mains*‹*.*« *(S. Maurice Maeterlinck, Les Aveugles. L'Intruse, Brüssel 1890, S. 94). Vgl. auch* Das Bergwerk zu Falun, *3. Akt, GLD 405:* Allein wenn dann die vielen Sterne aufziehn / Und du die Hände ausstreckst, spürst du auch / Ihr feines Licht herniederrieseln, nicht wahr?

200, 12 Großfalkonier *S. zu dieser und den anderen Chargen des Hofs N 7 mit Erläuterung, S. 716, 21–718, 26.*

200, 35 Johannes der Pannonier *Der Name und die Beschreibung der äußeren Gestalt* (die riesenhaften ... Glieder, *S. 198, 28) weisen wiederum (s. o., zu S. 192, 15) auf Brownings* ›Protus‹*:*
    New reign, same date. The scribe goes on to say
    How that same year, on such a month and day,
    ›John the Pannonian, groundedly believed
    A blacksmith's bastard, whose hard hand reprieved
    The Empire from its fate the year before, –
    Came, had a mind to take the crown, and wore
    The same for six years ...‹
(The Poetical Works ..., p. 430)

201, 4 Geblendet *Das gleiche Schicksal, Entthronung und Blendung, droht dem Kaiser in der geplanten Novelle* Der Kaiser und die Hexe*; s. SW Bd. XXIX, S. 209–12, bes. S. 210 (N 3:* allmählich erräth der Kaiser ... dass schon die Eisen vorbereitet, um ihn zu blenden.*). S. auch* ›Zeugnisse‹*, S. 707, 2–7.*

201, 20–23 wie alt war ich ... Drei Jahre *Eine, vielleicht zufällige (s. Varianten zu S. 201, 23), Übereinstimmung mit dem mutmaßlichen Krönungsdatum Konstantins VII. Porphyrogenitus (908 n.Chr.); s. Toynbee, a.a.O., S. 2, Anm. 1, mit Diskussion der Forschung). S. auch den autobiographischen Hinweis auf die* Ding⟨e⟩, die ich erlebt habe, bevor ich drei Jahre alt war, und von denen mein waches Erinnern nie etwas gewußt hat ... *in* Die Wege und die Begegnungen *(1907), P II (1959) 264.*

ERLÄUTERUNGEN 713

202, 2–5 Überall ist Schicksal, alles / Fügt sich funkelnd ineinander / Und unlöslich *S. die Variante zu S. 201, 32. Vgl.* Gartenspiel, *N 12:* es hat alles miteinander zu thuen. immer ist Schicksalsstunde *(S. 271) und* Wo zwei Gärten aneinanderstossen, *1 H:* immerfort ist grosse Zeit / Schicksal fängt nicht einmal an *(S. 262).*

202, 6–39 Denn zu unterst ... *Zum Bild der Herrscherpyramide (s. auch N 8, N 9) vgl. das Notizblatt E III 230.34 zu* Die beiden Götter *(Ninyas-Semiramis-Tragödie, 1917/18, s. auch D III 471):*
(Ninyas spricht zu Semiramis): Seine Entwicklung der Herrscherpyramide (analog Kaiser u Hexe): der Verantwortung des Höchsten für Alle.
Daraus entnimmt sie nur dass er ein Schwächling, dem Scepter nicht gewachsen ist.
Ninyas spürt gerade in der Macht die Nicht-Macht »Was fallen will, war sicherlich aufgestiegen« »Weich u schwach überwindet hart u stark« –
Vgl. auch Der Kaiser von China spricht *(S. 594).*

202, 21f. von dieser höchsten Frucht / fällt ein Licht zurück auf alles *Vgl. die in N 8 zitierte Stelle aus Brownings ›Paracelsus‹ (S. 689, 20–23).*

203, 23f. Hand, an der des Kaisers Ring steckt *Die Übergabe des Rings an den Blinden ist nur in 1 H¹ erwähnt. S. die Variante zu S. 199, 18.*

203, 37–204, 1 Geht mirs doch wie jenem Hirten ... *S. dazu Hofmannsthals Brief an Felix Salten, 27. ⟨Juli 1892⟩ (B I 55ff.):*
Im Koran steht eine sehr hübsche Geschichte: Der Prophet lebte in einem kleinen Häuschen mit seiner kleinen Geliebten; sie hieß Fatme oder anders und betrog den Propheten mit einem jungen Kameltreiber. Darüber war der Prophet so betrübt, daß er sie zu Tode prügelte; dann saß er 3 Tage und 3 Nächte neben ihrer Leiche am Boden und schwieg ohne Schlaf, ohne Trank und Speise. Endlich war er des Schweigens und des Lebens überdrüssig und steckte seinen Kopf in ein großes gefülltes Wasserschaff, um zu ersticken. Da wurde seine Seele entrückt und durchflog mit Gedankenschnelle die Herrlichkeit der Welt und der Himmel: sie flog über Bagdad und Bassora hin und trank im Flug den Duft der persischen Rosengärten und den Blutgeruch eines Schlachtfeldes; dann die Lieder von Hirten in den Bergen und das Wehgeschrei Sindbads des Seefahrers, der im Diamantental im äußersten Indien wimmerte; dann flog die Seele durch alle parfümierte, berauschende Herrlichkeit der Himmel, und nur vor der goldenen Tür des siebenten Himmels wich sie geblendet zurück und flog heim in den Kopf des Propheten, der aus dem Wasserschaff emporschnellte; der sah um sich, und ihn schwindelte: es war keine Zeit vergangen, die tote Geliebte lag

noch immer da, und alles war wie früher. Da wurde der Prophet weise und begrub seine tote Geliebte und schrieb die Reiseeindrücke seiner Seele in ein heiliges Buch. *Vgl. N 5, S. 688 und* Idylle *(1893), S. 58, 28f.*

Die Geschichte steht in dieser Weise nicht im Koran. Die 17. Sure berichtet lediglich von der nächtlichen Himmelsreise Mohammeds von der Kaaba nach Jerusalem (s. dazu R. Hartmann, Die Himmelsreise Muhammeds und ihre Bedeutung in der Religion des Islam. In: Bibliothek Warburg, 1928/29; s. jetzt auch: Die wunderbare Reise des Muhammed durch Himmel und Hölle. Das Miradschname des Schah Rukh. Eine türkische Handschrift des 15. Jhdts. . . . , München 1977). Das Detail vom »siebenten Himmel« kommt aus der talmudischen Tradition (s. Büchmann, Geflügelte Worte, s. v. »Im siebenten Himmel sein«, 31. Aufl., Berlin 1964, S. 93f.); auch Elemente aus ›Tausendundeine Nacht‹ sind Hofmannsthals Wiedergabe beigemischt. Die Quelle ist noch nicht ermittelt.

204, 17–21: *S. das der Stelle zugrundeliegende Zitat aus Brownings ›Paracelsus‹ in N 8 (S. 689, 25–27) mit Erläuterung S. 719.*

204, 25–28 . . . das Gewand der Kaiserin . . . *Daß Hofmannsthal für Kostüm und Lilien-Attribut der Hexe als Kaiserin auf Vorbilder aus den Künstlerkreisen seiner Zeit zurückgegriffen haben dürfte, wird durch die Untersuchung von L. Muerdel-Dormer, Die Truggestalt der Kaiserin und Oscar Wilde. Zur Metaphorik in Hofmannsthals Drama ›Der Kaiser und die Hexe‹, in: ZfDPh Bd. 96, 4 (1977), S. 579–86, wahrscheinlich; s. dort bes. S. 583f. den Hinweis auf Sarah Bernhardt, »die zum Tee in Gewändern im Stil der Kaiserin Theodora erschien, mit kunstvoll eingewebten Edelsteinen am Saum der Kleider« und ebd., Anm. 18: »Es kann sehr gut möglich sein, daß das gesellschaftliche Leben des Entstehungsjahres 1897 hier Hofmannsthal beeinflußte. Damals, im Jubiläumsjahr der Queen Victoria, erschien Jennie Churchill beim größten Ball der Saison im Devonshire House als Kaiserin Theodora von Byzanz. Sie war durch ihr enges persönliches Verhältnis zu Graf Kinsky . . . der Wiener Gesellschaft wohl bekannt. John Leslie hat sie in ihrem Ballkostüm gemalt: Es zeigt neben dem Schleier und den im Saum eingewebten Edelsteinen auch die riesengroße Lilie, die sie in der Hand trug . . . Anita Leslie, Lady Randolph Churchill. New York 1969, S. 273. Gemälde von John Leslie: Abbildung Nr. 33.« Möglicherweise hat Hofmannsthal Bilder von dem im Mai 1897 veranstalteten Ball in Wiener Zeitungen gesehen. Doch sind noch andere Vorbilder denkbar. So beschreibt Hofmannsthal schon 1892 in den Notizen für eine Duse-Novelle* die Schauspielerin in der Rolle der Kaiserin Theodora: *wie sie sich schaukelt im offenen Haar, das Diadem zurückgesunken (SW Bd. XXIX, S. 25, N 3); ein Textbuch des damals vielgespielten Dramas ›Theodora‹ von Victorien Sardou befindet sich noch in Hofmannsthals Bibliothek. Noch aufschlußreicher ist eine Bemerkung über Sarah Bernhardt in dem ebenfalls 1892 entstandenen Feuilleton* Eleonora Duse. Eine Wiener Theaterwoche *(P I 67):*

ERLÄUTERUNGEN   715

sie spielt in der Kokotte die Kaiserin, in der Kaiserin die Kokotte, in beiden das Weib. Victorien Sardou, der für sie ›Theodora‹ und ›Kleopatra‹ schrieb, hat das sehr gut verstanden. *Es ist möglich, daß sich die Gestaltung des Kostüms an die Darstellung auf den Mosaiken in Ravenna angelehnt hatte.*

204, 33 Helena *Der Name ist wohl den historischen Quellen entnommen. Helena, die Tochter des machthungrigen Rhomanos Lekapenos, wurde 919 n.Chr. die Gattin des noch nicht 14jährigen Konstantin VII. Porphyrogenitos (s. Toynbee, a.a.O., S. 9).*

205, 12 Welch ein Kind du bist *Vgl. die Charakterisierung von Fortunios erster Frau im* Weißen Fächer, *S. 157, 12f., 159, 13f., ebd. N 4 (S. 648, 36f.).*

205, 31f. Ahnherrn, / Julius Cäsar und die andern *Die Rückbindung an die römischen Ursprünge gehörte zur Selbststilisierung und Propaganda der byzantinischen Kaiser. Über die Bedeutung der Titel Caesar und Augustus (Sebastos) in Byzanz berichtet Gibbon im Kap. 53, S. 459ff. S. auch Hofmannsthals Auszug aus Gibbon, u. S. 718, 10–14.*

206, 20–23 Aus allen Klüften ... Sprangen Engel, mich zu retten! *Vgl. Browning,* ›Paracelsus‹ *(The Poetical Works ..., p. 63):*

'Tis only when they spring to heaven that angels
Reveal themselves *to* you; they sit all day
Beside you, and lie down at night by you
Who care not for their presence, muse or sleep,
And all at once they leave you, and you know them!

Die Stelle erinnert auch an den 90. Psalm (bes. V. 11f.; s. auch V. 13: »Super aspidem et basiliscum ambulabis, et conculcabis leonem et draconem«*).*

687, 23f. ihre Füsse weich wie Hermelin *S. Erläuterung zu S. 182, 25f.*

687, 28 mein Leib ist heilig wie meine Seele wie die Welt *Vgl.* Der Turm, *1. Aufzug, 1. Auftritt (D IV, S. 27):* ⟨Sigismund⟩ ... Meine Seele ist heilig.

688, 5 mir ist Nacht mit einer Sonne *(s.o., S. 192, 12f.) Vgl.* Ödipus und die Sphinx, *SW Bd. VIII, S. 69, 5f.:* Meine Augen sehen / die Nacht auch, wenn es tagt ...

688, 7 beladen mit Musik so wie ein Stern mit Licht *Nach Browning,* ›Paracelsus‹ *(The Poetical Works ..., p. 62; Hervorhebungen vom Hrsg.):*

⟨*Paracelsus*⟩
Festus! Where's
Aprile, then? Has he not chanted softly
The melodies I heard all night? I could not
Get to him for a cold hand on my breast,
But I made out his music well enough,
O well enough! If they have filled him full
With magical music, as they freight a star
With light, and have remitted all his sin,
They will forgive me too, I too shall know!

688, 33 notre chemin c'est l'un dans l'autre *Vermutlich Vorstufe zum Text S. 206, 30–36 (Worte der Hexe). Quelle nicht ermittelt.*

689, 1f. Symbol: das Kind ... *Vermutlich Vorstufe zum Text S. 207, 4* (Diese Flammen brennen nicht!) *und somit auf den Kaiser bezogen.* Ceres – Triptolemos: *Nach Ovid, Fasten 4, 549 ff. (s. auch Hygin, Fabeln 147), soll die Erdmutter Ceres (= Demeter) auf der Suche nach ihrer Tochter Persephone in Gestalt einer alten Frau auch zu dem König Keleus von Eleusis gekommen sein und sich der Pflege seines Sohns Triptolemus (nach älterer Version: Demophon, s. Homerische Hymnen 2, 231 ff.) angenommen haben; ihn soll sie, um ihn unsterblich zu machen, mit Ambrosia gesalbt und nachts in die Glut des Herdfeuers gelegt haben.*

689, 5–10 Protovestiarius ... *S. Text S. 199, 27–200, 25. Vgl. die Darstellung des Hofstaates bei Gibbon, a.a.O., Kap. 53, S. 461 f. (hier ohne die Anmerkungen wiedergegeben):*
»*1. In a monarchy, which refers every object to the person of the prince, the care and ceremonies of the palace form the most respectable department. The* Curopalata, *so illustrious in the age of Justinian, was supplanted by the* Protovestiare, *whose primitive functions were limited to the custody of the wardrobe. From thence his jurisdiction was extended over the numerous menials of pomp and luxury; and he presided with his silver wand at the public and private audience. 2. In the ancient system of Constantine, the name of* Logothete, *or accountant, was applied to the receivers of the finances: the principal officers were distinguished as the Logothetes of the domain, of the posts, the army, the private and public treasure; and the* great Logothete, *the supreme guardian of the laws and revenues, is compared with the chancellor of the Latin monarchies. His discerning eye pervaded the civil administration; and he was assisted, in due subordination, by the eparch or praefect of the city, the first secretary, and the keepers of the privy seal, the archives, and the red and purple ink which was reserved for the sacred signature of the emperor alone. The introductor and interpreter of foreign ambassadors were the great* Chiauss *and the* Dragoman, *two names of Turkish origin, and which are still familiar to the Sublime Porte. 3. From the*

humble style and service of guards, the Domestics *insensibly rose to the station of generals; the military themes of the East and West, the legions of Europe and Asia, were often divided, till the* great Domestic *was finally invested with the universal and absolute command of the land forces. The* Protostrator, *in his original functions, was the assistant of the emperor when he mounted on horseback: he gradually became the lieutenant of the great Domestic in the field; and his jurisdiction extended over the stables, the cavalry, and the royal train of hunting and hawking. The* Stratopedarch *was the great judge of the camp: the* Protospathaire *commanded the guards; the* Constable, *the great* Æteriarch, *and the* Acolyth, *were the separate chiefs of the Franks, the barbarians, and the Varangi, or English, the mercenary strangers, who, in the decay of the national spirit, formed the nerve of the Byzantine armies. 4. The naval powers were under the command of the* great Duke; *in his absence they obeyed the* great Drungaire *of the fleet; and in his place, the* Emir, *or* Admiral, *a name of Saracen extraction, but which has been naturalised in all the modern languages of Europe. Of these officers, and of many more whom it would be useless to enumerate, the civil and military hierarchy was framed.«*

(Zu Gibbon's Quelle s. S. 462f., Anm. 5: »*This sketch of honours and offices is drawn from George Codinus Curopalata, who survived the taking of Constantinople by the Turks: his elaborate, though trifling, work de Officiis Ecclesiae et Aulae C. P. has been illustrated by the notes of Goar, and the three books of Gretser, a learned Jesuit.*«)

Daß Hofmannsthals Notiz auf der Darstellung Gibbons basiert, wird vor allem aus folgenden Details ersichtlich:

mit silb⟨ernem⟩ Stab: *Gibbon:* »*with his silver wand*«.

Grosstagerman: *Gibbon (in der hier nicht zitierten Anmerkung zu* »*Dragoman*«*):* »*Tagerman is the Arabic name of an interpreter*«.

Franken ... Barbaren ... Varangen: *die gleiche Reihenfolge bei Gibbon.*

Vermutlich während der ausgedehnten Gibbon-Lektüre 1889/90 (s. o., S. 680, Anm. 1) sind Hofmannsthals Auszüge aus dem 40., 48. und 53. Kapitel (H V B 9.1–4)[1] *entstanden, die den Text stellenweise wörtlich wiedergeben; der Dichter scheint sie direkt aus dem englischen Text übertragen zu haben. Im folgenden wird eine größere Passage des Auszugs aus dem 53. Kapitel (Gibbon, a.a.O., S. 455–62) wiedergegeben, die auch die o. zitierte und zu N 7 verwendete Stelle miteinschließt:*

Benjamin von Tudela[2] sagt: Seide, Purpur, Gold. 20 000 Goldstücke, Besteuerung der Kaufleute. 200 000 Pfund Goldes lagen in den unterirdischen Gewölben. Basilius' II Geiz. Erschlaffung, Genußsucht, Weinlesefest, Jagd, Fischen. Villen und Paläste. 12 für die Minister. Großer Palast zwischen dem Hippodrom der Aya Sophia u. den Gärten, die sich terrassenförmig gegen die Propontis herabsenken. Neubau des Θεόφιλος darunter

---

[1] Daß zu dem Konvolut noch weitere Blätter gehörten, zeigen Textabbrüche an den Seitenenden.

[2] »*A Jewish traveller, who visited the East in the twelfth century*« (*Gibbon*).

eine Kirche deren vergoldetes Dach 15 Marmorsäulen in Form eines Sigma tragen. Springbrunnen mit Silberplatten davor. Im Anfange jeder Jahreszeit wird das Becken mit köstlichen Früchten gefüllt. Der Kaiser genoß dieses lärmende Schauspiel von der Höhe eines mit Gold u. Edelsteinen schimmernden auf einer Marmorterrasse ruhenden Thrones. Unter dem Throne saßen die Hauptleute der Leibwache, die Obrigkeiten und Häupter der Circusparteien. Volk. Purpurhalle. Goldener Baum. 2 Löwen. In equis vecti regum filiis videntur persimilis⟨!⟩ von den in Seide gehüllten edelst. Grossen. »es war ihr nicht unbekannt daß die Luft des Palastes für Verschnittene gedeihlicher ist« ...[1] Aufhebung des Unterschieds zwischen plebeischer und edler Herkunft. Augustus Caesar. Alexius schiebt über dem Caesar den Sebastokrator ein. Dieser unterscheidet sich vom Augustus nur durch den Kopfschmuck und dadurch d⟨aß⟩ seine grünen Halbstiefel in den offenen Kronen weniger reich besetzt sind.

Protovestiarius = Oberceremonienmeister mit dem silbernen Stab.
Großlogothetes – Kanzler ihm untersteht der Eparch oder Präfect der Stadt, der Geheimschreiber u. der Bewahrer des Siegels der Archive u. der Purpurtinte,
Dragoman Einführer oder Dolmetscher
Domestici – Leibwache = Heerführer,
Grossdomesticus – Oberbefehlshaber der Landmacht,
Protostrator, Stallmeister, Reiter und Jäger,
Protospathair, Praefectus praetorio⟨!⟩,
Konstable, Großäteriar u. Akolyth führen die Miethtruppen der Franken, Engländer oder Waräger.
Großherzog, Admiral, Begrüßungen. *(H V B 9.2)*

689, 20–23 and from the grand result ... *Zitat aus Browning, ›Paracelsus‹, 5. Szene (The Poetical Works ..., p. 70):*

⟨*Paracelsus:*⟩
Hints and previsions of with faculties
Are strewn confusedly everywhere about
The inferior natures, and all lead up higher,
All shape out the dimly the superior race,
The heir of hopes too fair to turn out false,
And man appears at last. So far the seal
Is put on life; one stage of being complete,
One scheme wound up: and from the grand result ...
(Vgl. Text, S. 202, 6–30)

---

[1] *Das Zitat bezieht sich auf den bei Gibbon, a.a.O., S. 458f., berichteten, von Hofmannsthal nur angedeuteten, Besuch einer Peloponnesierin am byzantinischen Hof. Zu ihren Geschenken gehörten auch dreihundert schöne Knaben, von denen hundert Eunuchen waren.*

ERLÄUTERUNGEN

689, 24: to know even hate is but a mask of love *Zitat aus Browning, ›Paracelsus‹, 5. Szene (The Poetical Works . . . , p. 72)*:
⟨Paracelsus:⟩
In my own heart love had not been made wise
To trace love's faint beginnings in mankind,
To know even hate is but a mask of love's,
To see a good in evil, and a hope
In ill-success . . .

689, 25–27: *Zitat aus Browning, ›Paracelsus‹, 5. Szene (The Poetical Works . . . , p. 71)*:
⟨Paracelsus:⟩
                Not so, dear child
Of after-days, wilt thou reject the past
Big with deep warnings of the proper tenure
By which thou hast the earth: for thee the present
Shall have distinct and trembling beauty, seen
Beside the past's own shade when, in relief,
Its brightness shall stand out: nor yet on thee
Shall burst the future, as successive zones
Of several wonder open on some spirit
Flying secure and glad from heaven to heaven:
But thou shalt painfully attain to joy,
While hope and fear and love shall keep thee man!
(Vgl. Text, S. 204, 17–21)

689, 30: *Zitat aus Browning, ›Paracelsus‹, 5. Szene (The Poetical Works . . . , p. 72)*:
⟨Paracelsus:⟩
                If I stoop
Into a dark tremendous sea of cloud,
It is but for a time; I press God's lamp
Close to my breast; its splendour, soon or late,
Will pierce the gloom: I shall emerge one day.
(Vgl. Text, S. 187, 1f.)

690, 13f. I have done with wondering at the⟨e⟩ . . . *Nicht ermittelt.*

691, 8 ⟨Diese Sonne,⟩ dort im Wipfel / hängt sie wie ein goldnes Ei *Der Vergleich, den die, in den Drucken ab 7 D³ ausgelassene, Zeile enthält, kommt aus der ägyptischen Mythologie. Hofmannsthal selbst verweist darauf in Notizen zu dem unvollendeten Stück* Der verklagte Traum *(auch* Das Urteil des Bocchoris *genannt), das im Sommer 1893 konzipiert wurde und in Ägypten spielt (H III 263.19):* Historisches. / Religion. / Ptah Lichtgott, »der Weber der Anfänge«, »der das Ei der Sonne des Mondes bewegt« sein Sinnbild der Scarabäus ... *(Die große Bedeutung der Sonne in* Der Kaiser und die Hexe *läßt weitere Bezüge zur ägyptischen Mythologie, in der die Sonne eine zentrale Rolle spielt, vermuten.)*

691, 17f. todte Kobolde *Vgl.* Die Frau im Fenster, *S. 99, 5f.:* da hocken Kobolde mit einem Leib / wie hübsche Kinder, doch boshaften Seelen.

692, 8 verstelltem *aus:* bewusstem *Die Variante ist bedeutsam im Hinblick auf die spätere Verknüpfung dieser Verse mit der Sprachproblematik und den Symptomen der Praeexistenz.*

692, 19f. Kaisers Haus hat viele Thore ... *Vielleicht beeinflußt von den Schilderungen der byzantinischen Paläste bei Gibbon, a.a.O., Kap. 53, S. 457f. (Residenz des Theophilus) und 463f. (Bericht des Bischofs Liutprand von Cremona über seinen Besuch am byzantinischen Hof).*

693, 8 Admiral *(auch: Nearch): S. die Erklärung des Namens und Beschreibung der Funktion bei Gibbon, a.a.O., Kap. 53, S. 462 (o.S. 717, 12–15).*

VORSPIEL ZUR ANTIGONE DES SOPHOKLES

ENTSTEHUNG

Das Vorspiel zur Antigone des Sophokles, *das Hofmannsthals Beschäftigung mit* Antik-Mythischem *nach der* Alkestis *(1893–1894) und der* Idylle *(1893) erstmals wieder öffentlich sichtbar¹ werden läßt, entsteht während Hofmannsthals längerem Paris-Aufenthalt im Jahre 1900 (10. Februar–2. Mai) in den Tagen vom 11. bis 18. März, wird nur wenige Tage später, am 28. März, in Berlin aufgeführt und erscheint bereits im Mai des gleichen Jahres im Druck.*

Den Anstoß zur Erprobung dieser hier von ihm erstmals gestalteten, wenn auch durch die Prologe bereits vorbereiteten, dichterischen Form, die dann erst 1906 mit dem Vorspiel für ein Puppentheater² *wieder aufgenommen wurde, wie auch den bestimmten Auftrag, Vorspiele zu Aufführungen griechischer Tragödien zu schreiben, hatte Hofmannsthal vermutlich während seiner Aufenthalte in Berlin, im Mai 1898 und im März 1899, erhalten. Der Dichter, der in diesen Tagen vor und nach den Premieren eigener Stücke seine Verbindungen zur Bühne durch zahlreiche neue Bekanntschaften erweiterte und festigte, wird damals, vielleicht durch Vermittlung der seit 1897 am ›Deutschen Theater‹ spielenden Louise Dumont, mit dem*

---

¹ *Der schon 1893 geäußerte Plan, die* ›Bacchen‹ *des Euripides zu erneuern (A 100), führt über Tagebuchnotizen (H VII 4) nicht hinaus; zu seiner Wiederaufnahme 1904 s. D II 523–30.*

² *D II 489–97 (in einem Brief an Carossa vom Jahre 1908 gibt Hofmannsthal dieser Dichtung den Vorzug vor dem* Vorspiel zur Antigone, *s. u., S. 732); weitere Vorspiel-Pläne s. u., S. 732, Anm. 3. Die Umbenennung des 1. Aktes von* Das Bergwerk zu Falun *(1899) in* Ein Vorspiel *(s. dazu GLD 537) und die Bezeichnung von* Ödipus und die Sphinx *als* Vorspiel *(innerhalb der Trilogie) (an Gertrud Eysoldt, 28. September 1905, B II 217f. u.ö.) sind nachträgliche, nicht schon in der Konzeption enthaltene Entscheidungen. Als Oper in einem Aufzuge nebst einem Vorspiel ist* Ariadne auf Naxos *(1916) angelegt. Eine interessante Vor-Form des Vorspiels ist die in* Alkestis *prologierende Stimme (auch sie von Musik begleitet), auf die dann der in Euripides' Drama den Prolog bildende Monolog Apollons folgt (D I 9). – Daß Goethes ›Vorspiel auf dem Theater‹, das seinerseits wieder auf Vorbildern beruht, die Gestaltung des Vorspiels beeinflußt haben könnte, muß zumindest in Betracht gezogen werden.*

›Akademischen Verein für Kunst und Litteratur‹ bekannt geworden sein, einem studentischen Kreis, der, angeregt durch die Übertragungen des an der Berliner Universität lehrenden klassischen Philologen Ulrich v. Wilamowitz-Moellendorff, sich die Aufgabe gestellt hatte, die antike Tragödie für das deutschsprachige Theater wiederzugewinnen.[1] Für die Hauptrollen stellten sich hervorragende Darsteller aus Otto Brahms Ensemble (Louise Dumont, Friedrich Kayssler, Max Reinhardt) und von anderen Berliner Bühnen zur Verfügung. Erstes Zeugnis der von ihm zugesagten, offensichtlich zunächst auf Dauer gedachten, Mitarbeit Hofmannsthals an diesen Bestrebungen ist ein im Januar 1900 in Wien entstandenes Titelblatt mit der Aufschrift: Prolog zu König Oedipus.[2] Demnach zu vermutende Entwürfe sind nicht erhalten. Hofmannsthal, der in einem Brief an Edgar Karg von Bebenburg vom 31. Januar 1900 (BW 157) über eine ziemlich phantasielose Stimmung klagt, die ihn nur mit unverhältnismäßig großer Anstrengung an einem kleinen Vorspiel[3] arbeiten lasse, scheint vor dieser Aufgabe umso eher kapituliert zu haben, als die Unruhe bei seinem Aufbruch und die Ungewißheit über die Arbeitsbedingungen in Paris ihm einen rechtzeitigen Abschluß des Manuskripts für die bereits auf den 28. Februar festgesetzte Aufführung nicht gewährleistet hätten. Zu der, um genau einen Monat später angesetzten, Antigone-Aufführung beizutragen, dürfte er aber noch vor der Abreise sich vorgenommen und den Schauspielern zugesagt haben.

Wieweit Hofmannsthal sich noch in Wien in den sophokleischen Text hineingedacht, welche Vorstudien er allenfalls getrieben hatte, läßt sich ebensowenig ermitteln wie ob er eine Übersetzung nachgelesen hatte, und welche. Seine genaue Kenntnis der Tragödien des Sophokles war seit der Lektüre des Originaltexts im Jahre 1892, an die sich

---

[1] S. dazu Heinz Kindermann, Theatergeschichte Europas, Bd. 7, Salzburg 1968, S. 109 u. 293 und die ›Entstehung‹ zu König Ödipus, SW Bd. VIII. Während die ›Antigone‹ nach Hofmannsthals eigenem Hinweis (u. S. 730, 32) in der ›Sommeroper‹ gespielt wurde, brachte der Akadem. Verein im gleichen Jahr die ›Orestie‹ im ›Theater des Westens‹ auf die Bühne. In seinen ›Erinnerungen 1848–1914‹ (Leipzig o.J. ⟨1928⟩, S. 253f.) berichtet Wilamowitz von diesen Aufführungen. Ob auch die ›Antigone‹ in Wilamowitz' Übersetzung oder in einer älteren, z.B. der Donner'schen, gegeben wurde, ist nicht ermittelt (die 1898 in 1. Aufl. erschienenen populären Tragödienübersetzungen Wilamowitz' enthalten die ›Antigone‹ nicht). Wie fern im übrigen die Wilamowitz'sche Antike von der Hofmannsthals war, machen die ›Augenzeugenberichte‹ Karl Reinhardts (›Akademisches aus zwei Epochen‹, in: K.R., Vermächtnis der Antike, Göttingen ²1966, S. 384–86) eindrucksvoll sichtbar.

[2] VIII 13.44. S. dazu die ›Entstehung‹ zu König Ödipus in SW Bd. VIII.

[3] Daß damit bereits das Vorspiel zur Antigone gemeint sein könnte, wie Mary E. Gilbert in der Erläuterung zu diesem Brief (BW 242) angibt, ist schon der Chronologie der Aufführungen wegen unwahrscheinlich. – Zur ›Ödipus‹-Aufführung (Regie: Hans Oberländer) s. Fritz Mauthner, Prager Jugendjahre. Erinnerungen, Frankfurt a.M. 1969, S. 268–78.

eigene Übersetzungsproben, meist in Tagebüchern, anschlossen, begründet.[1] *Daß das* Vorspiel zur Antigone *so nachdrücklich auf die Gestalt des Ödipus und auch auf Laios verweist (S. 215, 23ff., 217, 22ff.), ist wohl nicht nur eine das Publikum der Berliner Aufführung an den zuvor gespielten* ›König Ödipus‹ *erinnernde Geste, auch nicht nur Anzeichen der fortwirkenden, durch die am 18. Februar 1900 in Paris besuchte Aufführung des* ›Oedipe roi‹[2] *erneuerten, inneren Beschäftigung mit dem Ödipus-Stoff, sondern vielmehr ein Ausdruck dafür, daß der Dichter den Labdakiden-Mythos als ein großes tragisches Geschehen, in seiner Gesamtheit vor sich sah.*[3]

Hatte Hofmannsthal nach seiner Ankunft in Paris zunächst intensiv am gesellschaftlichen Leben, zu dem ihm die Freunde Georg Franckenstein und Hans Schlesinger ersten Zugang verschafften, teilgenommen und die Arbeit auf das Frühjahr verschoben[4]*, so beginnt fast schlagartig am 11. März eine Phase dichterischer Produktion, die bis zum Ende des Aufenthaltes anhält und den Tagesrhythmus bestimmt.*[5]

Die Arbeit drängt sich mir förmlich auf, in der leichtesten, angenehmsten

---

[1] *So ist im Tagebuch (H VII 4) am 21. V. ⟨1892⟩ ein Ausschnitt aus der Eurydike-Szene der* ›Antigone‹ *(Bote – Chor) übersetzt. Zur Sophoklesleküre s. auch Hofmannsthals Brief an Marie Herzfeld vom 21. Juli 1892 (BW 28). Im Wintersemester 1893/94 besuchte Hofmannsthal Alfred Bergers Vorlesung* ›Dramaturgie der antiken Tragiker‹.

[2] *Hofmannsthal hat seine Theaterbesuche zwischen dem 14. Februar und dem 14. März 1900 in einer mit* Paris, Théatre. *überschriebenen Liste (H VB 10.123) verzeichnet. Unter* Sonnt⟨ag⟩ 18. *ist vermerkt:* Com⟨édie⟩ franç⟨aise⟩ Dépit amoureux. Oedipe roi. *Die Titelrolle spielte (wie schon in der in* Südfranzösische Eindrücke ⟨1892⟩ *erwähnten Aufführung in Orange: P I 82 und Tagebuch vom 16. September 1892, H VB 4.34) Mounet-Sully (s. auch B II 10).*

[3] *Diese Annahme wird auch durch Hofmannsthals Arbeit an der Ödipus-Trilogie in den Jahren 1904–1906 gestützt. S. die* ›Entstehung‹ *zu* Ödipus und die Sphinx *und die zu* König Ödipus *in SW Bd. VIII.*

[4] *An die Eltern, 18. Februar 1900 (B II 9f.), an Leopold Andrian, 7. März 1900 (BW 142). Über das gesellschaftliche Leben der ersten Wochen berichten ausführlich die Briefe an Richard Beer-Hofmann (2. April 1900, BW 96) und Hermann Bahr, 24. März 1900, B I 299).*

[5] *Daß er in einer* Überschwemmung von Arbeit und Entwürfen, Gedichten, Novellen, lyrischen Dramen, Märchen *lebe, schreibt Hofmannsthal gegen Ende des Aufenthalts an Ria Schmujlow-Claassen (21. April 1900, B I 309; s. ebd. 298, 308). So entstanden in Paris das Ballett* Der Triumph der Zeit *für Richard Strauss; die Übersetzung von Renards Einakter* ›Poil de carotte‹, *die Erzählung* Das Erlebnis des Marschalls von Bassompierre, *ein Entwurf zur Erzählung* Das Märchen von der verschleierten Frau *(s. SW Bd. XXIX, S. 135–147), Entwürfe zu einer Groteske* Paracelsus und Dr. Schnitzler *(s. jetzt die Publikation in MAL 10, Nr. 3/4 ⟨1977⟩, S. 163–167) und mehreren anderen Stücken. Auf einem der Notizblätter zum* Vorspiel zur Antigone *sind allein Notizen zu weiteren drei Stücken versammelt (s.u., S. 726).*

Form, ich fühle eine seltene innere Freiheit von allen Hemmungen und Belästigungen und sehe meine Existenz, meine Kunst und alles mit ganz andern, d. h. mit den richtigen Augen an, *schreibt Hofmannsthal am 11. März den Eltern.*[1] *An diesem Tag beginnt der Dichter mit der Niederschrift des* Vorspiels zur Antigone. *Zwei kurze Prosanotizen (N 1 u. 2) sind die einzige überlieferte Vorstufe. Bereits am 17. März berichtet Hofmannsthal den Eltern, er habe heute* ⟨den⟩ Prolog beendigt und ⟨eine⟩ Abschrift nach Berlin geschickt *(s. S. 729). Da außer den erwähnten Notizen nichts Handschriftliches überliefert ist, läßt sich nur vermuten, daß der Entwurf bereits am 15. oder 16. März abgeschlossen war, was um so wahrscheinlicher ist, als der Dichter bereits am 15. März Arthur Schnitzler* ein typiertes Exemplar des Vorspiels für die nächsten Tage in Aussicht stellen kann *(s. S. 729).*[2] *Die Vorlage für das Typoskript, die zweite (ebenfalls verlorene) Reinschrift, dürfte am 17. März noch nicht abgeschlossen gewesen sein. Sie wird sofort nach ihrer Vollendung am 18. März an die Eltern nach Wien geschickt mit der Bitte, sie in fünf Exemplaren typieren zu lassen, von diesen je eines an Arthur Schnitzler (zur Weiterleitung an den Berliner Kritiker der ›Neuen Freien Presse‹ zwecks einer Besprechung der Aufführung), an Otto Brahm, an die Zeitschrift ›Die Zeit‹ (mit dem Angebot, die Dichtung zu drucken) und an Leopold von Andrian*[3] *zu senden, sodann die Reinschrift nach Paris zu retournieren (s. S. 730). Von den fünf Exemplaren ist nur das von den Eltern zurückbehaltene (1 t) überliefert.*

Bereits am Abend des Aufführungstages erhält Hofmannsthal durch ein Telegramm aus Berlin, das nicht erhalten ist, Nachricht über die Wirkung des Stücks. Daß diese positiv war, kann man daraus schließen, daß Hofmannsthal das Telegramm am 30. März einem Brief an die Eltern beilegte (s. S. 731). Eine Notiz zu der Aufführung erschien in der Vossischen Zeitung vom 29. März.

Ein ablehnender Bescheid der ›Zeit‹-Redaktion war am 28. März bei den Eltern eingetroffen. Auf diesen hin scheint Hofmannsthal unverzüglich mit der Wochenzeitschrift ›Über Land und Meer‹, in deren Neujahrsnummer soeben sein Gelegenheits-

---

[1] *B II 18.*
[2] *Sicher noch in Paris ist die folgende Notiz entstanden (H V B 11.4):*
   Daten: Vorspiel zur Antigone 11–18 März
   18 März – 15 April: Leda Festsp d Liebe Besuch ⎫
               d Göttin   ⎬ Pläne
   Märchen v. d. verschl⟨eierten⟩ Frau 15 IV –   ⎭
   Erlebnis d. H. v. Bass.   21–24 IV
   Das für das Vorspiel *eingetragene Enddatum bezieht die doppelte Reinschrift mit ein. Nicht erwähnt ist in der Liste das sofort nach Vollendung des Vorspiels begonnene Ballett* Der Triumph der Zeit *(D I 353–399); s. Hofmannsthals Nachricht an die Eltern vom 17. März 1900:* Ich denke morgen ein Ballett anzufangen, das für Richard Strauss bestimmt ist. *(B II 19)*
[3] *Diese Adresse erscheint erst im Brief vom 21. März (u., S. 730); am 17. März hatte es noch geheißen:* Zwei ⟨Exemplare⟩ bleiben Euch. *(u., S. 730).*

gedicht Was die Braut geträumt hat *(s. S. 81–91 und 498) erschienen war, verhandelt zu haben; eine zur gleichen Zeit eintreffende Anfrage der ›Neuen Deutschen Rundschau‹ konnte deswegen nicht definitiv beantwortet werden (s. S. 731). Auch die Unterhandlung mit ›Über Land und Meer‹ blieb ergebnislos. Da inzwischen Alfred Walter Heymel, zusammen mit Rudolf Alexander Schröder Eigentümer der Zeitschrift ›Die Insel‹, dessen Bekanntschaft Hofmannsthal auf der Reise nach Paris, während eines zweitägigen Aufenthaltes in München, gemacht hatte[1], in Paris eingetroffen war, bot sich eine neue Möglichkeit, das* Vorspiel *in Druck zu geben. Das Stück erschien in der Mainummer (3.Quartal des 1. Jg., Nr. 8) der ›Insel‹ (2 D[1]), nach* Der Kaiser und die Hexe *(s. S. 681) Hofmannsthals zweiter größerer Beitrag zu dieser Zeitschrift.*

Die Fülle neuer dramatischer Konzepte wird den Dichter zu einer vermutlich noch in Paris niedergeschriebenen Disposition für drei Theater-Bände veranlaßt haben[2], deren erster Vorspiele *enthalten sollte. Das* Vorspiel zur Antigone *ist in dieser Aufstellung neben dem* Vorspiel zu einem Drama: das Bergwerk zu Falun[3] *als bereits vollendet gekennzeichnet. Dieser Plan scheint nicht weiter verfolgt worden zu sein. Erst 1908 erscheint das* Vorspiel zur Antigone *zusammen mit dem* Vorspiel für ein Puppentheater *und dem* Prolog zur Lysistrata des Aristo-

---

[1] *An Hermann Bahr, 24. März 1900 (B I 299):* In München, wo ich 2 Tage war, hatte ich Gelegenheit, die beiden jungen Eigentümer der ›Insel‹ kennenzulernen ... *R.A. Schröder hatte sich bereits am 17. März in einem Brief nach einem neuen Beitrag für ›Die Insel‹ erkundigt:* »Hoffentlich fühlen Sie sich in Paris recht wohl und haben Lust und Zeit zum schreiben. Werden wir vielleicht bald einmal eine Kleinigkeit für die Insel erwarten dürfen? Ich brauche Ihnen doch kaum zu wiederholen, dass Alles von Ihnen uns willkommen ist?« *(FDH/Dauerleihgabe Stiftung Volkswagenwerk)*

[2] *H VA 47.3.*
    1.) Band: Vorspiele.
       + Vorspiel zu einem Drama: das Bergwerk zu Falun
          ”   ”   Fortunat u. seine Söhne (nach Th Decker)
       + Vorspiel zur Antigone.
         Paracelsus. eine Groteske.
         Festspiel d. Th⟨eaters⟩ a. d. Wien
    2.) Bd: Theater ohne Worte
    3.) Spiele der Liebe u. des Lebens (Theater d. Liebe)
         Leda, Besuch, Festspiel d. Liebe
(Nach Vorspiele. *ist gestrichen:* Phantast. Theater; *nach dem Titel* Paracelsus ...: das Kl. Welttheater*). –* Fortunat u. seine Söhne *(das Volksbuch mit der Geschichte des Fortunatus erbittet Hofmannsthal bereits am 27. März 1900 von den Eltern; Abschrift des Briefs im FDH) wird im August 1901 in Rodaun als* Trauerspiel *(E III 275.1) fortgesetzt (s. D II 506–510; ebd. S. 501–503:* Leda und der Schwan*).*

[3] *Mit* Vorspiel *ist hier der 1899 niedergeschriebene, in den Drucken ab 1906* Ein Vorspiel *genannte 1. Akt des Dramas gemeint.*

phanes *in Buchform unter dem Gesamttitel* Vorspiele *(s. 3 D²). In der gleichen Reihenfolge und als* Vorspiele *zusammenfassend überschrieben, werden die drei Stücke 1911 in* ›Die Gedichte und Kleinen Dramen‹ *übernommen (s. 4 D³).*

Eine erneute Beschäftigung des Dichters mit der Gestalt der Antigone wird während der Arbeit an den Dramen Ödipus und die Sphinx *und* König Ödipus *(SW Bd. VIII) in den Jahren 1904–1906 sichtbar. Damals plante Hofmannsthal ein Nachspiel in einem Akt,* Ödipus der Greis, *das die Trilogie vollenden sollte. In ihm sollte, wie im sophokleischen* ›Ödipus auf Kolonos‹, *das Kind Antigone¹ auftreten. In Briefen an die Schauspielerin Gertrud Eysoldt, der er diese Rolle zeitweise zuzuschreiben beabsichtigte, entwickelte Hofmannsthal seine Auffassung dieser Gestalt, aus frühen Schmerzen aufgebaut, ganz Leiden … mit unberührter Seele², noch nicht das* erhabne Schattenbild *(s. S. 216, 14)* und *strahlende Geschöpf (S. 218, 30), als das sie das Vorspiel beschworen hatte.³*

ÜBERLIEFERUNG

N 1   H III 143.6 – *Obere Hälfte der Vorderseite eines zweiseitig beschriebenen, in der Mitte gefalteten, später in zwei Teile zerfallenen Blattes. Prosanotiz zum Dialog* Genius – ⟨Wilhelm⟩. *Auf derselben Seite unter dem Sammeltitel* Die Spiele der Liebe und des Lebens *Notizen zu dem Stück* Engelsfest: das Theater der Unschuld; *143.6ᵇ: Titel und Beginn eines Versdialogs zu dem Stück* Die junge Frau und der Einsiedler. – *Entstehung kurz vor oder während der Niederschrift des Vorspiels.*

N 2   H VB 10.130 – *Prosanotiz zum Dialog* Genius – Wilhelm. *Auf derselben Seite Notizen zu* Theater der Unschuld, Leda und der Schwan *und* Faschingscomödie. *Entstehung wie bei N 1.*

---

¹ *An Gertrud Eysoldt, 21. September 1905 (B II 211, s. ebd., S. 218).*

² *An Gertrud Eysoldt, 21. September und 28. September 1905 (B II 211, 218). Im letztgenannten Brief vergleicht Hofmannsthal Antigone mit der noch ungleich* schönere⟨n⟩ Gestalt »Leiden« *im* ›Jedermann‹: auch Antigone ist ganz Leiden, nur mit unberührter Seele, während jene andere Gestalt mit gesättigter Seele.

³ *Mit dem höchsten Helden der Ilias stellt Hofmannsthal Antigone in dem Aufsatz* Griechenland *(1922) gleich:* Wenn wir hier die Antigone denken, so schwören wir: sie war eine Schwester des Achill, und der Trotz, mit dem sie sich ihrem König gegenüberstellt, ist nicht von geringerer Urkraft als der, welcher den Sohn der Thetis in seinem Zelt verharren ließ, dem Oberfeldherrn und hundert Fürsten in die Zähne. *(P IV 160).*

1 t	VIII 28 – *Vollständiges Typoskript (Durchschrift) des Vorspiels. 13, von S. 2–13 fortlaufend paginierte, Blätter, in einen am Rücken durchtrennten Konvolutdeckel aus dünner Pappe mit dem in Kunstschrift daraufgesetzten Titel* Vorspiel *geheftet. Auf Bl. 1 über dem Titel die Angabe:* Hugo von Hofmannsthal, Paris., *daneben handschriftlich (vom Vater) nachgetragen:* »3. 1900.« *Auf der Rückseite des hinteren Konvolutdeckels ist von derselben Hand vermerkt:* »Vorspiel z Antigone / 1900.« *Auf S. 13 unter dem Text:* Paris, im März 1900. (im Typoskript). *Am Fuß derselben Seite Stempel:* »Ida Grünwald / Typewriterin / Wien, IX., Clusiusgasse 10«.[1] *Alle Bühnenanweisungen sind mit roter Tinte unterstrichen.*
2 D¹	Vorspiel zur Antigone des Sophokles. Von Hugo von Hofmannsthal. *In: Die Insel. 1. Jahrgang. 3. Quartal. Nr. 8. Mai 1900, S. ⟨230⟩–241.* *Einige geringfügige Abweichungen von 1 t, die zum Teil auf Versehen beruhen.*
3 D²	Vorspiel zur Antigone des Sophokles. *In:* Vorspiele von Hugo von Hofmannsthal. *Leipzig: Insel-Verlag 1908, S. ⟨17⟩–32.* *Der Text entspricht 2 D¹. Im Titel ist der Aufführungsvermerk weggefallen. Orthographie und Interpunktion sind modernisiert, bzw. normiert. Textgrundlage.*
4 D³	Vorspiel zur Antigone des Sophokles *In: Gedichte und Kleine Dramen. Leipzig: Insel-Verlag 1911, S. ⟨96⟩–105.* *Der Text entspricht 3 D².*

---

[1] *Ida Grünwald typierte zahlreiche Manuskripte Hofmannsthals und Schnitzlers, dessen Sekretärin sie zeitweise war (s. BW HvH–Schnitzler, S. 198).*

VARIANTEN

N 1

Ich will doch wesentliches: Verhältnisse, die an Zufällen scheitern, die sich an Kraftlosigkeit, Unfähigkeit des Glaubens, auflösen, Kochungen aus Sentimentalität und Gemeinheit. Diese Dinge aus Leinwand stehen todt in der Zeit, da alles strömen sollte, alles in einander überfluthen, Spiele und Leben
Genius. Du bist recht verfangen
wenn man wesentlich ist, ist ein⟨em⟩ alle Kunst gleich fern
Genius Maske und Leib, Form und Wesen, Bedeuten und Sinn sind untrennbar.

N 2

Genius: und warum willst du mich für nichts wirkliches halten, willst mich demaskieren, die wirkliche in den Armen haben?
Wilhelm: weil hier eine Trugwelt ist, aus Leinwand, Beleuchtungen, Worten.

$$1\ t\text{–}4\ D^3$$

209, 1:	*danach:* Aufgeführt zu Berlin, den 26. März 1900.[1] *1 t, 2 D¹*
213, 6	totenstillen Pause,] Totenstille Pause; *2 D¹–4 D³;* emendiert nach *1 t.*
213, 21	W i e *nicht gesperrt in 1 t* hier] hin *1 t*
216, 26	Rede] Reden *1 t*
216, 34	ich] i c h *1 t*
216, 35	Wieder entmutigt] Müde, entmutigt *2 D¹–4 D³;* emendiert nach *1 t* [2]

---

[1] *Hofmannsthals am 21. März (an die Eltern, s. ›Zeugnisse‹, S. 730) geäußerter Bitte, das Datum der Aufführung zu korrigieren (richtig: 28. März), konnte, da das Manuskript bereits typiert worden war, als der Brief eintraf, nur noch durch nachträgliche handschriftliche Änderung entsprochen worden sein; die überlieferte Durchschrift ist allerdings unkorrigiert, und auch bei der Vorlage von 2 D¹ muß die Korrektur vergessen worden sein.*

[2] *Die Änderung in den Drucken ist wohl auf die Absicht zurückzuführen, die Wiederholung des Wortes* wieder *(s. Zeile 36) zu beseitigen. Dabei wurde vermutlich gar nicht bedacht, daß hier keine wirkliche Wiederholung vorliegt, da das Wort einmal im Sprechtext, einmal in der Regiebemerkung erscheint.*

217,7 geliebtesten] Geliebtesten 2 D^1–4 D^3; *emendiert nach* 1 t

217,18 zweimal sich umblickend.] ein, zweimal umblickend. *1 t*

219,8 Er sinkt, ... Palastes.] Er lässt sich, ... Palastes nieder. *1 t*

ZEUGNISSE · ERLÄUTERUNGEN

ZEUGNISSE

1900

⟨12. März 1900⟩, an die Eltern
Heute habe ich bis jetzt gearbeitet ... Ich schreibe den Prolog für eine Berliner Antigone-Aufführung. Wenn noch Zeit ist, werd ich ihn über Wien schicken, so dass Ihr ihn schnell typieren lassen könnt.
(*Deutsches Literaturarchiv, Marbach a. N.*)

15. März ⟨1900⟩, an Arthur Schnitzler
Es fällt mir manchmal mehr ein als ich aufschreiben kann: kleinere und größere Stücke, Erzählungen und anderes Phantastisches. Ich hoffe, daß ich wohl halbwegs Abgeschlossenes fertig bringe. ...
Mein Papa wird Ihnen in den nächsten Tagen ein typiertes Exemplar des kleinen Vorspiels schicken, das ich für eine Berliner Antigone-vorstellung (26ten März) geschrieben habe. Bitte schicken Sie es mit meinen herzlichen Grüßen an Goldmann.[1] Es wäre mir natürlich angenehm wenn er etwa in die Vorstellung gehen und darüber schreiben würde, aber natürlich absolut nur, wenn er Lust hat. (*BW 134f.*)

17. März ⟨1900⟩, an die Eltern
Habe heute Prolog beendigt und Abschrift nach Berlin geschickt. Schicke morgen eine zweite an Euch zum typieren.
(*Deutsches Literaturarchiv, Marbach a. N.*)

---

[1] *Paul Goldmann (1865–1935), Journalist, Kritiker; Berliner und Pariser Korrespondent der Wiener ›Neuen Freien Presse‹ und Redakteur der Zeitschrift ›An der schönen blauen Donau‹, in der Hofmannsthals und Schnitzlers früheste Arbeiten erschienen.*

⟨*17. März 1900*⟩, *an die Eltern*
Die Abschrift des Prologes, die zum typieren bestimmt ist, schicke ich morgen. Papa muss so gut sein mir mein Manuscript dann wieder hierherzuschicken. Von den typierten Exemplaren geht eines an Arthur mit der Bemerkung »für Dr Goldmann« eines an die ›Zeit‹ mit Brief, den ich mitschicke; eines an Dr Otto Brahm, Berlin NW Luisenplatz 2. Zwei bleiben Euch.   *(Deutsches Literaturarchiv, Marbach a.N.)*

17. März ⟨*1900*⟩, *an die Großmutter (Josefa Fohleutner)*
Ein kleines Vorspiel zu einer Berliner Aufführung der ›Antigone‹ wirst Du in den nächsten Wochen gedruckt lesen. Die Aufführung ist am 26ten...
(FDH/Dauerleihgabe Stiftung Volkswagenwerk)

⟨*18. März 1900*⟩, *an die Eltern*
mit gleicher Post sende ich Manuscript ab. ... bitte das Typieren beschleunigen   *(Deutsches Literaturarchiv, Marbach a.N.)*

19. März ⟨*1900*⟩, *an die Eltern*
Das Manuscript vom Vorspiel bitte hierher zurück.
(Deutsches Literaturarchiv, Marbach a.N.)

19. März 1900, Hugo von Hofmannsthal sen. an Hofmannsthal
Wo soll die Antigonevorstellung stattfinden zu der Du den Prolog gemacht hast? Bitte schreibe wie oft der Prolog typirt werden soll?
(FDH/Dauerleihgabe Stiftung Volkswagenwerk)

19. März 1900, Anna von Hofmannsthal an Hofmannsthal
Wie schnell Du mit dem P⟨rolog⟩ fertig warst! Ich freue mich schon sehr ihn zu lesen.   *(FDH/Dauerleihgabe Stiftung Volkswagenwerk)*

20. März 1900, Anna von Hofmannsthal an Hofmannsthal
Papa wird natürlich so gewissenhaft wie immer, die Prologaffaire erledigen.
(FDH/Dauerleihgabe Stiftung Volkswagenwerk)

⟨*21. März 1900*⟩, *an die Eltern*
Typiert soll der Prolog in 5 Exemplaren werden; wozu denn mehr? 1/ für die ›Zeit‹ 2/ Brahm 3/ Arthur für Goldmann 4/ für Euch 5/ Poldy, Wickenburggasse 17. Es eilt aber nun etwas. Die Aufführung ist in Berlin den 28 März (Bitte das Datum zu corrigieren) Ich glaube in der Sommeroper.
(Deutsches Literaturarchiv, Marbach a.N.)

23. März 1900, Arthur Schnitzler an Hofmannsthal
Ihr kleines Vorspiel, das ich sehr einfach und schön finde, hab ich gleich an Paul Goldmann (Berlin, Dessauerstraße 19) geschickt, vielleicht schreiben Sie ihm auch ein Wort? (BW 136)

24. März ⟨1900⟩, an die Eltern
Bekam eben das Manuscript von Papa, danke sehr. ... Falls Schnitzler abgereist, bitte Goldmanns Adresse ›Neue Presse‹ erfahren und **umgehend** Manuscript an ihn schicken[1]
(Deutsches Literaturarchiv, Marbach a. N.)

24. März 1900, Anna von Hofmannsthal an Hofmannsthal
Das ›Vorspiel‹ hat mich geradezu entzückt. Diese wundervolle Sprache, und so interessant! –
  Wenn es diese Studenten nur schön vortragen, dann muß es großen Erfolg haben. Das wünsche ich von Herzen. (FDH/Dauerleihgabe Stiftung Volkswagenwerk)

27. März ⟨1900⟩, Hugo von Hofmannsthal sen. an Hofmannsthal
Schnitzler schreibt mir heute daß Goldmann den Empfang des Vorspiels schon bestätigt hat welches er sehr schön findet.
(FDH/Dauerleihgabe Stiftung Volkswagenwerk)

27. März 1900, Anna von Hofmannsthal an Hofmannsthal
Beifolgende Karte ist heute auf Papa's Anfrage, ob Dein Vorspiel an die richtige Adresse abgieng, gekommen. (FDH/Dauerleihgabe Stiftung Volkswagenwerk)

29. März 1900, Anna von Hofmannsthal an Hofmannsthal
Beifolgend 2 Briefe, die gestern abends kamen. Dem von der ›Zeit‹ war Dein ›Vorspiel‹ eingeschlossen. (FDH/Dauerleihgabe Stiftung Volkswagenwerk)

⟨30. März 1900⟩, an die Eltern
Das beiliegende Telegramm erhielt ich vorgestern abends, es bezieht sich auf das ›Vorspiel‹. (Deutsches Literaturarchiv, Marbach a. N.)

5. April ⟨1900⟩, an die Eltern
wegen des ›Vorspiels‹ unterhandle ich gerade mit ›Über Land und Meer‹, konnte also der Rundschau nichts Definitives schreiben.
(Deutsches Literaturarchiv, Marbach a. N.)

---

[1] *Das erstgenannte Manuscript ist die am 18. März abgesandte Reinschrift mit dem zweiten kann nur eines der Typoskript-Exemplare gemeint sein.*

8. April ⟨1900⟩, an Leopold Andrian
Mein Papa hat Dir wohl ein Manuscript geschickt: ›Vorspiel zur Antigone‹?
(BW 145)

19. April ⟨1900⟩, an Ria Schmujlow-Claassen
Ich habe die Skizze von 4 oder 5 Erzählungen wie im Fieber hingeschrieben, ein Ballett entworfen, ein Vorspiel zur ›Antigone‹ in Versen ausgeführt (für Berlin), von andern kleinen lyrischen Stücken ein Szenarium gemacht[1] und sitze zwischen Trümmern, halb festgehaltenen Gestalten, Details, wie Rodin zwischen Gipshänden, Füßen und abgebrochenen Flügeln – soit dit sans comparaison. *(B I 308)*

5. Mai ⟨1900⟩, Hugo von Hofmannsthal sen. an Hofmannsthal
Auch der Correcturbogen des Vorspiels ist bis jetzt nicht eingelangt.
(FDH/Dauerleihgabe Stiftung Volkswagenwerk)

9. Juli 1900, Rudolf Alexander Schröder an Hofmannsthal
Hoffentlich haben Heines »antike« Leisten zu Ihrem schönen Prolog[2] Sie nicht irritiert. Heine ist eben gesucht banal und wird das solange bleiben, bis es modern wird so zu sein. *(FDH/Dauerleihgabe Stiftung Volkswagenwerk)*

1908

⟨April 1908⟩, Hans Carossa an Hofmannsthal
Ich habe das Vorspiel zur ›Antigone‹ gelesen; es ist unvergeßlich schön.
(FDH/Dauerleihgabe Stiftung Volkswagenwerk)

⟨21. April 1908⟩, an Hans Carossa
Ich wollte Ihnen eben das kleine Buch Vorspiele schicken doch scheinen Sies zu haben, da Sie das V⟨orspiel⟩ zur Antigone erwähnen. Ich finde die beiden andern besser, besonders die Scene des Dichters mit dem alten Weib, worin die Prosa mir gut gefällt und auch der Inhalt: die Wendung vom lyrischen zum dramatischen Lebensgefühl mir gut ausgedrückt scheint.[3] *(FDH/Dauerleihgabe Stiftung Volkswagenwerk)*[4]

[1] Zu dem hier Angedeuteten s.o., ›Entstehung‹, S. 723.
[2] Gemeint sind Th. Th. Heines Titel-, Kopf- und Schlußleisten (Abwandlungen eines Palmettenfrieses) zu 2 D¹.
[3] S. ›Überlieferung‹: 3 D² S. 727, 18–23. Die beiden andern in dem Band abgedruckten Vorspiele: Vorspiel für ein Puppentheater *(diesen meint Hofmannsthal mit der* Scene des Dichters mit dem alten Weib*) und* Prolog zur Lysistrata des Aristophanes.
[4] Abschrift.

1917

Eintragung im Tagebuch (26 VIII ⟨19⟩17): Notizen von R. Pannwitz zu meinen Gedichten u⟨nd⟩ kl⟨einen⟩ Dramen

Typus des falschen
... und streue Ehrfurcht ringsumher (Vorspiel zur Antigone)[1]
S 103. Wie bei Elektra auch: überschuss der dichterischen Mitgefühle als eine andere Art Empfindsamkeit (die typische moderne) und gegenteil des Klassischen das die Gestalten freilässt im Weltrhythmus. hier ist kein reines metall sondern seelenamalgam.

ebenda.
Die Last des Daches (des Laïos)[2] – und daran haftet die Vorstellung nun. aber das ist alles indirect. das harte wird dadurch erweicht. das dach muss unbewegt sicher bleiben wie im mythos und der mensch nur darf schicksale leiden. ...
fast alles in diesen dramen zu lang sich selbst verlierend. lyrisch monologisch.
(H VII 11)[3]

ERLÄUTERUNGEN

211, 3 Erster und zweiter Student *Nur dem Publikum der von Studenten veranstalteten Berliner Aufführung (s. o., S. 731) konnte unmittelbar deutlich werden, daß Hofmannsthal hier Akteure der folgenden Tragödie unverkleidet auftreten ließ.*

212, 14 Der Genius *Vgl. die Notiz zu einem Genius auf einem undatierten Blatt (H VB 12.30): Genius, unerbittlich, mit starren traurigen göttlichen Augen unserm Leben zusehend.*

213, 17–19 ... die fürchterliche Gegenwart / von etwas, das mein Fleisch sich kräuseln macht / wie Zunder. *(s. auch S. 218, 32f.) Vgl.* Der Turm *(1. Fassung, 5. Akt): Sigismund (nach der Erscheinung des toten Olivier): Es ging ein Wind davon aus, der das Licht löschte, und das Fleisch ein wenig kräuseln machte. (D IV 190)*

---

[1] *S. S. 216, 16.*
[2] *S. S. 217, 26 f.*
[3] *Hofmannsthal übernimmt in der Abschrift die bei Pannwitz durchgängige Kleinschreibung der Substantive.*

214,7 Die ewig leben *Als »ewig Lebende« (»hoi aeì óntes«, Xenophon, Kyrupädie 1, 6, 46; vgl. auch den Aphroditehymnos, V. 221) bezeichneten die Griechen die Götter.*

214, 31 ein griechisch Trauerspiel *Vgl. die Worte Wagners in ›Faust I‹, V. 523 (Nacht): »Ihr last gewiß ein griechisch Trauerspiel?«.*

216, 8f. So wie die Möwe auf dem Kamm der Wogen, / so muß dein Geist ausruhn auf Fliehendem. *Vgl. das Gedicht* An eine Frau *(1896): Und irgendwie geheimnisvoll erträgt / Es unser Geist nur immer auszuruhen / Auf Gleitendem, wie die Meervögel tuen. (GLD 77) S. auch die Erläuterung zu S. 804, 19 (Das Kind und die Gäste).*

216, 12 Von Gipfeln, die im Lichte ewig blühn *Vgl.* Ödipus und die Sphinx *(SW Bd. VIII, S. 23, 7f.) Wo die Gipfel rings / der Berge blühn im Licht ... (mit dort noch deutlicherem Bezug auf Hölderlins ›Patmos‹).*

216, 21f. Einsamkeit / der Wüste gieße ich um jedes Herz *Vielleicht beeinflußt von Nietzsches »Die Wüste wächst: weh Dem, der Wüsten birgt!« (»Unter Töchtern der Wüste« 〈2〉 in ›Also sprach Zarathustra‹, 4. Teil.*

216, 24 Stößt dröhnend seinen Stab auf den Boden *Die an der Comédie française lange bewahrte Tradition, die Vorstellung durch einen mit einem Stab dreimal auf den Boden stoßenden Schauspieler zu eröffnen, hat Hofmannsthal wohl bewogen, den Genius dieses Attribut in abgewandelter Funktion gebrauchen zu lassen.*

216, 26 eine leise Musik *Ob Hofmannsthal, der schon für den Prolog der Alkestis Szenenmusik vorgeschrieben hatte, melodramatische Aufführungen antiker Tragödien bekannt waren, ist noch nicht ermittelt. Doch dürfte die Bekanntschaft mit ›Antigone‹-Vertonungen (wie der Szenenmusik Charles Camille Saint-Saens, der Vertonung Felix Mendelssohn-Bartholdys – 1864 in Wien aufgeführt –, der ›Antigone‹-Kantate Henri Paul Bussers, die 1893 mit dem Rom-Preis ausgezeichnet worden war) nicht auszuschließen sein.*

217, 15 So hauch ich deine beiden Augen an: *Vgl. die Blendung Fausts durch die Sorge, die ihn, ähnlich dem Ödipus nach der Selbstblendung, innerlich erleuchtet und sehend macht (›Faust II‹, 5. Akt, ›Palast‹: »Sie haucht ihn an«).*

218, 21f. auf ihrer Stirn / sind sieben Zeichen des ganz nahen Todes! *Vgl.* Ödipus und die Sphinx *(SW Bd. VIII, S. 69, 28f. und 77, 28): ... so wie Laïos für mein Aug' / die Todeszeichen trug. und: Des Todes Zeichen sind um mich ... Der genaue Vorstellungshintergrund unsrer Stelle ist nicht ermittelt.*

DER TOD DES TIZIAN *(1901)*

ENTSTEHUNG

Am 14. Februar 1901 fand im Münchner Künstlerhaus eine Trauerfeier für den am 16. Januar in San Domenico bei Fiesole verstorbenen Arnold Böcklin statt, in der eine Bearbeitung des Fragments Der Tod des Tizian *zur Aufführung kam.*
Böcklin, geboren am 16. Oktober 1827, galt bereits seit fast einem Jahrzehnt als schwer krank, nachdem er am 14. Mai 1892 einen Schlaganfall erlitten hatte. Hofmannsthals früher Einfall einer Allegorie für das Begräbniss Böcklins (N 1) geht vermutlich auf Meldungen über diesen Vorfall zurück; jedoch ist aufgrund inhaltlicher und graphischer Indizien eine etwas spätere Datierung nicht auszuschließen.[1]
Für das Gesamtarrangement der Münchner Künstlerschaft war Benno Becker[2], *der Maler und spätere Mitarbeiter Max Reinhardts, verantwortlich; die Regie führte Paul Brann*[3]. *Das Briefmaterial deutet außerdem auf die Mitwirkung Franz Lenbachs als Kostümbildner, dem Böcklin 1860 an der Kunstschule in Weimar begegnet und während seiner Münchner Zeit (1871—74) freundschaftlich verbunden war.*
Wer zuerst an Hofmannsthal herantrat und von wem die Idee ausging, dem Tod des Tizian *durch einen neuen Prolog Aktualität zu verleihen, lassen die erhaltenen, bzw. derzeit zugänglichen Dokumente nicht erkennen. Die zahlreichen Bezüge des Stücks zu Böcklins Werk waren dem damaligen Publikum zweifellos geläufig und ließen es für diesen Zweck besonders geeignet erscheinen.*

---

[1] *In einem Brief vom 13. Juni 1893 an Marie Gomperz könnte sich eine der Überschrift* Träumerei und ich *verwandte Stimmung spiegeln:* Ich schreibe nämlich im Schwarzenberggarten. Das Papier liegt auf den Gedichten von Chénier: die Gedichte liegen auf der röm. Geschichte und das Geschichtsbuch liegt auf der Banklehne.... ich habe nichts zu thuen und beschäftige mich mit Autosuggestion, d.h. ich spiele Dichter oder ich lüge mich an oder ich verzaubere mich, wie Sie wollen. (Stadtbibliothek Wien, I. N. 122. 677). — *Im Tagebuch vom Mai 1894 findet sich eine Notiz über die Physiognomie der Wiener Gärten, in der der Schwarzenberg- und der Volksgarten erwähnt werden und die eine gewisse Verwandtschaft mit um diese Zeit entstandenen Prosagedichten hat, denen auch diese Beschreibung des Belvedere nahe zu stehen scheint (H VII 6.51).*
[2] *Benno Becker (geb. 1860) wirkte 1911 an der Uraufführung von* König Ödipus *unter der Regie von Max Reinhardt in Berlin mit. Vgl. auch P I 217, 219.*
[3] *Paul Brann (geb. 1873). S. auch S.619, Anm. 2.*

Hofmannsthal selbst scheint zunächst nur eine Umgestaltung des Schlusses beabsichtigt zu haben, mit einer Erweiterung der Rolle Gianinos, für die er Ria Schmujlow-Claassen[1] vorschlug. Die Abfassung eines neuen Prologs hingegen lehnte er zunächst (29. Januar an Paul Brann, ›Zeugnisse‹, S. 742, 20—25) strikt ab, fand aber wenig später doch eine ganz hübsche Conception (3. Februar an Ria Claassen, ›Zeugnisse‹, S. 744, 40—42), die er Brann am 2. Februar auseinandersetzte (vgl. ›Zeugnisse‹, S. 743—744). Den Text[2] scheint er am 6. Februar an Ria Claassen geschickt zu haben, mit dem Auftrag, ihn mit der Schauspielerin Grete Swoboda einzustudieren, während ein Exemplar des veränderten Schlusses am 7. Februar an Benno Becker ging.[3] Zugleich suchte Hofmannsthal durch ein Angebot an den Insel-Verlag, dem Tod des Tizian als Trauerfestspiel (7. Februar an die ›Insel‹, ›Zeugnisse‹, S. 746, 747) eine über den engen Kreis der ›Blätter für die Kunst‹ hinausreichende Publizität zu sichern.[4] Die bearbeitete Fassung erschien erstmals zur Aufführung und wurde bis 1910 in vier weiteren Auflagen herausgebracht.

Nachrichten von den Proben in München kamen Hofmannsthal vor allem über Ria Schmujlow-Claassen zu, die, abgesehen von der ihr zugedachten Hauptrolle, insofern eine Schlüsselstellung einnahm, als sie die einzige ihm persönlich bekannte Mitwirkende war, so daß er sich ihrem Urteil über Darsteller und Inszenierung, vor allem ihrer Ablehnung Paul Branns, um so leichter anschloß. Wie ihre Briefe und die Hanna und Karl Wolfskehls nahelegen, hat sie die Inszenierung besonders dadurch zu beeinflussen versucht, daß sie die Idee einer Dilettantenaufführung mit Friedrich Gundolf und Franziska Reventlow favorisierte, die aber an der Einsetzung von Berufsschauspielern durch Benno Becker scheiterte, und daß sie Grete Swoboda für den Prolog vorschlug und durchsetzte. Dies entspricht Rudolf Alexander Schröders Erinnerung aus dem Jahr 1948 (vgl. ›Zeugnisse‹, S. 751), in der er von einer Hofmannsthal wohlbekannten begabten Sprecherin an der Spitze der Aufführung berichtet. Unwahrscheinlich ist allerdings, daß der Dichter ihn und Ricarda Huch für Rollen vorgeschlagen hat, bat er Schröder doch erst, nachdem er von seiner Teilnahme an der ersten Leseprobe erfahren hatte, um eine gewisse Achtsamkeit auf den ihm zweifelhaften Regisseur.

---

[1] 1868—1952. Vgl. HB 21/22, 1979, S. 131—147.
[2] Wie Ria Claassen in ihrem Brief vom 27. Februar 1901 mitteilt (›Zeugnisse‹, S. 752, 17—20), blieb die Handschrift des Prologs bei Grete Swoboda und ist seitdem verschollen.
[3] Wahrscheinlich 1 H¹.
[4] Hofmannsthal hielt sich vom 12.—15. Februar in München auf. Während eines Empfangs bei Karl und Hanna Wolfskehl scheint die Wiederbegegnung mit Stefan George stattgefunden zu haben, die Ria Claassen in ihrem Brief vom 27. 2. beschreibt und an die George selbst ein Jahr später erinnert (BW 150).

ÜBERLIEFERUNG

	N 1	H VA 134.1 — Datiert Belvedere. 14 VI. ⟨1892?⟩
	N 2	H VB 18.16 — Auf derselben Seite Notiz zu einem Volksstück.
1 H¹		Deutsches Literaturarchiv, Marbach a. N. — Konvolutdeckblatt und 4 weitere Blätter, davon 3 einseitig beschrieben und pag. 1.—3. Das Deckblatt trägt von der Hand Wladimir Schmujlows die Aufschrift: »Schluss zum ›Tod des Tizian‹ (Neue Fassung) Geschrieben für Frau Ria Schmujlow-Claaßen Februar 1901.«, mit dem Zusatz von Ria Claassens Hand: »(zur Totenfeier für Böcklin im Münchner Künstlerhaus)«.
2 H²		Privatbesitz — Reinschrift des neuen Prologs und des veränderten Schlusses. Konvolutdeckblatt und weitere 9 Blätter, pag. 1.—5., 6.a, 6.b., 22.—24. Das Deckblatt trägt die Aufschrift Der Tod des Tizian ein dramatisches Fragment von Hugo von Hofmannsthal geschrieben 1892 aufgeführt als Todtenfeier für Arnold Böcklin im Künstlerhause zu München den 14. Februar 1901. In der rechten oberen Ecke des Blattes gestrichen: Hugo v Hofmannsthal Beitrag zum Dumba-Album.¹ Pag. 2. (Personenverzeichnis entsprechend S. 222, 1—14) und Pag. 6.b. (Szenenanweisung entsprechend S. 225, 3—15) aus einer typierten Abschrift der ursprünglichen Fassung des Fragments. Pag. 7.—21., Abschrift des um die Bildbeschreibung verkürzten Mittelteils (entsprechend S. 225, 16—234, 7), sind nicht erhalten. Vermutlich Textvorlage zu 3 D¹.
3 D¹		Der Tod des Tizian Ein dramatisches Fragment von Hugo von Hofmannsthal Geschrieben 1892 Aufgeführt als Totenfeier für Arnold Böcklin im Künstlerhause zu München den 14. Februar 1901. ⟨1901⟩. 22 S. Die Erstausgabe trägt den Druckvermerk: »Erschienen im Verlage der Insel bei Schuster & Loeffler Berlin SW 46. Gedruckt in der Officin W. Drugulin Leipzig.« — Ein unveränderter Nachdruck trägt den Druckvermerk: »Erschienen im Verlage der Insel zu Leipzig im Jahre 1902 Gedruckt in der Offizin W. Drugulin«. Textgrundlage.
4 D²		Der Tod des Tizian Ein dramatisches Fragment von Hugo von Hofmannsthal Geschrieben 1892 Aufgeführt als Totenfeier für Arnold Böcklin in München 33 S. Druckvermerk: »Erschienen im Insel-Verlage zu Leipzig im Jahre 1904. Die zweite Auflage dieses Buches wurde gedruckt in der Offizin W. Drugulin in Leipzig«. Diese und die folgenden Auflagen — die dritte von 1906 (»gedruckt bei Poeschel & Trepte in Leipzig«), die vierte von 1908 und fünfte von 1910 (beide »gedruckt bei Ramm & Seemann in Leipzig«) — zeigen die für den Insel-Verlag charakteristische schrittweise durchgeführte Berichtigung von Fehlern und Modernisierung von Orthographie und Interpunktion.
5 D³		Zu einer Totenfeier für Arnold Böcklin (Prolog) In: Die gesammelten Gedichte. Leipzig: Insel-Verlag 1907, S. 62—64.
6 D⁴		Zu einer Totenfeier für Arnold Böcklin (Prolog) In: Die Gedichte und Kleinen Dramen. Leipzig: Insel-Verlag 1911, S. 87—88.

¹ Nikolaus Dumba (1830—1900), österr. Politiker und Mäzen, sollte aus Anlaß seines 70. Geburtstags am 24. 7. mit einem Gedenk-Album geehrt werden, das Beiträge zeitgenössischer Historiker und Künstler enthielt. Das Erscheinen des Bandes unterblieb wegen seines vorzeitigen Todes am 23. 3.

7 D⁵   Zu einer Totenfeier für Arnold Böcklin *(Prolog) In: Gedichte. Leipzig: Insel-Verlag 1922, S. 82–83.*

8 D⁶   Zu einer Totenfeier für Arnold Böcklin *(Prolog) In: Künstlerhilfe Almanach der Literaria. Bearbeitet von Oskar Piszk. Wien u. Leipzig: Literaria-Verlag 1924, S. 104–105. Redaktionelle Fußnote: »Aus: Hugo von Hofmannsthal, Gedichte (Insel-Verlag, Leipzig)«.*

9 D⁷   Zu einer Totenfeier für Arnold Böcklin *(Prolog) In: Gesammelte Werke. Erster Band. Berlin: S. Fischer Verlag 1924, S. 55–56.*

VARIANTEN

N 1

Belvedere. 14 VI.   Träumerei und ich

Springbrunnen: Steinputten halten einen kleinen Wassergott aus dessen Mund der silberglänzende lange Wasserstrahl aufsteigt und oben zersprühend in blitzenden klatschenden Garben auf die runden nackten Körper der Putten niederfällt.
Statue der Heuchelei in römischem Panzer, Soldatenstiefeln, Frisur à la Dubarry, Maske und Dolch in der Hand.

In dem blauen durchsichtigen Himmel hängend ein ungeheueres rundgeballtes Wolkengebilde, blauschwarz und grau an den Rändern silbergrau und durchscheinend metallisch blendend wie die in der Luft dahinsegelnde Insel der Seligen, oben Plattform, auf die jetzt die Sonne scheint mit smaragdgrünen tiefen Brunnen, weissen purpurfüssigen Pfauen mit goldenen Schnäbeln Cipressen, Pfirsichbäumen, und Frauen des Burne Jones hinwandelnd
                           (eventuell für das Begräbniss Böcklins)
vielleicht so: Phantasie schwingt sich auf, erklettert den Rand, wie das Verdeck eines Schiffes:
im Aufliegen fühlen die nackten Füsse der Phantasie den Gipfel des Springbrunnens.

Träumerei hat ein weisses Mullkleid an, von einer moosgrünen Masche gehalten, Sandalen an den Füssen

ungeheuer feines, fast durchsichtiges Gesichtchen, mit fragenden   und einem kleinen rothen Mund.

N 2

                  Still, still mein Freund, nun ist die Scene mein!
Er wich vom Wege um allein zu gehen; und zur vorbestimmten Zeit fand er am Wege ein fremdes Schicksal harrend sitzen dem sein Kommen längst verheißen war.

ÜBERLIEFERUNG · VARIANTEN

1 H¹

Schluss zum ›Tod des Tizian‹

233, 37–	Hier anzufügen:
234, 4:	Tizianello: – – –
	das macht: er lehrte uns die Dinge seh'n
	und das wird man da drunten nie verstehn
	darauf Paris anstatt Gianino:
	Ist er allein? soll niemand zu ihm gehen?
	Lavinia: Bleibt alle hier. Er will jetzt niemand sehen.

Gianino ist nach seiner großen Rede zusammengekauert, den Kopf auf dem Arm, auf einer Stufe gesessen. Dann wie die Bilder vorbeigetragen wurden, war er aufgestanden und nachdem er seine Stelle gesprochen hatte, hat er sich wieder hingelegt und ist eingeschlummert. Es ist aus dem Ganzen eben schauspielerisch eine Einheit zu machen. Er richtet sich erst bei den folgenden Versen des Tizianello wieder auf.

234, 5:	*danach:* stark
234, 8–14:	Gianino erwacht und richtet sich auf: Eine große fühlbare Pause. Lavinia steht in diesem Augenblick allein ziemlich weit vorne. Sie kehrt der rechten Ecke, wo die Thür mit dem Vorhang ist, den Rücken.
	Gianino wirft einen angstvollen Blick auf alle die Schweigenden. Er ist nun sehr blass. (Vielleicht mit Puder auf dem Taschentuch zu machen.) Es ist, als wollte er auf Tizianello zutreten, dann wirft er sich plötzlich, fast unheimlich, vor Lavinia hin und drückt seinen Kopf an ihre Kniee.
234, 16	Grausen] Grauen
234, 19	stehn] stehen
234, 21:	*danach Leerzeile*
234, 23	dem] der
234, 26:	*danach Leerzeile*
234, 28:	*davor:* (fast wie ein Kind)
234, 30	Da] als war] war:
234, 31:	*fehlt*
234, 32	solches] großes
234, 33 f.:	(Ihn schaudert aus dem Innersten. Lavinia streicht mit der Hand über sein Haar. Sie hat den Blick nach oben in den hellen Abendhimmel gerichtet.)

235,1:	*danach:*
	ein schöner Stern, funkelnd vor Ungeduld,
235, 5—7:	Indem sie spricht, ist der Vorhang an der Thür von innen lautlos aber heftig aufgezogen worden. Und lautlos, athemlos sind alle andern, Tizianello voran, die Stufen hinaufgestiegen.
235, 8f.:	Lavinia (ruhig weitersprechend)
	Wie viel wundervoller
	ist's, daß wir leben! Grüße du das Leben!
235, 10	von] in gefangen] verfangen
235, 14—19:	(Sie hält plötzlich inne, wendet sich um, versteht was geschehen ist, und folgt den andern)
	Gianino: (allein, noch auf den Knien, vor sich hin)
	Vorbei!
	er steht auf und geht in das Zimmer.
	Vorhang.

$$2\ H^2$$

223, 20:	*danach Leerzeile*
224, 2	Ruf] Reif
224, 23:	*danach Leerzeile*
224, 36:	*danach:* kein Absatz!
225, 13	Büsten *aus* Büsten und Basreliefs
234, 21:	*danach Leerzeile*
234, 31:	*fehlt*

$$3\ D^1 - 9\ D^7$$

223, 8:	*fehlt* 5 $D^3 - 9\ D^7$
223, 27:	*danach kein Absatz* 6 $D^4 - 9\ D^7$
224, 2	Ruf] Reif 5 $D^3 - 9\ D^7$
224, 3	seines] seinen 4 D^2 *(4. Aufl.)*
224, 29	unsren] unseren 5 D^3 *(1. u. 2. Aufl.)* unsern 5 D^3 *(3. Aufl.)* $- 9\ D^7$
229, 32	allmächtge] allmächtige 4 D^2
232, 14	goldumrandet] goldumrundet 3 D^1
234, 27:	*danach kein Absatz* 4 D^2
235, 15	andern] anderen 4 D^2

ZEUGNISSE · ERLÄUTERUNGEN

ZEUGNISSE

1901

28. Januar 1901, Ria Schmujlow-Claassen an Hofmannsthal

Sie haben mich zur Mitwirkung bei einer Aufführung vom ›Tod des Tiz.‹ vorgeschlagen, und dieser Gianino ist wirklich so ganz wie ein sanft leuchtendes Meteor an meinem Himmel aufgetaucht, daß ich Ihnen gleich dafür danken möchte, daß Sie es auftauchen ließen; wenn etwas so ganz Unmögliches möglich wird, wie daß ich noch einmal einen Hofmannsth.'schen Knaben spielen darf, so kann gewiß noch manches Erfreuliche möglich werden. ...
Die Idee, Böcklin in solcher Art zu feiern, ist wirklich so fein, daß ich eine große Meinung von den Herren vom Komité bekommen hätte, wenn sie mir nicht schon wieder im Entstehen zerstört worden wäre. Man will, wie Sie wissen, die schönsten und notwendigsten Worte der Frauen über das Bild auslassen — warum? weil nach H. Becker »Modelle« nicht in dieser Weise ein Bild auseinanderlegen können oder dürfen — die Tiefe dieses Unsinns habe ich nicht ganz erfaßt. Aber ist es denn möglich, daß, wenn dies Stück einmal lebendig werden soll, man es mit ausgestochenen Augen lebendig werden läßt — sozusagen? Ist das nicht zu verhindern? Können Sie nicht noch Erbarmen mit Ihrem verstoßenen Kinde zeigen, und wenn schon nur um der Liebe willen, die so viele andere noch zu ihm hegen? Dann will Herr Becker absolut Possart und Hofschauspieler hineinziehen. ... Ich habe Herrn Brann ... vorgeschlagen, Herrn Gundolf, der wirklich ein Idealtypus des Tizianetto ist, zur Mitwirkung zu bewegen; er kommt gewiß dazu her. Es ist ihm schon geschrieben worden. ... Für die eine der Frauen habe ich ihn, H. Brann nämlich ... sehr bestärkt in seiner Absicht, die Gräfin Reventlow heranzuziehen — es giebt wirklich hier ganz gutes Material! Wozu also die Schauspieler? ... Dann hat mich ... Herr Br. noch gebeten, Sie recht sehr um eine Andeutung zu bitten, in welcher Art Sie sich den neuen Prolog gesprochen denken? Von einer Frau, oder auch von einem pagenartigen Knaben? Letzterer sollte dann nach H. Br. selbst den Vorhang auseinanderziehen —? Könnte man hierum Frl. Swoboda bitten?
(FDH / Dauerleihgabe Stiftung Volkswagenwerk)

28. Januar ⟨1901⟩, Hanna Wolfskehl an Friedrich Gundolf

Es ergeht durch mich nämlich ein Anschlag auf Sie lieber Gundolf und zwar folgender. — Hier im Künstlerhause will die vereinigte Sippe der Maler und Grossen sonst zur Verherrlichung Böcklins ein Stück aufführen nämlich: den Tod des Tizian. Frau Ria Claassen als Gianino hat auf Herrn v. Hofmannsthals Veranlassung zugesagt und möchte nun zum Tizianello Sie als Partner haben — sie lässt Sie deshalb durch uns fragen ob Sie die Rolle übernehmen wollen und bittet Sie *um schleunigste Antwort. (Frau Ria Schmujlow-Claassen, Pfeuferstr. 43^{II}, München) Die Antwort soll bis spätestens Mittwoch da sein und das Stück in ungefähr 14 Tagen vorgeführt werden. Dies ist die Sache. Wie Sie sich dazu stellen, überlassen wir vollständig I h n e n. Sie müssen Ihre Gründe für und wider gut erwägen. Wir selbst würden uns sehr freuen, wenn wir Sie durch die Gelegenheit ein paar Tage hier sehen könnten, andererseits wagen wir nicht Ihnen zum Zweck und zur Reise (dazu für kurze Zeit) zuzureden. Ob Sie vor einem Publicum als schauspielender Jüngling auftreten können, das haben Sie selbst zu entscheiden und haben darin Ihren Mut oder Ihre Lust und Ihr Können zu prüfen. Eine Sache bleibt noch zu erfragen, nämlich ob es dem Meister in Bingen recht ist, wenn Sie sich für den Zweck hergeben — es ist am besten Sie fragen ihn umgehend um seine Meinung und telegraphieren dann Ihren Entschluss an Frau Ria, vorausgesetzt dass Sie selbst spiellustig sind. Frau Ria ist dies nämlich sehr und wir gönnen ihr die Freude von Herzen. Sie wird sich in einem Pagenanzug sicherlich allerliebst ausnehmen und ihre Sache was das Sprechen anbelangt besser machen als das was man sonst von Schauspielern gewohnt ist. Wie es um die Schauspielkunst in unsern Tagen aussieht, das ist schon wenig erfreulich, so wenig, dass man am besten gar keine Notiz von den öffentlichen Vergnügen nimmt ...* (BW 99)

29. Januar ⟨1901⟩, an Paul Brann

Ich habe über die Böcklinfeier nun eingehend nachgedacht. Einen Prolog werde ich definitiv n i c h t schreiben. Die Gründe sind einleuchtend: a.) man kann nicht einen Maler zuerst als Böcklin speciell und dann als Titian oder Maler im allgemeinen feiern b.) man kann auch nicht von dem Maler zuerst als von einem Verstorbenen sprechen und ihn gleich darauf als einen Sterbenden, noch Lebenden, supponieren. Eher würde ich mich entschliessen, noch eine kl. allegorische Scene zu machen, die n a c h dem Tod des Tizian zu spielen wäre und ungefähr folgendes erfordern würde
eine schöne Pans h e r m e
drei Sprecher und zwar
Wanderer: etwa Kayssler oder Lützenkirchen
Knabe: etwa Frau Schmujlow im Costüm des Gianino
alte Frau.
Eine sehr einfache Decoration: Kreuzweg.
Das Programm müsste dann ungefähr so aussehen
Symphonie
Tod des Tizian (mit etwas verändertem Schluss)
ernste Gesänge von Brahms
Epilog: »Pans Verherrlichung« ein Lied Schluss.
Bevor ich aber eine so beträchtliche Arbeit mich entschliessen könnte zu übernehmen, müssen Sie freundlichst entschuldigen wenn ich das Verlangen ausspreche, es möchte sich doch jene Körperschaft, welche die Böcklinfeier zu veranstalten vor hat, in der correcten Form durch ihre officiellen Vertreter an mich wenden.
(Privatbesitz)

⟨ca. 30. Januar 1901⟩, Friedrich Gundolf an Karl und Hanna Wolfskehl
Frau Claassens antrag hab ich ungefähr wie mit beiliegender begründung abzulehnen für nötig gefunden. Sie werden die antwort ehe schon gewusst haben.
(BW 101)

⟨ca. 30. Januar 1901⟩, Friedrich Gundolf an Ria Schmujlow-Claassen
Frau Dr. Wolfskehl hat mich davon unterrichtet, dass Sie mich zu Ihrem partner in dem Meisterwerk Ihres freundes ersehen haben. So sehr mich dies vertrauen ehrt und freut so darf ich doch meine Kräfte nicht so hoch anschlagen als Ihr wohlwollen es thut. Hofmannsthals verse zu sprechen erfordert eine lange und ernste schulung die mir völlig abgeht und ich der ich noch nie öffentlich oder auch nur vor einer grösseren Anzahl aufgetreten bin müsste es für verwegen halten eine solche probe gerade bei diesem grossen und schönen unternehmen anstellen zu wollen und durch meine völlige unsicherheit es zu gefährden. Fühlte ich mich wirklich dazu fähig Ihnen in diesem fall einen dienst zu leisten so kämen freilich die äusseren abhaltungen: meine studentischen pflichten und arbeiten minder in betracht; so aber darf ich sie Ihnen als weitere gründe anführen die mich zwingen Ihnen bedauernd abzusagen. Sie werden meine zurückhaltung nicht übel auslegen und leicht einen besseren partner finden.
(Abschrift; Gundolf Archiv, London; BW Wolfskehl–Gundolf 272)

2. Februar ⟨1901⟩, an Paul Brann
Es wurde der Wunsch ausgesprochen vor den ›Tod des Tizian‹ einen Prolog zu stellen, welcher in einer Bekränzung der Büste Böcklins gipfelt. Auch wurde mir angedeutet, dass als Begleiter dieser Prologus-gestalt vier Fackelträger, Gestalten ähnlich denen im ›Heiligen Hain‹, geplant seien. Mit diesen sparsamen Andeutungen sich zu begnügen ist recht schwer: ich möchte doch darauf hinweisen, dass der Prolog nicht ein blosses Stück Rhetorik sein darf, sondern dass er — wenn das Ganze nicht zu albern sein soll — durch scenische Motive mit dem darauffolgenden symbolischen Todesspiel verknüpft sein muss. Nun wäre es doch die Sache der Veranstalter gewesen, mir, und zwar umgehend einen kleinen Plan von Bühne und Podium zu schicken. Ich muss doch wissen, w o sich die zu bekränzende Büste befindet. Sie kann sich doch unmöglich vor oder seitlich neben der Bühne befinden, id est der gemeisselte Böcklin kann doch unmöglich dem Spiel vom Tod des Tizian als ein stummer Zuschauer beiwohnen.

Ich habe nun, da mir von Ihnen aus keinerlei Hilfsmittel zugekommen ist, folgende zwei Conceptionen als möglich erfasst und den Entwurf des Prologes im Kopf so durchgeführt, dass er mit jeder dieser beiden scenischen Conceptionen vereinbar ist.

a.) der Prologus, ein Jüngling, Renaissancecostüm, schwarzer Mantel tritt auf: hinter ihm ein Trauerzug: Fackelträger und getragen oder auf zweirädrigem Wagen geführt die Böcklinbüste. Der Prologus gleicht einem Prinzen im shakespeareschen Trauerspiel, der mit der Bahre seines Vaters, des Königs, einherzieht. Er hält seine Rede, die sich durchaus auf die Büste bezieht, dann heisst er (dies wird textlich motiviert) das Trauergefolge mit der Büste wieder abziehen und er — gewohnt auch in seinem Schmerz sich einen schönen Traum heraufzubeschwören, schreitet zum Vorhang und lässt das Spiel seinen Anfang nehmen.

b.) die Büste hätte irgendwo im Saale ihren Platz: dann tritt der Prologus mit seinen Fackelträgern vor die Büste hin, entschleiert sie, heisst die Fackelträger hinzutreten und ihm das Gesicht des todten Freundes erleuchten, dann hält er seine Rede, verschleiert am Ende wieder mit Ehrfurcht die Büste und tritt dann zur Bühne den Vorhang aufzuziehen.

Ich erbitte nun aufs dringendste unmittelbar nach Empfang dieses Briefes ein Telegramm mit der Auskunft, ob die erste Form (der Leichenzug) möglich (was mir lieber wäre) oder ob die zweite Form gewählt werden muss und in letzterem Fall eine kurze Andeutung über die Situation: z.B. Büste befindet sich unterhalb der Bühne oder gegenüber der Bühne etc.

Als Jüngling-prolog habe ich mir Fräulein Swoboda gedacht. Ich erbitte auch darüber Auskunft, ob das möglich sein wird, ferner an welchem Tag die Proben beginnen. Je rascher und befriedigender Sie mir antworten desto rascher wird Ihnen der Prolog zukommen und sofort anschliessend auch der dringend nöthige verstärkte Schluss des Fragmentes. Dieser Schlusstext kann eventuell noch während der Proben vertheilt und dazugelernt werden. Scenisch verändert sich natürlich nichts.
(Privatbesitz)

3. Februar ⟨1901⟩, Hugo von Hofmannsthal sen. an Agnes Speyer
Hugi war einige Tage, infolge von Influenza, zu Bett und fühlt sich noch nicht ganz wohl, insbesondere aber moralisch deprimiert weil er ganz unfähig ist irgend etwas zu arbeiten.
... Jetzt soll in München, unter Lenbachs Aegide im Künstlerhaus und von Künstlern der ›Tod des Tizian‹ als Trauerfeier für Böcklin aufgeführt werden. Hugo hätte sollen einen neuen Prolog dazu schreiben, ist aber dazu außerstande u. so weiß ich nicht ob das Ganze zusammenkommt.
(Abschrift; FDH / Dauerleihgabe Stiftung Volkswagenwerk)

3. Februar ⟨1901⟩, an Ria Schmujlow-Claassen
Nun sind wir, Sie freilich durch meine Schuld, in diese Boecklin-geschichte verknüpft worden. Für mich existiert das Ganze nur dadurch, daß Sie damit zu thun haben. Ich möchte Sie wirklich sehr gern in einem hübschen Costüm als Gianino sehen. Im übrigen bin ich von Darstellungen meiner Stücke an Theatern nun wirklich bis ins Innerste degoutiert. Kann es diesmal etwas weniger häßlich, nicht ganz stimmungslos werden?

Ich möchte einen nicht so abklingenden, sondern etwas aufregenden, halbwegs mit Musik und Aufschwung verknüpften Schluß machen und das meiste davon textlich dem Gianino geben. Das kann man ja dann noch während der Proben anflicken, nicht wahr? Bitte schreiben Sie mir über die Besetzung! bitte womöglich gleich. Die guten Herren Veranstalter haben sich nicht einmal die Mühe genommen, mir zu schreiben, wo sie ihre triviale Büstenbekränzung haben wollen, ob vor oder hinter, neben, ober oder unter der Bühne. Ich habe für das Hereinkommen des Prologus eine ganz hübsche Conception und diese dem Herrn Brann heute geschrieben. ... Ist Fräulein Swoboda für den Prolog gesichert, ich brauche einen schönen, schwarzen, trauernden, königlichen, schönstimmigen kühnen Pagen.
(Deutsches Literaturarchiv, Marbach a. N.; B I 325f.)

4. Februar 1901[1], Ria Schmujlow-Claassen an Hofmannsthal

All meine schönen Pläne und Absichten sind wieder zerstört worden, trotzdem auf der ersten Probe neulich ziemlich brauchbares Dilettantenmaterial beisammen war. Herr Schröder von der ›Insel‹ war auch in der Leseprobe. Dieser Herr Brann benahm sich aber so unglaublich gegen alle, daß nur der gesellschaftliche Takt des Herrn, der den Tizianello las (sich übrigens auch mit jeder kleinsten Rolle begnügen wollte, weil ihm nur an der Sache lag) und die humorvolle Überlegenheit von Rikarda Huch die Situation retteten. Dann war, schon in der vorangehenden Leseprobe, eine Dame da, die den Pagen spielen sollte, ihn aber dann als zu »unbedeutend« zurückwies und sich nun in der Hoffnung auf eine »größere« Rolle in alles, wenigstens auf dem Umwege über die Herren Becker und Brann, einmengte. ... Wir wollten nun natürlich alle sehr gerne zurücktreten. Dann hat Herr Becker mit mir endlos gesprochen, daß meine Rolle nicht anders zu besetzen sei ... Die Worte der Frauen sind auch wieder in der größten Gefahr – dabei soll die Gräfin Reventlov die Lisa ausgezeichnet sprechen; sie ist vielleicht auch die einzige, die in dem allgemeinen Zusammenbruch stehen bleiben wird (auf den 2 Proben war sie krankheitshalber nicht). Der Tizianello ist nun Herrn Waldau vom Hoftheater zugedacht, der gut sein soll (für humoristische Rollen übrigens), auch jung. Im übrigen werden ja nun wohl lauter dicke Herren die Szene verunstalten. Zudem will man zwei Partieen in eine zusammenziehen – wozu? Das geht doch garnicht! Ist es Ihnen nicht möglich, in diese Verwirrung irgendwie einzugreifen? Nur für einen Tag jetzt schon herzukommen ... Ich habe schon mehrfach gefragt, ob Frl. Swoboda für den Prolog gewonnen wäre; aber es hieß immer, man wüßte noch nicht, ob der Prol. für einen Herrn oder eine Dame passen würde. Dann wieder, Frl. Swoboda würde »zu teuer« sein! Es ist aber garnichts anderes denkbar, als daß sie ihn spricht; sie würde einzig auf Ihre Beschreibung passen. So viel ich weiß, soll die Büstenbekränzung auf der Bühne vor sich gehen. Ich bin aber selbst so ungewiß in bezug auf alles, denn Herr Brann traut sich Gott Lob nicht mehr her. Wenn der Gianino in dem neuen Schluß das Meiste zu sprechen haben wird, so könnte dieser auch spät fertig werden, weil ich es sehr rasch einstudieren könnte.

⟨P.S. von Wladimir Schmujlow:⟩
Ich kann mich nicht enthalten, Ihnen auch meinerseits ein Flehwort zugehen zu lassen: Es giebt thatsächlich gar keine andere Lösung des Brann'schen Knotens als dass Sie für einen Tag hierher kämen. Was der liebe Herr Gott mit einer solchen Schöpfung wie der vielgenannte Brann beabsichtigte und warum er gerade ihn zum Regisseur eines H'schen Werkes auserwählen musste, – ist ein kaum lösbares Problem ... Und schon in 10 Tagen soll das geschehen, worauf schon jetzt ganz München mit Spannung wartet!

(FDH / Dauerleihgabe Stiftung Volkswagenwerk)

---

[1] Im Original irrtümlich 1900 datiert.

⟨6. Februar 1901⟩, an Ria Schmujlow-Claassen

ich danke Ihnen von Herzen für den Brief. Wenn ich hinkomme, so geschieht es absolut nur Ihretwegen, nur Ihretwegen hab ich mich auch bemüht, trotz sehr schlechter Stimmung einen Prolog zu schreiben und werde auch hoffentlich einen veränderten Schluß zusammenbringen. Ob ich kommen kann, weiß ich noch nicht ...
   Jedenfalls aber käme ich erst so spät, daß meine Anwesenheit bei den Proben nicht mehr viel ausmachen könnte.
   Ich schicke deshalb den Prolog (eine Copie desselben) an Sie mit hinreichend genauen Anmerkungen, wie er zu sprechen ist, und bitte Sie herzlich, daß Sie ihn der Swoboda vorsprechen. Hoffentlich ist dieses Fräulein kein Idiot und geht darauf ein, für alle Fälle, weil die Leute ja mitunter gar keine Lebensart haben, lege ich zu Ihrer »Legitimation« in dieser Sache ein Blättchen bei. Bitte schreiben Sie mir doch, ob man Ihnen ein ordentliches schönes und passendes Costüm giebt, damit ich eventuell gleich reclamieren könnte.

Briefbeilage:
Ich wünsche sehr, daß Fräulein Swoboda den Prolog einmal mit Frau Schmujlow durchspricht, welche meine Intentionen allein vollkommen kennt.
                                   (Deutsches Literaturarchiv, Marbach a. N.)

7. Februar ⟨1901⟩, an Benno Becker

beiliegend den veränderten Schluß zum ›Tod des Tizian‹, der dem kleinen Stück hoffentlich den formlosen fragmentarischen Ausgang nehmen und auch sonst wohl keine Schwierigkeiten machen wird.
   Ich habe gehört, daß Ihnen die Stelle, wo Modelle das Bild schildern, wenig angenehm war. Mir war sie auch peinlich, besonders weil sie in ihrer behaglichen Breite dem Schluß einen so ganz gleichgiltigen Charakter gab. Mit einer rhetorischen Verstärkung der Rede des Desiderio wäre aber nichts getan gewesen, es ist nicht möglich nach so viel Rhetorik als der Prolog und die Lobreden im Stück enthalten, noch etwas Dominierendes zu bringen. Es bedurfte einer Emotion und eines szenischen Vorganges für den Abschluß. Auch mußte das Eintreten des Todes angedeutet werden, eben um das allzu Fragmentarische zu verwischen. Ich habe die beiden auf Emotion berechneten Schlußreden an die beiden Rollen verteilt, die jedenfalls die besten Darsteller haben: Frau Claassen und Fräulein Swoboda. Da die Rolle der Lisa nun ganz wegfällt, so könnte man vielleicht der Gfin Reventlow, die sehr gut sprechen soll, den Pagen geben.
   Ich hoffe Dienstag früh in München zu sein, eventuell Mittwoch.
   NB. Alle Darsteller müssen unbedingt Filzsohlen tragen, sonst geht diese Schlußwirkung verloren.   *(Abschrift; Privatbesitz)*

7. Februar ⟨1901⟩, an die ›Insel‹

Die Münchner Künstlerschaft führt anläßlich einer Böcklinfeier meinen ›Tod des Tizian‹ auf. Ich habe für den Anlaß einen neuen Prolog geschrieben und auch dem Fragment einen einigermaßen festen Abschluß gegeben. Die Arbeit war nur vor vielen Jahren in den nichtöffentlichen ›Blättern f. d. Kunst‹ gedruckt und ich wünsche sie bei dem jetzigen Anlaß zu verwerten.

Gemäß den zwischen uns bestehenden Beziehungen biete ich sie zuerst der ›Insel‹ an.

Wollen Sie das ganze Trauerfestspiel im Märzheft abdrucken? Oder wollen Sie, was vielleicht geschäftlich praktischer wäre, eine kleine Broschüre, Flugschrift Ihres Verlages daraus machen? Ich meine 1000–1500 Exemplare zu einem niedrigen Preis (1 Mark–1 Mark 50) mit einer einfachen anständigen Type auf gutes Papier gedruckt? Ich glaube, daß sich das im Anschluß an die Feier sehr rasch absetzen würde... Ich bitte Sie diesmal, mir Ihre Antwort freundlichst umgehend zu depeschieren. Denn entweder muß ich Ihnen postwendend das Manuskript zugehen lassen oder ich muß mich an eine andere Zeitschrift wenden, um nicht die Aktualität ganz zu versäumen...

(Abschrift; FDH / Dauerleihgabe Stiftung Volkswagenwerk)

7. Februar ⟨1901⟩, an Rudolf Alexander Schröder

Bitte verzeihen Sie einen Brief, der sehr unordentlich werden wird und bitte, falls es Ihnen zu langweilig ist, mir postwendend mit einem Brief zu antworten, so telegraphieren Sie mir die paar wichtigsten Antworten.

1. ich möchte Dienstag 12ten nach München kommen. Es ist eine hauptsächliche Voraussetzung, daß ich Sie treffe. Ist das der Fall? Treffe ich auch Herrn Heymel?

2. Man hat mir gesagt, Sie interessierten sich für die Aufführung, die dieser problematische Herr Brann »leitet«. Ich habe auch gehört, Sie hätten sich zur Leseprobe bemüht. Vielleicht tun Sie mir's zulieb, noch zu einer der nächsten Proben hinzugehen und etwa vorkommende ganz grobe Geschmacklosigkeiten für Ohr oder Auge zu verhindern. Ich wäre Ihnen sehr dankbar.

3. Ich habe der ›Insel‹ heute einen Vorschlag gemacht, oder eine Anfrage gestellt. Ich kann keine solche Sache außer acht lassen, weil ich immer mehr Geld brauche als ich habe etc. In diesem Fall wäre ich so besonders dankbar, wenn man mir die Antwort, besonders eine eventuell ablehnende, telegraphieren würde, damit ich gleich an ein anderes Blatt schreiben kann.

(Abschrift; FDH / Dauerleihgabe Stiftung Volkswagenwerk)

9. Februar ⟨1901⟩, an Paul Brann

Die Sache lag für mich nicht ganz leicht: noch ziemlich unwohl, mußte ich meine Stimmung sehr zwingen und wollte Ihnen doch etwas möglichst Einheitliches machen.

Dabei wartete ich von Stunde zu Stunde auf die unentbehrlichen Angaben. Das ist ja nun vorüber.

Ich habe die Manuscripte um Zeit zu ersparen direct an Herrn Becker geschickt, der ja der Leiter des malerischen und decorativen Theiles zu sein scheint.

Ich hoffe bestimmt zu den letzten Proben kommen zu können, freilich muß da alles schon recht gut im Gang sein: denn es handelt sich doch um eine Trauerfeier, nicht um eine gewöhnliche Aufführung, und jeder gröbere Mangel der Darstellung würde die Stimmung aufs peinlichste verletzen. *(Privatbesitz)*

9. Februar ⟨1901⟩, an Hans Schlesinger

Vorher fahre ich noch für 4 Tage nach München. Dort wird von der vereinigten Künstlerschaft im Künstlerhaus als Todtenfeier für Böcklin ›der Tod des Tizian‹ aufgeführt, und ich habe einen neuen Prolog dazu geschrieben. Auch sollen sie recht schöne Costüme haben, die der Lenbach theilweise aus Stücken von altem Stoff zusammengemacht hat.

(FDH / Dauerleihgabe Stiftung Volkswagenwerk; B I 327)

⟨10. Februar 1901⟩, an Ria Schmujlow-Claassen

ich bin Dienstag früh in München (Jahreszeiten); falls ich nicht schon Dienstag vormittag zu Ihnen hinauskommen kann so treffen wir uns um 3^h auf der Probe.

(Deutsches Literaturarchiv, Marbach a. N.)

11. Februar ⟨1901⟩, an Robert Michel

Auch im Augenblick bin ich recht gehetzt; an der Burg sind Proben zu einem kl. Stück das ich aus dem Französ. übersetzt habe[1] und inzwischen muß ich heute abend für einige Tage nach München fahren; es wird dort als Todtenfeier für Böcklin der ›Tod des Tizian‹ aufgeführt ...

(Abschrift; FDH / Dauerleihgabe Stiftung Volkswagenwerk)

⟨12. Februar 1901⟩, an Benno Becker

Ich wünsche recht dringend, daß das Costüm des Gianino durch ein leicht zu beschaffendes Requisit vervollständigt werde: durch einen Gürtel mit Dolch. Es ist mir das wichtig, um den männlichen oder knabenhaften Charakter der Figur zu verstärken. *(FDH-II 15815)*

⟨13. Februar 1901⟩, an die Eltern

Die gestrige Probe war recht mäßig, aber der Saal in dem gespielt wird, ist sehr schön. Die Frau Claassen wird wahrscheinlich sehr gut sein, gestern war sie's nicht, und die Swoboda, die den Prolog spricht, ist auch gut, die Männer ziemlich scheußlich. Hier erschlägt man sich um Karten zur Generalprobe oder Aufführung. ... um ½6 ist die Generalprobe.

(Deutsches Literaturarchiv, Marbach a. N.)

⟨14. Februar 1901⟩, an die Eltern

... habe eben bei Lenbach mit einigen recht netten Leuten gefrühstückt muß mich jetzt zur Vorstellung die schon um 6^h ist umziehen, habe nachher ein großes Diner bei Heymel mit allen Musikern etc.

(Deutsches Literaturarchiv, Marbach a. N.)

---

[1] ›Poil de carotte‹ von Renard unter dem Titel Fuchs.

ZEUGNISSE

14. Februar 1901, Programmzettel

Trauer-Feier
für
Arnold Böcklin
im
Künstlerhause
Donnerstag, den 14. Februar 1901

Hymne von .... Richard Strauß
Prolog von .... Hugo v. Hofmannsthal
Nachtgesang von .... Beethoven
Anakreons Grab von .... Hugo Wolff
Der Tod des Tizian (Bruchstück) .... Hugo v. Hofmannsthal
    Filippo Pomponio Vecellio, genannt Tizianello, des Meisters Sohn
    Desiderio
    Gianino
    Batista
    Antonio
    Paris
    Lavinia, eine Tochter des Meisters
    Lisa
    Dies spielt im Jahre 1576, da Tizian neunundneunzigjährig starb.
Kinderchor von .... Beethoven.
                             (Deutsches Literaturarchiv, Marbach a. N.)

15. Februar 1901, Münchner Neueste Nachrichten[1]

Die Böcklin-Feier der Münchner Künstlerschaft. Eine dichtgedrängte Versammlung füllte bis auf den letzten Platz den Saal des Künstlerhauses, um an der letzten Huldigung theilzunehmen, die Münchens Künstler dem heimgegangenen Meister darbringen wollten. Von den Trägern der Namen, die heute den Begriff »Münchner Kunst« ausmachen, fehlte wohl Keiner. Auch der Kultusminister Herr v. Landmann hatte sich in Begleitung seines Referenten in Sachen der Kunst, Ministerialraths v. Wehner, eingefunden. — Sehr zahlreich waren die Damen erschienen, größtentheils in dunklen Kleidern, so daß die Versammlung einen seltsamen und eindringlichen Kontrast bildete zu der überreichen heiteren Pracht des Raumes, der sie umschloß.

Die festlich ernsten Klänge der Strauß'schen ›Hymne‹, von einem unsichtbar aufgestellten Orchester wirkungsvoll vorgetragen, eröffneten die Feier. Bei den letzten Takten des Musikstückes öffnete sich der dunkelblaue Sammetvorhang vor der Bühne; von Lorber und Blumen umgeben ragte die Büste Arnold Böcklins, ihr nahte, von weißumschleierten Fackelträgerinnen geleitet, in schwarzem venetianischem Kostüm ein Page, der ein Bekenntniß ablegt von der Ehrfurcht und dankbaren Liebe der Jugend für den großen Todten. Es war Fräulein Swoboda, die Hugo v. Hofmannsthals Prolog in schönem Vortrag sprach. In prachtvollen Versen kündet der Prolog, wie Böcklin fortleben wird in unseren Herzen und in

---

[1] Die Besprechung erschien anonym.

unserem Verhältniß zur Natur, der er einen neuen Sinn und tiefere Beseelung verliehen. Nicht klagen können wir bei dem Ende dieses Mannes, der so in seinem Wesen und Wirken unsterblich unter uns bleibt; aber wie bedrückend und erschütternd doch die Scheidestunde eines solchen Menschen auf die Seinen eindrängt, daran möge ein Schattenspiel gemahnen, das von dem Tode eines anderen gewaltigen Meisters Kunde bringt.

So war ein schöner und sinnvoller Uebergang gegeben zu der Aufführung der Szene ›Der Tod des Tizian‹. Bei geschlossenem Vorhang erscholl, für Blasinstrumente gesetzt, das herrliche Thema aus dem Adagio der Beethoven'schen Appassionata. Dann öffnete sich die Bühne wieder; wir sahen die hermengeschmückte, von Lorber und Cypressen umgrünte Gartenterrasse vor der Villa Tizians. Von einer unsichtbaren Sängerin (Frl. Hertha Ritter) vorgetragen, erklang eine Weise voll süßer, in sich getrösteter Wehmuth, Hugo Wolffs Komposition der Goethe'schen Distichen ›Anakreons Grab‹. Dem Sange lauschen, auf den Bänken und Stufen der Terrasse in stummem Schmerz gelagert, die Schüler — unter ihnen auch der Sohn — des Meisters, der drinnen im Hause mit dem Tode ringt. Ringt nicht in qualvoller Agonie, sondern mit dem Feuerdrange des schaffenden Genius, dem noch in der letzten Stunde neue Visionen und neue Wege des Gestaltens sich aufthun. Und wie ein vielstimmiger Chor begleiten dieses »Sterben in Schönheit« die Wechselreden seiner Schüler. Sie alle sind von seinem Geiste, dem schönheitseligen Geiste der Renaissance, durchdrungen; in wundervollen Worten preisen sie die Natur, wie sie der Meister sie sehen gelehrt, die jetzt das Scheiden ihres innigsten Vertrauten zu ahnen scheint, und das überreiche Leben des Greises, das sich in einem letzten Aufflammen verzehrt. — Endlich erscheint noch Lavinia, Tizians Tochter (Frl. Swoboda), selbst wie ein lebendig gewordenes Bild ihres Vaters anzuschauen, und während sie den jungen, am tiefsten von der schmerzlichen Größe der Stunde ergriffenen Giannino (Frau Claassen) tröstet und in's Leben weist, ist drinnen im Haus das Letzte eingetreten; mit einem aufschluchzenden »Vorbei!« schließt die Dichtung.[*]

Die freudige Hingabe der Mitwirkenden (außer den schon Genannten die Herren Weigert, Waldau, Monnard, Denzel und Carey, die Damen Wimplinger und Thiel) verdient dankbare Anerkennung. Und diese wird dadurch nicht beeinträchtigt, wenn im Allgemeinen gesagt werden muß, daß ein fester Stil für Bühnendichtungen, wie die Hofmannsthal'sche, zur Zeit nicht existirt. Diese Verse, die auf den sanften und schimmernden Wellen ihres Wohllauts goldschwere Lasten innerlichsten Empfindens und gestaltungsvoller Anschauung tragen, verlangen eine neue Art des Vortrags, die mehr, um ein Wort des Dichters zu gebrauchen, der »großen Kunst des Hintergrundes« gerecht wird. Wir sagen das nicht, um Kritik an der gestrigen pietätvollen Darbietung zu üben, sondern um die neuen Aufgaben anzudeuten, die sich in Zukunft unserer Schauspielkunst unabweisbar aufdrängen werden. — Das stimmungsvolle Bühnenbild, bei dem allein die Beleuchtung etwas an Improvisation erinnerte, hat Emanuel Seidl ge-

---

[*] Das Fragment ›Der Tod des Tizian‹ ist von Hofmannsthal für diese Aufführung umgearbeitet und zum Abschluß gebracht worden. In der neuen Fassung wird die Dichtung mit dem für diese Feier gedichteten Prolog als Sonderpublikation im Verlag der ›Insel‹ erscheinen.

schaffen, um die Regie hat sich Herr Brann verdient gemacht und um die Leitung, wie überhaupt um das Arrangement des ganzen Abends in besonderem Maße Herr Benno Becker.

Mit einem der ›Geistlichen Gesänge‹ von Beethoven, vorgetragen von der städtischen Singschule unter Leitung ihres Dirigenten Herrn Grell, schloß das Programm. Die Worte des Gellert'schen Chorals, der den Text bildet, fügten sich wohl nicht ganz harmonisch an die Renaissance-Stimmung des Festspiels, aber die einfache, edle Melodie, der reine, rührende Klang der Kinderstimmen gaben doch einen schönen versöhnenden Abschluß der ernsten Feier, mit der die Künstlerschaft Münchens Abschied nahm von dem Meister der Todteninsel und der Gefilde der Seligen.

Zum 14. Februar 1901, Rudolf Alexander Schröder: Drei unvergeßliche Begegnungen

Für Boecklin sollte im eben fertig gewordenen ›Künstlerhaus‹ eine Totenfeier stattfinden. Hofmannsthal hatte zu dem Zweck seinen ›Tod des Tizian‹ mit dem schönen Prolog versehen und bat mich, eine der Rollen zu übernehmen; er wünschte — wie sich hernach herausstellte, mit Grund — das Stück von Dilettanten aufgeführt, an deren Spitze er eine ihm persönlich wohlbekannte, begabte Sprecherin berufen hatte. So fand sich denn der kleine Kreis zu Leseproben zusammen, nicht für lang, denn aus der Villa Lenbach kam sehr bald die Weisung, uns durch Berufsschauspieler abzulösen. Wir traten also zurück und hatten hernach die fragwürdige Genugtuung, daß man von der Dichtung kein Wort verstand, weil die dem damaligen ›Schauspielhaus‹ entnommenen Kräfte keine Verse sprechen konnten. Unter uns »Abgesetzten« war auch die für meine dreiundzwanzigjährigen Begriffe schon nicht mehr ganz junge Dichterin[1], Trägerin eines bereits klangvollen Namens, zu der ich von meiner Vaterstadt Bremen her persönliche Beziehungen hatte. Ich sehe noch den leidenschaftlichen Kopf mit der gewaltigen Haarfülle vor mir, meist hoch erhoben, während die schweren Lider den halben Augenstern bedeckten.

(Die Neue Zeitung, München, 4. Jg., Nr. 7 vom 25. Januar 1948, S. ⟨3⟩. Wieder abgedruckt in: R. A. S., Die Aufsätze und Reden, Bd. 1, Berlin u. Frankfurt a.M. 1952. S. 955f. ⟨d.i. Gesammelte Werke, Bd. 2⟩ unter dem Titel ›Drei Begegnungen‹.)

17. Februar 1901, Ria Schmujlow-Claassen an Friedrich Gundolf

Ich möchte Ihnen noch einige Worte des Dankes sagen für Ihre freundliche Zuschrift und die Bereitwilligkeit, mit der Sie trotz Ihrer Ablehnung meinem Plan innerlich näher getreten sind. Ich war bis jetzt von Verschiedenstem so in Anspruch genommen, daß es mir nicht früher möglich gewesen ist, Ihnen zu schreiben. Ich muß jetzt sagen, daß Sie recht hatten, wenn auch aus einem ganz entgegengesetzten Grunde: dem nämlich, daß es bei solchen Anlässen doch nicht

---

[1] Ricarda Huch.

möglich ist, etwas nur annähernd Reines herauszubringen. Es wäre also schade um das Opfer an Zeit und Kraft gewesen, das Sie gebracht hätten.
Herr George wohnte mit Herrn Wolfskehl der Feier bei, und am Tage darauf waren wir mit Herrn von Hofmannsthal und einigen dem Kreise Näherstehenden bei Wolfsk⟨ehl⟩'s versammelt, wobei Sie gewiß den Meisten gefehlt haben.
(Gundolf Archiv, London; BW Wolfskehl–Gundolf 272)

27. Februar 1901, Ria Schmujlow-Claassen an Hofmannsthal

Daß Sie neulich von Herrn George ganz und gar in Anspruch genommen wurden, war ja selbstverständlich[1]; ich hatte nur gehofft, es würde noch Zeit genug bleiben, daß wir mit Ihnen zugleich aufbrechen konnten. Herr Wolfskehl ist nicht einmal dazu gekommen, wie er mir sagte, Ihnen einiges über Ihren Besuch bei ihm zu sagen, was ihm am Herzen lag — ich weiß nun wirklich nicht mehr sicher, was es war, aber es ergiebt sich ja ungefähr von selbst. Ich erwähne es, weil er mich darum gebeten hat. Herr George hat noch mehrmals über Sie zu mir und zu meinem Mann gesprochen, wie über etwas, des das Herz voll ist. Er ist oder giebt sich diesmal viel zwangloser als vor 1 Jahr. Morgen liest er vor ein paar Leuten vor. — Ich bin ganz unglücklich, daß ich voraussichtlich um Ihren Prolog kommen werde. Ich habe an Frl. Swoboda geschrieben und sie auch darum gebeten; aber sie hat mir garnicht geantwortet. Nun kann ich ihr doch keinen Gerichtsvollzieher schicken!?[2] ... Heute bekam ich von Herrn Becker die zwei Bilder von unserer Feier zugeschickt.[3]
(FDH / Dauerleihgabe Stiftung Volkswagenwerk)

1. März 1901, Leo Greiner

Gelegentlich einer Trauerfeier für Arnold Böcklin im hiesigen Künstlerhause gelangte ›Der Tod des Tizian‹ von Hugo von Hofmannsthal zur ersten Darstellung. Die Absichten der Veranstalter waren gut und künstlerisch. ›Der Tod des Tizian‹ ist unter den dramatischen Dichtungen des Verfassers vornehmlich diejenige, in der, wie in keiner andern, der persönliche Stil Hofmannsthals ohne Rücksicht auf die ihm widerstrebenden Bedingungen des Theatralischen natürlich und einheitlich gewahrt ist. Dieser Stil ist Schweben in eigener Schönheit, tiefste Unberührtheit und gleitender Fluß, den nirgends eine hemmende Schranke staut oder zu Wirbeln aufreizt, der leise geht wie die Zeit, mit bunten Bildern wechselnd und doch in höchster Keuschheit verströmend. So sind die Verse im ›Tod des Tizian‹ mit ihrem gedämpften Schein und hohen Läuten als Ganzes wirksam wie eine weite, leuchtende Fläche, deren von innen bewegte Ruhe durch keine Schnörkel und Ornamente zerrissen wird. Denn nur als solche wirken die theatralischen Momente bei Hofmannsthal als ein fremder und kalter Stoff, der den unvermischten Geist beschwert, statt ihn zu tragen. Natürlich steht dieser Stil im härtesten Gegensatze zum Bühnenmäßigen, wie es gemeinhin verstanden wird. Doch bei der Aufführung im Künstlerhause, bei dieser ernsten und großen Ge-

---

[1] Vgl. ›Entstehung‹, S. 736, Anm. 4, und BW George 150, B I 328, B II 41.
[2] Vgl. ›Entstehung‹, S. 736, Anm. 2.
[3] Im Deutschen Literaturarchiv, Marbach a. N.

legenheit der Trauerfeier, die durch die Schwere ihrer Stimmung vorbereitete und durch den hohen Prunk des Festsaals und die primitive Bühne den richtigen Rahmen schuf, war der festlichen Kunst Hofmannsthals die einzige Wirkungsmöglichkeit geboten, zumal man das kleine Drama aus Musik werden und in Musik verschweben ließ. Wenn trotzdem die tieferen Wirkungen nicht hervorgeholt wurden, so lag das nur an den völlig falschen schauspielerischen Mitteln, die zumteil einfach dilettantisch, zumteil von einer nervös machenden Verständnislosigkeit für den Stil der Sache waren.

(In: Das litterarische Echo. Halbmonatsschrift für Litteraturfreunde. Berlin. III, 11, Sp. 789.)

15. März 1901, Paul Brann

Aus München wird uns geschrieben: Das Künstlerhaus veranstaltete eine Böcklin-Feier, welche ein von Hofmannsthal gedichteter Prolog eröffnete: Ein Jüngling, der mit vier Fackeln tragenden, in der Art der Priester im ›Heiligen Hain‹ weiß Gewandeten auftrat, als die Hymne von Richard Strauß (von einem verborgenen Orchester gespielt) zu Ende gieng. Er war zu klagen gekommen; aber die Trauer ganz vergessend, redet er das Steinbild des Verblichenen an wie einen Lebenden. Als er zu sich kommt, möchte er dem Schmerze Gestalt voll Schönheit geben: dreimal stößt er den Stab zu Boden und ein Bild erscheint. Was sich jetzt aufschloß und zu reden begann, war Hofmannsthals ›Tod des Tizian‹.* Ein Kinderchor von Beethoven beschloss die Feier. Sie hatte kaum eine Stunde gedauert.

* War in den ›Blättern für die Kunst‹ abgedruckt.

(In: Wiener Rundschau, V, 6, S. 139–⟨140⟩.)

26. Juni 1901, Harry Graf Kessler an Hofmannsthal

... gestern bei meiner Rückkehr von London fand ich eine doppelte und sogar dreifache Überraschung von Ihnen vor: Ihren Brief, Ihre ganz vorzügliche Photographie, und Ihren Tod des Tizian; dieser, wie ich sehe, schon im März gesandt. Es trifft sich merkwürdig, daß gerade in den Tagen, als Sie mir ihn sandten, nämlich im März, zwei Tage vor meiner Abreise, ich diese Verse einer kleinen Gesellschaft bei mir vorlas, Van de Veldes, Frau Förster Nietzsche und einigen andern Bekannten, nach einer angeregten Diskussion über Sprachklang und Sprachschönheit, die bei Swinburne, wie ich glaube, anfieng, und bei Ihnen und Ihrem Tod des Tizian sehr spät endete. Trotzdem ich so vorlese, wie Sie wissen, übte blos der Klang schon auf die, die wenig Deutsch verstanden, den Zauber aus, der Ihren Versen eigen ist. Ich wünschte Sie als unsichtbaren Zuschauer bei diesem Experiment zugegen. ... Der herrliche Prolog auf Böcklin rückt die Dichtung wie ein schöner und richtig gewählter Bildrahmen an einen Platz, für den sie von jeher geschaffen zu sein scheint; Sie haben ihr dadurch eine Art von monumentaler Festigkeit gegeben.

(FDH / Dauerleihgabe Stiftung Volkswagenwerk; BW 32)

ERLÄUTERUNGEN

223,4 Symphonie *Vgl. das Programm der Feier, ›Zeugnisse‹, S. 749.*

224, 8—10: *Anspielung auf Böcklins ›Sieh, es lacht die Au!‹ (1887).*

235, 3—4: *Vgl. Montaigne, ›Essais‹, XIX. Kap.: ›Que philosopher c'est apprendre à mourir‹: »le dernier pas ne faict pas la lassitude; il la declare.« Hofmannsthal hat den Satz in seiner noch erhaltenen Ausgabe (Paris: G. Charpentier et Cie Editeurs o. J., Bd. 1, S. 111) angestrichen.*

738, 19 Insel der Seligen *Anspielung auf Böcklins verschollenes Gemälde ›Gefilde der Seligen‹ (1878). Die Vorstellung des Dahinsegelns verbindet sich allerdings eher mit dem Bild ›Die Lebensinsel‹ (1888).*

DER TOR UND DER TOD
PROLOG

ENTSTEHUNG

Der zu Lebzeiten des Dichters ungedruckt gebliebene Prolog *zu* Der Tor und der Tod *nimmt die Lesung des Stücks vor Freunden zum Anlaß, diese selbst und ihre Gewohnheiten spielerisch verfremdet darzustellen und die Memento-mori-Stimmung des Stücks vorzubereiten. Die Verse, vierhebige Trochäen, stehen in einer Reihe von Gelegenheitsgedichten, die seit Anfang 1892 im gleichen Versmaß entstanden: der* Prolog zu dem Buch ›Anatol‹[1], *ein Briefgedicht an Beer-Hofmann*[2], *und der Strobler* Feuerwehrkonzertprolog[3].

Für das Entstehungsdatum läßt sich aus dem Vornotat der Verse 149—158 auf pag. 20 der Reinschrift des Dramas (d. i. der Schluß der Rede des Mädchens, wohl nach dem 18. 4. 1893) und der Wiederverwendung zweier Entwurfsblätter des Dramas (d. i. Claudios letzte Rede, V. 495—510 u. V. 511—521, zwischen dem 18. und 23. 4. zu datieren) für die Reinschrift der Prologverse 160—213 nur soviel schließen, daß die Dramenreinschrift mindestens bis V. 521 der des letzten Prologdrittels vorgängig gewesen sein dürfte, insgesamt aber beide fast gleichzeitig zum 23. April 1893 abgeschlossen waren, wobei eine gewisse Eile vor der beabsichtigten Lesung die sicherlich versehentliche Doppelverwendung der Seiten erklärt.

Darüber hinaus lesen sich einige Verse des Prologs *als Anspielungen auf das Drama und lassen deshalb mindestens dessen partielle Vorgängigkeit vermuten.*[4]

Die erreichbaren Zeugnisse geben keinen Aufschluß darüber, ob Hofmannsthal am 23. April den Prolog *wirklich gelesen hat. Bei der Abfassung war er offensichtlich davon ausgegangen, daß er* Der Tor und der Tod *in Schnitzlers*[5] *Wohnung vorstellen würde und nicht bei Beer-Hofmann. Auch hatte der tatsächliche Verlauf dieses Sonntagnachmittages seine im* Prolog *vorgesehene Disposition hinsichtlich der Teilnehmer soweit überholt, daß Hofmannsthal ihn eher zurückgehalten haben wird: Denn außer den dort vorgesehenen fünf, Schnitzler, Beer-Hofmann, Salten mit seinem Hund (›Hex‹) und ihm selber, deren Zahl er sich*

---

[1] *Vgl. GLD 43—45; spätestens im Frühjahr 1892 entstanden.*
[2] *Vgl. BW 10—13; datiert Fusch. 22. Juli* ⟨1892⟩.
[3] *Nachlaß (H II 127, 128), veröffentl. in: MAL, VII, 3/4, 1974, S. 32—34; datiert 21. VIII. 1892.*
[4] *Vgl. vor allem V. 22, 64f., 69—72, 144, 198, 213.*
[5] *Vgl. S. 242, 23 u.* ›Erläuterungen‹, *S. 764, 22.*

nicht ohne Grund am 21. bei Schnitzler noch einmal ausdrücklich vergewissern wollte[1], war auch Gustav Schwarzkopf erschienen.[2]

Eine spätere Lesung läßt sich ebensowenig ermitteln, wie die Absicht einer Veröffentlichung. Die einzige Erwähnung findet sich auf einer wohl mit 1894 zu datierenden Titelliste von Gedichten (H VA 46.6), die zwar den Versuch einer gewissen Arbeitsbilanz, jedoch keine Auswahlkriterien im Sinne einer Publikation erkennen läßt. So erschien der Prolog zum ersten Mal posthum 1932 in der Zeitschrift ›Corona‹.[3]

ÜBERLIEFERUNG

H[1]   E III 246.13, 13[b], 11, 11[b], 7; 1 Ebl. Privatbesitz; 7[b], 14, 8[b], 8, 38. Konvolut E III 246: jetzt FDH II 19932. — Vollständiger[4], mit Ausnahme einer Stelle[5] kontinuierlich niedergeschriebener Entwurf des Prologs. 7 Blätter mit 11 beschriebenen Seiten, die ersten 4 Seiten mit Tinte, die restlichen 7 mit Stift; im selben Konvolutumschlag wie der Entwurf des Dramas[6], beliebig unter dessen Blätter gemischt. Auf dem Ebl. Privatbesitz stark varianter Vorentwurf zu V. 149–158 (S. 245, 5–14 u. S. 760, 2–10), auf der Rückseite von pag. 20 der Reinschrift des Dramas.[7]

H[2]   4 Ebl. Privatbesitz[8]; E III 246.10: jetzt FDH II 19932[9]; 2 Ebl. Privatbesitz[10]. — Vollständige Reinschrift[11] nebst einem ausgeschiedenen Blatt; pag. 1. überschrieben Der Thor und der Tod. Prolog. 7 Blätter, bis auf zwei einseitig beschrieben, pag. 1.–3., S. 4.–S. 6.

[1] Vgl. ›Zeugnisse‹ zu Der Tor und der Tod, S. 446, 18.
[2] Vgl. ›Zeugnisse‹ zu Der Tor und der Tod, S. 446, 24 f.
[3] Corona. Zweimonatsschrift. Hrsg. von Martin Bodmer und Herbert Steiner. München, Berlin, Zürich, II, 6, Mai 1932, S. 707–714; Anm. S. 767: »die Handschrift von ›Der Tor und der Tod‹, die Hugo von Hofmannsthal seinem Schulfreunde Robert Prechtl schenkte, trägt das Datum ›März April 1893‹ und das Motto ›Adstante morte nitebit vita‹.«
[4] Der Entwurf enthält eine erst während der Reinschrift teils verknappte, teils fortgefallene umfangreiche Wechselrede Galeazzo (später Galeotto) — Andrea (s. S. 762, 9–35) auf E III 246.7, 7[b], 14, 8[b].
[5] Genau genommen ist an der Nahtstelle Tinte/Stift eine Verwerfung zu beobachten:
Bis V. 129 (E III 246.11[b]) Tinte
V. 130–136 (E III 246.7) Stift; danach Einfügungszeichen
V. 137–146 (E III 246.11[b]) Tinte
ab V. 147 (E III 246.7) Stift
Die Passage entspricht dem späteren Text S. 244, 24–245, 3.
[6] Beschreibung s. S. 432, 18–433, 22.
[7] Vgl. S. 433, 24–31 sowie Photographie u. Umschrift a. a. O., S. 13 (Beilage A).
[8] Da das Original unzugänglich, ediert nach und beschrieben in Anlehnung an: Hugo von Hofmannsthal, Der Thor und der Tod. Faksimile-Ausgabe nach der Handschrift des Dichters. Hamburg: Maximilian-Gesellschaft 1949, sowie dem Begleitwort von Ernst Zinn. Vgl. auch S. 432, 42–45 und S. 433, 45–47.
[9] Überliefert im selben Konvolutumschlag wie der Entwurf des Dramas, an beliebiger Stelle abgelegt.
[10] Siehe Anm. 1.
[11] Eine weitere Reinschrift war nach einer Erinnerung von Walter H. Perl im Besitz Richard Beer-Hofmanns: »Beer-Hofmann besaß eine Abschrift des damals ungedruckten Prologes zu ›Der Tor und der Tod‹ von, wie ich glaube, Hofmannsthals Hand.« (Erinnerungen an

(aus S. 3.—S. 5.); das ausgeschiedene Blatt, das ursprünglich wohl auf pag. S. 4. (aus S. 3.) folgen sollte[1], blieb unpaginiert. Pag. 1. zweispaltig beschrieben; auf pag. 3. 13 Verse (V. 117—129, S. 244,12—24) als Nebenspalte in der linken unteren Hälfte.[2] Auf den Rückseiten von pag. S. 5. und S. 6. V. 495—521 (S. 78, 29—79,17) des Entwurfs zum Drama.

VARIANTEN

H¹, H²

241,1f.: In dem Wien des *(1)* Canaletto
(Wien von 1760)
　　　　　　(2)
(Wien von 1430)
danach: Abbruch, Neufassung vgl. Text

241, 6　　Galeotto *durchweg* Galeazzo *H¹, aus* Galeazzo *H²*

241,9—12: Künstlichen Spinett *(1)* die Weisen
Des Lully
　　　　　　　(2) aus Noten
Manchmal traurig, manchmal fröhlich
(1) Graziöse
(2) affectierte Menuette,
(1) traurig süsse Kinderlieder,
Opern des Lully und deutscher
Meister *(a)* heilige
　　　　　　(b) ernsthaftfromme Fugen.

R. B.-H. Zum hundertsten Geburtstag des Dichters (11. Juli). In: NZZ, 9. 7. 1966, Fernausgabe Nr. 186. Vgl. auch die abweichende Fassung: R. B.-H. Zum hundertsten Geburtstag. In: FAZ, Nr. 157, 11. 7. 1966; ferner vom selben Autor: Arthur Schnitzler und der junge Hofmannsthal. In: Philobiblon, X, 1966, S. 187—196, und (leicht variiert) in: University of North Carolina, Studies in the Germanic Languages and Literatures, Nr. 42: Studies in Arthur Schnitzler, ed. by Herbert W. Reichert and Herman Salinger, Chapel Hill 1963, S. 79—94.
[1] S. 4. entspricht dem Text S. 244,25—245,16; zu d. ausgesch. Bl. vgl. 762,9—35; S. 5. entspricht dem Text S. 245,17—246,10.
[2] Ob zwischen der Umpaginierung der zweiten (knappen) Hälfte des Prologs, der unterschiedlichen Art der Paginierung selbst (1.ff. einerseits, S. 4.ff. andererseits) und der Zweispaltigkeit von pag. 3. eine Beziehung besteht, muß offen bleiben. Da wenig wahrscheinlich ist, daß Hofmannsthal bei der Reinschrift versehentlich beim Seitenwechsel von V. 116 nach V. 130 (S. 244, 11/25) sprang, bleibt unter der Voraussetzung einer fortlaufenden Niederschrift die Anlage der pag. 3. rätselhaft. Fügt man jedoch die drei Beobachtungen zusammen, so ist immerhin nicht auszuschließen, daß pag. 1.—3. jünger sind als pag. S. 4.—S. 6.

	(2) wilde süsse Kinderlieder,
	und die ernsten Kirchenfugen
	Jener ernsten reinen Meister*¹* *H¹*
241,19–23:	*aus*
	(1) Wo Pierrot *(a)* mit Tod und Teufel
	Sich um seine Seele raufte
	(b) sich mit dem Teufel
	(c) um einen Beutel
	Goldes seine arme Seele
	Seine hübsche kleine Seele
	(2) Als: Pierrot der Zauberkünstler,
	Harlequin als Ehebrecher, *H¹*
241,27	jüngste *aus* vierte *H¹*
241,29–	*aus*
242,14:	War ein grosses Corpus iuris
	(Edition des Gothofredus)
	danach:
	Und ein kleiner Apfelschimmel,
	Welcher zierlich aber faul war. *H¹*
242,13	Narrheit *aus (1)* Pla⟨ttheit⟩
	(2) Buntheit
	Von d⟨er⟩ *H¹*
242,14	verwoben] verworren*²* *H¹, aus* verworren *H²*
242,14:	*danach:* Und Verwirrung ist das schön *H¹*
242,26f.:	*(1)* Mit den Augen in den Wolken
	(2) Warten⟨d⟩ auf die beiden andern*³*
	Halbverträumt, indess der *(1)* laue
	(2) weiche
	Hauch
	(3) brave
	Hund Mireio auf den Pfoten *H¹*
242,36f.	Wehen ... Macht.] *(1)* Klopfen einer
	Geisterhand.
	(2) Wehen einer
	(a) Dunklen
	(b) tiefen Macht.
	Am linken Rand vor Geisterhand *gestrichen:* Welcher *H¹*
243,1	Dumpf *aus* Schwül *H¹*

---

¹ Zeile 3 nachträglich mit Stift hinzugefügt; reinen Meister *Stenographie.*
² verworren Stenographie.
³ auf ... andern Stenographie.

243, 2f.	Und die Schwelle ... Sandte *aus*
	Und vom rätselhaften Grunde
	Ihrer Seelen stiegen H^1
243, 3	Träume *aus* (1) Laute (2) Wogen H^1
243, 7/16:	*Anführungszeichen fehlen*
243, 9:	*nachträglich eingefügt* H^1
243, 19—28:	*Nachtrag*
243, 20	schwermüthig] trübsin⟨nig⟩ H^1, *aus* trübsinnig H^2
243, 23	löste *aus* nahm H^1
243, 24	schwebten *aus* schwollen H^1
243, 25	Wellen aus dem *aus* Tönewellen H^1
243, 26	leuchtend *aus* glühend H^1
244, 3f.:	*eingefügt* H^1
244, 12— *245, 2:*	*In H^1 folgt nun ein Teil von V. 117: Galeazzo rechts. Dann werden, in gleicher Höhe ansetzend und durch einen senkrechten Strich abgeteilt, rechts die Verse 137—146, darauf links der andere Teil von V. 117 und die Verse 118—126 niedergeschrieben. Schließlich kommen die Verse 127—129, durch zwei waagrechte Striche abgeteilt, unter die rechte Versreihe zu stehen, wobei zunächst rechts neben den Versen 125 und 126 die Verse 127 und 128, dann rechts neben Vers 128 der Vers 129 niedergeschrieben werden. Die Verse 130—136 finden sich auf Blatt E III 246.7 oben. Offensichtlich als nachträglich einzuschieben vorgesehen, beginnt mit ihnen der mit Stift geschriebene Teil des Entwurfs H^1. — In H^2 werden die Verse 117—129 auf der unteren Hälfte des Blattes pag. 3. am linken Rand zugefügt, durch einen senkrechten und einen waagrechten Strich abgeteilt.*
244, 12	verlockend *aus* phantast⟨isch⟩ H^1
244, 13f.	da ... aus China;] ihm ... entgegen H^1
244, 14	Thier, *davor gestrichen:* Indisch H^1
244, 22	ein Stundenreigen,] (1) ein Tanz der Todten (2) der Todtenreigen H^1
244, 28:	*eingefügt* H^1
244, 32—34:	Und Andrea auf der andern Seite bei den (1) hohen (2) schlanken Krügen H^1

244,36   schlanken hohen *ohne Ersatz gestrichen H¹*
245,5—14: *Ein Vornotat hierzu findet sich auf der Rückseite von pag. 20 der Reinschrift des Dramas (mit Stift mehrfach durchgestrichen):*
Aber Galeazzo kaufte
Einen kleinen ciselierten
Dolch auf dessen blauer Klinge
Koransprüche standen.
Dieser steckte seine Blumen
Der die Waffe in den Gürtel.¹ H¹
760, 5 ciselierten *davor eingefügt:* ma⟨urisch⟩

245,9:   *danach:* Und der Griff war mattes Silber. H¹

245,17:   *danach:*
A (1) Rosen und ein Dolch
(2) Nachts
(3) Was die Rosen
(4) wenn der Kirchgang (a) morgens
                      (b) Sonntag morgens
                      (c) morgens
Aufhört, auf Sanct Peters Stufen
Steig und wirf in eine Sänfte
Lose Rosen, (1) mit dem Lächeln
halb hochmüthig, halb vertraulich
            (2) achtlos ⟨lächelnd⟩
Fertig ist der erste Act.
Zweiter Act: sie sitzt zuhause
Rosen fallen nie von selber
Niemals wirft der Zufall Rosen
Durch das Fenster
B Rosen und ein Dolch, beim Kirchgang
Auf Sanct Peters schwarzen Stufen
(1) Wirf durch's Fenster einer Sänfte
    Lose Rosen
(2) Fallen Rosen in das Fenster
    Einer Sänfte. (a) lose Rosen
Merk sie fallen nie von selber²
Niemals wirft der Zu⟨fall Rosen⟩
                  (b) Einen Monat später
C Und die Decorationen
Weiss ich für alle Acte.
Also? Erster Act: die schwarzen
Stufen von Sanct Peter, Sonntags
nach der Messe, rothe Rosen

---

¹ Einen kleinen, auf ... Klinge, steckte ... Gürtel *Stenographie.*
² nie ... selber *Stenographie.*

VARIANTEN 761

        Fliegen durch das offne Fenster
        (Ros⟨en⟩ fallen nie von ⟨selber⟩
        Niemals wirft der¹ Zufa⟨ll Rosen)⟩
        Einer Sänfte. Von dem Dolche
5   D Billig wären solche Dramen
        Mein⟨t⟩ Andrea, seh' ich doch nur
        Requisiten keine Menschen
        Stell dich auf die schwarzen Stufen
        Von Sanct Peter nach dem Kirchgang
10   Geh an Sonntagnachmittagen
        Einer Sänfte nach² ⟨im⟩ Prater
        Geh in schmalen dunklen Gassen
        Wirf die Rosen in die Höhe
        Bis aus einem Erkerfenster
15   Eine feine Hand sie auffängt
        Menschen giebt es allerorten
        Requisiten machen Dramen:
        (1) goldne königliche Reifen
            Briefe
20   (2) Königsreif aus Pappendeckel
            Überklebt mit Flittergold
            Fetzen Pergament statt Brief
            Fläschchen *(a)* Gift
                    (b) mit unschuldig grün⟨em⟩
25   Wasser doch für Gift genom⟨men⟩
        (3) Goldne Reifen, Giftphiolen,
            seidne Leitern an den Fenstern
            (1) pergamentne
            (2) Stückch⟨en⟩
30   (3) Fetzen von Papier beschr⟨ieben⟩
                Und versiegelt, Todtenköpfe,
                Becher Weins, und Dolch u⟨nd⟩ Rosen
                Schiffe die nach fremden Ländern
                Lockend mit den Wimpeln flattern.
35   Dieses sind die wahren *(1)* Dichter
                          (2) Lenker
        (1) Unsres äusseren
        (2) Der Komödie unsres Lebens
        (3) aller grossen Pantomimen
40   Die wir Menschenleben nennen³
        (1) Requisiten machen aus
        Stumpfem *(a)* durcheinanderlaufen
        Der lebend'gen Marionetten
                (b) hängen an den Drähten

45 ¹ fallen ... von, wirft der *Stenographie*.
    ² doch nur, Stell ... die, Von, nach dem, an, nachmittagen, Einer, nach *Stenographie*.
    ³ Ländern Lockend, Menschenleben nennen *Stenographie*.

          (2) Die (a) lebendigen Symbole
                (b) heraldischen Symbole
          Jener (1) wenigen
                (2) ewig unverbrauchten
          (1) Wenigen
          (2) Ewig wirksamen Begierden
          Die an unsern Drähten ziehen.
          So gelehrt sprach Galeotto. H^1

          »Eines Dramas End und Anfang,«
          »Billig wären solche Dramen,«
          Meint Andrea, »seh ich doch nur
          »Requisiten, keine Menschen«.
          »Stell' Dich auf die schwarzen Stufen
          Von Sanct Peter nach dem Kirchgang
          Geh an Sonntagnachmittagen
          Einer Sänfte nach im Prater,
          Geh in schmalen dunklen Gassen
          Wirf die Rosen in die Höhe
          Bis aus einem Erkerfenster
          Eine feine Hand sie auffängt:
          Menschen giebt es allerorten —
          Requisiten machen Dramen!
          Gold'ne Reifen, Giftphiolen,
          Seid'ne Leitern an den Fenstern
          Fetzen von Papier, beschrieben
          Und versiegelt, Todtenköpfe,
          Becher Weins und Dolch und Rosen
          Dieses sind die wahren Lenker,
          Jener grossen Pantomime
          Die wir Menschenleben nennen:
          Die heraldischen Symbole
          Jener ewig unverbrauchten
          Ewig wirksamen Motive
          Die an unsern Drähten ziehen.«
          So gelehrt sprach Galeotto. H^2

245, 27f.   Durch ... deren]
          (1) Den erwach⟨ten⟩
          (2) ⟨Durch⟩ die stillen Sonntagsstrassen
          Den (1) erwachten
                (2) verträum⟨ten⟩ Frühling athmend
          Wie er über H^1

245, 30:   *fehlt* H^1

245, 33:   *danach gestrichen:*
          Schon das Teppichbild erkannt⟨en⟩

VARIANTEN 763

```
              (1) (Samson und Delila warn es
                      Und französ⟨isches⟩ Gewebe)
              (2) (Samson und Delila warn es)
                  Das im lauen Wind beweglich
              Hieng als Vorhang vor der Treppe H¹

245,37—     Tönen als der letzte schönste
246,2:      Ausdruck allgemeiner Schönheit. H¹
            aus
            (1) Tönen als der letzte schönste
                  Ausdruck allgemeiner Schönheit
            (2) Tönen als die letzte schönste
                  Redende H²

246,5       Glühn aus Sprühen H¹

246,13—15: aus
            (1) Fiel der beiden andern (a) lautes
                  Lachen,
                                (b) laute
                  Fröhlichkeit,
            (2) Drang das Lachen der zwei andern
                  Die nicht wussten was sie fröhlich
                  Machte.¹ Und der Hund Mireio
                  Freute sich, der guten Laune H¹

246,17      die aus der Menschen H²

246,19      Lebens ... aus Todes. H²

246,23:     am Rand nachträglich erwogen: lauer Wolken Silberglühen² H¹

246,28—    Silberblüthe. Rothe Kerzen
30:         Eingelegt mit goldnen Körnern
            Zündeten die Freunde an. Und H¹

246,31—    aus
33:         (1) Sitzen⟨d⟩ auf dem Stuhl des Hausherrn
                  (a) schwarze Greifen
                  (b) Leoparden
                  (c) Flügelstier⟨e⟩ waren seine
                  Träger und die Lehne formten
                  (a) Gold
                  (b) Schwarze Greife der⟨en⟩ (aa) Schnäbel
                  Gold und Flügel
                                (bb) Flügel
                  Matt
```

¹ Die ... Machte *Stenographie.*
² Silberglühen *Stenographie.*

    (2) einer las den andern
        eine sonderbare kleine
        Todtentanzcomödie leise v⟨or⟩
    (3) eine sonderbare kleine
        Todtentanzcomödie wurde
        von Andrea vorgelesen
        Während langsam dunkelblau
    (4) leise las Andrea eine
        sonderbare, schön gere⟨imte⟩
        kleine Todtentanzcomödie
        (a) Dunkelblau
        (b) Und der Himmel
        (c) Die zum Abend H^1

246,32f.:   aus Eine sonderbare kleine
            Todtentanzcomödie. H^2

ERLÄUTERUNGEN

241,5f.: Hiessen: Baldassar, Ferrante / Galeotto und Andrea. *Vgl. in Walter H. Perls Erinnerung an ein Gespräch mit Richard Beer-Hofmann:* »Er las mir den besonders zierlichen, ziemlich langen Prolog und gab mir die erste Interpretation des Geschehens; hinter den wohlklingenden Namen im Stil der venezianischen Figuren des ›Tod des Tizian‹ verbirgt sich nämlich der enge Wiener Freundeskreis: Baldassare ist Arthur Schnitzler, Ferrante Felix Salten, Galeotto ist Beer-Hofmann und Andrea, der gleiche Name wie im Dramolett ›Gestern‹ und später in den Andreas-Fragmenten, ist Hofmannsthal selbst. Alle sind für den Eingeweihten an ihren besonderen Besitztümern symbolisch und wirklich zu erkennen, Baldassare besitzt ein altes Spinett und ist Arzt, Ferrante hat einen semmelblonden Jagdhund Mireio, Galeotto ein Puppentheater, und er wohnt in dem alten Beer-Hofmannschen Haus an der Wollzeile, und schließlich besitzt Andrea das Buch der Gesta Romanorum. Von den Gegenständen, die im Gedicht aus dem Besitz Beer-Hofmanns beschrieben sind, zeigte mir der Dichter dann noch die Standuhr, den Hund des Fo und den zierlichen Dolch.« *(W. H. Perl, Erinnerungen an Richard Beer-Hofmann. Zum hundertsten Geburtstag des Dichters, 11. Juli. In: NZZ, 9. 6. 1966, Fernausg. Nr. 186)*
    Die Namen Baldassar, Ferrante, Galeotto *kommen schon in dem Fragment der Renaissancetragödie* Ascanio und Gioconda (1892) *vor. Zu Galeotto besteht ein Netz von Bezügen: In* Ascanio und Gioconda *erscheint die Namensform* Galasso — *auf eine Figur aus einer der Quellen zu diesem Stück, Swinburne's* ›The Sisters‹, *anspielend; als deren Italianisierung läßt sich die im Entwurf zum Prolog durchgängig gebrauchte Form* Galeazzo *deuten.* Galeotto *weist auf die Episode zwischen Paolo und Francesca bei Dante, in der dem Buch über den gleichnamigen Vermittler zwischen Lancelot und König Arthurs (!) Gemahlin Guenièvre die entscheidende kupplerische Wirkung zugeschrieben wird* (›In-

ferno‹ V, V. 127—138). Auf diese Dante-Stelle bezieht sich wiederum Boccaccio mit dem Untertitel seines ›Decamerone‹: ›Principe Galeotto‹. Daß Hofmannsthal Beer-Hofmann in einer Beziehung zu dieser höfisch-ritterlichen Welt sah, legt auch die Nennung seines Namens im Zusammenhang mit Aufzeichnungen zum Thema der Artushof im Tagebuch unter dem 30. 8. 1891 nahe (H VII 17.101, 101^b). — Denkbar ist auch, daß Reminiszenzen an seinen ersten Italienaufenthalt (Oktober 1892) im Hintergrund stehen, z. B. an den Maler Baldassare Estense da Ferrara, der in der zweiten Hälfte des 15. Jahrhunderts in Mailand im Dienste der Herzöge Francesco und Galeazzo Maria Sforza stand, bevor er Hofmaler der Familie Este wurde. Als einer seiner Lehrlinge ist ein gewisser Andrea überliefert.

241, 18—23 Höchst phantast'sche Pantomimen, / Wo Pierrot und Colombine / ... Paradiesesschlange. Anspielung auf Beer-Hofmanns Pantomime ›Pierrot hypnotiseur‹, zu der ein im März 1893 von Hofmannsthal ins Französische übersetztes Szenar im Anhang zum Briefwechsel erschienen ist (vgl. BW Beer-Hofmann S. 17, 185 f. u. 205). Vermutlich identisch mit dem schon in den Sonntagnachmittagspremièren vom Februar 1892 genannten ›Pierrot Magus‹ (vgl. Erl. zu S. 242, 17), der offenbar den Ausgangspunkt für Hofmannsthals gelegentliche eigene Beschäftigung mit dieser Figur bildet. Vgl. z. B. die Apostrophierung der Philosophie des Pierrot unter dem Stichwort Der Stoicismus des Horaz vom März 1892 (ausführl. zitiert S. 488, 32—42), die nachgelassene Skizze zu dem Puppenspiel Dr. Faust vom Juni 1892 (H VII 4.27; TBA: Reden und Aufsätze 3, S. 347; SW Bd. XVIII), ferner die Gegenüberstellung seiner Gioconda-Figur mit der durch Suggestion belebte⟨n⟩ Puppe Pierrot Magus unter der Überschrift Unnütze Sehnsucht u. Suchen vom November 1892 (H VII 4.52; vgl. ›Zeugnisse‹ zu Ascanio und Gioconda, SW Bd. XVIII), sowie den Plan zu einem Prosagedicht Pierrot assassin (vgl. SW Bd. XXIX, S. 397, 36 u. 398, 5—10). Offenbar empfand Hofmannsthal die Figur des Pierrot als geeigneten Exponenten eigener und zeitgenössischer Lebenshaltung, wenn er sich folgende Charakteristik aus Paul Guigous Aufsatz ›Le mythe de Pierrot‹ (in: La revue hebdomadaire, XVIII, November 1893, p. 143) exzerpierte: »Pierrot est folâtre, vain, sérieux, bouffon, grave, tragique et amusé de bagatelles. Pierrot est notre manière de jouer avec les épouvantes, de badiner avec l'amour, avec la Mort, avec la Vie. Enfin, cette poésie que nous chérissons et qui puise sa douceur dans la mélancolie, sa force sans amertume, sa gaieté et son allégresse dans ce que Sainte-Beuve a nommé l'allégresse sarcastique, Pierrot à nos yeux la revêt et l'incarne.« (H IVB 123.1^b)

Die Paradiesesschlange: Figur des Dämons La Nochosch in ›Pierrot hypnotiseur‹ (vgl. auch Das Kind und die Gäste, ›Erläuterungen‹, S. 816, 25—38 mit Nachtrag S. 838).

241, 26 f. Jagdhund / Der Mireio hiess. Felix Saltens Hund hörte offenbar auf den Namen Hex (vgl. Hofmannsthals Brief an Schnitzler, ›Zeugnisse‹, S. 446, 18 und Walter H. Perl in Erl. zu S. 241, 5 f. und die Abb. in ›Jugend in Wien‹, nach S. 128). Die provenzal. Form Mirèio für franz. Mireille, Anspielung auf Frédéric Mistrals neuprovenzal. Epos, das Hofmannsthal 1892 als ein Idyll in preziösen künstlichen Strophen, halb Homer, halb Berthold Auerbach charakterisierte (Südfranzösische Eindrücke, P I 80).

242,1 »Gesta Romanorum« *In Hofmannsthals Bibliothek hat sich nur die 3. Ausgabe der Übersetzung von Johann Georg Theodor Gräße, Leipzig 1905 (zuerst 1842), erhalten, die mehrere Anstreichungen und Annotationen enthält.*

242,7 Sheherasadens Märchen *Hofmannsthal besaß in seiner Jugend eine Ausgabe von* ›Dalziels illustrierte Tausend und Eine Nacht. Sammlung persischer, indischer und arabischer Märchen. Mit einem Vorworte von Dr. H. Beta. Mit 211 Illustrationen nach den ersten Künstlern. Gestochen von den Gebrüdern Dalziel‹, *Leipzig, Dresden, Wien, Berlin u. Altona o.J. (vgl. SW Bd. XXIX, S. 286; vgl. ferner Hofmannsthals Einleitung zur ersten vollständigen deutschen Ausgabe von 1906, P II 311–320).*

242,8 die heiligen Legenden *Wie von den* ›Gesta Romanorum‹, *hat sich auch hier nur eine spätere Ausgabe in Hofmannsthals Bibliothek erhalten:* ›Der Heiligen Leben und Leiden. Anders genannt: Das Passional‹, *2 Bde., Leipzig 1913.*

242,17 Sonntagnachmittagen *Auf die Gewohnheit der befreundeten Schriftsteller, sich an Sonntagnachmittagen gegenseitig aus ihren neuesten Produktionen vorzulesen, beziehen sich zahlreiche Verabredungen im Briefwechsel mit Beer-Hofmann und Schnitzler. Vgl. auch die folgende Tagebuchaufzeichnung Hofmannsthals über den Zeitraum von Ende 1891 bis Anfang 1892:*
Die Sonntagnachmittagspremièren ..
Anfang October: Gestern[1]
October \
November / Agonien, das Abschiedssouper,[2]
December. 13. Napoléon Bonaparte.[3] Camélias.[4]
Februar: Pierrot Magus[5]   (H VII 17.110)
Vgl. auch ›Jugend in Wien‹, Nr. 93, 97, 106.

242,37–39 Die dunklen Saiten / In der beiden Freunde Seelen / Waren angerührt und bebten *Vgl. auch S. 246, 17f.*
  Der in der Literatur weit verbreitete Topos von dem Saitenspiel oder den Saiten der Seele, häufig in Hofmannsthals Frühwerk: vgl. Gedankenspuk *(1890?), GLD 478;* Der Tod des Tizian *(1892), S. 49,34 u. 3 H³, S. 360,10;* Ascanio und Gioconda *(Sommer 1892):* Ein kleines Saitenspiel in Deiner Hand / Sind meiner Seele Saiten *(H III 36.48; TBA: Dramen 2, S. 45; SW Bd. XVIII, 10 H);* Prolog Zu lebenden Bildern *(Febr. 1893), GLD 96;* Idylle *(März 1893), S. 56,11;* Der Tor und der Tod *(März, April 1893), S. 77, 7f.*
  Im Zusammenhang mit der Wirkung von Musik vgl. z.B. Goethe, ›Wilhelm Meisters Lehrjahre‹, *I, 17.:* »Die Musik hörte auf, und es war ihm, als wär' er aus dem Elemente gefallen, in dem seine Empfindungen bisher empor getragen

---
[1] *Die Lesung fand am 7. Oktober 1891 statt, vgl. S. 311, 26f.*
[2] *Einakter aus Schnitzlers* ›Anatol‹-*Zyklus.*
[3] *Hermann Bahrs in der Folge mehrfach umgearbeitetes Stück wurde schließlich 1897 unter dem Titel* ›Josephine‹ *in Wien uraufgeführt.*
[4] *Erzählung von Beer-Hofmann, zuerst veröffentl. in:* ›Novellen‹, *Berlin 1894, S. 85–112.*
[5] *Vgl. Erl. zu S. 241, 18–23.*

wurden. ... Dann saß er wieder eine Weile stille, und dachte sie hinter ihren Vorhängen ... die Liebe lief mit schaudernder Hand tausendfältig über alle Saiten seiner Seele ...« (WA, Bd. 21, 1898, S. 111). — Bei der ironischen Verwendung der Formel in Tizianellos verächtlicher Charakterisierung Desiderios nach dem Streitgespräch zwischen diesem und Gianino (Der Tod des Tizian, 3 H³, S. 360, 10) und der Abrechnung des Jugendfreundes mit Claudio (Der Tor und der Tod, S. 77, 7f.) ist an Georges enttäuschte Äußerung über Hofmannsthal im Brief vom 16. 1. 1892 an dessen Vater zu erinnern ⟨»*Das konnte denn kein wunder sein dass ich mich dieser person ans herz warf (Carlos? Posa?)*«⟩ *(BW 242), die auf Schillers* ›*Don Karlos*‹*, I, 2, V. 195—200 anzuspielen scheint: Karlos: »... wenn du aus Millionen / Heraus gefunden bist, mich zu verstehn, / Wenn's wahr ist, daß die schaffende Natur / Den Roderich im Carlos wiederholte, / Und unsrer Seelen zartes Saitenspiel / Am Morgen unsres Lebens gleich bezog (NA, Bd. 7.1, 1974, S. 371), und an V, 4, V. 4821 f.: »Dieß feine Saitenspiel zerbrach in Ihrer / Metallnen Hand. Sie konnten nichts, als ihn / Ermorden.« (a.a.O., S. 615)*

243,4 Angst des Lebens *Vgl. in den Entwürfen zu Bacchos vom 21. 6. 1892 über die Königin:* sie will leben und unter ihrer ängstlichen Analyse zerbröckelt das Leben. Sie hat die Angst des Lebens (Maeterlinck) die panische Angst in der Mittagsschwüle ... *(H VII 4.33; vgl. SW Bd. XVIII). Vgl. auch die Verse der Gioconda:*

> Mir ist Musik im Innersten verwandt,
> Die aus den Tiefen, die wir nicht verstehn,
> Das ruhelose Sehnen wehend holt
> Und tiefe Angst des Lebens ...

(Ascanio und Gioconda, II. Akt, H III 36. 40; TBA: Dramen 2, S. 39; SW Bd. XVIII, 10 H).

243,21—23 Und in dunklen Mollaccorden / ... / Diesen Druck von ihnen löste. *Vgl. die Wirkung der Musik auf Claudio, S. 69, 4—70, 10 und Erl. zu S. 245, 34 f.*

243,25 f. Feierliche Wellen aus dem / Fenster *Vgl. S. 245, 34 f. mit Erl.*

243,27 f. Glanz des Frühlingsabends / Über der Sanct Carls Kuppel. *Vgl. S. 246, 20—23:* Dämmerung begann inzwischen; / ... / Silberglühend auf den Mond *Verwandte Motive im Prolog Zu lebenden Bildern:* Das Mondlicht auf der Karlskirche *(Februar 1893; GLD 96) und in dem Prosagedicht Intermezzo:* Karlskirche bei Nacht ... eine blauschwarze Pappel hält den Mond an ihrer Spitze gebannt. *(Mai 1894; SW Bd. XXIX, S. 236)*

243,35 Dieses Haus war in der Wolzeyll *Beer-Hofmann wohnte seit Herbst 1892 in der Wollzeile 15, Wien, I. Bezirk (vgl. BW 203 u. Erl. zu S. 241, 5 f.); vgl. seine Beschreibung der Straße in: Gesammelte Werke. Paula. Ein Fragment. Frankfurt 1963, S. 679—684.*

244,14 der Hund des Fô aus China *Vgl. Walter H. Perl in Erl. zu S. 241, 5 f., in diesem Zusammenhang auch Der Tod und der Tod,* ›Varianten‹*, S. 439, 19—27.*

244,17f. jenes / Uhrgehäuse *Vgl. Walter H. Perl in Erl. zu S. 241, 5f.*

244,39 Trauben, golden rostig *Vgl. die Vorstufen zum Dramentext, ›Varianten‹, S. 441,1–5 und das Briefgedicht an Beer-Hofmann vom 22. 7. 1892, V. 63–72, BW 12.*

245,5–9 Galeotto / Kaufte einen ... / Kleinen Dolch ... *Vgl. Walter H. Perl in Erl. zu S. 241, 5f.*

245,16f. »Rosen und ein Dolch, Andrea, / Eines Dramas End und Anfang.« *Dieses Schema trifft auch auf Hofmannsthals Dramenfragment* Ascanio und Gioconda *zu: Ascanio Buondelmonte läßt sich gleichzeitig von Gioconda Amidei und Francesca Donati umwerben; letztere gibt ihm ihre Neigung zu verstehen, indem sie nachts einen Strauß Blumen aus ihrem Fenster vor seine Füße fallen läßt. Am Schluß des Stücks sollte Gioconda ihren verletzten Stolz rächen, indem sie Ascanio anstiftet, ihren Gemahl in der Hochzeitsnacht zu töten, wofür er dann selbst ebenfalls erdolcht werden sollte (vgl. SW Bd. XVIII).*

245,34f. Drangen jene schwellend dunklen / Tönewellen aus dem Fenster *Das Motiv des Sehnsucht erweckenden offenen Fensters, aus dem Stimmen oder Töne dringen, wohl zuerst in einem nachgelassenen Entwurf zu* Einem, der vorübergeht *(Dezember 1891; vgl. ähnlich BW HvH—George 237), dann in* Der Tod des Tizian *(S. 358, 45–47) und in* Age of Innocence *Anf. 1892; SW Bd. XXIX, S. 22, 31–33). — Hier besonders deutlich die Parallele zu dem im Februar 1893 entstandenen* Prolog Zu lebenden Bildern*: Wer stehenbleibt, wenn in den Frühlingsnächten / Aus offnen Fenstern Geigentöne schweben (GLD 96).*

246,17f. Seele ... Saitenspiel *Vgl. Der Tor und der Tod, S. 77, 7 mit Erl.*

246,33 Todtentanzcomödie *Vgl. den ursprünglichen Titel des Dramas in N 1 und N 2 (S. 435, 5 u. 436, 12).*

757,8f.: *Zur ersten Variationsstufe vgl. den* Prolog zu dem Buch ›Anatol‹, *V. 8f. (GLD 43).*

757,13: *Zu den Namen vgl. Erl. zu S. 241, 5f.*

758,11 Pierrot der Zauberkünstler *Vgl. Erl. zu S. 241, 18–23.*

758,15f.: *Hofmannsthal studierte, bevor er 1895 zur Romanistik wechselte, seit Oktober 1892 Jura. Der in Hofmannsthals Bibliothek erhaltene Foliant des* ›Corpus iuris civilis Romana ... cum notis integris Dionysii Gothofredi‹ *(Lipsiae Anno MDCCXX) stammte wahrscheinlich aus der Studienzeit seines Vaters.*

760,27f., 34ff., 761,2ff.: *Vgl.* Ascanio und Gioconda, *I. Akt, Zweite Szene, Ascanio zu Francesca:* Madonna, Blumen fallen nie von selbst / Aus offnen Fenstern. *(H III 36. 30; TBA: Dramen 2, S. 31; SW Bd. XVIII, 10 H)*

DAS GLÜCK AM WEG

ENTSTEHUNG

Nur zwei Notizen sind zu dem, wenige Tage nach Abschluß von Der Tor und der Tod *konzipierten, kleinen Stück* Das Glück am Weg *überliefert, beide auf demselben Blatt und vermutlich kurz hintereinander geschrieben. Die eine von ihnen (N 1) nennt den Titel und ist datiert:* 8 V 93; *sie enthält eine Bemerkung zum Bühnenbild, das Personenverzeichnis und ein knappes, aber in sich abgeschlossenes Szenarium sowie die Angabe, daß die* Grundidee von Beer Hofmann *stamme. Die andere Notiz (N 2) bringt unter der Überschrift* Melodram *ein reicher ausgestattetes Szenarium, das über die erste Skizze hinausgeht und sie auch abwandelt; sie dürfte später entstanden sein. Zeugnisse zu dem Stück gibt es nicht. Nur einmal noch finden wir seinen Titel, den Hofmannsthal wenig später auf die bekannte Prosa (s. SW Bd. XXVIII, S.⟨5⟩–11) überträgt, erwähnt: in einer, wohl fast zur gleichen Zeit entstandenen, Notiz zur* Landstrasse des Lebens *(s. dort N 1, S. 253, 2).*

Das Konzept zeigt, daß ein allegorisches Spiel auf dem Hintergrund eines Gemäldes (Mühle des Meindert Hobbema) *intendiert war, oder vielmehr* eine so plastische, so malbare, so stilisierte Allegorie, daß sie aussieht wie ein wirkliches Gemälde *(P I 104). Diese »Technik«, deren Reiz darin besteht,* daß sie uns unaufhörlich die Erinnerung an Kunstwerke weckt *(ebd., S. 103), hatte Hofmannsthal in seinem am 5. Januar 1893 veröffentlichten Aufsatz über* Algernon Charles Swinburne *an dessen lyrischem Drama, seinen Balladen und Gedichten als eine Wiederaufnahme der Kunst der* Renaissancemeister *gerühmt, ihre Träume in lebendige Bilder zu übersetzen; sie wird von ihm selbst in zahlreichen Entwürfen erprobt: so bei dem* Vorspiel im Dürerschen Stil *für die* Landstrasse des Lebens *(u. S. 254)[1], in Notizen zur* Bank der Liebe *vor dem* Hintergrund einer dunkle⟨n⟩ Ostade'sche⟨n⟩ Flusslandschaft[2] *oder zu einem Prosagedicht auf* Kaiser Maximilian nach einem Bild des Jan van Beers *(s. SW Bd. XXIX, S. 238*

---

[1] S. dazu auch die Erläuterungen S. 779, 3–20 mit weiteren Belegen.
[2] H V B 10.124 (die ganze Notiz ist u. S. 772 zitiert).

mit Erläuterung).[1] *Dem Hinweis, daß die* Grundidee des kleinen Stücks Beer-Hofmann *zukomme, sind eine Tagebuchnotiz und zahlreiche Briefe an die Seite zu stellen, die das Gespräch der Freunde über* Farbengebung *in der Dichtung und wechselseitige Mitteilung von Entwürfen belegen.*[2] *Es ist auch Beer-Hofmann, den Hofmannsthal am 4. Juli 1893 ausdrücklich und wohl als ersten und einzigen um seine Meinung über die Prosa* Das Glück am Weg *bittet, die den Titel des* Melodrams *erhalten hat (BW 21 und SW Bd. XXVIII, S. 199).*

Mit der Niederschrift der Prosa und der »Umwidmung« des Titels im Juni 1893 ist der Plan eines Stücks Das Glück am Weg *aufgegeben. Schauplatz und Handlung der Prosa haben mit dem Konzept des Stücks nichts zu tun. Auf ein Gemeinsames weist jedoch Hofmannsthals Bezeichnung der Prosa als eine⟨r⟩ allegorische⟨n⟩ Novellette:*[3] *hier wie dort ist das Glück gestalthaft gesehen. Auf diesen Zusammenhang verweist auch das Faktum, daß der Name Gabriel Dubrays, des Begleiters in Südfrankreich, dem Schauplatz der* Novellette, *schon während der Niederschrift des Szenars zum* Melodram *und im Hinblick auf die Gestaltung des »Glücks« (s. N 1) notiert wurde.*

Eine Fortführung fand das Melodram *in den Notizen und Entwürfen zu dem allegorischen Stück* Landstrasse des Lebens; *daß in einer Notiz zu diesem der Titel* Glück am Weg *neben dem der* Landstrasse *erscheint (N 1, S. 253, 2), ist wohl als Absicht, Elemente des* Melodrams *dem neuen Entwurf zu integrieren, zu deuten. Nicht nur Bestandteile des Bühnenbilds (Fluß, Straße), auch die Gestalten des Tods (auf der Straße!) und des Glücks (s. vor allem* Landstrasse des Lebens *3 H) kehren wieder, eingebunden in den Reigen der Vorüberziehenden. Da auch dieses Stück nicht vollendet wurde, die »Grundidee« vielmehr umgewandelt erst 1897 im* Kleinen Welttheater *wieder zutagetrat, ist es wohl richtig, in diese »Renaissance« auch* Das Glück am Weg *einzubeziehen und den Vorüberzug der Glücklichen in jenem frühen* Melodram *allererst angelegt zu sehen.*

---

[1] *Dieser Maler wird schon 1893 erwähnt (H V B 10.124):* ob die Farbengebung in Tod des Tizian nicht Gustave Doré ist? in bläulichem Hintergrund der Teich mit schwänen, weisse Mondesstreifen der marmorweisse Faun unterm schwarzen Lorbeer eher van Beers.

[2] *Die Tagebuchnotiz ist zitiert u. S. 771, 15ff. S. auch Hofmannsthals Brief an Schnitzler vom 4. August 1892 (BW 26), an M. Herzfeld vom 21. Juli 1892 (BW 28 mit Erläuterung S. 71f.) und die »Farbenbriefe« an Beer-Hofmann vom 22. Juli und 16. September 1892 (BW 10–14). Von seiner Absicht,* Beiträge zur Farbenlehre der Worte *zu veröffentlichen, spricht Hofmannsthal im Brief an C. A. Klein vom 8. Juli 1892 (BW George 25). Zu den Entwürfen ›Pierrot hypnotiseur‹ und ›Verkaufte Geliebte‹ s. BW Beer-Hofmann 17 und 185–189. S. auch die Erläuterungen zu* Das Kind und die Gäste, *S. 813, 19–814, 5.*

[3] *An M. Herzfeld, 12. Juli 1893 (BW 37).*

ÜBERLIEFERUNG

N 1   H III 111 – *Beidseitig beschrieben. Datiert* 8 V 93. *Auf der Rückseite* N 2.
N 2   H III 111^b – *Auf der Vorderseite* N 1.

VARIANTEN

249, 17:   *darunter, abgesetzt:* enthält auch Aphorismen Themata Charakteristiken

250, 3   Nixe *aus* Sphin⟨x⟩

ERLÄUTERUNGEN

249,4 Mühle des Meindert Hobbema *Vermutlich ist das im Louvre befindliche Gemälde einer großen Wassermühle (Hofstede de Groot, Verz. d. Werke d. holl. Maler d. 17. Jh. IV, Nr. 89) gemeint, das Hobbema (1638–1709) in den Jahren 1663–69 geschaffen hat.*

249,5 Grundidee von Beer Hofmann *Der Plan wird mündlich mitgeteilt worden sein; vgl. auch die Tagebuch-Notiz Hofmannsthals, Dezember 1892 (H VII 4):* Beer Hoffmann will in Strassenbildern wie mir scheint die Farbentechnik des Raffaeli (von dem ich nie etwas gesehen habe) Strasse im Frühling, hie und da ein weisses Tuch, eine blaue Bluse ein kleiner Farbenfleck). *Zur gemeinsamen Arbeit der Freunde im März 1893 s. o., S. 770, Anm. 2.*

249,7 Lili *S. auch die Erläuterung zu S. 250, 5. Lili von Hopfen, später verh. Schalk (1873–1967), eine Jugendfreundin Hofmannsthals. Ihr Name auch im Plan für* Ein Gedicht: Lili: das unverlierbare Selbst. *(H II 143.2; Sommer 1897?)*

249,8 Miss Gooseberry *Gemeint ist wohl: eine Anstandsdame; s. The Oxford English Dictionary s. v. Gooseberry: »5. A chaperon or one who ›plays propriety‹ with a pair of lovers«.*

249,9 Ein fremder junger Herr *Vgl. die Gestalten* Fremder *und* Junger Herr *im* Kleinen Welttheater.

249, 11f. Hochzeitslinnen, Windel und Todtenhemd im grünen Nixenteich
In den Nixensagen wird die hier angeführte »Trias« nicht erwähnt; da Hofmannsthal jedoch die im Melodram *auftretende Nixe zunächst als Sphinx gesehen zu haben scheint (s. die Variante zu S. 250, 3), ließe sich die Kombination der »symbolischen« Gegenstände als eine Umsetzung des Sphinx-Rätsels in ein anderes, gleichfalls in der Abbreviatur auf Anfang, Mitte und Ende des Menschenlebens verweisendes, Bild verstehen.*

249, 20 Bank der Liebe *S. auch S. 250, 1:* »von der Bank der Liebe«. *Auf einem Blatt mit Aufzeichnungen (Lektüre, Reflexionen über das eigene Werk, über den Bekanntenkreis; vermutlich 1893) und Notizen zu Prosagedichten (SW Bd. XXIX, S. 232, Nr. 12, 13) sowie zu einer Polykrates-Tragödie ist folgendes dem* Glück am Weg *und der* Landstrasse des Lebens *verwandte Bild entworfen (H VB 10.124):*
von der Bank der Liebe sieht man ins schönste Leben:
man sieht das wundervolle Leben des Lichts   des duftenden und flimmernden, des glänzend athmenden und des verschwebenden Lichts
Hintergrund: dunkle Ostade'sche Flusslandschaft, in geheimnissvolle dunkelblaue Ferne auslaufend,
das lebendige Aufragen der Bäume, ihr Wurzeln   ihr Duft!
Vgl. auch Juniabend im Volksgarten *(1894):* Siehst du dort unter dem Goldregen die beiden jungen Leute? Er hat den Arm hinter ihrem Nacken auf die Banklehne gelehnt, und sie hat die Augen halbgeschlossen und die kleinen Füße ausgestreckt. Nichts existiert für diese beiden als das vage Glücksgefühl, aller irdischen Schwere ledig im Raum zu schweben. Wer auf der Bank der Liebe sitzt, braucht die Schönheit der Dinge nicht. *(P I 188)*

249, 25 Dubray!! Wie grüsst das Glück? *Gabriel Dubray (um 1848 Paris–1915 Genua) gab dem jungen Hofmannsthal Privatunterricht in französischer Sprache; in seiner Begleitung hatte Hofmannsthal im September 1892 nach bestandener Maturitätsprüfung eine Reise nach Südfrankreich unternommen, deren literarischen Niederschlag der noch im gleichen Jahr veröffentlichte Aufsatz* Südfranzösische Eindrücke *(P I 77–82) und die am 30. Juni 1893 erschienene Prosa* Das Glück am Weg *(SW Bd. XXVIII, S. ⟨5⟩–11) bilden. Die Randnotiz ist wohl als Erinnerungsstütze aufzufassen, Dubray bei Gelegenheit nach einer Formel oder Bewegung zu fragen, mit der »Das Glück« szenisch einzuführen sei (vgl. auch die detaillierte Schilderung der* Pose bei der imaginierten Begegnung mit der jungen Dame *in der Prosa* Das Glück am Weg *(SW Bd. XXVIII, S. 10, 3–12). Dubrays Kennerschaft der Nuancen charakteristischer, sprechender Wendungen rühmt Hofmannsthal in dem 1897 veröffentlichten Aufsatz* Französische Redensarten *(P I 300–306) aus Anlaß von Dubrays Buch ›Gentillesses de la langue française‹.*

250, 5 ein Page mit einem Windhund (Liebeslust) *Vgl. das mit* 26 Mai 1893 *datierte Prosagedicht* Gerechtigkeit *(SW Bd. XXIX, S. 229 ff.):* ... zuerst sprang ein Hund in den Garten, ein grosses, hochbeiniges zierliches Windspiel. Hinter dem Hund trat ... ein Engel ein, ein junger blonder schlanker Engel, einer von den schlanken Pagen Gottes. ... der Hund sprang neben des Herren Weg im Grase her, von Zeit zu Zeit mit Liebe zu ihm aufschauend. *(Auch in dieser Dichtung sind* ein Kind *und die* Mutter Gottes *erwähnt.) Vgl. auch die Vorstufe, ebd. S. 400, 12 f.:* Der Engel, der aussieht wie ein Holzengel mit blondem Haar und einem Windhund. »Vorbild« des Pagen-Engel ist Lili Schalk. *S. die Tagebucheintragung* November 1892. *(H VII 4):*
Lili ...
sie erinnert an irgend einen der Engel des Mantegna, der schlanken Pagen Gottes, mit goldblondem Haar und stahlblauem Harnisch.

250, 6 der Tod *Vgl.* Landstrasse des Lebens *1 H und N 8 und die Aufzeichnung (Erinnerungen an Strobl) innerhalb des Gedichtentwurfs* Der Spaziergang: Schließlich ein wunderschöner Weg über Bach, auf einem prachtvollen geheimnisvollen Baum sitzend, der gegen Abendhimmel so schön aussah, daß ich hinlaufen mußte: der Tod eingeschlafen. *(H II 178.8)*

250, 9 Madonna erleuchtet sich *Vgl.* Age of Innocence *(1891/92):* In dem halbdunkeln Hausflur stand in einer Nische die Madonna, in hölzerner lächelnder Anmuth, ganz umwunden mit Blumen und Flitterkränzen und kleinen buntglimmenden Glaslampen. *SW Bd. XXIX, S. 23, 3–5; s. ebd., S. 24, 2–5:* ... auf einer Sandsteinbank sassen unter blühenden Kastanien die Madonna von der Stiege mit lapisblauem Holzmantel und einer roten Glaslampe in der Hand und Madeleine ... *(ebd., S. 24, 11:* das Problem des Glücks*)*.

250, 11 f. das Leben ist eben so *S. auch Z. 14:* so ist eben das Leben; *s. dazu die Erläuterung zu* wo zwei Gärten aneinanderstossen *S. 265, 11, bes. die dort zitierte, auf Lili Schalk bezogene Tagebuchnotiz aus H VII 6.*

LANDSTRASSE DES LEBENS

ENTSTEHUNG

In seinem Tagebuch notiert Arthur Schnitzler am 25. Juni 1893, ein Gespräch mit Hofmannsthal resümierend: »Über ›Die Landstrasse des Lebens‹ (Stück von Loris).«[1] Wenige Tage später, am 8. Juli 1893, schreibt Hofmannsthal an Felix Salten: Ich arbeite an einem größeren Aufsatz über einen italienischen Dichter, mit dem ich Euch und andere Freunde bekannt machen möchte, dann möchte ich das kleine ägyptische Stück anfertigen, so Gott will, mit recht tüchtigen, lebendigen kleinen Puppen. Später die ›Landstrasse des Lebens‹, ein allegorisches Gegenspiel zum ›Tor und Tod‹.[2] *Die ersten Notizen zur* Landstrasse des Lebens *dürften demnach schon kurz nach dem Abschluß von* Der Tor und der Tod *am 23. April 1893 entstanden sein; das auf N 1 notierte Stichwort* Glück am Weg *bezieht sich zweifellos auf das unter diesem Titel geplante Melodram, zu dem ein Szenarium mit dem Datum* 8 V 93 *erhalten ist (s. S. 249 f.* Das Glück am Weg *N 1). N 2 dürfte, wie sich im Rückschluß vermuten läßt, ebenfalls noch im Mai 1893 entstanden sein. Datiert sind N 4 (13 VI 93) und 4 H (18 VII 93), N 6 enthält als terminus post quem die Angabe* Ende September 1893, *N 7 das unvollständige Datum* 17 XII.; *die Notiz ist mit ziemlicher Sicherheit noch dem Jahr 1893 zuzuweisen. Über diesen Zeitpunkt reichen die Aufzeichnungen nicht hinaus.*

Die Idee zur Landstrasse des Lebens *überschreitet jedoch diesen schmalen Zeitraum. Das bezeugt Edgar Byk in seiner Dissertation über Hofmannsthals* Der Tor und der Tod *aus dem Jahre 1910[3], wobei er sich auf briefliche Äußerungen des*

---

[1] *Hofmannsthal-Forschungen 3, S. 17.*

[2] *B I 84. Aufsatz:* Gabriele d'Annunzio (I) *(erschienen in der ›Frankfurter Zeitung‹ 1893; P I 147–158); das kleine ägyptische Stück:* Das Urteil des Bocchoris, *später* Der verklagte Traum *genannt; Entwürfe im Nachlaß (s. SW Bd. XVIII).*

[3] *Das maschinenschriftl. Exemplar (57 Seiten) war im August 1910 abgeschlossen und am 12. Dezember 1910 der philos. Fakultät der Universität Wien vorgelegt worden (s. auch* Das Kleine Welttheater, *›Zeugnisse‹, S. 621, 1–10).*

ENTSTEHUNG · ÜBERLIEFERUNG

Dichters beruft: »... *wie mir Hofmannsthal mitteilte:* Eine Reihe von Gestalten, nacheinander auftretend, schattenspielhaft, was ja die Form des kleinen Dramas ist, das war damals eine Lieblingsform meiner Phantasie. *Dieselbe Form, in die auch* Das Kleine Welttheater oder die Glücklichen *eingekleidet ist. Auch hier enthüllt sich das Leben an einer Reihe von Gestalten, nacheinander auftretend. – Die Idee hiezu entstand, wie Hofmannsthal schreibt, fast gleichzeitig mit dem* Tor und Tod *und sollte ursprünglich* Die Landstrasse des Lebens[1] *heissen. In dieser Fassung sass ein junges Mädchen auf einer Gartenmauer: an ihr kamen Gestalten vorüber. 1897 entstand daraus* Das Kleine Welttheater.«

ÜBERLIEFERUNG

N 1   *H II 86.2*^{a,b} – *Beidseitig beschrieben. 86.2*^{a} : *Notizen zu* Landstrasse des Lebens, *die auf 86.2*^{b} *fortgesetzt werden; auf 86.2*^{b} *außerdem eine Notiz über* Die Skelett-Tragödie *und die* Hauttragödie.[2] *Vermutliche Datierung Mai 1893 aufgrund des auf 86.2*^{a} *notierten Titels* Glück am Weg, *der sich auf das am 8. Mai 1893 konzipierte Stück (s. dort N 1, S. 249) bezieht; das Zitat* Vulnerant omnes ... *auch im Tagebuch Mai 1893 (s. die Erläuterung S. 778, 14).*

N 2   *H VB 10.35*^{b} – *Beidseitig beschrieben. Versfragment (nächtlicher Monolog, vielleicht im Anschluß an N 1 entstanden). Auf der anderen Seite 3 H.*

N 3   *H VB 8.14*^{d} – *Doppelblatt, die Hälfte einer Seite abgetrennt. Auf zwei Seiten beschrieben. Unter dem Stichwort* Garten in Döbling *Notizen für ein allegorisches Vorspiel zur* Landstrasse des Lebens. *8.14*$^{a-c}$: *Aufzeichnungen über Lektüre,* idyllische und heroische Zeit, *Zitate.*

N 4   *H VB 1.6 – Datiert: 13 VI 93. Beginn des zum* Vorspiel *gehörigen Versmonologs der* Gegenwart *(s. 1 H). Darunter, abgesetzt und in anderem Duktus, N 6.*

1 H   *H II 86.3 – Entwurf des Versmonologs der* Gegenwart *(vgl. N 4).*

2 H   *H II 144*^{a,c,d} – *Doppelblatt, auf drei Seiten beschrieben. 144*^{a} : *Versmonolog der* Vergangenheit; *Entwurf zum Gespräch zwischen* Vergangenheit, Gegenwart *und* Zukunft *(in Versen); 144*^{b} : *Entwurf eines Versmonologs*

---

[1] *Nur in diesem späten Zeugnis lautet der Titel des Stücks* Die Landstrasse des Lebens. *In dem oben zitierten Brief an Salten grenzt der Dichter selbst den Titel in der Form* ›Landstrasse des Lebens‹ *ein und diese wird auch in den Notizen durchweg verwendet, darf also für die endgültige angesehen werden (vgl. dagegen den Wechsel zwischen einem vorläufigen Arbeitstitel (Kurzform) und dem Endtitel bei den Stücken* Die Schwestern *und* Das Kind und die Gäste*).*

[2] *Vgl. Friedrich Hebbel, Tagebücher (Wien, 2.–16. 9. 1813):* »Meine Dramen haben zu viel Eingeweide; die meiner Zeitgenossen zu viel Haut.« *(Hist.-Krit. Ausgabe, II. Abt., Bd. 3, Berlin 1905, S. 447).*

		(vermutlich der Zukunft*), Beginn des Versmonologs der* Vergangenheit *(vor der Fassung auf 144ᵃ entstanden, von dieser aufgenommen); 144ᵈ: Fortsetzung des Gesprächs in Versen von 144ᵃ.*
3 H		*H VB 10.35ᵃ – Beidseitig beschrieben. Prosaentwurf. Szenarium zur* Landstrasse *in der Art eines »Bildes«. Auf der anderen Seite N 2.*
	N 5	*H VB 1.6 – Notiz zu einer Dialogszene des Stücks. Auf derselben Seite N 4.*
4 H		*E II 65ᵃ,ᵇ; jetzt FDH–II 19978 – Beidseitig beschrieben. Datiert:* Fusch 18 VII 93. *Vollständiger Entwurf des Gedichts* Hirtenknabe singt.
	N 6	*H VB 3.17 – Unter dem Stichwort* Spaziergang in Salzburg, Ende September 1893. *szenische Notizen zur* Landstrasse *und ein Personenverzeichnis (Bezug zu N 1, 3 H).*
	N 7	*H II 86.1 – Datiert 17 XII. ⟨1893⟩. Unter dem Stichwort* lyrisches *(Vormerkung für spätere Versifizierung?) eine Arbeitsanweisung und Reflexionen zum Stück.*

Die Reihenfolge der Überlieferungsträger im Textteil entspricht ihrer Chronologie, soweit eindeutige Datierung gegeben (N 4, 4 H), das Datum fast gesichert (N 7) oder indirekt erschließbar (N 1, N 6) ist. Im übrigen ist nach Bezügen zwischen den Texten geordnet worden. Es ergaben sich, ohne daß die Chronologie davon berührt wurde, folgende Gruppierungen:

N 1, N 2: Früheste Notizen; N 3, N 4, 1 H, und 2 H: Vorspiel (der Plan, ein allegorisches Vorspiel zur Landstrasse des Lebens zu schreiben, geht aus N 3 und N 4 eindeutig hervor); 3 H, N 5, 4 H, N 6, N 7: Notizen und Entwürfe für das Stück (Hauptha ndlung).

VARIANTEN

253, 8   Dämonen *davor gestrichen:* Genien und

253, 16   der Mondenschein *aus* die Frühlingsnacht

254, 5   im ... Stil. *aus* zu

254, 18:   *darüber durchgestrichen:* Unzulänglich Gegen⟨wart⟩

254, 22:   *davor:* Ach und sein ganzer Glanz *(und ... Glanz Stenographie); in 254, 29 ist* Glanz *nachträglich hinzugefügt; dadurch wird der Vers zur Alternative zu dem vorausgehenden, den er wohl ersetzen sollte.*

254, 27   Erst *aus (1)* Sein *(2)* Werk

254, 30–255, 3: *aus:* Ahnung ist alles / Vergessen der Spuk / Schauer und Schein / Erfüllung ist mein

255, 1 ist mein *Stenographie*

255, 3: *darunter:* Hör auf ich kann dich nicht hören / Narrst mir die Welt an der Welt hinaus
Weh mich verwirret der Tagesbraus *(vgl. S. 255, 5–7)*

255, 8 f.: *am Rand neben Z. 11 notiert*

255, 15 Vergangenen Tage *am Rand notiert*

255, 22 vergangenen *aus* und schlimmen

255, 23 mystischen *aus* dunklen

255, 26 Schönheit, *danach gestrichen:* Mit Sehnsucht und

255, 31 wandernd *aus* keuchend
ewigen *aus* steinigen

256, 2 Leben so *Stenographie*
nicht zu scheiden *Stenograpqie*

256, 3 von vergangenem *Stenographie*

256, 7 und Bienen und Rosenkäfer *über der Zeile; Steiner (A 102) ordnet nach* mit *ein.*

257, 35 weiten *aus* leeren

ERLÄUTERUNGEN

253, 2 Landstrasse des Lebens *Vgl. dazu die Tagebucheintragung (H VII 6)* Mitte Mai 1894.
Ich bin fast den ganzen Tag heimlich schläfrig (weil ich jetzt früh aufstehe): das ist ein seltsames Gefühl, ein Nicht völlig in der Welt stehen, von einem ausser-lebendigen Element umfangen, gleichsam mit offenen Augen in einem unbedeckten Grab neben der Landstrasse des Lebens liegend, dabei

und doch nicht dabei, theilnehmend und doch entrückt; oder wie die Erscheinung des Herrn zu Emaus zwischen Grab und ewigem Verschwinden. S. auch das allegorische Prosagedicht Die Stunden *(1893; SW Bd. XXIX, S. 235f.)* (Lebensweg). *Daß der Ausdruck ›Landstraße des Lebens‹ ein verbreitetes, wenn nicht sogar geflügeltes Wort war, zeigt sein Gebrauch bei Peter Altenberg, ›Wie ich es sehe‹ (1896) ⟨Der Revolutionär dichtet. Fidélité⟩:* »*Ihr Comfortable-Rosse der Liebe, mit den Scheuledern vor der Seele, damit sie auf der breiten Landstrasse des Lebens forttrotte---le!*« *(3. Aufl., Berlin 1901, S. 141).*

Glück am Weg *S. dazu S. 249f. und S. 769f.*

253, 3 images palpitantes *Der sachliche Hintergrund nicht ermittelt.*
Riedinger *Gemeint ist wohl der Maler und Graphiker Johann Elias Ridinger (1698–1767) aus Augsburg, dessen umfangreiches Werk vor allem Tierstudien, Jagdlandschaften und -szenen umfaßt. Vgl. auch N 6!*

253, 10 Vulnerant omnes ultima necat *Im Tagebuch Mai 1893 notiert Hofmannsthal (H VII 4.1):* Inschrift einer Uhr: Vulnerant omnes, ultima necat (paraphrasiert von Theophile Gauthier).
Die lateinischen Worte sind das Motto zu Théophile Gautiers Gedicht ›L' Horloge‹ in den ›Poésies Nouvelles‹ (1845), Abteilung ›España‹ (s. Poésies complètes de Théophile Gautier, publiées par René Jasinski, t. II, 1932, p. 256–57, mit Anm. t. I, p. LIX), zuerst veröffentlicht in der ›Revue des Deux Mondes‹ vom 15.11. 1841. Gautier hatte die Inschrift an einer Kirche in Urrugne gefunden (Jasinski weist darauf hin, daß die Inschrift auch in Gautiers ›Voyage en Espagne‹ erwähnt ist).
Auf Inschrift und Gedicht verweist Baudelaire im 5. Abschnitt seiner Monographie ›Théophile Gautier‹ (1869 in ›L' Art Romantique‹ erschienen): »*Relisez, par exemple, ... l'admirable paraphrase de la sentence inscrite sur le cadran de l'horloge d'Urrugne: Vulnerant omnes, ultima necat.*« *Hofmannsthal könnte auch durch diesen Aufsatz auf die Inschrift aufmerksam geworden sein (vgl. »paraphrase« und* paraphrasiert *in H VII 4.1). (Nachweise von Ernst Zinn)*

253, 20 Garten in Döbling *Der Park der Villa v. Wertheimstein in Oberdöbling bei Wien. Hofmannsthal hatte im August 1892 Josephine v. Wertheimstein, geb. Gomperz (1820–94) kennengelernt und war seither mehrmals in ihrem Haus zu Gast gewesen. Über den Park s. auch den Brief an Richard Beer-Hofmann vom 3. Juli 1894 (BW 33). Vgl. auch die Erzählung im Döblinger Park (1893; SW Bd. XXIX, S. 32). Bezüge zu N 3 finden sich auch in der folgenden Notiz:* Der Döblinger Garten. / Worte sind der Seele Bild / nicht ein Bild, sie sind ein Schatten / Die Alte Frau: wo war es, wann war es alles. Wo liegt also das Leben in welchem Moment liegt unmittelbares Verhältniss zum Leben? wo ist Gegenwart. Wie ihr Sohn starb. Die Worte des Arztes, das war alles

ERLÄUTERUNGEN

sinnlos: es hat sie wahnsinnig gemacht weil es so wenig war und der Abgrund in ihr so ungeheuer. *(H IV B 45)*

254, 1f. allegorisches Vorspiel ... im Dürer'schen Stil *Dabei ist wohl nicht an konkrete Vorlagen zu denken (wie ›Ritter Tod und Teufel‹ oder den ›Triumphzug des Kaisers Maximilian‹), sondern eher an altdeutschen Stil der Kupferstiche und Holzschnitte (vgl. auch die Aufzeichnungen Hofmannsthals über Farbe in dieser Zeit, z.B. im Tagebuch 1892, H VII 4.1:* Goethes Sparsamkeit mit Farbe: fast nur die Farben des Kupferstichs und der Zeichnung: hell, dunkel sonnig, weiss, bräunlich und röthlich *und am 28. 5. 1895 (A 119):* Poesie (Malerei): mit Worten (Farben) ausdrücken, was sich im Leben in tausend anderen Medien komplex äußert. *»Kombination« von Bild und Dichtung ist auch in dem Plan zum Melodrama* Das Glück am Weg (Mühle des Meindert Hobbema) *und in zwei Tagebuchaufzeichnungen angestrebt:*
Inschrift eines Hauses. (bei H.v.Kleist) / Ich komme, ich weiss nicht von wo, / Ich bin, ich weiss nicht was, / Ich fahre, ich weiss nicht wohin / Mich wunderts dass ich so fröhlich bin.
Dazu die Decoration der Schwind'schen Hochzeitsreise *(H VII 4.1; s. o., Erläuterung zu S. 253, 10).*
S. auch A 122 (16. 6. 1894): Mutter, Tochter und das Leben (als Vorrede einer Radierung, den gleichen Gegenstand behandelnd).

254, 6 den athmenden Tag *Vgl. Gabriele d'Annunzio (I) (1893):* der große Dichter ... wird ... die Verlaufenen zurücklocken daß sie wieder dem atmenden Tage Hofdienst tun ... *(P I 158)*

255, 14ff. Da wandeln ... die Tage ... *Vgl. den Entwurf (H) zu dem allegorischen Prosagedicht* Die Stunden, *SW Bd. XXIX, S. 235f.*

256, 16 Zeiselwagen *Großer Leiterwagen, volkstümlicher Ausflugswagen der Wiener; »der erste Unternehmer war Anton Zeißl« (Wörterbuch des Wiener Dialektes von Julius Jakob, Wien/Berlin 1929, Neuaufl. 1969.) S. auch* Eduard von Bauernfelds dramatischer Nachlaß *(1893):* Landpartien im ›Zeiserlwagen‹ *(P I 160).*

257, 29f. Rauschte mit fernem Schwall / Leise der Wasserfall *Auf diese Verse und damit auf das ganze Gedicht bezieht sich der Tagebucheintrag: Juli 1893.* Das Gedicht wie das Rauschen des Wasserfalls in den Traum hineinspielt *(H VII 4).*

257, 35f. Lässt mich im weiten Raum / Schauernd allein *Nach den Worten Euphorions gebildet. Vgl. ›Faust II. Teil‹, V. 9905f.: »Euphorions Stimme aus der Tiefe: Laß mich im düstern Reich, / Mutter, mich nicht allein!«*

258, 12 Michi *Baronin Nicolics, Schwester von Lisl Nicolics (?–1901)*.

258, 13 Alfred Berger *A. Frhr. v. B. (1853–1912), Professor der Ästhetik in Wien. Hofmannsthal hatte bei ihm im Winter 1892/93 die Vorlesung ›Schönheit in der Kunst‹, im Winter 1893/94 ›Dramaturgie‹ gehört. Daß die Jagd zu B.s großen Leidenschaften gehört, berichtet er selbst in seinen Jugenderinnerungen ›Im Vaterhaus‹, Wien 1901 (jetzt in: Gesammelte Schriften, hrsg. von A. Bettelheim und K. Glossy, Wien/Leipzig 1913, Bd. I, S. 57f.). S. auch Hofmannsthals Brief an Edgar Karg von Bebenburg vom 5. August 1893 (BW 35):* Alfred Berger ... Das ist ein Mensch, wie ich ungefähr möchte, daß Du einmal würdest: mit allen feinen und allen derben Organen der Seele, nicht so zerbrechlich wie ich und doch nichts weniger als stumpf, mit einer männlichen sinnlichen Freude an der Jagd, an den Frauen, am Segeln, am Raufen, an den Geschichten der Märtyrer, an Pferden.

258, 21 verschieden gestaltete Bäume reden lassen *Vgl. N 2 zu dem Prosagedicht* Die Stunden *(SW Bd. XXIX, S. 234):* Mythische Lebendigkeit, wo für uns starre Allegorien ... Flammendiebstahl, Flamme vor Regendämonen schützen / verschiedene Baumindividualitäten: ... *und den Aufsatz* Maurice Barrès *(1892):* Wie die Naturgottheiten der Anfangspoesie, des Mythos, wie die Verkörperungen der flüsternden Bäume und der plätschernden, lachenden Wellen ..., so ist Bérénice entstanden, die Herrin des Gartens, die projizierte Seele des Landes. *(P I 48f.)*

258, 19–27 Kerze ausblasen ... *Vgl. das 1893 entstandene Gedicht* Ich lösch das Licht*:* Ich lösch das Licht / Mit purpurner Hand, / Streif ab die Welt / Wie ein buntes Gewand / Und tauch ins Dunkel / Nackt und allein, / Das tiefe Reich / Wird mein, ich sein. / Groß' Wunder huschen / Durch Dickicht hin, / Quelladern springen / Im tiefsten Sinn, / O spräng noch manche, / Ich käm in' Kern, / Ins Herz der Welt / Allem nah, allem fern. *(GLD 515) Vgl. auch das Prosagedicht* Traumtod *(SW Bd. XXIX, S. 228)*.

258, 24 grosser Mensch – grosser Baum*: Vgl. die Schilderung des Arztes* Billroth, Mensch in grossem Stil *(A 107)*.

WO ZWEI GÄRTEN ANEINANDERSTOSSEN

ENTSTEHUNG

Am 21. August 1897 schreibt Hofmannsthal aus Desenzano an die Mutter:
Gestern in Verona hab ich fast den ganzen Tag geschrieben, ... unter all
den Leuten.¹ *An diesem Tag – Hofmannsthal war erst am 19. August in Verona
angelangt und zuvor nicht zum Arbeiten gekommen² – beginnt die gehobene Stimmung³, die in den folgenden Tagen, noch während der Reise und dann nach der Ankunft in Varese, eine ununterbrochen reiche dichterische Produktion ermöglicht. Als
einer der ersten Entwürfe dürften in Verona Aufzeichnungen zu einem wohl nur
provisorisch mit* wo zwei Gärten aneinanderstossen *überschriebenen Stück entstanden sein. Ein Notizblatt (N 1) mit dem Datum (Verona 20ᵗᵉʳ) ⟨August⟩
enthält eine als* Vision *bezeichnete Schilderung Veronas; sie könnte im Giardino
Giusti entstanden sein, den Hofmannsthal während seines kurzen Aufenthaltes besucht
zu haben scheint.⁴ Das auf diesem Blatt offenbar für die Anfangsszene entworfene
»Fenster«-Gespräch zweier anonymer Personen (er und sie; er ist als Dichter charakterisiert) wird auf einem anderen Blatt als Versgespräch (1 H), dessen Beginn verlorengegangen ist, fortgeführt; die Paginierung 1. (N 1) und 3. (1 H) verweist auf
ein fehlendes Blatt 2. Notiz und Entwurf sind mit Bleistift auf Blättern einer erst in
Italien gekauften⁵ Papiersorte geschrieben und sicher ohne Unterbrechung entstanden.
Der dann (wie aus der Häufung von Varianten hervorgeht) ins Stocken geratene
Versentwurf bricht unvermittelt ab. Es ist nicht sicher, ob danach eine Fortsetzung
des Stücks versucht wurde. Eine weitere Notiz, in der spätere Szenen skizziert sind*

---

¹ *B I 221 (an die Mutter).*
² *B I 218f. (an die Mutter).*
³ *H V B 10.3 (Tagebuchnotiz).*
⁴ *Verona, 20. August 1897, an den Vater:* Jetzt werde ich entweder in eine Kirche
oder in den giardino Giusti dichten gehen. *(FDH/Dauerleihgabe Stiftung Volkswagenwerk).*
⁵ *S. dazu den Brief an die Mutter vom 21. August 1897:* gestern hab ich in Verona
Papier und 2 Bleistifte gekauft *(B I 221).*

(N 2), könnte in Varese entstanden sein. Wahrscheinlich hat das Gartenspiel *die Weiterarbeit an* wo zwei Gärten aneinanderstossen *zurückgedrängt: auf 1 H stehen bereits Notizen und ein mit dem Datum* Verona 21ter *früh versehener Entwurf zum* Gartenspiel.[1] *Auch dieses Stück hat der Dichter, der sich, wie er am gleichen Tag schrieb*[2], *sehr zusammennehmen mußte, nicht zu vieles anzufangen, um in Varese ein paar Sachen ganz zu Ende zu bringen, nicht vollendet.*

Zeugnisse zu wo zwei Gärten aneinanderstossen *sind nicht bekannt. Nur einmal wird das Stück noch erwähnt: auf einem Blatt (H V B 12.67), das Notizen zum* Weißen Fächer *(N 1) und zu den* Schwestern *(N 1) enthält und in den September und Oktober 1897 zu datieren ist, wird in einer Randnotiz aus* wo 2 Gärten . . . *zitiert (s. die Erläuterung zu S. 293, 14f.), der aufgegebene Text für einen neuen Plan (wohl* Die Schwestern*) genutzt.*

Der geplante Ablauf des Stücks ist aus den wenigen Aufzeichnungen nicht zu erschließen. Die Szenerie der aneinandergrenzenden Gärten wird auch in der Bühnenanweisung der Frau im Fenster *(s. S. 95, 14–17) angedeutet. Die in N 2 erwähnten* Tänzerinnen *finden sich auch im Personenbestand des* Gartenspiels *(s. S. 267, 10). Vier Verse des Dialogs 1 H (S. 262, 24–27) erscheinen 1898 fast unverändert als erste Strophe des Gedichts* Reiselied.

ÜBERLIEFERUNG

N 1   H IV A 81.1 – Paginiert 1.; datiert (Verona 20ter) ⟨August 1897⟩.

1 H   E II 116^{a,b}, jetzt FDH-II 20007; H III 106.5 – Fragmentarischer Entwurf eines Versgesprächs (durch Regiebemerkung Bezug zu N 1).
E II 116^a: Paginiert 3.; Teil eines Versgesprächs (Beginn nicht überliefert), das die früheste Stufe des 1898 als Reiselied vollendeten Gedichts enthält; 116^b: Paginiert 4.; Fortsetzung und Abbruch des Versgesprächs; auf derselben Seite Notizen für die Prosa die beiden Alten Le⟨ute⟩ in Verona (s. Gartenspiel N 7, S. 269f.). H III 106.5: Beidseitig beschrieben. Paginiert 4.; variierte Fassung der letzten Verse des auf E II 116^{a,b} entworfenen Gesprächs (vielleicht das frühere Stadium); auf der anderen Seite (106.5^b) Gartenspiel N 5 (datiert Verona 21ter ⟨August 1897⟩ früh (S. 269).

N 2   H IV A 81.2

---

[1] Zur Datierung s. Gartenspiel, ›Entstehung‹, S. 786, 23ff.
[2] B I 221 (an die Mutter).

VARIANTEN

261, 17:   *nachträglich unter* o ... Werke *notiert (Versmaß wie bei 1 H)*

262, 12   doch ... sie *darüber ist (alternativ?) notiert:* wenn ein Schicksal

262, 16   uns *danach gestrichen:* sie: nun wirklich / was für Dinge seht ihr / er: diese / sie: und ich

262, 19   an *danach gestrichen:* sie: und wer sieht die grossen Schatten

262, 25   rollt der Fels *aus* und der Stein

262, 26   starken *aus* gespannt⟨en⟩

262, 30:   *aus* geht es noch ganz anders her

262, 23–32:   *dazu auf H III 106.5 folgende (Vor-?) Fassungen:*
     sie: jenes sonderbare Wort
     er: kaum begreift es der Verstand
        besser ahnens die Gefühle
        doch ich seh es immerfort
   783, 12f.: aus:
     (1) doch verstehts nicht der Verstand
        (a) es begreifens die Gefühle
        (b) Du begreifst es im Gefühle
     (2) schneller als mit dem Verstand
        ahnst Du es schon im Gefühle

ERLÄUTERUNGEN

261, 6f. jede Creatur gelüstet es nach der andern *(s. auch 1 H, S. 262,20f.)* S. *dazu* Das Kleine Welttheater, *S. 147, 31f. mit Erläuterung (S. 630, 33).*

261, 8–13: Vgl. die Schilderung im Brief an den Vater, Vicenza 19. August 1897 *(B I 220):* das flache Land mit den blaugrünen Hügeln, den einzelnen Baumgruppen und dem ganzen in Licht getränkten endlosen Garten von Mais und andern Feldern.

261,13 die Gräber der gewaltigen Ahnherrn *Da die* Vision *auf Verona weist (*Arena*), wäre hier vielleicht an die Scaliger-Gräber bei S. Maria Antica zu denken. Vgl. auch die Beschreibungen der Terraferma in den Aufsätzen* Die Rede Gabriele d'Annunzios *(1897), P I 288ff. und* Sommerreise *(1903), P II 54ff.*

261, 19 You wish to idle away my time *Zitat? Nicht ermittelt.*

262, 18f. immerfort ist grosse Zeit / Schicksal fängt nicht einmal an: *Vgl.* Gartenspiel *N 12 (S. 272, 28–30):* O nicht trennen nicht trennen es hat alles miteinander zu thuen. immer ist Schicksalsstunde...

262, 20f.: S. Erläuterung zu S. 261, 6f.

262, 24–27: S. Reiselied *(GLD 11).*

262, 33f. Morgengespräch ... Abendgespräch *Vgl.* Gartenspiel *N 19 (S. 274, 30):* Morgenbesuche, abendbesuche.

263, 11 so ist das Leben, nütz es besser *Auf H VB 12.67 (= Der weiße Fächer N 1, Die Schwestern N 1) ist am Rand notiert:* wo 2 Gärten... vor dem Tod, zu der Kleinen: siehst Du, so ist das Leben, mach besseren Gebrauch davon. *Vgl.* Die Schwestern *N 1 (S. 293, 14f.) mit Erläuterung S. 830, 9 und* Das Glück am Weg *N 2 (S. 250, 11f. und 14). Im Juni 1894 notiert Hofmannsthal in sein Tagebuch (H VII 6):* Wie Lili ⟨v. Hopfen⟩ ihr Leben lebt und wie ich davon weiss, das ist das grosse tragische Miteinander der Menschen. So ist das Leben. *Vgl. auch die Varianten zu S. 176, 13–16 des* Weißen Fächers *(S. 657, 23):* so ist das Leben.

GARTENSPIEL

ENTSTEHUNG

Wann und aufgrund welchen Anstoßes Hofmannsthal die ersten Aufzeichnungen zu dem über den Notizzustand und Ansätze zur Versifizierung nicht hinausgekommenen Gartenspiel niederschrieb, ist, da jede ausdrückliche Erwähnung in Briefen oder Tagebüchern fehlt und lediglich ein Blatt datiert ist, nicht mit Sicherheit zu entscheiden. Eine der Notizen, die unter dem Titel In einem kleinen Garten *die Handlung ganz knapp umreißt (N 1), könnte während des Aufenthaltes in Bad Fusch Ende Juni bis Anfang August 1897 entstanden sein; diese erste Skizze ist von der Art der in Fusch in rascher Folge niedergeschriebenen Pläne zu den Idyllen und Plaquetten, die wie eine Umsetzung jener von Hofmannsthal 1896 vorgestellten »einfachen« Wiener Geschichten Peter Altenbergs in Dialog und Handlung wirken.[1] Bei den übrigen Blättern sprechen genügend Indizien dafür, daß sie allesamt während der kurz nach Beendigung des Aufenthaltes, von Salzburg aus begonnenen Reise nach Oberitalien, in Verona, Varese, Mailand und Venedig entstanden sind (11. August – 18. September 1897). Dabei läßt sich der Beginn der Aufzeichnungen fast auf den Tag genau datieren.*

Am 18. August hatte Hofmannsthal aus Montebelluna geschrieben: Mit dem Arbeiten ist es vorläufig nichts.[2] *Doch bereits am folgenden Tag, nach der Ankunft in Vicenza, setzt mit dem Entwurf des Gedichts* Botschaft *eine neue dichterische Produktivität ein, die sich in den nächsten Tagen steigert und eine Vielzahl von Entwürfen entstehen läßt. Den Tag nach seiner Ankunft in Verona, den 20. August, verbringt Hofmannsthal bereits fast ganz schreibend. Dabei entstehen Aufzeichnungen für das, wohl noch am gleichen Tag abgebrochene, Stück* wo zwei Gärten aneinanderstossen, *die, vermutlich unmittelbar aus der Beobachtung hervorgegangene,*

---

[1] *S. den Aufsatz* Ein neues Wiener Buch *(in: Die Zukunft 1896), P I 269–76, darin besonders das unter dem Stichwort* Leben als Gartenkunst *(S. 274f.) Gesagte. – Zur sinnbildlichen Bedeutung des Gartens: R.C. Norton, Hofmannsthals Garden Image, in: The German Quarterly 31, 2 (1958), S. 94–103.*

[2] *An die Mutter, B I 218f.*

Skizze von den beiden Alten Le⟨uten⟩ *(N 7), die dann als* Geschichte *(s. N 4) in das* Gartenspiel *integriert werden sollte, sodann auch Notizen für das* Gartenspiel *selbst. Am 19. und 20.* August liest Hofmannsthal d'Annunzios dramatisches Gedicht ›Sogno d'un mattino di primavera‹¹. *Die inspirierende Wirkung dieser Lektüre wird nicht nur durch das Tagebuch bezeugt, sondern zeigt sich in den – wie durch Notizen in Hofmannsthals Exemplar des ›Sogno‹ augenfällig wird, unmittelbar aus der »Vorlage« herausentwickelten² – dichterischen Entwürfen der folgenden Tage: im* Gartenspiel *und in der* Frau im Fenster, *die in* Varese *abgeschlossen wird. Wird dieses Stück ganz aus einer bedeutenden Stelle des ›Sogno‹, der Geschichte der Madonna Dianora, gleichsam aus einem Punkt der Handlung entworfen, so erhält das* Gartenspiel, *dessen Handlungskern (N 1) bereits gegeben war, durch d'Annunzios Dichtung reichere Ausstattung und Atmosphäre. Diese gleichsam doppelte Nutzung einer »Vorlage« wiederholt sich wenig später beim* Weißen Fächer *und der* Treulosen Witwe. *Aus dem ›Sogno‹ sind mehrere Namen in das* Gartenspiel *hinübergenommen (Isabella, Beatrice, Virginio), wohl auch die, in N 1 noch nicht erwähnten, Figuren* Gärtner *und* Dienerin. *Vor allem aber verweist die Gestalt der* Wahnsinnigen *auf die Isabella des ›Sogno‹. Der Einfluß auch anderer Dichtungen d'Annunzios – des ›Innocente‹, des ›Trionfo della Morte‹, des ›Isottèo‹, besonders der in ihm enthaltenen ›Cantata di Calen d'Aprile‹, auch sie ein »Gartenspiel« – ist erkennbar; so verweist auch der für den Schluß des Stücks vorgesehene* Reigen *(N 12), bei dem jeder der Spieler etwas in Reimen sagen sollte (N 2), auf das Arrangement beim* Triumph der Isaotta.³

Ist durch die d'Annunzio-Lektüre für die gesamte Überlieferung mit Ausnahme von N 1 ein terminus ante quem non gesichert⁴, so gibt es für die Datierung der einzelnen Notizen nur wenige Anhaltspunkte. Noch in Verona, am 21. August, vor der Weiterfahrt nach Desenzano⁵, entstehen die einzigen Verse, die uns zum Garten-

---

¹ *Im Tagebuch (H V B 3.10) ist vermerkt:* Den 9ten Tag ⟨seit der Abreise von Salzburg am 11. August 1897⟩ nach Verona. las sogno d'un mattino di primavera. gehobene Stimmung fängt an. S. dazu S. 504–511.

² *S. o. S. 512, 2–9 und* ›Varianten‹, *S. 514, 4–515, 13.*

³ *Die Vertrautheit mit d'Annunzios Werk erweisen die drei Aufsätze:* Gabriele d'Annunzio (I) (1893), Gabriele d'Annunzio (II) (1894), Der neue Roman von d'Annunzio (1896). *Während der Italienreise 1897 entsteht der Bericht* Die Rede Gabriele d'Annunzios.

⁴ *Davon auszunehmen sind die in ihrer Zugehörigkeit zum* Gartenspiel *zweifelhaften Notizen N 13 und N 18.*

⁵ *Der Entwurf ist datiert* Verona 21ter früh; *ein Brief an die Mutter, am selben Tag geschrieben, enthält die Angabe:* Desenzano, 21. ⟨August⟩ früh *(B I 220ff.). Diese Überschneidung läßt sich nicht durch die Annahme, daß eines der beiden Daten falsch sei, aus dem Weg räumen: das genau geführte Tagebuch (H V B 3.10) bestätigt die Daten: 20.: Verona, 21.: nach Desenzano und Salò. So bleibt als Erklärung nur ein sehr früher Aufbruch von Verona und Ankunft in Desenzano noch am Vormittag des 21.*

spiel *überliefert sind (N 5)*. *Sie stehen, zusammen mit Versen für* Die Frau im Fenster *und das Stück* wo zwei Gärten aneinanderstossen, *auf einem Blatt einer erst in Verona gekauften Papiersorte.*[1]

Man könnte vermuten, daß Hofmannsthal schon während der Niederschrift der Frau im Fenster *(24.–27. August) den Gedanken, das* Gartenspiel *zu vollenden, aufgegeben habe. Doch gibt es Indizien, die gegen eine solche Annahme sprechen. Mehrere Blätter enthalten außer Notizen zum* Gartenspiel *Aufzeichnungen und Entwürfe zu anderen während der Reise konzipierten oder auch vollendeten Dichtungen. So neben den schon erwähnten unterwegs aufgezeichneten – zu* Botschaft *(s. N 13) und* wo zwei Gärten aneinanderstossen *(s. N 4, N 7) – auch solche, die auf Varese als Entstehungsort verweisen: zu dem Festspiel* Das Kind und die Gäste *(s. N 11), zu den Erzählungen* Der goldene Apfel, Geschichte des Schiffsfähnrichs und der Kapitänsfrau *und* Infanteristengeschichte *(s. N 17), ein Zitat aus dem* Kleinen Welttheater *(s. N 18), das Motto zur* Hochzeit der Sobeide *(N 24). Am 5. September berichtet Hofmannsthal dem Vater, das* Kleine Welttheater *sei fertig, er habe sich gestern . . . den ganzen Tag mit dem Szenarium eines anderen kleinen phantastischen Einakters ziemlich fleißig beschäftigt, der halb in Prosa, halb in Versen sein soll, aber nicht spielbar, er hat 7 Figuren und macht mir großes Vergnügen, und ich habe gedacht, ihn in 5–6 Tagen fertig zu bringen.*[2] *Die Beschreibung dürfte das* Gartenspiel *meinen, wenn auch nicht ganz auszuschließen ist, daß sie sich auf die ersten Ansätze zum* Weißen Fächer *(s. dort S. 638f.) bezieht. Doch trifft sie eher auf ein schon begonnenes, nun weiter auszuarbeitendes Stück zu; so könnten am 4. September jene mit der Zuweisung* näheres ⟨zum⟩ Scenarium. *versehene Notiz (N 19) und die längere Aufzeichnung zu* Bettina *(N 20) entstanden sein; letztere findet sich – zusammen mit N 22 und N 23 – in dialogisierter, also späterer, Fassung (N 21) auf einem zu Notizbuchformat zusammengefalteten Blatt, das während der Reise, vielleicht erst nach dem Aufbruch von Varese am 11. September, beschrieben sein könnte.*

Eine der Notizen (N 24), die den Sinn des Gartenspiels *– resümierend – skizziert und es zu Versen aus dem* Lebenslied *in Beziehung setzt, enthält einen Hinweis auf ein inneres Erlebnis in Venedig, wo Hofmannsthal sich auf der Rückreise in Begleitung der Familie Schlesinger aufhielt (15.–18. September). Über dieses Datum hinausgehende Aufzeichnungen dürfte es kaum gegeben haben, zumal der Dichter nach seiner Rückkehr in Wien und Hinterbrühl an der Reinschrift und Vollendung seiner »aufführbaren« Theaterstücke arbeitete.*

Die Notizblätter wurden immerhin (wohl schon in Varese) zu einem Konvolut zusammengefaßt, dessen Umschlagbogen die Aufschrift Gartenspiel *trägt (H III 106.1). Vielleicht gehörte es damit zu jenen von der Reise mitgebrachten neuangefangenen Arbeiten, jede in einen weißen Bogen eingeschlagen, auf welchen*

---

[1] *S. auch* wo zwei Gärten aneinanderstossen, *S. 781.*
[2] *B I 230.*

der Titel steht, *die Hofmannsthal in einem Brief an den Vater aus der Brühl Ende September/Anfang Oktober 1897 erwähnt.*[1]
  Die Hoffnung, die Hofmannsthal auf die Vollendung des Stücks setzte, die Bedeutung, die er ihm beimaß, wird auch aus einem, sicher noch im Herbst 1897 entstandenen, Buchplan (H VA 19.3)[2] *sichtbar:* Buch / Prolog zu Tizian / Thor u Tod / Kl. Welttheater / Prolog / in einem Fenster / die junge Frau / Gartenspiel. *Ob der auf einem Notizblatt zum* Weißen Fächer *(s. dort N 3, S. 645) nachträglich am Rand vermerkte Titel* neues Gartenspiel[3] *den Entschluß, das »alte« aufzugeben, markiert, muß angesichts der noch bis in den Spätherbst 1897 hinein experimentierenden Haltung Hofmannsthals gegenüber seinen begonnenen Stücken*[4] *offenbleiben.*

ÜBERLIEFERUNG

N 1	H IV B 46.3
N 2	H III 106.6^b – *Rückseite eines beidseitig beschriebenen, liniierten*[5] *Blattes. Links oben von fremder Hand mit 9)a paginiert; rechts oben pag. 5. Die unvollständige Rollenzuweisung läßt eine relativ frühe Entstehung vermuten.* 106.6^a: N 3.
N 3	H III 106.6^a – *Beschreibung s.* N 2. *Links oben von fremder Hand mit 9)b paginiert.* 106.6^b: N 2.
N 4	H III 106.5^b – *Obere Partie der Rückseite eines beidseitig beschriebenen Blattes. Links oben von fremder Hand mit 10) paginiert. Unterer Teil: s.* N 5. 106.5^a: wo zwei Gärten aneinanderstossen 1 H.
N 5	H III 106.5^b – *Untere Partie der Rückseite eines beidseitig beschriebenen Blattes. Datiert* Verona 21$^\text{ter}$ ⟨August 1897⟩ früh. *Verse für* Ersilia als Tod. *Darunter* Die Frau im Fenster N 3. *Oberer Teil:* N 4. 106.5^a: *s.* N 4.

[1] *B I 234.*
[2] *Die Liste befindet sich auf einem Blatt, das außer ihr noch eine von fremder Hand geschriebene Genealogie böhmischer Könige enthält und zu dem Konvolut* Brief an die böhmische Nation / König Johann von Luxemburg *(H VA 19.1) gehört.*
[3] *Unter diesem Titel folgt die Aufzeichnung:* Mariana ist ein Parfum das Stimmungscorrelat einer wirklichen schweren traurigen Sache solche Destillation ist die Arbeit der Dichter.
  Auf einem andern Blatt dieses Komplexes (H VB 12.67 = Der weiße Fächer N 1, Die Schwestern N 1) *ist notiert:* Mariana in the South. *S. dazu die Erläuterung zu S. 647, 31.*
[4] *Vgl. dazu den Brief an O. Brahm, 6. November 1897, S. 659.*
[5] *Diese Papiersorte (Format 26,9 × 20,8 cm) ist vermutlich die am 20. August 1897 in Verona gekaufte (s. ›Entstehung‹, S. 787, 1f.); auf diesem Papier auch:* N 3, N 4, N 5, N 6, N 7, N 11, N 17.

ENTSTEHUNG · ÜBERLIEFERUNG   789

N 6   Notiz zu Bettina und Gärtner auf einer unbedruckten Seite von
           Hofmannsthals am 19. August 1897 gekauftem Exemplar von
           Gabriele d'Annunzios ›Sogno d'un mattino di primavera‹
           (Estratto dall' ›Italia‹, 1. Jg., Heft 1, Rom, 1. Juli 1897;
           jetzt in: Deutsches Literaturarchiv, Marbach a.N., Nachlaß
           Ria Claassen); auf derselben Seite Notizen zu Die Frau im
           Fenster.
N 7   E II 116ᵇ; jetzt FDH–II 20007 – Rückseite eines beidseitig
           beschriebenen Blattes. Rechts oben pag. 4. Notiz für die Prosa-
           »Einlage« (s. N 4) die beiden Alten Le⟨ute⟩ in Verona.
           Auf derselben Seite und auf E II 116ᵃ: wo zwei Gärten anein-
           anderstossen 1 H.
N 8   H III 106.3 – Links oben von fremder Hand mit 13) paginiert;
           rechts oben pag. 1.
N 9   H III 283.7 – Links oben von fremder Hand mit 12) paginiert.
N 10   H III 106.8 – Links oben von fremder Hand mit 7) paginiert.
N 11   H III 146.2ᵈ – Doppelblatt, vierseitig beschrieben. Notiz zu
           Bettina und Schio (dieselbe Notiz in N 12). Auf derselben
           Seite Notiz für ein Motiv in dem Abschiedsbrief an den
           Kaiser von Marocco. 146.2ᵃ: Das Kind und die Gäste N 1
           (datiert Varese 28 VIII ⟨1897⟩); 146.2ᵇ: Das Kind und die
           Gäste N 2; 146.2ᶜ: Das Kind und die Gäste N 3.
N 12   H III 106.9ᵇ – Beidseitig beschrieben. Links oben von fremder
           Hand mit 5) paginiert. Zu S. 272, 18 vgl. N 11. 106.9ᵃ: N 14.
N 13   E II 22ᵇ; jetzt FDH–II 19949 – Beidseitig beschrieben. Notiz
           zur Dienerin (Zugehörigkeit nicht ganz sicher). Auf derselben
           Seite und auf 22ᵃ Entwürfe für das Gedicht Botschaft (mit I
           und II bezeichnet).
N 14   H III 106.9ᵃ – Beidseitig beschrieben. Links oben von fremder
           Hand mit 6) paginiert. 106.9ᵇ: N 12.
N 15   H III 106.13
N 16   H III 106.1ᵇ – Doppelblatt, auf drei Seiten beschrieben; Notiz
           zum Gärtner und zu Miranda. 106.1ᵃ: Konvolutdeckel mit Auf-
           schrift Gartenspiel. 106.1ᵈ: N 18.
N 17   H III 106.2 – Links oben pag. 1). Notiz zur Charakterisie-
           rung der Antonia (nicht fortgeführt). Am Rand eine in N 18
           wörtlich wiederholte Aufzeichnung. Auf derselben Seite Notizen
           für die Erzählungen Geschichte des Schiffsfähnrichs und
           der Kapitänsfrau (N 5) und Infanteristengeschichte (vgl.
           SW Bd. XXIX, S. 83, u. 89), Zitat aus Victor Hugo und eine
           Notiz: Neger / seine Lippen schön emporgerafft⟨e⟩ /
           schwere kostbare Vorhänge (vermutlich Vorstufe zu Der
           goldene Apfel; SW Bd. XXIX, S. 101, 20, bes. Z. 36–39).
N 18   H III 106.1ᵈ – Beschreibung s. N 16. Links oben von fremder
           Hand mit 20 paginiert. Zitate aus Victor Hugo. Zu S. 274, 14
           vgl. N 17. 106.1ᵃ: s. zu N 16; 106.1ᵇ: N 16.

N 19   H III 106.4^b – Links oben von fremder Hand mit 11) paginiert.
        106.4^a: unbeschrieben.
N 20   H III 106.7^a – Doppelblatt, nur eine Seite beschrieben. Links
        oben von fremder Hand mit 8) paginiert.
        Aufgrund eines als (Selbst-)Zitat gekennzeichneten Verses aus
        dem Kleinen Welttheater (V. 307, s. S. 142, 10) ist Entstehung der Notiz nicht vor dem 5. September 1897 zu vermuten
        (s. ›Entstehung‹, S. 787, 15f.).
N 21   H III 106.10^b – Doppelblatt, auf drei Seiten (jeweils nur in der
        unteren, durch Faltung abgeteilten[1], Hälfte) beschrieben. Von
        fremder Hand mit 3) paginiert. Dialogisierte Fassung von N 20.
        106.10^a: N 22; 106.10^d: N 23.
N 22   H III 106.10^a – Beschreibung s. N 21. Von fremder Hand mit
        4) paginiert. 106.10^b: N 21; 106.10^d: N 23.
N 23   H III 106.10^d – Beschreibung s. N 21. 106.10^b: N 21;
        106.10^a: N 22.
N 24   H III 106.11 – Links oben von fremder Hand mit 2) paginiert.
        Randnotiz: Motto zur Hochzeit der Sobeide (D I 83).
        Durch Hinweis auf Venedig in die Zeit vom 14.–18. September
        1897 oder später zu datieren (s. ›Entstehung‹, S. 787, 29ff.).

Die Anordnung der Überlieferungsträger im Textteil folgt der in der Überlieferung hergestellten. Dadurch wird jedoch der zumindest in Ansätzen erkennbare geplante Ablauf des Gartenspiels kaum sichtbar (etliche Blätter enthalten Notizen zum Beginn und zum Schluß des Stücks in dichter Folge). Das folgende, in Anlehnung an N 1 und N 2 erstellte, Aufbau-Schema soll die Orientierung erleichtern:

Gartenspiel

I   Widmung für das Gartenspiel (N 12, N 14)
     Ort und Zeit der Handlung (N 1, N 2, N 8, N 12, N 15)
     Die Personen des Stücks (N 1, N 2, N 8, N 10, N 12)
II   Ausgangssituation: Pläne für gemeinsame Beschäftigung (N 1, N 2, N 8)
     Konversation (dadurch nähere Charakterisierung der Personen) (N 1, N 14, N 19–N 21)
     Wahrheitsspiel (N 1, N 3, N 4, N 16, N 19)
     Theaterspiel
     a) Inhalt des Stücks. Rollenzuweisung und weitere Vorbereitungen (N 2, N 3, N 4, N 9, N 12, N 15, N 17, N 22)
     b) Handlungszüge (N 6, N 9, N 10, N 13, N 14, N 16, N 18, N 20)
     c) Einlage: Geschichte von den 2 alten Leuten (N 4, N 7)
     d) Schlußreigen (der Tod) (N 2, N 5, N 12, N 15, N 23)
III Hinweise zum Sinn des Stücks (s. auch Widmung) (N 24)

---

[1] Der Schreibraum ist durch Längsfaltung nochmals unterteilt, die halbe Seite jeweils wie zwei Viertelseiten beschrieben. Dieses Notizbuchformat verweist auf Entstehung während einer Reise, kaum mehr in Varese selbst (vielleicht nach dem Aufbruch nach Mailand, s. ›Entstehung‹, S. 787, 25ff.).

VARIANTEN

269, 13   schönen *aus* stillen

269, 13:   *danach gestrichen:* den Sohn der ungeheueren Mutter Nacht

269, 20   in *aus* von

269, 23   ein Krankenzimmer *aus* das Stöh⟨nen⟩

270, 2   Dürerfigur *aus* Dürerzeichnung

273, 24   Zähnen, *danach gestrichen:* die ander⟨n⟩ im Gürtel, im Haar in der Hand.

275, 5   das (fällt über ihr Gesicht) *Syntax gestört; statt* fällt *(nachgezogene Buchstaben!) ist vielleicht* »fährt« *zu konjizieren.*

276, 8   Cigarettenrauch *aus* Cypres⟨sen⟩

277, 13   diese: *danach gestrichen:* hef⟨tig⟩

278, 2   das Gedicht aus Verona *am Rand und abgegrenzt*

278, 3:   *darüber gestrichen:* Es winden sich

ERLÄUTERUNGEN

267, 15 f. ganz kleine Mädeln gesehen Euren Tanz nachmachen *Vgl. den Brief an die Mutter, Varese 27. August 1897 (B I 227):* Um den Tisch im Garten, wo ich schreibe, spielen den ganzen Tag mit furchtbarem Geschrei drei kleine Mädeln. . . . es ist doch sehr komisch, wie stark einen ihre Bewegungen an die Duse erinnern. Eine davon ist unglaublich klein, wie eine Puppe. *Eine Datierung der Notiz ist daraus jedoch kaum abzuleiten. Vgl. auch Hofmannsthals Schilderung der englischen Tänzerinnen Barrison (s. u., Erläuterung zu S. 269, 8) als* unglaublich kleine puppenhafte Dinger *(BW E. Karg, S. 108).*

268, 3–9 Isabella . . . *Donna Isabella ist der Name der Wahnsinnigen in d'Annunzios* ›Sogno d'un mattino di primavera‹, Beatrice *der ihrer Schwester.* Virginio *heißt der Bruder von Isabellas ermordetem Geliebtem. Zum Personenbestand gehören hier wie dort* Gärtner *und* Dienerin *(hier Z. 5 u. 9; im* ›Sogno‹ Panfilo *und* Simonetta*), bei d'Annunzio noch der* Arzt *(dem hier der* Mönch *vielleicht in einigen Zügen hätte gleichen können). Der (Shakespearische) Name* Miranda *erscheint wieder im* Weißen Fächer, Ersilia *erinnert an* ›Wilhelm Meister‹, *auf den auch u., S. 274, 11 deutlich angespielt wird.*

268,15 ich will den Tod spielen *Daß eines der Mädchen, Ersilia, den Tod spielt, weist auf die romanische Tradition der weiblichen Personifikation des Todes (la Morte). Vgl. z.B. in d'Annunzios ›Trionfo d'Isaotta‹ die Verse:* »*Chiude il gran corteo la Morte, | non la dea de' cemeteri, | ma una fresca donna e forte . . .*« *(G.d'A., Tutte le Opere, Vol. 1, Milano ²1954, p. 433).*

268,22 übers Leben hab es lieb aber ... *Vgl. Das Kind und die Gäste 4 H (S. 810, 24):* »*Hab Du das Leben lieb, doch nicht zu lieb . . .* «*) und ebd. N 17 (S. 809, 25).*

268,25 Schio *Der Name vielleicht nach dem Palazzo Schio (1470) in Vicenza; s. auch Die Frau im Fenster, S. 101, 18 (Messer Guido Schio).*

269,2f. die Geschichte von den 2 alten Leuten *S. die Aufzeichnungen N 7. Auf diese* »*Binnenerzählung*« *verweist auch eine Notiz zu der Erzählung* Die Verwandten *(1898; SW Bd. XXIX, S. 329; N 5):* einmal ein Nachhaushasten mit Bicycle und sonderbare Begegnungen: 1. Springer 2 Alte von Verona nachher aufgeregtes Musicieren. dies sind die 2 Alten von Verona. neugierig gelangen sie bis an ihr Schlafzimmer. *Ein konkretes Erlebnis während des Aufenthalts in Verona scheint zugrundezuliegen.*

269,4 die mit dem furchtbaren Erlebniss *Weist auf die Isabella in d'Annunzios ›Sogno‹, in deren Armen, während sie schlief, ihr Geliebter getötet wurde (Anlaß ihres Wahnsinns). Vgl. auch das Schicksal des Mönchs (S. 271, 18f.).*

269,7 der Minnie ähnlich *Minnie Benedict (1872–1928), später verh. Gräfin Schaffgotsch. Für sie schrieb Hofmannsthal 1897 das Stück* Was die Braut geträumt hat. *S. o., S. 495ff.*

269,8 die Sophie Barrison: *Eine der als Varieté-Tänzerinnen berühmten fünf Schwestern Barrison, die im November 1895 in Wien auftraten; Hofmannsthal soupierte und tanzte mit ihnen und begleitete sie auf Landpartien (s. dazu BW E. Karg, S. 106–108); in der 1896 veröffentlichten Studie* Englischer Stil *(P I 251–59) charakterisiert er sie als* stilisierte *Puppen, die* irgendwie an präraphaelitische Engel erinnern *und* irgendwie an hundert andere fremde Wesen, *von* unendlich komplizierт⟨em⟩ Reiz. *In derselben Studie verweist Hofmannsthal auch auf Fords Stück ›Palamon und Arcite‹, dem er das auf H III 106.11 (s. ›Überlieferung‹ zu N 24) notierte Motto für* Die Hochzeit der Sobeide *irrtümlich zuordnet (s. D I 83 und Steiners Richtigstellung ebd. S. 473:* »*aus Beaumont und Fletschers ›Two noble Kinsmen‹*«*).*

269,13 den Schlaf den schönen Gott *S. dazu die Vorstufe in den Varianten:* den stillen Gott. *Vgl. Schillers Gedicht ›Resignation‹, 2. Strophe:* »*Der stille*

ERLÄUTERUNGEN 793

Gott – o weinet, meine Brüder – | Der stille Gott taucht meine Fackel nieder, | Und die Erscheinung flieht.« (Hier, mit Bezug auf Lessings Abhandlung »Wie die Alten den Tod gebildet«, ist »der stille Gott« der ›Bruder des Schlafs‹, der Tod.) S. auch Erläuterung zu S. 791, 3.

269, 27 ponte navi *Der 1893 als Eisenkonstruktion anstelle der alten, mehrfach zerstörten Steinbrücke (1373) über die Etsch gebaute ›Ponte delle Navi‹ in Verona, mit Denktafel für Bartolommeo Rubele, den Helden in Bürgers ›Lied vom braven Mann‹.*

269, 28 »ganz Demuth« *Vgl. N 16 (S. 274, 5): im Spiel mit Virginio ist sie ⟨Miranda⟩ ganz Demuth. Daher vielleicht als Selbstzitat gekennzeichnet.*

270, 1f. etwas sinnend böses wie eine Dürerfigur *S. dazu die Vorstufe in den Varianten: Dürerzeichnung. Ohne Zweifel liegt die Bildvorstellung von Dürers berühmtem Kupferstich ›Melencolia I‹ (1514), zu dessen Attributen auch der schlafende Hund gehört (Bildprogramm nach Agrippa v. Nettesheim u. a.), zugrunde.*

270, 2 böse Hunde Leben Traum und Tod *Vgl. das Gedicht* Brief *(1893): Hast du nicht deiner Sinne dumpfe Flur, | Darüber hin des Lebens Göttin dich, | Die wilde, jagt | Mit großen schwarzen Hunden, | Leben, Traum und Tod, | Drei großen schwarzen Hunden? (GLD 513f.) Vgl. auch die Gedichte* Leben, Traum und Tod *und* Ich ging hernieder *(beide 1893; GLD 509f.).*

270, 21f. Turteltauben ... Duft der Wipfel *Vgl.* Der Kaiser und die Hexe *S. 193, 22–25.*

270, 25 Salimbene *Der Name erscheint im Bandello (Tutte le opere di Matteo Bandello, hrsg. von F. Flora, Mailand o. J., I, S. 570–591, Novella XLIX). Zu dem, in der* Frau im Fenster *(S. 102, 9 und 112, 29) wiederkehrenden, Namen* Chieregati *könnte Hofmannsthal durch den berühmten Palazzo Chieregati in Vicenza angeregt worden sein.*

271, 2 in dem Blüthenton *Vgl. d'Annunzios ›Sogno‹, 3. Szene: Gespräch Isabellas mit dem Arzt, der Versuch über dem Gespräch mit den Frühlingsblumen den Grund ihrer Verstörung zu vergessen.*

271, 9 »nur Erdrisse, gefällte Bäume darf sie nicht sehen« *Vgl. die Charakterisierung der Frau des Kindsmörders in d'Annunzios ›L'Innocente‹ durch Hofmannsthal:* Gabriele d'Annunzio (I) *(1893): Man begreift vollständig, daß sie ... zum Beispiel im Wald die Schläge einer Axt auf irgendeinen unsicht-*

baren Baum wie Schläge des Lebens gegen ihre überfeine Seele empfinden und an dieser Emotion ... sterben kann. *(P I 153) In der 3. Szene des ›Sogno‹ erwacht Isabellas Entsetzen neu, als sie einen Zweig abgebrochen sieht.*

271, 24f. immer ist Schicksalsstunde *Vgl. wo zwei Gärten aneinanderstossen 1 H (S. 262, 18–21).*

271, 25 von jedem Druck der Luft sind wir ein Spiel *Vgl. Goethe, ›Faust I. Teil‹, V. 2724 (›Abend‹). ⟨Faust:⟩ »Sind wir ein Spiel von jedem Druck der Luft?« Dieses Zitat stellte Richard Beer-Hofmann seiner 1893 veröffentlichten Novelle »Das Kind« voran. S. dazu den Brief Hofmannsthals an Beer-Hofmann vom 15. Juli 1893 (BW 24): Ich habe in den letzten Tagen aufmerksam über ›Das Kind‹ nachgedacht ... bis dahin, wo er in Tränen ausbricht ist, dem Motto aufs schönste entsprechend, alles »Druck der spielenden Luft«, Verkettung von Stimmungen. Hofmannsthal verwendet den Vers als Motto im ersten Druck seines Gedichts Der Jüngling und die Spinne (1897!) in: Blätter für die Kunst, 4. Folge, 3. Bd., Berlin 1899, S. 74.*

272, 12 sie ist ... gesessen *Ersilia, die den Tod spielt.*

272, 24 von Virginio weiss man nichts als dass er das erlebt hat. *Auf S. 16 seines Exemplars des ›Sogno‹ (s. ›Überlieferung‹, S. 789, 1–7) hatte Hofmannsthal am Rand notiert:* was weiss man von Virginio er ist nur wie der bebende Widerschein von Flammen an einer Wand. *So charakterisiert ihn Teodata im Gespräch mit dem Arzt zu Beginn des Stücks.*

272, 26 der Schlüssel der ihn ⟨den Menschen⟩ aufsperrt *Vgl. Hofmannsthals Brief an Hermann Bahr, Ende August 1903 (B II 129), zitiert o. S. 618f.*

272, 29f. in einer grossen opalinen Landschaft *Vgl. Das Glück am Weg (1893):* Rückwärts war in milchigem, opalinem Duft die Riviera versunken *(SW Bd. XXVIII, S. 7).*

273, 5f. erzählen sie mir ... er erzählt *Dialog zwischen Antonia (Isabella) und Salimbene (Virginio). S. die Zuordnung der Tina di Lorenzo in N 10.*

273, 6f. erzählt den Anfang vom souper chez Mad⟨emoiselle⟩ Rachel *Vgl. A. de Musset, Un souper chez Rachel (1839), in: A.d.M., Oeuvres complètes en prose. Texte établi et annoté par M. Allan et P. Courant (Bibl. de la Pléiade). t. 49, Paris 1960, p. 909–15 (Erstdruck in: Magasin de la Librairie du 25 janvier 1859).*

273, 27 das Detail vom chinesischen Gefangenen *Hintergrund nicht ermittelt. Vgl. auch N 20 (S. 276, 12f.). Demnach auch hier Dialog zwischen Gärtner und Bettina.*

274, 11 Züge der Antonia (Aurelie) *Vgl. auch die Tagebuchaufzeichnung G⟨oeding⟩ 26 VII 95. (H VB 4.69): Dem Geliebten zuliebe leben. Gott zuliebe leben. Dem All zuliebe leben. Wenn sich die das Dasein erhöhenden Einzeloffenbarungen zum Kreis schließen, ist die Liebe Gottes da. Nicht mehr die Blumen, nicht mehr das Ich-sein. nicht mehr die* θαύματα τοῦ ἔρωτος, *sondern der Herr in den Blumen, der Herr im ich, der Herr in der Venus. (Aurelie im Wilhelm Meister, ihre erste Erzählung) S. ›Wilhelm Meisters Lehrjahre‹ 4. Buch, Kap. 14–16.*

274, 12/14 la Savoie et son duc sont pleins de précipices *Aus: Victor Hugo, Ruy Blas, Acte III, Scène II (große Rede des Ruy Blas über die Bedrohung Spaniens von allen Seiten). In: Oeuvres Complètes, Paris 1880, t. 20, p. 161 (Ed. Pléiade, Théâtre I, Paris 1963, p. 1577).*

274, 15–22 nous qui sommes... *Victor Hugo, Odes et Ballades: ›Ballade douzième: Le Pas d'Armes du Roi Jean‹ (vierte Strophe). In: Oeuvres Complètes, a.a.O., t. 1, p. 494–95 (das Zitat wörtlich bis auf* hauts lieux; *im Original »haut lieu«). Aus demselben Gedicht zitiert Hofmannsthal zwei Strophen in seiner* Studie über die Entwickelung des Dichters Victor Hugo *(1901). S. P I 386.*
Die Zugehörigkeit der beiden Zitate zum Gartenspiel *ist, da sie in keinem Kontext stehen, nicht sicher zu erweisen. Die Verse könnten auch für das Festspiel* Das Kind und die Gäste *notiert worden sein, das ganz aus der dichterischen Welt des Freundes Beer-Hofmann entworfen ist; 1892 hatte Hofmannsthal in einem Briefgedicht an B.-H. auf V. Hugos Drama ›Le roi s'amuse‹ angespielt (s. BW 11 u. Erl. S. 201).*

275, 12 fuggite i tristi inganni o non amate gia mai *Gabriele d'Annunzio, L'Isottèo ⟨ Gedichte, 1886⟩ V: Cantata di Calen d'Aprile, composta in onor d'Isaotta. Darin: (La Diambra, cantando:) »O amanti ancora i lai? | L'amore è un vil tiranno. | Fuggite il triste inganno. | Non amate gia mai.« Die beiden Verse bilden den Refrain der folgenden fünf Strophen, dann auch den Schluß der ganzen Cantata. G. d'Annunzio, Tutte le Opere, Vol. I: Versi d'Amore e di Gloria I, Milano ²1954, p. 414. In derselben Form wie im* Gartenspiel *zitiert Hofmannsthal den ersten der beiden Verse und einen weiteren aus der ›Cantata‹ in einem Briefentwurf an d'Annunzio in seinem Exemplar des ›Sogno‹; vgl. S. 521, 22ff.*

275, 27 Souvent femme varie bien fol qui s'y fie! *Brantôme berichtet in seinen ›Vies des dames galantes‹ (IV), er habe François Ier diese Verse mit dem Stein seines Fingerrings in eine Fensterscheibe des Schlosses von Chambord eingravie-*

ren sehen. Später ließ Louis XIV auf Bitten von Mlle de La Vallière die Scheibe herausnehmen. S. Victor Hugos Drama ›Marie Tudor‹, Journée III, Partie I, Scène II: ⟨*Simon Renard:*⟩ »*... tenez, le coeur de la femme est une énigme dont le roi Francois Ier a écrit le mot sur les vitraux de Chambord: Souvent femme varie, | Bien fol est qui s'y fie.*« (*Oeuvres de V. H., Drames VI, Troisième Ed., Paris 1833, p. 143, das Exemplar in Hofmannsthals Bibliothek). S. auch Victor Hugo, Le Roi s'amuse, Acte IV, Scène II (Le Roi, chantant):* »*Souvent femme varie, | Bien fol est qui s'y fie! Une femme souvent | N'est qu'une plume au vent!*« (*Die ersten beiden Verse wiederholt: Acte V, Scene III.) In: Oeuvres Completes, a.a.O., t. 18, p. 447 und 478 (Ed. Pléiade, Théâtre I, Paris 1963, p. 1442, mit Anm. p. 1786).*

276, 8 »mir kann doch alles noch gescheh'n« *Worte des* Mädchens *aus dem Kleinen Welttheater (V. 307, S. 142, 10).*

276, 14 nackte Bäume *Vgl. Der Jüngling in der Landschaft, 2. Strophe (GLD 27).*

276, 15 Australien soll Pietro di Valle entdeckt haben *P. delle Valle (1586– 1652), der in Goethes Divan-Noten gerühmte Reisende, verfaßte eine Beschreibung seiner Reisen in 54 Briefen an Freunde (Rom 1650–53), die bald ins Französische und Deutsche übersetzt wurde. Von einer* »*Entdeckung*« *Australiens kann allerdings nicht die Rede sein (1606 betrat der Spanier Torres das Land, das kurz zuvor von Holländern* »*geortet*« *worden war). Welche Fama Hofmannsthal hier meint, konnte nicht ermittelt werden.*

277, 7f. den Perlhühnern sieht sie an dass ⟨sie⟩ sich gestritten haben. *Vgl. die nachgelassene Erzählung* Die Verwandten *(1898; SW Bd. XXIX, S. 109):* ⟨*Therese und Anna über Georg:*⟩ *...* »*er glaubt dass wir das nicht erkennen. Jede Frau erkennt das. Und wir beide – wir erkennen doch wenn die Perlhühner sich gestritten haben ... Wir bemerken wirklich die unscheinbarsten Dinge.*« *S. ebd. S. 328 (N 2). S. auch o., Erläuterung zu S. 271, 14.*

277, 14f. Blüthen ... mit scharlachrothen Lippen die schreien und murmeln *Vgl. Das Kleine Welttheater V. 108f. (S. 136, 18f.) und V. 144f. (S. 137, 17f.) und 2 H² (S. 598, 7–9).*

278, 3–7 Es finden sich ... tragen uns *Die aus der Erinnerung zitierten, offenbar erst gesuchten (s.* ›*Varianten*‹*) Schlußverse aus dem* Lebenslied *(1896; GLD 12f.), für die Einfügung ins* Gartenspiel *leicht verändert (*uns *statt* ihn*). S. auch die Notizen zu der Erzählung* Ein Frühling in Venedig *(1900; SW Bd. XXIX, S. 132–134).*

278,8 der Augenblick ist alles *Vgl. die Aufzeichnung zu der* Idylle Kinder aus einem schönen Hause *(1897; H II 68.4)*: Gedanken über Erziehung eines jungen Mädchens: worauf es hinausläuft ist: ihr die tiefe wissende Ehrfurcht vor der Einzigkeit des Augenblicks beizubringen.

278,9–11 alles Glück ist im Leben drin ... man muss es nur herausreissen, den Moment so erfassen wie er in einem Kunstwerk eingeurnt ist *Die Formulierung erinnert an eine Stelle in Dürers ›Ästhetischem Exkurs‹ zu Ende des 3. Buchs ›Von menschlicher Proportion‹:* »Dann wahrhafftig steckt die Kunst inn der natur, wer sie herauß kan reyssen, der hat sie. Uberkumstu sie, so wirdet sie dir vil fels nemen ⟨dich vor vielen Fehlern bewahren⟩ in deinem werck.« *(S.K. Lange, F. Fuhse, Dürers schriftlicher Nachlaß, Halle a.d.S. 1893, S. 226, auch S. 363; vgl. auch E. Panofsky, Das Leben und die Kunst Albrecht Dürers ⟨1943⟩, München 1977, S. 371).*

791,3 Sohn der ungeheueren Mutter Nacht: *Vgl. Das Kleine Welttheater V. 250f. (S. 140, 16f.):* eine dunkle riesige Gewalt ... mich dünkt, es ist der Leib der Nacht ...

DAS KIND UND DIE GÄSTE

ENTSTEHUNG

Nach seinem Arbeitsaufenthalt in Bad Fusch im Sommer 1897 (22. Juni–7. August) und unmittelbar vor der Reise nach Oberitalien (11. August–18. September) trifft Hofmannsthal in Salzburg mit Richard Beer-Hofmann zusammen (8.–11. August). Die Begegnung der Freunde kommt auf Hofmannsthals Wunsch zustande (s. seinen Brief an B.-H. vom 30. Juli 1897, BW 67). Beer-Hofmann reist dazu von seinem Wohnort Ischl nach Salzburg. Bei diesem Treffen verspricht Hofmannsthal zu der bevorstehenden Geburt des ersten Kindes seines Freundes ein Festspiel zu schreiben (s. die rückblickenden Bemerkungen in seinem Brief an B.-H. aus Hinterbrühl, Oktober/November 1897; ›Zeugnisse‹, S. 812, 8). Mit der Einlösung seines Versprechens beginnt er (wie derselbe Brief berichtet) in Varese.[1] Ein mit dem Datum 28 VIII ⟨1897⟩ versehenes Notizblatt, das unter dem Titel Kinderfestspiel *ein bereits geordnetes Personenverzeichnis (Numerierung der Personen, die offenbar auf die beabsichtigte Reihenfolge der Auftritte hinweist) mit Stichworten zu den Auftretenden und Angaben zum Bühnenbild enthält (N 1), dürfte den Anfang gemacht haben. Es folgen kurze Prosanotizen und erste Versentwürfe, meist auf solchen Blättern, die Vorstufen für* Das Kleine Welttheater, Die junge Frau *(d.i.* Die Hochzeit der Sobeide*) und weitere in diesen Tagen entstandene Konzepte enthalten.*

Ist in den ersten Notizen noch offengelassen, ob das Kind *als »er« oder »sie« anzusprechen sei, so wird nach der Geburt der Tochter Mirjam am 4. September, von der Hofmannsthal bereits am 5. September durch ein Telegramm erfährt[2], der Inhalt deutlich auf ein Mädchen abgestellt. Von Anfang an ist auch die geistige Welt des Freundes, die religiöse Tradition, der Kreis seiner dichterischen Gestalten (z.B. die Frau aus* Götterliebling*; das jüdische Element in der Bühnendekoration) miteinbezogen.*

---

[1] *Die Überschrift der Reinschrift 5 H präzisiert:* begonnen zu Varese, den 5ten September 1897., *wobei Hofmannsthal nachweislich früher entstandene* Notizen *unberücksichtigt läßt.*

[2] *Vgl. Hofmannsthals Brief vom gleichen Tag (BW 69).*

Über dem Vollenden anderer Stücke scheint in der folgenden Zeit die Arbeit am Kinderfestspiel ins Stocken gekommen; zudem wirkt die Abreise von Varese als Unterbrechung.¹ Doch entstehen nach der Rückkehr von Italien in Wien und der Brühl weitere Notizen und auch die größeren, in sich geschlossenen Verspartien Ariadne (3 H) und Der Jüngling vom Sonnentempel (2 H), zum Teil auf Blättern, die später für Der Kaiser und die Hexe wiederverwendet werden.² Die für den Schluß des Festspiels vorgesehenen, mit der jüngere Dichter: und der Vater des Kindes: überschriebenen Verse (4 H) nehmen, z. T. im Wortlaut, Äußerungen eines Briefes auf, den Beer-Hofmann am 25. September 1897 aus Wien an Hofmannsthal sandte.³ Wenig später schickt dieser dem Freund als zwei sehr kleine Geschenke für das Kind ein Wickelband und den Anfang des jetzt mit Das Kind und die Gäste / Ein Festspiel ... überschriebenen Stücks⁴, d.h. die Reinschrift des Bühnenbildes, des Ariadnemonologs und der Überleitung zum Auftritt des Verführers (5 H; S. 281–284). Die Sendung wird von dem oben erwähnten resümierenden Brief (aus Hinterbrühl) begleitet. Sie ist wohl als Zeichen dafür anzusehen, daß der Dichter den Versuch, das Stück zu vollenden, aufgegeben hatte.

Endgültig wird der Verzicht mit der schon bald erfolgten gesonderten Veröffentlichung zweier Verspartien des Stücks, die unter neuen Überschriften am 5. April 1898 in der Osterbeilage der ›Wiener Allgemeinen Zeitung‹ erscheinen (Der Jüngling vom Sonnentempel, jetzt Verse auf ein kleines Kind, 1907 unter die Gedichte aufgenommen, und das Versgespräch zwischen Dichter und Vater als Gespräch zwischen dem Jüngeren und dem Älteren erst 1918 in Rodauner Nachträge wieder gedruckt, 1922 unter die Gedichte aufgenommen).

ÜBERLIEFERUNG

Die Reihenfolge der Überlieferungsträger entspricht im folgenden ihrer, vorwiegend relativen, chronologischen Einstufung. Ihre Anordnung innerhalb des Abschnitts ›Varianten‹ folgt dagegen – unter Wahrung der Siglen – dem in N 1 erstellten Szenarium.

    N 1   H III 146.2ᵃ – *Doppelblatt, vierseitig beschrieben; datiert* Varese 28 VIII ⟨1897⟩. *Enthält eine Personenliste zum* Kinderfestspiel *mit Stichworten für die geplanten Monologe, Notizen zum Bühnenbild und Stückbeginn.* 146.2ᵇ: *N 2*; 146.2ᶜ: *N 3*; 146.2ᵈ: Gartenspiel *N 11*.

---

¹ *Vgl. auch den Brief an die Mutter vom 8. September 1897 (B I 232), in dem Hofmannsthal die Absicht äußert, sich für eine Weile Schreibkarenz aufzuerlegen.*
² *›Überlieferung‹, N 12, N 13 und* Der Kaiser und die Hexe *1 H¹ (S. 684, 4).*
³ *S. ›Zeugnisse‹, S. 811f.*
⁴ *Dieser Titel ist als der endgültige anzusehen; er erscheint außerdem noch in N 7; bereits dort wird deutlich, daß* Kinderfestspiel *lediglich ein Arbeits- (bzw. Unter-)titel ist.*

N 2   H III 146.2^b – *Beschreibung des Blattes s.* N 1. Motiv für die Nymphe *und Prosanotiz zum* Verführer.

N 3   H III 146.2^c – *Beschreibung des Blattes s.* N 1. *Verse aus* ›Faust‹, *offenbar als Vorbild für das Geleit der* Ariadne.

N 4   H VB 8.8^c – *Kleines Doppelblatt (Korrespondenzpapier), vierseitig beschrieben. Aufzeichnung zum* Jüngling von Heliopolis. *Darauf folgt auf derselben Seite* Das Kleine Welttheater N 14. *Die undatierten Notizen sind demnach vor dem 4. September 1897 (Abschluß des Kleinen Welttheaters) entstanden.* 8.8^{a,b,d}: *Notizen für die Idylle* das Kind mit der Maske.

N 5   H VB 10.114^a – *Doppelblatt, vierseitig beschrieben. Notizen zu* Ariadne, *zu der Erzählung* Der goldene Apfel *(ungesichert): der* Mohr einen silbernen Schuppenpanzer über den Rippen *(vgl. SW Bd. XXIX, S. 101, 28, aber auch den* Verführer, *u. S. 805, 14), Buchvermerk:* vies des Troubadours *(s.* ›Erläuterungen‹, *S. 814, 27); auf derselben Seite* Reflexionen über Ton – Klang *und* Shakespeares sogenannte⟨n⟩ Naturalismus. 10.114^b: N 6; 10.114^c: 1 H; 10.114^d: *Das Kleine Welttheater* N 15.

N 6   H VB 10.114^b – *Beschreibung des Blattes s.* N 5. *Prosafassung des* Ariadne-*Monologs. Am Rand Hinweis auf* Witwe von Ephesus *(s. Die treulose Witwe,* ›Entstehung‹, *S. 820, 15 ff.; vgl. auch* N 8*).*

1 H   H VB 10.114^c – *Beschreibung des Blattes s.* N 5. Monolog *der* Frau aus Götterliebling *(Versfassung).*

N 7   H VB 10.7^b – *Doppelblatt, dreiseitig beschrieben. Notizen zu* Kinderfestspiel: der Cardinal; *auf derselben Seite Notizen zu Kunstwerken (*Ausdruck geistiger Leidenschaft in der Renaissance*), eine Leseliste, Reflexionen (Bezüge zu* Das Kleine Welttheater, *s. dort Erläuterung zu S. 148, 23). 10.7^a: Aufzeichnungen* der Dichter und seine Stoffe *und* Weltanschauung des Ariost, Leseliste. *10.7^c:* N 8.

N 8   H VB 10.7^c – *Beschreibung des Blattes s.* N 7. *Notiz zu* das Kind mit dem Delphin *und* das Kind mit der Unke; *auf derselben Seite Personenverzeichnis und Motive für ein mögl⟨iches⟩ Lustspiel (s. Die treulose Witwe,* ›Entstehung‹, *S. 820, 15 ff.), Notizen zu einem Stück (Idylle?)* Kinder in einem Garten, *eine Leseliste und eine Reflexion über* Worte und Welt *(Bezug zu* Das Kleine Welttheater, *s. dort Erläuterung zu S. 146, 3–6).*

N 9   H VB 8.43 – *Notizen:* Matteo de' Pasti *und* über Dir wachen ...; *auf derselben Seite Notizen zur* Hochzeit der Sobeide.

N 10   H III 76 – *Notiz zu* der Verführer. *Auf derselben Seite Notiz* Für einen Einacter   Combination von Characteren *(zwei Freundinnen).*

N 11   H III 182.4 – *Notiz zu* der Jüngling Versucher:; *auf derselben Seite Notiz für die* junge Frau letzte Scene *(=* Die Hochzeit der Sobeide*; s. auch* N 12*).*

N 12   E III 145.49^b; *jetzt* FDH-II 19930 – *Beidseitig beschrieben. Notiz der* Jüngling-Verführer er singt; *auf derselben Seite Personenliste für eine* Comödie der Reisende ..., *Notizen für die* junge Frau letzte Scene

	(= Die Hochzeit der Sobeide, s. N 11)¹ *und eine Leseliste mit dem Vermerk* mitnehmen *(für den Aufenthalt in Hinterbrühl, September/ Oktober 1897, gedacht? S. auch S. 678). 145.49ᵃ:* Der Kaiser und die Hexe *1 H¹, pag. 47.*
N 13	*E III 145.28ᵇ; jetzt FDH–II 19930 – Beidseitig beschrieben. Notiz zur* Nymphe. *145.28ᵃ:* Der Kaiser und die Hexe *1 H¹, pag. 26.*
N 14	*H III 146.1ᵃ – Doppelblatt, nur zwei Seiten beschrieben. Notiz zu* Colombine *(nicht vor dem 5. September 1897 entstanden, s. ›Entstehung‹). 146.1ᵈ:* Das Kleine Welttheater *N 13.*
N 15	*H III 283.4 – Zwei Verse der* Colombine *(variiert).*
N 16	*H VB 17.30 – Notiz zum Schluß des Stücks (Zugehörigkeit nicht gesichert); auf derselben Seite Notiz zu einem Vers-(?)Gespräch:* »hast Du diese Sachen nicht viel lieber / als mich« *(Umkreis des* Gartenspiels?*).*
2 H	*E II 74; jetzt FDH–II 19983 – Vollständiger Versentwurf zu* Der Jüngling vom Sonnentempel.
3 H	*H III 146.3ᵃ⁻ᵈ, E III 32.1, 2 – Ein vierseitig beschriebenes Doppelblatt und zwei Einzelblätter. 146.3ᵃ⁻ᵈ (146.3ᵃ pag. 1.): Entwurf zum Anfang des Stücks (Bühnenbild, Hereintragen der Wiege,* Ariadne*, Auftritt des Verführers). Der Duktus läßt auf eine sehr rasche Niederschrift schließen. Auf der letzten Seite (146.3ᵈ) verweist ein Zeichen (α) auf das Folgeblatt E III. 32.1 (pag. α), das die ersten 24 Verse des Ariadne-Monologs (S. 283, 9–32) enthält. Am Rand ist nachträglich die Jahreszahl 1897 (aus 1893) notiert. E III 32.2 (pag. β): Fortsetzung und Abschluß des Ariadne-Monologs, Überleitung zum Auftreten des Verführers. Vgl. 5 H.*
N 17	*H III 146.5ᵇ – Beidseitig beschrieben. Prosanotiz* Das Kind spricht..., *wohl für den Schluß des Stücks vorgesehen, dann in 4 H (der jüngere Dichter) eingegangen und als erledigt durchgestrichen. 146.5ᵃ: pag. 2 von 4 H.*
4 H	*H III 146.4, 5ᵃ, E III 32.3 – Vollständiger Entwurf des Versgesprächs* der jüngere Dichter – der Vater des Kindes² *auf drei paginierten Blättern. Die Verse des Vaters z.T. wörtliche Übernahme von Passagen aus R. Beer-Hofmanns Brief an Hofmannsthal vom 25. September 1897 (s. ›Zeugnisse‹, S. 811, 28). H III 146.4:* der jüngere Dichter, *Verse 1–20. Am oberen Rand mit Blei nachgetragen:* Ende 1. *(d.h.: von Blatt 1 der für den Schluß des Stücks geplanten Partie). H III 146.5ᵃ: Verse 21–33 des jüngeren Dichters, dann* der Vater des Kindes, *Verse 1–9. Am oberen Rand nachgetragen:* Ende 2.: *146.5ᵇ: N 17. E III 32.3: Verse 10–18 des* Vaters des Kindes. *Am oberen Rand nachgetragen:* Ende 3.

---

¹ *Die letzte Szene der* Sobeide *wurde nicht mehr in Varese ausgeführt. Auf einem Konvolutdeckel, H III 82.1, ist vermerkt:* Trauerspiel. Nacht in Sevilla   Junge Frau: letzte Scene; *auf einem der darin eingelegten Blätter, H III 182.3, wird* junge Frau letzte Scene *nochmals als Überschrift wiederholt, ohne daß darunter Notizen folgen.*

² *der Vater des Kindes in den Drucken (s. ›Entstehung‹, S. 799, 22) geändert in:* Der ältere Dichter.

5 H   FDH-II 17663 – Reinschrift der Anfangspartie des Stücks (S. 281–84; vgl. 3 H). Drei Doppelblätter, als Blatteinheiten paginiert (1tes Blatt usw.), deren Seiten jeweils nur einseitig beschrieben. Auf der letzten, freien, Seite Vermerk (von Beer-Hofmanns Hand?): »Okt. od. Nov. 1897. 9.b« (Datierung ungenau, s. ›Entstehung‹).

VARIANTEN

SZENARIUM

N 1
Varese 28 VIII ⟨1897⟩
                              Kinderfestspiel
Fischer und Edelmann bringen das Kind in der schweren hölzernen Wiege getragen

1. Ariadne von 4 Bacchanten getragen sei verwandlungsfähig habe stilisierte Ahnen
 mein Leben fliesst jetzt göttlich zwischen den Sternen fort
2. der Verführer an der Säule: schenkt ihr ⎫ Verführung
                                    ihm ⎭
3. die Frau aus dem Götterliebling geboren unter Wundern lerne mit allen vertraut zu sein, Du zu sagen jenem Ungeheuersten
4. Arlecchino sei practisch
5. Colombine komm nach Italien
6. ein Jüngling von Heliopolis Dienst der Sonne, Orient-liebe, lerne schaudern
7. eine Gestalt (Nymphe) vom Donnerbrunnen häng Dein Herz an alles und nichts
8. der Cardinal und seine Freundin Sohn, noch wenn Du alt sein wirst, sei Dein Leben so

ein Renaissancepalast dem auf sonderbare Weise etwas jüdisches beigemengt ist, siebenarmiger Leuchter, ein alter jüdischer Diener wie ihn Rembrandt gemalt haben könnte zieht den Vorhang zurück durch den sie das Kind bringen.

802, 21 Arlecchino *aus* eine Par⟨ze⟩

ÜBERLIEFERUNG · VARIANTEN

Bühnenanweisung

N 9

Matteo de' Pasti

N 5

vies des Troubadours

3 H

281, 6 Palastes. *davor gestrichen:* Barock

282, 4 pelzverbrämter jüdischer Mütze, *aus* pelzverbrämtem kegelförmigem Hut

282, 17 hinabsteigt.] hinabsteigt, so dass zuerst seine gelben mit Spitzen besetzten Halbstiefel verschwinden, dann das dunkelgrüne spanische Kleid bis zur Hüfte, dann die Schultern, zuletzt der Kopf. *Z. 10–12 so dass . . . Kopf. gestrichen*

282, 32 Cabestaing:] Cabestaing in einem Turnieranzug[1]

282, 35: *davor gestrichen:* Ein leises silberhelles Klingen begleitet das Schaukeln der Wiege.

283, 6 getreten. *danach:* Die Bacchanten stehn abseits Diener hält das Pantherfell *bricht ab*

N 3

Faust 158
    und wie in den ältesten Tagen
    in still bewusstem Behagen
    bewahren wir Cypriens Wagen
    und führen beim Säuseln der Nächte
    durch liebliches Wellengeflechte
    Unsichtbar dem neuen Geschlechte
    die lieblichste Tochter heran

---

[1] *Die Syntax ist an dieser, mehrfach variierten, Stelle in 3 H noch nicht hergestellt.*

Ariadne

N 5

Versmass für die Ariadne: 4zeilige Strophen
> der Ahorn mild von süssem Safte trächtig
> steigt rein empor und spielt mit seiner Last

die Griechen als Ahnen
wie sie erkannt das Schicksal, hinterliessen sie in Bildern: dass die Göttin
die den einen Kern vom Apfel ass der schattenhaften Welt verfällt

Ariadne etwas wundervoll leichtes blühendes: voila des fleurs des branches
et des fruits
804, 6 am Rand: Electra Bacchen

N 6¹

Ariadne gerne brächte Dir Blüthenzweige Früchte, Du aber ungleich
allen Göttern (ausser einem) allen Menschen nimmst Du kein Geschenk
als dieses Schaukeln.
ich habe viel von dem in der Jugend gehabt, was die Verwandtschaft alles
Lebendigen, das Ungeheuere des Lebens erkennen lehrt. davon habe soviel
als der Granatkern der Göttin, damit Du muthig wirst, auch im äussersten
heiter, alles billige verachtend. aber: n' appuie pas! denk wie ich auf der
Schneide mich an meinen Schmerz zu verlieren, alles zu hassen in belade-
nem Sinne die Marmorbrüche von Naxos nicht nur, auch die Ölbäume
mit den nahe nistenden Vögeln, ja die Weinreben als Last zu empfinden,
nun vergeht mir das Leben in durchsichtiger sternengeschmückter Laube
auf meinem Altar opfern alle die einen neuen Weg einschlagen
> blühen die Lauben
> wo sich fürs Leben
> Liebende geben

3 H

283, 32: *danach getilgt:*
> lächle ich da fallen Funken
> vor die Sohlen meiner Füße
> leicht wie Flocken übern Himmel

---

¹ *Am Rand:* Witwe von Ephesus anklingend, auch getröstet

VARIANTEN

283, 36: danach getilgt:
        Aber wundervolle Freude
        rührt mich an, erblick ich einen
        der in Schmerzen lang verwühlt
        endlich mit befreiter Seele
        seinem neuen Weg sich hingiebt.
        Und mit gleichem Lächeln seh ich

284, 6f.: aus   Eine Ranke der bestimmt ist
              nicht den Ulm

Der Verführer

N 2

der Verführer ein schöner Jüngling mit dem Mund einer Schlange, alle seine Geberden den Bewegungen eines aufgerichtet⟨en⟩ Schlangenleibes verwandt; in metallischem Grün weniger gekleidet als schmiegsam gepanzert.

N 10

der Verführer braunrothes Haar um die blasse Stirn wie einen lockeren Flaum Wolke röthlichen Purpurs Lippe⟨n⟩ einer Schlange
wie eine von einem Baum halb losgeringelte Schlange neigt er sich mit dem Oberleib der Wiege ent⟨gegen⟩ die untere Hälfte des Körpers bleibt drehend in einer Falte des Vorhangs.
Er spricht: flüstert Sein wie die andern sind
ganze Notiz gestrichen

N 11

der Jüngling Versucher: er singt: von Lippen schön wie Muscheln kommen die Worte die in unbegreiflicher Weise rühren
»rings mit verwildernden Lauben«

N 12

der Jüngling-Verführer er singt
Traum ist alles, versuche alle Wege betritt die verwildernden Lauben
von Lippen schön wie Muscheln kommen die Worte die ⟨in⟩ unbegreiflicher Weise rühren:
»rings mit verwildernden Lauben«
ganze Notiz gestrichen

3 H

284, 11 Jüngling, *danach:* in manchem frauenhaft ⟨mit⟩ dem Mund einer Schlange.¹

Die Frau aus dem ›Götterliebling‹

1 H

Kinderfestspiel
die Frau aus Götterliebling vielleicht diese 4zeil⟨igen⟩ Strophen
zuweilen sei auch so wie ich zusehr war
ganz ausgelöscht nur einen niedergebogenen Blüthenzweig zu fühlen

    zuweilen habe diese weichen Stunden
    von ihnen hatte ich nur allzuviele
    wo der beladne Sinn sich einem Spiele
    Ergiebt als wär die Seele hingeschwunden
    Als wär der Schlüssel hier des Alls gefunden
    zuweilen lass Dir einen Ast voll Blüthen
    in die verträumten Augen ganz versinken
    und gieb Dich völlig hin dem schweren Blinken
    gefangen gieb Dich nur der angeglühten
    traumhaften Wolke deren Ränder blinken
    Gieb Dich dem Schlummer lass die Luft Dich baden
    nach schöne⟨n⟩ Dinge⟨n⟩ Flüsse⟨n⟩ ohne Ende
    Dir Leben durch die Wimpern durch die Hände
    sonst bist ⟨Du⟩ mit Dir selbst zu schwer beladen
    sei immerhin in schattenhaften Stunden
    der Sclave Deiner schönsten Marmorherme
    entziehe Dich dem Markt und seinem Lärme

Z. 14: Vielleicht Alternative zu V. 4, an Ergiebt *anschließend.*
Z. 20 dem Schlummer *aus* dem Wasser
Z. 21 schöne⟨n⟩ Dinge⟨n⟩ *aus* Höhn und Tiefen
Z. 24 schattenhaften *aus* eingegrenzten
Z. 23–26: daneben am Rand: und wieder ganz von einem Vers geb⟨unden⟩
(vor Z. 24 oder 26 einzuordnen?)
Die gesamte Verspartie ist getilgt und teilweise unleserlich gemacht.

¹ *Ende von 3 H.*

VARIANTEN

Colombine

N 14

Kinderfestspiel:
Colombine: werde Schauspielerin, ich werde Dir das grosse Bett zeigen
in dem man liegend die Erinnerung seines letzten Tages vergisst, aber eine
grosse musst Du werden.

N 15

    Colombine:

    und berührt sich das Gemeine
    es berührt sich nur zum Scheine
807, 9f.: *aus* und ergreif ich das gemeine
    greif ichs immer nur zum Scheine

Der Jüngling vom Sonnentempel

N 4

der Jüngling von Heliopolis
    ein Priesterzögling in Heliopolis, ein Diener der Sonne
    seine Stimme ist hell wie der Klang phrygischer Flöten
807, 17 der Klang phrygischer *aus* lydische

N 8

das Kind mit dem Delphin aus Gesta romanorum
das Kind mit der Unke aus wildblühend-uralter Überlieferung.

2 H

    Der Jüngling vom Sonnentempel

    Dir wachsen die rosigen Füsse
    die Sonnenländer zu suchen
    die Sonnenländer sind offen
    in schweigenden Wipfeln blieb dort
    die Luft der Jahrtausende hangen
    die unerschöpflichen Meere
    sind immer noch immer noch da

Am Rande des ewigen Waldes
willst Du aus der hölzernen Schale
Deine Milch mit der Unke dann theilen
Das wird eine fröhliche Mahlzeit
fast fallen die Sterne hinein.
Am Rande des ewigen Meeres
schnell findest Du einen Gespielen
den freundlichen guten Delphin
er springt Dir ans Trockne entgegen
und bleibt er auch einmal aus
so trocknen die ewigen Winde
Mit Anblick von Muscheln und Segeln
Dir bald die aufquellenden Thränen.
es sind in den Sonnenländern
die alten erhabenen Zeiten
für immer und immer noch da
Die Sonne mit heimlicher Kraft
sie formt Dir die rosigen Füsse
ihr ewiges Land zu betreten.
807, 23 vom Sonnentempel *Nachtrag mit Bleistift*

Die Nymphe

N 2

Kinderfestspiel

Motiv für die Nymphe
ich habe noch unbesonnenere Schwestern
      Sind Götter! wundersam eigen
      die sich immerfort selbst erzeugen,
      und niemals wissen was sie sind.

Rhythmus   dass es nächtig verbleibe
                  uns der Tag nicht vertreibe

N 13

Nymphe: wenn Du mich verräthst, verrathe ich mich selbst indem ich mein edleres Selbst preisgebe
808, 32f.: *gestrichen*

Der Kardinal und seine Freundin

N 7

Kinderfestspiel:[1] der Cardinal äussert diese Renaissance-gesinnung: es giebt keine festen Verhältnisse, weder für junge noch für alte man ist überall und nirgends zu Haus

Pagen tragen ihm Schwert und Stulphandschuh⟨e⟩ ihr Früchte und eine Laute nach

809, 6f. Pagen ... nach in anderem Duktus, Bezug nicht sicher

Zum Schluß des Stückes[2]

N 9

Kinderfestspiel

über Dir wachen mehr Augen als über anderen Kindern

N 16

alle gehen vorbei.

Du aber liegst,
Du liebst die Liebe, was kann Dich bewegen

N 17

Kinderfestspiel.

Das Kind richtet sich plötzlich auf und spricht wie ein Erwachsener, die Augen fest ins Leere geheftet:
Mein Vater hat eine Insel, deren Geister ihm alle dienen, er vermählt mich eines Tages mit irgend jemand, den er völlig durchschaut; alles dies ist einer Art mit den Geistern die er auftreten und wieder verblassen läßt; ohne seinen Mantel aber wieder ist er ein Mensch, altert auch.

»es lehren: hab das Leben lieb aber nicht zu lieb«

ganze Notiz als erledigt gestrichen

---

[1] *Darunter:* (das Kind u die Gäste.
[2] *Die folgenden Notizen und 4 H überschreiten die in N 1 abgesteckte Szenenfolge; ihre Anordnung ist daher hypothetisch.*

4 H

Kinderfestspiel.¹

d⟨er⟩ jüngere Dichter:
    Ihr gleicht nun völlig dem vertriebnen Herzog
    der zaubern kann und eine Tochter hat
    dem im Theaterstück dem Prospero.
    Denn ihr seid stark genug in dieser Stadt
    mit Eurem Kind so frei dahinzuleben
    als wäret ihr auf einer wüsten Insel.
    Ihr habt den Zaubermantel und die Bücher
    mit Geistern zur Bedienung und zur Lust
    Euch und die Tochter zu umgeben, nicht?
    Sie kommen wenn ihr winkt und sie verblassen
    wenn ihr die Stirne runzelt. Dieses Kind
    lernt früh was wir erst spät begreifen lernten
    dass alles Lebende aus solchem Stoff
    wie Träume und ganz ähnlich auch zergeht.
    Sie wächst so auf und fürchtet sich vor nichts
    mit Thieren und mit Todten redet sie
    zutraulich wie mit ihresgleichen, blüht
    schamhafter als die festverschlossne Knospe
    weil sie auch in der leeren Luft so etwas
    wie Augen stets auf sich gerichtet fühlt
    Allmählich wird sie größer und ihr lehrt sie
    »Hab Du das Leben lieb, doch nicht zu lieb
    und nur um seiner selbst doch immerfort
    nur um des Guten willen das darin ist«
    In all dem ist für sie kein Widerspruch
    denn so wie bunte Muscheln oder Vögel
    hat sie die Tugend lieb. Bis eines Tages
    ihr sie vermählt mit einem den ihr völlig
    durchschaut, den ihr zuvor geprüft auf solche Art
    die kein unedler Mensch erträgt als wär er
    schiffbrüchig ausgeworfen auf der Insel
    die ihr beherrscht und ganz an Euch gefallen
    wie Strandgut...

¹ *Das folgende Versgespräch könnte als Epilog gedacht gewesen sein (vgl. N 17).*

VARIANTEN · ZEUGNISSE   811

Der Vater des Kindes:
    Nun meine ich ist mir ein Maß geschenkt
    ein unveränderlich und sicheres
    das mich für immer und untrüglich abhält
5   ein leeres Ding für voll zu nehmen, mich
    für Schales zu vergeuden, fremdem Fühlen
    und angelerntem Denken irgend Platz
    in einer meiner Ader⟨n⟩ zu gestatten.
    Nun kann zwar Krankheit Elend oder Tod
10   mich noch bedrohen aber Lüge kaum:
    dazu ist dies mein neues Amt zu voll
    einfacher Hoheit. Und hieran gemessen
    vergeht erlogne Wichtigkeit zu nichts.
    Ins Schloß gefallen sind die letzten Thüren
15   durch die ich hätte eine schlimme Fahrt
    antreten können. Durch und durch verstört,
    im Kern beschmutzt und völlig irr an Güte
    werd ich nun nicht mehr. Denn mich hat ein Glanz
    vom wahren Sinn des Lebens angeglüht.

20 *810, 14* begreifen *aus* und schmerzlich
810, 21 f. so etwas / wie Augen *aus* die Augen / des Lebens
810, 29 hat ... lieb. *aus* so liebt sie Tugend Hoheit
811, 6: danach gestrichen: den Weg durch meine Adern zu gestatten
811, 15 schlimme *aus* falsche

ZEUGNISSE · ERLÄUTERUNGEN

ZEUGNISSE

1897

25. September 1897, Richard Beer-Hofmann an Hofmannsthal
Im übrigen denke ich es wird wol schon Alles so gut sein – wie es jetzt geworden ist;
und ich fühle keine feindliche Regung gegen die Lage der Dinge. Ich glaube manchmal,
daß jetzt die letzten Türen ins Schloß gefallen sind, durch die Unreines und Häßliches
in mein Leben hätte dringen können. Und ich glaube daß jetzt schwer Lügenhaftes und
Erkünsteltes Macht über mich gewinnen könnte. Bei allem Bisherigen konnte noch
manchmal ein Mißtrauen aufkommen: Was ist wahres Empfinden, und wieviel Selbst-
belügen und wieviel Stimmung und wieviel Einfluß von fremden Worten und Gedan-
ken Anderer? Jetzt aber scheint es mir als hätte ich ein unveränderliches und sicheres

Maß geschenkt bekommen das mich abhält Leeres und Gleichgiltiges für voll und wichtig zu nehmen. Denn es gibt Nichts was so einfach, klar und unverrückbar wäre wie das Verhältnis von Vater zu Kind. Denn das ist nicht irgend eine Beziehung des Lebens, es ist ja das Leben selbst; im »von Anderen stammen und Andere zeugen« lebt ja das Leben. So glaube ich kann zwar Vieles über mich kommen, Krankheit und Unglück und Not, – aber nichts was mich so verstören und beschmutzen könnte daß es mir tiefen Ekel vor mir selbst und dem Leben geben könnte. (BW 70f.)

⟨ *Ende September/Anfang Oktober 1897* ⟩, *an Richard Beer-Hofmann*[1]
ich danke Ihnen herzlich für Ihren Brief. Ich bleibe noch eine Woche in der Brühl weil es so merkwürdig schön ist. Hier schicke ich Ihnen zwei sehr kleine Geschenke für Ihr Kind: ein Wickelband und den Anfang des in Salzburg versprochenen und in Varese begonnenen Festspiels. (BW 71)

ERLÄUTERUNGEN

282, 1f. jene Abigail, die von ihrem Bruder erschlagen wurde *Abigail 1) die Frau des Nabal, nach dessen Tod Davids Frau (1. Sam. 25) und 2) die Stiefschwester Davids (1. Chron. 2, 16). Von einem Tod, wie ihn Hofmannsthal andeutet, ist im AT nichts erwähnt.*

282, 21 Matteo dei Pasti ... Triumph der Liebe, nach Petrarca *Matteo di Andrea de' Pasti (della Bastia), Veroneser Medailleur, Architekt, Bildhauer und Miniator (um 1420 bis nach 1467). Matteo de' Pasti war zunächst in Venedig für Piero de' Medici (1441) und für Lionello d'Este (1444/46) als Miniator tätig; ab 1446 am Hof Sigismondo Malatestas in Rimini. Tafeln mit den vier Trionfi nach Petrarca in den Uffizien, ein Trionfo dell'Amore in Paris (Slg. Cernuschi). Vgl. auch den Aufsatz* Gabriele d'Annunzio (I) *(1893), P I 156f. (die mythischen Liebespaare im Triumphzug der Isaotta).*

282, 28 und 32 Troubadour Rudel und die Gräfin von Tripolis ... Guillem de Cabestaing. *Die Viten der großen Troubadours Jaufre Rudel (vor 1147) und Guilhelm de Cabestanh (um 1190–1212) sind jetzt leicht einzusehen bei Erhard Lommatzsch, Leben und Lieder der provenzalischen Troubadours, 2 Bde., Berlin (2. Aufl.) 1972; dort in Bd. 1, S. 6 und 42. S. auch S. 814, 27 (Erläuterung zu N 5).*

---

[1] *Die im BW erschlossene Datierung »Oktober oder November« beruht auf Beer-Hofmanns ungenauem Vermerk in 4 H (s.* ›Überlieferung‹*) und ist zu korrigieren.*

ZEIGNISSE · ERLÄUTERUNGEN

283, 1 Wie ein heller Windstoß *Vgl.* Die Frau im Fenster, *S. 107, 13. Zur Erklärung des Attributs »hell« s. Die malerische Arbeit unseres Jahrhunderts (1893): Wie ein frischer Stoß vom Morgenwind, der, den Nebel verdrängend, ein ganzes Tal mit kühler Helligkeit erfüllt ... (P I 145f.).*

283, 2 Ariadne *Tochter des Minos, Königs von Kreta. Von Theseus, der sie aus dem Labyrinth befreite, bei der Überfahrt nach Athen auf der Insel Naxos (berühmt für ihre* Marmorbrüche, *vgl. S. 804, 21) verlassen.* Dionysos *(der Gott) findet die verlassene Ariadne und vermählt sich mit ihr. Nach ihrem Tod führt er sie in den Olymp empor (S. 283, 17:* nun er mich hinaufgehoben*); der Kranz, den Hephaist ihr zur Vermählung mit Dionysos geschenkt hatte, wird als Sternbild (Corona borealis) an den Himmel versetzt (vgl. S. 284, 6f. wo die | Sterne traum- und schmerzlos blühen.). Die Gestalt der Ariadne dürfte wie die übrigen für das Festspiel vorgesehenen Bezug zu Beer-Hofmann haben; 1898 entsteht sein Prolog-Entwurf zu einer ›Ariadne auf Naxos‹ und ›Ariadne auf Kreta‹ (zuerst veröffentlicht in Corona, 1. Jg., 4. Heft, 1931, S. 415-17: jetzt in: R. B.-H., Gesammelte Werke, Frankfurt a. M. 1963, S. 657-59). Vielleicht wurde über diesen Plan schon 1897 oder früher gesprochen. S. auch B.-H.s Brief an Hofmannsthal vom 5. August 1898 (BW 81), der Bekanntschaft mit dem Plan voraussetzt.*

802, 17 der Verführer ... Arlecchino ... Colombine *Figuren aus dem Szenarium R. Beer-Hofmanns zu einer Pantomime ›Pierrot hypnotiseur‹ in vier Akten. Vgl. BW (Erläuterung zu S. 17) 205: »Im März 1893 übersetzten H. v. H. und R. B. H. (innerhalb von drei Tagen) dessen Pantomime ›Pierrot hypnotiseur‹ in der Absicht, sie dem französischen Komponisten Adolphe Isaac David (1842-1897) vorzulegen...«. Dazu Hofmannsthals Brief vom 30. Juni 1893:* Sie wissen..., daß ich Ihre blöde Pantomime Ihnen zulieb in scheußliches Französisch übersetzt habe... *(ebd. S. 17; der Text der nach Hofmannsthals Diktat von B.-H. niedergeschriebenen französischen Fassung ist ebd. S. 185f. abgedruckt). Neben den genannten Gestalten aus der Welt der Commedia dell'arte (Pantalon ist ebenfalls erwähnt) tritt auch der, anonyme, Dämon auf: »Un démon compagnon de Pierrot, – espèce de serpent de la genèse...«. Vgl. auch* Der Tor und der Tod / Prolog, *V. 17-23 (S. 241).*

802, 19 die Frau aus dem Götterliebling[1] *Die sterbende Frau in Beer-Hofmanns 1893 begonnener, ursprünglich ›Götterliebling‹ überschriebener Erzählung, die 1899 unter dem Titel ›Der Tod Georgs‹ im S. Fischer Verlag Berlin erschien (Teildrucke zuvor in ›Pan‹ IV, 2, 1898 und in ›Die Zeit‹, Nr. 266-269, 1899; jetzt in ›Gesammelte Werke‹, Frankfurt a. M. 1963, S. 523-624, s. bes. S. 551ff.; 563f.: »So wäre sie neben ihm gewesen; mit hellen Augen, in denen nur der Tag und die*

---

[1] *S. auch* 1 H *(S. 806).*

Stunde waren, und die das Wissen zu vieler gewesener Dinge nicht dunkeln mach-te.«).

Hofmannsthal nimmt an dem Entstehen der Arbeit seit 1893 Anteil; auch in Briefen unmittelbar vor Beginn der Kinderfestspiel-*Entwürfe erwähnt er die Erzählung (19. und 30. 6. 1897 ⟨BW 65 f.⟩). Am 11. Sept. 1898 rät er, den Abschnitt* Tempel *an Kessler, der Mitherausgeber des* ›Pan‹ *war, zu schicken.*

802, 23 ein Jüngling von Heliopolis *S. Erläuterung zu S. 807, 16.*

802, 25 Nymphe vom Donnerbrunnen *Der Brunnen auf dem Neuen Markt (früher: Mehlmarkt) in Wien, von Georg Raphael Donner (1693–1741) geschaffen, 1739 vollendet, zeigt die folgenden Figuren: Aus dem Wasserbecken, zu dem zwei Stufen führen, erhebt sich, auf einem Säulenstumpf sitzend, die Figur der Providentia. Den Sockel der Statue umgeben vier Putten, am Rand des Bassins sind die Figuren der Flußgötter Enns, March, Traun und Ybbs mit Attributen dargestellt.*

802, 27 der Cardinal und seine Freundin *Mit diesen Figuren spielt Hofmannsthal offensichtlich auf den ihm 1894 von Beer-Hofmann erzählten Novellenstoff (s. die* ›Entstehung‹ *zu* Die treulose Witwe, *S. 820, 5 f.) Die Freundin des Cardinals, von Giovanni Fiorentino an. Die Geschichte von der abenteuerlichen Liebe zwischen Petruccia, der Tochter des Vannicello aus Viterbo, und einem im Gefolge Papst Urbans V. reisenden Kardinal, steht im* ›Pecorone‹ *(Giornata III, 1); s. Ser Giovanni, Il Pecorone (ed. Enzo Esposito), Ravenna o. J., S. 63–77, bes. S. 71 ff.*

802, 30 f. jüdischer Diener wie ihn Rembrandt gemalt haben könnte *Der Hofmannsthal vorschwebende Typus (s. S. 282, 3 ff.) begegnet bei Rembrandt häufig, s. z. B.* ›Der Alte mit der roten Mütze‹ *(Berlin),* ›Der Jude mit der hohen Mütze‹ *(Radierung, 1639) oder das Münchner* ›Bildnis eines Greises mit goldener Kette‹ *(um 1632).*

803, 3 Matteo de' Pasti *S. die Erläuterung zu S. 282, 21.*

803, 5 vies des Troubadours *Die Notiz ist wohl als Vormerkung, für das Detail des Troubadour-Gefolges im S. 282, 20–34 geschilderten Trionfo-Gemälde Biographien der Troubadours nachzulesen, zu verstehen. Ob dabei an ein bestimmtes Werk dieses Titels gedacht war, ist kaum zu entscheiden. In Frage kämen z. B.: Fr. Diez, Leben und Werke der Troubadours, 2. Aufl. Leipzig 1882; C. Chabaneau, Les Biographies des Troubadours, Toulouse 1895; I. Farnell, Lives of the Troubadours, London 1896.*

803, 10 ff. hinabsteigt, ... zuletzt der Kopf. *Ein solches sukzessives Verschwinden auch in der Prosa* Gerechtigkeit *(1893, P I 121):* Der Engel ... stieg

ERLÄUTERUNGEN   815

endlich die Steintreppe hinunter; ruckweise verschwindend, erst die schlanken Beine bis zum Knie, dann die Hüften, endlich die dunkelgepanzerten Schultern, das goldene Haar und das smaragdgrüne Barett. *Vgl. auch* Das Glück am Weg *(1893), SW Bd. XXVIII, S. 10, 35–39.*

803, 21 und wie in den ältesten Tagen . . . *Wörtliches Zitat aus ›Faust‹ II. Teil, V. 8363–69 (Worte der Psyllen und Marsen im Gefolge der Galathea), zweiter Akt ›Klassische Walpurgisnacht‹.*
  Die Angabe Faust 158 *bezieht sich auf die Seitenzahl in:* Goethe's sämmtliche Werke in 40 Bänden, Bd. 11, *Stuttgart u. Tübingen 1840.*

804, 4f. der Ahorn mild . . . *Wörtliches Zitat aus ›Faust‹ II. Teil, V. 9544f. (Dritter Akt, ›Innerer Burghof‹). Die Verse sind Bestandteil eines Monologs, in dem Faust die arkadische Landschaft schildert, und bilden mit zwei vorausgehenden Versen eine Strophe (4zeilige Strophen): »Alt-Wälder sind's! Die Eiche starret mächtig, | Und eigensinnig zackt sich Ast an Ast; | . . .«*

804, 6 die Griechen als Ahnen *Vgl. N 1 (S. 802, 13f.):* habe stilisierte Ahnen.

804, 9f. voila des fleurs . . . *Der wohl aus der Erinnerung zitierte Anfangsvers von Verlaines Gedicht ›Green‹ aus ›Romances sans paroles‹:* »Voici des fruits, des fleurs, des feuilles et des branches, | Et puis voici mon coeur, qui ne bat que pour vous . . .« *(vgl. auch L. v. Andrians Brief an Hofmannsthal, Brühl, 5. Juli 1896, BW 72f.).*

804, 12 Witwe von Ephesus anklingend . . . *S. die ›Entstehung‹ zu* Die treulose Witwe, *S. 820 mit Anm. 1. Die durch die Arbeit am* Kinderfestspiel *geweckte Erinnerung an die ihm vermutlich zuerst durch B.-H. nahegebrachte ›Witwe von Ephesus‹ hat Hofmannsthal wohl zur Gestaltung des Stoffs in den Stücken* Der weiße Fächer *und* Die treulose Witwe *angeregt.*

804, 18 Granatkern der Göttin *Vgl. auch S. 804, 7f. (N 5):* die Göttin die den einen Kern vom Apfel ass . . . *Die Göttin ist Persephoneia, Tochter der Demeter und Gattin des Hades, deren Attribut der Vergessen bewirkende Granatapfel ist (vgl. auch A 121, 124).*

804, 19 n'appuie pas! *Vgl. A 120:* il faut glisser ne pas appuyer la vie *(1895), D II 509 (*Die Söhne des Fortunatus, *1900/01), P II 194:* Jenes schmerzlichster Erfahrung abgewonnene »Glissez, mortels, n'appuyez pas!« . . . *(Unterhaltung über den ›Tasso‹ von Goethe, 1906). Die schon in frühen Tagebuchaufzeichnungen wiederholt zitierte Zeile war, wie R. Exner,* Hugo von Hofmannsthals ›Lebenslied‹, *Heidelberg 1964, S. 91 vermutet, Hofmannsthal*

wohl aus einer französischen Zitatsammlung vertraut »oder vielleicht sogar aus der
Kenntnis des Autors selbst, eines Pierre Charles Roy (1683–1764), dessen Werk
bis auf einen Vierzeiler so gut wie vergessen ist ... Dieser Vierzeiler aber oder
zumindest sein vierter Vers muß einen großen Eindruck auf Hofmannsthal gemacht
haben. Er erschien seinerzeit unter einem Stich von Larmessin nach einem Gemälde
von Lancret. Auf dem Stich sind Schlittschuhläufer dargestellt. Der Vierzeiler
lautet: Sur un mince cristal l'hiver conduit leur pas: | Le Précipice est sous la glace; |
Telle est de vos plaisirs la légère surface. | Glissez, mortels, n'appuyez pas.« Exner
weist in diesem Zusammenhang auch auf die Entstehung des (am 6. 11. 1897 in der
Wiener ›Zeit‹ veröffentlichten) kleinen Essay Französische Redensarten hin. Am
30. August 1897 erinnert Hofmannsthal in einem Brief aus Varese (B I 228) den
Vater, ihm die griech⟨ische⟩ Anthologie zu schicken, aus der er dann in Französische Redensarten referiert (P I 302). – S. auch die Erläuterung zu S.
216, 8 (Vorspiel zur Antigone).

804, 25 ff. blühen die Lauben ... Zitat wohl aus der Erinnerung. ›Faust‹, I. Teil,
V. 1461–67 (Chor der Geister): »Und der Gewänder | Flatternde Bänder |
Decken die Länder, | Decken die Laube, | Wo sich fürs Leben, | Tief in Gedanken, |
Liebende geben.«

805, 8f. Eine Ranke der bestimmt ist / nicht den Ulm⟨baum⟩ Das hier nicht
ausgeführte Bild weist auf das (auch emblematisch dargestellte) Gleichnis vom Ulmbaum und der Rebe als Symbol der Gattentreue.
   Vgl. z. B. Grillparzer, Des Meeres und der Liebe Wellen, I. Aufzug, V. 352 ff.:
»Priester: ... Die Rebe kriecht um Ulmen nicht hinan. | All was sich paart, bleibt
ferne diesem Hause, | Und jene dort ⟨Hero⟩ fügt heut sich gleichem Los.«

805, 12 der Verführer Vgl. die Aufzeichnung im Tagebuch H VII 9 (A 100
⟨1893⟩): Bacchus hat schmachtendes Aussehen, weibliche Züge, rote
Lippen wie eine giftige Blume (Beschreibung des Schlangendämons La
Nochosch in der Pantomime Richards). S. die Erläuterung zu S. 802, 17,
und die Ballade vom kranken Kind (GLD 493; 1891?): ... Das Fenster
hing voller wildem Wein, | Da sah ein fremder Jüngling herein. | »Laß,
Mutter, den schönen Knaben ein, | Er beut mir die Schale mit leuchtendem Wein, | Seine Lippen sind wie Blumen rot, | Aus seinen Augen ein
Feuer loht.« | Der nächste Tag verglomm im Teich, | Da stand am Fenster
der Jüngling, bleich, | Mit Lippen wie giftige Blumen rot | Und einem
Lächeln, das lockt und droht. Ähnlich die Charakterisierung des Neptun
in der Erzählung Das Glück am Weg (1892), SW Bd. XXVIII, S. 7:
unheimlich und reizend, ... mit weicher Anmut, frauenhaften Zügen und
Lippen rot wie eine giftig rote Blume.

ERLÄUTERUNGEN   817

805, 21 Sein wie die andern sind *Die äußerst unsichere Lesung erhält eine gewisse Wahrscheinlichkeit durch den Anklang an die Worte der Schlange in Genesis 3, V. 4f.:* »*Ihr werdet sein wie Gott und wissen, was gut und böse ist.*«

805, 26 »rings mit verwildernden Lauben« *Vielleicht beeinflußt von J. v. Eichendorffs Gedicht ›Sehnsucht‹: (›Zwei junge Gesellen...‹:)* »*Sie sangen von Marmorbildern, | Von Gärten, die überm Gestein | In dämmernden Lauben verwildern, | Palästen im Mondenschein... S. auch Der weiße Fächer S. 162, 29f.*

806, 7 die Frau aus Götterliebling *S. Erläuterung zu S. 802, 19 (N 1).*

807, 4f. Colombine: *... Bett ... in dem man ... die Erinnerung ... vergisst S. Erläuterung zu S. 802, 17. Bezieht sich vielleicht auf den hypnotischen Schlaf, in den der Magier Pierrot Colombine versenkt, um sie ihren früheren Geliebten Arlequin vergessen zu lassen.*

807, 16 Priesterzögling in Heliopolis *S. auch 802, 23. Der Name* »*Heliopolis*« *erscheint in Campanellas utopischer Schrift ›Der Sonnenstaat‹. Es ist jedoch wahrscheinlicher, daß Hofmannsthal auf den im ›Götterliebling‹ geschilderten Tempelbau in ›Hierapolis‹ (Syrien) anspielt (vgl. R. Beer-Hofmann, Gesammelte Werke, a.a.O., S. 538–50). Der Beschreibung des Bauwerks und der Tempeldienste läßt der Dichter die Schilderung eines großen rituellen Fruchtbarkeitsfestes folgen. Auch der Vergleich der Stimme des Jünglings mit dem* Klang phrygischer Flöten *könnte von dieser Schilderung beeinflußt sein: Vgl. S. 547:* »*Schrille Knabenstimmen setzten jetzt ein; weicher und schmachtender schmiegte sich an sie das Spiel lydischer ⟨s. o., S. 807, 18 die Variante* lydische⟩ *Flöten, alle Sehnsucht aus dem Innern süß emporsaugend.*«

807, 20 das Kind mit dem Delphin aus Gesta romanorum *Vgl. 2 H, S. 808, 6–13, V. 13–20. S. die Ausgabe der ›Gesta Romanorum‹ von Hermann Oesterley, Berlin 1872, S. 668 (Nr. 267, app. 71):* »*Refert Valerius, quod erat quidam puer quinque annorum, qui singulis diebus ad litus maris perrexit; quod videns quidam delphinus incepit cum puero ludere et ipsum super dorsum portare. Puer vero singulis diebus panem ad delphinum portabat et sic delphinum per 5 vel 10 annos sustentabat. Accidit uno die, quod puer ad litus maris perrexit portans secum panem ut solitus erat, delphinus non venit. Interim mare puerum circumvallabat et puer submersus est, cum mare se traxit, delphinus venit et cum puerum mortuum invenisset pre nimio dolore juxta puerum cecidit et mortuus est.*« *Das in Hofmannsthals Bibliothek vorhandene Exemplar der ›Gesta Romanorum‹, die erste deutsche Übertragung von J. G. Th. Gräße (1842), 2 Bde, Leipzig 1905, enthält dagegen die Delphin-Geschichte nicht. Eine Sammlung von Geschichten zwischen Delphinen und Menschen bei Plinius d. Ä., Historia naturalium IX, 8–10. Von der Freundschaft eines Delphins mit einem Knaben berichtet Pausanias III, 25, 5; s. auch Plinius d.J., Episteln IX, 33; Gellius VI, 8.* – Zu ›Gesta Romanorum‹ vgl. auch Der Tor und der Tod / Prolog *(S. 241f.)*, V. 28–43, *und* Das Kleine Welttheater *(Erläuterung S. 635, 37–636, 3).*

807, 21 das Kind mit der Unke *(s. dazu 2 H, S. 808, 2f., V. 9f.). Quelle: Kinder- und Hausmärchen, gesammelt durch die Brüder Grimm. Erwähnt sind Grimms Hausmärchen mit dem Vermerk mitnehmen auf einem Blatt, das eine Notiz zum Kinderfestspiel enthält (N 12, ›Überlieferung‹, S. 801, 1f.). In Wilhelm Grimms Ausgabe letzter Hand (1857) sind unter Nr. 105 drei ›Märchen von der Unke‹ versammelt. Das erste enthält die in 2 H verwendete Szene: »Es war einmal ein kleines Kind, dem gab seine Mutter jeden Nachmittag ein Schüsselchen mit Milch und Weckbrocken, und das Kind setzte sich damit hinaus in den Hof. Wenn es aber anfing zu essen, so kam die Hausunke aus einer Mauerritze hervorgekrochen, senkte ihr Köpfchen in die Milch und aß mit. Das Kind hatte seine Freude daran, und wenn es mit seinem Schüsselchen dasaß und die Unke kam nicht gleich herbei, so rief es ihr zu: ›Unke, Unke, komm geschwind, | Komm herbei, du kleines Ding, | Sollst dein Bröckchen haben, | An der Milch dich laben.‹ | Da kam die Unke gelaufen und ließ es sich gut schmecken. Sie zeigte sich auch dankbar, denn sie brachte dem Kind aus ihrem heimlichen Schatz allerlei schöne Dinge, glänzende Steine, Perlen und goldene Spielsachen.« Daß die Überlieferung dieses Märchens wildblühend sei, schließt Hofmannsthal vermutlich aus der Divergenz der drei Versionen.*

807, 24 die rosigen Füsse *Vielleicht eine Reminiszenz an Mörikes Gedicht ›Zum neuen Jahr‹: »Wie heimlicher Weise | Ein Engelein leise | Mit rosigen Füßen | Die Erde betritt, | So nahte der Morgen ...«*

807, 25 die Sonnenländer *Eine mögliche Quelle ist ›Faust‹, I. Teil (s. zu 804, 25ff.). V. 1486ff. (Geister:) »Flieget der Sonne, | Flieget den hellen | Inseln entgegen, | Die sich auf Wellen | Gauklend bewegen.«*

808, 26 Sind Götter! ... *Zitat aus ›Faust‹, II. Teil, Zweiter Akt: Der Chor der Sirenen über die fortziehenden Nereiden und Tritonen: »Fort sind sie im Nu! | Nach Samothrace grade zu, | Verschwunden mit günstigem Wind. | Was denken sie zu vollführen | Im Reiche der hohen Kabiren? | Sind Götter! Wundersam eigen, | Die sich immerfort selbst erzeugen | Und niemals wissen, was sie sind. | Bleibe auf deinen Höhn, | Holde Luna, gnädig stehn, | Daß es nächtig verbleibe, | Uns der Tag nicht vertreibe!« (V. 8070–81).*
(Zu den Kabiren s. den Kommentar der Hamburger Goethe-Ausgabe, Bd. 3, 10. Aufl., München 1976, S. 577ff.)

809, 3 der Cardinal *S. Erläuterung zu S. 802, 27.*

809, 25 »... hab das Leben lieb aber nicht zu lieb« *Vgl. 4 H, V. 22–24. S. auch Gartenspiel, N 3, S. 268, 22f.*

810, 4ff. V. 1ff.: Prospero *Der rechtmäßige Herzog von Mailand, von seinem Bruder Antonio vertrieben und auf eine verzauberte Insel verschlagen: Shakespeare,* ›The Tempest‹. *Die Kongruenzen der Verse Hofmannsthals mit dem Inhalt des Stücks erstrecken sich auf: die* Tochter Prosperos, Miranda, *die mit ihm vertrieben wurde; die magische Kraft, die er vor allem seinem* Zaubermantel *und den Zauberbüchern (vgl. V. 7) verdankt, die ihm Macht über* Geister *(Ariel, Iris, Ceres, Iuno, Nymphen u.a.) verleihen; mit ihrer Hilfe läßt er Antonios Schiff vor seiner Insel im Seesturm scheitern (vgl. V. 31–33:* schiffbrüchig ausgeworfen ... wie Strandgut*). Miranda wird mit dem, ebenfalls schiffbrüchigen, Sohn des Königs von Neapel, Ferdinand, feierlich vermählt, nachdem dieser eine Prüfung durch niedrige Dienste (III, 1) bestanden hat (V. 27–30:* den ihr zuvor geprüft auf solche Art / die kein unedler Mensch erträgt ...*). Zuletzt legt Prospero seine Zauberkünste ab (vgl. N 17:* ohne seinen Mantel ist er wieder ein Mensch*).*

810, 15f. dass alles Lebende aus solchem Stoff / wie Träume und ganz ähnlich auch zergeht *S. die Erläuterung S. 676, 34 (Der weiße Fächer).*

811, 1 Der Vater des Kindes *Zu den folgenden Versen vgl.* ›Zeugnisse‹, *S. 811f.*

DIE TREULOSE WITWE

ENTSTEHUNG

In einer Tagebuchnotiz vom 20. März 1894[1] *vermerkt Hofmannsthal:* abends bei Richard ⟨Beer-Hofmann⟩. er schenkt mir japanische Spielereien. ... Erzählt mir 2 Novellenstoffe, 1.) Witwe von Ephesus 2.) Die Freundin des Cardinals, von Giovanni Fiorentino (Trecento). *Diese beiden Stoffe bleiben zunächst ungenutzt. Als Hofmannsthal jedoch Ende August/Anfang September 1897 in Varese das Beer-Hofmanns erstem Kind, der Tochter Mirjam, zugedachte Festspiel* Das Kind und die Gäste *entwarf und dafür Gestalten aus vollendeten und geplanten Dichtungen des Freundes versammelte, war ihm das früher Erzählte offenbar noch ganz gegenwärtig:* der Cardinal und seine Freundin *werden in das am 28. August entworfene Personenverzeichnis (N 1) aufgenommen und in einer Notiz (N 7) näher charakterisiert. Gleichzeitig scheint Hofmannsthal sich des andern, altorientalischen, durch Petrons Gestaltung (›Satyricon‹ c. 111/112: ›de matrona Ephesia fabula‹) in die abendländische Novellentradition eingebürgerten, Stoffs erinnert zu haben. Auf Blättern zum* Kinderfestspiel *wird die* Witwe von Ephesus *zweimal erwähnt.*[2]

---

[1] *H VII 6. Beer-Hofmann könnte die beiden Stoffe aus einer Novellensammlung, z.B. E. v. Bülows ›Novellenbuch‹ (s. o., S. 682, 5–11), kennengelernt haben. S. jetzt die dreibändige Ausgabe ›Italienische Novellen‹, Berlin o.J. (übersetzt von E. v. Bülow u.a.); in Bd. 3, S. 525ff.: ›Die Witwe von Ephesus‹ in der Fassung von Eustachio Manfredi.*

[2] *S. dort S. 800, 19/31 und die Erläuterung S. 815, 21. Am Rand von N 6 des Festspiels ist mit Bezug auf den Monolog der* Ariadne *notiert:* Witwe von Ephesus anklingend, auch getröstet. *Die zweite Erwähnung auf dem N 7 und N 8 enthaltenden Doppelblatt H VB 10.7:* ein mögl. Lustspiel / Cadett / Dragoner Schmidt / die Wirthin seit 2 ⟨Jahren verwitwet⟩ / Musiker / Motive: Witwe von Ephesus / Mozart's Weise sich die Welt und Schmerzliches bei der Arbeit durch forcierte Lustigkeit wegzuhalten. *Zu einem geplanten 3. Akt von* Silvia im »Stern« *notiert Hofmannsthal 1907 (E III 2.36.50):* Adjunct ... : Ist es nicht läppisch zu glauben daß nicht das Gemeinste, Wahrscheinlichste auch das Wirkliche ist. Was ist ein Weib – wäre nicht jede die Witwe von Ephesus? ließe sich nicht jede von einem Thier auf einer Insel umarmen? ...

ENTSTEHUNG

Dabei mochte ihm dieses Sujet zu bedeutend erschienen sein, um nur auch dem Kinderfestspiel *integriert zu werden. Vielmehr dürfte der mit der Gestaltung mehrerer kleiner Dramen beschäftigte Dichter es nun auch für dramatisierbar gehalten haben. Die beiden Erwähnungen erlauben den Schluß, daß Hofmannsthal an dem Stoff zunächst die lustspielhaften Züge, die in Petrons Gestaltung dominieren, aufgefallen sind.*

Unmittelbar nach der Rückkehr aus Italien (19. September 1897) entsteht in Wien und Hinterbrühl innerhalb weniger Tage Der weiße Fächer, *der das Motiv der »Witwe« aufnimmt, allerdings unter Verwendung einer anderen als der lateinischen Quelle, die, wie deutlich werden wird, auch Hofmannsthals* Treuloser Witwe *zugrundeliegt. Bis Mitte Oktober ist Hofmannsthal in der Brühl mit der Abschrift der in Varese vollendeten Stücke* Das Kleine Welttheater *und* Die Frau im Fenster *sowie der* Hochzeit der Sobeide *und mit dem Versuch, die Prosa* Der goldene Apfel *zum Abschluß zu bringen, beschäftigt. Doch dann scheint sich der Dichter, wohl durch den* Weißen Fächer *angeregt, erneut dem Stoff der ›Witwe von Ephesus‹ zugewandt zu haben. Der Umschlag des, auch Aufzeichnungen zu dem Stück* Die Schwestern *(s. S. 291–94) umfassenden, Notizenkonvoluts enthält die, sicher nur auf das erste der beiden Stücke zu beziehende, präzise Angabe des Arbeitsbeginns:* Die treulose Witwe | seit 18 X ⟨18⟩97. | die Schwestern *(H III 250.1). Der Titel verweist auf eine, Hofmannsthal vielleicht schon früher bekannte, Quelle, genauer: auf den Vermittler dieser Quelle.*

›Die treulose Witwe. Eine orientalische Novelle und ihre Wanderung durch die Weltliteratur‹ ist der Titel einer von Eduard Grisebach 1872 veröffentlichten motivgeschichtlichen Studie, die 1876 bereits in dritter, »durchaus umgearbeiteter« Auflage erschien und später noch mehrmals (letzte Fassung Berlin 1889) aufgelegt wurde.[1] *Sie enthält die Novelle »in einer ihrer ältesten und originellsten Fassungen«*[2]*, in der chinesischen, die über das Englische von Grisebach ins Deutsche übertragen wurde, gefolgt von einer reichen Sammlung späterer Gestaltungen dieses »eminent socialen«*[3] *Stoffs. Daß Hofmannsthal gerade dieses Werk gekannt und benutzt hat, geht allein schon aus dem Titel ›Die treulose Witwe‹ hervor, der eine Prägung Grisebachs ist.*[4] *Die Handlung folgt, soweit sie in den wenigen Notizen erkennbar ist, der in Grisebachs Übertragung gebotenen Version bis in Einzelheiten. Freilich ist, wie auch beim* Weißen Fächer, *die Kenntnis und Benutzung anderer Überlieferer – so des schon*

---

[1] *Im Untertitel der 1. und 2. Auflage hieß es statt »orientalische« noch »chinesische Novelle«. Grisebach hielt später die Herkunft des Stoffs aus dem Indischen für wahrscheinlich*
[2] *(3. Auflage, S. 59f.).*
   Grisebach im Vorwort zur 1. Auflage 1872.
[3] *Grisebach ebd.*
[4] *Grisebach in der 3. und 4. Auflage, S. 59 (der Hinweis auf seine Urheberschaft noch nicht in der 1. und 2. Auflage). Nachweise s.u. in den Erläuterungen. Ein Beweis sind auch die wörtlichen Entsprechungen zu Grisebachs Text im* Weißen Fächer *(s. S. 154, 3–12 mit Erläuterung).*

von Heinrich Zimmer 1924 hervorgehobenen Du Halde¹ oder des Essai über ›Contes chinois‹, den Anatole France 1891 im 3. Band von ›La vie littéraire‹ veröffentlicht hatte² – nicht auszuschließen. Sicher hätte sich Hofmannsthal bei der Ausführung des Stücks von seiner »Vorlage« mehr und mehr gelöst. Eine freie Umgestaltung kündigt sich bereits in der »Europäisierung« des chinesischen Personenbestandes an.³

Der Dichter hat seiner Quelle zwei verschiedene dramatische Konzeptionen abgewonnen. Die zu Beginn der Novelle berichtete Begegnung des Gelehrten Tschuangsöng mit einer jungen Witwe, die das Grab ihres Mannes trockenfächelt, um durch diese symbolische Handlung von der Treue-Pflicht gegenüber dem Toten loszukommen – die Grundsituation und »Formel« der ganzen Geschichte –, legte er dem Weißen Fächer *zugrunde; die Schicksale des Gelehrten, der die gleiche Treulosigkeit bei seiner eigenen, von ihm auf die Probe gestellten, Frau erfahren muß, sollten den Inhalt der* Treulosen Witwe *bilden (s. auch S. 642), wobei dieses Spiel vermutlich die märchenhafte Grundstimmung und die »Handlung« der Novelle übernehmen sollte. Ein ähnliches Vorgehen, die »Aufspaltung« einer Quelle in zwei Dichtungen, ließ sich auch schon bei der Entwicklung des* Gartenspiels *und der* Frau im Fenster *aus d'Annunzios ›Sogno d'un mattino di primavera‹ beobachten.⁴ Auch dort war eins der beiden Stücke ganz aus einer bedeutenden Stelle der Vorlage heraus entwickelt, während das andere Momente der Handlung und die Atmosphäre des »Sogno« in sich aufnahm. Ob Hofmannsthal schon während der Niederschrift des* Weißen Fächer *daran dachte, die chinesische Quelle weiter zu nutzen, ist nicht sicher. Stofflich gibt es zwischen »Fächer« und »Witwe« keine Überschneidung. Auf einem Notizblatt zur* Treulosen Witwe *(N 2) sind die Titel* beider *Stücke im Verein mit denen anderer (das ganze wohl ein Buchplan) notiert, wobei die Gruppierung der Titel für Hofmannsthals Einschätzung des Charakters der Stücke aufschlußreich ist: Dianora / treulose Witwe – junge Frau / weisse Fächer / Schwestern.⁵ Die treulose Witwe ist auf einem weiteren, sicher auch 1897 entstandenen, Blatt (H VB 6.12) verzeichnet, das eine Titelsammlung zu den geplanten Idyllen- und Gedichtkomplexen geschnittene* Steine und redende Masken *enthält; der Titel ist unter die* redenden Masken *aufgenommen, zusammen mit Figuren aus dem* Kleinen Welttheater:

---

¹ H. Zimmer: *Von einem weißen Fächer.* In: Deutsche Rundschau, Juni 1924, S. 295–309. Zu Du Halde s.o., S. 643, Anm. 2.
² S. dazu o., S. 643, Anm. 4 u. 674, 7–15.
³ S. N 1 (S. 287, 5–10).
⁴ S. ›Entstehung‹ zum Gartenspiel, S. 786f. Vielleicht besteht, ohne daß hier eine »Quelle« vorliegt, ein ähnlicher Zusammenhang zwischen Der Tor und der Tod *und seinem geplanten* Gegenspiel, der Landstrasse des Lebens.
⁵ *Die drei letzten Stücke sollten vermutlich unter dem Sammeltitel* Die Spiele der Liebe und des Zufalls/Schicksals *zusammengefaßt werden. S. die ›Entstehung‹ zu dem Stück* Die Schwestern, *S. 828.*

Figuren von einem zerbr⟨ochenen⟩ Fächer $\begin{cases} \text{die beiden Freunde} \\ \text{die treulose Witwe.} \end{cases}$

Es ist nicht wahrscheinlich, daß dieses Verzeichnis, das ein früher entstandenes[1] überholt und erweitert, schon während der Konzeption der Idyllenpläne in Bad Fusch (*Juli/August 1897*) entstanden ist.

Zu Verlauf und Abbruch der Arbeit an der Treulosen Witwe sind keine Daten überliefert. Sie wird, wie auch die Arbeit an den sicher gleichzeitig entstandenen Schwestern (s. ›Überlieferung‹ N 4 und das Konvolutdeckblatt H III 250.1), über den Oktober 1897 nicht hinausgereicht haben. In der Korrespondenz um den Weißen Fächer wird Die treulose Witwe nicht erwähnt, auch dann nicht, als Hofmannsthal am 6. November Otto Brahm anstelle des von diesem als zu wenig bühnenwirksam abgelehnten ›Fächers‹ ein anderes kleines Stück in Aussicht stellt.[2] Man kann demnach vermuten, daß Hofmannsthal inzwischen die Auseinandersetzung mit der chinesischen Quelle im Weißen Fächer ausgetragen und von sich abgelöst hatte.

ÜBERLIEFERUNG

N 1   H III 250.4 – Paginierung von fremder Hand: 3a (bezieht sich auf das Personenverzeichnis, S. 287, 2–10), 3b (bezieht sich auf die darunterstehende Notiz, Z. 11–13).
N 2   H III 250.5 – Paginierung von fremder Hand: 4. Am unteren Rand Titelliste kleiner Dramen (Buchplan?); s. ›Entstehung‹, S. 822, 22ff.
N 3   H III 250.8 – Paginierung von fremder Hand: 7.
N 4   H III 250.2 – Paginierung von fremder Hand: 1. Im oberen Teil der Seite: Die Schwestern N 4.
N 5   H III 250.6 – Paginierung von fremder Hand: 5.
N 6   H III 250.7 – Paginierung von fremder Hand: 6.
N 7   H III 250.3 – Paginierung von fremder Hand: 2).

Die Anordnung der Überlieferungsträger folgt, da die Notizen sämtlich undatiert sind und die Paginierungen alle von fremder Hand stammen, dem mutmaßlichen Ablauf des Stücks, den Hofmannsthal selbst durch die, z. T. nachträglich (so in N 1, N 4, N 5) vorgenommene, Zuweisung der Notizen zu drei Szenen (römische Ziffern) angedeutet hat. S. auch u. ›Quelle‹.

---

[1] H VB 6.10. Figuren von einem zerbrochenen Fächer *ist darauf nur als Sammeltitel ohne nähere Spezifizierung notiert. Vielleicht dachte Hofmannsthal zeitweise auch an eine Verwendung des Stoffs der* »Witwe« *als Idylle, wie es ihm der Titel von d'Annunzios 1886 erschienener Novelle* ›L'idillio della vedova‹ *nahegelegt haben könnte.*
[2] *S. Zeugnisse zum* Weißen Fächer, *S. 659.*

ERLÄUTERUNGEN

a) Die Quelle

Vorlage ist die Übertragung einer altchinesischen (ursprünglich vielleicht aus Indien stammenden) Novelle in Eduard Grisebachs Buch ›Die treulose Witwe‹ (im folgenden wird nach der 3. Auflage, Leipzig ⟨1876⟩, zitiert), S. 9–37: sie wurde auch in das von Grisebach herausgegebene Werk ›Kin-ku-ki-kuan. Chinesisches Novellenbuch‹, Stuttgart 1880 (2. Aufl. Berlin 1887, Neuaufl., hrsg. v. Jan Tschichold, Basel 1945), aufgenommen. Eine neue Übertragung (Franz Kuhn) in: ›Der Turm der fegenden Wolken. Altchinesische Novellen‹, Freiburg/Br. 1951 (München 1965). Eine Zusammenfassung der Novelle (nach Grisebach) bei Ellen Ritter, ›Die chinesische Quelle von Hofmannsthals Dramolett Der weiße Fächer‹, *in: arcadia Bd. 3 (1968), Heft 3, S. 301f.:*

»Meister Tschwang-säng, ein chinesischer Weiser und Magier, Schüler des Lao-tse, begegnet auf einem Spaziergang einer jungen Frau, die, in Trauerweiß gekleidet, neben einem frischen Grabhügel kauert und mit einem weißen Fächer unablässig die noch feuchten Erdschollen befächert. Auf die Frage des Weisen nach dem Sinn ihrer Tätigkeit erklärt sie, ihr Mann, der sie zu Lebzeiten geliebt habe, sei hier begraben. Vor seinem Tode habe er sie gebeten, mit einer zweiten Heirat wenigstens so lange zu warten, bis die Erde auf seinem Grab getrocknet sei. Damit nun das Grab schneller trockne, fächere sie es. Meister Tschwang-säng bietet ihr seine Hilfe an. Er nimmt den Fächer, und nachdem er ihn ein paarmal über das Grab geschwenkt hat, ist die Erde, dank der angewandten Zauberkraft des Meisters, trocken. Überglücklich bietet die Frau ihm den Fächer und eine silberne Haarnadel als Belohnung an. Der Weise behält aber nur den Fächer zur Erinnerung. Versunken in Gedanken über die Vergänglichkeit der menschlichen Gefühle kehrt er nach Hause zurück, wo er seiner Frau das Vorgefallene berichtet. Diese aber, empört über das unmoralische Verhalten der Witwe, zerrt ihrem Mann den Fächer aus der Hand und zerreißt ihn. Kurze Zeit darauf stirbt Meister Tschwang-säng. Seine Gattin betrauert ihn aufrichtig. Da erscheint unter den Beileidsbesuchern ein fremder Prinz, der die Absicht gehabt hatte, sich in die Schar der Jünger des Meisters aufnehmen zu lassen. Er bittet die Witwe um die Erlaubnis, als Gast eine Zeitlang in ihrem Hause bleiben zu dürfen, um an den Leichenfeierlichkeiten teilzunehmen und sodann die hinterlassenen Schriften des Meisters durchzusehen. Tien-sche, die Witwe, verliebt sich sofort in den Prinzen, und ein halber Monat ist noch nicht vergangen, als sie dessen alten Diener bittet, ihre Heirat mit seinem Herrn zu vermitteln. Die Bedenken, die der Prinz noch vorbringt, weiß sie leicht zu zerstreuen. Die Hochzeit wird beschlossen. Der Sarg mit der Leiche des Meisters Tschwang-säng wird aus der vorderen Halle in die Rumpelkammer gebracht, die Halle als Hochzeitssaal hergerichtet. Am Abend des Hochzeitstages wird der Prinz plötzlich von heftigen Krämpfen befallen. Sein Diener erklärt der erschrockenen Tien-sche, nur das weiche Hirnmark aus dem Schädel eines noch lebenden Menschen könne seinen Herrn heilen. Tien-sche schlägt vor, das Hirn ihres

ERLÄUTERUNGEN 825

ersten Gemahls, der ja erst seit zwanzig Tagen tot ist, zu nehmen. Sie ergreift eine Axt und schlägt den Sargdeckel entzwei. Zu ihrem großen Entsetzen aber steigt der totgeglaubte Meister Tschwang-säng gesund aus dem Sarg heraus. Schnell faßt sich die Frau und versucht, den wahren Grund ihres Handelns zu verbergen, indem sie behauptet, ein Stöhnen, das sie aus dem Sarg vernommen habe, habe sie veranlaßt, den Deckel einzuschlagen. Diese Ausrede fällt ihr um so leichter, als der Prinz und dessen alter Diener spurlos verschwunden sind. Meister Tschwang-säng läßt sich Punsch bringen und schreibt zwei Vierzeiler auf, die erkennen lassen, daß er über den wahren Sachverhalt Bescheid weiß. Darauf läßt er wieder den Prinzen und den Diener erscheinen, die niemand anders waren als er selbst, der das Geheimnis kennt, ›sein wesen in zwei teile zu teilen, er verstand die kunst, den körper und sein schattenbild zu trennen‹. Tien-sche ist diesem Zauber nicht gewachsen. Sie erhängt sich mit ihrem Gürtel. Meister Tschwang-säng legt sie in denselben Sarg, aus dem er heraus gestiegen war, und singt, ›mit der thönernen flöte seinen gesang begleitend‹, zu ihrem Gedächtnis ein Lied über die Zufälligkeit der menschlichen Geschicke. Darauf zerschlägt er die Flöte, verbrennt sein Haus mit der Leiche seiner Frau, zieht weiter und heiratet nicht mehr.«

b) *Erläuterungen zu den Notizen:*

287, 2 Tao ein weiser Meister *In der Novelle heißt es von Tschuang-söng, der das Tao-te-king, das Buch vom Pfad der Vernunft und Tugend, studiert hatte:* »als Tao-tze (doctor der Tao-secte) wurde er jetzt mit meister angeredet« *(Grisebach, a.a.O., S. 17).*

287, 6 f. Sein Diener stumm / Eine Magd *In der Novelle ist der Diener nicht stumm, wird die Magd nicht erwähnt. Vgl. die Dienerschaft in der Erzählung* Das Märchen der 672. Nacht *(SW Bd. XXVIII, S. 13 ff.).*

287, 13 die Leute an den Fenstern... *(vgl. auch S. 288, 8:* auf den sterbenden lauschen viele...*) Grisebach, a.a.O., S. 21:* »Als es bekannt wurde, dass Tschuang-söng ein zurückgezogener gelehrter gewesen, der seinen namen der welt verhalten, kamen die anwohner des hügels, durch ihren besuch ihr beileid und ehrerbietung zu bezeugen; so dass der platz so belebt wie ein markt war.«

288, 19 Kainz spielt den Mann und das Gespenst *Joseph Kainz spielte 1897 unter Otto Brahm am* ›Deutschen Theater‹. *Daß Brahm schon in diesem Jahr erwogen hatte, ihn in Hofmannsthalschen Stücken einzusetzen, geht u. a. aus seinem Brief vom 4. November hervor, der die Ablehnung des* Weißen Fächers *begründet:* »auch wenn ich Ihnen den Kainz gebe und die Beiden ⟨Kainz und Agnes Sorma⟩ wie die Götter spielen: sie können aus den kleinen Frühjahrswolken der Reflexion nicht hervortreten« *(s. S. 658).*

288, 22 er muss sterben wie der Suk *Nicht ermittelt.*

288, 23–25 durchschaut ... die Menschen Thiere und Pflanzen. ... das Hinfällige, den beigemengten Erdenstoff *Vgl. die Gestalt des Arztes in* Das Kleine Welttheater *(S. 147, 19–21):*
   ... denn lebend sterben wir.
Für Leib und Seele, wie ich sie erkenne,
   gilt dieses Wort, für Baum und Mensch und Tier.
und ebd. N 8 (S. 601, 24): der Arzt sieht überhaupt das Vergängliche der Dinge ... er sieht, dass allem Aufgehenden der schlimme Keim beigemischt ist ...

288, 26f. dass er Flügel zu spüren glaubt wie ihn der Wind an Schultern und Seiten anrührt *Vgl. Grisebach, a.a.O., S. 12: »Tschuang-söng sah sich beständig in den wachen träumen seiner phantasie in einen schmetterling verwandelt und über die pflanzen und bäume des gartens flatternd. Diese idee kehrte ihm immer wieder und er fühlte überdies beim erwachen seine schultern und seiten sich bewegen, gleich einem paar flatternder schwingen.« Der Lehrer Tschuang-söngs deutet diesen Traum im Sinn der Seelenwanderung als Erinnerung an ein früheres Leben seines Schülers in Gestalt eines weißen Schmetterlings.*

289, 15 Tao und der Bote *Vielleicht ist für diese Schlußszene, die den weiteren Weg des Weisen andeutet, die in der Novelle eingangs erwähnte Gesandtschaft des Königs von Tsu Anregung gewesen »Um diese zeit sandte Wéi-wang, der beherrscher des königreichs Tsu, welcher von Tschuang-söngs tugenden vernommen, einen boten mit hundert pfund gold, tausend stück feiner seide und einem leichten wagen mit vier pferden, um ihn als ersten minister an sich zu fesseln.« (Grisebach, a.a.O., S. 14, s. auch S. 27)*

289, 21 dann zündet er das Haus an *Vgl. Grisebach, a.a.O., S. 36: »Tschuang-söng ... zerschmetterte die tönerne flöte, nahm feuer aus der strohgedeckten halle, steckte das haus in brand und verbrannte den sarg zu asche.«*

DIE SCHWESTERN

ENTSTEHUNG

Die wenigen erhaltenen Aufzeichnungen zu dem über den Notizzustand nicht hinausgelangten, in Hofmannsthals uns überlieferter Korrespondenz ebensowenig wie im Tagebuch erwähnten Spiel Die Schwestern *sind vermutlich im Oktober 1897, nach dem Abschluß des* Weißen Fächers, *entstanden. Das Deckblatt des Notizenkonvoluts (H III 250.1) trägt die Aufschrift:* Die treulose Witwe / seit 18 X ⟨18⟩97. / die Schwestern. *Die in dem Umschlag gesammelten, sämtlich undatierten Blätter (überwiegend halbierte Seiten, alle mit Blei beschrieben) zeigen ein durchweg einheitliches Schriftbild. Auf einem der Blätter folgt einer Notiz (N 4) für* Die Schwestern *eine Aufzeichnung zur* Treulosen Witwe *(s. dort N 4). Wenn sich auch das auf dem Konvolutdeckel verzeichnete Datum auf* Die treulose Witwe *zu beziehen scheint, für die Entstehung der* Schwestern *ein absolutes Datum daher nicht gesichert ist, weist der Befund doch auf ein fast gleichzeitiges Arbeiten an beiden Stücken. Diese Annahme wird noch dadurch gestützt, daß Hofmannsthal am 20. Oktober auf einer in Hinterbrühl geschriebenen Karte an seinen Vater (s. die Erläuterung zu S. 293, 26) ein Buch bestellt, dessen Titel er für eine Notiz (N 3) der* Schwestern *verwendet.*

Bezüge zu den Schwestern *sind in den bereits im Juli/August 1897 in Bad Fusch entstandenen* Idyllen-*Plänen erkennbar; in den Notizen zu der* Idylle *die Schauspielerin und ihre Schwester oder das Mädchen mit der Maske (H V A 122, H II 143.3) wird eine Vorstufe zu den* Schwestern *erkennbar (s. die Zitate in den Erläuterungen zu S. 293, 6 und S. 294, 13f.). In den Lebenslehren der älteren Schwester (der Schauspielerin, in N 5* Faustina *genannt) ist der Einfluß des in Varese begonnenen Festspiels* Das Kind und die Gäste *(S. 279–284) zu erkennen (vgl. darin die Lehren der Ariadne, der Frau aus dem Götterliebling, der Colombine, des jüngeren Dichters); die Gestalt des Dichters, auch der junge Herr genannt (N 1), verweist auf* Das Kleine Welttheater, *die des Abbé des Grieux auf den Mönch im* Gartenspiel *(s. dort N 10). Zum Umkreis des* Gartenspiels *gehört auch die auf N 1 notierte Zeile aus früheren Aufzeichnungen zu einem* wo zwei Gärten aneinanderstossen *benannten Stückplan (s. S. 259–263 und Erläuterung zu S. 293, 14f.).*

Die auf einem Notizblatt für Die treulose Witwe *(N 2) aufgezeichnete, wohl einen Buchplan andeutende Folge* Dianora / treulose Witwe – junge Frau / weisse Fächer / Schwestern *läßt Hofmannsthals – zumindest zeitweise bestehende Absicht, das Stück zu vollenden, erkennen.*

Der Titel Die Schwestern[1] *ist in diesem Plan mit zwei weiteren zu einer Gruppe zusammengeschlossen; es handelt sich dabei sicher um die schon in N 1 angedeutete Konstellation unter dem übergreifenden Titel* die Spiele der Liebe und des Zufalls/Schicksals *Titel für alle 3.[2] In variierter Form wird dieser Titel auf einem im Jahre 1900 in Paris beschriebenen Blatt wiederholt (H VA 47.3), als Überschrift für den dritten Band einer dort skizzierten Sammlung von Vorspielen und kleinen Stücken:* Spiele der Liebe u. des Lebens (Theater d. Liebe); *doch zeigt die darunter notierte Folge* Leda, Besuch,[3] Festspiel d. Liebe, *daß es sich hier um ein neues, dem früheren kaum vergleichbares Vorhaben handelt.*

ÜBERLIEFERUNG

N 1   *H V B 12.67 – Doppelblatt, auf einer Seite beschrieben. Durch Umrandung zusammengefaßt die Titel* der weisse Fächer / die Schwestern. *Personenverzeichnis und Aufzeichnungen zu den Schwestern. Auf derselben Seite* Der weiße Fächer *N 1, Zitat nach* wo zwei Gärten aneinanderstossen *N 2 und Anspielung auf* Dorian Gray *(s. Erläuterung zu S. 293, 14f.).*
N 2   *H III 250.10*
N 3   *H III 250.11*
N 4   *H III 250.2 – Auf derselben Seite* Die treulose Witwe *N 4.*
N 5   *H V B 13.11 – Auf derselben Seite* Der weiße Fächer *N 6.*
N 6   *H III 250.8*

Die Überlieferungsträger wurden, da sie sämtlich undatiert und nur nachträglich, zu ihrer systematischen Erfassung, von fremder Hand paginiert sind, im Textteil nach inhaltlichen Bezügen angeordnet, um den vermutlichen Aufbau des Stücks zumindest ansatzweise erkennbar werden zu lassen.

N 1ª: Personenverzeichnis; N 1ᵇ, N 2, N 3: Charakterisierung einzelner Personen; N 4: Aufzeichnung zur ersten Szene; N 5: zu einer späteren Szene; N 6: zur letzten Szene (Schlußmonolog der älteren Schwester).

---

[1] *Dies ist wohl die endgültige Form des Titels, wie sie auf dem Konvolutdeckblatt und in N 2–N 3 notiert ist; die in N 4–N 6 und der o., S. 828, 3 erwähnten Titelliste verwendete Form* Schwestern *ist als eine, die Eile der Niederschrift andeutende, Abbreviatur zu verstehen. Möglicherweise war* éducation sentimentale *(N 1) als Untertitel vorgesehen.*

[2] *Die Vermutung wird noch dadurch erhärtet, daß Hofmannsthal auf N 1 die Titel* der weisse Fächer / die Schwestern *durch Umrandung zusammengefügt hat.*

[3] *Auf H VB 11.9 als* Besuch d Göttin *zusammen mit den beiden anderen Titeln unter* Pläne *für die Zeit* 18 März – 15 April ⟨1900⟩ *aufgeführt.*

ERLÄUTERUNGEN

293, 2ff. die Spiele der Liebe und des Schicksals / Zufalls *Nach dem Titel von Marivaux' Komödie ›Le Jeu de l'amour et du hazard‹. Der Begriff »Spiel« ist bei Marivaux nicht als Gattungsbegriff (»Drama«), sondern im Sinn von Divertimento, fête galante, wobei der Zufall die Hauptrolle spielt, zu verstehen. Hofmannsthal scheint jedoch den Doppelsinn offenzuhalten, wie er auch, über Marivaux hinausgehend, die Alternativformulierung* und des Schicksals *erwogen zu haben scheint; eine noch weiter gehende Umbildung:* Spiele der Liebe u. des Lebens *auf H VA 47.3). Vgl. auch* Die Rede Gabriele D'Annunzios. Notizen von einer Reise im oberen Italien *(1897),* Bergamo, den 24. August *(P I 289):* ... die zahllosen Bücher, in denen das Denken der Denker, das Dichten der Dichter seinen eigentlichen Stoff verläßt, den Abenteuern vergangener Zeiten, den Spielen des Zufalls und der Liebe, den Rätseln der Erkenntnis immer mehr und mehr die Schultern zuwendet ...

293, 5 éducation sentimentale *Hofmannsthal verwendete den Titel von Flauberts Roman ›L'éducation sentimentale. Histoire d'un jeune homme‹ (1869) bereits 1891/92 auf einem Konvolutumschlag für die Manuskripte zu* Age of Innocence *(s. SW Bd. XXIX, S. 268, 5–7). Vermutlich während seines Venedig-Aufenthaltes vom 14.–16. September 1897, also kurz vor der Niederschrift dieser Notizen, las er das Werk wieder, wie aus seinem als Vorwort zu der deutschen Übersetzung der ›éducation‹ durch A. Gold veröffentlichten ›Brief‹ (1904) hervorgeht. Gold hatte Hofmannsthal Korrekturbögen seiner Übersetzung nach Venedig geschickt,* hierher, wo ich vor Jahren – ich weiß nicht, ob drei oder vier oder fünf Jahren – das Original mit so tiefem Eindruck gelesen habe: freilich auch damals nicht zum ersten Male, ... *(P II 101). In Hofmannsthals Bibliothek erhalten ist das wohl damals benutzte Exemplar: Paris (Charpentier) 1896; darin auf S. 1 die Notiz:* es ist die einzige Jugendgeschichte, die a l l e s enthält: das Verhältnis zu den F r a u e n zum G e l d zu den M ä n n e r n zu der Z e i t wie alles ineinander überfließt. *– Wie N 5 zeigt, zitiert Hofmannsthal hier aber wohl den Titel nicht als eine Art Überschrift, sondern deutet mit ihm ein Erziehungsprogramm der Schwester an, benutzt ihn als umfassende Formel. Vgl. auch H VB 19.11 (s. o., S. 422, 7–12 und Erläuterung zu S. 278, 8).*

293, 6 die Schauspielerin *Sie wird bereits auf einem zum Idyllen-Konvolut gehörenden Notizblatt charakterisiert (H VA 122):*
Gedanke zu dem Thema die Schauspielerin und ihre Schwester
oder auch zu das Mädchen mit der Maske[1]

---

[1] *Der Titel dieser Idylle auch auf H II 68.6; zugehörig auch H II 68.7:* der Freund und die Freundin. dazutritt die jüngere Schwester, mit der Maske eines Hermes. sie ist tiefdurchdrungen dass alles ein Spiel ist. Es ist nicht eigentlich Eifersucht was sie treibt, sondern ein tieferes Bestreben die Schattenhaftigkeit der irdischen Dinge nachzuweisen.

nämlich, dass es falsch ist, wenn man sagt: er hat das nur gespielt, es war
ein Augenblick der Täuschung.
Es kann sich nichts aus einer Person wegverlieren.
So vereinigen sich mit unserem Bilde von einem Menschen unbedingt die
Bilder der Rollen die wir ihn haben spielen sehen (bis ins Subtilste, wie es
im Leben vorkommt).

die Schauspielerin auf der Altersgrenze, wo einem der Gedanke, dass alles
ein Ende hat, furchtbar bedeutend wird. *(s. auch S. 810, 15f. u. 831, 10–16)*

293, 14f. dass Alles Schale nichts Kern ist *Vgl. das Gedicht* Besitz *(1893),
5. Strophe:* All in einem, Kern und Schale, / Dieses Glück gehört dem
Traum... *(GLD 516)*

Am Rand von N 1 ist notiert: wenn nur der Dichter nicht auch ein Comödiant
wär! ein Dorian Gray *und darunter:* der Mörder verheimlicht bis zuletzt dass
die Schwester sich verg⟨iftet⟩ hat.

*Beide Notizen, die das variierte Faust-Wort (›Faust‹, I. Teil, V. 528) mit der
Titelgestalt von Oscar Wildes Roman ›The Picture of Dorian Gray‹ in Beziehung
setzende, und die vielleicht wieder auf Dorian Gray zu beziehende Aufzeichnung über
den* Mörder *(Gray, der an dem Maler Basil Hallward zum Mörder geworden ist,
verheimlicht vor der Öffentlichkeit seine frühere Schuld am Tod seiner Freundin Sybil
Vane, die sich vergiftet hat, und entzieht sich auch der Rache ihres Bruders James)
könnten für die Charakterisierung des, in N 5 negativ gezeichneten, Dichters gedacht
gewesen sein; doch sind auch Bezüge zu dem in derselben Randnotiz zitierten Stück
wo zwei Gärten aneinanderstossen (s. dort N 1, S. 263, 11 mit Erläuterung)
erkennbar.*

293, 25 Abbé des Grieux *Der Name nach Abbé Prévosts Roman ›Histoire du
chevalier des Grieux et de Manon Lescaut‹ (1731). Dieses Werk wird auch im
Weißen Fächer (S. 166, 9–17) erwähnt.*

293, 26 Studium des Ausdrucks der Leidenschaften bei den Thieren *Die
Formulierung verwendet den Titel von Charles Darwins Buch ›The Expression of
the Emotions in Men and Animals‹ (1872; dt.: ›Über den Ausdruck der Gemüts-
bewegung bei Menschen und Tieren‹, 1872, 1896 u.ö.).*

Am 20. Oktober 1897 schrieb Hofmannsthal aus Hinterbrühl an den Vater:
wenn in Leihbibliothek das bekannte Buch von Darwin: Ausdruck der
Leidenschaften bei den Thieren bitte schicke es mir umgehend... *und am
24. Oktober an die Eltern:* Danke vielmals für den Darwin.[1] *Die in N 3 wie auf*

---

[1] *Beide Briefe (Karten): FDH/Dauerleihgabe Stiftung Volkswagenwerk.*

ERLÄUTERUNGEN

der Karte gleichermaßen verkürzte Übersetzung des Titels läßt den Schluß zu, daß N 3 vor dem Eintreffen des Buchs, also vor dem 24. Oktober, entstanden ist. Bereits in einer Lektüreliste von Ende Jänner 1896 *ist der Titel, noch mehr verkürzt, zitiert (H V B 2.16):* Darwin Ausdruck der Leidensch⟨aften⟩.

294, 9 die Faustina *Der nur hier erwähnte Name der Schauspielerin. »Faustine« nennt Goethe die Geliebte in den ›Römischen Elegien‹ (18. Elegie: »Darum machte Faustine mein Glück ...«). In seinem Aufsatz* Gabriele D'Annunzio (I) *(1893) kontrastiert Hofmannsthal Goethes »Faustine« mit der Geliebten in d'Annunzios ›Elegie Romane‹ (P I 153–56).*

294, 13f. werde ich ihr die Liebe zu diesem Herrn ... zerstören *Vgl. die Notiz zu der* Idylle: das Mädchen mit der Maske *(H II 143.3):* das Mädchen mit der Maske: ich muss hinaus zwischen meine Schwester und ihren Verlobten, etwas Unheimliches, Gewaltiges, Notwendiges wird von meinem Anblick ausgehen, und wenn ich darüber sterben müsste ich muss dem unnennbar schrecklichen (dem Wirklichen) entgegenwirken. *(s. auch Erläuterung zu S. 293, 6 mit Anm. 1).*

294, 17f. auf jedem Ding im Leben steht sein Preis. *Vgl. die Worte* Fortunios *im* Weißen Fächer, *S. 168, 21–32.*

NACHTRÄGE

IDYLLE

ZEUGNISSE

München November 1898. *Tagebucheintragung*
abends bei Claassens. ... Sie spricht nach dem Nachtessen: die Idylle ... Am
schönsten war der Ton des Centauren   *(H VB 5.2,3)*

ERLÄUTERUNGEN

zu 53,1—3 Die Grundsituation der Idylle *in Eichendorffs* ›Romanze‹ ›Der
Unbekannte‹.

zu 55,1 Der Schauplatz im Böcklinschen Stil *Vgl. auch die Tagebucheintragung
vom 5. Oktober 1891:* Abendstimmung: ein Bild im Stile des Böcklin. Centauren,
heimkehrend, schwere goldene Wolken, Naiaden im Schilf. *(H VII 17.105^b)*

57, 7 Die ... liederwerte Männlichkeit *Vgl. Goethe,* ›Tasso‹ *II, 1, V. 805:* »Zwar
herrlich ist die liedeswerthe That ... «.

416, 22—25 Du sprichst ... Herr *Die Verse fast wörtlich, doch anders abgeteilt,
in* Ascanio und Gioconda, *I. Akt, 1. Szene (TBA: Dramen 2, S. 17; vgl. SW
Bd. XVIII, 10 H).*

418, 20—22 Es wäre ... ausgegossen *Vgl.* Ascanio und Gioconda, *I. Akt, 2. Szene:
Ascanio zu Francesca:* Von Eurem Bild empfinge diese Nacht / Ging' ich jetzt,
Eurer Schönheit trunken, fort, / Glorreichen Glanz und lachende Musik / ... /
Doch wäre alles nicht der Reiz der Nacht: / Es wäre Euer Reiz in meinen Sinnen, / Auf schale tote Dinge ausgegossen. *(TBA: Dramen 2, S. 32; vgl. SW Bd.
XVIII, 10 H)*

DAS KLEINE WELTTHEATER

ZEUGNISSE

25. September 1897, Bodenhausen an Kessler (Forts.)
Wir können stolz sein auf das Gedicht und der Pan kann sich sehen lassen, solange es Literatur giebt, mit diesen beiden Heften. Um Flaischlen nicht zu verletzen, schicke ich es an ihn. Lassen Sie es sich sofort holen.
(Jetzt in: Eberhard von Bodenhausen – Harry Graf Kessler. Ein Briefwechsel. 1894–1918. Ausgew. u. hrsg. von Hans-Ulrich Simon, Marbach a. N. 1978 ⟨Marbacher Schriften 16⟩, S. 39 f. Vgl. auch die in den Anmerkungen, S. 143 f., zitierte Kritik Flaischlens u. indirekt Kesslers: »von Einzelheiten ... eingenommen ..., vom Ganzen aber ebensowenig befriedigt als Graf Kessler«)

ERLÄUTERUNGEN

zu 142, 26 ff.   *Zum ›Siegeslauf‹ des Wahnsinnigen vgl. auch Goethe, ›Mahomets Gesang‹.*

143, 28 in der strengen, himmelhellen Stirne *Vgl. den letzten Vers in Georges Gedicht ›Kindliches Königtum‹: »Um deine Stirne streng und himmelhell« (›Das Buch der hängenden Gärten‹, 1895. S. dazu B. Böschenstein, Leuchttürme, Frankfurt a. M. 1977, S. 241 f.).*

zu 596, 5 f.   die Könige des Meeres *Schon Goethe erwähnt in einem Schema zu seinen physikalischen Vorträgen 1805 (4. Dezember) die »Fabel von den Königen des Meeres. / Auch wir sind Völker des Luftmeeres.« (WA, 2. Abt., Bd. 11, S. 217)*

zu 598, 20   Bubi als St. Julien 1 Hospitalier *Vgl. die rückblickende Notiz auf März oder Februar 1896. / Ein Spiegel des Zusammenseins in dieser Zeit ist das kleine Gedicht »Gesellschaft« (geschrieben um diese Zeit) / der Fremde ist Josi Schönborn ... der junge Herr – Georg Frankenstein ... (H VB 4.4)*

zu 601, 21   der Arzt: Arthur *S. auch N 3 zur Knabengeschichte (1906?): Arthur der Arzt. (SW Bd. XXIV, S. 168)*

NACHTRÄGE 835

DER WEISSE FÄCHER

ERLÄUTERUNGEN

zu 154,3—12   *Die in den Versen zu Beginn der Novelle ausgesprochene Weisheit beruht auf dem Tao-Te-King; vgl. dort:* »Wenn Gold und Edelsteine die Halle füllen, kann niemand für ihre Sicherheit sorgen. Wer sicher und in Würden ist und zugleich hochmütig, zieht sein eigenes Unglück herbei. Hast du Verdienstliches vollbracht und folgt dir der Menschen Lob, so ziehe dich zurück. Das ist des Himmels Weg.« (*Lao Tse, Tao-Te-King, hrsg. u. erl. von J.G. Weiß, Leipzig o.J., Reclams Universalbücherei Nr. 9, S. 23*)

DER KAISER UND DIE HEXE

ENTSTEHUNG

zu S. 678, Anm. 1   *Vgl. auch* Soldatengeschichte, *N 1 (H VB 2.2) vom* 14ten *(!)* ⟨VI. 1895⟩, *SW Bd. XXIX, S. 300.*

ZEUGNISSE

zu S. 705, Anm. 1
Die von Hofmannsthal in Ad me ipsum *zur Erläuterung des Gesprächs Kaiser-Kämmerer herangezogenen Zitate aus Brentano-Briefen (A 230f.) sind, wie H.-G. Dewitz nachgewiesen hat, nicht den* ›Gesammelten Schriften‹ *entnommen, sondern dem 2. Teil der Romantik-Monographie Ricarda Huchs:* Ausbreitung und Verfall der Romantik, *Leipzig 1902, S. 190—194 (vgl.* »... Traue den süßen Tönen des Sirenenliedes nicht.« Zur Rolle von Brentanos Briefen in der Forschung. *In:* Clemens Brentano. Beiträge des Kolloquiums im Freien Deutschen Hochstift 1978, *Tübingen 1980, S. 10f. mit Anm. 1—3).*

VORSPIEL ZUR ANTIGONE DES SOPHOKLES

ZEUGNISSE

29. März 1900, Rezension gez. »V. M-n.«
Von Herrn v. Hoffmannsthal ging der ›Antigone‹ gestern ein, wenn ich nicht irre, eigens für diese Vorstellung gedichtetes Vorspiel voran, in dem auf derselben, nur verdunkelten Szene, da nachher ›Antigone‹ spielte, ein suchender sehnender Student vergeblich von einem anderen zurückgehalten und zu den Proben, die soeben für die ›Antigone‹ abgehalten werden, zurückgeführt werden soll. Der Sehnende bleibt allein und ihm tritt »der Genius« gegenüber, mit dem er nun allerlei tönende, halb sich hoch hinaushebende, bald sich baß entsetzende Reden wechselt. Mir ist das Ganze in seinem klaren künstlerischen Sinne, den man, ohne nur im entferntesten an plane, rationalistische Handgreiflichkeit zu denken, verlangen muß, schleierhaft geblieben. Ich habe aus der Szene nur die große, die fast bedrückende Begeisterung des Jünglings für eine Dichtungspotenz, wie die nun kommende des sich nahenden Sophokleischen Werkes, herausgehört, sowie die eigenthümliche Beobachtung, die er zweimal an sich machen muß: daß sein Fleisch »sich kräuselt«. Alles andere sind mir leere Worte geblieben, die sich in ihrer hohlen Schönheitsäfferei um so hinfälliger erweisen, als man alsbald in der Lage ist, sie an der konkreten, ihnen gegenüber geradezu vernichtenden, klaren, unstörbar in sich selbst ruhenden Schönheit der Sophokleischen Rede zu messen. Das Vorspiel scheint mir wie die meisten Hoffmannsthalschen Verse zu jener Art Dichtung zu gehören, die aus ihrem Mangel einen Vorzug macht, die sich die Schwäche der Stimmung und der Gestaltung zur Absicht setzt, weil sie zur Stärke nicht gelangen kann, die ihre Unfähigkeit, zu bestimmten, scharf gesehenen, dem Anschauungsvermögen unverlierbaren Bildern durchzudringen gerade als die besondere Feinheit, die nur dem Experten wahrnehmbare Delikatesse ihrer Kunst erscheinen lassen möchte. Die Mendelssohn-Bartholdysche Musik leitete von diesem dunklen Vorspiel in die hellen Bezirke des eigentlichen Spiels hinüber. Einfache und doch malerische Szenerie. Im Hintergrunde der Königspalast mit kleinem, säulengetragenem Vorbau, zu den Seiten einige Flora, die wenigstens mir, als Nichtbotaniker, nach Griechenland zu versetzen keine Schwierigkeit machte. Frl. Dumont, die im Vorspiel den Genius durch eine Maske hindurchsprach, gab hier die Antigone. Sie ist in Gestalt und Zügen ganz vorzüglich zu der entschlosseneren Tochter des Oedipus geeignet, und sie schuf auch im besonderen Ausdruck eine ganz besondere Gestalt.

Eine Würdigung der z. T. vorzüglichen schauspielerischen Leistungen (Kayßler als Hämon, Reinhardt als Teiresias, Heine als Kreon) beschließt die Besprechung. Im Anschluß an sie teilt der ›Akademische Verein für Literatur und Kunst‹ mit, er müsse das Unternehmen, die »gegenwärtig von uns inszenirten Sophoklesdramen durch Abendaufführungen allgemeiner zugänglich zu machen«, der Terminschwierigkeiten der Berufsschauspieler wegen »vorläufig« einstellen. (In: Erste Beilage zur Vossischen Zeitung, Nr. 148)

NACHTRÄGE 837

ERLÄUTERUNGEN

zu 216,24 Stößt ... seinen Stab auf den Boden *Vgl. das dreimalige Niederstoßen eines Stabes nach dem Abtreten des* Prologs *vor Beginn des* Tod des Tizian *in der Böcklinfassung, S. 225,1 f. Vgl. auch R. Beer-Hofmann, Prolog-Entwurf zu einer ›Ariadne auf Naxos‹ und ›Ariadne auf Kreta‹, 1898: »Der Vorhang teilt sich. Der Prolog steht in der Mitte der Bühne. Jung, einen übermannshohen weissen Stab in der Hand. Er stösst den Stab stark zu Boden.« (In: Corona, I, 4, 1931, S. 415)*

LANDSTRASSE DES LEBENS

ÜBERLIEFERUNG

zu S. 776,13 ff. Die unter N 7 als *»Reflexionen«* zur Landstrasse des Lebens *bezeichneten Aufzeichnungen (*Kerze ausblasen ... Lebensluft verlassen*) sind Vorstufe des in den ›Erläuterungen‹ zu S. 258,19—25 (S. 780,14—21) zitierten Gedichtes* Ich lösch das Licht ... *und haben somit keinen unmittelbaren Bezug zum Stück.*

ERLÄUTERUNGEN

255,20 f. Wenn blasser Morgenmond den Himmel ziert / Den Himmel blass wie rosa Haidekraut *Unter den Aufzeichnungen zu d'Annunzios ›L'Innocente‹ (für den am 9. 8. 1893 veröffentlichten Aufsatz* Gabriele d'Annunzio*) steht die Notiz* Traum am frühen Morgen, wenn der Mond nur mehr blass am Himmel steht der die Farbe des blassrosa Haidekraut hat *(E IV B 6.9.). Eine über 2 H hinausgehende Stufe bezeichnet das mit 24 X 93. datierte Gedicht* Wenn kühl der Sommermorgen graut ... *(E II 159; GLD 508f.), das, ähnlich wie 4 H, Reinschriftcharakter besitzt und wohl kaum, wie Steiner (GLD 537) meinte, »bloße Skizze« ist; wahrscheinlich sind diese aus dem Nachlaß veröffentlichten Verse ein kompletter Monolog für eine der allegorischen Gestalten unseres Stücks, wobei offenbleiben muß, wer ihn sprechen sollte (auf dieses Offenbleiben deutet in der Handschrift eine Reihe von Punkten über den Versen).*

GARTENSPIEL

ERLÄUTERUNGEN

zu 270,2 böse Hunde Leben Traum und Tod *Vgl. dazu auch SW Bd. XXIX, S. 30:* Delio und Dafne *N 8, N 9.*

DAS KIND UND DIE GÄSTE

ERLÄUTERUNGEN

zu 802,17 Zum Vorbild der Verführergestalt vgl. Beer-Hofmanns Charakterisierung des Dämons Nochosch in ›Pierrot hypnotiseur‹, I, 2: »Schöne, zarte, knabenhafte Erscheinung mit manchmal weibischen Bewegungen; blasses Gesicht; grosse schöne Augen mit langen Wimpern; grell rotgeschminkte Lippen; halblange schwarze Knabenlocken, von denen einige über die Stirn fallen; die Augen halbgeschlossen mit sehnendem Ausdruck, bald stechend auf einen Gegenstand gerichtet; der Mund süsslächelnd; wenn er lebhaft wird, gleitet er öfters mit der Zungenspitze über die Lippen. Nochosch ist vollständig in grünlich schillernder Phangeant-Seide gekleidet; von seinen Schultern fällt ein langer goldigschimmernder, mit Smaragden besetzter Mantel aus Schleierstoff, der auf der Erde in schlangenhaften Windungen lange nachschleift.« *(Nachlaß von Richard Beer-Hofmann, Mitteilung von Eugene Weber, Swarthmore, USA)*

DIE SCHWESTERN

ERLÄUTERUNGEN

zu 294,17f. auf jedem Ding im Leben steht sein Preis *Die gleiche Sentenz auch in einem nur bruchstückhaft überlieferten Prosamonolog, der auch Elemente des Gedichts* Botschaft *enthält und also wohl 1897 niedergeschrieben wurde:* die sich mit dem Zusammenstellen von Dichtungen abgeben, scheinen Dir keinen rechten Platz unter den Lebenden zu haben. Du begreifst den regierenden Herrn, den Diener, den Athleten und Ballwerfer, den Reisenden, den Geistlichen, den

Soldaten, die Tänzerin, allenfalls den Musiker. Mit allen hast Du etwas gemein. Mit dem Dichter meinst Du nichts gemein zu haben. Denn du achtest es für das Wesen des Lebens, dass es stumm ist und dass auf jedem Ding sein Preis stehet, als auf dem Ruhm die Müdigkeit. Dir scheint es nichts auszumachen, dass noch geredet werde. Auch fürchtest Du, durch die Lebensluft der Bücher wie ein Schauspieler zu werden, dem eigenen Leben entfremdet. Dies scheinen Dir die Güter des Lebens und ihre Reihenfolge
  Gesundheit
  ein schöner Leib
  Reichthum
  Geselligkeit mit Freunden und Ruhen unter ihnen
Die vieles zu wissen meinen, scheinen dir eben des wahren Wissens entbehrend, ohne Kern. und doch ist das Leben der Bücher ein Spiel und hat mehr mit dem Leben zu thuen als unter Wasser schwimmen auf hohen Bergen schlafen in den Spiegel zu schauen das Lächeln der Frauen auf sich zu fühlen und die Stolzen hinter sich treten zu heissen *(H VB 12.29)*

 Zur Datierung vgl. die Parallelität von Entwürfen zu Botschaft *mit dem Kleinen* Welttheater *und dem* Gartenspiel *(S. 590, 4f. u. 789, 27ff.); der Monolog könnte ebenfalls zugleich mit der Konzeption des* Gartenspiels *entstanden sein.*

NACHWORT

Für diesen Band wurden in großzügiger Weise Handschriften zur Verfügung gestellt von der Bibliotheca Bodmeriana (Genf Cologny), dem Deutschen Literaturarchiv (Marbach a.N.), den Nationalen Forschungs- und Gedenkstätten der klassischen deutschen Literatur (Weimar), der Österreichischen Nationalbibliothek (Wien), dem Stefan George Archiv in der Württembergischen Landesbibliothek (Stuttgart) und von der Wiener Stadtbibliothek.

Wertvolle Hinweise gaben Dr. Hans-Georg Dewitz (Frankfurt a.M.), Dr. Rudolf Hirsch (Frankfurt a.M.), Professor Dr. Wilhelm Hoffmann (Stuttgart), Dr. Werner Volke (Marbach a.N.), Professor Dr. Eugene Weber (Swarthmore, Pennsylvania) und Professor Dr. Ernst Zinn (Tübingen).

Die Stenographie entzifferte Frau Dr. Isolde Emich (Wien). Ihnen allen sei herzlich gedankt.

Götz Hübner
Christoph Michel
Klaus-Gerhard Pott

Der Band vereinigt zwanzig Einzeleditionen dreier Herausgeber mit unterschiedlichem Redaktionsschluß. Die Editionen von Dr. Christoph Michel (Freiburg) liegen seit 1978 im Monotype-Bleisatz vor. Die später entstandenen wissenschaftlichen Apparate von Dr. Götz-Eberhard Hübner (Schorndorf) und Klaus-Gerhard Pott (Stuttgart) wurden in dem inzwischen für die Ausgabe eingeführten Composer-Satzverfahren hergestellt.

Frankfurt, im Februar 1982   *Die Redaktion*

WIEDERHOLT ZITIERTE LITERATUR

Hugo von Hofmannsthal. Gesammelte Werke in Einzelausgaben. Herausgegeben von Herbert Steiner, Frankfurt a.M.:

A   *Aufzeichnungen, 1959*
GLD   *Gedichte und Lyrische Dramen, 1963*
D I   *Dramen I, 1964*
D II   *Dramen II, 1966*
D III   *Dramen III, 1957*
D IV   *Dramen IV, 1958*
P I   *Prosa I, 1956*
P II   *Prosa II, 1959*
P III   *Prosa III, 1964*
P IV   *Prosa IV, 1966*

SW   *Hugo von Hofmannsthal. Sämtliche Werke (vorliegende Ausgabe)*

TBA   *Hugo von Hofmannsthal. Gesammelte Werke in zehn Einzelbänden. Hrsg. von Bernd Schoeller in Beratung mit Rudolf Hirsch, Frankfurt a.M. 1979*

B I   *Hugo von Hofmannsthal. Briefe 1890—1901, Berlin 1935*
B II   *Hugo von Hofmannsthal. Briefe 1900—1909, Wien 1937*

Hugo von Hofmannsthal—Leopold von Andrian. Briefwechsel. Hrsg. von Walter H. Perl, Frankfurt a.M. 1968

Hugo von Hofmannsthal—Richard Beer-Hofmann. Briefwechsel. Hrsg. von Eugene Weber, Frankfurt a.M. 1972

Hugo von Hofmannsthal—Eberhard von Bodenhausen. Briefe der Freundschaft. Hrsg. von Dora Freifrau von Bodenhausen, Düsseldorf 1953

Hugo von Hofmannsthal—Rudolf Borchardt. Briefwechsel. Hrsg. von Marie-Luise Borchardt und Herbert Steiner, Frankfurt a.M. 1954

Hugo von Hofmannsthal—Carl J. Burckhardt, Briefwechsel. Hrsg. von Carl J. Burckhardt, Frankfurt a.M. 1957

Briefwechsel zwischen George und Hofmannsthal. Hrsg. von Robert Boehringer, 2. ergänzte Aufl., München und Düsseldorf 1953

Hugo von Hofmannsthal—Willy Haas. Ein Briefwechsel. Hrsg. von Rolf Italiaander, Berlin 1968

Hugo von Hofmannsthal—Edgar Karg von Bebenburg. Briefwechsel. Hrsg. von Mary E. Gilbert, Frankfurt a.M. 1966

Hugo von Hofmannsthal—Helene von Nostitz. Briefwechsel. Hrsg. von Oswalt von Nostitz, Frankfurt a.M. 1965

Hugo von Hofmannsthal. Briefe an Rudolf Pannwitz. In: Mesa, 5, 1955, S. 20—42

Hugo von Hofmannsthal — Arthur Schnitzler. Briefwechsel. Hrsg. von Therese Nickl und Heinrich Schnitzler, Frankfurt a.M. 1964

Erken   Günther Erken, Hofmannsthal-Chronik. Beitrag zu einer Biographie. In: Literaturwissenschaftl. Jahrbuch, III, 1962, S. 239—313

Fiechtner   Helmut A. Fiechtner (Hrsg.), *Hugo von Hofmannsthal. Der Dichter im Spiegel seiner Freunde,* Bern und München 1949, 2. veränderte Aufl. 1963

Fischer Almanach 1973   Fischer-Almanach 87, *Hugo von Hofmannsthal. Briefe,* Frankfurt a.M. 1973

Hofmannsthal Blätter   Veröffentlichungen der Hugo von Hofmannsthal-Gesellschaft, Frankfurt a.M. 1968 ff.

Hofmannsthal-Forschungen III.   Arthur Schnitzler: Hugo von Hofmannsthal ›Charakteristik aus den Tagebüchern‹. Mitgeteilt und kommentiert von Bernd Urban in Verbindung mit Werner Volke, Freiburg i. Br. 1975

Insel Almanach auf das Jahr 1974. Anton Kippenberg zum hundertsten Geburtstag. Hrsg. von Friedrich Michael, Frankfurt a.M. 1973

Jacoby   Karl Jacoby (Hrsg.), *Hugo von Hofmannsthal. Bibliographie.* Maximilian-Gesellschaft, Berlin 1936

Jugend in Wien   *Literatur in Wien um 1900. Eine Ausstellung des Deutschen Literaturarchivs im Schiller-Nationalmuseum Marbach a. N.,* Stuttgart 1974

Meisterbriefe   Meister und Meisterbriefe um Hermann Bahr. Ausgewählt und eingeleitet von Joseph Gregor. In: Museion, Veröffentlichungen der Österreichischen Nationalbibliothek in Wien, Wien 1947

Rainer Maria Rilke. Briefe an seinen Verleger Axel Juncker. Hrsg. von Renate Scharffenberg, Frankfurt a.M. 1979

Der Briefwechsel Arthur Schnitzler — Otto Brahm. Hrsg. von Oskar Seidlin, Berlin 1953 (Schriften der Gesellschaft für Theatergeschichte Bd. 57)

Karl und Hanna Wolfskehl. Briefwechsel mit Friedrich Gundolf, 1899—1931. Hrsg. von Karlhans Kluncker, Amsterdam 1976

Wunberg   Gotthart Wunberg (Hrsg.), *Hofmannsthal im Urteil seiner Kritiker. Dokumente zur Wirkungsgeschichte Hugo von Hofmannsthals in Deutschland,* Frankfurt a.M. 1972 (Wirkung der Literatur 4)

ABKÜRZUNGEN

AaTh	Stith Thompson, The Types of the Folk-Tale. A Classification and Bibliography. (= Antti Aarne, Verzeichnis der Märchentypen, translated and enlarged.) Helsinki 1927
a. l. R.	am linken Rand
a. r. R.	am rechten Rand
BW	Briefwechsel
E	in Signaturen: Eigentum der Erben Hugo von Hofmannsthals
Ebl.	Einzelblatt
FAZ	Frankfurter Allgemeine Zeitung
FDH	Freies Deutsches Hochstift
H	in Signaturen: Eigentum der Houghton Library, Harvard University
HB	Hofmannsthal-Blätter
JDSG	Jahrbuch der Deutschen Schiller-Gesellschaft
JFDH	Jahrbuch des Freien Deutschen Hochstifts
KHM	Kinder- und Hausmärchen
MAL	Modern Austrian Literature
NA	Schillers Werke, Nationalausgabe, Weimar 1943 ff.
NFG	Nationale Forschungs- und Gedenkstätten der klassischen deutschen Literatur in Weimar (Insel-Archiv)
NR	Neue Rundschau
NZZ	Neue Zürcher Zeitung
ÖNB	Österreichische Nationalbibliothek, Wien
pag.	pagina, paginiert: Seitenzählung Hofmannsthals
WA	Goethes Werke, hrsg. im Auftrag der Großherzogin Sophie von Sachsen, Weimar 1887 ff.

EDITIONSPRINZIPIEN

I. GLIEDERUNG DER AUSGABE

Die Kritische Ausgabe Sämtlicher Werke Hugo von Hofmannsthals enthält sowohl die von Hofmannsthal veröffentlichten als auch die im Nachlaß überlieferten Werke.

GEDICHTE 1/2

I   Gedichte 1
II Gedichte 2 [Nachlaß]

DRAMEN 1–20

III Dramen 1
Kleine Dramen: Gestern, Der Tod des Tizian, Idylle, Der Tor und der Tod, Die Frau im Fenster, Das Kleine Welttheater, Der weiße Fächer, Der Kaiser und die Hexe, Vorspiel zur Antigone des Sophokles, Landstraße des Lebens, Gartenspiel, Das Kind und die Gäste, Die treulose Witwe, Die Schwestern u.a.

IV Dramen 2
Das gerettete Venedig

V   Dramen 3
Die Hochzeit der Sobeide, Der Abenteurer und die Sängerin

VI Dramen 4
Das Bergwerk zu Falun, Semiramis

VII Dramen 5
Alkestis, Elektra

VIII   Dramen 6
Ödipus und die Sphinx, König Ödipus

IX   Dramen 7
Jedermann

X   Dramen 8
Das Salzburger Große Welttheater — Christianus der Wirt, Gott allein kennt die Herzen [Pantomimen]

XI   Dramen 9
Florindos Werk, Cristinas Heimreise

XII   Dramen 10
Der Schwierige

XIII   Dramen 11
Dame Kobold, Der Unbestechliche

XIV   Dramen 12
Timon der Redner

XV–XVI   Dramen 13/14
Das Leben ein Traum, Der Turm

XVII   Dramen 15
Die Heirat wider Willen, Die Lästigen, Die Sirenetta, Fuchs, Der Bürger als Edelmann [1911 und 1917], Die Gräfin von Escarbagnas, Vorspiel für ein Puppentheater, Szenischer Prolog zur Neueröffnung des Josephstädter Theaters, Das Theater des Neuen

XVIII–XIX   Dramen 16/17
Trauerspiele aus dem Nachlaß: Ascanio und Gioconda, Dominic Heintls letzte Nacht, Die Gräfin Pompilia, Herbstmondnacht, Xenodoxus, Phokas, Die Kinder des Hauses u. a.

XX   Dramen 18
Silvia im ›Stern‹

XXI–XXII   Dramen 19/20
Lustspiele aus dem Nachlaß: Der Besuch der Göttin, Der Sohn des Geisterkönigs, Der glückliche Leopold, Das Caféhaus oder der Doppelgänger, Die Freunde, Das Hotel u. a.

OPERNDICHTUNGEN 1–4

XXIII   Operndichtungen 1
Der Rosenkavalier

XXIV   Operndichtungen 2
Ariadne auf Naxos, Die Ruinen von Athen

XXV Operndichtungen 3
Die Frau ohne Schatten, Danae oder die Vernunftheirat, Die aegyptische Helena

XXVI Operndichtungen 4
Arabella, Lucidor, Der Fiaker als Graf

BALLETTE – PANTOMIMEN – FILMSZENARIEN

XXVII Der Triumph der Zeit, Josephslegende u. a. − Amor und Psyche, Das fremde Mädchen u. a. − Der Rosenkavalier, Daniel Defoe u. a.

ERZÄHLUNGEN 1/2

XXVIII Erzählungen 1
Das Glück am Weg, Das Märchen der 672. Nacht, Das Dorf im Gebirge, Reitergeschichte, Erlebnis des Marschalls von Bassompierre, Erinnerung schöner Tage, Lucidor, Prinz Eugen der edle Ritter, Die Frau ohne Schatten

XXIX Erzählungen 2
Nachlaß: Amgiad und Assad, Der goldene Apfel, Das Märchen von der verschleierten Frau, Knabengeschichte, Die Heilung u. a.

ROMAN – BIOGRAPHIE

XXX Andreas − Der Herzog von Reichstadt, Philipp II. und Don Juan d'Austria

ERFUNDENE GESPRÄCHE UND BRIEFE

XXXI Ein Brief, Über Charaktere im Roman und im Drama, Gespräch über die Novelle von Goethe, Die Briefe des Zurückgekehrten, Monolog eines Revenant, Essex und sein Richter u. a.

REDEN UND AUFSÄTZE 1−5

XXXII−XXXVI Reden und Aufsätze 1/2/3/4/5

AUFZEICHNUNGEN UND TAGEBÜCHER 1/2

XXXVII−XXXVIII Aufzeichnungen und Tagebücher 1/2

II. GRUNDSÄTZE DES TEXTTEILS

Ob der Text einem Druck oder einer Handschrift folgt, ergibt sich aus der Überlieferungssituation. In beiden Fällen wird er grundsätzlich in der Gestalt geboten, die er beim Abschluß des genetischen Prozesses erreicht hat.

Sind im Verlauf der Druckgeschichte wesentliche Eingriffe des Autors nachzuweisen, wird der Druck gewählt, in dem der genetische Prozeß zum Abschluß gelangt ist. Kommt es zu tiefgreifenden Umarbeitungen, werden die entsprechenden Fassungen geboten (hierbei ist die Möglichkeit des Paralleldrucks gegeben).

Dem Text werden Handschriften bzw. Typoskripte zugrunde gelegt, wenn der Druck verschollen, nicht zustande gekommen oder die Werkgenese nicht zum Abschluß gelangt ist. In diesen Fällen erscheint im Textteil die Endphase der (des) spätesten, am weitesten fortgeschrittenen Überlieferungsträger(s); dazu treten ggf. Vorstufen besonderen Gewichts und inhaltlich selbständige Notizen. Um von kleinen unvollendeten Nachlaßwerken — unabhängig von ihrem Rang — eine Vorstellung zu geben, muß das Vorhandene, das in diesen Fällen oft nur aus Notizen besteht, mehr oder minder vollständig geboten werden (vgl. IV).

Im Textteil wird soweit irgend möglich auf Konjekturen und Emendationen verzichtet. Orthographische und grammatische Abweichungen von der heutigen Gewohnheit und Schwankungen in den Werken werden nicht beseitigt. Nur bei Sinnentstellungen und bei eindeutigen Druck- bzw. Schreibfehlern korrigiert der Editor. Handschriftliche Notizen und Entwürfe werden in der Regel typographisch nicht normiert.

III. VARIANTEN UND ERLÄUTERUNGEN (AUFBAU)

1. Entstehung

Unter Berücksichtigung von Zeugnissen und Quellen wird über die Entstehungsgeschichte des jeweiligen Werkes referiert (vgl. III/4).

2. Überlieferung

Die Überlieferungsträger werden (möglichst in chronologischer Folge) sigliert und beschrieben.

a) Die Handschriften- bzw. Typoskriptbeschreibung nennt: Eigentümer, Lagerungsort, gegebenenfalls Signatur, Zahl der Blätter und der beschriebenen Seiten,[1] Aufschrift der Konvolutumschläge, vorhandene Daten; sofern sie wesentliche Schlußfolgerungen erlauben, auch Format [Angabe in mm], Papierbeschaffenheit, Wasserzeichen, Schreibmaterial, Erhaltung.

---

[1] Beispiel: Die Signatur E III 89.16—20 bedeutet: Handschriftengruppe III, Konvolut 89, Blätter 16—20 einseitig beschrieben. Ein [b] (z. B. E III 220.1[b]) bezeichnet die nicht signierte Seite eines Blattes; [c] und [d] bezeichnen entsprechend die dritte und vierte Seite eines Doppelblattes. — Ausführliche Beschreibung des Sachverhaltes kann hinzutreten.

b) Die Druckbeschreibung nennt: Titel, Verlagsort, Verlag, Erscheinungsjahr, Auflage, Buchschmuck und Illustration; bei seltenen Drucken evtl. Standort und Signatur.

Die Rechtfertigung der Textkonstituierung erfolgt bei der Beschreibung des dem Text zugrunde liegenden Überlieferungsträgers.

3. Varianten (vgl. IV und V)

4. Zeugnisse

Dieser Abschnitt enthält in signifikanten Ausschnitten Arbeitsbelege und werkbezogene Äußerungen aus Briefen von und an Hofmannsthal oder Dritter, aus Tagebüchern und anderen Aufzeichnungen des Autors und seiner Zeitgenossen.

5. Erläuterungen

Der Kommentar besteht in Wort- und Sacherklärungen, Erläuterungen zu Personen, Zitat- und Quellennachweisen, Erklärungen von Anspielungen und Hinweisen auf wichtige Parallelstellen. Auf interpretierende Erläuterungen wird grundsätzlich verzichtet.

IV. GRUNDSÄTZE DER VARIANTEN-DARBIETUNG

Kritische Ausgaben bieten die Varianten in der Regel vollständig dar. Hiervon weicht das Verfahren der vorliegenden Ausgabe auf zweierlei Weise ab:

Die Darbietung der Werkvorstufen konzentriert sich entweder auf deren abgehobene Endphasen oder erfolgt in berichtender Form.

Da beide Verfahren innerhalb der Geschichte Kritischer Ausgaben neuartig sind, bedürfen sie eingehender Begründung.

Die Herausgeber haben sich erst nach gründlichen Versuchen mit den herkömmlichen Verfahren der Varianten-Darbietung zu den neuen Verfahren entschlossen. Die traditionelle und theoretisch verständliche Forderung nach vollständiger Darbietung der Lesarten erwies sich in der editorischen Praxis als unangemessen. Hierfür gab es mehrere Gründe:

Die besondere Art der Varianz bei Hofmannsthal wäre zumeist nur unter sehr großem editorischem Aufwand – d.h.: nur mittels einer extrem ausgebildeten Zeichenhaftigkeit der Editionsmethode – vollständig darstellbar. Als Ergebnis träten dem Leser ein Wald von Zeichen und eine Fülle editorisch bedingter Leseschwierigkeiten entgegen. Besonders bei umfangreichen Werken, z.B. Dramen, deren Varianten sich über Hunderte von Seiten erstrecken würden, wäre ein verstehendes Lesen der Varianten kaum mehr zu leisten. Vor allem aber ergäbe die Vollständigkeit für die Erkenntnis des Dichterischen, der Substanz des Hofmannsthalschen Werkes relativ wenig. Die Varianz erschöpft sich auf weite Strecken in einem Schwanken zwischen nur geringfügig unterschiedenen Formulierungen. Der große editorische Aufwand stünde in keinem Verhältnis zum Ergebnis. Überdies wäre die Ausgabe in der Gefahr, nie fertig zu werden.

Zur Entlastung der Genese-Darbietung wurden daher die oben erwähnten Verfahren des Abhebens und des Berichtens entwickelt.[1]

Die **Abhebung der Endphase**[2] wird insbesondere bei Vorstufen solcher Werke angewendet, die Hofmannsthals Rang bestimmen.

Die Entscheidung für die Darbietung der abgehobenen Endphase beruht darauf, daß sie nicht einen beliebigen, sondern einen ausgezeichneten Zustand der jeweiligen Vorstufe bzw. Fassung darstellt. Sie ist dasjenige, was der Autor ›stehengelassen hat‹, sein jeweiliges Ergebnis. Als solchem gebührt ihr die Darbietung in vorzüglichem Maße.

So ist auch ein objektives Kriterium für die ›Auswahl‹ der darzustellenden Varianten gefunden. Das bedeutet sowohl für den Editor als auch für den Leser größere Sicherheit und Durchsichtigkeit gegenüber anderen denkbaren Auswahlkriterien. Ein von der Genese selbst vorgegebenes Prinzip schreibt dem Editor das Darzubietende vor. Dieser ›wählt‹ nicht ›aus‹, sondern ›konzentriert‹ die Darbietung der Genese gemäß derjenigen Konzentration, die der Autor selbst jeweils vornahm. Der leitende editorische Gesichtspunkt hat sich, der Hofmannsthalschen Schaffensweise gemäß, gewandelt. Die Abfolge der jeweiligen Endphasen — von den ersten Notizen über Entwürfe und umfangreichere Niederschriften bis hin zu den dem endgültigen Text schon nahestehenden Vorstufen bzw. Fassungen — ist die Abfolge nicht mehr der lückenlosen Genese, sondern ihrer maßgebenden Stationen.

Der **Bericht** wird dagegen als bevorzugte Darbietungsform der Varianten solcher Werke verwendet, deren Rang den der Werke in der zuvor beschriebenen Kategorie nicht erreicht.[3] Der Bericht, der in jedem Fall auf einer Durcharbeitung der Gesamtgenese beruht, referiert gestrafft über die wesentlichen Charakteristika des betreffenden Überlieferungsträgers; er weist auf inhaltliche und formale Besonderheiten hin und hebt gegebenenfalls Eigentümlichkeiten der Varianz, auch zitatweise, hervor. Die Berichtsform wird durch eine Fußnote im Abschnitt ›Varianten‹ kenntlich gemacht.[4]

---

[1] Zwei Werke, deren editorische Bearbeitung vor der Entwicklung dieser entlastenden Verfahrensweisen schon weitgehend beendet war — Ödipus und die Sphinx *und* Timon der Redner —, erscheinen mit vollständiger Variantendarstellung. Diese dient so zugleich als Beispiel für Art und Umfang der Gesamt-Varianz Hofmannsthalscher Werke. Die hier geltenden Richtlinien werden im Apparat dieser Werke erläutert. Für die Varianten-Darbietung im Rosenkavalier wurde ein eigenes Verfahren entwickelt.

[2] Steht die abzuhebende Endphase dem im Textteil gebotenen Wortlaut (oder der Endphase des im Abschnitt ›Varianten‹ zuvor dargebotenen Überlieferungsträgers) sehr nahe, so werden ihre Varianten, gegebenenfalls in Auswahl, lemmatisiert, oder es wird über den betreffenden Überlieferungsträger lediglich berichtet.

[3] Ist ein Werk einer dieser Kategorien nicht eindeutig zuzuweisen, so wird dem durch eine weitgehend gleichwertige Anwendung des Abhebens bzw. Berichtens Rechnung getragen.

[4] In den Fällen, in denen bei kleinen unvollständigen Nachlaßwerken das Vorhandene mehr oder minder vollständig im Text geboten wird (vgl. II), erscheint in den ›Varianten‹ etwa auftretende wichtige Binnenvarianz.

Sowohl den abgehobenen Endphasen als auch den Berichten werden in Ausnahmefällen ausgewählte, wichtige Binnen- bzw. Außenvarianten[1] der jeweiligen Überlieferungsträger hinzugefügt. Bevorzugt werden dabei Varianten, die ersatzlos gestrichen sind, und solche, deren inhaltliche oder formale Funktion erheblich von der ihres Ersatzes abweicht.

Diese Binnen- bzw. Außenvarianten werden mit Hilfe der im Abschnitt V erläuterten Zeichen dargestellt.

V. SIGLEN · ZEICHEN

Siglen der Überlieferungsträger:

H	*eigenhändige Handschrift*
h	*Abschrift von fremder Hand*
t	*Typoskript (immer von fremder Hand)*
tH	*eigenhändig überarbeitetes Typoskript*
th	*von fremder Hand überarbeitetes Typoskript*
D	*autorisierter Druck*
DH	*Druck mit eigenhändigen Eintragungen (Handexemplar)*
Dh	*Druck mit Eintragungen von fremder Hand*
d	*wichtiger posthumer Druck*
N	*Notiz*

Alle Überlieferungsträger eines Werkes werden in chronologischer Folge durchlaufend mittels vorangestellter Ziffer und zusätzlich innerhalb der Gruppen H, t, D mittels Exponenten gezählt: 1 H^1 2 t^1 3 H^2 4 D^1.

Ist die Ermittlung einer Gesamt-Chronologie und also eine durchlaufende Zählung aller Überlieferungsträger unmöglich, so werden lediglich Teilchronologien erstellt, die jeweils die Überlieferungsträger der Gruppen H, t, D umfassen. Die vorangestellte Ziffer (s. o.) entfällt hier also.

Gelingt die chronologische Einordnung nur abschnittsweise (z. B. für Akte oder Kapitel), so tritt entsprechend ein einschränkendes Symbol hinzu: I/1 H^1.

Lassen sich verschiedene Schichten innerhalb eines Überlieferungsträgers — aufgrund evidenter graphischer Kriterien — unterscheiden, so werden sie fortlaufend entsprechend ihrer chronologischen Abfolge gezählt: 1,1 H^1 1,2 H^1 1,3 H^1.

Da eine chronologische Anordnung von Notizen *oft schwer herstellbar ist, werden diese als N 1, N 2 ... N 75 durchlaufend gezählt, jedoch — wenn möglich — an ihren chronologischen Ort gesetzt.*

Das Lemmazeichen] *trennt den Bezugstext und die auf ihn bezogene(n) Variante(n). Die Trennung kann auch durch (kursiven) Herausgebertext erfolgen.*

---

[1] *Binnenvarianz: Varianten innerhalb ein und desselben Überlieferungsträgers — Außenvarianz: Varianten zwischen zwei oder mehreren Überlieferungsträgern.*

Umfangreiche Lemmata werden durch ihre ersten und letzten Wörter bezeichnet, z.B.: Aber ... können.]

Besteht das Lemma aus ganzen Versen oder Zeilen, so wird es durch die betreffende(n) Vers- oder Zeilenzahl(en) mit folgendem Doppelpunkt ersetzt. Das Lemmazeichen entfällt.

Die Stufensymbole

I	*II*	*III*
A	*B*	*C*
(1)	*(2)*	*(3)*
(a)	*(b)*	*(c)*
(aa)	*(bb)*	*(cc)*

dienen dazu, die Staffelung von Variationsvorgängen wiederzugeben. »Eine (2) kündigt ... an, daß alles, was vorher, hinter der (1) steht, jetzt aufgehoben ... ist; ebenso hebt die (3) die vorangehende (2) auf, das (b) das (a) und das (c) das (b) ...« (Friedrich Beißner, Hölderlin. Sämtliche Werke, Große Stuttgarter Ausgabe, I, 2, S. 319).

Die Darstellung bedient sich bei einfacher Variation primär der arabischen Ziffern. Bei stärkerer Differenzierung des Befundes treten die Kleinbuchstaben-Reihen hinzu. Nur wenn diese 3 Reihen zur Darbietung des Befundes nicht ausreichen, beginnt die Darstellung bei der A- bzw. I-Reihe.

Die Stufensymbole und die zugehörigen Varianten werden in der Regel vertikal angeordnet. Einfache Prosavarianten können auch horizontal fortlaufend dargeboten werden.

Einfache Variation wird vorzugsweise mit Worten wiedergegeben. An die Stelle der stufenden Verzeichnung treten dann Wendungen wie »aus«, »eingefügt«, »getilgt« u.s.f.

Werden Abkürzungen aufgelöst, so erscheint der ergänzte Text in Winkelklammern ⟨ ⟩ in aufrechter Schrift; der Abkürzungspunkt fällt dafür fort. Bei Ergänzung ausgelassener Wörter wird analog verfahren.

Kürzel und Verschleifungen werden stillschweigend aufgelöst, es sei denn, die Auflösung hätte konjekturalen Charakter.

Unsicher gelesene Buchstaben werden unterpunktet, unentzifferte durch möglichst ebensoviele xx vertreten.

INHALT

Gestern (1891)	5 ... 297
Herausgegeben von Klaus-Gerhard Pott	
Der Tod des Tizian (1892)	37 ... 331
Herausgegeben von Klaus-Gerhard Pott	
Idylle (1893)	53 ... 410
Herausgegeben von Christoph Michel	
Der Tor und der Tod (1893)	61 ... 429
Herausgegeben von Klaus-Gerhard Pott	
Was die Braut geträumt hat (1896/1897)	81 ... 495
Herausgegeben von Christoph Michel	
Die Frau im Fenster (1897)	93 ... 504
Herausgegeben von Götz Eberhard Hübner	
Ein Prolog (1897)	115 ... 553
Herausgegeben von Götz Eberhard Hübner	
Das Kleine Welttheater (1897)	131 ... 584
Herausgegeben von Christoph Michel	
Der weiße Fächer (1897)	151 ... 638
Herausgegeben von Christoph Michel	
Der Kaiser und die Hexe (1897)	177 ... 678
Herausgegeben von Christoph Michel	
Vorspiel zur Antigone des Sophokles (1901)	209 ... 721
Herausgegeben von Christoph Michel	
Der Tod des Tizian (1901)	221 ... 735
Herausgegeben von Klaus-Gerhard Pott	

INHALT 853

Nachlaß

Der Tor und der Tod / Prolog (1893) . . . . 243 ... 755
Herausgegeben von Klaus-Gerhard Pott

Das Glück am Weg (1893) . . . . 247 ... 769
Herausgegeben von Christoph Michel

Landstrasse des Lebens (1893) . . . . 251 ... 774
Herausgegeben von Christoph Michel

Wo zwei Gärten aneinanderstossen (1897) . . . . 259 ... 781
Herausgegeben von Christoph Michel

Gartenspiel (1897) . . . . 265 ... 785
Herausgegeben von Christoph Michel

Das Kind und die Gäste (1897) . . . . 279 ... 798
Herausgegeben von Christoph Michel

Die treulose Witwe (1897) . . . . 285 ... 820
Herausgegeben von Christoph Michel

Die Schwestern (1897) . . . . 291 ... 827
Herausgegeben von Christoph Michel

Varianten und Erläuterungen 295

Nachträge 833

Nachwort 840

Wiederholt zitierte Literatur 841

Abkürzungen 843

Editionsprinzipien 844

Einband- und Umschlaggestaltung: Dieter Kohler
Satz: Gebr. Rasch & Co., Bramsche · Bibliomania GmbH, Frankfurt am Main
Druck: Druckerei Gebr. Rasch & Co., Bramsche
Einband: Realwerk G. Lachenmaier GmbH u. Co. KG, Reutlingen
Papier: Scheufelen, Lenningen
Iris-Leinen der Vereinigten Göppinger-Bamberger-Kalikofabrik, GmbH, Bamberg